Mattias Wendel

Permeabilität im europäischen Verfassungsrecht

Verfassungsrechtliche Integrationsnormen auf Staats- und Unionsebene im Vergleich

Mohr Siebeck

Mattias Wendel, geboren 1978; Dr. iur., Maître en droit (Paris 1).

Gedruckt mit Unterstützung des Förderungs- und Beihilfefonds Wissenschaft der VG WORT.

ISBN 978-3-16-150744-1
ISSN 1861-7301 (Verfassungsentwicklung in Europa)

Die Deutsche Nationalbibliothek verzeichnet diese Publikation in der Deutschen Nationalbibliographie; detaillierte bibliographische Daten sind im Internet über *http://dnb.d-nb.de* abrufbar.

Das Buch wurde von Gulde-Druck in Tübingen gesetzt, auf alterungsbeständiges Werkdruckpapier gedruckt und von der Großbuchbinderei Spinner in Ottersweier gebunden.

Meinem Vater

„Ich suche keine Formeln des Geistigen, sondern ich gestalte Formen des Geistes. Und wenn ich (...) mehrere (...) bewusst zusammenrücke, so geschieht dies einzig in der Art eines Malers, der seinen Werken gerne den richtigen Raum sucht, wo Licht und Gegenlicht wirkend gegeneinander strömen und durch Pendants die erst verborgene, nun aber offenbare Analogie des Typus in Erscheinung tritt. Vergleich erscheint mir immer ein förderndes, ja ein gestaltendes Element, und ich liebe ihn als Methode, weil er ohne Gewaltsamkeit angewendet werden kann. Er bereichert in gleichem Maße, als die Formel verarmt, er erhöht alle Werte, indem er Erhellungen durch unerwartete Reflexe schafft und eine Tiefe des Raumes wie einen Rahmen um das abgelöste Bildnis stellt."

Stefan Zweig

Vorwort

Die vorliegende Arbeit wurde im Sommersemester 2010 von der Juristischen Fakultät der Humboldt-Universität zu Berlin als Dissertation angenommen. Rechtsprechung und Literatur konnten bis 1. September 2010 berücksichtigt werden.

Besonderer Dank gilt meinem akademischen Lehrer, Herrn Prof. Dr. Dr. h.c. Ingolf Pernice. Er hat mir nicht nur die verfassungsrechtliche Perspektive auf das Recht der europäischen Integration eröffnet, sondern zugleich die für die Arbeit notwendige wissenschaftliche und gedankliche Freiheit gewährt. Herrn Prof. Dr. Dr. h.c. Christian Tomuschat danke ich für das Zweitgutachten und den mit ihm verbundenen Zuspruch. Für die freundliche Aufnahme meiner Arbeit in die Schriftenreihe „Verfassungsentwicklung in Europa" danke ich Herrn Prof. Dr. Hartmut Bauer, Herrn Prof. Dr. Peter M. Huber und Herrn Prof. Dr. Karl-Peter Sommermann.

Mit wertvollen Hinweisen und Denkanstößen bereichert haben den Entstehungsprozess allen voran Prof. Dr. Franz C. Mayer, Prof. Dr. Daniel Thym, Dr. Dennis Eurich, Dr. David Rabenschlag, Ralf Kanitz, Edgar Lenski, Philipp Nürnberger sowie meine Kollegen am Walter-Hallstein-Institut. Ein wichtiger Teil der Arbeit entstand während meines Forschungsaufenthalts an der University of Oxford, für dessen produktiven und harmonischen Verlauf ich Prof. Dr. Paul Craig, Dr. Katja Ziegler, Claire La Roche Salter und der Leitung des St. Hilda's College danken möchte. Die intensive fachliche Rückbindung an das Recht anderer Mitgliedstaaten ermöglichte mir das European Constitutional Law Network (ECLN). Dank für fruchtbare Diskussionen, Material und die Beantwortung zahlreicher Nachfragen gebührt insbesondere Prof. Dr. Carl Fredrik Bergström, Prof. Dr. Stanislaw Biernat, Prof. Dr. Jacqueline Dutheil de la Rochère, Prof. Dr. Tom Eijsbouts, Prof. Dr. Miguel Poiares Maduro, Prof. Dr. Miroslaw Wyrzykowski und Prof. Dr. Jiří Zemánek.

Die Studienstiftung des Deutschen Volkes hat die Arbeit in finanzieller wie ideeller Hinsicht gefördert. Den Druckkostenzuschuss übernahm der Förderungsfonds der Verwertungsgesellschaft Wort.

Obwohl in Worten allenfalls im Ansatz möglich, möchte ich Adél Holdampf, meinem Bruder Stefan sowie meinen Eltern, Marianne und Karl-Heinz Wendel, meine tief empfundene Dankbarkeit für ihre Zuwendung und den stets festen Rückhalt aussprechen. Mein Vater war es, der vor dem Hintergrund des ihm eigenen Erfahrungshorizontes bereits früh meine Neugier für das Recht und das Grenzüberschreitende an ihm geweckt und genährt hat. Ihm ist diese Arbeit gewidmet.

Berlin, im Dezember 2010 *Mattias Wendel*

Vorwort

[illegible]

Inhaltsübersicht

Inhaltsverzeichnis

Abkürzungsverzeichnis

AG	Amtsgericht
a. F.	alte Fassung
ABl.	Amtsblatt, Amtsblätter
AEUV	Vertrag über die Arbeitsweise der Europäischen Union
AJIC	Annuaire International de Justice Constitutionnelle
AJComL	American Journal of Comparative Law
AJIL	American Journal of International Law
All ER	All England Law Reports
allg.	allgemein
Alt.	Alternative
Anm.	Anmerkung
AöR	Archiv des öffentlichen Rechts
Art.	Artikel
Aufl.	Auflage
AVR	Archiv des Völkerrechts
Az.	Aktenzeichen
BAG	Bundesarbeitsgericht
Bd.	Band
Bde.	Bände
Begr.	Begründer (eines Kommentars etc.)
Bem.	Bemerkung
Beschl.	Beschluss
BGB	Bürgerliches Gesetzbuch
BGBl.	Bundesgesetzblatt
BGH	Bundesgerichtshof
BGHSt	Entscheidungen des Bundesgerichtshofs in Strafsachen
BGHZ	Entscheidungen des Bundesgerichtshofs in Zivilsachen
BMF	Bundesminister der Finanzen
BMI	Bundesminister des Innern
BRat	Bundesrat
BT	Bundestag
BT-Drs.	Bundestagsdrucksache
BVerfG	Bundesverfassungsgericht
BVerfGE	Entscheidungen des Bundesverfassungsgerichts
BVerfGG	Gesetz über das Bundesverfassungsgericht
BVerwG	Bundesverwaltungsgericht
BVerwGE	Entscheidungen des Bundesverwaltungsgerichts
BYIL	The British Yearbook of International Law
CLJ	The Cambridge Law Journal

CLLPJ	Comparative Labor Law & Policy Journal
CMLRev.	Common Market Law Review
ColJEL	Columbia Journal of European Law
CYELP	Croatian Yearbook of European Law and Policy
Der Staat	Der Staat. Zeitschrift für Staatslehre, öffentliches Recht und Verfassungsgeschichte
Die Verwaltung	Die Verwaltung. Zeitschrift für Verwaltungsrecht und Verwaltungswissenschaften
Diss.	Dissertation
DJZ	Deutsche Juristenzeitung
DÖV	Die Öffentliche Verwaltung. Zeitschrift für öffentliches Recht und Verwaltungswissenschaft
Drs.	Drucksache
DStZ	Deutsche Steuer-Zeitung
DVBl.	Deutsches Verwaltungsblatt
e.V.	eingetragener Verein
EAG	Europäische Atomgemeinschaft
EAGV	Vertrag zur Gründung der Europäischen Atomgemeinschaft
ebd.	Ebenda
EEA	Einheitliche Europäische Akte
EFTA	European Free Trade Association
EG	Europäische Gemeinschaft(en)
EGKS	Europäische Gemeinschaft für Kohle und Stahl
EGKSV	Vertrag zur Gründung der Europäischen Gemeinschaft für
EGMR	Europäischer Gerichtshof für Menschenrechte
EGV	Vertrag zur Gründung der Europäischen Gemeinschaft
EJCL	Electronic Journal of Comparative Law (www.ejcl.org)
EJIL	European Journal of International Law
EKMR	Europäische Kommission für Menschenrechte
ELRev.	European Law Review
EMRK	Konvention zum Schutz der Menschenrechte und der
Entsch.	Entscheidung
EP	Europäisches Parlament
EPL	European Public Law (Zeitschrift)
et al.	et alia (und andere)
EU	Europäische Union
EuConst	European Constitutional Law Review
EuG	Gericht erster Instanz der Europäischen Gemeinschaften
EuGH	Gerichtshof der Europäischen Gemeinschaften
EuGRZ	Europäische Grundrechte-Zeitschrift
EuR	Europarecht (Zeitschrift)
Euratom	Europäische Atomgemeinschaft
EUV	Vertrag über die Europäische Union
EWCA	England and Wales Court of Appeal Decisions
EUZBBG	Gesetz über die Zusammenarbeit von Bundesregierung und Deutschem Bundestag in Angelegenheiten der Europäischen Union
EUZBLG	Gesetz über die Zusammenarbeit von Bund und Ländern in Angelegenheiten der Europäischen Union

EuZW	Europäische Zeitschrift für Wirtschaftsrecht
EWCA Civ.	England and Wales Court of Appeal (Civil Division) Decisions
EWG	Europäische Wirtschaftsgemeinschaft
EWGV	Vertrag zur Gründung der Europäischen Wirtschaftsgemeinschaft
EWHC	England and Wales High Court Decisions
EWHC (Admin)	England and Wales High Court (Administrative Court) Decisions
EWS	Europäisches Währungssystem
ex p	ex parte (im Auftrag von)
EZB	Europäische Zentralbank
f.	folgend
F.I.D.E.	Fédération Internationale pour le Droit Européen
FAZ	Frankfurter Allgemeine Zeitung
ff.	(fort)folgende
FG	Finanzgericht
Fn.	Fußnote
FR	Frankfurter Rundschau
FS	Festschrift
GA	Generalanwalt
GASP	Gemeinsame Außen- und Sicherheitspolitik
GATT	General Agreement on Tariffs and Trade (Allgemeines
GBl.	Gesetzblatt, Gesetzblätter
GG	Grundgesetz für die Bundesrepublik
GJL	German Law Journal
GO	Geschäftsordnung
GOBR	Geschäftsordnung des Bundesrates
GOBReg	Geschäftsordnung der Bundesregierung
GOBT	Geschäftsordnung des Bundestages
GS	Gedächtnisschrift
GVK	Gemeinsame Verfassungskommission
GYIL	German Yearbook of International Law
h.M.	herrschende Meinung
Halbs.	Halbsatz
Hervorh.	Hervorhebung
HILJ	Harvard International Law Journal
Hrsg.	Herausgeber
hrsg.	herausgegeben
HStR	Handbuch des Staatsrechts der Bundesrepublik Deutschland, herausgegeben von Josef Isensee und Paul Kirchhof
i.E.	im Erscheinen
i.S.d.	im Sinne des/der
i.V.m.	in Verbindung mit
ICON	International Journal of Constitutional Law
IEHC	Irish High Court
IESC	Irish Supreme Court
IGH	Internationaler Gerichtshof
insbes.	insbesondere
IPbpR	Internationaler Pakt über bürgerliche und politische Rechte
IPE	Ius Publicum Europaeum

IPE I	Handbuch Ius Publicum Europaeum, Band 1
IPE II	Handbuch Ius Publicum Europaeum, Band 2
IPR	Internationales Privatrecht
IPwskR	Internationaler Pakt über die wirtschaftlichen, sozialen und kulturellen Rechte
IR	Irish Reports
IWF	Internationaler Währungsfonds
JA	Juristische Arbeitsblätter
JBl.	Juristische Blätter
JEEL	Journal of East European Law
JEPP	Journal of European Public Policy
JIR	Jahrbuch für Internationales Recht
JLP	Journal of Legal Pluralism
JöR	Jahrbuch des öffentlichen Rechts der Gegenwart
JR	Juristische Rundschau
jur.	juristisch
JuS	Juristische Schulung
JW	Juristische Wochenschrift
JWG	Gesetz für Jugendwohlfahrt
JZ	Juristenzeitung
Kap.	Kapitel
KCLJ	Kings College Law Journal
KG	Kammergericht
Kohle und Stahl	
KritJ	Kritische Justiz
KritV	Kritische Vierteljahresschrift für Gesetzgebung und Rechtswissenschaft
LJIL	Leiden Journal of International Law
Losebl.	Loseblatt(sammlung)
LS	Leitsatz (eines Urteils)
m.	mit
m. w. N., mwN.	mit weiteren Nachweisen
MJIL	Michigan Journal of International Law
MLR	Modern Law Review
n. F., nF.	neue Fassung
Nachdr.	Nachdruck
NATO	North Atlantic Treaty Organization
NJ	Neue Justiz
NJW	Neue Juristische Wochenschrift
NStZ	Neue Zeitschrift für Strafrecht
NVwZ	Neue Zeitschrift für Verwaltungsrecht
NZA	Neue Zeitschrift für Arbeitsrecht
NZS	Neue Zeitschrift für Sozialrecht
OECD	Organization for Economic Cooperation and Development
OJLS	Oxford Journal of Legal Studies
ÖJZ	Österreichische Juristen-Zeitung
OLG	Oberlandesgericht
öst. B-VG	österreichisches Bundes-Verfassungsgesetz
OSZE	Organisation für Sicherheit und Zusammenarbeit in Europa

OVG	Oberverwaltungsgericht
R	Regina (die Krone)
RabelsZ	Rabels Zeitschrift für ausländisches und internationales Privatrecht
RBDI	Revue Belge de Droit International
RDP	Revue de droit public
RDUE	Revue du droit de l'Union européenne
Rec.	Recueil
REDP	Revue européenne de droit public
Rn.	Randnummer(n), Randziffer(n)
RTDE	Revue trimestrielle de droit européen
S.	Seite
s.	siehe
s. a.	siehe auch
s. o.	siehe oben
schw. RegForm	schwedisches Hauptverfassungsgesetz (*Regeringsformen*)
Slg.	Sammlung der Rechtsprechung
st. Rspr.	ständige Rechtsprechung
u. a.	unter anderem bzw. (bei Autorennennungen) und andere
UKHL	United Kingdom House of Lords Decisions
Urt.	Urteil
v. a.	vor allem
Verf	Verfassung
Verf-BE	belgische Verfassung
Verf-BG	bulgarische Verfassung
Verf-CY	zypriotische Verfassung
Verf-CZ	tschechische Verfassung
Verf-DEN	dänische Verfassung
Verf-ESP	spanische Verfassung
Verf-EST	estnische Verfassung
Verf-F	französische Verfassung
Verf-FIN	finnische Verfassung/ finnisches Grundgesetz
VerfG	Verfassungsgericht
VerfGH	Verfassungsgerichtshof
Verf-GR	griechische Verfassung
Verf-HU	ungarische Verfassung
Verf-IRL	irische Verfassung
Verf-IT	italienische Verfassung
Verf-KRO	kroatische Verfassung
Verf-LET	lettische Verfassung
Verf-LIT	litauische Verfassung
Verf-LUX	luxemburgische Verfassung
Verf-MAL	maltesische Verfassung
Verf-MK	mazedonische Verfassung
Verf-NL	niederländische Verfassung
Verf-PL	polnische Verfassung
Verf-POR	portugiesische Verfassung
Verf-ROM	rumänische Verfassung
Verf-SLK	slowakische Verfassung

Verf-SLO	slowenische Verfassung
Verf-TÜR	türkische Verfassung
VerwArch.	Verwaltungsarchiv. Zeitschrift für Verwaltungslehre, Verwaltungsrecht und Verwaltungspolitik
VG	Verwaltungsgericht
VGH	Verwaltungsgerichtshof
vgl.	vergleiche
VN	Vereinte Nationen
VO	Verordnung
Völkerrecht	
vs.	versus
VVDStRL	Veröffentlichungen der Vereinigung der Deutschen Staatsrechtslehrer
VVE	Vertrag über eine Verfassung für Europa
VvL	Vertrag von Lissabon
w.N.	weitere Nachweise
WEU	Westeuropäische Union
WLR	Weekly Law Reports
YEL	Yearbook of European Law
YLJ	Yale Law Journal
ZaöRV	Zeitschrift für ausländisches öffentliches Recht und
ZESAR	Zeitschrift für europäisches Sozial- und Arbeitsrecht
ZEuP	Zeitschrift für Europäisches Privatrecht
ZEuS	Zeitschrift für europarechtliche Studien
ZevKR	Zeitschrift für evangelisches Kirchenrecht
ZfV	Zeitschrift für Verwaltung
ZfZ	Zeitschrift für Zölle und Verbrauchsteuern
ZgS	Zeitschrift für die gesamte Staatswissenschaft
ZöR	Zeitschrift für öffentliches Recht
ZP	Zusatzprotokoll
ZRP	Zeitschrift für Rechtspolitik
ZVglRWiss	Zeitschrift für vergleichende Rechtswissenschaft

Einleitung

Der Begriff Permeabilität (von lat. *permeare* – passieren, durchlassen, durchdringen) ist in erster Linie in den Naturwissenschaften gebräuchlich. Allgemein bezeichnet er die physikalische Eigenschaft eines Körpers, Moleküle jeweils definierter Aggregatszustände durchdringen oder in sich einfließen zu lassen und durch diese selektive Entgrenzung die Grundlage eines stofflichen Austauschprozesses zu schaffen. Kurzum: Permeabel ist, was Offenheit erlaubt.

In der Welt des Rechts entbehrt der Permeabilitätsbegriff bislang eines konzeptionellen Eigenwertes. Indes lässt sich durch ihn eine bestimmte Leitidee rechtlicher Entgrenzung abbilden, die in ihrer Wirkung auf das normative Ineinandergreifen verschiedener Rechtsordnungen gerichtet ist. Nach rechtlicher Permeabilität fragen heißt in diesem Sinne nach einer bestimmten Qualität rechtlich integrativer Ordnungsstrukturen fragen.

Die vorliegende Untersuchung richtet diese Frage an das europäische Verfassungsrecht, genauer: an das Verfassungsrecht der Europäischen Union und das ihrer Mitgliedstaaten.

Der Zugriff auf dieses Forschungsfeld erweist sich als voraussetzungsvoll. Was europäisches Verfassungsrecht ist oder vielmehr sein soll, hat sich spätestens im vergangenen Jahrzehnt zu einer der kontroversesten und zugleich vielschichtigsten Grundsatzdiskussionen der Wissenschaften des Europarechts sowie des Verfassungs- und Staatsrechts entwickelt. Die Frage des Verhältnisses mehrerer Rechtsordnungen oder Rechtssetzungszentren zueinander nimmt innerhalb dieses Diskurses einen zentralen Platz ein. Hier kulminieren nicht nur Kernfragen der Geltungsbegründung und Legitimation von Recht in mehrstufigen bzw. multipolaren Ordnungszusammenhängen. Hier treffen auch Theorie und Praxis in immer wieder neuen Wendungen aufeinander.

Leitbegriffe wie Offenheit, Verbund, Verflechtung, Wechselseitigkeit, Dialog und Heterarchie haben in den vergangenen Jahren steten Zulauf erfahren und sind, wenn nicht schon zum herrschenden, so doch jedenfalls zu einem prägenden Bestandteil des europäischen Verfassungsdiskurses aufgewachsen. Wenig spricht dafür, dass es sich hierbei nur um eine temporäre Modeerscheinung handelt, die im Zuge allgemeiner Beschleunigungstendenzen lediglich auf den nächsten Paradigmenwechsel wartet. Die verschiedenen Ansätze ebenenübergreifender Relationsbeschreibung sind vielmehr Ausdruck einer tiefer liegenden Ordnungsidee, die nachhaltig an den

Grundfesten klassischer Verfassungsarchitektur gerüttelt hat – allerdings ohne bislang ein gesichertes Neufundament zu legen.

Hier nimmt die Frage nach rechtlicher Permeabilität ihren Ursprung. Das ihr zugrunde liegende Erkenntnisinteresse ist spezifisch auf die Qualität rechtlich integrativer Ordnungsstrukturen des nationalen Verfassungsrechts für die unionale Verfassungsebene sowie umgekehrt der supranationalen Verfassungsebene für das nationale Verfassungsrecht gerichtet, sucht diese Mechanismen aber durch ein *einheitliches Konzept in analytischer wie normativer Hinsicht* zu fassen.

Die Untersuchung gliedert sich in drei Teile. Der *erste Teil* widmet sich den konzeptionellen und methodischen Grundlagen. Hier sind die Konturen eines rechtlichen Permeabilitätsbegriffs zu zeichnen und die hierfür vorausgesetzten theoretischen Grundannahmen freizulegen. Der die Untersuchung leitende Ansatz der Permeabilität fußt auf der These, dass die Relationsbeschreibung mehrerer Rechtsordnungen nicht auf die Öffnungsrichtung des Regionalen hin zum Nationalen, des Nationalen hin zum Supranationalen bzw. des Supranationalen hin zum Internationalen verengt werden darf, sondern ebenso die Gegenrichtung einzubeziehen hat. Übertragen auf das europäische Verfassungsrecht heißt das: Der Permeabilitätsansatz beschränkt sich nicht darauf, die rechtliche Öffnung der nationalen Verfassungsebene für supranationales Recht einzufangen, sondern erlaubt es, in einer perspektivischen Wendung zugleich nach der normativen Durchlässigkeit der supranationalen Rechtsordnung für das staatliche Verfassungsrecht zu fragen. Ziel der Untersuchung ist es, unter einem konzeptionell einheitlichen Leitbegriff die unterschiedlichen Modelle bzw. Instrumente rechtlicher Permeabilität ebenenübergreifend herauszuarbeiten, diese anhand eines normativ-kritischen Maßstabes zu hinterfragen und, falls notwendig, konstruktive Lösungsvorschläge für ihre (textliche) Weiterentwicklung zu unterbreiten. Dabei geht es um die Typisierung von Regelungsmodellen im Sinne einer modellorientierten Vergleichung, die über den dogmatischen Rahmen des einzelnen Landes bzw. der einzelnen Ebene hinausgreift. Im Anschluss an die Begriffsbestimmung gilt es im Rahmen des Grundlagenteils daher zugleich das methodische Vorgehen näher zu umreißen.

Der *zweite Teil* der Arbeit – in empirischer Hinsicht der weitaus umfangreichste – nimmt den Standpunkt des nationalen Verfassungsrechts in verfassungsvergleichender Perspektive ein. Dafür wird nicht der Weg über die sukzessive Abhandlung einzelner Länderberichte gewählt, sondern die Gliederung anhand funktioneller Gesichtspunkte vorgenommen. Nicht aneinandergereihte Betrachtungen länderbezogener Partikularlösungen, sondern Regelungsmodelle, d.h. aktuelle und potenzielle Verwirklichungsformen verfassungsrechtlicher Integrationsnormen, stehen im Vordergrund. Welche Typen aber haben sich im Einzelnen herausgebildet und länderübergreifend etabliert? Welche Regelungen wurden fortentwickelt, welche als unzureichend verworfen? Inwieweit sind Wechselwirkungen und Rezeptionsvorgänge zwischen den einzelnen Verfassungen nachweisbar, die möglicherweise Rückschlusse auf die Praxistauglichkeit des betreffenden Modells zulassen? Wo bestehen Defizite und wie könnten diese ggf. behoben werden? Zur Beantwortung dieser Fragen wird das Europaverfassungsrecht aller derzeitigen Mitgliedstaaten und Beitrittskandidaten der EU in den Vergleich einbezogen und einer systematischen, gleichwohl aber normativ-kritischen Analyse unterzogen. Die Erfahrungswerte und das kreative Potenzial des Verfassungsvergleichs bilden zugleich den Ausgangspunkt für Weiterentwicklungen und Verbesserungsvorschläge. Die Untersuchung versteht sich insoweit gerade auch als Beitrag, die nicht selten national geprägten bzw. nach innen gewendeten Debatten um das staatliche Europaverfassungsrecht mit verfassungsvergleichenden Argumenten, Impulsen und Lösungswegen zu bereichern. Die Bedeutung der Verfassungsvergleichung für den zweiten Teil der Untersuchung geht aber tiefer. Die mittlerweile intensiven Normentwicklungs- und Rezeptionskontexte zwischen den einzelnen Mitgliedstaaten lassen nämlich den Schluss zu, dass sich das eigene nationale Europaverfassungsrecht ohne einen verfassungsvergleichenden Zugriff schon gar nicht hinreichend verstehen, geschweige denn fortentwickeln lässt.

Der *dritte Teil* vollzieht schließlich eine perspektivische Wende. Gefragt wird nunmehr aus dem Blickwinkel des jüngst reformierten Primärrechts. Für das Unionsrecht steht also nicht – wie zumeist üblich, wenn es um das Verhältnis von nationalem und europäischem Recht geht – sein Durchsetzungsanspruch im innerstaatlichen Rechtsraum im Vordergrund. Vielmehr wird die mit der Permeabilität einhergehende autolimitative Verbundfähigkeit der europäischen Verfassungsebene in den Vordergrund gerückt. Hier zeigt sich, dass der die Untersuchung leitende Ansatz über die nationale Ebene hinausweist, soweit er Permeabilität als Kernelement einer »offenen« Verfassungsordnung entkoppelt von Staatlichkeit behandelt. Inwieweit beinhaltet das Primärrecht aber permeable Mechanismen zur Einbeziehung von Rechtssätzen bzw. Rechtsinhalten aus den nationalen Verfassungsordnungen? Worin unterscheiden sich diese Mechanismen von der Permeabilität der nationalen Ebene? Wo gibt es möglicherweise Nachbesserungsbedarf? Dies sind die im dritten Teil zu beantwortenden Kernfragen.

Sowohl im zweiten als auch im dritten Teil der Untersuchung wird ein Bereich europäischen Verfassungsrechts in den Brennpunkt gerückt, welcher in den vergangenen Jahren geradezu eine Rundumerneuerung erfahren hat. Primäres Unionsrecht und nationales Europaverfassungsrecht waren bis in die jüngste Gegenwart hinein Gegenstand der wohl umfassendsten und grundlegendsten rechtlichen Reformentwicklungen, die in der Geschichte der europäischen Integration bislang zu verzeichnen sind. Für das Unionsrecht markiert der am 1. Dezember 2009 in Kraft getretene Vertrag von Lissabon den formellen Schlusspunkt (bzw. die Zwischenetappe) eines nahezu zehnjährigen Reformprozesses, der in seinem dramaturgischen Entwicklungsverlauf das Verfassungsrecht der Europäischen Union und seine potenziellen Entwicklungstendenzen nachhaltig geprägt hat. Parallel zum EU-Reformprozess vollzog sich in zwei Etappen zudem die bislang größte Erweiterungsrunde, in deren Verlauf insgesamt zwölf neue Staaten der Europäischen Union beigetreten sind.

Beide Entwicklungen auf unionsrechtlicher Ebene stehen in unmittelbarer Wechselwirkung zum nationalen Verfassungsrecht und wurden dort von einer ganzen Reihe wesentlicher Verfassungsänderungen und (verfassungs-)gerichtlicher Leitentscheidungen vorbereitet oder begleitet. Eine beachtliche Anzahl der heute maßgeblichen Bestimmungen des nationalen Europaverfassungsrechts ist innerhalb dieses Zeitraums neu erlassen oder jedenfalls von Grund auf reformiert worden. Neben den Verfassungsordnungen der 2004 und 2007 beigetretenen Mitgliedstaaten gilt dies auch für das Europaverfassungsrecht alter Mitgliedstaaten, insbesondere Deutschlands, Frankreichs, Österreichs und Irlands. Mit Blick auf die Judikative sind darüber hinaus zahlreiche der heute für das Verhältnis von Unionsrecht und nationalem Verfassungsrecht zentralen Leitentscheidungen in den vergangenen fünf bis sechs Jahren ergangen – man denke etwa an die Grundsatzurteile des spanischen Verfassungsgerichts zum Verfassungsvertrag (2004), des polnischen Verfassungsgerichtshofs zum Beitritt (2005), des tschechischen Verfassungsgerichts zum Zuckerquotenstreit (2006) oder des französischen Staatsrats zur Umsetzung von Richtlinien (2007 und 2009). Während des Entstehungszeitraums der vorliegenden Untersuchung sind mit den Lissabon-Entscheidungen des französischen Verfassungsrats (2007), des tschechischen Verfassungsgerichts (2008 und 2009), des lettischen Verfassungsgerichts (2009), des deutschen Bundesverfassungsgerichts (2009) sowie des ungarischen Verfassungsgerichts (2010) weitere, zumal wechselseitig dialogische Grundsatzentscheidungen hinzugekommen. Stets stand das Verhältnis der beiden Rechtsebenen dabei im Brennpunkt der Überlegungen.

Teil 1

Grundlagen

Die länder- und ebenenübergreifende Untersuchung rechtlicher Permeabilität im europäischen Verfassungsrecht setzt eine Vorabklärung in begrifflicher sowie in methodischer Hinsicht voraus. In einem ersten Schritt ist Permeabilität als Rechtsbegriff zu definieren.[1] Dabei gilt es neben Begriffsbestimmung und dogmatischer Konturierung insbesondere die zugrunde gelegte theoretische Deutungsfolie sichtbar zu machen (dazu Kapitel 1). Darauf aufbauend, aber gleichsam in dialektischer Wechselwirkung zur Definition des Untersuchungsgegenstandes stehend, ist in einem zweiten Schritt das methodische Vorgehen zu entwickeln (dazu Kapitel 2).

Kapitel 1

Permeabilität: Begriffsbestimmung und Deutungsfolie

Das die Untersuchung leitende Paradigma der Permeabilität (dazu I.) fußt in theoretischer Hinsicht auf einer *rechtspluralistischen Hypothese*. Diese erkennt das Bestehen inkommensurabler Autonomiepostulate mehrerer formell trennbarer Rechtssetzungszentren an und ordnet diese einander in einem nicht-hierarchischen Verhältnis zu (dazu II.).

Soweit der Permeabilitätsbegriff einen spezifischen Zugriff auf das „Ineinandergreifen"[2] verschiedener Rechtsordnungen bzw. auf Phänomene „rechtsnormativer

[1] Ein konzeptioneller Eigenwert ist für den Begriff bislang nicht nachzuweisen. Allenfalls wird er vereinzelt und ohne erkennbare differentia specifica als Synonym für das Prinzip offener Staatlichkeit bzw. für die Öffnung der staatlichen Kompetenzsphäre verwendet, vgl. *S. Hobe*, Der offene Verfassungsstaat zwischen Souveränität und Interdependenz (1998), S. 409 u. 424 sowie *K.-P. Sommermann*, Offene Staatlichkeit, in: IPE II (2008), § 14 Deutschland, Rn. 12. Den Begriff „Impermeabilität" als Synonym für die Geschlossenheit des Staates verwendet *C. Schmitt*, Verfassungslehre (1928 – Neusatz 1993), S. 371 u. 364 („impermeabel").

[2] Vgl. *J. Schwarze*, Die Entstehung einer europäischen Verfassungsordnung, in: ders (Hrsg.), Die Entstehung einer europäischen Verfassungsordnung – das Ineinandergreifen von nationalem und europäischem Verfassungsrecht (2000), S. 463 ff.; *ders.*, Auf dem Weg zu einer europäischen Verfassung – Wechselwirkungen zwischen europäischem und nationalem Verfassungsrecht, in: ders./P.-C. Müller-Graff (Hrsg.), Europäische Verfassungsentwicklung, EuR Beiheft 1/2000, S. 7 ff. Vgl. in Bezug auf den gerichtlichen Grundrechtsschutz auch BVerfG, Beschl. v. 7. 6. 2000 – 2 BvL 1/97 – *Bananenmarktordnung* = BVerfGE 102, 147 (166).

Verflechtung"[3] eröffnet, geht es nicht darum, diesen Ansatz mit einem fehlgehenden Anspruch auf Alleingültigkeit gegen bestehende Deutungsmuster auszuspielen. Der Begriff der Permeabilität ist nicht als Gegenbegriff angelegt. Vielmehr adressiert er aus einem im Folgenden darzulegenden Erkenntnisinteresse heraus bestimmte Fragen und gleichsam normative Anforderungen an die Verwirklichungsformen rechtlich integrativer Ordnungsstrukturen. Schnittmengen zu bestehenden Ansätzen bestehen durchaus. Die charakteristische Besonderheit des hier gewählten Ansatzes liegt neben dem dogmatischen Zuschnitt aber vor allem in seiner *ordnungs-* bzw. *ebenenneutralen* Ausrichtung. Anders als etwa das Prinzip offener Staatlichkeit[4] oder der Rechtsbegriff der Öffnung[5] ist der Permeabilitätsbegriff gerade nicht exklusiv auf den staatlichen Ordnungsrahmen fixiert (dazu III.).

Permeabilität setzt die rechtspluralistische Prämisse inkommensurabler Geltungspostulate voraus, ist aber gerade auf die Überwindung des damit einhergehenden Kollisionspotenzials angelegt. Permeabilität lässt sich darum allgemein als Instrument rechtlicher Verbundenheit bzw. Verbundfähigkeit in einer rechtlich polyzentrischen Ordnungswelt vorstellen. Speziell für den Bereich des *europäischen Verfassungsverbundes*[6] bzw. des europäischen *Mehrebenensystems*[7] erfolgt der Zugriff auf rechtliche Verbundtechniken[8] bzw. Verbundprinzipien[9] darum zwar schwerpunkt-

---

[3] Für das Verflechtungsparadigma im Kontext der Politikwissenschaften und der Föderalismusforschung mittlerweile klassisch: *F. Scharpf*, Die Politikverflechtungs-Falle: Europäische Integration und deutscher Föderalismus im Vergleich, Politische Vierteljahresschrift 26 (1985), S. 323 ff. sowie ders., u. a. (Hrsg.), Politikverflechtung (3 Bände 1976, 1977, 1979). S. zudem jüngst *ders.*, Föderalismusreform. Kein Ausweg aus der Politikverflechtungsfalle? (2009). Speziell für den Bereich des europäischen Verfassungsrechts von „rechtsnormativer Verflechtung" spricht, wenngleich kritisch konnotiert, *M. Nettesheim*, Europäischer Verfassungsverbund?, in: FS J. Isensee (2007), S. 733 (736).

[4] Wegweisend *K. Vogel*, Die Verfassungsentscheidung des Grundgesetzes für eine internationale Zusammenarbeit, Recht und Staat in Geschichte und Gegenwart, Heft 292/293 (1964), S. 1 (42): „umfassende Verfassungsentscheidung für eine ‚offene' Staatlichkeit".

[5] Zum Begriff der Öffnung in der Rechtsprechung nationaler Verfassungsgerichte vgl. insbesondere ital. VerfGH, Urt. v. 18. 12. 1973 – Nr. 183/1973 – *Frontini* = EuR 1974, S. 255 (258): „Öffnung" (*apertura*) sowie BVerfG, Beschl. v. 29. 5. 1974 – BvL 52/71 – *Solange I* = BVerfGE 37, 271 (279 f.). Eingehend hierzu Teil 2 – Kapitel 5 – II. 2. b) aa) mit weiteren Beispielen.

[6] Grundlegend *I. Pernice*, Bestandssicherungen der Verfassungen: Verfassungsrechtliche Mechanismen zur Wahrung der Verfassungsordnung, in: R. Bieber/P. Widmer (Hrsg.), L'espace constitutionnel européen (1995), S. 225 (233 ff.); *ders.*, Europäisches und nationales Verfassungsrecht, VVDStRL 60 (2001), 148 ff.; *ders.*, Multilevel Constitutionalism and the Treaty of Amsterdam, CMLRev. 36 (1999), S. 703 (706); *ders.*, Theorie und Praxis des Europäischen Verfassungsverbundes, in: C. Calliess (Hrsg.), Verfassungswandel im europäischen Staaten- und Verfassungsverbund (2007), S. 61 ff. sowie jüngst *ders.*, The Treaty of Lisbon: Multilevel Constitutionalism in Action, CJEL 15 (2009), S. 349 ff. = WHI-Paper 2/09, abrufbar unter http://www.whi-berlin.de/documents/whi-paper0209.pdf (1. 9. 2010) m. w. N. zur Rezeption des Konzepts.

[7] Speziell für eine Übertragung des den Sozialwissenschaften entlehnten Konzepts auf den juristischen Kontext *F. C. Mayer*, Kompetenzüberschreitung und Letztentscheidung (2000), S. 35 ff.

[8] Vgl. *A. Voßkuhle*, Der europäische Verfassungsgerichtsverbund, NVwZ 2010, S. 1 (3 ff.).

[9] Zu „Prinzipien des Verbundes" im europäischen Verfassungsrecht *A. v. Bogdandy*, Grundprinzipien, in: ders./J. Bast (Hrsg.), Europäisches Verfassungsrecht (2. Aufl. 2009), S. 13 (50 ff.).

mäßig aus der in empirischer Hinsicht besonders reichhaltigen Perspektive der nationalen, aber umgekehrt auch aus Blickrichtung der unionalen Verfassungsebene (dazu IV.).

I. Definition

Rechtliche Permeabilität bezeichnet die durch eine bestimmte Rechtsordnung (Ausgangsrechtsordnung) erfolgende Rücknahme ihres potenziell ausschließlichen Durchsetzungsanspruches mit der Zweckrichtung der rechtlichen An- oder Zuerkennung von Regelungsbereichen, die vom Geltungsbereich der Ausgangsrechtsordnung grundsätzlich umfasst sind, aber gleichwohl durch Rechtssätze oder Normgehalte bestimmt werden sollen, die aus einer von der Ausgangsrechtsordnung verschiedenen Rechtsordnung herrühren.

Pointierter:

Rechtliche Permeabilität meint die Eigenschaft einer Rechtsordnung, Rechtssätze durchgreifen oder Normgehalte einfließen zu lassen, die einer von ihr getrennten Rechtsquelle entstammen.

1. *Permeabilität als normatives Konzept*

Permeabilität bildet einen integralen Bestandteil des Rechts der jeweiligen Ausgangsrechtsordnung, obwohl sie in ihrer Wirkrichtung auf Recht abzielt, das jenseits dieses Rechtssetzungszentrums entstanden ist. Die Instrumente rechtlicher Permeabilität sind demnach in den normativen Bezugsrahmen der Ausgangsrechtsordnung eingebunden und unterliegen als „ordnungseigene" Struktur den Rechtserzeugungs- bzw. Rechtsanerkennungsregeln[10] dieser Ordnung.[11]

Zugleich folgt daraus, dass Permeabilität nicht mit einem lediglich deskriptiven Beschreibungsangebot zu verwechseln ist, welches das Verhältnis mehrerer Rechtsordnungen aus einer Meta-Perspektive in den Blick nimmt. Vielmehr ist Permeabilität Teil des (geschrieben oder ungeschrieben) Normierten der jeweiligen Rechtsordnung.

Normativ ist das Permeabilitätskonzept bereits insoweit, als die permeablen Strukturen selbst Teil des Normierten sind. Eine normative Dimension wohnt dem Konzept vor allem aber in dem Sinne inne, als seine dogmatische Verdichtung die Formulierung bestimmter Anforderungen bzw. Sollenserwartungen erlaubt, welche als

---

[10] In Anlehnung an die „rule(s) of recognition" im Sinne *H.L.A. Harts*, The Concept of Law (2. Aufl. 1994), S. 94ff. Die rule(s) of recognition gehört bzw. gehören als Rechtseinsetzungs- bzw. Rechtsanerkennungsnorm(en) der Kategorie der sog. „secondary rules" an, die *Hart* unterscheidet von den durch sie erzeugten, geänderten oder vernichteten „primary rules" im Sinne von ge- und verbotsgleichen Verhaltensnormen.

[11] D.h. auf den normativen Bezugsrahmen der jeweiligen Ordnung gerichtet. Für das europäische Verfassungsrecht im Sinne eines „order-approach" vgl. *D. R. Phelan*, Revolt or Revolution. The Constitutional Boundaries of the European Community (1997), S. 3ff.

Maßstab an die Ausgestaltung rechtlicher Ordnungsstrukturen angelegt werden können.

2. *Entgrenzung und integrative Wirkrichtung*

Die Formulierung solcher Anforderungen beginnt bei der Frage nach Funktionsweise und Wirkrichtung. Soll eine Ausgangsrechtsordnung permeabel sein, so muss sie ein rechtliches Fundament bereithalten, welches die Begrenzung ihres potenziell ausschließlichen Durchsetzungsanspruches mit der Zweckrichtung erlaubt, Rechtssätze oder Normgehalte, die einer formal getrennten Rechtsordnung entstammen, innerhalb des potenziellen Geltungsbereichs der Ausgangsrechtsordnung durchgreifen bzw. in den durch sie konstituierten Rechtsraum einfließen zu lassen. Es bedarf also einer (verfassungs-)rechtlichen Ermächtigung, auf deren Grundlage die deklaratorische Anerkennung bzw. präskriptive Zuweisung von Regelungsbereichen erfolgen kann, welche zwar grundsätzlich vom Geltungsbereich der Ausgangsrechtsordnung umfasst sind, aber letztlich durch rechtsordnungsdifferierende Rechtssätze oder Normgehalte ganz oder teilweise bestimmt werden sollen.[12] Rechtliche Permeabilität begründet damit in funktioneller Hinsicht einen Prozess der *Autolimitation* bzw. *Entgrenzung* zugunsten ordnungsextern entstandenen Rechts.[13]

Dieser Funktionsmechanismus muss zugleich auf eine rechtlich koordinative bzw. integrative Wirkung gerichtet sein. Die positivierte Form rechtlicher Permeabilität kann darum auch als *Integrationsnorm* bezeichnet werden, freilich verstanden in einem rechtstechnischen und nicht alleinig auf den Prozess der europäischen Integration bezogenen Sinne.[14]

Formalrechtlicher Ansatzpunkt der Permeabilität bleibt stets die jeweilige *Ausgangsrechtsordnung*. Die Beschränkung des potenziellen Ausschließlichkeitsanspruches *dieser* Ordnung für ihren Geltungsbereich bewirkt den entgrenzenden Effekt.[15]

---

[12] Was die Permeabilität der *innerstaatlichen* Verfassungsordnungen für das Unionsrecht betrifft, so ist mit der Verwendung des Begriffs „Ermächtigung" keineswegs die Frage nach dem Geltungsgrund des Unionsrechts im innerstaatlichen Rechtsraum präjudiziert. Vielmehr kann sich die Ermächtigung auch lediglich auf den Abschluss bzw. die Zustimmung zu den Verträgen oder Vertragsänderungen beziehen und die Frage der Geltung und Wirkungen des Unionsrechts unmittelbar aus dem Primärrecht ziehen. Dazu näher Teil 2 – Kapitel 10.

[13] Im Rahmen einer innerstaatlichen Integrationsermächtigung wird diese Dimension freilich zugleich mit einer – auf die Entstehung der supranationalen Rechtsordnung gerichteten – konstitutiven Funktion gekoppelt.

[14] Ist eine solche Integrationsnorm zugleich auf die rechtliche Dimension der europäischen Integration bezogen, wie dies etwa bei staatsverfassungsrechtlichen Europaklauseln der Fall ist, so handelt es sich gewissermaßen um eine Integrationsnorm im doppelten Sinne.

[15] Diese Autolimitation im rechtlichen Sinne ist im Übrigen nicht zwingend verbunden mit einem Verlust an politischer Handlungsmacht. Vgl. näher Teil 2 – Kapitel 5 – II. 2. a) im Kontext des Übertragungsmodells.

3. *Selektivität*

Permeabilität ist in aller Regel nicht grenzenlos gewährleistet. Wie ein physikalischer Körper nur für bestimmte Moleküle „selektiv" durchlässig ist, so besteht auch rechtliche Permeabilität nicht für jegliches ordnungsdifferierende Recht. Vielmehr bindet die Ausgangsrechtsordnung die Permeabilität regelmäßig an materiell-rechtliche Bedingungen oder Schranken und richtet sie ggf. an konkreten Zielstellungen oder bestimmten Grundprinzipien aus.

In dieser Selektivität liegt ein materiell-rechtlicher Gehalt, der den grenzrechtlichen bzw. verfahrensrechtlichen Charakter permeabler Mechanismen komplettiert.[16] In erster Linie kommt ihm eine schützende und somit aus Perspektive der Ausgangsrechtsordnung eine *defensiv-bestandssichernde Funktion* zu. Bestimmte Grundentscheidungen bzw. Kerngehalte dieser Rechtsordnung sollen bestehen bleiben und der Autolimitation entzogen werden. Da die Bestandssicherung im Extremfall zu einer unaufgelösten Normenkollision führen kann, liegt in der Selektivität zugleich ein nicht unerhebliches Spannungsfeld zur integrativen Wirkrichtung rechtlicher Permeabilität.[17]

Die materiell-rechtliche Dimension setzt jedoch nicht allein an der *reaktiven* Seite an. Permeabilität kann gerade auch mit Mechanismen gekoppelt sein, die speziell auf eine offensive bzw. *aktive* Gestaltung ordnungsdifferierenden Rechts abzielen. Typisches Beispiel sind die in den verfassungsrechtlichen Europaklauseln einiger Mitgliedstaaten enthaltenen Struktursicherungs- bzw. (besser) Struktur*gestaltungs*klauseln, die bestimmte Anforderungen an die Ausformung der zu konstituierenden supranationalen Rechtsordnung stellen.[18] Da diese Vorgaben rechtlich nur an die jeweiligen (ordnungseigenen) Staatsorgane in ihrer Mitwirkungsrolle bei der Konstituierungshandlung adressiert sind, zeigt sich auch hier, dass Permeabilität und die sie flankierenden Mechanismen selbst Teil der Ausgangsrechtsordnung sind. In ihrer *normativen* Bindungswirkung greifen sie nicht über diese hinaus.

Gleichwohl beeinflussen sie die Entstehung ordnungsdifferierenden Rechts, wenn die Akteure institutionell ineinander verflochten sind, wie z. B. die nationalen Regierungsmitglieder als Teil des Rates. Entscheidender Aspekt aber ist die enge Wechselwirkung zwischen aktiver und reaktiver Dimension. Die (aktive) Gestaltungs-

---

[16] Besonders deutlich ist die Notwendigkeit einer die grenzrechtliche Dimension ergänzenden materiell-rechtlichen Dimension der Permeabilität durch das span. VerfG in seiner Erkl. v. 13. 12. 2004 – DTC 1/2004 – *Verfassungsvertrag* = EuR 2005, S. 339 (342 f.) herausgestellt worden – und zwar in Bezug auf die Integrationsermächtigung in Art. 93 Verf-ESP.

[17] Aus Sicht der Ausgangsrechtsordnung bleibt insoweit ihr Durchsetzungsanspruch bestehen. D. h. die betreffende Rechtsordnung beansprucht, dass die ordnungseigene Norm angewendet wird. Geht man allerdings von der jeweils autonomen Geltung der in Rede stehenden Rechtsordnungen aus – dazu sogleich –, so kann die Ausgangsrechtordnung gerade keine Geltungsaussage über den rechtsordnungsdifferierenden Rechtssatz treffen.

[18] Dazu Teil 2 – Kapitel 9 – IV. Da die Europaklauseln der Mitgliedstaaten häufig zugleich die innerstaatlichen Beteiligungsformen an der Konstituierung supranationaler Hoheitsgewalt regeln, handelt es sich bei dem supranationalen Recht so gesehen nur bedingt um „fremdes" Recht.

wirkung kann auf Ebene des ordnungsdifferierenden Rechts die entscheidende materiell-rechtliche Grundlage für die spätere (reaktive) Permeabilität der Ausgangsrechtsordnung schaffen. Letztere erlaubt die Rücknahme ihres potenziellen Alleinigkeitsanspruches u. U. ausschließlich deshalb, weil das einfließende Recht bestimmten Qualitätsmerkmalen entspricht. Diese Anforderungen können legitimatorischer oder materiell-rechtlicher Art sein oder sich auf Modus und Bestimmtheit des Kompetenzregimes der zu errichtenden Ordnung beziehen. Durch diese Gestaltungswirkung ist das einfließende Recht also trotz seiner formellen Getrenntheit materiell kein „Fremdrecht". Gerade wenn es um die Permeabilität einer *Verfassungs*ordnung geht, ist diese Grundsicherung in legitimatorischer, materiell-rechtlicher und kompetenzieller Hinsicht eine essenzielle Komponente bzw. Entstehungsbedingung für Permeabilität.[19]

4. *Deklaratorische und präskriptive Dimension*

Weil Permeabilität in reaktiver Perspektive bei der Entgrenzung der Ausgangsrechtsordnung ansetzt, verlangt sie nicht notwendigerweise, das ordnungsdifferierende Recht in das normative Gewand der Ausgangsrechtsordnung zu kleiden und insoweit umkodieren zu müssen. Permeabilität fordert nicht zwingend eine Inkorporation oder Auswechslung des Geltungsgrundes.[20] Vielmehr umfasst sie in ihrer Grundform gerade Konstellationen, in denen die Ausgangsrechtsordnung ordnungsextern entstandenen Rechtsakten rechtlichen *Eigenraum* belässt, indem sie lediglich ihren eigenen Durchsetzungsanspruch in kooperativer Weise zurücknimmt. Eine positive Aussage über den Geltungsgrund bzw. den Vollzugsmodus des durchgreifenden bzw. einfließenden Rechts trifft die Ausgangsrechtsordnung dann gerade nicht. Die Geltung des durchgreifenden Rechts muss mit anderen Worten nicht präskriptiv angeordnet werden, sondern kann lediglich deklaratorisch vorausgesetzt sein. Auf diese Weise erfüllt Permeabilität die Funktion einer „einseitigen Kollisionsnorm", welche die Reichweite des Durchsetzungsanspruches der Ausgangsrechtsordnung bestimmt.[21]

---

[19] Daraus lässt sich gleichwohl nicht zwingend der Anspruch auf ein Letztentscheidungsrecht auf ordnungsinterner Ebene ableiten, vgl. Teil 2 – Kapitel 11 – III.

[20] Anders *M. Jestaedt*, Der europäische Verfassungsverbund – Verfassungstheoretischer Charme und rechtstheoretische Insuffizienz einer Unschärferelation, in: GS Blomeyer (2004), S. 637 (660 f.), der für die *normative* In-Beziehung-Setzung ordnungsdifferierenden Rechts zwingend ein einseitiges „Rechtsimportverfahren" im Sinne eines „Inkorporations- und Platzanweisungsakt[es]" verlangt.

[21] Zu dieser Rechtsfigur im Kontext der Europäisierung des Verwaltungsrechts vgl. *S. Kadelbach*, Allgemeines Verwaltungsrecht unter europäischem Einfluß (1999), S. 219, der für das Verhältnis der Rechtsordnungen von „kooperativer Konkurrenz" spricht. In sachbereichlicher Hinsicht werden einseitige Kollisionsnormen typischerweise durch Kompetenzregime ergänzt, wie etwa die Öffnungsklauseln der Mitgliedstaaten durch das (über diese Klauseln zugleich mitkonstituierte) Kompetenzregime der Union. Dass Permeabilität grundsätzlich die Funktion einer einseitigen Kollisionsnorm beigemessen wird, schließt im Übrigen nicht aus, dass die betreffende Rechtsordnung im konkreten Einzelfall weitergehende (ggf. zweiseitige) kollisionsrechtliche Aussagen oder Verwei-

Denklogische Voraussetzung hierfür ist stets, dass sich die Geltungs- bzw. Anwendungsbereiche[22] der betreffenden Rechtsordnungen überschneiden, dass also ihre Beziehungen zu Raum und Zeit in sachlicher, territorialer oder personaler Hinsicht überlappen und daher Normenkollisionen in Rechts*anwendungs*perspektive entstehen können. Permeabilität setzt also jedenfalls die theoretische Möglichkeit voraus, dass für ein und denselben Sachverhalt mindestens zwei Normen unterschiedlicher Herkunft, die nach den Rechtserzeugungsregeln ihrer jeweiligen Rechtsordnung gelten, gleichzeitig ihre Durchsetzung bzw. Anwendbarkeit beanspruchen und ggf. zu unterschiedlichen Rechtsfolgen gelangen.[23] Die dahinter stehende rechtspluralistische Hypothese wird folgend zu formulieren sein.

Ist die präskriptive Geltungsvermittlung für ordnungsdifferierendes Recht zwar kein notwendiges Definitionsmerkmal rechtlicher Permeabilität, so kann ein solcher Mechanismus gleichwohl zur autolimitativen Entgrenzung hinzutreten. Die Ausgangsrechtsordnung stellt dann das rechtsordnungsfremde Recht – sei es durch einen Anwendungs- oder Vollzugsbefehl oder aber im Wege der Rezeption oder Transformation[24] – auf das normative Fundament der Ausgangsrechtsordnung. In diesem Fall findet im wahrsten Sinn des Wortes ein „Über-Setzen" des ordnungsfremden Rechtsaktes in den ordnungsinternen Rechtsraum statt. Wie zu zeigen sein wird, ist dies ein in der Praxis durchaus übliches Phänomen.

Damit sind unterschiedliche Intensitätsgrade angezeigt. Die intensivste Verwirklichungsstufe rechtlicher Permeabilität liegt dort vor, wo die Ausgangsrechtsordnung ihren potenziell ausschließlichen Durchsetzungsanspruch bzw. „Geltungswillen"[25] innerhalb ihres Geltungsbereichs mit der Zielstellung zurücknimmt, rechtsordnungsdifferierendem Recht *in dessen normativer Eigenkraft* Raum zu lassen. Abge-

---

sungen enthalten kann. Als Beispiel sei auf die Gesamtverweisung in Art. 8 Abs. 4 Verf-POR hingewiesen, dazu Teil 2 – Kapitel 10 – V. 2.

[22] Zur begrifflichen Differenzierung zwischen Geltung und Anwendbarkeit vgl. Teil 2 – Kapitel 10 – I. Bereits an dieser Stelle sei jedoch erwähnt, dass die in theoretischer Hinsicht zutreffende und gleichsam notwendige Unterscheidung in der Praxis häufig unberücksichtigt bleibt.

[23] Anders wäre dies nur, wenn man auf streng rechtsordnungsmonistischer Basis bereits die theoretische Möglichkeit einer Normenkollision – jedenfalls in Bezug auf ordnungsdifferierende Normen – ablehnte. So in Bezug auf das Verhältnis von Völkerrecht und staatlichem Recht insbesondere *H. Kelsen*, Die Einheit von Völkerrecht und staatlichem Recht, ZaöRV 19 (1958), S. 234 (244) sowie ders., Reine Rechtslehre (2. Aufl. 1960 – Nachdruck 1967), S. 330 u. 342. Allerdings werden *Kelsens* Spätwerk mitunter sogar rechtspluralistische Tendenzen in dem Sinne entnommen, dass er die Möglichkeit bestimmter Normenkollisionen innerhalb einer Teilrechtsordnung durchaus anerkannt habe, vgl. *A. Fischer-Lescano*, Monismus, Dualismus? – Pluralismus. Selbstbestimmung des Weltrechts bei Hans Kelsen und Niklas Luhmann, in: H. Brunkhorst/R. Voigt (Hrsg.), Rechts-Staat (2007), S. 203 ff., abrufbar unter http://www.jura.uni-frankfurt.de/ifawz1/teubner/dokumente/Kelsen.pdf (1. 9. 2010).

[24] Zu den monistischen und dualistischen Ansätzen siehe sogleich.

[25] *K. Vogel*, Die Verfassungsentscheidung des Grundgesetzes für eine internationale Zusammenarbeit, Recht und Staat in Geschichte und Gegenwart, Heft 292/293 (1964), S. 1 (6). Das BVerfG, Beschl. v. 29. 5. 1974 – BvL 52/71 – *Solange I* = BVerfGE 37, 271 (280) spricht insoweit von „Herrschaftsanspruch".

schwächter ist der Wirkungsgrad hingegen dort, wo die Ausgangsrechtsordnung das durchgreifende bzw. einfließende Recht auf das normative Fundament einer ordnungseigenen Geltungsanordnung oder eines Rechtsanwendungsbefehls stellt und auf diese Weise lediglich dem Rechtsinhalt bzw. dem Normgehalt im Gewand oder auf Basis des ordnungseigenen Rechts zur Durchsetzung verhilft.

5. *Gegenstand: Rechtsakte oder Normgehalte*

Mit Blick auf den Intensitätsgrad ist darüber hinaus anhand des Gegenstandes zu differenzieren. Rechtliche Permeabilität kann sich zum einen auf den Durchgriff[26] einzelner *Rechtssätze* bzw. *Regeln* beziehen. Beispiel hierfür ist die unmittelbare Anwendbarkeit eines supranationalen Rechtsaktes im territorialen Geltungsbereich einer nationalen Verfassungsordnung.

Zum anderen aber kann die integrative Wirkrichtung auch lediglich auf bestimmte *Normgehalte* bezogen sein. In diesem Fall schlägt nicht ein konkreter Normbefehl bzw. eine einzelne Regel durch. Vielmehr besteht die Permeabilität nur mittelbar für einen bestimmten rechtlichen Kerngehalt und ein ggf. darauf gerichtetes Optimierungsgebot. Dies gilt insbesondere für verfassungsrechtliche *Prinzipien*. Die instrumentelle Palette rechtlicher Permeabilität kennt somit auch subtilere Mechanismen als die Anerkennung des Durchgriffes einer formell getrennten Rechtsordnung entstammender Rechtssätze. In diesem Sinne *mittelbar* kann ein ordnungsdifferierendes Prinzip etwa im Wege der *Konformauslegung* einfließen und mit ordnungseigenen Prinzipien zum Ausgleich gebracht werden.[27] Auch kann die vergleichsbasierte Bildung *allgemeiner Rechtsgrundsätze* ein Instrument rechtlicher Permeabilität darstellen, wenn dieser Vorgang spezifisch auf die Einbindung ordnungsdifferierender Prinzipien gerichtet ist.[28]

Die verschiedenen Intensitätsgrade rechtlicher Permeabilität variieren somit auch nach Art des jeweiligen Einbindungsobjekts, wobei sich hier die in der Rechtstheorie zuweilen vorgenommene Unterscheidung von Regeln und Prinzipien spiegelt.[29]

---

[26] Zum Begriff des Durchgriffs supranationalen Rechts klassisch *H.P. Ipsen*, Europäisches Gemeinschaftsrecht (1972), S. 69 (§ 2 Rn. 52); *A. Bleckmann*, Grundgesetz und Völkerrecht (1975), S. 228 sowie *C. Tomuschat*, in: BK, Art. 24 (Zweitb. 1981), Rn. 8 ff.

[27] Zum Grundsatz einer wechselseitigen Konformauslegung im Kontext des europäischen Verfassungsrechts vgl. näher *A. Peters*, Elemente einer Theorie der Verfassung Europas (2001), S. 286 f. in Anlehnung an die Unterscheidung zwischen Prinzipien und Regeln bei *R. Dworkin*, Taking Rights Seriously (1977), S. 22 ff. und – dogmatisch im Einzelnen differenzierter – *R. Alexy*, Theorie der Grundrechte (5. Aufl. 2006), S. 71 ff. u. 77 ff.

[28] Vgl. im Kontext des Konzeptes einer europäischen „Kooperations-Verfassung" auch *A. Schmitt Glaeser*, Grundgesetz und Europarecht als Elemente Europäischen Verfassungsrechts (1996), S. 125 ff. und 172 ff., der ausdrücklich die normative Dimension des Einflusses von nationalem Verfassungsrecht in das Unionsrecht qua allgemeinen Rechtsgrundsätzen betont (insbesondere S. 140).

[29] Zur Trennung von Regeln und Prinzipien in rechtstheoretischer Hinsicht vgl. *R. Dworkin*, Taking Rights Seriously (1977), S. 22 ff. und – im Einzelnen differenzierter – *R. Alexy*, Theorie der Grundrechte (5. Aufl. 2006), S. 71 ff. sowie insbesondere S. 77 ff.

Regelmäßig wird ein bestimmtes Instrument rechtlicher Permeabilität auf das Recht einer einzigen Rechtsordnung bezogen sein. Allerdings ist ebenso denkbar, dass Permeabilität auf ein in seiner Struktur plurales Einbindungsobjekt abzielt.[30]

6. *Finalität*

Betrachtet man die unterschiedlichen Intensitätsgrade in Abhängigkeit von dem jeweiligen Einbindungsobjekt, so zeichnen sich zugleich die Grenzen rechtlicher Permeabilität als eines Konzeptes *rechtsnormativer* Verschränkung ab. Zwar erschöpfen sich ihre Instrumente nicht in der Anerkennung des unmittelbaren Durchgriffs rechtsordnungsfremder Rechtssätze, sondern ermöglichen ebenso das mittelbare Einfließen von Normgehalten. Gleichwohl sind keineswegs alle Formen der Rezeption oder „Migration"[31] ordnungsextern entstandenen Rechts, noch die Gesamtheit sonstiger Anpassungsphänomene auf Seite der Ausgangsrechtsordnung automatisch unter den Begriff der Permeabilität zu fassen. Wie bereits angedeutet, muss der betreffende rechtliche Mechanismus vielmehr in spezifischer Weise auf das Einfließen rechtsordnungsdifferierender Normgehalte und die damit einhergehende Integrations- bzw. Koordinationswirkung *abzielen*.

Mit anderen Worten, es bedarf einer *finalen Zweckbestimmung* dahingehend, dass das betreffende Rechtsinstrument speziell auf die Durchlässigkeit für ordnungsfremdes Recht und die somit erzielte Integrations- bzw. Koordinationswirkung *ausgerichtet* ist.

Rein faktische Umstände oder bloße Anpassungsergebnisse reichen hierfür nicht aus. So stellt etwa die freiwillige Berücksichtigung rechtsvergleichender Erkenntnisse im Rahmen einer Verfassungsänderung keinen Mechanismus rechtlicher Permeabilität dar. Anders zu beurteilen wäre dies wiederum, wenn das Änderungsverfahren eine spezifische Rechtspflicht oder jedenfalls eine Ermächtigung zur Berücksichtigung rechtsvergleichender Erkenntnisse enthielte. Ein positiviertes Beispiel für einen in diesem Sinne spezifischen, aber gleichwohl mittelbar wirkenden Mechanismus rechtlicher Permeabilität liefert Art. 39 der südafrikanischen Verfassung. Dieser ermächtigt innerstaatliche Gerichte ausdrücklich, ausländisches Recht für die Auslegung von Grundrechten heranzuziehen.[32]

Die funktionelle Zweckbestimmung muss sich nicht zwingend aus dem geschriebenen Recht ergeben.[33] Eine gefestigte Rechtsprechungslinie zur Konformauslegung des ordnungseigenen Rechts am Maßstab rechtsordnungsdifferierenden Rechts kann

---

[30] Dazu näher Teil 3.

[31] *S. Choudhry*, Migration as a new metaphor in comparative constitutional law, in: ders. (Hrsg.), The Migration of Constitutional Ideas (2006), S. 1 ff.

[32] „When interpreting the Bill of Rights, a court, tribunal or forum (...) may consider foreign law." Die südafrikanische Verfassung ist abrufbar auf der Seite der südafrikanischen Regierung: http://www.info.gov.za/documents/constitution/index.htm (1. 9. 2010). Freilich ist auch hier der Wirkgrad vergleichsweise schwach ausgeprägt.

[33] Wenngleich dies regelmäßig der Fall sein wird.

insoweit bereits genügen.[34] Letztlich bleibt es aber eine Frage des Einzelfalles, ob eine funktionelle Zweckbestimmung im hier zugrunde gelegten Sinne vorliegt oder nicht.

II. Rechtspluralistische Grundannahme

Wie dargelegt basiert das Konzept rechtlicher Permeabilität auf einer rechtspluralistischen Grundannahme. Vorausgesetzt werden mindestens zwei voneinander formell trennbare Rechtssetzungszentren *und* – bedeutender – die gleichzeitige Beanspruchung eines jeweils autonomen Geltungsgrundes dieser Rechtssetzungszentren.[35]

Bei diesen Überlegungen, hinter denen letztlich die Frage nach der (ultimativen) Geltungsbegründung des Rechts aufscheint, erreicht man zugleich die Grenzen des rechtlich Zugänglichen.[36] Allenfalls kann eine *Hypothese* formuliert werden, für deren Gültigkeit wiederum bestimmte Bedingungen vorauszusetzen sind. Für das im Rahmen der vorliegenden Untersuchung allein interessierende Verhältnis von supranationaler und mitgliedstaatlicher Rechtsebene stellt sich damit die Frage, ob die für die Annahme der rechtspluralistischen Hypothese notwendigen Bedingungen vorliegen.

---

[34] Zur Konzeption der unionsrechtskonformen Auslegung durch nationale Verfassungsgerichte im Verfassungsvergleich vgl. näher unter Teil 2 – Kapitel 11 – V.

[35] Zum Rechtspluralismus allgemein *J. Griffiths*, What is Legal Pluralism?, JLP 24 (1986), S. 1 ff. Speziell im EU-Kontext vgl. insbesondere *N. Walker*, The Idea of Constitutional Pluralism, MLR 65 (2002), S. 317 (336 ff.); *N. MacCormick*, Beyond the Sovereign State, MLR 56 (1993), S. 1 ff.; *A. Peters*, Elemente einer Theorie der Verfassung Europas (2001), S. 269 ff.; *N. W. Barber*, Legal Pluralism and the European Union, ELJ 12 (2006), S. 306 ff.; M. Avbelj/J. Komárek (Hrsg.), Constitutional Pluralism in the European Union and Beyond, 2010, i.E.; *M. Poiares Maduro*, Contrapunctual Law: Europe's Constitutional Pluralism in Action, in: N. Walker (Hrsg.), Sovereignty in Transition (2003), S. 501 (511 ff.); *ders.*, Der Kontrapunkt im Dienste eines europäischen Verfassungspluralismus, EuR 2007, S. 3 (12 ff.); *M. Kumm*, The Jurisprudence of Constitutional Conflict: Constitutional Supremacy in Europe before and after the Constitutional Treaty, ELJ 11 (2005), S. 262 (281 ff.) mit einer Gegendarstellung von *T. Schilling*, The Jurisprudence of Constitutional Conflict: Some Supplementations to Mattias Kumm, ELJ 12 (2006), S. 173 ff.; *F. Giorgi/N. Triart*, National Judges, Community Judges: Invitation to a Journey through the Looking-glass, ELJ 14 (2008), S. 693 (709 ff.); *J. Baquero Cruz*, The Legacy of the Maastricht-Urteil and the Pluralist Movement, EUI Working Paper Nr. 2007/13.

[36] So verweisen an dieser Stelle auch – bzw. gerade – rechtspositivistische Ansätze auf das Außer- bzw. Vorrechtliche, sei es in Form einer *Grundnorm* als transzendental-logischer Voraussetzung wie *H. Kelsen*, Reine Rechtslehre (2. Aufl. 1960 – Nachdr. 1967), S. 207 f. oder aber in Form einer *rule of recognition* im sozial-empirisch fundierten Sinne wie *H. L. A. Hart*, The Concept of Law (2. Aufl. 1994), S. 94 u. 100 ff. Dieser Problemkreis (zur Kritik am rechtspositivistischen Ansatz *Harts* vgl. insbesondere *R. Dworkin*, Taking Rights Seriously, 1977, S. 22 ff.) kann hier nicht vertieft werden. Weiterführend und die normativ möglicherweise unauflösbare Grenzperspektive zugleich in ein Plädoyer für eine rechtspluralistische Grundannahme überführend *A. Peters*, Elemente einer Theorie der Verfassung Europas (2001), S. 265 ff.

1. *Formelle Getrenntheit der Rechtssetzungszentren*

Die rechtspluralistische Grundannahme setzt zunächst zwingend voraus, dass staats- und unionsverfassungsrechtliche Ebene überhaupt als *formell voneinander getrennte Rechtssetzungszentren* rekonstruiert werden können. Eine solche Trennbarkeit in formeller Hinsicht wird freilich bereits durch die unterschiedlichen Geltungsbereiche von Unionsrecht[37] und nationalem Verfassungsrecht indiziert. Obgleich kompetenzielle Verschränkungen in vielfältiger Weise bestehen, geht das Unionsrecht in seiner spezifisch supranationalen Ausrichtung gerade über die kumulative Reproduktion der einzelnen mitgliedstaatlichen Regelungsrahmen hinaus. Die Konstituierung supranationaler Hoheitsgewalt führt nicht zu einem Mosaik staatlicher Kompetenzsplitter.[38] Die Zuerkennung von Kompetenzen an die EU ist kein Nullsummenspiel.[39] Sowohl unionale als auch innerstaatliche Verfassungsebene verfügen zudem über eigene Rechts*setzungs*verfahren. Für den europäischen Rechtsraum kann daher jedenfalls von formell trennbaren Rechtssetzungszentren ausgegangen werden.

Diese Getrenntheit wird auch von den Verfassungs- und Höchstgerichten beider Ebenen unterstellt. So hat der EuGH bereits im Jahr 1962 im Urteil *Bosch* betont, dass innerstaatliches und supranationales Recht „zwei *selbständige, voneinander verschiedene* Rechtsordnungen" bilden.[40]

Umgekehrt erkennen auch die mitgliedstaatlichen Verfassungsgerichte zumindest die formelle Getrenntheit des nationalen und unionalen Rechtssetzungszentrums selbst dann an, wenn sie der Autonomiethese des EuGH[41] hinsichtlich des (innerstaatlichen) Geltungsgrundes des Unionsrechts widersprechen.[42] Autonomie im Sinne formeller Eigenständigkeit und Autonomie im Sinne rechtlicher Unabgeleitetheit sind hierbei strikt zu unterscheiden.[43] Beispielhaft mag dies die Rechtsprechung des BVerfG illustrieren. Entgegen der vormals ausdrücklichen Anlehnung an die Au-

---

[37] Wenn im Folgenden von „Unionsrecht" die Rede ist, so wird dieser Begriff im Sinne von Art. 19 Abs. 1 UAbs. 2 EUV für die Gesamtheit des Rechtes der Europäischen Union gebraucht, also gerade auch für das supranationale Gemeinschaftsrecht der ehemals ersten Säule.

[38] So *C. Tomuschat*, in: BK, Art. 24 (Zweitb. 1981), Rn. 15.

[39] Zum Mechanismus der Übertragung eingehend Teil 2 – Kapitel 5 – II. 2. Eine Akzessorietät besteht allerdings im Hinblick auf den räumlichen Geltungsbereich des Unionsrechts. So auch BVerfG, Urt. v. 30. 6. 2009 – 2 BvE 2/08 u. a. – *Lissabon* = BVerfGE 123, 267 ff. (Rn. 345).

[40] EuGH, Urteil v. 6. 4. 1962 – Rs. 13/61 – *Bosch*, Slg. 1962, S. 97 (110), Hervorh. hinzugefügt.

[41] Bahnbrechend EuGH Urt. v. 15. 7. 1964 – Rs. 6/64 – *Costa/ENEL*, Slg. 1964, S. 1251 (1269 f.). Eingehend zur Autonomiethese *R. Barents*, The Autonomy of Community Law (2004) sowie *J. H. H. Weiler/U. Haltern*, The Autonomy of the Community Legal Order Through the Looking Glass, HILJ 37 (1996), S. 411 ff. in Wendung gegen *T. Schilling*, The Autonomy of the Community Legal Order – An Analysis of Possible Foundations, HILJ 37 (1996), S. 389 ff.

[42] Hinsichtlich der Geltungskonstruktion des Unionsrechts gibt es aus nationaler Perspektive recht unterschiedliche Ansätze. Dazu eingehend Teil 2 – Kapitel 10.

[43] Zu den verschiedenen Deutungsmöglichkeiten des Autonomiebegriffs vgl. *A. Peters*, Elemente einer Theorie der Verfassung Europas (2001), S. 242 ff. In Bezug auf das Unionsrecht geht es vorliegend um die Differenzierung zwischen Autonomie im Sinne der Trennung vom Recht der Mitgliedstaaten („$\text{Autonomie}_{\text{MS}}$") und Autonomie im Sinne rechtlicher Ursprünglichkeit bzw. Unabgeleitetheit („$\text{Autonomie}_{\text{Orig}}$").

tonomie-Rechtsprechung des EuGH[44] verortet das BVerfG den innerstaatlichen Geltungsgrund des Unionsrechts in mittlerweile mehrfach gefestigter Rechtsprechung in der normativen „Brücke“[45] des dem jeweiligen Zustimmungsgesetz entnommenen Rechtsanwendungsbefehls.[46] Obgleich das BVerfG das Unionsrecht als lediglich „abgeleitete Grundordnung“ konstruiert, geht es dennoch von einer formellen Trennung beider Rechtsordnungen und einer insoweit konzeptionell begrenzten Autonomie des Unionsrechts aus.[47] Auch die Verfassungs- und Höchstgerichte anderer Staaten legen ihrer Rechtsprechung die Annahme der formellen Trennbarkeit unionaler und nationaler Rechtsebene zugrunde. Besonders prägnant kommt dies in der Recht-

---

[44] BVerfG, Beschl. v. 18. 10. 1967 – 1 BvR 248/63 und 216/67 – *EWG-Verordnungen* = BVerfGE 22, 293 (296): Mit der Übertragung von Hoheitsrechten sei „eine neue öffentliche Gewalt entstanden, die gegenüber der Staatsgewalt der einzelnen Mitgliedstaaten selbständig und unabhängig ist; (...) Der EWG-Vertrag stellt gewissermaßen die Verfassung dieser Gemeinschaft dar. Die von den Gemeinschaftsorganen im Rahmen ihrer vertragsgemäßen Kompetenzen erlassenen Rechtsvorschriften (...) bilden eine eigene Rechtsordnung, deren Normen weder Völkerrecht noch nationales Recht der Mitgliedstaaten sind. Das Gemeinschaftsrecht und das innerstaatliche Recht der Mitgliedstaaten sind ‚zwei selbständige, voneinander verschiedene Rechtsordnungen‘; das vom EWG-Vertrag geschaffene Recht fließt aus einer ‚autonomen Rechtsquelle‘. [Verweis auf *Costa/ENEL*]“ (Hervorh. hinzugefügt). Daran unmittelbar anknüpfend noch BVerfG, Beschl. v. 9. 6. 1971 – 2 BvR 255/69 – *Milchpulver* = BVerfGE 31, 145 (173 f.). Selbst im *Solange-I*-Beschluss hielt das BVerfG trotz der erstmals deutlichen Begrenzung der grundgesetzlichen Integrationsgewalt noch daran fest, BVerfG, Beschl. v. 29. 5. 1974 – BvL 52/71 – *Solange I* = BVerfGE 37, 271 (277 f.): „Der Senat hält – insoweit in Übereinstimmung mit der Rechtsprechung des Europäischen Gerichtshofs – an seiner Rechtsprechung fest, daß das Gemeinschaftsrecht weder Bestandteil der nationalen Rechtsordnung noch Völkerrecht ist, sondern eine eigenständige Rechtsordnung bildet, die aus einer autonomen Rechtsquelle fließt (...). Daraus folgt, daß grundsätzlich die beiden Rechtskreise unabhängig voneinander und nebeneinander in Geltung stehen“ (Hervorh. hinzugefügt).

[45] So *P. Kirchhof*, Deutsches Verfassungsrecht und Europäisches Gemeinschaftsrecht, in: ders./ C.-D. Ehlermann (Hrsg.), Europarecht Beiheft 1/1991, S. 11 (15) *ders.*, Der deutsche Staat im Prozeß der europäischen Integration, HStR VII (1993), § 183, Rn. 65 sowie *ders.*, Der europäische Staatenverbund, in: A. v. Bogdandy/J. Bast (Hrsg.), Europäisches Verfassungsrecht (2. Aufl. 2009), S. 1009 (1017).

[46] Zuletzt und gleichsam besonders prägnant: BVerfG, Urt. v. 30. 6. 2009 – 2 BvE 2/08 u. a. – *Lissabon* = BVerfGE 123, 267 ff. (Rn. 343): „Der Grund und die Grenze für die Geltung des Rechts der Europäischen Union in der Bundesrepublik Deutschland ist der im Zustimmungsgesetz enthaltene Rechtsanwendungsbefehl, der nur im Rahmen der geltenden Verfassungsordnung erteilt werden kann.“ Zuvor bereits BVerfG, Beschl. v. 8. 6. 1977 – 2 BvR 499/74 und 1042/75 – *Rückwirkende Verordnungen* = BVerfGE 45, 142 (169); Beschl. v. 25. 7. 1979 – 2 BvL 6/77 – *Vielleicht-Beschluss* = BVerfGE 52, 187 (199); Beschl. v. 22. 10. 1986 – 2 BvR 197/83 – *Solange II* = BVerfGE 73, 339 (367 u. 375); Beschl. v. 8. 4. 1987 – 2 BvR 687/85 – *Kloppenburg* = BVerfGE 75, 223 (244); Beschl. v. 31. 5. 1990 – 2 BvL 12, 13/88, 2 BvR 1436/87 – *Absatzfonds* = BVerfGE 82, 159 (193); Urt. v. 28. 1. 1992 – 1 BvR 1025/82, 1 BvL 16/83 u. 10/91 – *Nachtarbeitsverbot* = BVerfGE 85, 191 (204) sowie Urt. v. 12. 10. 1993 – 2 BvR 2134, 2159/92 – *Maastricht* = BVerfGE 89, 155 (190).

[47] BVerfG, Urt. v. 30. 6. 2009 – 2 BvE 2/08 u. a. – *Lissabon* = BVerfGE 123, 267 ff. (Rn. 231): „Die ‚Verfassung Europas‘, das Völkervertrags- oder Primärrecht, bleibt eine abgeleitete Grundordnung. Sie begründet eine im politischen Alltag durchaus weitreichende, aber immer sachlich begrenzte überstaatliche Autonomie. Autonomie kann hier nur – wie im Recht der Selbstverwaltung gebräuchlich – als eine zwar selbständige, aber abgeleitete, das heißt von anderen Rechtssubjekten eingeräumte Herrschaftsgewalt verstanden werden.“

sprechung des italienischen VerfGH,[48] des spanischen VerfG[49] oder des ungarischen VerfG[50] zum Ausdruck. Für die Frage der *formellen* Trennbarkeit ist die Zuordnung der betreffenden Verfassungsordnung zu Monismus und Dualismus dabei weniger ausschlaggebend als es der erste Anschein vermuten ließe.[51] Denn nationale und unionale Rechtsebene können selbst auf rechtsmonistischer Basis zumindest als zwei formell voneinander getrennte *Teil*rechtsordnungen oder Rechtsschichten konstruiert werden.[52] Selbst in den wenigen, noch grundsätzlich dem klassischen Monismus zuzurechnenden Mitgliedstaaten wie den Niederlanden, wird jedenfalls von einer formellen Trennbarkeit ausgegangen.[53]

2. *Gleichzeitige Beanspruchung rechtlicher Unabgeleitetheit*

Für die Gültigkeit der rechtspluralistischen Hypothese ist die formelle Trennbarkeit nationalen und unionalen Verfassungsrechts für sich alleine genommen darum keine hinreichende Bedingung. Entscheidend hinzukommen muss vielmehr, dass die betreffenden Rechtsordnungen gleichzeitig einfordern, jeweils auf einem autonomen Geltungsgrund im Sinne rechtlicher Unabgeleitetheit zu beruhen.[54]

Für den europäischen Rechtsraum ist festzustellen, dass sowohl nationales, als auch unionales Recht aus ihrer jeweiligen Perspektive heraus die Existenz eines auto-

---

[48] Ital. VerfGH, Urt. v. 18. 12. 1973 – Nr. 183/1973 – *Frontini* = EuR 1974, S. 255 (259): „voneinander verschiedene, wenn auch nach der von dem Vertrag festgelegten und garantierten Kompetenzverteilung koordinierte Rechtssysteme." Vgl. ebenso Urt. v. 5. 6. 1984 – Nr. 170/1984 – *Granital* = EuGRZ 1985, S. 98 (99). Zuvor bereits die Autonomie des Gemeinschaftsrechts anerkennend: Urt. v. 16. 12. 1965 – Nr. 98/1965 – *Acciaierie San Michele* = EuR 1966, S. 146 (148 f.).

[49] Span. VerfG, Erkl. v. 13. 12. 2004 – DTC 1/2004 – *Verfassungsvertrag* = EuR 2005, S. 339 (342) in deutscher Übersetzung: „(...) Einfügung in ein andersartiges, supranationales Gebilde mitträgt, das fähig ist, eine eigene Rechtsordnung zu erschaffen, die mit besonderen Leitprinzipien über die Wirkung sowie über die Anforderungen und Grenzen der Anwendbarkeit ihrer Normen ausgestattet ist."

[50] Ung. VerfG, Entsch. v. 22. 6. 1998 – Nr. 30/1998 – *Europaabkommen*, in englischer Übersetzung abrufbar unter http://www.mkab.hu/content/en/en3/30_1998.pdf (1. 9. 2010), insbesondere Entscheidungsgrund V.2: „Indeed, the Community is an independent system of sovereignty different from the Republic of Hungary, with its own autonomous legal system and legal subjectivity in international law."

[51] Dies bestätigt einen generellen Trend für den Bereich des europäischen Verfassungsrechts, dazu sogleich.

[52] Vgl. auf *kelsen*ianischer, monistischer Grundlage *M. Jestaedt*, Der europäische Verfassungsverbund – Verfassungstheoretischer Charme und rechtstheoretische Insuffizienz einer Unschärferelation, in: GS Blomeyer (2004), S. 637 (667).

[53] Unterschiede ergeben sich jedoch bzgl. der Frage des Geltungsgrundes. Zur normativen Verortung des Unionsrechts aus Sicht des niederländischen Verfassungsrechts vgl. *R. Wessel/W. Van de Griendt*, Offene Staatlichkeit, in: IPE II (2008), § 19 Niederlande, Rn. 13 ff. sowie Teil 2 – Kapitel 10 – II. 1.

[54] Vgl. *A. Peters*, Elemente einer Theorie der Verfassung Europas (2001), S. 268 ff. In der Terminologie *Peters'* geht es dabei um die „Autonomie$_{\text{Orig}}$". Für unterschiedliche Bedeutungsgehalte des Autonomiebegriffs vgl. auch *R. Barents*, The Autonomy of Community Law (2004), S. 245 ff.; *N. Walker*, The Idea of Constitutional Pluralism, MLR 65 (2002), S. 317 (337).

nomen Geltungsgrundes und damit das Vorliegen rechtlichen Selbststandes behaupten. Unvereinbar im Sinne von *sich-gegenseitig-ausschließend* sind die beiden Autonomiepostulate dabei übrigens nur im Hinblick auf die innerstaatliche Geltung des Unionsrechts. Nur *soweit* die nationale Verfassung das Unionsrecht als eine aus ihr abgeleitete Grundordnung, d.h. letztlich als Ausfluss staatlicher Regelungstotalität konstruiert, steht diese Geltungskonstruktion der unionalen Autonomiethese im Sinne originär[55] bzw. kraft eigener Rechtsmacht[56] ausgeübter supranationaler Hoheitsgewalt überhaupt entgegen.[57] Im Übrigen berühren sie sich nicht und sind insoweit nicht anhand des gleichen Maßstabes messbar.

Die rechtspluralistische Hypothese belässt die jeweiligen Autonomiepostulate und – daraus folgend – die jeweiligen Rechtsordnungen darum als *inkommensurabel* nebeneinander bestehen und verortet sie in einer horizontalen, *nicht-hierarchisch* gegliederten Relation.[58] Anders gewendet:

> „Constitutional pluralism (...) recognises that the European order (...) has developed beyond the traditional confines of inter-national law and now makes its own *independent constitutional claims*, and that these claims *exist alongside* the continuing claims of states. The relationship between the orders, that is to say, is now *horizontal* rather than vertical – *heterarchical* rather than hierarchical."[59]

Daraus folgt, dass der Rechtspluralismus die Möglichkeit der rechtlichen *Inkonsistenz*, d.h. der Existenz von Normenkollisionen zwischen zwei oder mehreren ordnungsdifferierenden Rechtsnormen anerkennt.[60] Bei einer solchen Normenkollision handelt es sich indes nicht um einen Geltungskonflikt, denn die Geltungspostulate stehen inkommensurabel nebeneinander.[61] Vielmehr liegt ein *Anwendungskonflikt* im kollisionsrechtlichen Sinne vor,[62] also die gleichzeitige Beanspruchung der Anwendbarkeit mindestens zweier, gemäß ihrer jeweiligen Rechtsordnung geltender, einander nicht über- oder untergeordneter, aber hinsichtlich der Rechtsfolgen ver-

---

[55] So bereits *P. Badura*, Bewahrung und Veränderung demokratischer und rechtsstaatlicher Verfassungsstruktur in den internationalen Gemeinschaften, VVDStRL 23 (1966), S. 34 (57).

[56] Ob die autonome Geltung der europäischen Rechtsordnung mit Blick auf das vertragliche Zusammenwirken der Mitgliedstaaten mit der *Ipsen*'schen These vom „Gesamtakt" zutreffend eingefangen wird, kann hier dahinstehen. Zur „Gesamtaktstheorie" vgl. *H.P. Ipsen*, Europäisches Gemeinschaftsrecht (1972), S. 60 ff. (§ 2 Rn. 24 ff.) Kritisch *C. Tomuschat*, in: BK, Art. 24 (Zweitb. 1981), Rn. 16 sowie *D. König*, Die Übertragung von Hoheitsrechten im Rahmen des europäischen Integrationsprozesses (2000), S. 63 f.

[57] Dabei sollte strikt zwischen der Frage der divergierenden Geltungspostulate und der des (nicht geltungsbezogen, sondern kollisionsrechtlich konnotierten) Anwendungsvorrangs unterschieden werden, auch wenn beide Aspekte nicht unverbunden nebeneinander stehen.

[58] S. die Autorennennungen in Fn. 35.

[59] *N. Walker*, The Idea of Constitutional Pluralism, MLR 65 (2002), S. 317 (337), Hervorh. hinzugefügt.

[60] Dazu *N. W. Barber*, Legal Pluralism and the European Union, ELJ 12 (2006), S. 306 (308 ff.).

[61] Ein Geltungskonflikt wäre allenfalls auf Basis desselben Geltungsgrundes möglich. Ebenso *A. Peters*, Elemente einer Theorie der Verfassung Europas (2001), S. 273.

[62] Vgl. auch *S. Kadelbach*, Allgemeines Verwaltungsrecht unter europäischem Einfluß (1999), S. 24 f.

schiedener Rechtsnormen auf ein und denselben Sachverhalt. Insoweit handelt es sich auch bei einem Rechtsanwendungskonflikt um einen Konflikt, der in Kategorien des *Rechts* beschreibbar ist.[63] Besonders deutlich wird dies in der Rechtsprechung des spanischen Verfassungsgerichts.[64]

3. *Heuristischer Mehrwert gegenüber der Monismus-Dualismus-Dichotomie*

Die dezidiert *nicht-hierarchische* Verhältnisbeschreibung verbindet den Rechtspluralismus mit rechtlichen und sozialwissenschaftlichen Ansätzen, die für die Zuordnung verschiedener (teil-)autonomer Ordnungen oder Systeme speziell bei der Dogmatik des Internationalen Privatrechts,[65] der Netzwerktheorie,[66] der Systemtheorie[67] oder des Fragmentierungsbegriffs[68] ansetzen bzw. diese Erklärungsmuster unter dem Leitparadigma der „Regimekollisionen“ zusammenführen.[69] Mitunter wird für die Begründung der heterarchischen Verhältnisbeschreibung dabei weit über den Rand des europäischen Verfassungsrechts, ja des Rechts an sich hinausgewiesen.

Indes entzieht sich das horizontale, nicht-hierarchische Nebeneinander geltungsbezogener Autonomiepostulate der klassischen Monismus-Dualismus-Dichotomie.[70]

---

[63] Dass der (Rechts-)Anwendungskonflikt nach pluralistischer Betrachtungsweise ein *rechtlicher* Konflikt ist – denn der Bürger sieht sich zwei geltenden, aber in ihrer Rechtsfolge widersprüchlichen *Rechts*normen ausgesetzt – unterscheidet den Pluralismus insoweit vom Monismus. Letzterer hält einen ordnungsübergreifenden Konflikt rechtsnormativer Natur deshalb nicht für möglich, weil Recht notwendig als Einheit zu denken sei. Ordnungs*übergreifende* „Verpflichtungskonflikte“ wären demgemäß allenfalls zwischen Recht und einer davon kategorial getrennten normativen Ordnung möglich, vgl. *M. Jestaedt*, Der europäische Verfassungsverbund – Verfassungstheoretischer Charme und rechtstheoretische Insuffizienz einer Unschärferelation, in: GS Blomeyer (2004), S. 637 (669). Ein ordnungs*interner* (Geltungs-)Konflikt wiederum wird im Monismus erst gar nicht zum neuralgischen Punkt gelangen, weil er über den Hebel der Hierarchie und damit ggf. der Geltungsderogation aufgelöst wird, vgl. *H. Kelsen*, Reine Rechtslehre (2. Aufl. 1960 – Nachdruck 1967), S. 328 ff.

[64] Span. VerfG, Erkl. v. 13. 12. 2004 – DTC 1/2004 – *Verfassungsvertrag* = EuR 2005, S. 339 (347) in deutscher Übersetzung. Auf diese Rechtsprechung ist an späterer Stelle im Kontext der Vorrangproblematik eingehend zurückzukommen Teil 2 – Kapitel 11 – III. 2.

[65] *C. Joerges*, (Re-)Conceptualizing the Supremacy of European Law: A Plea for a Supranational Conflict of Laws, in: B. Kohler-Koch/B. Rittberger (Hrsg.), Debating the Democratic Legitimacy of the European Union (2007), S. 311 ff.

[66] Vgl. *K.-H. Ladeur*, Towards a Legal Theory of Supranationality – The Viability of the Network Concept, ELJ 3 (1997), S. 33 (48) sowie nunmehr *I. Augsberg/T. Gostomzyk/L. Viellechner*, Denken in Netzwerken (2009). Zum Netzwerkkonzept s. auch *C. Möllers*, Netzwerk als Kategorie des Organisationsrechts – Zur juristischen Beschreibung dezentraler Steuerung, in: J. Oebbecke (Hrsg.), Nichtnormative Steuerung in dezentralen Systemen (2005), S. 285 ff. sowie die Beiträge in *S. Boysen* u. a. (Hrsg.), Netzwerke – 47. Assistententagung Öffentliches Recht (2008).

[67] *N. Luhmann*, Das Recht der Gesellschaft (1. Aufl. 1995 – Nachdr. 2002), S. 440 ff.

[68] *M. Koskenniemi/P. Leino*, Fragmentation of International Law? Postmodern Anxieties, LJIL 15 (2002), S. 553 ff. sowie *M. Koskenniemi*, From Apology to Utopia (Neuaufl. 2005), S. 390 ff. u. 609 f.

[69] *A. Fischer-Lescano/G. Teubner*, Regimekollisionen. Zur Fragmentierung des Weltrechts (2006), S. 48 ff. u. 57 ff.; *dies.*, Regime-Collisions: The Vain Search for Legal Unity in the Fragmentation of Global Law, MJIL 25 (2004), S. 999 ff.

[70] Dazu etwa *H. Wagner*, Monismus und Dualismus: Eine methodenkritische Betrachtung zum

a) Nicht lediglich Rechtsdeutungspluralismus

Die Annahme der Gleichordnung widerspricht insbesondere der Forderung nach hierarchischer Einheitsbildung, wie sie der normlogische Monismus verlangt.[71] In den Augen der *Kelsen*-Schule erscheint die horizontale Zuordnung von unionalem und nationalem Verfassungsrecht darum bereits als in normlogischer Hinsicht nicht haltbar.[72]
Nach dem Monismus im Sinne *Hans Kelsens* gibt es für die Relation von Völkerrecht zu nationalem Recht zwei theoretisch gleichwertige, letztlich aber allein außerrechtlich wählbare Deutungsfolien. Der normlogische Monismus erschöpft sich in der Alternative zwischen dem Monismus mit Primat des Völkerrechts und dem Monismus mit Primat des Staatsrechts, die jeweils hierarchisch gegliedert sind.[73] Übertrüge man diese Prämisse auf den europäischen Rechtsraum, so hinge entweder das staatliche Verfassungsrecht aus Perspektive des Unionsrechts in seiner *Geltung* vom Unionsrecht als einer gedachten Totalrechtsordnung ab, oder aber das Unionsrecht fände umgekehrt seinen Geltungsgrund im nationalen Verfassungsrecht.[74] Folglich dürfte es keinen normativen Rechts*quellen*pluralismus, sondern lediglich einen Rechts*deutungs*pluralismus geben, der die allein politisch zu treffende Wahl zwischen den beiden offerierten Deutungsansätzen bezeichnete.[75]

Trotz aller analytischen Faszination und Schärfe vermag der normlogische Monismus speziell für das Verhältnis von nationalem und unionalem Recht – wie im Übrigen auch für den globalen Rechtsraum[76] – nur schwer zu überzeugen.[77] Bereits die innere Stringenz des theoretischen Unterbaus ist brüchig. Der Reinen Rechtslehre *Kelsens* liegt die strikte Trennung von Sein und Sollen zugrunde. Demnach kann sich

---

Theorienstreit, AöR 89 (1964), S. 212 ff. sowie *C. Amrhein-Hoffmann*, Monismus und Dualismus in den Völkerrechtslehren (2003).

[71] Vgl. insbesondere *H. Kelsen*, Reine Rechtslehre (2. Aufl. 1960 – Nachdruck 1967), S. 328 ff. Zuvor bereits, wenngleich dogmatisch weniger zwingend *A. Verdross*, Zur Konstruktion des Völkerrechts, ZVR 8 (1914), S. 329 ff.

[72] *M. Jestaedt*, Der Europäische Verfassungsverbund – Verfassungstheoretischer Charme und rechtstheoretische Insuffizienz einer Unschärferelation, in: GS Blomeyer (2004), S. 638 ff. sowie *ders.*, in: C. Calliess (Hrsg.), Verfassungswandel im europäischen Staaten- und Verfassungsverbund (2007), S. 93 ff.

[73] *H. Kelsen*, a.a.O., S. 332 f. Die Annahme der logischen Gleichwertigkeit unterscheidet *Kelsen* von Ansätzen, die sich bereits in *konzeptioneller* Hinsicht für einen Monismus mit Primat des Völkerrechts entscheiden, wie etwa *H. Krabbe*, Die moderne Staats-Idee (2. Aufl. 1919), S. 265 ff. und *G. Selle*, Précis de droits des gens I (1932), S. 2 ff.

[74] So *M. Jestaedt*, a.a.O., S. 668.

[75] Ebd., S. 667 ff. Kritisch dazu jetzt auch *M. Potacs*, Das Verhältnis zwischen der EU und ihren Mitgliedstaaten im Lichte traditioneller Modelle, ZÖR 65 (2010), S. 117 (124), der jedoch ebenfalls den Ansatz des Verfassungsverbunds porblematisiert (S. 134 f.).

[76] *A. Fischer-Lescano/G. Teubner*, Regimekollisionen. Zur Fragmentierung des Weltrechts (2006), S. 48 ff.

[77] Wie hier *I. Pernice*, Theorie und Praxis des Europäischen Verfassungsverbundes, in: C. Calliess (Hrsg.), Verfassungswandel im europäischen Staaten- und Verfassungsverbund (2007), S. 61 (78 ff.).

ein Sollens-Satz nur aus einem anderen Sollens-Satz ableiten, nicht jedoch aus einem Seins-Satz hervorgehen.[78] Zur Beendigung des ansonsten infiniten Regresses bedarf es eines logischen End- und gleichsam Ausgangspunktes der normlogischen Ableitungskette und des aus ihr hervorgehenden „Stufenbaus" der Rechtsordnung.[79] *Kelsen* setzt hierfür eine „Grundnorm" ein, die ihrem Wesen nach nicht selbst Teil des gesetzten Rechts, sondern vielmehr eine denknotwendige und in diesem Sinne transzendentallogische Voraussetzung darstellt.[80] Bedingung ihrer Annahme ist nach *Kelsen*, dass „eine im großen und ganzen *wirksame* Zwangsordnung als ein System gültiger Rechtsnormen gedeutet wird."[81] Mit dem Rekurs auf die faktische Wirksamkeit aber endet bzw. beginnt die normative Ableitungskette in der Faktizität. Anders gewendet, gerade die Grundnormtheorie durchbricht an dieser Stelle die zuvor axiomatisch gesetzte Sein-Sollen-Dichotomie.[82]

Unbefriedigend ist die streng monistische Konstruktion in Bezug auf den europäischen Rechtsraum aber primär deshalb, weil beide der als theoretisch gleichwertig vorgestellten Deutungsfolien für das Verhältnis von nationalem zu unionalem Recht einen überaus begrenzten Erklärungswert haben.

Erstens lässt sich das nationale Recht aus dem Unionsrecht nicht ohne gravierende Ungereimtheiten ableiten. Dem Unionsrecht ist bereits ein (umfängliches) Rechtserzeugungsverfahren für nationales Recht fremd. Vor allem aber fehlt es an einem normgenetischen Ableitungszusammenhang des nationalen Rechts aus dem Unionsrecht, eine Voraussetzung, die im Übrigen selbst im Verhältnis von Bund und Ländern nicht erfüllt ist.[83] Nicht einmal der EuGH als genuin unionsrechtliches Organ

---

[78] *H. Kelsen*, a.a.O., S. 5 u. 207f. Dazu im Kontext der Reinen Rechtslehre *E. Morscher*, Die Sein-Sollen-Dichotomie im Logischen Positivismus und im Rechtspositivismus, in: C. Jabloner/F. Stadler (Hrsg.), Logischer Empirismus und Reine Rechtslehre (2001), S. 45 (75ff.) sowie in philosophischer Perspektive *Franz v. Kutschera*, Einführung in die Logik der Normen, Werte und Entscheidungen (1973), S. 66ff.

[79] Vgl. zur Doktrin des Stufenbaus ursprünglich *A.J. Merkl*, Die Lehre von der Rechtskraft, entwickelt aus dem Rechtsbegriff (1923), S. 207ff. sowie *ders.*, Prolegomena einer Theorie des rechtlichen Stufenbaus, in: FS H. Kelsen (1931 – Nachdr. 1967), S. 252ff.

[80] *H. Kelsen*, a.a.O., S. 207f.

[81] Ebd. (Hervorh. hinzugefügt).

[82] Zu Kritik und Gegenkritik vgl. etwa *M. G. Losano*, Das Verhältnis von Geltung und Wirksamkeit in der Reinen Rechtslehre, in: Schriftenreihe des Hans Kelsen-Instituts (Hrsg.), Bd. 7, Die Reine Rechtslehre in wissenschaftlicher Diskussion (1982), S. 82 (84ff.); *E. Bucher*, Zur Kritik an Kelsens Theorie von der hypothetischen Grundnorm, ebd. S. 47 (49ff.) sowie *H. Dreier*, Rechtslehre, Staatssoziologie und Demokratietheorie bei Hans Kelsen (2. Aufl. 1990), S. 42ff. In Bezug auf das Verhältnis von nationalem und unionalem Recht s. *W. Schroeder*, Das Gemeinschaftsrechtssystem (2002) S. 75ff. u. 205ff.

[83] Vgl. *H. Dreier*, in: ders. (Hrsg.), GG, Bd. II (2. Aufl. 2006), Art. 31 Rn. 18f. Auch das BVerfG sieht die Bundesländer als „mit eigener – wenn auch gegenständlich beschränkter – nicht vom Bund abgeleiteter, sondern lediglich von ihm anerkannter staatlicher Hoheitsmacht" ausgestattet an vgl. BVerfG, Urt. v. 23. 10. 1951 – 2 BvG 1/51 – *Südweststaat* = BVerfGE 1, 14 (34) sowie Beschl. 24. 3. 1982 – 2 BvH 1, 2/82, 2 BvR 233/82 – *Startbahn West* = BVerfGE 60, 175 (207). Kritisch indes *K. Doehring*, Die nationale „Identität" der Mitgliedstaaten der Europäischen Union, in: FS U. Everling, Band I (1995), S. 263 (267) sowie *ders.*, Allgemeine Staatslehre (3. Aufl. 2004), Rn. 170f.

behauptet, dass das nationale Recht aus dem Unionsrecht (normgenetisch) abgeleitet werden könne. Zwar schafft das Unionsrecht in seiner Auslegung durch den EuGH mitunter einen nicht unerheblichen Anpassungsdruck auf Ebene des innerstaatlichen Verfassungsrechts. Beispielhaft sei auf die Änderung des Grundgesetzes infolge des *Kreil*-Urteils hingewiesen.[84] Indes zeigt gerade die unionsrechtliche Konzeption des Vorrangs als eines (kollisionsrechtlichen) *Anwendungs*vorranges und nicht eines (validitätsbezogenen) *Geltungs*vorranges,[85] dass die Luxemburger Richter die Eigenständigkeit der mitgliedstaatlichen Verfassungsordnungen als Rechtssetzungszentren mit eigenen internen *Gültigkeitsmaßstäben* bzw. *Anerkennungsregeln*[86] in stetiger Rechtsprechung zugrunde legen. Sofern infolge des *Simmenthal-II*-Urteils[87] Zweifel an der konzeptionellen Beschränkung der Rechtsprechung auf einen Anwendungsvorrang bestanden haben mögen, hat der EuGH diese jedenfalls spätestens mit Urteil vom 22. Oktober 1998 im Fall *IN.CO.GE* beseitigt. Demnach könne

> „aus dem Urteil Simmenthal *nicht hergeleitet werden*, dass die Unvereinbarkeit einer später ergangenen Vorschrift des innerstaatlichen Rechts mit dem Gemeinschaftsrecht dazu führt, dass diese Vorschrift *inexistent* ist."[88]

Zweitens führt auch die Gegenperspektive nicht weiter. Zwar scheint die Rückführung des Geltungsgrundes des Unionsrechts auf das nationale Recht auf den ersten Blick der Position vieler nationaler Verfassungsgerichte zu entsprechen. Einmal abgesehen davon, dass den wenigsten dieser Gerichte überhaupt (noch) ein monistisches Vorverständnis zugeschrieben werden kann,[89] ist eine solche Konstruktion indes allenfalls geeignet, die *innerstaatliche* Geltung des Unionsrechts im jeweiligen Mitgliedstaat zu erfassen. Die Geltungsgrundlage des Unionsrechts *schlechthin*, d. h. un-

---

[84] Geändert wurde Art. 12a Abs. 4 S. 2 GG in Folge von EuGH, Urt. v. 11. 1. 2000 – Rs. C-285/98 – *Kreil* = Slg. 2000, S. I-69.

[85] Zum Anwendungsvorrang grundlegend EuGH, Urt. v. 15. 7. 1964 – Rs. 6/64 – *Costa/ENEL*, Slg. 1964, S. 1251 (1269 f.); Urt. v. 17. 12. 1970 – Rs. 11/70 – *Internationale Handelsgesellschaft*, Slg. 1970, S. 1125 ff. (Rn. 3 f.); Urt. v. 19. 6. 1990 – Rs. C-213/89 – *Factortame I*, Slg. 1990, S. I-2433 ff. (Rn. 18 ff.). Den Vorrang zunächst noch – wenngleich im Einzelnen differenziert – im Sinne eines Geltungsvorrangs mit Derogationswirkung deutend *E. Grabitz*, Gemeinschaftsrecht bricht nationales Recht (1966), S. 103 ff.

[86] Vgl. bereits Fn. 10 sowie *S. Kadelbach*, Allgemeines Verwaltungsrecht unter europäischem Einfluß (1999), S. 220, ebenfalls in Anlehnung an die sog. „secondary rules" im Sinne *H. L. A. Harts*.

[87] EuGH, Urt. v. 9. 3. 1978 – Rs. 106/77 – *Simmenthal II*, Slg. 1978, S. 629 ff. (Rn. 17 ff.): „Darüber hinaus haben nach dem Grundsatz des Vorrangs des Gemeinschaftsrechts die Vertragsbestimmungen und die unmittelbar geltenden Rechtsakte der Gemeinschaftsorgane in ihrem Verhältnis zum internen Recht der Mitgliedstaaten nicht nur zur Folge, dass allein durch ihr Inkrafttreten jede entgegenstehende Bestimmung des geltenden staatlichen Rechts ohne weiteres unanwendbar wird, sondern auch – da diese Bestimmungen und Rechtsakte vorrangiger Bestandteil der im Gebiet eines jeden Mitgliedstaats bestehenden Rechtsordnung sind –, dass ein wirksames Zustandekommen neuer staatlicher Gesetzgebungsakte insoweit verhindert wird, als diese mit Gemeinschaftsnormen unvereinbar wären."

[88] EuGH, Urt v. 22. 10. 1998 – verb. Rs. C-10/97 bis 22/97 – *IN.CO.GE'90*, Slg. 1998, S. I-6397 ff. (Rn. 21), Hervorh. hinzugefügt.

[89] Vgl. Teil 2 – Kapitel 10 – II.

abhängig von seinem Hineinwirken in den staatlichen Innenbereich, vermag sie hingegen nicht zu erklären.[90] Das Unionsrecht ist, wie bereits erwähnt, in seinem Zuschnitt gerade mehr als die bloße Summe kumulativ abgetretener und zusammengefügter Stücke nationaler Hoheitsgewalt. Die Forderung nach einer (normgenetischen) Ableitung des Unionsrechts aus dem nationalen Recht geht damit bereits im Ansatz an der staatentranszendierenden Eigenart und strukturellen Verschiedenheit des Unionsrechts gegenüber dem nationalen Recht vorbei und offenbart eine gänzlich fehlgehende Annahme der Strukturgleichheit beider Ebenen. Das Unionsrecht kann durch die Brille einer nationalen Verfassung, ja selbst aus der Additionsperspektive aller staatlichen Innenräume – welche aus rechtspositivistischer Sicht im Übrigen *normativ* irrelevant wäre – nur unvollständig und verzerrt wahrgenommen werden.

Gegen diesen Hintergrund hebt sich der heuristische Mehrwert einer pluralistischen Grundannahme ab. Da sie gerade die parallele Existenz inkommensurabler Geltungspostulate voraussetzt,[91] können sowohl Unionsrecht als auch nationales Recht in ihrer normativ-systemischen Eigenlogik wahrgenommen werden, ohne dass die eine Ordnung durch hierarchische Zwangseinordnung in die jeweils andere unzulänglich verkürzt oder verzerrt werden müsste. Auch aus der jeweiligen Einzelperspektive bedarf es zudem, anders als im normlogischen Monismus, keiner zwanghaften Einordnung der jeweils anderen Ordnung in einen umfassenden Delegationszusammenhang. Eine nicht-hierarchische Relation fängt zudem treffend die dem europäischen Rechtsraum eigene Schwebelage ein, welche sich in institutioneller Hinsicht vor allem durch das Fehlen eines einheitlichen Letztentscheidungsorgans artikuliert.[92] Die Figur des kollisionsrechtlichen Rechtsanwendungskonflikts bindet die vorhandenen Konkurrenz- und Überlagerungsphänomene zudem in einen *rechtlichen* Diskurs ein und stimmt mit der logischen Folge des pluralistischen Paradigmas überein, dass ein (Geltungs-)Konflikt zwischen inkommensurablen Geltungsansprüchen gerade nicht bestehen kann.[93]

Für den Kontext des europäischen Rechtsraumes wird die Grundnormtheorie zuweilen in eine pluralistische Deutung übersetzt, indem von einer (gleichzeitigen)

---

[90] Zutreffend *W. Schroeder*, Das Gemeinschaftsrechtssystem (2002), S. 230.

[91] Dies teilt der Pluralismus mit einigen (moderat) dualistischen Ansätzen, vgl. insbesondere *D. Anzilotti*, Lehrbuch des Völkerrechts (Übers. 1929), S. 37 f.

[92] Vgl. *F. C. Mayer*, Wer soll Hüter der europäischen Verfassung sein?, AöR 129 (2004), S. 411 ff. Speziell zum Verhältnis der Gerichte *ders.*, Verfassungsgerichtsbarkeit, in: A. v. Bogdandy/J. Bast (Hrsg.), Europäisches Verfassungsrecht (2. Aufl. 2009), S. 559 ff.; A.-M. Slaughter/A. Stone Sweet/J. H. H. Weiler (Hrsg.), The European Court and National Courts (1998); *M. Kumm*, The Jurisprudence of Constitutional Conflict: Constitutional Supremacy in Europe before and after the Constitutional Treaty, ELJ 11 (2005), S. 262; *M. Claes*, The National Courts' Mandate in the European Constitution (2006), S. 594 ff.; *I. Pernice*, Das Verhältnis europäischer zu nationalen Gerichten im europäischen Verfassungsverbund (2006) sowie *H. Sauer*, Jurisdiktionskonflikte in Mehrebenensystemen (2008), S. 179 ff.

[93] S. o.

Mehrzahl an Grundnormen ausgegangen wird.[94] Allerdings erscheint es konsequenter, bei Voraussetzung einer rechtspluralistischen Grundannahme den Rekurs auf die Grundnorm gänzlich fallen zu lassen, gibt doch ihre Verdopplung oder gar Vervielfachung gerade das für die Grundnormtheorie zentrale Axiom normlogischer Einheit preis.[95]

b) *Nicht zwingend Transformation oder Geltungsvermittlung*

Die soeben getroffenen Erwägungen reden nicht automatisch einer dualistischen Perspektive das Wort. Die pluralistische Hypothese im hier zugrunde gelegten Sinne ist nicht lediglich ein in quantitativer Hinsicht vervielfachter Dualismus.[96]

Ein grundlegender Unterschied zum klassischen Dualismus ergibt sich bereits daraus, dass dieser keine Überschneidung, sondern allenfalls eine Berührung beider Rechtsordnungen zulässt.[97] Gemäßigt dualistische Ansätze relativieren diese ursprüngliche Radikalität bekanntlich, indem sie die Trennung der Rechtsordnungen grundsätzlich voraussetzen, gleichwohl aber die Möglichkeit normativer Verschränkungen im Sinne eines „dualisme, mais interpénétration"[98] einräumen.[99] Doch auch dann verbleibt ein nicht unerheblicher Restunterschied zur rechtspluralistischen Hypothese. Denn auch der Dualismus in gemäßigter Form verlangt grundsätzlich eine ordnungs*interne* Umkodierung oder jedenfalls Vermittlung ordnungsfremden Rechts. Soll ein Rechtsakt des Völkerrechts Wirkungen im Geltungsbereich der staatlichen Verfassungsordnung zeitigen, so muss er nach dualistischer Auffassung entweder im Wege der Transformation *in nationales Recht* übersetzt werden, oder seine innerstaatliche Anwendung *als Völkerrecht* bedarf des normativen Fundamentes eines innerstaatlichen Rechtsanwendungsbefehls bzw. einer Verweisung.[100]

Auf rechtspluralistischer Grundlage ist ein ordnungsinterner Vermittlungsakt aber wie gesehen nicht zwingend erforderlich. Auf Basis einer pluralistischen Grundannahme berechtigt und verpflichtet z.B. ein unmittelbar anwendbarer Rechtsakt des Unionsrechts die betroffenen Adressaten auch im Geltungsbereich einer mit-

---

[94] Vgl. *W.-D. Grußmann*, Grundnorm und Supranationalität, in: T. v. Danwitz et al. (Hrsg.), Auf dem Weg zu einer europäischen Staatlichkeit (1993), S. 47 (56ff.).

[95] Kritisch auch *W. Schroeder*, Das Gemeinschaftsrechtssystem (2002), S. 249f. sowie 254.

[96] Anders die Begriffsbesetzung bei *W. Rudolf*, Völkerrecht und deutsches Recht (1967), S. 129, der das (konzeptionell dualistische) Verhältnis von Völkerrecht zu nationalem Recht wegen der Vielzahl der nationalen Rechtsordnungen als pluralistisch bezeichnet.

[97] Klassisch *H. Triepel*, Völkerrecht und Landesrecht (1899 – Nachdr. 1958), S. 111: „Sie sind zwei Kreise, die sich höchstens berühren, niemals schneiden."

[98] So *L. Cavaré*, Le droit international public positif, 3. Aufl. Bd. I (1967), S. 155.

[99] Zuvor bereits *D. Anzilotti*, Lehrbuch des Völkerrechts (Übers. 1929), S. 37f. sowie *G. A. Walz*, Völkerrecht und staatliches Recht (1933), S. 260ff.

[100] Eingehend zum Ganzen *W. Rudolf*, Völkerrecht und deutsches Recht (1967), S. 150ff., der auch im innerstaatlichen Rechts*anwendungsbefehl* ausdrücklich die *Schaffung* innerstaatlichen Rechts sieht (S. 166). Dagegen im Sinne der (indes monistisch konnotierten) Vollzugslehre *K. J. Partsch*, Die Anwendung des Völkerrechts im innerstaatlichen Recht. Überprüfung der Transformationslehre (1964).

gliedstaatlichen Verfassung völlig unabhängig von einem geltungs- oder anwendungsvermittelnden Akt des innerstaatlichen Rechts.[101]

Umgekehrt ist die Möglichkeit einer ordnungsinternen Geltungsvermittlung nach der pluralistischen Hypothese aber auch nicht ausgeschlossen. Setzt die nationale Rechtsordnung entgegen der unionalen Autonomiethese im vorstehend genannten Beispiel also einen geltungsvermittelnden oder anwendungsbefehlenden Akt des innerstaatlichen Rechts als notwendig voraus, steht dieses Postulat inkommensurabel neben der Autonomiethese des Unionsrechts. Ein nationales Gericht hat insoweit ein genuin staatsverfassungs- *und* genuin unionsrechtliches „Mandat".[102]

Greift die nationale Rechtsordnung auf geltungsvermittelnde bzw. vollzugsanordnende Elemente zurück, erfüllen diese die Funktion rechtlicher Permeabilität *soweit* der unionsrechtliche Rechtsakt oder Normgehalt zur Durchsetzung gelangt. Permeabilität setzt aber eben nicht zwingend eine Aussage über Geltung, Anwendbarkeit oder Vollzug ordnungsfremden Rechts voraus. Vielmehr genügt die einseitige Regulierung des Durchsetzungsanspruches der Ausgangsrechtsordnung, die in materiellrechtlicher Hinsicht durch das jeweilige Kompetenzregime komplettiert wird.

c) Überwindung der Monismus-Dualismus-Dichotomie in der Verfassungspraxis

Eindringlich bestätigt ein vergleichender Blick in die mitgliedstaatliche Verfassungspraxis, dass der Erklärungswert der Monismus-Dualismus-Dichotomie speziell für die Verhältnisbeschreibung von nationalem und unionalem Recht in Auflösung begriffen ist. In fast allen Mitgliedstaaten wird zusehends von der dogmatischen Zuordnung zu Monismus oder zu Dualismus abgerückt.[103] Wie ein roter Faden zieht sich durch Rechtsprechung und Literatur zum nationalen Europaverfassungsrecht,

---

[101] Ein solcher ist aus unionsrechtlicher Perspektive im Übrigen bereits nicht zulässig. Zu den grundsätzlichen Einwänden des EuGH gegen die Notwendigkeit staatlicher In-Geltung-Setzung bzw. Transformation primärrechtlicher Vorschriften s. bereits EuGH, Urt. v. 3.4. 1968. – Rs. 28/67 – *Molkerei-Zentrale*, Slg. 1968, S.215 (232): „Gemäß den grundprinzipien des Vertrages und den Zielen, denen dieser dienen soll, werden diese vorschriften, soweit sie sich ihrem wesen nach hierzu eignen, bestandteil der innerstaatlichen rechtsordnung, ohne dass es hierzu staatlicher maßnahmen bedarf." Vgl. ebenso die Zurückweisung der in den Anfangsjahren der Integration (insbesondere in Italien) gebräuchlichen Praxis, unmittelbar geltende Verordnungen des Sekundärrechts in Form einer Parallelgesetzgebung in staatliches Recht zu überführen, EuGH Urt. v. 18.2. 1970 – Rs. 40/69 – *Bollmann*, Slg. 1970, S.69ff. (Rn.4); Urt. v. 10.10. 1973 – Rs. 34/73 – *Variola*, Slg. 1973, S.981ff. (Rn.10f.); Urt. v. 31.1. 1978 – Rs. 94/77 – *Zerbone*, Slg. 1978, S.99ff. (Rn.22/27): „Folglich dürfen die mitgliedstaaten keine handlungen vornehmen, durch die die gemeinschaftliche natur einer Rechtsvorschrift und die sich daraus ergebenden Wirkungen den einzelnen verborgen würden, noch dürfen sie die vornahme einer solchen Handlung innerstaatlichen körperschaften mit rechtsetzungsmacht gestatten." Die hinter diesen Rechtsprechungslinien stehende ratio spricht nicht nur gegen eine Transformation im Einzelfall, sondern darüber hinaus ebenso gegen eine *generelle* Geltungsanordnung, sei sie auch auf Ebene des innerstaatlichen Verfassungsrechts angesiedelt.

[102] *M. Claes*, The National Courts' Mandate in the European Constitution (2006).

[103] Für das Verhältnis von Völkerrecht und nationalem Recht von einer „Wiederkehr des Theorienstreits" spricht hingegen *F. Schorkopf*, Grundgesetz und Überstaatlichkeit (2007), S.237ff., ohne dies jedoch näher zu belegen.

dass der betreffende Mitgliedstaat zwar klassischerweise einer der beiden Strömungen zuzuordnen (gewesen) sei, diese Zuordnung aber immer mehr einer hinreichenden Grundlage entbehre. Typisch sind doppelbödige Aussagen wie folgende:

„Man kann die griechische Rechtsordnung nur schwerlich als entweder monistisch oder dualistisch klassifizieren. Es handelt sich eher um eine Mischung."[104]

In der Literatur wird zuweilen von einer „monistischen Verdichtung" des ursprünglich dualistischen Verhältnisses gesprochen.[105] Relativierungen finden sich aber nicht nur für traditionell dualistisch geprägte Verfassungsstaaten wie Italien,[106] Dänemark,[107] Irland,[108] Schweden,[109] Finnland,[110] Tschechien[111] oder die Slowakische Re-

---

[104] So *K. Chryssogonos*, The European Union and the Greek Constitutional Order, in. A. E. Kellermann et al. (Hrsg.), EU-Enlargement – The Constitutional Impact at EU and National Level (2001), S. 141: „(…) one could hardly classify the Greek legal system as either monistic or dualistic. It is rather a mixture (…)." Ähnlich der Befund für Slowenien, vgl. *M. Pogačnik/M. Starman/P. Vehar*, Slovenia, in: A. E. Kellermann et al. (Hrsg.), The Impact of EU Accession on the Legal Orders of New Member States and (Pre-) Candidate Countries (2006), S. 179 (181): „Some case law exists that unfortunately cannot confirm either a monist or dualist perception of the relationship between the international and the Slovenian legal order. (…) Nevertheless, according to commentators the *difference between the monist and the dualist doctrine is less and less clear*" (Hervorh. hinzugefügt).

[105] *M. Potacs*, Das Verhältnis zwischen der EU und ihren Mitgliedstaaten im Lichte traditioneller Modelle, ZÖR 65 (2010), S. 117 (130).

[106] *C. Panara*, Offene Staatlichkeit, in: IPE II (2008), § 18 Italien, Rn. 23.

[107] *H. Zahle*, Dänemark, in: U. Battis/D. Tsatsos/D. Stefanou (Hrsg.), Europäische Integration und nationales Verfassungsrecht (1995), S. 47 (58) m. w. N.: „[I]m Laufe der Zeit ist dieser dualistische Ausgangspunkt jedoch modifiziert worden, indem in Frage gestellt wurde, ob sich das Problem überhaupt mit dem Ausgangspunkt in Dualismus bzw. Monismus beleuchten läßt." Ähnlich *H. Koch*, The Danish Constitutional Order, in: A. E. Kellermann et al. (Hrsg.), EU-Enlargement – The Constitutional Impact at EU and National Level (2001), S. 109 (113).

[108] Hier ist umstritten, ob die in Art. 29 Abs. 4 Nr. 6 n. F. Verf-IRL angelegte Immunitätsklausel zu einer Durchbrechung der in Art. 29 Abs. 6 Verf-IRL angelegten klassisch dualistischen Tradition in Irland geführt habe. In diesem Sinne etwa. *C. Lucey*, Europäische Integration und nationales Verfassungsrecht in Irland, in: U. Battis/D. Th. Tsatsos/D. Stefanou (Hrsg.), Europäische Integration und nationales Verfassungsrecht (1995), S. 213 (240). Für die h. M. dagegen *D. R. Phelan*, Revolt or Revolution. The Constitutional Boundaries of the European Community (1997), S. 338 f. und 351.

[109] So *U. Bernitz*, Sweden and the European Union: On Sweden's Implementation and Application of European Law, CMLRev. 38 (2001), S. 903 (921): „Although Sweden takes a dualist approach, (…) Sweden applies in reality a monist system in relation to the EC legal framework (…)."

[110] *T. Ojanen*, The Impact of EU Membership on Finnish Constitutional Law, EPL 10 (2004), S. 531 (534): „The relationship between Finnish law and international law is based on the *dualist* approach. (…) However, due to the regular use off *in blanco* incorporating enactments, i.e. enactments simply stating that the treaty provisions ‚are in force' domestically, the outcome has been described as *de facto* monism" (Hervorh. im Original). Ebenso *A. Rosas*, Finland's accession to the European Union: constitutional aspects, EPL 1 (1995), S. 166 (167).

[111] *J. Zemánek*, Czech Republic, in: A. E. Kellermann et al. (Hrsg.), The Impact of EU Accession on the Legal Orders of New Member States and (Pre-) Candidate Countries (2006), S. 313 (15 f.): „(…) was traditionally based on the doctrine of extreme dualism, which entails the material adaptation of the relevant national laws to the obligations set out by the international treaty in question (…). The present general clause on the incorporation of international treaties introduced the monistic doctrine (…)."

publik,[112] sondern auch umgekehrt für klassischerweise monistisch verfasste Länder wie Frankreich,[113] Belgien,[114] Österreich[115] oder Polen,[116] vielleicht mit Ausnahme der Niederlande.[117] Dabei spielt es interessanterweise keine Rolle, zu welchem Zeitpunkt der betreffende Staat beigetreten ist. Die Zuordnung zu Monismus oder Dualismus wird in Gründungsstaaten und jüngst beigetretenen Mitgliedstaaten oder Beitrittskandidaten gleichermaßen hinterfragt.

In der Rechtsprechung bringt die Abkehr von der klassischen Dichotomie und die Hinwendung zu pluralistischen Deutungsmustern dabei vielleicht am prägnantesten der polnische Verfassungsgerichtshof in seinem Urteil vom 11. Mai 2005 zum Beitrittsvertrag auf den Punkt:

„Schon die Konzeption und das Modell des europäischen Rechts haben eine neue Situation geschaffen, in der *autonome Rechtsordnungen nebeneinander* gelten. Ihr gegenseitiges Aufeinandereinwirken kann nicht vollständig mit Hilfe der traditionellen Konzeptionen des Monismus und Dualismus im Verhältnis internes Recht – Völkerrecht beschrieben werden. Das Auftreten einer relativen Autonomie von Rechtsordnungen, welche auf eigenen internen hierarchischen Grundsätzen beruhen, bedeutet nicht das Fehlen eines gegenseitigen Aufeinander-

---

[112] Vgl. *M. Hofmann*, Völker- und Europarecht in der geänderten slowakischen Verfassung, in: FS G. Brunner (2001), S. 398 (405 f.). Der beitrittsgerichteten Verfassungsänderung läge „die Abkehr von der überwiegend dualistischen Konzeption (...) [hin] zum monistischen Konzept" zugrunde. Zur alten Rechtslage vgl. *V. Kunová*, Constitutional Aspects of the Accession of the Slovak Republic to European Union, in: A. E. Kellermann et al. (Hrsg.), EU-Enlargement – The Constitutional Impact at EU and National Level (2001), S. 327 (329): „partial dualism" bzw. „semi-dualism".

[113] Dies ist vor allem auf die jüngere Rechtsprechung des französischen Verfassungsrates (Conseil constitutionnel) sowie des Staatsrates (Conseil d'Etat) zurückzuführen, der die Konzeption einer (jedenfalls partiellen) Einkleidung unionsrechtlicher Verpflichtungen in das Gewand des französischen Verfassungsrechts zugrunde liegt. *F. Chaltiel*, Les rapports de système entre le droit constitutionnel et le droit européen, RMC 2007, S. 361 (361 f.) spricht in diesem Zusammenhang treffend von einer „inscription constitutionnelle" bzw. einem „droit constitutionnalisé". Dergleichen widerspricht einem monistischen Grundverständnis. Näher zum Ganzen Teil 2 – Kapitel 11 – III. 3.

[114] Vgl. *M. Claes*, The National Courts' Mandate in the European Constitution (2006), S. 172 f.: „(...) the reinterpretation in Le Ski would finally make Belgium a truly monist State. Yet, when the *Cour d'Arbitrage* (...) set off to review the constitutionality of treaties (...) the debate re-opened as to whether Belgium was to be considered monist or dualist. This discussion continues to date".

[115] So werden gerade für die traditionell monistische Verfassungsordnung Österreichs dezidiert dualistische bzw. pluralistische Ansätze in Bezug auf die EU vertreten. Vgl. dazu den instruktiven Überblick bei *H. Schäffer*, Österreichischer Landesbericht, in: J. Schwarze (Hrsg.), Die Entstehung einer europäischen Verfassungsordnung (2000), S. 339 (363 ff.). *Schäffer* selbst geht davon aus, das Unionsrecht sei „ein anderer, von genuin innerstaatlichem Recht unterschiedener Rechtskreis mit unmittelbarer Geltung in Österreich." Vgl. für einen Überblick auch *C. Grabenwarter*, Offene Staatlichkeit, in: IPE II (2008), § 20 Österreich, Rn. 70 f. Zum österreichischen Europaverfassungsrecht im Einzelnen Teil 2 – Kapitel 8 – I.

[116] *S. Biernat*, Offene Staatlichkeit, in: IPE II (2008), § 21 Polen, Rn. 18: „In der [polnischen] Lehre scheint der Monismus gesiegt zu haben; es wird allerdings häufig betont, dass die Unterscheidung zwischen Monismus und Dualismus ihre praktische Bedeutung allmählich verliert" (Anm. hinzugefügt).

[117] *R. Wessel/W. Van de Griendt*, Offene Staatlichkeit, in: IPE II (2008), § 19 Niederlande, Rn. 6, 13 ff.

einwirkens. Es eliminiert auch nicht die *Möglichkeit der Kollision* zwischen den Regelungen des Gemeinschaftsrechts und den Bestimmungen der Verfassung."[118]

III. Ebenenneutralität

Ein essenzieller Unterschied des hier zugrunde gelegten Ansatzes zu den monistisch konnotierten Adoptions-[119] und Vollzugslehren[120] sowie zur dualistisch ausgerichteten Transformationslehre[121] besteht neben Unterschieden in der theoretischen Fundierung und im rechtlichen Instrumentarium – d.h. vor allem hinsichtlich der Einbindung mittelbarer Formen rechtlicher Integration – gerade auch darin, dass rechtliche Permeabilität konzeptionell nicht ausschließlich auf den staatlichen Ordnungsrahmen fixiert ist. Gerade eine rechtspluralistische Grundannahme legt die Forderung nach einer dogmatischen Vermessung normativer „Offenheit" bzw. rechtlich integrativer Strukturen nahe, die mit Blick auf die zunehmende Vielfalt und Heterogenität (verfassungs-)rechtlicher Ordnungsrahmen vom Bemühen um analytische Neutralität geprägt ist.[122]

1. Permeabilität und offene Staatlichkeit

Die spezifische Hinwendung der grundgesetzlichen Verfassungsordnung ist bereits früh von *Klaus Vogel* terminologisch griffig und konzeptionell bahnbrechend als „offene" bzw. „eingeordnete" Staatlichkeit bezeichnet worden.[123] Dieser Begriff ist seither zu einem, auch über die Grenzen der deutschen Verfassungsordnung hinaus, wirkmächtigen Leitparadigma erstarkt.[124] Im Kern bedeutet offene Staatlichkeit

---

[118] Poln. VerfGH, Entsch. v. 11.5.2005 – Az. K 18/04 – *Beitrittsvertrag* = EuR 2006, S.236 (239) in deutscher Übersetzung.

[119] Vgl. *W. Blackstone*, Commentaries on the Laws of England Buch 4, Kapitel 5 (1769), abrufbar unter http://avalon.law.yale.edu/18th_century/blackstone_bk4ch5.asp (1.9.2010): „The Law of Nations wherever any question arises which is properly the object of its jurisdiction is here adopted in its full extent by the Common Law, and it is held to be part of the law of the land." Näher Teil 2 – Kapitel 10 – V. 1.

[120] Grundlegend für die Vollzugslehre *K.J. Partsch*, Die Anwendung des Völkerrechts im innerstaatlichen Recht. Überprüfung der Transformationslehre (1964).

[121] *W. Rudolf*, Völkerrecht und deutsches Recht (1967), S.150ff. Für einen Überblick vgl. *M. Schweitzer*, Staatsrecht III (9.Aufl. 2008), Rn.418ff.

[122] Das Bemühen um analytische Neutralität offenbaren gerade auch Ansätze, die sich für die konzeptionelle Erfassung verfassungsrechtlicher Grundprobleme des europäischen Rechtsraumes an sozialwissenschaftliche Modelle anlehnen, wie insbesondere das Mehrebenensystem, vgl. *F.C. Mayer*, Kompetenzüberschreitung und Letztentscheidung (2000), S.31ff. sowie *ders.*, Verfassungsgerichtsbarkeit, in: A. v. Bogdandy/J. Bast (Hrsg.), Europäisches Verfassungsrecht (2.Aufl. 2009), S.559 (595f.).

[123] Grundlegend *K. Vogel*, Die Verfassungsentscheidung des Grundgesetzes für eine internationale Zusammenarbeit, Recht und Staat in Geschichte und Gegenwart, Heft 292/293 (1964), S.1 (33, 42).

[124] Vgl. insbesondere *S. Hobe*, Der offene Verfassungsstaat zwischen Souveränität und Interdependenz (1998); *U. di Fabio*, Das Recht offener Staaten: Grundlinien einer Staats- und Rechtstheorie (1998); *U. Schliesky*, Souveränität und Legitimität von Herrschaftsgewalt (2004), S.444ff.; *C. Tomu-*

„eine Abkehr von der Aufgabenallzuständigkeit des Staates“,[125]

bzw. – positiv gewendet – die Hinwirkung auf eine

„freiwillige, gegenseitige und gleichberechtigte Bindung, die den Frieden sichert und die politischen Gestaltungsmöglichkeiten durch gemeinsames koordiniertes Handeln stärkt.“[126]

Das Aufbrechen der „Undurchdringlichkeit“[127] bzw. der „Impermeabilität“[128] souverän-geschlossener Staatlichkeit hat viele Facetten, die mitunter weit über die rein rechtliche Dimension hinausweisen. Offene Staatlichkeit kann darum im weiteren Sinne als ein rechtssoziologisches Phänomen charakterisiert werden.[129]

In rechtlicher bzw. *verfassungsrechtlicher* Hinsicht ist neben Begründung, Formung und Legitimation von supranationaler Hoheitsgewalt vor allem die parallel dazu ergehende rechtsnormative *Öffnung* des innerstaatlichen Rechtsraumes das tragende Instrument.[130] Dies betonen auch die nationalen Höchst- und Verfassungsgerichte. Die Rechtsprechung des italienischen VerfGH[131] und des BVerfG[132] sowie in jüngerer Zeit des tschechischen VerfG[133] und des polnischen VerfGH[134] veranschaulicht

schat, Die staatsrechtliche Entscheidung für die internationale Offenheit, in: J. Isensee/P. Kirchhof (Hrsg.), HStR VII (1993), § 172; *P. Carrozza*, Constitutionalism's Post-Modern Opening, in: M. Loughlin/N. Walker (Hrsg.), The Paradox of Constitutionalism (2007), S. 169 ff.; *W. M. Schröder*, Grundrechtsdemokratie als Raison offener Staaten. Verfassungspolitik im europäischen und im globalen Mehrebenensystem (2003); R. Grawert u. a. (Hrsg.), Offene Staatlichkeit. Festschrift für Ernst-Wolfgang Böckenförde zum 65. Geburtstag (1995). Für eine rechtsvergleichende deutschsprachige Analyse s. die Länderberichte sowie den zusammenführenden Vergleich zur offenen Staatlichkeit, in: IPE II (2008), §§ 14–26.

[125] *S. Hobe*, Der offene Verfassungsstaat zwischen Souveränität und Interdependenz (1998). S. 409.

[126] BVerfG, Urt. v. 30. 6. 2009 – 2 BvE 2/08 u. a. – *Lissabon* = BVerfGE 123, 267 ff. (Rn. 220).

[127] *K. V. Fricker*, Vom Staatsgebiet (1867), S. 17.

[128] Vgl. *C. Schmitt*, Verfassungslehre (1928 – Neusatz 1993), S. 371.

[129] *C. Tomuschat*, Die staatsrechtliche Entscheidung für die internationale Offenheit, in: J. Isensee/P. Kirchhof (Hrsg.), Handbuch des Staatsrechts der Bundesrepublik Deutschland, Bd. VII (1993), § 172, Rn. 1.

[130] *Öffnung* als rechtliche Erwirkungsbedingung *offener Staatlichkeit* qualifizierend *A. Schmitt Glaeser*, Grundgesetz und Europarecht als Elemente Europäischen Verfassungsrechts (1996), S. 67.

[131] Ital. VerfGH, Urt. v. 18. 12. 1973 – Nr. 183/1973 – *Frontini* = EuR 1974, S. 255 (258): „Öffnung“ (*apertura*).

[132] BVerfG, Beschl. v. 29. 5. 1974 – BvL 52/71 – *Solange I*, Rn. 43 = BVerfGE 37, 271 (280). Danach wird die nationale Rechtsordnung dergestalt geöffnet, dass „der ausschließliche Herrschaftsanspruch der Bundesrepublik Deutschland im Geltungsbereich des Grundgesetzes zurückgenommen und der unmittelbaren Geltung und Anwendbarkeit eines Rechts aus anderer Quelle innerhalb des staatlichen Herrschaftsbereichs Raum gelassen wird.“

[133] Tschech. VerfG, Urt. v. 8. 3. 2006 – Pl. US. 50/04 – *Zuckerquoten II*, Teil VI.B in der englischen Übersetzung des VerfG: „Art. 10a of the Constitution of the Czech Republic thus operates in both directions: it forms the normative basis for the transfer of powers and is simultaneously that provision of the Czech Constitution which *opens up* the national legal order to the operation of Community law, including rules relating to its effects within the legal order of the Czech Republic“ (Hervorhebung hinzugefügt).

[134] Poln. VerfGH, Entsch. v. 11. 5. 2005 – Az. K 18/04 – *Beitrittsvertrag*, Teil III.8.1 = EuR 2006, S. 236 (241) in der deutschen Übersetzung von *M. Bainczyk/U. Ernst*: „[Art. 90 Abs. 1 Verf-PL] stellt

exemplarisch, dass die rechtsnormative Öffnung aus Sicht der Gerichte einen zentralen Aspekt der offenen Staatlichkeit darstellt, wobei unter Öffnung zumeist die Anerkennung des Durchgriffs supranationalen Rechts in den innerstaatlichen Rechtsraum verstanden wird.

Rechtliche Permeabilität stellt sich auf nationaler Ebene daher gleichsam als *Instrument* zur Verwirklichung offener Staatlichkeit dar und steht für den staatlichen Ordnungsrahmen somit in der Traditionslinie des Prinzips offener Staatlichkeit. Dies spiegelt sich in gewissen Parallelen zum Begriff der Öffnung wider, wie er für den innerstaatlichen Rechtsraum konzeptionalisiert wird.[135]

Indes dürfen die Parallelen nicht die bestehenden Unterschiede verdecken. In *instrumenteller* Hinsicht lässt sich Permeabilität, wie bereits erwähnt, nicht auf die Anerkennung des Durchgriffes unmittelbar anwendbarer Rechtsakte reduzieren, auch wenn diese für den staatlichen Ordnungsrahmen eine besonders wichtige Rolle einnimmt. Mit Blick auf ihre spezifisch *rechtsnormative Ausrichtung* ist Permeabilität hingegen enger gefasst als das Prinzip offener Staatlichkeit, welches den rein rechtlichen Rahmen übersteigt. Was den *Ordnungsrahmen* anbelangt, ist Permeabilität wiederum weiter gefasst, da sie konzeptionell gerade nicht exklusiv auf den Verfassungsstaat begrenzt ist.

2. *Permeabilität jenseits des Staates*

Anders als die Begriffe der Offenheit bzw. Öffnung, welche ausschließlich auf den *Staat* bzw. das *staatliche Verfassungsrecht* bezogen und im Kern auf die Begrenzung der klassischerweise vorausgesetzten Regelungstotalität des nationalen Verfassungsstaates angelegt sind, hebt Permeabilität auf rechtlich integrative Ordnungsstrukturen im Allgemeinen ab. Durch die *ebenenneutrale* Ausrichtung lassen sich somit besonders auch (verfassungsrechtliche) Rechtsordnungen jenseits des Staates auf Existenz und ggf. Notwendigkeit rechtlich integrativer Ordnungsstrukturen hin befragen.

Die rechtlich polyzentrische Ordnungswelt und das damit einhergehende horizontale Nebeneinander verschiedener Rechtsordnungen bringen rechtliche Wechselwirkungen und Interaktionen auf unterschiedlichsten Ebenen und in unterschiedlichsten Wirkgraden hervor. Bereits aus Sicht der staatlichen Verfassungsordnung stellt sich die Frage der rechtsnormativen „Öffnung" keineswegs allein in Bezug auf regionales supranationales Recht. Die nationale Verfassungsordnung kann ebenso für völkerrechtliche Regime, wie etwa die EMRK[136] oder auch für das Recht anderer Staaten permeabel sein.[137]

---

den Ausdruck einer souveränen Öffnung des Verfassungsgebers gegenüber einer (...) möglichen Erweiterung des Kataloges der Rechtsakte dar, die auf dem Gebiet der Republik Polen allgemein gelten sollen."

[135] Vgl. insbesondere die Definition des BVerfG in *Solange-I*, vorstehend zitiert in Fn. 132.

[136] Dazu in verfassungsvergleichender Perspektive *P.M. Huber*, Offene Staatlichkeit, in: IPE II (2008), § 26 Vergleich, Rn. 93 ff.

[137] Dies kann wiederum Folge supranationaler Integration sein, wie es im Fall der gegenseitigen

Mechanismen rechtsnormativer Integration bleiben zudem nicht auf staatliche Verfassungsordnungen beschränkt. So entwickelt auch das Unionsrecht zunehmend permeable Wirkmechanismen, wobei insbesondere die Permeabilität für das Völkerrecht bzw. völkerrechtliche Verfassungselemente hervorzuheben ist.[138] Vielleicht werden die Tragweite dieser Entwicklung und ihre strukturellen Parallelen zur Permeabilität der staatlichen Rechtsordnungen durch keine Entscheidung so prägnant herausgestellt wie durch das *Kadi*-Urteil des EuGH.[139] Die durch den EuGH vorgenommene Grundrechtsprüfung sekundärrechtlicher Rechtsakte, die der Umsetzung von UN-Resolutionen dienen, berührt mit der Frage nach den Grenzen bzw. der Selektivität rechtlicher Integrationsprozesse ein Kernthema verfassungsrechtlicher Permeabilität. Die im *Kadi*-Urteil nunmehr bekräftigte Forderung nach hinreichendem Grundrechtsschutz selbst gegenüber UN-rechtlich determinierten Umsetzungsakten des Unionsrechts[140] ist in ihrer funktionalen Äquivalenz zu den Prü-

---

Anerkennung im europäischen Rechtsraum deutlich wird, vgl. dazu *I. Pernice*, Die horizontale Dimension des europäischen Verfassungsverbundes, in: FS J. Meyer (2006), S. 359 ff. Auch auf Ebene des Verwaltungsrechts zeigt sich die horizontale Permeabilität in zunehmendem Umfang. Dies gilt speziell für den Bereich des Regulierungsrechts. So führte das BVerwG in seinem Urteil vom 2. 4. 2008, BVerwGE 131, 41 zur Regulierung der Telekommunikationsmärkte unter Bezug auf Art. 7 der Richtlinie 2002/21/EG aus, dieses Verfahren diene der „*wechselseitigen Durchlässigkeit nationaler Entscheidungen für transnationale Interessen* auf der Grundlage vereinheitlichender Vorgaben durch die Kommission“ (Hervorh. hinzugefügt).

[138] Vgl. *R. Uerpmann-Wittzack*, Völkerrechtliche Verfassungselemente, in: A. v. Bogdandy/J. Bast (Hrsg.), Europäisches Verfassungsrecht (2. Aufl. 2009), S. 177 ff. in Bezug auf die „Öffnung“ des Unionsverfassungsrechts für „internationale Elemente“. Zum Begriff der völkerrechtlichen Nebenverfassungen grundlegend *C. Tomuschat*, Der Verfassungsstaat im Geflecht der internationalen Beziehungen, VVDStRL 36 (1978), S. 7 (51 f.). S. für die konstitutionelle Dimension speziell der EMRK auch *C. Walter*, Die EMRK als Konstitutionalisierungsprozeß, ZaöRV 1999, S. 961 ff.; *F. Hoffmeister*, Die EMRK als Grundrechtsverfassung und ihre Bedeutung in Deutschland, Der Staat 40 (2001), S. 349 ff.

[139] EuGH, Urt. v. 3. 9. 2008 – verb. C-402/05 P u. C-415/05 P – *Kadi*, Slg. 2008, S. I-6351, Rn. 326. Anders zuvor noch das EuG, Urteile v. 21. 9. 2005 – Rs. T-315/01 – *Kadi* sowie v. 21. 9. 2005 – Rs. T-306/01 – *Yusuf*, das von einer Beschränkung des Prüfungsmaßstabes auf *ius cogens* ausging. Zur Gesamtproblematik vgl. *C. Eckes*, EU Counter-Terrorist Policies and Fundamental Rights (2010) sowie *dies.*, Sanctions Against Individuals – Fighting Terrorism within the European Legal Order, EuConst 4 (2008), S. 205 ff. Zum Urteil des EuGH vgl. *H. Sauer*, Rechtsschutz gegen völkerrechtsdeterminiertes Gemeinschaftsrecht?, NJW 2008, S. 3685 ff.; *U. Haltern*, Gemeinschaftsgrundrechte und Antiterrormaßnahmen der UNO, JZ 2007, S. 537 ff.; *J. A. Kämmerer*, Das Urteil des Europäischen Gerichtshofs im Fall ‚Kadi‘: Ein Triumph der Rechtsstaatlichkeit?, EuR 2009, S. 114 ff. Zu den vorangegangenen Urteilen des EuG vgl. zuvor die Anmerkung von *C. Tomuschat*, CMLRev. 43 (2006), S. 537 ff. sowie *M. Nettesheim*, UN Sanctions against Individuals – Challenge To the Architecture of European Union Governance, WHI-Paper 1/07; *C. Eckes*, Judicial review of European anti-terrorism measures – The Yusuf and Kadi judgments of the Court of First Instance, ELJ 14 (2008), S. 74 ff.; *J. A. Kämmerer*, Die Urteile ‚Kadi‘ und ‚Yusuf‘ des EuG und ihre Folgen, EuR 2008 – Beiheft 1, S. 65 ff.

[140] Unter diesem Gesichtspunkt folgt der EuGH den Schlussanträgen von GA *M. Poiares Maduro* und verwirft die Lösung des EuG, welches den Kontrollmaßstab auf *ius cogens* reduzieren wollte.

fungsvorbehalten nationaler Verfassungsgerichte[141] ein herausragendes Beispiel für die Vervielfältigung permeabler Strukturen in einer polyzentrischen Ordnungswelt.

Die Permeabilität des Unionsrechts kann indes nicht nur in Richtung des Völkerrechts, sondern im Besonderen auch für das nationale Recht bestehen. Hier entfaltet das pluralistische Paradigma erst seinen vollen Erklärungswert, weil es den Blick dafür freilegt, dass die rechtliche Durchlässigkeit gerade nicht nur für die geografisch oder in ihrem Universalitätsanspruch ausgreifendere Rechtsordnung, sondern gerade auch für regional begrenztere Rechtsordnungen bestehen kann.

Zwar findet sich im nationalen Recht rein empirisch gesehen eine ungleich größere Anzahl an Regelungstypen als im Unionsrecht. Eine solche Modellvielfalt ist für das Unionsrecht nicht absehbar, weil das schöpferische Potenzial horizontaler Rezeptionsprozesse wie sie zwischen den einzelnen mitgliedstaatlichen Verfassungen beobachtet werden können, auf Ebene des Unionsrechtes gerade fehlt. Auch mangelt es an historischen Vorbildern für supranationale Gebilde, deren Rechtsordnung dem Unionsrecht hinreichend vergleichbar wären, um als geschichtliche Vorlage für die Entwicklung supranationaler Permeabilität dienen zu können. Der rechtsempirische Schwerpunkt der vorliegenden Arbeit liegt deshalb auch auf der Verfassungsvergleichung rechtlicher Permeabilität auf Ebene des nationalen Verfassungsrechtes.

Der Vorteil des Permeabilitätskonzepts besteht indes darin, dass es den Zugriff auf die überstaatliche Dimension konzeptionell überhaupt erlaubt und in seinem Zuschnitt gleichermaßen die mitunter erheblichen Strukturunterschiede zwischen staatlicher und überstaatlicher Rechtsordnung berücksichtigt.[142] Der Permeabilitätsbegriff läuft dabei nicht Gefahr, in die begriffliche „Blaupausenfalle"[143] zu tappen, die sich bei der modifizierenden Übernahme bestehender Begrifflichkeiten stellte. Die im Begriff der „Öffnung" spezifisch mitschwingende Durchbrechung nationalstaatlicher Souveränität muss eben nicht erst konzeptionell überwunden werden. In seiner ebenenneutralen Ausrichtung ist der Permeabilitätsbegriff vielmehr von den Besonderheiten einer staatlichen Verfassungsordnung abgekoppelt und auf Rechts- und Verfassungsordnungen unterschiedlicher Ebenen anwendbar, soweit diese sich in die Vorstellungswelt einer rechtspluralistischen Grundannahme einfügen.

---

[141] Dazu an späterer Stelle eingehend Teil 2 – Kapitel 11 – III. 1.

[142] So spielt etwa das Souveränitätsprinzip eine Schlüsselrolle zum Verständnis rechtlicher Permeabilität auf nationaler, hingegen nicht auf unionaler Ebene.

[143] Vgl. *G.F. Schuppert*, Anforderungen an eine Europäische Verfassung, in: H.-D. Klingemann/F. Neidhardt (Hrsg.), Zur Zukunft der Demokratie (2000), S. 207 (216, 226). Zur Übertragbarkeit staatsrechtlicher Figuren auf die EU vgl. *A. v. Bogdandy*, Zur Übertragbarkeit staatsrechtlicher Figuren auf die Europäische Union – Vom Nutzen der Gestaltidee supranationaler Föderalismus anhand des Demokratieprinzips, in: FS P. Badura (2004), S. 1033 ff.

IV. Permeabilität als rechtliche Verbundtechnik

Die Möglichkeit offener Rechtsanwendungskonflikte hat das Spannungspotenzial aufgezeigt, das der rechtspluralistischen Grundannahme innewohnt. So sehr ein Blick auf die Entwicklungsgeschichte des Souveränitätsprinzips[144] vor den Exzessen zentripetaler Herrschaftsverdichtung warnt, so sehr läuft die Ausrichtung an einem pluralistischen Modell Gefahr, das Recht in das Chaos zentrifugaler Zerstreuung zu führen.

1. Permeabilität als rechtliche Verbundtechnik im Allgemeinen

Permeabilität ist auf die Überwindung dieser Gefahr rechtlicher Inkohärenz angelegt. Sie setzt eine rechtspluralistische Grundannahme voraus, zielt aber auf einen integrativen Effekt im Sinne einer auf die Herstellung eines Ganzen gerichteten Wirkung ab. Als Teil des (Grenz-) Rechts der betreffenden Ausgangsrechtsordnung kann Permeabilität in normativer Hinsicht zwar nicht den Bezugsrahmen dieser Ordnung verlassen. Sie ist rechtlich gerade nicht auf einer den betreffenden Ordnungen übergeordneten Ebene angesiedelt, welche die Interaktion und Wechselwirkungen zweier oder mehrerer Rechtsordnungen in einer Gesamtperspektive erfassen könnte. Allerdings ermöglicht Permeabilität durch die strukturelle Regulierung des Rechtsraumes ihrer jeweiligen Ausgangsrechtsordnung eine partielle Entgrenzung, d. h. eine teilweise Aufhebung des Gegensatzes von Innen und Außen.[145]

Belässt Permeabilität dem ordnungsfremden Recht in dessen normativer Eigenkraft Raum, erfolgt die Regulierung in negativer Weise von Seiten des nationalen Rechts her, indem der potenziell ausschließliche Durchsetzungsanspruch dieser Ordnung zurückgenommen wird.[146] Verlangt die betreffende Ausgangsrechtsordnung darüber hinausgehend einen geltungsvermittelnden Akt des nationalen Rechts, so erfolgt die Regulierung über die Zuerkennung dieses normativen Fundaments. Beide Varianten können, wie gesehen, an materiell-rechtliche Grenzen stoßen, welche im ersten Fall zur Limitierung der Rücknahme des ordnungseigenen Durchsetzungsanspruches, im zweiten Fall (zusätzlich) zur Begrenzung der Verleihung des ordnungsintern geltungsvermittelnden Fundaments führen.

Soweit Permeabilität aus Perspektive ihrer Ausgangsrechtsordnung zur Verschmelzung der Rechtsmassen beiträgt, hat sie den Charakter einer *Verbundtechnik*.[147] Die Grenzen zwischen den verschiedenen Rechtsordnungen, d. h. insbesondere die formelle Trennbarkeit der verschiedenen Rechtssetzungszentren und ihrer jeweiligen

---

[144] Näher zur Souveränitätsproblematik Teil 2 – Kapitel 3 – I.

[145] Zur Bedeutung von Grenzen und ihrer partiellen Aufhebung im postnationalen Konstitutionalismus vgl. *I. Ley*, Verfassung ohne Grenzen?, in: I. Pernice et al. (Hrsg.), Europa jenseits seiner Grenzen – Politologische, historische und juristische Perspektiven (2009), S. 91 ff.

[146] Für den Vergleich zu einseitigen Kollisionsnormen vgl. bereits oben.

[147] Zum Begriff der Verbundtechnik vgl. *A. Voßkuhle*, Der europäische Verfassungsgerichtsverbund, NVwZ 2010, S. 1 (3 f.).

inkommensurablen Autonomiepostulate, bleiben formell bestehen, werden aber aus Perspektive der jeweiligen Ordnung durchlässig. Dies ermöglicht trotz der pluralistischen Grundannahme, dass im Einzelfall grundsätzlich *eine* rechtliche Lösung produziert wird.[148] Permeabilität wirkt aus Perspektive der jeweiligen Rechtsordnung insoweit auf die Herstellung eines *funktionell* und *materiell-rechtlich* Ganzen hin.

Für Herstellung und Festigung eines solchen Verbundes wird Permeabilität als integrative Ordnungsstruktur in der Regel nicht allein genügen. Wie bereits angedeutet, werden in der Regel ordnungsinterne Mechanismen hinzutreten, die auf Legitimation und aktive Gestaltung formell ordnungsfremden Rechts gerichtet sind. Auch wird rechtliche Permeabilität in materiell-rechtlicher Hinsicht regelmäßig durch bestimmte (verfassungsrechtliche) Kerngehalte kanalisiert werden. Soweit ihr die Funktion einer einseitigen Kollisionsnorm zukommt, muss sie darüber hinaus notwendig durch ein Kompetenzregime komplettiert werden. Anders gewendet, Permeabilität ist lediglich ein, wenngleich in rechtsnormativer Hinsicht wesentlicher, Verbundmechanismus, aus dem erst im Zusammenwirken mit anderen Instrumenten ein Verbund *emergieren* kann.

2. Permeabilität im europäischen Verfassungsverbund

Besonders deutlich wird dieses Zusammenspiel verschiedener, aufeinander abgestimmter Verbundmechanismen für den Bereich des europäischen Verfassungsrechts. Hier hat die Dichte der rechtlichen, institutionellen und politischen Wechselbeziehungen zwischen Union und ihren Mitgliedstaaten, aber auch der einzelnen Mitgliedstaaten untereinander, einen Grad erreicht, der es zulässt, unionale und nationale Verfassungsebene als Teilordnungen eines funktional und materiell-rechtlich Ganzen, eines *europäischen Verfassungsverbundes* (*Ingolf Pernice*)[149] zu denken.

a) Verfassungsfähigkeit und Verfasstheit der Union

Diese Verbundthese ist voraussetzungsreich, nimmt sie doch in spezifischer Weise die verfassungsrechtliche Dimension nationalen und unionalen Rechts in den Blick und wirft damit die Frage der Verfassungsqualität bzw. Verfassungsfähigkeit des Unionsrechts auf.

Diese hat die Wissenschaft gleichermaßen angezogen wie gespalten.[150] Genau genommen handelt es sich nicht um eine einzige Fragestellung, sondern um ein ganzes

[148] Vgl. *I. Pernice*, Europäisches und nationales Verfassungsrecht, VVDStRL 60 (2001), 148 (172).

[149] S. die Nachweise in Fn. 6.

[150] Dies kann hier im Einzelnen nicht rekapituliert werden. Eingehend zur Problematik *C. Möllers*, Verfassunggebende Gewalt – Verfassung – Konstitutionalisierung, in: A. v. Bogdandy/J. Bast (Hrsg.), Europäisches Verfassungsrecht (2. Aufl. 2009), S. 227 ff. Die Verfassungsdimension bejahend insbesondere *H. P. Ipsen*, Europäisches Gemeinschaftsrecht (1972), S. 64 ff. (§ 2 Rn. 33 ff.); *E. Stein*, Lawyers, Judges, and the Making of a Transnational Constitution, AJIL 75 (1981), S. 1 ff.; *G. F. Mancini*, The Making of a Constitution for Europe, CMLRev. 26 (1989), S. 595 ff.; *K. Lenaerts*, Constitutionalism and the Many Faces of Federalism, AJComL 38 (1990), S. 205 ff.; *J. H. H. Weiler*, The

Bündel unterschiedlicher Problemstellungen, Zugänge und Perspektiven, die durch die Verfassungs- bzw. Konstitutionalisierungsterminologie locker zusammengehalten werden.[151] Steht bei einigen Ansätzen die Konstitutionalisierung[152] oder Transformation[153] im Sinne eines evolutiv-inkrementellen Prozesses der judikativen Herausbildung einer Verfassungsordnung durch den EuGH im Vordergrund, kreisen andere Diskussionsstränge speziell um die „postnationale"[154] Ablösung des Verfassungsbegriffs vom Staat,[155] problematisieren die Verfassungs(un)fähigkeit der EU in

---

Transformation of Europe, YLJ 100 (1991), S. 2403 ff.; *ders.*, The Constitution of Europe, (1999 – Nachdr. 2005), insbes. S. 221 ff.; *I. Pernice*, Europäisches und nationales Verfassungsrecht, VVDStRL 60 (2001), 148 (163 ff.); *ders.*, Theorie und Praxis des Europäischen Verfassungsverbundes, in: C. Calliess (Hrsg.), Verfassungswandel im europäischen Staaten- und Verfassungsverbund (2007), S. 61 ff.; *A. Peters*, Elemente einer Theorie der Verfassung Europas (2001), S. 37 ff. u. 93 ff.; *P. Craig*, Constitutions, Constitutionalism and the European Union, European Law Journal 2001, S. 125 ff.; *F. C. Mayer*, Verfassungsgerichtsbarkeit, in: A. v. Bogdandy/J. Bast (Hrsg.), Europäisches Verfassungsrecht (2. Aufl. 2009), S. 559 ff.; *C. Calliess*, Mitverantwortung der Rechtswissenschaft für die Verwendung des Verfassungstopos, in: I. Pernice (Hrsg.), Der Vertrag von Lissabon – Reform der EU ohne Verfassung? (2008), S. 54 ff.; *D. Thym*, Ungleichzeitigkeit und europäisches Verfassungsrecht (2004), S. 323 ff.; *R. Bieber*, Verfassungsgebung und Verfassungsänderung in der Europäischen Union, in: ders./P. Widmer (Hrsg.), L'espace constitutionnel européen – Der europäische Verfassungsraum (1995), S. 313 ff. Ablehnend dagegen *D. Grimm*, Braucht Europa eine Verfassung?, JZ 1995, S. 581 ff.; *P. Kirchhoff*, Der deutsche Staat im Prozess der europäischen Integration, in: HStR VII, § 183, Rn. 34 ff.; *C. Koenig*, Ist die Europäische Union verfassungsfähig? DÖV 1998, S. 268 (275).

[151] Für die Diversität der einzelnen „verfassungsrechtlichen Erzählungen" vgl. *M. Avbelj*, Questioning EU Constitutionalisms, GLJ 9 (2008), S. 1 ff., der indes zu signifikant abweichenden Einschätzungen gelangt, was Zu- und Einordnung der einzelnen Ansätze betrifft. Die gilt speziell für die Einordnung des Ansatzes vom Verfassungsverbund, den *Avbelj* entgegen der ebenenübergreifenden, nicht-hierarchischen Ausrichtung des Konzepts gleichwohl in unmittelbare Nähe zum staatlich-unitären Konstitutionalismus stellt („multilevel classical constitutionalism", S. 19 f.).

[152] *E. Stein*, Lawyers, Judges, and the Making of a Transnational Constitution, AJIL 75 (1981), S. 1 ff. Besonders ausgeprägt ist der gerichtsbezogene Zugang zudem beim Konzept des „Constitutionalism Beyond the State" von *M. Kumm*, The Jurisprudence of Constitutional Conflict: Constitutional Supremacy in Europe before and after the Constitutional Treaty, ELJ 11 (2005), S. 262 (282 ff.) und *M. Poiares Maduro*, Contrapunctual Law: Europe's Constitutional Pluralism in Action, in: N. Walker (Hrsg.), Sovereignty in Transition (2003), S. 501 ff. sowie bei *A. Stone Sweet*, Constitutional Dialogues in the European Community, in: A.-M. Slaughter/A. Stone Sweet/J. H. H. Weiler (Hrsg.) The European Court and National Courts (1998), S. 305 ff. Zur begrifflichen Differenzierung zwischen constitutionalism und constitutionalisation vgl. *P. Craig*, Constitutions, Constitutionalism and the European Union, European Law Journal 2001, S. 125 (127 f.).

[153] *J. H. H. Weiler*, The Transformation of Europe, YLJ 100 (1991), S. 2403 ff.

[154] *J. Habermas*, Die postnationale Konstellation (5. Aufl. 2006), S. 91 ff.

[155] Im Sinne der Ablösungsthese vgl. *J. Shaw*, Postnational Constitutionalism in the European Union, JEPP 6 (1999), S. 579 ff.; *I. Pernice*, Europäisches und nationales Verfassungsrecht, VVDStRL 60 (2001), 148 (155 ff.); *A. Peters*, Elemente einer Theorie der Verfassung Europas (2001), S. 93 ff.; *U. Schliesky*, Souveränität und Legitimität von Herrschaftsgewalt (2004), S. 482. Kritisch gegenüber einer solchen Entkopplung insbesondere *D. Grimm*, Braucht Europa eine Verfassung?, JZ 1995, S. 581 ff.; *D. Murswiek*, Maastricht und der pouvoir constituant, Der Staat 32 (1993), S. 161 (168 ff.); *E.-W. Böckenförde*, Begriff und Probleme des Verfassungsstaates, in: ders., Staat, Nation, Europa (1999), S. 127 (135 f.). Zum Problemkreis s. auch *H. Hofmann*, Von der Staatssoziologie zu einer Soziologie der Verfassung?, JZ 1999, S. 1069 ff.

Absenz eines Unionsvolks,[156] beleuchten die Bedeutung von Formensprache und Pathos,[157] heben die Pluralität widerstreitender verfassungsrechtlicher Letztentscheidungsansprüche hervor[158] oder befragen die Verfasstheit der Union auf ihre Deckungslinien zu typisierten Verfassungstraditionen der Herrschaftsbegründung und -formung.[159] Manche dieser Ansätze beschränken sich auf eine deskriptive Dimension, andere wiederum erheben (zusätzlich) einen normativen Anspruch.

Soweit die vorliegende Untersuchung das Unionsrecht als Verfassungsrecht bzw. als Verfassungsordnung oder Verfassungsebene bezeichnet, liegt dem weniger eine feste Zustandsbeschreibung als vielmehr die Identifizierung mit einer bestimmten *rechtswissenschaftlichen Perspektive* zugrunde.[160]

Initialzündung für den fragenden Zugriff auf die Verfassungsdimension des primären Unionsrechts ist die mitunter bestechende funktionelle Äquivalenz des Unionsrechts zu klassischen Verfassungen. Das primäre Unionsrecht begründet in zunehmend kohärent und systematisch verschriftlichter Form eine unmittelbar auf den Einzelnen durchgreifende Hoheitsgewalt, sucht diese auf unmittelbarem und mittelbarem Wege zu legitimieren, bildet ein jedenfalls relativ autonomes Rechtssetzungszentrum mit einer internen Normenhierarchie aus, verleiht gerichtlich durchsetzbare Grundrechte, Grundfreiheiten und rechtsstaatliche Prinzipien, errichtet für all dies einen institutionellen Rahmen mit eigener Gewaltenbalance und bedient sich dabei in zunehmender Weise einer staatsverfassungsrechtlichen Semantik. Kurzum, die Verträge einschließlich der ihnen beigefügten Protokolle und Erklärungen

> „konstituieren, legitimieren, organisieren und begrenzen öffentliche Gewalt im Verhältnis der Organe zueinander und auch unmittelbar gegenüber dem einzelnen"[161]

vergleichbar einer herkömmlichen Verfassung. Nachdem der EuGH in zunehmendem Umfang die Verfassungsrhetorik für sich entdeckt hat,[162] greift in jüngerer Zeit auch

---

[156] *D. Grimm*, Europas Verfassung, in: G. F. Schuppert/I. Pernice/U. Haltern (Hrsg.), Europawissenschaft, 2005, S. 177 (184ff.). Anders wiederum *I. Pernice*, Theorie und Praxis des Europäischen Verfassungsverbundes, in: C. Calliess (Hrsg.), Verfassungswandel im europäischen Staaten- und Verfassungsverbund (2007), S. 61 (73f.).

[157] Dazu *U. Haltern*, Pathos and Patina: The Failure and Promise of Constitutionalism in the European Imagination, ELJ 9 (2003), S. 14ff.

[158] *N. Walker*, The Idea of Constitutional Pluralism, MLR 65 (2002), S. 317ff. Grundlegend zu ultra-vires-Konflikten als Form verfassungsrechtlicher Letztentscheidungsansprüche *F. C. Mayer*, Kompetenzüberschreitung und Letztentscheidung (2000).

[159] *C. Möllers*, Verfassunggebende Gewalt – Verfassung – Konstitutionalisierung, in: A. v. Bogdandy/J. Bast (Hrsg.), Europäisches Verfassungsrecht (2. Aufl. 2009), S. 227 (229ff. u. 250ff.).

[160] Vgl. *A. v. Bogdandy/J. Bast*, Der verfassungsrechtliche Ansatz und das Unionsrecht, in: dies. (Hrsg.), Europäisches Verfassungsrecht (2. Aufl. 2009), S. 1ff.

[161] *I. Pernice*, Europäisches und nationales Verfassungsrecht, VVDStRL 60 (2001), 148 (163f.).

[162] Der EuGH spricht seit dem Urteil vom 23. 4.1986 – Rs. 294/83 – *Les Verts*, Slg. 1986, S. 1339 (1365) von einer „Verfassungsurkunde". Ebenso EuGH, Gutachten v. 14. 12. 1991 – 1/91 – *EWR*, Slg, 1991, S. I-6079 (Rn. 21). Besonders deutlich betont wurde der konstitutionelle Charakter der rechtlichen Grundlagen der Union jüngst im Urteil vom 3. 9. 2008 – verb. C-402/05 P u. C-415/05 P – *Kadi*, Slg. 2008, S. I-6351, Rn. 285 („Verfassungsgrundsätze des EG-Vertrages"), Rn. 290 (gericht-

das BVerfG auf sie zurück, wenn es das europäische Primärrecht als „europäische Verfassung im funktionellen Sinne" kennzeichnet.[163]

Allerdings bleibt die hier in Bezug genommene Verfassungsperspektive auf das Unionsrecht nicht auf die Subsumtion bestimmter Elemente unter einen funktionalen oder formellen Verfassungsbegriff beschränkt. Ein rechtswissenschaftlich-kritischer Zugriff fordert zugleich die Formulierung von Maßstäben, die wiederholt an die konkreten Verwirklichungsformen anzulegen sind und – dies gilt besonders für die demokratische Fundierung des Unionsrechts – im Sinne einer kontrafaktischen Idealisierung bzw. eines „normativen Stachels" als Leitlinien für Weiterentwicklung und Reformpotenzial des Unionsrechts dienen.[164] Die hierfür zu entwickelnden Kriterien und Maßstäbe entspringen einem fortlaufenden diskursiven Prozess.

Daraus folgt zugleich, dass ein gubernatives Organ über die verfassungsrechtliche Natur des Unionsrechts nicht apodiktisch entscheiden kann.[165] Nach dem Scheitern des Vertrages über eine Verfassung für Europa (VVE)[166] und der darauf folgenden selbstverordneten Reflexionsphase[167] verständigten sich die Staats- und Regierungschefs auf dem Europäischen Rat vom 21. und 22. Juni 2007 zwar auf ein detailliertes Mandat, das in allen wesentlichen Details den erst am 13. Dezember 2007 unter-

---

liche Kontrolle insbesondere im Hinblick auf die EG-Grundrechte als „verfassungsrechtliche Garantie" der Gemeinschaft) sowie Rn. 316 („Verfassungsgarantie einer Rechtsgemeinschaft").

[163] BVerfG, Urt. v. 30. 6. 2009 – 2 BvE 2/08 u. a. – *Lissabon* = BVerfGE 123, 267 ff. (Rn. 231). In der mündlichen Verhandlung vor dem BVerfG am 10. und 11. 2. 2009 hatte der berichterstattende Bundesverfassungsrichter *U. Di Fabio* bereits hervorgehoben, der Verfassungscharakter des Primärrechts sei ganz überwiegend anerkannt.

[164] Vgl. *C. Möllers*, Verfassunggebende Gewalt – Verfassung – Konstitutionalisierung, in: A. v. Bogdandy/J. Bast (Hrsg.), Europäisches Verfassungsrecht (2. Aufl. 2009), S. 227 (249; 255) in Bezug auf die Figur der verfassungsgebenden Gewalt als herrschaftsbegründende, radikal Input-orientierte Verfassungstradition.

[165] So zutreffend *A. v. Bogdandy/J. Bast*, Der verfassungsrechtliche Ansatz und das Unionsrecht, in: dies. (Hrsg.), Europäisches Verfassungsrecht (2. Aufl. 2009), S. 1 f.

[166] ABl. EU Nr. C 310 v. 16. 12. 2004. Aus der Fülle an Literatur vgl. L. Burgorgue-Larsen/A. Levade/F. Picod (Hrsg.), Traité établissant une Constitution pour l'Europe, Tome 1 – Architecture constitutionnelle (2007), Tome 2 – La charte des droits fondamentaux de l'Union (2005); G. Amato/H. Bribosia/B. de Witte (Hrsg.), Genèse et destinée de la Constitution européenne. Commentaire du Traité établissant une Constitution pour l'Europe à la lumière des travaux préparatoires et perspectives d'avenir (2007); C. Calliess/M. Ruffert (Hrsg.), Verfassung der Europäischen Union. Kommentar der Grundlagenbestimmungen (2006); I. Pernice/J. Zemánek (Hrsg.), A Constitution for Europe: The IGC, the Ratification Process and Beyond (2005); I. Pernice/M. Poiares Maduro (Hrsg.), A Constitution for the European Union: First Comments on the 2003-Draft of the European Convention (2003); W. Hummer/W. Obwexer (Hrsg.), Der Vertrag über eine Verfassung für Europa (2007); C. Vedder/W. Heintschel von Heinegg (Hrsg.), Europäischer Verfassungsvertrag (2007); O. Beaud et al. (Hrsg.), L'Europe en voie de constitution. Pour un bilan critique des travaux de la Convention (2004). S. auch die Beiträge in der Erstausgabe der European Constitutional Law Review (2005). Vgl. zu den unterschiedlichen Verfassungsentwürfen zudem die Online-Dokumentation des European Constitutional Law Network (ECLN) www.ecln.net (1. 9. 2010).

[167] Vgl. die Erklärung der Staats- und Regierungschefs v. 18. 06. 2005 zur Ratifizierung des Vertrags über eine Verfassung für Europa sowie den „Plan D für Demokratie, Dialog und Diskussion" der Kommission, Dok. KOM(2005) 494 v. 13. 10. 2005 sowie den späteren Bericht des Vorsitzes und Generalsekretariats des Rates, Dok. 9701/1/06 REV 1 v. 24. 5. 2006.

zeichneten Vertrag von Lissabon (VvL)[168] inhaltlich vorwegnahm und dabei festhielt, die reformierten Verträge hätten als solche „keinen Verfassungscharakter".[169]

Das aufgegebene Verfassungskonzept bestand in der Terminologie des Mandats jedoch lediglich darin, die einzelnen Verträge „durch einen einheitlichen Text mit der Bezeichnung ‚Verfassung' zu ersetzen".[170] Ein solcher Zugang entbehrt in seiner Reduktion auf formelle Aspekte indes hinreichender inhaltlich-konzeptioneller Kriterien. Obwohl Textform und Symbolik für die Frage nach dem Verfassungscharakter nicht ausgeblendet werden dürfen, wie insbesondere der niederländische Staatsrat (*Raad van State*) in einem Gutachten zum Mandat betont,[171] ist die alleinige Fokussierung hierauf nicht geeignet, eine Aussage über die verfassungsrechtliche Dimension des Unionsrechts im hier verstandenen rechtswissenschaftlichen Sinne zuzulassen.[172] Der ausgesprochene Verzicht erklärt sich freilich durch das politische Kalkül

[168] ABl. EU Nr. C 306 v. 17. 12. 2007. Für erste Analysen vgl. die Beiträge in: I. Pernice (Hrsg.), Der Vertrag von Lissabon: Reform der EU ohne Verfassung? (2008) sowie in: ders./E. Tanchev (Hrsg.), Ceci n'est pas une Constitution – Constitutionalisation without a Constitution? (2009); *F. C. Mayer*, Die Rückkehr der europäischen Verfassung? Ein Leitfaden zum Vertrag von Lissabon, ZaöRV 67 (2007), S. 1141 ff.; *P. Craig*, The Treaty of Lisbon, process, architecture and substance, ELR 33 (2008), S. 137 ff.; S. Griller/J. Ziller (Hrsg.), The Lisbon Treaty. EU Constitutionalism without a Constitutional Treaty? (2008); *C. Calliess*, Die Europäische Union nach dem Vertrag von Lissabon (2008); *K. H. Fischer*, Der Vertrag von Lissabon (2008); *R. Streinz* et al., Der Vertrag von Lissabon zur Reform der EU (2. Aufl. 2008); *A. Weber*, Vom Verfassungsvertrag zum Vertrag von Lissabon, EuZW 2008, S. 7 ff.

[169] Dok. 11218/07 (sprachlich überarbeitete Version), Rn. 3. Die ursprüngliche und mit Übersetzungsfehlern insbesondere in der deutschen Sprachfassung versehene Version ist als Anhang zu den Schlussfolgerungen des Europäischen Rates vom 21./22. Juni 2007 in Brüssel zum Ende der deutschen Ratspräsidentschaft enthalten, Dok. 11177/07. Vgl. zu Inhalt und Aussage des Mandats eingehend *F. C. Mayer*, Die Rückkehr der Europäischen Verfassung? Ein Leitfaden zum Reformvertrag, ZaöRV 67 (2007), S. 1141 (1147).

[170] Rn. 1 des Mandates.

[171] Niederl. Staatsrat, Gutachten v. 12. 9. 2007 – W02. 07. 0254/II/E – *IGC-Mandat* in englischer Übersetzung des Staatsrates abrufbar unter http://www.raadvanstate.nl/adviezen (1. 9. 2010): „The significance of these changes *should not be underestimated*. EU terminology and symbols are apt to create expectations among citizens, and form potential points of reference for the further development of both EU policy, whose dynamics are inherent in the integration process, and EU case law, with its characteristic emphasis on teleological interpretation. In the past, treaty terminology and symbolism have played an important part in the development of the EU. There is no reason to assume that things will be any different in the future. In this respect, the proposed Reform Treaty is perfectly clear. Unlike the Treaty establishing a Constitution for Europe, it provides no arguments for a gradual expansion of the EU towards a more explicit state or federation" (Hervorh. hinzugefügt). Dazu *J. Ziller*, The Law and Politics of the Ratification of the Lisbon Treaty, in: S. Griller/ders. (Hrsg.), The Lisbon Treaty (2008), S. 309 (322 f.).

[172] Vgl. für die verfassungsrechtliche Dimension des Primärrechts nach dem Vertrag von Lissabon aus rechtswissenschaftlicher Perspektive *A. M. Guerra Martins*, The Treaty of Lisbon – After all another Step towards a European Constitution?, in I. Pernice/E. Tanchev (Hrsg.), Ceci n'est pas une constitution – Constitutionalisation without a Constitution? (2009), S. 56 ff.; *E. Tanchev*, The Lisbon Treaty within and without Constitutional Orthodoxy, ebd., S. 22 ff.; *S. Griller*, The Reform's Typology: Treaty or Constitution?, ebd., S. 44 (52 f.); *ders.*, Is this a constitution? Remarks on a Contested Concept, in: ders./J. Ziller (Hrsg.), The Lisbon Treaty (2008), S. 21 ff. Zusammenfassend *M. Wendel/M. Belov/M. Angelov*, The Constitutional Paradigm Revisited. Looking at the Lisbon Treaty

der beteiligten Regierungen, auf den erweislich riskanten Ratifikationsmodus des Referendums mit der (scheinbar) außenwirksamen Begründung verzichten zu können, es handle sich bei dem VvL nicht mehr um eine Verfassung, sondern „bloß" um eine „gewöhnliche" Vertragsänderung. Mit dieser Verschleierungstaktik haben die Staats- und Regierungschefs nicht nur einen Weg beschritten, der inhaltlich wenig zu überzeugen vermag, sondern der eine der ursprünglichen Triebkräfte der Reform, nämlich das Bemühen um mehr Transparenz und Demokratie, geradezu untergräbt. Der im Mandat ausgesprochene Verzicht auf den Verfassungscharakter erinnert in seiner Diktion ein wenig an die surrealistischen Bilder von *René Magritte*, die das gemalte Abbild eines bestimmten Gegenstandes, etwa einer Pfeife oder eines Apfels, mit dem geschriebenen Hinweis konterkarieren, es handle sich in Wirklichkeit nicht um das, was man zu sehen meine. Ceci n'est pas une constitution.[173]

Setzt man einen rechtswissenschaftlichen Zugriff auf das europäische Verfassungsrecht voraus, hätte freilich auch das Inkrafttreten des VVE die Frage der Verfassungsfähigkeit der Union nicht abschließend beantworten können.[174] Dies liegt offensichtlich in der Natur der rechtswissenschaftlichen Perspektive, die nicht auf die starre Bejahung oder Verneinung der Verfassungsdimension, sondern vielmehr auf das diskursive Ringen um wissenschaftliche Beschreibungsangebote und Maßstäbe dessen, was Verfassungsrecht ist bzw. sein soll, ausgerichtet ist.[175]

Rechtliche Permeabilität ist im Übrigen von der Frage der Bejahung oder Verneinung des Verfassungscharakters der betreffenden Ausgangsrechtsordnung insoweit abgekoppelt, als sie im Sinne eines ordnungsneutralen Konzepts in vergleichsweise allgemeiner Weise auf rechtlich integrative Ordnungsstrukturen zielt. Permeabilität steht und fällt nicht mit der Annahme der – wie immer konnotierten – Verfassungsnatur der Ausgangsrechtsordnung.[176] Je intensiver die permeable Wirkung ausfällt, desto nachdrücklicher stellt sich allerdings die Frage der materiell-rechtlichen Selektivität und, damit untrennbar verbunden, der demokratischen Legitimation des in die Ausgangsrechtsordnung einfließenden Rechts. Darum wird Permeabilität regelmäßig auf verfassungsrechtlicher oder jedenfalls verfassungsäquivalenter Ebene an-

---

with the Eyes of Magritte, in: I. Pernice/E. Tanchev (Hrsg.), Ceci n'est pas une constitution – Constitutionalisation without a Constitution? (2009), S. 226 ff.

[173] *René Magritte*, „La trahison des images: Ceci n'est pas une pipe" (1929) sowie „Ceci n'est pas une pomme" (1964). *Magritte* zielte mit seinem Hinweis auf die *trahison des images*, den „Verrat der Bilder", ab. Diese seien in ihrer Substanz gerade nicht mit dem gleichzusetzen, was sie abbildeten, evozierten aber dennoch eine gegenteilige Vorstellung. Zur Interpretation vgl. *M. Foucault*, Ceci n'est pas uns pipe, *Fata Morgana (1973)*. Anders als bei *Magritte* wird im Fall des Mandats allerdings nicht eine bildlich hervorgerufene Irreführung oder Sinnestäuschung aufgedeckt, sondern, im Gegenteil, durch den angefügten Kommentar erst provoziert. Verschleierung statt Aufklärung.

[174] Ebenso *F. C. Mayer*, Verfassungsgerichtsbarkeit, in: A. v. Bogdandy/J. Bast (Hrsg.), Europäisches Verfassungsrecht (2. Aufl. 2009), S. 559 (593).

[175] Vgl. abermals *C. Möllers*, Verfassunggebende Gewalt – Verfassung – Konstitutionalisierung, in: A. v. Bogdandy/J. Bast (Hrsg.), Europäisches Verfassungsrecht (2. Aufl. 2009), S. 227 (228).

[176] Auch unter diesem Gesichtspunkt bestehen also gewisse Parallelen zum transnationalen Kollisionsrecht.

gesiedelt sein, wobei Permeabilität im Übrigen sogar selbst ein Instrument der Konstitutionalisierung darstellen kann.[177]

b) Verbunddimension

Ein weiterer Grund, warum die Frage nach einem bloßen Ja oder Nein des Verfassungscharakters des Unionsrechts wenig gewinnbringend erscheint, liegt am Verbundcharakter des europäischen Rechtsraums selbst. Denn das Unionsrecht ist trotz seiner formellen Trennung vom Recht der Mitgliedstaaten gerade kein hermetisch abgeschlossener Untersuchungsgegenstand. Vielmehr stehen beide Ebenen in intensivem normativem Austausch. Eine spezifische – analytische wie normative – Wirkkraft kann das verfassungsrechtliche Paradigma in der Europäischen Union darum auch erst dann entfalten, wenn die Verfassungsfrage nicht isoliert für die jeweilige Ebene gestellt wird, sondern unter Berücksichtigung der zunehmenden Verschränkung beider Ebenen erfolgt.

Diese für den europäischen Rechtsraum so charakteristische Verbunddimension zeigt sich in unterschiedlichen Bereichen. Dabei ist zunächst zwischen rechtsnormativen und sonstigen Formen der Verbundenheit zu trennen.[178] Letztere können Verschränkungen in institutioneller oder politischer Hinsicht sein, wie sie in der europäischen Union speziell in Gestalt doppelter Funktionalitäten bzw. Loyalitäten staatlicher Organe und Institutionen auftreten. So kommt der innerstaatlichen Gubernative auf EU-Ebene bekanntlich eine funktional legislative Rolle als Teil des Rates zu. In Bezug auf die Anwendung des Unionsrechts erfüllen innerstaatliche Gerichte gleichermaßen die Funktion bzw. das „Mandat" einer europäischen Gerichtsbarkeit.[179] Auch nationale Verwaltungsbeamte können funktional als europäische Beamte begriffen werden.[180] Zunehmend wachsen vor allem auch die nationalen Parlamente in eine eigene verfassungsrechtliche Rolle auf EU-Ebene hinein, und dies nicht erst seit Einführung der Subsidiaritätskontrolle und des Frühwarnsystems durch den VvL.[181]

[177] Dies zeigt etwa das Beispiel der allgemeinen Rechtsgrundsätze als mittelbarer Form rechtlicher Permeabilität, durch die eine Prinzipienbildung mit Verfassungsdimension unter Anknüpfung an ordnungsextern verankerte Normgehalte erfolgt.

[178] Zur Typologie von Verbundstrukturen dogmatisch differenziert *M. Nettesheim*, Europäischer Verfassungsverbund?, in: FS J. Isensee (2007), S. 733 (736), der für die normative Dimension darauf hinweist, dass „Verschränkungen der Grundordnungen und Verschränkungen der von den Grundordnungen angestoßenen und geordneten Prozesse" unterschieden werden müssen.

[179] Vgl. *M. Claes*, The National Courts' Mandate in the European Constitution (2006), S. 58 ff. *I. Pernice*, Die Dritte Gewalt im Europäischen Verfassungsverbund, EuR 1996, S. 27 ff.; *G. Hirsch*, Kompetenzverteilung zwischen EuGH und nationaler Gerichtsbarkeit, NVwZ 1998, 907 (910): „Denn in erster Linie sind die nationalen Gerichte ‚Gemeinschaftsgerichte'."

[180] Zur doppelten Loyalität in Bezug auf die Verwaltungsbeamten vgl. bereits *H. P. Ipsen*, Europäische Verfassung – nationale Verfassung, EuR 1987, 195 (210).

[181] Für die Stellung nationaler Parlamente in der EU vgl. grundlegend *P. Dann*, Parlamente im Exekutivföderalismus (2004); *P. Weber-Panariello*, Nationale Parlamente in der Europäischen Union (1995); *A. Maurer/W. Wessels* (Hrsg.), National Parliaments on their Ways to Europe: Losers or Latecomers? (2001); *O. Tans/C. Zoethout/J. Peters* (Hrsg.), National Parliaments and European Democracy. A Bottom-Up Approach to European Constitutionalism (2007). Speziell für die Subsidia-

Für den vorliegenden Kontext interessiert primär die Dimension (verfassungs-) *rechtlicher* Verbundenheit. Diese kann mit unterschiedlichsten Erklärungsmustern, Begriffen und Paradigmen eingefangen werden, sei es unter dem Stichwort der Wechselwirkungen[182] bzw. der „wechselseitigen Einwirkungen“,[183] der „normativen Verklammerung“, des „Aufeinandereinwirkens“,[184] des „osmotischen Gebens und Nehmens“,[185] des gegenseitigen „Aufeinanderangewiesenseins“,[186] der gegenseitigen „Durchdringung“[187] sowie der Brückenmechanismen[188] oder Scharniere[189] bis hin zur Feststellung der „Vermischung“[190] oder der Bildung einer „Gesamtverfassung“.[191] Auch wird gesprochen von einem System „sich verschränkender Verfassungsstrukturen“,[192] einer „Verfassungsverflechtung“[193] oder einer „Doppelverfassung“[194] bzw. „doppelten Verfassung“,[195] wobei diese Aufzählung keineswegs abschließend ist.[196]

ritätskontrolle nach Lissabon vgl. *J.-V. Louis*, National Parliaments and the Principle of Subsidiarity – Legal Options and Practical Limits, in: I. Pernice/E. Tanchev (Hrsg.), Ceci n'est pas une constitution – Constitutionalisation without a Constitution? (2009), S. 132 ff.; sowie *G. A. Bermann*, National parliaments and subsidiarity: An outsider's view, ebd. S. 155 ff.

[182] *J. Schwarze*, Einführung, in: ders. (Hrsg.), Die Entstehung einer europäischen Verfassungsordnung (2000), S. 11 f.: Das „Verhältnis sachlicher Verbindung und wechselseitiger Abhängigkeit von nationalem und europäischem Verfassungsrecht ist zu einem, wenn nicht gar zu dem maßgeblichen Gesichtspunkt moderner Verfassungsentwicklung geworden“.

[183] BVerfG, Beschl. v. 25. 7. 1979 – 2 BvL 6/77 – *Vielleicht-Beschluss* = BVerfGE 52, 187 (200).

[184] Poln. VerfGH, Entsch. v. 11. 5. 2005 – Az. K 18/04 – *Beitrittsvertrag* = EuR 2006, S. 236 (239) in deutscher Übersetzung.

[185] *P. Häberle*, Verfassungsvergleichung und Verfassunggebung – der Beitrag der Rechtswissenschaft zum Entstehungsvorgang der europäischen Verfassung(en), in: M. Kloepfer/I. Pernice (Hrsg.) Entwicklungsperspektiven der europäischen Verfassung im Lichte des Vertrages von Amsterdam (1999), S. 100 (106).

[186] *P. Pescatore*, Das Zusammenwirken der Gemeinschaftsrechtsordnung mit den nationalen Rechtsordnungen, EuR 1970, S. 307 (308).

[187] *M. Nettesheim*, Europäischer Verfassungsverbund?, in: FS J. Isensee (2007), S. 733 (735).

[188] „Bridging mechanisms“, *N. Walker*, Sovereignty and Differentiated Integration in the European Union, ELJ 1998, S. 355 (375).

[189] Span. VerfG, Erkl. v. 13. 12. 2004 – DTC 1/2004 – *Verfassungsvertrag* = EuR 2005, S. 339 (342) in deutscher Übersetzung

[190] „Métissage“, vgl. *I. Raducu/N. Levrat*, Le métissage des ordres juridiques européens, CDE 2007, 111 ff., die sich hinsichtlich der Terminologie an Erkenntnisse aus der Biologie anlehnen.

[191] *R. Steinberg*, Grundgesetz und Europäische Verfassung, ZRP 1999, S. 365 ff.

[192] *H. P. Ipsen*, Europäische Verfassung – Nationale Verfassung, EuR 1987, S. 195 (211).

[193] *R. Bieber*, Verfassungsentwicklung der EU, in: P.-C. Müller-Graff/E. Riedel (Hrsg.), Gemeinsames Verfassungsrecht in der Europäischen Union (1998), S. 209 (215).

[194] *P. Pernthaler*, Die neue Doppelverfassung Österreichs, in: FS G. Winkler (1997), S. 773 ff.; *ders.*, Österreichisches Bundesstaatsrecht (2004), S. 50. Kritisch, weil die funktionale Einheit beider Teilordnungen zu wenig betonend *I. Pernice*, Europäisches und nationales Verfassungsrecht, VVDStRL 60 (2001), 148 (175 f.).

[195] *T. Öhlinger*, Verfassungsfragen einer Mitgliedschaft zur Europäischen Union (1999), S. 215 ff. *Ders.*, Die österreichische Verfassung und die europäische Integration, in: W. Hummer (Hrsg.), Paradigmenwechsel im Europarecht zur Jahrtausendwende (2004), S. 67 (82) führt darüber hinausgehend aus, die österreichische Bundesverfassung sei „*aus Sicht des Gemeinschaftsrechts zu Unterverfassungsrecht degradiert* worden“ (Hervorh. im Original).

[196] Weitere Nachweise etwa bei *A. Peters*, Elemente einer Theorie der Verfassung Europas (2001),

Besonders prägnant zusammengeführt werden Verfassungs- und Verbunddimension indes durch den Begriff des europäischen Verfassungsverbundes (*Ingolf Pernice*). Danach bilden nationales und unionales Verfassungsrecht zwei formell getrennte Ebenen eines funktional, materiell-rechtlich und institutionell zu einer Einheit verbundenen Systems.[197] Der Verbundbegriff, so formuliert es *Andreas Voßkuhle*, kann helfen,

> „Funktionsweisen eines komplexen Mehrebenensystems zu beschreiben, ohne dass damit schon die genauen Techniken des Zusammenspiels festgelegt wären. Dabei ermöglicht er den Verzicht auf räumliche, stark vereinfachende Bilder wie ‚Gleichordnung, Über- und Unterordnung'. Stattdessen eröffnet er die differenzierte Umschreibung anhand unterschiedlicher Ordnungsgesichtspunkte wie Einheit, Differenz und Vielfalt, Homogenität und Pluralität, Abgrenzung, Zusammenspiel und Verschränkung. Im Gedanken des Verbundes sind Eigenständigkeit, Rücksichtnahme und Fähigkeit zu gemeinsamem Handeln gleichermaßen angelegt."[198]

Das Verbundparadigma kann also zunächst in einem heuristischen Sinne verstanden werden, weil es von einer Meta-Ebene aus die Verzahnung der einzelnen Ebenen in einer Gesamtperspektive in den Blick nimmt. Die Folie des Verfassungsverbundes macht die einheitsbildende Fähigkeit der polyzentrischen Ordnungswelt sichtbar, wobei die hierfür ursächlichen Verbundtechniken den institutionellen und politischen, aber gerade auch den rechtlichen – und spezifisch den verfassungsrechtlichen – Bereich betreffen.[199]

S. 254 sowie, kritisch konnotiert, bei *M. Jestaedt*, Der europäische Verfassungsverbund – Verfassungstheoretischer Charme und rechtstheoretische Insuffizienz einer Unschärferelation, in: GS Blomeyer (2004), S. 637 (640, 661).

[197] Grundlegend *I. Pernice*, Bestandssicherungen der Verfassungen: Verfassungsrechtliche Mechanismen zur Wahrung der Verfassungsordnung, in: R. Bieber/P. Widmer (Hrsg.), L'espace constitutionnel européen (1995), S. 225 (233 ff.); *ders.*, Europäisches und nationales Verfassungsrecht, VVDStRL 60 (2001), 148 ff.; *ders.*, Multilevel Constitutionalism and the Treaty of Amsterdam, CMLRev. 36 (1999), S. 703 (706); *ders.*, Theorie und Praxis des Europäischen Verfassungsverbundes, in: C. Calliess (Hrsg.), Verfassungswandel im europäischen Staaten- und Verfassungsverbund (2007), S. 61 ff. sowie jüngst *ders.*, The Treaty of Lisbon: Multilevel Constitutionalism in Action, CJEL 15 (2009), S. 349 ff. = WHI-Paper 2/09, abrufbar unter http://www.whi-berlin.de/documents/whi-paper0209.pdf (1. 9. 2010) m. w. N. zur Rezeption des Konzepts. Kritisch insbesondere *M. Jestaedt*, Der europäische Verfassungsverbund – Verfassungstheoretischer Charme und rechtstheoretische Insuffizienz einer Unschärferelation, in: GS Blomeyer (2004), S. 637 ff. sowie *M. Loughlin*, In Defence of Staatslehre, Der Staat 48 (2009), S. 1 (19 ff.). Verwendet wird der Begriff des Verfassungsverbundes auch, indessen anders konnotiert, von *P. M. Huber*, Europäisches und nationales Verfassungsrecht, VVDStRL 60 (2001), S. 194 (199 ff.); *ders.*, Recht der Europäischen Integration (2. Aufl. 2002), § 5 Rn. 23 ff.

[198] *A. Voßkuhle*, Der europäische Verfassungsgerichtsverbund, NVwZ 2010, S. 1 (3), indes in Bezug auf BVerfG, Urt. v. 30. 6. 2009 – 2 BvE 2/08 u. a. – *Lissabon* = BVerfGE 123, 267.

[199] Kritisch gegenüber der gegenseitigen Durchdringung der Verfassungsebenen *M. Nettesheim*, Europäischer Verfassungsverbund?, in: FS J. Isensee (2007), S. 733 (736), der argumentiert, dass sich in Europa zwar ein Verbund entwickelt habe, „in dem sich Institutionen, Entscheidungsprozesse und Rechtsnormen aufs Engste miteinander verflochten haben, dass aber gerade die Verfassungsebene hiervon in vergleichsweise geringem Maße berührt" sei.

Die den Verbund ausmachende Einheit in funktioneller, materiell-rechtlicher und institutioneller Perspektive spricht im Übrigen nicht gegen die Existenz einer formellen Getrenntheit der einzelnen Rechtsebenen. Der Verfassungsverbund steht nicht in Widerspruch zu einer rechtspluralistischen Grundannahme, sondern setzt diese vielmehr voraus.[200] Ein Gegensatz zum Rechtspluralismus ließe sich nur dann konstruieren, wenn man entweder den Rechtspluralismus fehlgehend mit Rechtszersplitterung verwechselte oder aber den Verfassungsverbund als unitäre Einheitsordnung mit ungeteilter Souveränität missverstünde.[201] Ein richtig verstandener Rechtspluralismus aber ist nicht mit Chaos zu gleichzusetzen. Selbst innerhalb einer (bundes-)staatlichen Verfassungsordnung können rechtspluralistische Tendenzen identifiziert werden, ohne dass diese Feststellung zugleich mit der Akzeptanz von Chaos und Rechtsuneinheitlichkeit verknüpft sein müsste.[202]

Im Verfassungsverbund wird das im Rechtspluralismus liegende Potenzial wechselseitiger Kontrolle bei gleichzeitiger Absicherung des Kooperationsparadigmas anerkannt.[203] Kohärenz und Einheitlichkeit des Mehrebenensystems werden angestrebt, jedoch nicht im Wege hierarchischer Einheitsbildung. Vielmehr verbleibt im Extremfall die Möglichkeit einer offenen Normenkollision bestehen. Die Parallelität inkommensurabler Autonomiepostulate und die damit einhergehende potenzielle Kollisionslage kann so – die grundsätzliche Kohärenz durch Kompetenzabgrenzung, wechselseitige Permeabilität und materiell-rechtlichen Wertekonsens vorausgesetzt – als wechselseitig stabilisierendes Kräftespiel verstanden werden.

In dieses Bild einer rechtpluralistischen Grundannahme bei gleichzeitigem Streben nach Zusammenhalt und Rechtseinheit fügt sich Permeabilität als spezifisch rechtliche Verbundtechnik ein. Zugleich macht sie deutlich, dass das Paradigma des Verfassungsverbundes auch in einem *normativen* Sinne verstanden werden kann. Dies jedoch gerade nicht vom Standpunkt einer Meta-Perspektive, sondern eindeutig aus dem Blickwinkel der einzelnen – nationalen oder supranationalen – Rechtsordnung heraus. Soll die jeweilige Ordnung verbundfähig sein, so *müssen* bestimmte Mindestanforderungen im Hinblick auf Zielrichtung und Wirkungsweise ihrer Verbundtechniken erfüllt sein. Permeabilität zeigt einen Weg auf, rechtliche Verbundtechniken zu typisieren und an der normativen Forderung auszurichten, die

---

[200] Näher *F. C. Mayer/M. Wendel*, Multilevel-Constitutionalism and Constitutional Pluralism, in: M. Avbelj/J. Komárek (Hrsg.), Constitutional Pluralism in the European Union and Beyond (2010), i.E.

[201] In letztere Richtung *M. Avbelj*, Questioning EU Constitutionalisms, GLJ 9 (2008), S. 1 (19f.) sowie *ders.*, Thou Shalt not be Called Constitutionalism, in: ders./J. Komárek (Hrsg.), Constitutional Pluralism in the European Union and Beyond (2010), i.E. mit einem Plädoyer für die Konzeptionalisierung des europäischen Rechtsraumes als Bund im Sinne von *Carl Schmitt*.

[202] Vgl. *D. Halberstam*, Local, Global, and Plural Constitutionalism: Europe and Beyond, i.E.

[203] *F. C. Mayer*, Verfassungsgerichtsbarkeit, in: A. v. Bogdandy/J. Bast (Hrsg.), Europäisches Verfassungsrecht (2. Aufl. 2009), S. 559 (602).

„selbstwüchsigen Rechtsordnungen aus ihrem interessenbasierten Solipsismus zu lösen, sie auf eine reflexive Öffnung (...) und mithin auf eine ‚Einbeziehung des Anderen' zu verpflichten."[204]

Permeabilität ist damit, systemtheoretisch konnotiert, spezifischer Ausdruck einer „Reflexion", durch welche die jeweiligen Ausgangsrechtsordnungen

„sich selbst als adäquate Umwelt anderer autonomer Teilsysteme begreifen lernen und die daraus folgenden Restriktionen und Abstimmungszwänge in das eigene Entscheidungskalkül einbauen. Reflexion impliziert also reziproke Selbstbeschränkung (...) von Systemen im Hinblick auf die (Überlebens-)Notwendigkeiten anderer Systeme".[205]

Die „lernende Anpassung" der einzelnen Ebenen wird so durch Normierungen abgestützt.[206]

V. Fazit

Zusammenfassend ist festzuhalten, dass rechtliche Permeabilität die Eigenschaft einer Rechtsordnung bezeichnet, Rechtssätze durchgreifen oder Normgehalte einfließen zu lassen, die einer von ihr getrennten Rechtsquelle entstammen. Dabei entfaltet sie einen integrativen bzw. entgrenzenden Effekt, wobei ihr formalrechtlicher Ansatzpunkt stets die jeweilige Ausgangsrechtsordnung bleibt. Selektiv wird Permeabilität dann, wenn sie an das einfließende Recht bestimmte Anforderungen legitimatorischer und (bzw. oder) materiell-rechtlicher Natur stellt. Mit Blick auf die Wirkrichtung sind verschiedene Intensitätsgrade bzw. Wirkstufen zu unterscheiden, die von der Anerkennung des rechtlichen Eigenstands und Durchgriffs ordnungsfremder Rechtssätze bis hin zu subtilen und mittelbaren Formen der Einbeziehung von Normgehalten oder Prinzipien reichen können, wobei eine diesbezügliche Zweckbestimmung bzw. Finalität notwendig ist. Permeabilität setzt in theoretischer Perspektive eine rechtspluralistische Grundannahme voraus, die weder mit den klassischen Instrumenten des normlogischen Monismus noch mit denen eines gemäßigten Dualismus gänzlich erfasst werden kann. Darüber hinaus ist rechtliche Permeabilität in ihrer ebenenneutralen Ausrichtung nicht nur auf den Ordnungsrahmen des Verfassungsstaates, sondern darüber hinaus auch auf Rechtsordnungen jenseits des Staates anwendbar. Während Permeabilität in diesem Sinne ganz allgemein als rechtliche Verbundtechnik verstanden werden kann, nimmt die vorliegende Untersuchung spe-

---

[204] *A. Fischer-Lescano*, Monismus, Dualismus? – Pluralismus. Selbstbestimmung des Weltrechts bei Hans Kelsen und Niklas Luhmann, in: H. Brunkhorst/R. Voigt (Hrsg.), Rechts-Staat (2007), S. 203 ff., abrufbar unter http://www.jura.uni-frankfurt.de/ifawz1/teubner/dokumente/Kelsen.pdf (1. 9. 2010), dort S. 14.

[205] *H. Willke*, Ironie des Staates. Grundlinien einer Staatstheorie polyzentrischer Gesellschaft (1992), S. 73. Auf *Willke* Bezug nehmend auch *A. Peters*, Elemente einer Theorie der Verfassung Europas (2001), S. 287.

[206] Vgl. *N. Luhmann*, Die Weltgesellschaft, in: *ders.*, Soziologische Aufklärung, Bd. 2, Aufsätze zur Theorie der Gesellschaft (1975), S. 51 ff. (63).

ziell die nationale und unionale Verfassungsebene in ihrem gegenseitigen Aufeinanderbezogensein in den Blick, wobei in empirischer Hinsicht der Schwerpunkt auf den Regelungsmodellen des nationalen Rechts liegt.

Kapitel 2

Methodischer Ansatz

Die vorliegende Untersuchung analysiert Permeabilität im europäischen Verfassungsrecht in *vergleichender Perspektive*. Damit ist die Frage nach dem methodischen Ansatz aufgeworfen. „Methode" wird dabei im Sinne eines rationalisierten Vorgehens zur Gewinnung von Erkenntnissen[1] verstanden.

Methodenreflexive Erwägungen spielen in juristischen Abhandlungen gewöhnlich eine eher untergeordnete Rolle,[2] soweit nicht die Methode selbst ihren primären Forschungsgegenstand darstellt.[3] Eine methodische Vergewisserung ist als Rationalitätsfaktor indes unabdingbar,[4] wobei sich diese einleitende Forderung für den konkreten Kontext als Frage nach Ausgestaltung und ggf. Besonderheiten der zugrunde zu legenden „rechtsvergleichenden Methode"[5] konkretisieren lässt.

---

[1] Zum Begriff der Methode im Kontext der Rechtsvergleichung s. etwa *J.M. Mössner*, Rechtsvergleichung und Verfassungsrechtsprechung, AöR 99 (1974), S. 193 (224). Zur Frage des Methodenverständnisses in Bezug auf das Verwaltungsrecht vgl. *C. Möllers*, Methoden, in: W. Hofmann-Riem/E. Schmidt-Aßmann/A. Voßkuhle (Hrsg.), Grundlagen des Verwaltungsrechts, Bd. I § 3, S. 121 (139 ff.) sowie *W. Hoffmann-Riem*, Methoden einer anwendungsorientierten Verwaltungsrechtswissenschaft, in: E. Schmidt-Aßmann/W. Hoffmann-Riem (Hrsg.), Methoden der Verwaltungsrechtswissenschaften (2004), S. 9 (11 ff.).

[2] Kritisch zu dieser Haltung wonach „ein guter Jurist Methoden habe, aber nicht darüber spreche" *H.-M. Pawlowski*, Einführung in die juristische Methodenlehre (2. Aufl. 2000), S. 2, Rn. 1. Von einer „Methodenmüdigkeit" spricht *A. Voßkuhle*, Methode und Pragmatik im öffentlichen Recht, in: H. Bauer (Hrsg.), Umwelt, Wirtschaft und Recht (2002), S. 171 (172). Allgemein zu wissenschaftlichen Maßstäben im Bereich öffentlich-rechtlicher Forschung s. *H. Schulze-Fielitz*, Was macht die Qualität öffentlich-rechtlicher Forschung aus?, JöR 50 (2002), S. 1 ff.

[3] Vgl. etwa *W. Fikentscher*, Methoden des Rechts in vergleichender Darstellung, 5 Bände (1975–1977); *K. Larenz/C.-W. Canaris*, Methodenlehre der Rechtswissenschaft (4. Aufl. 2009). Speziell zum Europarecht vgl. *F. Müller/R. Christensen*, Juristische Methodik, Bd. II, Europarecht (2003) sowie für das europäische Verfassungsrecht *P. Dann* Überlegungen zu einer Methodik des europäischen Verfassungsrechts, in: Y. Becker u. a. (Hrsg.), Die europäische Verfassung – Verfassungen in Europa (2005) S. 161 ff.

[4] Dies gilt nicht nur, wenn man dem Methodenbegriff einen normativ-präskriptiven Gehalt im Sinne der Einforderung bestimmter Standards zur wissenschaftlichen Erkenntniserlangung unterlegt, sondern selbst dann, wenn man sich auf ein rein deskriptives Methodenverständnis beschränken sollte. Zur Unterscheidung *C. Möllers*, Methoden, in: W. Hofmann-Riem/E. Schmidt-Aßmann/A. Voßkuhle (Hrsg.), Grundlagen des Verwaltungsrechts, Bd. I § 3, S. 121 (139 f.).

[5] Grundlegend *L.-J. Constantinesco*, Rechtsvergleichung Bd. II: Die rechtsvergleichende Methode (1972).

Um Natur und Eigenschaften der Rechtsvergleichung wird seit langem gerungen.[6] Beim Bemühen um begriffliche Klärung stößt man auf einen vielfältigen und mitunter erkennbar dissonanten Stimmenkanon. Einigkeit besteht in der Literatur bislang lediglich über das Fehlen einer allgemeinhin anerkannten Definition.[7] Die Differenzen beginnen bereits bei der Frage, ob die Rechtsvergleichung selbst eine eigene Disziplin oder vielmehr eine besondere (Erkenntnis-)Methode darstellt,[8] wobei der wissenschaftliche Ertrag dieser Diskussion im vorliegenden Kontext dahingestellt bleiben mag.[9] Die *Rechts*vergleichung kann allgemein dem Feld vergleichender Wissenschaften zugeordnet werden, die auf die Erforschung von „Unterschieden und Gemeinsamkeiten von kulturellen oder sozialen Phänomenen“[10] gerichtet sind. Sie steht damit in engem Kontext zu den vergleichenden Geschichts-, Politik- oder

---

[6] Dabei ist in diesem Rahmen eine umfassende Erörterung der Nuancen und (Un-)Tiefen des gegenwärtigen Methodendiskurses in der Rechtsvergleichung freilich nicht intendiert. Kritisch zum gegenwärtigen Methodendiskurs in der Rechtsvergleichung *J. Husa*, Methodology of Comparative Law Today: From Paradoxes to Flexibility, RIDC 2006, S. 1095 (1097 ff., 1110 ff.), der die von ihm attestierte Grobkörnigkeit des Diskurses in einer polarisierenden und undifferenzierten Zuordnung der verschiedenen Ansätze in einander gegenüberstehende Denkschulen begründet sieht.

[7] Vgl. nur *E. Örücü*, Unde venit, quo tendit Comparative Law?, in: A. J. Harding/dies. (Hrsg.), Comparative Law in the 21st Century (2002), S. 1; *M. Van Hoecke*, Deep Level Comparative Law, EUI Working Papers LAW 2002/13, S. 1; *R. Cotterrell*, Seeking Similarity, Appreciating Difference: Comparative Law and Communities, in: A. Harding/E. Örücü. (Hrsg.), Comparative Law in the 21st Century (2002), S. 35 (36); *J. M. Mössner*, Rechtsvergleichung und Verfassungsrechtsprechung, AöR 99 (1974), S. 193 (196); *J. Husa*, The Tip of the Iceberg or what lies Beneath the Surface of Comparative Law, MJ 12 (2005), S. 73 (74). Zu einzelnen Ansätzen vgl. bereits die Darstellung der unterschiedlichen Definitionen bei *L.-J. Constantinesco*, Rechtsvergleichung Bd. I: Einführung in die Rechtsvergleichung (1971), S. 204 ff.

[8] Zum Streit vgl. *J. Gordley*, Is Comparative Law a Distinct Discipline?, AJCL 46 (1998), S. 607 ff.; *L.-J. Constantinesco*, Rechtsvergleichung Bd. I: Einführung in die Rechtsvergleichung (1971), S. 217 ff.; *K. Zweigert/H. Kötz*, Einführung in die Rechtsvergleichung (3. Aufl. 1996), S. 13 ff. Zuweilen wird auch vertreten, die Rechtsvergleichung sei sowohl eine Disziplin als auch eine Methode, vgl. *J. Martinez*, Die Bedeutung der (Verfassungs-)Rechtsvergleichung für den europäischen Staaten- und Verfassungsverbund, in: C. Calliess (Hrsg.), Verfassungswandel im europäischen Staaten- und Verfassungsverbund (2007), S. 153 (156).

[9] Kritisch bereits *J. M. Mössner*, Rechtsvergleichung und Verfassungsrechtsprechung, AöR 99 (1974), S. 193 (196) sowie in der jüngeren Literatur etwa *D. Richers*, Postmoderne Theorie in der Rechtsvergleichung?, ZaöRV 67 (2007), S. 509 (511, dort Fn. 10).

[10] *N. Jansen*, Comparative Law and Comparative Knowledge, in: M. Reimann/R. Zimmermann (Hrsg.), The Oxford Handbook of Comparative Law (2006), S. 305 (306): „Comparative Law may be seen as a special legal subject within the broader field of the comparative disciplines which explore the similarities and dissimilarities of different cultural or social phenomena.“

Sprachwissenschaften.[11] Dem spezifisch komparatistischen Ansatz nach geht sie über bloße Auslandsrechtskunde hinaus.[12]

Als zentrales Merkmal des Vergleichs kann allgemein die auf Unterschied und – bzw. oder – Gemeinsamkeit angelegte *Verhältnisbestimmung* bzgl. zweier oder mehrerer Betrachtungsgegenstände gelten,[13] weshalb der Vergleich zugleich ein Grundelement analytischen Denkens ist.[14] In der juristischen Methodendiskussion bringt diese klassische Erkenntnis *Karl-Peter Sommermann* mit der Formel auf den Punkt, dass tragfähige Begriffe und Kategorien nur bilden könne,

> „wer sich auf einen Vergleichsmaßstab der zu ordnenden Phänomene, ein *tertium comparationis*, stützt, welchem gegenüber der Unterschied, der die Individualität eines Phänomens ausmacht, die *differentia specifica*, zurücktritt."[15]

Ein solches *tertium comparationis* ist eng mit dem spezifischen Erkenntnisinteresse verknüpft, das die jeweilige Untersuchung trägt. Gleichwohl ist bei dem Versuch, die Methode an einem vorab umrissenen „Vergleichsziel" auszurichten, Skepsis geboten. Zwar kann ein im Voraus bestimmtes Ziel zunächst Struktur und Gestalt des Vergleichsverfahrens, also die Methode, beeinflussen. Umgekehrt entwickelt die konkrete Anwendung dieses Vergleichsverfahrens aber das zugrunde liegende Erkenntnisinteresse fort und wirkt insoweit wiederum gestaltend auf die Definition des Ziels zurück.[16] Anders gewendet, das Untersuchungsziel lässt sich schwerlich a priori – als

---

[11] Dazu *E. Rothacker*, Die vergleichende Methode in den Geisteswissenschaften, ZVglRWiss 60 (1957), S. 13ff.; *L.-J. Constantinesco*, Rechtsvergleichung Bd. II: Die rechtsvergleichende Methode (1972), S. 70ff. Exemplarisch vgl. etwa *L. Helms*, Die politikwissenschaftliche Komparatistik im Kontext der Europaforschung: eine Bestandsaufnahme, ZSE 2006, S. 405ff.; *H.-G. Haupt/J. Kocka*, Historischer Vergleich: Methoden, Aufgaben, Probleme. Eine Einleitung, in: dies. (Hrsg.), Geschichte und Vergleich, Frankfurt 1996, S. 9ff. sowie *J. Leonhard*, Europäisches Deutungswissen in komparativer Absicht: Zugänge, Methoden und Potentiale, ZSE 2006, S. 341ff.

[12] *L.-J. Constantinesco*, Rechtsvergleichung Bd. II: Die rechtsvergleichende Methode (1972), S. 139ff. *B. Wieser*, Vergleichendes Verfassungsrecht (2005), S. 23ff.

[13] Vgl. etwa die Definition von *N. Jansen*, Comparative Law and Comparative Knowledge, in: M. Reimann/R. Zimmermann (Hrsg.), The Oxford Handbook of Comparative Law (2006), S. 305 (310): „Comparison is the construction of relations of similarity or dissimilarity between different matters of fact." Zu diesem Problemkomplex auch *G. Dannemann*, Comparative Law: Study of Similarities or Differences?, in: M. Reimann/R. Zimmermann (Hrsg.), The Oxford Handbook of Comparative Law (2006), S. 383ff.

[14] „Comparativa est omnis investigatio" – Alles Forschen ist Vergleichen (*Nicolaus von Cues*). Vgl. auch *H. Strebel*, Vergleichung und vergleichende Methode im öffentlichen Recht, ZaöRV 24 (1964), S. 405 (406).

[15] *K.-P. Sommermann*, Die Bedeutung der Rechtsvergleichung für die Fortentwicklung des Staats- und Verwaltungsrechts in Europa, DÖV 52 (1999), S. 1017 (Hervorh. im Original) unter Bezug auf *Nicolaus von Cues*.

[16] Zur Grundsatzfrage, ob das Ziel die Methode(n) bestimme oder ob umgekehrt vgl. eingehend *L.-J. Constantinesco*, Rechtsvergleichung Bd. II: Die rechtsvergleichende Methode (1972), S. 66ff. m. w. N. *Constantinesco* selbst geht dabei von der Konzeption aus, die vergleichende Methode sei „ein Instrument, das sich selbst gleich bleib[e]" (S. 67, dort Fn. 172). Dagegen betont etwa *H. Strebel*, Vergleichung und vergleichende Methode im öffentlichen Recht, ZaöRV 24 (1964), S. 405 (406), dass „die Methode der Vergleichung selbst mit dem verfolgten Zweck variier[e]." *K.-P. Sommermann*,

Bedingung des Wissens von der Erfahrung unabhängig – festlegen. Sinnvolle Konturen kann es nur erhalten, wenn bereits ein vergleichender Blick auf die Erkenntnisgegenstände erfolgt ist. Gleichermaßen wird seine fortlaufende Ausdifferenzierung maßgeblich vom bereits praktizierten Vergleich gespeist. Diesem Verständnis folgend ist die vergleichende Methode also ebenso *gegenstandsabhängig* wie *gegenstandserzeugend*.[17]

Diese Dialektik, das hebt allen voran *Axel Tschentscher* hervor, muss in die Konzeption der Vergleichsmethode einbezogen werden.[18] Insbesondere ist dem Umstand Rechnung zu tragen, dass sich die Vergleichung als komplexer Erkenntnisprozess einer streng dogmatischen Vorab-Fixierung entzieht.[19] Das Bemühen um methodische Vergewisserung darf darum keinesfalls als Erarbeitung eines statischen Prüfungsschemas oder starren Methodenkanons mit Anspruch auf Allgemeingültigkeit missdeutet werden.[20]

Die Überlegungen zur Vergleichsmethode verfassungsrechtlicher Permeabilität setzen sich daher zunächst knapp mit den Ansätzen auseinander, die für das Verfassungsrecht klassischerweise einen allgemeinen, von anderen Vergleichsgebieten abgesonderten Methodenkanon einfordern (dazu I.). Eine kritische Evaluierung der Notwendigkeit und Durchführbarkeit eines solchen Kanons legt es nahe, die vorliegende Untersuchung auf einen eigenen Ansatz zu stützen, der in seinem Fokus auf die

---

Funktionen und Methoden der Grundrechtsvergleichung, in: D. Merten/H.-J. Papier (Hrsg.), Handbuch der Grundrechte in Deutschland und Europa, Bd. I (2004), S. 631 (660) führt insoweit aus, der „Multifunktionalität der Rechtsvergleichung [werde] nur ein Methodenpluralismus gerecht." In eine ähnliche Richtung weist der Beitrag von *F. Münch*, Einführung in die Verfassungsvergleichung, ZaöRV 33 (1973), S. 126 (129f.). *R. Bernhardt*, Eigenheiten und Ziele der Rechtsvergleichung im öffentlichen Recht, ZaöRV 24 (1964), S. 431 (432ff.) leitet aus der Besonderheit des öffentlichen Rechts als Untersuchungsgegenstand insoweit Spezifika für die Methode ab. *J. M. Mössner*, Rechtsvergleichung und Verfassungsrechtsprechung, AöR 99 (1974), S. 193 (194f., 228), zieht Parallelen zum „Streit um die Primogenitur von Henne und Ei" und nimmt eine vermittelnd pragmatische Position im Sinne einer „beide Problemkomplexe gleichzeitig berücksichtigenden Darstellung" ein. Für einen historischen Abriss der Grundsatzfrage vgl. *O. Lepsius*, Erkenntnisgegenstand und Erkenntnisverfahren in den Geisteswissenschaften der Weimarer Republik, Ius Commune 22 (1995), S. 283ff.

[17] So in Bezug auf Methode generell *A. Voßkuhle*, Neue Verwaltungsrechtswissenschaft, in: W. Hofmann-Riem/E. Schmidt-Aßmann/A. Voßkuhle (Hrsg.), Grundlagen des Verwaltungsrechts, Bd. I § 1, S. 1 (2, dort Fn. 2).

[18] *A. Tschentscher*, Dialektische Rechtsvergleichung – Zur Methode der Komparatistik im öffentlichen Recht, JZ 2007, S. 807 (807, 815f.), der insoweit eine „dialektische Methode der Rechtsvergleichung" entwirft. S. auch *J. M. Mössner*, Rechtsvergleichung und Verfassungsrechtsprechung, AöR 99 (1974), S. 193 (228).

[19] *A. Tschentscher*, a.a.O., S. 807, 815f. Zuvor bereits *J. M. Mössner*, a.a.O., S. 228. Vgl. zu den unterschiedlichen Ansätzen etwa die Beiträge in den Werken von *M. Reimann/R. Zimmermann* (Hrsg.), The Oxford Handbook of Comparative Law (2006), von *A. Harding/E. Örücü* (Hrsg.), Comparative Law in the 21st Century (2002) sowie *P. Legrand/R. Munday* (Hrsg.), Comparative Legal Studies: Traditions and Transitions (2003). Ein summarischer Überblick findet sich etwa bei *A. Peters/H. Schwenke*, Comparative Law Beyond Post-Modernism, ICLQ 49 (2000), S. 800ff.

[20] Gleichermaßen gilt es einen selbstreferenziellen Reflex der Methodendiskussion zu vermeiden. Kritisch zu Recht *J. Husa*, Methodology of Comparative Law Today: From Paradoxes to Flexibility, RIDC 2006, S. 1095 (1111).

ordnungsübergreifende Typisierung von Regelungsmodellen unter der Prämisse wechselseitiger Rezeption und kontextueller Einheitlichkeit als *modellorientierte Vergleichung* zu bezeichnen ist (dazu II.).

I. Methodische Besonderheiten der Verfassungsvergleichung

Als Gegenstand der Rechtsvergleichung benennen *Konrad Zweigert* und *Hein Kötz* in ihrem grundlegenden Werk das „Miteinandervergleichen von verschiedenen Rechtsordnungen der Welt".[21] Dieses Vergleichen kann sowohl als *Makrovergleichung* auf den Vergleich verschiedener Rechtskreise bzw. Rechtssysteme angelegt sein oder aber auf die komparatistische Erfassung einzelner Rechtsprobleme bzw. -institute im Sinne einer *Mikrovergleichung* abzielen.[22] Präzisierend ist anzufügen, dass die Vergleichsobjekte auch mehreren, d.h. mindestens zwei, *Teil*rechtsordnungen entstammen können.[23] Rechtsvergleichung ist dabei sowohl bezogen auf das derzeit geltende Recht (*synchron*) als auch intertemporal (*diachron*) möglich,[24] wobei letztere Ausrichtung nicht selten der Rechtsgeschichte zugeordnet wird.[25] Zudem kann die Vergleichung *horizontal* zwischen den Rechtsordnungen einzelner Staaten bzw. föderaler Einheiten oder im Rahmen eines Mehrebenensystems auch *vertikal* erfolgen.[26] Für den vorliegenden Kontext werden dabei sowohl die Dimensionen horizontalen und vertikalen Vergleichs[27] als auch, bis zu einem gewissen Grad, unterschiedliche Zeitstufen im Sinne einer diachronen Vergleichung relevant.

---

[21] *K. Zweigert/H. Kötz*, Einführung in die Rechtsvergleichung (3. Aufl. 1996), S. 2.

[22] Zur Terminologie vgl. *K. Zweigert/H. Kötz*, a.a.O., S. 4; *K.-P. Sommermann*, Die Bedeutung der Rechtsvergleichung für die Fortentwicklung des Staats- und Verwaltungsrechts in Europa, DÖV 52 (1999), S. 1017 sowie in Bezug auf die Verfassungsvergleichung *B. Wieser*, Verfassungsvergleichung, S. 25f.

[23] Vgl. in Bezug auf die Grundrechtsvergleichung *K.-P. Sommermann*, Funktionen und Methoden der Grundrechtsvergleichung, in: D. Merten/H.-J. Papier (Hrsg.), Handbuch der Grundrechte in Deutschland und Europa, Bd. I (2004), S. 631 (632).

[24] *K.-P. Sommermann*, Funktionen und Methoden der Grundrechtsvergleichung, in: D. Merten/H.-J. Papier (Hrsg.), Handbuch der Grundrechte in Deutschland und Europa, Bd. I (2004), S. 631 (633).

[25] *H. Strebel*, Vergleichung und vergleichende Methode im öffentlichen Recht, ZaöRV 24 (1964), S. 405 (406); *J.M. Mössner*, Rechtsvergleichung und Verfassungsrechtsprechung, AöR 99 (1974), S. 193 (196). Zur Abgrenzung vgl. auch *J. Gordley*, Comparative Law and Legal History, in: M. Reimann/R. Zimmermann (Hrsg.), The Oxford Handbook of Comparative Law (2006), S. 753ff. *K. Zweigert/H. Kötz*, Einführung in die Rechtsvergleichung (3. Aufl. 1996), S. 8 heben die enge Beziehung beider Bereiche hervor, die „Holz vom gleichen Stamm" seien.

[26] So auch die Terminologie bei *K.-P. Sommermann*, Funktionen und Methoden der Grundrechtsvergleichung, in: D. Merten/H.-J. Papier (Hrsg.), Handbuch der Grundrechte in Deutschland und Europa, Bd. I (2004), S. 631 (633), der zu Recht darauf hinweist, dass das Begriffspaar vertikal/horizontal klassischerweise auf die zeitliche Dimension bezogen wurde. Insoweit auch *ders*, Die Bedeutung der Rechtsvergleichung für die Fortentwicklung des Staats- und Verwaltungsrechts in Europa, DÖV 52 (1999), S. 1017 (1019).

[27] Wobei daraus keinesfalls ein Über- oder Unterordnungsverhältnis supranationaler und nationaler Rechtsebene abgeleitet werden darf.

In methodischer Hinsicht wird in der Regel zudem nach dem jeweiligen Rechtsgebiet differenziert, das den Vergleichsgegenstand bildet. Neben der traditionell besonders entwickelten Privatrechtrechtsvergleichung hat sich die Vergleichung im öffentlichen Recht zunehmend als ein selbständiger Teilbereich etabliert,[28] dem wiederum die Verfassungsvergleichung bzw. das vergleichende Verfassungsrecht (*Comparative Constitutional Law*) unterfällt.[29] Obwohl die Rechtsvergleichung im öffentlichen Recht in ihren Ursprüngen bisweilen bis in die Antike zurückgeführt wird[30] und spätestens, so wird regelmäßig angenommen, seit *Montesquieu* zunehmend an Bedeutung gewann,[31] ist die ihr zugrunde liegende Methodik lange Zeit als gegenüber der Zivilrechtsvergleichung rudimentär und unterentwickelt beschrieben worden. Die Vergleichung im öffentlichen Recht sei, so der viel zitierte Satz von *Joseph H. Kaiser*, „älter als das Bewußtsein ihrer Methode."[32] Dieser Befund lässt sich heute, jedenfalls in empirischer Hinsicht, wohl kaum noch aufrechterhalten. Gerade im Bereich des

---

[28] Dazu *G. Trantas*, Die Anwendung der Rechtsvergleichung bei der Untersuchung des öffentlichen Rechts (1998); *J. H. Kaiser*, Vergleichung im öffentlichen Recht, ZaöRV 24 (1964), S. 391 ff.; *R. Bernhardt*, Eigenheiten und Ziele der Rechtsvergleichung im öffentlichen Recht, ZaöRV 24 (1964), S. 431 ff.; *H. Krüger*, Eigenart, Methode und Funktion der Rechtsvergleichung im öffentlichen Recht, in: FS M. Kriele (1997), S. 1393 ff.; *H. Strebel*, Vergleichung und vergleichende Methode im öffentlichen Recht, ZaöRV 24 (1964), S. 405 ff.; *A. Tschentscher*, Dialektische Rechtsvergleichung – Zur Methode der Komparatistik im öffentlichen Recht, JZ 2007, S. 807 ff.; *C. Starck*, Rechtsvergleichung im öffentlichen Recht, JZ 1997, S. 1021 ff.; *J. Bell*, Comparing Public Law, in: A. Harding/E. Örücü (Hrsg.), Comparative Law in the 21st Century (2002), S. 235; *R. Grote*, Rechtskreise im öffentlichen Recht, AöR 126 (2001), S. 10 ff.

[29] Zur Verfassungsvergleichung *V. Jackson/M. Tushnet*, Comparative Constitutional Law (2. Aufl. 2005); *V. Jackson/M. Tushnet* (Hrsg.), Defining the field of Comparative Constitutional Law (2002); *M. Tushnet*, Comparative Constitutional Law, in: M. Reimann/R. Zimmermann (Hrsg.), The Oxford Handbook of Comparative Law (2006), S. 1225 ff.; *ders.*, The Possibilities of Comparative Constitutional Law, Yale Law Journal 108 (1998/1999), S. 391 ff.; *ders.*, Some reflections on method in comparative constitutional law, in: S. Choudhry (Hrsg.), The Migration of Constitutional Ideas (2006), S. 67 ff.; A. W. Heringa/P. Kiiver (Hrsg.), Constitutions Compared (2007); *B. Wieser*, Vergleichendes Verfassungsrecht (2005); *F. Münch*, Einführung in die Verfassungsvergleichung, ZaöRV 33 (1973), S. 126 ff.; *N. Dorsen* et al., Comparative Constitutionalism (2003); *R. Wahl*, Verfassungsvergleichung als Kulturvergleichung, in: FS H. Quaritsch (2000), S. 163 ff.; *S. Baer*, Verfassungsvergleichung und reflexive Methode, ZaöRV 64 (2004), 737 ff.; *M. Mössner*, Rechtsvergleichung und Verfassungsrechtsprechung, AöR 99 (1974), S. 193 ff.; *K.-P. Sommermann*, Die Bedeutung der Rechtsvergleichung für die Fortentwicklung des Staats- und Verwaltungsrechts in Europa, DÖV 52 (1999), S. 1017 ff. Zur terminologischen Differenzierung zwischen Verfassungsvergleichung und vergleichendem Verfassungsrecht s. *ders*, Funktionen und Methoden der Grundrechtsvergleichung, in: D. Merten/H.-J. Papier (Hrsg.), Handbuch der Grundrechte in Deutschland und Europa, Bd. I (2004), S. 631 ff.

[30] *K.-P. Sommermann*, Die Bedeutung der Rechtsvergleichung für die Fortentwicklung des Staats- und Verwaltungsrechts in Europa, DÖV 52 (1999), S. 1017 (1019); *J. H. Kaiser*, Vergleichung im öffentlichen Recht, ZaöRV 24 (1964), S. 391 (392).

[31] Dazu bereits *J. H. Kaiser*, Vergleichung im öffentlichen Recht, ZaöRV 24 (1964), S. 391 (399 f.). Zur Bedeutung der Rechtsvergleichung für die Entwicklungslinien des deutschen Staats- und Verwaltungsrechts s. *C. Starck*, Rechtsvergleichung im öffentlichen Recht, JZ 1997, S. 1021 (1021 ff.). Zur Geschichte der Rechtsvergleichung allgemein vgl. *L.-J. Constantinesco*, Rechtsvergleichung Bd. I: Einführung in die Rechtsvergleichung (1971), S. 69 ff.

[32] *J. H. Kaiser*, Vergleichung im öffentlichen Recht, ZaöRV 24 (1964), S. 391.

vergleichenden öffentlichen Rechts und, spezifischer, der Verfassungsvergleichung ist mittlerweile eine beachtliche Anzahl methodenreflexiver Publikationen vorgelegt worden.[33]

Besonderheiten werden für die Verfassungsvergleichung in methodischer Hinsicht nicht nur mit Blick auf ihre Eignung als Auslegungsmittel reklamiert. Auch für das Vergleichsverfahren selbst gibt es die Forderung nach einem gegenüber anderen Rechtsgebieten spezifischen Methodenkanon, der als Leitlinie stets zu beachten sei.

1. *Verfassungsvergleichung und Verfassungsauslegung*

Eignung sowie Legitimität der Vergleichung als Mittel der Auslegung bzw. Rechtsfortbildung[34] werden für das Verfassungsrecht ungleich pointierter als für andere Rechtsgebiete hinterfragt.

a) *Einwände gegen die Verfassungsvergleichung als hermeneutisches Instrument*

In Rede steht damit die hermeneutische Dimension der Verfassungsvergleichung. Ein frühes Beispiel für den profunden Zweifel an der Zulässigkeit der rechtsvergleichenden Methode als Auslegungsmethode nationalen Verfassungsrechts ist das mittlerweile klassische Diktum *Hans Nawiaskys* aus dem Jahr 1926:

> „Ebensowenig wie aus geschichtlich voneinander entfernten Rechtszuständen Auslegungsgesichtspunkte gewonnen werden können, ist es zulässig, aus staatlich getrennten Rechtsordnungen Schlüsse aufeinander zu ziehen."[35]

Diese Auffassung ist keineswegs ein Relikt vergangener Tage. Sie findet bis heute Gefolgschaft, wie ein Blick auf das US-amerikanische Verfassungsrecht zeigt.[36] Als der

[33] Vgl. die in Fn. 28 und 29 aufgeführten Beiträge. Allerdings sei angemerkt, dass als Ausgangspunkt methodischer Erwägungen nicht selten auf grundlegende Werke privatrechtsvergleichender Prägung rekurriert wird. *A. Tschentscher*, Dialektische Rechtsvergleichung – Zur Methode der Komparatistik im öffentlichen Recht, JZ 2007, S. 807 (810) spricht insoweit von „Altlast" durch das „Methodenerbe aus dem Zivilrecht". Als Beispiele für einen Rückgriff auf die Privatrechtsvergleichung vgl. etwa *B. Wieser*, Vergleichendes Verfassungsrecht (2005), S. 42 unter Bezugnahme auf *Constantinesco*; *M. Mössner*, Rechtsvergleichung und Verfassungsrechtsprechung, AöR 99 (1974), S. 193 (223 f.).

[34] Dass die Trennung von Auslegung und Rechtsfortbildung außerhalb der deutschen Rechtsdogmatik keinesfalls selbstverständlich ist, hat der BGH in seinem Quelle-Urteil unter Bezug auf EuGH, Urt. v. 17. 4. 2008 – Rs. C-404/06 – *Quelle*, Slg. 2008, I-2685 betont, vgl. BGH, Urt. v. 26. 11. 2008 – VIII ZR 200/05 - *Quelle* = NJW 2009, S. 427 (428): „Der von der Rechtsprechung des EuGH geprägte Grundsatz der richtlinienkonformen Auslegung verlangt von den nationalen Gerichten aber mehr als bloße Auslegung im engeren Sinne. Der Gerichtshof ist bei der Verwendung des Begriffs ‚Auslegung' nicht von der im deutschen Rechtskreis – anders als in anderen europäischen Rechtsordnungen – üblichen Unterscheidung zwischen Auslegung (im engeren Sinne) und Rechtsfortbildung ausgegangen."

[35] *H. Nawiasky*, Die Gleichheit vor dem Gesetz im Sinne des Art. 109 der Reichsverfassung, in: VVDStRL 3 (1927), S. 25 (26). Dazu *H. Krüger*, Eigenart, Methode und Funktion der Rechtsvergleichung im öffentlichen Recht, in: FS M. Kriele (1997), S. 1393 (1394 f.). Kritisch aber bereits die Beiträge von *H. Triepel* und *E. Kaufmann*, in: VVDStRL 3 (1927), S. 50 u. 61.

[36] Im Nachkriegsdeutschland ist eine solche Auffassung kaum noch anzutreffen. Die Zweifel

Oberste US-Bundesgerichtshof (*Supreme Court of the United States*) am 1. März 2005 entschied, dass die Verhängung der Todesstrafe für im Zeitpunkt der Tatbegehung jugendliche Straftäter gegen den Achten Zusatzartikel zur Verfassung der Vereinigten Staaten von Amerika verstieß,[37] stützte sich die die Entscheidung tragende Mehrheit der Richter in der Urteilsbegründung zwar u.a. auf einen Vergleich zur Rechtslage in anderen Staaten sowie zur UN-Konvention über die Rechte des Kindes.[38] Allerdings war die Entscheidung keineswegs einstimmig gefallen.

Richter *Antonin Scalia* führte in einer *dissenting opinion* vielmehr massive Vorbehalte gegen die Legitimität einer Einbeziehung ausländischer und internationaler Rechtsauffassungen und Rechtsquellen ins Feld.[39] Diese Praxis sei letztlich ein willkürliches Mittel zur Abstützung der subjektiven (Vor-)Prägung der Richter und dürfe nicht dazu führen, eine „jahrhundertealte amerikanische Praxis" aufzuheben.[40] *Scalia* bekam in der Folge Unterstützung aus der Politik in Gestalt eines Vorstoßes republikanischer Kongressabgeordneter, die als Reaktion auf die Gerichtsentscheidung einen Gesetzesentwurf über einen „Constitution Restoration Act" vorlegten. Dieses letztlich nicht mehrheitsfähige Gesetz hätte jedem US-amerikanischen Gericht den Rückgriff auf ausländisches Recht für die Auslegung der Verfassung ausdrücklich verboten.[41] Ist die Position *Scalias* zwar auch unter amerikanischen Verfas-

---

beziehen bzw. bezogen sich eher auf die Eignung, als auf die Zulässigkeit der Verfassungsauslegung. So hielt es *Rudolf Bernhardt* auf der wegweisenden Tagung im Jahr 1963 noch für angebracht „davor zu warnen, von der Rechtsvergleichung im öffentlichen Recht allzu viel für die Auslegung der eigenen Rechtsordnung zu erwarten.", *R. Bernhardt*, Eigenheiten und Ziele der Rechtsvergleichung im öffentlichen Recht, ZaöRV 24 (1964), S. 431 (443).

[37] US-Supreme-Court, Entsch. v. 1.3. 2005 – *Roper v. Simmons*, 543 US (2005), S. 551 ff.

[38] Ebd., 575 ff.

[39] Dissenting opinion, Justice *Scalia*, ebd., S. 608: „Because I do not believe that the meaning of our Eighth Amendment, any more than the meaning of other provisions of our Constitution, should be determined by the subjective views of five Members of this Court and like-minded foreigners, I dissent." Vgl. auch die Ausführungen auf S. 628: „What these foreign sources „affirm," rather than repudiate, is the Justices' own notion of how the world ought to be, and their diktat that it shall be so henceforth in America. The Court's parting attempt to downplay the significance of its extensive discussion of foreign law is unconvincing. ‚Acknowledgment' of foreign approval has no place in the legal opinion of this Court *unless it is part of the basis for the Court's judgment* – which is surely what it parades as today." (Hervorhebungen im Original) Dazu *J. M. Smits*, Comparative Law and its influence on national legal systems, in: M. Reimann/R. Zimmermann (Hrsg.), The Oxford Handbook of Comparative Law (2006), S. 513 (524, 529).

[40] Dissenting opinion, Justice *Scalia*, *Roper v. Simmons*, 543 US (2005), S. 551 (627 f.). Gemeint ist mit der jahrhundertealten Praxis die Rechtslage, die zwölfköpfige Jury über die Frage entscheiden zu lassen, ob die Jugendlichkeit des Täters zum Zeitpunkt der Tatbegehung der Todesstrafe entgegensteht oder nicht. *Scalia* wehrte sich hierbei insbesondere gegen die Zulässigkeit eines Vergleichs mit der Rechtslage im Vereinigten Königreich. Diese weise insbesondere aufgrund des Einflusses der Rechtsprechung europäischer Gerichte signifikante Unterschiede zur amerikanischen Rechtslage auf, da diese Gerichte von kontinentaleuropäisch geprägten Juristen dominiert seien (ebd. S. 626 f.).

[41] Dazu *J. M. Smits*, Comparative Law and its influence on national legal systems, in: M. Reimann/R. Zimmermann (Hrsg.), The Oxford Handbook of Comparative Law (2006), S. 513 (529).

sungsrechtlern eher als Minderheit einzustufen,[42] deutet sie gleichwohl auf das Spannungsfeld hin, welches den Konflikt zwischen der Offenheit rechtsvergleichender Verfassungsauslegung und der Abschirmung gegenüber rechtlicher Fremddetermination bis heute vermisst. Hier deutet sich bereits an, dass die Verfassungsvergleichung in enger Beziehung zum Prinzip rechtlicher Permeabilität stehen kann.

b) Verfassungsvergleichung als gerichtliche Argumentform: Stichproben

In der Rechtsprechung europäischer Verfassungs- und Höchstgerichte finden rechtsvergleichende Argumente zunehmend Verbreitung. Daraus können sich intensive – indes nicht notwendig normative – „Wirkungszusammenhänge“[43] der einzelnen Verfassungen untereinander ergeben.

Für das BVerfG gilt dies bereits seit einigen Jahrzehnten.[44] So enthält der Beschluss des Zweiten Senats vom 30. April 1963 (Iranische Botschaft) umfassende rechtsvergleichende Erwägungen,[45] wenngleich noch weniger aufgrund bloßen Erkenntnisinteresses als vielmehr aus der Notwendigkeit heraus, eine allgemeine Übung der Staaten mit Blick auf die streitgegenständliche Frage der völkerrechtlichen Immunität festzustellen.[46]

Im Ansatz thematisiert wurde die Frage von Zulässigkeit und Modalität der Einbeziehung rechtsvergleichender Erkenntnisse in horizontaler Perspektive darauffolgend im *Spiegel*-Urteil aus dem Jahr 1966.[47] Eine grundsätzliche Infragestellung verfas-

---

[42] Vgl. eingehend *S. Choudhry*, Migration as a new metaphor in comparative constitutional law, in: ders. (Hrsg.), The Migration of Constitutional Ideas (2006), S. 1 ff.

[43] Dazu in Bezug auf das GG *U. Battis/E. Mahrenholz/D. Tsatsos (Hrsg.)*, Das Grundgesetz im internationalen Wirkungszusammenhang der Verfassungen, Berlin (1989); *H.-P. Schneider*, Das Grundgesetz als Vorbild? Sein Einfluß auf ausländische Verfassungen, in: ders. (Hrsg.), Das Grundgesetz in interdisziplinärer Betrachtung (2001), S. 159 ff. Im Hinblick auf die Entwicklungsstufen wird gelegentlich von „Leitverfassungen“ gesprochen, vgl. etwa *K.-P. Sommermann*, Funktionen und Methoden der Grundrechtsvergleichung, in: D. Merten/H.-J. Papier (Hrsg.), Handbuch der Grundrechte in Deutschland und Europa, Bd. I (2004), S. 631 (656). Diese Klassifizierung erscheint zumindest missverständlich, soweit sie auf einen prinzipiellen Unterschied zwischen „leitenden“ und „folgenden“ Verfassungen abhebt und insoweit gleichsam die Vorstellung einer wertenden Über- oder Unterordnung transportiert. Die zweifellos unterschiedliche Intensität des jeweiligen Einflusses erscheint demgegenüber gradueller Natur.

[44] Vgl. dazu bereits *J. M. Mössner*, Rechtsvergleichung und Verfassungsrechtsprechung, AöR 99 (1974), S. 193 (228 ff.).

[45] BVerfG, Beschl. v. 30. 4. 1963 – 2 BvM 1/62 – *Iranische Botschaft* = BVerfGE 16, 27 (36 ff.) unter Bezug auf die Gerichtspraxis in Italien, Belgien, der Schweiz, Österreich, Frankreich, Griechenland, Ägypten, Jordanien, Niederlande, Schweden, England, der Philippinen, Japan, Russland, Rumänien, der Tschechoslowakei und Kroatien. Vgl. dazu *F. C. Mayer*, Die Bedeutung von Rechts- und Verfassungsvergleichung im europäischen Verfassungsverbund, in: C. Calliess (Hrsg.), Verfassungswandel im europäischen Staaten- und Verfassungsverbund (2007), S. 167 (175).

[46] Für diesen Hinweis danke ich *C. Tomuschat*.

[47] Das Urteil betraf die Frage der Reichweite des Redaktionsgeheimnisses in Fällen von Landesverrat, BVerfG, Urt. v. 5. 8. 1966 – 1 BvR 586/62, 610/63 u. 512/64 – *Spiegel*, Rn. 110 = BVerfGE 20, 162 (208): „Auch ein Vergleich mit der Rechtsordnung anderer demokratischer Staaten kann keine überzeugenden Argumente gegen die hier vertretene Auffassung liefern, wenn er sich allein auf das Vorhandensein oder Nichtvorhandensein einer bestimmten gesetzlichen Einzelregelung beschränkt

sungsvergleichender Argumentation ist der Rechtsprechung des BVerfG dabei nicht zu entnehmen.[48] Vielmehr enthält eine mittlerweile durchaus beachtliche Anzahl an Urteilen einen Rückgriff auf ausländische Rechtslagen. Dazu zählen Leitentscheidungen wie das *Lüth*-Urteil, in dem das Gericht auf die französische Erklärung der Menschen- und Bürgerrechte von 1789 sowie das US-amerikanische Verfassungsrecht zurückgreift.[49] Auch die Normenkontrollentscheidung zur lebenslangen Freiheitsstrafe,[50] der *Solange-II*-Beschluss[51] sowie der Senatsbeschluss zum System des Emissionszertifikathandels vom 13. März 2007[52] enthalten ausdrückliche rechtsvergleichende Hinweise. Das am 30. Juni 2009 verkündete *Lissabon*-Urteil des BVerfG verweist ausdrücklich auf die *Lissabon*-Entscheidung des französischen Verfassungsrates (*Conseil constitutionnel*) sowie das erste *Lissabon*-Urteil des tschechischen Verfassungsgerichts.[53]

Darüber hinaus lassen sich umgekehrt zahlreiche Einflüsse der Rechtsprechung des BVerfG auf ausländische Verfassungs- bzw. Höchstgerichte nachweisen, ohne dass dieses Vorgehen von fundamentalen Zweifeln gegenüber der rechtsvergleichenden Methode begleitet wäre.[54] Allen voran Verfassungsgerichte der seit 2004

---

und weder das betreffende Rechtssystem im ganzen würdigt (...) noch die Rechtspraxis und das demokratische Bewußtsein der betreffenden Gesellschaft berücksichtigt."

48 Selbst im „Spiegel-Urteil" greift das BVerfG in einer späteren Passage auf rechtsvergleichende Argumentation zurück, ohne diese methodisch anzuzweifeln, vgl. BVerfG, Urt. v. 5. 8. 1966 – 1 BvR 586/62, 610/63 u. 512/64 – *Spiegel* = BVerfGE 20, 162 (220 f.).

49 BVerfG, Urt. v. 15. 1. 1958 – 1 BvR 400/51 – *Lüth* = BVerfGE 7, 198 (208). Dazu *C. Starck*, Rechtsvergleichung im öffentlichen Recht, JZ 1997, S. 1021 (1025).

50 BVerfG, Urt. v. 21. 6. 1977 – 1 BvL 14/76 – *Lebenslange Freiheitsstrafe*, Rn. 225 = BVerfGE 45, 187 (259) in Bezug auf die Entscheidung des italienischen VerfGH vom 7. 11. 1974 – Nr. 264/1974 = Racc. Uff. 1974, S. 353 zur Verfassungsmäßigkeit der lebenslangen Freiheitsstrafe am Maßstab von Art. 27 Abs. 3 Verf-I

51 BVerfG, Beschl. v. 22. 10. 1986 – 2 BvR 197/83 – *Solange II*, Rn. 104 = BVerfGE 73, 339 (376) bzgl. der Rechtsprechung des ital. VerfGH zu verfassungsrechtlichen Integrationsgrenzen. Vgl. den seitens des BVerfG ebenfalls in Bezug genommenen Aufsatz von *A. La Pergola/P. Del Duca*, Community Law, International Law and the Italian Constitution, AJIL 79 (1985), S. 598 (609 ff.).

52 BVerfG, Beschl. v. 13. 3. 2007 – 1 BvF 1/05 – *Treibhausgas I*, Rn. 69 = BVerfGE 118, 79 (96) in Bezug auf die Entscheidung des französischen Conseil d'Etat, Entsch. v. 8. 2. 2007 – Nr. 287110 Ass. – *Arcelor* = EuR 2008, S. 57 ff. in deutscher Übersetzung; s. dazu sogleich.

53 BVerfG, Urt. v. 30. 6. 2009 – 2 BvE 2/08 u. a. – *Lissabon* = BVerfGE 123, 267 ff. (Rn. 312) in Bezug auf franz. Verfassungsrat, Entsch. v. 20. 12. 2007 – Nr. 2007 – 560 DC – *Lissabon*, JORF v. 29. 12. 2007, S. 21813 und Rn. 338 in Bezug auf tschech. VerfG, Urt. v. 26. 11. 2008 – Pl. US. 19/08 – *Lissabon I*.

54 Zur Anerkennung der „negativen Vereinigungsfreiheit" seitens des spanischen Verfassungsgerichts in Anlehnung an die deutsche und italienische Rechtsprechung vgl. *K.-P. Sommermann*, Die Bedeutung der Rechtsvergleichung für die Fortentwicklung des Staats- und Verwaltungsrechts in Europa, DÖV 52 (1999), S. 1017 (1025) m. w. N. Vgl. in Bezug auf die griechische, portugiesische und spanische Verfassungsrechtsprechung etwa die Beiträge von *P.-M. Efstratiou*, *J. M. Cardoso* und *P. Cruz Villalón* in C. Starck (Hrsg.), Grundgesetz und deutsche Verfassungsrechtsprechung im Spiegel ausländischer Verfassungsentwicklung (1990), S. 129 ff., 191 ff. und 204 ff. Zum Verhältnis des BVerfG zu seinen ausländischen Pendants vgl. *C. Tomuschat*, Das Bundesverfassungsgericht im Kreise anderer nationaler Verfassungsgerichte, in: FS 50 Jahre Bundesverfassungsgericht (2001), S. 245 ff.

hinzugetretenen Mitgliedstaaten legen ihren Entscheidungen vermehrt integrationsbezogene Vorläuferentscheidungen zugrunde und machen diese verfassungsvergleichende Vorgehensweise in den Entscheidungsgründen kenntlich. So setzt sich das tschechische Verfassungsgericht in seinem ersten *Lissabon*-Urteil vertieft mit dem *Solange-II*-Beschluss und dem *Maastricht*-Urteil des BVerfG auseinander und zieht beide Entscheidungen als „Anregung" bzw. „Inspiration" für die eigene Lösung heran.[55] Auch der polnische Verfassungsgerichthof nimmt in seiner weichenstellenden Entscheidung zum Beitrittsvertrag auf das deutsche *Maastricht*-Urteil Bezug und betont darüber hinaus die Parallelen zur *Maastricht*-Entscheidung des dänischen Obersten Gerichtshofs.[56] Dass das BVerfG eine vollumfängliche (wenngleich provisorische) Übersetzung seines *Lissabon*-Urteils ins Englische bereits am Tag der Urteilsverkündung vorlegte, kann zudem als Hinweis auf eine intendierte Ausstrahlungswirkung, jedenfalls aber als Mittel grenzüberschreitender Wahrnehmung verstanden werden.[57]

Eine solche Ausstrahlungswirkung muss keineswegs nur zur Rezeption des betreffenden Ansatzes führen, sonder kann ebenso seine Zurückweisung durch ein anderes Gericht nach sich ziehen. Dies zeigt das zweite tschechische *Lissabon*-Urteil, worin sich das tschechische Verfassungsgericht in mitunter deutlicher Weise vom Ansatz des zeitlich vorangegangenen *Lissabon*-Urteils des BVerfG distanziert.[58]

Ein besonders illustratives Beispiel für den *wechselseitigen* rechtsvergleichenden Aufwand, der zuweilen betrieben wird, lieferte – der *Lissabon*-Saga zeitlich vorausgehend – auch die gerichtliche Auseinandersetzung um den europaweiten Handel mit Emissionszertifikaten. Prominenten Auftakt bildete die Leitentscheidung des französischen Staatsrats (*Conseil d'Etat*) vom 8. Februar 2007 im Fall *Arcelor*. Rechtliches Kernproblem der Entscheidung war die Frage, wann ein französisches Verwaltungsgericht eine untergesetzliche, innerstaatliche Norm zur Richtlinienumsetzung anhand unionsrechtlicher bzw. nationaler Verfassungsbestimmungen überprüfen darf.[59] In den vorausgehenden Schlussanträgen des Regierungskommissars (*Com-*

---

[55] Tschech. VerfG, Urt. v. 26. 11. 2008 – Pl. US. 19/08 – *Lissabon I*, Rn. 118ff. Zuvor bereits Urt. v. 8. 3. 2006 – Pl. US. 50/04 – *Zuckerquoten II*, Teil VI. A.

[56] Poln. VerfGH, Urt. v. 11. 5. 2005 – Az. K 18/04 – *Beitrittsvertrag*, Teil III.4.5 = EuR 2006, S. 236 (238f.) in deutscher Übersetzung von *M. Bainczyk/U. Ernst*.

[57] Die Übersetzung war zunächst zwar noch als „preliminary version" gekennzeichnet, gleichwohl aber bereits im unmittelbaren Anschluss an die Urteilsverkündung auf der Internetpräsenz des BVerfG abrufbar, http://www.bundesverfassungsgericht.de/entscheidungen/es20090630_2bve000208en.html (30. 6. 2009).

[58] Tschech. VerfG, Urt. v. 3. 11. 2009 – Pl. US 29/09 – *Lissabon II*, Rn. 110, 113 u. 146ff.

[59] Conseil d'Etat, Entsch. v. 8. 2. 2007 – Nr. 287110 Ass. – *Arcelor* = EuR 2008, S. 57ff. in deutscher Übersetzung von *F. C. Mayer/E. Lenski/M. Wendel*. Zur Entscheidung vgl. *dies.*, Der Vorrang des Europarechts in Frankreich, EuR 2008, S. 63ff.; *P. Cassia*, Entscheidungsanmerkung, RTDE 2007, 406ff.; *F. Chaltiel*, Le Conseil d'Etat reconnaît la spécificité constitutionnelle du droit communautaire, RMC 2007, 335ff.; *dies.*, Les rapports de système entre le droit constitutionnel et le droit européen, RMC 2007, 361 (367ff.); *X. Magnon*, La sanction de la primauté de la Constitution sur le droit communautaire par le Conseil d'Etat, RFDA 2007, 578; *A. Levade*, Le Palais-Royal aux prises avec la constitutionnalité des actes de transposition des directives communautaires, RFDA 2007, 564 (577).

missaire du gouvernement[60]), denen der Staatsrat weitgehend gefolgt ist, wird die Argumentation unter expliziter Einbeziehung spanischer, griechischer, belgischer, italienischer und deutscher Rechtsprechung sowie einem Urteil des EGMR entwickelt.[61] Der erwähnte Senatsbeschluss des Bundesverfassungsgerichts wiederum nimmt ausdrücklich auf die Lösung des französischen Staatsrats in *Arcelor* Bezug[62] und macht so die wechselseitigen Einflüsse auf horizontaler Ebene europäischer Verfassungs- bzw. Höchstgerichtsbarkeit deutlich.[63]

c) *Zulässigkeit und Einforderung der Verfassungsvergleichung*

Eignung und Zulässigkeit der Verfassungsvergleichung sind darüber hinaus auch in der Wissenschaft heute überwiegend anerkannt.[64] Speziell in Deutschland wurde unter Betonung der „topischen Lokalisierung" der komparativen Methode bereits früh ihre besondere Eignung für die Konkretisierung allgemeiner Verfassungsprinzipien betont.[65]

Über die bloße Frage nach Eignung und grundsätzlicher Zulässigkeit hinaus aber wird die Verfassungsvergleichung auch zunehmend eingefordert. Allen voran *Peter Häberle* tritt für die Rechtsvergleichung als „fünfte Auslegungsmethode" neben den vier klassischen Interpretationsgrundsätzen – Wortlaut, Entstehungsgeschichte, Systematik, Teleologie – ein.[66] Dieser Ansatz stützt sich auf ein kulturwissenschaftliches Verständnis des Verfassungsrechts, welches die Rechtsordnungen vom Typus „Verfassungsstaat" entwicklungsgeschichtlich miteinander verbunden sieht. In methodischer Hinsicht spiegelt sich dies in der ordnungsübergreifenden Analyse von *Text-*

Auf die *Arcelor*-Entscheidung wird an späterer Stelle noch genauer eingegangen, vgl. Teil 2 – Kapitel 11 – III. 3.

[60] Seit dem 1. Februar 2009 umbenannt in „Rapporteur Public".

[61] Schlussanträge des Commissaire du gouvernement (seit dem 1. 2. 2009 umbenannt in „Rapporteur Public") *Guyomar*, abgedruckt in RTDE 2007, 378 (389).

[62] BVerfG, Beschl. v. 13. 3. 2007 – 1 BvF 1/05 – *Treibhausgas I*, Rn. 69 = BVerfGE 118, 79 (96), s. o.

[63] Exemplarisch für Ungarn vgl. zudem *C. Dupré*, The Importation of Law: A New Comparative Perspective and the Hungarian Constitutional Court, in: A. Harding/E. Örücün (Hrsg.), Comparative Law in the 21st Century (2002), S. 267 ff.

[64] Hierzu eingehend *J. M. Smits*, Comparative Law and its influence on national legal systems, in: M. Reimann/R. Zimmermann (Hrsg.), The Oxford Handbook of Comparative Law (2006), S. 513 (525 ff.) m. w. N. Aus dem Methodendiskurs in Deutschland vgl. insbesondere *K.-P. Sommermann*, Die Bedeutung der Rechtsvergleichung für die Fortentwicklung des Staats- und Verwaltungsrechts in Europa, DÖV 52 (1999), S. 1017 (1025); *C. Starck*, Rechtsvergleichung im öffentlichen Recht, JZ 1997, S. 1021 (1024); *H. Krüger*, Eigenart, Methode und Funktion der Rechtsvergleichung im öffentlichen Recht, in: FS M. Kriele (1997), S. 1393 (1403).

[65] So bereits *J. M. Mössner*, Rechtsvergleichung und Verfassungsrechtsprechung, AöR 99 (1974), S. 193 (213).

[66] *P. Häberle*, Grundrechtsgeltung und Grundrechtsinterpretation im Verfassungsstaat – zugleich zur Rechtsvergleichung als fünfter Auslegungsmethode", JZ 1989, S. 913 (916 ff.); *ders.*, Europäische Verfassungslehre (6. Aufl. 2009), S. 5 u. 250 ff.; *ders.*, Rechtsvergleichung im Kraftfeld des Verfassungsstaates (1992), S. 27 (36 ff.).

stufen.[67] Ob die Rechtsvergleichung dabei als eigenständige Methode geführt oder vielmehr anderen Methoden zugerechnet werden sollte,[68] erscheint von eher untergeordneter Bedeutung. *Häberle* selbst spricht von einem „Annexcharakter" und hält eher um der „(auch pädagogischen) Durchschlagskraft willen" an der Nummerierung als fünfter Auslegungsmethode fest.[69]

Für den vorliegenden Kontext von zentraler Bedeutung ist vielmehr die hinter der Forderung von *Häberle* nach rechtsvergleichender Auslegung stehende Einordnung der einzelnen Verfassung in einen *übergreifenden Entwicklungszusammenhang.*[70] Die Untersuchung wird zeigen, dass speziell die Entwicklungszusammenhänge der einzelnen Gestaltformen rechtlicher Permeabilität im mitgliedstaatlichen Verfassungsrecht besonders intensiv ausgeprägt sind.

Legt man den Überlegungen diese These eines engmaschigen kulturgeschichtlichen Entwicklungszusammenhanges zugrunde, so folgt daraus, dass Verfassungsvergleichung ein *notwendiges* Instrument zum Verständnis der in Rede stehenden Verfassungsordnung ist. Verfassungsvergleichung ist demnach nicht nur ein faktisch nützliches Werkzeug zur Gegenüberstellung unterschiedlicher Regelungstypen und zum (synthetischen) Abgleich bestehender Konstruktionsdifferenzen. Weitergreifend ist sie ein für Verständnis und Determination gleichermaßen erforderliches Mittel, welches mitunter sogar zu einer „Reinterpretation" der betreffenden Verfassung zwingen kann.[71]

d) *Verfassungsvergleichung als Modus rechtlicher Permeabilität*

Eröffnet ist damit eine weitere Perspektive der Verfassungsvergleichung. Gerade im grenzauflösenden Verfassungsverbund kann sich die Rechtsvergleichung als eine

---

[67] Vgl. insbesondere *P. Häberle*, Textstufen als Entwicklungswege des Verfassungsstaates, in: J. Jekewitz u.a. (Hrsg.), Des Menschen Recht zwischen Freiheit und Verantwortung. Festschrift für Karl J. Partsch (1989), S. 555 ff.; *ders.*, Europäische Verfassungslehre (6. Aufl. 2009), S. 4 ff.

[68] So etwa bei *T. Oppermann/C.-D. Classen/M. Nettesheim*, Europarecht (4. Aufl. 2009), Rn. 684, die die Rechtsvergleichung als Bestandteil der systematischen Auslegung begreifen; *C. Starck*, Rechtsvergleichung im öffentlichen Recht, JZ 1997, S. 1021 (1024) hingegen ordnet das rechtsvergleichende Argument der teleologischen Auslegung zu. *K.-P. Sommermann*, Funktionen und Methoden der Grundrechtsvergleichung, in: D. Merten/H.-J. Papier (Hrsg.), Handbuch der Grundrechte in Deutschland und Europa, Bd. I (2004), S. 631 (654) lehnt eine Kategorisierung als fünfte Auslegungsmethode ab, belässt der Verfassungsvergleichung gleichwohl aber den Status einer „Auslegungshilfe".

[69] *P. Häberle*, Europäische Verfassungslehre (6. Aufl. 2009), S. 256.

[70] Einige Jahre zuvor hatte *J. H. Kaiser*, Vergleichung im öffentlichen Recht, ZaöRV 24 (1964), S. 391 (400) diesen bereits wortgewaltig wie folgt beschrieben: „Alle seit der französischen Revolution beschlossenen demokratischen Verfassungen in aller Welt sind Zeugnisse verfassungsrechtlicher Vergleichung, nicht primär aus wissenschaftlichem Interesse, sondern befeuert durch die zündende Kraft überspringender politischer Ideen, deren Verwirklichung in einander nachgebildeten Verfassungseinrichtungen lag."

[71] Zum Begriff der „Reinterpretation" vgl. *M. Morlok*, Möglichkeiten und Grenzen einer europäischen Verfassungstheorie, in: R. Lhotta/J. Oebbecke/E. Reh (Hrsg.), Deutsche und europäische Verfassungsgeschichte: Sozial- und rechtswissenschaftliche Zugänge, S. 113 (123).

„spezifische Notwendigkeit" zur Sicherstellung der inneren Kohärenz und Funktionsfähigkeit des Systems darstellen.[72] Verfassungsvergleichung erwächst folglich in eine normative Dimension.

Vertreter rechtspluralistischer Ansätze im EU-Kontext rücken darum die Notwendigkeit eines gleichermaßen horizontalen wie vertikalen Dialogs der Gerichte als Instrument ebenenübergreifender Koordination in den Vordergrund. So müsse das Verhältnis von supranationaler und nationaler Gerichtsbarkeit auf eine möglichst weitgehende wechselseitige Berücksichtigung von Prinzipien und Argumentformen im Sinne eines „principle of best fit" (*Mattias Kumm*) hinauslaufen, sodass letztlich die Auslegung gewählt werde, die am besten der Verwirklichung der *gemeinsamen* Grundprinzipien von Union und Mitgliedstaaten diene.[73] Idealtypisch solle man sogar zur Verwendung universeller Begriffe und Entscheidungsgründe – sog. „universal terms" (*Miguel Poiares Maduro*) – durch die Gerichte der jeweiligen Ebenen übergehen.[74] Zuweilen wird in diesem Zusammenhang auch von der Notwendigkeit einer „gemeineuropäischen Hermeneutik" gesprochen.[75]

Man kann die soeben angeführten empirischen Stichproben der Rechtsprechung bereits als erste Ansätze einer solchen Entwicklung lesen, wenngleich die normative Intensitätsstufe der Verfassungsvergleichung derzeit wohl noch nicht erreicht sein dürfte. So führt etwa das tschechische Verfassungsgericht, welches in seinen EU-bezogenen Entscheidungen einen besonders gesteigerten rechtsvergleichenden Aufwand betreibt, in seiner ersten *Lissabon*-Entscheidung explizit aus, dass es die Rechtsprechung anderer Verfassungs- und Höchstgerichte nicht als dogmatisch bindend, sondern vielmehr „zur Inspiration" heranziehe.[76] Allerdings gibt es über den Rahmen der europäischen Staatsverfassungen hinaus sogar vereinzelt positivierte Erlaubnisnormen zur Einbeziehung ausländischen Rechts in den Auslegungsvorgang. Allen voran ermächtigt der bereits erwähnte Art. 39 der südafrikanischen Verfassung innerstaatliche Gerichte in expliziter Form, ausländisches Recht in den Auslegungsprozess von Grundrechten einzubeziehen.

Hier wird deutlich, dass der Verfassungsvergleichung im Rahmen der vorliegenden Untersuchung eine *zweifache* Bedeutung zukommt. Zum einen ist sie *methodischer*

---

[72] So *I. Pernice*, Europarechtswissenschaft oder Staatsrechtslehre, in: H. Schulze-Fielitz (Hrsg.), Die Verwaltung, Beiheft 7, Staatsrechtslehre als Wissenschaft (2007), S. 225 (242f.). In jüngerer Zeit erlangte die Bedeutung der Verfassungsvergleichung im europäischen Verfassungsverbund spezifisches Interesse, vgl. *F. C. Mayer*, Die Bedeutung von Rechts- und Verfassungsvergleichung im europäischen Verfassungsverbund, in: C. Calliess (Hrsg.), Verfassungswandel im europäischen Staaten- und Verfassungsverbund (2007), S. 167ff.; *J. Martinez*, Die Bedeutung der (Verfassungs-)Rechtsvergleichung für den europäischen Staaten- und Verfassungsverbund, ebd. S. 153ff.

[73] So *M. Kumm*, The Jurisprudence of Constitutional Conflict: Constitutional Supremacy in Europe before and after the Constitutional Treaty, ELJ 11 (2005), S. 262 (286ff.).

[74] So *M. Poiares Maduro*, Contrapunctual Law: Europe's Constitutional Pluralism in Action, in: N. Walker (Hrsg.), Sovereignty in Transition (2003), S. 501 (527ff.). Vgl. *dens.*, Der Kontrapunkt im Dienste eines europäischen Verfassungspluralismus, EuR 2007, S. 3 (26ff.).

[75] *P. Häberle*, Europäische Verfassungslehre (6. Aufl. 2009), S. 6.

[76] Tschech. VerfG, Urt. v. 26. 11. 2008 – Pl. US 19/08 – *Lissabon I*, Rn. 111.

Ansatz zur rechtsordnungsübergreifenden Typisierung und textlichen Fortentwicklung rechtlicher Permeabilität. Zum anderen kann die Verfassungsvergleichung – soweit sie in der betreffenden Rechtsordnung als normativ relevantes Instrument spezifisch auf das Einfließen rechtsordnungsdifferierender Normgehalte gerichtet ist – selbst *Mechanismus* bzw. Modus rechtlicher Permeabilität sein.

Speziell für den Bereich des europäischen Verfassungsverbundes zeigt sich dies besonders prägnant für den Bereich der allgemeinen (Rechts-)Grundsätze auf Ebene des Unionsrechts, für deren Gewinnung der Verfassungsvergleichung eine Schlüsselrolle zukommt.[77] Dies berührt zugleich einen der rechtlich wichtigsten und grundlegendsten Bereiche des Unionsrechts, den Grundrechtsschutz.[78] Hierauf ist im dritten Teil der Arbeit abschließend zurückzukommen.

Soweit die Verfassungsvergleichung also selbst ein Instrument normativer Permeabilität darstellt, ist sie zugleich *Gegenstand* der vorliegenden Untersuchung.

2. *Allgemeine methodische Leitlinien der Verfassungsvergleichung?*

Aus Natur und Gegenstand des Verfassungsrechts werden nicht selten eine Reihe allgemeiner methodischer Leitlinien für die Verfassungsvergleichung abgeleitet, die sie von der Vergleichung in anderen Bereichen, insbesondere dem Privatrecht, unterscheiden sollen. Gegen das argumentative Fundament solcher Leitlinien ergeben sich indes Bedenken.

a) *Methodenrelevante Eigenheiten des Verfassungsrechts*

Als methodenprägende Besonderheit gegenüber dem Privatrecht wird regelmäßig angeführt, das öffentliche Recht, insbesondere das Verfassungsrecht, normiere die Zuweisung und Kontrolle hoheitlicher Gewalt und beschäftige sich mit „wesentlichen Konstruktionselementen des Staates".[79] Die Frage der Ausgestaltung und Entwick-

---

[77] Vgl. etwa *H. Kutscher*, Thesen zu den Methoden der Auslegung des Gemeinschaftsrechts aus der Sicht eines Richters, in: Gerichtshof der Europäischen Gemeinschaften (Hrsg.), Begegnung von Justiz und Hochschule (1976), S. I-23; *I. Pernice*, Grundrechtsgehalte im europäischen Gemeinschaftsrecht (1979), S. 209 ff.; *I. Pernice/F. C. Mayer* in: Grabitz/Hilf, Art. 220 EGV, Rn. 53; *N. Colneric*, Die Rolle der Rechtsvergleichung in der Praxis des EuGH, in: FS R. Bieber (2007), S. 316 (317 ff.); *K. Lenaerts*, Le droit comparé dans le travail du juge communautaire, in: F. R. Mensbrugghe (Hrsg.), L'utilisation de la méthode comparative en droit européen (2003), S. 111 ff.

[78] Hier entfaltet sich die Vergleichung nicht nur im vertikalen Verhältnis von supranationaler und innerstaatlicher Ebene, sondern gerade auch horizontal zwischen den Rechtsordnungen der einzelnen Mitgliedstaaten entfaltet. Von einem „Grundrechtsverbund" in Anlehnung an den Begriff des Verfassungsverbundes spricht daher *K.-P. Sommermann*, Funktionen und Methoden der Grundrechtsvergleichung, in: D. Merten/H.-J. Papier (Hrsg.), Handbuch der Grundrechte in Deutschland und Europa, Bd. I (2004), S. 631 (644). Für die Bedeutung der Verfassungsvergleichung in der Rechtsprechung des EuGH vgl. *F. C. Mayer*, Die Bedeutung von Rechts- und Verfassungsvergleichung im europäischen Verfassungsverbund, in: C. Calliess (Hrsg.), Verfassungswandel im europäischen Staaten- und Verfassungsverbund (2007), S. 167 (172 ff.).

[79] So schon bereits *R. Bernhardt*, Eigenheiten und Ziele der Rechtsvergleichung im öffentlichen Recht, ZaöRV 24 (1964), S. 431 (432). Vgl. auch *J. Bell*, Comparing Public Law, in: A. Harding/E.

lung staatlicher Institutionen sei dabei in gesteigertem Maße an historische, politische und gesellschaftliche Entwicklungslinien geknüpft, die häufig von Staat zu Staat bzw. von Region zu Region differierten. Gemessen an der Privatrechtsvergleichung sei es daher, so die methodische Schlussfolgerung von *John Bell*, ungleich schwerer, als Grundlage der Vergleichung gattungsmäßig bestimmbare soziale Funktionen zu identifizieren, denen das öffentliche Recht allgemein und systemübergreifend diene. Vielmehr seien seine Funktionen spezifisch staats- bzw. regionengebunden und nur durch den jeweils historisch-politisch bedingten institutionellen Kontext bestimmbar.[80] Darum wird dem (kontextgebundenem) Länderbericht eine herausgehobene Bedeutung für die Vergleichung im öffentlichen Recht und insbesondere für die Verfassungsvergleichung beigemessen.[81]

Auch mache die historische Gewachsenheit und Vielfalt der Verfassungsordnungen die jeweilige Zuordnung zu einem bestimmten Rechts- bzw. „Verfassungsrechtskreis" schwierig, wenn nicht gar unmöglich.[82] Sei für den Bereich des Zivilrechts die Einteilung in Rechtsfamilien bzw. Rechtskreise – insbesondere den romanischen, deutschen und anglo-amerikanischen – und die daraus resultierende rechtskreisbasierte Methodik[83] des exemplarischen Vergleichs der repräsentativen „Mutterordnungen" ein geläufiges, wenn freilich auch kritisiertes[84] Werkzeug, so fehle für den Bereich des Verfassungsrechts eine hinreichend einheitliche „genetische Grundlage."[85] Die Vergleichung im Bereich des Verfassungsrechts orientiere sich darum vielmehr entlang

---

Örücü (Hrsg.), Comparative Law in the 21st Century (2002), S. 235 (236 ff.); *ders.*, Comparative Administrative Law, in: M. Reimann/R. Zimmermann (Hrsg.), The Oxford Handbook of Comparative Law (2006), S. 1260 (1262 f.).

80 *J. Bell*, Comparing Public Law, in: A. Harding/E. Örücü (Hrsg.), Comparative Law in the 21st Century (2002), S. 235 (242 f.). Als Beispiele für die unterschiedliche Ausgestaltung des institutionellen Rahmens nennt *Bell* dabei u. a. die Frage der (De-)Zentralisierung staatlicher Gewalt. Vgl. auch *J. H. Kaiser*, Vergleichung im öffentlichen Recht, ZaöRV 24 (1964), S. 391 (403), der von einer „stärkeren Verankerung des öffentlichen Rechts in gegebenen Räumen und historischen Traditionen" spricht.

81 Die Bedeutung „außerrechtlicher Strukturelemente" nachdrücklich hervorhebend *H. Strebel*, Vergleichung und vergleichende Methode im öffentlichen Recht, ZaöRV 24 (1964), S. 405 (409 ff.).

82 Zu dieser Fragestellung eingehend *R. Grote*, Rechtskreise im öffentlichen Recht, AöR 126 (2001), S. 10 ff.

83 Vgl. etwa *K. Zweigert/H. Kötz*, Einführung in die Rechtsvergleichung (3. Aufl. 1996), S. 40 ff.; *H. Kötz*, Alte und neue Aufgaben der Rechtsvergleichung, JZ 2002, S. 257 (262); *H. P. Glenn*, Comparative Legal Families and Comparative Legal Traditions, in: M. Reimann/R. Zimmermann (Hrsg.), The Oxford Handbook of Comparative Law (2006), S. 421 (437 f.); *L.-J. Constantinesco*, Rechtsvergleichung Bd. III: Die rechtsvergleichende Wissenschaft (1983), S. 77 setzt allerdings die Begriffe Rechtskreis und Rechtsfamilie nicht gleich, sondern bezeichnet mit „Rechtsfamilie" eine Kategorie zwischen Rechtsordnung und Rechtskreis, die gemeinsame Elemente unterschiedlicher, aber einem bestimmten Rechtskreis zuzuordnender Rechtsordnungen umfasst, die sich jedoch von den „determinierenden Elementen unterscheiden und ihnen gegenüber sekundär sind".

84 Zur Kritik vgl. die Zusammenschau bei *R. Grote*, Rechtskreise im öffentlichen Recht, AöR 126 (2001), S. 10 (14 ff.).

85 *A. Tschentscher*, Dialektische Rechtsvergleichung – Zur Methode der Komparatistik im öffentlichen Recht, JZ 2007, S. 807 (810).

funktioneller und institutioneller Aspekte, die Teilbereiche der jeweiligen Verfassungsordnung beträfen.[86]

Rainer Grote sieht maßgebliche Unterschiede zudem in „Art und Nachhaltigkeit" der jeweiligen Rezeptionsprozesse. Wo das im Einzelfall rezipierte Privatrecht – als Beispiel wird auf die Rezeptionsgeschichte in ehemaligen Kolonien verwiesen – trotz unterschiedlicher politischer Rahmenbedingungen im Kern unverändert bleibe, könnten rezipierte Verfassungsinstitutionen, in ihrer Funktion in hervorgehobenem Maß von dem jeweiligen politisch-ideologischen Umfeld abhängig, in der Praxis gänzlich anderen Zwecken dienen als ihre Vorbilder. Zwar sei eine Zuordnung der verglichenen Rechtsordnungen zu Staatstypen „im Hinblick auf ein bestimmtes Strukturproblem" möglich, jedoch nicht eine „Rechtskreisbildung mit Geltung für das gesamte öffentliche Recht."[87]
Eine weitere für die methodische Dimension des Vergleichs relevante Besonderheit wird auf die spezifische Struktur öffentlich-rechtlicher Normen zurückgeführt. Das öffentliche Recht – insbesondere das Verfassungsrecht – greife in verstärktem Maße auf ausfüllungsbedürftige Wertbegriffe und Rechtsfiguren wie Ermessens- und Beurteilungsspielräume zurück.[88] In diesem Zusammenhang ist auch die bereits angedeutete Besonderheit der „topischen Verfassungsinterpretation" zu sehen.[89]

b) Relativierung der Behauptung eines allgemeingültigen Methodenkanons

Die Liste ließe sich weiter fortsetzen. Indes sei an dieser Stelle Einhalt geboten; denn aus der verallgemeinernden Beschreibung methodenrelevanter Spezifika des Verfassungsrechts ergibt sich noch keine befriedigende Antwort auf die eingangs gestellte Methodenfrage im konkret vorliegenden Kontext. Die Schlussfolgerung, dass sich Besonderheiten der rechtsvergleichenden Methodik ganz allgemein aus den strukturellen und inhaltlichen Eigenheiten des Verfassungsrechts ableiten ließen, ist jedenfalls insoweit problematisch, als sie das aufgezeigte dialektische Verhältnis von Erkenntnisgegenstand und Erkenntnisverfahren nicht hinreichend berücksichtigt.

Hinzu kommt, dass „das öffentliche Recht" – bzw. im Besonderen „das Verfassungsrecht" – als Untersuchungsgegenstand keineswegs ein in sich geschlossenes Kontinuum darstellt, aus dessen vermeintlich gleichbleibender Gestalt allgemeingül-

---

[86] Ebd.: „Wo die Zivilisten erste Ansätze von Ordnung bereits vorfinden, blicken die Publizisten ins Chaos gewachsener Vielfalt". *Tschentscher* verfällt auf Grundlage dieser Erkenntnis aber gerade nicht in eine Methodenstarre, sondern plädiert vielmehr überzeugend für eine dialektische, offene Herangehensweise. Demgegenüber operiert etwa *B. Wieser*, Vergleichendes Verfassungsrecht (2005), S. 105 ff. ausdrücklich mit „Verfassungsrechtskreisen".

[87] *R. Grote*, Rechtskreise im öffentlichen Recht, AöR 126 (2001), S. 10 (20, 37).

[88] *R. Bernhardt*, Eigenheiten und Ziele der Rechtsvergleichung im öffentlichen Recht, ZaöRV 24 (1964), S. 431 (433). In diese Richtung geht auch *J. Bell*, Comparing Public Law, in: A. Harding/E. Örücü (Hrsg.), Comparative Law in the 21st Century (2002), S. 235 (237).

[89] Dazu *H. Ehmke*, Prinzipien der Verfassungsinterpretation, VVDStRL 20 (1963), S. 53 ff. In Bezug auf die Grundrechtsvergleichung *K.-P. Sommermann*, Funktionen und Methoden der Grundrechtsvergleichung, in: D. Merten/H.-J. Papier (Hrsg.), Handbuch der Grundrechte in Deutschland und Europa, Bd. I (2004), S. 631 (652).

tige Methodenerwägungen deduziert werden könnten. Vielmehr ist dieses Rechtsgebiet gravierenden Wandlungsprozessen unterworfen, die im Übrigen in nicht unerheblichem Maße gerade auf Phänomene der Europäisierung und Internationalisierung zurückgehen. *Rainer Wahl* spricht in diesem Kontext gar von einer „zweiten Phase des Öffentlichen Rechts".[90] Die Neuausrichtung geht ihrer Natur nach über interpretative und inhaltliche Anpassungen nationalen Rechts an gemeinschaftsrechtliche oder völkerrechtliche Normen[91] hinaus und erstreckt sich von der Einbindung gänzlich neuer Regelungstypen, Instrumente und Mechanismen in den Kontext der nationalen Rechtsordnung[92] bis hin zur Bewältigung horizontaler Kooperations- bzw. Verflechtungsformen im Bereich der Verwaltung.[93] Speziell in Bezug auf die Verwaltungsrechtswissenschaft wird die damit einhergehende methodische Neuausrichtung als Weg von einer „anwendungsbezogenen Interpretationswissenschaft" hin zu einer „rechtssetzungsorientierten Handlungs- und Entscheidungswissenschaft" charakterisiert.[94]

Darüber hinaus zeigt die *Governance*-Forschung in vielschichtiger Weise auf, dass die Verengung des Untersuchungsgegenstandes auf klassisch hoheitliche Regelungsstrukturen des öffentlichen Rechts in vielen Fällen nicht ausreichend ist, will man den komplexen Strukturen modernen „Regierens" konzeptionell gerecht werden.[95] Auch können in vergleichender Perspektive bestimmte Aufgaben oder Funktionen in der einen Rechtsordnung öffentlich-rechtlich geregelt sein, während eine andere hierfür Mechanismen privatrechtlicher Natur vorsieht. Auch dies bleibt nicht ohne Folgen für die Frage der vergleichenden Methode. Verlässt der Untersuchungsgegenstand insoweit die Grenzen klassisch „öffentlich-rechtlicher" Gegenstandsbeschrei-

---

[90] *R. Wahl*, Die zweite Phase des öffentlichen Rechts in Deutschland, Der Staat 38 (1999), S. 495 ff.; *ders.* Zwei Phasen des Öffentlichen Rechts nach 1949, in: ders. (Hrsg.), Verfassungsstaat, Europäisierung, Internationalisierung (2003), S. 411 (422 ff.).

[91] Als Beispiel sei hier nur auf die Einwirkungen gemeinschaftsrechtlicher Vorgaben auf das nationale Verwaltungsverfahren verwiesen. Vgl. dazu etwa die jüngere Rechtsprechung des EuGH zur Frage der Durchbrechung der Bestandskraft von Verwaltungsentscheidungen, insbesondere die Urteile v. 13. 1. 2004 – Rs. C-453/00 – *Kühne & Heitz* = Slg. 2004, I-837; v. 19. 9. 2006 – verb. Rs. C-392/04 u. C-422/04 – *i-21 Germany u. Arcor* = Slg. 2006, I-8559; sowie v. 12. 2. 2008 – Rs. C-2/06 – *Kempter.* Dazu *R. Kanitz/M. Wendel*, Gemeinschaftsrechtlich gebotene Grenzen der Bestandskraftdurchbrechung im europäisierten Verwaltungsverfahren?, EuZW 2008, S. 231 ff.

[92] Dazu *A. Voßkuhle*, Neue Verwaltungsrechtswissenschaft, in: W. Hofmann-Riem/E. Schmidt-Aßmann/A. Voßkuhle (Hrsg.), Grundlagen des Verwaltungsrechts, Bd. I § 1, S. 1 (16).

[93] Hierzu *E. Schmidt-Aßmann*, Das allgemeine Verwaltungsrecht als Ordnungsidee. Grundlagen und Aufgaben der verwaltungsrechtlichen Systembildung (2. Aufl. 2004) S. 393 f. Vgl. auch *ders.*, Europäische Verwaltung zwischen Kooperation und Hierarchie, in: FS H. Steinberger (2002) S. 1375 (1383) sowie ders./B. Schöndorf-Haubold (Hrsg.), Der Europäische Verwaltungsverbund. Formen und Verfahren der Verwaltungszusammenarbeit in der EU (2005).

[94] *A. Voßkuhle*, Neue Verwaltungsrechtswissenschaft, in: W. Hofmann-Riem/E. Schmidt-Aßmann/A. Voßkuhle (Hrsg.), Grundlagen des Verwaltungsrechts, Bd. I § 1, S. 1 (18).

[95] Vgl. *G. F. Schuppert*, Verwaltungsorganisation und Verwaltungsrecht als Steuerungsfaktoren, in: W. Hofmann-Riem/E. Schmidt-Aßmann/A. Voßkuhle (Hrsg.), Grundlagen des Verwaltungsrechts, Bd. I § 16, S. 995 (insbesondere 1014 ff.); *ders.* (Hrsg.), Governance-Forschung (2. Aufl. 2006).

bung, so ist er gleichermaßen mit der strikten Orientierung an einem als „öffentlich-rechtlich" typisierten Methodenkanon nur unzureichend einzufangen.

II. Modellorientierte Vergleichung

Letztlich relativiert sich die Vorstellung bzw. die Notwendigkeit eines allgemeinen Methodenkanons der Verfassungsvergleichung also in zweifacher Weise. Der erste Aspekt betrifft disziplinübergreifend das dialektische Verhältnis von Erkenntnisgegenstand und -verfahren. Der zweite betrifft die Schwierigkeit, das Verfassungsrecht als Untersuchungsgegenstand hinreichend zu spezifizieren, um daraus allgemeingültige methodische Folgerungen für die Verfassungsvergleichung abzuleiten.

Freilich werden durch diese Erkenntnis nicht die Praktikabilität klassischer methodischer Leitlinien und der in ihnen gespeicherte methodische Erfahrungsschatz rundherum nivelliert. Entscheidend ist gleichwohl, dass die Konzeption vergleichenden Vorgehens nicht auf die Einhaltung eines starren Schemas mit dem Anspruch auf Allgemeingültigkeit reduziert werden darf, will sie den Erkenntnishorizont nicht über die Maßen verengen und zum dogmatischen Selbstreflex verkommen.

1. Modellanalyse statt sukzessive Länderberichte

Der hier verfolgte Ansatz ist spezifisch an *Modellen* rechtlicher Permeabilität ausgerichtet. Aufbauend auf der These eines gemeinsamen europäischen Entwicklungskontextes und der gleichermaßen engmaschigen Rezeptionszusammenhänge permeabler Verfassungsstrukturen, geht es darum, die einzelnen Ansätze im Verfassungsrecht der Mitgliedstaaten sowie im Unionsrecht im Sinne bestimmter Regelungstypen zu erfassen.

Unter Modell oder Regelungstyp wird hier eine *aktuelle oder potenzielle Verwirklichungsform* bzw. ein bestimmter Modus rechtlicher Permeabilität verstanden. In der Regel stehen die einzelnen Modelle in einem Verhältnis gegenseitiger Alternativität oder sogar Exklusivität. In Ausnahmefällen kann die betreffende Verfassungsordnung allerdings auch mehrere Modelle kumulativ vereinen.[96] Soweit darüber hinaus von *Variante* gesprochen wird, bezeichnet dies eine Unterform eines bestimmten Modells.

Im Fortgang der Untersuchung werden die einzelnen Modelle rechtlicher Permeabilität von Beginn an rechtsordnungsübergreifend analysiert und in konzeptioneller Hinsicht *über die Grenze der einzelnen Rechtsordnung hinweg typisiert.* Speziell für die Analyse rechtlicher Permeabilität im nationalen Verfassungsrecht folgt daraus zugleich eine Loslösung vom herkömmlichen Vergleichsschema, welches klassischerweise durch eine Zweiteilung in sukzessive aneinandergereihte Länderberichte und einen daran anschließenden „eigentlichen", d.h. synthetischen, Vergleich gekenn-

[96] Vgl. etwa die griechische Rechtslage mit Art. 28 Abs. 2 und 3 Verf-GR.

zeichnet ist.[97] Die hier eingeschlagene modellorientierte Vergleichung verzichtet auf die Vorschaltung von 27 einzelnen, in sich geschlossenen Länderberichten. Ziel ist es nicht, sämtliche Aspekte eines jeden Mitgliedstaates nacheinander mit dem Anspruch auf Umfänglichkeit zu dokumentieren, sondern vielmehr der gemeineuropäischen Dimension rechtlicher Permeabilität im Sinne „gemeineuropäischen Verfassungsrechts“[98] Rechnung zu tragen.[99]

Die Untersuchung gliedert sich darum nach einzelnen Modellgruppen, wobei die notwendigen rechtlichen Hintergrundinformationen zu den jeweiligen Rechtsordnungen gezielt und problembezogen dort erörtert werden, wo sie für das Verständnis des jeweiligen Regelungsmodells notwendig sind.[100]

Im Rahmen der Erörterung des betreffenden Regelungstyps sind seine Besonderheiten herauszustellen und mit anderen Modellen in Abgleich zu bringen. In normativer Hinsicht können dabei zugleich Reformpotenzial aufgezeigt und Möglichkeiten verfassungstextlicher Fortentwicklung ausgelotet werden.

2. *Europaweiter Entwicklungskontext und Wirkungszusammenhänge*

Dieser methodische Ansatz fußt im Kern auf der These, dass die verschiedenen Ansätze rechtlicher Permeabilität in einem besonders engmaschig vernetzten, europaweiten *Entwicklungskontext* stehen.

Dies gilt insbesondere für die „horizontalen“ Rezeptionsprozesse auf Ebene des mitgliedstaatlichen Verfassungsrechts. Der Analyse der einzelnen Regelungsmodelle auf nationaler Ebene ist deshalb ein chronologischer Überblick über die staatenübergreifende Herausbildung permeabler Verfassungsstrukturen in ihrem historischen Verlauf vorangestellt.[101] Ziel ist es hierbei, einen ersten Überblick über die wechselsei-

---

[97] Vgl. allgemein etwa *K. Zweigert/H. Kötz*, Einführung in die Rechtsvergleichung (3. Aufl. 1996), S. 6f. Kritisch zu Recht *A. Tschentscher*, Dialektische Rechtsvergleichung – Zur Methode der Komparatistik im öffentlichen Recht, JZ 2007, S. 807, der von einer „beschränkenden Korsage“ spricht.

[98] *P. Häberle*, Gemeineuropäisches Verfassungsrecht, EuGRZ 1991, S. 261 ff.; *ders.*, Gemeineuropäisches Verfassungsrecht, in: R. Bieber/P. Widmer (Hrsg.), L'espace constitutionnel européen – Der europäische Verfassungsraum (1995), S. 361 (367, 370 ff.). Vgl. im gleichen Sammelband auch den Beitrag von *B.-C. Funk*, Gemeineuropäisches Verfassungsrecht, ebd. S. 399 ff. Speziell zum Verfassungsvertrag s. *I. Pernice*, Der Verfassungsentwurf als gemeineuropäisches Verfassungsrecht, in: P. Brand et al. (Hrsg.), Die Europäische Union als Verfassungsordnung (2004), S. 111 ff.

[99] Dies darf freilich nicht dazu führen, dass einzelne, spezifische Verfassungskontexte in ihrer Bedeutung überspielt werden. Der Vergleich macht aber deutlich, dass sich diese Spezifika zumeist auf bestimmte Konstellationen beschränkt sind, wohingegen die grundsätzliche Gemeinsamkeit des Kontextes und die Wechselseitigkeit der Entstehungsformen permeablen Verfassungsrechts überwiegen. Soweit bestimmte Konstellationen so spezifisch sind, dass sie als landesspezifische Sonderlösungen betrachtet werden müssen, ist dem ein eigenes, kurzes Kapitel gewidmet, vgl. Teil 2 – Kapitel 8.

[100] Dabei wurde darauf geachtet, die einzelnen Aspekte durch Querverweise in den Fußnoten zu vernetzen, um so den Zugriff zu erleichtern.

[101] Neben einer Erörterung des Souveränitätsprinzips als spezifischer Ausgangsproblematik rechtlicher Permeabilität auf nationaler Ebene.

tigen *Wirkungs-* bzw. *Rezeptionszusammenhänge* zu erlangen, welche die einzelnen Gestaltformen der Permeabilität untereinander vernetzen. Vertiefend werden diese sodann in der Detailanalyse der jeweiligen Modelle oder Modellgruppen herausgearbeitet. Auch diese Detailanalyse wahrt grundsätzlich einen chronologischen Aufbau. Ältere Modelle werden vor jüngeren behandelt. Gleiches gilt dem Grundsatz nach für die Reihenfolge der erwähnten Mitgliedstaaten, sollten mehrere das gleiche Modell verwenden. Auf diese Weise können Wirkungs- bzw. Rezeptionszusammenhänge im Einzelnen nachvollzogen werden.

Die mitgliedstaatlichen Verfassungsordnungen[102] vernetzen sich gerade deshalb auf horizontaler Ebene, weil sie mit ein und derselben supranationalen Rechtsordnung interagieren, die sie – in der Regel[103] – in gleicher Weise betrifft. Ein Wirkungszusammenhang ist dabei allerdings nicht automatisch mit einer zunehmenden Konvergenz der Rechtsordnungen zu verwechseln. Vielmehr kann gerade die kritische Würdigung eines bestehenden Regelungsmodells zu einer Weiter- oder gar Neuentwicklung führen, in der sodann negative Erfahrungssätze aus anderen Mitgliedstaaten konzeptionell überwunden werden.

Wenn bestimmte Normengehalte, die in einer Verfassungsordnung entwickelt, dort aber nicht textlich fixiert wurden, in den Text einer anderen Verfassungsordnung überführt und damit auf eine neue „Textstufe" emporgehoben werden, lässt sich der Zusammenhang im Wege einer Textstufenanalyse (*Peter Häberle*) sichtbar machen.[104] Im vorliegenden Kontext kann auf diese Art gezeigt werden, dass – und ggf. wie – die Entwicklung einzelner Modelle durch die Rechtslage in einem anderen Staat beeinflusst wurde. Als Beispiel sei an dieser Stelle bereits die vormalige Übernahme der bundesverfassungsgerichtlichen *Solange*-Formel durch die schwedische Integrationsklausel erwähnt.[105]

Im Hinblick auf die kategoriale Einteilung verfassungsrechtlicher Wirkungs- und Rezeptionszusammenhänge wird zuweilen zwischen zwei unterschiedlichen Wirkrichtungen differenziert. Während zum einen Effekte bestünden, die in *aktiver* Weise „von einer Verfassung auf umliegende Verfassungen ausgingen und in denen die Verfassung gewissermaßen das *Subjekt*" bilde, könne umgekehrt eine *passive* Dimension beschrieben werden, in der die betreffende „Verfassung als *Objekt*" erscheine.[106]

---

[102] Zur horizontalen Dimension des europäischen Verfassungsverbundes *I. Pernice*, Theorie und Praxis des Europäischen Verfassungsverbundes, in: C. Calliess (Hrsg.), Verfassungswandel im europäischen Staaten- und Verfassungsverbund (2007), S. 61 (70) sowie speziell in Bezug auf die (ehemals) dritte Säule *ders.*, Die horizontale Dimension des europäischen Verfassungsverbundes, in: FS J. Meyer (2006), S. 359 ff.

[103] Zur verfassungstheoretischen Einordnung ungleichzeitiger Integrationsstufen vgl. *D. Thym*, Ungleichzeitigkeit und europäisches Verfassungsrecht (2004).

[104] Zu dieser methodischen Vorgehensweise eingehend *P. Häberle*, Europäische Verfassungslehre (6. Aufl. 2009), S. 4 ff.

[105] Dazu näher Teil 2 – Kapitel 11 – III. 1. b) cc) im Kontext der Vorrangproblematik.

[106] *R. Bieber*, Die Europäisierung des Verfassungsrechts, in: Die Europäisierung des Verfassungsrechts, in: K. F. Kreuzer/D. H. Scheuing/U. Sieber (Hrsg.), Die Europäisierung der mitgliedstaatlichen Rechtsordnungen in der Europäischen Union (1997), S. 71 (75 ff.), Hervorhebung im Original.

Bei näherem Hinsehen wirft diese zunächst einleuchtende Trennung allerdings Fragen auf. Aktive und passive Dimension beschreiben lediglich zwei entgegengesetzte Blickrichtungen auf *einen* bestimmten Prozess. Die Verbreitung eines bestimmten verfassungsrechtlichen Modells kann nicht nur aus Sicht der eingehenden Rechtsordnungen, sondern ebenso aus Perspektive der ausgehenden Ursprungsordnung beschrieben werden. Dass die Grenzen fließend sind, belegt die Überlegung, dass in jedem reaktiven Anpassungsprozess zugleich eine aktive Signalwirkung nach außen liegen kann. Als Beispiel sei auch hier die *Solange*-Rechtsprechung des BVerfG benannt, die als reaktive Schutzreaktion gegenüber der supranationalen Hoheitsgewalt zugleich in aktiver Weise zur Herausbildung des prätorischen Grundrechtsschutzes auf europäischer Ebene beigetragen hat. In methodischer Hinsicht gilt es zu bedenken, dass aktive Ausstrahlungswirkungen einer bestimmten Verfassungsordnung empirisch zumeist überhaupt nur über den Weg der Rezeption in einer anderen Rechtsordnung nachgewiesen werden können. Die Feststellung einer Ausstrahlungswirkung gelingt also zumeist nur über den indirekten Weg des Nachweises der Rezeption.

3. Problematik der subjektiven Vorprägung und des sprachlichen Zugangs

„[W]enn zwei Grundgesetze dasselbe sagen, so ist es nicht dasselbe."[107] Dieses geflügelte Wort von *Rudolf Smend* „deutet auf die Relevanz dessen hin, was ‚hinter', vor oder über den (geschriebenen) Verfassungstexten steht bzw. wirkt".[108] Die Schwierigkeit vergleichenden Herangehens liegt aber nicht nur in möglicherweise unterschiedlichen Kontexten, in die das Recht gebettet ist, sondern ergibt sich ebenso aus dem subjektiven Vorverständnis und der rechtsordnungsspezifischen Prägung der Vergleichenden. Aus der Perspektive unterschiedlicher Verfassungsvergleicher ließe sich daher auch formulieren: *Wenn zwei Vergleicher dieselbe Verfassung betrachten, so sehen sie nicht dasselbe.*

Untrennbar verknüpft mit der Frage der subjektiven Prägung des Vergleichenden ist zudem die Herausforderung der sprachlichen Bewältigung der zu vergleichenden Rechtsmaterie. Für den europäischen Rechtsraum stellt sich hierbei mittlerweile das Problem, dass ein einzelner Rechtswissenschaftler das Recht aller Mitgliedstaaten bereits aufgrund der Sprachenvielfalt nicht allein anhand von Primärquellen, d.h. insbesondere von Rechtstexten und Urteilen in Originalsprache, nachvollziehen kann. Auch für die vorliegende Arbeit, die das Recht aller 27 Mitgliedstaaten in den Vergleich einbezieht und zudem einen Blick auf das Recht der nunmehr vier Beitrittskandidaten wirft,[109] konnte die Mehrzahl an Verfassungsordnungen nur über Sekun-

In Bezug auf die zweite Kategorie unterscheidet Bieber wiederum zwischen direkten und indirekten Wirkungen.

[107] *R. Smend*, Staat und Kirche nach dem Bonner Grundgesetz, ZevKR 1 (1951), S. 4.

[108] Vgl. *P. Häberle*, Europäische Verfassungslehre (6. Aufl. 2009), S. 10.

[109] Neben der Türkei, Mazedonien und Kroatien gehört nunmehr auch Island zum Kreis der Beitrittskandidaten. Nachdem die Europäische Kommission am 24. 2. 2010 die Aufnahme von Bei-

därquellen erschlossen werden. Zwar nimmt die Zahl amtlicher Übersetzungen von Verfassungstexten ebenso zu wie die Anzahl offizieller Übersetzungen von Urteilen.[110] Doch nach wie vor handelt es sich um Übersetzungen. Deshalb besteht stets die Gefahr, Einzelheiten und Feinheiten zu übersehen oder durch den fehlenden sprachlichen Zugang zu den Originaltexten und diskursiven Räumen verfassungsrechtliche, kontextuelle bzw. verfassungskulturelle Besonderheiten der betreffenden Rechtsordnung zu übergehen.

In seiner vergleichenden Analyse zur Wissenschaft vom Verfassungsrecht in Europa stellt *Armin v. Bogdandy* fest, es könne erwartet werden, dass die Kenntnisse der Vertreter eines Ius Publicum Europaeum stets fragmentarisch und heterogen blieben:

„Niemand wird die Rechtslage in ähnlicher Weise wie in einem nationalen Rechtsraum überschauen. Gleichwohl wird ein *ius publicum* mehr verlangen als nur eine gelegentliche (systemtheoretisch verstandene) ‚Irritation' nationaler Produktion."[111]

Eine Möglichkeit, diese Herausforderung zu bewältigen, besteht in der Durchführung einer kooperativen Vergleichung durch mehrere Autoren aus verschiedenen Ländern, wobei einzelne Länderberichte erstellt und – seltener – ein synthetischer Vergleich am Ende erarbeitet werden.[112] Ein unbestreitbarer Vorteil dieser Herangehensweise liegt darin, dass das Wissen der einzelnen Autoren um verfassungsrechtliche und verfassungskulturelle Besonderheiten ihres Berichtslandes in die einzelnen Berichte einfließen kann. Bedenken ergeben sich hingegen daraus, dass durch die Betonung des Landesspezifischen mitunter die leitende Fragestellung aus dem Blick zu geraten droht oder aufgrund unterschiedlicher Vorverständnisse erst gar nicht einheitlich erfasst wird.[113] Auch drängt die lange Aneinanderreihung einzelner Länderberichte nicht selten das eigentliche Vergleichsmoment bzw. die Vergleichsperspektive gänzlich in den Hintergrund.[114]

---

trittsverhandlungen empfohlen hatte, stimmten die Staats- und Regierungschefs der aller Mitgliedstaaten am 17. 6. 2010 dem Beginn von Beitrittsverhandlungen zu, die aber wohl nicht vor 2010 bzw. 2013 beginnen werden.

[110] Die noch am Tag der Urteilsverkündung erschienene (provisorische) Übersetzung des deutschen *Lissabon*-Urteils ins Englische ist hierfür ein besonders prägnantes Beispiel.

[111] *A. v. Bogdandy*, in: Wissenschaft vom Verfassungsrecht, in: IPE II (2008), § 39 Vergleich, Rn. 96. Begrenzend führt er indes auch an, ebenso wenig solle „der Lackmustest einer gemeineuropäischen Wissenschaft das Entstehen übergreifender dogmatischer Entwürfe sein."

[112] Vgl. für den Bereich des europäischen Verfassungsrechts etwa A. v. Bogdandy/P. Cruz Villalón/P. M. Huber (Hrsg.), Handbuch Ius Publicum Europaeum, Bd. II (2008); W. Kluth (Hrsg.), Europäische Integration und nationales Verfassungsrecht (2007); British Institute of International and Comparative Law (Hrsg.), F. I. D. E. XX Congress London, Vol. 1 (2002).

[113] Dies ist ein häufig zu beobachtendes Phänomen, das einmal mehr, einmal weniger deutlich zum Vorschein kommt. Explizit abweichend etwa *K. Pohjolainen/Z. Sundström*, Finland, in: F. I. D. E. (Hrsg.), 17. F. I. D. E.-Kongress Berlin, Bd. 1: Le droit constitutionnel national et l'intégration européenne (1996), S. 399: „Instead of following the order of the questionnaire (…)".

[114] Zu den methodischen Schwierigkeiten eines kooperativen Vergleichs vgl. auch *F. C. Mayer*, Kompetenzüberschreitung und Letztentscheidung (2000), S. 12 f.

Die Bearbeitung durch einen einzigen Bearbeiter bietet insoweit den Vorteil von Einheitlichkeit und Stringenz. Gibt es, wie für den Bereich rechtlicher Permeabilität, zudem einen länderübergreifenden Entwicklungskontext und intensive Rezeptionszusammenhänge, so kann deren Berücksichtigung aus der übergreifend-vergleichenden Perspektive eines Autors wiederum einen entscheidenden Mehrwert zum Verständnis auch des Rechts *einer einzelnen* Rechtsordnung geben. Die Vergleichung hat dann einen dialektischen Rückkopplungseffekt, der zum *originären* Verständnis der betreffenden Norm oder Rechtsprechung beiträgt. Für die vorliegende Arbeit rechtfertigt daher gerade auch der Entstehungskontext rechtlicher Permeabilität die Fokussierung auf übergreifende Regelungstypen und nicht auf einzelstaatliche Partikularitäten.

Inhaltliche Rückversicherungen in Bezug auf die Rechtslage einzelner Länder hat der Verfasser zudem über die Forschungskooperation im Rahmen des *European Constitutional Law Network* gesucht, einem vom *Walter-Hallstein-Institut der Humboldt-Universität zu Berlin* koordinierten Forschungsnetzwerk, das in seiner länderübergreifenden Zusammensetzung auf die gegenseitige Unterstützung in Fragen des nationalen und europäischen Verfassungsrechts ausgelegt ist und Wissenschaftler nahezu aller Mitgliedstaaten umfasst.[115]

Soweit der textlichen Arbeit Übersetzungen zugrunde lagen, wurden nur Übersetzungen direkt aus der jeweiligen Landes- oder Amtssprache verwendet. Lag also beispielsweise ausschließlich eine Übersetzung ins Englische vor, wurde sie zur Vermeidung von Verfälschungen nicht nochmals derivativ ins Deutsche übertragen. Gleichwohl war der Verfasser bestrebt, nach Möglichkeit deutsche Übersetzungen aus erster Hand zu erlangen oder solche gesondert erstellen zu lassen, wie z. B. die Übersetzung des estnischen Verfassungsergänzungsgesetzes, das für das estnische Europaverfassungsrecht von zentraler Bedeutung ist.[116] Auch wurden unter Rücksprache mit muttersprachlichen „Juristes linguistes" einige bestehende Übersetzungen abgeändert, soweit dies zu einer juristisch genaueren Übersetzung und damit zu einem besseren Verständnis der betreffenden Klauseln führte.[117] Auszüge ausgewählter Verfassungstexte der Mitgliedstaaten und Beitrittskandidaten in deutscher Sprachfassung bzw. Übersetzung[118] sind der Untersuchung als Annex beigefügt.

In Bezug auf die Zitierweise nationaler und unionaler Rechtsprechung wurde aufgrund der recht unterschiedlichen Handhabung in den einzelnen Mitgliedstaaten ein einheitliches Schema gewählt, das neben Datum und Aktenzeichen insbesondere auch den charakteristischen Partei- oder Kurznamen[119] sowie ggf. eine weitere Fundstelle oder Übersetzung erkennen lässt. Beispiel:

---

[115] Näher unter www.ecln.net (1. 9. 2010).

[116] Amtl. Text abrufbar unter https://www.riigiteataja.ee/ert/act.jsp?id=631119 (1. 9. 2010).

[117] So etwa in Bezug auf die portugiesische Verfassung.

[118] Mit Ausnahme der Verfassung Mazedoniens.

[119] Die Bezeichnung ist dabei stets eine Kurzbezeichnung, die durch Benennung (eines Teils) der Parteien bzw. des Verfahrensgegenstandes eine Identifikation zulässt.

BVerfG, Beschl. v. 22. 10. 1986 – 2 BvR 197/83 – *Solange II* = BVerfGE 73, 339 (375)

oder

Lett. VerfG, Entsch. v. 7. 4. 2009 – Nr. 2008-35-01 – *Lissabon*, in engl. Übers. d. VerfG abrufbar unter http://www.satv.tiesa.gov.lv/upload/judg_2008_35.htm (1. 9. 2010).

4. *Ebenenübergreifende Vergleichung*

Die vierte Besonderheit des hier verfolgten Ansatzes ergibt sich aus dem Umstand, dass die Vergleichung sich nicht nur auf die Ebene der Verfassungsordnungen der Mitgliedstaaten untereinander, sondern gleichermaßen auf das Verhältnis zwischen unionsrechtlicher und mitgliedstaatlicher Verfassungsordnung erstreckt. Die grundsätzliche Vermutung der Vergleichbarkeit ist dabei bereits im spezifisch ebenenneutralen Zuschnitt rechtlicher Permeabilität angelegt.

Im Übrigen ermöglicht es der modellorientierte Zuschnitt der Vergleichung auch hier, dass die Herausarbeitung der Unterschiede zu anderen Regelungstypen – insbesondere denen auf nationaler Ebene – sowie eine Bewertung in normativer Hinsicht bereits unmittelbar bei Erörterung des jeweiligen Modelltyps erfolgen können, ohne dass dabei zwischen Einzelbericht und synthetischem Vergleich getrennt werden müsste.[120]

III. Fazit

Primär orientiert sich das die Untersuchung tragende vergleichende Vorgehen an Regelungs*modellen*, die bereits im gesamteuropäischen Kontext ohne Vorschaltung einzelner Länderberichte konzeptionell entfaltet werden. Dabei erfolgt der Abgleich zu anderen Modellen sowie eine normative Bewertung jeweils im Rahmen der Erörterung des betreffenden Modelltyps.

Speziell in Bezug auf die nunmehr folgende Analyse der nationalen Ebene geht es – pointiert formuliert – nicht um die sukzessive Analyse von länderbezogenen Partikularlösungen unter der Prämisse kontextueller Verschiedenheit, sondern explizit um die *Erarbeitung länderübergreifender Modelltypen unter der Prämisse wechselseitiger Beeinflussung auf horizontaler Ebene.*

---

[120] Vgl. zur Aufhebung der Trennung zwischen Einzelbericht und Synthese abermals *A. Tschentscher*, Dialektische Rechtsvergleichung – Zur Methode der Komparatistik im öffentlichen Recht, JZ 2007, S. 807 ff.

Teil 2

Permeabilität auf nationaler Ebene

Ist Permeabilität im Rechtssinne allgemein die Eigenschaft einer Rechtsordnung, Rechtssätze durchgreifen bzw. Normgehalte einfließen zu lassen, die einer formal von ihr getrennten Rechtsordnung entstammen,[1] so geht es übertragen auf die Perspektive der innerstaatlichen Verfassungsordnungen speziell um das Durchgreifen bzw. Einfließen von Unionsrecht in den innerstaatlichen Rechtsraum.

Im Vordergrund steht dabei nicht die Frage nach formellen Verfassungsänderungen, die auf einen inhaltlichen, bzw. rechtsfolgengerichteten Gleichklang des nationalen Verfassungsrechts mit Entscheidungsergebnissen des Unionsrechts in einzelnen Sachbereichen abzielen, etwa im Beispielsfall geschlechtsspezifischer Ungleichbehandlung in den Streitkräften.[2] Nicht die Gesamtheit unionsrechtlich induzierter Anpassungen gilt es zu erfassen. Vielmehr bezieht sich Permeabilität als Mechanismus „rechtsnormativer Verflechtung“[3] auf einen bestimmten Teilbereich staatlichen Europa- bzw. „Unionsverfassungsrechts“,[4] der das unmittelbare Durchgreifen oder mittelbare Einfließen des Unionsrechts in den innerstaatlichen Rechtsraum ermöglicht, indem er die Rücknahme des potenziellen Ausschließlichkeitsanspruchs nationaler Hoheitsgewalt im staatlichen Innenbereich sicherstellt.[5]

Alle Verfassungsordnungen derzeitiger EU-Mitgliedstaaten und Beitrittskandidaten weisen heute in diesem Sinne permeable Verfassungsstrukturen auf, denen in der Terminologie des spanischen Verfassungsgerichts die grundlegende Funktion eines normativen „Scharniers“ zwischen europäischer und nationaler Verfassungsordnung zukommt.[6]

---

[1] S. oben unter Teil 1 – Kapitel 1 – I.

[2] Vgl. etwa Art. 12a Abs. 4 S. 2 GG, der in Folge von EuGH, Urt. v. 11. 1. 2000 – Rs. C-285/98 – *Kreil* = Slg. 2000, I-69 geändert wurde. Allerdings ist darauf hinzuweisen, dass Art und Ausmaß formeller Verfassungsänderungen mit dem Ziel einer Anpassung an das EU-Recht ggf. Rückschlüsse auf Qualität und Kapazität verfassungsrechtlicher Verschränkungsmechanismen zulassen.

[3] Vgl. *M. Nettesheim*, Europäischer Verfassungsverbund?, in: FS J. Isensee (2007), S. 733 (736).

[4] Zum Begriff *C. Grabenwarter*, Staatliches Unionsverfassungsrecht, in: A. v. Bogdandy/J. Bast (Hrsg.), Europäisches Verfassungsrecht (2. Aufl. 2009), S. 121 ff., wobei dieser unter Anpassung gerade nicht nur das auf Konformität gerichtete „Nachgeben gegenüber einem Anpassungsdruck“ versteht, sondern gleichermaßen die kreativ geprägte „gestalterische Bewältigung der rechtlich wie politisch bedingten Anpassungssituation“ einbezieht, vgl. *ders.*, a.a.O. S. 122.

[5] Hinzu kommen kann – muss aber nicht – eine Geltungsanordnung seitens des nationalen Rechts in Bezug auf die innerstaatliche Geltung des Unionsrechts.

[6] Span. VerfG, Erkl. v. 13. 12. 2004 – DTC 1/2004 – *Verfassungsvertrag* = EuR 2005, S. 339 (342) in deutscher Übersetzung. Kernaussage des Urteils ist die Vereinbarkeit – und damit die fehlende Not-

In Bezug auf das innerstaatliche Verfassungsrecht ist bereits früh zutreffend hervorgehoben worden, dass das wesentliche Merkmal eines solchen Mechanismus in der Ermächtigung zu einem „unmittelbaren Hineinwirken",[7] einem „Durchgriff"[8] des supranationalen Rechts in den innerstaatlichen Rechtsraum besteht. Der in diesem Zusammenhang seither für den innerstaatlichen Rechtsraum Verwendung findende Rechtsbegriff der „Öffnung" versinnbildlicht, wie gesehen, dass die klassische Konzeption staatlicher Geschlossenheit insoweit durchbrochen wird, als das supranationale Recht im direkten Zugriff unmittelbar Rechte und Verpflichtungen des Einzelnen begründen kann.

Gleichwohl ist der Regelungsgehalt der betreffenden Verfassungsbestimmungen damit in aller Regel nicht erschöpft. Schon ein erster Blick auf Art. 23 Abs. 1 des deutschen Grundgesetzes zeigt, dass die Norm in ihrem S. 1 die Verpflichtung zur Mitwirkung an der Verwirklichung eines vereinten Europas aufstellt und bestimmte Strukturanforderungen für die supranationale Ebene normiert, auf deren Vollendung und Einhaltung die deutsche Integrationsgewalt verpflichtet wird. Zudem regelt die Klausel den innerstaatlichen Beteiligungsmodus an der die *supranationale Ordnung erst errichtenden Konstituierungshandlung*. Dafür werden in Art. 23 Abs. 1 S. 2 und 3 verfahrensrechtliche Regelungen getroffen, wobei der Verweis auf Art. 79 Abs. 3 zudem eine bestandssichernde, d.h. der deutschen Integrationsgewalt Grenzen ziehende Funktion aufweist. Hinzu kommen detaillierte Vorschriften über die Mitwirkung von Bundestag und Bundesrat in Angelegenheiten der Europäischen Union, die wiederum einfachgesetzlich konkretisiert sind.

Bereits diese Vorüberlegungen vor dem Hintergrund des deutschen Verfassungsrechts zeigen, dass die als „Europa-",[9] „Überbrückungs-",[10] „Souveränitätsver-

---

wendigkeit einer Änderung – der spanischen Verfassung mit den Bestimmungen des Vertrages über eine Verfassung für Europa. Vgl. dazu *A. C. Becker*, Vorrang versus Vorherrschaft – Anmerkung zum Urteil des spanischen Tribunal Constitucional DTC 1/2004, ebd. S. 353 ff.

[7] *K. Vogel*, Die Verfassungsentscheidung des Grundgesetzes für eine internationale Zusammenarbeit, Recht und Staat in Geschichte und Gegenwart, Heft 292/293 (1964), S. 1 (21). S. auch BVerfG, Beschl. v. 9. 6. 1971 – 2 BvR 255/69 – *Lütticke*, Rn. 95 = BVerfGE 31, 145 (174).

[8] Vgl. *C. Tomuschat*, in: BK, Art. 24 (Zweitb. 1981), Rn. 8 ff.; *H. P. Ipsen*, Europäisches Gemeinschaftsrecht (1972), S. 69 (§ 2 Rn. 52); *A. Bleckmann*, Grundgesetz und Völkerrecht (1975), S. 228. Zum Durchgriff vgl. auch *H. Mosler*, Die Übertragung von Hoheitsgewalt, in: J. Isensee/P. Kirchhof (Hrsg.), HStR VII (1993), § 175, Rn. 19; *O. Rojahn*, in: I. v. Münch/P. Kunig (Hrsg.), GG, Bd. 2 (4./5. Aufl. 2001), Art. 24, Rn. 25.

[9] *A. Albi*, „Europe" Articles in the Constitutions of Central and Eastern European Countries, CMLRev. 42 (2005), S. 399 ff. Von „Europe Clause" spricht *J. Zemánek*, Czech Republic, in: A. E. Kellermann et al. (Hrsg.), The Impact of EU Accession on the Legal Orders of New Member States and (Pre-) Candidate Countries (2006), S. 313 (315).

[10] In Anlehnung an den von *N. Walker*, Sovereignty and Differentiated Integration in the European Union, ELJ 4 (1998), S. 355 (375) geprägten Begriff „*bridging mechanism* through which the different legal systems protect their own integrity while recognising and accommodating the norms, techniques, and legitimate sphere of competence of other legal systems" (Hervorhebung im Original).

zichts-",[11] „Ermächtigungs-",[12] „Integrations-",[13] „Öffnungs-"[14] oder auch „Integrationsöffnungsklauseln"[15] bezeichneten Mechanismen bzw. „Integrationshebel"[16] ein überaus komplexes und „mehrschichtiges Phänomen"[17] verfassungsrechtlich zu verankern suchen.[18]

Will man die Konstruktionsformen normativer Permeabilität darüber hinaus länderübergreifend und modelltypisiert erfassen, so muss der ordnungsstiftende Rahmen innerstaatlicher Dogmatik verlassen werden. Der Blick in die Verfassungsordnungen der einzelnen Mitgliedstaaten fördert hierbei nicht nur auf den ersten Blick eine Vielfalt zu Tage, die den analytischen Zugriff erschwert. Zwar unterliegt den einzelnen Gestaltformen rechtlicher Permeabilität ein im Grundsatz einheitliches Regelungsziel. Indessen sind signifikante Unterschiede im Hinblick auf die jeweilige verfassungsrechtliche Konstruktion und Ausgestaltung zu konstatieren. Wurde schon in Bezug auf die sechs Gründungsstaaten die Existenz eines einheitlichen Regelungsmodells verneint,[19] so hat mit dem Hinzutreten von 21 weiteren Staaten seit den Gründungsverträgen das Gesamtbild nochmals deutlich an Heterogenität und Farbenpracht gewonnen.[20]

---

[11] „Limitation of Sovereignty Clauses", vgl. *B. de Witte*, Constitutional Aspects of European Union Membership in the Original Six Member States: Model Solutions for the Applicant Countries?, in: A.E. Kellermann et al. (Hrsg.), EU-Enlargement – The Constitutional Impact at EU and National Level, Den Haag 2001, S. 65 (67).

[12] *T. de Berranger*, Constitutions nationales et construction communautaire (1995), S. 37 ff. spricht von „autorisation constitutionnelle de l'engagement communautaire".

[13] So *I. Pernice*, Europäisches und nationales Verfassungsrecht, VVDStRL 60 (2001), 148 (165); *ders.* in: H. Dreier (Hrsg.), GG, Bd. II (2. Aufl. 2006), Art. 23, Rn. 8.

[14] *J. Schwarze*, Einführung, in: ders. (Hrsg.), Die Entstehung einer europäischen Verfassungsordnung (2000), S. 17; *P.M. Huber*, Offene Staatlichkeit, in: IPE II (2008), § 26 Vergleich, Rn. 4.; *R. Bieber*, Die Europäisierung des Verfassungsrechts, in: K.F. Kreuzer/D.H. Scheuing/U. Sieber (Hrsg.), Die Europäisierung der mitgliedstaatlichen Rechtsordnungen in der Europäischen Union (1997), S. 71 (77); *A. López Castillo*, Offene Staatlichkeit, in: IPE II (2008), § 24 Spanien, Rn. 9.

[15] *D. König*, Die Übertragung von Hoheitsrechten im Rahmen des europäischen Integrationsprozesses (2000), S. 566; *K. Schmalenbach*, Der neue Europaartikel 23 des Grundgesetzes im Lichte der Arbeit der Gemeinsamen Verfassungskommission (1996), S. 56; *M. Jestaedt*, Der europäische Verfassungsverbund – Verfassungstheoretischer Charme und rechtstheoretische Insuffizienz einer Unschärferelation, in: GS Blomeyer (2004), S. 637 (639).

[16] *H.P. Ipsen*, Europäisches Gemeinschaftsrecht (1972), S. 58 (§ 2 Rn. 20); *ders.*, Die Bundesrepublik Deutschland in den Europäischen Gemeinschaften, in: J. Isensee/P. Kirchhof (Hrsg.), HStR VII (1993), § 181, Rn. 7.

[17] *W. v. Simson/J. Schwarze*, Europäische Integration und Grundgesetz. Maastricht und die Folgen für das deutsche Verfassungsrecht (1992), S. 24.

[18] Vgl. zur Einteilung der verschiedenen Regelungsbereiche etwa *M. Claes*, Constitucionalizando Europa desde su fuente. Las „cláusulas europeas" en las Constituciones nacionales: evolución y tipología, in: M. Cartabia/B. de Witte/P. Pérez Tremps (Hrsg.), Constitución Europea y Constituciones Nacionales (2005), S. 123 (127 ff.).

[19] *B. de Witte*, Constitutional Aspects of European Union Membership in the Original Six Member States: Model Solutions for the Applicant Countries?, in: A.E. Kellermann et al. (Hrsg.), EU-Enlargement – The Constitutional Impact at EU and National Level (2001), S. 65 (65 f.).

[20] Für einen rechtsvergleichenden Überblick s. *J. Dutheil de la Rochère/I. Pernice*, European Union Law and National Constitutions, in: M. Andenas/J.A. Usher (Hrsg.), The Treaty of Nice and

Ein erster ordnender Zugriff auf diese Vielfalt liegt in der näheren Betrachtung der *verfassungsrechtlichen Ausgangslage* sowie der zahlreichen *Entwicklungs- und Rezeptionslinien* rechtlicher Permeabilität. Dies erlaubt nicht nur einen Überblick über die verschiedenen Gestaltformen, sondern vermittelt zugleich auch ein notwendiges Kontextverständnis für die einzelnen Modelltypen (dazu Abschnitt 1, Kapitel 3 und 4).

In einem zweiten Schritt wird sodann das normative Fundament rechtlicher Permeabilität in Gestalt verfassungsrechtlicher *Integrationsermächtigungen* näher in den Blick genommen. Hierbei gilt es Ansätze dynamischer Natur von eher statischen Zugängen abzuschichten, wobei einige Verfassungen Sonderlösungen gänzlich eigener Art vorsehen (dazu Abschnitt 2, Kapitel 5 bis 9).

Schlussendlich ist die Frage der *normativen Verortung des Unionsrechts* innerhalb der innerstaatlichen Verfassungsordnung zu beleuchten. Sie zielt allen voran auf die rechtlichen Grundlagen von Geltung, Anwendbarkeit und Vorrang des Unionsrechts einschließlich diesbezüglicher Grenzen ab. Im Verfassungsrecht der Mitgliedstaaten kann in den vergangenen Jahren dabei die bemerkenswerte Tendenz verzeichnet werden, diesen grundlegenden Aspekt vom Anwendungsbereich der Integrationsermächtigungen zu entkoppeln. Europaweit bildet sich vermehrt eine eigene Normengruppe heraus, die spezifisch auf die Regelung von Geltung, Anwendbarkeit und ggf. Vorrangigkeit des Unionsrechts abzielt. In dogmatischer Hinsicht ist dies insoweit schlüssig, als die vorgenannten Aspekte die (Rechts-)Folge bzw. Konsequenz verfassungsrechtlicher Permeabilität betreffen. Die Erörterung dieses Normenkomplexes bildet daher den abschließenden, dritten Schritt zur Untersuchung der Permeabilität auf der Ebene des mitgliedstaatlichen Verfassungsrechts (dazu Abschnitt 3, Kapitel 10 und 11).

Beyond – Enlargement and Constitutional Reform (2003), S. 47 (59 ff. u. 72 ff.); *M. Claes*, Constitucionalizando Europa desde su fuente. Las „cláusulas europeas" en las Constituciones nacionales: evolución y tipología, in: M. Cartabia/B. de Witte/P. Pérez Tremps (Hrsg.), Constitución Europea y Constituciones Nacionales (2005), S. 123 (129 ff.); *C. Grabenwarter*, Staatliches Unionsverfassungsrecht, in: A. v. Bogdandy/J. Bast (Hrsg.), Europäisches Verfassungsrecht (2. Aufl. 2009), S. 121 (123 ff. u. 135 ff.); *I. Pernice*, in: H. Dreier (Hrsg.), GG, Bd. II (2. Aufl. 2006), Art. 23, Rn. 8 ff.

Erster Abschnitt

Ausgangsproblematik und Entwicklungslinien

Die übergreifende Einsicht der europäischen Staaten nach Ende des Zweiten Weltkrieges, die Auswüchse unbedingter Souveränität und geschlossener Staatlichkeit überwinden zu müssen,[1] wird in den ersten Modellen rechtlicher Permeabilität unmittelbar textlich abgebildet. So hält die Verfassung der französischen IV. Republik von 1946 in ihrer Präambel als Pionierleistung erstmals die Möglichkeit bereit, dass Frankreich mit Blick auf die Friedenswahrung unter dem Vorbehalt der Gegenseitigkeit „*Einschränkungen seiner Souveränität*" zustimmt.[2] Ähnlich lautet bis heute Art. 11 der italienischen Verfassung von 1947.

Mit dem Begriff der Souveränität ist eine Rechtsfigur auf den Plan gerufen, die trotz ihrer begrifflichen Vieldeutigkeit und konzeptionellen Unwägbarkeit ein bis heute in vielen Rechtsordnungen tradiertes, häufig tragendes Verfassungsprinzip darstellt. Konzeptionell gegenläufig zur Idee rechtlicher Permeabilität spielt das Souveränitätsprinzip eine Schlüsselrolle zu deren Verständnis, soweit die mitgliedstaatlichen Verfassungsordnungen in Rede stehen. Die im Souveränitätsprinzip angelegte Ausgangslage im Verfassungsrecht der Mitgliedstaaten ist darum zunächst zu skizzieren (dazu Kapitel 3), bevor darauf aufbauend die Entwicklungslinien und Rezeptionszusammenhänge permeabler Verfassungsstrukturen herausgearbeitet werden (dazu Kapitel 4).

Kapitel 3

Souveränität als verfassungsrechtliches Ausgangsproblem

Die Schwierigkeit des Umgangs mit dem Souveränitätsprinzip besteht in erster Linie in seiner facettenreichen Gestalt, die im zeitlich-politischen Wandel bis zum heutigen

---

[1] Bahnbrechend insoweit der am 9.5. 1950 anlässlich einer Presseerklärung seitens des damaligen französischen Außenministers *Robert Schuman* vorgelegte und unter maßgeblichem Einfluss von *Jean Monnet* ausgearbeitete Plan, „die Gesamtheit der französisch-deutschen Kohle- und Stahlproduktion unter eine gemeinsame Oberste Aufsichtsbehörde (*Haute Autorité*) zu stellen", der schließlich zum Abschluss des EGKS-Vertrages vom 18. April 1951 (in Kraft getreten am 4.7. 1952, ausgelaufen nach 50 Jahren am 23.7. 2002) führte und damit den Beginn der europäischen Integration in ihrer heutigen Gestalt einleitete. Zu früheren Konzeptionen europäischer Einigung vgl. *K.-P. Sommermann*, Offene Staatlichkeit, in: IPE II (2008), § 14 Deutschland, Rn. 3 f.

[2] Dazu im Einzelnen unter Teil 2 – Kapitel 5 – I. (Hervorh. hinzugefügt).

Tag eine Unzahl unterschiedlicher Deutungsstränge und Funktionen auf sich vereint. In geradezu Ehrfurcht gebietendem Ausmaß ist die Souveränität wiederholt Gegenstand wissenschaftlicher Annäherung und Durchdringung geworden, wobei sie gleichermaßen auf leidenschaftliche Befürwortung wie Ablehnung stieß.[3] Entstehungsgeschichte, Bedeutung und Folgen dieses schillernden (Kampf-)Begriffs in seiner Gänze zu erfassen, würde, sofern ein solches Wagnis überhaupt gelingen kann, den Rahmen der vorliegenden Untersuchung sprengen. Unternommen wird an dieser Stelle der Versuch, die zentralen Bedeutungsgehalte der Souveränität als Rechtsbegriff[4] zu beleuchten, soweit diese für das Verständnis normativer Permeabilität der mitgliedstaatlichen Verfassungsordnungen grundlegend sind (dazu I.). Anschlie-

---

[3] Aus der Fülle an Literatur vgl. allein für den Kontext der deutschen Staats(rechts)lehre etwa *G. Jellinek*, Die Lehre von den Staatenverbindungen (1882 – Nachdr. 1996), S. 16 ff.; *ders.*, Allgemeine Staatslehre (3. Aufl. 1914 – 7. Nachdr. 1960), S. 435 ff.; *H. Kelsen*, das Problem der Souveränität und die Theorie des Völkerrechts (2. Aufl. 1928 – 2. Nachdr. 1981); *H. Heller*, Die Souveränität: ein Beitrag zur Theorie des Staats- und Völkerrechts (1927); *C. Schmitt*, Politische Theologie – Vier Kapitel zur Lehre von der Souveränität (2. Aufl. 1934 – 8. Aufl. d. Neusatzes 2004); *H. Quaritsch*, Souveränität. Entstehung und Entwicklung des Begriffs in Frankreich und Deutschland vom 13. Jh. bis 1806 (1986); *M. Baldus*, Zur Relevanz des Souveränitätsproblems für die Wissenschaft vom öffentlichen Recht, Der Staat 36 (1997), S. 381 ff.; *C. Hillgruber*, Souveränität – Verteidigung eines Rechtsbegriffs, JZ 2002, S. 1072; *A. Randelzhofer*, Staatsgewalt und Souveränität, in: J. Isensee/P. Kirchhof (Hrsg.), HStR II (3. Aufl. 2004), § 17; *U. Haltern*, Was bedeutet Souveränität? (2007) mit kritischer Besprechung von *C. Schönberger*, JZ 2007, S. 62. Vgl. jüngst zudem *D. Grimm*, Souveränität – Herkunft und Zukunft eines Schlüsselbegriffs (2009).

Zur Souveränitätsproblematik speziell im Kontext der europäischen Integration vgl. *N. Walker* (Hrsg.), Sovereignty in Transition (2003); *U. Schliesky*, Souveränität und Legitimität von Herrschaftsgewalt (2004), S. 57 ff., 361 ff., 507 ff.; *N. MacCormick*, Questioning Sovereignty: Law, State, and Nation in the European Commonwealth (1999); *F. Chaltiel*, La souveraineté de l'Etat et l'Union européenne, l'exemple français (2000); *H. G. Koppensteiner*, Die europäische Integration und das Souveränitätsproblem (1963); *S. Hobe*, Der offene Verfassungsstaat zwischen Souveränität und Interdependenz (1998), S. 41 ff.; *F. C. Mayer*, Kompetenzüberschreitung und Letztentscheidung (2000), S. 45 ff.; *C. Seiler*, Der souveräne Verfassungsstaat zwischen demokratischer Rückbindung und überstaatlicher Einbindung, S. 100 ff.; *A. Jyränki*, Transferring Powers of a Nation-State to International Organisations: The Doctrine of Sovereignty Revisited, in: ders. (Hrsg.), National Constitutions in the Era of Integration (1999), S. 61 ff.; *A. Albi/P. Van Elsuwege*, The EU Constitution, National Constitutions and Sovereignty: an Assessment of a „European Constitutional Order", ELRev 29 (2004), S. 741 ff.; *A. Jakab*, Neutralizing the Sovereignty Question. Compromise Strategies in Constitutional Argumentation before the European Integration and since, EuConst 2 (2006), S. 375 ff.; *A. Schmitt Glaeser*, Souveränität und Vorrang, in: A. v. Bogdandy (Hrsg.), Europäisches Verfassungsrecht (Erstaufl. 2003), S. 205 ff.; *S. Griller*, The impact of the Constitution for Europe on National Sovereignty, in: I. Pernice/J. Zemánek (Hrsg.), A Constitution for Europe: The IGC, the Ratification Process and Beyond (2005), S. 151 ff.; *E. Riedel*, Der gemeineuropäische Bestand von Verfassungsprinzipien zur Begründung von Hoheitsgewalt – Legitimation und Souveränität, in: P.-C. Müller-Graff/E. Riedel (Hrsg.), Gemeinsames Verfassungsrecht in der Europäischen Union (1998), S. 77 ff.; *R. Kwiecień*, Sovereignty of the European Union Member States: International Legal Aspects, in A. Bodnar et al. (Hrsg.), The Emerging Constitutional Law of the European Union (2003), S. 339 ff.

[4] Für eine politikwissenschaftliche Analyse s. *M. Peters/P. Schröder* (Hrsg.), Souveränitätskonzeptionen. Beiträge zur Analyse politischer Ordnungsvorstellungen im 17. Bis zum 20. Jahrhundert (2000) sowie *M. Loughlin*, Ten Tenets of Sovereignty, in: N. Walker (Hrsg.), Sovereignty in Transition (2003), S. 55 (56 f., 65 ff.).

ßend werden die innerstaatlichen Verfassungsordnungen in gebotener Kürze daraufhin miteinander verglichen, inwieweit sie an tradierten Vorstellungen von Souveränität festhalten und sie ggf. durch verfassungsrechtliche Schutzmechanismen absichern (dazu II.). Daraus ergeben sich bereits wichtige Hinweise auf die verfassungsrechtliche Ausgangssituation sowie das Verwirklichungspotenzial rechtlicher Permeabilität im Verfassungsrecht der Mitgliedstaaten. Wie zu zeigen sein wird, bestehen grundlegende Problemlagen im Zusammenhang mit dem Souveränitätskonzept fort, wenngleich immer wieder Versuche zu konzeptioneller Neuausrichtung unternommen werden (dazu III.). Letztlich ergibt sich ein Gesamtbild, das dem Souveränitätsprinzip bis heute eine zentrale Rolle für Reichweite und Gestaltform normativer Permeabilität im Verfassungsstaat zuweist (dazu IV.).

I. Bedeutungsgehalte

Als Begründer der klassischen Konzeption von Souveränität gilt gemeinhin der französische Jurist *Jean Bodin* mit seinem 1576 erstmals erschienenen Werk „Les six livres de la République“.[5] Erste Ansätze werden zuweilen jedoch bis weit ins Mittelalter zurückdatiert.[6]

1. Souveränität als Eigenschaft von Herrschaftsgewalt

Bodin's historischer Ausgangspunkt ist im Chaos der konfessionellen Bürgerkriege in Frankreich zu suchen, aus dem er die Notwendigkeit eines ordnungsstiftenden Rahmens durch Schaffung einer einzigen, höchsten Gewalt ableitet.[7] In ihrer ursprünglichen Bedeutung umschreibt Souveränität damit eine bestimmte *Eigenschaft* von Herrschaftsgewalt.[8] In diesem Sinne betont insbesondere *Utz Schliesky* in einer entwicklungsgeschichtlich fundierten Studie, dass bei der Begriffsbestimmung von der historischen Funktion auszugehen sei, durch die Verleihung des Attributs der Souve-

---

[5] *J. Bodin*, Les six livres de la République (franz. Erstaufl. 1576). Im Folgenden wird der 1986 in Paris in der Edition *Fayard* erschienene Nachdruck der 10. Aufl. aus dem Jahr 1593 zugrunde gelegt, welche über die „Six livres“ hinaus noch die zuvor getrennt publizierte „Apologie pour la République“ (veröffentlicht unter *Bodin*'s Pseudonym *René Herpin*) sowie den „Discours sur le rehaussement et diminution tant d'or que d'argent“ enthält. Für eine deutsche Fassung s. *J. Bodin*, Über den Staat (dt. Übers. u. Nachwort v. G. Niedhart 1976, Nachdr. 2005).

[6] Zur Entwicklungsgeschichte vgl. eingehend *U. Schliesky*, Souveränität und Legitimität von Herrschaftsgewalt (2004), S. 59 ff.

[7] Zum historischen Kontext vgl. etwa *H. Denzer*, Jean Bodin (1529/30–1596), in: H. Maier/H. Denzer (Hrsg.), Klassiker des politischen Denkens, Bd. 1 (2. Aufl. 2004), S. 179 (180 ff.); *U. Schliesky*, Souveränität und Legitimität von Herrschaftsgewalt (2004), S. 73 ff. sowie *A. Randelzhofer*, Staatsgewalt und Souveränität, in: J. Isensee/P. Kirchhof (Hrsg.), HStR II (3. Aufl. 2004), § 17, Rn. 17.

[8] Vgl. *H. Krüger*, Allgemeine Staatslehre (2. Aufl. 1966), S. 852 f. So auch *P. Gaïa*, Rapport français, in: F.I.D.E. (Hrsg.), 17. F.I.D.E.-Kongress Berlin, Bd. 1: Le droit constitutionnel national et l'intégration européenne (1996), S. 231 (238); *S. Hobe*, Der offene Verfassungsstaat zwischen Souveränität und Interdependenz (1998), S. 43.

ränität eine Herrschaftsgewalt als (im rechtlichen Sinne) fähig anzusehen, inneren Frieden und Abwesenheit äußerer Bedrohungen zu garantieren.[9] Daran anknüpfend wird Herrschaftsgewalt als souverän qualifiziert,

„wenn sie rechtlich die höchste und einzige Gewalt ist. (...) Nicht jede Machtausübung ist (...) rechtlich vorgesehene Ausübung von Herrschaftsgewalt. Das Attribut der Souveränität ist vielmehr die Rechtsfolge, wenn die Herrschaftsgewalt bestimmte Voraussetzungen erfüllt. (...) Zugleich wird damit deutlich, daß Souveränität als Rechtsbegriff dem Normalzustand angehört und ihre Funktion für den Normalzustand und nach Möglichkeit zur Verhinderung des Ausnahmefalles realisieren soll. Souveränität erscheint so als die – noch in der Regel auf ein bestimmtes Territorium bezogene – höchste rechtlich fixierte, durch eine Verfassung zugewiesene und gebundene Herrschaftsgewalt."[10]

a) Souveränität als höchste Gewalt nach innen und Unabhängigkeit nach außen

Dieses „Zuhöchstsein" von Herrschaftsgewalt ist allen voran durch zwei Merkmale gekennzeichnet, die klassischerweise mit den Begriffen *Einzigkeit* und *Einseitigkeit* umschrieben werden.[11] Einzigkeit – oder auch Unteilbarkeit – bezeichnet dabei den Ausschluss einer zweiten gleichrangigen Gewalt innerhalb des betreffenden Territoriums bzw. Herrschaftsverbandes. Einseitigkeit meint die Fähigkeit zur Setzung von Recht, unabhängig von einer, wie auch immer gearteten, Zustimmung des Adressaten.[12]

Im Verhältnis zum positiven Recht wird Souveränität daher normtheoretisch zuweilen auch als „Ursprung und letzte[r] Geltungsgrund allen positiven Rechts" innerhalb eines Herrschaftsverbandes qualifiziert[13] und insoweit eine gedankliche Verbindungslinie zum normlogischen Konzept der Grundnorm nach *Hans Kelsen* gezogen.[14] *Kelsen* selbst führt in seiner Reinen Rechtslehre aus, die Souveränität sei

„keine wahrnehmbare oder sonst objektiv erkennbare Qualität eines realen Gegenstandes, sondern eine Voraussetzung: die Voraussetzung einer normativen Ordnung als einer höchsten, in ihrer Geltung von keiner höheren Ordnung ableitbaren Ordnung. (...) Die Frage, ob ein Staat souverän ist, ist die Frage, ob man die staatliche Rechtsordnung als höchste voraussetzt."[15]

---

[9] Vgl. *U. Schliesky*, Souveränität und Legitimität von Herrschaftsgewalt (2004), S. 511.

[10] Ebd. S. 512 f.

[11] So etwa *H. Krüger*, Allgemeine Staatslehre (2. Aufl. 1966), S. 847 ff. u. 849 ff.

[12] Dazu eingehend *H. Krüger*, a.a.O. S. 847 ff. u. 849 ff. Vgl. auch *A. Randelzhofer*, Staatsgewalt und Souveränität, in: J. Isensee/P. Kirchhof (Hrsg.), HStR II (3. Aufl. 2004), § 17, Rn. 35.

[13] So *C. Seiler*, Der souveräne Verfassungsstaat zwischen demokratischer Rückbindung und überstaatlicher Einbindung, S. 101 unter Rückbezug auf *H. Heller*, Die Souveränität: ein Beitrag zur Theorie des Staats- und Völkerrechts (1927), S. 118 ff.

[14] *C. Seiler*, a.a.O. Zur Konzeption der Grundnorm vgl. eingehend *H. Kelsen*, Reine Rechtslehre (2. Aufl. 1960 – Nachdruck 1967), S. 196 ff.

[15] *H. Kelsen*, Reine Rechtslehre (2. Aufl. 1960 – Nachdruck 1967), S. 334 f. Zugleich erteilt Kelsen damit der Vorstellung eine Absage, die Souveränität sei eine Frage faktischer Machtverhältnisse: „Die Frage, ob der Staat souverän ist, kann nicht durch eine Untersuchung der natürlichen Wirklichkeit beantwortet werden. Souveränität ist nicht ein Maximum an realer Macht" (ebd.).

Daran anknüpfend kann als prägendes Strukturelement der Souveränität die *Einheitlichkeit* bzw. *Einheitsbildung* im Sinne der Widerspruchsfreiheit der betreffenden (unitären) Ordnung hinzugerechnet werden.[16]

Die Frage der Suprematie von Herrschaftsgewalt ist zunächst auf die Binnenstruktur des betreffenden Herrschaftsverbandes bezogen, meint also höchste Gewalt *nach innen*. Die zweite Dimension der klassischen Souveränität ist hingegen *nach außen*, d.h. auf die völkerrechtliche Ebene ausgerichtet. Im Kern bedeutet sie *Völkerrechtsunmittelbarkeit* und *Unabhängigkeit* von anderen Staaten.[17] Dies bringt Art. 2 Nr. 1 der Charta der Vereinten Nationen (VN) zum Ausdruck, wenn darin das Prinzip der souveränen Gleichheit der Staaten („principle of the sovereign equality") als grundlegendes Strukturprinzip der VN festgeschrieben wird.[18]

Innere und äußere Dimension von Souveränität stehen dabei allerdings nicht in einem Verhältnis gegenseitigen Ausschlusses, sondern bedingen sich vielmehr wechselseitig, ein Umstand, der bereits von *Georg Jellinek* hervorgehoben wurde.[19]

Weder die so verstandene innerstaatliche Suprematie noch die völkerrechtliche Unabhängigkeit dürfen jedoch mit einer Schrankenlosigkeit von Herrschaftsgewalt gleichgesetzt werden.[20]

b) Souveränität als rechtliche Unbeschränktheit von Herrschaftsgewalt

Gerade an diesem neuralgischen Punkt zeigt sich indes die Anfälligkeit des Souveränitätsbegriffs für radikalisierende Zuspitzungen. Sah *Bodin* den Souverän trotz der Definition von Souveränität als „puissance absolue et perpétuelle"[21] – als absoluter und immerwährender Gewalt – jedenfalls an ein göttliches Gebot bzw. naturrechtsgleiche Grundsätze gebunden,[22] so bricht in späteren Werken absolutistischer Prägung demgegenüber zunehmend die Vorstellung einer rechtlichen Schrankenlosigkeit souveräner Herrschaftsgewalt durch. Deutlich wird dies etwa in *Thomas Hobbes' Leviathan* im Hinblick auf die Position des einmal errichteten Souveräns gegenüber

---

[16] Vgl. *U. Schliesky*, Souveränität und Legitimität von Herrschaftsgewalt (2004), S. 570.

[17] Dazu *A. Verdross/B. Simma*, Universelles Völkerrecht (4. Aufl. 2010), § 32.

[18] Speziell zur Frage der Rechtserzeugung unter der Bedingung souveräner Gleichheit vgl. *C. Hillgruber*, Der Nationalstaat in der überstaatlichen Verflechtung, HStR II (3. Aufl. 2004), § 32, Rn. 56 ff.

[19] *G. Jellinek*, Die Lehre von den Staatenverbindungen (1882 – Nachdr. 1996), S. 22 ff.; *ders.*, Allgemeine Staatslehre (3. Aufl. 1914 – 7. Nachdr. 1960), S. 475. Dazu *S. Griller*, The impact of the Constitution for Europe on National Sovereignty, in: I. Pernice/J. Zemánek (Hrsg.), A Constitution for Europe: The IGC, the Ratification Process and Beyond (2005), S. 151 (161).

[20] *A. Randelzhofer*, Staatsgewalt und Souveränität, in: J. Isensee/P. Kirchhof (Hrsg.), HStR II (3. Aufl. 2004), § 17, Rn. 5, 16 u. 23.

[21] *J. Bodin*, Les six livres de la République (10. Aufl. 1593 – Nachdr. 1986), Buch I, Kap. VIII, S. 179.

[22] Ebd. Kap. VIII, S. 188: „Ceste puissance est absolue, et souveraine: car elle n'a autre condition que la loy de Dieu et de nature de commande." – „Die Staatsgewalt ist dann absolut, wenn sie nur dem göttlichen Gebot und dem Naturrecht unterworfen ist." (übers. v. G. Niedhart 1976, Nachdr. 2005, S. 22).

dem Einzelnen im Inneren,[23] oder in *Georg W. F. Hegels* Rechtsphilosophie in Bezug auf das Außenverhältnis.[24]

Auch eine andere, im 20. Jahrhundert entwickelte Souveränitätslehre gelangt, indes im Ergebnis ungleich radikaler, zu einem Fehlen normativer Gebundenheit des Souveräns. Der pointierte Kernsatz dieses von *Carl Schmitt* verfochtenen Ansatzes lautet bekanntlich, dass souverän sei

„wer über den Ausnahmezustand entscheidet.“ [25]

Souveränität in diesem Sinne stellt *Schmitt* als einen „Grenzbegriff“ vor, dessen Definition gerade nicht an den Normalfall, sondern vielmehr an den *Ausnahmefall* geknüpft sei.[26] Da die Geltung einer Rechtsnorm aber Normalität im Sinne einer faktisch-tatsächlichen Ordnung voraussetze,[27] sei derjenige souverän,

„der definitiv darüber entscheidet, ob dieser normale Zustand wirklich herrscht. Alles Recht ist ‚Situationsrecht‘. Der Souverän schafft und garantiert die Situation als Ganzes in ihrer Totalität. Er hat das Monopol dieser Entscheidung. Darin liegt das Wesen staatlicher Souveränität, die also richtigerweise nicht als Zwangs- oder Herrschaftsmonopol, sondern als Entscheidungsmonopol juristisch zu definieren ist“.[28]

---

[23] *T. Hobbes*, Leviathan (engl. Erstaufl. 1651 – dt. Fassung hrsg. v. I. Fetscher, übers. v. W. Euchner, 1984, 14. Nachdr. 2008), Kapitel 18, S. 137 ff.: „Da von den Vertragschließenden das Recht, ihre Person zu verkörpern, demjenigen, den sie zum Souverän ernennen, *nur durch einen untereinander* und nicht zwischen ihm und jedem einzelnen von ihnen abgeschlossenen Vertrag übertragen wurde, *kann seitens des Souveräns der Vertrag nicht gebrochen werden*, und folglich kann sich keiner seiner Untertanen von seiner Unterwerfung befreien, indem er sich auf Verwirkung beruft. (…) Da jeder Untertan durch diese Einsetzung Autor aller Handlungen und Urteile des eingesetzten Souveräns ist, so folgt daraus, daß dieser *durch keine seiner Handlungen einem seiner Untertanen Unrecht zufügen kann*, und daß er von keinem von ihnen eines Unrechts angeklagt werden darf. (…) Es ist richtig, daß die *Inhaber souveräner Gewalt unbillige Handlungen begehen können, nicht aber Ungerechtigkeit oder Unrecht* im eigentlichen Sinn“ (Hervorh. hinzugefügt).

[24] *G. W. F. Hegel*, Grundlinien der Philosophie des Rechts (1821 – Bd. 7 d. Werkausgabe 1986, 10. Nachdr. 2008) § 333 f., S. 499 ff.: „Weil aber deren [der Staaten] Verhältnis ihre Souveränität zum Prinzip hat, so sind sie insofern im Naturzustande gegeneinander, und ihre Rechte haben nicht in einem allgemeinen zur Macht über sie konstituierten, sondern in ihrem besonderen Willen ihre *Wirklichkeit*. (…) Es gibt keinen Prätor, höchstens Schiedsrichter und Vermittler zwischen Staaten, und auch diese nur zufälligerweise, d. i. nach besonderen Willen. Die *Kantische* Vorstellung eines *ewigen Friedens* durch einen Staatenbund, welcher jeden Streit schlichtete und als eine von jedem einzelnen Staate anerkannte Macht jede Mißhelligkeit beilegte und damit die Entscheidung durch Krieg unmöglich machte, setzt die *Einstimmung* der Staaten voraus, welche auf moralischen, religiösen oder welchen Gründen und Rücksichten, überhaupt immer auf besonderen souveränen Willen beruhte und dadurch mit Zufälligkeit behaftet bliebe. (…) Der Streit der Staaten kann deswegen, insofern die besonderen Willen keine Übereinkunft finden, nur durch *Krieg* entschieden werden“ (Hervorh. im Original).

[25] *C. Schmitt*, Politische Theologie – Vier Kapitel zur Lehre von der Souveränität (2. Aufl. 1934 – 8. Aufl. d. Neusatzes 2004), S. 13.

[26] Ebd. S. 13.

[27] „Es gibt keine Norm, die auf das Chaos anwendbar wäre.“, ebd. S. 19.

[28] Ebd. S. 19. Gerade hierin liegt ein grundlegender Unterschied zu *H. Kelsen*, Reine Rechtslehre (2. Aufl. 1960 – Nachdruck 1967), S. 334 ff.

Die Entscheidung – im dezisionistischen Sinn des Wortes – mache sich dabei

> „*frei von jeder normativen Gebundenheit* und wird im eigentlichen Sinne *absolut*. Im Ausnahmefall suspendiert der Staat das Recht, kraft eines Selbsterhaltungsrechtes".[29]

Die dergestalt in den Souveränitätsbegriff hineingelegte Entkopplung der Entscheidungsmacht vom Recht,[30] ja seine Rückführung auf die blanke Macht der Tatsachen, muss bis heute profunde Zweifel an der begrifflichen Fortführbarkeit eines Begriffs nähren, der mit einer derartigen „historischen Hypothek"[31] belastet ist, ja ein solches Ausgreifen konzeptionell zulässt.

2. *Souveränität als (Summe von) Herrschaftsgewalt*

Daneben kann Souveränität aber auch für einen bestimmten *Inhalt* von Herrschaftsgewalt stehen. Anders als die ursprüngliche Definition, welcher im Kern eine Negativdefinition in Gestalt der Verneinung einer zweiten konkurrierenden Gewalt innerhalb des betreffenden Herrschaftsverbandes zugrunde liegt, setzt diese Begriffsbestimmung bei der qualitativen Substanz von Herrschaftsgewalt an.[32] Der Souveränitätsbegriff wird, figurativ gesprochen, positiv „angereichert".[33]

a) *Sachbereichsspezifische Annäherung: „marques de souveraineté"*

Ansätze eines solchen Verständnisses sind bis zu einem gewissen Grad in *Bodin*'s Werk selbst angelegt, soweit er bestimmte Befugnisse, wie etwa die Entscheidung über Krieg und Frieden, das Begnadigungs- oder das Münzrecht, als charakteristische „Kennzeichen von Souveränität" (*marques de souveraineté*) – freilich jeweils als Ausfluss der Gesetzgebungshoheit als dem eigentlich zentralen Merkmal der Souveränität – ausweist.[34]

---

[29] Ebd. S. 18 f. (Hervorh. hinzugefügt).

[30] „Hier sondert sich die Entscheidung von der Rechtsnorm, und (um es paradox zu formulieren) die Autorität beweist, daß sie, um Recht zu schaffen, nicht Recht zu haben braucht.", ebd. S. 19.

[31] Vgl. *H. G. Koppensteiner*, Die europäische Integration und das Souveränitätsproblem (1963), S. 16.

[32] Zur Abgrenzung vgl. *P. Gaïa*, Rapport français, in: F.I.D.E. (Hrsg.), 17. F.I.D.E.-Kongress Berlin, Bd. 1: Le droit constitutionnel national et l'intégration européenne (1996), S. 231 (238).

[33] So *A. Randelzhofer*, Staatsgewalt und Souveränität, in: J. Isensee/P. Kirchhof (Hrsg.), HStR II (3. Aufl. 2004), § 17, Rn. 19.

[34] *J. Bodin*, Les six livres de la République (10. Aufl. 1593 – Nachdr. 1986), Buch I, Kap. XX, S. 295 ff. (306, 309). Danach besteht das „hervorragendste Merkmal der fürstlichen Souveränität (...) in der Machtvollkommenheit, Gesetze für alle und für jeden Einzelnen zu erlassen", wobei diese „Gewalt, Gesetze zu machen oder aufzuheben, (...) zugleich alle anderen Rechte und Kennzeichen der Souveränität [umfasst], sodass es streng genommen nur dieses eine Merkmal der Souveränität gibt. Alle anderen Souveränitätsrechte sind darunter subsumierbar: die Entscheidung über Krieg und Frieden, das Recht als letzte juristische Instanz zu entscheiden, das Recht zur Ernennung und Absetzung der obersten Beamten, das Besteuerungsrecht, das Begnadigungsrecht, das Münzrecht und die Festsetzung des Geldwerts, das Recht auf Treueeide der Untertanen und Vasallen" (in Anlehnung an die dt. Übers. v. G. Niedhart 1976, Nachdr. 2005, S. 42 f.). Vgl. insoweit ähnlich auch

In jüngerer Zeit scheint eine sachbereichsspezifische Annäherung an die Souveränität auch das BVerfG in seinem *Lissabon*-Urteil zu vertreten. Darin führt das Gericht zwar zunächst aus, die Wahrung der Souveränität bedeute „für sich genommen nicht, dass eine von vornherein bestimmbare Summe oder bestimmte Arten von Hoheitsrechten in der Hand des Staates bleiben müssten."[35] Gleichwohl werden in der Folge gerade entgegen dieser Ankündigung bestimmte Sachbereiche herausgearbeitet, die als „besonders sensibel für die demokratische Selbstgestaltungsfähigkeit eines Verfassungsstaates" und damit als potenziell änderungsfeste Integrationsgrenzen einzustufen seien.[36] Darunter fielen „seit jeher" – man darf fragen: seit *Bodin*? – Entscheidungen über das Strafrecht, die Verfügung über das Gewaltmonopol, fiskalische Grundentscheidungen, die „sozialstaatliche Gestaltung von Lebensverhältnissen" sowie „kulturell besonders bedeutsame Entscheidungen etwa im Familienrecht, Schul- und Bildungssystem oder über den Umgang mit religiösen Gemeinschaften".[37] Fast fühlt sich der Beobachter an dieser Stelle bemüßigt, die Liste in Gefolgschaft *Bodin*'s mit der Währungshoheit fortzusetzen, wäre diese nicht bereits an die EZB übergegangen.[38]

Auch der französische Verfassungsrat hat in seiner jüngeren integrationsbezogenen Rechtsprechung eine besondere Sensibilität für die Übertragung bestimmter Kernbereiche erkennen lassen, etwa für den Bereich der Währungsunion oder der ehemals dritten Säule.[39] Allerdings besteht ein grundlegender Unterschied zwischen beiden Gerichten insoweit, als die vom BVerfG gezogene Grenzlinie aus der Ewigkeitsklausel des Art. 79 Abs. 3 GG deduziert wird und damit selbst einer Verfassungsänderung entzogen ist.[40] Dass das BVerfG mit einem solchen Ansatz im Kreis europäischer Verfassungs- und Höchstgerichte bislang isoliert ist, zeigt besonders deut-

T. Hobbes, Leviathan (engl. Erstaufl. 1651 – dt. Fassung hrsg. v. I. Fetscher, übers. v. W. Euchner, 1984, 14. Nachdr. 2008), Kapitel 18, S. 140 ff.

[35] BVerfG, Urt. v. 30. 6. 2009 – 2 BvE 2/08 u. a. – *Lissabon* = BVerfGE 123, 267 ff. (Rn. 248). Zur Frage des Souveränitätsbegriffs des BVerfG s. sogleich eingehender.

[36] Ebd., Rn. 252.

[37] Ebd., Rn. 252 ff. sowie an späterer Stelle konkret in Bezug auf die künftige Auslegung des Vertrages von Lissabon und der unionsrechtlichen Kompetenznormen Rn. 351 ff.

[38] Kritisch gegenüber dem weitgehend begründungslosen Ansatz des BVerfG auch *D. Halberstam/C. Möllers*, The German Constitutional Court says *„Ja zu Deutschland!"*, GLJ 10 (2009), S. 1241 (1249 f.) sowie *C. Schönberger*, *Lisbon* in Karlsruhe: *Maastricht's* Epigones At Sea, GLJ 10 (2009), S. 1201 (1209).

[39] Vgl. franz. Verfassungsrat, Entscheidungen v. 9. 4. 1992 – Nr. 92 – 308 DC – *Maastricht I*, Rec. S. 55; v. 31. 12. 1997 – Nr. 97 – 394 DC – *Amsterdam*, Rec. S. 344; v. 19. 11. 2004 – Nr. 2004 – 505 DC – *Verfassungsvertrag*, Rec. S. 173 sowie v. 20. 12. 2007 – Nr. 2007 – 560 DC – *Lissabon*, JORF v. 29. 12. 2007, S. 21813, insbes. Erwägungsgrund 18. Dazu (für die Rechtsprechung bis zum VVE) auch *C. Haguenau-Moizard*, Offene Staatlichkeit, in: IPE II (2008), § 15 Frankreich, Rn. 33.

[40] BVerfG, Urt. v. 30. 6. 2009 – 2 BvE 2/08 u. a. – *Lissabon* = BVerfGE 123, 267 ff. (Rn. 245 ff., 351 ff.). Nachdem das Gericht den Prüfungsmaßstab in Rn. 245 ausdrücklich und seiner Argumentation nach folgerichtig an „Art. 20 Abs. 1 und Abs. 2 GG in Verbindung mit Art. 79 Abs. 3 GG" knüpft, führt es allerdings in Rn. 247 aus, das Demokratieprinzip setze „der Übertragung von Hoheitsrechten inhaltliche Grenzen, die nicht [sic!] bereits aus der Unverfügbarkeit der verfassungsgebenden Gewalt und der staatlichen Souveränität" folgten.

lich das zweite *Lissabon*-Urteil des tschechischen Verfassungsgerichts. Dieses sprach sich im Sinne eines judicial self-restraint zugunsten einer legislativen Einschätzungsprärogative und in ausdrücklicher Abgrenzung zum Ansatz des BVerfG dagegen aus, eine Liste unübertragbarer, für die Wahrung der Souveränität unverzichtbarer Kompetenzen zu formulieren.[41]

b) Regelungstotalität bzw. Kompetenz-Kompetenz

Geht man in diese Richtung noch einen Schritt weiter, so kann Souveränität endlich als die Summe von Herrschaftsgewalt im Sinne einer alle Bereiche staatlicher Tätigkeit umfassenden Regelungstotalität, Omnipotenz oder gar Kompetenz-Kompetenz, verstanden als Rechtsmacht zur (Eigen-)Begründung neuer Zuständigkeiten, bezeichnet werden.[42] Letztlich kann Souveränität unter diesem Blickwinkel also, wenn auch in unterschiedlichem Umfang, mit Herrschaftsgewalt selbst gleichgesetzt werden.

3. Souveränität als Frage des Trägers höchster Herrschaftsgewalt

Schließlich gibt es eine Auseinandersetzung um den Souveränitätsbegriff, die weniger an der materiell-inhaltlichen Reichweite des Konzepts, sondern vielmehr an der Frage des *Trägers* bzw. dem Sitz höchster Gewalt ansetzt. Anders gewendet, es geht dabei um die Souveränität *im* Staat oder Herrschaftsverband und nicht um die Souveränität *des* Staates oder Herrschaftsverbandes.[43]

a) Souveraineté nationale v. souveraineté populaire?

In der Gegenüberstellung von Volkssouveränität (*souveraineté populaire*) und nationaler Souveränität (*souveraineté nationale*) hat diese Diskussion in besonderem Maße das Verfassungsrecht in Frankreich geprägt. Als Begründer des französischen Konzepts nationaler Souveränität gilt *Emmanuel J. Siéyès*, dem zugleich ein nachhaltiger Einfluss auf die ersten Verfassungstexte des revolutionären Frankreichs nachgesagt wird.[44] So ist der Gedanke nationaler Souveränität textlich besonders klar in Art. 3

---

[41] Tschech. VerfG, Urt. v. 3. 11. 2009 – Pl. US 29/09 – *Lissabon II*, Rn. 110 ff. Siehe Teil 2 – Kapitel 9 – III. 2. b) für einen Abgleich der Rechtsprechung des tschech. VerfG und des deutschen BVerfG.

[42] So *R. Carré de Malberg*, Contribution à la Théorie générale de l'Etat I (1920), S. 79; *J.-P. Jacqué*, La souveraineté française et l'élection du Parlement européen au suffrage universel direct, in: G. Ress (Hrsg.), Souveränitätsverständnis in den Europäischen Gemeinschaften (1980), S. 71 (81). Zur Problematik der Kategorie Kompetenz-Kompetenz im Mehrebenensystem *S. Oeter*, Föderalismus und Demokratie, in: A. v. Bogdandy/J. Bast (Hrsg.), Europäisches Verfassungsrecht (2. Aufl. 2009), S. 73 (95 f.). Speziell im Kontext des Maastricht-Urteils vgl. *P. Lerche*, „Kompetenz-Kompetenz" und das Maastricht-Urteil des Bundesverfassungsgerichts, in: J. Ipsen (Hrsg.), Verfassungsrecht im Wandel (1995), S. 409 ff. sowie aus jüngerer Zeit *G. Beck*, The problem of *Kompetenz-Kompet*enz: a conflict between right and right in which there is no *praetor*, ELRev. 30 (2005), S. 42 ff.

[43] *G. Jellinek*, Allgemeine Staatslehre (3. Aufl. 1914 – 7. Nachdr. 1960), S. 457 f. (Hervorhebung im Original).

[44] Vgl. *J. Ziller*, Sovereignty in France: Getting Rid of the Mal de Bodin, in: N. Walker (Hrsg.), Sovereignty in Transition (2003), S. 261 (263 f.).

der Erklärung der Menschen- und Bürgerrechte vom 26. August 1789 zum Ausdruck gebracht, der bis heute Bestandteil des geltenden Verfassungsrechts ist.[45] Auf diese Norm hat der französische Verfassungsrat bis in seine jüngsten EU-bezogenen Entscheidungen hinein zurückgegriffen.[46] Sie lautet wie folgt:

„Der Ursprung aller Souveränität liegt ihrem Wesen nach in der Nation. Keine Körperschaft und kein Einzelner kann eine Gewalt ausüben, die nicht ausdrücklich von ihr ausgeht."[47]

Diese Idee der Rückführung von Souveränität auf die „Nation"[48] ist eng verbunden mit der Vorstellung eines repräsentativen Staatsmodells, wobei Repräsentant der als souverän gedachten Nation ein Parlament, ein Staatspräsident, aber eben auch König oder Kaiser sein können.[49]

Hierin wiederum zeigt sich der grundlegende Unterschied zur Idee der Volkssouveränität im Sinne *Jean-Jacques Rousseaus*.[50] Diese verortet den Ursprung von Souveränität nicht bei der vergleichsweise abstrakt gehaltenen Kategorie der Nation, welche durch eine oder mehrere Personen repräsentiert wird. Träger ist vielmehr das Volk selbst, verstanden als Gesamtheit von Einzelpersonen, die sich im Wege eines Gesellschaftsvertrages (*contrat social*), unter die oberste Leitung des „allgemeinen Willens" (*volonté générale*) stellen.[51] Die theoretischen Prämissen der Volkssouveränität in diesem Sinne sind zugleich eng mit dem Konzept einer republikanischen Staatsform verknüpft, welche tendenziell verstärkt durch direktdemokratische Elemente geprägt ist.[52] Textlich hat sich die Idee der Volkssouveränität in Art. 25 f. der Verfassung der Französischen I. Republik vom 24. Juni 1793 niedergeschlagen:

---

[45] Über den Verweis der Präambel als Teil des sog. „bloc de constitutionnalité", vgl. franz. Verfassungsrat, Entsch. v. 16. 7. 1971 – Nr. 71 – 44 DC – *Liberté d'association*, Rec. S. 29, 2. Erwägungsgrund.

[46] Vgl. nur aus der jüngeren Zeit franz. Verfassungsrat, Entscheidungen v. 19. 11. 2004 – Nr. 2004 – 505 DC – *Verfassungsvertrag*, Rec. S. 173, 2. Erwägungsgrund sowie v. 20. 12. 2007 – Nr. 2007 – 560 DC – *Lissabon*, JORF v. 29. 12. 2007, S. 21813, 4. Erwägungsgrund.

[47] „Le principe de toute souveraineté réside essentiellement dans la nation, nul corps, nul individu ne peut exercer d'autorité qui n'en émane expressément."

S. auch Titel III, Art. 1 u. 2 Verf-F v. 3. 9. 1791: „La Souveraineté est une, indivisible, inaliénable et imprescriptible. Elle appartient à la Nation, aucune section du peuple, ni aucun individu, ne peut s'en attribuer l'exercice. La nation, de qui seule émanent tous les pouvoirs, ne peut les exercer que par délégation."

[48] Zur in Frankreich klassischen Unterscheidung zwischen Volk und Nation vgl. näher *F. Chaltiel*, La souveraineté de l'Etat et l'Union européenne, l'exemple français (2000), S. 60 ff. m. w. N.

[49] *J. Ziller*, Sovereignty in France: Getting Rid of the Mal de Bodin, in: N. Walker (Hrsg.), Sovereignty in Transition (2003), S. 261 (264 f.).

[50] Zu früheren Ansätzen der Lehre der Volkssouveränität, insbesondere der Lehre *Johanns Althusius*' vgl. den historischen Abriss bei *U. Schliesky*, Souveränität und Legitimität von Herrschaftsgewalt (2004), S. 81.

[51] *J.-J. Rousseau*, Vom Gesellschaftsvertrag oder Grundsätze des Staatsrechts (franz. Erstaufl. 1762 – dt. Fassung hrsg. u. übers. v. H. Brockard, Nachdr. 2008), S. 18: „Gemeinsam stellen wir alle, jeder von uns seine Person und seine ganze Kraft unter die oberste Richtschnur des Gemeinwillens; und wir nehmen, als Körper, jedes Glied als untrennbaren Teil des Ganzen auf."

[52] Vgl. *V. Constantinesco/S. Pierrré-Caps*, Droit constitutionnel (2. Aufl. 2004), S. 123 f.; *J. Ziller*,

„Die Souveränität ruht im Volk; sie ist einheitlich und unteilbar, unverjährbar und unveräußerlich. (...) Kein Teil des Volkes kann die Macht des gesamten Volkes ausüben; aber jeder Teil des souveränen Volkes, der sich versammelt, genießt das Recht, seinen Willen mit voller Freiheit auszudrücken."[53]

Im heutigen Verfassungsrecht der Französischen V. Republik ist der ehemals scharfe Gegensatz von nationaler Souveränität und Volkssouveränität in der Kompromissformel des Art. 3 Verf-F aufgehoben bzw. jedenfalls abgemildert: [54]

„Die *nationale* Souveränität liegt beim *Volke*, das sie durch seine Vertreter und durch Volksentscheid ausübt. Weder ein Teil des Volkes noch eine Einzelperson kann ihre Ausübung für sich in Anspruch nehmen. (...)"[55]

b) Staatssouveränität und souveräne Staatlichkeit

Auch im Hinblick auf die Entwicklung des Souveränitätsbegriffs in Deutschland ist eine Auseinandersetzung um die Frage der Inhaberschaft von Souveränität festzustellen. Diese reicht zurück bis in die Kaiserzeit.[56] Hatte in der klassischen deutschen Bundesstaatstheorie zunächst bemerkenswerterweise die Ansicht vorgeherrscht, die Souveränität sei zwischen Bund und Gliedstaaten teilbar,[57] änderte sich dies mit der Reichsgründung im Jahr 1871. Ab diesem Zeitpunkt gewann die Vorstellung der Unteilbarkeit von Souveränität die Oberhand, was unweigerlich die Kontroverse nach sich zog, ob die Souveränität beim Reich[58] oder aber den Einzelstaaten[59] anzusiedeln

---

Sovereignty in France: Getting Rid of the Mal de Bodin, in: N. Walker (Hrsg.), Sovereignty in Transition (2003), S. 261 (265 ff.).

[53] Im franz. Original: „Art. 25. La souveraineté réside dans le peuple; elle est une et indivisible, imprescriptible et inaliénable. Art. 26. Aucune portion du peuple ne peut exercer la puissance du peuple entier; mais chaque section du souverain assemblée doit jouir du droit d'exprimer sa volonté avec une entière liberté." Die Texte historischer Verfassungen Frankreichs sind abrufbar von der Seite des Verfassungsrats unter http://www.conseil-constitutionnel.fr/conseil-constitutionnel/francais/la-constitution/les-constitutions-de-la-france/les-constitutions-de-la-france.5080.html, (1. 9. 2010).

[54] So *J. Ziller*, Sovereignty in France: Getting Rid of the Mal de Bodin, in: N. Walker (Hrsg.), Sovereignty in Transition (2003), S. 261 (266), der allerdings hervorhebt, dass der Verfassungsrat in seiner Entsch. v. 23. 8. 1985 – Nr. 85 – 197 DC – *Evolution de la Nouvelle-Calédonie* = Rec. S. 70 das klassische Konzept insoweit modifiziert hat als er entschied, dass ein verabschiedetes Gesetz zwar Ausdruck des allgemeinen Willens ist, dies aber nur im Einklang mit der Verfassung: „la loi votée (...) n'exprime la volonté générale que dans le respect de la Constitution" (27. considérant).

[55] Hervorh. hinzugefügt.

[56] Eingehend dazu *U. Schliesky*, Souveränität und Legitimität von Herrschaftsgewalt (2004), S. 80 ff. m. w. N. sowie *S. Oeter*, Föderalismus und Demokratie, in: A. v. Bogdandy/J. Bast (Hrsg.), Europäisches Verfassungsrecht (2. Aufl. 2009), S. 73 (87 ff.).

[57] So insbesondere *G. Waitz*, Grundzüge der Politik (1862), S. 43 ff. u. 162 ff. unter besondere Betonung der Selbständigkeit der Gliedstaaten sowie noch im Jahr 1872 *R. von Mohl*, Encyclopädie der Staatswissenschaften (2. Aufl. 1872), S. 367. Ausführlicher dazu noch der Beitrag von *S. Oeter*, in der Erstauflage von A. v. Bogdandy (Hrsg.), Europäisches Verfassungsrecht (Erstaufl. 2003), S. 59 (80 ff.).

[58] So etwa *P. Laband*, Das Staatsrecht des Deutschen Reiches I (1876), S. 73 ff.

[59] So insbesondere *M. v. Seydel*, Der Bundesstaatsbegriff, ZgS 28 (1872), S. 185 ff.

sei.[60] Die – föderal oder konföderal konnotierte – Lehre der *Staatssouveränität* fußte dabei auf dem im 19. Jh. zunehmend heranreifenden Verständnis des Staates als juristischer Person.[61]

Der Staatssouveränität wurde zu Beginn des 20. Jahrhunderts wiederum die Lehre der *Rechtssouveränität* als ein die Souveränität dem Recht selbst zuweisender Ansatz entgegengestellt.[62]

Im Rahmen der grundgesetzlichen Verfassungsordnung von 1949 kam dem Souveränitätsprinzip hingegen über vergleichsweise lange Zeit praktisch keine Bedeutung zu. Dies gilt insbesondere für den Bereich der europäischen Integration.[63] Nach ersten Anklängen im *Kloppenburg*-Beschluss[64] sowie deutlicher werdenden Signalen im *Maastricht*-Urteil[65] und im *Görgülü-I*-Beschluss,[66] vollzog das BVerfG indes eine Kehrtwende mit dem *Lissabon*-Urteil vom 30. Juni 2009.[67]

Darin stellt das Gericht das Prinzip „*souveräner Staatlichkeit*"[68] geradezu als Leitmotiv[69] heraus, und bringt es als verfassungsrechtliche Schranke gegenüber der grundgesetzlichen Integrationsgewalt in Anschlag. Welches Souveränitätskonzept aber verbirgt sich hinter dem Topos der „souveränen Staatlichkeit"?

In seinen Urteilsgründen gibt das Gericht zunächst zu erkennen, dass es nicht an die Rigidität klassischer Souveränitätskonzeptionen anknüpfen wolle. Vielmehr löse sich das Grundgesetz „von einer selbstgenügsamen und selbstherrlichen Vorstellung"

---

[60] Zum Ganzen *S. Oeter*, Föderalismus und Demokratie, in: A. v. Bogdandy/J. Bast (Hrsg.), Europäisches Verfassungsrecht (2. Aufl. 2009), S. 73 (87 ff.) m. w. N.

[61] Vgl. insbesondere *C. F. v. Gerber*, Grundzüge eines Systems des deutschen Staatsrechts (3. Aufl. 1880 – Neudr. 1998), S. 22 sowie *G. Jellinek*, Allgemeine Staatslehre (3. Aufl. 1914 – 7. Nachdr. 1960), S. 169 f., 552.

[62] *H. Krabbe*, Die Lehre der Rechtssouveränität (1906).

[63] Vgl. für die Zeit vor dem Lissabon-Urteil auch *P. M. Huber*, Offene Staatlichkeit, in: IPE II (2008), § 26 Vergleich, Rn. 42, der davon spricht, das Souveränitätsparadigma sei in Deutschland „unterbelichtet geblieben".

[64] Hier allerdings nur verneinend in Bezug auf die EWG, BVerfG, Beschl. v. 8. 4. 1987 – 2 BvR 687/85 – *Kloppenburg* = BVerfGE 75, 223 (242).

[65] BVerfG, Urt. v. 12. 10. 1993 – 2 BvR 2134, 2159/92 – *Maastricht* = BVerfGE 89, 155 (190), wonach Deutschland „die Qualität eines souveränen Staates aus eigenem Recht und den Status der souveränen Gleichheit mit anderen Staaten i. S. des Art. 2 Nr. 1 der Satzung der Vereinten Nationen vom 26. Juni 1945" wahre. Kritisch *J. Frowein*, Das Maastricht-Urteil und die Grenzen der Verfassungsgerichtsbarkeit, ZaöRV 54 (1994), S. 1 (5 ff.); *C. Tomuschat*, Die Europäische Union unter der Aufsicht des Bundesverfassungsgerichts, EuGRZ 1993, S. 489 (494 ff.) sowie speziell zur Frage der Souveränität *N. MacCormick*, das Maastricht-Urteil: Souveränität heute, JZ 1995, S. 797 ff.

[66] BVerfG, Beschl. v. 14. 10. 2004 – 2 BvR 1481/04 – *Görgülü I* = BVerfGE 111, 307 (319).

[67] BVerfG, Urt. v. 30. 6. 2009 – 2 BvE 2/08 u. a. – *Lissabon* = BVerfGE 123, 267 ff. (insbesondere LS 1, Rn. 224, 228 f., 247 ff., 263, 280 ff., 299 ff., 334, 339 f., 347). Vgl. insbesondere Teil 2 – Kapitel 4 – VIII. 2. b) wo das Urteil im Rahmen der Entwicklungslinien permeablen Verfassungsrechts allgemein vorgestellt wird.

[68] Die Terminologie des BVerfG ist hier jedoch nicht einheitlich. Von „souveräner Verfassungsstaatlichkeit" ist in Rn. 226, von „staatlicher Souveränität" in Rn. 247 und von „Souveränität des Staates" in Rn. 347 die Rede.

[69] So auch *D. Thym*, Europäische Integration im Schatten souveräner Staatlichkeit, Der Staat 48 (2009), S. 559 (560 ff.).

souveräner Staatlichkeit und kehre zu einer Perspektive zurück, welche Souveränität als „völkerrechtlich geordnete und gebundene Freiheit" auffasse.[70] Kurzum, das Grundgesetz breche „mit allen Formen des politischen Machiavellismus und einer rigiden Souveränitätsvorstellung."[71]

Die Souveränitätskonzeption des BVerfG ist entgegen der begrifflichen Nähe zur klassischen „Staatssouveränität" nicht mit dieser kongruent. Das Gericht leitet die normative Forderung nach Wahrung der Souveränität nämlich in erster Linie aus dem *Demokratieprinzip* ab. Es entwickelt sein Souveränitätsverständnis dementsprechend im Kontext der Fragestellung, ob das Lissabonner Vertragswerk gegen die Kerngehalte des grundgesetzlichen Demokratieprinzips verstößt. Im Rahmen der Verfassungsbeschwerde rügefähig wird das Demokratieprinzip – wie bereits zuvor im *Maastricht*-Urteil – über das Wahlrecht in Art. 38 Abs. 1 Satz 1 GG, verstanden als „subjektives öffentliches Recht".[72] Die über Art. 23 Abs. 1 S. 3 GG i. V. m. Art. 79 Abs. 3 GG gegenüber dem verfassungsändernden Gesetzgeber abgeschirmten Kerngehalte beginnen nach Auffassung des Gerichts dort, wo „den Mitgliedstaaten kein ausreichender Raum zur politischen Gestaltung der wirtschaftlichen, kulturellen und sozi-

---

[70] BVerfG, Urt. v. 30. 6. 2009 – 2 BvE 2/08 u. a. – *Lissabon* = BVerfGE 123, 267 ff. (Rn. 223).

[71] Ebd. Im Gegenzug unterstreicht das BVerfG allerdings die fortdauernde Stellung der Mitgliedstaaten als „Herren der Verträge" und die daraus resultierende vollumfängliche Abgeleitetheit der supranationalen Ebene, vgl. bereits zuvor BVerfG, Urt. v. 12. 10. 1993 – 2 BvR 2134, 2159/92 – *Maastricht* = BVerfGE 89, 155 (190, 199). Die Mitgliedstaaten seien „verfasster politischer Primärraum ihrer jeweiligen Gemeinwesen", während die EU demgegenüber lediglich eine sekundäre bzw. delegierte Verantwortung für die ihr übertragenen Aufgaben und Zuständigkeiten trage, BVerfG, Urt. v. 30. 6. 2009 – 2 BvE 2/08 u. a. – *Lissabon* = BVerfGE 123, 267 ff. (Rn. 301, Hervorh. hinzugefügt). Deutlich auch ebd., Rn. 231: „Sie [die Mitgliedstaaten] bleiben deshalb dauerhaft die Herren der Verträge. Die Quelle der Gemeinschaftsgewalt und der sie konstituierenden europäischen Verfassung im funktionellen Sinne sind die in ihren Staaten demokratisch verfassten Völker Europas. Die ‚Verfassung Europas', das Völkervertrags- oder Primärrecht, bleibt eine abgeleitete Grundordnung." Den Fortbestand der souveränen Staatsgewalt Deutschlands stellt das BVerfG zudem unter den Schutzmantel eines für sich selbst beanspruchten Letztentscheidungsrechts, ebd., Rn. 299 u. 331 ff.

[72] BVerfG, Urt. v. 30. 6. 2009 – 2 BvE 2/08 u. a. – *Lissabon* = BVerfGE 123, 267 ff. (Rn. 177 sowie zuvor bereits 175). Zum materiellen Prüfungsmaßstab, der sich nach Auffassung des Gerichts durch „das Wahlrecht als grundrechtsgleiches Recht" bestimme (Art. 38 Abs. 1 S. 1 i. V. m. Art. 93 Abs. 1 Nr. 4a GG), vgl. sodann ebd., Rn. 208 ff. Die Konstruktion über Art. 38 Abs. 1 S. 1 GG geht auf BVerfG, Urt. v. 12. 10. 1993 – 2 BvR 2134, 2159/92 – *Maastricht* = BVerfGE 89, 155 (171 ff.) zurück. Durch die Justiziabilität der „demokratischen Leitidee objektiv-rechtlicher Staatsorganisation" – so zu Recht kritisch *K. M. Meessen*, Maastricht nach Karlsruhe, NJW 1994, S. 549 (550 f.) – im Wege der Verfassungsbeschwerde hat das BVerfG unter Umgehung der qualifizierten Zulässigkeitsvoraussetzungen für die abstrakte Normenkontrolle letztlich das Äquivalent zu einer präventiven Normenkontrolle bzw. zu einem Gutachtenverfahren entwickelt. Kritisch ebenfalls *C. Tomuschat*, Die Europäische Union unter der Aufsicht des Bundesverfassungsgerichts, EuGRZ 1993, S. 489 ff.; *E. Klein*, Grundrechtsdogmatische und verfassungsprozessuale Überlegungen zur Maastricht-Entscheidung des Bundesverfassungsgerichts, in: GS Grabitz (1995), S. 271 ff. sowie im Kontext des Lissabon-Verfahrens die Schriftsätze der Vertreter des Bundestages im Lissabon-Verfahren *I. Pernice*, S. 19 m. w. N. und *F. C. Mayer*, S. 21 f., beide abrufbar unter http://www.whi-berlin.de/documents/whi-paper0509.pdf (1. 9. 2010).

alen Lebensverhältnisse" mehr verbleibt.[73] Vereinfacht gesagt, das grundgesetzlich verbürgte Wahlrecht wäre dann verletzt, wenn der zu wählende Abgeordnete Teil eines Parlaments wäre, das sich zugunsten der EU bestimmter, für die politische Gestaltung der wirtschaftlichen, kulturellen und sozialen Verhältnisse als unabdingbar bewerteter Entscheidungsbefugnisse entledigt hätte.[74]

Diese Überlegung fußt letztlich auf dem Paradigma der *Unteilbarkeit* von Souveränität. In einem bipolaren *Entweder-Oder-Szenario* stellt das BVerfG darum auch den Fortbestand des souveränen „volldemokratisch organisierten"[75] Nationalstaats im europäischen Staatenverbund[76] der Neukonstituierung eines europäischen Bundesstaates gegenüber. Der Hebel zum europäischen Bundesstaat werde dann umgelegt, wenn ausdrücklich ein „nationaler Souveränitätsverzicht" bzw. eine „unwiderrufliche Souveränitätsübertragung auf ein neues Legitimationssubjekt" erfolge.[77] In der Sprache *Hans Kelsens* müsste also ein Wechsel der (selbst nicht positivrechtlichen, sondern lediglich vorausgesetzten) Grundnorm erfolgen. Die Berechtigung zur Freigabe des durch das Grundgesetz verfassten Staats komme in Deutschland allein der verfassungsgebenden Gewalt des deutschen Volkes zu. Dieses – durch den Einzelnen vor dem BVerfG einklagbare – Teilhaberecht an der Verfassungsgebung sei *vor*verfassungsrechtlicher Natur und finde in Art. 146 GG eine lediglich deklaratorische Bestätigung.[78]

Der ultimative Rekurs auf die verfassungsgebende Gewalt des Volkes unterstreicht, dass das BVerfG die *Trägerschaft* souveräner Staatlichkeit im deutschen Volk verortet. Die Souveränitätskonzeption des BVerfG ist – bezogen auf die Trägerschaft – im Kern also die einer „Volkssouveränität", Art. 20 Abs. 2 S. 1 GG.[79] Dementsprechend interpretiert das Gericht souveräne Staatlichkeit auch als

„einen befriedeten Raum und die darin gewährleistete Ordnung auf der Grundlage individueller Freiheit und *kollektiver Selbstbestimmung*".[80]

[73] BVerfG, Urt. v. 30. 6. 2009 – 2 BvE 2/08 u. a. – *Lissabon* = BVerfGE 123, 267 ff. (Rn. 249 sowie zuvor bereits Rn. 247).

[74] Ebd., bereits Rn. 175.

[75] Für dieses Unwort vgl. ebd., Rn. 298.

[76] Dazu *P. Kirchhof*, Der europäische Staatenverbund, in: A. v. Bogdandy/J. Bast (Hrsg.), Europäisches Verfassungsrecht (2. Aufl. 2009), S. 1009 ff.

[77] BVerfG, Urt. v. 30. 6. 2009 – 2 BvE 2/08 u. a. – *Lissabon* = BVerfGE 123, 267 ff. (Rn. 228, 263, 334).

[78] Ebd., Rn. 179 u. 263.

[79] Das Gericht spricht im *Lissabon*-Urteil neben „souveräner Staatlichkeit" dementsprechend auch von „Volkssouveränität" (Rn. 281, 334, 347 u. 375) bzw. von „Souveränität als Recht eines Volkes, über die grundlegenden Fragen der eigenen Identität konstitutiv zu entscheiden" (Rn. 340). Besonders prägnant kommt dieser Bezug in folgendem Urteilsgrund zum Ausdruck: „Nach der Verwirklichung des Prinzips der *Volkssouveränität* in Europa können nur die Völker der Mitgliedstaaten über ihre jeweilige verfassungsgebende Gewalt und die *Souveränität des Staates* verfügen. Ohne den ausdrücklich erklärten Willen der Völker sind die gewählten Organe nicht befugt, in ihren staatlichen Verfassungsräumen ein neues Legitimationssubjekt zu schaffen oder die vorhandenen zu delegitimieren" (Rn. 347, Hervorh. hinzugefügt).

[80] Ebd., Rn. 224 (Hervorh. hinzugefügt).

Der Staat sei „weder Mythos noch Selbstzweck", sondern vielmehr „historisch gewachsene, global anerkannte Organisationsform einer handlungsfähigen politischen Gemeinschaft".[81]

Die auf den ersten Blick verwirrende Doppelverwendung von souveräner Staatlichkeit und Volkssouveränität löst sich folglich dahingehend auf, dass die Souveränität des Staates der Volkssouveränität nachgeordnet und als Instrument ihrer Verwirklichung eingesetzt wird. Die Wahrung der staatlichen Souveränität ist nach dem Ansatz des BVerfG folgerichtig eine „vom Demokratieprinzip (...) geforderte".[82]

Stellt sich der Staat aber als Mittel zum Zweck dar, eröffnet dies zugleich die Perspektive für andere, ggf. über den Staat hinausweisende Ordnungsrahmen demokratischer Verwirklichung. Dass das Grundgesetz in Bezug auf die EU gerade keine strukturelle Kongruenz zur staatlichen Ebene einfordert, ergibt sich bereits aus Art. 23 Abs. 1 S. 1 GG.[83] Insoweit weist auch das BVerfG in seinen Entscheidungsgründen zunächst auf die Offenheit des Grundgesetzes für demokratische Verwirklichungsformen jenseits des Staates hin.[84] Das Demokratieprinzip sei für die Erfordernisse einer supranationalen Organisation grundsätzlich offen, „um gleichbleibende Wirksamkeit unter geänderten Umständen zu bewahren".[85]

Gleichwohl erkennt das BVerfG am Ende seiner Ausführungen allein einer staatlichen – oder jedenfalls quasistaatlichen – Einheit die *hinreichende* Fähigkeit zur *autonomen* Vermittlung demokratischer Legitimation zu. Anders gewendet, das BVerfG koppelt Staatlichkeit letztlich untrennbar an sein (demokratietheoretisch konnotiertes) Souveränitätskonzept.[86] Die Wahrung souveräner Staatlichkeit ist danach zwingende *Vorbedingung* für die Wahrung hinreichender demokratischer Grundsätze, auch und gerade in der EU.[87] Obwohl das Gericht die Trägerschaft der Souveräni-

---

[81] Ebd.

[82] Ebd., Rn. 248. So nunmehr auch die Deutung bei *D. Grimm*, Souveränität – Herkunft und Zukunft eines Schlüsselbegriffs (2009), S. 110: „Souveränität hat hier die Aufgabe des Demokratieschutzes, an dem auch das Bundesverfassungsgericht als Demokratiegarant partizipiert."

[83] Näher unter Teil 2 – Kapitel 9 – IV. 2. b) zur Struktursicherungs- bzw. Struktur*gestaltungs*klausel des Art. 23 Abs. 1 S. 1 GG.

[84] BVerfG, Urt. v. 30. 6. 2009 – 2 BvE 2/08 u. a. – *Lissabon* = BVerfGE 123, 267 ff. (Rn. 219, 248 u. 267).

[85] Ebd., Rn. 267.

[86] Der EU attestiert das BVerfG im neuen Lissabonner Gewand hingegen ein manifestes Demokratiedefizit, das nur aufgrund der demokratischen Rückbindung an die Mitgliedstaaten überhaupt verfassungsrechtlich tragbar sei, vgl. ebd., Rn. 280 ff., 289, 297.

[87] Nach der Argumentation des BVerfG „genügt" die EU den grundgesetzlichen Anforderungen des Art. 23 Abs. 1 S. 1 GG deshalb, weil sie – wie es *C. Schönberger*, Die europäische Union zwischen ‚Demokratiedefizit' und Bundesstaat, Der Staat 48 (2009), S. 535 (551) nunmehr formuliert – „den staatlichen Demokratiestandard verfehlt". Entscheidendes Fundament bleibt demnach zwingend die demokratische Legitimationsvermittlung durch die Mitgliedstaaten. Dieser Argumentationsstrang war zwar aus heutiger Sicht bereits im *Maastricht*-Urteil angelegt. Durch die Betonung der Notwendigkeit des Hinzutretens des Europäischen Parlamentes als Quelle demokratischer Legitimation konnte das *Maastricht*-Urteil aber noch vergleichsweise als perspektivisch offen gelesen werden, vgl. BVerfG, Urt. v. 12. 10. 1993 – 2 BvR 2134, 2159/92 – *Maastricht* = BVerfGE 89, 155 (184,

tät primär dem Volk[88] und nicht dem Staat als solchem zuordnet, kann es sich letztlich nicht von einem exklusiven Staatsbezug lösen.[89] Auch der im Vergleich zum *Maastricht*-Urteil nunmehr vermiedene Rekurs auf die Notwendigkeit einer relativen „Homogenität" innerhalb eines Herrschaftsverbandes als vorgebliche conditio sine qua non demokratischer Entfaltung vermag diesen Befund nicht zu erschüttern.[90] Trotz des Zugeständnisses einer vorverfassungsrechtlich fundierten, freien „Entscheidung des Volkes jenseits der gegenwärtigen Geltungskraft des Grundgesetzes"[91] müssten nach dem Lissabon-Urteil nämlich selbst für den neu konstituierten Herrschaftsverband auf supranationaler Ebene

> „demokratische Anforderungen auf einem Niveau eingehalten werden, das den Anforderungen an die demokratische Legitimation eines *staatlich organisierten* Herrschaftsverbandes *vollständig* entspräche."[92]

Woher diese normative Forderung kommt, sagt das Gericht – welches sich hier ausdrücklich im Bereich des Vorverfassungsrechtlichen bewegt[93] – indes nicht.

Im Ergebnis bleibt festzuhalten, dass nach dem BVerfG also selbst ein europäisches (Unions-)Volk auf supranationaler Ebene als legitimen Ordnungsrahmen nur einen *staatsanalogen*, nämlich den eines europäischen Bundesstaates, hervorbringen könnte und dürfte.[94] Zugespitzt formuliert, die souveräne Staatlichkeit nach dem BVerfG ist eine Verschmelzung aus demokratischer Volkssouveränität und klassischer Staatssouveränität, weil sie die Verwirklichungsmöglichkeiten von Demokratie letztlich an die (Prä-)Existenz von Staatlichkeit fesselt. Volkssouveränität und souveräne Staatlichkeit sind so zwei Seiten einer Medaille. Geradezu symptomatisch kommt dies im

---

186), vgl. auch *C. Schönberger*, *Lisbon* in Karlsruhe: *Maastricht's* Epigones At Sea, GLJ 10 (2009), S. 1201 (1213).

[88] Die Konzeption des Volkes als sich selbst verfassendes Rechts*subjekt* wird im *Lissabon*-Urteil besonders deutlich in Rn. 346 im dortigen Umkehrschluss zur Unionsbürgerschaft: „Die Unionsbürgerschaft ist allein von dem Willen der Mitgliedstaaten *abgeleitet* und konstituiert kein Unions*volk*, das als sich *selbst verfassendes Rechtssubjekt* zur eigenen Selbstbestimmung berufen wäre." Dort wo auf die das Volk ausmachenden Individuen rekurriert wird, geht es – in Bezug auf die Staatlichkeit insoweit zirkelschlüssig – um die *Staatszugehörigkeit* (vgl. Rn. 229).

[89] Zustimmend gleichwohl *K. F. Gärditz/C. Hillgruber*, Volkssouveränität und Demokratie ernst genommen – Zum Lissabon-Urteil des BVerfG, JZ 2009, S. 872.

[90] So aber noch BVerfG, Urt. v. 12. 10. 1993 – 2 BvR 2134, 2159/92 – *Maastricht* = BVerfGE 89, 155 (186), unter Verweis auf *H. Heller*. Kritisch zur Homogenitätskonzeption und gleichsam den Bezug zu *C. Schmitt* aufdeckend *I. Pernice*, Carl Schmitt, Rudolf Smend und die europäische Integration, AöR 120 (1995), S. 100 ff.

[91] BVerfG, Urt. v. 30. 6. 2009 – 2 BvE 2/08 u. a. – *Lissabon* = BVerfGE 123, 267 ff. (Rn. 263).

[92] Ebd., Rn. 263 (Hervorh. hinzugefügt).

[93] Vgl. kritisch auch *M. Jestaedt*, Warum in die Ferne schweifen, wenn der Maßstab liegt so nah?, Der Staat 48 (2009), S. 496 (501, 512 f.): „Wie lässt sich ein konkretes Niveau demokratischer Legitimation für rechtlich gefordert erachten, wenn kein normatives Bezugsfeld, kraft dessen sich das Niveau bestimmen ließe, benannt wird?"

[94] Dies erklärt auch die äußerst skeptische Haltung des Gerichts gegenüber den demokratischen Verwirklichungsformen auf supranationaler Ebene, dazu näher Teil 2 – Kapitel 9 – IV. 2. b) im Kontext der Strukturgestaltungsklauseln.

Volksbegriff des BVerfG zum Ausdruck, wonach Volk die Gesamtheit der „*staatsangehörigen* Bürger“ ist.[95]

Spätestens hier tritt die Zirkelschlüssigkeit offen zu Tage. Die Spurensuche nach der bundesverfassungsgerichtlichen Souveränitätskonzeption endet dort wo sie begrifflich ihren Ursprung nahm: bei *Staatlichkeit.*

c) Parliamentary sovereignty

In Großbritannien wird die Frage der Souveränität ebenfalls auf die Frage der Trägerschaft bezogen diskutiert, wenngleich in einem etwas anders gelagerten Kontext. Hier geht es unter dem Stichwort der „Parlamentssouveränität“ (*parliamentary sovereignty*) primär um die zentrale Stellung des Parlaments im Gefüge der in weiten Teilen ungeschriebenen britischen Verfassungsordnung.

Die Doktrin der *parliamentary sovereignty* setzt dabei besonders distinguiert auf das freie politische Kräftespiel im Parlament und erhebt dieses institutionell zum Träger der Souveränität. Daraus leitet sich zum einen ab, dass britische Gerichte die Gültigkeit eines Parlamentsgesetzes grundsätzlich nicht beurteilen dürfen und diesem vielmehr stets zur Anwendung und Durchsetzung verhelfen müssen (*validity*).[96] Zum anderen steht jeder Akt hoheitlicher Gewalt wiederum der künftigen Regelung durch ein neues Parlamentsgesetz offen. Darin liegt freilich ein erhebliches Konfliktpotenzial zum Prinzip der *rule of law.* Kein Parlament kann seinen Nachfolger binden. Dementsprechend haben die Gerichte im Fall eines Widerspruchs zwischen zwei gesetzlichen Regelungen auch jeweils die spätere anzuwenden, der implizit eine Derogationswirkung bzw. eine vorrangige Anwendbarkeit gegenüber der vorhergehenden zugemessen wird (*implied repeal*).[97] Die einzige verfassungsrechtliche Schranke des Parlamentes besteht nach der klassischen Ausrichtung der Doktrin der Parlamentssouveränität somit darin, dass sich das Parlament nicht selbst von seiner fortdauernden Souveränität entbinden kann (*continuity*).[98] Im Kontext der europäischen Integration ist vor allem die aus der Parlamentssouveränität folgende *implied repeal*-Regel durch den Vorranganspruch des Unionsrechts auf den Prüfstand gestellt worden.[99]

[95] Ebd., Rn. 229.

[96] Klassisch *H. W. R. Wade*, The Basis of Legal Sovereignty, CLJ 13 (1955), S. 172 ff. unter Rückbezug auf *Coke*, *Blackstone* und *Dicey*. Einen hervorragenden Überblick über die moderne Debatte zur Frage der Parlamentssouveränität im Spiegel der Europäisierung und Internationalisierung der britischen Rechtsordnung bietet *K. A. Armstrong*, United Kingdom – Divided on Sovereignty?, in: N. Walker (Hrsg.), Sovereignty in Transition (2003), S. 327 ff. *Armstrong* spiegelt die Rechtsprechung britischer Gerichte zum Vorranganspruch des Europarechts anhand vier verschiedener Zugänge zur Souveränitätsfrage in Großbritannien, nämlich der klassischen Doktrin der Parlamentssouveränität (S. 330 ff.), der Perspektive des Common-Law-Ansatzes (S. 338 ff.), rechtspluralistischer Ansätze (S. 343 ff.) sowie souveränitätskritischer Ansätze (S. 348 ff.).

[97] *H. W. R. Wade*, a.a.O., S. 174.

[98] Ebd.

[99] Vgl. insbesondere brit. House of Lords, Entsch. v. 11. 10. 1990 – *R v. Secretary of State for Transport, ex p. Factortame Ltd (No. 2)*, [1990] UKHL 13. Dazu *P. Craig*, Sovereignty of the United King-

II. Souveränität im Verfassungsrecht der Mitgliedstaaten

Die Zusammenschau zeigt, dass der Souveränitätsbegriff ausgehend von seiner ursprünglichen Funktion als Bezeichnung bestimmter Eigenschaften von Herrschaftsgewalt, in der Folge nicht nur mit (der Summe von) Herrschaftsgewalt selbst gleichgesetzt, sondern darüber hinaus mit der Bezeichnung des alleinigen Trägers von Herrschaftsgewalt, also letztlich der Frage nach der Legitimation von Herrschaftsgewalt bzw. Aspekten der Gewaltenteilung oder Gewaltengliederung[100] vermischt wurde.[101] Wer vor dem Hintergrund dieser begrifflichen Unschärfe und der aufgezeigten „historischen Hypothek" erwartet, dass in modernen Verfassungsordnungen auf die Verwendung des Souveränitätskonzepts verzichtet werde, muss sich durch die Verfassungspraxis der EU-Mitgliedstaaten eines Anderen belehren lassen.

1. *Verfassungsrechtlich begrenzte Ausprägung*

Zwar verzichten einige Verfassungsordnungen heute rein textlich auf die Verwendung des Souveränitätsbegriffs und beschränken sich demgegenüber darauf, den Träger der höchsten Gewalt im Staat in Gestalt des Volkes,[102] der Nation[103] oder des Königs[104] zu benennen. Auch stößt die Souveränität in einigen (wenigen) Verfassungsordnungen als verfassungsrechtliche Kategorie auf vergleichsweise deutliche Ablehnung. Insbesondere für die belgische und die niederländische Verfassungsordnung betont *Bruno de Witte*, das Prinzip der Souveränität sei gar nicht bzw. allenfalls marginal ausgeprägt.[105] Für Österreich finden sich Hinweise, dass die Diskussion eher unter dem Stichwort der „Identität" geführt wird.[106]

---

dom Parliament after Factortame, Yearbook of European Law 11 (1991), S. 221 ff. und *H. W. R. Wade*, What has Happened to the Sovereignty of Parliament?, Law Quarterly Review 107 (1991), S. 1 ff. Aus der jüngeren Rechtsprechung vgl. insbesondere brit. High Court (Administrative Court), Entsch. v. 18. 2. 2002, *Thoburn v. Sunderland City Council*, [2002] EWHC 195 (Admin), Rn. 60 ff. Näher zum Ganzen Teil 2 – Kapitel 11 – I. 1.

[100] Vgl. *C. Möllers*, Gewaltengliederung (2005).

[101] Kritisch zu letzterem Ansatz daher auch *U. Schliesky*, Souveränität und Legitimität von Herrschaftsgewalt (2004), S. 511 ff.

[102] Art. 20 Abs. 2 S. 1 GG; Kap. 1 § 1 Verf-S; Art. 1 öst. B-VG, wonach das „Recht [der Republik] vom Volk" ausgeht.

[103] Art. 33 S. 2 Verf-BE.

[104] § 12 Verf-DK: „Der König hat mit den in diesem Grundgesetz festgesetzten Einschränkungen die höchste Gewalt in allen Angelegenheiten des Königreiches und übt diese durch die Minister aus."

[105] *B. de Witte*, Do Not Mention the Word: Sovereignty in Two Europhile Countries: Belgium and the Netherlands, in: N. Walker (Hrsg.), Sovereignty in Transition (2003), S. 351 (359 ff.). Ein Unterschied zwischen beiden Ländern wird dahingehend gesehen, dass in der niederländischen Verfassungsordnung Souveränität gar nicht ausgeprägt sei, wohingegen sie in Belgien zwar im Verfassungsgefüge verankert sei, jedoch im Wege der Praxis konzeptuell eingeebnet werde (ebd. S. 364 f.). Vgl. für das fehlende Souveränitätskonzept in der Verfassung der Niederlanden *C. Kortmann*, The Netherlands, in: BIICL (Hrsg.), F. I. D. E. XX Congress London, Vol. 1 (2002), S. 299 (300).

[106] Dazu *H. Schäffer*, Österreichischer Landesbericht, in: J. Schwarze (Hrsg.), Die Entstehung einer europäischen Verfassungsordnung (2000), S. 339 (372 f.).

2. *Souveränität als tragendes Verfassungsprinzip – Schutzmechanismen*

Gleichwohl verankert die ganz überwiegende Mehrzahl der mitgliedstaatlichen Verfassungsordnungen das Souveränitätsprinzip nicht nur textlich in zahlreichen staatsorganisationsrechtlichen Bestimmungen. Regelmäßig stellt sie im Verfassungsgefüge zugleich ein tragendes verfassungsrechtliches Grundprinzip dar.

a) *Klassische Verankerung des Souveränitätsprinzips*

In den meisten Mitgliedstaaten der ehemaligen EU-15 ist die Verankerung des Souveränitätsprinzip auf Verfassungsebene Tradition. Dies zeigt bereits ein erster Blick in die Verfassungstexte. Neben dem erwähnten Art. 3 der französischen Verfassung von 1958[107] findet das Souveränitätsprinzip in Art. 1 und 11 Verf-IT,[108] Art. 32 Verf-Lux,[109] Art. 1 und 5 Verf-IRL,[110] Art. 1 Abs. 2 Verf-GR,[111] Art. 1 Abs. 2 Verf-ESP, Art. 1, 2 und 3 Abs. 1 Verf-POR sowie § 1 S. 1 Verf-FIN ausdrücklich Grundlage und Bekräftigung.

Über den Verfassungstext hinaus zeichnete insbesondere die verfassungs*gerichtliche* Interpretation des Souveränitätsprinzips in Frankreich und Irland nachhaltig für die Gestaltformen verfassungsrechtlicher Permeabilität verantwortlich. In beiden Ländern wurden in Folge des voranschreitenden Integrationsprozesses immer wieder sukzessive Verfassungsänderungen für erforderlich gehalten, um für die Abweichungen vom Souveränitätsprinzip ausdrückliche Ermächtigungsgrundlagen zu schaffen. Der souveränitätsgerichtete Schutzmechanismus besteht hier also in der Notwendigkeit einer Verfassungsänderung, soll vom Souveränitätsprinzip abgewichen werden.[112]

---

[107] Vgl. für Frankreich zudem die Präambel (nationale Souveränität), Art. 4 (Volkssouveränität), Art. 5 Abs. 2 (nationale Unabhängigkeit), Art. 16 (Unabhängigkeit der Nation) sowie die bereits erwähnten Art. 3 der Erklärung der Menschen- und Bürgerrechte vom 26. August 1789 und Abs. 15 der Präambel von 1946.

[108] Interessant ist in diesem Zusammenhang, dass das italienische „La sovranità (...)" in der Übersetzung der italienischen Abgeordnetenkammer mit „Alle Staatsgewalt (...)" ins Deutsche übertragen wird, was Souveränität insoweit als Gesamtheit der innerstaatlichen Herrschaftsgewalt konnotiert.

[109] Art. 32 S. 1 spricht von „souveräner Gewalt" (puissance souveraine), wohingegen Art. 1 die – nach außen gerichtete – Unabhängigkeit erwähnt.

[110] Hierzu *M. C. Lucey*, Europäische Integration und nationales Verfassungsrecht in Irland, in: U. Battis/D. Th. Tsatsos/D. Stefanou (Hrsg.), Europäische Integration und nationales Verfassungsrecht (1995), S. 213 (234) sowie näher Teil 2 – Kapitel 7 – I. 1.

[111] „Volkssouveränität".

[112] Vgl. Ir. Supreme Court, Entsch. v. 9. 4. 1987 – 1986 Nr. 12036P – *Crotty v. An Taoiseach*, [1987] IR, S. 713 ff., abrufbar unter http://www.bailii.org/ie/cases/IESC/1987/4.html (1. 9. 2010) sowie franz Verfassungsrat, Entsch. v. 9. 4. 1992 – Nr. 92 – 308 DC – *Maastricht I*, Rec. S. 55. Dazu im Einzelnen Teil 2 – Kapitel 7 – I. 2.

b) Verfassungsrechtliche Aufwertung in jüngerer Zeit

Die verfassungsrechtliche Absicherung der Souveränität indes als bloßes Überbleibsel traditioneller Staatsverfassungen zu betrachten, würde dem heutigen Bild nicht gerecht. So wurde für die Bundesrepublik Deutschland in bewusster Abkehr von der klassischen Souveränitätskonzeption zwar früh und wegweisend die „umfassende Verfassungsentscheidung für eine offene Staatlichkeit" herausgearbeitet.[113] Spätestens mit dem *Lissabon*-Urteil des BVerfG ist aber, wie gesehen, eine „Wiederentdeckung der Souveränität" zu verzeichnen.[114] Das *Lissabon*-Urteil stellt einen bislang präzedenzlosen Höhepunkt dar, was die verfassungsgerichtliche Neuaufwertung des Souveränitätsprinzips gegenüber der supranationalen Ebene betrifft. Das ist insofern bemerkenswert, als die jüngere Rechtsprechung des BVerfG damit ein Beispiel für die Renaissance des Souveränitätsbegriffs in einem alten Mitgliedstaat darstellt, in dem die Souveränität in den vergangenen Jahrzehnten eine konzeptionell eher untergeordnete Rolle gespielt hatte.

Neben den Staaten der ehemaligen EU-15, in denen das Souveränitätsprinzip traditionell besonders stark verankert oder jüngst wieder aufgewertet wurde, nimmt das Souveränitätsprinzip aber besonders in den Verfassungsordnungen der 2004 und 2007 beigetretenen mittel- und osteuropäischen Mitgliedstaaten eine herausgehobene Bedeutung ein. Im Zuge der politischen Umwälzungen Ende der 1980er und Anfang der 1990er Jahre stellte die Absicherung der wiedergewonnenen Selbstbestimmung und Unabhängigkeit ein geradezu elementares Anliegen der dort neu errichteten Verfassungsarchitektur dar.[115] Nicht nur die Quantität souveränitätswahrender Bestimmungen sticht heraus. In fast allen mittel- und osteuropäischen Mitgliedstaaten manifestiert sich das Souveränitätsprinzip zugleich in mehreren Teilen bzw. Funktionsbereichen der jeweiligen Verfassung.[116]

Charakteristisch ist vor allem das in diesen Vorschriften angelegte, vergleichsweise hohe Schutzniveau. Besonders protektionistisch zeigt sich etwa die estnische Verfassung. § 1 Abs. 2 Verf-EST schreibt die Selbständigkeit im Sinne der Souveränität nach

---

[113] *K. Vogel*, Die Verfassungsentscheidung des Grundgesetzes für eine internationale Zusammenarbeit, Recht und Staat in Geschichte und Gegenwart, Heft 292/293 (1964), S. 1 (42).

[114] So bereits in Bezug auf das Maastricht-Urteil kritisch *J. Frowein*, Das Maastricht-Urteil und die Grenzen der Verfassungsgerichtsbarkeit, ZaöRV 54 (1994), S. 1 (5 ff.).

[115] Speziell hierzu *A. Albi*, Postmodern Versus Retrospective Sovereignty: Two Different Discourses in the EU and the Candidate Countries?, in: N. Walker (Hrsg.), Sovereignty in Transition (2003), S. 401 (404 f.); sowie *dies.*, EU Enlargement and the Constitutions of Central and Eastern Europe (2005), S. 24 ff. u. 122 ff.; jeweils mit Übersichten. Vgl. zuvor bereits *M. Wyrzykowski*, The Constitutions of the Eastern European Countries in the Structure of European Constitutionalism, in: R. Bieber/P. Widmer (Hrsg.), L'espace constitutionnel européen (1995), S. 151 (161); *Z. Kêdzia*, Europäische Integration und nationales Verfassungsrecht der mit der Europäischen Union assoziierten Länder Mitteleuropas, in: U. Battis/D. Tsatsos/D. Stefanou (Hrsg.), Europäische Integration und nationales Verfassungsrecht (1995), S. 541 (565).

[116] § 1 u. 54 Abs. 1 Verf-EST; Art. 1 f. Verf-LET; Art. 1 ff., 135 S. 1 u. 136 Verf-LIT; Art. 4 Abs. 1, 5 u. 126 Abs. 2 Verf-PL; Art. 1 f. Verf-SLK; Art. 3 Verf-SLO; Art. 1 f. Verf-CZ; Art. 2 u. 5 Verf-HU; Art. 1, 9 u. 44 Abs. 2 Verf-BG; Art. 1 f., 37 Abs. 2; 80 Abs. 1, Art. 117 Abs. 1; 148 Abs. 1 Verf-RO.

innen sowie die Unabhängigkeit im Sinne der Souveränität nach außen als „unverjährbar und unveräußerlich" fest.[117] In Litauen darf gemäß Art. 3 Abs. 1 der Verfassung niemand „die Souveränität des Volkes einengen oder beschränken". Eine Beteiligung Litauens an internationalen Organisationen ist im Einklang mit Art. 136 zudem nur möglich „sofern dies nicht den Interessen des Staates und seiner Unabhängigkeit widerspricht." Aber auch für die größeren Staaten wie Polen,[118] Ungarn[119] und Tschechien[120] sowie Bulgarien[121] und Rumänien[122] wird das besondere Gewicht der Souveränität gegenüber anderen Verfassungsgrundsätzen hervorgehoben.

Hinzu kommen spezielle *verfassungsrechtliche Verpflichtungen* der Staatsorgane zur Wahrung und Verteidigung der Souveränität. In Polen wird diese Hüterrolle, ähnlich wie in Frankreich,[123] nach Art. 126 Abs. 2 der polnischen Verfassung dem Staatspräsidenten, in Bulgarien und Rumänien gemäß Art. 9 Verf-BG und Art. 118 Abs. 1 S. 1 Verf-RO den Streitkräften zugewiesen. In Estland werden nach § 54 Abs. 1 Verf-EST sogar die Staatsbürger verfassungsrechtlich in die Pflicht genommen, „die estnische Unabhängigkeit zu verteidigen".

Auch *Verbotsvorschriften* gehören zum Arsenal der Souveränitätswahrung. In diesem Sinne verbieten allen voran Art. 44 Abs. 2 Verf-BG und Art. 40 Abs. 2 Verf-RO Vereinigungen, die sich speziell gegen die Souveränität richten.

Besonders intensiv ist der Schutz aber dort, wo die Verfassungen die Souveränitätsklauseln mit einem *speziellen Revisionsschutz* ausstatten. Hier geht der Grad an souveränitätswahrendem Protektionismus in der Regel signifikant über denjenigen der meisten Mitgliedstaaten der ehemaligen EU-15 hinaus.[124] So können in Estland (§ 162

---

[117] Dazu *A. Albi*, Estonia, in: A. E. Kellermann et al. (Hrsg.), The Impact of EU Accession on the Legal Orders of New Member States and (Pre-) Candidate Countries (2006), S. 331.

[118] *C. Mik*, State Sovereignty and European Integration: Public International Law, EU and Constitutional Law in the Polish Context, in: N. Walker (Hrsg.), Sovereignty in Transition (2003), S. 367 (395); *M. Jankowska-Gilberg*, Verfassungsrechtliche Grundlagen des Beitritts und der Mitgliedschaft Polens in der Europäischen Union, EuR 2003, 417 (423).

[119] *A. Harmathy*, Constitutional Questions of the Preparation of Hungary to Accession to the European Union, in: A. E. Kellermann et al. (Hrsg.), EU-Enlargement – The Constitutional Impact at EU and National Level (2001), S. 315 (322); *P. Sonnevend*, Offene Staatlichkeit, in: IPE II (2008), § 25 Ungarn, Rn. 45.

[120] *A. Albi*, EU Enlargement and the Constitutions of Central and Eastern Europe (2005), S. 70 f.

[121] *E. Evtimov*, Die bulgarische Verfassung im Lichte des Beitritts zur Europäischen Union, ZÖR 59 (2004), S. 53 (61 ff.).

[122] *V. Duculescu/A. Ruxandra*, Romania, in: A. E. Kellermann et al. (Hrsg.), The Impact of EU Accession on the Legal Orders of New Member States and (Pre-)Candidate Countries (2006), S. 113 (118 f.).

[123] Art. 5 Abs. 2 Verf-F, der den Präsident der Republik als „Garant der nationalen Unabhängigkeit" ausweist.

[124] So auch *A. Albi*, Postmodern Versus Retrospective Sovereignty: Two Different Discourses in the EU and the Candidate Countries?, in: N. Walker (Hrsg.), Sovereignty in Transition (2003), S. 401 (402 ff., 420). Vgl. allerdings Art. 168 Verf-ESP, der gesteigerte Verfahrensanforderungen an eine Abänderung des Vortitels der spanischen Verfassung stellt, zu dem auch die Souveränitätsklausel in Art. 1 Abs. 2 gehört.

Verf-EST), Lettland (Art. 77 Verf-LET) und Litauen (Art. 148 Abs. 2 Verf-LIT) die allgemeinen staatsorganisationsrechtlichen Bestimmungen im ersten Abschnitt[125] der Verfassung nur im Wege einer Volksabstimmung geändert werden.[126] Darunter fallen insbesondere die grundlegenden Vorschriften über den Schutz der Souveränität.[127] Die litauische Verfassung setzt gemäß Art. 148 Abs. 1 für die Änderung ihres ersten Artikels[128] dabei sogar ein spezielles Mehrheitserfordernis von Dreivierteln aller Wahlberechtigten im Rahmen des Volksentscheids voraus. Auch die polnische Verfassung stellt in Art. 235 Abs. 5 u. 6 für die Änderung ihres ersten Kapitels spezielle verfahrensrechtliche Voraussetzungen auf, die die Möglichkeit eines bestätigenden Referendums einschließen.[129] In der rumänischen Verfassung gehören die Bestimmungen „betreffend den nationalen, unabhängigen, einheitlichen und unteilbaren Charakter des rumänischen Staates" gemäß Art. 152 Abs. 1 Verf-RO darüber hinausgehend sogar zum änderungsfesten Verfassungskern. Eine ähnliche Rechtslage ergibt sich in Tschechien, wo jedenfalls das Prinzip der Volkssouveränität zu den unabänderlichen „wesentlichen Erfordernissen des demokratischen Rechtsstaats" i. S. d. Art. 9 Abs. 2 der Verfassung gerechnet wird.[130]

Auch die – mit Ausnahme der slowakischen Verfassung – durchweg vorgenommene konzeptionelle *Trennung zwischen Selbständigkeit und Unabhängigkeit*[131] ist für die Behandlung der Souveränität in den Verfassungsordnungen der mittel- und osteuropäischen Mitgliedstaaten charakteristisch.[132] Für die baltischen Staaten und Slowenien weist die estnische Europaverfassungsrechtlerin *Anneli Albi* darauf hin, dass diese Unterscheidung zugleich die zweistufige Entwicklung des Unabhängigkeitsprozesses widerspiegelt, der in diesen Ländern zuerst den Weg in die innere Selbständig-

---

[125] Bzw. in Lettland die Art. 1 bis 6.

[126] Dieser verfahrensrechtliche Revisionsschutz erstreckt sich zudem auf die Vorschriften über die Verfassungsänderung.

[127] § 1 Verf-EST; Art. 1 f. Verf-LET; Art. 1, 2, 3 u. 4 Verf-LIT

[128] „Der litauische Staat ist eine unabhängige demokratische Republik."

[129] Allerdings setzt dieses Referendum, anders als in den Fällen d. Art. 90 Abs. 3 i. V. m. 125 Abs. 3 bzw. d. Art. 125 Abs. 1 i. V. m. Art 125 Abs. 3 keine Mindestbeteiligung von 50% aller Wahlbeteiligten voraus.

[130] Vgl. *K. Vodička*, Unaufhebbare Grundprinzipien der tschechischen Verfassungsordnung, Osteuropa Recht 42 (1996), S. 225 ff. In diesem Kontext muss zudem berücksichtigt werden, dass im Rahmen einer Verfassungsrevision Volksabstimmungen zudem in der Slowakei (Art. 93 Abs. 2 Verf-SLK) und Slowenien (Art. 170 Abs. 2 Verf-SLO) möglich sind, die insoweit auch für eine Änderung der souveränitätssichernden Vorschriften zur Anwendung gelangen könnten.

[131] § 1 Abs. 2 Verf-EST; Art. 1 u. 2 Verf-LET; Art. 1 u. 2 ff. Verf-LIT; Art. 5 u. 126 Abs. 2 Verf-PL; Präambel u. Art. 1 Verf-CZ; Art. 2 Abs. 1 u. Abs. 2 Verf-HU; Präambel, Art. 3 u. 3a Verf-SLO; Art. 1, 9 u. 44 Abs. 2 Verf-BG; Art. 1 u. 2 Verf-RO Anzumerken ist, dass begrifflich gelegentlich Souveränität und Unabhängigkeit einander gegenübergestellt werden, wobei in diesem Fall mit Souveränität die innere Dimension gemeint ist; vgl. auch *A. Albi*, Postmodern Versus Retrospective Sovereignty: Two Different Discourses in the EU and the Candidate Countries?, in: N. Walker (Hrsg.), Sovereignty in Transition (2003), S. 401 (403).

[132] Eine solche Unterscheidung wird auch in den Verfassungen von Irland (Art. 5), Portugal (Art. 1 ff. u. 7) und Luxemburg (Art. 1 u. 32) getroffen.

keit durchlaufen und erst danach in völkerrechtliche Unabhängigkeit geführt habe.[133] Die begriffliche Differenzierung zwischen Selbständigkeit und Unabhängigkeit kennzeichnet im Übrigen auch die Verfassungen Maltas (Art. 1 Abs. 3 lit. b Verf-MAL) und Zyperns (Art. 1 Verf-CY). Die Souveränitätsklausel ist in der zypriotischen Verfassung zudem ebenfalls revisionsfest ausgestaltet, da sie gemäß Art. 182 Abs. 1 i. V. m. Annex III der Verfassung den unabänderlichen „Grundartikeln" angehört.

Eine herausgehobene Stellung nimmt die Souveränität schließlich auch im Verfassungsgefüge von drei Beitrittskandidaten ein. In Kroatien (Art. 2 Abs. 1 Verf-KRO) und Mazedonien (Art. 1 Abs. 2 Verf-MK) wird sie dabei als „unveräußerlich, unteilbar und unübertragbar" gewährleistet.[134] Nach der türkischen Verfassung steht „die Souveränität uneingeschränkt und unbedingt" der Türkischen Nation (Präambel) bzw. dem Volk (Art. 6 Abs. 1 Verf-TÜR) zu. Art. 6 Abs. 3 Verf-TÜR betont zudem, dass ihr Gebrauch „auf keine Weise irgendeiner Person, einer Gruppe oder einer Klasse überlassen werden" dürfe. Dies wird in der Literatur als ein massives verfassungsrechtliches Beitrittshindernis identifiziert, das letztlich nur durch eine Verfassungsänderung überwunden werden könne.[135]

III. Fortbestand der Problematik und konzeptionelle Neuorientierungen

Festzuhalten bleibt damit, dass das Souveränitätsprinzip in der Mehrzahl der Verfassungsordnungen der Mitgliedstaaten konzeptionell fortbesteht, sogar zuweilen in jüngster Zeit wie Phoenix aus der Asche wiederauferstanden ist. Regelmäßig stellt das Souveränitätsprinzip ein prägendes Strukturelement der Verfassungsordnung dar, das nicht selten mit einem besonderen verfassungsrechtlichen Schutz ausgestattet ist.

1. Rechtliche Permeabilität als Antipol des klassischen Souveränitätskonzeptes

Angesichts der aufgezeigten historischen Altlasten und der mit dem Souveränitätsbegriff transportierten begrifflichen Konfusion wirft ein solcher Befund Fragen auf. Die Forderung nach Aufgabe des Souveränitätskonzeptes ist alt.[136] Für den vorlie-

---

[133] *A. Albi*, Postmodern Versus Retrospective Sovereignty: Two Different Discourses in the EU and the Candidate Countries?, in: N. Walker (Hrsg.), Sovereignty in Transition (2003), S. 401 (403).

[134] Kritisch zur kroatischen Rechtslage *T. Ćapeta/D. Mihelin/S. Rodin*, Croatia, in: A. E. Kellermann et al. (Hrsg.), The Impact of EU Accession on the Legal Orders of New Member States and (Pre-) Candidate Countries, (2006), S. 69 (73 f.)

[135] Vgl. *K. Başlar/E. İshakoğlu*, Turkey, in: A. E. Kellermann et al. (Hrsg.), The Impact of EU Accession on the Legal Orders of New Member States and (Pre-) Candidate Countries (2006), S. 195 (200 f.); *M. Soysal*, Introduction to the Constitutional Problems of Accession in Turkey, in: A. E. Kellermann et al. (Hrsg.), EU-Enlargement – The Constitutional Impact at EU and National Level (2001), S. S. 259 (260 f.).

[136] S. bereits *H. Preuß*, Gemeinde, Staat, Reich als Gebietskörperschaften (1889, Nachdr. 1964), S. 92 – er plädiert für eine „Eliminierung des Souveränitätsbegriffs aus der Dogmatik des Staatsrechts" – sowie *H. Kelsen*, das Problem der Souveränität und die Theorie des Völkerrechts (2. Aufl.

genden Kontext potenziert sich dies, ist doch keiner der aufgezeigten Bedeutungsgehalte von Souveränität widerspruchfrei mit den rechts(ordnungs)pluralistischen Prämissen normativer Permeabilität in Einklang zu bringen, sofern man nicht die verfassungsrechtliche Permeabilität im Sinne des BVerfG als bloßen Ausfluss eines, zumal vorrechtlich intonierten, Souveränitätskonzeptes versteht.[137]

Schon das Merkmal der *Einzigkeit von Hoheitsgewalt* im Sinne der ursprünglichen Definition von Souveränität widerspricht begriffslogisch der Anerkennung einer zweiten originären Hoheitsgewalt, die im Geltungsbereich der betreffenden Verfassungsordnung gleichgeordnet neben die innerstaatliche tritt. Normative Permeabilität setzt aber gerade das Fehlen bzw. die Durchbrechung eines unitären Herrschaftsmonopols voraus.[138] In Bezug auf Art. 24 Abs. 1 GG, der in Deutschland bis 1992 die verfassungsrechtliche Grundlage der Permeabilität für das Gemeinschaftsrecht darstellte, bringt *Christian Tomuschat* dies wie folgt auf den Punkt:

> „Nach herkömmlicher Auffassung stellt sich der Staat im Außenverhältnis als eine geschlossene, mit einem ‚Souveränitätspanzer' umkleidete Einheit dar; fremde Hoheitsakte dürfen auf seinem Territorium nicht gesetzt werden und auch sonst kann jede von außen herrührende hoheitliche Maßnahme im Innenbereich (‚domestic jurisdiction') nur mit seiner Zustimmung wirksam werden. Art. 24 Abs. 1 GG weicht bewußt von der Prämisse moderner Staatlichkeit ab, daß grundsätzlich jede Ausübung hoheitlicher Gewalt innerhalb der deutschen Grenzen der Staatsgewalt der Bundesrepublik zugerechnet werden müsse. (...) Art. 24 Abs. 1 GG ist auf den besonderen Fall zugeschnitten, daß die schützende Decke der nationalen Souveränität weggezogen wird, so daß eine von der Bundesrepublik lediglich mitgetragene Organisation im direkten Zugriff rechtliche Verpflichtungen des Bürgers und der Staatsorgane zu erzeugen vermag."[139]

Ebenso wenig lässt sich der *zweite Deutungsstrang*, welcher Souveränität mit der Substanz bzw. Summe von Herrschaftsgewalt und damit der Regelungstotalität innerhalb des betreffenden Herrschaftsverbandes gleichsetzt, mit der Konzeption geteilt-kooperativer Aufgabenerfüllung im Mehrebenensystem[140] in Einklang bringen.

Gleiches gilt für den *dritten Ansatz*, der die Souveränität exklusiv *einem* bestimmten Träger (Volk, Nation oder Staat) oder Organ (Parlament oder Monarch) zuweist.

1928 – 2. Nachdr. 1981), S. 320: „Der Souveränitätsbegriff muß radikal verdrängt werden". Einen Überblick zu „historische[n] Angriffe[n] auf das Souveränitätsdogma" bietet *M. Baldus*, Zur Relevanz des Souveränitätsproblems für die Wissenschaft vom öffentlichen Recht, Der Staat 36 (1997), S. 381 (383 ff.) m. w. N.

[137] BVerfG, Urt. v. 30. 6. 2009 – 2 BvE 2/08 u. a. – *Lissabon* = BVerfGE 123, 267 ff. (insbesondere Rn. 179 sowie 231, 263, 334, 340).

[138] Zur Problematik in rechtsvergleichender Sicht eingehend *B. de Witte*, Sovereignty and European Integration: the Weight of Legal Tradition, in: A.-M. Slaughter/A. Stone Sweet/J. H. H. Weiler (Hrsg.) The European Court and National Courts (1998), S. 277 ff.

[139] *C. Tomuschat*, in: BK, Art. 24 (Zweitb. 1981), Rn. 8 u. 10. Vgl. zum Bild des Souveränitätspanzers zuvor bereits *A. Bleckmann*, Zur Funktion des Art. 24 Abs. 1 Grundgesetz, ZaöRV 35 (1975), S. 79 (81 f.), der davon spricht, dass der Souveränitätspanzer Löcher erhalte, die ein Eindringen fremder Hoheitsgewalt ohne dazwischengeschaltete staatliche Inkorporationsakte zulassen.

[140] Zum Begriff des Mehrebenensystems im juristischen Kontext vgl. eingehend *F. C. Mayer*, Kompetenzüberschreitung und Letztentscheidung (2000), S. 35 ff.

Mit der notwendigen Relativierung dieses Absolutheitsanspruchs – bezogen entweder auf die *Einzigkeit* innerstaatlicher Herrschaftsgewalt oder zweitens auf die *Kompetenzfülle* innerhalb eines Herrschaftsverbandes bzw. drittens auf den *Träger* von Hoheitsgewalt – aber wird das mit dem Souveränitätsbegriff transportierte Kernattribut, nämlich die Absolutheit, relativiert. Das Absolute zu relativieren aber heißt nichts anderes als es aufzugeben.

Bekanntlich hat darum auch der EuGH in einem seiner grundlegendsten Beiträge zur europäischen Verfassungsentwicklung, dem Urteil *Costa/ENEL*, bereits im Jahr 1964 die Endgültigkeit der Beschränkung mitgliedstaatlicher Souveränität betont.[141]

2. *Konzeptionelle Neuorientierungen*

Gleichwohl muss sich die Wissenschaft zum Fortdauern des Souveränitätsparadigmas in der Verfassungspraxis positionieren.[142] In dem wissenschaftlichen Bemühen um eine adäquate Fortführung und Anpassung des Souveränitätskonzeptes stechen hierbei in jüngerer Zeit insbesondere die Erträge des von *Neil Walker* angestoßenen Forschungsprojektes hervor, worin die Konturen einer „Spätsouveränität" (*late sovereignty*) – oder sollte man übersetzen: hinscheidender, gar dämmernder Souveränität? – auf *rechtspluralistischer* Grundlage skizziert werden.[143]

Daneben wird in der Wissenschaft seit längerem, jedoch in der Tendenz zunehmend, von „geteilter"[144] oder „fusionierter" bzw. „gepoolter"[145] Souveränität gespro-

[141] EuGH, Urt. v. 15. 7. 1964 – Rs. 6/64 – *Costa/ENEL*, Slg. 1964, 1251 (1270): „Die Staaten haben somit dadurch, daß sie nach Maßgabe der Bestimmungen des Vertrages Rechte und Pflichten, die bis dahin ihren inneren Rechtsordnungen unterworfen waren, der Regelung durch die Gemeinschaftsrechtsordnung vorbehalten haben, eine *endgültige Beschränkung ihrer Souveränitätsrechte* bewirkt, die durch spätere einseitige, mit dem Gemeinschaftsbegriff unvereinbare Maßnahmen nicht rückgängig gemacht werden kann." (Hervorh. hinzugefügt).

[142] Für eine besonders deutliche Verteidigung des Konzepts in der Literatur vgl. *C. Hillgruber*, Souveränität – Verteidigung eines Rechtsbegriffs, JZ 2002, S. 1072 ff. Kritisch dagegen *B. de Witte*, Sovereignty and European Integration: the Weight of Legal Tradition, in: A.-M- Slaughter/A. Stone Sweet/J. H. H. Weiler (Hrsg.), The European Court and National Courts (1998), S. 277 (301 ff.): „Sovereignty: resilient or obsolete?".

[143] *N. Walker*, Late Sovereignty in the European Union, in: ders. (Hrsg.), Sovereignty in Transition (2003), S. 3 (6): „Sovereignty may be defined as the discursive form in which a claim concerning the existence and character of a supreme ordering power for a particular polity is expressed, which supreme ordering power purports to establish and sustain the identity and status of the particular polity *qua* polity and to provide a continuing source and vehicle of ultimate authority for the juridical order of that polity" (Hervorhebung im Original).

[144] So *A. Weber*, Zur künftigen Verfassung der Europäischen Gemeinschaften, JZ 1993, S. 325 (328); *J. Frowein*, Die Verfassung der Europäischen Union aus Sicht der Mitgliedstaaten, EuR 1995, S. 315 (318), der von „Teilsouveränitäten" spricht; *I. Pernice*, The framework revisited: Constitutional, federal and subsidiarity issues, Columbia Journal of European Law 2 (1995/96), S. 403 (418) mit Bezug auf die amerikanischen Föderalisten; *ders.*, Multilevel Constitutionalism and the Treaty of Amsterdam, CMLRev. 36 (1999), S. 703 (706); *ders.*, Europäisches und nationales Verfassungsrecht, VVDStRL 60 (2001), 148 (175) m. w. N. Für die Debatte in Polen vgl. *S. Biernat*, Offene Staatlichkeit, in: IPE II (2008), § 21 Polen, Rn. 40 m. w. N.

[145] *N. MacCormick*, Beyond the Sovereign State, MLR 56 (1993), S. 1 (16): „Where at some time

chen, um die kooperative Aufgabenverteilung zwischen nationaler und supranationaler Ebene zum Ausdruck zu bringen. Zu berücksichtigen ist freilich, dass die Idee geteilter Souveränität keine gänzliche Neuerfindung darstellt. Gerade für die Zeit vor Bodin war Souveränität – mit den Worten von *Dieter Grimm* – gerade „kein Einheits- sondern ein Vielheitsbegriff".[146] Im Jahr 1835 kam *Alexis de Tocqueville* in seiner Beschreibung des US-amerikanischen Föderalismus zu dem Ergebnis einer geteilten Souveränität zwischen *federal* und *state*-level.[147] Wie bereits erwähnt, ging auch in Deutschland eine bedeutende Strömung der Bundesstaatslehre vor Gründung des Deutschen Reiches im Jahr 1871 von der Vorstellung einer zwischen Bund und Gliedstaaten geteilten Souveränität aus.[148] In Art. 3 der Schweizer Bundesverfassung ist die Idee geteilter Souveränität sogar positivrechtlich fixiert.

Auch im Kontext der EU sind die Forderungen nach einer Teilbarkeit der Souveränität nicht neu. So wies schon *Hans Peter Ipsen* auf die Möglichkeit hin, die Souveränitätsfrage könne – falls sie nicht ohnehin rundherum verneint werden müsse – jedenfalls durch die Verweisung auf die „zwischen den Gemeinschaften und den Mitgliedstaaten gemeinschaftsrechtlich statuierte *Aufteilung* von Hoheitsrechten" beantwortet werden.[149]

Speziell auf dem theoretischen Fundament der Volkssouveränität ist die Annahme der Teilbarkeit von Souveränität vergleichsweise unproblematisch zu konstruieren, wenn man für die Aufteilung speziell bei dem organisationsrechtlichen Aspekt ansetzt. Da das Volk als Inhaber der Souveränität für sich genommen nicht bzw. kaum handlungsfähig ist, bedarf die Volkssouveränität insoweit erst einer operativen Institution. Diese Organisation kann aber gerade auch durch arbeitsteilige oder gestufte Aufgabenverteilungen erfolgen.[150]

Andererseits kann der Teilungsgedanke aber auch bei der Pluralität des *Ursprungs* von Herrschaftsgewalt im Sinne einer „gemeinsamen Souveränität" ansetzen.[151] Gemeint ist dann

past there were, or may have been, sovereign states, there has now been a pooling or a fusion within the communitarian normative order of some of the states' powers of legislation, adjudication and implementation of law in relation to a wide but restricted range of subjects."

146 *D. Grimm*, Souveränität – Herkunft und Zukunft eines Schlüsselbegriffs (2009), S. 17.

147 *A. de Tocqueville*, De la démocratie en Amérique I (1835 – elektronischer Nachdr. 2001), S. 103: „Il était impossible de fixer d'avance d'une manière exacte et complète la part de puissance qui devait revenir à chacun des deux gouvernements entre lesquels la souveraineté allait se partager."

148 *G. Waitz*, Grundzüge der Politik (1862), S. 43 ff. u. 162 ff. unter besondere Betonung der Selbständigkeit der Gliedstaaten sowie noch im Jahr 1872 *R. von Mohl*, Encyclopädie der Staatswissenschaften (2. Aufl. 1872), S. 367. Dazu eingehend noch der Beitrag von *S. Oeter*, in der Erstauflage [sic!] von A. v. Bogdandy (Hrsg.), Europäisches Verfassungsrecht (Erstaufl. 2003), S. 59 (80 ff.).

149 *H. P. Ipsen*, Europäisches Gemeinschaftsrecht (1972), S. 230 (§ 9 Rn. 55).

150 So in historischer Perspektive *S. Oeter*, Föderalismus und Demokratie, in: A. v. Bogdandy/J. Bast (Hrsg.), Europäisches Verfassungsrecht (2. Aufl. 2009), S. 73 (90).

151 So *U. Schliesky*, Souveränität und Legitimität von Herrschaftsgewalt (2004), S. 507 ff. Das Attribut „gemeinsam" sei im Gegensatz zu „geteilt" angesichts der Unteilbarkeitslehre dabei semantisch weniger geeignet, Missverständnisse auszulösen, ebd. S. 545.

„die Eigenschaft einer oder mehrerer Herrschaftsgewalten aus verschiedenen Ursprüngen, die aufgrund rechtlicher Koordinierung in ihrer Wirkungsdimension insgesamt eine Herrschaftsordnung mit einem System von Herrschaftsgewalt hervorbringen, das die Voraussetzungen des Souveränitätsbegriffs – Zuhöchstsein (Suprematie), Einseitigkeit, Einzigkeit und Einheitlichkeit – gemeinsam erfüllt."[152]

Insbesondere die Einzigkeit der Herrschaftsgewalt und die dahinter stehende Funktion der Vermeidung von Konflikten durch konkurrierende Herrschaftsgewalten wird im Rahmen eines solchen Konzepts nicht mehr durch die Annahme einer in ihrem Ursprung unteilbaren, sondern vielmehr durch die *rechtliche Koordination einer im Ursprung pluralen Herrschaftsgewalt* bewerkstelligt,[153] deren Ausübung dem Bürger somit als einheitlich erscheint, weil sie für einen bestimmten Fall letztlich eine rechtliche Lösung produziert.[154]

Freilich darf man sich von der Gemeinsamkeitsrhetorik allein nicht blenden lassen. So hatte das Bundesverfassungsgericht bereits 1993 in seinem *Maastricht*-Urteil ausgeführt, die Mitgliedstaaten hätten die Europäische Union gegründet, „um einen Teil ihrer Aufgaben gemeinsam wahrzunehmen und insoweit ihre Souveränität gemeinsam auszuüben".[155] Aufgrund des staatszentrierten Grundtenors dieser Entscheidung kann indessen gerade nicht der Schluss gezogen werden, das Gericht läge auf einer Linie mit den theoretischen Prämissen des EU-spezifischen Konzeptes geteilter bzw. gemeinsamer Souveränität im soeben vorgestellten, vom exklusiven Staatsbezug abgelösten Sinne.[156] Inhaltlich bestätigt wird diese staatskonservative Lesart des *Maastricht*-Urteils nunmehr durch das *Lissabon*-Urteil.[157]

Für viele der alten Mitgliedstaaten, deren Verfassungsordnungen dem Souveränitätsprinzip nach wie vor eine tragende Bedeutung zumessen, wird jedoch zumindest in der Wissenschaft vermehrt darauf hingewiesen, dass im Zuge der supranationalen Einbindung konzeptionelle Verschiebungen signifikanten Gewichts stattfinden.[158]

---

[152] Ebd. S. 546.

[153] Ebd. S. 561 ff.

[154] Vgl. insoweit bereits *I. Pernice*, Europäisches und nationales Verfassungsrecht, VVDStRL 60 (2001), 148 (172).

[155] BVerfG, Urt. v. 12. 10. 1993 – 2 BvR 2134, 2159/92 – *Maastricht*, Rn. 109 = BVerfGE 89, 155 (188 f.).

[156] Zu dieser Ablösung vgl. *U. Schliesky*, Souveränität und Legitimität von Herrschaftsgewalt (2004), S. 361 ff. u. 515 ff. In einem weiteren Sinne auch *A. Peters*, Elemente einer Theorie der Verfassung Europas (2001), S. 93 ff.

[157] Dem darin zum Ausdruck kommenden Souveränitätsverständnis liegt nämlich gerade nicht die Vorstellung einer Teilbarkeit von Souveränität zugrunde. Vielmehr handelt es sich, wie gesehen, um ein *Entweder-Oder-Szenario*, das die Souveränität entweder vollumfänglich den Nationalstaaten im Staatenverbund, oder aber, nach einem „nationalen Souveränitätsverzicht", einem europäischen Bundesstaat zuweist, BVerfG, Urt. v. 30. 6. 2009 – 2 BvE 2/08 u. a. – *Lissabon* = BVerfGE 123, 267 ff. (Rn. 263 u. 334 sowie zuvor bereits 179 u. 228).

[158] Für Italien *M. Cartabia*, The Legacy of Sovereignty in Italian Constitutional Debate, in: N. Walker (Hrsg.), Sovereignty in Transition (2003), S. 305 (310 ff.). Für Luxemburg *L. Frieden*, Rapport luxembourgeois, in: F. I. D. E. (Hrsg.), 17. F. I. D. E.-Kongress Berlin, Bd. 1: Le droit constitutionnel national et l'intégration européenne (1996), S. 344 (348 ff.). Für Spanien *E. García de*

Speziell in Frankreich etwa hat man das Konzept geteilter Souveränität im Kontext der Ratifikation des Vertrages von Maastricht vertieft diskutiert, nachdem eine Teilbarkeit zuvor – trotz der Einschränkungsklausel in Abs. 15 der Präambel der Verfassung von 1946 – als gänzlich unvereinbar mit der Grundidee von Souveränität angesehen worden war („La souveraineté ne se partage pas").[159]

Auch für die neuen Mitgliedstaaten gibt es mittlerweile Hinweise auf eine Entwicklung in diese Richtung. Diese kommen nicht nur aus dem Kreise der Wissenschaft,[160] sondern haben mittlerweile auch Eingang in die höchstrichterliche Rechtsprechung gefunden. So betont insbesondere das tschechische Verfassungsgericht in seiner ersten Entscheidung zum VvL vom 26. November 2008 – anders als das zeitlich nachfolgende Urteil des BVerfG – ausdrücklich eine auf überstaatlichen Handlungszugewinn gerichtete Konzeption „gepoolter" Souveränität, auch wenn am souveränen Staat als konzeptioneller Ausgangspunkt der Kompetenzübertragung grundsätzlich festgehalten wird:

„The European Union has advanced by far the furthest in the concept of *pooled sovereignty*, and today is creating an entity sui generis, which is difficult to classify in classical political science categories. (...) The global scene can no longer be seen only as a world of isolated states. It is generally accepted that the state and its sovereignty are undergoing change (...). [T]he transfer of certain state competences, that arises from the free will of the sovereign, and will continue to be exercised with the sovereign's participation in a manner that is agreed on in advance and that is reviewable, is *not a conceptual weakening of the sovereignty of a state, but, on the contrary, can lead to strengthening it within the joint actions of an integrated whole.* The EU's integration process is not taking place in a radical manner that would generally mean the „loss" of national

---

Enterría/R. Alonso García, in: J. Schwarze (Hrsg.), Die Entstehung einer europäischen Verfassungsordnung (2000), S. 287 (301 ff.). Für Griechenland *J. Iliopoulos-Strangas*, Rapport grec, in: F. I. D. E. (Hrsg.), 17. F. I. D. E.-Kongress Berlin, Bd. 1: Le droit constitutionnel national et l'intégration européenne (1996), S. 120 (138 ff.). Für Portugal: *M. Poiares Maduro*, EU Law and National Constitutions: Portugal, unveröffentlichtes Manuskript für: BIICL (Hrsg.), F. I. D. E. XX Congress London, Vol. 1 (2002), ehemals abrufbar unter www.fide2002.org, Manuskript-S. 23 ff. Für Finnland *T. Ojanen*, The Impact of EU Membership on Finnish Constitutional Law, EPL 10 (2004), S. 531 (539 f.), der die Bedeutung der neuen finnischen Verfassung von 2000 für die Wandlung des Souveränitätsbegriffs hervorhebt. Anders zuvor noch *K. Pohjolainen/Z. Sundström*, Finnish Report, in: F. I. D. E. (Hrsg.), 17. F. I. D. E.-Kongress Berlin, Bd. 1: Le droit constitutionnel national et l'intégration européenne (1996), S. 399 (400).

[159] Zum Ganzen eingehend *J. Ziller*, Sovereignty in France: Getting Rid of the Mal de Bodin, in: N. Walker (Hrsg.), Sovereignty in Transition (2003), S. 261 (276 f.). Heute wird in Frankreich von geteilter Souveränität zudem im Zusammenhang mit dem halbautonomen Status Neukaledoniens nach dem am 5. Mai 1998 unterzeichneten Abkommen von Nouméa gesprochen, auf das Art. 76 f. Verf-F verweisen, vgl. dazu *D. Custos*, New Caledonia, a Case of Shared Sovereignty within the French Republic: Appearance or Reality?, EPL 13 (2007), S. 97 ff.

[160] Vgl. insbesondere für Polen *S. Biernat*, Offene Staatlichkeit, in: IPE II (2008), § 21 Polen, Rn. 39 f. Für eine Aufgabe des klassischen Souveränitätskonzepts plädiert *M. Wyrzkowski*, The Constitutions of the Eastern European Countries in the Structure of European Constitutionalism, in: R. Bieber/P. Widmer (Hrsg.), L'espace constitutionnel européen (1995), S. 151 (161). Für eine Neuorientierung s. auch das Urteil des rumän. VerfG v. 16. 4. 2003 – Nr. 148/2003 – EU Beitritt, rumän. ABl. 171 I, Nr. 317 v. 12. 5. 2003, Urteilsgrund A.a); engl. Übers. unter: http://www.ccr.ro/decisions/pdf/en/2003/D148_03.pdf (1. 9. 2010).

sovereignty; rather, it is an evolutionary process and, among other things, a reaction to the increasing globalization in the world."[161]

Diesen Ansatz hielt das Gericht entgegen der Argumentation des tschechischen Staatspräsidenten *Klaus* auch in seinem zweiten Lissabon-Urteil aufrecht.[162]

Freilich können auch die Versuche, das Souveränitätsprinzip an den Prämissen gestufter Aufgabenverteilung im Mehrebenensystem auszurichten, die dem Souveränitätsprinzip inhärente Problematik nicht auflösen. Eine konzeptionelle Neuorientierung ist zugleich immer in den Kontext der bisherigen Begriffsgeschichte zu rücken. Mit der fortführenden Verwendung des Souveränitätsbegriffes wird die in ihm geronnene Erfahrungs- und Vorstellungswelt bis zu einem gewissen Grad weiter transportiert. Die ihm anhaftende begriffliche Vieldeutigkeit und daraus resultierende Unsicherheiten werden durch die Neudefinition des Konzepts unter diesem Blickwinkel also nicht unbedingt entschärft, sondern schlimmstenfalls sogar noch gesteigert. Eine mögliche Schlussfolgerung bestünde darum auch unter diesem Gesichtspunkt darin, den Rekurs auf die Souveränität im Rahmen einer permeablen Rechtsordnung begrifflich wie konzeptionell fallen zu lassen.[163] Wie gesehen, zeigen mitgliedstaatliche Rechtspraxis und die sie begleitende bzw. vorbereitende wissenschaftliche Diskussion mehrheitlich aber ein anderes Bild.

IV. Fazit: Souveränität als (Vor-)Bedingung der Gestaltformen rechtlicher Permeabilität

Dass dem Souveränitätsprinzip im Verfassungsrecht der Mitgliedstaaten bis heute überwiegend eine verfassungsrechtliche Schlüsselposition beigemessen wird, ist für die Gestaltformen normativer Permeabilität im Verfassungsrecht der Mitgliedstaaten von grundlegender Bedeutung. Souveränität und Permeabilität müssen als auf verschiedenen Grundprämissen beruhende Verfassungsprinzipien innerhalb einer Verfassungsordnung zueinander in Verhältnis gesetzt und ausbalanciert werden. Dieser

[161] Tschech. VerfG, Urt. v. 26. 11. 2008 – Pl. US. 19/08 – *Lissabon I*, Rn. 104, 105, 108 (Hervorh. hinzugefügt), englische Übersetzung abrufbar unter http://angl.concourt.cz/angl_verze/doc/pl-19-08.php (1. 9. 2010). In Rn. 106 betont das tschechische VerfG ähnlich dem BVerfG die Stellung der Mitgliedstaaten als „Herren der Verträge". Vgl. in diesem Sinne auch BVerfG, Urt. v. 30. 6. 2009 – 2 BvE 2/08 u. a. – *Lissabon* = BVerfGE 123, 267 ff. (Rn. 231).

[162] Tschech. VerfG, Urt. v. 3. 11. 2009 – Pl. US 29/09 – *Lissabon II*, Rn. 148 unter Hinweis auf das dem tschechischen Beitrittsgesuch beigefügte Memorandum: „The Czech nation has only recently regained its full national sovereignty. Yet, like the Governments of present Member States have done in the past, the Government of the Czech Republic has irrevocably arrived at the conclusion that within the context of modern European developments the exchange of a part of its national sovereignty for a shared supranational sovereignty and co-responsibility is an inevitable step to be taken for the benefit of its own country and the whole of Europe."

[163] In diesem Sinne besonders deutlich *S. D. Krasner*, Sovereignty. Organized Hypocrisy (1999), S. 9. Die Souveränität als mögliches Kriterium für die Verfassungsfähigkeit eines Hoheitsträgers ablehnend *A. Peters*, Elemente einer Theorie der Verfassung Europas (2001), S. 148.

Aspekt betrifft die heute überwiegend vorherrschende Gleichzeitigkeit beider Verfassungsprinzipien innerhalb der mitgliedstaatlichen Verfassungsordnungen.

Darüber hinaus gilt es die zeitliche Tiefendimension zu berücksichtigen. Bei der Souveränität handelt es sich schließlich in aller Regel um das zeitlich vorausgehende, traditionell stärker verwurzelte Verfassungsprinzip, dessen Konfliktpotenzial gerade maßgeblich das Bedürfnis nach verfassungsrechtlicher Permeabilität hervorgebracht hat. Dem entspricht, dass die Ideenwelt der Souveränität in vielen Verfassungsordnungen die Entwicklung und konzeptionelle Ausgestaltung normativer Permeabilität von Beginn an geprägt hat. Dieser Entwicklungskontext wirkt bis heute fort.[164]

Das Souveränitätsprinzip stellt sich so als eine *prägende (Vor-)Bedingung der konkreten Gestaltformen*, ja der *Möglichkeiten normativer Permeabilität* dar. Gerade dieser Aspekt wird an vielen Stellen der Untersuchung wiederholt zu Tage treten, sei es in Bezug auf die unterschiedlichen Modelle nationaler Integrationsermächtigungen, die Ziehung verfassungsrechtlicher Integrationsgrenzen oder aber die Frage von innerstaatlicher Geltung und Vorrangigkeit des Unionsrechts. Gerade die zeitlichen Entwicklungsstufen, welche die einzelnen Formen der Permeabilität nationaler Verfassungsordnungen bislang durchlaufen haben, legen die Bedeutung des Souveränitätsprinzips als verfassungsrechtliche Grund- und Ausgangsproblematik normativer Permeabilität frei. Diese Entwicklungslinien gilt es im Folgenden aufzuzeigen.

Kapitel 4

Entwicklungslinien und Rezeptionszusammenhänge

Die Entwicklungsstufen der verschiedenen verfassungsrechtlichen Modelle rechtlicher Permeabilität sind, wie der europäische Integrationsprozess selbst, keineswegs als Ergebnis eines gleichmäßig verlaufenden Vorgangs zu verstehen, sondern vielmehr durch zeitlich unregelmäßige und in ihrer Intensität und Reichweite höchst verschiedene Integrationsschübe gekennzeichnet (dazu I. bis VIII.).[1] Bis in die jüngste Zeit hinein ergibt sich auf der Ebene des innerstaatlichen Verfassungsrechts ein

---

[164] Dazu *B. de Witte*, Sovereignty and European Integration: the Weight of Legal Tradition, in: A.-M. Slaughter/A. Stone Sweet/J. H. H. Weiler (Hrsg.) The European Court and National Courts (1998), S. 277 ff.

[1] Vgl. auch *M. Claes*, Constitucionalizando Europa desde su fuente. Las „cláusulas europeas" en las Constituciones nacionales: evolución y tipología, in: M. Cartabia/B. de Witte/P. Pérez Tremps (Hrsg.), Constitución Europea y Constituciones Nacionales (2005), S. 123 (136 ff.); *A. E. Kellermann*, Hopes and Fears, in: ders. et al. (Hrsg.), The Impact of EU Accession on the Legal Orders of New Member States and (Pre-) Candidate Countries (2006), S. 1 (13 ff.); *P. M. Huber*, Offene Staatlichkeit, in: IPE II (2008), § 26 Vergleich, Rn. 10 ff.; *F. G. Jacobs*, The Constitutional Impact of the Forthcoming Enlargement of the EU: What can be learnt from the experience of the existing Member States?, in: A. E. Kellermann et al. (Hrsg.), EU-Enlargement – The Constitutional Impact at EU and National Level (2001), S. 183 ff. Für einen Überblick vgl. auch *F. Hoffmeister*, Constitutional Implications of EU Membership: A View from the Commission, CYELP 3 (2007), S. 59 ff.

durchaus bewegtes Bild integrationsgerichteter Verfassungsentwicklung, das auch in Zukunft nicht die ihm eigene – manchmal durchaus ins Tragische tendierende – Lebendigkeit zu verlieren droht (dazu IX.).

I. Gründungsjahre: erste allgemeine Modelle rechtlicher Permeabilität

In den Gründungsmitgliedstaaten[2] waren die verfassungsrechtlichen Grundlagen der Teilnahme am Integrationsprozess über einen langen Zeitraum hinweg recht abstrakt und allgemein auf die internationale oder zwischenstaatliche Zusammenarbeit und Friedenssicherung bezogen.[3] Als erste Nachkriegsverfassung enthielt die französische Verfassung von 1946 mit ihrem 15. Absatz der Präambel eine Ermächtigungsgrundlage für *Einschränkungen* der Souveränität. Sie spiegelt damit die Souveränitätsproblematik und das Bemühen um Überwindung seiner klassischen Konnotation unmittelbar textlich wider. Die Bestimmung wurde kurz darauf in Art. 11 der italienischen Verfassung von 1947 rezipiert.[4]

Auch das Bonner Grundgesetz von 1949 verfügte mit Art. 24 Abs. 1 GG von Anfang an über eine Ermächtigungsgrundlage. Diese war konzeptionell allerdings auf eine *Übertragung von Hoheitsrechten* angelegt. In den Niederlanden folgte 1953 mit dem damaligen Art. 67 (heute Art. 92 Verf-NL) eine entsprechende Klausel zur Übertragung von „Gesetzgebungs-, Verwaltungs- und Rechtsprechungsbefugnissen", die sich in Teilen am deutschen Vorläufer orientierte.[5] In Luxemburg kam 1956 mit Blick auf die Ratifizierung der Römischen Verträge Art. 49bis hinzu, wonach „die Ausübung von Befugnissen, die von der Verfassung der gesetzgebenden, der vollziehenden und der rechtsprechenden Gewalt vorbehalten sind, (...) vorübergehend Institutionen des internationalen Rechts übertragen werden" kann.[6] Vergleichsweise spät führte schließlich Belgien im Jahr 1970 mit Art 25bis, heute Art. 34 der belgischen Verfassung, eine Integrationsklausel ein, obwohl dort bereits siebzehn Jahre zuvor intensive Debatten um die Einführung einer entsprechenden Bestimmung geführt worden

---

[2] Speziell zu den Gründungsmitgliedstaaten *B. de Witte*, Constitutional Aspects of European Union Membership in the Original Six Member States: Model Solutions for the Applicant Countries?, in: A.E. Kellermann et al. (Hrsg.), EU-Enlargement – The Constitutional Impact at EU and National Level (2001), S. 65 (66ff.), der zwischen drei Phasen – 1946 bis 1964 (Urteil Costa/ENEL); 1964 bis 1992 (Maastricht); 1992 bis jüngere Gegenwart – unterscheidet.

[3] Für die zeitliche Periode vor Maastricht s. die vergleichenden Analysen von *N. Lorenz*, Die Übertragung von Hoheitsrechten auf die Europäischen Gemeinschaften (1990) sowie *S. Griller/F. Maislinger/A. Reindl*, Fundamentale Rechtsgrundlagen einer EG-Mitgliedschaft (1991).

[4] Diesen Rezeptionszusammenhang hat bereits *N. Lorenz*, Die Übertragung von Hoheitsrechten auf die Europäischen Gemeinschaften (1990), S. 38 m. w. N. aufgezeigt.

[5] Zur Entstehung vgl. *J. Peters*, The Dutch Constitution and Dutch Constitutional Values, in: A.E. Kellermann et al. (Hrsg.), EU-Enlargement – The Constitutional Impact at EU and National Level (2001), S. 57 (59ff.) sowie *R. Wessel/W. Van de Griendt*, Offene Staatlichkeit, in: IPE II (2008), § 19 Niederlande, Rn. 17ff.

[6] Zu den Entstehungsbedingungen *G. Wivenes*, Luxembourg. Le droit européen et les constitutions nationales, in: BIICL (Hrsg.), F.I.D.E. XX Congress London, Vol. 1 (2002), S. 267 (272f.).

waren.[7] Bemerkenswerterweise knüpfte der verfassungsändernde Gesetzgeber in Luxemburg bei der Ausarbeitung von Art. 49bis bereits an diesen Diskussionsstand an.[8] Mit anderen Worten schlugen sich Ergebnisse der belgischen Verfassungsdiskussion textlich erstmals in der luxemburgischen Verfassung nieder. Auch die Verfassungen der Gründungsmitglieder, deren Klauseln auf eine *Übertragung* von Kompetenzen oder deren Ausübung abzielen, stehen folglich in einem eng verbundenen Rezeptionszusammenhang. Die Ratifizierung der Gründungsverträge erfolgte in den Gründungsstaaten mit Ausnahme Luxemburgs dabei noch jeweils durch ein einfaches Gesetz.

Trotz der Gemeinsamkeiten und wechselseitigen Beeinflussungen zeichneten sich von Anfang an auch Unterschiede im Hinblick auf Konstruktionsweise und Auslegung der Klauseln sowie die dahinter stehenden verfassungsrechtlichen Vorstellungswelten ab.[9] Daher kann in Bezug auf die Gründungsstaaten in der Gesamtbetrachtung kaum bzw. allenfalls bedingt von einer einheitlichen Herangehensweise gesprochen werden.[10]

II. Beitritte 1973, 1981 und 1986: erste europaspezifische Integrationsmechanismen

Bereits die Präambel des Grundgesetzes von 1949 enthielt das Bekenntnis zu einem „vereinten Europa“. Erste verfassungstextliche Bezüge zur Union bzw. den europäischen Gemeinschaften erfolgten allerdings erst anlässlich der Erweiterungsrunde zum 1. Januar 1973 durch Art. 29 der irischen Verfassung[11] sowie – wenn man das Attribut „verfassungsrechtlich“ gelten lässt[12] – den britischen „European Communities Act“ (ECA).[13] In Dänemark ist der bereits 1953 eingeführte und von der Rechts-

[7] Vgl. *J.-V. Louis*, L'article 25bis de la Constitution belge, RMC 1970, S. 410 ff.

[8] *G. Wivenes*, Luxembourg. Le droit européen et les constitutions nationales, in: BIICL (Hrsg.), F.I.D.E. XX Congress London, Vol. 1 (2002), S. 267 (272 f.), der daneben auch die Vorbildfunktion der französischen, italienischen, deutschen, dänischen und vor allem niederländischen Rechtslage aufzeigt.

[9] Besonders markant sind etwa die Unterschiede in der Auslegung in Bezug auf die französische und italienische Klausel, dazu näher unter Teil 2 – Kapitel 5 – I. 3.

[10] In diesem Sinne auch *B. de Witte*, Constitutional Aspects of European Union Membership in the Original Six Member States: Model Solutions for the Applicant Countries?, in: A. E. Kellermann et al. (Hrsg.), EU-Enlargement – The Constitutional Impact at EU and National Level (2001), S. 65 (65 f.). Ihm folgend *A. E. Kellermann*, Hopes and Fears, in: ders. et al. (Hrsg.), The Impact of EU Accession on the Legal Orders of New Member States and (Pre-) Candidate Countries (2006), S. 1 (13).

[11] Art. 29 Abs. 4 Nr. 3 a. F.

[12] Von einem „constitutional statute“, einem verfassungsrechtlichem Gesetz (im Gegensatz zu einem „ordinary statute“ – einem einfachen Gesetz) spricht in Bezug auf den ECA ausdrücklich Lord Justice *J. Laws* in der Entscheidung des brit. High Court (Administrative Court), Entsch. v. 18. 2. 2002, *Thoburn v. Sunderland City Council*, [2002] EWHC 195 (Admin), Rn. 60.

[13] „European Communities Act“ v. 17. 10. 1972, C. 68.

lage in den Gründungsstaaten beeinflusste § 20 Verf-DK hingegen bis heute allgemein auf „zwischenstaatliche Einrichtungen" bezogen.[14]

Die verfassungsrechtlichen Grundlagen des Beitritts Griechenlands zum 1. Januar 1981 sowie Portugals und Spaniens zum 1. Januar 1986 waren zu Beginn ebenfalls recht allgemein gehalten. Den einschlägigen Bestimmungen des Art. 28 Abs. 2 und 3 der griechischen Verfassung aus dem Jahr 1975 wurde erst im Jahr 2001 ein konkreter Hinweis auf die EU in Gestalt einer auslegenden Erklärung angefügt.[15] In Portugal führte der verfassungsändernde Gesetzgeber zwar im Jahr 1982 mit Blick auf den bevorstehenden Beitritt Art. 8 Abs. 3 in die Verfassung ein.[16] Diese Vorschrift bezog sich jedoch allgemein auf die innerstaatliche Geltung und Anwendbarkeit von Sekundärrecht einer *internationalen Organisation*. Erst 1989 kam neben speziellen Vorschriften im Bereich des Wahlrechts mit der Staatszielbestimmung des Art. 7 Abs. 5 Verf-POR eine EU-spezifische Norm hinzu.[17] In Spanien bezieht sich die Integrationsklausel (Art. 93 Verf-ESP) bis heute allgemein auf internationale Organisationen.

III. Einheitliche Europäische Akte (1987): *Crotty* und die verfassungsändernde Dimension

Auch die am 1. Juli 1987 in Kraft getretene Einheitliche Europäische Akte (EEA) schlug sich trotz der Einführung des inhaltlich wie programmatisch weittragenden Binnenmarktprogramms lediglich punktuell im positiven Verfassungsrecht der Mitgliedstaaten nieder. Infolge der Grundsatzentscheidung des irischen Obersten Gerichtshofs (*Supreme Court*) im Fall *Crotty v. An Taoiseach* musste allerdings in Irland zuvor die Verfassung geändert werden, um eine Grundlage für die Ratifikation zu schaffen.[18] Die Änderung erfolgte in Gestalt einer explizit auf die EEA bezogenen

---

[14] Dazu *H. Koch*, The Danish Constitutional Order, in: A. E. Kellermann et al. (Hrsg.), EU-Enlargement – The Constitutional Impact at EU and National Level (2001), S. 109 (109 ff.).

[15] Dazu *J. Iliopoulos-Strangas*, Offene Staatlichkeit, in: IPE II (2008), § 16 Griechenland, Rn. 16 ff. Zur Rechtssituation unmittelbar vor dem Beitritt vgl. *D. Evrigenis*, Legal and Constitutional Implications of Greek Accession to the European Communities, CMLRev. 17 (1980), S. 157 ff. Eingehend auf dem Stand vier Jahre nach dem Beitritt *T. Antoniou*, Europäische Integration und griechische Verfassung (1985) sowie *J. Iliopoulos-Strangas*, Rechtsfragen der Mitgliedschaft Griechenlands in einer Europäischen politischen Union, EuR 1985, S. 199 ff.

[16] 1. Verfassungsänderung, Verfassungsgesetz 1/82 v. 30. 9. 1982. Dazu *R. M. Moura Ramos*, Portugal, in: P. M. Eisemann (Hrsg.), L'intégration du droit international et communautaire dans l'ordre juridique national, Den Haag 1996, S. 461 (481 f.).

[17] 2. Verfassungsänderung, Verfassungsgesetz 1/89 v. 8. 7. 1989, dazu *J. Miranda*, Portugal, in: J. Rideau (Hrsg.), Les Etats membres de l'Union européenne (1997), S. 391 (392). Die Vorschrift lautet: „Portugal setzt sich für eine Verstärkung der europäischen Identität und ein verstärktes gemeinsames Vorgehen der europäischen Staaten zugunsten der Demokratie und des Friedens, des wirtschaftlichen Fortschritts und der Gerechtigkeit zwischen den Völkern ein." Zu dem 1992 eingeführten Art. 7 Abs. 6 sowie dem 2004 hinzugekommenen Art. 8 Abs. 4 s. sogleich.

[18] Ir. Supreme Court, Entsch. v. 9. 4. 1987 – 1986 Nr. 12036P – *Crotty v. An Taoiseach*, [1987] IR 713. Dazu *G. Hogan*, Ireland and the European Union: Constitutional Law and Practice, in: A. E.

Ermächtigungsklausel, welche der irischen Verfassung hinzugefügt wurde. Obwohl nach der *Crotty*-Rechtsprechung eine Vorabänderung der irischen Verfassung in Bezug auf die Ratifikation einer Primärrechtsänderung nur bei Vorliegen bestimmter Voraussetzungen erfolgen muss,[19] ging die irische Praxis seither dazu über, vor jeder Vertragsänderung – mit Ausnahme des Beitritts neuer Mitgliedstaaten – eine Verfassungsänderung auf den Weg zu bringen, die jeweils die erfolgreiche Durchführung eines Volksentscheids voraussetzt. Die Referenden haben sich gerade in der jüngeren Zeit wiederholt als verfahrensrechtliche Hürde primärrechtlicher Entwicklung entpuppt. Zur Ratifikation des Vertrags von Nizza waren zwei Anläufe notwendig. Auch das Referendum zum VvL scheiterte zunächst im ersten Anlauf.[20]

IV. Vertrag von Maastricht (1993): Verfassungsrechtliche Initialzündung

Anders als die Einheitliche Europäische Akte läutete die Gründung der Europäischen Union durch den am 7. Februar 1992 unterzeichneten und am 1. November 1993 in Kraft getretenen Vertrag von Maastricht in der Tendenz eine Phase richtungsweisender Neuentwicklungen des innerstaatlichen Europaverfassungsrechts ein, denen in der wissenschaftlichen Aufarbeitung zudem gesteigerte Aufmerksamkeit zuteil wurde.[21] Manche sprechen in diesem Zusammenhang gar von einem verfassungsrechtlichen Wendepunkt.[22] Differenziertere, spezifisch auf die Mitgliedschaft in der Europäischen Union zugeschnittene Integrationsklauseln wurden in Deutschland (Art. 23 n. F. und Art. 88 S. 2 GG),[23] Frankreich (Titel XV der Verf-F –

Kellermann et al. (Hrsg.), EU-Enlargement – The Constitutional Impact at EU and National Level (2001), S. 89 (91 ff.).

[19] Vgl. im Einzelnen unter Teil 2 – Kapitel 7 – I.

[20] Dazu sogleich im Kontext des VvL.

[21] Rechtsvergleichend *T. de Berranger*, Constitutions nationales et construction communautaire (1995); F. I. D. E. (Hrsg.), 17. F. I. D. E.-Kongress, Bd. 1: Le droit constitutionnel national et l'intégration européenne (1996); U. Battis/D. Tsatsos/D. Stefanou (Hrsg.), Europäische Integration und nationales Verfassungsrecht (1995); R. Bieber/P. Widmer (Hrsg.), L'espace constitutionnel européen (1995); J.-C. Masclet/D. Maus (Hrsg.), Les constitutions nationales à l'épreuve de l'Europe (1994); J. Rideau (Hrsg.), Les Etats membres de l'Union européenne. Adaptations – Mutations – Résistances (1997); P. Eisemann (Hrsg.), L'intégration du droit international et communautaire dans l'ordre juridique national (1996); *R. Bieber*, Die Europäisierung des Verfassungsrechts, in: K. F. Kreuzer/D. H. Scheuing/U. Sieber (Hrsg.), Die Europäisierung der mitgliedstaatlichen Rechtsordnungen in der Europäischen Union (1997), S. 71 ff.

[22] Von einem „punto de inflexión" spricht *M. Claes*, Constitucionalizando Europa desde su fuente. Las „cláusulas europeas" en las Constituciones nacionales: evolución y tipología, in: M. Cartabia/B. de Witte/Pablo Pérez Tremps (Hrsg.), Constitución Europea y Constituciones Nacionales (2005), S. 123 (147).

[23] Eingeführt durch das 38. Gesetz zur Änderung des Grundgesetzes vom 21. 12. 1992 (BGBl. I vom 24. 12. 1992, S. 2086). Speziell zur deutschen Integrationsermächtigung s. *D. König*, Die Übertragung von Hoheitsrechten im Rahmen des europäischen Integrationsprozesses (2000); *S. Uhrig*, Die Schranken des Grundgesetzes für die europäische Integration – Grenzen der Übertragung von Hoheitsrechten nach dem Grundgesetz am Beispiel des Vertrages von Maastricht (2000); *T. Flint*, Die Übertragung von Hoheitsrechten – Zur Auslegung der Art. 23 Abs. 1 Satz 2 und Art. 24 Abs. 1

Art. 88-1 ff.),[24] und Portugal (Art. 7 Abs. 6)[25] für notwendig erachtet. Daneben wurden zahlreiche Verfassungsordnungen im Hinblick auf die Wirtschafts- und Währungsunion sowie die Unionsbürgerschaft und deren Auswirkungen auf das Wahlrecht geändert.[26]

Besonders prägnant aber kam die zunehmende verfassungsrechtliche Dimension europäischer Integrationsentwicklung in der gerichtlichen Auseinandersetzung zum Ausdruck, die den Ratifikationsprozess begleitete und die verfassungstextlichen Neuerungen in Frankreich sogar unmittelbar vorgab.[27] Neben dem *Maastricht*-Urteil des BVerfG vom 12. Oktober 1993,[28] das ein bis heute weit über die Grenzen des

GG (1998); *A. Schmitt Glaeser*, Grundgesetz und Europarecht als Elemente Europäischen Verfassungsrechts (1996), S. 58 ff.; *W. v. Simson/J. Schwarze*, Europäische Integration und Grundgesetz. Maastricht und die Folgen für das deutsche Verfassungsrecht (1992); *K. Schmalenbach*, Der neue Europaartikel 23 des Grundgesetzes im Lichte der Arbeit der Gemeinsamen Verfassungskommission (1996); *C. Diehr*, Die Bewahrung der demokratischen und föderativen Struktur der Bundesrepublik Deutschland im europäischen Integrationsprozess. Der neue Artikel 23 Grundgesetz, (1998); *U. Everling*, Überlegungen zur Struktur der Europäischen Union und zum neuen Europa-Artikel des Grundgesetzes, DVBl. 1993, S. 936 ff.; *R. Breuer*, Die Sackgasse des neuen Europaartikels (Art. 23 GG), NVwZ 1994, S. 417 ff.; *M. Fuchs*, Artikel 23 GG in der Bewährung – Anmerkungen aus der Praxis, DÖV 2001, 233 ff.

[24] Eingeführt durch Verfassungsgesetz Nr. 92-554 v. 25. 6. 1992.

[25] Eingeführt im Rahmen der 3. Verfassungsänderung durch das Verfassungsgesetz Nr. 1/92 vom 25. 11. 1992.

[26] Einen Überblick über die verschiedenen Kategorien verfassungsrechtlicher Anpassungen bzw. Reaktionen im Kontext des Vertrages von Maastricht in verfassungsvergleichender Perspektive bietet insbesondere *M. Fromont*, Rapport général, in: F. I. D. E. (Hrsg.), 17. F. I. D. E.-Kongress Berlin, Bd. 1: Le droit constitutionnel national et l'intégration européenne (1996), S. 473 (487 ff.).

[27] Die Einfügung des Titels XV der französischen Verfassung war eine unmittelbare Reaktion des französischen Verfassungsgebers auf die erste Maastricht-Entscheidung des Verfassungsrats v. 9. 4. 1992 – Nr. 92-308 – *Maastricht I*, Rec. S. 55 der darin eine Verfassungsänderung für erforderlich gehalten hatte. Dazu näher unter Teil 2 – Kapitel 7 – II.

[28] BVerfG, Urt. v. 12. 10. 1993 – 2 BvR 2134, 2159/92 – *Maastricht* = BVerfGE 89, 155. Hierzu eingehend und in verfassungsvergleichender Perspektive *F. C. Mayer*, Kompetenzüberschreitung und Letztentscheidung (2000), insbesondere S. 98 ff. Vgl. zudem *H.-P. Folz*, Demokratie und Integration: der Konflikt zwischen Bundesverfassungsgericht und Europäischem Gerichtshof über die Kontrolle der Gemeinschaftskompetenzen (1999). Für eine Dokumentation s. *I. Winkelmann*, Das Maastricht-Urteil des Bundesverfassungsgerichts vom 12. Oktober 1993 (1994). Für Reaktionen im unmittelbaren Nachklang der Entscheidung s. aus der umfangreichen Literatur *C. Tomuschat*, Die Europäische Union unter der Aufsicht des Bundesverfassungsgerichts, EuGRZ 1993, S. 489 (494 ff.); *I. Pernice*, Karlsruhe locuta – Maastricht in Kraft, EuZW 1993, S. 649; *ders.*, Maastricht, Staat und Demokratie, Die Verwaltung 26 (1993), S. 449 ff.; *C. O. Lenz*, der Vertrag von Maastricht nach dem Urteil des Bundesverfassungsgerichts, NJW 1993, S. 3038 ff.; *J. Frowein*, Das Maastricht-Urteil und die Grenzen der Verfassungsgerichtsbarkeit, ZaöRV 54 (1994), S. 1 ff.; *D. König*, Das Urteil des Bundesverfassungsgerichts zum Vertrag von Maastricht – ein Stolperstein auf dem Weg in die europäische Integration?, ZaöRV 54 (1994), S. 17 ff.; *J. Schwarze*, Europapolitik unter deutschem Verfassungsrichtervorbehalt, Anmerkungen zum Maastricht-Urteil des BVerfG vom 12. 10. 1993, NJ 1994, S. 1 ff.; *M. Zuleeg*, Die Rolle der rechtsprechenden Gewalt in der europäischen Integration, JZ 1994, S. 1 ff.; *M. Schröder*, Das Bundesverfassungsgericht als Hüter des Staates im Prozeß der europäischen Integration, DVBl. 1994, S. 316 ff.; *V. Götz*, Das Maastricht-Urteil des Bundesverfassungsgerichts, JZ 1993, S. 1081 ff.; *U. Everling*, Das Maastricht-Urteil des Bundesverfassungsgerichts und seine Bedeutung für die Entwicklung der Europäischen Integration, Integration 1994, S. 165 ff.; *M. Herdegen*,

Grundgesetzes hinaus rezipiertes Grundsatzurteil darstellt,[29] sind vor allem die drei *Maastricht*-Entscheidungen des französischen Verfassungsrats (*Conseil constitutionnel*)[30] sowie die Urteile des spanischen Verfassungsgerichts (*Tribunal Constitucional*),[31] des englischen *High Courts*[32] und des dänischen Obersten Gerichtshofs (*Højesteret*)[33] als europaweite Leitentscheidungen in die Geschichte eingegangen.

Neben der Sicherung eines effektiven Grundrechtschutzes auf europäischer Ebene, welche zu diesem Zeitpunkt bereits wiederholt Gegenstand grundlegender Entscheidungen des italienischen Verfassungsgerichtshofs (*Corte costituzionale*) und des BVerfG gewesen war,[34] standen insbesondere die Sicherung demokratischer Legitimation im Mehrebenenverbund sowie die Schaffung von Beteiligungsrechten nationaler Parlamente und föderaler Einheiten am europäischen Rechtssetzungsprozess

---

Maastricht and the German Constitutional Court: constitutional restraints for an „ever closer Union", CMLRev. 31 (1994), S. 235 ff.

[29] Vgl. in jüngerer Zeit allen voran poln. VerfGH, Urt. v. 11. 5. 2005 – Az. K 18/04 – *Beitrittsvertrag*, Teil III.4.5 = EuR 2006, S. 236 (238 f.) in deutscher Übersetzung von *M. Bainczyk/U. Ernst*; tschech. VerfG, Urt. v. 8. 3. 2006 – Pl. US. 50/04 – *Zuckerquoten II*, Teil VI. A. sowie insbesondere Urt. v. 26. 11. 2008 – Pl. US. 19/08 – *Lissabon I*, Rn. 118 ff.

[30] Franz. Verfassungsrat, Entscheidungen v. 9. 4. 1992 – Nr. 92-308 DC – *Maastricht I*, Rec. S. 55; v. 2. 9. 1992 – Nr. 92-312 DC – *Maastricht II*, Rec. S. 76; sowie v. 23. 9. 1992 – Nr. 92-313 DC – *Maastricht III*, Rec. S. 94. Deutsche Übersetzungen der drei Urteile in EuGRZ 1993, S. 187 ff.

[31] Span. VerfG, Erkl. v. 1. 7. 1992 – DTC 108/1992 – *Maastricht* = EuGRZ 1993, S. 285 ff. in deutscher Übersetzung. Darin stellte das span. VerfG im Rahmen einer präventiven Vertragskontrolle nach Art. 95 Abs. 2 Verf-ESP die Unvereinbarkeit von Art. 13 Abs. 2 a. F. der spanischen Verfassung (passives Wahlrecht in Kommunalwahlen nur für spanische Staatsangehörige) mit dem Regelwerk des Vertrages von Maastricht fest, worauf Art. 13 Abs. 2 im Anschluss durch Einfügung der beiden Worte „und passive" geändert wurde. Zum Ganzen *A. López Castillo/J. Polakiewicz*, Verfassung und Gemeinschaftsrecht in Spanien, EuGRZ 1993, S. 277 ff. sowie im Vergleich zur französischen Rechtslage *A. Jiménez-Blanco Carillo de Albornoz*, Die verfassungsrechtlichen Auswirkungen des Vertrages über die Europäische Union in Spanien und Frankreich, Die Verwaltung 28 (1995), S. 225 ff.

[32] Engl. Divisional Court, Queen's Bench Division, Entsch. v. 30. 7. 1993, *Regina v. Secretary of State, ex parte Lord Rees-Mogg*, abgedruckt in *A. Oppenheimer (Hrsg.)*, The Relationship between European Community Law and National Law: The Cases, Vol. 1 (1994), S. 911 ff. Die Bezeichnung „Divisional Court" meint in diesem Fall nicht einen separaten Instanzenzug bzw. eine eigene Unterabteilung des High Court, sondern indiziert vielmehr, dass es sich um eine Besetzung mit zwei bzw. drei Richtern handelt. Das Gericht wies den Antrag des damaligen Herausgebers der *Times*, Lord *Ress-Mogg*, festzustellen, dass die britische Ratifikation des Vertrages von Maastricht rechtswidrig sei, zurück.

[33] Dän. Oberster Gerichtshof, Urt. v. 6. 4. 1998 – Az. I 361/1997 – *Carlsen/Rasmussen* = EuGRZ 1999, S. 49 ff. in deutscher Übersetzung. Dazu *R. Hofmann*, Der Oberste Gerichtshof Dänemarks und die europäische Integration, EuGRZ 1999, S. 1 ff.; *H. Rasmussen*, Denmark's *Maastricht Ratification* Case: The Constitutional Dimension, in: A. Jyränki (Hrsg.), National Constitutions in the Era of Integration, London 1999, S. 87 ff. sowie *T. Fredrik*, Das Maastricht-Urteil des Dänischen Obersten Gerichtshofs vom 6. April 1998, ZaöRV 58 (1998), S. 879 ff.

[34] Ital. VerfGH, Urteile v. 16. 12. 1965 – Nr. 98/1965 – *Acciaierie San Michele* = EuR 1966, S. 146 ff.; v. 18. 12. 1973 – Nr. 183/1973 – *Frontini* = EuR 1974, S. 255 ff.; v. 5. 6. 1984 – Nr. 170/1984 – *Granital* = EuGRZ 1985, S. 98 ff. sowie v. 13. 4. 1989 – Nr. 232/1989 - *Fragd* sowie BVerfG, Beschl. v. 29. 5. 1974 – BvL 52/71 – *Solange I* = BVerfGE 37, 271 u. Beschl. v. 22. 10. 1986 – 2 BvR 197/83 – *Solange II* = BVerfGE 73, 339. Vgl. zur deutschen Rechtslage eingehend *R. Streinz*, Bundesverfassungsgerichtlicher Grundrechtsschutz und Europäisches Gemeinschaftsrecht (1989).

im Mittelpunkt. Zudem wurde vermehrt das Bedürfnis gesehen, materielle Grenzen und Bedingungen der europäischen Integration verfassungsrechtlich festzulegen[35] sowie besondere Verfahrensvoraussetzungen einzufordern.

Den in Frankreich, Irland und Dänemark anlässlich des Vertrages von Maastricht abgehaltenen Volksabstimmungen[36] wird im Rückblick zudem katalysierende Wirkung für das erstmals in der Breite artikulierte Interesse der Öffentlichkeit an der europäischen Verfassungsdiskussion zugesprochen.[37]

V. Erweiterung 1995: Spezifische Strategien staatlichen Europaverfassungsrechts

Eine weitere Entwicklungsstufe der Europäisierung nationalen Verfassungsrechts ist anlässlich der Erweiterung um Finnland, Österreich und Schweden zum 1. Januar 1995 zu verzeichnen.[38] Während der Beitritt in Finnland im Wege eines sog. Verfassungs*ausnahme*gesetzes erfolgte,[39] sah man in Schweden die Notwendigkeit, eine speziell auf die damaligen Gemeinschaften zugeschnittene Verfassungsbestimmung einzuführen, die sich in ihrer ursprünglichen Fassung an der *Solange*-Formel des BVerfG orientierte.[40] In Österreich maß man dem Beitritt sogar die verfassungsrechtliche Tiefendimension einer *Gesamtänderung* bei.[41] Darunter ist die intensivste Revisionsform der österreichischen Bundesverfassung zu verstehen, die in materieller

---

35 Vgl. nur Art. 23 Abs. 1 GG sowie Art. 7 Abs. 6 Verf-POR.

36 In Dänemark musste nach einem ersten negativen Ausgang sukzessive ein zweites Referendum angesetzt werden um das Inkrafttreten des Vertrages am 1. November 1993 zu ermöglichen. Dazu kritisch *H. Rasmussen*, Denmark's Waning Constitutionalism and Article 20 of the Constitution on Transfer of Sovereignty, in: A. Albi/J. Ziller (Hrsg.), The European Constitution and National Constitutions. Ratification and Beyond (2007), S. 149 (154).

37 So *P. M. Huber*, Offene Staatlichkeit, in: IPE II (2008), § 26 Vergleich, Rn 18, der zugleich aber darauf aufmerksam macht, dass die „grundsätzlichen und rechtspolitischen Aspekte der ‚offenen Staatlichkeit' in den jeweiligen Verfassungsdebatten durchweg nur eine eher randständige Bedeutung besessen" hätten (ebd. Rn. 5).

38 Vgl. *S. Griller*, Introduction to the Problems in the Austrian, the Finnish and Swedish Constitutional Order, in: A. E. Kellermann et al. (Hrsg.), EU-Enlargement – The Constitutional Impact at EU and National Level (2001), S. 147 ff. Norwegen blieb eine Mitgliedschaft aufgrund des jeweils negativen Ausgangs der Referenden 1973 und 1994 verwehrt.

39 Gesetz Nr. 1540/1994 (Dazu speziell unter Teil 2 – Kapitel 8 – II. Zudem wurde am 16. 10. 1994 ein konsultatives Referendum abgehalten.

40 Kapitel 10 § 5 Abs. 1 schw. RegForm, eingeführt durch Gesetz Nr. 1994:1375 und später geändert durch Gesetz Nr. 2002:905. Zur Entwicklungsgeschichte dieser mehrmals geänderten Norm eingehend *J. Nergelius*, Offene Staatlichkeit, in: IPE II (2008), § 22 Schweden, Rn. 11 ff. sowie *U. Bernitz*, Swedish Report, in: J. Schwarze (Hrsg.), Die Entstehung einer europäischen Verfassungsordnung (2000), S. 389 (418 ff.). Sollte die Reform der schwedischen Verfassung auf Grundlage des Regierungsentwurfs v. 8. 12. 2009 – Regeringens proposition 2009/10:80 – in Kraft treten, fände sich die Übertragungsklausel im neuen Kap. 10 § 6 Regeringsformen wieder.

41 Bundesverfassungsgesetz über den Beitritt Österreichs zur Europäischen Union, sog. „EU-Beitritts-BVG", öst. BGBl. Nr. 744/1994. Diese Ermächtigungsgrundlage ist nicht zu verwechseln mit der Novelle der Stammverfassung – des österreichischen „Bundes-Verfassungsgesetzes" – in die

Hinsicht durch Aufhebung oder wesentliche Modifikation ihrer grundlegenden „Baugesetze" und in formeller Hinsicht vor allem durch die obligatorische Durchführung eines Referendums gekennzeichnet ist.[42]

War in den vorhergehenden Erweiterungsrunden zwar deutlich geworden, dass der Beitritt verfassungsrechtliche Anpassungen und darüber hinausgehend die Einführung EU- bzw. EG-spezifischer Ermächtigungsgrundlagen erforderlich machen kann, so stellte der österreichische Ansatz der Gesamtänderung – wenngleich in der spezifischen Struktur des österreichischen Verfassungsrechts angelegt – ein qualitatives Novum der Europäisierung innerstaatlichen Verfassungsrechts dar.[43]

VI. Verträge von Amsterdam (1999) und Nizza (2003): Minimale Anpassungen

Die Verträge von Amsterdam vom 2. Oktober 1997 (in Kraft getreten am 1. Mai 1999) und Nizza vom 26. Februar 2001 (in Kraft getreten am 1. Februar 2003) bewirkten lediglich vereinzelte Änderungen des innerstaatlichen Verfassungsrechts.[44] Hervorzuheben ist vor allem die Änderung der französischen Verfassung, nachdem der Verfassungsrat entschieden hatte, dass die im Vertrag von Amsterdam angelegte Vergemeinschaftung von Teilbereichen der dritten Säule einschließlich des Übergangs zu Mehrheitsentscheidungen dies erforderlich mache.[45]

VII. Erweiterungsrunden 2004 und 2007: Grundsatzreformen und Souveränitätsdilemma

Eine für die Herausbildung der Modelle rechtlicher Permeabilität besonders markante Entwicklungsstufe waren wiederum die beiden Erweiterungsrunden um insgesamt zwölf neue Mitgliedstaaten zum 1. Mai 2004 und zum 1. Januar 2007.[46] Die vor

anlässlich des Beitritts spezifische staatsorganisatorische und verfahrensrechtliche Regelungen (Art. 23 a ff.) eingefügt wurden (öst. BGBl. 1013/1994).

[42] Daneben bedarf es in beiden Kammern einer 2/3-Mehrheit der abgegebenen Stimmen bei Anwesenheit von mindestens der Hälfte der Mitglieder. Zur Gesamtänderung anlässlich des Beitritts s. *H. Schäffer*, Österreichischer Landesbericht, in: J. Schwarze (Hrsg.), Die Entstehung einer europäischen Verfassungsordnung (2000), S. 339 (354 ff.); *R. Winkler*, Integrationsverfassungsrecht. Das österreichische Verfassungsrecht und das Recht der Europäischen Union – Koordination, Kooperation, Konflikt (2003), S. 11 ff.

[43] Zu den Folgeentwicklungen des österreichischen Europaverfassungsrechts s. sogleich.

[44] Speziell zu den verfassungsrechtlichen Auswirkungen des Vertrags von Amsterdam D. Maus/O. Passelecq (Hrsg.), Le traité d'Amsterdam face aux constitutions nationales (1998).

[45] Franz. Verfassungsrat, Entsch. v. 31. 12. 1997 – Nr. 97-394 DC – *Amsterdam*, Rec. 344.

[46] Zur verfassungsrechtlichen Dimension der Osterweiterung vgl. speziell A. E. Kellermann et al. (Hrsg.), EU-Enlargement – The Constitutional Impact at EU and National Level (2001); *A. Albi*, EU Enlargement and the Constitutions of Central and Eastern Europe (2005), S. 67 ff.; *dies.*, „Europe" Articles in the Constitutions of Central and Eastern European Countries, CMLRev. 42 (2005), S. 399 ff.; *dies.*, EU Amendments of the Central and Eastern European Candidate Countries, in: J.

allem in den mittel- und osteuropäischen Staaten besonders intensiv geführte Debatte um die Wahrung der Souveränität erlangte dabei einen nicht zu unterschätzenden Einfluss auf die Konstruktionsformen normativer Permeabilität. Hervorzuheben ist darüber hinaus, dass der Ratifikationsprozess in fast allen Staaten von Referenden begleitet wurde,[47] die im Falle Ungarns mit Art. 79 a. F. Verf-HU und Lettlands mit Art. 68 Abs. 3 i. V. m. Art. 79 Verf-LET sogar auf spezifisch beitrittsgerichtete Verfassungsnormen gestützt waren.[48] Den verfassungsrechtlichen Neuerungen gingen dabei in allen Beitrittskandidaten Beratungen und Analysen voraus, in denen die Erfahrungen der alten Mitgliedstaaten in Bezug auf das innerstaatliche Europaverfassungsrecht aufgearbeitet und für den Reformprozess fruchtbar gemacht wurden.[49] Auch dies unterstreicht einmal mehr den horizontalen Rezeptionszusammenhang permeabler Verfassungsstrukturen in der Europäischen Union.

1. Mittel- und osteuropäische Staaten I (2004)

Die heutigen EU-Mitgliedstaaten Mittel- und Osteuropas setzten im Zeitraum zwischen 1989 und 1993 – in Polen 1997 – neue Verfassungen in Kraft bzw. reformierten die bestehenden von Grund auf.[50] Dieser Erneuerungsprozess umfasste, wie bereits dargelegt, vor allem auch die Einführung verfassungsrechtlicher Schutzmechanismen für die wiedererlangte Souveränität. Die Mehrzahl der Anpassungen an die Erfordernisse der kommenden EU-Mitgliedschaft erfolgte hingegen erst rund ein Jahrzehnt später. Angesichts des vergleichsweise hohen Maßes an (neu errichtetem) Souveränitätsschutz und der dahinter stehenden politischen Sensibilität der Souveränitätsfrage,[51] bestand durch das zeitliche Auseinanderfallen in erhöhtem Maße die

---

Ziller (Hrsg.), l'Européanisation des droits constitutionnels à la lumière de la Constitution pour l'Europe (2003), S. 39 ff.; A. E. Kellermann et al. (Hrsg.), The Impact of EU Accession on the Legal Orders of New Member States and (Pre-) Candidate Countries (2006); *J. Czuczai*, Constitutional Preparation for EU Accession in the New Central and Eastern European Member States: Is the Rule of Law Better than the Rule of Politics?, in: J. de Zwaan et al. (Hrsg.), FS A. E. Kellermann (2004), S. 269 ff.; *H. Küpper*, Die Ratifikation der Unionsverfassung in den neuen Mitgliedstaaten, in: K. Beckmann/J. Dieringer/U. Hufeld (Hrsg.), Eine Verfassung für Europa (2. Aufl. 2005), S. 273 ff.; *P.-C. Müller-Graff*, East Central Europe and the European Union: From Europe Agreements to a Member Status. General Report, in: ders. (Hrsg.), East Central Europe and the European Union: From Europe Agreements to Member Status (1997), S. 9 ff.

[47] Mit Ausnahme Zyperns und Bulgariens. In Rumänien erfolgte 2003 ein Referendum in Bezug auf die Verfassungsänderung.

[48] Kritisch zu Art. 79 a. F. Verf-HU *I. Varga*, Zum aktuellen Stand der EU-Verfassungsdebatte in Ungarn, in: K. Beckmann/J. Dieringer/U. Hufeld (Hrsg.), Eine Verfassung für Europa (2. Aufl. 2005), S. 303 ff.

[49] Vgl. dazu *A Albi*, „Europe" Articles in the Constitutions of Central and Eastern European Countries, CMLRev. 42 (2005), S. 399 (415).

[50] Einen Überblick bietet *H. Roggemann*, Einführung. Verfassungsentwicklung und Verfassungsrecht in Mittel- und Osteuropa, in: ders (Hrsg.), Die Verfassungen Mittel- und Osteuropas (1999), S. 41 ff.

[51] Vgl. *A. Albi*, EU Enlargement and the Constitutions of Central and Eastern Europe (2005), S. 24 ff.

Gefahr, dass beitrittsgerichtete Verfassungsreformen erschwert oder sogar verhindert würden. Diese Problematik kann in jüngerer Zeit als vielleicht prägnantestes Beispiel für den Einfluss gelten, welcher dem Souveränitätsprinzip bis heute für die textlichen Gestaltformen normativer Permeabilität im staatlichen Verfassungsrecht zukommt.

Ein Blick auf die Genese der verfassungsrechtlichen Grundlage der europäischen Integration in Estland mag dies illustrieren. Entgegen den Vorschlägen einer 1996 speziell einberufenen Expertenkommission, nach deren Auffassung vor allem die (zusammen mit der Verfassung erst 1992 in Kraft getretene) Souveränitätsklausel des § 1 Verf-EST nicht mit dem kommenden Beitritt zu vereinbaren war,[52] entschied man sich hier bewusst gegen eine textliche Veränderung der Verfassung. Stattdessen fügte man ihr ein durch Referendum bestätigtes Verfassungsergänzungsgesetz hinzu, das sich neben der Ermächtigung zum Beitritt auf die allgemeine Aussage beschränkt, die estnische Verfassung werde infolge des Beitritts „an die Rechte und Pflichten aus dem Beitrittsvertrag angepasst."[53] Der in der estnischen Verfassungsordnung, insbesondere in § 163 Verf-EST an sich nicht vorgesehene und daher in der Fachwelt heftig umstrittene Ansatz einer Verfassungs*ergänzung* war maßgeblich von der Sorge motiviert, eine Revision des Verfassungstextes könnte als Aufgabe der Souveränität missdeutet und daher mehrheitlich von der Bevölkerung im Rahmen eines Referendums abgelehnt werden.[54]

Auch in Polen, wo die neue Verfassung im Jahr 1997 zwar vergleichsweise spät in Kraft trat,[55] dafür aber mit Art. 90 Abs. 1 bereits eine Integrationsklausel zur Übertragung der „Kompetenz von Organen der staatlichen Gewalt in bestimmten Angelegenheiten" auf internationale Organisationen bzw. Organe enthielt, war die Souveränitätsfrage ein politisch wie rechtlich entscheidender Faktor.[56] Um das spätere Referendum zur Annahme der Verfassung nicht zu gefährden, verzichtete man bei den lebhaft geführten Beratungen und Vorarbeiten in Kenntnis der unterschiedlichen Integrationsklauseln der alten Mitgliedstaaten bewusst auf die als missverständlich

---

[52] Dazu *T. Kerikmäe*, Estonian Constitutional Problems in Accession to the EU, in: A. E. Kellermann et al. (Hrsg.), EU-Enlargement – The Constitutional Impact at EU and National Level (2001), S. 291 (295 f.)

[53] Gesetz zur Ergänzung des Grundgesetzes der Republik Estland 429/2003 v. 5. 10. 2003, estn. ABl. v. 10. 10. 2003, Nr. 64, 429. Das Gesetz wurde zuvor am 14. 9. 2003 auf Grundlage von § 162 Verf-EST durch Volksentscheid angenommen. Für eine Übersetzung ins Deutsche danke ich herzlich *R. Müller.*

[54] Dazu *A. Albi*, Estonia, in: A. E. Kellermann et al. (Hrsg.), The Impact of EU Accession on the Legal Orders of New Member States and (Pre-) Candidate Countries (2006), S. 331 (332 ff.). S. zur Problematik im Einzelnen unten, Teil 2 – Kapitel 8 – III.

[55] Dazu *T. Rabska*, The new Constitution of the Republic of Poland, EPL 4 (1998), S. 166 ff.

[56] Eingehend hierzu *C. Mik*, State Sovereignty and European Integration: Public International Law, EU and Constitutional Law in the Polish Context, in: N. Walker (Hrsg.), Sovereignty in Transition (2003), S. 367 (395 ff.) sowie *S. Biernat*, Offene Staatlichkeit, in: IPE II (2008), § 21 Polen, Rn. 36 ff. Speziell für den polnischen Verfassungsdiskurs im Vorfeld des Verfassungsvertrages vgl. *S. Garsztecki*, Verfassungsdiskurs in den neuen Mitgliedstaaten zwischen Nizza und dem Verfassungskonvent: Das Beispiel Polens, in: U. Liebert/J. Falke/A. Maurer (Hrsg.), Postnational Constitutionalisation in the New Europe (2006), S. 291 ff.

angesehene Formulierung der „Einschränkung von Souveränität". Zudem platzierte man die Integrationsermächtigung – anders als die Souveränitätsklausel – nicht in dem mit besonderem Revisionsschutz ausgestatteten ersten Kapitel der Verfassung über die Grundprinzipien der Republik, sondern verankerte es vielmehr in dem die Rechtsquellen betreffende dritten Kapitel.[57]

In Tschechien waren vor Annahme der beitrittsgerichteten Verfassungsänderung im Jahr 2001 bereits 13 Änderungsentwürfe gescheitert, wobei berichtet wird, dass der politische Einfluss des euroskeptischen *Václav Klaus* und seine Befürchtungen um die Preisgabe der tschechischen Souveränität in diesem Zusammenhang keine unbedeutende Rolle gespielt haben.[58] Letztlich konnte man sich mit Art. 10a[59] auf eine allgemein auf internationale Organisationen bezogene Übertragungsklausel einigen, die ihrem Wortlaut nach dem polnischen Art. 90 Abs. 1 ähnelt.

Auch der im Jahr 2003 eingeführte Art. 3a Abs. 1 Verf-SLO kommt ohne eine konkrete Bezugnahme auf die EU aus. Er ermächtigt allgemein dazu, „die Ausübung der Teile der souveränen Rechte auf internationale Organisationen zu übertragen, die auf der Achtung der Menschenrechte und Grundfreiheiten, der Demokratie und den Prinzipien des Rechtsstaates fundieren".[60] Darüber hinaus weist die slowenische Verfassung mit Art. 3a Abs. 3 aber bereits wegweisend eine Bestimmung auf, die im Hinblick auf die *Anwendungsmodalitäten* des Sekundärrechts ausdrücklich auf die Rechtsordnung der betreffenden Organisation selbst verweist.

Eine speziell auf die Mitgliedschaft in der EU zugeschnittene *Integrationsermächtigung* findet sich in den mittel- und osteuropäischen Beitrittskandidaten jedoch erstmals in Art. 7 Abs. 2 S. 1 Verf-SLK.[61] Danach kann die Slowakische Republik durch

---

[57] Zur Entstehung vgl. *S. Biernat*, Offene Staatlichkeit, in: IPE II (2008), § 21 Polen, Rn. 4 ff.; *ders.*, The Openness of the Constitution of Poland towards European Integration, in: G. Amato/G. Braibant/E. Venizelos (Hrsg.), The Constitutional Revision in Today's Europe (2002), S. 439 (441); *A. Albi*, EU Enlargement and the Constitutions of Central and Eastern Europe (2005), S. 79; *C. Mik*, State Sovereignty and European Integration: Public International Law, EU and Constitutional Law in the Polish Context, in: N. Walker (Hrsg.), Sovereignty in Transition (2003), S. 367 (398).

[58] Vgl. *A. Albi*, EU Enlargement and the Constitutions of Central and Eastern Europe (2005), S. 70 f.

[59] Eingeführt durch verfassungsänderndes Gesetz 395/2001 v. 18. 10. 2001, tschech. ABl. 2001, Nr. 149, 395. Dazu *J. Zemánek*, Czech Republic, in: A. E. Kellermann et al. (Hrsg.), The Impact of EU Accession on the Legal Orders of New Member States and (Pre-) Candidate Countries (2006), S. 313 (313 ff.). Zu Einzelaspekten der tschechischen Teilnahme an der EU vgl. die Beiträge in: M. Nettesheim/T. Oppermann (Hrsg.), Die Tschechische Republik und die Europäische Union (2003).

[60] Eingeführt durch verfassungsänderndes Gesetz v. 27. 2. 2003, slowen. ABl. v. 7. 3. 2003, Nr. 24, 898. Dazu *C. Ribičič*, Implementing European Standards into the case-law of the Constitutional Court, in: A. M. Mavčič (Red.), The Position of Constitutional Courts Following Integration into the European Union (2004), S. 119 (121 ff.). Für die vorherige Rechtslage vgl. *P. Vehar*, Constitutional Problems in the Period of Pre-accession in the Republic of Slovenia, in: A. E. Kellermann et al. (Hrsg.), EU-Enlargement – The Constitutional Impact at EU and National Level (2001), S. 369 (370), der die unbedingte Notwendigkeit einer Verfassungsänderung für den Beitritt hervorhebt.

[61] Eingeführt durch verfassungsänderndes Gesetz 90/2001 v. 23. 2. 2001, slowak. ABl. 2001, Nr. 38, 90. Zu dieser Reform vgl. *M. Hofmann*, Völker- und Europarecht in der geänderten slowakischen Verfassung, in: FS G. Brunner (2001), S. 398 (405 f.). Zur vorherigen Rechtslage vgl. insbesondere *K.*

oder aufgrund eines mit 3/5-Mehrheit aller Abgeordneten angenommenen Vertrages die „Ausübung eines Teils ihrer Befugnisse auf die Europäischen Gemeinschaften und die Europäische Union übertragen."[62] S. 2 spricht dem Unionsrecht Vorrang vor den Gesetzen zu, während S. 3 die Frage der Umsetzung unionsrechtlicher Verpflichtungen regelt.

Ebenfalls einen direkten EU-Bezug weist der 2002 eingeführte Art. 2a Verf-HU auf, wonach die Republik Ungarn „in einem zur Ausübung der sich aus den Gründungsverträgen der Europäischen Union bzw. der Europäischen Gemeinschaften (...) ergebenden Rechte und zur Erfüllung der Pflichten erforderlichen Maße (...) einzelne ihrer sich aus der Verfassung herleitenden Kompetenzen gemeinsam mit den anderen Mitgliedsstaaten ausüben" kann.[63]

In Lettland war durch die Verfassungsänderung 2003 gemäß Art. 68 Abs. 3 ein Volksentscheid über die EU-Mitgliedschaft erforderlich. Gemäß Abs. 4 dieser Vorschrift ist ein Volksentscheid zudem über „erhebliche Änderungen der Bedingungen der Mitgliedschaft" in der EU erforderlich, soweit dies die Hälfte der Parlamentsmitglieder verlangt.[64] Daneben besteht mit Art. 68 Abs. 2 Verf-LET eine allgemein gehaltene Übertragungsermächtigung.

In Litauen wurde der Beitrittsvertrag durch das Parlament am 16. September 2003 noch auf Grundlage der allgemeinen Regeln der Art. 67 Nr. 16 u. Art. 138 Abs. 1 Nr. 6 Verf-LIT ratifiziert,[65] nachdem sich die Bevölkerung zuvor in einem Referendum[66] für den Beitritt ausgesprochen hatte. Erst nachdem der Beitritt bereits vollendet war, beschloss das Parlament im Juli 2004 die Einführung eines in seiner Detailliertheit beispielgebenden Verfassungsaktes, der neben einer EU-spezifischen Ermächtigungsgrundlage[67] zugleich klare Aussagen über Wirkung und Vorrang der Rechtsakte der Union im litauischen Rechtsraum trifft.[68] Zwar ist dieser Verfassungsakt ein vom

---

Kalesna et. al., Status and Tendencies in Slovakia, in: P.-C. Müller-Graff (Hrsg.), East Central Europe and the European Union: From Europe Agreements to Member Status (1997), S. 165 ff.

[62] Das Verfahrenserfordernis ergibt sich dabei aus Art. 84 Abs. 4 Verf-SLK.

[63] Eingeführt durch verfassungsänderndes Gesetz LXI/2002 v. 17. 12. 2002, ungar. ABl. 2002, 9330. Dazu eingehend *J. Czuczai*, Hungary, in: A. E. Kellermann et al. (Hrsg.), The Impact of EU Accession on the Legal Orders of New Member States and (Pre-) Candidate Countries (2006), S. 343 (343 ff.).

[64] Eingeführt durch verfassungsänderndes Gesetz v. 8. 5. 2003, lett. ABl. 2003, Nr. 12, 535. Dazu *A. Ušacka*, Latvia, in: A. E. Kellermann et al. (Hrsg.), The Impact of EU Accession on the Legal Orders of New Member States and (Pre-) Candidate Countries (2006), S. 369 (370 ff.).

[65] Gesetz IX-1730 v. 16. 9. 2003, lit. ABl. v. 26. 9. 2003, Nr. 91(1)-4108.

[66] Referendum abgehalten am 10. u. 11. 5. 2003.

[67] Diese enthält jedoch keine speziellen Verfahrensvorschriften, sodass verfahrensrechtlich für die Ratifikation des Verfassungsvertrages (Gesetz IX-2562 v. 11. 11. 2004, lit. ABl. v. 25. 11. 2004, Nr. 170-6239) sowie des Vertrages von Lissabon (Gesetz X-1525 v. 8. 5. 2008, lit. ABl. v. 17. 5. 2008, Nr. 56-2123) auf die allgemeinen Regeln der Art. 67 Nr. 16 u. Art. 138 Abs. 1 Nr. 6 Verf-LIT zurückgegriffen wurde.

[68] Verfassungsakt über die Mitgliedschaft der Republik Litauen in der Europäischen Union v. 13. 7. 2004, lit. ABl. v. 17. 7. 2004, Nr. 111-4123. Gemäß Art. 148 Abs. 3 Verf-LIT musste das Parlament über den technisch als Verfassungsänderung eingestuften Verfassungsakt zweimal – unter Einhal-

Stammtext der Verfassung förmlich getrennter Akt, gilt aber über einen Verweis in Art. 150 Verf-LIT als integraler Bestandteil der Verfassung. Anders als in Estland fügte sich dieser Ansatz ungleich besser in das litauische Verfassungssystem ein, da hier bereits zuvor in Art. 150 die Möglichkeit von Verfassungstexten außerhalb des Stammtextes, wenngleich nicht als Regelfall, vorgesehen war.[69] Auch in Litauen aber waren die Diskussionen im Vorfeld des Beitritts maßgeblich von der Frage nach Qualität und Ausmaß möglicher Souveränitätseinschränkungen geprägt.[70]

2. *Malta und Zypern (2004)*

Auch in Zypern erfolgten notwendige verfassungsrechtliche Anpassungen erst nach dem Beitritt. Zwar wurde die Revisionsbedürftigkeit der Verfassung von 1960 hier bereits im Vorfeld des Beitritts thematisiert.[71] Verfassungsrechtliche Änderungsvorhaben sind in Zypern jedoch noch immer mit grundsätzlichen Schwierigkeiten behaftet. Diese ergeben sich zum Einen aus der Revisionsfestigkeit zentraler Verfassungsbestimmungen gemäß Art. 182 Abs. 1 i.V.m. Annex III Verf-CY.[72] Zum Anderen wirkt sich der auf den Rückzug der türkischen Zyprioten aus den staatlichen Institutionen im Jahr 1964 zurückgehende politische Sonderstatus erschwerend auf den Revisionsprozess aus. Da seither die zur parlamentarischen Beschlussfassung verfassungstextlich vorgesehenen Mehrheiten faktisch nicht mehr erreicht werden können, entwickelte die Rechtsprechung Sonderregeln zur Sicherstellung der Funktionsfähigkeit der legislativen Tätigkeit (sog. *Notwendigkeitsdoktrin*).[73] Nachdem der zypriotische Oberste Gerichtshof (*Supreme Court*) in einer Grundsatzentscheidung zunächst Abweichungen von den verfahrensrechtlichen Verfassungsvorschriften für zulässig erachtet hatte,[74] gestand er in einer späteren Entscheidung unter Einhaltung

---

tung einer Interimsperiode von mindestens drei Monaten – abstimmen. Näher zum lit. EU-Verfassungsakt *I. Jarukaitis*, Lithuania, in: A.E. Kellermann et al. (Hrsg.), The Impact of EU Accession on the Legal Orders of New Member States and (Pre-) Candidate Countries (2006), S. 385 (392 ff.).

[69] Vgl. *A. Albi*, EU Enlargement and the Constitutions of Central and Eastern Europe (2005), S. 102. Kritischer dagegen *I. Jarukaitis*, Ratification of the European Constitution in Lithuania and its Impact on the National Constitutional System, in: A. Albi/J. Ziller (Hrsg.), The European Constitution and National Constitutions. (2007), S. 17 (19 f.).

[70] *E. Kûris*, The Constitutional Court of Lithuania and Lithuania's Membership in the European Union, in: A.M. Mavčič (Red.), The Position of Constitutional Courts Following Integration into the European Union (2004), S. 179 (191 f.).

[71] Neben dem Umstand, dass die zypriotische Verfassung von 1960 keine Integrationsermächtigung vorsah, wurden verfassungsrechtliche Probleme mit Blick auf den Beitritt vor allem in Art. 179 Verf-CY (Höchstrang der Verfassung) sowie in Art. 61 Verf-CY (alleinige Zuständigkeit des Parlaments für die Legislative mit Ausnahme der Kommunalkammern) verortet, vgl. *C. Josephides*, La constitution de Chypre face aux débat constitutionnel dans l'Union européenne, in: BIICL (Hrsg.), F.I.D.E. XX Congress London, Vol. 1 (2002), S. 57 (71).

[72] Hierzu zählen neben der Souveränitätsklausel in Art. 1 auch Art. 61, nicht aber Art. 179 Verf-CY.

[73] *N. Emiliou*, Cyprus, in: A.E. Kellermann et al. (Hrsg.), The Impact of EU Accession on the Legal Orders of New Member States and (Pre-) Candidate Countries (2006), S. 303 (304 f.).

[74] Zyp. Oberster Gerichtshof, *Attorney General of the Republic v. Ibrahim*, Cyprus Law Reports

engster Voraussetzungen sogar die Möglichkeit einer Änderung der nicht revisionsfesten Verfassungsbestimmungen durch 2/3-Mehrheit der griechisch-zypriotischen Parlamentsmitglieder zu.[75] Der Beitrittsvertrag wurde im Jahr 2003 zunächst ohne vorherige Verfassungsänderung durch das Abgeordnetenhaus ratifiziert.[76] Nachdem durch eine Entscheidung des Obersten Gerichtshofes zum Europäischen Haftbefehl allerdings ein Konflikt zwischen zypriotischer Verfassung und Unionsrecht offen zu Tage getreten war,[77] erfolgte im Jahr 2006 schließlich eine Verfassungsänderung auf Basis der Notwendigkeitsdoktrin.[78] Kennzeichnend für diese Verfassungsänderung war neben der Relativierung der bestehenden Klausel über die innerstaatliche Suprematie der Verfassung (Art. 179 Verf-CY) vor allem die Einführung einer ausdrücklichen Vorrangbestimmung in Bezug auf das Unionsrecht (Art. 1a Verf-CY). Auch hierbei handelt es sich um eine Klausel, die auf Vorgängermodelle anderer Staaten aufbaut. Sie ist nahezu wortgleich der irischen Vorrangklausel (Art. 29 Abs. 4 Nr. 6 n. F. Verf-IRL) entlehnt und ist seither die verfassungsrechtliche Basis für eine grundsätzliche Anerkennung des Vorrangs des Unionsrechts auch vor nationalem Verfassungsrecht.

In Malta wurde bereits im Jahr 2003 ein Parlamentsgesetz über die Europäische Union erlassen, das in zentralen Regelungsbereichen dem britischen und dem irischen EU-Gesetz nachgebildet ist, die beide aus dem Jahr 1972 stammen.[79] Das neue maltesische EU-Gesetz enthielt darüber hinaus eine verfassungsändernde Bestimmung, auf deren Grundlage in Art. 65 Verf-MAL eine ausdrückliche Bindung der Gesetzgebung an die sich aus dem Beitrittsvertrag ergebenden Verpflichtungen eingefügt wurde. Anzumerken ist jedoch, dass dieses Gesetz nur mit einfacher Mehrheit erlassen wurde und darum nicht die Regelung über die innerstaatliche Suprematie der

---

1964, 195 (230 ff.). Vgl. *N. Emiliou*, The Constitutional Impact of Enlargement at EU and National Level: The Case of the Republic of Cyprus in: A. E. Kellermann et al. (Hrsg.), EU-Enlargement – The Constitutional Impact at EU and National Level (2001), S. 243 (244).

[75] Zyp. Oberster Gerichtshof, *President of the Republic v. House of Representatives*, Cyprus Law Reports 1986, 1444 ff. sowie *Nikolaou v. Kyriakides*, Cyprus Law Reports 1992, 356 ff. Dazu *C. G. Patsalides*, Accomodating the Principle of Supremacy of Community Law to the Cypriot Legal Order – The Necessity for a Constitutional Amendment, EPL 12 (2006), S. 363 (368 f.).

[76] Auf Grundlage von Art. 169 Abs. 2 Verf-CY durch Gesetz 35(III)/2003 v. 14. 7. 2003, zyp. ABl. v. 25. 7. 2003, Nr. 3740. Eingehend zum Beitritt Zyperns *C. Tomuschat*, The Accession of Cyprus to the European Union, in: FS D. Th. Tsatsos (2003), S. 672 ff. sowie *N. Emiliou*, Impact of EU Accession on the National Legal Orders of New Member States: The Case of Cyprus, in: FS A. E. Kellermann (2004), S. 285 ff.

[77] Zyp. Oberster Gerichtshof, Entsch. v. 7. 11. 2005 – Nr. 294/2005 – *Europäischer Haftbefehl*, engl. Zsf. unter, http://www.consilium.europa.eu/ueDocs/cms_Data/docs/polju/EN/EJN680.pdf (1. 9. 2010) als Annex A zu Ratsdok. 14281/05. Zur Entscheidung *V. Mitsilegas*, The Constitutional Implications of Mutual Recognition in Criminal Matters in the EU, CMLRev. 43 (2006), S. 1277 (1298).

[78] Verfassungsänderungsgesetz Nr. 127 (I) 2006 v. 28. Juli 2006. Für die Übersendung des Textes in englischer Fassung danke ich ganz herzlich der zypriotischen Botschaft in Berlin.

[79] Gesetz V/2003 vom 16. 7. 2003, malt. ABl., Kapitel 460. Dazu *P. G. Xuereb*, Malta, in: A. E. Kellermann et al. (Hrsg.), The Impact of EU Accession on the Legal Orders of New Member States and (Pre-) Candidate Countries (2006), S. 409 (410 f.). Dazu näher Teil 2 – Kapitel 10 – III. 2.

Verfassung nach Art. 6 Verf-MAL modifizieren kann, wofür nach Art. 66 Abs. 1 lit. b eine 2/3-Mehrheit aller Abgeordneten im Repräsentantenhaus erforderlich wäre.[80]

3. *Mittel- und osteuropäische Staaten II (2007)*

Grundlegende Änderungen sind schließlich für Rumänien und Bulgarien zu verzeichnen. In Rumänien erfolgte im Jahr 2003 nach der Leitentscheidung des Verfassungsgerichtes[81] eine breit angelegte und durch Referendum bestätigte Verfassungsrevision, in deren Zuge insbesondere Art. 148 Verf-ROM n. F. eingefügt wurde.[82] Gemäß Abs. 1 erfolgt der „Beitritt Rumäniens zu den Gründungsverträgen der Europäischen Union zum Zweck der Übertragung bestimmter Zuständigkeiten an die Gemeinschaftsinstitutionen sowie der gemeinsamen Ausübung der in diesen Verträgen vorgesehenen Kompetenzen mit den anderen Mitgliedsstaaten (...) durch ein Gesetz, das in gemeinsamer Sitzung der Abgeordnetenkammer und des Senates mit einer Zweidrittelmehrheit der Anzahl der Abgeordneten und Senatoren verabschiedet wird." Abs. 2 beinhaltet zudem eine Vorrangklausel in Bezug auf das Unionsrecht.

In Bulgarien wurde durch Verfassungsänderung im Jahr 2005[83] neben der Staatszielbestimmung des Art. 4 Abs. 3 insbesondere die Integrationsermächtigung des Art. 85 Abs. 1 Nr. 9 und Abs. 2 eingeführt.[84] Danach kann die bulgarische Volksversammlung internationale Verträge ratifizieren, welche „der Europäischen Union Befugnisse übertragen, die aus der Verfassung folgen", wobei die Annahme des Zustim-

---

[80] Eine solche 2/3-Mehrheit ist gemäß Art. 66 Verf-MAL nur in bestimmten Fällen notwendig. Eine Änderung von Art. 6 Verf-MAL war ursprünglich vorgeschlagen worden, konnte jedoch die dafür politischen Mehrheiten nicht auf sich vereinen. Vgl. dazu *P. G. Xuereb*, Constitutional Questions Raised by the Proposed Accession of Malta to the European Union in the General Context, in: A. E. Kellermann et al. (Hrsg.), EU-Enlargement – The Constitutional Impact at EU and National Level (2001), S. 229 (230 f.).

[81] Urteil des rumän. VerfG v. 16. 4. 2003 – Nr. 148/2003 – EU Beitritt, rumän. ABl. 171 I, Nr. 317 v. 12. 5. 2003, Punkt A.a.; engl. Übers. unter: http://www.ccr.ro/decisions/pdf/en/2003/D148_03.pdf (1. 9. 2010). Dazu *V. Duculescu/R. Adam*, Romania, in: A. E. Kellermann et al. (Hrsg.), The Impact of EU Accession on the Legal Orders of New Member States and (Pre-) Candidate Countries (2006), S. 113 (119 f.).

[82] Verfassungsänderndes Gesetz v. 18. 9. 2003, rumän. ABl. Nr. 669 v. 22. 9. 2003; mit neuer Nummerierung nochmals veröffentlicht in Nr. 767 v. 31. 10. 2003 nachdem das Referendum vom 18. u. 19. 10. 2003 positiv verlaufen war.

[83] Verfassungsänderungsgesetz SG 18/2005 v. 25. 2. 2005. Zu Änderungsvorschlägen im Vorfeld s. bereits *E. Evtimov*, Die bulgarische Verfassung im Lichte des Beitritts zur Europäischen Union, ZÖR 59 (2004), S. 53 (65 ff.). Zuvor hatte das bulg. VerfG, Entsch. v. 5. 7. 2004 – Nr. 3/2004 bereits der allgemeinen Vorschrift des Art. 24 Abs. 2 Verf-BG Integrationswirkungen beigemessen, wenngleich in recht abstrakter Weise.

[84] Eingehend zum bulgarischen Europaverfassungsrecht nunmehr *M. Decheva*, Europäisierung des bulgarischen Verfassungsrechts infolge des EU-Beitritts (2010), S. 41 ff., 54 ff. und 65 ff. in Abgleich zur deutschen Rechtslage. Vgl. zudem *E. Tanchev/M. Belov*, Constitutional Gradualism: Adapting to EU Membership and Improving the Judiciary in the Bulgarian Constitution, EPL 14 (2008), S. 3 (10 ff.).

mungsgesetz zu einem solchen Vertrag einer Mehrheit von zwei Dritteln aller Abgeordneter bedarf.

4. *Verfassungs- und höchstgerichtliche Leitentscheidungen*

Trotz des gemeinsamen verfassungskulturellen Hintergrunds wird gerade für die mittel- und osteuropäischen Staaten deutlich, dass die Gestaltformen rechtlicher Permeabilität keineswegs uniform konstruiert sind.

Neben den verfassungstextlichen Neuerungen sind im Kontext der Beitritte 2004 und 2007 zugleich grundlegende Entwicklungen in der integrationsbezogenen Rechtsprechung der Verfassungs- bzw. Höchstgerichtsbarkeit zu verzeichnen, die – bei aller Vorsicht der Vergleichsebene und unter Berücksichtigung der Besonderheiten innerstaatlicher Verfassungsstruktur und verfassungsgerichtlicher Diktion – nicht selten auf einer Kontinuitätslinie zu den europaverfassungsrechtlichen Leitentscheidungen in den alten Mitgliedstaaten liegen, ja sich zuweilen in ausdrücklicher Anlehnung ihrer Argumentformen bedienen.[85]

So fällte der polnische Verfassungsgerichtshof am 11. Mai 2005 anlässlich der Überprüfung der Verfassungsmäßigkeit des Beitrittsvertrages eine Grundsatzentscheidung zum Verhältnis von polnischer Verfassungsordnung und Unionsrecht,[86] die in Bezug auf die Doktrin des ausbrechenden Rechtsaktes ausdrücklich der Linie der *Maastricht*-Urteile des BVerfG und des dänischen Obersten Gerichtshofs folgt. Die Entscheidung des polnischen Verfassungsgerichtshofs erging nur wenige Tage nach seinem Urteil zum Europäischen Haftbefehl, das ebenfalls als eine Schlüsselentscheidung für die Permeabilität der polnischen Verfassungsordnung zu werten ist.[87] Mit seinen grundlegenden Entscheidungen vom 8. März 2006 zum Zuckerquotenstreit und vom 3. Mai 2006 zum Europäischen Haftbefehl, fügte das tschechische Verfassungsgericht dem Chor verfassungsgerichtlicher Stimmen in der unmittelbaren Phase nach Vollendung des Beitritts eine weitere hinzu.[88] In Ungarn hatte die Umsetzung des Zuckerquotenregimes bereits im Jahr 2004 Anlass für ein viel beach-

---

[85] Für eine Analyse unter dem Leitbild der Solange-Doktrin vgl. *W. Sadurski*, „Solange, chapter 3": Constitutional Courts in Central Europe – Democracy – European Union, ELJ 14 (2008), S. 1 ff. S. auch *I. Pernice*, Das Verhältnis europäischer zu nationalen Gerichten im europäischen Verfassungsverbund (2006), S. 21 ff.

[86] Poln. VerfGH, Entsch. v. 11. 5. 2005 – K 18/04 – *Beitrittsvertrag*, in der deutschen Übersetzung von *M. Bainczyk/U. Ernst*, EuR 2006, S. 236 ff. Dazu *dies.*, a.a.O. S. 247 ff. sowie *A. Łazowski*, Polish Constitutional Tribunal: Conformity of the Accession Treaty with the Polish Constitution. Decision of 11 May 2005, EuConst 3 (2007), S. 148 ff.

[87] Poln. VerfGH, Entsch. v. 27. 4. 2005 – P 1/05 – *Europäischer Haftbefehl*. Dazu *A. Łazowski*, Poland. Constitutional Tribunal on the Surrender of Polish Citizens Under the European Arrest Warrant. Decision of 27 April 2005, EuConst 1 (2005), S. 569 ff. sowie *D. Leczykiewicz*, Polish Constitutional Tribunal, Judgment of 27 April 2005, No. P 1/05, on the constitutionality of the European Arrest Warrant national implementation, CMLRev. 43 (2006), S. 1181 ff.

[88] Tschech. VerfG, Urteile v. 8. 3. 2006 – Pl. US. 50/04 – *Zuckerquoten II* u. v. 3. 5. 2006 – Pl. US. 66/04 – *Europäischer Haftbefehl*. Auch das tschechische Verfassungsgericht bezieht sich dabei explizit auf Vorgängerentscheidungen aus anderen Mitgliedstaaten.

tetes Urteil geboten, hier allerdings in Bezug auf ein innerstaatliches Umsetzungsgesetz, das zeitlich noch vor dem Beitritt ergangen war.[89] Zudem setzten sich die höchsten Gerichte in Estland und Lettland intensiv mit dem Modus der beitrittsgerichteten Verfassungsänderung bzw. -ergänzung auseinander, wenngleich beide Mechanismen letztlich unangetastet blieben.[90]

Diese Entscheidungen trugen nicht nur zur Verdeutlichung und Konturierung der Mechanismen rechtlicher Permeabilität bei, sondern hoben durch die in erhöhtem Maße rechtsvergleichend geprägten Argumentationsstränge zugleich die Rezeptionskultur verfassungsgerichtlicher Entscheidung auf eine neue Stufe.

VIII. Reformprozess (2001–2009): verfassungsrechtliche Tiefenwirkung

Ihren bisherigen Höhepunkt erreichte die Diskussion um die europäische Verfassungsdimension zweifellos mit dem in der Erklärung von Laeken vom 15. Dezember 2001 angestoßenen Verfassungsprozess, der nach dem Entwurf des Europäischen Konventes vom 18. Juli 2003[91] in der Unterzeichnung des Vertrages über eine Verfassung für Europa am 29. Oktober 2004[92] in Rom gipfelte und seine Verlängerung in der Unterzeichnung des Vertrages von Lissabon am 13. Dezember 2007[93] fand. Lange Zeit war höchst ungewiss, ob der Verfassungsprozess nicht auch zugleich einen realpolitischen Tiefpunkt europäischer Reformentwicklung markieren würde. Mit der schließlich, wenngleich nur in höchstem Maße mühsam bewältigten Ratifikation des Vertrages von Lissabon aber konnten die meisten Kernpunkte des Post-Nizza-Re-

---

[89] Ung. VerfG, Urt. v. 25. 5. 2004 – Nr. 17/2004 – *Zuckerquoten*, Entscheidungssammlung (ABH) 2004, S. 291 ff. Dazu *R. Uitz*, EU Law and the Hungarian Constitutional Court: Lessons of the First Post-Accesseion Encounter, in: W. Sadurski et al. (Hrsg.), Après Enlargement (2006), S. 41 ff. sowie *A. Sajó*, Learning co-operative constitutionalism the hard way: The Hungarian Constitutional Court shying away from EU supremacy, ZSE 2 (2004), S. 351 ff.

[90] Vgl. estn. Oberster Gerichtshof, Entscheidungen v. 24. 9. 2003 – Nr. 3–4 – 1-11-03 – *Vilu und Estnische Wählerunion* u. v. 29. 9. 2003 – Nr. 3–4 – 1-12-03 – *Kulbok*, dazu *A. Albi*, Supremacy of EU Law in the New Member States, EuConst 3 (2007), S. 25 (43 ff.). Das lett. Verfassungsgericht wies fünf Petitionen (Nr. 119-123/2003) gegen das Verfassungsänderungsgesetz bereits aus prozessualen Gründen zurück, vgl. *A. Endziòs*, The Position of the Constitutional Court of the Republic of Latvia Following Integration into the European Union, in: A. M. Mavčič (Red.), The Position of Constitutional Courts Following Integration into the European Union, Bled 2004, S. 208 (214 f.).

[91] Dok. CONV 850/03. Hierbei handelt es sich um die insbesondere um Teil III und IV ergänzte Version des Entwurfes, der dem Europäischen Rat bereits anlässlich seiner Tagung vom 20. Juni 2003 in Thessaloniki vom Präsidenten des Konvents Valéry Giscard d'Estaing überreicht worden war (Dok. CONV 820/03). Der Konvent hatte den Text am 13. Juni und 10. Juli im Konsensverfahren angenommen. Zum Entwurf vgl. I. Pernice/M. Poiares Maduro (Hrsg.), A Constitution for the European Union: First Comments on the 2003-Draft of the European Convention (2003); O. Beaud et al. (Hrsg.), L'Europe en voie de constitution. Pour un bilan critique des travaux de la Convention (2004).

[92] ABl. EU Nr. C 310 v. 16. 12. 2004.

[93] ABl. EU Nr. C 306 v. 17. 12. 2007.

form-Prozesses letztlich doch einer Lösung auf Ebene des Primärrechts zugeführt werden.

1. Verfassungsvertrag (Ratifikation gescheitert 2005)

In Bezug auf die verfassungsrechtlichen Grundlagen rechtlicher Permeabilität in den Rechtsordnungen der Mitgliedstaaten stellten der Verfassungsprozess und insbesondere die Entwicklungsphase hin zum Vertrag über eine Verfassung für Europa (VVE) zugleich einen zentralen Referenzpunkt für Grundsatzanalysen und Reformgedanken dar.[94] Zeitlich überlappt diese Phase mit den Erweiterungsprozessen für zwölf neue Mitgliedstaaten, deren verfassungsrechtlichen Adaptionsleistungen somit zugleich im Entstehungskontext des VVE zu sehen sind.

Aber gerade auch in den alten Mitgliedstaaten sind wegweisende verfassungsrechtliche Entwicklungen für diesen Zeitraum zu beobachten. Gemessen an der inhaltlichen Tragweite der Reform – man denke nur an die Inkorporation der Grundrechtecharta, die explizite Normierung des Vorrangs in Art. I-6 VVE, die Ausweitung der Mehrheitsentscheidungen, den Wegfall der Säulenstruktur, die Stärkung der nationalen Parlamente sowie die neue Stimmgewichtung im Rat[95] – hielt sich die Quantität der Verfassungsänderungen zwar vergleichsweise in Grenzen. Gleichwohl machen die höchst- bzw. verfassungsgerichtlichen Verfahren um das Reformvorhaben

---

[94] Vgl. insbesondere *J. Schwarze*, in: ders (Hrsg.), Die Entstehung einer europäischen Verfassungsordnung (2000), S. 463ff.; *ders.*, Auf dem Weg zu einer europäischen Verfassung – Wechselwirkungen zwischen europäischem und nationalem Verfassungsrecht, in: ders./P-C. Müller-Graff (Hrsg.), Europäische Verfassungsentwicklung, EuR Beiheift 1/2000, S. 7ff.; *ders.*, Das Zusammenwachsen von nationalem und europäischem Verfassungsrecht – Überlegungen zu den Voraussetzungen eines europäischen Verfassungsvertrages, Basler Juristische Mitteilungen, 2001, S. 209ff. S. zudem die Beiträge in J. Ziller (Hrsg.), l'Européanisation des droits constitutionnels à la lumière de la Constitution pour l'Europe (2003) sowie *M. Claes*, Constitucionalizando Europa desde su fuente. Las „cláusulas europeas" en las Constituciones nacionales: evolución y tipología, in: M. Cartabia/B. de Witte/Pablo Pérez Tremps (Hrsg.), Constitución Europea y Constituciones Nacionales (2005), S. 123 ff.; *R. Arnold*, The European Constitution and the Transformation of National Constitutional Law, in: I. Pernice/J. Zemánek (Hrsg.), A Constitution for Europe: The IGC, the Ratification Process and Beyond (2005), S. 21ff.; A. Albi/J. Ziller (Hrsg.), The European Constitution and National Constitutions. Ratification and Beyond (2007).

[95] Zu den inhaltlichen Implikationen des VVE vgl. aus der Fülle an Literatur insbesondere I. Pernice/J. Zemánek (Hrsg.), A Constitution for Europe: The IGC, the Ratification Process and Beyond (2005); L. Burgorgue-Larsen/A. Levade/F. Picod (Hrsg.), Traité établissant une Constitution pour l'Europe, Tome 1 – Architecture constitutionnelle (2007), Tome 2 – La charte des droits fondamentaux de l'Union (2005); G. Amato/H. Bribosia/B. de Witte (Hrsg.), Genèse et destinée de la Constitution européenne. Commentaire du Traité établissant une Constitution pour l'Europe à la lumière des travaux préparatoires et perspectives d'avenir (2007); C. Calliess/M. Ruffert (Hrsg.), Verfassung der Europäischen Union. Kommentar der Grundlagenbestimmungen (2006); W. Hummer/W. Obwexer (Hrsg.), Der Vertrag über eine Verfassung für Europa (2007); C. Vedder/W. Heintschel von Heinegg (Hrsg.), Europäischer Verfassungsvertrag (2007). S. auch die Beiträge in der Erstausgabe der European Constitutional Law Review (2005). Vgl. zu den unterschiedlichen Verfassungsentwürfen zudem die Online-Dokumentation des European Constitutional Law Network (ECLN) www.ecln.net (1. 9. 2010).

deutlich, welch fundamentale Rückwirkung dem VVE auf das innerstaatliche Verfassungsgefüge beigemessen wurde.

Einen vielbeachteten Impuls gab allen voran das spanische Verfassungsgericht (*Tribunal Constitucional*) mit seiner Erklärung vom 13. Dezember 2004.[96] Sie kann als einer der bedeutendsten gerichtlichen Beiträge zur europäischen Verfassungsdiskussion verstanden werden. Zwei Kernargumente seien an dieser Stelle bereits hervorgehoben. Zum einen betonte das spanische Verfassungsgericht den Gleichlauf der grundlegenden Verfassungsstrukturen Spaniens und der EU, aus dem folge, dass eine Verletzung von Grundprinzipien der spanischen Verfassung praktisch zugleich eine Verletzung unionsverfassungsrechtlicher Kernsätze darstelle.[97] Zum anderen zog das Gericht eine kategoriale Trennlinie zwischen dem normen*hierarchischen* Zuhöchstsein der spanischen Verfassung innerhalb der spanischen Rechtsordnung (*supremacía*) einerseits und der rechts*anwendungs*bezogenen und insoweit rein kollisionsrechtlichen Frage der Vorrangigkeit des Unionsrechts (*primacía*) andererseits.[98] Das Gericht kam letztlich zu dem Ergebnis, dass für die Ratifikation des VVE eine Vorabänderung der spanischen Verfassung und insbesondere ihres allgemein gehaltenen Integrationsartikels (Art. 93) weder aufgrund der im VVE vorgesehenen Vorrangklausel noch aufgrund der Rechtsverbindlichkeit der Grundrechtecharta erforderlich sei.[99]

Trotz der grundsätzlichen Vereinbarkeit der spanischen Verfassung mit dem VVE haben sich in jüngerer Zeit Reformbestrebungen in Bezug auf eine künftige spanische Europaklausel verdichtet. In einem auf Ersuchen der spanischen Regierung erarbeiteten Bericht vom 16. Februar 2006[100] schlug der spanische Staatsrat (*Consejo de Estado*) nach eingehender Analyse die Aufnahme eines neuen Verfassungstitels „über die

---

[96] Span. VerfG, Erkl. v. 13. 12. 2004 – DTC 1/2004 – *Verfassungsvertrag* = EuR 2005, S. 339 ff. in deutscher Übersetzung. Dazu insbesondere *F. Castillo de la Torre*, Tribunal Constitucional (Spanish Constitutional Court), Opinion 1/2004 of 13 December 2004, on the Treaty Establishing a Constitution for Europe, CMLRev. 42 (2005), S. 1169 ff. sowie *A. C. Becker*, Vorrang versus Vorherrschaft, EuR 2005, S. 353 ff.; *R. Alonso García*, The Spanish Constitution and the European Constitution: The Script for a Virtual Collision and Other Observations on the Principle of Primacy, GLJ 6 (2005), S. 1001 ff.; *C. B. Schutte*, Spain. Tribunal Constitucional on the European Constitution. Declaration of 13 December 2004, EuConst 1 (2005), S. 281 ff. sowie *A. del Valle Gálvez*, Constitution Espagnole et traité constitutionnel européen – la déclaration du *Tribunal Constitucional* du 13 décembre 2004, CDE 41 (2005), S. 705 ff. Näher zur Entscheidung Teil 2 – Kapitel 11 – III. 2.

[97] 3. Entscheidungsgrund a. E.

[98] Das Zuhöchstsein bzw. die „Vorherrschaft" der Verfassung *(supremacía)* werde demnach nicht durch das seiner Natur nach kollisionsrechtliche Vorrangprinzip in Frage gestellt, da die Verfassung durch das normative „Scharnier" des Art. 93 die Anerkennung eines solchen Anwendungsregimes selbst ermögliche. Vgl. insbesondere den 4. Entscheidungsgrund. Dazu *A. C. Becker*, Vorrang versus Vorherrschaft, EuR 2005, S. 353 (355 f.). Die Kennzeichnung von Art. 93 Verf-ESP als normatives Scharnier findet sich im 2. Entscheidungsgrund, der Inhalt und Reichweite der verfassungsrechtlichen Integrationsermächtigung gewidmet ist.

[99] Ebd., S. 342.

[100] Span. *Consejo de Estado*, Bericht v. 16. 2. 2006, Nr. E 1/2005; abrufbar unter: http://www.consejo-estado.es/pdf/modificaciones%20constitucion%20esp.pdf (1. 9. 2010).

Europäische Union" vor, der eine ausführliche Europaklausel enthalten soll. Den textlichen Entwurf für diese Norm entwickelte der Staatsrat auf einer breit angelegten rechtsvergleichenden Basis.[101] Besonderes Interesse zeigte der Staatsrat für positivrechtliche Regelungen von Anwendbarkeit und Vorrang des Unionsrechts. Speziell die verfassungstextlichen Ansätze Irlands, der Slowakei, Sloweniens und vor allem Portugals dienten dem Staatsrat als Grundlage seines Reformvorschlags.[102] Die neu entwickelte integrationsspezifische Verfassungsnorm würde neben der erstmalig ausdrücklichen Normierung von Grenzen und Strukturvorgaben der spanischen EU-Mitgliedschaft (Abs. 1) zugleich den verfahrensrechtlichen Ratifikationsmodus (Abs. 2) sowie darüber hinaus die Anwendung primären und sekundären Unionsrechts im Wege einer Verweisung auf die Grundsätze des Unionsrechts (Abs. 3) gewährleisten.[103] Dabei ist Abs. 3 im Kern der Regelung in Art. 8 Abs. 4 der portugiesischen Verfassung nachempfunden. Bislang ist die zukunftsweisende Reform der spanischen Verfassung aber nicht in geltendes Recht überführt. An diesem Umstand trägt das rigide Revisionsverfahren nach Art. 167 f. Verf-ESP nicht unwesentlichen Anteil.[104]

Wie das spanische Verfassungsgericht hatten auch der französische Verfassungsrat (*Conseil constitutionnel*) in seiner Entscheidung vom 19. November 2004,[105] der belgische Staatsrat (*Conseil d'Etat*) in seinem Gutachten vom 15. Februar 2005[106] sowie der schwedische Gesetzgebungsrat (*lagrådet*)[107] keinen verfassungsrechtlichen Änderungsbedarf in Bezug auf das in Art. I-6 VVE normierte *Vorrangprinzip* und die Rechtsverbindlichkeit der *Grundrechtecharta* feststellen können.

Der französische Verfassungsrat befand allerdings eine Änderung der französischen Verfassung aufgrund einer Reihe anderer Aspekte für notwendig. Darunter

---

[101] Ebd. S. 56 ff. u. 91 ff.

[102] Ebd. S. 91.

[103] Ebd. S. 107.

[104] Bislang wurde die spanische Verfassung von 1978 erst ein einziges Mal geändert, nämlich in Bezug auf das passive Wahlrecht im Zusammenhang mit der Ratifikation des Vertrages von Maastricht. Zum Änderungsverfahren vgl. *E. García de Enterría, Eduardo/R. Alonso* García, Spanish Report, in: J. Schwarze (Hrsg.), Die Entstehung einer europäischen Verfassungsordnung (2000), S. 287 (288).

[105] Franz. Verfassungsrat, Entsch. v. 19. 11. 2004 – Nr. 2004-505 DC – *Verfassungsvertrag*, Rec. S. 173. Dazu *F. Chaltiel*, Une première pour le Conseil constitutionnel – Juger un traité établissant une constitution, RMC 484 (2005), S. 5 ff.; *X. Magnon*, Décision n° 2004-505 DC du 19 novembre 2004, Traité établissant une Constitution pour l'Europe, JO du 24 novembre 2004, RFDC 62 (2005), S. 329 ff.; *G. Carcassonne*, Conseil Constitutionnel on the European Constitutional Treaty. Decision of 19 November 2004, 2004-505 DC, EuConst 1 (2005), S. 293 ff.; *F. C. Mayer*, Europarecht als französisches Verfassungsrecht – zugl. Anmerkung zu den Entscheidungen des Verfassungsrates vom 10. Juni und vom 19. November 2004, EuR 2004, S. 925 (934 ff.); *C. Walter*, Der französische Verfassungsrat und das Recht der Europäischen Union, EuGRZ 2005, S. 77 ff.

[106] Dazu *F. Delpérée*, Le Conseil d'Etat de Belgique et le traité établissant une Constitution pour l'Europe, RFDA 2005, S. 242 ff.

[107] Vgl. *J. Nergelius*, Sweden's Possible Ratification of the EU Constitution: A Case-study of ‚Wait and See', in: A. Albi/J. Ziller (Hrsg.), The European Constitution and National Constitutions (2007), S. 183 (187).

fallen insbesondere die Ausweitung der Befugnisse nationaler Parlamente, der Übergang zur qualifizierten Mehrheitsentscheidung sowie zahlreiche Regelungen im Bereich der ehemals dritten Säule. Die Mehrzahl der im Anschluss an diese Entscheidung seitens des französischen Verfassungsgebers auf den Weg gebrachten Neuerungen[108] konnte jedoch zunächst gar nicht in Kraft treten, da dies nach den Bestimmungen des Verfassungsänderungsgesetzes an das Inkrafttreten des VVE geknüpft war. Bekanntlich scheiterte der VVE aber am negativen Ausgang der Referenden vom 29. Mai 2005 in Frankreich und vom 1. Juni 2005 in den Niederlanden.[109]

In Portugal hielt man hingegen gerade aufgrund der verfassungsvertraglichen Vorrangklausel eine Verfassungsänderung für angezeigt. Im Jahr 2004 wurde darum mit Art. 8 Abs. 4 Verf-POR eine spezielle Norm in die Verfassung eingeführt,[110] deren konzeptioneller Ansatz als zukunftsweisend gelten kann. Danach sind das europäische Primär- und Sekundärrecht[111] in der interstaatlichen Rechtsordnung „nach Maßgabe der von der Union aufgestellten Grundsätze unter Beachtung der fundamentalen Prinzipien des demokratischen Rechtsstaats anwendbar." Diese Verweisung auf die Anwendungsregeln *des Unionsrechts* – das Vorrangprinzip eingeschlossen – bei gleichzeitiger Verpflichtung auf die Einhaltung verfassungsrechtlicher Kernsätze gründet auf einer vergleichsweise austarierten Balance zwischen der Anerkennung der autonomen Eigengesetzlichkeit des Unionsrechts mit Blick auf Anwendbarkeit und Vorrang einerseits sowie der Absicherung des nationalen Verfassungskerns andererseits. Dem Entwurf des spanischen Staatsrates für eine neue EU-Norm diente diese Klausel unmittelbar als textliches Vorbild.[112]

Im Jahr 2005 wurde in Portugal zudem eine weitere EU-spezifische Norm in die Verfassung aufgenommen. Art. 295 n. F. Verf-POR bildet seither die Grundlage für ein Referendum über die Zustimmung zu einem Vertrag über den Aufbau und die Vertiefung der EU.[113] Allerdings gelangte das auf diese Norm gestützte Referendum zum VVE – ähnlich wie in Großbritannien, Polen, Tschechien, Dänemark und Irland

---

[108] Diese betrafen die Änderung von Art. 88-1, 88-2, 88-4 u. 88-5 sowie die Neueinführung von Art. 88-6 u. 88-7 Verf-F, vgl. Verfassungsgesetz Nr. 2005-204 v. 1. 3. 2005. Vgl. dazu den Bericht Nr. 2023 des Abgeordneten *R. Blum* im Namen des Ausschusses für auswärtige Angelegenheiten vom 12. 1. 2005, abrufbar unter http://www.assemblee-nationale.fr/12/pdf/rapports/r2023.pdf, sowie aus der Wissenschaft *F. Chaltiel*, Constitution française, constitution européenne, vers l'osmose des ordres juridiques?, RMC 488 (2005), S. 280 ff.

[109] Dem Referendum in den Niederlanden ging ein (nicht rechtsverbindliches) Gutachten des niederl. Staatsrates v. 14. 7. 2003 – Nr. W04. 03. 0194/I – *Referendum VVE* voraus, in dem der Staatsrat ein rein konsultatives Referendums für verfassungsrechtlich zulässig erachtete. Dazu *L. F. M. Besselink*, Constitutional Referenda in the Netherlands: A Debate in the Margin, EJCL 11.1 (Mai 2007), S. 1 (14). Zum Verfahrensmodus vgl. näher Teil 2 – Kapitel 6 – III. 2.

[110] 6. Verfassungsänderung durch Verfassungsgesetz 1/2004 v. 24. 7. 2004.

[111] Darin liegt einer der Hauptunterschiede zu Art. 3 Abs. 3 Verf-SLO, der sich nur auf das Sekundärrecht bezieht.

[112] Vgl. span. Staatsrat (*Consejo de Estado*), Bericht v. 16. 2. 2006, Nr. E 1/2005, a.a.O., S. 92, 107.

[113] Verfassungsgesetz Nr. 1/2005 v. 12. 8. 2005.

– nach dem Scheitern der beiden Referenden in Frankreich und den Niederlanden letztlich nicht zur praktischen Anwendung. Die Ratifikation des VvL wurde hingegen auf rein parlamentarischem Wege bewerkstelligt.[114]

In Deutschland hatte das Bundesverfassungsgericht die von *Peter Gauweiler* initiierten Verfahren gegen das Zustimmungsgesetz zum VVE[115] zwar nicht förmlich eingestellt, aber im Ergebnis letztlich entschieden, nicht zu entscheiden.[116] Eine geringfügige Änderung des deutschen Europaartikels folgte im Jahr 2006 im Rahmen der Föderalismusreform.[117] Diese Änderung stellte einen allenfalls im Ansatz gelungenen Versuch dar, die Beteiligungsrechte der Länder im Bereich ihrer ausschließlichen Gesetzgebungszuständigkeiten nach Art. 23 Abs. 6 S. 1 GG zu präzisieren.[118]

2. Vertrag von Lissabon (2009)

Nach dem Scheitern des VVE in den Referenden in Frankreich und den Niederlanden gelang es unter maßgeblicher Beteiligung der deutschen Ratspräsidentschaft in der ersten Hälfte des Jahres 2007 schließlich, auf Ebene des Europäischen Rates einen Konsens über den erneuten Reformanlauf zu erzielen und in einem detaillierten Mandat als Annex zu den Schlussfolgerungen des Vorsitzes festzuhalten.[119] Damit waren die entscheidenden Weichen für die unter portugiesischer Ratspräsidentschaft erfolgende Ausarbeitung des Reformvertrages von Lissabon gestellt, der schließlich am 13. Dezember 2007 von den Staats- und Regierungschefs unterzeichnet wurde.

---

[114] Nachdem das Parlament am 6. 2. 2008 einen Antrag auf Abhaltung eines Referendums abgelehnt hatte, stimmte es mit überwältigender Mehrheit für den VvL, sodass die Ratifikation am 23. 4. 2008 erfolgen konnte.

[115] Anträge v. 27. 05. 2005, 2 BvR 839/05 sowie 2 BvE 2/05. Bereits zuvor waren von *P. Gauweiler* mehrere Rechtsbehelfe gegen den Beschluss des Ältestenrates, die zweite und dritte Lesung des Verfassungsvertrages für den 12./13. Mai 2005 festzusetzen, eingelegt worden, die der Zweite Senat des BVerfG jedoch mit Beschluss v. 28. 4. 2005 – 2 BvE 1/05 sowie 2 BvR 636/05 – als unzulässig abwies.

[116] Vgl. auch *A. Maurer*, Vermittlung, Steuerung und demokratische Verantwortung: Die Sollbruchstellen des Reformvertrages, in: I. Pernice (Hrsg.), Der Vertrag von Lissabon: Reform der EU ohne Verfassung? (2008), S. 36 (41): „Entscheidung zur Nichtentscheidung".

[117] Gesetz zur Änderung des Grundgesetzes v. 28. 8. 2006, BGBl. 2006 I, Nr. 41, S. 2034. Dazu W. Kluth (Hrsg.), Föderalismusreformgesetz. Einführung und Kommentierung (2007).

[118] Die neue Fassung lautet seither: „Wenn im Schwerpunkt ausschließliche Gesetzgebungsbefugnisse der Länder *auf den Gebieten der schulischen Bildung, der Kultur oder des Rundfunks* betroffen sind, *wird* die Wahrnehmung der Rechte, die der Bundesrepublik Deutschland als Mitgliedstaat der Europäischen Union zustehen, vom Bund auf einen vom Bundesrat benannten Vertreter der Länder übertragen." (Änderungen hervorgehoben). Kritisch zur Neuregelung *I. Pernice*, in: H. Dreier (Hrsg.), GG, Bd. II (Supplementum 2007 zur 2. Aufl. v. 2006), Art. 23, Rn. 118a ff. Vgl. zudem *R. Hoffmann*, Europafähigkeit der Bundesrepublik, in: R. Holtschneider/W. Schön (Hrsg.), Die Reform des Bundesstaates, 2007, S. 225 ff.; *C. D. Classen*, Verbesserung der Europatauglichkeit, in: C. Starck (Hrsg.), Föderalismusreform (2007) S. 103 ff.; *W. Kluth*, in: ders. (Hrsg.), Föderalismusreformgesetz (2007), Art. 23.

[119] Dok. 11218/07 (sprachlich überarbeitete Version).

a) Die Entwicklung bis zum Lissabon-Urteil des BVerfG

Das politische Kalkül der Beteiligten, die Reform diesmal unter Verzicht auf die Verfassungssymbolik auf leisen Sohlen – d. h. insbesondere: ohne Volksentscheide – in Kraft setzen zu können, ging im Wesentlichen auf.[120] Weder in Frankreich noch in den Niederlanden votierten die Entscheidungsträger für das Abhalten eines Referendums.[121] Ebenso gegen die Durchführung von Volksentscheiden entschied man sich nunmehr in Dänemark, Großbritannien, Portugal, Polen und Tschechien.[122] Auch in Lettland, wo nach Art. 68 Abs. 4 Verf-LET „erhebliche Änderungen der Bedingungen der Mitgliedschaft in der Europäischen Union" durch Referendum entschieden werden können, kam es zu keinem Referendum.[123] In einer Grundsatzentscheidung vom 7. April 2009 bestätigte das lettische Verfassungsgericht die Verfassungskonformität der parlamentarischen Ratifikation unter Betonung des rein fakultativen Charakter eines auf Art. 68 Abs. 4 Verf-LET gestützten Referendums.[124]

Einzig in Irland kam die politische Führung vor dem Hintergrund der *Crotty*-Rechtsprechung des irischen Obersten Gerichtshofs (*Supreme Court*) aus dem Jahre 1987 nicht umhin, die Ermächtigung zur Ratifikation im Wege einer Verfassungsänderung einzuholen, die nach irischem Verfassungsrecht den positiven Ausgang eines Volksentscheides voraussetzt.[125] Der negative Ausgang des ersten Referendums vom

---

[120] Eine Übersicht über den Verlauf der Ratifikation findet sich auf der Internetpräsenz des „Centrums für angewandte Politikforschung" (CAP) der LMU München, http://www.cap-lmu.de/themen/eu-reform/ratifikation/index2.php#2 (1. 9. 2010) sowie unter http://www.ratifizierungsmonitor.eu/(1. 9. 2010).

[121] In den Niederlanden hatte der Staatsrat zuvor in seinem (nicht rechtsverbindlichen) Gutachten v. 12. 9. 2007 – W02. 07. 0254/II/E – *IGC-Mandat* seine bereits im Zuge des VVE geäußerte Auffassung bestätigt, dass ein konsultatives Referendum verfassungsrechtlich möglich aber keinesfalls geboten sei. Zudem stellte der Staatsrat (Punkt 4.2. des Gutachtens) eine Liste von Mindestkriterien auf, die zum Abhalten eines Referendums vorliegen müssen. Vgl. auch Teil 2 – Kapitel 6 – III. 2. In einem weiteren Gutachten v. 15. 2. 2008 – W01. 08. 0004/I/K – *Vertrag von Lissabon* stellte der Staatsrat unter besonderer Betonung der transparenteren Kompetenzabgrenzung die Vereinbarkeit des VvL mit der Verf-NL fest.

[122] Zur Frage der Referenden näher unter Teil 2 – Kapitel 6 – III. Besonders bemerkenswert ist in diesem Zusammenhang das Gutachten des dän. Justizministeriums v. 4. 12. 2007, welches den VvL – anders als zuvor den VVE – nicht als kompetenzübertragend i. S. v. § 20 Verf-DK einstuft. Eine Subsumtion unter § 20 Verf-DK hätte nach der dänischen Verfassungspraxis ein Referendum bedeutet. Näher zur Problematik Teil 2 – Kapitel 6 – III. 1. b) bb) im Kontext der Verfahrensregeln. Für die rechtliche Einordnung des VvL in Großbritannien vgl. den Bericht des House of Lords v. 13. 3. 2008 – http://www.publications.parliament.uk/pa/ld200708/ldselect/ldeucom/62/62.pdf (1. 9. 2010). Dieser läßt allerdings die Frage eines Referendums offen (S. 13).

[123] Es fehlte an dem dafür notwendigen Beschluss der Hälfte der Parlamentsmitglieder.

[124] Lett. VerfG, Entsch. v. 7. 4. 2009 – Nr. 2008-35-01 – *Lissabon*, in englischer Übersetzung des VerfG abrufbar unter http://www.satv.tiesa.gov.lv/upload/judg_2008_35.htm (1. 9. 2010).

[125] Ir. Supreme Court, Entsch. v. 9. 4. 1987 – 1986 Nr. 12036P – *Crotty v. An Taoiseach*, [1987] IR 713. Zur Problematik des obligatorischen Referendums in Irland s. im Kontext des VVE *Hogan*, Ratification of the European Constitution – Implications for Ireland, in: A. Albi/J. Ziller (Hrsg.), The European Constitution and National Constitutions (2007), S. 137 ff. Näher dazu unter Teil 2 – Kapitel 7 – I.

12. Juni 2008[126] rückte ein abermaliges Scheitern des Reformprojekts in greifbare Nähe. Schließlich sprach sich das irische Volk aber in einem zweiten Referendum am 2. Oktober 2009 vergleichsweise deutlich für den VvL aus.[127]

Unabhängig vom Ratifikationsmodus im Einzelnen kamen die nachhaltigen Auswirkungen des VvL auf das innerstaatliche Verfassungsgefüge aber spätestens – ähnlich wie bereits zuvor in Bezug auf den Vertrag von Maastricht und den Verfassungsvertrag – in der höchstrichterlichen Judikatur zum Ausdruck, die den Ratifikationsprozess begleitete.

Die in substanzieller Hinsicht ganz überwiegende Übereinstimmung der verfassungsrechtlichen Implikationen des VVE und des VvL zeigt deutlich die Rechtsprechung des französischen Verfassungsrates (*Conseil constitutionnel*) auf, der als einziges Gericht in Europa über die Vereinbarkeit beider Verträge in der Sache entschieden hat. Im Wege einer Vorabkontrolle zur Prüfung der Vereinbarkeit des VvL mit der Verfassung angerufen, fällte der Verfassungsrat am 20. Dezember 2007 eine Entscheidung, die in nahezu allen substanziellen Punkten seine vorhergehende Entscheidung zum VVE vom 19. November 2004 wiederholt.[128] Die daran anknüpfende Änderung der französischen Verfassung zu Beginn des Jahres 2008 deckt sich – bis auf wenige Details[129] – folgerichtig mit den bereits 2005 auf den Weg gebrachten, jedoch größtenteils nicht in Kraft getretenen Neuerungen.[130] Dies betrifft allen voran die Neugestaltung der für das französische Europaverfassungsrecht zentralen Normen Art. 88-1 und 88-2 sowie die Regelung der Rechtsstellung der französischen Legislative in Angelegenheiten der europäischen Union (Art. 88-4, 88-6, 88-7 n. F.). Wie bei ihren Vorgängern zum VVE war das Inkrafttreten dieser Neuerungen an das der Primärrechtsreform geknüpft. Ebenfalls wichtige Neuerungen der französischen Europaartikel manifestierten sich darüber hinaus in der im Juli 2008 auf den Weg gebrachte Grundsatzreform „zur Modernisierung der Institutionen".[131] Die Entwick-

---

[126] Vgl. hierzu nunmehr *G. Hogan*, The Lisbon Treaty and the Irish Referendum, EPL 15 (2009), S. 163 ff.

[127] Hatten beim ersten Anlauf nur 46,6% der Iren mit Ja gestimmt, so sprachen sich im zweiten Anlauf vergleichsweise deutliche 67,1% für den VvL aus. Die Wahlbeteiligung lag beim ersten Referendum bei ca. 53,1%, beim zweiten bei ca. 59% der Abstimmungsberechtigten.

[128] Franz. Verfassungsrat, Entsch. v. 20. 12. 2007 – Nr. 2007-560 DC – *Lissabon*, JORF v. 29. 12. 2007, 21813. Über die Entscheidungsgründe des VVE hinausgehend befand der Verfassungsrat eine Verfassungsänderung insbesondere für notwendig in Bezug auf das Vetorecht der nationalen Parlamente nach Art. 81 Abs. 3 AUEV (Familienrecht) sowie mit Blick auf die Subsidiaritätskontroll nach dem im Vergleich zum VVE abgeänderten Art. 7 Abs. 3 des Protokolls Nr. 2, vgl. Erwägungsgründe 30–32.

[129] Vgl. im Einzelnen die Anmerkungen zu den französischen Europaartikeln im Annex. Abweichungen ergeben sich insbesondere im Hinblick auf den gegenüber der Revision von 2005 zusätzlich aufgenommenen Hinweis auf das Vetorecht nationaler Parlamente im Bereich des Familienrechts (Art. 81 Abs. 3 AUV) in Art. 88-7 n. F. Verf-F (2008).

[130] Verfassungsgesetz Nr. 2008-103 v. 4. 2. 2008.

[131] Verfassungsgesetz Nr. 2008-724 v. 23. 7. 2008. Diese Reform hat die Änderungen der französischen Europaartikel nochmals in einigen Punkten modifiziert. Dazu zählt erstens die Einführung eines speziellen Europaausschusses in beiden Parlamentskammern (Art. 88-4 Abs. 3 n. F.). Zweitens

lung des französischen Europaverfassungsrechts wurde zudem durch zwei Grundsatzentscheidungen des französischen Staatsrates (*Conseil d'Etat*) komplettiert. Dieser hatte bereits in einer Entscheidung vom 2. Juli 2007 in Anknüpfung an die jüngere Rechtsprechung des französischen Verfassungsrates grundlegende Aussagen zum Vorrang des Europarechts in Frankreich getroffen.[132] In einer weiteren Entscheidung vom 30. 10. 2009 vollzog er darüber hinaus eine Kehrtwendung in Bezug auf seine frühere Rechtsprechung, die eine unmittelbare Wirkung von Richtlinien in Verfahren, die gegen eine individuelle Verwaltungsentscheidung gerichtet waren, strikt abgelehnt hatte.[133]

Zudem ergaben sich im Zeitraum um das Inkrafttreten des Vertrages von Lissabon bemerkenswerte Neuausrichtungen des Europaverfassungsrechts in Österreich. Im Zuge einer breit angelegten Verfassungsreform wurde im Jahr 2008 mit Art. 50 Abs. 1 Nr. 2 und Abs. 4 n. F. eine ausdrücklich auf die Änderungen der vertraglichen Grundlagen der EU bezogene Bestimmung in das österreichische Bundes-Verfassungsgesetzes (B-VG) eingeführt,[134] was als ein grundlegender Paradigmenwechsel in Bezug auf die konzeptionelle Ausrichtung des österreichischen Europaverfassungsrechts angesehen werden kann.[135] Die Neuregelung bestand den Praxistest bereits anlässlich der Ratifikation des VvL. Der erste Anwendungsfall dieser neuen Integrationsermächtigung bestand nämlich in der parlamentarischen Genehmigung des VvL.[136] Die dagegen beim österreichischen Verfassungsgerichtshof gestellten Individualan-

---

besteht nunmehr die Möglichkeit, über den künftigen Beitritt eines neuen EU-Mitglieds statt durch Volksentscheid alternativ durch Parlamentsbeschluss mit 3/5-Mehrheit in beiden Kammern zu entscheiden (Art. 88-5 Abs. 2 n. F.). Drittens wird klargestellt, dass das Einlegen eines Rechtsmittels gegen einen europäischen Rechtsakt wegen Verstoßes gegen das Subsidiaritätsprinzip auf Antrag von sechzig Abgeordneten oder sechzig Senatoren *zwingend* ist (Art. 88-6 Abs. 3 S. 2 n. F.).

[132] Franz. Staatsrat, Entsch. v. 8. 2. 2007 – Nr. 287110 Ass. – *Arcelor* = EuR 2008, S. 57 ff. in deutscher Übersetzung. Dazu *F. C. Mayer/E. Lenski/M. Wendel*, Der Vorrang des Europarechts in Frankreich ebd., S. 63 ff.

[133] Franz. Staatsrat, Entsch. v. 30. 10. 2009 – Nr. 298348 – *Mme P.*, insbesondere 9. Erwägungsgrund (*considérant*). Näher Teil 2 – Kapitel 11 – I. 1. Damit weicht der Staatsrat von seiner viel kritisierten Entscheidung v. 22. 12. 1978 – Nr. 11604 – *Cohn-Bendit* ab. Zur Kritik an der *Cohn-Bendit*-Entscheidung vgl. etwa *C. Tomuschat*, La justice – c'est moi, EuGRZ 1979, S. 257 ff.

[134] Bundesverfassungsgesetz, öst. BGBl. I Nr. 2/2008, abrufbar unter: http://ris.bka.gv.at/Dokumente/BgblAuth/BGBLA_2008_I_2/BGBLA_2008_I_2.pdf (1. 9. 2010).

[135] Laut den Erläuterungen zur Regierungsvorlage verfügt Österreich damit nunmehr über eine „generelle Ermächtigung" zum Abschluss primärrechtsändernder Verträge, wodurch künftig gesonderte, nicht im verfassungsrechtlichen Stammtext enthaltene Bundesverfassungsgesetze entbehrlich werden, die in Österreich bislang die Grundlage für eine Änderung der vertraglichen Grundlagen der Europäischen Union bildeten. Vgl. Erläuterungen zur Regierungsvorlage (314 der Beilagen zur XXIII. Gesetzgebungsperiode), abrufbar unter http://www.parlament.gv.at/PG/DE/XXIII/I/I_00314/fname_090432.pdf (1. 9. 2010), S. 8. Im Rahmen der Reform wurde zudem der bis dato eher restriktive ausgestaltete Art. 9 Abs. 2 des Bundes-Verfassungsgesetzes (B-VG) zur Übertragung von Hoheitsrechten erweitert. Allerdings ist auch im Rahmen der neuen Rechtslage die Anwendbarkeit von Art. 9 Abs. 2 B-VG auf den Integrationskontext durchaus zweifelhaft. Vgl. zum Ganzen näher Teil 2 – Kapitel 8 – I.

[136] Der Nationalrat stimmte am 9. 4. 2008, der Bundesrat am 24. 4. 2008 zu.

träge wurden – anders als in Deutschland – bereits aus Gründen der Zulässigkeit durch Beschluss zurückgewiesen.[137]

In Tschechien gelangte die Frage der Verfassungsmäßigkeit des VvL aufgrund eines Antrags des tschechischen Senats auf Durchführung des speziellen Vorabprüfungsverfahrens nach Art. 87 Abs. 2 Verf-CZ vor das Verfassungsgericht. Dieses stellte in seiner Entscheidung vom 26. November 2008 die Vereinbarkeit des Vertrages von Lissabon mit der Verfassung fest und gab für die Ratifikation grünes Licht.[138] In der für das tschechische Europaverfassungsrecht grundlegenden Entscheidung hat das Gericht zugleich die Grenzen der Integrationsoffenheit der tschechischen Verfassung näher konturiert und sich in Bezug auf einen gerichtlichen Kontrollvorbehalt explizit an die Rechtsprechung des BVerfG angelehnt.[139] Nicht nur aufgrund dieses unmittelbaren Rezeptionszusammenhangs sind seine Ausführungen für den deutschen Verfassungsrechtler von gesteigertem Interesse. Gerade die Ähnlichkeit der verfassungsrechtlichen Ausgangslage macht den beiderseitigen Abgleich ertragreich. Mit Art. 9 Abs. 2 kennt die tschechische Verfassung nämlich eine Art. 79 Abs. 3 GG im Grundsatz vergleichbare Ewigkeitsklausel, die vom Verfassungsgericht gemeinsam mit der Souveränitätsklausel (Art. 1 Abs. 1 Verf-CZ) zudem als äußerste defensive Integrationsgrenze ausgelegt wird.[140]

b) Das Lissabon-Urteil des BVerfG

Auch in Deutschland sind die verfassungsrechtlichen Implikationen des Lissabonner Vertrages während der Ratifikationsphase in das Zentrum politischer und verfassungsgerichtlicher Tätigkeit gerückt.

Bundestag und Bundesrat stimmten mit großer Mehrheit – insbesondere unter Einhaltung der gesteigerten Mehrheitserfordernisse nach Art. 23 Abs. 1 S. 2 u. 3 i. V. m. Art. 79 Abs. 2 GG – für das Zustimmungsgesetz zum VvL.[141] Die durch den VvL gestärkten Rechte der nationalen Legislative wurden zudem, ähnlich wie in Frankreich, im Wege einer textlichen *Verfassungsänderung* umgesetzt, die insbesondere die neu geschaffenen Klagerechte von Bundestag und Bundesrat im Rahmen der Subsidiaritätskontrolle umsetzen sollte.[142] Vergleichbar dem französischen Pendant wurde die Subsidiaritätsklage in Art. 23 Abs. 1a GG n. F. als parlamentarisches Min-

---

[137] Öst. VerfGH, Beschl. v. 30. 9. 2008 – SV 2/08-3, G 80/08-3 und SV 3/08-6, G 81/08-6 – *Lissabon I* sowie Beschl. v. 12. 06. 2010 – SV 1/10-9 – *Lissabon II.*

[138] Tschech. VerfG, Urt. v. 26. 11. 2008 – Pl. US. 19/08 – *Lissabon I.* Eine englische Übersetzung ist abrufbar unter http://angl.concourt.cz/angl_verze/doc/pl-19-08.php (1. 9. 2010). Dazu *P. Bříza*, The Czech Republic: The Constitutional Court on the Lisbon Treaty, EuConst 5 (2009), S. 143 ff.

[139] Tschech. VerfG, a.a.O., Rn. 120, 139.

[140] Allerdings leitet das tschechische VerfG daraus gerade keine änderungsfeste Kompetenzliste ab, vgl. näher Teil 2 – Kapitel 9 – III. 2. b) bb) in Abgleich zum Ansatz des BVerfG.

[141] Gesetz v. 8. 10. 2008, BGBl. 2008 II, S. 1038 ff. Dazu im Vorfeld BT-Drs. 16/8300, S. 1.

[142] Gesetz zur Änderung des Grundgesetzes v. 8. 10. 2008, BGBl. 2008 I, Nr. 45, S. 1926. Anders als in Frankreich war diese Verfassungsänderung jedoch nicht durch eine Gerichtsentscheidung vorgegeben und wurde im Nachhinein auch nicht durch das *Lissabon*-Urteil des BVerfG beanstandet.

derheitenrecht ausgestaltet.[143] Neben der an das Inkrafttreten des VvL gekoppelten Verfassungsänderung[144] brachte der Gesetzgeber zudem ein Begleitgesetz auf den Weg. Bei diesem einfachen Parlamentsgesetz handelte es sich um ein Bündel verschiedener Neuregelungen und Änderungsvorschriften, welche die neue Rechtslage umsetzen und bestehende Regeln über die Beteiligungsrechte von Bundestag und Bunderegierung ergänzen bzw. modifizieren sollten.[145]

Sowohl gegen Zustimmungs-, als auch gegen Verfassungsänderungs- und Begleitgesetz wurden in der Folge mehrere Verfassungsbeschwerden sowie zwei Organstreitverfahren vor dem BVerfG angestrengt.[146] Bereits in der mündlichen Verhandlung vom 10. und 11. Februar 2009 ließ das Gericht erkennen, dass es besonderes Augenmerk auf die demokratische Legitimation und Kontrolle der künftigen Anwendung „dynamischer Vertragsentwicklungen"[147] auf EU-Ebene legen würde.[148]

---

[143] Insbesondere die Abweichung vom Mehrheitsprinzip nach Art. 42 Abs. 2 GG begründete die Notwendigkeit einer Verfassungsänderung. Art. 23 Abs. 1a GG n. F. lautet: „(1a) Der Bundestag und der Bundesrat haben das Recht, wegen Verstoßes eines Gesetzgebungsakts der Europäischen Union gegen das Subsidiaritätsprinzip vor dem Gerichtshof der Europäischen Union Klage zu erheben. Der Bundestag ist hierzu auf Antrag eines Viertels seiner Mitglieder verpflichtet. Durch Gesetz, das der Zustimmung des Bundesrates bedarf, können für die Wahrnehmung der Rechte, die dem Bundestag und dem Bundesrat in den vertraglichen Grundlagen der Europäischen Union eingeräumt sind, Ausnahmen von Artikel 42 Abs. 2 Satz 1 und Artikel 52 Abs. 3 Satz 1 zugelassen werden." Kritisch aus europarechtlicher Perspektive *R. Uerpmann-Wittzack/A. Edenharter*, Subsidiaritätsklage als parlamentarisches Minderheitsrecht?, EuR 2009, S. 313 (315 ff.). Angepasst wurden im Übrigen auch Art. 45 und 93 Abs. 1 Nr. 2 GG.

[144] Vgl. Art. 2 des Gesetzes zur Änderung des Grundgesetzes v. 8. 10. 2008, BGBl. 2008 I Nr. 45, S. 1926. Auch in Frankreich war das Inkrafttreten der Verfassungsänderung an das des VvL gekoppelt.

[145] Entwurf eines Gesetzes über die Ausweitung und Stärkung der Rechte des Bundestages und des Bundesrates in Angelegenheiten der Europäischen Union, BT-Drs. 16/8489. Neben der Einführung eines neuen Gesetzes „über die Ausübung der Rechte des Bundestages und des Bundesrates aus dem Vertrag von Lissabon" (Artikel 1) sollten modifiziert werden das BVerfGG (Art. 2 Abs. 1), das Gesetz über die Zusammenarbeit von Bundesregierung und Deutschem Bundestag in Angelegenheiten der Europäischen Union (Art. 2 Abs. 2), das Gesetz über die Zusammenarbeit von Bund und Ländern in Angelegenheiten der Europäischen Union (Art. 2 Abs. 3) sowie das Richterwahlgesetz (Art. 2 Abs. 4). Außerdem sollte aufgehoben werden das Gesetz über die Ausweitung und Stärkung der Rechte des Bundestages und des Bundesrates in Angelegenheiten der Europäischen Union vom 17. November 2005 (Art. 2 Abs. 5).

[146] Für eine Verfahrensdokumentation einschließlich der Schriftsätze vgl. *I. Pernice/F. C. Mayer*, der Vertrag von Lissabon vor dem Bundesverfassungsgericht. Verfahrensdokumentation, WHI-Paper 5/09, abrufbar unter http://www.whi-berlin.de/documents/whi-paper0509.pdf (1. 9. 2010).

[147] Darunter versteht das Gericht neben den vereinfachten Vertragsänderungsverfahren auch die Anwendung der allgemeinen Flexibilitätsklausel des Art. 352 AEUV.

[148] Der Verfasser war bei der mündlichen Verhandlung anwesend. Einen an den Schwerpunkten der Verhandlungsführung orientierten, ersichtlich um Neutralität bemühten Bericht lieferten im Nachklang *U. Karpenstein/S. Neidhardt*, Bericht über die mündliche Verhandlung des Bundesverfassungsgerichts zur Vereinbarkeit des Vertrags von Lissabon mit dem Grundgesetz, WHI-Paper 4/2009, http://www.whi-berlin.de/documents/whi-paper0409.pdf (1. 9. 2010), wenngleich darin als Datum der Verhandlungstage der 11. u. 12., statt richtigerweise der 10. u. 11. 2. 2009 angegeben werden.

In seinem am 30. Juni 2009 verkündeten Grundsatzurteil forderte das BVerfG dementsprechend gesetzgeberische Nachbesserung zur künftigen Wahrung der parlamentarischen „Integrationsverantwortung" ein und erklärte das Begleitgesetz in Teilen für verfassungswidrig.[149] Zustimmungs- und Verfassungsänderungsgesetz ließ es hingegen als verfassungsgemäß passieren.[150] Der Urteilstenor gewann gleichwohl eine besondere Pointe dadurch, dass das Gericht die Hinterlegung der Ratifikationsurkunde bis zum Zeitpunkt des Inkrafttretens einer neuen, den gerichtlichen Vorgaben entsprechenden Begleitgesetzgebung untersagte.[151] Der Gesetzgeber kam dieser Bedingung durch Verabschiedung einer neuen Begleitgesetzgebung während der planmäßig plenarfreien Zeit noch vor den Bundestagswahlen im September 2009 nach.[152] Nachdem das BVerfG eine Verfassungsbeschwerde und den mit ihr verbundenen Antrag auf Erlass einer einstweiligen Anordnung gegen die neue Begleitgesetzgebung mit Beschluss vom 22. September 2009 als unzulässig abgewiesen hatte,[153] konnten die Gesetze zum 25. September 2009 in Kraft treten[154] und den

---

[149] BVerfG, Urt. v. 30. 6. 2009 – 2 BvE 2/08 u. a. – *Lissabon* = BVerfGE 123, 267 ff. (insbesondere Leitsätze sowie Rn. 409 ff.).

[150] In Bezug auf die Ausgestaltung des Subsidiaritätsklagerechts als parlamentarisches Minderheitenrecht wies das BVerfG sogar ausdrücklich auf die Parallelität zu Art. 88-6 der französischen Verfassung hin, vgl. ebd., Rn. 403. Nach Art. 88-6 Abs. 3 S. 2 Verf-F ist das Rechtsmittel auf Antrag von sechzig Abgeordneten oder sechzig Senatoren von Rechts wegen einzulegen.

[151] Vgl. Urteilstenor.

[152] Dazu sogleich.

[153] BVerfG, Beschl. v. 22. 9. 2009 – 2 BvR 2136/09 – *Begleitgesetzgebung Lissabon*. Nach Auffassung des BVerfG hatte der Beschwerdeführer nicht hinreichend substantiiert dargelegt, dass er durch die Begleitgesetze in seinem grundrechtsgleichen Recht aus Art. 38 Abs. 1 und Abs. 2 GG verletzt sein könnte. Dieser hatte in seiner Verfassungsbeschwerde die Auffassung vertreten, dass der Bundestag seiner Integrationsverantwortung auch nach der neuen Begleitgesetzgebung nicht hinreichend gerecht werden könne. Hauptgrund hierfür sei die institutionelle Schwäche des EU-Ausschusses nach Art. 45 GG. Das Gericht begegnete dem weithin unspezifischen Vorbringen wie folgt: „Selbst wenn die erweiterten Unterrichtungs-, Übersendungs- und Berichtspflichten der Bundesregierung befürchten ließen, dass der Bundestag von einer Papierflut von Vorhaben der Europäischen Union überschwemmt würde, ist damit noch nicht schlüssig dargelegt, dass der Bundestag seiner Integrationsverantwortung besser gerecht werden könnte, wenn er weniger umfangreich informiert werden würde." Soweit sich die Beschwerde gegen das Zustimmungsgesetz richtete, wurde sie ebenfalls abgewiesen.

[154] Die Begleitgesetzgebung besteht – anders als das im Jahr 2008 auf den Weg gebrachte Begleitgesetz (BT-Drs. 16/8489), das alle einfachgesetzlichen Neuerungen und Änderungsvorschriften beinhaltete – aus drei verschiedenen Gesetzen. Das *erste* ist das das Gesetz über die Ausweitung und Stärkung der Rechte des Bundestages und des Bundesrates in Angelegenheiten der Europäischen Union v. 22. 09. 2009, BGBl. 2009 I, Nr. 60, S. 3022 ff. Dieses Gesetz umfasst selbst wiederum mehrere Teilbereiche. Sein Art. 1 enthält das neue Integrationsverantwortungsgesetz (IntVG). Art. 2 sieht eine Änderung des Richterwahlgesetzes vor. Nach Art. 3 wird im Übrigen das Gesetz über die Ausweitung und Stärkung der Rechte des Bundestages und des Bundesrates in Angelegenheiten der Europäischen Union v. 17. 11. 2005 aufgehoben. Das *zweite* Gesetz der Begleitgesetzgebung ist das Gesetz zur Änderung des Gesetzes über die Zusammenarbeit von Bundesregierung und Deutschem Bundestag in Angelegenheiten der Europäischen Union (EUZBBG) v. 22. 9. 2009, BGBl. 2009 I, Nr. 60, S. 3026 ff. Das *dritte* schließlich ist das Gesetz zur Änderung des Gesetzes über die Zusammenarbeit von Bund und Ländern in Angelegenheiten der Europäischen Union (EUZBLG) v. 22. 9. 2009, BGBl. 2009 I, Nr. 60, S. 3031 ff.

Weg für die Ratifikation durch den Bundespräsidenten ebnen. Diese erfolgte noch am gleichen Tag.

Das *Lissabon*-Urteil des BVerfG wird für Staatsrechts- und Europarechtswissenschaft[155] die kommenden Jahre einen zentralen Referenzpunkt darstellen. Einen vielgestaltigen und komplexen Referenzpunkt allerdings. Nicht nur der beachtliche Umfang von 421 Randziffern (bzw. mehr als 140 Textseiten im Original) trägt hierzu bei. Allen voran offenbaren die Entscheidungsgründe eine schwer zu greifende Vielschichtigkeit und Mehrstimmigkeit. Verhilft das Urteil beispielsweise einerseits dem Prinzip der Europarechtsfreundlichkeit zur verfassungsrechtlichen Geburt, so wirft sie ihm doch andererseits das Prinzip souveräner Staatlichkeit und, hiermit verbunden, die demokratietheoretische Herabstufung des Europäischen Parlamentes[156] entgegen. Dem Facettenreichtum der Entscheidung entspricht ihre bisherige Rezeption. Die zahlreichen Stimmen in der Fachliteratur förderten von Anfang an erhebliche Divergenzen in der Interpretation des Urteils zu Tage,[157] wobei ein simples pro und contra die einzelnen Standpunkte nicht einfangen kann.[158] Vielleicht vermag die dem

---

[155] Zum Verhältnis der beiden vgl. *I. Pernice*, Europarechtswissenschaft oder Staatsrechtslehre, in: H. Schulze-Fielitz (Hrsg.), Die Verwaltung, Beiheft 7, Staatsrechtslehre als Wissenschaft (2007), S. 225 ff.

[156] Rn. 280 ff.

[157] Eine mitunter überhastete Kommentierung des Urteils kritisierend *J. H. H. Weiler*, The ‚Lisbon-Urteil' and the Fast Food Culture, EJIL 20 (2009), S. 505 ff.

[158] Vgl. *C. Schönberger*, *Lisbon* in Karlsruhe: *Maastricht's* Epigones At Sea, GLJ 10 (2009), S. 1201 ff.; *F. Schorkopf*, The European Union as an Association of Sovereign States: Karlsruhe's Ruling on the Treaty of Lisbon, GLJ 10 (2009), S. 1219 ff.; *C. Tomuschat*, The Ruling of the German Constitutional Court on the Treaty of Lisbon, GLJ 10 (2009), S. 1259 ff.; *A. Grosser*, The Federal Constitutional Court's *Lisbon Case*: Germany's „Sonderweg" – An Outsider's Perspective, GLJ 10 (2009), S. 1263 ff.; *D. Halberstam/C. Möllers*, The German Constitutional Court says *„Ja zu Deutschland!"*, GLJ 10 (2009), S. 1241 ff.; *P. Kiiver*, German Participation in EU Decision-Making after the *Lisbon Case*: A Comparative View on Domestic Parliamentary Clearance Procedures, GLJ 10 (2009), S. 1287 ff.; *M. Niedobitek*, The *Lisbon Case* of 30 June 2009 – A Comment from the European Law Perspective, GLJ 10 (2009), S. 1267 ff. Eingehend nunmehr auch die Analysen von *D. Thym*, In the Name of Sovereign Statehood: A Critical Introduction to the Lisbon Judgment of the German Constitutional Court, CMLRev. 46 (2009), S. 1795 ff.; *ders.*, Europäische Integration im Schatten souveräner Staatlichkeit, Der Staat 48 (2009), S. 559 ff.; *C. D. Classen*, Legitime Stärkung des Bundestages oder verfassungsrechtliches Prokrustesbett?, JZ 2009, S. 881 ff.; *K. F. Gärditz/C. Hillgruber*, Volkssouveränität und Demokratie ernst genommen – Zum Lissabon-Urteil des BVerfG, JZ 2009, S. 872 ff.; *D. Grimm*, Das Grundgesetz als Riegel vor einer Verstaatlichung der Europäischen Union, Der Staat 48 (2009), S. 475 ff.; *M. Jestaedt*, Warum in die Ferne schweifen, wenn der Maßstab liegt so nah? Verfassungshandwerkliche Anfragen an das Lissabon-Urteil des BVerfG, Der Staat 48 (2009), S. 496 ff.; *J. E. K. Murkens*, Identity trumps Integration, Der Staat 48 (2009), S. 517 ff.; *C. Schönberger*, Die Europäische Union zwischen „Demokratiedefizit" und Bundesstaatsverbot, Der Staat 48 (2009), S. 535 ff.; *R. Wahl*, Die Schwebelage im Verhältnis von Europäischer Union und Mitgliedstaaten, Der Staat 48 (2009), S. 587 ff.; *P.-C. Müller-Graff*, Das Karlsruher Lissabon-Urteil: Bedingungen, Grenzen, Orakel und integrative Optionen, Integration 2009, S. 331 ff.; *D. Grimm*, Defending Sovereign Statehood Against Transforming the Union Into a State, EuConst 5 (2009), S. 353 ff.; *J.-H. Reestman*, The Franco-German Constitutional Divide, EuConst 5 (2009), S. 374 ff.; *R. Bieber*, „An Association of Sovereign States", EuConst 5 (2009), S. 391 ff.; *T. Lock*, Why the European Union is not a State, EuConst 5 (2009), S. 407 ff.; *A. Voßkuhle*, Der europäische Verfassungsgerichtsverbund, NVwZ 2010,

Urteil eigene Deutungsvielfalt besonders prägnant ein Text zu veranschaulichen, der im Stile eines Drehbuches verfasst ist und unterschiedliche – fiktive und halbfiktive – Personen nacheinander vor die Kamera bittet. Dieser Text lehnt sich an den japanischen Filmklassiker „Rashomon“ an, in dem alle auftretenden Figuren dieselbe Begebenheit durchlitten, erlebt bzw. gesehen haben und sie doch jeweils gänzlich anders schildern.[159]

Den weitaus überwiegenden Teil seiner Entscheidungsgründe widmet das BVerfG der Verfassungsmäßigkeit des Zustimmungsgesetzes. Obwohl diese im Ergebnis bejaht wird, hat das Gericht eine Vielzahl verfassungsrechtlicher Kautele und Grenzen der künftigen Beteiligung Deutschlands an der europäischen Integration formuliert,[160] jedenfalls soweit diese Beteiligung noch auf dem Boden der grundgesetzlichen Ordnung fußen und nicht durch eine Ablösung des Grundgesetzes durch eine neue Verfassungsordnung im Wege der Volksabstimmung erfolgen soll.[161] Trotz zahlreicher Anknüpfungen an das *Maastricht*-Urteil reicht das *Lissabon*-Urteil hier zuweilen signifikant über seine Vorgänger-Entscheidung hinaus. Dies betrifft gerade die Konturierung der verfassungsrechtlichen Grenzen der Integrationsgewalt, speziell die Erstellung eines Negativkatalogs der für die demokratische Selbstgestaltungsfähigkeit des Verfassungsstaates „besonders sensiblen“ Kompetenzfelder.[162] Auch wird der Beteiligungsmöglichkeit an einem europäischen Bundesstaat – im *Maastricht*-Urteil noch ausdrücklich offen gelassen – nunmehr im Rahmen der grundgesetzlichen Ordnung nachdrücklich eine Absage erteilt.[163] Darüber hinausgehend beansprucht das BVerfG ein gerichtliches Letztentscheidungsrecht jetzt nicht nur für

---

S. 1 ff.; *A. Weber*, Die Europäische Union unter Richtervorbehalt, JZ 65 (2010), S. 157 ff.; *U. Everling*, Europas Zukunft unter der Kontrolle der nationalen Verfassungsgerichte, EuR 2010, S. 91 ff.; *J. Schwarze*, Die verordnete Demokratie – Zum Urteil des 2. Senats des BVerfG zum Lissabon-Vertrag, EuR 2010, S. 108 ff.

[159] *F. C. Mayer*, Rashomon in Karlsruhe, NJW 2010, S. 714 ff.

[160] Diese beziehen sich dem Kern nach vor allem auf eine Wahrung hinreichend demokratischer Verhältnisse und Entscheidungsbefugnisse auf nationaler Ebene sowie damit einhergehend einer restriktiven bzw. „verfassungsgemäßen“ Handhabung des Prinzips der begrenzten Einzelermächtigung.

[161] BVerfG, Urt. v. 30. 6. 2009 – 2 BvE 2/08 u. a. – *Lissabon* = BVerfGE 123, 267 ff. (Rn. 179): „Art. 146 GG formuliert neben den materiellen Anforderungen des Art. 23 Abs. 1 Satz 1 GG die äußerste Grenze der Mitwirkung der Bundesrepublik Deutschland an der europäischen Integration. Es ist allein die verfassungsgebende Gewalt, die berechtigt ist, den durch das Grundgesetz verfassten Staat freizugeben, nicht aber die verfasste Gewalt.“ Vgl. auch Rn. 228: „Das Grundgesetz ermächtigt die für Deutschland handelnden Organe nicht, durch einen Eintritt in einen Bundesstaat das Selbstbestimmungsrecht des Deutschen Volkes in Gestalt der völkerrechtlichen Souveränität Deutschlands aufzugeben. Dieser Schritt ist wegen der mit ihm verbundenen unwiderruflichen Souveränitätsübertragung auf ein neues Legitimationssubjekt allein dem unmittelbar erklärten Willen des Deutschen Volkes vorbehalten.“

[162] Ebd., Rn. 249, 252 ff. u. 351 ff.

[163] Ebd., Rn. 228, 334 u. 263 im Gegensatz zu BVerfG, Urt. v. 12. 10. 1993 – 2 BvR 2134, 2159/92 – *Maastricht* = BVerfGE 89, 155 (188). Allerdings wäre auch nach dem *Lissabon*-Urteil die Gründung eines europäischen Bundesstaates im Wege einer das Grundgesetz außer Kraft setzenden Verfassungsablösung qua Volksentscheid möglich, vgl. Rn. 228 sowie 179 u. 232.

die Frage der Kompetenzüberschreitung unionsrechtlicher Rechtsakte (*ultra-vires*-Prüfung), sondern gleichermaßen auch für die Prüfung geltenden Unionsrechts am Maßstab der nationalen Verfassungsidentität (Identitätskontrolle).[164] Das „Ja" des deutschen Grundgesetzes zum VvL, welches der Vorsitzende des Zweiten Senats und heutige Gerichtspräsident *Andreas Voßkuhle* anlässlich der Urteilsverkündung am 30. Juni 2009 betont hatte, wird durch das in den Urteilsgründen an zahlreichen Stellen zum Ausdruck kommende „Aber" durchaus konterkariert.[165]

Allerdings legte *Andreas Voßkuhle* in der anschließenden wissenschaftlichen Diskussion besonderes Gewicht auf den nunmehr eingeführten Verfassungsgrundsatz der Europarechtsfreundlichkeit und das damit einhergehende grundgesetzliche Rücksichtnahmegebot im europäischen Mehrebenenverbund.[166] In der Folge sollte der Grundsatz der Europarechtsfreundlichkeit in der Tat ein Schlüsselargument für die restriktive Handhabung der Ultra-vires-Kontrolle durch das BVerfG im *Honeywell*-Beschluss vom 6. Juli 2010 werden.[167] Diese Entscheidung illustriert in geradezu exemplarischer Weise die Deutungsoffenheit des *Lissabon*-Urteils, ist sie doch von einem Sondervotum des Richters *Herbert Landau* begleitet, welches den Grundsatz der Europarechtsfreundlichkeit gänzlich anders gewichtet als die die Entscheidung tragende Senatsmehrheit. Beide Argumentationslinien nehmen indes ihren Ausgangspunkt in den Entscheidungsgründen des *Lissabon*-Urteils.[168]

Staatenübergreifende Reaktionen auf das *Lissabon*-Urteil waren – vergleichbar dem *Maastricht*-Urteil – zu erwarten. Während die bereits am Tag der Verkündung vorgelegte Übersetzung ins Englische die Ausstrahlungswirkung auf horizontaler Ebene zweifelsohne erleichterte, ist nicht zu verkennen, dass das *Lissabon*-Urteil des BVerfG selbst Zeugnis gerichtlichen Dialoges ist. An zwei Stellen nehmen die Entscheidungsgründe ausdrücklich Bezug auf die *Lissabon*-Entscheidungen in anderen Mitgliedstaaten: Zum einen die vorausgehende Entscheidung des französischen Verfassungsrates sowie zum anderen das erste *Lissabon*-Urteils des tschechischen Verfassungsgerichts. Allerdings dienen die Verweise des BVerfG eher der punktuellen Bestätigung seiner eigenen Argumentation und lassen die – zuweilen deutlichen – Unterschiede zum Ansatz der anderen Gerichte unbenannt.[169]

---

[164] Ebd., insbesondere Rn. 240f., 299, 331ff.

[165] Vgl. *D. Halberstam/C. Möllers*, The German Constitutional Court says *„Ja zu Deutschland!"*, GLJ 10 (2009), S. 1241ff.

[166] *A. Voßkuhle*, Der europäische Verfassungsgerichtsverbund, NVwZ, S. 1 (5), zu diesem Zeitpunkt noch unter Einräumung, dass es sich „noch nicht ganz absehen" lasse, „wie viel Direktionskraft dem Postulat der Europarechtsfreundlichkeit im Einzelfall innewohnt".

[167] BVerfG, Beschl. v. 6.7. 2010 (veröffentlicht am 26.8. 2010) – 2 BvR 2661/06 – *Honeywell*, Rn. 58ff.

[168] Vgl. einerseits die Ausführungen der Senatsmehrheit in Rn. 58ff. sowie andererseits das Sondervotum in Rn. 94ff. (insbesondere Rn. 100 und 102).

[169] BVerfG, Urt. v. 30.6. 2009 – 2 BvE 2/08 u.a. – *Lissabon* = BVerfGE 123, 267ff. (Rn. 312) mit Bezug zu franz. Verfassungsrat, Entsch. v. 20.12. 2007 – Nr. 2007-560 DC – *Lissabon*, JORF v. 29.12. 2007, S. 21813 sowie in Rn. 338 mit Bezug zu tschech. VerfG v. 26.11. 2008 – Pl. US. 19/08 – *Lissabon I*, Rn. 139.

c) Staatenübergreifende Reaktionen und Folgeentwicklung

Reaktionen und Folgeentwicklungen in anderen Mitgliedstaaten ließen nicht lange auf sich warten. Anders als von einigen Protagonisten mit Blick auf einen möglichen Bremseffekt des deutschen *Lissabon*-Urteils befürchtet, fiel das zweite irische Referendum vom 2. Oktober 2009 zustimmend aus.[170] Das Ergebnis der Volksabstimmung leitete zugleich die 28. Verfassungsänderung Irlands ein, welche die zentrale Norm des irischen Europaverfassungsrechts – Art. 49 Abs. 4 Verf-IRL – grundlegend veränderte.[171]

Kurz darauf folgte am 9. Oktober 2009 die Ratifikation Polens.[172] Ein Verfahren vor dem polnischen VerfGH über die Vereinbarkeit des Vertrages von Lissabon mit der polnischen Verfassung ist dort allerdings noch anhängig. Eine Entscheidung ist nicht vor November 2010 zu erwarten.[173]

Als zeitlich letzter Mitgliedstaat zur Ratifikation verblieb somit die tschechische Republik. Nach der bereits erfolgten Zustimmung durch Abgeordnetenhaus und Senat am 18. Februar und 6. Mai 2009, standen hier noch das abschließende Wort des Verfassungsgerichts sowie die Unterschrift des Staatspräsidenten *Václav Klaus* aus. Zwar hatte das tschechische Verfassungsgericht mit seinem Urteil vom 26. November 2008 bereits ein grundlegendes Urteil zur Vereinbarkeit der Ratifikation des VvL mit der tschechischen Verfassung verkündet. Indes erwirkten in der Folge 17 Senatoren durch Antrag vom 28. September 2009 eine zweite Entscheidung, wobei das Vorbringen in zentralen Teilen auf die Argumentation von *Peter Gauweiler* im deutschen Parallelverfahren sowie in Teilen auf die Entscheidungsgründe des BVerfG gestützt war.[174]

In seinem zweiten *Lissabon*-Urteil vom 3. November 2009 wies das tschechische Verfassungsgericht die Argumente der Antragsteller zurück. In seinen Entscheidungsgründen stellt das Gericht ausdrücklich den Grundsatz richterlicher Selbstbe-

---

[170] Mit 67,1% Ja-Stimmen zu 32,9% Nein-Stimmen bei einer Wahlbeteiligung von ca. 59% der Abstimmungsberechtigten war das Referendum diesmal deutlich ausgegangen, vgl. bereits oben.

[171] 28. VerfÄndG vom 15. 10. 2009. Während die Ermächtigung zur Ratifikation des VvL gemäß Art. 2 Abs. 2 und Abs. 3 des VerfÄndG sofort in Kraft trat, wurde die Mehrzahl der Änderungen, also insbesondere die Streichung der Alt-Ermächtigungen sowie die Neugestaltung von Art. 29 Abs. 4 Nr. 3 bis 9 Verf-IRL erst zum Inkrafttreten des VvL am 1. 12. 2009 wirksam. Das VerfÄndG ist abrufbar unter http://www.oireachtas.ie/documents/bills28/acts/2009/a28th09.pdf (1. 9. 2010). Näher zum Ganzen Teil 2 – Kapitel 7 – I.

[172] Hier hatte nach der bereits am 1. bzw. 2. 4. 2008 erfolgten Zustimmung beider Kammern des Parlaments nur die Unterzeichnung der Ratifikationsurkunde durch den polnischen Staatspräsidenten *Lech Kaczyński* gefehlt.

[173] Az. K 32/09. Der Ausgang des Verfahrens hat freilich keinen Einfluss mehr auf die externe Dimension der Ratifikation Polens und damit das Inkrafttreten des Vertrages von Lissabon.

[174] Tschech. VerfG, Urt. v. 3. 11. 2009 – Pl. US. 29/09 – *Lissabon II*, Rn. 110 ff., engl. Übersetzung des VerfG abrufbar unter http://www.concourt.cz/file/2506 (1. 9. 2010). Eine englische Übersetzung der Schlüsselpassagen (*J. Komárek*) mit einem kurzen Kommentar der Herausgeber der EuConst findet sich zudem in EuConst 5 (2009), S. 345 ff. Für wertvolle Informationen rund um das zweite tschechische Lissabon-Verfahren danke ich ganz herzlich dem tschechischen Europaverfassungsrechtler *Jiří Zemánek*.

schränkung heraus und verwahrt sich gegen die Forderung nach abstrakter, judikativer Festschreibung eines enumerativen Kataloges änderungsfester Integrationsschranken bzw. sensibler Kompetenzfelder, wie er seitens der antragstellenden Senatoren unter Rekurs auf das BVerfG gefordert wurde.[175] Aber auch hinsichtlich der Bewertung der Verwirklichungsformen des Demokratieprinzips auf EU-Ebene weicht das tschechische Verfassungsgericht explizit von seinem deutschen Pendant ab, insbesondere was die Stellung und Bedeutung des Europäischen Parlamentes für die Legitimationsvermittlung innerhalb der europäischen Mehrebenendemokratie betrifft.[176]

Eine bemerkenswerte Wendung enthält das *Lissabon-II*-Urteil auch insoweit, als es dem tschechischen Staatspräsidenten die Pflicht auferlegt, den Abschluss der Ratifikation nicht unangemessen zu verzögern.[177] Dieses obiter dictum fällt im Rahmen der gerichtlichen Ausführungen zu etwaigen Verfahrensmissbräuchen der präventiven Vertragskontrolle nach Art. 87 Abs. 2 Verf-CZ durch zeitliche Verschleppung der Antragstellung.[178] Das tschechische Verfassungsgericht entnimmt dem völkerrechtlichen Bona-fides-Prinzip eine Pflicht der vertragsschließenden Staaten, die endgültige Entscheidung über die Annahme des ausgehandelten Vertrages nicht unverhältnismäßig in die Länge zu ziehen. Die Pflicht des Staatspräsidenten zur *zeitnahen Entscheidung* stelle sich insoweit als eine innerstaatliche Spiegelung dieser völkerrechtlichen Pflicht im Außenverhältnis dar.[179] Dass der Staatspräsident aber zur zeitnahen *Ratifikation* – also nicht lediglich zur zeitnahen Entscheidung über das Ja oder das Nein zur Ratifikation – *verpflichtet* ist, entnimmt das Gericht in erster Linie der *verfassungsrechtlich* niedergelegten Gewaltenteilung für den Bereich der auswärtigen Gewalt, wobei die Rolle des Parlaments und die Zustimmung im Wege qualifizierter Mehrheit nach Art. 10a Verf-CZ hervorgehoben werden.[180]

---

[175] Ebd., Rn. 110 ff.

[176] Ebd., Rn. 137.

[177] Ebd., Rn. 116.

[178] Ebd., Rn. 115 ff.

[179] Ebd., Rn. 116. Die Existenz einer solchen (völkergewohnheitsrechtlichen) Pflicht ist durchaus fraglich. Wie auch das ungarische VerfG bereits zutreffend entschieden hat, kann ein Verbot, die Zustimmung zur Ratifikation zu gefährden, insbesondere nicht aus Art. 18 WVK abgeleitet werden, vgl. ung. VerfG, Entsch. v. 13. 12. 2004 – Nr. 58/2004 – *Volksinitiative VVE-Referendum*, Entscheidungssammlung (ABH) 2004, S. 822 ff. Dazu *J. Czuczai*, Ratification of the European Constitution in Hungary, in: A. Albi/J. Ziller (Hrsg.), The European Constitution and National Constitutions (2007), S. 29 (31 ff.) sowie näher Teil 2 – Kapitel 6 – III. 1. a) aa) im Kontext der Vorschriften über einen beitrittsbezogenen Volksentscheid.

[180] Ebd. Ob das tschechische VerfG damit zugleich die „Parlamentarisierung des Primärrechts" aktiv *betreibt*, wie dies in einer Entscheidungsanmerkung betont wird – *I. Ley*, Brünn betreibt die Parlamentarisierung des Primärrechts, JZ 65 (2010), S. 165 ff. –, ist fraglich. Eine solche Lesart scheint den Urteilsgründen eher theoretische Prämissen aufzudrängen als sie ihm zu entnehmen. Die vergleichsweise knapp gehaltenen Ausführungen des tschechischen Verfassungsgerichts zur Rolle des Staatspräsidenten innerhalb des Integrationsverfahrens (Rn. 115–124) stehen systematisch in keinem direkten Zusammenhang zu denjenigen Urteilsgründen, die sich mit der europäischen Mehrebenendemokratie befassen (Rn. 134–140). Beide sind inhaltlich auch nicht aufeinander bezo-

Was die Frage des Missbrauchs der präventiven Vertragskontrolle anbelangt, könne das Verfahren nach Art. 87 Abs. 2 Verf-CZ zwar die Ratifikation verfahrenstechnisch verzögern. Indes stelle es gleichsam den einzigen verfassungsrechtlich vorgesehenen Mechanismus dar, die Ratifikation *wegen begründeter Zweifel über die Verein-*

gen. Betriebe das tschechische VerfG eine „Parlamentarisierung des Primärrechts", müsste es das verfahrensrechtliche Primat der nationalen Legislative gegenüber der Exekutive auf die spezifische Eigenart eines solchen Mehrebenensystems stützen. Gerade diese Aussage aber enthält das Urteil, soweit ersichtlich, nicht. Die Parlamentarisierungsthese erscheint insoweit auch weniger als Interpretation des *Lissabon-II*-Urteils, sondern vielmehr als Wunsch, das tschechische VerfG „hätte (...) in seiner Begründung zur Ratifikationspflicht des tschechischen Präsidenten noch einen Schritt weitergehen können" (ebd., S. 170). Demnach „hätte" es im Verweis des Art. 48 Abs. 4 UAbs. 2 EUV auf die verfassungsrechtlichen Vorschriften der Mitgliedstaaten „eine unionsinnenrechtliche Wirksamkeitsvoraussetzung für Vertragsänderungen sehen können, über die sich das Europarecht mittels einer tatbestandlichen Verweisung auf die relevanten, die demokratische Legitimation des Inkorporationsverfahrens sichernden Verfahrensvorschriften der mitgliedstaatlichen Verfassungen die tschechische präsidiale Ratifikationspflicht zu eigen macht" (ebd., S. 170). Dass der Rekurs auf Art. 48 Abs. 4 UAbs. 2 EUV trägt, muss gleichwohl bezweifelt werden. Der Verweis auf Art. 48 Abs. 4 UAbs. 2 EUV kann für sich genommen nämlich die Frage nicht beantworten, worin der behauptete *demokratietheoretische* Mehrwert einer *europarechtlichen* Verpflichtung zur Einhaltung des innerstaatlichen Ratifikationsverfahrens bestehen soll, wenn diese Verpflichtung selbst keine materiellrechtlichen Maßstäbe an die Ausgestaltung des Integrationsverfahren anlegt, sondern als Verweisung lediglich an die formelle Einhaltung der auf nationaler Ebene autonom geregelten Verfahrensvoraussetzungen anknüpft (vgl. ebd., S. 170 mit dem Hinweis auf die daraus resultierende „Multi-Perspektivität" des Unionsrechts). Soweit Art. 48 Abs. 4 UAbs. 2 EUV ggf. i. V. m. Art. 2 EUV nicht Mindestvorgaben für die konkrete Ausgestaltung der national-verfassungsrechtlichen Ratifikationsverfahren entnommen werden (dies wiederum andeutend ebd., S. 169), läuft der Rekurs auf Art. 48 Abs. 4 UAbs. 2 EUV Gefahr, in einem Zirkelschluss zu enden. Versteht man Art. 48 Abs. 4 UAbs. 2 EUV überdies als tatbestandliche Verweisung auf das nationale Recht, kann die Vorschrift auch nicht zugleich funktionell äquivalent zu einer innerstaatlichen Struktursicherungsklausel wie Art. 23 Abs. 1 S. 1 GG sein (so aber ebd., S. 170), welche sich gerade durch die Formulierung materiell-rechtlicher Strukturvorgaben auszeichnet. Anstatt im tschechischen VerfG einen Protagonisten der Parlamentarisierung des Primärrechts und in Art. 48 Abs. 4 UAbs. 2 EUV eine (materiell-rechtlich leere) Struktursicherungsklausel zu sehen, ist die – dem Grunde nach völlig zutreffende – Forderung nach hinreichender legitimatorischer Grundlegung des Primärrechts vielmehr *in den Verbundtechniken des nationalen Verfassungsrechts*, nämlich den Integrationsklauseln selbst zu suchen. Diese sind durch regelmäßig qualifizierte Verfahrensanforderungen gerade darauf angelegt, einen erhöhten Grad an Legitimation sicherzustellen (zu den Verfahrensvorschriften eingehend Kapitel 6). Anders gewendet, die konkrete Ausgestaltung der *nationalen* Integrationsverfahren kann das Unionsrecht im Rahmen einer polyzentrischen Ordnungswelt nicht präskriptiv vorgeben. Allenfalls könnte der unionsrechtliche Modus geändert werden, z. B. die Statuierung einer Zustimmungspflicht des Europäischen Parlamentes, die Einführung eines unionsweiten Volksentscheids etc. Hingegen ist die *rechtliche* Ausgestaltung des nationalen Integrationsverfahrens dem nationalen Recht vorbehalten, für dessen Wertung sich das Unionsrecht insoweit öffnet. Gerade das tschechische Europaverfassungsrecht ist ein illustratives Beispiel dafür, dass die Notwendigkeit der demokratischen Grundlegung der supranationalen Hoheitsgewalt zentrales Anliegen des nationalen Verfassungsrechts ist, nämlich von Art. 10a Verf-CZ und der zugehörigen Verfahrensvorschrift in Art. 39 Abs. 4 Verf-CZ, die beide in einem intensiven Rezeptionskontext zu Europaklauseln anderer Mitgliedstaaten stehen, vgl. *J. Zemánek*, Czech Republic, in: A. E. Kellermann et al., The Impact of EU Accession on the Legal Orders of New Member States and (Pre-) Candidate Countries (2006), S. 313 (321 f.). Zudem zeigt speziell das tschechische Europaverfassungsrecht, dass die Sicherung von Legitimation nicht per se mit Parlamentarisierung gleichgesetzt werden darf, sondern auch *direktdemokratische*

barkeit des Vertrages mit der Verfassung aufzuschieben.[181] Eine solche Verzögerung dürfe in zeitlicher Hinsicht ebenfalls nicht unverhältnismäßig sein.[182] Das tschechische Verfassungsgericht lässt für den vorliegenden Fall keinen Zweifel daran, dass es die späte Antragstellung seitens der Senatoren[183] für unverhältnismäßig hält. Gleichwohl wird der Antrag nicht als unzulässig zurückgewiesen, weil das Verfassungsgericht die näheren Voraussetzungen eines Missbrauchs der präventiven Vertragskontrolle mit seinem *Lissabon-II*-Urteil erstmals – und für die Antragsteller daher nicht in konkreter Form vorhersehbar – aufstellt.[184]

Die *Lissabon-II*-Entscheidung in Tschechien leitete den finalen Akt des langwierigen Ratifikationsprozesses ein. Noch am Tag der Urteilsverkündung unterzeichnete *Václav Klaus* die Ratifikationsurkunde seines Landes und beendete damit die vorausgegangene Hinhaltetaktik. Diese hatte den anderen Staats- und Regierungschefs anlässlich des Europäischen Rats vom 29. und 30. Oktober 2009 noch die Zustimmung abgerungen, künftig das Opt-Out-Protokoll Nr. 30 über die Grundrechtecharta neben Großbritannien und Polen auch auf Tschechien anzuwenden.[185] Noch anlässlich der Unterzeichnung der Ratifikationsurkunde am 3. November 2009 betonte das tschechische Staatsoberhaupt, Tschechien habe an diesem Tage seinen Status als souveräner Staat verloren.[186]

Nach der Hinterlegung der letzten Ratifikationsurkunde in Rom konnte der Vertrag von Lissabon am 1. Dezember 2009 in Kraft treten. Sein Inkrafttreten bedeutete

---

Elemente umfassen kann. Denn auf Grundlage von Art. 10a Abs. 2 VerfCZ kann die parlamentarische Zustimmung zur Ratifizierung eines Vertrages nach Art. 10a Abs. 1 VerfCZ durch ein Referendum ersetzt werden, soweit dies ein (parlamentarisches) Verfassungsgesetz vorsieht. Bislang einziger Anwendungsfall ist das verfassungsändernde Gesetz Nr. 515/2002 v. 14. 11. 2002, tschech. ABl. 2002, Nr. 179, 515 bzgl. des EU-Beitritts, vgl. dazu etwa *H. Küpper*, Die Ratifikation der Unionsverfassung in den neuen Mitgliedstaaten, in: K. Beckmann/J. Dieringer/U. Hufeld (Hrsg.), Eine Verfassung für Europa (2. Aufl. 2005), S. 273 (294). Hinsichtlich des VVE war ein entsprechendes Gesetz zwar erwogen worden, letztlich kam es nach dem negativen Ausgang der Referenden in Frankreich und den Niederlanden aber zu keiner diesbezüglichen Entscheidung mehr, vgl. *Z. Kühn*, Ratification Without Debate and Debate without Ratification: the European Constitution in Slovakia and the Czech Republic, in A. Albi/J. Ziller (Hrsg.), The European Constitution and National Constitutions (2007), S. 157 (159, 164 f.). Festzuhalten bleibt letztlich also, dass der Gedanke der demokratischen – d. h. parlamentarischen oder/und direktdemokratischen – Legitimation des Primärrechts *durch den Verfassungsgeber* in der tschechischen Integrationsklausel niedergelegt wurde.

[181] Ebd.

[182] Ebd., Rn. 119 ff.

[183] Der Vertrag wurde Abgeordnetenhaus und Senat bereits am 29. 01. 2009 zur Abstimmung vorgelegt, während der Antrag erst am 28. 09. 2009 erfolgte.

[184] Ebd., Rn. 121.

[185] Annex I zu den Schlussfolgerungen des Vorsitzes, Dok. 15265/09. Die Änderung des Protokolls soll anlässlich des nächsten Beitritts erfolgen. Als Grund hierfür hatte *Klaus* die Angst vor GRC-gestützten Klagen gegen die Beneš-Dekrete ins Feld geführt. Dass ein solcher Sachverhalt überhaupt in den Anwendungsbereich der GRC fiele, muss als ausgeschlossen betrachtet werden. Kritisch völlig zu Recht *S. Peers*, The Benes Decrees and the EU Charter of Fundamental Rights, abrufbar unter http://www.statewatch.org/news/2009/oct/lisbon-benes-decree.pdf (1. 9. 2010).

[186] Anders dagegen tschech. VerfG, Urt. v. 3. 11. 2009 – Pl. US. 29/09 – *Lissabon II*, Rn. 146 ff.

aber keineswegs ein Ende der gerichtlichen Auseinandersetzung oder der Adoptionsprozesse staatlichen Europaverfassungsrechts.

In Ungarn entschied das Verfassungsgericht am 12. Juli 2010 im Rahmen einer nachträglichen Normenkontrolle über das Verkündungsgesetz zum VvL und stellte in diesem Rahmen unter Rückbezug auf die Entscheidungen der anderen Verfassungsgerichte die Vereinbarkeit der Vertragsreform mit der ungarischen Verfassung fest. Neben der noch anhängigen Vertragskontrolle vor dem polnischen VerfGH[187] steht zudem eine Lissabon-Entscheidung des Dänischen Obersten Gerichtshofs aus.[188]

In Österreich wurde im Juli 2010 mit der „Lissabon-Begleitnovelle" eine umfassende Reform der Europaartikel des österreichischen Bundes-Verfassungsgesetzes (B-VG) verabschiedet. Reformschwerpunkt war diesmal die Änderung bzw. Neueinführung verfassungsrechtlicher Bestimmungen über die parlamentarischen Informations- und Mitwirkungsrechte in EU-Angelegenheiten.[189] Inhalt und Zeitpunkt des Reformentwurfs – erst im Jahr 2008 war das österreichische Europaverfassungsrecht grundlegend reformiert worden[190] – legen den Schluss nahe, dass die Reformbestrebungen jedenfalls in Teilen von der *Lissabon*-Rechtsprechung des BVerfG beeinflusst wurden, wenngleich der österreichische Verfassungsgerichtshof die gegen den VvL bzw. das ihn betreffende Ratifikationsverfahren angestrengten Rechtsbehelfe bereits an der Zulässigkeit hatte scheitern lassen.[191] So kennt das österreichische B-VG neben einer allgemein gehaltenen Zuständigkeitsnorm (Art. 23f B-VG *n.F.*), wonach Nationalrat und Bundesrat die aus dem Unionsrecht fließenden Parlamentsrechte ausüben, nunmehr insbesondere Vorschriften über die begründeten Stellungnahme von Nationalrat und Bundesrat in Subsidiaritätsfragen (Art. 23g B-VG) und über die Subsidiaritätsklage (Art. 23h B-VG). Darüber hinaus wurde eine eigene Klausel über parlamentarische Zustimmungsvorbehalte und Vetorechte im Bereich dynamischer Vertragsentwicklungen geschaffen (Art. 23i B-VG).[192] Danach bedarf

---

[187] Az. K 32/09, vgl. bereits Fn. 173.

[188] Dazu *J. H. Danielsen*, One of Many National Constraints on European Integration: Section 20 of the Danish Constitution, EPL 16 (2010) S. 181 (190f.).

[189] Bundesverfassungsgesetz, öst. BGBl. I Nr. 57/2010, abrufbar unter: http://www.ris.bka.gv.at/Dokumente/BgblAuth/BGBLA_2010_I_57/BGBLA_2010_I_57.pdf (1. 9. 2010). Die Novelle geht zurück auf einen Vorschlag von SPÖ und ÖVP v. 16. Februar 2010, abrufbar unter: http://cmsbund.oedata.net/fileadmin/Inhaltsdateien/Parlamentsklub/Dokumente/B-VG_Lissabon.pdf (1. 9. 2010). Neben den Informations- und Zustimmungsrechten von Nationalrat und Bundesrat (jetzt Art. 23e-23i B-VG) ändert bzw. schafft die Reform u. a. Vorschriften über die Mitwirkung Österreichs an der Besetzung von EU-Spitzenämtern (Art. 23c B-VG), das Verhältnis von Bund und Ländern in EU-Angelegenheiten (Art. 23d B-VG), Österreichs Mitwirkung an der Gemeinsamen Außen- und Sicherheitspolitik (jetzt Art. 23j B-VG) sowie die Ausgestaltung einzelner Fragen durch die Geschäftsordnungen von Nationalrat und Bundesrat (Art. 23k B-VG).

[190] Bundesverfassungsgesetz, öst. BGBl. I Nr. 2/2008, vgl. bereits Teil 2 – Kapitel 4 – VIII. 2.

[191] Öst. VerfGH, Beschl. v. 30. 9. 2008 – SV 2/08-3, G 80/08-3 und SV 3/08-6, G 81/08-6 – *Lissabon I* sowie Beschl. v. 12. 06. 2010 – SV 1/10-9 – *Lissabon II*.

[192] Gemäß Abs. 1 dieses Artikels darf das jeweils zuständige Regierungsmitglied Österreichs im Rat einer Initiative nach Art. 48 Abs. 7 EUV nur dann zustimmen, wenn Nationalrat und Bundesrat

der österreichische Vertreter im Europäischen Rat nunmehr der (Vorab-)Ermächtigung durch Nationalrat und Bundesrat, um der Anwendung des vereinfachten Vertragsänderungsverfahrens nach Art. 48 Abs. 7 EUV zustimmen zu können. Hier scheint deutlich der Einfluss der Rechtsprechung des deutschen BVerfG auf.

Auch in Schweden bestehen Pläne zur Anpassung des Europaverfassungsrechts. Ein umfassend angelegter Reformentwurf der schwedischen Regierung, der zum 1. Januar 2011 in Kraft treten könnte,[193] sieht insbesondere die Einführung eines neuen Grundsatzartikels im ersten Kapitel des schwedischen Hauptverfassungsgesetzes (Regeringsformen) vor, der ausdrücklich die Mitgliedschaft Schwedens in der EU benennen soll.[194] Darüber hinaus soll die EU-spezifische Übertragungsklausel in Kap. 10 § 5 Abs. 1 in einen eigenen Paragraphen überführt werden (Kap. 10 § 6 n. F.).[195]

IX. Fazit und Ausblick

Bis in die jüngste Vergangenheit hinein ergibt sich ersichtlich das überaus bewegte Bild europäischer Verfassungsentwicklung nicht nur auf Ebene des Primärrechts, sondern – in stetiger Wechselwirkung mit ihr verbunden – ebenso auf Ebene des innerstaatlichen Verfassungsrechts. Die verfassungsrechtlichen Grundlagen rechtlicher Permeabilität sind bis zum heutigen Tag Gegenstand fortschreitender Anpassung und Weiterentwicklung. Dieser Befund trifft nicht nur auf Länder mit Kandidaten-

---

eine entsprechende Ermächtigung mit Zweidrittelmehrheit der abgegebenen Stimmen bei Anwesenheit von mindestens der Hälfte der Mitglieder erteilt haben. Über einen Verweis in Artikel 23i Abs. 3 B-VG auf Art. 50 Abs. 4 B-VG findet dieses Mehrheitserfordernis zudem auf alle Fälle Anwendung, in denen das Inkrafttreten eines Beschlusses des Europäischen Rates oder des Rates die Zustimmung der Mitgliedstaaten im Einklang mit ihren jeweiligen verfassungsrechtlichen Vorschriften voraussetzt, also das vereinfachte Vertragsänderungsverfahren nach Art. 48 Abs. 6 EUV sowie entsprechende Spezialklauseln. Artikel 23i Abs. 2 B-VG regelt zudem die Ausübung des Vetorechts, wie es etwa in Art. 48 Abs. 7 UAbs. 3 EUV vorgesehen ist. Näher zum Ganzen Teil 2 – Kapitel 6 – II. 1. b) im Kontext der Verfahrensmodi.

[193] Regierungsentwurf v. 8. 12. 2009 – Regeringens proposition 2009/10:80, abrufbar unter http://regeringen.se/content/1/c6/13/70/77/84ff1d65.pdf (1. 9. 2010). Für das Inkrafttreten der Reform sind gemäß Kap. 8 § 15 des geltenden schwedischen Hauptverfassungsgesetzes (Regeringsformen) zwei gleichlautende Parlamentsbeschlüsse notwendig, zwischen denen eine Parlamentswahl liegen muss. Für den Fall dass beide Beschlüsse vorliegen – der zweite soll am 24. 11. 2010 getroffen werden – wird die Reform zum 1. 1. 2011 in Kraft treten.

[194] Kap. 1 § 10 n. F.: „Sverige är medlem i Europeiska unionen (…)." Eine Übersetzung liegt derzeit noch nicht vor. Für Hilfe zum Verständnis der Reform danke ich sehr herzlich dem schwedischen Verfassungsrechtler *Carl Fredrik Bergström*.

[195] Dieser sieht eine gegenüber der geltenden Rechtslage verschärfte Mehrheitsschwelle im Regelverfahren vor. Danach reicht es nicht mehr aus, dass mindestens drei Viertel der *abstimmenden* Abgeordneten zustimmen. Zugleich muss künftig die absolute Mehrheit der Mitglieder des Parlaments erreicht werden: „Riksdagen kan besluta om sådan överlåtelse, om minst tre fjärdedelar av de röstande och mer än hälften av riksdagens ledamöter röstar för det."

status im Vorfeld eines Beitritts zu, sondern beansprucht seine Gültigkeit gerade auch für bestehende EU-Mitgliedstaaten, die Gründungsstaaten eingeschlossen.

Wenn die Entwicklungslinien permeabler Verfassungsstrukturen eine deutliche Tendenz zu steigender Ausdifferenziertheit aufweisen, so gilt dies gleichwohl nicht für alle Verfassungsordnungen in gleichem Maße. In mehreren Mitgliedstaaten kommen die Grundbestimmungen rechtlicher Permeabilität bis heute sogar ohne einen spezifischen EU-Bezug aus,[196] selbst wenn ein solcher ggf. im Wege der Auslegung durch die Rechtsprechung hergestellt wird.[197] Auch die Frage der Souveränität hat in unterschiedlicher – wenngleich deutlich erkennbarer – Weise auf die Permeabilität gewirkt. Hat sie in einem Staat unmittelbar die Entstehung permeabler Verfassungsstrukturen und ihre konkrete verfassungstextliche Modellform beeinflusst, kommt sie in einem anderen Mitgliedstaat primär im Rahmen der Rechtsprechung zum Ausdruck, welche die der Integrationsgewalt verfassungsrechtlich gezogenen Grenzen vermisst.

Trotz der Unterschiede im Einzelnen weisen die Entwicklungslinien permeabler Verfassungsstrukturen auf nationaler Ebene ein engmaschiges Netz rezeptiver Verknüpfungen und wechselseitiger Bezüge auf. Dies zeigen nicht nur die den Verfassungsänderungen vorausgehenden Vorarbeiten und (parlamentarischen) Debatten. Gerade auch die Resultate verfassungsgebender bzw. -ändernder Prozesse unterstreichen den Befund gegenseitiger Einflüsse im Wege von „Textstufen". Prominente Beispiele hierfür finden sich von den Anfangsjahren bis in die jüngste Zeit. Der Einstieg in die Rezeptionsgeschichte beginnt bereits Ende der 1940er Jahre mit der Verarbeitung des 15. Absatzes der Präambel der französischen Verfassung von 1946 durch Art. 11 der italienischen Nachkriegsverfassung. Auch die folgende Rezeptionswelle in Bezug auf das erstmals im GG verankerte Übertragungsmodell in den 50er Jahren ist ein frühes, aber prägnantes Beispiel. Weitere Anwendungsfälle sind die vormals ausdrückliche Anlehnung der schwedischen Integrationsklausel an die *Solange*-Formel des BVerfG,[198] die Orientierung von Art. 1a der zypriotischen Verfassung an Art. 29 Abs. 4 Nr. 10 a. F. der irischen Verfassung sowie das Aufgreifen zentraler Textpassagen des britischen European Communities Act im maltesischen EU-Gesetz. Die Verfassungsänderungen in den mittel- und osteuropäischen Staaten erfolgten in Bezug auf die Einführung permeabler Verfassungsstrukturen ausnahmslos vor dem Hin-

---

[196] Dazu eingehend Teil 2 – Kapitel 9 – I. 1.

[197] Für Spanien: Tribunal Constitucional, Erkl. v. 13. 12. 2004 – DTC 1/2004 – *Verfassungsvertrag* = EuR 2005, S. 339 (341 ff.) in deutscher Übersetzung; für Polen: VerfGH, Entsch. v. 11. 5. 2005 – Az. K 18/04 – *Beitrittsvertrag* = EuR 2006, S. 236 ff. in deutscher Übersetzung.

[198] Die den *Solange*-Entscheidungen entlehnte Formel „så länge" wurde jedoch 2002 zugunsten einer anderen Formulierung aufgegeben, vgl. *J. Nergelius*, Offene Staatlichkeit, in: IPE II (2008), § 22 Schweden, Rn. 19. Zur alten Rechtslage s. *G. Lysén*, Swedish Rapport, in: F. I. D. E. (Hrsg.), 17. F. I. D. E.-Kongress Berlin, Bd. 1: Le droit constitutionnel national et l'intégration européenne (1996), S. 427 (431 ff.).

tergrund rechtsvergleichender Verarbeitung der Erfahrungen in den älteren Mitgliedstaaten.[199]

Nicht minder intensiv fällt die Rezeptionsdichte für verfassungsgerichtliche Entscheidungen aus. Dies verdeutlichen allen voran die wiederholte Rezeption des deutschen *Maastricht*-Urteils sowie die länderübergreifende Rechtsprechungsentwicklung zu innerstaatlichen Grundrechtsvorbehalten gegenüber der supranationalen Hoheitsgewalt seit der *Frontini*-Entscheidung des italienischen Verfassungsgerichtshofs und der *Solange*-Rechtsprechung des BVerfG.[200] Jüngstes Beispiel ist die wechselseitige Bezugnahme der *Lissabon*-Entscheidungen in Frankreich, Tschechien und Deutschland.

Die fortlaufende Weiterentwicklung des innerstaatlichen Europaverfassungsrechts zeigt sich auch auf verfassungstextlicher Ebene, etwa am Beispiel der jüngsten Neuerungen im irischen, österreichischen und schwedischen Europaverfassungsrecht. Dass sich der spanische Staatsrat in seinem Reformbericht für die Einführung einer neuen EU-Klausel ausspricht, welche Anleihen an die portugiesische Europaklausel nimmt, unterstreicht, dass dieser Prozess auf Ebene des innerstaatlichen Verfassungsrechts keineswegs als abgeschlossen betrachtet werden kann. Es steht vielmehr zu erwarten, dass das gemeineuropäische Ensemble europaverfassungsrechtlicher Normen und Gerichtsentscheidungen auch in Zukunft die ihm eigene Entwicklungsdynamik beibehalten wird, ganz im Sinne eines „Multilevel Constitutionalism in Action".[201]

---

[199] Was Sonderlösungen freilich nicht ausschloss, vgl. das estnische Gesetz zur Ergänzung der Verfassung.

[200] Vgl. näher Teil 2 – Kapitel 11 – III. 1. b) im Kontext der Vorrangproblematik.

[201] Vgl. *I. Pernice*, The Treaty of Lisbon: Multilevel Constitutionalism in Action, CJEL 15 (2009), S. 349 ff.

Zweiter Abschnitt

Integrationsermächtigungen

Permeabilität setzt als Element positiven Rechts ein rechtliches Fundament voraus, das Teil des Verfassungsrechts der Ausgangsrechtsordnung ist. Dieses Fundament kann als Integrations*ermächtigung* bezeichnet werden.

Dabei bezieht sich das Wort Integration hier nicht zwingend auf den Prozess der europäischen Integration, trifft also keine Aussage über die Frage, ob die betreffende Klausel einen textlichen oder inhaltlichen EU-Bezug aufweist oder nicht. Vielmehr steht die normintegrative, auf die Ermöglichung rechtlicher Permeabilität gerichtete Funktion im Vordergrund. Der hier gebrauchte Begriff der Ermächtigung beantwortet zudem nicht notwendigerweise die Frage nach dem Geltungsgrund des Unionsrechts im innerstaatlichen Rechtsraum oder präjudizierte sie gar im Sinne eines innerstaatlichen Geltungs- oder Rechtsanwendungsbefehls.[1] Vielmehr kann sich eine Integrationsermächtigung im Kontext der EU lediglich auf die Teilnahme an der gemeinschaftlichen Errichtung supranationaler Herrschaftsgewalt und die damit einhergehende autolimitative *Beschränkung* des Geltungsmonopols der eigenen Verfassungsordnung (im Negativen) beziehen, ohne dass damit zugleich eine (positive) Geltungs- bzw. Anwendungs*anordnung* seitens des innerstaatlichen Verfassungsrechts verbunden sein müsste.[2]

Integrationsermächtigungen im hier gemeinten Sinne kommen im Verfassungsrecht der Mitgliedstaaten in drei unterschiedlichen Modellgruppen vor. Die erste und am weitesten verbreitete besteht aus Normen, welche in sachbereichlicher Hinsicht progressiv, d. h. für den künftigen Integrationsfortgang entwicklungsoffen ausgestaltet und zugleich durch eine verfahrensrechtliche Dynamik gekennzeichnet sind. Diese *dynamischen Integrationsermächtigungen* wiederum können nach unterschiedlichen Grundmodellen abgeschichtet werden. Jedes dieser Grundmodelle ist dabei an einer spezifischen Leitidee bzw. einem bestimmten Funktionsmechanismus rechtlicher Permeabilität ausgerichtet (dazu Kapitel 5). Ein weiteres Unterscheidungsmerkmal dynamischer Integrationsermächtigungen betrifft die Ausgestaltung des Verfahrensmodus. Auch hier lässt sich mittlerweile eine breit gefächerte Palette an Regelungsoptionen unterscheiden (dazu Kapitel 6). Dabei steht die Frage der einzelnen Verfahrensmodelle konzeptionell quer zur Differenzierung nach dem jeweiligen Grundmodell. Zwei dynamische Integrationsermächtigungen können also mit Blick

---

[1] So BVerfG, Beschl. v. 22. 10. 1986 – 2 BvR 197/83 – *Solange II* = BVerfGE 73, 339 (367, 375 f.); BVerfG, Urt. v. 12. 10. 1993 – 2 BvR 2134, 2159/92 – *Maastricht* = BVerfGE 89, 155 (190 ff.).

[2] Dazu näher unter Kapitel 10.

auf ihre verfassungsrechtliche Leitidee demselben Grundmodell zuzuordnen sein, sich aber gleichwohl hinsichtlich ihres verfahrensrechtlichen Modus unterscheiden. Gleiches gilt in die umgekehrte Richtung.

Der zweite Ansatz beruht demgegenüber auf spezifischen, ggf. im zeitlichen Verlauf sukzessiv aufgeschichteten *Einzelermächtigungen*. Diese sachbereichlich oder einem konkreten Integrationsstand nach begrenzten und insoweit vergleichsweise *statischen* Ermächtigungen sind jeweils Produkt einer einzelfallbezogenen Verfassungsänderung und können in der Regel nicht für weitere Integrationsschritte herangezogen werden (dazu Kapitel 7).

Drittens gilt es Sonderlösungen zu berücksichtigen, welche auf die besondere Struktur oder Vorbedingungen einiger Verfassungsordnungen zurückzuführen sind. Dies kann das Fehlen einer geschriebenen Verfassung oder aber die Existenz verfassungsrechtlicher Regelungen außerhalb des Stammtextes sein. Aufgrund des spezifischen Zuschnitts auf die betreffende Verfassungsordnung kommt diesen verfassungsrechtlichen Grundlagen normativer Permeabilität nur in bedingtem Maße ein grenzüberschreitender Modellcharakter zu (dazu Kapitel 8).

An die Analyse der verschiedenen Formen nationaler Integrationsermächtigungen anknüpfend stellen sich abschließend einige horizontale Querschnittsfragen, welche die einzelnen Modellgruppen in vergleichbarer Weise betreffen. Hierzu zählen neben Gesichtspunkten des konkreten EU-Bezugs und der systematischen Stellung der Norm in der Verfassung auch solche der programmatischen und struktursichernden Ausrichtung der Integrationsermächtigungen, ihrer Ergänzung durch verfassungsrechtliche Bestandsgrenzen sowie ihrer Flankierung durch parlamentarische und föderale Informations- und Beteiligungsrechte (dazu Kapitel 9).

Kapitel 5

Dynamische Integrationsermächtigungen: Grundmodelle

Wendet man sich den einzelnen Gestaltformen der Rechtgrundlagen normativer Permeabilität im Verfassungsrecht der Mitgliedstaaten zu, so überrascht es nur auf den ersten Blick, dass die Modellgruppe dynamischer Ermächtigungsgrundlagen den historischen Ausgangspunkt bildet, und dies obwohl sie in ihrer konzeptionellen Anlage weitaus breiter und entwicklungsoffener angelegt ist als die vergleichsweise statischen Einzelermächtigungen. Dynamische Integrationsermächtigungen finden sich mittlerweile, je nach rechtlicher Zuordnung im Einzelfall, in etwa zwei Dritteln der Verfassungsordnungen der Mitgliedstaaten und Beitrittskandidaten. Sie bilden damit rein empirisch die derzeit vorherrschende Herangehensweise an die verfassungsrechtliche Grundlegung normativer Permeabilität in der innerstaatlichen Rechtsordnung.[3]

---

[3] Dies gilt namentlich für die Verfassungen Belgiens (Art. 34), Deutschlands (Art. 23 Abs. 1 GG,

Die dynamische Integrationsermächtigung als Grundlage normativer Permeabilität ist keinesfalls zu verwechseln mit einer Generalermächtigung oder gar einer schrankenlosen Blankovollmacht.[4] Der Begriff der *dynamischen Integrationsermächtigung* im hier gebrauchten Sinne umfasst vielmehr zwei Kernelemente: Einerseits beschränkt sich die betreffende verfassungsrechtliche Grundlage nicht von vornherein exklusiv auf einen spezifischen Regelungsbereich – beispielsweise die Wirtschafts- und Währungsunion,[5] sondern ist vielmehr in sachbereichlicher Hinsicht entwicklungsoffen ausgestaltet. Eine dynamische Integrationsermächtigung erstreckt sich demnach grundsätzlich auf das sachliche Gesamtspektrum öffentlicher Hoheitsgewalt und umfasst folglich grundsätzlich auch künftige Integrationsschritte. Dies schließt verfassungsrechtliche Bedingungen und Grenzen, ggf. richtungsweisende Zielvorgaben, keinesfalls aus. Auch ist der entwicklungsoffene Charakter der dynamischen Ermächtigungen strikt zu unterscheiden von der Frage der verfassungsrechtlich hinreichenden Bestimmtheit des konkreten innerstaatlichen Integrationsaktes bzw. der zu schaffenden Aufgaben auf supranationaler Ebene. So bezieht sich die vom BVerfG im *Eurocontrol*-Beschluss aufgestellte[6] und später in den *Maastricht*- und *Lissabon*-Urteilen konkretisierte Bedingung hinreichender Bestimmtheit und Voraussehbarkeit auf das konkrete Zustimmungsgesetz i. V. m. den europäischen Verträgen, lässt hingegen den sachbereichlich allgemein gehaltenen Charakter des Art. 23 Abs. 1 S. 2 GG grundsätzlich unberührt.[7]

---

zuvor bereits Art. 24 Abs. 1 GG), Italiens (Art. 11), Luxemburgs (Art. 49bis), der Niederlanden (Art. 92), Dänemarks (§ 20), Griechenlands (Art. 28 Abs. 2 u. 3), Portugals (Art. 7 Abs. 6), Spaniens (Art. 93), Schwedens (Kap. 10 § 5 Abs. 1, künftig ggf. Kap. 10 § 6), Estlands (je nach rechtlicher Einordnung des estnischen Verfassungsergänzungsgesetzes), Lettlands (Art. 68), Litauens (Art. 1 lit. EU-Verfassungsakt), Polens (Art. 90 Abs. 1), der Slowakei (Art. 7 Abs. 2), Sloweniens (Art. 3a), Tschechiens (Art. 10a), Ungarns (Art. 2a), Bulgariens (Art. 85 Abs. 1 Nr. 9), Rumäniens (Art. 148 Abs. 1), Kroatiens (Art. 139 Abs. 2 bzw. 141) und Mazedoniens (Art. 120 bzw. 121). Seit 2008 ist nunmehr auch Österreich hierzu zu rechnen (Art. 50 Abs. 1 Nr. 1 i. V. m. Abs. 4, ggf. i. V. m. Art. 9 Abs. 2 n. F. öst. B-VG), da es den Ansatz einzelner (Sonder-)Verfassungsgesetze als Grundlage der Integration aufgegeben hat.

Für Frankreich kann allenfalls in begrenztem Umfang hiervon gesprochen werden, soweit der 15. Absatz der 1946er Präambel einschlägig ist und die Verfassung nicht geändert werden muss (dazu sogleich).

Nicht darunter fallen insbesondere die Verfassungen Irlands (Einzelermächtigungen in Art. 29), Großbritanniens (European Communities Act v. 1972), Finnlands (§ 93 und einzelne Verfassungsausnahmegesetze), Maltas (Art. 65 als Bindung der Gesetzgebung an Unionsrecht und allgemeine Ratifikationsregeln), Zyperns (Art. 1a als Vorrangklausel und allgemeine Ratifikationsregeln) und der Türkei (allgemeine Ratifikationsregeln).

[4] Dagegen besonders nachdrücklich jüngst BVerfG, Urt. v. 30. 6. 2009 – 2 BvE 2/08 u. a. – *Lissabon* = BVerfGE 123, 267 ff. (Rn. 236, 239) auch in Bezug auf die supranationale Ebene.

[5] Vgl. insoweit Art. 88-2 a. F. Verf-F oder Art. 88 S. 2 GG in Bezug auf die Bundesbank.

[6] BVerfG, Beschl. v. 23. 6. 1981 – 2 BvR 1107, 1124/77 und 195/79 – *Eurocontrol I* = BVerfGE 58, 1 (37).

[7] BVerfG, Urteile v. 12. 10. 1993 – 2 BvR 2134, 2159/92 – *Maastricht* = BVerfGE 89, 155 (187 f.) sowie Urt. v. 30. 6. 2009 – 2 BvE 2/08 u. a. – *Lissabon* = BVerfGE 123, 267 ff. (Rn. 236 ff.).

Andererseits zielt der hier verwendete Begriff der Dynamik auf eine *verfahrensrechtliche* Eigenschaft, welche das an die Integrationsermächtigung geknüpfte Integrationsverfahren in erster Linie von formellen Verfassungsänderungen unterscheidet. Eine kennzeichnende Eigenschaft dynamischer Integrationsermächtigungen ist es nämlich gerade, Änderungen des verfassungsrechtlichen Ordnungsrahmens bis hin zur Intensitätsschwelle einer Verfassungsänderung im materiellen Sinne zu erlauben, ohne dass hierfür die Voraussetzungen einer formellen Verfassungsänderung, insbesondere des Textänderungsgebots, vorliegen müssen. Hinzu kommt, dass unter dem Regime einer dynamischen Integrationsermächtigung im Regelfall ein Mindestmaß an verfahrensrechtlicher Praktikabilität und Durchführbarkeit auch dann gewährleistet ist, wenn für das Integrationsverfahren die gleichen Mehrheitsschwellen wie bei einer Verfassungsänderung gelten.[8]

Mehrere *Grundmodelle* dynamischer Integrationsermächtigungen können im derzeit geltenden Verfassungsrecht der Mitgliedstaaten identifiziert werden oder sind darüber hinaus mit Blick auf die Zukunft vorstellbar. Die erste Herangehensweise ist konzeptionell *negativ-limitierend* ausgerichtet und bezieht sich auf die *Einschränkung von Souveränität* bzw. ihrer Ausübung (dazu I.). Das zweite Modell ist begrifflich *positiv-konstituierend* auf die *Übertragung von Kompetenzen oder Hoheitsrechten* bzw. ihrer Ausübung auf die supranationale oder internationale Ebene bezogen (dazu II.). Das dritte Modell schließlich autorisiert zu einer *gemeinsamen Kompetenzausübung* zwischen den Mitgliedstaaten und den Unionsorganen (dazu III.). Auf Basis einer kritischen Analyse dieser bis dato das mitgliedstaatliche Verfassungsrecht prägenden Grundmodelle lässt sich schließlich *de constitutione ferenda* ein Ansatz diskutieren, der den Schwerpunkt auf die Komplementarität und das plurale Nebeneinander beider Verfassungsebenen, innerstaatlicher und europäischer, legt und als *Verbundmodell* bezeichnet werden kann (dazu IV.).[9]

Gelegentlich kann es vorkommen, dass die Trennlinien zwischen den benannten Modellen im Kontext der jeweiligen Verfassungspraxis verwischen. Wie zu zeigen sein wird, sind ihre Unterschiede im Kern gleichwohl nicht lediglich gradueller, sondern vielmehr *prinzipieller* Natur. Dies spiegelt sich bei aller gebotenen Vorsicht im Hinblick auf Sprachenvielfalt und verfassungskulturelle Differenzen und Eigenheiten gerade auch in der Terminologie der Integrationsermächtigungen wider. Auch sie wird über sprachliche und verfassungskulturelle Grenzen hinaus rezipiert und bildet damit selbst einen Teil des europaweiten Entwicklungszusammenhangs normativer Permeabilität.

---

[8] Dazu Teil 2 – Kapitel 6 – IV.

[9] An die Erörterung der Grundmodelle schließt sich in einem zweiten Abschnitt sodann die Frage der verfahrensrechtlichen Ausgestaltung an. Sie stellt sich für die verschiedenen Modelle gleichermaßen.

I. Einschränkungsmodell

Der Pionier verfassungsrechtlicher Integrationsermächtigungen stammt aus dem Verfassungsrecht der IV. Französischen Republik. Die sie konstituierende Verfassung vom 27. Oktober 1946 hielt mit Abs. 15 der Präambel als erste europäische Nachkriegsverfassung eine Modelllösung rechtlicher Permeabilität für supranationales Recht bereit.

1. Verwendung

Textlich setzt die Präambelbestimmung bei der Einschränkung von Souveränität an. In der gegenwärtigen Verfassungsordnung der V. Französischen Republik von 1958 ist sie über einen Verweis in der jetzigen Präambel weiterhin Bestandteil des geltenden und vom französischen Verfassungsrat (*Conseil constitutionnel*) als Prüfungsmaßstab herangezogenen Verfassungsrechts (sog. *bloc de constitutionnalité*).[10] Sie lautet wie folgt:

> „Unter dem Vorbehalt der Gegenseitigkeit stimmt Frankreich den zur Organisation und Verteidigung des Friedens notwendigen Einschränkungen seiner Souveränität zu."[11]

An die Vorschrift textlich angelehnt[12] ist die *„norma permissiva"*[13] in Art. 11 der italienischen Verfassung, auf deren Grundlage Italien

> „unter der Bedingung der Gleichstellung mit den übrigen Staaten (…) Souveränitätsbeschränkungen zu[stimmt], die für eine den Frieden und die Gerechtigkeit unter den Völkern gewährleistende zwischenstaatliche Ordnung erforderlich sind".

Auch in der griechischen Verfassung findet sich in Art. 28 Abs. 3 eine ähnliche Bestimmung, die – gemeinsam mit Art. 28 Abs. 2 Verf-GR[14] – als Grundlage der Permeabilität für das Recht der EU herangezogen wird. Griechenland stimmt danach

---

[10] Vgl. allgemein franz. Verfassungsrat, Entsch. v. 16. 7. 1971 – Nr. 71-44 DC – *Liberté d'association*, Rec. S. 29, 2. Entscheidungsgrund; sowie speziell in Bezug auf Abs. 15 der Präambel von 1946 Entsch. v. 30. 12. 1976 – Nr. 76-71 DC – *Suffrage universel*, Rec. S. 15, zweiter Entscheidungsgrund.

[11] „Sous réserve de réciprocité, la France consent aux limitations de souveraineté nécessaires à l'organisation et à la défense de la paix." Diese Vorschrift ist im Zusammenhang mit Abs. 14 der Präambel von 1946 und insbesondere mit Art. 53 Verf-F zu lesen, der für die Zustimmung zu bestimmten völkerrechtlichen Verträge ein parlamentarisches Gesetz vorschreibt. Zudem trifft Abs. 15 der Präambel von 1946 keine kollisionsrechtliche Aussage über das Verhältnis innerstaatlicher und internationaler bzw. europäischer Rechtsebene zueinander, wie dies etwa durch Art. 55 Verf-F in Bezug auf die übergesetzliche Stellung ratifizierter Verträge innerhalb der französischen Rechtsordnung geregelt wird. Dazu *J. Gundel*, Die Einordnung des Gemeinschaftsrechts in die französische Rechtsordnung (1997), S. 48 f.

[12] Zur Rezeption vgl. etwa *N. Lorenz*, Die Übertragung von Hoheitsrechten auf die Europäischen Gemeinschaften (1990), S. 38 m.w.M.

[13] So der ital. VerfGH, Entsch. v. 7. 3. 1964 – Nr. 14/1964 – *Costa/ENEL*. Vgl. *C. Panara*, Offene Staatlichkeit, in: IPE II (2008), § 18 Italien, Rn. 17.

[14] Zur kumulativen Anwendung von Art. 28 Abs. 2 und 3 s. näher unter Teil 2 – Kapitel 6 – II. 4.

„freiwillig durch ein Gesetz, das der absoluten Mehrheit der Gesamtzahl der Abgeordneten bedarf, einer Einschränkung der Ausübung seiner nationalen Souveränität zu, wenn dies ein wichtiges nationales Interesse erfordert, die Menschenrechte und die Grundlagen der demokratischen Staatsordnung nicht angetastet werden und wenn es in Gleichberechtigung und Gegenseitigkeit erfolgt."

Demgegenüber ist die im deutschen Grundgesetz vorgesehene Möglichkeit der „Beschränkungen" von Hoheitsrechten nach Art. 24 Abs. 2, 2. HS GG ausschließlich auf die Einordnung des Bundes in ein System gegenseitiger kollektiver Sicherheit bezogen.[15]

2. *Konzeptioneller Ansatzpunkt: Souveränität*

Der konzeptionelle Ansatz des Einschränkungsmodells am *Souveränitätsbegriff*, ruft die geschilderte Problematik seiner begrifflichen Vieldeutigkeit in Erinnerung. Das Einschränkungsmodell ist daher bereits in konzeptioneller Hinsicht hochgradig voraussetzungsvoll. Vor diesem Hintergrund dürfte es auch kaum verwundern, dass die Frage, welcher Gehalt von Souveränität überhaupt den verfassungsrechtlich ermöglichten Einschränkungen unterliegt, länderübergreifend Klärungsbedarf hervorgerufen hat.[16]

In Frankreich standen in erster Linie die Auswirkungen von Abs. 15 der 1946er Präambel auf die *nationale Souveränität* in Rede, welche durch die gaullistische Verfassung von 1958 verfassungsrechtlich besonders in den Mittelpunkt gerückt wurde. Ohne an dieser Stelle auf alle Verästelungen des überaus differenzierten französischen Souveränitätsdiskurses eingehen zu können,[17] ist jedenfalls festzuhalten, dass die Interpretation des bis heute fortgeltenden Abs. 15 der 1946er Präambel im geltenden Gefüge der 1958er Verfassung verfassungsrechtliche Fragen grundsätzlicher Natur aufwirft. Die jahrzehntelange Rechtsprechung des Verfassungsrates sowie die Einführung des EU-spezifischen Verfassungstitels XV (Art. 88-1 ff.) im Jahr 1992[18] konnten die Problematik allenfalls zum Teil entschärfen.

---

[15] Vgl. bereits *C. Tomuschat*, in: BK, Art. 24 (Zweitb. 1981), Rn. 118 ff., der darauf hinweist, dass Art. 24 Abs. 1 und 2 insoweit in einem Verhältnis gegenseitiger Komplementarität stehen (Rn. 123). Ebenso *C. D. Classen*, in: H. v. Mangoldt/F. Klein/C. Starck (Hrsg.), GG, Bd. II (5. Aufl. 2005), Art. 24, Rn. 76, der darüber hinaus klarstellt, dass Art. 24 Abs. 2 GG von der Entwicklung der EU „unberührt" bleibe, da Art. 23 GG allein eine *lex specialis* im Verhältnis zu Art. 24 Abs. 1 GG darstelle.

[16] Für Frankreich vgl. *T. de Berranger*, Constitutions nationales et construction communautaire (1995), S. 83 ff. m. w. N.; *P. Gaïa*, Rapport français, in: F. I. D. E. (Hrsg.), 17. F. I. D. E.-Kongress, Le droit constitutionnel national et l'intégration européenne (1996), S. 231 (238 ff. und 247 ff.). Für Italien s. *M. Cartabia*, The Legacy of Sovereignty in Italian Constitutional Debate, in: N. Walker (Hrsg.), Sovereignty in Transition (2003), S. 305 (312 ff.; 320 f.).

[17] Eingehend in Bezug auf die Rechtsprechung etwa *J. Roux*, Le principe de la souveraineté de l'Etat dans la jurisprudence du Conseil constitutionnel (1998). Vgl. Auch *J. Ziller*, Sovereignty in France: Getting Rid of the Mal de Bodin, in: N. Walker (Hrsg.), Sovereignty in Transition (2003), S. 261 ff.

[18] Dazu sogleich.

Die Auseinandersetzungen reichen früh zurück. Bereits in der Anfangsphase der V. Französischen Republik entbrannte heftiger Streit darüber, ob die neue Verfassungsordnung gaullistischer Handschrift verlange, den Grad an internationaler Offenheit der IV. Republik weiterhin aufrechtzuerhalten, oder ob der fortgeltende Abs. 15 der 1946er Präambel angesichts der nationalorientierten und souveränitätswahrenden Bestimmungen der neuen Verfassung von 1958 vielmehr als Ausnahmebestimmung restriktiv gehandhabt werden müsse.[19] Diese Fragestellung war gleichsam die verfassungsrechtliche Einkleidung eines politischen Richtungsstreits, in dem zwei einander widerstrebende Grundanschauungen aufeinander prallten. Auf der einen Seite war die gaullistische Bewegung programmatisch streng auf die Sicherung nationaler Souveränität ausgerichtet. So vertrat *Charles de Gaulle* im Zuge der „Krise des leeren Stuhls" im Jahr 1965 unter Berufung auf Art. 3 Verf-F (1958) die Auffassung, dass jedwede Ausnahme zum Prinzip der nationalen Souveränität *verfassungsrechtlich* (sic!) ausgeschlossen sei, insbesondere was die Frage von Mehrheitsentscheidungen im Rat angehe.[20] Zudem ist dokumentiert, dass der gaullistische Jurist *Michel Debré*, der als Justizminister unter *de Gaulle* maßgeblich an der Ausarbeitung der 1958er Verfassung beteiligt war,[21] bereits im Zuge der Verhandlungen um die Römischen Verträge 1957 (wenn auch erfolglos) gefordert hatte, dass für jede Einschränkung der Souveränität i. S. d. Abs. 15 der Präambel von 1946 eine vorherige, ausdrückliche Verfassungsänderung erforderlich sei.[22] Auf der anderen Seite trat allen voran *Jean Monnet* für eine weitgehende verfassungsrechtliche Offenheit der 1958er Verfassung ein, die seiner Auffassung nach gerade durch die ausdrückliche Einbeziehung der 1946er Präambel und ihres Abs. 15 bestätigt worden sei.[23] In der Literatur ist heute zumindest im Ansatz die vermittelnde Tendenz erkennbar, die Souveränitätsbeschränkungen im Sinne des 15. Absatzes der 1946er Präambel nicht auf den Kerngehalt der nationalen Souveränität i. S. v. Art. 3 Verf-F, also die legitimationsbezogene Frage nach dem *Träger* höchster Herrschaftsgewalt in Gestalt des französischen Volkes, zu erstrecken. Vielmehr sei der *kompetenzielle* Aspekt der Souveränität gemeint.[24] Auch wenn sich die vormals schroffen Gegensätze somit zunehmend abzu-

---

[19] Zur Problematik *T. de Berranger*, Constitutions nationales et construction communautaire (1995), S. 68, 83 ff. m. w. N. sowie *P. Gaïa*, Rapport français, in: F. I. D. E. (Hrsg.), 17. F. I. D. E.-Kongress, Le droit constitutionnel national et l'intégration européenne (1996), S. 231 (247 ff.).

[20] Pressekonferenz vom 9. 9. 1965: „On voit à quoi pourrait nous conduire une telle subordination si nous nous laissons aller à renier à la fois la libre disposition de nous-mêmes et notre Constitution, laquelle fixe que la souveraineté appartient au peuple français, qui l'excerce par ses représentants et par la voie du référendum, sans qu'il y soit prévu aucune espèce d'exception." Nachweis bei *T. de Berranger*, Constitutions nationales et construction communautaire (1995), S. 39.

[21] Hierzu etwa *O. Jouanjan*, in Grundlagen und Grundzüge staatlichen Verfassungsrechts, in: IPE I (2007), § 2 Frankreich, Rn. 29.

[22] Ebd. S. 68. Die parlamentarische Zustimmung zu den Römischen Verträgen erfolgte durch einfaches Gesetz Nr. 57-880 v. 2. 8. 1957.

[23] *J. Monnet*, Le Monde v. 11. 9. 1958.

[24] *J.-F. Flauss*, Rapport français, in: J. Schwarze (Hrsg.), Die Entstehung einer europäischen Verfassungsordnung (2000), S. 25 (78 f.) m. w. N.; *N. Lorenz*, Die Übertragung von Hoheitsrechten auf

schleifen scheinen, ist die Debatte in Frankreich gleichwohl symptomatisch für die potenzielle Aufgeladenheit des Souveränitätsbegriffs und die damit einhergehenden Schwierigkeiten in der rechtlich Praxis.

Ähnliche Probleme stellen sich in Italien und Griechenland. In Italien werden die Souveränitätsbeschränkungen i.S.v. Art. 11 Verf-IT dabei ebenfalls zumeist auf die Frage der *Kompetenzen* der innerstaatlichen Organe bezogen.[25] Allerdings hebt die Literatur durchaus Unterschiede zur vergleichsweise restriktiveren Rechtslage in Frankreich hervor.[26] In Griechenland bezieht sich Art. 28 Abs. 3 der Verfassung hingegen, begrifflich enger, lediglich auf die Einschränkung der *Ausübung* von Souveränität. Es wird berichtet, die überwiegende Auffassung in der griechischen Literatur gehe davon aus, dass jedenfalls der Souveränitätstitel bzw. die nationale Souveränität selbst von Beschränkungen unberührt blieben.[27] Auch hier wirft der Souveränitätsbegriff letztlich also mehr Probleme auf als er löst.

Der Blick auf die französische, italienische und griechische Einschränkungsklausel zeigt einmal mehr die Schwierigkeiten auf, das verfassungsrechtliche Konzept der Souveränität überhaupt operabel machen zu können, ohne sich dabei im Gestrüpp definitorischer Prämissen, Vorverständnisse und politischer Grundbefindlichkeiten zu verlieren.

3. *Mechanismus der Einschränkung*

Was den verfassungsrechtlichen Funktionsmechanismus der „Einschränkung" betrifft, so sind in der Verfassungspraxis folgerichtig auch erhebliche Unterschiede zwischen den einzelnen Bestimmungen feststellbar. Stellt Art. 11 der italienischen Verfassung bis heute die grundlegende dynamische Integrationsermächtigung der italienischen Verfassungsordnung dar,[28] so stieß das Einschränkungsmodell in Frankreich spätestens mit der Ratifizierung des Vertrages von Maastricht an Grenzen

---

die Europäischen Gemeinschaften (1990), S. 12ff. m.w.N. Differenzierter *P. Gaïa*, Rapport français, in: F.I.D.E. (Hrsg.), 17. F.I.D.E.-Kongress, Le droit constitutionnel national et l'intégration européenne (1996), S. 231 (238ff.), der Abs. 15 der Präambel neben der Veränderung der kompetenzbezogenen Souveränität („souveraineté-compétence", S. 240) auch auf die externe Dimension der Unabhängigkeit bezieht (S. 238).

[25] Vgl. ital. VerfGH, Urteil v. 18.12.1973 – Nr. 183/1973 – *Frontini* = EuR 1974, S. 255ff. Für eine vertiefte Analyse aus rechtsvergleichender Sicht für die Zeit vor Maastricht s. zudem *N. Lorenz*, Die Übertragung von Hoheitsrechten auf die Europäischen Gemeinschaften (1990), S. 48ff.

[26] *M. Cartabia*, The Legacy of Sovereignty in Italian Constitutional Debate, in: N. Walker (Hrsg.), Sovereignty in Transition (2003), S. 305 (320f.).

[27] *J. Iliopoulos-Strangas*, Grèce, in: F.I.D.E. (Hrsg.), 17. F.I.D.E.-Kongress Berlin, Bd. 1: Le droit constitutionnel national et l'intégration européenne (1996), S. 120 (140ff.). Dies deckt sich mit dem Befund, wie er im Rahmen des Modells der gemeinsamen Kompetenzausübung sowie den Varianten des Übertragungsmodells, die sich auf die Übertragung der Kompetenzausübung beschränken, ausfällt; dazu im Einzelnen Teil 2 – Kapitel 5 – II. 4. b) bb) sowie Teil 2 – Kapitel 5 – III.

[28] *C. Panara*, Offene Staatlichkeit, in: IPE II (2008), § 18 Italien, Rn. 17ff., 38f.

verfassungsrechtlicher bzw. verfassungs*textlicher* Belastbarkeit.[29] Auch hier stand das Souveränitätsprinzip einmal mehr im Zentrum der Überlegungen.

a) Das Einschränkungsmodell als begrenzt dynamische Integrationsermächtigung

Die Rechtslage in Frankreich ist nicht nur wegen der in Abs. 15 der 1946er Präambel liegenden Pionierleistung von übergeordnetem Interesse. Bezeichnend ist vor allem, dass diese Erlaubnisnorm – obwohl dort früher als in jedem anderen Mitgliedstaat eingeführt – heute nur in *begrenztem Umfang* als verfassungsrechtlich dynamische Grundlage der europäischen Integration herangezogen wird. Dies gibt trotz aller individuellen Besonderheiten des französischen (Europa-)Verfassungsrechts bereits erste Hinweise auf die grundsätzliche Eignung des Einschränkungsmodells als Mechanismus normativer Permeabilität.

Auf Gestaltform und Entwicklung des Europaverfassungsrechts in Frankreich hat in zunehmendem Maße die Rechtsprechung des französischen Verfassungsrates (*Conseil constitutionnel*) gewirkt.[30] Bis vor kurzem in seiner Zuständigkeit auf präventive Vorabkontrollen beschränkt,[31] hatte der Verfassungsrat dabei entweder vor einer anstehenden Ratifizierung über die Vereinbarkeit europäischer Reformvorhaben mit der französischen Verfassung (Art. 54 Verf-F) oder aber im Wege präventiver Normenkontrollen über die Verfassungsmäßigkeit innerstaatlicher Ratifikationsgesetze vor deren Verkündung (Art. 61 Abs. 2 Verf-F) zu befinden. Der Fortgang seiner integrationsbezogenen Rechtsprechung ist dabei bis zum heutigen Tag keineswegs frei von inneren Zäsuren und Wendungen verlaufen.[32]

---

[29] Franz. Verfassungsrat, Entsch. v. 9. 4. 1992 – Nr. 92-308 DC – *Maastricht I*, Rec. S. 55.

[30] Auf die Rechtsprechung des Staatsrats (Conseil d'Etat) wird insbesondere im Kontext der Vorrangproblematik eingehender zurückzukommen sein, vgl. Teil 2 – Kapitel 11 – III. 3.

[31] Vgl. aber nunmehr Art. 61-1 Verf-F (eingeführt durch Verfassungsgesetz Nr. 2008-103 v. 4. 2. 2008 und umgesetzt durch Organgesetz Nr. 2009-1523 v. 10. 12. 2009), der mit dem Verfahren der sog. „question prioritaire de constitutionnalité" (QPC) die Kontrolle der Verfassungsmäßigkeit von Gesetzen *a posteriori* einführt. Dazu auch Teil 2 – Kapitel 11 – III. 1. a) im Kontext der prozessualen Vorüberlegungen zur Vorrangproblematik.

[32] Insbesondere die Rechtsprechung bis zum Zeitpunkt des Vertrages von Maastricht war bereits wiederholt Gegenstand grundlegender Aufarbeitung, gerade auch in der deutschen Wissenschaft, weshalb an dieser Stelle ein kursorischer Überblick unter Betonung wesentlicher Kernelemente genügen mag, während der Schwerpunkt der folgenden Überlegungen vielmehr auf die Auswirkungen dieser Rechtsprechung sowie die an sie anknüpfenden Folgeentwicklungen in der jüngeren Zeit gelegt werden soll. Aus der Literatur vgl. *T. de Berranger*, Constitutions nationales et construction communautaire (1995), S. 136 ff. u. 253 ff.; *J. Gundel*, Die Einordnung des Gemeinschaftsrechts in die französische Rechtsordnung (1997), S. 111 ff.; *J. Hecker*, Europäische Integration als Verfassungsproblem in Frankreich (1998), S. 165 ff.; *F. C. Mayer*, Kompetenzüberschreitung und Letztentscheidung (2000), S. 146 ff.; *F. Luchaire*, Le Conseil constitutionnel et la souveraineté nationale, RDP 1991, S. 1499 ff.; *J.-F. Flauss*, Rapport français, in: J. Schwarze (Hrsg.), Die Entstehung einer europäischen Verfassungsordnung (2000), S. 25 (46 ff.); *P. Gaïa*, Rapport français, in: F. I. D. E. (Hrsg.), 17. F. I. D. E.-Kongress, Le droit constitutionnel national et l'intégration européenne (1996), S. 231 (252 ff.); *J. Dutheil de la Rochère*, The French Conseil Constitutionnel and the constitutional development of the European Union, in: M. Kloepfer/I. Pernice (Hrsg.), Entwicklungsperspektiven der europäischen Verfassung im Lichte des Vertrages von Amsterdam, (1999), S. 43 ff. sowie *J. Scheffler*,

aa) Differenzierung zwischen Einschränkungen und Übertragungen

Erste grundlegende Entscheidungen des Verfassungsrates fallen in die Zeit der 1970er Jahre. Insbesondere im Jahr 1976 hatte der Verfassungsrat auf Antrag des damaligen Präsidenten der Republik *Valéry Giscard d'Estaing* die Einführung des Direktwahlrechts zum Europäischen Parlament durch Ratsbeschluss vom 20. September 1976[33] zu prüfen. Zwar stellte der Verfassungsrat im Ergebnis die Vereinbarkeit des Vertrages mit der französischen Verfassung fest.[34] Indes zog er in seinen Erwägungsgründen eine kategoriale Trennlinie zwischen verfassungsmäßigen *Einschränkungen* der Souveränität einerseits und verfassungswidrigen, d. h. nur im Wege einer Verfassungsänderung zu autorisierenden, *Übertragungen* von Souveränität andererseits. Das Argument lief letztlich auf einen Umkehrschluss hinaus: Wenn Abs. 15 der Präambel von 1946 dazu ermächtige,[35] dass Frankreich bestimmten Einschränkungen seiner Souveränität zustimme, so sei im Gegenzug festzustellen, dass keine verfassungsrechtliche Bestimmung die teilweise oder gar vollumfängliche Übertragung der nationalen Souveränität gestatte.[36]

Diese Differenzierung war bereits einige Jahre zuvor im Rahmen der Diskussion um die Europäische Verteidigungsgemeinschaft (EVG) in der Literatur vorgeschlagen worden.[37] Wenngleich nicht gänzlich neu, so wurde ihre Verwendung im Kontext der Direktwahlentscheidung nunmehr scharf kritisiert. Insbesondere die für mangelhaft befundene konzeptionelle Klarheit und, damit einhergehend, Befürchtungen vor richterlicher Willkür gaben den Ausschlag.[38] Das in der Entscheidung anklin-

---

Das französische Verfassungsverständnis angesichts der Anforderungen des EG/EU-Rechts, ZaöRV 67 (2007), S. 43 (64 ff.).

[33] ABl. L 278 v. 8. 10. 1976. Dieser Beschluss war gem. Art. 138 EWG-Vertrag von den Mitgliedstaaten zu ratifizieren und fiel daher in den Anwendungsbereich der Vorabkontrolle gemäß Art. 54 Verf-F.

[34] Franz. Verfassungsrat, Entsch. v. 30. 12. 1976 – Nr. 76-71 – *Direktwahl zum Europäischen Parlament*, Rec. S. 15.

[35] Die hier vorgenommene dogmatische Charakterisierung der Bestimmung als „Ermächtigungsgrundlage" wird geteilt u. a. von *P. Gaïa*, Rapport français, in: F. I. D. E. (Hrsg.), 17. F. I. D. E.-Kongress, Le droit constitutionnel national et l'intégration européenne (1996), S. 231 (251) („habilitation") sowie im deutschsprachigen Schrifttum von *J. Scheffler*, Das französische Verfassungsverständnis angesichts der Anforderungen des EG/EU-Rechts, ZaöRV 67 (2007), S. 43 (49). Die Bestimmung ist als Ermächtigungsgrundlage für die Ratifikation völkerrechtlicher Verträge zudem im Zusammenhang mit Abs. 14 der Präambel von 1946 und vor allem mit Art. 53 Verf-F zu sehen.

[36] 2. Erwägungsgrund der Entscheidung: „(...) si le préambule de la Constitution de 1946, confirmé par celui de la Constitution de 1958, dispose que, sous réserve de réciprocité, la France consent aux *limitations* de souveraineté nécessaires à l'organisation et à la défense de la paix, aucune disposition de nature constitutionnelle n'autorise des *transferts* de tout ou partie de la souveraineté nationale à quelque organisation internationale que ce soit" (Hervorh. hinzugefügt.). Zu den Hintergründen der Entscheidung vgl. instruktiv *J. Gundel*, Die Einordnung des Gemeinschaftsrechts in die französische Rechtsordnung (1997), S. 114.

[37] Dazu *T. de Berranger*, Constitutions nationales et construction communautaire (1995), S. 257.

[38] Vgl. nur *J. Rideau*, La recherche de l'adéquation de la Constitution française aux exigences de l'Union européenne, RAE 3 (1992), S. 7 (17); *F. Luchaire*, Le contrôle de constitutionnalité des engagements internationaux et ses conséquences relatives à la communauté européenne, RTDE 1979,

gende nationale Souveränitätsverständnis sei eine „Fessel des Integrationsfortschritts".[39]

Bereits in dieser frühen Rechtsprechung scheint trotz der im Ergebnis festgestellten Verfassungsmäßigkeit des geprüften Vertrages letztlich bereits die Idee einer im Grundsatz begrenzten verfassungsrechtlichen Integrationsdynamik der Integrationsermächtigung durch.

bb) Verfassungsimmanente Grenzen des Einschränkungsmodells

Nachdem der Verfassungsrat in einer späteren Entscheidung über die Verfassungsmäßigkeit des Zustimmungsgesetzes zum Schengener Übereinkommen noch an der Unterscheidung zwischen verfassungsmäßigen Einschränkungen und verfassungswidrigen Übertragungen von Souveränität festgehalten hatte,[40] gab er sie schließlich in seiner ersten Entscheidung zum Vertrag von Maastricht im Jahr 1992 auf.[41] Aus einer Zusammenschau mehrerer Bestimmungen von Verfassungsrang[42] folgerte er nunmehr, dass die Wahrung der nationalen Souveränität es grundsätzlich *nicht* verbiete, dass Frankreich

> „unter dem Vorbehalt der Gegenseitigkeit internationale Verpflichtungen eingehen kann, um an der Schaffung und Entwicklung einer dauerhaften internationalen Organisation mitzuwirken, welche rechtsfähig ist und auf Grund von mit Zustimmung der Mitgliedstaaten erfolgten *Übertragungen* von Zuständigkeiten Entscheidungsbefugnisse innehat".[43]

Zur Ermöglichung der Ratifikation sei allerdings eine Verfassungsänderung erforderlich, wenn die betreffenden völkerrechtlichen Verpflichtungen entweder eine (ausdrücklich) *der Verfassung widersprechende Bestimmung enthielten* oder aber die „*Grundvoraussetzungen für die Ausübung der nationalen Souveränität*" beeinträchtigten.[44] Mit dem Urteil zum VVE komplettierte der Verfassungsrat dies im Jahr 2005

S. 391 (417); *T. de Berranger*, Constitutions nationales et construction communautaire (1995), S. 260 m. w. N.

[39] So *E.-W. Fuß*, Souveränitätsdenken als Fessel des Integrationsfortschritts. Die Judikatur des französischen Verfassungsrats zur europäischen Einigung, DVBl. 1980, S. 98 ff.

[40] Franz. Verfassungsrat, Entsch. v. 25. 7. 1991 – Nr. 91-294 DC – *Schengen I*, Rec. S. 91, 39. Erwägungsgrund. Eine deutsche Übersetzung findet sich auf http://www.conseil-constitutionnel.fr.

[41] Franz. Verfassungsrat, Entsch. v. 9. 4. 1992 – Nr. 92-308 DC – *Maastricht I*, Rec. S. 55.

[42] Neben den souveränitätssichernden Bestimmungen des Art. 3 Abs. 1 Verf-F sowie Art. 3 der Erklärung von 1789 führt der Verfassungsrat Abs. 14 *und* 15 der Präambel von 1946 sowie Art. 53 Verf-F an.

[43] 13. Erwägungsgrund, Hervorh. hinzugefügt.

[44] „Conditions essentielles d'exercice de la souveraineté nationale", 14. Erwägungsgrund. Die Übersetzung ins Deutsche bereitet durchaus Schwierigkeiten, gilt es neben der Wiedergabe des Kerngedankens doch zugleich inhaltlich fehlgehende Assoziationen seitens des grundgesetzlich vorgeprägten deutschen Juristen zu vermeiden. So transportiert etwa die Übersetzung mit „*unabdingbaren* Voraussetzungen für die Ausübung der nationalen Souveränität" – so *C. Walter*, Der französische Verfassungsrat und das Recht der Europäischen Union, EuGRZ 2005, S. 77 (81) – möglicherweise die missverständliche Vorstellung einer unüberwindbaren Schranke nach dem Vorbild einer verfassungsrechtlichen Ewigkeitsgarantie. Nach der französischen Verfassungskonzeption handelt es sich hierbei allerdings gerade um eine Hürde, die durch Verfassungsänderung überwunden wer-

um eine dritte Schranke, nämlich *die verfassungsrechtlich verbürgten Rechte und Freiheiten in Zweifel zieht*, also insbesondere die Grundrechte.[45]

Mit dem Rekurs auf die Grundvoraussetzungen für die Ausübung der nationalen Souveränität rückte der Verfassungsrat in seiner ersten *Maastricht*-Entscheidung ein Kriterium ins Zentrum der Betrachtung, welches seine integrationsbezogene Rechtsprechung bis heute maßgeblich prägt.[46] Genau genommen war es bereits im Jahr 1970 in der Entscheidung über die Ausstattung der Gemeinschaft mit Eigenmitteln eingeführt[47] und in der Folge anlässlich der Vorabprüfung der Verfassungsmäßigkeit des 6. Zusatzprotokolls zur EMRK über die Abschaffung der Todesstrafe näher präzisiert worden.[48] Allerdings schien ihm seit der Entscheidung zum Direktwahlrecht im Jahr 1976 keine spezifische Bedeutung mehr für den gemeinschaftsrechtlichen Kontext zuzukommen. Dies änderte sich mit der ersten *Maastricht*-Entscheidung grundlegend.

Ihre zentrale Aussage und Bedeutung für das französische Europaverfassungsrecht besteht bis heute darin, dass der Verfassungsrat mit den Grundvoraussetzungen für die Ausübung der nationalen Souveränität eine bestimmte Schwelle aus dem verfassungsrechtlichen Gesamtkontext herausdestilliert, ab der für die Ratifikation bestimmter Integrationsvorhaben eine vorherige *Änderung der Verfassung* erforderlich ist. In der Literatur wird zu Recht darauf hingewiesen, dass sich das Kriterium der Grundvoraussetzungen für die Ausübung der nationalen Souveränität keiner Verfas-

---

den kann. Hierauf weist *C. Walter* allerdings auch gesondert hin, wenn er ausführt, dass vor diesem Hintergrund „das Souveränitätsprinzip ein weniger schweres verfassungsgerichtliches Geschütz [ist] als das aus Sicht des deutschen Beobachters zunächst erscheinen mag.", ebd. S. 83. Gleichwohl erscheint vor diesem Hintergrund die Übersetzung mit „wesentlichen Voraussetzungen" oder „Grundvoraussetzungen" weniger anfällig für Missverständnisse, vgl. *F. C. Mayer*, Europarecht als französisches Verfassungsrecht, EuR 2004, S. 925 (928). Vgl. auch *ders./E. Lenski/M. Wendel*, Der Vorrang des Europarechts in Frankreich – zugleich Anmerkung zur Entscheidung des französischen Conseil d'Etat vom 8. Februar 2007 (*Arcelor u. a.*), EuR 2008, S. 63 (68).

[45] Zum Teil wird die Achtung der Grundrechte auch dem ersten Punkt zugerechnet, vgl. etwa *J. Scheffler*, Das französische Verfassungsverständnis angesichts der Anforderungen des EG/EU-Rechts, ZaöRV 67 (2007), S. 43 (69 u. 73 f.). Die Entscheidungsgründe des Verfassungsrates sprechen indessen für die Grundrechte als einer eigenständigen Schranke, vgl. in diesem Sinne *C. Haguenau-Moizard*, Offene Staatlichkeit, in: IPE II (2008), § 15 Frankreich, Rn. 31.

[46] So stehen alle in Folge des VVE sowie des VvL seitens des Verfassungsrates für notwendig befundenen Verfassungsänderungen in unmittelbarem Kontext zur Frage der Grundvoraussetzungen der Ausübung der nationalen Souveränität, vgl. franz. Verfassungsrat, Entscheidungen v. 19. 11. 2004 – Nr. 2004-505 DC – *Verfassungsvertrag*, Rec. S. 173 sowie v. 20. 12. 2007 – Nr. 2007-560 DC – *Lissabon*, JORF v. 29. 12. 2007, S. 21813.

[47] Franz. Verfassungsrat, Entsch. v. 19. 6. 1970 – Nr. 70-39 DC – *Eigenmittel*, Rec. S. 15, 9. Erwägungsgrund.

[48] Franz. Verfassungsrat, Entsch. v. 22. 5. 1985 – Nr. 85-188 DC – *Todesstrafe*, Rec. S. 15, 2. Erwägungsgrund. Der Verfassungsrat nennt in diesem Zusammenhang drei Facetten: erstens die Respektierung der Institutionen der Republik, zweitens das Fortleben der Nation und drittens die Einhaltung der bürgerlichen Grundrechte und Freiheiten. Dazu *J. Ziller*, Sovereignty in France: Getting Rid of the Mal de Bodin, in: N. Walker (Hrsg.), Sovereignty in Transition (2003), S. 261 (275).

sungsbestimmung unmittelbar zuordnen lässt.[49] Vielmehr handelt es sich um eine verfassungsimmanente, gleichwohl aber durch Verfassungsänderung überwindbare Schranke, die aus einer teleologischen Gesamtbetrachtung mehrerer Bestimmungen, darunter auch Abs. 15 der 1946er Präambel, gewonnen wird. Bei der Bestimmung dieser Schwelle legt der Verfassungsrat eine besondere Sensibilität für die Übertragung ehemaliger *Kernbereiche staatlicher Regelungsgewalt* offen, wie die Beispiele Währungsunion oder die Vergemeinschaftung ehemals der dritten Säule zugehöriger Bereiche zeigen.[50] Neben der inhaltlichen Reichweite der Übertragungen ist aber vor allem der *Entscheidungsmodus* auf europäischer Ebene ein zentraler Faktor, soweit sich aus Sicht des Verfassungsrates daraus mögliche Einschränkungen der Entscheidungsfreiheit Frankreichs – etwa in Gestalt von Mehrheitsentscheidungen im Rat – ergeben.[51] Dass dann eine ausdrückliche Änderung der Verfassung erforderlich ist, markiert gleichermaßen die Grenze verfassungsrechtlich dynamischer Integrationsoffenheit.

Zwar wird in der Literatur bis heute das in Abs. 15 der 1946er Präambel angelegte dynamische Potenzial betont. Die Bestimmung könne als entwicklungsoffene Ermächtigung interpretiert werden, die grundlegende Integrationsentwicklungen gerade ohne die Notwendigkeit einer vorherigen Verfassungsänderung zulasse.[52] Demgegenüber zeigt der Verfassungsrat aber vielmehr die Grenzen der entwicklungsdynamischen Integrationsfähigkeit des Verfassungstextes und insbesondere des Einschränkungsmodells in Abs. 15 der 1946er Präambel auf. Sind die Grundvoraussetzungen für die Ausübung der nationalen Souveränität berührt, oder steht eine Bestimmung des Vertrages einer Verfassungsbestimmung bzw. den Grundrechten entgegen, so bedarf es vor der Ratifikation einer Änderung der Verfassung.

Die Konsequenzen dieses Ansatzes illustriert das bis in die jüngste Vergangenheit hinein zu beobachtende Wechselspiel zwischen Verfassungsrat und Verfassungsgeber. Der französische Verfassungsgeber – ausdrücklich in seinem Ansatz durch die zweite *Maastricht*-Entscheidung des Verfassungsrates bestätigt[53] – ging seit 1992 dazu über, der Verfassung spezielle, EU-spezifische Einzelermächtigungen hinzuzufü-

---

[49] So *J. Gundel*, Die Einordnung des Gemeinschaftsrechts in die französische Rechtsordnung (1997), S. 113.

[50] Vgl. franz. Verfassungsrat, Entscheidungen v. 9. 4. 1992 – Nr. 92-308 DC – *Maastricht I*, Rec. S. 55; v. 31. 12. 1997 – Nr. 97-394 DC – *Amsterdam*, Rec. S. 344; v. 19. 11. 2004 – Nr. 2004-505 DC – *Verfassungsvertrag*, Rec. S. 173 sowie v. 20. 12. 2007 – Nr. 2007-560 DC – *Lissabon*, JORF v. 29. 12. 2007, S. 21813.

[51] Von einer „Mehrstufensystematik" spricht in diesem Zusammenhang *J. Scheffler*, Das französische Verfassungsverständnis angesichts der Anforderungen des EG/EU-Rechts, ZaöRV 67 (2007), S. 43 (67). In der Entscheidung zum Vertrag von Lissabon wird dies besonders deutlich, soweit die „neuen Modalitäten der Ausübung schon übertragener Zuständigkeiten" in Rede stehen, vgl. franz. Verfassungsrat, Ent. v. 20. 12. 2007 – Nr. 2007-560 DC – *Lissabon*, JORF v. 29. 12. 2007, S. 21813, Erwägungsgrund 20 ff.

[52] Dazu *T. de Berranger*, Constitutions nationales et construction communautaire (1995), S. 83 ff. m. w. N.

[53] Franz. Verfassungsrat, Entsch. v. 2. 9. 1992 – Nr. 92-312 DC – *Maastricht II*, Rec. S. 76

gen.[54] Diese ermächtigen jeweils punktuell zu denjenigen „Kompetenzübertragungen", welche der Verfassungsrat zuvor als mit der Verfassung für unvereinbar erklärte. Auf dieses besondere Modell etappenweiser Europajustierung der innerstaatlichen Verfassung wird noch genauer zurückzukommen sein.[55]

Festgehalten werden kann an dieser Stelle aber bereits, dass die französische Verfassung nur in eingeschränktem Umfang über eine allgemeine, dynamische Integrationsermächtigung verfügt.

Der im Jahr 1992 eingeführte Art. 88-1 Verf-F, wonach die Französische Republik an der EU mitwirkt, die sich aus Staaten zusammensetzt, welche „sich in freier Entscheidung und auf der Grundlage ihrer Gründungsverträge dazu entschlossen haben, einige ihrer Befugnisse gemeinsam auszuüben", hat diesen Befund nicht grundlegend verändert. Zwar räumt die jüngere Rechtsprechung dieser Norm durchaus eine zentrale Stellung im französischen Europaverfassungsrecht ein. Der Verfassungsgeber habe damit, so der Verfassungsrat in seiner Entscheidung zum VvL aus dem Jahr 2007, der Spezifizität der gemeinschaftsrechtlichen Rechtsordnung Rechnung getragen, die „in die nationale Rechtsordnung integriert und nicht Bestandteil" der völkerrechtlichen Rechtsordnung sei.[56] Auch entnimmt der Verfassungsrat der Vorschrift bereits seit 2004 ausdrücklich eine *verfassungsrechtliche*, und zwar eine sich aus der französischen (sic!) Verfassung ergebende Verpflichtung zur Umsetzung von Richtlinien.[57]

Gleichwohl wurde Art. 88-1 Verf-F seitens der Rechtsprechung bis heute gerade nicht die Funktion einer entwicklungsoffenen, dynamischen Integrationsermächtigung für künftige Integrationsschritte beigemessen.[58] Vielmehr wiederholte sich der

[54] Erstmals mit Art. 88-2 a.F. und Art. 88-3 Verf-F. Diese Normen sind Teil des im Jahr 1992 völlig neu in die Verfassung eingeführten Titels XV, vgl. Verfassungsgesetz Nr. 92-554 v. 25. 6. 1992. Vgl. Art. 88-2 a. F. Verf-F: „Unter dem Vorbehalt der Gegenseitigkeit und gemäß den Modalitäten des am 7. Februar 1992 unterzeichneten Vertrages über die Europäische Union stimmt Frankreich der Übertragung von Befugnissen zu, die zur Schaffung der europäischen Wirtschafts- und Währungsunion notwendig sind." Kritisch dazu *P. Gaïa*, Rapport français, in: F.I.D.E. (Hrsg.), 17. F.I.D.E.-Kongress, Le droit constitutionnel national et l'intégration européenne (1996), S. 231 (259).

[55] S. Teil 2 – Kapitel 7 – II.

[56] So der franz. Verfassungsrat, Entsch. v. 20. 12. 2007 – Nr. 2007-560 DC – *Lissabon*, JORF v. 29. 12. 2007, 21813, 7. Erwägungsgrund.

[57] Franz. Verfassungsrat, Entscheidungen v. 10. 6. 2004 – Nr. 2004-496 DC – *elektronischer Geschäftsverkehr*, Rec. S. 101, 7. Erwägungsgrund sowie v. 27. 7. 2006 – Nr. 2006-540 DC – *Informationsgesellschaft*, Rec. S. 88, 17. Erwägungsgrund. Dazu *F. C. Mayer*, Europarecht als französisches Verfassungsrecht, EuR 2004, S. 925 ff. Diese Linie wurde auch vom Staatsrat (Conseil d'Etat) in einer jüngeren Entscheidung aufgegriffen, franz. Staatsrat, Entsch. v. 8. 2. 2007 – Nr. 287110 – Arcelor, 11. Erwägungsgrund. Dazu *F. C. Mayer/E. Lenski/M. Wendel*, Der Vorrang des Europarechts in Frankreich – zugleich Anmerkung zur Entscheidung des französischen Conseil d'Etat vom 8. Februar 2007 (*Arcelor u. a.*), EuR 2008, S. 63 ff.

[58] So ausdrücklich auch *D. Capitant*, Landesbericht Frankreich, in: W. Kluth (Hrsg.), Europäische Integration und nationales Verfassungsrecht (2007), S. 141 (157) sowie *P. Gaïa*, Rapport français, in: F.I.D.E. (Hrsg.), 17. F.I.D.E.-Kongress, Le droit constitutionnel national et l'intégration européenne (1996), S. 231 (258). Im Kontext der Vorrangproblematik plädiert *X. Magnon*, La sanc-

beschriebene Dialog zwischen Verfassungsrat und Verfassungsgeber in der Folge anlässlich des Vertrages von Amsterdam sowie hinsichtlich des VVE und auch des VvL.[59] Jüngst wurde die Norm spezifisch auf den Integrationsstand des Vertrages von Lissabon ausgerichtet, was ihre Eignung als entwicklungsoffene Integrationsermächtigung bereits textlich begrenzt. Vergleichbare Reformschritte werden in Frankreich daher voraussichtlich auch künftig eine Verfassungsänderung durch Hinzufügung punktueller Einzelermächtigungen, eine sog. „*révision adjonction*",[60] erforderlich machen.

Zusammengefasst erweist sich das in der französischen Verfassung angelegte Einschränkungsmodell in operativer Hinsicht als äußerst begrenzt. Seit der ersten *Maastricht*-Entscheidung des französischen Verfassungsrates ist das zentrale verfassungsrechtliche Kriterium vielmehr, ob das zu ratifizierende Integrationsprojekt die Grundvoraussetzungen für die Ausübung der nationalen Souveränität berührt. Dieses Kriterium fungiert letztlich als Weiche dafür, ob eine (einfache) parlamentarische Zustimmung zur Ratifikation ausreicht, oder aber ob vorab die Verfassung geändert werden muss. Dem französischen Verfassungsrat kommt hierbei die Rolle des Weichenstellers (*aiguilleur*) zu, der die Notwendigkeit einer Verfassungsänderung lediglich anzeigt, die konkrete Entscheidung allerdings dem Verfassungsgeber überlässt. In der Verfassungspraxis musste dabei für alle jüngeren Integrationsvorhaben, einschließlich des VVE sowie des VvL, die Verfassung geändert werden.[61]

b) Das Einschränkungsmodell als dynamische Integrationsermächtigung

Demgegenüber zeigt die Rechtslage in Italien ein sehr weites Verständnis der als Einschränkungsmodell ausgestalteten Integrationsermächtigung. Obwohl die ausdrückliche textliche Anlehnung von Art. 11 Verf-IT an Abs. 15 der französischen Präambel von 1946 zunächst Parallelen zur französischen Rechtslage vermuten ließe, unterscheidet sich die italienische Rechtspraxis insoweit ganz erheblich von der französischen.

Zwar wurden die Normen ursprünglich in beiden Ländern gleichermaßen mit Blick auf einen Beitritt zu den Vereinten Nationen und den Aufbau eines Systems

tion de la primauté de la Constitution sur le droit communautaire par le Conseil d'Etat, RFDA 2007, S. 578 (588f.) dafür, Art. 88-1 entgegen der bisherigen Rechtsprechung als eine „Ermächtigungsnorm" (norme d'habilitation) auszulegen, die zu Abweichungen des geltenden Unionsrechts gegenüber bestehenden verfassungsrechtlichen Vorschriften autorisiere, sodass das Unionsrecht nicht am Maßstab der Verfassung – mit Ausnahme verfassungsrechtlicher Kernsätze – geprüft werden dürfe.

[59] S. im Einzelnen Teil 2 – Kapitel 7 – II.

[60] Vgl. *J.-F. Flauss*, Rapport français, in: J. Schwarze (Hrsg.), Die Entstehung einer europäischen Verfassungsordnung (2000), S. 25 (80); *X. Magnon*, La sanction de la primauté de la Constitution sur le droit communautaire par le Conseil d'Etat, RFDA 2007, S. 578 (588).

[61] Vgl. zum Verfassungsrat als „aiguilleur" *L. Favoreu*, La politique saisie par le droit (1988), S. 30 sowie speziell im EU-Kontext *J. Ziller*, Sovereignty in France: Getting Rid of the Mal de Bodin, in: N. Walker (Hrsg.), Sovereignty in Transition (2003), S. 261 (270f.).

kollektiver Sicherheit in die Verfassung aufgenommen.[62] Auch stand, so ist überliefert, die Frage der europäischen Einigung in Italien bei den Beratungen der Verfassunggebenden Versammlung über Art. 11 Verf-IT gar nicht im Zentrum.[63] Gleichwohl sahen sich Rechtsprechung und Literatur in Italien nicht daran gehindert, die Vorschrift im Wege der Interpretation von der ursprünglichen occasio legis zu lösen und als dynamische Verfassungsgrundlage des Integrationsprozesses heranzuziehen.[64]

Die anlässlich der Ratifizierung der Verträge von Paris (EGKS) und Rom (EWG, Euratom) sowie des Vertrages von Maastricht zuweilen vertretene Auffassung, die Ratifizierung erfordere ein verfassungsänderndes Gesetz, konnte sich letztlich nicht durchsetzen.[65] Der italienische Verfassungsgerichtshof (*Corte costituzionale*) bestätigte die in Italien vorherrschende Deutung der Integrationsermächtigung bereits früh in seinem Urteil in der Rechtssache *Costa/ENEL*. Art. 11 Verf-IT erlaube als sog. „norma permissiva", souveränitätsbeschränkende Verträge abzuschließen, die im Wege eines einfachen Gesetzes ratifiziert bzw. umgesetzt werden könnten.[66] Daran anknüpfend führte der VerfGH in seiner *Frontini*-Entscheidung aus, die Vorschrift rechtfertige Beschränkungen der Hoheitsgewalt des Staates bei der „Ausübung der *Legislativ-*, *Exekutiv-* und *Rechtsprechungsfunktion*".[67] Italien habe zusammen mit den anderen Mitgliedstaaten der EWG

> „für gemeinsame Zwecke der wirtschaftlichen und sozialen Entwicklung und damit auch zur Sicherung des Friedens und der Freiheit, bestimmte souveräne Befugnisse zugeteilt und anerkannt und sie als eine Institution errichtet, die als autonome und unabhängige Rechtsordnung charakterisiert ist".[68]

Auf Grundlage dieser extensiven Auslegung konnten alle weiteren Integrationsschritte bis hin zum VvL in Italien im Wege eines einfachen Gesetzes auf Basis von Art. 11 Verf-IT erfolgen.[69] Die verfassungsrechtlichen Implikationen des Integrati-

---

[62] Für Frankreich vgl. die Ausführungen des Berichterstatters *Guillet* zum Entwurf des der 15. Präambelerwägung inhaltlich korrespondierenden Art. 46 vom 19. 4. 1946, abgedruckt bei *P.-H. Teitgen*, in: F. Luchaire/G. Conac (Hrsg.), La constitution de la République française. Commentaires, Bd. I (1979), S. 56. Für Italien s. *E. Cannizarro*, Italy. EU Law and National Constitution. A Pluralist Constitution for a Pluralist Legal Order?, in: BIICL (Hrsg.), F. I. D. E. XX Congress London, Vol. 1 (2002), S. 243 (249) sowie ital. VerfGH, Urt. v. 18. 12. 1973 – Nr. 183/1973 – *Frontini* = EuR 1974, S. 255 (257).

[63] *C. Panara*, Offene Staatlichkeit, in: IPE II (2008), § 18 Italien, Rn. 15.

[64] Ebd. Rn. 15 u. 19.

[65] Vgl. dazu *B. de Witte*, Constitutional Aspects of European Union Membership in the Original Six Member States: Model Solutions for the Applicant Countries?, in: A. E. Kellermann et al. (Hrsg.), EU-Enlargement – The Constitutional Impact at EU and National Level (2001), S. 65 (68) m. w. N.

[66] Ital. VerfGH, Urt. v. 7. 3. 1964 – Nr. 14/64 – *Costa/ENEL*, 6. Entscheidungsgrund. Dazu *G. Itzcovich*, Sovereignty, Legal Pluralism and Fundamental Rights – Italian Jurisprudence and European Integration (1964–1973), EPL 10 (2004), S. 107 (112 ff.).

[67] Ital. VerfGH, Urt. v. 18. 12. 1973 – Nr. 183/1973 – *Frontini* = EuR 1974, S. 255 (258).

[68] Ebd.

[69] Für den VvL votierten der Senat (einstimmig) am 23. 7. 2008 und das Unterhaus (ebenfalls einstimmig) am 31. 8. 2008. Zur Ratifikation des VVE vgl. *M. Cartabia*, The Ratification of the Eu-

onsprozesses wurden dabei keineswegs ignoriert. Dies zeigt besonders anschaulich das konsultative Referendum im Jahr 1989 (sic!), in dem die italienischen Bürger zu ihrer Haltung gegenüber einer verfassungsrechtlichen Fortentwicklung der EG befragt wurden und dies im positiven Sinne beantworteten.[70] Auf die zentrale Stellung von Art. 11 Verf-IT als Grundlage der Permeabilität der italienischen Verfassungsordnung gegenüber dem Unionsrecht hatte diese Diskussion letztlich keinen Einfluss. Gleiches gilt für die Verfassungsreform im Jahr 2001, die mit Art. 117 Abs. 1 erstmals eine explizit auf die EU bezogene Norm in die italienische Verfassung einführte.[71] Danach wird die gesetzgebende Gewalt gemäß der Verfassung und entsprechend den aus der EU-Rechtsordnung und aus den völkerrechtlichen Verpflichtungen entstehenden Verbindlichkeiten ausgeübt. Die Literatur hebt in diesem Zusammenhang deutlich die unterschiedliche Funktion beider Normen hervor. Während künftige Integrationsschritte weiterhin ausschließlich auf Grundlage von Art. 11 erfolgen könnten, komme Art. 117 Abs. 1 demgegenüber die „Rolle des Hüters" der *bereits eingegangenen* unionsrechtlichen Verpflichtungen gegenüber der staatlichen und regionalen Gesetzgebung zu.[72]

Dass Art. 11 Verf-IT bis heute unverändert die alleinige Ermächtigungsgrundlage der italienischen Rechtsordnung für die Teilnahme an der sich fortentwickelnden europäischen Integration darstellt, heißt gleichwohl nicht, dass damit die Basis für eine grenzenlose Permeabilität der italienischen Rechtsordnung geschaffen worden wäre. Vielmehr hat der italienische Verfassungsgerichtshof im Rahmen seiner sog. „controlimiti"-Lehre immanente Schranken zur Integrationsermächtigung herausgearbeitet, die sich um einen Kern fundamentaler Verfassungsprinzipien, insbesondere die Grundrechte, herum gruppieren.[73] Diese Schranken stellen dem Grundsatz nach eine Herausforderung für die Durchsetzung des gemeinschaftsrechtlichen Vorranganspruchs dar.[74]

Anders als in Frankreich wurden in Italien jedoch keine Grenzen identifiziert, die eine Verfassungsänderung im Vorfeld einer Ratifikation erforderlich gemacht hätten.

---

ropean Constitutional Treaty in Italy, in: A. Albi/J. Ziller (Hrsg.), The European Constitution and National Constitutions. Ratification and Beyond (2007), S. 39 (43). Zum Kontext des Vertrages von Maastricht vgl. *S. Bartole/L. Daniele*, Italy, in: F. I. D. E. (Hrsg.), 17. F. I. D. E.-Kongress Berlin, Bd. 1: Le droit constitutionnel national et l'intégration européenne (1996), S. 330 ff.

[70] Dieser Volksentscheid fand seine Grundlage im Verfassungsgesetz Nr. 2/1989 v. 3. 4. 1989 über die Durchführung einer Volksabstimmung über die weitere europäische Entwicklung gleichzeitig mit der Wahl des Europäischen Parlaments 1989. Dazu *M. Cartabia*, The Ratification of the European Constitutional Treaty in Italy, in: A. Albi/J. Ziller (Hrsg.), The European Constitution and National Constitutions. Ratification and Beyond (2007), S. 39 (42).

[71] Zur Reform *G. F. Cartei/V. Ferraro*, Reform of the Fifth Title of the Italian Constitution: A First Step Towards a Federal System?, EPL 8 (2002), S. 445 (449 ff.).

[72] *C. Panara*, Offene Staatlichkeit, in: IPE II (2008), § 18 Italien, Rn. 38 u. 43.

[73] Ital. VerfGH, Urteile v. 16. 12. 1965 – Nr. 98/1965 – *Acciaierie San Michele* = EuR 1966, S. 146 ff.; v. 18. 12. 1973 – Nr. 183/1973 – *Frontini* = EuR 1974, S. 255 ff.; v. 5. 6. 1984 – Nr. 170/1984 – *Granital* = EuGRZ 1985, S. 98 ff. sowie v. 13. 4. 1989 – Nr. 232/1989 – *Fragd*.

[74] Dazu Teil 2 – Kapitel 11 – III. 1. b) aa) Teil 2 – Kapitel 11 – III. 1. b) im Kontext des *Frontini/Fragd*-Modells.

Damit bildet die italienische Verfassungspraxis ein anschauliches Beispiel für ein extensives Verständnis des Einschränkungsmodells.

c) Ausübungsbeschränkung

Auch in der griechischen Verfassung findet sich, wie einleitend bereits erwähnt, mit Art. 28 Abs. 3 eine Bestimmung, welche zur „Einschränkung der Ausübung der nationalen Souveränität" ermächtigt. Auslegungsschwierigkeiten ergeben sich hier allerdings weniger im Hinblick auf die Konturierung des Beschränkungsmechanismus, sondern vor allem in Bezug auf die besondere Situation der Koexistenz zweier integrationsrelevanter Normen.[75] Art. 28 Verf-GR ermächtigt in Abs. 2 nämlich zugleich zur „Zuerkennung" verfassungsmäßiger Zuständigkeiten an Organe internationaler Organisationen. Nach heute ganz überwiegender Auffassung wird die potenzielle Konkurrenz beider Absätze durch ihre kumulative Anwendung aufgelöst.[76]

In Bezug auf die Reichweite der Bestimmung wurde bereits hervorgehoben, dass die Formulierung lediglich die Einschränkung zur *Ausübung* der nationalen Souveränität ermächtigt, womit nach überwiegender Einschätzung zum Ausdruck gebracht werden soll, dass jedenfalls der Souveränitätstitel bzw. die nationale Souveränität selbst unangetastet bleiben.[77]

4. Fazit: Mehr Fragen als Antworten

Zu konstatieren ist: das Einschränkungsmodell markiert in zeitlicher Hinsicht die erste Etappe der verfassungsrechtlichen Fundierung normativer Permeabilität in den Verfassungen der heutigen EU-Mitgliedstaaten. Seine Eignung als dynamische – i. S. v. entwicklungsoffen angelegte – Ermächtigung erweist sich jedoch in mehrfacher Hinsicht als problematisch.

Im Hinblick auf den konzeptionellen Bezugspunkt der *Souveränität* ist zunächst die Vielschichtigkeit und assoziative Sprengkraft des Souveränitätsbegriffs zu berücksichtigen. Die Schwierigkeit, den Begriff im Kontext der supranationalen Einbindung richtig zu kalibrieren, illustriert besonders anschaulich die Rechtsprechung des französischen Verfassungsrates. Das Bemühen um eine hinreichende Sicherung der nationalen Souveränität durchzieht sie wie ein – allerdings im Lauf der Zeit variiertes – Leitmotiv.[78] Die Eckpunkte dieser Rechtsprechung verdeutlichen zugleich,

[75] *K. Chryssogonos*, The European Union and the Greek Constitutional Order, in. A. E. Kellermann et al. (Hrsg.), EU-Enlargement – The Constitutional Impact at EU and National Level (2001), S. 141 (142); *J. Iliopoulos-Strangas*, Offene Staatlichkeit, in: IPE II (2008), § 16 Griechenland, Rn. 23.

[76] *Iliopoulos-Strangas*, Grèce, in: F. I. D. E. (Hrsg.), 17. F. I. D. E.-Kongress Berlin, Bd. 1: Le droit constitutionnel national et l'intégration européenne (1996), S. 120 (124 ff.) m. w. N. Vgl. näher Teil 2 – Kapitel 6 – II. 4.

[77] Eine solche Konzeption wird im Übrigen auch in anderen Staaten – wenngleich ohne konkrete textliche Anknüpfung – vertreten. Vgl. für Polen etwa *S. Biernat*, Offene Staatlichkeit, in: IPE II (2008), § 21 Polen, Rn. 39.

[78] Vgl. *J. Rideau*, Constitution et droit international dans les Etats membres des Communautés européennes. Réflexions générales et situation française, RFDC 1990, S. 259 (280).

dass der Rekurs auf die Souveränität kaum konstruktive Antworten auf die Bedingungen der Möglichkeit normativer Permeabilität bereithält. Vielmehr wird Souveränität hier als verfassungsrechtliche Grenze dynamischer Permeabilität in Anschlag gebracht.

Was den Begriff der *Einschränkung* betrifft, so bringt dieser zwar durchaus treffend die autolimitative Dimension zum Ausdruck, die in der Rücknahme des ausschließlichen Herrschaftsmonopols der betreffenden Verfassungsordnung und des insoweit *gewandelten*, nicht notwendig verengten[79] Handlungsfeldes innerstaatlicher Verfassungsorgane liegt. Jedoch wird die inhaltliche Tragweite dieses Aspekts wiederum durch den nebulösen Bezugspunkt der Souveränität verhüllt. Die Frage, welche (staatlichen) Bereiche von der Autolimitation betroffen sind, ist durch den Rekurs auf „die Souveränität" gerade nicht hinreichend beantwortet.

Vor diesem Hintergrund erscheint es nur folgerichtig, dass keiner der in jüngerer Zeit beigetretenen Mitgliedstaaten im Zuge seiner beitrittsgerichteten Verfassungsänderungen auf das Einschränkungsmodell zurückgegriffen hat. Für Polen etwa ist in der Literatur gleich mehrfach belegt, dass für die Konzeption der Integrationsermächtigung bewusst und ausdrücklich *nicht* bei der Einschränkung von Souveränität angesetzt, sondern demgegenüber auf die als politisch neutraler eingestufte Formulierung der „Kompetenzübertragungen" zurückgegriffen wurde.[80]

Das Einschränkungsmodell ist zudem in denjenigen Verfassungsordnungen kaum anschlussfähig, die in Bezug auf die Souveränität ein explizites Beschränkungsverbot vorsehen, wie etwa die litauische.[81]

Grundlegende Einwände gegen das Modell ergeben sich zudem daraus, dass die Beteiligung an supranationalen Integrationsformen hier ausschließlich als *Verengung* innerstaatlicher Hoheitsgewalt verhandelt wird. Die zentrale Komponente der *Konstituierung* originärer supranationaler Hoheitsgewalt – und damit einhergehend die Begründung neuer, vorher auf innerstaatlicher Ebene möglicherweise gar nicht vorhandener Kompetenzen und Handlungsfelder[82] sowie der Zugewinn an Mitentscheidung auf supranationaler Ebene – werden gänzlich ausgeblendet.

Zwar liefert die italienische Verfassungspraxis ein Beispiel dafür, wie das textliche Defizit des Einschränkungsmodells durch gerichtliche Interpretation überwunden werden kann. Gleichwohl ist bemerkenswert, dass der italienische Verfassungsgerichtshof in seiner Auslegung von Art. 11 Verf-IT gerade nicht umhin kommt, die konstituierende Funktion der Integrationsermächtigung im Sinne einer „*Übertra-*

---

[79] Zum „europabedingten Funktionswandel" der deutschen Legislative vgl. *I. Pernice*, in: H. Dreier (Hrsg.), GG, Bd. II (2. Aufl. 2006), Art. 23, Rn. 93.

[80] Vgl. *A. Albi*, EU Enlargement and the Constitutions of Central and Eastern Europe (2005), S. 79 u. 113; *M. Jankowska-Gilberg*, Verfassungsrechtliche Grundlagen des Beitritts und der Mitgliedschaft Polens in der Europäischen Union, EuR 2003, 417 (423); *C. Mik*, State Sovereignty and European Integration: Public International Law, EU and Constitutional Law in the Polish Context, in: N. Walker (Hrsg.), Sovereignty in Transition (2003), S. 367 (398).

[81] Art. 3 Abs. 1 Verf-LIT Ähnlich auch Art. § 1 Abs. 2 Verf-EST.

[82] Etwa die Kompetenz zur länderübergreifenden Harmonisierung.

gung" von Hoheitsbefugnissen auf die supranationale Ebene zu betonen.[83] In diese Beobachtung fügt sich ebenso die französische Verfassungspraxis ein, die – nicht im Wege einer expansiven Interpretation, sondern durch schrittweise Verfassungsänderungen – die Grundlagen für sachbereichlich bzw. auf den jeweiligen Integrationsschritt begrenzte *Übertragungen* von Befugnissen geschaffen hat.

Die Leitidee der Souveränitätsbeschränkung bildet folglich in unzureichender Weise lediglich Teilausschnitte eines vielschichtigen Vorgangs ab. Allen voran das Erfordernis verfassungsrechtlicher Transparenz spricht insoweit für die Verankerung einer Norm, die die Besonderheiten normativer Permeabilität bereits textlich präziser zum Ausdruck bringt.

Sowohl im Hinblick auf den konzeptionellen Bezugspunkt der Souveränität als auch auf den Funktionsmechanismus der Einschränkung wirft das Einschränkungsmodell in diesem Licht betrachtet mehr Fragen auf, als es letztlich beantworten kann. Jedenfalls für sich alleine genommen erscheint es daher nicht als befriedigende verfassungsrechtliche Grundlage normativer Permeabilität. Dies leitet über zu dem Modell, das bei der *Übertragung* von Kompetenzen bzw. Hoheitsrechten ansetzt.

II. Übertragungsmodell

Auch das Übertragungsmodell findet sich bereits zu einem sehr frühen Zeitpunkt im Verfassungsrecht der Gründungsstaaten. Anders als das Einschränkungsmodell ist es jedoch bis in die jüngste Zeit hinein wiederholt rezipiert worden und stellt mit Abstand das am weitest verbreitete und gleichsam variantenreichste Modell dynamischer Integrationsermächtigungen im Verfassungsrecht der EU-Mitgliedstaaten dar.

1. Verwendung

Wegweisend ist das Übertragungsmodell erstmals in Art. 24 Abs. 1 des deutschen Grundgesetzes vom 23. Mai 1949 verankert. Bis heute unverändert lautet diese Bestimmung:

> „Der Bund kann durch Gesetz Hoheitsrechte auf zwischenstaatliche Einrichtungen übertragen."

Bereits während des Entstehungsprozesses der Vorschrift[84] wurde die in ihr angelegte Integrationsbereitschaft des künftigen Grundgesetzes als „Vorleistung" Deutsch-

---

[83] Ital. VerfGH, Urt. v. 18. 12. 1973 – Nr. 183/1973 – *Frontini* = EuR 1974, S. 255 (258), 5. Entscheidungsgrund: „partielle Übertragung der Ausübung der Legislativfunktion auf die Organe der Gemeinschaft" (trasferimento agli organi comunitari dell'esercizio della funzione legislativa).

[84] Dazu eingehend *K.-P. Sommermann*, Offene Staatlichkeit, in: IPE II (2008), § 14 Deutschland, Rn. 5ff.

lands begriffen[85] und in verfassungsvergleichender Perspektive sogar als „sehr schöne Antwort“ auf Abs. 15 der Präambel der französischen Verfassung von 1946 für gut geheißen.[86] Dies unterstreicht einmal mehr den horizontalen Entwicklungs- und Rezeptionskontext innerstaatlichen Europaverfassungsrechts bereits seit Anbeginn des Integrationsprozesses.

Am Begriff der „Übertragung“ hielt der verfassungsändernde Gesetzgeber in Deutschland auch fest, als er anlässlich des Vertrages von Maastricht im Jahr 1992 mit Art. 23 n. F. GG eine speziell auf die Mitgliedschaft in der EU ausgerichtete Europaklausel einführte.[87] Diese verdrängt seither bekanntlich als lex specialis[88] den allgemeineren Art. 24 Abs. 1 GG in Bezug auf die „europäische Integration und ihren Fortgang“.[89]

Die Verfassungen der *Niederlande* (Art. 92, ex-Art. 67), *Dänemarks* (§ 20 Abs. 1), *Luxemburgs* (Art. 49bis) und *Belgiens* (Art. 34, ex-Art. 25bis) übernahmen in der Folge sukzessive das Übertragungsmodell, wobei die einzelnen Klauseln untereinander durchaus nennenswerte Unterschiede aufweisen.[90] Während die Übertragung nach niederländischem Recht „durch oder kraft eines Vertrages“ erfolgt und konkret auf „Gesetzgebungs-, Verwaltungs- und Rechtsprechungsbefugnisse“ bezogen ist, autorisiert die dänische Verfassung dazu, dass „Befugnisse“, die nach der Verfassung an sich den Behörden des Königreichs zustehen, „durch Gesetz in näher bestimmtem Umfang“ übertragen werden können. Die luxemburgische Verfassung sieht eine „vorübergehende“ Übertragung der „Ausübung“ entsprechender Befugnisse vor. In ähnlicher Weise bezieht sich die belgische Verfassung auf die Übertragung der „Ausübung bestimmter Gewalten“ durch „einen Vertrag oder ein Gesetz“.

---

85 *J. Beyerle* (CDU) in der Plenarsitzung v. 21. 8. 1948 des Herrenchiemseer Verfassungskonvents, in: Deutscher Bundestag/Bundesarchiv (Hrsg.), Der Parlamentarische Rat 1948–1949. Akten und Protokolle, Bd. 2: Der Verfassungskonvent auf Herrenchiemsee (bearb. von Peter Bucher 1981), S. 207.

86 *F. Eberhard* (SPD) in der 6. Sitzung des Hauptausschusses des Parlamentarischen Rates v. 19. 11. 1948, in: Parlamentarischer Rat, Verhandlungen des Hauptausschusses 1948/49, S. 70.

87 Eingefügt durch das 38. Gesetz zur Änderung des Grundgesetzes vom 21. 12. 1992, BGBl. 1992 I v. 24. 12. 1992, S. 2086. Vgl. bereits unter Teil 2 – Kapitel 4 – IV.

88 Einhellige Meinung, vgl. nur *I. Pernice*, in: H. Dreier (Hrsg.), GG, Bd. II (2. Aufl. 2006), Art. 23, Rn. 121; *R. Streinz*, in: M. Sachs (Hrsg.), GG (4. Aufl. 2007), Art. 23, Rn. 9; *C. D. Classen*, in: H. v. Mangoldt/F. Klein/C. Starck (Hrsg.), GG, Bd. II (5. Aufl. 2005), Art. 23, Rn. 1; *O. Rojahn*, in: I. v. Münch/P. Kunig (Hrsg.), GG, Bd. 2 (4./5. Aufl. 2001), Art. 23, Rn. 3; *D. König*, Die Übertragung von Hoheitsrechten im Rahmen des europäischen Integrationsprozesses (2000), S. 655.

89 So wörtlich das BVerfG, Urt. v. 12. 10. 1993 – 2 BvR 2134, 2159/92 – *Maastricht* = BVerfGE 89, 155 (172). Die entscheidende Neuerung des Art. 23 n. F. GG bestand neben veränderten verfahrensrechtlichen Anforderungen und der verpflichtende Ausrichtung auf die Mitwirkung bei der Entwicklung der EU insbesondere darin, dass die spezielle Ermächtigung in Art. 23 Abs. 1 S. 2 GG nunmehr ausdrücklich von einer integrations*steuernden* Struktursicherungsklausel (Art. 23 Abs. 1 S. 1, 2. HS GG), einer *defensiv* ausgerichteten Bestandssicherungsklausel (Art. 23 Abs. 1 S. 3 a. E. i. V. m. Art. 79 Abs. 3 GG) sowie innerstaatlichen Mechanismen *parlamentarisch-föderativer Beteiligung* (Art. 23 Abs. 2–7 GG) flankiert wurde. Dazu näher unter Teil 2 – Kapitel 9.

90 Zur Entwicklungsgeschichte vgl. bereits Teil 2 – Kapitel 4 – I.

Auch über die Gründungsmitgliedstaaten hinaus hat das Übertragungsmodell breite Gefolgschaft gefunden. Art. 28 Abs. 2 der *griechischen* Verfassung spricht, wie bereits erwähnt, von einer „Zuerkennung von verfassungsmäßigen Zuständigkeiten". In *Spanien* sieht Art. 93 der Verfassung vor, dass durch „ein Organgesetz" dem Abschluss von Verträgen zugestimmt werden kann, „durch die einer internationalen Organisation oder Institution die Ausübung von aus der Verfassung abgeleiteten Kompetenzen übertragen wird." Auch das *schwedische* Hauptverfassungsgesetz (*Regeringsformen*)[91] enthält in Kapitel 10 § 5 Abs. 1 S. 1 eine Integrationsermächtigung, die „im Rahmen der Zusammenarbeit in der Europäischen Union" die Übertragung von „Beschlussrechten" unter bestimmten Voraussetzungen erlaubt.[92] Das *österreichische* Bundes-Verfassungsgesetz kennt mit Art. 9 Abs. 2 ebenfalls eine Übertragungsklausel, die allerdings nicht – auch nicht nach der Novellierung im Jahre 2008[93] – als „zukunftsoffener Integrationshebel" ausgelegt wird.[94]

In den 2004 und 2007 beigetretenen zwölf Mitgliedstaaten findet sich das Übertragungsmodell in allen Verfassungen mit Ausnahme der ungarischen, estnischen, maltesischen und zypriotischen. So ermächtigt Art. 90 Abs. 1 der *polnischen* Verfassung zur Übertragung der „Kompetenz von Organen der staatlichen Gewalt in bestimmten Angelegenheiten" durch völkerrechtlichen Vertrag. Eng daran angelehnt ist Art. 10a Abs. 1 der *tschechischen* Verfassung, während die Verfassungen der *Slowakei* (Art. 7 Abs. 2) und *Sloweniens* (Art. 3a Abs. 1) jeweils zur „Ausübung eines Teils" der staatlichen Befugnisse bzw. der souveränen Rechte ermächtigen. Die Reduktion auf „Teile der Kompetenzen" kennzeichnet auch das Übertragungsmodell *Lettlands* (Art. 68 Abs. 2). § 1 des *litauischen* Verfassungsaktes über die Mitgliedschaft Litauens in der EU vom 13. Juli 2004 spricht nunmehr von einer Übertragung von Befugnissen und Zuständigkeiten „zur gemeinschaftlichen Ausübung" durch alle Mitgliedstaaten. Darüber hinaus findet sich das Übertragungsmodell seit 2003 in der *rumänischen* Verfassung (Art. 148 Abs. 1). Auch in *Bulgarien* wurde im Jahr 2005 mit Art. 85 Abs. 1 Nr. 9 eine Übertragungsklausel in die Verfassung eingefügt.[95]

---

[91] In Schweden existieren vier Texte verfassungsrechtlicher Natur: die Thronfolgeordnung von 1810, das Gesetz über die Pressefreiheit von 1949, das Gesetz über die Meinungsfreiheit von 1991 sowie die sog. „Regierungsform" (*Regeringsformen*) von 1974, welche ihrem Inhalt und ihrer Struktur nach einer staatlichen Verfassung klassischen Typs entspricht. Näher dazu *J. G. Schäder/M. Melin*, Sweden – European Law and National Constitutions, in: BIICL (Hrsg.), FIDE 20. Congress London (2002), S. 387 ff.

[92] Sollte die Reform der schwedischen Verfassung auf Grundlage des Regierungsentwurfs v. 8. 12. 2009 – Regeringens proposition 2009/10:80 – in Kraft treten, fände sich die Übertragungsklausel im neuen Kap. 10 § 6 Regeringsformen wieder.

[93] Bundesverfassungsgesetz, öst. BGBl. I Nr. 2/2008.

[94] So ausdrücklich *H. Schäffer*, Österreichischer Landesbericht, in: J. Schwarze (Hrsg.), Die Entstehung einer europäischen Verfassungsordnung (2000), S. 339 (352). Zur bislang restriktiven Handhabung von Art. 9 Abs. 2 B-VG s. auch *S. Griller*, Wird Österreich das dreizehnte EU-Mitglied?, EuZW 1991, S. 679 (680) sowie *C. Grabenwarter*, Offene Staatlichkeit, in: IPE II (2008), § 20 Österreich, Rn. 30 f.

[95] *M. Decheva*, Europäisierung des bulgarischen Verfassungsrechts infolge des EU-Beitritts

Unter den Beitrittskandidaten findet sich das Übertragungsmodell schließlich in Art. 139 Abs. 2 der *kroatischen* Verfassung. Allerdings ist hier nicht abschließend geklärt, ob anstelle dieser Vorschrift nicht auch Art. 141 Verf-KRO als Grundlage eines möglichen EU-Beitritts dienen könnte, der die Möglichkeit eines „Bundes mit anderen Staaten" vorsieht.[96]

Dieser kurze Überblick zeigt einerseits die zahlenmäßige Häufigkeit des Modells im Verfassungsrecht der Mitgliedstaaten und Beitrittskandidaten, deutet aber gleichermaßen die Unterschiede zwischen den Vorschriften im Einzelnen an. Es gibt nicht lediglich *die eine* Gestaltungsform des Übertragungsmodells. Vielmehr ergeben sich Variationen und Differenzierungen im Hinblick auf mehrere Gesichtspunkte. Vor dem Hintergrund dieser Regelungsvielfalt bietet es sich an, zunächst die verfassungsrechtliche Konzeption bzw. Leitidee der Übertragung näher zu beleuchten, bevor einzelne Varianten in Bezug auf den Übertragungsakt sowie den sachlichen und zeitlichen Umfang der Übertragung in den Blick genommen werden.

2. Grundmechanismus der Übertragung

Bedeutung und Konstruktion des erstmals in Art. 24 Abs. 1 GG angelegten Übertragungsmechanismus waren in Deutschland bereits früh Gegenstand eingehender verfassungsdogmatischer Erörterungen und Auseinandersetzungen. Besonders heftig entzündeten sich diese erstmals in den Jahren 1952 und 1953 anlässlich des Vertrags über die Gründung der EVG vom 27. Mai 1952. Diese Debatte ist unter der Bezeichnung „Der Kampf um den Wehrbeitrag" in die Verfassungsgeschichte eingegangen.[97] Bemerkenswert ist jedoch, dass sie bereits alle später vertretenen Deutungsvarianten des Übertragungsmechanismus dem Grundsatz nach vorzeichnet, und dies zu einem Zeitpunkt, zu dem die erste grenzüberschreitende Rezeptionswelle des Übertragungsmodells in den Niederlanden (1953) und Dänemark (1953) sowie einige Jahre

(2010), S. 56 f. u. 272 übersetzt die Passage mit „zur Verfügung stellen". Zu den verschiedenen Entwürfen der Integrationsklausel seitens des bulgarischen Verfassungsausschusses vgl. ebd., S. 56.

[96] Zur Problematik *S. Rodin/T. Ćapeta*, A View from a Candidate Country: Implications for Croatia of (Non) Ratification of the Treaty Establishing a Constitution for Europe, in: A. Albi/J. Ziller (Hrsg.), The European Constitution and National Constitutions (2007), S. 189 (198 f.).

[97] Neben der (letztlich verneinten, vgl. BVerfG, Urt. v. 30. 7. 1952 – 1 BvF 1/52 – *Deutschlandvertrag* = BVerfGE 1, 396) Frage der Zulässigkeit einer durch Bundestagsabgeordnete angestrengten „vorbeugenden Normenkontrolle" bzw. der daran anknüpfenden Problematik der Zulässigkeitsvoraussetzungen eines Organstreits (BVerfG, Urt. v. 7. 3. 1953 – 2 BvE 4/52 – *EVG-Vertrag* = BVerfGE 2, 143), ging es im Rahmen eines Gutachtenverfahrens vor allem darum, ob eine Wehrhoheit nach dem Grundgesetz bereits bestehe oder vielmehr durch Verfassungsänderung geschaffen werden müsse, bzw. ob die Übertragung einer solchen Wehrhoheit im Wege des Art. 24 durch einfaches oder verfassungsänderndes Gesetz erfolgen könne bzw. müsse. Vgl. dazu die Dokumentation des Instituts für Staatslehre und Politik Mainz (Hrsg.), Der Kampf um den Wehrbeitrag, Bd. I, Die Feststellungsklage (1952) sowie Bd. II, Das Gutachtenverfahren (1953). Anzumerken ist, dass der Streit seitens des BVerfG nie inhaltlich entschieden wurde, da 1953 eine Lösung auf positivrechtlicher Ebene durch Einfügung von Art. 79 Abs. 1 S. 2 und 142a a. F. GG gesucht wurde.

später in Luxemburg (1956)[98] gerade erst einsetzt. Zugleich zeigen die Wehrdebatte und die daran anknüpfende Interpretationsgeschichte von Art. 24 Abs. 1 GG[99] exemplarisch die Auslegungsschwierigkeiten auf, welche das verfassungsrechtliche Konzept der Übertragung mit sich bringt.

a) Die konstitutive Dimension der Übertragung

Eine erste Deutungsvariante des in Art. 24 Abs. 1 GG angelegten Mechanismus bestand in der Gleichsetzung der Übertragung mit einer „endgültigen Abtretung" von Hoheitsrechten im Sinne eines dinglichen *Transfers* bzw. einer *Zession*.[100] Darauf aufbauend wurde zwischen einer „echten Übertragung (Abtretung)" nach Art. 24 Abs. 1 GG in Form einer endgültigen Entäußerung einerseits und einer „unechten, vorläufigen Übertragung zur bloßen Ausübung" nach Art. 24 Abs. 2 GG andererseits differenziert.[101] Die logische Konsequenz dieses zivilrechtlich vorgeprägten,[102] dinglichen Verständnisses von Art. 24 Abs. 1 GG bestand darin, auf den Übertragungsvorgang den sachenrechtlichen Satz *nemo plus iuris transferre potest quam ipse habet*[103] anzuwenden, sodass die Hoheitsrechte analog einer hypothekarisch belasteten Forderung nur mit den ihnen verfassungsrechtlich anhaftenden Beschränkungen hätten übertragen werden können und dürfen.[104] Seinen jüngsten Vertreter findet diese Linie neben *Thomas Flint*[105] offenbar in *Dietrich Murswiek*, der während der mündlichen Verhandlung vor dem Bundesverfassungsgericht im *Lissabon*-Prozess das fehlgehende – aber im Lauf der Verhandlung von anderer Seite wiederholt und nicht ohne Ironie wieder aufgegriffene – Bild einer nationalen „Kompetenz-Salami" prägte, von der bestimmte Stücke abgetrennt und gegenständlich an die Unionsebene abgegeben würden.[106]

---

[98] In diese Rezeptionswelle gehört, was den Zeitpunkt der Beratungen um die Einführung einer Integrationsermächtigung anbelangt, auch Belgien. Allerdings wurde die Übertragungsklausel erst 1970 in die Verfassung eingeführt, vgl. *J.-V. Louis*, L'article 25bis de la Constitution belge, RMC 1970, S. 410 ff.

[99] Eine ausführliche Analyse findet sich bei *T. Flint*, Die Übertragung von Hoheitsrechten (1998), S. 15 ff.

[100] Erstmals vertreten von *K. H. Klein*, Die Übertragung von Hoheitsrechten (1952), S. 27 f. und in der Folge u. a. aufgegriffen von *R. Herzog*, Das Verhältnis der Europäischen Menschenrechtskonvention zu späteren deutschen Gesetzen, DÖV 12 (1959), S. 44 (46), der diese Auffassung jedoch später wieder aufgegeben hat, vgl. *dens.*, Bundes- und Landesstaatsgewalt im demokratischen Bundesstaat, DÖV 15 (1962), S. 81 (84).

[101] *F. Klein*, Gutachten, in: Institut für Staatslehre und Politik Mainz (Hrsg.), Der Kampf um den Wehrbeitrag, Bd. II (1953), S. 456 (468 ff.). Zuvor bereits *K. H. Klein*, Die Übertragung von Hoheitsrechten (1952), S. 27 f.

[102] Vgl. etwa § 398 BGB.

[103] Was so viel heißt wie: Niemand kann mehr Rechte übertragen, als er selbst hat.

[104] So *K. H. Klein*, Die Übertragung von Hoheitsrechten (1952), S. 60. Später auch *D. Küchenhoff*, Grundrechte und europäische Staatengemeinschaft, DÖV 16 (1963), S. 161 (166) sowie *L. Gramlich*, Europäische Zentralbank und Artikel 24 Abs. 1 GG (1977), S. 148 f.

[105] *T. Flint*, Die Übertragung von Hoheitsrechten (1998), S. 112 ff., 135: „Unter Übertragung von Hoheitsrechten ist die Übertragung von Hoheitsrechten, d. h. ihre Abtretung zu verstehen."

[106] Der Verfasser war bei der mündlichen Verhandlung anwesend. Für einen Bericht vgl. *U. Kar-*

aa) Übertragung als conferre

Dass diese Interpretation „der rechtskonstruktiven Deutung der Entstehung supranationaler Hoheitsgewalt" nicht gerecht wird,[107] wurde aber bereits im Rahmen des Wehrstreits in den frühen 50er Jahren von *Erich Kaufmann* herausgestellt:

„Da es sich um keine Transferierung von Hoheitsrechten handelt, sondern um ein Betrauen, eine Ausstattung mit Hoheitsrechten, kann der Satz ‚nemo plus iuris transferre potest quam ipse habet' keine Anwendung finden. (...) Es geht nur darum, einer zwischenstaatlichen Einrichtung Hoheitsrechte einzuräumen, die an sich grundsätzlich zur nationalen Souveränität gehören. Das ist wieder in dem Darstellenden Teil des Verfassungskonventes von Herrenchiemsee zutreffend ausgedrückt worden: ‚Dadurch soll die Schaffung internationaler Organe erleichtert werden, die etwa geschaffen werden sollten, um mit Wirkung für die Gebiete der beteiligten Staaten Angelegenheiten zu besorgen, die bisher ausschließlich den verschiedenen nationalen Souveränitäten überlassen waren.' (...) Wenn jeder Partner einer zwischenstaatlichen Einrichtung dieser nur Hoheitsrechte, wie sie in seinem nationalen Recht aktualisiert und konkretisiert sind, ‚übertragen' könnte, so würde daraus nur ein Bündel sehr verschiedener Hoheitsrechte, aber niemals ein zwischenstaatliches Hoheitsrecht entstehen können. Auf dessen Konstituierung aber kommt es gerade an. Das ‚Übertragen' des Artikel 24 Absatz 1 kann daher nur ein Betrauen oder eine Ausstattung, ein ‚confier' oder ‚attribuer' bedeuten."[108]

Der ganz überwiegende Teil der Lehre in Deutschland folgt dieser Linie bis heute und lehnt eine dingliche Konstruktion des Übertragungsmechanismus völlig zu Recht ab.[109] Dass es sich bei der auf supranationaler Ebene geschaffenen Hoheitsgewalt nicht um einen bloßen Flickenteppich aus einzelnen Stücken abgetretener – zumal kumulativ beschränkter – nationaler Hoheitsrechte handeln kann, zeigt bereits der Umstand, dass bestimmte Kompetenzen ihrer Natur nach überhaupt nur auf supranationaler Ebene möglich sind und über den potenziellen Regelungsrahmen des einzel-

---

penstein/S. Neidhardt, Bericht über die mündliche Verhandlung des Bundesverfassungsgerichts zur Vereinbarkeit des Vertrags von Lissabon mit dem Grundgesetz, WHI-Paper 4/2009, http://www.whi-berlin.de/documents/whi-paper0409.pdf (1.9.2010).

[107] So treffend *C. Tomuschat*, in: BK, Art. 24 (Zweitb. 1981), Rn. 62.

[108] *E. Kaufmann*, Rechtsgutachten zum Vertrage über die Gründung der Europäischen Verteidigungsgemeinschaft und zum Deutschlandvertrage, in: Institut für Staatslehre und Politik Mainz (Hrsg.), Der Kampf um den Wehrbeitrag, Bd. II (1953), S. 42 (55).

[109] Vgl. nur *D. König*, Die Übertragung von Hoheitsrechten im Rahmen des europäischen Integrationsprozesses (2000), S. 59 ff.; *C. Tomuschat*, in: BK, Art. 24 (Zweitb. 1981), Rn. 15 f. u. 62; *I. Pernice*, in: H. Dreier (Hrsg.), GG, Bd. II (2. Aufl. 2006), Art. 23, Rn. 80 f. sowie Art. 24, Rn. 20; *M. Nettesheim*, EU-Recht und nationales Verfassungsrecht, in: J. Schwarze/P.-C. Müller Graf (Hrsg.), XX. FIDE-Kongress. Die Deutschen Landesberichte, EuR Beiheft 1/2004, S. 7 (45); *R. Streinz*, in: M. Sachs (Hrsg.), GG (4. Aufl. 2007), Art. 23, Rn. 57; *N. Lorenz*, Die Übertragung von Hoheitsrechten auf die Europäischen Gemeinschaften (1990), S. 83 ff.; *H. Mosler*, Die Übertragung von Hoheitsgewalt, in: J. Isensee/P. Kirchhof (Hrsg.), HStR VII (1993), § 175, Rn. 41; *S. Uhrig*, Die Schranken des Grundgesetzes für die europäische Integration (1999), S. 21 f.; *K.-P. Sommermann*, Offene Staatlichkeit, in: IPE II (2008), § 14 Deutschland, Rn. 11; *C. D. Classen*, in: H. v. Mangoldt/F. Klein/C. Starck (Hrsg.), GG, Bd. II (5. Aufl. 2005), Art. 24, Rn. 11 sowie Art. 23, Rn. 13; *M. Schweitzer*, Staatsrecht III (9. Aufl. 2008), Rn. 55; *O. Rojahn*, in: I. v. Münch/P. Kunig (Hrsg.), GG, Bd. 2 (4./5. Aufl. 2001), Art. 23, Rn. 42. A. A. soweit ersichtlich einzig *T. Flint*, Die Übertragung von Hoheitsrechten (1998), S. 112 ff., 135.

nen Staates bereits denklogisch hinausgreifen.[110] Dies illustrieren nicht zuletzt die Kompetenzen zur Errichtung des europaweiten Binnenmarktes sowie jüngst zur Förderung der Interkonnektion der europäischen Energienetze.[111] Andere Kompetenzen wiederum werden im innerstaatlichen Herrschaftsbereich aufgehoben, ohne dass ein entsprechendes Äquivalent auf supranationaler Ebene entstünde (sog. „compétences abolies").[112] Ein Beispiel ist der Wegfall der innerstaatlichen Kompetenz zur Vergabe regionaler Subventionen, der gerade nicht durch die Begründung einer etwaigen europäischen Kompetenz zur Vergabe regionaler Subventionen gespiegelt wird.[113] Dort, wo auf europäischer Ebene ein dem Regelungsgegenstand nach identifizierbares kompetenzielles Äquivalent ehemals innerstaatlicher, nunmehr aber „übertragener" Befugnisse besteht, sind die innerstaatlichen Organe in der Regel weiterhin für Umsetzungs- oder Vollzugsmaßnahmen zuständig. Einen solchen Fall als endgültige Abtretung der Hoheitsgewalt für den betreffenden Regelungsbereich zu qualifizieren, greift wiederum zu kurz. Das spanische Verfassungsgericht brachte dies bereits in seiner Erklärung zum Vertrag von *Maastricht* auf den Punkt, als es ausführte, dass sich

> „der Anwendungs- und Geltungsbereich der abgegebenen [innerstaatlichen] Kompetenzen *verändert*",

keineswegs aber gänzlich untergeht.[114]

Diese Einsicht scheint übrigens auch der EGMR vorauszusetzen, wenn er sich im *Bosphorus*-Urteil mit der Reichweite der rechtlichen Bindung europäischer Staaten an die EMRK für *innerstaatliche* Handlungen auseinandersetzt, die durch supranationale Hoheitsrechte (teilweise) determiniert sind.[115]

Das Bundesverfassungsgericht spricht in seinem *Lissabon*-Urteil scheinbar neutral von einer „Verlagerung von politischer Herrschaft auf internationale Organisationen",[116] lässt an anderer Stelle jedoch keinen Zweifel daran, dass es das Unionsrecht lediglich als derivative Ordnung begreift. Das Primärrecht bleibe „eine abgeleitete

---

[110] Vgl. *J.-C. Masclet*, Diskussionsbeitrag in: D. Maus/O. Passalecq (Hrsg.), Le traité d'Amsterdam face aux constitutions nationales (1998), S. 46 (48 f.); *C. Tomuschat*, in: BK, Art. 24 (Zweitb. 1981), Rn. 15; *D. König*, Die Übertragung von Hoheitsrechten im Rahmen des europäischen Integrationsprozesses (2000), S. 61; *I. Pernice*, in: H. Dreier (Hrsg.), GG, Bd. II (2. Aufl. 2006), Art. 23, Rn. 81.

[111] Art. 194 Abs. 2 i. V. m. Abs. 1 lit. d AEUV.

[112] Zu dieser Kategorie *V. Constantinesco*, Compétences et pouvoirs dans les Communautés européennes (1974), S. 231 ff. u. 248. Hierauf wies auch der Vertreter des Bundestages, *F. C. Mayer*, in der mündlichen Verhandlung zum Lissabon-Prozess hin, vgl. *dens.*, Die drei Dimensionen der europäischen Kompetenzdebatte, ZaöRV 61 (2001), S. 577 (587).

[113] Dies betont *F. C. Mayer* in seinem Schriftsatz v. 22.10.08, S. 108 f., abrufbar als WHI-Paper 5/2009 unter http://www.whi-berlin.de/seiten/127.dhtml (1. 9. 2010).

[114] Span. VerfG, Erkl. v. 1. 7. 1992 – DTC 108/1992 – *Maastricht* = EuGRZ 1993, S. 285 ff. in deutscher Übersetzung, 4. Entscheidungsgrund (Hervorh. und Anm. hinzugefügt). Wiederaufgegriffen wurde dieser Gedanke abermals in der Erkl. v. 13. 12. 2004 – DTC 1/2004 – *Verfassungsvertrag* = EuR 2005, S. 339 (342) in deutscher Übersetzung.

[115] EGMR, Urt. v. 30. 6. 2005 – Nr. 45036/98 – *Bosphorus*, Rn. 152 ff.

[116] BVerfG, Urt. v. 30. 6. 2009 – 2 BvE 2/08 u. a. – *Lissabon* = BVerfGE 123, 267 ff. (Rn. 231).

Grundordnung", die eine „durchaus weitreichende, aber immer sachlich begrenzte überstaatliche Autonomie" begründe, wobei Autonomie als „zwar selbständige, aber abgeleitete, das heißt von anderen Rechtssubjekten eingeräumte Herrschaftsgewalt" zu verstehen sei.[117]

Die zutreffende Deutung des Übertragungsmechanismus als *conferre*, also als eines Betrauens, einer Zuerkennung von originärer[118] Herrschaftsgewalt, findet ihre begriffliche Entsprechung allerdings auch unmittelbar im Unionsrecht. So hält der jüngst reformierte Unionsvertrag in Art. 1 EUV ausdrücklich fest, dass die Mitgliedstaaten der Union Zuständigkeiten zur Verwirklichung ihrer gemeinsamen Ziele *übertragen*. Ist die Wendung auf deutsch zwar in semantischer Hinsicht weniger deutlich im Sinne eines conferre gehalten, so zeigt der Abgleich mit den anderen Sprachfassungen deutlicher, dass der im Unionsrecht aufgegriffene Ansatz auf der Linie einer als zuweisend-konstituierend und nicht etwa als dinglich-zessionarisch gedachten Übertragung liegt (vgl. engl. *confer* competences; franz. *attribuent* des compétences; span. *atribuyen* competencias; ital. *attribuiscono* competenze). Diese Übertragungsformel wird sowohl im EUV, als auch in den Kompetenzregelungen des AEUV wiederholt aufgegriffen.[119]

bb) Übertragung und Legitimationsvermittlung

Einzuräumen ist allerdings, dass Art. 1 EUV die Kompetenzübertragungen auf die *Mitgliedstaaten* zurückführt. Anders als noch Art. I-1 VVE rekurriert die Vorschrift hinsichtlich der Gründung der Union auch nicht mehr ergänzend auf den Willen der Unionsbürger. Hinzu kommt, dass der reformierte EUV nunmehr zweifach – in Art. 4 Abs. 1 und Art. 5 Abs. 2 S. 2 – herausstellt, dass alle der Union nicht in den Verträgen übertragenen Zuständigkeiten *bei den Mitgliedstaaten verbleiben*.[120] Die Formulierung in Art. 5 Abs. 2 EUV entspricht dabei dem Wortlaut von Art. I-11 Abs. 2 VVE, dessen Entstehungsgeschichte im Europäischen Konvent dokumentiert ist.[121] Bezeichnenderweise änderte das damalige Konventspräsidium im Verlauf der Verhandlungen den ursprünglich vorgesehenen Wortlaut ab, um diejenigen Konventsteilnehmer zufrieden zu stellen, nach deren Auffassung „der Union die Zuständigkei-

---

[117] Ebd. sowie zuvor bereits Rn. 231 und später nochmals Rn. 301.

[118] Vgl. bereits *P. Badura*, Bewahrung und Veränderung demokratischer und rechtsstaatlicher Verfassungsstruktur in den internationalen Gemeinschaften, VVDStRL 23 (1966), S. 34 (57).

[119] Art. 3 Abs. 6; 4 Abs. 1; 5 Abs. 2 S. 2; 48 Abs. 2 u. Abs. 6 UAbs. 3 EUV sowie Art. 2 Abs. 1 u. Abs. 2; 4 Abs. 1; 19 Abs. 1 AEUV beziehen sich auf eine Übertragung von Zuständigkeiten „in den Verträgen", bzw. „durch die Verträge". Art. 5 Abs. 2 S. 1 EUV spricht von den Zuständigkeiten, „die die Mitgliedstaaten ihr in den Verträgen zur Verwirklichung der darin niedergelegten Ziele übertragen haben."

[120] Treffend *F. C. Mayer*, Die Rückkehr der Europäischen Verfassung?, ZaöRV 67 (2007), S. 1141 (1165 f.): „Kompetenzangst".

[121] Gleichwohl ist das mit der Dokumentation rein faktisch gestiegene Anwendungspotenzial der historischen Auslegungsmethode in normativer Hinsicht nicht unproblematisch. Dazu *M. Wendel*, Renaissance der historischen Auslegungsmethode im europäischen Verfassungsrecht?, ZaöRV 68 (2008), S. 803 ff.

ten nicht von der Verfassung selbst, sondern *von* den Mitgliedstaaten *durch* die Verfassung zugewiesen werden."[122] Daraus resultierten die im Folgenden hervorgehobenen Akzentverschiebungen:

> „Nach dem Grundsatz der begrenzten Einzelermächtigung wird die Union innerhalb der Grenzen der Zuständigkeiten tätig, die ihr von den Mitgliedstaaten in der Verfassung zur Verwirklichung der in ihr niedergelegten Ziele zugewiesen werden. Alle der Union nicht ~~durch die~~ in der Verfassung zugewiesenen Zuständigkeiten verbleiben bei den Mitgliedstaaten." [123]

Der geänderte EUV stellt somit die Bedeutung der Mitgliedstaaten als Ausgangspunkt bzw. Ursprung des Übertragungsvorgangs textlich heraus. Die Verträge erscheinen danach weniger *Mittel*, sondern vielmehr *Ergebnis* der von den Mitgliedstaaten her gedachten Übertragungshandlung zu sein.[124] Dieser Ansatz lässt sich auf einen gemeinsamen Nenner mit dem Diktum des BVerfG bringen, die Mitgliedstaaten seien nach wie vor die „Herren der Gemeinschaftsverträge".[125]

Demgegenüber wird in der Wissenschaft allen voran von *Ingolf Pernice* die Rolle des *Bürgers* als legitimatorischer Ausgangs- bzw. Zurechnungspunkt des Übertragungsvorgangs herausgestellt. Übertragung könne demnach nicht nur

> „vom Staat her gedacht werden, als Delegation von Herrschaft, [sondern] auch *vom Individuum, vom Bürger her als Akt eines originären Anvertrauens oder Zuweisens von Kompetenz* an die durch den Vertrag geschaffenen Organe. Im Zustimmungsgesetz manifestiert sich dann der demokratisch gebildete Wille der Bürger, im Einklang mit dem Willen der Bürger der anderen beteiligten Staaten die Union zu gründen und zu entwickeln."[126]

---

[122] Dok. CONV 724/1/03 REV 1, S. 63 (Hervorh. hinzugefügt).

[123] Dok. CONV 724/1/03 REV 1, S. 61. Nach nochmals geringfügiger Änderung lautete Art. I-11 Abs. 2 VVE in seiner Endfassung dann: „(...) innerhalb der Grenzen der Zuständigkeiten tätig, *die die Mitgliedstaaten ihr* in der Verfassung zur Verwirklichung der darin niedergelegten Ziele übertragen haben (...)."

[124] Von der Fortsetzung der „ambivalente[n] Stellung der EU zwischen koordinierender internationaler Organisation und verantwortlichem Staat" spricht insoweit *M. Nettesheim*, Die Kompetenzordnung im Vertrag über eine Verfassung für Europa, EuR 2004, S. 511 (544 f.), der zudem eine dingliche Konstruktion dezidiert ablehnt.

[125] BVerfG, Beschl. v. 8. 4. 1987 – 2 BvR 687/85 – *Kloppenburg* = BVerfGE 75, 223 (242), Urt. v. 12. 10. 1993 – 2 BvR 2134, 2159/92 – *Maastricht* = BVerfGE 89, 155 (190, 199) sowie nunmehr überdeutlich Urt. v. 30. 6. 2009 – 2 BvE 2/08 u. a. – *Lissabon* = BVerfGE 123, 267 ff. (Rn. 231, 235, 271, 298, 334). Vgl. insoweit auch *P. Kirchhof*, Deutsches Verfassungsrecht und Europäisches Gemeinschaftsrecht, in: ders./C.-D. Ehlermann (Hrsg.), Beiheft Europarecht 1/1991, S. 11 (13).

[126] *I. Pernice*, Europäisches und nationales Verfassungsrecht, VVDStRL 60 (2001), 148 (166), Hervorh. hinzugefügt. Für die Begriffsbestimmung „Zuweisung" und „Anvertrauen" lehnt er sich dabei explizit an die amerikanischen Föderalisten *A. Hamilton/J. Madison/J. Jay*, The Federalist Papers (1787/88), Federalist No. 46 an: „The federal and state Governments are in fact but different agents and trustees of the people, instituted with different powers, and designated for different purposes". Vgl. auch *I. Pernice*, in: H. Dreier (Hrsg.), GG, Bd. II (2. Aufl. 2006), Art. 23, Rn. 20: „Die jeweils betroffenen Menschen konstituieren für sich selbst verbindliche originäre, aber jeweils begrenzte politische Herrschaftsmacht nicht nur auf staatlicher, sondern je nach Bedarf auch auf europäischer Ebene, möglicherweise eines Tages darüber hinaus. Art 23 Abs. 1 GG und die parallelen Integrationsermächtigungen der anderen Verfassungsstaaten (...) öffnen hierfür den Weg, indem

Entgegen der nunmehr im Unionsrecht hervorgehobenen Stellung der Mitgliedstaaten trifft die vom Individuum her angelegte Konstruktion insoweit[127] zu, als die Unionsbürger, die identisch sind mit den Bürgern der das Primärrecht setzenden Mitgliedstaaten in ihrer Gesamtheit, mediatisiert durch die sie repräsentierenden Verfassungsorgane bzw. unmittelbar durch landesweiten Volksentscheid an der Übertragung mitwirken.[128] So betont auch *Hauke Brunkhorst*, was der Gerichtshof im Urteil *Van Gend & Loos*[129] richtig erkannt habe, sei

„die *Autonomie einer zweiten, bürgerschaftlichen Legitimationsquelle* der Verträge."[130]

Diese Überlegungen können hier nicht weiter vertieft werden. Sie machen jedoch zumindest ansatzweise deutlich, dass das Verständnis des Übertragungsvorgangs als *Konstituierungs*handlung aufs Engste mit der Frage nach Intensität und Modus der Legitimation supranationaler Herrschaftsgewalt verknüpft ist. Dies berührt zugleich eine der Kernfragen des europäischen Verfassungsrechts.[131]

---

sie die Ausschließlichkeit des eigenen Geltungsanspruchs aufheben und Bedingungen und Verfahren dieser komplementären Verfassungsgebung durch Vertrag festlegen."

[127] In verfassungstheoretischer bzw. -historischer Perspektive nicht unproblematisch, da potenziell missverständlich, erscheint hierbei indes die Verwendung sozialvertraglicher Kategorien, vgl. insbesondere *I. Pernice*, Multilevel Constitutionalism and the Treaty of Amsterdam: European Constitution-Making Revisited?, CMLRev. 36 (1999), S. 703 (717); *ders.*, Europäisches und nationales Verfassungsrecht, VVDStRL 60 (2001), 148 (167) sowie speziell hierzu *ders./F. C. Mayer/S. Wernicke*, Renewing the European Social Contract. The Challenge of Institutional Reform and Enlargement in the Light of Multilevel Constitutionalism, in: M. Andenas/J. Gardener (Hrsg.), Can Europe Have a Constitution?, KCLJ 12 (2001), S. 60 ff. Zur sozialvertraglichen Konstruktion vgl. auch *S. Bredt*, The European Social Contract and the European Public Sphere, ELJ 12 (2006), S. 61 ff. Kritisch *C. Möllers*, Verfassunggebende Gewalt – Verfassung – Konstitutionalisierung, in: A. v. Bogdandy/J. Bast (Hrsg.), Europäisches Verfassungsrecht (2. Aufl. 2009), S. 227 (248) sowie *M. Loughlin*, In Defence of Staatslehre, Der Staat 48 (2009), S. 1 ff.

[128] Vgl. *I. Pernice*, Das Verhältnis europäischer zu nationalen Gerichten im europäischen Verfassungsverbund (2006), S. 18 f.; *ders.*, Maastricht, Staat und Demokratie, Die Verwaltung 29 (1993), S. 449 (477 f.). In diesem Sinne auch *T. Herbst*, Legitimation durch Verfassunggebung (2003), S. 227 f.; *C. Calliess*, in ders./M. Ruffert (Hrsg.), Verfassung der EU I, Art. I-1, Rn. 40; *A. Peters*, Elemente einer Theorie der Verfassung Europas (2001), S. 426; *M. Nettesheim*, EU-Recht und nationales Verfassungsrecht, in: J. Schwarze/P.-C. Müller Graf (Hrsg.), XX. FIDE-Kongress. Die Deutschen Landesberichte, EuR Beiheft 1/2004, S. 7 (48 f.). A. A. hingegen *M. Kaufmann*, Permanente Verfassunggebung und verfassungsrechtliche Selbstbindung im europäischen Staatenverbund, Der Staat 36 (1997), S. 521 (534 f.).

[129] EuGH, Urt. v. 5. 2. 1963 – Rs. 26/62 – *Van Gend & Loos*, Slg. 1963, S. 1 ff.

[130] *H. Brunkhorst*, Der Mythos des existenziellen Staates, Leviathan 36 (2008), S. 490 (494), Hervorh. im Original. Der Beitrag wendet sich im Kern gegen *K.-A. Schachtschneider*, Verfassungsrechtliche Argumente gegen den Vertrag von Lissabon, Leviathan 36 (2008), S. 317 ff.

[131] Weiterführend *T. Herbst*, Legitimation durch Verfassunggebung (2003); *M. Kaufmann*, Europäische Integration und Demokratieprinzip (1997); *G. Lübbe-Wolff*, Europäisches und nationales Verfassungsrecht, VVDStRL 60 (2001), S. 246 (249 ff.); *dies.*, Volk, Demokratie, Verfassung – Die „Verfassung für Europa" als Herausforderung an die Verfassungstheorie, in: W. Kluth (Hrsg.), Europäische Integration und nationales Verfassungsrecht (2007), S. 47 ff.; *A. Peters*, Elemente einer Theorie der Verfassung Europas (2001), S. 499 ff. mit dem Plädoyer für eine Legitimation durch Bewährung (S. 580 ff.) *C. D. Classen*, Demokratische Legitimation im offenen Rechtsstaat (2009). In

cc) Übertragung und Verhältnis der rechtlichen Ebenen

Hinsichtlich der Übertragungsklauseln wird im Schrifttum zuweilen zwischen „bottom-up" und „top-down"-Ansätzen differenziert.[132] Anders als man vor dem Hintergrund der soeben dargelegten Überlegungen vermuten könnte, steht hier allerdings nicht die Legitimationsfrage im Vordergrund. Vielmehr geht es um das rechtliche Verhältnis der Ebenen bzw. Ordnungen zueinander. Mit dem Begriff „top-down" werden dabei diejenigen Integrationsermächtigungen gekennzeichnet, die zu einer „Delegation" von Hoheitsrechten von oben nach unten autorisieren.

Gegen eine solche Konstruktion wird vorgebracht, sie werde der Vorstellung der Übertragung von Befugnissen von der nationalen auf eine „höhere" Ebene nicht gerecht.[133] An diesem Argument ist richtig, dass eine derart verstandene Delegationsklausel weder die originäre Begründung noch die gegenständliche Eigenart supranationaler Hoheitsgewalt hinreichend erfasst, wenn sie die supranationale auf ein bloßes Derivat der staatlichen Hoheitsgewalt reduziert. Allerdings ist mit weiteren Schlüssen Vorsicht geboten. Insbesondere lässt sich daraus nicht die Befürwortung eines „Bottom-Up-Ansatzes" im Wege eines Umkehrschlusses herleiten.[134] Denn durch die Anspielung auf ein „Oben" und ein „Unten" wird ebenfalls, wenn auch in die Gegenrichtung, in missverständlicher Weise die Vorstellung eines hierarchischen Verhältnisses der Rechtsebenen hervorgerufen.[135]

Auch unter diesem Gesichtspunkt verdient die Deutung des Übertragungsmechanismus als eines *conferre* also den Vorzug, weil sie begrifflich nicht auf die hierarchisch-vertikale Dimension reduziert ist. Eine *Zuerkennung* bzw. *Betrauung* kann gerade auch in Bezug auf eine Ebene erfolgen, die auf gleicher Stufe zur Ausgangsrechtsordnung steht.

Im Verfassungsrecht der Mitgliedstaaten findet diese Interpretationslinie textliche Bestätigung in den Verfassungen Griechenlands (Art. 28 Abs. 2 „Zuerkennung")[136] sowie Belgiens (Art. 34 „attribuer")[137] und Spaniens (Art. 93 „atribuir").[138] Während die Auslegung des Übertragungsmechanismus in Tschechien (Art. 10a Abs. 1) und

---

politikwissenschaftlicher, diskurstheoretischer Perspektive in Bezug auf normative Standards im Rahmen des Verfassungskonvents s. *A. Bürgin*, Die Legitimität der EU (2007), S. 41 ff.

[132] So *J. W. de Zwaan*, The Constitutional Impact of Enlargement at EU and National Level. Summing-Up and Conclusions, in: A. E. Kellermann et al. (Hrsg.), EU-Enlargement – The Constitutional Impact at EU and National Level (2001), S. 481 (490).

[133] Ebd.

[134] So aber *J. W. de Zwaan*, ebd.

[135] Zur Ebenenmetapher im Kontext des europäischen Verfassungsrechts vgl. eingehend *F. C. Mayer*, Kompetenzüberschreitung und Letztentscheidung (2000), S. 36 ff., der hervorhebt, dass das Bild unterschiedlicher Ebenen gerade „nicht zwingend mit der Vorstellung von Über-/Unterordnung verbunden" sein muss.

[136] Diese Einschätzung teilt auch *C. D. Classen*, in: H. v. Mangoldt/F. Klein/C. Starck (Hrsg.), GG, Bd. II (5. Aufl. 2005), Art. 24, Rn. 11 (dort Fn. 53).

[137] Vgl. *J.-V. Louis*, L'article 25bis de la Constitution belge, RMC 1970, S. 410 ff.

[138] Hier allerdings abgeschwächt, da nur zur Übertragung der *Ausübung* von aus der Verfassung *abgeleiteten* Kompetenzen ermächtigt wird (el ejercicio de competencias *derivadas* de la Constitución). Zudem spricht Art. 93 S. 2 von einer „césion", wobei die h. M. darin offenbar nicht den Aus-

Polen (Art. 90 Abs. 1) unter diesem Gesichtspunkt kein eindeutiges Bild abgibt,[139] sind die Verfassungen Dänemarks (§ 20 Abs. 1)[140] und Lettlands[141] dagegen stärker im Sinne einer Delegation[142] konnotiert. Speziell für Dänemark wird in diesem Kontext berichtet, dass sich hinter dieser Begrifflichkeit insbesondere die Vorstellung verberge, die Übertragung sei reversibel.[143] Auch in Bulgarien deuten die 2005 hinzugekommene Übertragungsklausel (Art. 85 Abs. 1 Nr. 9) sowie ihre Vorläufernormen in den travaux préparatoires in eine ähnliche Richtung.[144]

Obwohl betont werden muss, dass diese textlichen Differenzen vor dem Hintergrund der sprachlichen Vielfalt dogmatisch keinesfalls überstrapaziert werden dürfen, kann grenzüberschreitend jedenfalls weitestgehend Übereinstimmung darin festgestellt werden, dass der Übertragungsmechanismus *nicht* im Sinne einer verdinglicht-zivilrechtlichen Konstruktion zu verstehen ist.[145]

b) Die autolimitative Dimension der Übertragung

Mit der zutreffenden Charakterisierung des Übertragungsmechanismus als einer *Konstituierungs*handlung ist allerdings nur ein (wenngleich zentraler) Teilaspekt eines ungleich komplexeren Vorganges erfasst.[146] Daneben haben Lehre und Recht-

---

druck eines konzeptionellen Unterschiedes zu S. 1 sieht, vgl. *H. Kieserling*, Das Europäische Gemeinschaftsrecht und die spanische Verfassung (2003), S. 90 m. w. N.

[139] Für Tschechien weist *J. Zemánek*, Czech Republic, in: A. E. Kellermann et al. (Hrsg.), The Impact of EU Accession on the Legal Orders of New Member States and (Pre-) Candidate Countries (2006), S. 313 (317) auf beide Alternativen hin: „‚cession' or ‚conferment'". In der englischen Übersetzung des Urteils d. tschech. VerfG v. 8. 3. 2006 – Pl. US. 50/04 – *Zuckerquoten II*, Teil VI.B werden die Begriffe „transfer" und „confer" offenbar synonym verwendet. Für Polen spricht *C. Mik*, State Sovereignty and European Integration: Public International Law, EU and Constitutional Law in the Polish Context, in: N. Walker (Hrsg.), Sovereignty in Transition (2003), S. 367 (398) explizit von „conferment", während etwa *J. Kêdzia*, 50 Jahre Grundgesetz – Eine Inspiration, in: U. Battis et al. (Hrsg.), Das Grundgesetz im Prozess europäischer und globaler Verfassungsentwicklung (2000), S. 43 (58) von „delegieren" spricht.

[140] Vor dem Hintergrund der Entstehungsgeschichte der Norm so ausdrücklich *H. Koch*, The Danish Constitutional Order, in: A. E. Kellermann et al. (Hrsg.), EU-Enlargement – The Constitutional Impact at EU and National Level (2001), S. 109 (110).

[141] Kritisch hierzu *A. Ušacka*, Latvia, in: A. E. Kellermann et al. (Hrsg.), The Impact of EU Accession on the Legal Orders of New Member States and (Pre-) Candidate Countries (2006), S. 369 (382).

[142] Von „Delegation" spricht bereits *H. Mosler*, Internationale Organisation und Staatsverfassung, in: W. Schätzel/H.-J. Schlochauer (Hrsg.), Festschrift für Hans Wehberg (1956), S. 273 (294).

[143] Vgl. *H. Zahle*, Danish Report, F. I. D. E. (Hrsg.), 17. F. I. D. E.-Kongress Berlin, Bd. 1: Le droit constitutionnel national et l'intégration européenne (1996), S. 60 (64).

[144] Vgl. *M. Decheva*, Änderung der bulgarischen Verfassung im Hinblick auf den EU-Beitritt, in: C. Salimi-Asl/E. Wrasse/G. Schuch (Hrsg.), Die Transformation nationaler Politik. Europäisierungsprozesse in Mitteleuropa (2005), S. 301 (309 f.), die von „zur Verfügung stellen" spricht.

[145] Zu diesem Ergebnis in rechtsvergleichender Perspektive kommt – für die Zeit vor dem Vertrag von Maastricht – auch *N. Lorenz*, Die Übertragung von Hoheitsrechten auf die Europäischen Gemeinschaften (1990), S. 338.

[146] Die Komplexität des Übertragungsvorgangs heben insbesondere hervor *H. Mosler*, Die Übertragung von Hoheitsgewalt, in: J. Isensee/P. Kirchhof (Hrsg.), HStR VII (1993), § 175, Rn. 41. Vgl.

sprechung europaweit einen zweiten, im Kontext *rechtlicher Permeabilität* zentralen Funktionsbereich der Übertragung identifiziert. Es handelt sich hierbei um die autolimitative Dimension der Übertragung, genauer, die Rücknahme der potenziellen Ausschließlichkeit innerstaatlicher Hoheitsgewalt.

aa) Herausarbeitung der Autolimitation in Literatur und Rechtsprechung

Auch hier wurde die leitende Idee bereits im Rahmen des deutschen Wehrstreits von 1952/53 erstmals entfaltet. Der entscheidende Anstoß kam diesmal von *Ulrich Scheuner*,[147] der, wie auch *Erich Kaufmann*, in seinem Gutachten die Regierungsseite stützte. Darin heißt es:

„Die Hoheitsrechte werden im Grunde genommen nicht übertragen, sondern ihnen wird eine internationale Befugnis zur Regelung bestimmter Fragen, unter Umständen sogar in Form unmittelbaren Zugriffs gegen Einzelpersonen der Mitglieder, eingeräumt. Diese Befugnisse sind, da staatliche Rechte nicht völkerrechtlich übertragen werden können, internationale Befugnisse, also ihrem Wesen nach verschieden von den staatlichen, die sie ersetzen (...) In diesem Falle werden also nicht eigentlich (...) Hoheitsrechte übertragen, sondern der Staat *verzichtet auf Ausübung seiner Hoheit auf bestimmten Gebieten* zu Gunsten der internationalen Organisation.“[148]

Einige Zeit später, im Jahr 1964, schrieb *Klaus Vogel* in einer der wohl brillantesten und bahnbrechendsten Abhandlungen zur Permeabilität des deutschen Grundgesetzes, dass sich das Grundgesetz

„in seinem Geltungswillen *bewußt und ausdrücklich* unter jenen *Vorbehalt des Art. 24 Abs. 1 GG* stellt. (...) unter gewissen Voraussetzungen jedenfalls wird hier das Grundgesetz durch jenen ‚Integrationsvorbehalt‘ des Art. 24 Abs. 1 – wie ähnlich sonst nur durch den zeitlichen Vorbehalt des Art. 146 GG – *in seiner Geltung relativiert*; es werden einem Gesetzgeber, der nicht der verfassungsändernde Gesetzgeber des Art. 79 GG ist, ja der als *völkerrechtlicher Gesetzgeber* vollkommen außerhalb der Verfassungsordnung des Grundgesetzes steht (und insoweit allenfalls mit dem gesamtdeutschen Verfassungsgesetzgeber zu vergleichen ist), bestimmte *Einwirkungen* auf diese Verfassungsordnung ermöglicht, wie sie bislang lediglich dem Gesetzgeber eines *Bundesstaates* gegenüber den Verfassungen seiner *Gliedstaaten* möglich waren.“[149]

Den hier zum Ausdruck gebrachten Kerngedanken griff schließlich das Bundesverfassungsgericht in seinem *Solange I*-Beschluss im Jahr 1974 auf, nachdem bereits der

auch *I. Pernice*, in: H. Dreier (Hrsg.), GG, Bd. II (2. Aufl. 2006), Art. 23, Rn. 80 und *C. Tomuschat*, in: BK, Art. 24 (Zweitb. 1981), Rn. 16.

[147] Diese Einschätzung in historischer Perspektive teilt auch *T. Flint*, Die Übertragung von Hoheitsrechten (1998), S. 19 ff.

[148] *U. Scheuner*, Beitritt der Bundesrepublik zur Europäischen Verteidigungsgemeinschaft und Grundgesetz, in: Institut für Staatslehre und Politik Mainz (Hrsg.), Der Kampf um den Wehrbeitrag, Bd. II (1953), S. 94 (139, Hervorh. hinzugefügt). Zum Einfluss dieser Interpretation auf die spätere Auslegung von Art. 24 Abs. 1 GG vgl. *T. Flint*, Die Übertragung von Hoheitsrechten (1998), S. 22 ff.

[149] *K. Vogel*, Die Verfassungsentscheidung des Grundgesetzes für eine internationale Zusammenarbeit, Recht und Staat in Geschichte und Gegenwart, Heft 292/293 (1964), S. 1 (6 ff.). Hervorh. im Original.

italienische Verfassungsgerichtshof in seiner *Frontini*-Entscheidung ein halbes Jahr zuvor von einer „Öffnung" (*apertura*)[150] gesprochen hatte:

„Art. 24 GG spricht von der Übertragung von Hoheitsrechten auf zwischenstaatliche Einrichtungen. Das kann nicht wörtlich genommen werden. (...) Art. 24 GG ermächtigt nicht eigentlich zur Übertragung von Hoheitsrechten, sondern *öffnet* die nationale Rechtsordnung (in der angegebenen Begrenzung) derart, daß der *ausschließliche Herrschaftsanspruch* der Bundesrepublik Deutschland im Geltungsbereich des Grundgesetzes *zurückgenommen* und der unmittelbaren Geltung und Anwendbarkeit eines Rechts aus anderer Quelle innerhalb des staatlichen Herrschaftsbereichs *Raum gelassen* wird."[151]

Mit anderen Worten wird hier die auf den Innenbereich des Staates gerichtete *autolimitative* Dimension des Übertragungsmechanismus betont. Diese „Öffnung" des innerstaatlichen Rechtsraums sichert den „Durchgriffseffekt" des supranationalen Rechts ab[152] und ergänzt damit notwendig die Deutung der Übertragung als Konstituierungshandlung. Auch unter diesem Gesichtspunkt ist die deutsche Staatsrechts- und Europawissenschaft der zunächst wortlautfernen, aber gleichsam inhaltlich zutreffenden, ja zu diesem Zeitpunkt geradezu visionären Auslegung in Bezug auf Art. 24 Abs. 1 (und später Art. 23 Abs. 1 S. 2) GG gefolgt.[153]

Diese autolimitative Funktion lässt sich im Übrigen auch in Kategorien des Kollisionsrechts fassen. Unter Anleihen an das internationale Verwaltungsrecht charakterisiert insbesondere *Stefan Kadelbach* die deutsche Integrationsermächtigung in die-

---

[150] Ital. VerfGH, Urt. v. 18. 12. 1973 – Nr. 183/1973 – *Frontini* = EuR 1974, S. 255 (258): „Öffnung" (*apertura*).

[151] BVerfG, Beschl. v. 29. 5. 1974 – BvL 52/71 – *Solange I* = BVerfGE 37, 271 (279 f.), Hervorh. hinzugefügt.

[152] Vgl. *C. Tomuschat*, in: BK, Art. 24 (Zweitb. 1981), Rn. 16.

[153] Vgl. *S. Hobe*, Der offene Verfassungsstaat zwischen Souveränität und Interdependenz (1998), S. 143 f.; *J. Schwarze*, Deutscher Landesbericht, in: ders. (Hrsg.), Die Entstehung einer europäischen Verfassungsordnung (2000), S. 109 (130 f.); *I. Pernice*, in: H. Dreier (Hrsg.), GG, Bd. II (2. Aufl. 2006), Art. 23, Rn. 80 f.; *K.-P. Sommermann*, Offene Staatlichkeit, in: IPE II (2008), § 14 Deutschland, Rn. 11; *C. D. Classen*, in: H. v. Mangoldt/F. Klein/C. Starck (Hrsg.), GG, Bd. II (5. Aufl. 2005), Art. 24, Rn. 12 sowie Art. 23, Rn. 13; *D. König*, Die Übertragung von Hoheitsrechten im Rahmen des europäischen Integrationsprozesses (2000), S. 61 ff.; *H. Mosler*, Die Übertragung von Hoheitsgewalt, in: J. Isensee/P. Kirchhof (Hrsg.), HStR VII (1993), § 175, Rn. 41; *R. Streinz*, in: M. Sachs (Hrsg.), GG (4. Aufl. 2007), Art. 23, Rn. 57; *C. Tomuschat*, in: BK, Art. 24 (Zweitb. 1981), Rn. 15 f. u. 62; *S. Uhrig*, Die Schranken des Grundgesetzes für die europäische Integration (1999), S. 22 f.; *D. H. Scheuing*, Deutsches Verfassungsrecht und europäische Integration, in: P.-C. Müller-Graff/E. Riedel (Hrsg.), Gemeinsames Verfassungsrecht in der Europäischen Union (1998), S. 157 (165 f.); *K. Schmalenbach*, Der neue Europaartikel 23 des Grundgesetzes im Lichte der Arbeit der Gemeinsamen Verfassungskommission (1996), S. 56; *M. Schweitzer*, Staatsrecht III (9. Aufl. 2008), Rn. 55; *O. Rojahn*, in: I. v. Münch/P. Kunig (Hrsg.), GG, Bd. 2 (4./5. Aufl. 2001), Art. 23, Rn. 42.; *N. Lorenz*, Die Übertragung von Hoheitsrechten auf die Europäischen Gemeinschaften (1990), S. 83 ff.; *C. Hillgruber*, in: B. Schmidt-Bleibtreu/F. Klein (Hrsg.), GG (11. Aufl. 2008), Art. 23, Rn. 18; *F. Czerner*, Das völkerrechtliche Anschlusssystem der Art. 59 II 1, 25 und 24 I GG und deren Inkorporationsfunktion zugunsten der innerstaatlichen EMRK-Geltung, EuR 2007, S. 537 (554). A. A. *T. Flint*, Die Übertragung von Hoheitsrechten (1998), S. 112 ff., 135.

sem Sinne treffend als *einseitige Kollisionsnorm*.[154] Nicht die anwendbare Rechtsordnung wird nämlich durch die Integrationsermächtigung positiv bestimmt. Vielmehr steckt Art. 23 Abs. 1 GG den Geltungsbereich des innerstaatlichen Rechts ab und bestimmt damit einseitig bzw. *negativ*, wann die Geltung bzw. Anwendbarkeit des deutschen Rechts ausgeschlossen ist.[155] Die Rechtsfigur der einseitigen Kollisionsnorm hebt zwei Aspekte prägnant hervor. Zum einen benennt das Attribut der Einseitigkeit präzise den normativen Bezugspunkt der Autolimitation. Diese setzt ausschließlich auf Ebene der *innerstaatlichen Hoheitsgewalt* an und ist daher nicht zu verwechseln mit einer darüber hinausgehenden Geltungsanordnung. Zum anderen eröffnet das kollisionsrechtliche Paradigma einen spezifischen Zugang zur Vorrangproblematik, der für das Verständnis und die theoretische Fundierung der Rechtsprechung europäischer Verfassungs- und Höchstgerichte weiterführend ist. Hierauf ist an späterer Stelle zurückzukommen.[156]

Auch in anderen Mitgliedstaaten ist dem Übertragungsmechanismus eine Öffnungsfunktion der beschriebenen Eigenart zuerkannt worden. Besonders anschaulich fasste das spanische Verfassungsgericht die durch die Übertragungsklausel ermöglichte Permeabilität in seiner Erklärung zum Verfassungsvertrag in Worte:

> „Art. 93 [Verf-ESP] ist zweifellos der verfassungsrechtliche ‚Tragpfeiler' der Integration anderer Rechtsordnungen in die Unsrige [spanische] über die Übertragung der Ausübung von Kompetenzen, die aus der Verfassung herrühren; das betrifft sowohl Rechtsordnungen, die dazu vorgesehen sind, neben die innerstaatliche Rechtsordnung zu treten, *wie auch in ihrer Entstehung autonome Rechtsordnungen*. Metaphorisch ausgedrückt könnte man sagen, dass Art. 93 [Verf-ESP] als *Scharnier* fungiert, mittels dessen die Verfassung selbst über die Übertragung der Kompetenzausübung anderen Rechtsordnungen *Einlass* in unser Verfassungssystem gewährt. So erhält Art. 93 [Verf-ESP] eine unverkennbar materiell-rechtliche Dimension."[157]

Hatte das spanische Verfassungsgericht in seiner Erklärung zum Vertrag von Maastricht noch die Auffassung vertreten, dass die spanische Integrationsermächtigung nicht die Grundlage einer stillschweigenden bzw. materiellen Verfassungsänderung sein dürfe,[158] so hat es die „materiell-rechtliche" Dimension der Norm mit seiner Erklärung zum VVE nunmehr deutlich herausgestellt.[159] Hierbei handelt es sich im

---

[154] *S. Kadelbach*, Allgemeines Verwaltungsrecht unter europäischem Einfluß (1999), S. 219.

[155] Ebd. unter Rückgriff u. a. auf *K. Vogel*, Der räumliche Anwendungsbereich der Verwaltungsrechtsnorm (1965), S. 239.

[156] Vgl. insbesondere Teil 2 – Kapitel 11 – III. 2.

[157] Span. VerfG, Erkl. v. 13. 12. 2004 – DTC 1/2004 – *Verfassungsvertrag* = EuR 2005, S. 339 (342) in deutscher Übersetzung (Hervorh. und Anm. hinzugefügt).

[158] Span. VerfG, Erkl. v. 1. 7. 1992 – DTC 108/1992 – *Maastricht* = EuGRZ 1993, S. 285 ff. in deutscher Übersetzung (4. Entscheidungsgrund), vgl. dazu *A. López Castillo/J. Polakiewicz*, Verfassung und Gemeinschaftsrecht in Spanien, EuGRZ 1993, S. 277 ff.

[159] Zum Abgleich mit der vorherigen Rechtsprechung vgl. eingehend die Anmerkung von *F. Castillo de la Torre*, CMLRev. 42 (2005), S. 1169 (1171 f., 1175 f. u. 1182 f.) sowie *A. C. Becker*, Vorrang versus Vorherrschaft, EuR 2005, S. 353 (358 f. u. 361 f.). Bereits vor der Erklärung zum VVE war in der Literatur zuweilen von einer verfassungsrechtlichen „Öffnung" gesprochen worden, vgl. etwa *J. Martín y Pérez de Nanclares/A. López Castillo*, Spain. Droit de l'UE et constitutions nationales, in:

Kern um die Anerkennung der normativen Permeabilität der spanischen Verfassungsordnung, verfassungsrechtliche Grenzziehungen inbegriffen.[160]

In der Folge betonte auch der polnische Verfassungsgerichtshof in seiner Grundsatzentscheidung zum Beitrittsvertrag vom 11. Mai 2005 die

„Verfassungsprämisse, dass auf dem Gebiet der Republik Polen neben den vom nationalen Gesetzgeber erlassenen Normen Regelungen gelten, die außerhalb des Systems der nationalen (polnischen) Rechtssetzungsorgane geschaffen werden. Der Verfassungsgeber ermöglichte also bewusst, dass das auf dem Gebiet der Republik geltende Rechtssystem einen *mehrteiligen Charakter* haben werde. (...) In Polen gelten also Untersysteme von Rechtsregelungen gemeinsam, welche aus *verschiedenen Rechtssetzungszentren* herrühren. (...) Die Verfassung (...) erkennt diese mehrteilige Struktur der in der Republik Polen geltenden Normen an und sieht ein besonderes Verfahren ihrer Einführung vor. Dieses Verfahren weist Verwandtschaft mit dem Verfahren zur Verfassungsänderung auf."[161]

Die Übertragungsklausel des Art. 90 Abs. 1 Verf-PL stelle damit

„den Ausdruck einer souveränen *Öffnung* des Verfassungsgebers gegenüber einer (...) möglichen Erweiterung des Kataloges der Rechtsakte dar, die auf dem Gebiet der polnischen Republik allgemein gelten sollen."[162]

Gleiches war zuvor bereits in der Literatur zu Art. 90 Abs. 1 Verf-PL vertreten worden.[163]

Besonders deutlich aufgenommen aber hat die autolimitative Dimension des Übertragungsmodells das tschechische Verfassungsgericht in seiner Entscheidung zum Zuckerquotenstreit vom 8. März 2006.[164] In Bezug auf Art. 10a Verf-CZ, nach dessen Abs. 1 bestimmte Befugnisse der Staatsorgane durch Vertrag auf internationale Organisationen oder Institutionen übertragen werden können, führt das Gericht aus:

„Art. 10a of the Constitution of the Czech Republic (...) operates in both directions: it forms the normative basis for the *transfer of powers* and is *simultaneously* that provision of the Czech Constitution which *opens up* the national legal order to the operation of Community law, including rules relating to its effects within the legal order of the Czech Republic."[165]

BIICL (Hrsg.), F.I.D.E. XX Congress London, Vol. 1 (2002), S. 313 (341): „ouverture constitutionnelle".

[160] Näher dazu Teil 2 – Kapitel 11 – III. 2.

[161] Poln. VerfGH, Entsch. v. 11. 5. 2005 – Az. K 18/04 – *Beitrittsvertrag*, EuR 2006, S. 236 (237 f.) in deutscher Übersetzung (Hervorh. hinzugefügt). Allerdings betont das Gericht zugleich, dass das Gemeinschaftsrecht aufgrund der unterschiedlichen Beteiligungsformen Polens bzw. polnischer Staatsangehöriger an der Rechtssetzung des Primär- und Sekundärrechts (im Wege der Ratifikation, der Vertretung im Rat, bzw. des EP) „kein vollständig externes Recht im Verhältnis zum polnischen Staat" sei.

[162] Ebd. S. 241.

[163] *M. Jankowska-Gilberg*, Verfassungsrechtliche Grundlagen des Beitritts und der Mitgliedschaft Polens in der Europäischen Union, EuR 2003, 417 (424);

[164] Vgl. Teil 2 – Kapitel 11 – III. 1. b) cc) zu den Einzelheiten des Streites.

[165] Tschech. VerfG, Urt. v. 8. 3. 2006 – Pl. US. 50/04 – *Zuckerquoten II*, Teil VI.B (Hervorh. hinzugefügt). Englische Übersetzung des Verfassungsgerichts abrufbar unter http://angl.concourt.cz/angl_verze/doc/p-50-04.php (1. 9. 2010). Dazu *I. Slosarčík*, Czech Republic and the European Union

Der verfassungsrechtlichen Übertragungsklausel kommt nach Auffassung des Gerichts demnach eine Doppelfunktion zu, die neben der Mitwirkung an der Konstituierung der supranationalen Rechtsordnung auch die Öffnung des innerstaatlichen Rechtsraumes umfasst. Unter explizitem Rekurs auf die Rechtsprechung anderer Verfassungs- und Höchstgerichte zeigt das tschechische Verfassungsgericht aber zugleich die verfassungsimmanenten Grenzen der Übertragung auf[166] und konkretisiert diese im späteren Urteil zum VvL vom 26. November 2008.[167]

bb) Autolimitation als Kernelement rechtlicher Permeabilität

Die in der Verzichtshandlung liegende Selbstbeschränkung der (potenziellen) Allzuständigkeit bzw. Einzigkeit staatlicher Hoheitsgewalt ist das Kernelement der im Übertragungsmodell angelegten verfassungsrechtlichen Permeabilität. Sie komplettiert von innerstaatlicher Seite her notwendig die Konstituierung supranationaler Gewalt, da sie dem Grundsatz nach verhindert, dass die innerstaatliche Hoheitsgewalt im Anwendungsbereich der supranationalen Hoheitsakte konkurrierend an diese herantritt. Die Autolimitation ist damit keineswegs mit der Geltungsbedingung der – ebenfalls als autonom geltend konstruierbaren – supranationalen Hoheitsakte gleichzusetzen. Gleichwohl aber bildet sie die Kernvoraussetzung für das effektive Einfließen des Unionsrechts in den innerstaatlichen Rechtsraum. Anders formuliert, die Selbstbeschränkung ermöglicht, dass die nationale Verfassungsordnung den Durchgriff von Rechtsakten zulässt, die der unionalen als einer formal von ihr trennbaren Rechtsordnung entstammen.

Dass die autolimitative Dimension mit dem Begriff der „Übertragung" semantisch hinreichend erfasst ist, muss freilich bezweifelt werden.[168] Die zutreffende Funktionsbeschreibung der Übertragungsermächtigungen als Öffnung des innerstaatlichen

---

Law in 2004–2006, EPL 13 (2006), S. 367 (373) sowie *W. Sadurski*, „Solange, chapter 3": Constitutional Courts in Central Europe – Democracy – European Union, ELJ 14 (2008), S. 1 (6 ff.).

[166] Rekurriert wird auf ital. VerfGH, Urt. v. 18. 12. 1973 – Nr. 183/1973 – *Frontini* = EuR 1974, S. 255 ff. sowie Urt. v. 13. 4. 1989 – Nr. 232/1989 – *Fragd;* BVerfG, Beschl. v. 22. 10. 1986 – 2 BvR 197/83 – *Solange II* = BVerfGE 73, 339 sowie Urt. v. 12. 10. 1993 – 2 BvR 2134, 2159/92 – *Maastricht* = BVerfGE 89, 155; ir. Supreme Court, Urt. v. 19. 12. 1989 – *Society for the Protection of the Unborn Child v. Grogan and Others*, IR 1989, 753 ff.; Dän. Oberster Gerichtshof, Urt. v. 6. 4. 1998 – Az. I 361/1997 – *Carlsen/Rasmussen*, EuGRZ 1999, S. 49 ff. in deutscher Übersetzung.

[167] Tschech. VerfG, Urt. v. 26. 11. 2008 – Pl. US. 19/08 – *Lissabon I*, Rn. 95 ff. In seiner zweiten *Lissabon*-Entscheidung geht das Gericht jedoch deutlich auf Distanz zum Ansatz des BVerfG und weist die Forderung einiger tschechischer Senatoren sowie des tschechischen Staatspräsidenten *Klaus* zurück, in abstracto eine Liste von Kerngehalten zu definieren, die nicht auf die Union – jedenfalls nicht ohne eine Verfassungsablösung – übertragen werden könnten. Tschech. VerfG, Urt. v. 3. 11. 2009 – Pl. US. 29/09 – *Lissabon II*, Rn. 110 ff. Dazu näher unter Teil 2 – Kapitel 9 – III. 2. b) bb) im Abgleich zur Rechtsprechung des BVerfG.

[168] Jedenfalls insofern ist dem Grundanliegen von *T. Flint*, Die Übertragung von Hoheitsrechten (1998), S. 11 ff. zuzustimmen, Wortlaut und Sinngehalt der Integrationsermächtigung nicht auseinanderfallen zu lassen. Indessen ist die Lösung dieser Problematik nicht, wie von diesem Autor vorgeschlagen, in einer Rückbesinnung auf eine (wortlautnahe) dingliche Auslegung, sondern allenfalls in einer Änderung der Integrationsermächtigung und eine treffenderen Neuformulierung zu suchen.

Rechtsraums zeigt damit zugleich die begriffliche Problematik des Übertragungsmodells auf.

c) *Konstituierung und Autolimitation als funktionale Einheit*

Festzuhalten bleibt, dass dem Übertragungsmechanismus letztlich zwei zentrale Funktionsbereiche zuzuordnen sind, die mit den Begriffen *Konstituierungs-* und *Autolimitations*funktion apostrophiert werden können.

Obwohl nach deutscher Verfassungspraxis beides in einem einzigen Zustimmungsgesetz *uno actu* zusammenfällt,[169] besteht im Schrifttum jedenfalls in analytischer Perspektive Einigkeit darüber, zwischen der Konstituierungshandlung – genauer: der parlamentarischen Zustimmung zur Ratifikation der bereits unterzeichneten Verträge durch den Bundespräsidenten – einerseits und der parallellaufenden innerstaatlichen Selbstbeschränkung andererseits zu differenzieren.[170] In dogmatischer Hinsicht ist allerdings hochgradig umstritten, ob das doppelfunktionale Zustimmungsgesetz allein auf Art. 23 Abs. 1 S. 2 GG[171] oder aber auf Art. 59 Abs. 2 S. 1 GG (für die Konstituierungshandlung) *in Verbindung mit* Art. 23 Abs. 1 S. 2 (für die innerstaatliche Öffnung)[172] gestützt werden muss.[173] Daran schließt sich die ebenfalls

---

[169] Vgl. jüngst die Vorarbeiten BT-Drs. 16/8300, S. 6 zum Gesetz v. 8. 10. 2008, BGBl. 2008 II, S. 1038 ff. (Zustimmung VvL).

[170] S. nur *K. Vogel*, Die Verfassungsentscheidung des Grundgesetzes für eine internationale Zusammenarbeit, Recht und Staat in Geschichte und Gegenwart, Heft 292/293 (1964), S. 1 (31); *D. König*, Die Übertragung von Hoheitsrechten im Rahmen des europäischen Integrationsprozesses (2000), S. 61 ff. u. 301 ff.; *S. Hobe*, Der offene Verfassungsstaat zwischen Souveränität und Interdependenz (1998), S. 143; *I. Pernice*, in: H. Dreier (Hrsg.), GG, Bd. II (2. Aufl. 2006), Art. 23, Rn. 80 sowie Art. 24, Rn. 20; *C. Tomuschat*, in: BK, Art. 24 (Zweitb. 1981), Rn. 15 f.; *M. Nettesheim*, EU-Recht und nationales Verfassungsrecht, in: J. Schwarze/P.-C. Müller Graf (Hrsg.), XX. FIDE-Kongress. Die Deutschen Landesberichte, EuR Beiheft 1/2004, S. 7 (45); *H. Mosler*, Die Übertragung von Hoheitsgewalt, in: J. Isensee/P. Kirchhof (Hrsg.), HStR VII (1993), § 175, Rn. 41; *S. Uhrig*, Die Schranken des Grundgesetzes für die europäische Integration (1999), S. 21 f.; *K.-P. Sommermann*, Offene Staatlichkeit, in: IPE II (2008), § 14 Deutschland, Rn. 11; *C. D. Classen*, in: H. v. Mangoldt/F. Klein/C. Starck (Hrsg.), GG, Bd. II (5. Aufl. 2005), Art. 23, Rn. 17 sowie Art. 24, Rn. 11 f.; *R. Streinz*, in: M. Sachs (Hrsg.), GG (4. Aufl. 2007), Art. 23, Rn. 60; *M. Schweitzer*, Staatsrecht III (9. Aufl. 2008), Rn. 56; *O. Rojahn*, in: I. v. Münch/P. Kunig (Hrsg.), GG, Bd. 2 (4./5. Aufl. 2001), Art. 23, Rn. 42; *T. Flint*, Die Übertragung von Hoheitsrechten (1998), S. 151 f.

[171] So *R. Geiger*, Die Mitwirkung des deutschen Gesetzgebers an der Entwicklung der Europäischen Union, JZ 1996, S. 1093 (1095 f.); *I. Pernice*, in: H. Dreier (Hrsg.), GG, Bd. II (2. Aufl. 2006), Art. 23, Rn. 121; *C.D. Classen*, in: H. v. Mangoldt/F. Klein/C. Starck (Hrsg.), GG, Bd. II (5. Aufl. 2005), Art. 23, Rn. 17.

[172] So die bisherige Praxis sowie die bislang h. M., vgl. *D. König*, Die Übertragung von Hoheitsrechten im Rahmen des europäischen Integrationsprozesses (2000), S. 61 ff. sowie 296 ff. m. w. N. sowie *C. Tomuschat*, in: BK, Art. 24 (Zweitb. 1981), Rn. 28 f.; *H. Mosler*, Die Übertragung von Hoheitsgewalt, in: J. Isensee/P. Kirchhof (Hrsg.), HStR VII (1993), § 175, Rn. 45; *R. Streinz*, in: M. Sachs (Hrsg.), GG (4. Aufl. 2007), Art. 23, Rn. 61; *O. Rojahn*, in: I. v. Münch/P. Kunig (Hrsg.), GG, Bd. 2 (4./5. Aufl. 2001), Art. 23, Rn. 44; *D.H. Scheuing*, Zur Europäisierung des deutschen Verfassungsrechts, in: K.F. Kreuzer/D.H. Scheuing/U. Sieber (Hrsg.), Die Europäisierung der mitgliedstaatlichen Rechtsordnungen in der Europäischen Union (1997), S. 157 (170).

[173] Im Kontext des vereinfachten Vertragsänderungsverfahrens gemäß Art. 48 Abs. 6 EUV betont das BVerfG aber nunmehr im Lissabon-Urteil ausdrücklich, dass „stets ein Gesetz im Sinne des

überaus kontrovers beurteilte Frage an, ob das Zustimmungsgesetz über die Ratifikationsermächtigung und die Rücknahme des Ausschließlichkeitsanspruches hinaus einen Rechtsanwendungs*befehl* dergestalt erteilt, dass Geltung und Wirkung des Unionsrechts im innerstaatlichen Rechtsraum *normativ angeordnet* und nicht lediglich *anerkannt* werden. Diese nicht nur in Deutschland geführte Kontroverse ist letztlich eine besondere dogmatische Einkleidung für die allgemeinere Frage nach dem innerstaatlichen Geltungsgrund des Unionsrechts.[174]

Vorerst genügt es festzustellen, dass – unabhängig von der dogmatischen Konstruktion im Einzelnen – die Konstituierungshandlung jedenfalls Hand in Hand mit der innerstaatlichen Autolimitation einhergeht. Beide Vorgänge stehen nicht isoliert nebeneinander, sondern bilden vielmehr eine funktionale Einheit, ja bedingen sich gegenseitig.[175] In der verfassungs- bzw. höchstgerichtlichen Rechtsprechung ist die Gleichzeitigkeit dieses Zusammenspiels bislang vielleicht am deutlichsten vom tschechischen Verfassungsgericht in seinem *Zuckerquoten-II*-Urteil hervorgehoben worden, das die simultane Zuerkennungs- und Beschränkungshandlung gleichermaßen in der Integrationsermächtigung des Art. 10a Verf-CZ verortet.

3. *Varianten im Hinblick auf den Übertragungsakt*

Im Hinblick auf den Rechtsakt, dem die Übertragungswirkung beigemessen wird, lassen sich in der Verfassungspraxis zwei Varianten des Übertragungsmodells unterscheiden. Zum einen kann die Übertragung an den die supranationale Rechtsordnung errichtenden *Vertrag* bzw. an vertraglich verankerte Modi der Fortentwicklung (beispielsweise Evolutivklauseln) geknüpft werden, zum anderen ist ein Rekurs auf ein Übertragungs*gesetz* möglich.[176]

a) Übertragung durch Gesetz

Nach Art. 24 Abs. 1 und Art. 23 Abs. 1 S. 2 GG sowie § 20 der dänischen Verfassung erfolgt die Übertragung im letzteren Sinne „durch Gesetz". Auch in Schweden wird die Übertragung gemäß Kap. 10 § 5 Abs. 1 S. 3[177] *durch* einen parlamentarischen Beschluss bewerkstelligt.

Eine derartige Formulierung ist freilich nur imstande, die innerstaatliche Dimension des Übertragungsmechanismus abzubilden, während die zugleich notwendige

---

Art. 23 Abs. 1 Satz 2 GG als *lex specialis* zu Art. 59 Abs. 2 GG" notwendig ist, BVerfG, Urt. v. 30.6. 2009 – 2 BvE 2/08 u. a. – *Lissabon* = BVerfGE 123, 267 ff. (Rn. 312).

[174] Zu dieser Problematik eingehend Teil 2 – Kapitel 10.

[175] Besonders deutlich kommt dies zum Ausdruck bei *C. D. Classen*, in: H. v. Mangoldt/F. Klein/C. Starck (Hrsg.), GG, Bd. II (5. Aufl. 2005), Art. 24, Rn. 13 ff.

[176] Diese Frage ist nicht zu verwechseln mit den verfahrensrechtlichen Unterschieden des jeweiligen Ratifikationsmodus, die sich ebenso für die anderen Modelle dynamischer Ermächtigungsgrundlagen stellen.

[177] Sollte die Reform der schwedischen Verfassung auf Grundlage des Regierungsentwurfs v. 8. 12. 2009 – Regeringens proposition 2009/10:80 – in Kraft treten, fände sich diese Vorschrift im neuen Kap. 10 § 6 Regeringsformen wieder.

Konstituierung originärer supranationaler Hoheitsgewalt durch völkerrechtlichen Vertrag ausgeblendet wird.[178] Auch verstärkt das Bild der Übertragung „durch Gesetz" nur die fehlgehende Vorstellung einer dinglichen Abtretung oder hierarchischen Delegation und befördert zugleich den argumentativen Nährboden für die innerstaatliche Rückführung des Unionsrechts auf einen einfachgesetzlichen Rechtsanwendungsbefehl bzw. eine Geltungsanordnung.

b) Übertragung durch Vertrag bzw. auf Grundlage eines solchen

Nach der weitaus überwiegenden Zahl der mitgliedstaatlichen Verfassungen, die das Übertragungsmodell verwenden, erfolgt die Übertragung daher zutreffend *durch Vertrag*, bzw. *auf Grundlage* eines solchen. Dies gilt namentlich für die Niederlande,[179] Luxemburg,[180] Griechenland,[181] Polen,[182] Tschechien,[183] die Slowakei,[184] Slowenien,[185] Lettland,[186] Litauen,[187] Bulgarien[188] sowie für den Beitrittskandidaten Kroatien.[189] In Spanien macht Art. 93 Abs. 1 der Verfassung deutlich, dass durch ein Organgesetz die Zustimmung von Verträgen bewerkstelligt wird, „durch die" die Übertragung erfolgt.

Die beide Alternativen umfassende Formulierung „durch Vertrag oder auf Grundlage eines solchen" wie sie sich in Art. 92 Verf-NL und Art. 7 Abs. 2 S. 1 Verf-SLK findet, vereint gewisse Vorteile auf sich. Sie trennt klar und deutlich zwischen der Übertragung durch den Vertrag selbst und dem Modus der Evolutiv- bzw. Brückenklauseln (sog. *Passerelles*).[190] In eine ähnliche Richtung weist die belgische Verfassung, nach deren Art. 34 die Ausübung bestimmter Gewalten völkerrechtlichen Einrichtungen „durch einen Vertrag *oder* ein Gesetz" übertragen werden kann.[191]

---

[178] In Schweden wird allerdings – anders als in Deutschland oder Dänemark – gemäß Kap. 10 § 5 Abs. 1 S. 4 (künftig ggf. enthalten in Kap. 10 § 6) formell deutlich zwischen dem *Zustimmungsgesetz* nach Kap. 10 § 2 und dem *Übertragungsbeschluss* nach Kap. 10 § 5 Abs. 1 S. 3 getrennt.

[179] Art. 92 Verf-NL „durch oder kraft eines Vertrages".

[180] Art. 49bis Verf-Lux „durch Vertrag".

[181] Art. 28 Abs. 2 Verf-GR „durch Verträge oder Abkommen".

[182] Art. 90 Abs. 1 Verf-PL „aufgrund eines völkerrechtlichen Vertrages".

[183] Art. 10a Verf-CZ „durch Vertrag".

[184] Art. 7 Abs. 2 S. 1 Verf-SLK „durch Vertrag (...) oder auf der Grundlage eines solchen".

[185] Art. 3a Abs. 1 Verf-SLO „durch ein internationales Abkommen".

[186] Art. 68 Abs. 2 S. 1 Verf-LET „beim Abschluss eines internationalen Vertrages" bzw. S. 2 „Internationale Verträge, in denen ein Teil der Kompetenzen (...) übertragen werden".

[187] Art. 1 des EU-Verfassungsaktes „Litauen (...) überträgt der EU die gemäß den Gründungsverträgen vereinbarten Zuständigkeiten und Befugnisse".

[188] Art. 85 Abs. 1 Nr. 9 Verf-BG „völkerrechtliche Verträge (...) die der EU Befugnisse übertragen".

[189] Art. 139 Abs. 2 Verf-KRO „Internationale Verträge, durch die (...) Befugnisse (...) übertragen werden".

[190] Zur Frage der Evolutivklauseln speziell im Kontext der deutschen Integrationsermächtigung vgl. *I. Pernice*, in: H. Dreier (Hrsg.), GG, Bd. II (2. Aufl. 2006), Art. 23, Rn. 86 u. 88.

[191] Darin kommt jedenfalls die Vorstellung zum Ausdruck, dass bestimmte Kompetenzzuweisungen auch ohne einen gesonderten Vertragsschluss bewerkstelligt werden können. Dazu *N. Lo-*

Die mehrheitliche Bezugnahme der Übertragungsklauseln auf den Vertrag hat konzeptionell den Vorteil, dass die (regelmäßige) Notwendigkeit des vertraglichen Zusammenwirkens der Mitgliedstaaten für die Konstituierung originärer Hoheitsgewalt auf supranationaler Ebene im Verfassungstext kenntlich gemacht wird. Dass die Übertragung somit nicht als Ergebnis einer scheinbar exklusiv innerstaatlichen Handlung gekennzeichnet wird, stützt zugleich die zutreffende Auslegung des Übertragungsvorgangs als einer Betrauung bzw. Zuerkennung von Befugnissen.[192] Allerdings werden durch den ausschließlichen Rekurs auf den Vertrag wiederum die autolimitative Öffnung und die damit einhergehende „Mutation" der innerstaatlichen Rechtsordnung[193] nicht hinreichend kenntlich gemacht.

Ein wenig klarer, da beide Dimensionen betonend, ist hier der neue Art. 148 Abs. 1 der rumänischen Verfassung, wonach der Beitritt Rumäniens zu den Gründungsverträgen „zum Zweck der Übertragung bestimmter Zuständigkeiten an die Gemeinschaftsinstitutionen sowie der gemeinsamen Ausübung der *in diesen Verträgen* vorgesehenen Kompetenzen mit den anderen Mitgliedsstaaten" *durch Gesetz* erfolgt. Dass Art. 148 Verf-RO über den bloßen Beitritt hinausgeht und als dynamische Integrationsermächtigung auch künftige Vertragsänderungen umfasst,[194] macht Abs. 3 deutlich, wonach auf die Beschlüsse über die Änderung der Gründungsverträge die Vorschriften des Abs. 1 und 2 entsprechende Anwendung finden.

4. *Varianten in Bezug auf sachlichen Gegenstand und Umfang*

Darüber hinaus können einzelne Regelungsvarianten anhand des Gegenstandes bzw. des sachlichen Umfangs der Übertragung unterschieden werden. Weil eine Trennung von (qualitativem) Gegenstand und (quantitativem) Umfang der Übertragung in der Verfassungspraxis kaum möglich ist, wird beides an dieser Stelle gemeinsam untersucht.

An die Kennzeichnung des sachlichen Gegenstandes und Umfangs können zugleich verfassungsrechtliche Schranken der Übertragung – insbesondere in Form ei-

---

renz, Die Übertragung von Hoheitsrechten auf die Europäischen Gemeinschaften (1990), S. 166f. m. w. N.

[192] Dass die innerstaatliche Ratifikation des Vertrages in der Regel einer parlamentarischen Zustimmung bedarf, wird entweder durch spezielle Verfahrensvorschriften geregelt (z. B. Art. 37 Abs. 2 i. V. m. Art. 114 Abs. 2 Verf-LUX; § 20 Abs. 2 Verf-DK; Art. 28 Abs. 2 S. 2 Verf-GR; Art. 93 i. V. m. Art. 81 Abs. 2 Verf-ESP; Art. 90 Abs. 2 u. 3 Verf-PL; Art. 84 Abs. 4 Verf-SLK; Art. 68 Abs. 2 S. 2 Verf-LET; Art. 3a Abs. 1 u. 2 Verf-SLO; Art. 10a Verf-CZ; Art. 85 Abs. 2 Verf-BG; Art. 148 Abs. 1 Verf-RO; Art. 139 Abs. 2 Verf-KRO) oder ergibt sich aus einem Rückgriff auf die allgemeinen Regeln (z. B. Art. 167 Verf-BE; Art. 91 Verf-NL; Kap. 10 § 2 Verf-S; Art. 138 Verf-LIT).

[193] Vgl. *H. P. Ipsen*, Als Bundesstaat in der Gemeinschaft, in: FS W. Hallstein (1966), S. 248 (264); *ders.*, Europäische Verfassung – nationale Verfassung, EuR 1987, S. 195 (202).

[194] Vgl. auch *V. Duculescu/A. Ruxandra*, Romania, in: A. E. Kellermann et al. (Hrsg.), The Impact of EU Accession on the Legal Orders of New Member States and (Pre-)Candidate Countries (2006), S. 113 (119, 139). *A. Albi*, EU Enlargement and the Constitutions of Central and Eastern Europe (2005), S. 104ff.

ner Bestandssicherung – geknüpft sein.[195] Die Grenzen zwischen Beschreibung und Vorbehalt sind in diesem Bereich allerdings fließend.

a) Integrationsdynamik durch sachbereichliche Offenheit

Für die Bezeichnung des sachlichen Gegenstandes bzw. Umfangs der Übertragung setzt das deutsche GG in Art. 23 Abs. 1 S. 2 und Art. 24 Abs. 1 beim Begriff der „Hoheitsrechte" an, häufig übersetzt mit „sovereign powers" oder „droits de souveraineté".[196] Seine begriffliche Entsprechung findet der deutsche Ansatz in Art. 3a Verf-SLO, der von „souveränen Rechten" spricht. In anderen Verfassungstexten werden Begriffe wie „Befugnisse",[197] „Kompetenzen",[198] „Zuständigkeiten",[199] „Gewalten",[200] „Beschlussrechte"[201] oder eine Kombination derselben verwendet.[202]

Verglichen mit dem Einschränkungsmodell, das recht unspezifisch bei dem Begriff der Souveränität ansetzt, kennzeichnen die Übertragungsklauseln den sachlichen Gegenstand der Integrationshandlung aus Perspektive der innerstaatlichen Verfassung also weitaus präziser.[203]

Die Rechtsmacht zur Übertragung erstreckt sich nach dem Übertragungsmodell als einem Grundmodell dynamischer Integrationsermächtigungen dem Inhalt nach grundsätzlich auf alle Politikfelder und alle drei Staatsgewalten.[204] Besonders deut-

---

[195] Die Untersuchung konzentriert sich an dieser Stelle insoweit auf einzelne Regelungsvarianten des Übertragungsmodells. Näher zu Steuerung und Bestandsgrenzen als horizontale Fragestellung über die Grenzen einer bestimmten Modellgruppe von Integrationsermächtigungen hinaus unter Teil 2 – Kapitel 9 – III. und Teil 2 – Kapitel 9 – IV.

[196] Vgl. die vom Bundestag bereitgestellte Übersetzung ins Englische von *C. Tomuschat/D. P. Currie/D. P. Kommers*, http://www.bundestag.de/interakt/infomat/fremdsprachiges_material/downloads/ggEn_download.pdf. Aus der Literatur vgl. etwa *B. de Witte*, Constitutional Aspects of European Union Membership in the Original Six Member States: Model Solutions for the Applicant Countries?, in: A. E. Kellermann et al. (Hrsg.), EU-Enlargement – The Constitutional Impact at EU and National Level (2001), S. 65 (65 f.). Für die Übersetzung ins Französische die vom Bundestag bereitgestellte Übersetzung, abrufbar unter http://www.bundestag.de/htdocs_f/parlement/fonctions/cadre/loi_fondamentale.pdf (übersetzt von *C. Autexier/M. Fromont/C. Grewe/O. Jouanjan*) oder aus der Literatur vgl. *T. de Berranger*, Constitutions nationales et construction communautaire (1995), S. 99.

[197] Art. 49bis Verf-Lux; Art. 7 Abs. 2 Verf-SLK; Art. 10a Verf-CZ; Art. 85 Abs. 1 Nr. 9 Verf-BG.

[198] Art. 93 Verf-ESP; Art. 90 Abs. 1 Verf-PL; Art. 68 Abs. 2 Verf-LET.

[199] Art. 28 Abs. 2 Verf-GR; Art. 148 Abs. 1 Verf-RO; Art. 139 Abs. 2 Verf-KRO.

[200] Art. 34 Verf-BE.

[201] Kap. 10 § 5 Abs. 1 schw. RegForm (künftig ggf. Kap. 10 § 6 schw. RegForm). Zur Begriffsbestimmung im Einzelnen vgl. *J. Nergelius*, Offene Staatlichkeit, in: IPE II (2008), § 22 Schweden, Rn. 60.

[202] So spricht etwa Art. 1 lit. EU-Verfassungsakt von „Zuständigkeiten und Befugnissen".

[203] So auch *T. de Berranger*, Constitutions nationales et construction communautaire (1995), S. 99.

[204] Für Spanien *H. Kieserling*, Das Europäische Gemeinschaftsrecht und die spanische Verfassung (2003), S. 81 u. 88 („grundsätzlich keine Einschränkung *ratione materiae*"); für Belgien, *B. de Witte*, Do Not Mention the Word: Sovereignty in Two Europhile Countries: Belgium and the Netherlands, in: N. Walker (Hrsg.), Sovereignty in Transition (2003), S. 351 (354) „open-ended in its scope"; für Polen *C. Mik*, State Sovereignty and European Integration: Public International Law, EU

lich kommt dies im Text der niederländischen Verfassung zum Ausdruck, welche zur Übertragung von „Gesetzgebungs-, Verwaltungs- und Rechtsprechungsbefugnissen" ermächtigt.[205] Ähnlich differenziert ist die luxemburgische Übertragungsklausel.[206] In föderal organisierten Staaten sind im Übrigen auch die Zuständigkeiten der Länder bzw. Regionen von den Übertragungsklauseln mit abgedeckt.[207] Diese sachbereichliche Offenheit ist ein für die Entwicklungsoffenheit des Übertragungsmodells zentraler Faktor.[208] Dass die in den Übertragungsklauseln angelegte Permeabilität ihrem Inhalt nach grundsätzlich nicht auf bestimmte Sachbereiche begrenzt ist, verleiht diesen Klauseln einen dynamischen Charakter, insbesondere wenn man sie den sachbereichsbegrenzten Einzelermächtigungen gegenüberstellt.

b) Grenzen dynamischer Integrationsentwicklung

Gleichwohl ist diese Dynamik nicht grenzenlos. Der Mechanismus der Übertragung ist in vielen Verfassungsordnungen nämlich zugleich bestimmten verfassungsrechtlichen Schranken unterworfen. Dabei sollen im Folgenden vorerst nur diejenigen (formellen) Schranken in den Blick genommen werden, die im Verfassungstext bzw. der einschlägigen Rechtsprechung direkt an den Übertragungsgegenstand bzw. den Übertragungsumfang gekoppelt sind – und dies nur soweit die betreffende Verfassungsordnung überhaupt auf das Übertragungsmodell zurückgreift. Auf modellübergreifende Vorschriften oder Rechtsprechungslinien zu einzelnen (materiellen) Bestandsgrenzen und ihrer gerichtlichen Durchsetzung wird an späterer Stelle zurückzukommen sein.[209]

aa) Begrenzung des Übertragungsumfangs und Bestimmtheitserfordernis

Für das deutsche GG kann eine formelle Begrenzung der Integrationsgewalt textlich bereits daraus abgeleitet werden, dass Art. 23 Abs. 1 S. 2 und 24 Abs. 1 GG nicht die Rechtsmacht zur Übertragung der (umfassenden) Hoheits*gewalt*, sondern lediglich zur Übertragung von (einzelnen) Hoheits*rechten* bereit stellen. Textlich klarer sind unter diesem Gesichtspunkt allerdings die Integrationsermächtigungen der Verfassungen der Slowakei, Sloweniens und Lettlands. Sie begrenzen die Übertragung aus-

---

and Constitutional Law in the Polish Context, in: N. Walker (Hrsg.), Sovereignty in Transition (2003), S. 367 (399); für Deutschland *I. Pernice*, in: H. Dreier (Hrsg.), GG, Bd. II (2. Aufl. 2006), Art. 23, Rn. 81.

[205] Dazu *B. de Witte*, Do Not Mention the Word: Sovereignty in Two Europhile Countries: Belgium and the Netherlands, in: N. Walker (Hrsg.), Sovereignty in Transition (2003), S. 351 (361).

[206] Art. 49 bis Verf-Lux „Befugnisse, die von der Verfassung der gesetzgebenden, der vollziehenden und der rechtsprechenden Gewalt vorbehalten sind."

[207] Dies gilt nunmehr auch für Österreich, wo die Beschränkung auf Hoheitsrechte „des Bundes" durch die Novellierung von Art. 9 Abs. 2 im Jahr 2008 fallen gelassen wurde, vgl. Bundesverfassungsgesetz, öst. BGBl. I, Nr. 2/2008. Im Gegenzug sollen die Interessen der Länder durch die dem Art. 10 Abs. 3 B-VG neu angefügten Sätze gewahrt werden, so ausdrücklich die Erläuterungen zur Regierungsvorlage (314 der Beilagen zur XXIII. Gesetzgebungsperiode), S. 6.

[208] Diesen Vorteil betont für das polnische Verfassungsrecht insbesondere *S. Biernat*, Offene Staatlichkeit, in: IPE II (2008), § 21 Polen, Rn. 16.

[209] Vgl. Teil 2 – Kapitel 9 – III. und Teil 2 – Kapitel 9 – IV. sowie Teil 2 – Kapitel 11 – III. 1.

drücklich auf *Teile* bzw. Teilbereiche verfassungsrechtlicher Kompetenzen bzw. Zuständigkeiten.[210]

Funktional äquivalent zur Begrenzung der Kompetenzübertragung auf einzelne Teilbereiche sind formelle *Bestimmtheitserfordernisse*. Textlich findet sich dergleichen in den Übertragungsklauseln der belgischen, tschechischen, polnischen und rumänischen Verfassung. Allesamt ermächtigen sie zu einer Übertragung „bestimmter" Kompetenzen bzw. Zuständigkeiten.[211] Die im Verfassungsvergleich vielleicht deutlichste Bestimmung enthält in diesem Zusammenhang § 20 Abs. 1 der dänischen Verfassung. Danach können Befugnisse nur „in näher bestimmtem Umfang" übertragen werden.[212] Der dänische Oberste Gerichtshof hat diese Anforderung in ausdrücklicher Anlehnung an das *Maastricht*-Urteil des BVerfG dahingehend ausgelegt,

> „dass eine positive Abgrenzung der übertragenen Befugnisse vorzunehmen ist, teils im Hinblick auf Sachbereiche, teils im Hinblick auf die Art der Befugnisse. (...) Das Bestimmtheitserfordernis in § 20 Abs. 1 schließt es aus, dass der internationalen Organisation die Befugnis übertragen wird, selbst den Umfang ihrer Befugnisse zu bestimmen. Der Ausdruck ‚in genauer bestimmtem Umfang' kann [allerdings] nicht so verstanden werden, dass die Befugnisse (...) einer internationalen Organisation nur in begrenztem – d. h. in geringerem Umfang – übertragen werden."[213]

Dieser Entscheidungsgrund zeigt zunächst, dass die Anforderungen an die Bestimmtheit recht allgemein gehalten sind. Darin kommt deutlich die Kompromisslinie zum Ausdruck, welche zwischen der sachbereichlichen Offenheit der Integrationsermächtigung einerseits und dem Verbot der Übertragung der Kompetenz-Kompetenz andererseits verläuft.

Vergleichbares kann man auch der Rechtsprechung anderer Verfassungs- und Höchstgerichte entnehmen. Dass hinsichtlich der verfassungsrechtlichen Grenzziehung dabei qualitative und quantitative Erwägungen praktisch miteinander ver-

---

[210] Art. 68 Abs. 2 Verf-LET; Art. 7 Abs. 2 Verf-SLK; Art. 3a Abs. 1 Verf-SLO.

[211] Vgl. Art. 34 Verf-BE „bestimmte Gewalten"; Art. 10a Verf-CZ „bestimmte Befugnisse"; Art. 90 Abs. 1 Verf-PL „in bestimmten Angelegenheiten"; Art. 148 Abs. 1 Verf-RO „bestimmter Zuständigkeiten".

[212] Zu möglichen Reformbestrebungen in Bezug auf die dänische Integrationsermächtigung vgl. *J. Jensen*, Constitutional Reform in Denmark?, EPL 14 (2008), S. 275 (280).

[213] Dän. Oberster Gerichtshof, Urt. v. 6. 4. 1998 – Az. I 361/1997 – *Carlsen/Rasmussen* in der deutschen Übersetzung von *R. Hofmann*, EuGRZ 1999, S. 49 (50), 9. Abschnitt des Urteils (Urteilsgründe), Punkt 2. Dazu *ders.*, Der Oberste Gerichtshof Dänemarks und die europäische Integration, EuGRZ 1999, S. 1 ff.; *H. Rasmussen*, Denmark's Maastricht Ratification Case: The Constitutional Dimension, in: A. Jyränki (Hrsg.), National Constitutions in the Era of Integration (1999), S. 87 ff.; *O. Due*, The Danish Ratification of the Maastricht Treaty before the Danish Supreme Court, in: Mélanges en hommage à Michel Waelbroeck (1999), S. 313 (320 ff.); *ders.*, The Danish Constitution and Two-Level Constitutionalism, in: U. Battis et al (Hrsg.), Das Grundgesetz im Prozess europäischer und globaler Verfassungsentwicklung (2000), S. 101 (103); *F. Thomas*, Das Maastricht-Urteil des Dänischen Obersten Gerichtshofs vom 6. April 1998, ZaöRV 58 (1998), S. 879 ff.; *G. Ring/L. Olsen-Ring*, Souveränitätsübertragung nach dänischem Verfassungsrecht, EuZW 1998, S. 589 ff.; *P. Biering*, The Application of EU-Law in Denmark: 1986 to 2000, CMLRev. 37 (2000), S. 925 (928 ff.).

schmelzen,[214] stellt insbesondere der polnische VerfGH in seinem Urteil zum Beitrittsvertrag heraus. Dass die Übertragung gemäß der polnischen Integrationsermächtigung (Art. 90 Abs. 1) nur in „bestimmten" bzw. „einigen" Angelegenheiten erfolgen dürfe, bedeutet für den VerfGH eine doppelte Einschränkung. Die einschränkende Formulierung müsse

„sowohl als *Verbot einer Übertragung der Allgemeinheit* der Kompetenzen des jeweiligen Organs verstanden werden, der Übertragung der Kompetenzen in der Gänze der Angelegenheiten auf dem jeweiligen Gebiet, wie auch als *Verbot der Kompetenzübertragung hinsichtlich des Wesens* der Angelegenheiten, welche die Zuständigkeit des jeweiligen Organs der Staatsgewalt bezeichnen."[215]

Unabhängig von der Frage, was einen solchen Wesenskern im Einzelfall ausmachen soll[216] ist über die Grenzen der einzelnen Verfassungsordnungen hinaus jedenfalls einhellig anerkannt, dass sich die Übertragung zumindest nicht auf die Hoheitsgewalt in ihrer Gesamtheit, bzw. die Kompetenz-Kompetenz erstrecken darf.[217] Das

---

[214] Indessen kommt es für das BVerfG, Urt. v. 30. 6. 2009 – 2 BvE 2/08 u. a. – *Lissabon* = BVerfGE 123, 267 ff. (Rn. 351) „nicht auf quantitative Relationen, sondern darauf an, dass der Bundesrepublik Deutschland für zentrale Regelungs- und Lebensbereiche substantielle innerstaatliche Gestaltungsmöglichkeiten verbleiben." Offenbar ist eine solche Evaluierung ohne Ausblendung der quantitativen Ausdehnung der Kompetenzen aber auch für das BVerfG nicht möglich, wenn es etwa ausführt, die konkreten Anforderungen an die demokratischen Grundsätze auf europäischer Ebene hingen „vom *Umfang* der übertragenen Hoheitsrechte und vom *Grad der Verselbständigung* europäischer Entscheidungsverfahren ab" (ebd., Rn. 261, Hervorh. hinzugefügt).

[215] Poln. VerfGH, Entsch. Az. K 18/04 vom 11. 5.2005 – *Beitrittsvertrag*, Ziff. III.4.1 in der deutschen Übersetzung von *M. Bainczyk/U. Ernst*, EuR 2006, S. 236 (238).

[216] Das BVerfG legt in seinem *Lissabon*-Urteil besonderes Gewicht auf die Bewahrung hinreichender politischer Gestaltungsmöglichkeit für bestimmte Sachbereiche. Zwar bedeute die Wahrung der Souveränität „für sich genommen nicht, dass eine von vornherein bestimmbare Summe oder bestimmte Arten von Hoheitsrechten in der Hand des Staates bleiben müssten" (a.a.O., Rn. 248). Jedoch dürfe die europäische Integration „nicht so verwirklicht werden, dass in den Mitgliedstaaten kein ausreichender Raum zur politischen Gestaltung der wirtschaftlichen, kulturellen und sozialen Lebensverhältnisse mehr" verbliebe (a.a.O. Rn. 249). Dazu bereits Teil 2 – Kapitel 3 – I. 2. a) im Kontext des Souveränitätsbegriffs.

[217] Vgl. für Belgien *J.-V. Louis*, L'article 25bis de la Constitution belge, RMC 1970, S. 410 ff.; für Luxemburg *G. Wivenes*, Luxembourg. Le droit européen et les constitutions nationales, in: BIICL (Hrsg.), F. I. D. E. XX Congress London, Vol. 1 (2002), S. 267 (273); für Deutschland insbesondere BVerfG, Urt. v. 12. 10. 1993 – 2 BvR 2134, 2159/92 – *Maastricht* = BVerfGE 89, 155 (187 f.; 192 ff.) sowie v. 30. 6. 2009 – 2 BvE 2/08 u. a. – *Lissabon* = BVerfGE 123, 267 ff. (Rn. 233 ff.) sowie aus der Literatur *I. Pernice*, in: H. Dreier (Hrsg.), GG, Bd. II (2. Aufl. 2006), Art. 23, Rn. 85; für Spanien *H. Kieserling*, Das Europäische Gemeinschaftsrecht und die spanische Verfassung (2003), S. 83; für die Slowakei *M. Hofmann*, Völker- und Europarecht in der geänderten slowakischen Verfassung, in: FS G. Brunner (2001), S. 398 (406); für Polen Poln. VerfGH, Entsch. v. 11. 5. 2005 – Az. K 18/04 – *Beitrittsvertrag*, in der deutschen Übersetzung von *M. Bainczyk/U. Ernst*, EuR 2006, S. 236 (238) sowie etwa *S. Biernat*, Offene Staatlichkeit, in: IPE II (2008), § 21 Polen, Rn. 17; für Tschechien Urteil d. tschech. VerfG v. 8. 3. 2006 – Pl. US. 50/04 – *Zuckerquoten II*, Teil VI.B; für Slowenien *C. Ribičič*, Implementing European Standards into the case-law of the Constitutional Court, in: A. M. Mavčič (Red.), The Position of Constitutional Courts Following Integration into the European Union (2004), S. 119 (126); für Rumänien *V. Duculescu/A. Ruxandra*, Romania, in: A. E. Kellermann et al. (Hrsg.), The Impact of EU Accession on the Legal Orders of New Member States and (Pre-)Candi-

Bestimmtheitserfordernis und die hierzu funktional äquivalente Begrenzung des Übertragungsumfangs dienen letztlich beide dem Schutz der mitgliedstaatlichen Rechtsmacht, selbst über die Zu- und Verteilung der eigenen Kompetenzen zu entscheiden. Es handelt sich folglich um Schutzmechanismen, die auf eine bestimmte Facette der Souveränität abzielen, nämlich die Sicherung rechtlicher Omnipotenz.[218] Verfassungstextlich kann dies im Übrigen auch zum Ausdruck gebracht werden, indem man die übertragenen Kompetenzen als „aus der Verfassung" folgend bzw. aus ihr „abgeleitet" qualifiziert.[219]

Aus Perspektive der nationalen Verfassungsordnung hat die Wahrung staatsverfassungsrechtlicher Regelungstotalität unweigerlich zur Konsequenz, dass unbegrenzte Blankettermächtigungen *auf supranationaler Ebene* nicht geschaffen werden dürfen. Besonders deutlich ist diese Übertragungsschranke in der Rechtsprechung des deutschen BVerfG herausgearbeitet worden. Nachdem das Gericht erste Leitlinien für die Bestimmtheit der Übertragung bereits zu Beginn der 1980er Jahre im *Eurocontrol-I*-Beschluss[220] entwickelt und in der Folge 1993 im *Maastricht*-Urteil[221] sowie auch für den Bereich der NATO mit Urteil vom 22. November 2001[222] weiter ausgebaut hatte, brachte es das an die deutschen Verfassungsorgane adressierte Verbot der Blankettermächtigung besonders prägnant im *Lissabon*-Urteil zum Ausdruck. Unter Rückgriff auf seine ältere Judikatur führt das Gericht nunmehr unmissverständlich aus, das GG ermächtige

> „die deutschen Staatsorgane nicht, Hoheitsrechte derart zu übertragen, dass aus ihrer Ausübung heraus eigenständig weitere Zuständigkeiten für die Europäische Union begründet werden können."[223]

---

date Countries (2006), S. 113 (119f.). Zur Problematik der Kategorie Kompetenz-Kompetenz im Mehrebenensystem *S. Oeter*, Föderalismus und Demokratie, in: A. v. Bogdandy/J. Bast (Hrsg.), Europäisches Verfassungsrecht (2. Aufl. 2009), S. 73 (95f.).

[218] Zu diesem Aspekt bereits Teil 2 – Kapitel 3 – I. 2.

[219] So Art. 93 Verf-ESP „aus der Verfassung abgeleitete Kompetenzen"; Art. 85 Abs. 1 Nr. 9 Verf-BG „die aus der Verfassung folgen"; Art. 139 Abs. 2 Verf-KRO „aus der Verfassung" sowie Art. 28 Abs. 2 Verf-GR „verfassungsmäßige". Speziell zur spanischen Formulierung vgl. *H. Kieserling*, Das Europäische Gemeinschaftsrecht und die spanische Verfassung (2003), S. 87 m. w. N.

[220] BVerfG, Beschl. v. 23. 6. 1981 – 2 BvR 1107, 1124/77 u. 195/79 – *Eurocontrol I* = BVerfGE 58, 1 (37).

[221] BVerfG, Urt. v. 12. 10. 1993 – 2 BvR 2134, 2159/92 – *Maastricht* = BVerfGE 89, 155 (v. a. 187f.): „Art. 38 GG wird demnach verletzt, wenn ein Gesetz, das die deutsche Rechtsordnung für die unmittelbare Geltung und Anwendung von Recht der – supranationalen – Europäischen Gemeinschaften öffnet, die zur Wahrnehmung übertragenen Rechte und das beabsichtigte Integrationsprogramm nicht hinreichend bestimmbar festlegt (...). Steht nicht fest, in welchem Umfang und Ausmaß der deutsche Gesetzgeber der Verlagerung der Ausübung von Hoheitsrechten zugestimmt hat, so wird die Inanspruchnahme nicht benannter Aufgaben und Befugnisse durch die Europäischen Gemeinschaften ermöglicht. Dies käme einer Generalermächtigung gleich und wäre damit eine Entäußerung, gegen die Art. 38 GG schützt."

[222] BVerfG, Urt. v. 22. 11. 2001 – BvE 6/99 – *NATO-Konzept* = BVerfGE 104, 151 (Rn. 117f.).

[223] BVerfG, Urt. v. 30. 6. 2009 – 2 BvE 2/08 u. a. – *Lissabon* = BVerfGE 123, 267ff. (Rn. 233).

Das GG untersage somit „die Übertragung der *Kompetenz-Kompetenz*.“[224] Soweit das Volk nicht im Wege von Art. 146 GG unmittelbar selbst entscheide, sei „demokratisch legitimiert nur, was parlamentarisch verantwortet werden“[225] könne.

„Eine *Blankettermächtigung* zur Ausübung öffentlicher Gewalt, zumal mit unmittelbarer Bindungswirkung in der innerstaatlichen Rechtsordnung, dürf[t]en die deutschen Verfassungsorgane *nicht* erteilen“.[226]

Das BVerfG setzt hierfür ein eher völkerrechtliches Verständnis des europäischen Primärrechts voraus, wenn es dieses als abgeleitete Grundordnung konturiert und die Autonomie der supranationalen Ebene unter Anleihen an „das Recht der Selbstverwaltung“ als zwar selbständige, aber „*von anderen Rechtssubjekten eingeräumte* Herrschaftsgewalt“ qualifiziert.[227] Dem entspricht die richterliche Sorge um die Einhaltung des Prinzips der begrenzten Einzelermächtigung.[228] Besondere Sensibilität lässt das Urteil hierbei für die verschiedenen Mechanismen des vereinfachten Vertragsänderungsverfahrens[229] sowie die Vertragsabrundungskompetenz nach Art. 352 AEUV erkennen. Zwar könne ein Integrationsprogramm nicht in jedem einzelnen Punkt vorherbestimmt sein, da mit einer „eigenständigen Willensbildung“ der supranationalen Organe zu rechnen sei.[230] Indessen entstehe durch eine vereinfachte Änderung bzw. eine extensive Auslegung des Primärrechts eine „verfassungsrechtlich bedeutsame Spannungslage“ im Hinblick auf das Prinzip der begrenzten Einzelermächtigung.[231] „Dynamische Vertragsvorschriften mit Blankettcharakter“ dürften demzufolge entweder gar nicht vereinbart werden, oder aber sie müssten im Rahmen einer kompetenzschonenden Auslegung durch *innerstaatliche Schutzmechanismen* gesichert werden.[232] Diese Verantwortungs- bzw. Schutzdimension entfaltet sich nach der Konzeption des BVerfG auf zwei Ebenen. Zum einen fordert das Gericht auf Ebene der *Legislative* einen parlamentarischen Zustimmungsakt immer dann ein, wenn unionsrechtliche Vertragsvorschriften mit „dynamischem“ Charakter zur Anwendung ge-

---

224 Ebd., Rn. 233 (Hervorh. hinzugefügt).

225 Ebd., Rn. 236.

226 Ebd., Rn. 236 (Hervorh. hinzugefügt).

227 Ebd., Rn. 231 (Hervorh. hinzugefügt).

228 Dieses wird zudem nicht nur als unionsrechtlicher Grundsatz, sondern vielmehr als „vertraglicher Ausdruck der staatsverfassungsrechtlichen Grundlegung der Unionsgewalt“ gesehen (ebd., Rn. 234).

229 D.h. insbesondere Art. 48 Abs. 6 und 7 EUV als allgemeine Normen sowie zusätzlich die sachbereichsspezifischen Normen.

230 BVerfG, a.a.O., Rn. 237.

231 Ebd., Rn. 238. Gemeint ist hier wohl primär der EuGH.

232 Ebd., Rn. 239. Die Bezeichnung der „dynamischen Vertragsvorschriften mit Blankettcharakter“ bezieht sich insbesondere auf die allgemeinen und besonderen Formen des vereinfachten Vertragsänderungsverfahrens sowie die Vertragsabrundungskompetenz des Art. 352 AEUV. Diese Normen sind *als Teil des Unionsrechts* gerade nicht zu verwechseln mit der Modellgruppe dynamischer Integrationsermächtigungen auf innerstaatlicher Ebene, wenngleich die innerstaatlichen Integrationsermächtigungen insoweit in ihrer Reichweite begrenzt werden.

langen.[233] Zum anderen sucht das Gericht die Wahrung der nationalen Integrationsverantwortung auf Ebene der *Judikative* durch ein bundesverfassungsgerichtliches Letztentscheidungsrecht abzusichern. Dieses erstreckt sich neben einem *ultra-vires*-Vorbehalt – also dem Vorbehalt, über Kompetenzüberschreitungen der supranationalen Ebene am Maßstab der nationalen Verfassung zu entscheiden[234] – zugleich auf eine Kontrolle des Unionsrechts am Maßstab grundgesetzlicher Kerngehalte.[235]

Zur Frage nach möglichen formellen Grenzen, die unmittelbar am Mechanismus der Übertragung ansetzen, kann aber bereits Folgendes festgehalten werden. Das Übertragungsmodell ist dem Grundsatz nach sachbereichlich offen und in diesem Sinne integrationsdynamisch ausgestaltet. Allerdings ist der Übertragungsmechanismus in formeller Hinsicht in praktisch allen Verwenderstaaten insoweit begrenzt, als er keine verfassungsrechtliche Grundlage zur Übertragung der Kompetenz-Kompetenz oder zur Begründung unbestimmter Blankettermächtigungen auf supranationaler Ebene darstellt.[236]

---

[233] Regelmäßig in Gestalt eines Übertragungsgesetzes i. S. d. Art. 23 Abs. 1 S. 2 GG, vgl. ebd., Rn. 243 u. 401 ff. Im Einzelnen hierzu Teil 2 – Kapitel 6 – II. 1. Vergleichbare Zustimmungserfordernisse waren bereits zuvor in einigen anderen Mitgliedstaaten im Rahmen der Begleitgesetzgebung zum VVE bzw. zum VvL festgelegt worden.

[234] Grundlegend in rechtsvergleichender Perspektive hierzu *F. C. Mayer*, Kompetenzüberschreitung und Letztentscheidung (2000). Die Doktrin vom „ausbrechenden Rechtsakt" hatte das Gericht bereits in seiner früheren Rechtsprechung beansprucht, vgl. insbesondere BVerfG, Urt. v. 12. 10. 1993 – 2 BvR 2134, 2159/92 – *Maastricht* = BVerfGE 89, 155 (187 f.). Vgl. zuvor bereits andeutungsweise BVerfG, Beschl. v. 9. 6. 1971 – 2 BvR 255/69 – *Lütticke* = BVerfGE 31, 145 (174) mit dem impliziten Hinweis, der EuGH habe „im Rahmen seiner Kompetenz" entscheiden sowie deutlicher Beschl. v. 8. 4. 1987 – 2 BvR 687/85 – *Kloppenburg* = BVerfGE 75, 223 (235, 242). Trotz teilweise heftiger Kritik hat das BVerfG in der Folge grenzüberschreitend Gefolgschaft gefunden, vgl. insbesondere dän. Oberster Gerichtshof, Urt. v. 6. 4. 1998 – Az. I 361/1997 – *Carlsen/Rasmussen* in der deutschen Übersetzung von *R. Hofmann*, EuGRZ 1999, S. 49 (52) Abschnitt 9.6 des Urteils; poln. VerfGH, Entsch. v. 11. 5. 2005 – Az. K 18/04 – *Beitrittsvertrag*, in der deutschen Übersetzung von *M. Bainczyk/U. Ernst*, EuR 2006, S. 236 (238 f., 243); tschech. VerfG, Urt. v. 26. 11. 2008 – Pl. US. 19/08 – *Lissabon I*, Rn. 120, 139 u. 216.

[235] BVerfG, a.a.O., Rn. 240 f., 299, 331 ff. Auf die besonderen Herausforderungen, die ein solcher Vorbehalt für die innerstaatliche Durchsetzung des Vorrangs des Unionsrechts und speziell für das ebenenübergreifende Verhältnis der Gerichte darstellt, wird an späterer Stelle im Zusammenhang mit der Vorrangproblematik noch genauer zurückzukommen sein, vgl. Teil 2 – Kapitel 11 – III. 1. Angemerkt sei bereits an dieser Stelle, dass die einseitige Beanspruchung eines Letztentscheidungsrechts durch ein innerstaatliches Gericht der Rechtsprechung des EuGH und seiner exklusiven Zuständigkeit für die Auslegung von Unionsrecht diametral entgegensteht und selbst bei Einbindung in einen – formalisierten oder informellen – Dialog der Gerichte stets Gefahr läuft, die einheitliche und gleiche Geltung des Unionsrechts auszuhöhlen. Zum Verhältnis der Gerichte vgl. *F. C. Mayer*, Kompetenzüberschreitung und Letztentscheidung (2000), dort insbesondere S. 323 ff.; *ders.*, Verfassungsgerichtsbarkeit, in: A. v. Bogdandy/J. Bast (Hrsg.), Europäisches Verfassungsrecht (2. Aufl. 2009), S. 559 ff. Vgl. auch die Länderberichte in: A.-M. Slaughter/A. Stone Sweet/J. H. H. Weiler (Hrsg.), The European Court and National Courts (1998) sowie aus der jüngeren Literatur *M. Claes*, The National Courts' Mandate in the European Constitution (2006), S. 594 ff.; *I. Pernice*, Das Verhältnis europäischer zu nationalen Gerichten im europäischen Verfassungsverbund (2006) sowie jüngst *H. Sauer*, Jurisdiktionskonflikte in Mehrebenensystemen (2008), S. 179 ff.

[236] Weniger bis gar nicht betont wird dieser Aspekt hingegen in den Niederlanden, vgl. *B. de*

Die Rechtsprechung der nationalen Verfassungs- und Höchstgerichte zur Einhaltung dieser formellen Grenze ist von gesamteuropäischer Relevanz, da sie sich unmittelbar auf das Entwicklungspotenzial des europäischen Primärrechts bezieht. Jedes Urteil eines nationalen Gerichts über die Vereinbarkeit eines primärrechtlichen Reformvorhabens mit der innerstaatlichen Verfassung hat unter diesem Blickwinkel eine gesamteuropäische Wirkrichtung.

bb) Ausübungsübertragung als Ausfluss staatlicher Regelungstotalität

In ihrer Reichweite beschränkt sind darüber hinaus diejenigen Integrationsermächtigungen, welche nicht zur Übertragung der Kompetenzen selbst, sondern lediglich zu ihrer *Ausübung* ermächtigen.[237] Zeitlich erstmals findet sich diese Variante in Art. 49bis der luxemburgischen Verfassung. Ebenfalls auf die Übertragung der Ausübung beschränkt sind die Integrationsermächtigungen Belgiens (Art. 34), Spaniens (Art. 93), der Slowakei (Art. 7 Abs. 2 S. 1), Sloweniens (Art. 3a Abs. 1), Litauens (Art. 1 EU-Verfassungsakt) und Rumäniens (Art. 148 Abs. 1).

Die Entstehungsgeschichte dieser Regelungsvariante reicht bis in die 1950er Jahre zurück. Die Vorarbeiten zur Einführung von Art. 49bis in die Verfassung Luxemburgs im Jahr 1956 knüpften dabei interessanterweise an den Diskussionsstand der belgischen Fachöffentlichkeit an. Diese hatte die Einführung einer entsprechenden Klausel bereits in den Jahren 1953/54 eingehend für die belgische Verfassung analysiert.[238] Auch wenn es in Belgien bis zur Einführung von Art. 34 (ex-Art. 25bis) noch bis zum Jahr 1970 dauerte, hatten die Ergebnisse der belgischen Diskussion bereits die Entstehung der Integrationsermächtigung Luxemburgs (mit)beeinflusst.[239]

Zur Auslegung der konzeptionellen Leitidee der „Ausübungsübertragung" trug früh der luxemburgische Staatsrat bei. Bereits im Jahr 1956 stellte er in einem Gutachten zum Regierungsentwurf der neuen Integrationsermächtigung heraus, dass die luxemburgische Verfassung *nicht eine Übertragung des Titels* der als unteilbar gedachten Souveränität, sondern lediglich eine Übertragung ihrer Ausübungsmodalitäten gestatte. Demzufolge bleibe die Souveränität in ihrem Wesen selbst unberührt, ja „rechtlich intakt".[240]

Witte, Do Not Mention the Word: Sovereignty in Two Europhile Countries: Belgium and the Netherlands, in: N. Walker (Hrsg.), Sovereignty in Transition (2003), S. 351 (362 f.).

[237] Vgl. zur Unterscheidung auch *R. Barents*, The Autonomy of Community Law (2004), S. 227 ff.

[238] *J.-V. Louis*, L'article 25bis de la Constitution belge, RMC 1970, S. 410 ff. Vgl. bereits Teil 2 – Kapitel 4 – I.

[239] Zum Rezeptionszusammenhang *G. Wivenes*, Luxembourg. Le droit européen et les constitutions nationales, in: BIICL (Hrsg.), F. I. D. E. XX Congress London, Vol. 1 (2002), S. 267 (272 f.), der daneben auch die Vorbildfunktion der französischen, italienischen, deutschen, dänischen und vor allem niederländischen Rechtslage aufzeigt. Vgl. *ders.*, Europäische Integration und nationales Verfassungsrecht in Luxemburg, in: U. Battis/D. Tsatsos/D. Stefanou (Hrsg.), Europäische Integration und nationales Verfassungsrecht (1995), S. 303 (315 ff.).

[240] Lux. Staatsrat, Gutachten v. 10. 7. 1956, auszugsweise abgedruckt bei *N. Lorenz*, Die Übertragung von Hoheitsrechten auf die Europäischen Gemeinschaften (1990), S. 157 (dort Fn. 33).

Eine solche Einschränkung deutet sich textlich ebenso in Art. 34 Verf-BE an, der die Übertragung in vergleichbarer Weise auf die „Ausübung bestimmter Gewalten" begrenzt. In der belgischen Verfassung kann dieses restriktive Verständnis zusätzlich auf den unmittelbaren systematischen Zusammenhang der Integrationsermächtigung mit Art. 33 der Verfassung gestützt werden. Nach dieser Vorschrift gehen alle Gewalten von der Nation aus und werden in der durch die Verfassung bestimmten Weise *ausgeübt*. Die Übertragung der Gewalten*ausübung* auf die supranationale Ebene erscheint in der Verknüpfung beider Vorschriften damit als unmittelbarer Ausfluss des traditionellen Konzeptes nationaler Souveränität.[241] Gleichwohl wird diese restriktive Deutung jedenfalls in Bezug auf das Unionsrecht in Belgien heftig kritisiert, da sie der Eigenart der unionsrechtlichen Kompetenzordnung, der Unabhängigkeit der Unionsorgane sowie den Modi der Entscheidungsfindung auf europäischer Ebene nicht gerecht werde.[242]

Diese grundlegenden Einwände konnten in vergleichender Perspektive allerdings nicht die europaweite Verbreitung dieser Regelungsvariante verhindern. So wurde insbesondere in Spanien bei der Ausarbeitung von Art. 93 S. 1 Verf-ESP ausdrücklich auf die Vorgängerklauseln der luxemburgischen und belgischen Verfassungsordnung zurückgegriffen.[243] Vergleichbar der Konstruktion des luxemburgischen Staatsrates versteht man die Reduktion auf die Übertragung der Ausübung dort überwiegend als Verbot, den Souveränitäts- bzw. Kompetenz*titel* im Sinne der Inhaberschaft zu übertragen.[244] Dieser Auslegung folgen im Grundsatz auch die Verfassungsordnungen der mittel- und osteuropäischen Mitgliedstaaten, welche die Ausübungsvariante in jün-

[241] Dies berichtet *B. de Witte*, Do Not Mention the Word: Sovereignty in Two Europhile Countries: Belgium and the Netherlands, in: N. Walker (Hrsg.), Sovereignty in Transition (2003), S. 351 (355), der diesen Ansatz in normativer Hinsicht gleichwohl scharf kritisiert. Näher dazu Teil 2 – Kapitel 9 – II. 1.

[242] Vgl. *B. de Witte*, a.a.O. S. 355 sowie *ders.*, Constitutional Aspects of European Union Membership in the Original Six Member States: Model Solutions for the Applicant Countries?, in: A. E. Kellermann et al. (Hrsg.), EU-Enlargement – The Constitutional Impact at EU and National Level (2001), S. 65 (78 f.). Gegen eine Anlehnung an das klassische Souveränitätsdenken bereits *J.-V. Louis*, L'article 25bis de la Constitution belge, RMC 1970, S. 410. *G. Wils*, Europäische Integration und nationales Verfassungsrecht in Belgien, in: U. Battis/D. Tsatsos/D. Stefanou (Hrsg.), Europäische Integration und nationales Verfassungsrecht (1995), S. 13 (21) berichtet, dass dem Wortlaut des Art. 34 in der Verfassungspraxis wenig Bedeutung beigemessen werde.

[243] *N. Lorenz*, Die Übertragung von Hoheitsrechten auf die Europäischen Gemeinschaften (1990), S. 297 m. w. N. spricht treffend von einem „Modellcharakter" der belgischen Klausel für die spanische.

[244] *E. García de Enterría/R. Alonso García*, in: J. Schwarze (Hrsg.), Die Entstehung einer europäischen Verfassungsordnung (2000), S. 287 (297); *A. López Castillo*, Offene Staatlichkeit, in: IPE II (2008), § 24 Spanien, Rn. 18; *H. Kieserling*, Das Europäische Gemeinschaftsrecht und die spanische Verfassung (2003), S. 89 ff., die zudem darauf hinweist, dass der anderslautende Art. 93 S. 2 Verf-ESP (dieser rekurriert nicht mehr auf die Ausübung) nach herrschender Auffassung die konzeptionelle Trennung zwischen Ausübung und Inhaberschaft der Kompetenzen nicht in Frage stelle. Gleichwohl ist gerade die jüngere spanische Rechtsprechung durch eine überaus positive Haltung gegenüber der europäischen Integration gekennzeichnet, vgl. insbesondere span. VerfG, Erkl. v. 13. 12. 2004 – DTC 1/2004 – *Verfassungsvertrag* = EuR 2005, S. 339 ff.

gerer Zeit rezipiert haben. Dazu zählen insbesondere Slowenien und die Slowakei.[245] Vor allem aber das rumänische Verfassungsgericht hat in seinem Urteil zur Verfassungsänderung des Jahres 2003 deutlich den konzeptionellen Unterschied zwischen der Übertragung des Souveränitätstitels (verbunden mit der Kompetenz-Kompetenz) einerseits und der Ausübung bestimmter Attribute der Souveränität andererseits hervorgehoben:

„(...) the Constitutional Court holds that the transfer of certain competences to the structures of the EU does not confer on the latter a ‚competence over competence', i.e. its own sovereignty. The Member States of the European Union have in fact decided to jointly exercise some attributes traditionally attached to national sovereignty."[246]

Obgleich im Verfassungsrecht der Mitgliedstaaten mittlerweile durchaus verbreitet, ist die Ausübungsvariante in konzeptioneller Hinsicht keineswegs unproblematisch. Durch den indirekten Rekurs auf die Trägerschaft (bzw. Nicht-Trägerschaft) von Souveränität wird in das Übertragungsmodell letztlich die begriffliche Unschärfe reimportiert, die bereits im Kontext des Einschränkungsmodells kritisiert worden ist.[247]

Dass der Übertragungsvorgang durch die Verengung auf die bloße Ausübung staatsverfassungsrechtlicher Kompetenzen präziser definiert sei, wie dies zuweilen in der Literatur vertreten wird,[248] muss bezweifelt werden. Zwar wird durch die Bezugnahme auf die Ausübung im Ansatz deutlich, dass durch den Übertragungsvorgang die innerstaatlichen Zuständigkeiten nicht einfach im Sinne eines sachgesetzlichen Vorgangs wegfielen. Aus Perspektive der innerstaatlichen Zuständigkeitsordnung erscheinen die Folgen der Übertragung also scheinbar nuancierter dargestellt. Umgekehrt ist die Ausübungsvariante aber nicht geeignet, konzeptionell die *originäre* Erschaffung von Hoheitsrechten auf supranationaler Ebene zu erfassen, soweit diese Kompetenzen ihrem Regelungsgehalt oder ihrer Reichweite nach auf nationaler Ebene gar nicht konstruierbar sind bzw. in ihrem Anwendungsbereich über diese hinausgreifen.[249] Die Ausübungsvariante gründet die Übertragung auf einen – selbst nicht übertragbaren – Kompetenz*titel* des Staates. Durch diesen ultimativen Rückgriff

---

[245] Für Slowenien vgl. *C. Ribičič*, Implementing European Standards into the case-law of the Constitutional Court, in: A.M. Mavčič (Red.), The Position of Constitutional Courts Following Integration into the European Union (2004), S. 119 (126); für die Slowakei vgl. *M. Slastan*, Slovak Republic, in: A.E. Kellermann et al. (Hrsg.), The Impact of EU Accession on the Legal Orders of New Member States and (Pre-)Candidate Countries (2006), S. 437 (442).

[246] Rumän. VerfG, Urt. v. 16.4.2003 – Nr. 148/2003 – *EU Beitritt*, Urteilsgrund A.a) in der Übers. v. *V. Duculescu/A. Ruxandra*, Romania, in: A.E. Kellermann et al. (Hrsg.), The Impact of EU Accession on the Legal Orders of New Member States and (Pre-)Candidate Countries (2006), S. 113 (119). Eine engl. Übersetzung findet sich unter http://www.ccr.ro/decisions/pdf/en/2003/D148_03.pdf (1.9.2010).

[247] Vgl. Teil 2 – Kapitel 5 – I. 2.

[248] So *N. Lorenz*, Die Übertragung von Hoheitsrechten auf die Europäischen Gemeinschaften (1990), S. 342.

[249] Insoweit gibt es deutliche Parallelen zum Gemeinsamkeitsmodell, vgl. unter Teil 2 – Kapitel 5 – III.

wird die Übertragung folglich als Ausfluss staatlicher Regelungshoheit bzw. Regelungs*totalität* verhandelt. Die Reduktion auf die bloße Ausübung (staatlicher) Kompetenzen kommt letztlich also einer Delegation bestimmter Attribute staatlicher Souveränität seitens der Mitgliedstaaten an die Union gleich. Damit ist nicht nur die über die innerstaatlichen Grenzen hinausgreifende Dimension supranationaler Regelungsbefugnisse gänzlich ausgeblendet. Zugleich wird die Autonomie der unionalen Rechtsordnung einschließlich ihres institutionellen Gefüges grundsätzlich in Frage gestellt. Vor diesem Hintergrund kann das Ausübungsmodell, wie dies bereits in der wissenschaftlichen Auseinandersetzung in Belgien angeklungen ist, nicht als Ansatz für eine Integrationsermächtigung gesehen werden, die die Rechtsnatur der Union hinreichend erfasste.[250] Gleiches gilt für die oben genannten Regelungsvarianten und Bestimmtheitserfordernisse, soweit sie – wie etwa in der *Lissabon*-Rechtsprechung des BVerfG – mit der Vorstellung verknüpft werden, die Europäische Union trage lediglich eine „sekundäre" bzw. „delegierte" Verantwortung für die ihr übertragenen Aufgaben.[251]

cc) Verhinderung des dynamischen Charakters?

Ungeachtet der verschiedenen Kautelen im Einzelnen, wurde das Übertragungsmodell in der Praxis bislang in allen Verwenderstaaten als hinreichende verfassungsrechtliche Ermächtigung für sämtliche jüngeren Vertragsänderungen angesehen.

Einzig in Österreich legt man die Übertragungsklausel in Art. 9 Abs. 2 des österreichischen Bundes-Verfassungsgesetzes (B-VG) klassischerweise so restriktiv aus, dass sie nicht die Funktion einer dynamischen Integrationsermächtigung erfüllt.[252] Obwohl die Entstehung von Art. 9 Abs. 2 B-VG unter dem Eindruck der Integrationsermächtigungen in Dänemark, Deutschland und Luxemburg stand,[253] sah man die Erlaubnis der Übertragung „einzelner Hoheitsrechte des Bundes" letztlich als zu eng an, um den verfassungsrechtlich folgenreichen Beitritt zur Union stützen zu können.[254] Der Beitritt Österreichs zur EU musste vielmehr im Wege einer sog. Gesamtänderung bewerkstelligt werden; die anschließenden Integrationsschritte erfolgten

---

[250] Gegen die konzeptionelle Trennung zwischen Ausübung und Inhaberschaft auch *T. de Berranger*, Constitutions nationales et construction communautaire (1995), S. 104.

[251] So aber BVerfG, Urt. v. 30. 6. 2009 – 2 BvE 2/08 u. a. – *Lissabon* = BVerfGE 123, 267 ff. (Rn. 301). Vgl. zuvor bereits Rn. 231: „abgeleitete Grundordnung".

[252] Zur alten Rechtslage grundlegend *S. Griller*, Die Übertragung von Hoheitsrechten auf zwischenstaatliche Einrichtungen. Eine Untersuchung zu Art. 9 Absatz 2 des Bundes-Verfassungsgesetzes (1989). Zur bislang restriktiven Handhabung von Art. 9 Abs. 2 B-VG s. auch *ders.*, Wird Österreich das dreizehnte EU-Mitglied?, EuZW 1991, S. 679 (680); *H. Schäffer*, Österreichischer Landesbericht, in: J. Schwarze (Hrsg.), Die Entstehung einer europäischen Verfassungsordnung (2000), S. 339 (352) sowie *C. Grabenwarter*, Offene Staatlichkeit, in: IPE II (2008), § 20 Österreich, Rn. 30 f.

[253] So *H. Schäffer*, Österreichischer Landesbericht, in: J. Schwarze (Hrsg.), Die Entstehung einer europäischen Verfassungsordnung (2000), S. 339 (350).

[254] Dies bezog sich neben der Einschränkung, dass nur Hoheitsrechte des *Bundes*, nicht aber der Länder erfasst seien, insbesondere auf die Beschränkung des Umfangs auf „einzelne" Hoheitsrechte. Kritisch zur Auslegung des Art. 9 Abs. 2 B-VG auch *R. Winkler*, Integrationsverfassungsrecht (2003), S. 37 f.

jeweils auf Grundlage besonderer Bundesverfassungsgesetze.[255] Eine Zäsur bildet insoweit die Reform der österreichischen Bundesverfassung zu Beginn des Jahres 2008. Zwar besteht die Beschränkung des Anwendungsbereichs von Art. 9 Abs. 2 B-VG auf „einzelne" Hoheitsrechte bis fort, obwohl die Norm an anderer Stelle textlich modifiziert wurde.[256] Die Problematik hat sich gleichwohl deswegen entschärft, weil mit Art. 50 Abs. 1 Nr. 2 i. V. m. Abs. 4 B-VG nunmehr eine ausdrückliche Bestimmung für den Abschluss und die innerstaatliche Genehmigung von Änderungen der vertraglichen Grundlagen der EU besteht. Diese bildet eine hinreichende verfassungsrechtliche Grundlage und gelangte bereits in Bezug auf den VvL erstmals zur Anwendung.[257]

Europaweit kann im Ergebnis aber gleichwohl festgehalten werden, dass die erörterten Einschränkungen des Übertragungsmodells zwar die in ihm angelegte Dynamik limitieren, jedoch in aller Regel nicht seine Ausrichtung als dynamische Integrationsermächtigung grundsätzlich revidieren.

5. *Varianten im Hinblick auf den zeitlichen Umfang der Übertragung*

Schließlich besteht die Möglichkeit, den zeitlichen Umfang bzw. die Dauerhaftigkeit der Übertragung genauer zu bestimmen und ggf. zu begrenzen. Eine solche Variante findet sich textlich bislang einzig in der luxemburgischen Verfassung. Nach Art. 49bis Verf-Lux kann die Übertragung danach nur „vorübergehend" bzw. „zeitweilig" (*temporairement*) erfolgen. Allerdings gibt es für diese Einschränkung bislang weder einen konkreten Anwendungsfall in der Rechtsprechungspraxis, noch wurde, soweit ersichtlich, ein spezifisches Anwendungsprofil seitens Wissenschaft entwickelt. Der zeitliche Vorbehalt bleibt insofern wohl eher theoretischer Natur.[258] Allerdings betonen einige Verfassungsgerichte in jüngster Zeit verstärkt die potenzielle bzw. prinzipielle Widerruflichkeit der Kompetenzübertragung bzw., damit einhergehend, den notfallmäßigen Austritt aus der Union.[259]

---

[255] Zu dieser Besonderheit näher unter Teil 2 – Kapitel 8 – I.

[256] Bundesverfassungsgesetz, öst. BGBl. I Nr. 2/2008. Die Übertragungsklausel erlaubt seither auch eine Übertragung an andere Staaten und beschränkt sich nicht mehr ausschließlich auf Hoheitsrechte des *Bundes*. Zudem ist nunmehr ausdrücklich geregelt, dass „österreichische Organe der Weisungsbefugnis der Organe anderer Staaten oder zwischenstaatlicher Einrichtungen" unterstellt werden können. Ein Novum ist zudem die Möglichkeit der *umgekehrten Übertragung*, d.h. der Übertragung von Hoheitsrechten anderer Staaten oder zwischenstaatlicher Einrichtungen „auf österreichische Organe", die ggf. auch weisungsbefugt sein können.

[257] D.h. es müssen jedenfalls keine besonderen Verfassungsgesetze mehr als innerstaatliche Grundlage ergehen, vgl. in diesem Sinne ausdrücklich die Erläuterungen zur Regierungsvorlage (314 der Beilagen zur XXIII. Gesetzgebungsperiode), S. 8 f. Dazu näher unter Teil 2 – Kapitel 8 – I.

[258] Vgl. *G. Wivenes*, Europäische Integration und nationales Verfassungsrecht in Luxemburg, in: U. Battis/D. Tsatsos/D. Stefanou (Hrsg.), Europäische Integration und nationales Verfassungsrecht (1995), S. 303 (318 f.); sowie *N. Lorenz*, Die Übertragung von Hoheitsrechten auf die Europäischen Gemeinschaften (1990), S. 155.

[259] So insbesondere BVerfG, Urt. v. 30. 6. 2009 – 2 BvE 2/08 u. a. – *Lissabon* = BVerfGE 123, 267 ff. (Rn. 233) sowie poln. VerfGH, Entsch. v. 11. 5. 2005 – Az. K 18/04 – *Beitrittsvertrag* = EuR 2006,

6. Fazit: Weite Verbreitung und vielfältige Ausdifferenzierung

Zusammenfassend kann festgehalten werden, dass das Übertragungsmodell mittlerweile in 18 Verfassungsordnungen der Mitgliedstaaten und Beitrittskandidaten Verwendung findet. Damit stellt es das mit Abstand am weitesten verbreitete Modell verfassungsrechtlicher Integrationsermächtigungen im Recht der EU-Mitgliedstaaten dar. Es gibt mittlerweile zudem eine Vielzahl an Regelungsvarianten, die im Einzelnen nicht unwesentlich voneinander differieren.

Hinsichtlich des Übertragungsmechanismus ist zunächst festzustellen, dass Rechtsprechung und Wissenschaft länderübergreifend zwei zentrale, miteinander zu einer funktionalen Einheit verknüpfte Elemente der Übertragung identifiziert haben. Diese sind zum einen die verfassungsrechtliche Mitwirkung an der Konstituierung supranationaler Hoheitsgewalt und zum anderen die autolimitative Rücknahme des Ausschließlichkeitsanspruchs innerstaatlicher Hoheitsgewalt. Die vergleichende Analyse zeigt, dass diese Funktionsbeschreibung nur durch einen gesteigerten Interpretationsaufwand aus dem Begriff der Übertragung herausdestilliert werden kann. Nun mag diese Feststellung für sich genommen nicht sonderlich überraschen. Gerade dem Verfassungsrecht sind ausfüllungsbedürftige, abstrakte bzw. topische Rechtsbegriffe nicht gerade fremd.

Allerdings weist der Begriff der Übertragung über diesen allgemeinen Befund hinausgehend spezifische Schwierigkeiten in zweierlei Hinsicht auf. Einerseits provoziert und nährt er die fehlgehende Vorstellung einer dinglichen Abtretung bzw. eines hierarchischen Delegationszusammenhangs zwischen staatlicher und supranationaler Hoheitsgewalt. Andererseits wird durch die einseitige Betonung der konstitutiven Funktion die Frage der autolimitativen Öffnung nicht hinreichend klar zum Ausdruck gebracht. Gerade diese innerstaatliche Verzichtshandlung, die in der Regel einer materiellen Verfassungsänderung gleichkommt,[260] ist aber gerade das zentrale Element der verfassungsrechtlichen Permeabilität, welches mit Blick auf verfassungsrechtliche Klarheit verdeutlicht werden sollte.

Soweit diese interpretatorischen Schwierigkeiten in Bezug auf den Übertragungsmechanismus in der (gerichtlichen) Praxis überwunden werden, kennzeichnen die Übertragungsmodelle den Gegenstand der Übertragung als Kompetenzen, Befugnisse und Zuständigkeiten aber weitaus präziser als das Einschränkungsmodell, welches unspezifisch bei der Begrenzung von Souveränität ansetzt. Verkürzt wiedergegeben wird der Vorgang der originären Begründung supranationaler Hoheitsgewalt jedoch dann, wenn die Übertragung lediglich auf die partielle Ausübung *staatlicher* Souveränität oder Kompetenzen reduziert wird.

S. 236 (239). Anders dagegen tschech. VerfG, Urt. v. 26. 11. 2008 – Pl. US. 19/08 – *Lissabon I*, Rn. 104: „It may seem paradoxical that the key expression of state sovereignty is the ability to dispose of one's sovereignty (or part of it), or to temporarily *or even permanently* cede certain competences" (Hervorh. hinzugefügt) sowie tschech. VerfG, Urt. v. 3. 11. 2009 – Pl. US. 29/09 – *Lissabon II*, Rn. 147.

[260] Insoweit deutlicher ist Art. 23 Abs. 1 S. 3 GG.

Der entscheidende Faktor für die dynamische Integrationsfunktion der hier behandelten Integrationsermächtigungen liegt in ihrer *sachbereichlichen* Allgemeinheit. Die dadurch begründete Entwicklungsoffenheit findet ihre Schranken allerdings in formellen Bestandsgrenzen, die an die Kennzeichnung des Übertragungsgegenstandes geknüpft werden können. Diese können sich als Begrenzung des Übertragungsumfangs oder aber als Bestimmtheitsgebot unmittelbar aus der rechtlichen Beschreibung des Übertragungsgegenstandes ableiten. In einigen Verfassungsordnungen sind sie sogar zu einem gerichtlichen Vorbehalt zur Prüfung der Kompetenzmäßigkeit des Unionsrechts verdichtet. Gleichwohl handelt es sich bei derartigen Grenzziehungen und Prüfungsvorbehalten um ein äußerstes (Not-)Zugriffsrecht, das die permeable Funktion der Übertragungsklauseln zwar prinzipiell, aber in der Regel nicht praktisch in Frage stellt.[261]

Das Übertragungsmodell, ist seit Beginn des europäischen Integrationsprozesses bis in die jüngste Zeit hinein wiederholt rezipiert worden. Vielleicht stellt es daher das anschaulichste Beispiel für die Dichte des gemeineuropäischen Entwicklungszusammenhangs permeabler Verfassungsstrukturen im Verfassungsrecht der Mitgliedstaaten dar. Die Rezeptionswege des Übertragungsmodells und seiner einzelnen Regelungsvarianten belegen in aller Deutlichkeit, dass das nationale Europaverfassungsrecht eines bestimmten Mitgliedstaates häufig nur aus dem rechtsvergleichenden Kontext heraus umfänglich verstanden werden kann. Der Verfassungsvergleichung kommt hier also bereits eine Erkenntnisfunktion für das permeable Verfassungsrecht eines *einzelnen* Mitgliedstaates zu.

III. Modell gemeinsamer Kompetenzausübung

Der Vertrag von Maastricht leitete, wie gesehen,[262] eine staatenübergreifende Welle integrationsgerichteter Verfassungsänderungen ein, in deren Zuge ein weiteres Modell die verfassungsrechtliche Bühne dynamischer Integrationsermächtigungen betrat. Dieser Ansatz stellt die Gemeinsamkeit der Kompetenzausübung im Rahmen der EU in den Vordergrund und soll daher im Folgenden als *Modell gemeinsamer Kompetenzausübung* bezeichnet werden.[263]

---

[261] Eingehend zu dieser Problematik unter dem Gesichtspunkt des Vorrangs Teil 2 – Kapitel 11 – III. 1.

[262] Vgl. Teil 2 – Kapitel 4 – IV.

[263] Von „joint exercise approach" in Bezug auf die ungarische Rechtslage spricht auch *J. Czuczai*, Hungary, in: A. E. Kellermann et al. (Hrsg.), The Impact of EU Accession on the Legal Orders of New Member States and (Pre-) Candidate Countries (2006), S. 343 (345, dort Fn. 7). *A. Oppenheimer (Hrsg.)*, The Relationship between European Community Law and National Law: The Cases, Vol. 1 (1994), S. 689 ff. spricht von „pooling".

1. Verwendung

Einzug in die nationalen Verfassungsordnungen erhielt die Wendung der „gemeinsamen Kompetenzausübung" erstmals im Jahr 1992, als Frankreich (Art. 88-1)[264] und Portugal (Art. 7 Abs. 6)[265] entsprechende Klauseln in ihre Verfassungen einführten.[266] In seiner ursprünglichen Form aus dem Jahr 1992 lautete Art. 88-1 Verf-F wie folgt:

„Die Französische Republik wirkt an den Europäischen Gemeinschaften und an der Europäischen Union mit, welche aus Staaten bestehen, die sich in freier Entscheidung und auf Grundlage ihrer Gründungsverträge dazu entschlossen haben, *einige ihrer Befugnisse gemeinsam auszuüben.*"

Im Anschluss an das Urteil des französischen Verfassungsrates vom 29. Dezember 2007[267] fügte der Verfassungsgeber mit Blick auf den VvL zunächst eine spezielle Ratifikationsermächtigung als neuen Abs. 2 hinzu.[268] Nach Inkrafttreten des Vertrages erhielt Art. 88-1 eine neue, konsolidierte Fassung, die konkret auf den Integrationsstand des VvL zugeschnitten ist:[269]

„Die Französische Republik wirkt an der Europäischen Union mit, welche aus Staaten besteht, die sich in freier Entscheidung dazu entschlossen haben, einige ihrer Befugnisse gemeinsam auszuüben gemäß dem Vertrag über die Europäische Union und dem Vertrag über die Arbeitsweise der Europäischen Union, wie diese sich aus dem am 13. Dezember 2007 in Lissabon unterzeichneten Vertrag ergeben."

Wie bereits dargelegt, räumt die französische Rechtsprechung Art. 88-1 Verf-F zwar eine zentrale Stellung im innerstaatlichen Europaverfassungsrecht ein, soweit sie daraus die Anerkennung der Besonderheiten der unionalen Rechtsordnung sowie die

---

[264] Eingeführt durch Verfassungsgesetz Nr. 92-554 v. 25. 6. 1992.

[265] Eingeführt im Rahmen der 3. Verfassungsänderung durch das Verfassungsgesetz Nr. 1/92 vom 25. 11. 1992.

[266] Die Wendung der gemeinsamen Kompetenzausübung fand sich im Kontext des Vertrages von Maastricht allerdings nicht nur in diesen Verfassungsbestimmungen, sondern zugleich in den Schlussfolgerungen des Europäischen Rates von Edinburgh vom 11. und 12. Dezember 1992, vgl. Europäischer Rat, Edinburgh, 11./12. 12. 1992. Schlussfolgerungen des Vorsitzes, Teil B. Dort heißt es, dass „souveräne Staaten aus freien Stücken beschlossen haben, im Einklang mit den bestehenden Verträgen einige ihrer Befugnisse gemeinsam auszuüben."

[267] Franz. Verfassungsrat, Entsch. v. 20. 12. 2007 – Nr. 2007-560 DC – *Lissabon*, JORF v. 29. 12. 2007, S. 21813. Dazu bereits unter Teil 2 – Kapitel 4 – VIII. 2.

[268] Diese Ermächtigung ergibt sich aus Art. 1 d. Verfassungsgesetzes Nr. 2008-103 v. 4. 2. 2008 und lautet: „Sie [die franz. Republik] kann an der Europäischen Union unter den Bedingungen mitwirken, die in dem am 13. Dezember 2007 unterzeichneten VvL zur Änderung des Vertrages über die Europäische Union und des Vertrages zur Gründung der Europäischen Gemeinschaft festgelegt sind." Sie ersetzt bis zum Inkrafttreten des Vertrages von Lissabon die zuvor in Art. 88-1 Abs. 2 Verf-F enthaltene Ermächtigung zur Ratifikation des Vertrages über eine Verfassung für Europa, die mit dessen Scheitern obsolet wurde.

[269] Die neue Fassung folgt aus Art. 2 d. Verfassungsgesetzes Nr. 2008-103 v. 4. 2. 2008 und entspricht ihrer Struktur nach der aufgrund fehlender Ratifikation des Verfassungsvertrages nie in Kraft getretenen Fassung, wie sie sich aus dem Verfassungsgesetz Nr. 2005-204 v. 1. 3. 2005 ergab.

verfassungsrechtliche Verpflichtung zur Umsetzung von Richtlinien ableitet.[270] Zu kurz greift es daher, wenn die Vorschrift lediglich als Programmsatz mit „eher symbolischem als normativem Charakter" gekennzeichnet wird.[271] Gleichwohl erfüllt Art. 88-1 bis heute nicht die Funktion einer dynamischen Integrationsermächtigung,[272] was nunmehr durch den spezifischen Zuschnitt von Art. 88-1 Verf-F auf den *Integrationsstand* des Vertrages von Lissabon bestätigt wird. Trotz seines Wortlautes stellt Art. 88-1 Verf-F keinen Anwendungsfall des Modells gemeinsamer Kompetenzausübung im hier bezeichneten Sinne dar.

Anders verhält es sich mit Art. 7 Abs. 6 der portugiesischen Verfassung, der ebenfalls mit Blick auf den Vertrag von Maastricht eingeführt, in konzeptioneller Hinsicht jedoch als entwicklungsoffene Europaklausel ausgestaltet wurde.[273] Er lautet:

„Portugal kann (...) Vereinbarungen über die *gemeinschaftliche*, in *Zusammenarbeit mit* den Organen der Europäischen Union oder *durch* diese zu erfolgende Ausübung der zur Bildung oder Festigung der Europäischen Union erforderlichen Befugnisse treffen."[274]

Schließlich hat im Jahr 2002 auch Ungarn mit Art. 2a Abs. 1 eine Bestimmung in die Verfassung aufgenommen, die als dynamische Integrationsermächtigung zu einer gemeinsamen Kompetenzausübung autorisiert.[275] Danach kann die Republik Ungarn

„auf der Basis eines internationalen Vertrags – in einem zur Ausübung der sich aus den Gründungsverträgen der Europäischen Union bzw. der Europäischen Gemeinschaften (im Weiteren: Europäische Union) ergebenden Rechte und zur Erfüllung der Pflichten erforderlichen Maße – einzelne ihrer sich aus der Verfassung herleitenden Kompetenzen *gemeinsam* mit den anderen Mitgliedsstaaten ausüben; diese Kompetenzausübung kann *auch eigenständig, durch die Institutionen* der Europäischen Union realisiert werden."[276]

Bemerkenswert ist, dass im ungarischen Schrifttum trotz der augenfälligen Parallelen zum Wortlaut der französischen und portugiesischen Klauseln die Besonderheit der ungarischen Herangehensweise betont wird. In Ermangelung einer verfassungsrechtlichen „Roadmap" für den Beitritt – also insbesondere einer vorformulier-

---

270 Vgl. Teil 2 – Kapitel 5 – I. 3. a) bb) unter Bezug auf franz. Verfassungsrat, Entsch v. 10. 6. 2004 – Nr. 2004-496 DC – *elektronischer Geschäftsverkehr*, Rec. S. 101, 7. Erwägungsgrund u. Entsch. v. 27. 7. 2006 – Nr. 2006-540 DC – *Informationsgesellschaft*, Rec. S. 88, 17. Erwägungsgrund sowie franz. Staatsrat, Entsch. v. 8. 2. 2007 – Nr. 287110 – Arcelor, 11. Erwägungsgrund.

271 So aber *J. Scheffler*, Das französische Verfassungsverständnis angesichts der Anforderungen des EG/EU-Rechts, ZaöRV 67 (2007), S. 43 (62).

272 S. bereits Teil 2 – Kapitel 5 – I. 3. a) bb) sowie *P. Gaïa*, Rapport français, in: F. I. D. E. (Hrsg.), 17. F. I. D. E.-Kongress, Le droit constitutionnel national et l'intégration européenne (1996), S. 231 (258).

273 Zur Entstehung vgl. *R. M. Moura Ramos*, in: A. E. Kellermann et al. (Hrsg.), EU-Enlargement – The Constitutional Impact at EU and National Level (2001), S. 131 (133).

274 Hervorh. hinzugefügt.

275 Eingeführt durch verfassungsänderndes Gesetz LXI/2002 v. 17. 12. 2002, ungar. ABl. 2002, 9330. Dazu *J. Czuczai*, Hungary, in: A. E. Kellermann et al. (Hrsg.), The Impact of EU Accession on the Legal Orders of New Member States and (Pre-) Candidate Countries (2006), S. 343 (343 ff.).

276 Hervorh. hinzugefügt.

ten, seitens der EU-Organe als Musterbeispiel erstellten Europaklausel – habe man einen eigenen Weg gesucht, der zudem so flexibel wie möglich ausgestaltet sein sollte.[277]

2. *Konzeption*

Mit Blick auf die Konzeption muss zunächst betont werden, dass sowohl der ungarischen als auch der portugiesischen Integrationsermächtigung die grundlegende Annahme unterliegt, dass der Staat weiterhin *Träger* der betreffenden Kompetenzen bleibt, die staatliche Souveränität mithin im klassischen Sinne als unteilbar vorausgesetzt wird.[278] Unter diesem Gesichtspunkt bestehen somit deutliche Parallelen zur Ausübungsvariante des Übertragungsmodells, also zu denjenigen verfassungsrechtlichen Ermächtigungen, die sich auf eine Übertragung der *Ausübung* bestimmter Kompetenzen beschränken.[279] Besonders große Ähnlichkeit weisen in diesem Zusammenhang Art. 148 Abs. 1 Verf-RO sowie Art. 1 lit. EU-Verfassungsakt auf, die beide neben der Übertragung von Zuständigkeiten und Befugnissen auf den Zweck deren gemeinschaftlicher bzw. gemeinsamer Ausübung durch die Mitgliedstaaten hinweisen. Eine trennscharfe Grenzziehung zwischen den Modellen ist in diesem Bereich nur bedingt möglich.

a) *Gemeinsamkeit als Ausdruck gestufter Aufgabenverteilung*

Weder die ungarische noch die portugiesische Integrationsermächtigung knüpfen jedoch an eine – wie auch immer konnotierte – Übertragung an. Nun mag die Bedeutung dieses textlichen Unterschiedes auf den ersten Blick weniger wichtig wirken. Sprachliche und verfassungskulturelle Vielfalt in der Union sprechen zunächst einmal dafür, aus abweichenden Formulierungen in den Vergleichsverfassungen nicht übereilte Schlussfolgerungen auf eine gleichermaßen abweichende Grundkonzeption

---

[277] So *J. Czuczai*, Constitutional Impact of EU-Accession in Hungary, in: A. Ágh (Hrsg.), Europeanization and Regionalization. Hungary's Accession (2004), S. 43 (50); *ders.*, Constitutional Preparation for EU Accession in the New Central and Eastern European Member States, in: J. de Zwaan et al. (Hrsg.), FS A.E. Kellermann (2004), S. 269 (280).

[278] Für Portugal unter – kritischer – Bezugnahme auf das Souveränitätskonzept nach Art. 3 Abs. 1 Verf-POR *M. Poiares Maduro*, EU Law and National Constitutions: Portugal, unveröffentlichtes Manuskript für: BIICL (Hrsg.), F. I. D. E. XX Congress London, Vol. 1 (2002), ehemals abrufbar unter www.fide2002.org, Manuskript-S. 26f. sowie *R. Machete*, Rapport portugais, in: F. I. D. E. (Hrsg.), 17. F. I. D. E.-Kongress Berlin, Bd. 1: Le droit constitutionnel national et l'intégration européenne (1996), S. 394 (396); anders lediglich *F. Lucas Pires*, zitiert nach *R. M. Moura Ramos*, in: A. E. Kellermann et al. (Hrsg.), EU-Enlargement – The Constitutional Impact at EU and National Level (2001), S. 131 (133, dort Fn. 12). Für Ungarn *J. Czuczai*, Constitutional Impact of EU-Accession in Hungary, in: A. Ágh (Hrsg.), Europeanization and Regionalization. Hungary's Accession (2004), S. 43 (51) sowie *ders.*, Hungary, in: A. E. Kellermann et al. (Hrsg.), The Impact of EU Accession on the Legal Orders of New Member States and (Pre-) Candidate Countries (2006), S. 343 (346).

[279] Vgl. Teil 2 – Kapitel 5 – II. 4. b) bb) unter Bezugnahme auf Art. 49bis Verf-LUX, Art. 34 Verf-BE, Art. 93 Verf-ESP, Art. 7 Abs. 2 S. 1 Verf-SLK, Art. 3a Abs. 1 Verf-SLO, Art. 1 lit. EU-Verfassungsakt und Art. 148 Abs. 1 Verf-ROM.

zu ziehen. Der eingangs zitierte Methodensatz, wenn zwei Verfassungen das Gleiche sagten, meinten sie nicht zwingend das Gleiche,[280] entfaltet sich ebenso in die Gegenrichtung: Wenn zwei Verfassungen etwas Verschiedenes sagen, meinen sie nicht zwingend etwas Verschiedenes.

Indessen legt eine genauere Analyse rechtserhebliche Unterschiede zum Übertragungsmodell frei. Dass das Modell gemeinsamer Kompetenzausübung konzeptionell über eine unbeachtliche textliche Differenz zu den Ausübungsvarianten des Übertragungsmodells hinausgeht,[281] zeigt allen voran die Entstehungsgeschichte der ungarischen Integrationsermächtigung. Die ursprünglichen Regierungsentwürfe bezogen sich – *neben* einer gemeinsamen Kompetenzausübung mit den anderen Staaten – ausdrücklich auch auf eine *Übertragung* der Kompetenzausübung.[282] Wie überliefert ist, weigerte sich die parlamentarische Opposition jedoch strikt, eine Ermächtigung zur Übertragung in die Verfassung aufzunehmen. Lediglich eine gemeinsame Kompetenzausübung dürfe verfassungsrechtlich zugelassen werden.[283] Dahinter stand offenbar die Vorstellung, dass eine Übertragung im Gegensatz zu einer bloßen gemeinsamen Kompetenzausübung weiter, sogar zu weit ausgreifen würde. Mit anderen Worten, man maß beiden Ansätzen eine unterschiedliche verfassungsrechtliche Reichweite zu. Der ursprüngliche Entwurf der Integrationsermächtigung als Übertragungsmodell war im Parlament, wie übrigens auch die zunächst geplante Vorrangklausel, daher nicht konsensfähig. Das Fehlen einer spezifischen Vorrangklausel wird bis heute mitunter scharf kritisiert.[284] Da sich umgekehrt aber auch die Opposition mit ihrem restriktiven Ansatz nicht vollends durchsetzen konnte, wurde als Kompromissformel in Art. 2a Abs. 1 Verf-HU neben die gemeinsame Kompetenzausübung „zusammen mit den anderen Mitgliedstaaten“ zusätzlich der Passus aufgenommen, dass die Kompetenzausübung (auch) „eigenständig durch die Institutionen der EU“ erfolgen könne.

Man kann über den Nutzen einer solchen Debatte, die sich hart an der Grenze zur Begriffsjurisprudenz bewegt, freilich geteilter Auffassung sein.[285] Interessanterweise

---

[280] Vgl. Teil 1 – Kapitel 2 – II. 2.

[281] Von einer kategorialen Unterscheidung in Bezug auf Portugal gehen auch *T. de Berranger*, Constitutions nationales et construction communautaire (1995), S. 122 sowie *R. Machete*, Rapport portugais, in: F. I. D. E. (Hrsg.), 17. F. I. D. E.-Kongress Berlin, Bd. 1: Le droit constitutionnel national et l'intégration européenne (1996), S. 394 (396) aus.

[282] Gesetzentwurf Nr. 1114/2002, abrufbar unter http://www.parlament.hu/irom37/1114/1114.htm sowie Gesetzentwurf 1270/2002, abrufbar unter http://www.parlament.hu/irom37/1270/1270.htm. Dazu *J. Czuczai*, Hungary, in: A. E. Kellermann et al. (Hrsg.), The Impact of EU Accession on the Legal Orders of New Member States and (Pre-) Candidate Countries (2006), S. 343 (344, dort Fn. 5).

[283] Zur Entstehungsgeschichte vgl. *P. Sonnevend*, Offene Staatlichkeit, in: IPE II (2008), § 25 Ungarn, Rn. 18.

[284] Vgl. etwa *J. Czuczai*, Hungary, in: A. E. Kellermann et al. (Hrsg.), The Impact of EU Accession on the Legal Orders of New Member States and (Pre-) Candidate Countries (2006), S. 343 (347 f.), der den ungarischen Ansatz daher als integrationstechnisches Minimum begreift und insoweit – weniger überzeugende – Parallelen zur italienischen Rechtslage zieht.

[285] So wird in der Literatur bis heute auf der einen Seite gefordert, Art. 2a müsse dergestalt geän-

ist die nunmehr in Art. 2a Abs. 1 Verf-HU angelegte Differenzierung zwischen der Art und Weise der Kompetenzausübung jedoch keineswegs auf das ungarische Verfassungsrecht beschränkt.

Auch der zeitlich zuvor entwickelte Art. 7 Abs. 6 der portugiesischen Verfassung (s. o.) unterscheidet zwischen einzelnen Modi der Kompetenzausübung. Die Vorschrift kann in zweierlei Weise gelesen werden: Zum einen ist möglich, zwischen einer gemeinsamen Ausübung in Zusammenarbeit *mit* den EU-Organen (Alt. 1) und einer gemeinsamen Ausübung *durch* diese Organe (Alt. 2) zu differenzieren. Zum anderen kann die Vorschrift so verstanden werden, dass neben einer *gemeinschaftlichen* Ausübung (Alt. 1), eine Ausübung *in Zusammenarbeit* mit den EU-Organen (Alt. 2) oder *durch diese* (Alt. 3) ermöglicht wird. Der portugiesische Wortlaut scheint auf die zweite Lesart hinzudeuten.[286] Man kann darin eine Spiegelung der unionsrechtlichen Kompetenzkategorien erblicken. Die Wendung „durch diese" entspräche dann den ausschließlichen Kompetenzen nach Art. 2 Abs. 1 AEUV, „gemeinschaftlich" stünde für die geteilten Kompetenzen nach Art. 2 Abs. 2 AEUV und „in Zusammenarbeit" deutete schließlich auf die bloße Koordinierung nach Art. 2 Abs. 3 AEUV hin. Eine solche Auslegung ist für das portugiesische Verfassungsrecht allerdings nicht zwingend.[287] Als gesichert gelten kann zumindest, dass mit der Differenzierung der Versuch unternommen wurde, unterschiedlichen Formen bzw. Abstufungen des Zusammenwirkens auf EU-Ebene aus innerstaatlicher Perspektive Rechnung zu tragen.[288]

In diesem Zusammenhang aufschlussreich ist zudem ein Abgleich mit Art. I-1 Abs. 1 S. 2 VVE. Diese – im VvL nicht mehr übernommene – Grundlagenbestimmung sollte mit der Differenzierung zwischen „Koordinierung" einerseits und „ge-

---

dert werden, dass er ausdrücklich auch zu einer Übertragung ermächtige, vgl. *K. B. Szabó*, Az Európai Unió jogának hatása a magyar közjog rendszerére (2005). Für die Übersetzung dieses Beitrags ins Deutsche danke ich von Herzen *A. Holdampf*. Demgegenüber weist *P. Sonnevend*, Offene Staatlichkeit, in: IPE II (2008), § 25 Ungarn, Rn. 18 darauf hin, dass die Änderungen des Wortlautes der Europaklausel während der travaux préparatoires „weniger praktische Konsequenzen haben mag" als die Nichtaufnahme der Vorrangklausel. Die Formulierung in Art. 2a decke letztlich auch Kompetenzübertragungen mit ab (Rn. 23 m. w. N.).

[286] „Portugal pode (…) convencionar o exercício, em comum, em cooperaçao ou pelas instituiçoes da Uniao, dos poderes necessários à construçao e aprofundamento da uniao europeia." Für die Unterstützung in sprachlicher Hinsicht danke ich in diesem Zusammenhang ganz herzlich *Ines Nolasco*.

[287] Die Literatur ist hierbei nicht eindeutig, vgl. etwa *R. Machete*, Rapport portugais, in: F. I. D. E. (Hrsg.), 17. F. I. D. E.-Kongress Berlin, Bd. 1: Le droit constitutionnel national et l'intégration européenne (1996), S. 394 (397), der nur auf die Kooperation Bezug nimmt. Auf eine Auslegung im ersteren Sinne hingegen deutet die französische Übersetzung seitens des portugiesischen Parlaments hin, abrufbar unter http://app.parlamento.pt/site_antigo/frances/const_leg/crp_franc/CRP_VII.pdf.

[288] *C. Botelho Moniz*, The Portuguese Constitution and the participation of the Republic of Portugal in the European Union, EPL 4 (1998), S. 465 ff.; *R. M. Moura Ramos*, The Adaptation of the Portuguese Constitutional Order to Community Law, in: A. E. Kellermann et al. (Hrsg.), EU-Enlargement – The Constitutional Impact at EU and National Level (2001), S. 131 ff.

meinschaftlicher" Kompetenzausübung andererseits den Unterschied zwischen intergouvernementaler Kooperation und Gemeinschaftsmethode als zweier Integrationsmodi der Union zum Ausdruck bringen.[289] Überträgt man diese Auslegung auf das Modell der gemeinsamen Kompetenzausübung, so lässt sich der Rekurs auf die *Gemeinschaftlichkeit* der Kompetenzausübung in den Integrationsermächtigungen als verfassungsrechtliche Absicherung der supranationalen Gemeinschaftsmethode deuten. Soweit von Ausübung in *Zusammenarbeit* oder *zusammen mit den anderen Mitgliedstaaten* die Rede ist, wäre der Bezug zu intergouvernementalen Kooperationsformen im Rahmen der EU hergestellt.

Das Modell gemeinsamer Kompetenzausübung stellt durch die Abstufung nach einzelnen Modi bzw. Intensitätsstufen der Integration also jedenfalls im Ansatz die Eigenart und Besonderheit der europäischen Rechtsordnung heraus.[290] Diese Deutung wird verstärkt durch den Umstand, dass die Klauseln der gemeinsamen Kompetenzausübung – im Gegensatz zu vielen Übertragungsklauseln – durchweg explizit auf die EU und nicht etwa allgemein auf internationale Organisationen rekurrieren. Soweit von einer „eigenständigen" Kompetenzausübung durch die Organe der Union – wie insbesondere in Art. 2a Verf-HU – gesprochen wird, könnte dies zugleich als Anerkennung der Autonomie der unionalen Rechtsordnung verstanden werden. Auch werden durch den gänzlichen Verzicht auf den Begriff der Übertragung Anklänge an ein verfehltes dingliches Verständnis vermieden.

Kurzum: Der Ansatz der gemeinsamen Kompetenzausübung erscheint auf den ersten Blick als grundsätzlich geeignet, die Permeabilität der nationalen Verfassungsordnung unter hinreichender Berücksichtigung der *spezifischen Besonderheiten* der europäischen Integration zu gewährleisten.

b) Gemeinsame Kompetenzausübung von Staates Gnaden

Das unter diesem Blickwinkel durchaus integrationsadäquate textliche Potenzial des Modells wurde bislang aber weder in der ungarischen noch in der portugiesischen Verfassungs*praxis* ausgeschöpft. Alles in allem wird beiden Ansätzen nämlich ein überaus restriktives Leitbild verfassungsrechtlicher Permeabilität zugrunde gelegt. Diesen Befund indiziert bereits das einleitend aufgezeigte klassische Verständnis der Unteilbarkeit der staatlichen Souveränität, welches beide Verfassungsordnungen voraussetzen. In beiden Staaten wird daraus die Schlussfolgerung abgeleitet, der Staat behalte weiterhin die Trägerschaft der gemeinsam ausgeübten Kompetenzen.[291] Dies

---

[289] Vgl. Dok. CONV 724/03, S. 49. Zur Entstehungsgeschichte von Art. I-1 Abs. 1 S. 2 VVE s. *C. Calliess*, in: ders./M. Ruffert (Hrsg.), Verfassung der Europäischen Union (2006), Art. I-1 VVE, Rn. 47.

[290] Freilich wird eine „sterile Gegenüberstellung" von intergouvernementalem und superanationalem Erklärungsansatz der Komplexität der EU nicht völlig gerecht, vgl. *W. T. Eijsbouts*, The Member States under the Constitution: Preliminary Investigations, in: J. de Zwaan et al. (Hrsg.), FS A. E. Kellermann (2004), S. 87 (95), der die EU-Mitgliedstaaten zusammengenommen als eigene Institution der EU begreift (S. 91 f.).

[291] Vgl. Fn. 278.

zeigt anschaulich eine jüngere Entscheidung des ungarischen Verfassungsgerichtes. Darin hielt das Gericht eine Volksinitiative für verfassungsmäßig, wonach das Parlament über eine ersichtlich europarechtswidrige Gesetzesregelung im Bereich des Agrarrechts hätte beraten sollen. Nach Auffassung des ungarischen Verfassungsgerichts sei die verfassungsrechtliche Befugnis des Parlamentes, über Gesetzesvorlagen zu beraten und abzustimmen, nicht durch die Integrationsermächtigung des Art. 2a Verf-HU eingeschränkt.[292] Allerdings führte die Entscheidung insoweit nicht zu einer unionsrechtswidrigen Lage, als das Gericht das Parlament nicht zur Annahme des Initiativentwurfs verpflichtete.[293] Die Entscheidung kann daher so verstanden werden, dass der grundsätzliche Kompetenztitel, die Trägerschaft der Kompetenz zur Gesetzgebung gerade nicht auf die EU übertragen wurde, sodass das Parlament weiterhin grundsätzlich zuständig bleibt Gesetze – ggf. auch fehlerhaft – zu erlassen. Die Entscheidung scheint aber jedenfalls indirekt darauf hinzudeuten, dass die Möglichkeit ein solches Gesetz im Falle seiner Europarechtswidrigkeit unangewendet zu lassen, unberührt bleibt.[294]

Die Entstehungsgeschichte der ungarischen Integrationsermächtigung zeigt zudem, dass die Integrationsermächtigung letztlich eine Kompromissformel darstellt, die der Forderung der parlamentarischen Opposition nach verfassungsrechtlicher Begrenzung der Europaklausel entgegenkomme sollte. Dem entspricht auch, dass in Art. 2a Verf-HU die Reichweite der Ermächtigung in nahezu an Tautologie heranreichender Deutlichkeit begrenzt wird. Erstens kommt bereits in der Formulierung, Ungarn könne als Mitglied*staat* an der gemeinsamen Kompetenzausübung teilhaben, die Nichtauflösbarkeit der Staatlichkeit Ungarns zum Ausdruck.[295] Zweitens beschränkt sich die Integrationsermächtigung auf „einzelne" Kompetenzen, worin – vergleichbar einigen anderen Übertragungsklauseln – ein Verbot der Entäußerung der Kompetenz-Kompetenz zu sehen ist.[296] Drittens spricht Art. 2a Verf-HU von „aus der Verfassung hergeleiteten" Kompetenzen. Hierin erblickt die Literatur eine Spielform der *nemo plus iuris*-Regel bzw. eine Einsetzung der innerstaatlichen Verfassungsnormen als negative Kompetenznormen, was im Kern den Schutz der ungarischen Grundrechte garantieren solle.[297] Viertens schließlich ist die Kompetenzausübung auf das „zur Ausübung der sich aus den Gründungsverträgen (...) ergebenden Rechte und zur Erfüllung der Pflichten *erforderlichen* Maße" beschränkt. Bezeichnenderweise werden daran anknüpfend Parallelen zur *Maastricht*-Entscheidung des

---

[292] Ung. VerfG, Entsch. v. 28. 2. 2006 – Nr. 10/2006 – *Volksinitiative Agrarquoten*. Dazu *J. Czuczai*, Ratification of the European Constitution in Hungary: Problems and Challenges, in: A. Albi/J. Ziller (Hrsg.), The European Constitution and National Constitutions (2007), S. 29 (35 f.).

[293] Vgl. *J. Czuczai*, a.a.O., S. 36.

[294] Ähnlich auch *F. Hoffmeister*, Constitutional Implications of EU Membership: A View from the Commission, CYELP 3 (2007), S. 59 (87 f.) in vergleichender Perspektive.

[295] *P. Sonnevend*, Offene Staatlichkeit, in: IPE II (2008), § 25 Ungarn, Rn. 23.

[296] Ebd. Rn. 23.

[297] Ebd. Rn. 27. Dazu näher Teil 2 – Kapitel 11 – III. 1. b) im Kontext gerichtlicher Prüfungsvorbehalte.

BVerfG gezogen und die Erforderlichkeitsschwelle so zum *verfassungsrechtlichen* Bollwerk gegen kompetenzüberschreitende Rechtsakte der Gemeinschaft erhoben.[298]

In vergleichbarer Weise beschränkt sich Art. 7 Abs. 6 Verf-POR auf die zur Bildung und Festigung der EU *erforderlichen* Befugnisse.[299] Auch hier wird in der Literatur der restriktive Ansatz der Integrationsermächtigung betont.[300]

3. *Fazit: Konzeptionelle Ambivalenz*

Die Bewertung des „Ausübungsmodells" im Spiegel der Verfassungspraxis fällt ambivalent aus. Positiv anzurechnen ist, dass die Konstruktion dem spezifischen Charakter des europäischen Verfassungsverbundes insoweit gerecht wird, als die Gemeinsamkeitsmetapher die Funktionsteilung zwischen europäischer und nationaler Ebene jedenfalls andeutet. Auch weist die in der portugiesischen und ungarischen Klausel vorgenommene Differenzierung nach den Modi der Kompetenzausübung – insbesondere die Anerkennung einer „eigenständigen" Wahrnehmung der Kompetenzausübung durch die EU-Organe – auf die spezifischen Eigenheiten und die Autonomie der unionalen Rechtsordnung hin. Durch die Betonung der Gemeinsamkeit der Kompetenzausübung wird zudem deutlich, dass die Teilnahme am Integrationsprozess für die innerstaatlichen Organe nicht unbedingt zu einem gänzlichen (gar dinglich gedachten) Verlust an Zuständigkeit führt, sondern vielmehr als Funktionswandel beschreibbar ist.

Gleichwohl sprechen gegen die Reduktion auf die bloße Kompetenzausübung im Wesentlichen die gleichen Argumente, die bereits gegen die Ausübungsvariante des Übertragungsmodells vorgetragen wurden.[301] Jedenfalls in der ungarischen und portugiesischen Verfassungspraxis verbirgt sich hinter der Formulierung der „Ausübung" bestimmter Kompetenzen nämlich zugleich die etatistische Vorstellung, die gemeinsam ausgeübten Kompetenzen seien letztlich nur delegierter Ausfluss der staatlichen Souveränität. Damit wird nicht nur die autolimitative Dimension verkürzt dargestellt. Zugleich ist der textlich angelegten, scheinbaren Anerkennung der „Eigenständigkeit" und Autonomie der unionalen Rechtsordnung wiederum der Bo-

[298] Ebd. Rn. 26. Die diesbezügliche Rolle des Verfassungsgerichts betonend *J. Czuczai*, Hungary, in: A. E. Kellermann et al. (Hrsg.), The Impact of EU Accession on the Legal Orders of New Member States and (Pre-) Candidate Countries (2006), S. 343 (347).

[299] Zur Problematik dieser Einschränkung in vergleichender Perspektive zur irischen Rechtslage vgl. *T. de Berranger*, Constitutions nationales et construction communautaire (1995), S. 122.

[300] *M. Poiares Maduro*, EU Law and National Constitutions: Portugal, unveröffentlichtes Manuskript für: BIICL (Hrsg.), F. I. D. E. XX Congress London, Vol. 1 (2002), ehemals abrufbar unter www.fide2002.org, Manuskript-S. 27. Ebenso im Ergebnis die vergleichende Analyse von *J. Dutheil de la Rochère/I. Pernice*, European Union Law and National Constitutions, in: M. Andenas/J. A. Usher (Hrsg.), The Treaty of Nice and Beyond – Enlargement and Constitutional Reform (2003), S. 47 (55).

[301] Vgl. dazu bereits Teil 2 – Kapitel 5 – II. 4. b) bb) mit mehreren Beispielen aus der Verfassungspraxis.

den entzogen. Auch die originäre Begründung supranationaler Regelungsbefugnisse, die bereits ihrer Natur nach über die innerstaatlichen Grenzen hinausgreifen, wird durch das Modell gemeinsamer Kompetenzausübung nicht, bzw. nur unzureichend erfasst.

IV. De constitutione ferenda: Verbundmodell

Die bisherige Analyse zeigt nicht nur, dass die unterschiedlichen Begrifflichkeiten der untersuchten Grundmodelle Ausdruck divergierender Konzeptionen sind.[302] Vor allem werden die Schwierigkeiten deutlich, das komplexe Zusammenspiel zwischen nationaler und europäischer (Teil-)Rechtsordnung aus Perspektive der nationalen Verfassung adäquat in einer verfassungsrechtlichen Bestimmung einzufangen. Die Integrationsermächtigungen verengen den vielschichtigen Vorgang häufig nur auf Teilaspekte oder reduzieren die Errichtung der supranationalen Rechtsordnung auf ein bloßes Derivat staatlicher Regelungstotalität. Vor allem die durch die Ermächtigung ermöglichte (autolimitative) Öffnung der innerstaatlichen Verfassungsordnung wird zumeist nicht hinreichend kenntlich gemacht.

Zwar ist die textliche Ungenauigkeit im Wege interpretativer Fortentwicklung durch Rechtsprechung und Literatur überbrückbar. Auch kann die begriffliche Offenheit der Integrationsermächtigungen gerade politisch gewollt sein, eröffnet sie den innerstaatlichen Akteuren, allen voran den Gerichten, im Einzelfall doch einen potenziell erweiterten Aktionsradius. Der aufgrund mangelnder Normklarheit vergleichsweise größere Interpretationsspielraum der Verfassungs- und Höchstgerichte kann somit als flexiblere, anpassungsfähigere Lösung im Zweifel dem Bemühen um präskriptive Genauigkeit vorgezogen werden.[303]

Indes ist unter Gesichtspunkten der Gewaltenteilung keineswegs unproblematisch, der Judikative dergestalt das weite Feld zu überlassen. Art und Weise der Eingliederung in den europäischen Integrationsprozess festzulegen, ist primär Aufgabe des *Verfassungsgebers* bzw. des *verfassungsändernden Gesetzgebers*. Dieser hat die integrationsrelevanten Grundentscheidungen in einer transparenten und nachvollziehbaren Weise selbst zu treffen und nicht im Wege eines verfassungsrechtlichen Vakuums an die Judikative weiterzureichen.

Insbesondere in Bezug auf die 2004 und 2007 beigetretenen Mitgliedstaaten wurde wiederholt betont, dass eine klar gefasste Integrationsermächtigung eine wichtige Signalwirkung für das verfassungsrechtliche Gelingen der Erweiterung entfalten kann

---

[302] Dies übersieht *A. Albi*, EU Enlargement and the Constitutions of Central and Eastern Europe (2005), S. 13, wenn sie das Nebeneinander unterschiedlicher Formulierungen betont, ohne auf die konzeptionellen Unterschiede einzugehen, deren Ausdruck die divergierenden Formulierungen sind.

[303] Für Ungarn berichtet dies etwa *J. Czuczai*, Constitutional Impact of EU-Accession in Hungary, in: A. Ágh (Hrsg.), Europeanization and Regionalization. Hungary's Accession (2004), S. 43 (50).

und muss.[304] Diese Signalwirkung ergebe sich aber gerade nicht nur gegenüber der Judikative, sondern weise als sozial-politischer bzw. psychologischer Faktor zugleich über die rein rechtliche Dimension hinaus. Für den Verfassungskontext der neuen Mitgliedstaaten formuliert der ungarische Verfassungs- und Europarechtler *Jeno Czuczai* diesen Zusammenhang wie folgt:

„To facilitate the efficient application and interpretation of the EU *acquis* in practice, a clear-cut and well-formulated ‚Europe clause' in the national Constitution is essential. Such a clause would have to include clear guidance for judges and civil servants in cases where national law conflicts with directly applicable EC legal norms. It is also crucial for educative purposes and for changing the mentality and habits of at times quite conservative and orthodox judges in Central and Eastern European countries in transition (...) and to better accustom them to the living practice of the constantly evolving EU *acquis* in the years and decades to come. This requirement is, therefore, *prima facie* a social and social-political factor as well as a psychological guarantee for the success of the Eastward enlargement process and is only a legal or constitutional necessity in the second place."[305]

Die zutreffend erkannte Notwendigkeit verfassungsrechtlicher Klarheit erstreckt sich freilich nicht allein auf die Integrationsermächtigungen, sondern betrifft gleichsam auch die Frage von Geltung und Anwendbarkeit des Unionsrechts im innerstaatlichen Rechtsraum sowie ggf. die innerstaatliche Anerkennung des unionsrechtlichen Anwendungsvorrangs.

Zunächst sollen sich die Überlegungen an dieser Stelle aber auf mögliche Wege konzentrieren, die aufgezeigten (textlichen) Defizite der Integrations*ermächtigungen* zu überwinden.[306]

1. *Formulierungsvorschlag*

Mit Blick auf eine integrationsadäquate Konstruktion dynamischer Integrationsermächtigungen soll im Folgenden speziell bei der Eigenschaft rechtlicher Permeabilität als Verbundtechnik sowie der funktionellen *Komplementarität* von Unionsrecht und mitgliedstaatlichen Verfassungen angesetzt werden. Das de constitutione ferenda skizzierte Modell kann daher als *Verbundmodell* bezeichnet werden. Für den variablen Mitgliedstaat X könnte es wie folgt lauten:

X kann die Ausschließlichkeit seiner Hoheitsgewalt für den Geltungsbereich dieser Verfassung begrenzen und im Zusammenwirken mit den Völkern Europas die Organe und Einrichtungen der

---

[304] Dazu A. *Albi*, „Europe" Articles in the Constitutions of Central and Eastern European Countries, CMLRev. 42 (2005), S. 399 (419).

[305] *J. Czuczai*, Hungary, in: A. E. Kellermann et al. (Hrsg.), The Impact of EU Accession on the Legal Orders of New Member States and (Pre-) Candidate Countries (2006), S. 343 (347).

[306] Auf Regelungsoptionen in Bezug auf die innerstaatliche Geltung und Anwendbarkeit sowie den Vorrang des Unionsrechts hingegen wird später noch genauer zurückzukommen sein, vgl. insbesondere Teil 2 – Kapitel 11 – I. 2. und Teil 2 – Kapitel 11 – II. 2. Vgl. ebenso Teil 2 – Kapitel 11 – III. 1. e) speziell in Bezug auf gerichtliche Letztentscheidungsrechte. Gleiches gilt für bestimmte Strukturanforderungen an die unter Beteiligung der innerstaatlichen Organe zu errichtende und fortzuentwickelnde europäische Grundordnung, vgl. Teil 2 – Kapitel 9 – IV.

Europäischen Union mit bestimmten Aufgaben und Befugnissen durch Errichtung und Fortentwicklung einer gemeinsamen Grundordnung betrauen, die fortan im Verbund mit dieser Verfassung und in Achtung ihrer identitätstragenden Grundsätze die rechtliche Grundlage für die Ausübung von Hoheitsgewalt in X bildet.

2. Konzeption

Der hier verfolgte Ansatz greift einzelne Teilbereiche der bisherigen Modelle auf und knüpft an die Erfahrungen der bestehenden Klauseln in den Mitgliedstaaten und Beitrittskandidaten an. Zugleich aber entwickelt er die tradierten Elemente unter dem Leitbild des (materiell und funktionell) komplementären Verbundes von nationaler und unionaler Rechtsordnung im Sinne einer neuen *Textstufe*[307] dynamischer Integrationsermächtigungen fort.

a) Autolimitative Dimension

Dabei soll insbesondere die autolimitative Dimension der Integrationsermächtigung deutlicher als bislang zum Ausdruck gebracht werden.

aa) Begrenzung bzw. Rücknahme von Hoheitsgewalt

Der Formulierungsvorschlag sieht darum eine ausdrückliche Ermächtigung („kann") des betreffenden Mitgliedstaates vor, die *Ausschließlichkeit seiner Hoheitsgewalt für den Geltungsbereich der betreffenden Verfassung zu begrenzen*. Diese Wendung überführt die im Rahmen des Einschränkungsmodells erstmals positivierte, vor allem aber in Bezug auf das Übertragungsmodell in der Literatur dogmatisch herausgearbeitete und in der Folge von der Rechtsprechung europaweit anerkannte Öffnungsfunktion der Integrationsermächtigungen in Textform. Sie weist eine gewisse Nähe zur Formulierung des Bundesverfassungsgerichts im *Solange-I*-Beschluss auf.[308] Statt der latent ungenauen Begrifflichkeit der Rücknahme des ausschließlichen *Herrschaftsanspruchs* des jeweiligen Staates nimmt sie allerdings präziser auf die Begrenzung der Ausschließlichkeit der *Hoheitsgewalt* Bezug.

Damit ist angezeigt, dass die Permeabilität auf verfassungs*staatlicher* Ebene eine Modifikation des klassischen Souveränitätskonzeptes im Sinne der *Einzigkeit* bzw. *Unteilbarkeit* der staatlichen Hoheitsgewalt darstellt. Der Begriff der „Begrenzung" bzw. alternativ der „Rücknahme" indiziert zudem, dass die so verstandene Souveränität zwar in einem Spannungsverhältnis zur rechtlichen Permeabilität steht und durch diese supranational ergänzt wird, gleichwohl aber als Verfassungsprinzip dem Grunde nach anerkannt bzw. *vorausgesetzt* werden *kann*. Diese Herangehensweise soll sicherstellen, dass sich die Integrationsermächtigung gerade auch in diejenigen – zahlenmäßig wie gesehen die Mehrheit bildenden – mitgliedstaatlichen Verfas-

---

[307] Vgl. *P. Häberle*, Textstufen als Entwicklungswege des Verfassungsstaates, in: J. Jekewitz u. a. (Hrsg.), Des Menschen Recht zwischen Freiheit und Verantwortung. Festschrift für Karl J. Partsch (1989), S. 555 ff.; *ders.*, Europäische Verfassungslehre (6. Aufl. 2009), S. 4 ff.

[308] BVerfG, Beschl. v. 29. 5. 1974 – BvL 52/71 – *Solange I* = BVerfGE 37, 271 (279 f.)

sungsordnungen einpassen lässt, in denen dem Souveränitätsprinzip nach wie vor grundlegende Bedeutung zukommt.[309] Allerdings wird der missverständliche Souveränitätsbegriff selbst nicht aufgegriffen, sondern vielmehr auf die Ausschließlichkeit bzw. Einzigkeit der nationalen Hoheitsgewalt als der in diesem Kontext relevanten Konnotation von Souveränität rekurriert.

In Mitgliedstaaten, in denen der Schutz der Souveränität für besonders dringlich befunden wird, könnte die Integrationsermächtigung dergestalt ergänzt werden, dass die Rücknahme der Hoheitsgewalt der Staatsorgane nur *in einigen Bereichen* erfolgen kann. Wie gesehen, findet eine solche Begrenzung bereits in einigen Verfassungen Verwendung, die auf das Übertragungsmodell zurückgreifen und ist daneben auch in der ungarischen Integrationsermächtigung, einem Anwendungsfall des Modells gemeinsamer Kompetenzausübung, verankert. Da der hier zu Grunde gelegte Textvorschlag allerdings schon die Betrauung der Organe und Einrichtungen der EU auf *bestimmte* Aufgaben und Befugnisse begrenzt und eine unbestimmte und umfassende Übertragung der Hoheitsgewalt damit jedenfalls implizit ausschließt, diente eine solche Ergänzung allenfalls der Klarstellung und ist im strengen Sinne nicht notwendig.

Umgekehrt ist für die mitgliedstaatlichen Verfassungsordnungen, in denen der Souveränitätsschutz weniger stark bzw. gar nicht ausgeprägt ist[310] an eine Abschwächung der Ermächtigungsklausel zu denken. Dementsprechend könnte die Norm so formuliert werden, dass Mitgliedstaat X die – dann jedenfalls nicht als alleinig oder ausschließlich bezeichnete – Hoheitsgewalt seiner Staatsorgane im Geltungsbereich der Verfassung schlicht *begrenzen* kann.

Mit der Anerkennung der autolimitativen Öffnung geht üblicherweise zugleich ein Hinweis auf die unmittelbare Geltung bzw. Wirkung des Unionsrechts im innerstaatlichen Rechtsraum einher.[311] Diese Frage kann nach dem hier vorgeschlagenen Ansatz jedoch in einem speziellen Absatz gesondert geregelt werden, der zugleich die Anerkennung des Vorrangprinzips umfasst.[312]

bb) Bestandsgrenze: identitätstragende Grundsätze der Verfassung

Daneben beinhaltet der Textvorschlag bereits eine äußerste Bestandsgrenze für die Öffnung des innerstaatlichen Rechtsraums in Gestalt der *identitätstragenden Grundsätze* der innerstaatlichen Verfassung.[313]

---

[309] Ausführlich bereits unter Teil 2 – Kapitel 3 – II.

[310] Vgl. insbesondere *B. de Witte*, Do Not Mention the Word: Sovereignty in Two Europhile Countries: Belgium and the Netherlands, in: N. Walker (Hrsg.), Sovereignty in Transition (2003), S. 351 ff.

[311] Vgl. etwa die Formel des BVerfG, Beschl. v. 29. 5. 1974 – BvL 52/71 – *Solange I* = BVerfGE 37, 271 (279 f.), des tschech. VerfG, Urt. v. 8. 3. 2006 – Pl. US. 50/04 – *Zuckerquoten II*, Teil VI.B oder auch des poln. VerfGH, Entsch. v. 11. 5. 2005 – Az. K 18/04 – *Beitrittsvertrag*, in der deutschen Übersetzung von *M. Bainczyk/U. Ernst*, EuR 2006, S. 236 (241).

[312] Dazu Teil 2 – Kapitel 10 – VI.

[313] Die nationale Integrationsermächtigung mit bestandssichernden Defensivmechanismen zu flankieren, ist eine Regelungstechnik, die grundsätzlich alle Modellgruppen nationaler Integrati-

Mit der Formel der „identitätstragenden Grundsätze" ist der Kernbestand elementarer und strukturprägender Prinzipien der Verfassungsordnung gemeint. Freilich ist das Attribut des Identitätstragenden voraussetzungsvoll.[314] Es ist auch nicht begriffliche Prägnanz, die für seine Aufnahme in den oben unterbreiteten Textvorschlag spricht. Vielmehr ist dem Umstand Rechnung zu tragen, dass der Identitätsbegriff ungeachtet seiner Vielschichtigkeit in der Rechtsprechung der nationalen Verfassungs- und Höchstgerichte zunehmend zum Synonym für die Kennzeichnung der fundamentalen *Essentialia* nationaler Verfassungsordnungen im Sinne ihrer *Verfassungsidentität* herangereift ist.[315] Diese Kerngehalte müssen, dies sei der Klarheit halber bereits an dieser Stelle angemerkt, nicht zwingend änderungsfest sein.[316]

Neben diesem empirischen Befund ist festzuhalten, dass gerade auch in der verfassungsvergleichenden Wissenschaft zunehmend versucht wird, den Identitätsbegriff substanziell anzureichern und zum Ausgangspunkt der länderübergreifenden Identifizierung verfassungsrechtlicher Kerngehalte zu machen. Herausgehobene Beachtung wurde der Verfassungsidentität etwa auf dem 20. F.I.D.E.-Kongress 2002 in London auf Basis des Fragebogens von *Jacqueline Dutheil de la Rochère* und *Ingolf Pernice* zuteil.[317] In jüngerer Zeit widmete sich auf verfassungsvergleichender Basis

---

onsermächtigungen gleichermaßen betrifft. Sie wird daher erst im Rahmen der horizontalen Fragestellungen (Kapitel 9) eingehender behandelt. An dieser Stelle erfolgt lediglich ein kurzer Vorgriff, weil die Bestandsgrenze nach der vorgeschlagenen Textstufe unmittelbar an die dynamische Integrationsermächtigung in Gestalt des Verbundmodells gekoppelt wird. Einen bestimmten Kern von der durch die Integrationsermächtigung begründeten Integrationsgewalt auszunehmen, entspricht der überwiegenden Regelungslage in den Mitgliedstaaten, sei es nun im Wege ausdrücklicher oder aber verfassungsimmanenter Schranken. Ebenso im Ergebnis *J. Dutheil de la Rochère/I. Pernice*, European Union Law and National Constitutions, in: M. Andenas/J.A. Usher (Hrsg.), The Treaty of Nice and Beyond – Enlargement and Constitutional Reform (2003), S. 47 (60) auch unter Einbezug der Struktursicherungsklauseln.

[314] Zu den verschiedenen Bedeutungsebenen und Verwendungskontexten vgl. *A. v. Bogdandy*, Europäische und nationale Identität: Integration durch Verfassungsrecht?, VVDStRL 62 (2003), S. 156 (160ff.).

[315] Erstmalig BVerfG, Beschl. v. 29.5. 1974 – BvL 52/71 – *Solange I* = BVerfGE 37, 271 (279f.): „Grundstruktur der Verfassung, auf der ihre Identität beruht" bzw. Verbot einer Vertragsänderung, die die „Identität der geltenden Verfassung der Bundesrepublik Deutschland durch Einbruch in die sie konstituierenden Strukturen aufheben würde". Vgl. in der Folge insbesondere BVerfG, Beschl. v. 22.10. 1986 – 2 BvR 197/83 – *Solange II* = BVerfGE 73, 339 (375f.); Urt. v. 12.10. 1993 – 2 BvR 2134, 2159/92 – *Maastricht* = BVerfGE 89, 155 (181, 189 u.a.) in Bezug auf die unionsrechtliche Identitätsklausel sowie insbesondere Urt. v. 30.6. 2009 – 2 BvE 2/08 u.a. – *Lissabon* = BVerfGE 123, 267ff. (LS 4 sowie Rn. 208), 218f., 226, 228, 234f., 239ff., 298, 331f., 336, 339f., 343, 364 u. 369. Für Deutschland vgl. auch *P. Kirchhof*, Die Identität der Verfassung, in: J. Isensee/ders. (Hrsg.), HStR II (3. Aufl. 2004), § 21. Für Frankreich siehe insbesondere franz. Verfassungsrat, Entsch. v. 27.7. 2006 – Nr. 2006-540 DC – *Informationsgesellschaft*, 19. Erwägungsgrund: „que la transposition d'une directive ne saurait aller à l'encontre d'une règle ou d'un principe inhérent à l'identité constitutionnelle de la France sauf à ce que le constituant y ait consenti". Für Spanien s. span. VerfG, Erkl. v. 13.12. 2004 – DTC 1/2004 – *Verfassungsvertrag* = EuR 2005, S. 339 (344f.) in Verknüpfung mit der unionsrechtlichen Identitätsklausel.

[316] So zeigt gerade in Frankreich die Möglichkeit, dass der Verfassungsgeber gleichwohl zustimmen kann, dass die so verstandene Verfassungsidentität gerade keine unabänderliche ist.

[317] Vgl. den Fragebogen, in: British Institute of International and Comparative Law (Hrsg.),

insbesondere das unter Federführung von *Armin v. Bogdandy, Pedro Cruz Villalón* und *Peter M. Huber* laufende Forschungsprojekt „Ius Publicum Europaeum" der Frage, wie *aus der Perspektive innerstaatlichen Verfassungsrechts* „die im Verfassungsrecht abgelagerte, unionsrechtlich zu achtende nationale Identität bestimmt werden" kann.[318]

Für die Verwendung des Identitätsbegriffs im innerstaatlichen Verfassungskontext spricht aber vor allem seine systematische Anschlussfähigkeit an die Regelung des Art. 4 Abs. 2 S. 1 EUV. Danach achtet die Union die *nationale Identität*, die in den grundlegenden politischen und *verfassungsmäßigen Strukturen* einschließlich der regionalen und lokalen Selbstverwaltung zum Ausdruck kommt. Die hierin angelegte normative Verknüpfung bzw. *Koppelung* des Unionsrechts mit dem nationalen Verfassungsrecht[319] ist seitens der innerstaatlichen Verfassungs- und Höchstgerichte in jüngerer Zeit vermehrt hervorgehoben worden. Dies zeigt neben der Erklärung des spanischen Verfassungsgerichts zum VVE im Jahr 2004[320] nunmehr auch, wenngleich in gänzlich anderem, nämlich selbstautoritativen Sinne, das *Lissabon*-Urteil des BVerfG.[321] Textlich nimmt zudem der litauische EU-Verfassungsakt vom 13. Juli 2004 als erster Text verfassungsrechtlichen Charakters in Europa ausdrücklich darauf Bezug,

> „dass die Europäische Union die *nationale Identität* und die *Verfassungstraditionen* ihrer Mitgliedstaaten respektiert".[322]

All dies sind keine Argumente, die der Verwendung des Identitätsbegriffs aus semantischen oder gar programmatischen Gründen das Wort redeten. Ein solches Argument wäre angesichts der inhaltlichen Variabilität des Begriffs auch nicht schlagkräftig.

Im Folgenden wird vielmehr aus pragmatischen Gründen an den Begriff der Verfassungsidentität bzw. der identitätstragenden Grundsätze der Verfassung angeknüpft, weil sich diese Terminologie auf nationaler Ebene als Synonym für verfassungsrechtliche Essentialia zunehmend durchsetzt und kongruent ist mit der Terminologie, die das Unionsrecht in Art. 4 Abs. 2 S. 1 EUV verwendet.

F. I. D. E. XX Congress London, Vol. 1 (2002), S. 2 sowie den Bericht der Generalberichterstatter *J. Dutheil de la Rochère* und *I. Pernice*, abgedruckt in: M. Andenas/J. A. Usher (Hrsg.), The Treaty of Nice and Beyond – Enlargement and Constitutional Reform (2003), S. 47 (73 ff.).

318 Der Fragebogen findet sich im Anhang zu *P. Cruz Villalón*, Grundlagen und Grundzüge staatlichen Verfassungsrechts, in: IPE I (2007), § 13 Vergleich, S. 777.

319 Dazu näher Teil 3 – Kapitel 13 – II.

320 Vgl. span. VerfG, Erkl. v. 13. 12. 2004 – DTC 1/2004 – *Verfassungsvertrag* = EuR 2005, S. 339 (343 f.).

321 BVerfG, Urt. v. 30. 6. 2009 – 2 BvE 2/08 u. a. – *Lissabon* = BVerfGE 123, 267 ff. (Rn. 240). Vgl. darüber hinaus auch den franz. Verfassungsrat, Entsch. v. 19. 11. 2004 – Nr. 2004-505 DC – *Verfassungsvertrag*, Rec. S. 173, 12. Erwägungsgrund sowie das BVerfG, Urt. v. 18. 7. 2005 – 2 BvR 2236/04 – *Europäischer Haftbefehl* = BVerfGE 113, 273 (298 f.). Auf die Frage des Identitätsschutzes wird zurückzukommen sein unter Teil 2 – Kapitel 11 – III. 1. d) im Kontext der Vorrangproblematik.

322 Hervorh. hinzugefügt.

Entscheidend ist die Substanz. Hier gilt es zu beachten, dass die Bestandsgrenze diejenigen – aber auch *nur* diejenigen – Prinzipien von der innerstaatlichen Autolimitation ausnimmt, die für die betreffende Verfassungsordnung von so fundamentaler Bedeutung sind, dass ein Eingriff in sie die elementaren Wertentscheidungen und das grundlegende verfassungsrechtliche Gepräge der Verfassungsordnung grundlegend modifizieren oder gar aufheben würde. In materiell-rechtlicher Hinsicht kann hierzu vor allem der Kern individualschützender Grundsätze gerechnet werden. Alternativ, aber dann ohne eine begriffliche Verknüpfung mit der unionsrechtlichen Identitätsklausel, könnte insoweit auch von *grundlegenden Strukturprinzipien* oder *fundamentalen Grundsätzen demokratischer Rechtsstaatlichkeit* gesprochen werden, wie dies in leicht voneinander abweichenden Wortlauten Art. 28 Abs. 3 Verf-GR oder Art. 94 Abs. 3 Verf-FIN normieren. Für Verfassungsordnungen, die speziell einen änderungsfesten Kern vorsehen, wäre alternativ ein Verweis auf das entsprechende Änderungsverbot denkbar. So könnte in Tschechien auf Art. 9 Abs. 2 der Verfassung und das darin verankerte Verbot der Änderung der „wesentlichen Erfordernisse des demokratischen Rechtsstaates", in Deutschland auf Art. 79 Abs. 3 GG, oder in Griechenland auf Art. 110 Abs. 1 der Verfassung rekurriert werden. Auch in anderen Mitgliedstaaten erscheint eine vergleichbare Lösung zumindest dem Grundsatz nach vorstellbar soweit änderungsfeste Kernbestände existieren.

In dogmatischer Hinsicht ist zudem zu beachten, dass die Bestandsgrenze in ihrer Funktion als verfassungsrechtliche Defensive speziell an die auf den staatlichen Innenbereich gerichtete *Autolimitation* gekoppelt wird. Ein solcher Bestandsschutz muss jedenfalls dann, wenn er auf die Grenzen zur Unverfügbarkeit der verfassungsgebenden Gewalt verweist, äußerst restriktiv gehandhabt werden. Dies ergibt sich in materiell-rechtlicher Hinsicht vor allem aus der spezifischen Zweckrichtung verfassungsrechtlicher Ewigkeitsklauseln als Schutz vor einem (Rück-)Fall in die Diktatur.[323]

Mit der Anerkennung einer Bestandsgrenze geht zudem, dies sei nachdrücklich betont, in prozessualer Hinsicht *keineswegs* einher, dass einem innerstaatlichen Verfassungs- bzw. Höchstgericht (etwa als Ausfluss souveräner Staatlichkeit) die Kompetenz zuerkannt werden müsste, neben den innerstaatlichen Zustimmungsakten *zugleich das geltende Unionsrecht bzw. Umsetzungsakte des nationalen Rechts* am Maßstab der innerstaatlichen Verfassung zu prüfen und für unanwendbar bzw. nichtig zu erklären.[324]

---

[323] Für Art. 89 Abs. 5 Verf-F vgl. *J. Ziller*, Sovereignty in France: Getting Rid of the Mal de Bodin, in: N. Walker (Hrsg.), Sovereignty in Transition (2003), S. 261 (271). Für den geschichtlichen Hintergrund zu Art. 79 Abs. 3 GG s. *M. Herdegen*, in: T. Maunz/G. Dürig, GG, Art. 79 (52. EGL 2008), Rn. 63 ff. Für die Rechtslage in Tschechien vgl. *K. Vodička*, Unaufhebbare Grundprinzipien der tschechischen Verfassungsordnung, Osteuropa Recht 42 (1996), S. 225 ff. Für Griechenland *J. Iliopoulos-Strangas*, Offene Staatlichkeit, in: IPE II (2008), § 16 Griechenland, Rn. 43 f.

[324] So aber BVerfG, Urt. v. 30. 6. 2009 – 2 BvE 2/08 u. a. – *Lissabon* = BVerfGE 123, 267 ff. (Rn. 240 f.). Vgl. Teil 2 – Kapitel 11 – III. 1. d) zur Problematik des verfassungsgerichtlichen Identitätsvorbehalts.

Was inhaltliche Vorgaben für die unionale Ebene betrifft, so können diese über integrations*steuernde* Bestimmungen formuliert werden, die sich an die auf EU-Ebene handelnden Staatsorgane richten. Solche Vorgaben können, wie in Art. 23 Abs. 1 S. 1 GG, gemeinsam mit einer Staatszielbestimmung verbunden oder aber unmittelbar an die Konstituierungshandlung geknüpft werden, wie dies z. B. in Art. 7 Abs. 6 Verf-POR der Fall ist.[325] Dies leitet über zur konstitutiven Dimension der Ermächtigungsklausel.

b) Konstitutive Dimension

Das hier vorgeschlagene Verbundmodell beschränkt sich nicht auf die Ermächtigung zur autolimitativen Öffnung, sondern ermöglicht zugleich *im Zusammenwirken mit den Völkern Europas die Organe und Einrichtungen der Europäischen Union mit bestimmten Aufgaben und Befugnissen durch Errichtung und Fortentwicklung einer gemeinsamen Grundordnung zu betrauen*. Hier werden im Wesentlichen die im Kontext des Übertragungsmodells erörterten Aspekte der originären Konstituierung supranationaler Hoheitsgewalt aufgegriffen und textlich verarbeitet.

aa) Betrauung mit bestimmten Aufgaben und Befugnissen

Die vorgeschlagene Klausel vermeidet dabei bewusst jegliche begriffliche Anlehnung an eine fehlgehende dingliche Vorstellungswelt und spricht deshalb von Betrauung im Sinne eines *conferre* bzw. einer Zuerkennung. In Bezug auf den Gegenstand der Konstituierungshandlung wird neben *Befugnissen* im Sinne rechtlicher Handlungsmacht speziell von *Aufgaben* gesprochen, um die finale Ausrichtung der unionalen Rechtsordnung stärker zum Ausdruck zu bringen. Diese spezifische Eigenschaft des Unionsrechts wurde, soweit ersichtlich, in den bislang bestehenden Integrationsermächtigungen gänzlich ausgeblendet.

Die Vorgabe *bestimmter* Aufgaben und Befugnisse beinhaltet, entsprechend der beschriebenen Variante des Übertragungsmodells, ein Bestimmtheitserfordernis, wenngleich damit kein ausdrücklicher Kontrollvorbehalt der nationalen (Verfassungs-)Gerichtsbarkeit für die Kompetenzmäßigkeit des Unionsrechts verbunden ist. Eine dementsprechende Interpretation schließt der Wortlaut allerdings auch nicht aus.

Die Differenzierung zwischen Organen und (sonstigen) Einrichtungen der EU schließlich zeigt an, dass Aufgaben und Befugnisse auf supranationaler Ebene nicht allein durch die vertraglich als solche benannten sieben *Organe* der Union i. S. d. Art. 13 Abs. 1 UAbs. 2 EUV, sondern auch durch andere Einrichtungen wie etwa (Exekutiv-)Agenturen o. ä. wahrgenommen werden können.[326]

---

[325] Vgl. für einzelne Gestaltformen Teil 2 – Kapitel 9 – IV.

[326] Vgl. exemplarisch *A. Fischer-Lescano/T. Tohidipur*, Europäisches Grenzkontrollregime. Rechtsrahmen der europäischen Grenzschutzagentur FRONTEX, ZaöRV 67 (2007), S. 1219 ff.

bb) Durch Errichtung und Fortentwicklung einer gemeinsamen Grundordnung

Die Betrauung selbst erfolgt *durch* Errichtung bzw. Fortentwicklung einer *gemeinsamen Grundordnung.*[327] Diese Begrifflichkeit ist im Zusammenhang mit der Auseinandersetzung um die rechtliche Qualifizierung des Primärrechtes zu sehen.[328]

Auf der einen Seite bringt sie zum Ausdruck, dass das Primärrecht seinem Wesen nach über einen klassischen völkerrechtlichen Vertrag hinausgeht.[329] Auf der anderen Seite wird der – in analytischer Hinsicht zwar zutreffende – Verfassungstopos vermieden, welcher, wie das Scheitern des Verfassungsvertrages und die daran anknüpfenden Debatten um den VvL gezeigt haben, fehlgehende Assoziationen an eine europäische (Über-)Staatlichkeit wecken könnte.[330] Die Bezeichnung als „gemeinsame Grundordnung" liegt damit bewusst auf einer Kompromisslinie, die es erlaubt, die Autonomie der unionalen Rechtsordnung und ihre Eigenschaft als funktionale (Teil-)Verfassung anzuerkennen,[331] ohne hierbei die sachlich fehlgehende Neuerrichtung supranationaler Staatlichkeit zu suggerieren. Keinesfalls aber impliziert sie die Konzeption eines lediglich abgeleiteten und allein der Verfügungsgewalt der Mitgliedstaaten unterliegenden Unionsrechts, oder schwingt sich gar zur Anmaßung auf, die EU trage „lediglich sekundäre, das heißt delegierte Verantwortung für die ihr übertragenen Aufgaben", wie dies jüngst das BVerfG zum Ausdruck brachte.[332]

Der verfahrensrechtliche Modus der innerstaatlichen Zustimmung zu dieser Integrationshandlung soll der Ermächtigungsklausel in einem eigenen, zweiten Satz, angefügt werden.[333] An den Vorgang der originären Zuerkennung von Befugnissen und

[327] Zum Begriff der Grundordnung im EU-Kontext vgl. *D. Th. Tsatsos*, Die Europäische Unionsgrundordnung, EuGRZ 1995, S. 287 ff. sowie dens. (Hrsg.), Die Unionsgrundordnung (2010).

[328] Zur Problematik eingehend *I. Pernice*, Theorie und Praxis des europäischen Verfassungsverbundes, in: C. Calliess (Hrsg.), Verfassungswandel im europäischen Verfassungs- und Staatenverbund (2007), S. 61 ff. S. bereits Teil 1 – Kapitel 1 – IV. 2. a) im Kontext der theoretischen Grundlegung.

[329] Grundlegend EuGH, Urt. v. 5. 2. 1963 – Rs. 26/62 – *Van Gend & Loos*, Slg. 1963, S. 1 ff. (Rn. 9 f.); EuGH, Urt. v. 15. 7. 1964 – Rs. 6/64 – *Costa/ENEL*, Slg. 1964, S. 1141 ff. (Rn. 8 ff.).

[330] Besonders weit getrieben wurde diese Fehlvorstellung im Schriftsatz von *K. A. Schachtschneider* zur Verfassungsbeschwerde und Organklage des Bundestagsabgeordneten *Peter Gauweiler* (CSU) gegen das Zustimmungsgesetz zum VVE, abrufbar unter: http://www.peter-gauweiler.de/pdf/themen/EU-Verfassung-19-04-05.pdf. Auf S. 27 heißt es hier apodiktisch: „Die Europäische Union ist ein Bundesstaat. Sie wird durch den Verfassungsvertrag als Bundesstaat gefestigt und weiterentwickelt." Vgl. auch *dens.*, Verfassungsrechtliche Argumente gegen den Vertrag von Lissabon, Leviathan 36 (2008), S. 317 ff. Dagegen *F. C. Mayer*, Dichtung und Wahrheit im europäischen Verfassungsdiskurs – Anmerkungen zum Beitrag von K. A. Schachtschneider, Leviathan 36 (2008), S. 477 (482).

[331] EuGH, Urt. v. 23. 4. 1986 – Rs. 294/83 – *Les Verts*, Slg. 1986, S. 1339, Rn. 23: „Dazu ist zunächst hervorzuheben, dass die Europäische Wirtschaftsgemeinschaft eine Rechtsgemeinschaft der Art ist, dass weder die Mitgliedstaaten noch die Gemeinschaftsorgane der Kontrolle darüber entzogen sind, ob ihre Handlungen im Einklang mit der Verfassungsurkunde der Gemeinschaft, dem Vertrag, stehen."

[332] BVerfG, Urt. v. 30. 6. 2009 – 2 BvE 2/08 u. a. – *Lissabon* = BVerfGE 123, 267 ff. (Rn. 229, 231 u. 301). In diesem Kontext verwendet das Gericht nunmehr auch den Begriff der Grundordnung.

[333] Dazu unter Teil 2 – Kapitel 6 – V. 1.

Aufgaben an die Organe und Einrichtungen der EU könnten darüber hinaus integrationssteuernde Vorgaben im Sinne einer Struktursicherungs-, besser Struktur*gestaltungs*klausel für die gemeinsame Grundordnung gekoppelt werden. Die hier vorgeschlagene Norm orientiert sich aus Gründen der Übersichtlichkeit jedoch an der Variante, die die Strukturgestaltungsklausel, vergleichbar Art. 23 Abs. 1 S. 1 GG, mit einer der Ermächtigungsklausel vorangestellten Staatszielbestimmung verbindet.

cc) Im Zusammenwirken mit den Völkern Europas

Es wurde bereits herausgestellt, dass die Konstituierungsfunktion der innerstaatlichen Integrationsermächtigungen in besonderem Maße die Frage nach der Legitimation bzw. Legitimationsquelle der supranationalen Rechtsordnung aufwirft.

Entsprechend den unionsrechtlichen Bestimmungen in Art. 1 Abs. 1, 4 Abs. 1 u. 5 Abs. 2 EUV könnte in diesem Zusammenhang zunächst auf das (vertragliche) Zusammenwirken mit den anderen Mitgliedstaaten abgestellt, die Errichtung der gemeinsamen Grundordnung damit auf die europäischen *Staaten* zurückgeführt werden.[334] Vor dem Hintergrund, dass die nationalen Regierungen und Parlamente letztlich die Mitwirkung ihrer *Bürger* – in ihrer Eigenschaft eben nicht nur als unmittelbar Betroffene der supranationalen Hoheitsgewalt, sondern gleichermaßen als Legitimationssubjekte – mediatisieren, ist die alleinige Bezugnahme auf die Staaten als Ausgangspunkt der Konstituierungshandlung, wie weiter oben bereits dargelegt,[335] allerdings – nicht nur in normativer, sondern ebenfalls in deskriptiver Hinsicht – unbefriedigend.

Andererseits ist zu berücksichtigen, dass die Unionsbürger *auf europäischer Ebene* nicht im Wege eines einheitlichen, europaweiten Referendums oder durch die unmittelbar von ihnen gewählten Repräsentanten im Europäischen Parlament über die Änderungen der europäischen Grundordnung mit*entscheiden*.[336] Zwar ist die Rolle des Europäischen Parlaments durch den VvL insoweit gestärkt, als künftig im ordentlichen Änderungsverfahren gemäß Art. 48 Abs. 3 UAbs. 1 EUV grundsätzlich ein Konvent einberufen wird, der im Konsensverfahren einen Entwurf für die anschließende Regierungskonferenz erarbeitet und der gerade auch aus Volksvertretern der nationalen Parlamente und des Europäischen Parlamentes besteht.[337] Auch ist die Entscheidung des Europäischen Rates nach Art. 48 Abs. 3 UAbs. 2 EUV, keinen Konvent einzuberufen, von der Zustimmung des Europäischen Parlamentes abhängig.

---

[334] So aber jüngst BVerfG, a.a.O., Rn. 229, 231, 301, 334 mit der wiederkehrenden Betonung, die Mitgliedstaaten blieben die Herren der Verträge und bildeten weiterhin den Ausgangspunkt als politische Primärräume.

[335] Vgl. Teil 2 – Kapitel 5 – II. 2. a) bb) im Kontext des Übertragungsmodells.

[336] Allerdings ist die Zustimmung des Europäischen Parlamentes gem. Art. 48 Abs. 7 UAbs. 4 EUV für Beschlüsse des Europäischen Rates notwendig, die sich auf den Übergang von der Einstimmigkeitsregel zur qualifizierten Mehrheit bzw. von einem besonderen zum ordentlichen Gesetzgebungsverfahren beziehen.

[337] Zur künftigen Bedeutung der Konventsmethode *A. Benz*, Amendment Procedure and the Future Importance of the Convention, in: I. Pernice/E. Tanchev (Hrsg.), Ceci n'est pas une constitution – Constitutionalisation without a Constitution? (2009), S. 190 ff.

Allerdings behält nach wie vor die Regierungskonferenz das letzte Wort in Bezug auf Inhalt und Umfang der Änderungen, deren Inkrafttreten darüber hinaus alleinig an die Ratifikation gemäß den nationalen verfassungsrechtlichen Vorschriften gebunden ist. Der Modus der Zustimmung ist hier – sei es im Wege parlamentarischer Ratifikation oder aber im Wege des Volksentscheids – gerade nicht ein unionsweit einheitlicher, sondern vielmehr ein *landesweit* parzellierter.

Weder der unmittelbare Rekurs auf die Unionsbürger noch der auf die Staaten ergibt damit eine befriedigende Lösung. Der hier vorgeschlagene Ansatz stellt darum das Zusammenwirken der *Völker Europas* in den Vordergrund.[338] Dies berücksichtigt einerseits die fehlende einheitliche Mitentscheidung der Unionsbürger über die Änderung der unionalen Grundordnung *auf Unionsebene* durch ihre direkt gewählten Vertreter im Europäischen Parlament oder im Wege eines europaweiten Volksentscheids. Andererseits aber wird die Betonung nicht auf die Staaten als Organisationsform, sondern – textlich anschlussfähig an die „Union der Völker Europas“ i. S. v. Art. 1 Abs. 2 EUV – die dahinter stehenden *Personen*(gesamtheiten) als Legitimationsquelle gelegt. Damit wird zugleich dem Umstand Rechnung getragen, dass die Zustimmung zu einem Beitritt oder einer Änderung der unionsrechtlichen Grundordnung gerade auch im Wege eines landesweiten Volksentscheids möglich ist und nicht zwingend repräsentativ durch die staatlichen Institutionen erfolgen muss.

c) Innerstaatliche Verfassung und primärrechtliche Grundordnung als Komplementärverfassungen

Das Verbundmodell ist darüber hinaus ein Versuch, die Komplementarität[339] von innerstaatlicher Verfassung und europäischer Grundordnung im Sinne eines *Verfassungsverbundes*[340] im Text der innerstaatlichen Integrationsermächtigung konzeptio-

---

[338] Dazu *M. Rempe*, Von der Völkerherrschaft zur Demokratie? Die Europäische Union nach der „Verfassung für Europa“, WHI-Paper 14/2004, abrufbar unter http://www.whi-berlin.de/documents/whi-paper1404.pdf.

[339] Zur wechselseitigen Komplementarität vgl. *I. Pernice*, Europäisches und nationales Verfassungsrecht, VVDStRL 60 (2001), 148 (172 ff.); *ders.*, in: H. Dreier (Hrsg.), GG, Bd. II (2. Aufl. 2006), Art. 23, Rn. 20 ff.; *ders.*, Europäisches Verfassungsrecht im Werden, in: H. Bauer/P. M. Huber (Hrsg.), Ius Publicum im Umbruch (2000), S. 25 (35); *ders./F. C. Mayer*, De la constitution composée de l'Europe, RTDE 36 (2000), S. 623 ff.; *J. A. Frowein*, Die Verfassung der Europäischen Union aus Sicht der Mitgliedstaaten, EuR 1995, S. 315 (318, 320); *A. v. Bogdandy*, Zweierlei Verfassungsrecht – Europäisierung als Gefährdung des gesellschaftlichen Grundkonsenses?, Der Staat 39 (2000), S. 163 (166); *P. M. Huber*, Recht der europäischen Integration (2. Aufl. 2002), § 5 Rn. 23 ff.; *A. Peters*, Elemente einer Theorie der Verfassung Europas (2001), S. 207 ff.

[340] Grundlegend *I. Pernice*, Bestandssicherung der Verfassungen, in: R. Bieber/P. Widmer (Hrsg.), L'espace constitutionnel européen (1995), S. 225 (261 ff.). Vgl. auch *ders.*, Europäisches und nationales Verfassungsrecht, VVDStRL 60 (2001), 148 (172 ff.); *ders.*, Theorie und Praxis des Europäischen Verfassungsverbundes, in: C. Calliess (Hrsg.), Verfassungswandel im europäischen Staaten- und Verfassungsverbund (2007), S. 61 ff.; *ders.*, in: H. Dreier (Hrsg.), GG, Bd. II (2. Aufl. 2006), Art. 23, Rn. 20 ff.; *ders.*, Die horizontale Dimension des europäischen Verfassungsverbundes, in: FS J. Meyer (2006), S. 359 (369 ff.); *ders.*, Die Dritte Gewalt im Europäischen Verfassungsverbund, EuR 1996, S. 27 ff. Kritisch *M. Nettesheim*, Europäischer Verfassungsverbund?, in: FS J. Isensee (2007),

nell einzufangen. Die einmal errichtete und sukzessive weiterentwickelte, den Völkern Europas gemeinsame rechtliche Grundordnung bildet nach dem Formulierungsvorschlag darum *fortan im Verbund mit der innerstaatlichen Verfassung die rechtliche Grundlage für die Ausübung von Hoheitsgewalt* im betreffenden Mitgliedstaat.

Die so gefasste Integrationsermächtigung erfüllt damit zunächst eine *klarstellende* Funktion im Hinblick auf die Folgen der Errichtung und Fortentwicklung der supranationalen Rechtsordnung: Sie verdeutlicht *aus Perspektive der innerstaatlichen Verfassung*, dass sich ein vollständiges Bild über die Aufgaben- und Zuständigkeitsverteilung nur durch eine Zusammenschau von Primärrecht und innerstaatlichem Verfassungsrecht ergibt.[341] Auch trägt sie der funktionalen Verfassungsqualität des Primärrechts dergestalt Rechnung, dass dieses in seiner Eigenschaft als Begründung und Begrenzung unmittelbar auf die Bürger einwirkender Hoheitsgewalt dargelegt bzw. kognitiv erfasst wird.

Zugleich vermeidet der Vorschlag Anklänge an eine verfehlte vertikal-hierarchische Verhältnisbeschreibung. Weder wird die unionale Grundordnung als abgeleitetes Derivat der innerstaatlichen Hoheitsgewalt noch als der nationalen Verfassungsordnung übergeordnet verhandelt. Erst zusammengenommen ergeben beide im Verbund die vollständige rechtliche Grundlage für die Ausübung von Hoheitsgewalt im jeweiligen Mitgliedstaat. Beide Rechtsordnungen stehen dabei als jeweils für sich autonom Geltung beanspruchend gleichgeordnet nebeneinander. Man könnte diese nicht-hierarchische Verhältnisbeschreibung zusätzlich verdeutlichen, indem man textlich etwa von einem *gleichgeordneten Verbund* spricht.

Die aus Sicht der innerstaatlichen Verfassung entscheidende Integrations- bzw. Koordinationsleistung erfolgt hierbei durch die *in der Ermächtigungsklausel selbst* ermöglichte *Begrenzung* der durch das Souveränitätsprinzip postulierten Regelungstotalität der staatlichen Hoheitsgewalt im innerstaatlichen Verfassungsraum. Diese *Autolimitation* ist, dies sei nochmals nachdrücklich betont, nicht zu verwechseln mit einer – qualitativ darüber hinausgehenden – Geltungsanordnung seitens der nationalen Verfassung für das Unionsrecht.[342] Gleichwohl ermöglicht erst die Rücknahme des Ausschließlichkeitsmonopols bzw. Alleinigkeitsanspruchs staatlicher Hoheitsgewalt die effektive Wirksamkeit der autonom geltenden supranationalen Hoheitsgewalt im betreffenden Mitgliedstaat, weil sie – in den Grenzen der identitätstragenden Strukturprinzipien der Verfassung – eine konkurrierende Überlagerung der in ihrer Quelle pluralen Hoheitsgewalten grundsätzlich verhindert. Die in der Integrationsermächtigung angelegte Permeabilität stellt damit die *normative Verbundfähigkeit*

S. 733 (735 ff.) sowie insbesondere *M. Jestaedt*, Der Europäische Verfassungsverbund – Verfassungstheoretischer Charme und rechtstheoretische Insuffizienz einer Unschärferelation, in: GS Blomeyer (2004), S. 638 ff. Dazu bereits Teil 1 – Kapitel 1 – IV. 2.

[341] Vgl. *M. Schweitzer*, Staatsrecht III (9. Aufl. 2008), Rn. 66; *I. Pernice*, in: H. Dreier (Hrsg.), GG, Bd. II (2. Aufl. 2006), Art. 23, Rn. 21.

[342] Dazu Teil 2 – Kapitel 10 – III.

der innerstaatlichen Verfassung her, macht sie, anders gewendet, rechtlich kopplungsfähig.[343]

Damit wird zugleich deutlich, dass die Verbundenheit im Sinne der wechselseitigen Ergänzung beider Ebenen sich zwar in *analytischer* bzw. *deskriptiver* Perspektive als eine relationale Aussage, eine Verhältnisbeschreibung darstellt. Diese kann ihrer Natur nach – sie bezieht sich auf die Beziehung beider Ebenen *zueinander* – nur von einem (transzendierten) Betrachtungspunkt *außerhalb* der beiden Ebenen aus aufgestellt werden.

Gleichwohl aber ist die Verbundfähigkeit der jeweiligen Rechtsordnung in *normativer* bzw. *präskriptiver* Hinsicht jeweils in dieser einzelnen Rechtsordnung *selbst* und nicht etwa auf einer den beiden Ebenen über- bzw. zwischengeordneten Metaebene verankert.[344]

3. *Fazit und Ausblick: Reformbedürfnis trotz zunehmender Konsolidierung*

Der vorgeschlagene Ansatz stellt den Versuch dar, den Integrationsprozess in seiner Eigenart und seinen verfassungsrechtlichen Auswirkungen auf die nationalen Rechtsordnungen in einer adäquateren Weise als die bisherigen Modelle zu erfassen.

Ob die Zeichen der Zeit und, mit ihr einhergehend, die politischen Mehrheiten vorhanden sind, ein neues Modell dynamischer Integrationsermächtigungen in das mitgliedstaatliche Europaverfassungsrecht als neue Textstufe einzuführen, kann letztlich aber nur die Zukunft zeigen. Die in vielen Mitgliedstaaten fortbestehenden oder in jüngster Zeit sogar neu erhobenen Forderungen nach einer zukunftsorientierten und besser an den Eigenarten der rechtlichen Integration ausgerichteten Neuformulierung der Integrationsermächtigung zeigen indessen, dass ein gesteigertes Anpassungsbedürfnis bis zum heutigen Tag besteht und auch für die Zukunft zu erwarten ist.[345] Dies gilt auch nach Inkrafttreten des Vertrages von Lissabon, der den

---

[343] Dabei ist dem Begriff der Kopplung in diesem Kontext kein spezifisch systemtheoretischer Gehalt unterlegt. Zum Begriff der „strukturellen Kopplung“ aus soziologischer, systemtheoretischer Perspektive vgl. *N. Luhmann*, Das Recht der Gesellschaft (1995, Nachdr. 2002), S. 440 ff.

[344] Dies widerspricht einer streng rechtsordnungsmonistischen Vorstellung im *Kelsen*'schen Sinne insoweit, als diese für die Koordination einander *gleichgeordneter* (!) Ordnungen zwingend eine dritte, höhere Ordnung voraussetzt, „die die Erzeugung der beiden anderen bestimmt, sie in ihren Geltungsbereichen gegeneinander abgrenzt und so allererst koordiniert“, vgl. *H. Kelsen*, Reine Rechtslehre (2. Aufl. 1960 – Nachdruck 1967), S. 332. Vgl. aber bereits Teil 1 – Kapitel 1 – II. 3.

[345] Für die jüngst geänderten Art. 9 Abs. 2 und 50 Abs. 1 Nr. 2 i. V. m. Abs. 4 öst. B-VG s. Bundesverfassungsgesetz, öst. BGBl. I Nr. 2/2008. Für die Reformbestrebungen Spaniens vgl. den Bericht des Staatsrates (*Consejo de Estado*) v. 16. 2. 2006, Nr. E 1/2005, abrufbar unter http://www.consejo-estado.es/pdf/modificaciones%20constitucion%20esp.pdf (1. 9. 2010), der auf Ersuchen der spanischen Regierung erarbeitetet wurde. Für Italien vgl. *A. La Pergola*, Quale *Europa-Artikel* per l'Italia?, in: FS G. F. Mancini (1998), S. 537 ff. in Bezug auf die 1998 gescheiterte Verfassungsreform. Für die Niederlanden *R. Wessel/W. Van de Griendt*, Offene Staatlichkeit, in: IPE II (2008), § 19 Niederlande, Rn. 24. Für Ungarn, vgl. *J. Czuczai*, Hungary, in: A. E. Kellermann/J. Czuczai/S. Blockmans/A. Albi/W. T. Douma (Hrsg.), The Impact of EU Accession on the Legal Orders of New Member States and (Pre-)Candidate Countries (2006), S. 343 (344 u. 348). Für Estland in Bezug auf die

eingeschlagenen Integrationsweg verfassungsrechtlich konsolidiert und partiell auch vertieft.[346]

Kapitel 6

Dynamische Integrationsermächtigungen: Verfahrensmodelle

An die Erörterung der unterschiedlichen Grundmodelle dynamischer Integrationsermächtigungen schließt sich die Frage ihrer verfahrensrechtlichen Ausgestaltung an.[1] Diese stellt sich für alle bislang erörterten Grundmodelle gleichermaßen.

Für die praktische Funktionsweise der jeweiligen dynamischen Integrationsermächtigung sind die Verfahrenserfordernisse ein in der Verfassungspraxis zentraler Faktor. Durch ihre Anwendung wird die durch die Ermächtigungen ermöglichte Permeabilität im konkreten Einzelfall *aktiviert* bzw. sachbereichlich erweitert. Insbesondere der Grad an Integrationsdynamik ist daher – neben der Frage der sachbereichlichen Offenheit der betreffenden Norm – an das jeweilige Integrationsverfahren geknüpft.

Die Verfahrensregeln lassen sich zunächst dahingehend unterscheiden, ob sie speziell für die Integrationsermächtigung gelten oder ob es sich um vergleichsweise allgemeine, etwa auf die Ratifikation völkerrechtlicher Verträge bezogene, Bestimmungen handelt, welche lediglich ergänzend herangezogen werden (dazu I.). Hinsichtlich der qualitativen Anforderungen der Verfahrensregeln lässt sich zudem zwischen zwei Modellen unterscheiden, nämlich *parlamentarischen* Zustimmungserfordernissen einerseits (dazu II.) und direkten *Volksabstimmungen* andererseits (dazu III.), wobei sich beide nicht gegenseitig ausschließen müssen, sondern kumulativ vorliegen können. Der Vergleich zeigt, dass die betreffenden Verfassungsordnungen bis auf wenige Ausnahmen vom verfahrensrechtlichen Grundsatz einer dynamischen Permeabilität von Verfassung wegen geprägt sind (dazu IV.). Auf dieser Basis lassen sich des Wei-

---

Ratifikation des VVE vgl. *J. Laffranque*, Ratification of the European Constitution in Estonia: A New Constitution for Estonia?, in: A. Albi/J. Ziller (Hrsg.), The European Constitution and National Constitutions. Ratification and Beyond (2007), S. 79 (80) m. w. N.

[346] Vgl. dazu unter verfassungstheoretischer Perspektive eingehend die Beiträge in I. Pernice/E. Tanchev (Hrsg.), Ceci n'est pas une constitution – Constitutionalisation without a Constitution? (2009) sowie S. Griller/J. Ziller (Hrsg.), The Lisbon Treaty. EU Constitutionalism without a Constitutional Treaty? (2008).

[1] Zur verfahrensrechtlichen Ausgestaltung der Integrationsermächtigungen in vergleichender Perspektive *J. Dutheil de la Rochère/I. Pernice*, European Union Law and National Constitutions, in: M. Andenas/J. A. Usher (Hrsg.), The Treaty of Nice and Beyond – Enlargement and Constitutional Reform (2003), S. 47 (62 ff.). Bezogen auf den Beitritt unter dem Blickwinkel der Kommission jüngst auch *F. Hoffmeister*, Constitutional Implications of EU Membership: A View from the Commission, CYELP 3 (2007), S. 59 ff. Speziell für die mittel- und osteuropäischen Staaten s. *H. Küpper*, Die Ratifikation der Unionsverfassung in den neuen Mitgliedstaaten, in: K. Beckmann/J. Dieringer/U. Hufeld (Hrsg.), Eine Verfassung für Europa (2. Aufl. 2005), S. 273 ff.

teren Überlegungen zu einem verfahrensrechtlichen Prototyp anstellen, wenngleich ein solches Modell angesichts der spezifischen Besonderheiten und Entscheidungskulturen jeder einzelnen Verfassung allenfalls als konstruktiver Ausgangspunkt künftiger Reformentwicklungen dienen kann und keinesfalls als eine Musterlösung missverstanden werden darf (dazu V.).

I. Vorüberlegung: Spezielle und allgemeine Verfahrensregeln

In der überwiegenden Mehrzahl der Verfassungsordnungen mit dynamischen Integrationsermächtigungen finden sich mittlerweile spezielle, d.h. unmittelbar auf die Ermächtigung bezogene oder in ihr selbst enthaltene Verfahrensregeln. Dies gilt für nahezu alle Verfassungen mit EU-spezifischen Integrationsermächtigungen[2] ebenso wie für die Mehrzahl der Verfassungen, die auf internationale Organisationen bezogene Ermächtigungen enthalten.[3] Zahlenmäßig geringer sind demgegenüber Verfassungsordnungen, die keine verfahrensrechtliche Spezialregelung für die Integrationshandlung enthalten und daher auf allgemeine Verfahrensregeln – etwa solche über die Ratifikation völkerrechtlicher Verträge – zurückgreifen.[4]

---

[2] Vgl. die Verfassungen Luxemburgs (Art. 37 Abs. 2 i. V. m. Art. 49bis); Deutschlands (Art. 23 Abs. 1 S. 3 i. V. m. Art. 79 Abs. 2 GG), Schwedens (Kap. 10 § 5 Abs. 1, künftig ggf. Kap. 10 § 6), Lettlands (Art. 68 Abs. 3–4), der Slowakei (Art. 84 Abs. 4 i. V. m. Art. 7 Abs. 2), Ungarns (Art. 2a Abs. 2), Bulgariens (Art. 85 Abs. 2) und Rumäniens (Art. 148 Abs. 1 u. 3). Auch Griechenland, das seine allgemein gehaltene Integrationsermächtigung durch eine auslegende Erklärung spezifiziert hat, kann dieser Gruppe zugerechnet werden (Art. 28 Abs. 2 und 3 Verf-GR). Für Österreich s. seit 2008 nunmehr auch Art. 50 Abs. 1 Nr. 1 i. V. m. Abs. 4 öst. B-VG.

[3] So die Verfassungen der Niederlanden (Art. 92 ggf. i. V. m. 91 Abs. 3), Dänemarks (§ 20 Abs. 2), Spaniens (Art. 93 i. V. m. 81 Abs. 2), Polens (Art. 90 Abs. 2), Tschechiens (Art. 39 Abs. 4 i. V. m. Art. 10a Abs. 2), Kroatiens (Art. 139 Abs. 2 oder 141) und Mazedoniens (Art. 120 oder 121 Verf-MK).

[4] Dies gilt namentlich für *Belgien*, Art. 34 i. V. m. 167 Verf-BE, wobei neben der (einfachen) Zustimmung des Bundesparlaments ebenso die der gesetzgebenden Einheiten der Regionen notwendig ist, vgl. dazu *F. Delpérée*, Belgium: The Lock-through System, in: A. Albi/J. Ziller (Hrsg.), The European Constitution and National Constitutions (2007), S. 67 (68 f.). In *Italien* enthält Art. 11 selbst keine verfahrensrechtliche Aussage, wird aber so interpretiert, dass ein einfaches Gesetz genügt, vgl. ital. VerfGH, Urt. v. 7. 3. 1964 – Nr. 14/64 – *Costa/ENEL*, 6. Entscheidungsgrund sowie *M. Cartabia*, The Ratification of the European Constitutional Treaty in Italy, a.a.O. S. 39 (41). Die *portugiesische* Verfassung verfügt zwar mit Art. 7 Abs. 6 über eine unionsspezifische Integrationsermächtigung, allerdings ohne verfahrensrechtliche Aussage. Die Zustimmung des Parlaments zur Ratifikation in Form eines (einfachen) Parlamentsbeschlusses ist allgemein in Art. 161 lit. i) i. V. m. 166 Abs. 5 Verf-POR geregelt. In *Estland* ist ebenfalls ein einfaches Gesetz ausreichend, soweit die Vorschriften des estnischen Verfassungsergänzungsgesetz i. V. m. der Verfassung für den entsprechenden Integrationsschritt noch als hinreichende „verfassungsrechtliche" Basis angesehen werden, vgl. *J. Laffranque*, Ratification of the European Constitution in Estonia: A New Constitution for Estonia?, in: A. Albi/J. Ziller (Hrsg.), The European Constitution and National Constitutions (2007), S. 79 (82 ff.). In *Litauen* enthält der äußerst detaillierte EU-Verfassungsakt von 2004, der gem. Art. 150 als Teil der Verfassung gilt, ebenfalls keine verfahrensrechtlichen Regeln, sodass diesbezüglich Art. 138 Abs. 1 Nr. 6 der Verfassung zur Anwendung gelangt, der in bestimmten Fällen eine (einfache) parlamentarische Zustimmung fordert, vgl. *I. Jarukaitis*, A. Albi/J. Ziller (Hrsg.), The European Constitution

II. Parlamentarische Zustimmung: Verfahrensrechtliches Regelmodell

Im Rahmen dynamischer Integrationsermächtigungen stellt die parlamentarische Zustimmung in empirischer Hinsicht das verfahrensrechtliche Regelmodell dar, während das Modell des Volksentscheids in einigen Verfassungen begleitend hinzutritt oder als Alternative in bestimmten Fallkonstellationen vorgesehen ist.

1. Gegenstand der parlamentarischen Zustimmung

Hinsichtlich der Verfahrensmodi parlamentarischer Zustimmung ist vorab der Gegenstand zu definieren, auf den sich das Erfordernis der parlamentarischen Zustimmung bezieht.

a) Zustimmung zur Ratifikation eines Integrationsvertrages

In der weitaus überwiegenden Anzahl der untersuchten Verfassungsordnungen handelt es sich hierbei um die *Zustimmung zur Ratifikation* des betreffenden Vertrages, durch den eine Einschränkung der Souveränität bzw. eine Übertragung oder gemeinsame Ausübung von Kompetenzen ermöglicht wird. Exemplarisch und in normtextlicher Hinsicht besonders deutlich ist in diesem Zusammenhang die neue Verfahrensregel in Art. 85 Abs. 2 i. V. m. Abs. 1 Nr. 9 der bulgarischen Verfassung, welche eine Mehrheit von 2/3 der Stimmen aller Abgeordneten ausdrücklich für das *Zustimmungsgesetz* zu einem kompetenzübertragenden Vertrag verlangt.[5] Diesbezüglich ebenfalls klar sind Art. 90 Abs. 2 der polnischen,[6] Art. 10a der tschechischen[7] und Art. 93 der spanischen Verfassung.[8]

b) Evolutivklauseln

Allerdings wird bei der ausschließlich textlichen Fixierung auf den Vertragsschluss die Möglichkeit übersehen, dass bestimmte Integrationsschritte kompetenzübertragenden Ausmaßes auch durch die Anwendung von Evolutivklauseln bzw. nunmehr im Wege der sog. „vereinfachten Vertragsänderung" gemäß Art. 48 Abs. 6 und 7 EUV erfolgen können. Beide Fälle sind mit Blick auf die innerstaatlichen Verfahrensmodi auseinanderzuhalten. Seit dem *Lissabon*-Urteil setzt das BVerfG zudem die Anwen-

---

and National Constitutions (2007), S. 17 (22 f.). Soweit Abs. 15 der 1946er Präambel i. V. m. Art. 53 der Verfassung in den Grenzen der „Grundvoraussetzungen für die Ausübung der nationalen Souveränität" einschlägig ist und die Verfassung insoweit nicht geändert werden muss, genügt in *Frankreich* ebenfalls eine einfache parlamentarische Mehrheit.

[5] Darum wird Art. 85 Abs. 1 Nr. 9 Verf-BG auch als lex specialis zu Nr. 1, 2, 6, 7 und 8 eingeordnet, vgl. *M. Decheva*, Europäisierung des bulgarischen Verfassungsrechts infolge des EU-Beitritts (2010), S. 58.

[6] „Zustimmungsgesetz zu einem völkerrechtlichen Vertrag im Sinne des Abs. 1", also der Übertragungsklausel in Art. 90 Abs. 1 Verf-PL.

[7] „Die Ratifizierung eines Vertrages gemäß Abs. 1 [sprich der Übertragungsklausel in Art. 10a Verf-CZ, Anm. hinzugefügt] erfordert die Zustimmung des Parlaments (...)".

[8] (...) „kann der Abschluss von Verträgen autorisiert werden, durch die (...) übertragen wird".

dung bestimmter Kompetenznormen mit einer dynamischen Vertragsentwicklung gleich. Auch dies bleibt nicht ohne Folgen für den Verfahrensmodus.

aa) Fälle des Art. 48 Abs. 6 EUV und entsprechender Spezialklauseln

Was zunächst die Fallkonstellationen des *Art. 48 Abs. 6 EUV* und entsprechender Spezialklauseln[9] betrifft, bedarf es hier durchweg der Zustimmung der Mitgliedstaaten „im Einklang mit ihren jeweiligen verfassungsrechtlichen Vorschriften". Den Mitgliedstaaten steht es dabei von Seiten des Europarechts frei, den entsprechenden Zustimmungsmodus am Maßstab des eigenen Verfassungsrechts zu wählen. So hatte etwa der französische Verfassungsrat in seiner Entscheidung zum VvL in diesem Zusammenhang die allgemeine Vorschrift über die parlamentarische Zustimmung zur Ratifikation völkerrechtlicher Verträge (Art. 53 Verf-F) als einschlägige Norm identifiziert.[10] Hierauf nimmt auch das BVerfG in seinem *Lissabon*-Urteil Bezug.[11]

Knüpft der innerstaatliche Verfahrensmodus speziell an bestimmte *qualitative Eigenschaften* bzw. eine bestimmte *Intensitätsschwelle* der Integrationshandlung an – also z. B. das tatbestandliche Vorliegen einer Übertragung von Hoheitsrechten – so ist es nur folgerichtig, ihn nicht nur für Fälle klassischer Vertragsänderungen, sondern auch für andere Integrationshandlungen anzuwenden, soweit diese eine äquivalente Intensitätsschwelle erreichen können. Anders gesagt, die Verfahrensvorschrift muss sich grundsätzlich auch auf Integrationshandlungen jenseits der klassischen Vertragsänderung erstrecken. In Anknüpfung an das *Maastricht*-Urteil stellte das Bundesverfassungsgericht im *Lissabon*-Urteil insoweit konsequent auf ein Zustimmungsgesetz ab. Die Zustimmung Deutschlands im Rahmen des vereinfachten Änderungsverfahren setze „stets ein Gesetz im Sinne des Art. 23 Abs. 1 Satz 2 GG als lex specialis zu Art. 59 Abs. 2 GG" voraus.[12] Der Bezug eines Beschlusses nach Art. 48 Abs. 6 EUV zur Zuständigkeitsordnung der EU zwinge laut Gericht dazu,

> „das vereinfachte Änderungsverfahren generell wie eine Übertragung von Hoheitsrechten im Sinne des Art. 23 Abs. 1 Satz 2 GG zu behandeln, ohne dass es einer näheren Eingrenzung der möglichen Änderungen bedarf."[13]

---

[9] Insbesondere Art. 42 Abs. 2 UAbs. 1 EUV sowie Art. 25 Abs. 2; Art. 218 Abs. 8 UAbs. 2 S. 2; Art. 223 Abs. 1 UAbs. 2; Art. 262 und Art. 311 Abs. 3 AEUV.

[10] Entsch. v. 20. 12. 2007 – Nr. 2007-560 DC – *Lissabon*, JORF v. 29. 12. 2007, S. 21813, Rn. 26.

[11] BVerfG, Urt. v. 30. 6. 2009 – 2 BvE 2/08 u. a. – *Lissabon* = BVerfGE 123, 267 ff. (Rn. 312).

[12] So BVerfG, Urt. v. 30. 6. 2009 – 2 BvE 2/08 u. a. – *Lissabon* = BVerfGE 123, 267 ff. (Rn. 312) in Anknüpfung an BVerfG, Urt. v. 12. 10. 1993 – 2 BvR 2134, 2159/92 – *Maastricht* = BVerfGE 89, 155 (199).

[13] Ebd., Rn. 312 unter Rekurs auf *I. Pernice*, in: H. Dreier (Hrsg.), GG, Bd. II (2. Aufl. 2006), Art. 23, Rn. 86.

Gleiches gelte für die vereinfachten Vertragsänderungen auf Basis sachbereichlich spezifischer Normen des Unionsrechts[14] sowie für weitere Spezialfälle dynamischer Vertragsvorschriften.[15]

Eine verfassungstextlich vergleichsweise klare Formulierung für die Anwendung des innerstaatlichen Integrationsverfahrens auf Fälle jenseits der klassischen Vertragsänderung findet sich insbesondere in Art. 92 der niederländischen und Art. 7 Abs. 2 S. 1 der slowakischen Verfassung. Beide sehen die Möglichkeit einer Übertragung von Kompetenzen nicht nur durch einen Vertrag, sondern auch *kraft* bzw. *auf Grundlage* eines solchen vor.[16] Auch in Art. 23 Abs. 1 S. 3 GG ist neben den klassischen Modus der „Änderungen der vertraglichen Grundlagen der Union" bewusst die Kategorie der „vergleichbaren Regeln" gestellt. Damit soll sich der potenzielle Anwendungsbereich der 2/3-Mehrheit zugleich auf Formen jenseits der klassischen Vertragsänderung, insbesondere die Anwendungsfälle der Brückenklauseln, erstrecken.[17] Ebenso ist das hier vorgeschlagene Verbundmodell mit seiner allgemein gehaltenen Formel der „Errichtung *und Fortentwicklung* einer gemeinsamen Grundordnung" bewusst nicht auf den klassischen Vertragsschluss bzw. die Vertragsänderung fixiert.

Unabhängig von der Frage der textlichen Klarheit der Integrationsermächtigung entscheidend ist aber, dass die besonderen verfahrensrechtlichen Rechtsfolgen immer dann greifen, wenn die Integrationshandlung – unabhängig von ihrer konkreten Gestalt – die in der Verfassung normierte Intensitätsschwelle erreicht. In Bezug auf das Verfahren nach Art. 48 Abs. 6 EUV wird dies in der Regel gleichwohl die Ausnahme bleiben, da seine Anwendung gemäß UAbs. 3 schon nicht zu einer Ausdehnung der Zuständigkeiten der Union führen darf.

In Österreich verlangt der 2010 geschaffene Artikel 23i Abs. 3 B-VG nunmehr über einen Verweis auf Art. 50 Abs. 4 B-VG gleichwohl ein gesteigertes Mehrheitserfordernis – Zweidrittelmehrheit der abgegebenen Stimmen bei Anwesenheit von mindestens der Hälfte der Mitglieder von Nationalrat bzw. Bundesrat – einheitlich für alle Fälle, in denen das Inkrafttreten eines Beschlusses des Europäischen Rates oder des

---

[14] Ebd., Rn. 313 f. Konkret gemeint sind Art. 42 Abs. 2 UAbs. 1 EUV (Einführung einer Gemeinsamen Verteidigung), Art. 25 Abs. 2 AEUV (Erweiterung der Rechte der Unionsbürger), Art. 218 Abs. 8 UAbs. 2 Satz 2 AEUV (Beitritt der Europäischen Union zur EMRK), Art. 223 Abs. 1 UAbs. 2 AEUV (Einführung eines einheitlichen Wahlverfahrens zum Europäischen Parlament), Art. 262 AEUV (Zuständigkeit der Europäischen Union zur Schaffung europäischer Rechtstitel für geistiges Eigentum), Art. 311 Abs. 3 AEUV (Festlegung der Eigenmittel der Europäischen Union).

[15] Ebd., Rn. 419. Dem entspricht § 7 des neuen Integrationsverantwortungsgesetzes (IntVG). Dieser verlangt für Fälle sog. „Kompetenzerweiterungsklauseln" jeweils ein Zustimmungsgesetz, d. h. konkret in Fällen des Art. 83 Abs. 1 UAbs. 3 AEUV (Bereiche schwerer Kriminalität mit grenzüberschreitender Dimension), des Art. 86 Abs. 4 AEUV (Europäische Staatsanwaltschaft) sowie des Art. 308 Abs. 3 AEUV (Satzungsänderung der Europäischen Investitionsbank).

[16] S. bereits Teil 2 – Kapitel 5 – II. 3. b) speziell im Kontext des Übertragungsmodells.

[17] Zur Entstehung dieser Formulierung vgl. BT-Drs. 12/3896, S. 18. Dementsprechend verweist das BVerfG im *Lissabon*-Urteil im Kontext von Art. 48 Abs. 6 EUV auch auf Art. 23 Abs. 1 S. 3 GG, a.a.O., Rn. 312 und 412.

Rates die Zustimmung der Mitgliedstaaten im Einklang mit ihren jeweiligen verfassungsrechtlichen Vorschriften voraussetzt.[18]

bb) Fälle des Art. 48 Abs. 7 EUV und entsprechender Spezialklauseln

Eine weitere Form vereinfachter Vertragsänderung besteht in der Anwendung der allgemeinen Brückenklausel des *Art. 48 Abs. 7 EUV* bzw. der vertraglich vorgesehenen besonderen Brückenklauseln.[19] Diese Vorschriften erlauben durch einstimmigen Beschluss einen Übergang von der Einstimmigkeit zur qualifizierten Mehrheit bzw. vom besonderen zum ordentlichen Gesetzgebungsverfahren. Anders als das Verfahren nach Abs. 6 verlangen diese Normen keine Ratifikation durch die Mitgliedstaaten. Dafür verleiht das *Unionsrecht* den nationalen Parlamenten im Fall der allgemeinen Brückenklausel nach Art. 48 Abs. 7 UAbs. 3 EUV sowie im Bereich des Familienrechts nach Art. 81 Abs. 3 UAbs. 3 AEUV eine Vetoposition.[20]

Aus *innerstaatlicher Perspektive* stellt sich indessen die Frage, ob nicht gleichwohl eine parlamentarische (Vorab-)Zustimmung einzufordern ist. Unbeschadet der europarechtlich garantierten Vetoposition des nationalen Parlaments bestünde der legitimatorische Zweck einer solchen Zustimmung darin, den jeweiligen Regierungsvertreter im Europäischen Rat zur Beschlussfassung über die Anwendung der Brückenklausel parlamentarisch zu ermächtigen. In der mündlichen Verhandlung vor dem BVerfG am 10. und 11. Februar 2009 zu den Organklagen und Verfassungsbeschwerden gegen das Zustimmungsgesetz zum VvL und die deutsche Begleitgesetzgebung wurde seitens der Richterschaft in diesem Kontext die Frage aufgeworfen, ob bei der Anwendung von Art. 48 Abs. 7 EUV nicht eine *positive parlamentarische* Zustimmung erfolgen müsse, die über das bloße Nichteinlegen des Vetos hinausgehe.[21]

Zu berücksichtigen ist, dass die Anwendung von Art. 48 Abs. 7 EUV bereits nach Unionsrecht *keine* Erweiterung der Unionszuständigkeiten bewirken, sondern sich allein auf die Verfahrensmodi bereits der Union zuerkannter Kompetenzfelder er-

---

[18] Die Norm wurde eingeführt durch die bundesverfassungsgesetzliche „Lissabon-Begleitnovelle", öst. BGBl. I Nr. 57/2010, abrufbar unter: http://www.ris.bka.gv.at/Dokumente/BgblAuth/BGBLA_2010_I_57/BGBLA_2010_I_57.pdf (1. 9. 2010).

[19] Insbesondere Art. 81 Abs. 3 UAbs. 2 AEUV (mit unionsrechtlich garantiertem Vetorecht der nationalen Parlamente in UAbs. 3) sowie Art. 31 Abs. 3 EUV sowie Art. 153 Abs. 2 UAbs. 4; Art. 192 Abs. 2 UAbs. 2; Art. 312 Abs. 2 UAbs. 2 sowie Art. 333 Abs. 1 u. Abs. 2 AEUV (ohne unionsrechtlich garantiertes Vetorecht).

[20] Dies muss innerstaatlich ausgestaltet werden. Für Frankreich vgl. Art. 88-7 Verf-F, eingeführt durch das Verfassungsgesetz v. 4. 2. 2008 – Nr. 2008-103 – JO v. 5. 2. 2008. Für Deutschland wurde insbesondere die Regelung in § 4 des Gesetzes über die Ausweitung und Stärkung der Rechte des Bundestages und des Bundesrates in Angelegenheiten der Europäischen Union (BT-Drs. 16/8489) vom BVerfG für verfassungswidrig erklärt, BVerfG, Urt. v. 30. 6. 2009 – 2 BvE 2/08 u. a. – *Lissabon* = BVerfGE 123, 267 ff. (Rn. 406 ff., insbesondere Rn. 413–415). Abhilfe schaffte insoweit die neue Begleitgesetzgebung, die am 25. 9. 2009 in Kraft trat.

[21] Der Verfasser war bei der mündlichen Verhandlung anwesend. Vgl. für einen Bericht *U. Karpenstein/S. Neidhardt*, Bericht über die mündliche Verhandlung des Bundesverfassungsgerichts zur Vereinbarkeit des Vertrags von Lissabon mit dem Grundgesetz, WHI-Paper 4/2009, http://www.whi-berlin.de/documents/whi-paper0409.pdf (1. 9. 2010), S. 6 u. 12.

strecken darf.[22] Auch wenn die Union sich über Art. 48 Abs. 7 EUV zwar keinen neuen Sachbereich erschließen kann,[23] so wird ihr durch Anwendung der Brückenklausel gleichwohl die Rechtsmacht zuerkannt, nunmehr mit qualifizierter Mehrheit im Rat bzw. im ordentlichen Gesetzgebungsverfahren über Maßnahmen innerhalb des betreffenden Sachbereichs zu entscheiden. Gerade der Übergang zur qualifizierten Mehrheit kann eine signifikante Modifikation des Gesamtsystems bewirken, die einer entsprechenden Forderung nach demokratischer Legitimation ausgesetzt ist. Dies spricht zunächst dafür, neben der bloßen Gegensicherung durch das Vetorecht die Zustimmung nationaler Parlamente im Positiven einzufordern.

Geht es um die konstruktive Dimension demokratischer Legitimation im Mehrebenensystem, so darf freilich nicht unterschlagen werden, dass Art. 48 Abs. 7 UAbs. 4 EUV gerade die Zustimmung des Europäischen Parlamentes voraussetzt. Eine Legitimation unmittelbar auf europäischer Ebene darf damit jedenfalls als gesichert gelten, soweit man nicht dem Europäischen Parlament seine legitimationsstiftende Eigenkraft im Wesentlichen abspricht.[24]

Im Übrigen antizipiert der VvL künftige Änderungen im Bereich des Übergangs zur qualifizierten Mehrheit bzw. zum ordentlichen Gesetzgebungsverfahren gerade in Art. 48 Abs. 7 EUV.[25] Diese Vorwegnahme kann ihrerseits als durch das Zustimmungsgesetz zum VvL legitimiert angesehen werden. Demzufolge könnte die Prüfung der Verfassungsmäßigkeit des Zustimmungsgesetzes den VvL auch so behandeln, *als ob* die Mehrheitsentscheidungen und ordentlichen Gesetzgebungsverfahren bereits in allen dafür vorgesehenen Bereichen eingeführt worden seien.

So ging etwa der französische Verfassungsrat in seinen beiden Entscheidungen zum VVE und zum VvL davon aus, dass die in der allgemeinen Brückenklausel ermöglichten Primärrechtsänderungen eine Anpassung der französischen Verfassung vor der Ratifikation des VVE bzw. des VvL erforderlich machten, da „solche Änderungen zu gegebener Zeit keinen nationalen Ratifikations- oder Zustimmungsakt

---

[22] Vgl. Auch die Denkschrift des Auswärtigen Amtes v. 13. 12. 2007, abrufbar unter http://www.auswaertiges-amt.de/diplo/de/Europa/Downloads/Denkschrift-lissabon.pdf.

[23] Darum geht auch das seitens der Beschwerdeführer bzw. Antragsteller im Lissabon-Prozess vorgebrachte Argument völlig ins Leere, das vereinfachte Änderungsverfahren begründe zusammen mit anderen Kompetenzregeln eine Kompetenz-Kompetenz, vgl. insbesondere die Klageschrift von *K. A. Schachtschneider* für den Abgeordneten *P. Gauweiler*, abrufbar unter http://www.peter-gauweiler.de/(1. 9. 2010), S. 68 und den Antrag im Organstreitverfahren der Linkspartei v. 24. 6. 2008, abrufbar unter http://www.jura.uni-bielefeld.de/Lehrstuehle/Fisahn/Aktuell/KLagen-end-zusammen.pdf (1. 9. 2010), S. 28 f. Vgl. dagegen etwa die Schriftsätze von *I. Pernice* v. 28. 7. 2008, S. 72 ff. sowie von *F. C. Mayer* v. 22. 8. 2008, S. 133 f., beide abrufbar als WHI-Paper 5/2009 unter http://www.whi-berlin.de/seiten/127.dhtml (1. 9. 2010). Fehl geht auch das Argument von *D. Murswiek*, Prozessvertreter von *Gauweiler*, wonach das vereinfachte Änderungsverfahren eine Steigerung unionaler *Staatlichkeit* (sic!) bei gleichzeitiger Entkernung des Nationalstaates bewirke, vgl. Gutachten v. Mai 2008, abrufbar ebenfalls unter http://www.peter-gauweiler.de/(1. 9. 2010), S. 69 f.

[24] So aber BVerfG, Urt. v. 30. 6. 2009 – 2 BvE 2/08 u. a. – *Lissabon* = BVerfGE 123, 267 ff. (Rn. 280 f.).

[25] Vgl. den Schriftsatz von *I. Pernice* für den Deutschen Bundestag v. 28. 7. 2008, S. 72.

(...) mehr benötigen" würden.[26] Dahinter steht, wenn nicht ausdrücklich, so doch jedenfalls implizit eine solche „Als-ob-Betrachtung". Der seitens des Verfassungsgebers unter der aufschiebenden Bedingung des Inkrafttretens des VvL auf den Weg gebrachte Art. 88-7 Verf-F regelt dementsprechend auch rein den verfahrensrechtlichen Modus des Vetorechts.

Hinsichtlich der Frage eines parlamentarischen Zustimmungserfordernisses in Bezug auf Art. 48 Abs. 7 EUV und ähnlich gelagerten Fallkonstellationen ist das rechtsvergleichende Bild aber nicht einheitlich. Parlamentarische Zustimmungspflichten bestehen durchaus in einigen Mitgliedstaaten, sei es auf einfachgesetzlicher oder aber verfassungsrechtlicher Ebene.

So statuiert der britische *European Union (Amendment) Act* aus dem Jahr 2008 in Art. 6 einen konstitutiven Parlamentsvorbehalt nicht nur in Fällen des Art. 48 Abs. 6 sondern ausdrücklich auch des Abs. 7 sowie der speziellen Brückenklauseln.[27] Hierauf verweist auch das BVerfG im *Lissabon*-Urteil.[28]

In Irland enthält der im Jahr 2009 anlässlich der Ratifizierung des VvL neu gefasste Art. 29 Abs. 4 Nr. 8 Verf-IRL eine ausdrückliche Pflicht zur vorherigen Zustimmung beider irischer Parlamentskammern im Falle der Anwendung von Evolutivklauseln. Aus den Gesetzesmaterialien lässt sich entnehmen, dass dies auch in Fällen des Art. 48 Abs. 7 EUV gelten soll.[29]

In Tschechien beschränkte sich das Verfassungsgericht in seiner ersten Entscheidung zum VvL auf zwei allgemeine Hinweise an den Gesetzgeber. Zum einen müsse die Zustimmung des tschechischen Parlaments im Rahmen von Art. 48 Abs. 6 EUV einer verfassungsrechtlichen Vorab-Kontrolle zugänglich sein.[30] Zum anderen sei mit Blick auf Art. 48 Abs. 7 EUV das Verhältnis beider Kammern zueinander, insbesondere die Ausübung des Vetorechts, zu klären.[31] Dieser Aufforderung kam der tschechische Gesetzgeber in der Folge durch Gesetz nach. Darin ist für die Anwendung der speziellen Brückenklauseln das Erfordernis einer zwingenden parlamentarischen Zustimmung ex ante aufgestellt. Auch in Fällen des Art. 48 Abs. 7 EUV bedarf es einer Zustimmung des Parlaments.[32]

---

[26] Franz. Verfassungsrat, Entsch. v. 19. 11. 2004 – Nr. 2004-505 DC – *Verfassungsvertrag*, Rec. S. 173, Erwägungsgründe 33 u. 35 sowie Entsch. v. 20. 12. 2007 – Nr. 2007-560 DC – *Lissabon*, JORF v. 29. 12. 2007, S. 21813, Erwägungsgründe 23 u. 27.

[27] Brit. European Union (Amendment) Act v. 19. 6. 2008, abrufbar unter http://www.statutelaw.gov.uk/content.aspx?activeTextDocId=3490003 (1. 9. 2010). Dieses Gesetz modifiziert und ergänzt den European Communities Act von 1972.

[28] BVerfG, Urt. v. 30. 6. 2009 – 2 BvE 2/08 u. a. – *Lissabon* = BVerfGE 123, 267 ff. (Rn. 320).

[29] In Bezug auf den VvL vgl. den Entwurf für die 28. Änderung der irischen Verfassung, abrufbar unter http://www.oireachtas.ie/documents/bills28/bills/2008/1408/b1408d.pdf (1. 9. 2010), S. 8 f. Zum Entwurf im Kontext des VVE *G. Hogan*, Ratification of the European Constitution – Implications for Ireland, in: A. Albi/J. Ziller (Hrsg.), The European Constitution and National Constitutions (2007), S. 137 (142).

[30] Tschech. VerfG, Urt. v. 26. 11. 2008 – Pl. US. 19/08 – *Lissabon I*, Rn. 167 u. 165.

[31] Ebd., Rn. 166.

[32] Gesetz Nr. 162/2009, dem das Abgeordnetenhaus am 19. 3. 2009 und der Senat am 6. 5. 2009

Für Deutschland hat das BVerfG die Frage der parlamentarischen Zustimmungsbedürftigkeit in seinem *Lissabon*-Urteil entschieden. Sofern die Mitgliedstaaten das Vertragsrecht so ausgestalteten, dass eine Veränderung des Vertragsrechts bereits ohne Ratifikationsverfahren herbeigeführt werden könne, obliege

> „neben der Bundesregierung den gesetzgebenden Körperschaften eine besondere Verantwortung im Rahmen der Mitwirkung, die in Deutschland innerstaatlich den Anforderungen des Art. 23 Abs. 1 GG genügen muss (*Integrationsverantwortung*) und gegebenenfalls in einem verfassungsgerichtlichen Verfahren eingefordert werden kann."[33]

Im Anwendungsbereich des Art. 48 Abs. 7 EUV sowie in Bezug auf die speziellen Brückenklauseln dürfe der deutsche Gesetzgeber seine konstitutive Zustimmung „weder aufgeben noch in abstrakter Vorwegnahme ‚auf Vorrat' erteilen."[34] Die rechtliche und politische Verantwortung des Parlaments erschöpfe sich auch im Fall der EU

> „insoweit nicht in einem einmaligen Zustimmungsakt, sondern erstreckt sich auch auf den weiteren Vertragsvollzug. Ein Schweigen von Bundestag und Bundesrat reicht daher nicht aus, diese Verantwortung wahrzunehmen."[35]

Soweit den nationalen Parlamenten durch Unionsrecht ein Vetorecht eingeräumt wird,[36] sieht das BVerfG dies folglich nicht als ausreichendes Äquivalent zum Ratifikationsvorbehalt an. Deshalb darf der deutsche Regierungsvertreter im Europäischen Rat oder im Rat künftig dem Beschlussvorschlag nach Auffassung des Gerichts nur dann zustimmen, wenn zuvor ein Gesetz i. S. d. Art. 23 Abs. 1 Satz 2 GG ergangen ist.[37] Für die Anwendung der speziellen Brückenklauseln ohne unionsrechtliches Vetorecht soll hingegen ein parlamentarischer Beschluss genügen.[38] Der Gesetzgeber hat diese Forderungen in der Folge in das Integrationsverantwortungsgesetz übertragen.[39] Die gerichtliche Einforderung einer parlamentarischen Entscheidung und die damit einhergehende Verzögerung ist freilich nicht ohne prozessualen Hintergedanken, eröffnet die innerstaatliche Zustimmungspflicht doch zugleich einen Anknüpfungspunkt für eine verfassungsrechtliche Kontrolle des jeweiligen Parlamentsaktes durch das BVerfG. Die Stärkung der parlamentarischen Integrationsverantwortung kann also zugleich von einer judikativen Selbststärkung begleitet sein.

---

zustimmte (Drs. 742). Das Gesetz ändert die Geschäftsordnungen von Abgeordnetenhaus und Senat, vgl. insbesondere § 109i GO/AbgH. bzw. §§ 119k und 119m GO/Senat. Für wertvolle Hinweise im Zusammenhang mit der neuen Regelungslage danke ich ganz herzlich dem tschechischen Europaverfassungsrechtler *Jiří Zemánek*.

[33] BVerfG, Urt. v. 30. 6. 2009 – 2 BvE 2/08 u. a. – *Lissabon* = BVerfGE 123, 267 ff. (Rn. 236).

[34] Ebd., Rn. 413.

[35] Ebd., Rn. 413.

[36] Art. 48 Abs. 7 UAbs. 3 EUV sowie Art. 81 Abs. 3 UAbs. 3 AEUV.

[37] BVerfG, a.a.O., Rn. 414.

[38] Ebd., Rn. 416. Genannt werden Art. 31 Abs. 3 EUV sowie Art. 153 Abs. 2 UAbs. 4; Art. 192 Abs. 2 UAbs. 2; Art. 312 Abs. 2 UAbs. 2; Art. 333 Abs. 1 sowie Abs. 2 AEUV.

[39] §§ 4–6 des Integrationsverantwortungsgesetzes v. 22. 09. 2009, BGBl. 2009 I, Nr. 60, S. 3022 ff. (BT-Drs. 16/13923).

In Österreich gilt der im Jahr 2008 neu gefasste Art. 50 Abs. 2 B-VG, der den Fall der vereinfachten Änderung eines Vertrages von der parlamentarischen Zustimmungspflicht grundsätzlich *ausnimmt*, gerade *nicht* für den Bereich der EU.[40] Da Art. 48 Abs. 7 EUV rechtstechnisch eine Unterform des vereinfachten Vertragsänderungsverfahrens darstellt, steht Art. 50 Abs. 2 B-VG der Annahme einer parlamentarischen Zustimmungspflicht zumindest nicht entgegen.[41] Art. 50 Abs. 2 B-VG ordnet umgekehrt eine (Vorab-)Ermächtigung des Parlamentes aber auch nicht an. Die offene Frage der parlamentarischen Zustimmungspflicht in Fällen des Art. 48 Abs. 7 EUV ist aber durch die verfassungsrechtliche Lissabon-Begleitnovelle vom 27. Juli 2010 nunmehr beantwortet. Gemäß Art. 23i Abs. 1 B-VG darf das jeweils zuständige Regierungsmitglied Österreichs im Rat einer Initiative nach Art. 48 Abs. 7 EUV nur dann zustimmen, wenn Nationalrat und Bundesrat eine entsprechende *Ermächtigung* mit *Zweidrittelmehrheit der abgegebenen Stimmen bei Anwesenheit von mindestens der Hälfte der Mitglieder* erteilt haben. Artikel 23i Abs. 2 B-VG regelt überdies die Ausübung des Vetorechts, wie es etwa in Art. 48 Abs. 7 UAbs. 3 EUV vorgesehen ist.[42]

cc) Vertragsabrundungskompetenz, Spezialkompetenzen

In Deutschland hat das BVerfG in seinem Lissabon-Urteil zudem das Erfordernis aufgestellt, dass die Anwendung der unionsrechtlichen Flexibilitätsklausel in Art. 352 AEUV (ex-Art. 308 EG bzw. 235 EGV) – genauer: die Zustimmung des deutschen Ratsvertreters zu einem Ratsbeschluss über einen auf Art. 352 AEUV gestützten Rechtsakt – ein *Zustimmungs*gesetz i. S. d. Art. 23 Abs. 1 S. 2 GG voraussetzt.[43] Eine solche Forderung ist, soweit ersichtlich, bislang einzigartig in Europa. Sie unterscheidet sich zudem von den soeben erörterten Fällen insoweit, als es bei Art. 352 AEUV nicht um die Entwicklung des Primärrechts, sondern vielmehr um den Entstehungsprozess von Sekundärrecht geht. Hierauf wird im Kontext der parlamentarischen Beteiligungsrechte an der Rechtssetzung auf supranationaler Ebene zurückzukommen sein.[44] Gleiches gilt für die nunmehr statuierten Gesetzesvorbehalte für die Anwendung von Art. 83 Abs. 1 UAbs. 3 AEUV aus dem Bereich des Strafrechts.[45]

---

[40] Art. 50 Abs. 2 B-VG verweist nicht auf Abs. 1 Nr. 2.

[41] Aus den Entstehungsmaterialien ergibt sich lediglich, dass die in Art. 50 Abs. 2 B-VG neu geschaffene Befreiung von der Pflicht der parlamentarischen Zustimmung zur Vertragsänderung im Wege eines „Beschlusses eines durch den Vertrag geschaffenen Organs“ ausdrücklich nicht für die Änderungen der vertraglichen Grundlagen der EU gelten soll, vgl. Erläuterungen zur Regierungsvorlage, abrufbar unter http://www.parlament.gv.at/PG/DE/XXIII/I/I_00314/fname_090432.pdf (1. 9. 2010), S. 9.

[42] Da hier eine verfahrensrechtliche Spezialregelung fehlt, genügt für das Veto offenbar ein parlamentarischer Beschluss mit einfacher Mehrheit.

[43] Ebd., Rn. 417.

[44] Vgl. Teil 2 – Kapitel 9 – V. 2. c) ebenfalls unter eingehender Berücksichtigung des *Lissabon*-Urteils.

[45] BVerfG, a.a.O., Rn. 419.

c) Verfahrensrechtliche Trennung zwischen Ratifikation und Öffnung

Sieht die Integrationsermächtigung anstelle einer Bezugnahme auf den Vertrag oder anderer Integrationshandlungen eine Kompetenzübertragung *durch Gesetz* bzw. *durch Beschluss* vor,[46] so gibt es in einigen Verfassungsordnungen weitere verfahrensrechtliche Besonderheiten. Dies gilt insbesondere für die Rechtslage in Schweden. Dort kann nach dem im Jahr 2002 geänderten Kap. 10 § 5 Abs. 1 S. 5 des schwedischen Hauptverfassungsgesetzes (*Regeringsformen*)[47] der parlamentarische Übertragungsbeschluss erst dann erfolgen, wenn das Parlament bereits in einem gesonderten Akt der Ratifikation gemäß Kap. 10 § 2 zugestimmt hat. Die Zustimmung zur Ratifikation und der Übertragungsbeschluss erfolgen nach dieser Regelungsvariante mit anderen Worten also durch *zwei voneinander getrennte Verfahrensschritte.*[48] Der Übertragungsbeschluss erfordert hierbei gegenüber der Zustimmung zur Ratifikation gesteigerte verfahrensrechtliche Voraussetzungen.

In Deutschland, wo Art. 23 Abs. 1 S. 2 GG in ähnlicher Weise eine Übertragung „durch" Gesetz verlangt, wird die Integrationshandlung nach der bisherigen Praxis und herrschenden Meinung in der Literatur ebenfalls auf zwei unterschiedliche Verfahrensregeln – nämlich Art. 23 Abs. 1 S. 2, 3 GG für die innerstaatliche Öffnung und Art. 59 Abs. 2 S. 1 GG für die parlamentarische Zustimmung zur Ratifikation – zurückgeführt.[49] Allerdings erfüllt hier, anders als in Schweden, ein einheitliches Gesetz beide Funktionen *uno actu*, was jüngst durch das Zustimmungsgesetz zum VvL illustriert wird.[50] Auch in Dänemark, wo die Übertragung gemäß § 20 der Verfassung „durch Gesetz" erfolgt, genügt ein einheitliches Gesetz.[51]

---

[46] Zu dieser Variante des Übertragungsmodells s. im Einzelnen bereits Teil 2 – Kapitel 5 – II. 3.

[47] Sollte die Reform der schwedischen Verfassung auf Grundlage des Regierungsentwurfs v. 8. 12. 2009 – Regeringens proposition 2009/10:80 – zu. 1. 1. 2011 in Kraft treten, fände sich diese Vorschrift im neuen Kap. 10 § 6 Regeringsformen wieder.

[48] Dazu anhand des Beispiels des Vertrages von Amsterdam *J. Nergelius*, Offene Staatlichkeit, in: IPE II (2008), § 22 Schweden, Rn. 33.

[49] Wie gesehen, geht das BVerfG im Kontext des vereinfachten Vertragsänderungsverfahrens davon aus, dass das Zustimmungsgesetz nach Art. 23 Abs. 1 Satz 2 GG „*lex specialis* zu Art. 59 Abs. 2 GG" sei, vgl. BVerfG, Urt. v. 30. 6. 2009 – 2 BvE 2/08 u. a. – *Lissabon* = BVerfGE 123, 267 ff. (Rn. 312).

[50] Gesetz v. 8. 10. 2008, BGBl. 2008 II, S. 1038 ff. Vgl. dazu im Vorfeld BT-Drs. 16/8300, S. 1 u. 6. Der Gesetzesentwurfes der BReg. wurde am 24. 4. 2008 vom BTag (515 Stimmen dafür; 58 dagegen, 1 Enthaltung) und am 23. 5. 2008 vom BRat (65 Stimmen dafür, 4 Enthaltungen) angenommen. Näher zur Problematik Teil 2 – Kapitel 5 – II. 2. c) sowie Teil 2 – Kapitel 10 – III. 2.

[51] In Dänemark erfüllt das Übertragungsgesetz nach § 20 gleichzeitig die Funktion eines Zustimmungsgesetzes. § 19 und § 20 kommen aber gleichwohl nicht kumulativ, sondern vielmehr *alternativ* zur Anwendung, vgl. *H. Rasmussen*, Denmark's Waning Constitutionalism and Article 20 of the Constitution on Transfer of Sovereignty, in: A. Albi/J. Ziller (Hrsg.), The European Constitution and National Constitutions (2007), S. 149 (150). In anderen Verfassungsordnungen, insbesondere der tschechischen, wird zwar ebenfalls die doppelte Wirkrichtung der Integrationshandlung anerkannt, allerdings normativ nicht auf mehrere Verfahrensregeln zurückgeführt, sondern allein in der verfassungsrechtlichen Integrationsermächtigung verortet, vgl. tschech. VerfG, Urt. v. 8. 3. 2006 – Pl. US. 50/04 – *Zuckerquoten II*, Teil VI. B.

Die verfahrensrechtliche Trennung von Ratifikation und innerstaatlicher Öffnung bildet aber im Verfassungsvergleich rein zahlenmäßig die Ausnahme.

2. *Einfachgesetzliche Variante: Die Integrationsermächtigung als „Integrationshebel"*

Was die konkreten Verfahrenserfordernisse anbelangt, genügte für die Zustimmungsgesetze im Europa der Sechs mit Ausnahme Luxemburgs ursprünglich noch durchweg ein einfaches Parlamentsgesetz. Heute lässt sich dies in Bezug auf die Gründungsstaaten nur noch für die Verfassungen Belgiens und Italiens sowie im Grundsatz für die Niederlande sagen.[52] In Frankreich setzt die Ratifikation gemäß Art. 53 der Verfassung i. V. m. Abs. 15 der 1946er Präambel zwar ebenfalls nur eine einfache Mehrheit voraus. Wie gesehen, wurden seit dem Vertrag von Maastricht aber regelmäßig integrationsgerichtete Verfassungsänderungen erforderlich. In Deutschland lässt Art. 23 Abs. 1 S. 3 GG seit 1992 allenfalls – falls überhaupt noch – begrenzten Anwendungsraum für ein einfaches Gesetz.[53]

Unter den seit 1957 den Gemeinschaften bzw. der Union beigetretenen Staaten ist das Erfordernis einer einfachen Mehrheit zahlenmäßig deutlich in der Unterzahl. Mangels spezieller Verfahrensregeln findet ein einfaches Gesetz heute lediglich noch in Portugal, Estland und Litauen Anwendung.[54] In Verfassungsordnungen ohne dynamische Integrationsermächtigung reichen einfache Mehrheiten zudem in Malta, Zypern und der Türkei aus.[55] In Großbritannien ist die Ratifikation als *Royal Prerogative* grundsätzlich allein der Exekutive überantwortet.[56] Allerdings besteht mittlerweile durch das Gesetz über die Wahlen zum Europaparlament die Notwendigkeit einer (einfachen) parlamentarischen Zustimmung *vor* der Ratifizierung eines die Kompetenzen des Europäischen Parlamentes erweiternden Vertrages.[57]

Obwohl man das überwiegende Fehlen besonderer Verfahrensvoraussetzungen in der Anfangsphase des Integrationsprozesses sicherlich nicht zu Unrecht als Folge ei-

---

[52] Für Belgien und Italien vgl. bereits Fn. 4. Für die Niederlande ergeben sich Ausnahmen zur einfachen Mehrheit ggf. aus Art. 91 Abs. 3 Verf-NL, dazu sogleich.

[53] Dazu sogleich.

[54] S. Fn. 4. Wie gesehen ist jedoch die Verfassung Portugals im Integrationsverlauf mehrmals geändert worden, um den Neuerungen Rechnung zu tragen.

[55] Hier wird auf die allgemeinen Regeln zur Ratifikation völkerrechtlicher Verträge zurückgegriffen, vgl. insbesondere Art. 169 Abs. 2 Verf-CY sowie Art. 90 Abs. 1 Verf-TÜR In *Malta* richtet sich der Modus der Ratifizierung nach dem maltesischen Gesetz über die Ratifizierung von Verträgen. Für den Beitritt wurde die parlamentarische Zustimmung zur Ratifikation durch ein einfaches Gesetz – Art. 6 des EU-Gesetzes v. 16. 7. 2003 – gesichert, nachdem zuvor am 8. 3. 2003 ein konsultatives Referendum positiv beschieden worden war.

[56] Hinzu kommt die Selbstbeschränkung des gerichtlichen Prüfungsumfangs, vgl. Lord *Denning* in der Entsch. d. brit. Court of Appeal (Civil Division) v. 10. 5. 1971 – *Blackburn v. The Attorney General*, [1971] EWCA Civ 7: „The treaty-making power of this country rests not in the Courts, but in the Crown." Dazu *P. Birkinshaw*, British Report, in: J. Schwarze (Hrsg.), Die Entstehung einer europäischen Verfassungsordnung (2000), S. 205 (211 f.).

[57] § 12 European Parliamentary Elections Act v. 24. 7. 2002 – 2002 Chapter 24; ehemals § 6 European Assembly Elections Act (1978).

ner undifferenzierten Gleichbehandlung von Gemeinschaften und sonstigen völkerrechtlichen Organisationen begreifen kann,[58] wurde die Möglichkeit spezieller Verfahrenserfordernisse in einigen Staaten durchaus vor der erstmaligen Einführung einer Integrationsermächtigung gesehen und diskutiert. So entschied man sich etwa während des Entstehungsprozesses von Art. 24 Abs. 1 GG in Kenntnis der besonderen verfassungsrechtlichen Auswirkungen künftiger Kompetenzübertragungen *bewusst und ausdrücklich gegen* die Einforderung besonderer Verfahrenshürden.[59] Vergleichbares wird für die Entstehungsgeschichte von Art. 11 der italienischen Verfassung berichtet,[60] der im Unterschied zu Art. 24 Abs. 1 GG bis heute als dynamische Integrationsermächtigung im Kontext der europäischen Integration herangezogen wird.

Bereits zu einem frühen Zeitpunkt wurde also erkannt, dass die besondere Funktionsweise und Pointe[61] einer Integrationsermächtigung gerade in der Autorisierung von Integrationsentscheidungen besteht, die zwar verfassungsrechtliche Implikationen beinhalten, gleichwohl aber nicht einer formellen Verfassungsänderung bedürfen. Die Wirkung einer solchen Integrationsermächtigung kommt mit den Worten von *Hans Peter Ipsen* insoweit einem „Integrationshebel" gleich,[62] der Verfassungsdurchbrechungen,[63] bzw. zutreffender *materielle Verfassungsänderungen*[64] im Wege eines einfachen Gesetzes erlaubt. Kurz: Die Integrationsermächtigung

> „ist der Hebel zur supranationalen Verfassungsgebung, der dem einfachen Gesetz die Kraft gibt, in Bezug auf innerstaatlich zugeteilte Kompetenzen materiell verfassungsändernd zu wirken".[65]

Damit wird zugleich deutlich, dass das *dynamische Element* einer Integrationsermächtigung neben der bereits erörterten Frage ihrer sachbereichlichen Offenheit und Progressivität insbesondere den *verfahrensrechtlichen* Aspekt umfasst. Je niedriger die verfahrensrechtlichen Hürden gelegt sind, desto höher ist, dem *Ipsen*'schen Bild

---

[58] Vgl. die Rechtslage in Frankreich vor Einführung der EU-spezifischen Normen 1992.

[59] Vgl. insbesondere die Dokumentation der 6. und 29. Sitzung des Hauptausschusses des Parlamentarischen Rates, in: Parlamentarischer Rat, Verhandlungen des Hauptausschusses 1948/49, S. 69 f. und 345 f. Dazu *K.-P. Sommermann*, Offene Staatlichkeit, in: IPE II (2008), § 14 Deutschland, Rn. 10.

[60] *C. Panara*, Offene Staatlichkeit, in: IPE II (2008), § 18 Italien, Rn. 17.

[61] So *R. Katz*, in der 6. Sitzung des Hauptausschusses des Parlamentarischen Rates vom 19. 11. 1948, in: Parlamentarischer Rat, Verhandlungen des Hauptausschusses 1948/49, S. 70.

[62] *H. P. Ipsen*, Europäisches Gemeinschaftsrecht (1972), S. 58 (§ 2 Rn. 20); *ders.*, Die Bundesrepublik Deutschland in den Europäischen Gemeinschaften, in: J. Isensee/P. Kirchhof (Hrsg.), HStR VII (1993), § 181, Rn. 7.

[63] So *H. J. Glaesner*, Übertragung rechtssetzender Gewalt auf internationale Organisationen in der völkerrechtlichen Praxis, DÖV 12 (1959), S. 653. Zur Kategorie vgl. in jüngerer Zeit eingehend *U. Hufeld*, Die Verfassungsdurchbrechung (1997).

[64] So BVerfG, Beschl. v. 23. 6. 1981 – 2 BvR 1107, 1124/77 u. 195/79 – *Eurocontrol I* = BVerfGE 58, 1 (36).

[65] So *I. Pernice*, Gemeinschaftsverfassung und Grundrechtsschutz. Grundlagen, Bestand und Perspektiven, NJW 1990, S. 2409 (2411).

folgend, die Hebelwirkung der Integrationsermächtigung in Bezug auf die durch sie gestatteten Einwirkungen des EU-Rechts auf die innerstaatliche Verfassungsordnung und desto höher folglich der mit ihr erzielte Wirkungsgrad verfassungsrechtlicher Permeabilität. Besonders prägnant fasste dies der italienische Verfassungsgerichtshof in seiner *Frontini*-Entscheidung in Worte. Die italienische Integrationsermächtigung (Art. 11 Verf-I) wäre ihres

„*spezifischen normativen Charakters* beraubt, wollte man annehmen, dass man für jede Beschränkung der Souveränität, die durch Art. 11 vorgesehen ist, zu einem Verfassungsgesetz greifen müsste. Es ist vielmehr offensichtlich, dass diese Vorschrift nicht nur einen substanziellen, sondern auch einen *verfahrensmäßigen Wert* hat (...), wobei sie das Parlament der Notwendigkeit enthebt, auf die Ausübung der Befugnis zur Verfassungsänderung zurückzugreifen."[66]

Die verfahrensrechtliche Hebelwirkung einer einfachgesetzlichen Lösung besteht also gerade darin, dass eine das innerstaatliche Verfassungsgefüge materiell modifizierende, ja gewissermaßen seine „Mutation"[67] bewirkende, Integrationsentscheidung durch eine einfache Mehrheit im Parlament erfolgen kann. Die Entscheidungsfindung ist innerparlamentarisch damit schwerer politisch zu instrumentalisieren als bei gesteigerten Mehrheitserfordernissen, die ggf. ein konsensuales Zusammenwirken von regierungsbildender Mehrheit und Opposition erfordern. Umgekehrt ist die Blockade- und Kontrollmöglichkeit der Opposition im Fall der einfachgesetzlichen Lösung ungleich schwächer als bei erhöhten Mehrheitsschwellen.

3. *Varianten qualifizierter Verfahrensanforderungen*

Mehrheitlich überwiegen heute gleichwohl Integrationsermächtigungen, für die qualifizierte Verfahrensanforderungen gelten. Das Spektrum reicht dabei von einer absoluten Mehrheit der Parlamentsmitglieder bis hin zu einer 5/6-Mehrheit aller Abgeordneten.

Freilich setzt die Anwendung dieser besonderen Verfahrenserfordernisse zunächst einmal die Eröffnung des Anwendungsbereichs der jeweiligen Integrationsermächtigung voraus. Der in Rede stehende Integrationsschritt und die damit verbundene innerstaatliche Integrationshandlung – sei es nun in Form einer Vertragsänderung oder der Anwendung einer Evolutivklausel – muss von den zuständigen Verfassungsorganen also als eine „Übertragung von Hoheitsrechten" oder das entsprechende Äquivalent qualifiziert werden. Der Tatbestand der Integrationsermächtigungen ist dabei regelmäßig nicht schon bei bloßem Bestehen eines wie immer gearteten Integrationsbezugs erfüllt. Vielmehr handelt es sich in der Regel um eine Einzelfallevaluierung, die am Maßstab von Inhalt und Tragweite des betreffenden Integrationsschrittes zu entscheiden ist. Dies veranschaulicht in jüngerer Zeit besonders deutlich

---

[66] Ital. VerfGH, Urt. v. 18.12. 1973 – Nr. 183/1973 – *Frontini* = EuR 1974, S. 255 (259, Hervorh. hinzugefügt).

[67] *H. P. Ipsen*, Europäisches Gemeinschaftsrecht (1972), S. 58 (§ 2 Rn. 20).

die Handhabung der dänischen Integrationsermächtigung (§ 20 Verf-DK). Wurde der Verfassungsvertrag seitens des hierfür zuständigen dänischen Justizministeriums noch als „Übertragung" i. S. d. Integrationsermächtigung eingestuft, so gelangte man in Bezug auf den VvL zum gegenteiligen Ergebnis. Für die Ratifikation des VvL wurde mangels einer „Übertragung" vielmehr auf die allgemeine Regel des § 19 über die parlamentarische Zustimmung zu bestimmten völkerrechtlichen Verträgen mit einfacher Mehrheit zurückgegriffen.[68]

a) Gehobene Mehrheitserfordernisse

Qualifizierte Verfahrensanforderungen bestehen im parlamentarischen Verfahren typischerweise in der Anhebung der erforderlichen Mehrheitsschwelle. In Spanien ist diese Schwelle noch vergleichsweise niedrig gehalten. Hier erfolgen Souveränitätsübertragungen i. S. d. Art. 93 i. V. m. 81 Abs. 2 der Verfassung durch ein verfassungsausführendes, ein sog. Organgesetz, das der *absoluten Mehrheit der Abgeordneten* im Abgeordnetenhaus (Kongress) bedarf. Verfahrensrechtlich ist es damit zwischen einem einfachen Gesetz und einem verfassungsändernden Gesetz i. S. d. Art. 167 f. Verf-ESP gelagert.

Eine *3/5-Mehrheit aller Abgeordneter* fordert Art. 84 Abs. 4 i. V. m. Art. 7 Abs. 2 der slowakischen Verfassung. In Tschechien bedarf es gemäß Art. 39 Abs. 4 i. V. m. Art. 10a Abs. 2 der Verfassung einer Mehrheit von 3/5 der Abgeordneten und 3/5 der anwesenden Senatoren.

Bereits *2/3-Mehrheiten der Mitglieder des Parlamentes* fordern die speziellen Verfahrensregeln der Verfassungen Luxemburgs (Art. 37 Abs. 2 i. V. m. Art. 49bis Verf-LUX), Sloweniens (Art. 3a Abs. 1 Verf-SLO), Ungarns (Art. 2a Abs. 2 Verf-HU) und Bulgariens (Art. 85 Abs. 2 Verf-BG).[69] Gleiches gilt für die Vorschriften der kroatischen und mazedonischen Verfassung über die Übertragung von Befugnissen bzw. den Beitritt zu internationalen Organisationen (Art. 139 Abs. 2 Verf-KRO bzw. Art. 120 Verf-MK).[70] Ebenfalls 2/3-Mehrheiten verlangen die Verfassungen Österreichs, Polens und Lettlands, wobei in Österreich und Polen nur mindestens jeweils die Hälfte der Mitglieder der jeweiligen Kammer (Art. 50 Abs. 4 S. 2 öst. B-VG, Art. 90 Abs. 2 Verf-PL), in Lettland mindestens 2/3 der Parlamentsmitglieder (Art. 68 Abs. 2 Verf-LET) anwesend sein müssen. In Rumänien ergibt sich die Besonderheit, dass

---

[68] Gutachten des dän. Justizministeriums v. 4. 12. 2007. Am 11. 12. 2007 beschloss die Regierung daraufhin mit Billigung des Parlamentes, den Vertrag gemäß den allgemeinen Regeln des § 19 zu ratifizieren und nicht auf die Übertragungsermächtigung nach § 20 zurückzugreifen. Die Zustimmung des Parlamentes erfolgte schließlich am 24. 4. 2008. Für die Unterstützung bei der Recherche und für weiterführende Hinweise danke ich sehr herzlich dem dänischen Verfassungsrechtler *H. Rasmussen*.

[69] Zu Deutschland s. sogleich.

[70] Die alternativ in Betracht kommenden Vorschriften Art. 141 Verf-KRO (Bund mit anderen Staaten) sowie Art. 121 Verf-MK (Gemeinschaft oder Union mit anderen Staaten) sehen darüber hinaus jeweils einen parlamentarischen Beschluss mit 2/3-Mehrheit aller Abgeordneten sowie ein Referendum vor.

Art. 148 Abs. 1 und 3 Verf-RO eine 2/3-Mehrheit der Anzahl der Abgeordneten und Senatoren im Rahmen einer gemeinsamen Sitzung erforderlich macht.

In Schweden steht gem. Kap. 10 § 5 der sog. „Regeringsformen", d.h. des schwedischen Hauptverfassungsgesetzes, eine *3/4-Mehrheit* der Abstimmenden[71] in Alternative zum langwierigen verfassungsändernden Procedere nach Kap. 8 § 15.[72]

Am höchsten ist die parlamentarische Mehrheitsschwelle schließlich in Dänemark, wo gemäß § 20 Abs. 2 Verf-DK eine *5/6-Mehrheit der Parlamentsmitglieder* notwendig ist. Alternativ kann dieses Verfahren durch eine einfache Mehrheit in Verbindung mit einem Referendum ersetzt werden.[73]

b) Verfahrenskomplexität – Abgleich zum verfassungsändernden Verfahren

Sehen die Verfassungen qualifizierte Verfahrensanforderungen speziell für die parlamentarische Zustimmung zur Ratifikation eines kompetenzübertragenden Vertrages vor, so liegt hierin bereits eine Sonderregel gegenüber den allgemeinen Vorschriften über die Zustimmung bzw. Ratifizierung völkerrechtlicher Verträge.[74]

Für die verfassungsrechtliche Einordnung der qualifizierten Mehrheitsschwellen ist aber insbesondere der Abgleich zum Verfahren der *Verfassungsänderung* aufschlussreich.[75] Alle aufgrund einer dynamischen Integrationsermächtigung ergehenden innerstaatlichen Integrationshandlungen eint hierbei zunächst ein grundlegender Unterschied zur formellen Verfassungsänderung: Sie lassen den Verfassungs*text* unberührt.

Hinsichtlich der parlamentarischen Mehrheitsschwellen können Verfassungsänderung und Integrationsverfahren hingegen übereinstimmen.[76] Dieser innere Zu-

---

[71] Der Regierungsentwurf v. 8.12. 2009 – Regeringens proposition 2009/10:80 – zur Änderung des schwedischen Hauptverfassungsgesetzes sieht eine gegenüber der geltenden Rechtslage verschärfte Mehrheitsschwelle im Regelverfahren vor. Nach Kap. 10 § 6 (sic) n.F. reicht es nicht mehr aus, dass mindestens drei Viertel der *abstimmenden* Abgeordneten zustimmen. Zugleich muss künftig die absolute Mehrheit der Mitglieder des Parlaments erreicht werden.

[72] Allgemein zur Verfassungsänderung in Schweden s. *T. Bull*, Sweden. Constitutional Changes and the Limit of the Law, EPL 11 (2005), S. 187 ff.

[73] Nicht selten wird jedoch aufgrund politischer Praxis gleichwohl ein Referendum auf Grundlage von § 42 Abs. 6 Verf-DK durchgeführt, vgl. Teil 2 – Kapitel 6 – III. 1. b) bb) in kritischer Würdigung.

[74] Vgl. exemplarisch die Unterschiede zwischen allgemeiner und spezieller Norm in den Verfassungen Luxemburgs (Art. 37 Abs. 1 u. Abs. 2 Verf-LUX), Spaniens (Art. 94 Abs. 1 und Art. 93 Verf-ESP), Polens (Art. 89 Abs. 1 und Art. 90 Abs. 2 Verf-PL), Tschechiens (Art. 49 u. Art. 39 Abs. 4 i.V.m. Art. 10a Abs. 1 Verf-CZ) und Bulgariens (Spezialregelung in Art. 85 Abs. 2 Verf-BG).

[75] Zur Frage der Verfassungsgebung und -änderung in vergleichender Perspektive s. *P. Häberle*, Verfassungsrechtliche Ewigkeitsklauseln als verfassungsstaatliche Identitätsgarantien, in: FS H. Haug (1986), S. 81 ff.; *A. Auer*, L'adoption et la révision des constitutions, in: R. Bieber/P. Widmer (Hrsg.), L'espace constitutionnel européen (1995), S. 267 ff. sowie *G. A. Bermann*, The Constitutional Amendment Process, ebd. S. 291 ff. In primärrechtlicher Perspektive s. *R. Bieber*, Verfassungsgebung und Verfassungsänderung in der Europäischen Union, ebd. S. 313 (318 ff.) sowie *B. de Witte*, European Treaty Revision: a Case of Multilevel Constitutionalism, in: I. Pernice/J. Zemánek (Hrsg.), A Constitution for Europe: The IGC, the Ratification Process and Beyond (2005), S. 59 ff.

[76] So in Österreich (Art. 50 Abs. 1 Nr. 1 i.V.m. Abs. 4 öst. B-VG), der Slowakei (Art. 84 Abs. 4 Verf-

sammenhang wurde besonders in Ungarn während des Entstehungsprozesses der Europaklausel (Art. 2a Verf-HU) und der in ihr verankerten 2/3-Mehrheit betont.[77] Entsprechen sich die Mehrheitsschwellen von Verfassungsänderung und dynamischer Integrationsermächtigung, so weist das verfassungsändernde Verfahren außer der qualifizierten Mehrheit allerdings in der Regel keine weiteren verfahrensrechtlichen Besonderheiten auf.

Setzt die Verfassungsänderung hingegen ein besonders *komplexes und mehrstufiges Verfahren* voraus, so bringt der Vergleich einen für den konzeptionellen Grundgedanken dynamischer Integrationsermächtigungen überaus interessanten Befund ans Licht. Die integrationsbezogenen Bestimmungen weichen nämlich in diesen Fällen in aller Regel vom verfassungsändernden Verfahren ab und stellen vergleichsweise vereinfachte bzw. herabgesetzte verfahrensrechtliche Anforderungen auf.[78] Innerhalb der Verfassungsordnungen mit komplexem Änderungsverfahren zeichnet sich mit

SLK), Slowenien (Art. 3a und 169 Verf-SLO), Tschechien (Art. 39 Abs. 4 Verf-CZ), Ungarn (Art. 2a Abs. 2 und 24 Verf-HU) und Lettland (Art. 68 Abs. 2 und 76 Verf-LET). Auch in Kroatien entspricht die Schwelle von 2/3 aller Abgeordneter in der Übertragungsklausel (Art. 139 Abs. 2 Verf-KRO) der verfassungsändernden gemäß Art. 144 Verf-KRO Wäre für den Beitritt zur EU hingegen die Vereinigungsklausel des Art. 141 Verf-KRO heranzuziehen, so stellte diese zusätzlich zur 2/3-Mehrheit aller Abgeordneter das Erfordernis eines Referendums auf. Zur Rechtslage in Deutschland s. sogleich.

[77] Näher dazu *I. Varga*, Zum aktuellen Stand der EU-Verfassungsdebatte in Ungarn, in: K. Beckmann/J. Dieringer/U. Hufeld (Hrsg.), Eine Verfassung für Europa (2. Aufl. 2005), S. 303 (307).

[78] In *Dänemark* sind gemäß § 88 der Verfassung für ihre Änderung eine zweite Annahme des Entwurfes durch ein neu gewähltes Parlament sowie eine Volksabstimmung notwendig, während das Integrationsverfahren nach § 20 Verf-DK eine 5/6-Mehrheit der Abgeordneten oder alternativ eine einfache Mehrheit in Verbindung mit einem Referendum verlangt. Aufgrund des rigiden Änderungsverfahrens ist die Verfassung von 1953 bis heute kein einziges Mal geändert worden. In *Luxemburg* erfordert die Verfassungsänderung gemäß Art. 114 Abs. 1 Verf-LUX zusätzlich zur 2/3-Mehrheit nach Abs. 2 (die gemäß Art. 37 Abs. 2 Verf-LUX auch für die Integrationshandlung erforderlich ist) zwei Abstimmungen, zwischen denen drei Monate liegen. In *Griechenland* fordert Art. 110 der Verfassung, anders als die Integrationsermächtigung in Art. 28 Verf-GR, für die Verfassungsänderung zwei Abstimmungen der Parlamentsmitglieder und zusätzlich einen Beschluss des Folgeparlaments. In *Spanien* setzt Art. 167 f. Verf-ESP für die Verfassungsänderung besondere Mehrheitsschwellen und ggf. eine Bestätigung durch das Folgeparlament bzw. ein Referendum voraus, was weit über die Anforderungen eines integrationsgerichteten Organgesetzes i. S. d. Art. 93 i. V. m. Art. 81 Abs. 2 Verf-ESP hinausgeht. In *Schweden* steht der Übertragungsbeschluss durch 3/4-Mehrheit in Alternative zum komplexen Verfahren nach Kap. 8 § 15 schw. RegForm, das neben zwei gleichlautenden, durch Neuwahlen unterbrochenen, Beschlüssen auch die Möglichkeit eines Referendums vorsieht. In *Bulgarien* erfolgt die vereinfachte Verfassungsänderung durch die Nationalversammlung gemäß Art. 155 Verf-BG – anders als die Integrationshandlung i. S. d. Art. 85 Abs. 2 Verf-BG – durch eine 3/4-Mehrheit aller Abgeordneter, während in speziell umrissenen Fällen sogar ein besonderes Parlament, die Große Nationalversammlung, gewählt werden muss, Art. 153, 157 ff. Verf-BG In *Rumänien* ergibt sich der Unterschied, dass bei einer Verfassungsänderung gemäß Art. 151 der Verfassung nicht eine gemeinsame Sitzung der Kammern, sondern *jeweils* eine 2/3-Mehrheit der Mitgliederzahl in beiden Kammern (bzw. 3/4 der Mitglieder in gemeinsamer Sitzung) und zusätzlich eine Bestätigung durch Referendum vorliegen müssen. In *Mazedonien* liegt das verfassungsändernde Erfordernis der 2/3-Mehrheit nach Art. 131 der Verfassung ebenfalls über dem der Übertragungsklausel (Art. 121 – absolute Mehrheit der Abgeordneten). Wäre für den Beitritt zur EU hingegen die Vereinigungsklausel (Art. 120 Verf-MK) heranzuziehen, so stellte diese zusätzlich zur 2/3-Mehrheit aller Abgeordneten das Erfordernis eines Referendums auf.

anderen Worten deutlich die Tendenz ab, in verfahrensrechtlicher Hinsicht zwischen Verfassungsänderung und Integrationshandlung zu differenzieren.[79] Allen voran die Rechtsordnungen, welche die Verfassungsänderung an eine parlamentarische Bestätigung in der nächsten Legislaturperiode knüpfen, verlangen ein solch gestrecktes Verfahren gerade nicht – jedenfalls aber nicht alternativlos – im Rahmen der Integrationsermächtigungen.[80]

Dies entspricht der Zweckrichtung innerstaatlicher Integrationsermächtigungen als Mechanismen prinzipieller Integrationsoffenheit der Verfassungsordnung. Ein über die Maßen gestrecktes Verfahren würde deren operative Integrationsfähigkeit herabsetzen oder sogar grundsätzlich in Frage stellen. Bis zur nächsten Legislaturperiode warten zu müssen oder alternativ zur Ansetzung von Neuwahlen gezwungen zu sein, um die Zustimmung zur Ratifikation herbeiführen zu können, hieße den Entwicklungsprozess der Integration über einen beträchtlichen Zeitraum hinweg zu suspendieren. Wäre eine vergleichbare Regelung gar in mehreren Verfassungen gleichzeitig vorhanden, so erhöhte sich die Wartezeit ggf. noch in Abhängigkeit von Länge und Terminierung der betreffenden Legislaturperioden. Begreift man die Integrationsermächtigungen darüber hinaus als Teil einer gesamteuropäischen Verfassungsgebung, so ist auch unter diesem Gesichtspunkt der Grundgedanke eines zeitnahen Verfahrensabschlusses essenziell.

Diesen Kerngedanken zeitnaher Verfahrensökonomie bringt besonders deutlich und gleichsam differenziert das schwedische Hauptverfassungsgesetz (*Regeringsformen*) zum Ausdruck. Für *EU-bezogene Übertragungsbeschlüsse* besteht das Regelverfahren gemäß Kap. 10 § 5 Abs. 1 S. 3 in einem Parlamentsbeschluss, für den die besondere Mehrheitsschwelle von 3/4 der Abgeordneten gilt.[81] Das langwierige verfassungsändernde Verfahren kommt nach S. 4 demgegenüber lediglich alternativ in Betracht. Für *sonstige Übertragungen* i. S. d. 10 § 5 Abs. 2 ist die Systematik wiederum umgekehrt, da nach S. 3 grundsätzlich das komplexe Verfahren der Verfassungsänderung zur Anwendung gelangt. Ist es allerdings „nicht möglich, einen Beschluss nach diesem Verfahren abzuwarten", wird auch in diesem Fall ausdrücklich der Weg zu einer parlamentarischen Zustimmung mit speziellen Mehrheitserfordernissen eröffnet.[82]

---

[79] Zuweilen werden darüber hinausgehend aber auch in dogmatischer Hinsicht die Unterschiede zwischen Verfassungsänderung und Integrationshandlung betont, wie insbesondere die Erklärung des spanischen Verfassungsgerichts zum Vertrag von Maastricht (Erkl. v. 1. 7. 1992 – DTC 108/1992 – *Maastricht* = EuGRZ 1993, S. 285 ff.) zeigt: Die „Übertragung der Ausübung von aus der Verfassung abgeleiteten Kompetenzen [steht] nicht der Übertragung der Befugnis zur Verfassungsänderung oder gar der verfassungsändernden Gewalt gleich."

[80] S. insbesondere die Anmerkungen zu Dänemark (§ 88 Verf-DK), Griechenland (Art. 110 Verf-GR), Spanien (Art. 167 f. Verf-ESP) und Schweden (Kap. 8 § 15 schw. RegForm) in Fn. 78.

[81] Für die derzeit geplante Reform des Artikels und der darin vorgesehenen Mehrheitsschwelle im Regelverfahren vgl. Fn. 71.

[82] In diesem Fall erfolgt die Übertragung durch einen Beschluss des Reichstages, wenn mindestens 5/6 der Abstimmenden und mindestens 3/4 der Abgeordneten dafür stimmen.

In einer Gesamtschau lässt sich für das Verfassungsrecht der Mitgliedstaaten damit die klare Tendenz erkennen, dass die Integrationsermächtigungen nicht – jedenfalls nicht alternativlos – dem verfassungsändernden Verfahren unterstellt werden, soweit dieses eine herausgehobene Komplexität und Mehrstufigkeit aufweist. Kurzum, in Fragen der supranationalen Einbindung erfolgt regelmäßig eine Reduktion verfahrensrechtlicher Komplexität.

Im Gegenzug kann allerdings beobachtet werden, dass die Mehrheitsschwellen des Integrationsverfahrens zuweilen sogar höher gelegt sein können als die im mehrstufigen Änderungsverfahren. So geht die 5/6-Mehrheit aller Abgeordneten in der dänischen Verfassung über die Mehrheitsschwelle im Rahmen der komplexen Verfassungsänderung hinaus.[83] Auch in Schweden findet sich mit dem Erfordernis von 3/4 der Abgeordneten in der Integrationsermächtigung eine Mehrheitsschwelle, welche die verfassungsändernde übersteigt.[84] Mit dieser der Integrationsoffenheit auf den ersten Blick widersprechenden Konstruktion ist in erster Linie die Überlegung verbunden, den erhöhten Grad an Legitimität, der im Rahmen des Änderungsverfahrens normalerweise durch zwei aufeinanderfolgende Parlamentsentscheidungen sichergestellt werden soll, durch eine erhöhte parlamentarische Mehrheitsschwelle im Rahmen des vergleichsweise kurzen Integrationsverfahrens zu kompensieren.[85]

Die einzige Verfassung, welche ohne den Hintergrund eines mehrstufigen Änderungsverfahrens höhere Mehrheitserfordernisse in Bezug auf das Integrationsverfahren verlangt als bei einer Verfassungsänderung, ist die polnische. Die für das Zustimmungsgesetz erforderliche Mehrheitsschwelle gemäß Art. 90 Abs. 2 Verf-PL ist hier die strengste verfahrensrechtliche Hürde der Verfassung überhaupt, ohne dass sich dies – wie in Dänemark oder Schweden – als legitimatorische Kompensation für ein gegenüber der Verfassungsänderung beschleunigtes Verfahren verstehen ließe.[86] Die polnische Lösung weicht insoweit von der ansonsten vorherrschenden Tendenz in den anderen Mitgliedstaaten ab.

---

[83] Gleichwohl wird im Verfahren nach § 20 Abs. 2 Verf-DK eine bewusste Vereinfachung zugunsten der internationalen Offenheit gesehen, vgl. *H. Zahle*, Dänemark, in: U. Battis/D. Th. Tsatsos/D. Stefanou (Hrsg.), Europäische Integration und nationales Verfassungsrecht (1995), S. 47 (62). Auch kann die 5/6-Mehrheit durch eine einfache Mehrheit i. V. m. einem Referendum ersetzt werden.

[84] Einmal abgesehen von der Sondermehrheit von 5/6 der Mitglieder Verfassungsausschusses für den Beschluss zur Abkürzung des verfassungsändernden Verfahrens gemäß Kap. 8 § 15 Abs. 1 S. 3 schw. RegForm.

[85] Was freilich voraussetzt, dass für die Integrationshandlung überhaupt ein gesteigertes Legitimationsbedürfnis identifiziert wird.

[86] Art. 90 Abs. 2 Verf-PL fordert im Unterschied zur Verfassungsänderung nach Art. 235 Abs. 4 Verf-PL nicht eine absolute, sondern eine 2/3-Mehrheit der Stimmen der *Senatoren* in Anwesenheit von mindestens der Hälfte der gesetzlichen Anzahl der Senatoren. Zur Problematik *M. Jankowska-Gilberg*, Verfassungsrechtliche Grundlagen des Beitritts und der Mitgliedschaft Polens in der Europäischen Union, EuR 2003, 417 (419), deren Vergleich zur Rechtslage in Schweden (ebd., dort Fn. 9) jedoch aufgrund der in beiden Ländern völlig unterschiedlichen Verfahren der Verfassungsänderung nicht gänzlich überzeugt.

Bei innenpolitisch komplexen Rahmenbedingungen können freilich auch vergleichsweise moderate Verfahrensanforderungen europaweite Schmetterlingseffekte nicht verhindern. Offen zu Tage trat dies Ende März 2009 in der Folge des Misstrauensvotums gegen den damaligen tschechischen Ministerpräsidenten und amtierenden Ratspräsidenten *Mirek Topolánek*. Aufgrund der politischen Auseinandersetzungen und Flügelkämpfe in Prag hing das Schicksal des Vertrages von Lissabon für einige Wochen an einem mehr als dünnen Faden.[87] Die Wahrscheinlichkeit einer ablehnenden Abstimmung im tschechischen Senat durch die Parteigänger von Staatspräsident *Václav Klaus* erhöhte sich aufgrund der innenpolitischen Eigendynamik drastisch, obwohl die Verfassung mit 3/5 der anwesenden Senatoren eine vergleichsweise moderate Mehrheitsschwelle aufstellt. Schließlich konnte die notwendige Mehrheit im Oberhaus am 6. Mai 2009 aber erreicht werden,[88] wenngleich *Klaus* die Unterzeichnung der Ratifikationsurkunde so lange wie möglich hinauszögerte.

Das Beispiel der tschechischen Ratifikation des VvL verdeutlicht somit, dass die Verfahrensbestimmungen das politische Kräftemessen zwar formal kanalisieren, jedoch für sich allein genommen nur einen begrenzten Rückschluss auf die tatsächliche Integrationsoffenheit der jeweiligen Verfassungspraxis zulassen. Das Erreichen einer 2/3-Mehrheit kann in Staat A zur konsensdemokratischen Regelmäßigkeit gehören, während es in Staat B ein vergleichsweises schwieriges und außergewöhnliches Unterfangen darstellt. Entscheidend ist der Abgleich der betreffenden Verfahrensregel mit den jeweiligen, nicht selten selbst in dynamischem Wandel begriffenen, politischen Konstellationen und Entscheidungskulturen, die die betreffende Verfassungsordnung prägen. Bereits an dieser Stelle zeigt sich, dass die Frage der verfahrensrechtlichen Ausgestaltung dynamischer Integrationsermächtigungen in besonders starkem Maße von der systemischen Eigenlogik und politischen Kultur der betreffenden Verfassungsordnung abhängt.

Für Tschechien ist jedoch abschließend noch hervorzuheben, dass das tschechische Verfassungsgericht nunmehr in seinem zweiten *Lissabon*-Urteil vergleichsweise deutlich die Notwendigkeit eines bestimmten Mindestmaßes an zeitlicher Berechenbarkeit des Ratifikationsverfahrens betont. Dabei stellt es nicht nur die bereits auf *völkerrechtlicher Ebene* aus der Unterzeichnung eines internationalen Vertrages folgende Pflicht der Vertragsparteien heraus, die endgültige Entscheidung über das Ja oder Nein der Ratifikation nicht unnötig hinauszuzögern. Vielmehr postuliert es für den *staatsinternen* Bereich der tschechischen Hoheitsgewalt eine Pflicht des tschechischen Staatspräsidenten, den *Abschluss des Ratifikationsverfahrens nicht unnötig zu verzögern*, wenn der Vertrag bereits seine Zustimmung durch die Legislative erhalten hat und seine Verfassungsmäßigkeit zudem im Wege der Vorabkontrolle (Art. 87 Abs. 2

[87] Vgl. *C. Bolesch/M. Winter*, in: SZ v. 26. 3. 2009 „Der dünnste aller Fäden" sowie FAZ v. 26. 3. 2009.

[88] Mit 54 zu 20 Stimmen bei fünf Enthaltungen, vgl. *K. Brill*, Durchbruch nach sechs Stunden, SZ v. 6. 5. 2009.

i. V. m. 10a Verf-CZ) durch das Verfassungsgericht bestätigt worden ist.[89] Nach Auffassung des Gerichts ist nämlich das einzige Verfahren, in dessen Rahmen es zu Verzögerungen aufgrund von Zweifeln an der Verfassungsmäßigkeit des betreffenden Vertrages kommen kann, just diese präventive Vertragskontrolle.[90]

4. *Abgestufte Varianten am Maßstab der Qualität der Integrationshandlung*

Die soeben erörterten Verfahrensregelungen sind dadurch gekennzeichnet, dass sie für die Integrationsermächtigungen bestimmte, gegenüber dem allgemeinen Ratifikations-, Beschluss- bzw. Gesetzgebungsverfahren erhöhte Voraussetzungen einfordern. Darüber hinaus gibt es Regelungsvarianten, die *innerhalb des Anwendungsbereichs* der betreffenden Integrationsermächtigung zwischen unterschiedlichen Verfahrensregeln in Abhängigkeit von der Qualität der betreffenden Integrationshandlung differenzieren. Mit anderen Worten, es geht hier nicht um die Frage der Eröffnung des Anwendungsbereichs der Integrationsermächtigung und seiner Abgrenzung zu anderen verfassungsrechtlichen Verfahrensbestimmungen, etwa den allgemeinen Regeln über die Ratifikation völkerrechtlicher Verträge. Vielmehr steht die *Binnendifferenzierung* der Integrationsermächtigung in Rede.

a) Unterscheidung zwischen mehreren Ermächtigungen?

Eine erste Möglichkeit besteht darin, verfahrensrechtlich zwischen unterschiedlichen Ermächtigungen innerhalb einer Integrationsermächtigung zu differenzieren. Diese Besonderheit kennzeichnet in textlicher Hinsicht allen voran die griechische Verfassung. So setzt Art. 28 als Integrationsermächtigung der griechischen Verfassung in Abs. 3 für die *Einschränkung* der Souveränitätsausübung die absolute Mehrheit der Gesamtzahl der Abgeordneten voraus, während Abs. 2 S. 2 für die *Zuerkennung* verfassungsmäßiger Zuständigkeiten an Organe internationaler Organisationen bereits eine 3/5-Mehrheit der Gesamtzahl der Abgeordneten verlangt.

Das Paradoxe an dieser Differenzierung besteht darin, dass die Ermächtigung in Abs. 2 zwar die höheren formellen Voraussetzungen vorsieht, Abs. 3 demgegenüber aber Grenzen und Bedingungen einer Integrationsbeteiligung aufstellt und damit in materieller Hinsicht die voraussetzungsvollere Ermächtigung ist. Nach heute ganz überwiegender Auffassung in der griechischen Wissenschaft und Praxis löst sich dieser scheinbare Widerspruch darum nur durch die kumulative Anwendung beider Vorschriften auf, sodass sowohl die formellen als auch die materiellen Erfordernisse gleichermaßen zum Tragen kommen.[91] Damit beschreitet die griechische Verfas-

---

[89] Tschech. VerfG, Urt. v. 3. 11. 2009 – Pl. US 29/09 – *Lissabon II*, Rn. 116.

[90] Ebd., Rn. 116. Damit ist freilich keine Pflicht der Legislative zur Ratifikation aufgestellt.

[91] *C. Stephanou/A. Passas*, Grèce, in: J. Rideau (Hrsg.), Les Etats membres de l'Union européenne (1997), S. 239 (240); *E. Rouconas*, Grèce, in: P. M. Eisemann (Hrsg.), L'intégration du droit international et communautaire dans l'ordre juridique national (1996), S. 287 (293 f.); *J. Iliopoulos-Strangas*, Grèce, in: F. I. D. E. (Hrsg.), 17. F. I. D. E.-Kongress Berlin, Bd. 1: Le droit constitutionnel national et l'intégration européenne (1996), S. 120 (124 ff.); *dies.*, Offene Staatlichkeit, in: IPE II (2008), § 16

sungspraxis letztlich also nicht den theoretisch denkbaren und textlich angelegten Weg der verfahrensrechtlichen Differenzierung zwischen zwei verfassungsrechtlichen Integrationsermächtigungen.

b) Differenzierung am Maßstab der Verfassungsrelevanz

Eine weitere Variante verfahrensrechtlicher Binnendifferenzierung besteht darin, anhand der *Verfassungsrelevanz* bzw. der *Intensität* der jeweiligen Integrationshandlung zu differenzieren.

aa) Verwendung

Diese Möglichkeit ist insbesondere im Text der deutschen Integrationsermächtigung angelegt. Durch die Einführung von Art. 23 n. F. GG im Jahr 1992 erfolgte für den Bereich der europäischen Integration grundsätzlich eine Abkehr von der zuvor durchweg geltenden einfachgesetzlichen Hebellösung in Art. 24 Abs. 1 GG.[92] Stattdessen fordert Art. 23 Abs. 1 S. 3 GG seither eine 2/3-Mehrheit der Mitglieder von Bundestag und Bundesrat, soweit das Grundgesetz durch die Vertragsänderung oder vergleichbare Regelungen[93]

„seinem Inhalt nach geändert oder ergänzt wird oder solche Änderungen oder Ergänzungen ermöglicht werden."

Das Grundgesetz weist damit die Besonderheit auf, die Dimension einer materiellen Verfassungsänderung explizit zu benennen und im Rahmen der EU-spezifischen Integrationsermächtigung dem Wortlaut nach zwei Kategorien von Übertragungen zu unterscheiden.[94] Für beide gelten augenscheinlich differierende Mehrheitserfordernisse, nämlich eine 2/3-Mehrheit nach S. 3 und, so könnte man folgern, eine einfache Mehrheit nach S. 2, der allgemein von einem „Gesetz mit Zustimmung des Bundesrates" spricht.[95] Über die genaue Reichweite des Anwendungsbereichs von Art. 23

Griechenland, Rn. 24; *G. Papadimitriou*, Europäische Integration und nationales Verfassungsrecht in Griechenland, in: U. Battis/D. Th. Tsatsos/D. Stefanou (Hrsg.) Europäische Integration und nationales Verfassungsrecht (1995), S. 149 (157). Eingehend zur Problematik für die Zeit vor Maastricht *N. Lorenz*, Die Übertragung von Hoheitsrechten auf die Europäischen Gemeinschaften (1990), S. 239 ff.

[92] Von einer „bewusst weltoffenen Gestaltung" des Art. 24 Abs. 1 GG spricht *D. H. Scheuing*, Deutsches Verfassungsrecht und europäische Integration, in: P.-C. Müller-Graff/E. Riedel (Hrsg.), Gemeinsames Verfassungsrecht in der Europäischen Union (1998), S. 157 (171).

[93] Etwa die Anwendung von Evolutivklauseln (sog. „Passerelles").

[94] Der Unterschied zu den meisten anderen Verfassungsordnungen liegt hier gerade darin, dass zwischen zwei Kategorien von *Übertragungen* differenziert wird. So differenziert die angesprochene schwedische Integrationsermächtigung zwar verfahrensrechtlich zwischen der Zustimmung zur Ratifikation (Kap. 10 § 2) und der Übertragung (Kap. 10 § 5 Abs. 1, künftig ggf. Kap. 10 § 6), kennt aber in Bezug auf die Übertragung selbst keine Untergruppen. Allenfalls finden sich noch in Lettland (Art. 68 Abs. 3 u. 4 Verf-LET) und Griechenland (Art. 28 Abs. 2 und 3 Verf-GR) Integrationsermächtigungen, die unterschiedliche Verfahrensanforderungen an die jeweilige rechtliche Qualifizierung der Integrationshandlung knüpfen.

[95] Dabei unterscheidet sich auch Art. 23 Abs. 1 S. 2 GG von der alten Rechtslage, da er, anders als Art. 24 Abs. 1 GG, nunmehr durchweg eine Zustimmung des Bundesrates erforderlich macht.

Abs. 1 S. 3 GG und seine Abgrenzung zu S. 2 bestehen jedoch bereits seit der Einführung im Jahr 1992 erhebliche Unklarheiten, die bis heute regelmäßig in der Praxis wiederaufleben.[96] Auch das jüngst ergangene *Lissabon*-Urteil des BVerfG hat die Problematik nicht entschärft. Zwar gibt das Gericht recht detailliert vor, für welche Integrationshandlungen ein Gesetz i. S. d. Art. 23 Abs. 1 S. 2 GG bzw. ein parlamentarischer Beschluss notwendig wird.[97] Indessen sagen die Urteilsgründe wenig darüber aus, ob ein solches Gesetz stets oder nur in Einzelfällen dem verfahrensrechtlichen Erfordernis von Art. 23 Abs. 1 S. 3 GG genügen muss.

bb) Konzeptionelle Problemlagen

Die 1992 einberufene Gemeinsame Verfassungskommission von Bundestag und Bundesrat (GVK)[98] ging in Anknüpfung an den *Eurocontrol-I*-Beschluss des BVerfG mehrheitlich von der Annahme aus, dass „letztlich jede Hoheitsrechtsübertragung eine materielle Verfassungsänderung" enthalten könne.[99] Verfolgt man diesen Ansatz konsequent zu Ende, so müsste die 2/3-Mehrheit nach S. 3 folglich für sämtliche Übertragungskonstellationen zur Anwendung gelangen. Anders gewendet käme es in verfahrensrechtlicher Hinsicht einzig darauf an, ob die in Rede stehende Integrationshandlung tatbestandlich als „Übertragung von Hoheitsrechten" qualifiziert würde oder nicht. Wäre der Anwendungsbereich von Art. 23 Abs. 1 GG einmal eröffnet, käme automatisch die 2/3-Mehrheit nach S. 3 zum Zuge. Raum für eine einfache Mehrheit nach Art. 59 Abs. 2 S. 1 GG verbliebe nur dann, wenn die Integrationshandlung nicht als Übertragung von Hoheitsrechten i. S. v. Art. 23 Abs. 1 GG eingestuft würde. Eine verfahrensrechtliche Abstufung zwischen einfachen und qualifizierten *Übertragungen innerhalb* des Anwendungsbereiches von Art. 23 Abs. 1 GG gibt es nach diesem Verständnis also gerade nicht. Art. 23 Abs. 1 S. 2 GG wäre in dogmatischer Hinsicht vielmehr ausschließlich als *Ermächtigung* zur Übertragung, nicht aber als eine Bestimmung mit verfahrensrechtlichem Gehalt zu verstehen. Im Wesentlichen entspricht diese Interpretation der bislang herrschenden Meinung in der deutschen Fachliteratur.[100]

---

[96] Eingehend zur Problematik *M. Bothe/T. Lohmann*, Verfahrensfragen der deutschen Zustimmung zum Vertrag von Amsterdam, ZaöRV 58 (1998), S. 1 (3 ff.); *D. König*, Die Übertragung von Hoheitsrechten im Rahmen des europäischen Integrationsprozesses (2000), S. 303 ff. sowie *S. Uhrig*, Die Schranken des Grundgesetzes für die europäische Integration (1999), S. 98 ff.

[97] BVerfG, Urt. v. 30. 6. 2009 – 2 BvE 2/08 u. a. – *Lissabon* = BVerfGE 123, 267 ff. (Rn. 401 ff.).

[98] Zur Entstehungsgeschichte vgl. den Abschlussbericht der Gemeinsamen Verfassungskommission (GVK) von Bundestag und Bundesrat, BT-Drs. 12/6000, S. 19 ff. sowie *R. Scholz*, Grundgesetz und europäische Einigung, NJW 1992, S. 2593 (2595 ff.). *R. Scholz* (CDU) führte zusammen mit *H. Voscherau* (SPD) den Vorsitz in der GVK. Die integrationsbezogenen Empfehlungen der GVK, die insbesondere am 26. 6. 1992 vorgelegt wurden, sind in dem Abschlussbericht enthalten.

[99] Bericht der GVK, BT-Drs. 12/6000, S. 21. Vgl. BVerfG, Beschl. v. 23. 6. 1981 – 2 BvR 1107, 1124/77 u. 195/79 – *Eurocontrol I* = BVerfGE 58, 1 (36).

[100] *D. König*, Die Übertragung von Hoheitsrechten im Rahmen des europäischen Integrationsprozesses (2000), S. 309 ff.; *S. Uhrig*, Die Schranken des Grundgesetzes für die europäische Integration (1999), S. 105 f.; *M. Bothe/T. Lohmann*, Verfahrensfragen der deutschen Zustimmung zum Vertrag von Amsterdam, ZaöRV 58 (1998), S. 1 (18); *M. Herdegen*, Die Belastbarkeit des Verfassungsge-

Zusätzlich gestützt wird sie durch den Umstand, dass sich die GVK während der Beratungen gerade nicht mehrheitlich auf einen Textvorschlag hatte einigen können, der die Idee einer verfahrensrechtliche Abstufung innerhalb der neuen Europaklausel besonders deutlich zum Ausdruck gebracht hätte. Nach diesem Vorschlag wäre eine 2/3-Mehrheit nur bei „Eingriffen in die wesentlichen Strukturen" des Grundgesetzes, unbeschadet des Art. 79 Abs. 3 GG, erforderlich gewesen.[101] Diese restriktive Regel am Maßstab der Verfassungsintensität der betreffenden Übertragung wurde seitens der GVK aber mehrheitlich für kaum praktikabel befunden.[102] All dies deutet zunächst auf eine verfahrensrechtliche Alles-oder-Nichts-Lösung hin.

Obwohl die Bundesregierung in der Folge den Textvorschlag der GVK für Art. 23 Abs. 1 n. F. übernahm, ließ sie in ihrer Begründung zum Gesetzesentwurf der Verfassungsänderung aber erkennen, dass ihrer Auffassung nach keineswegs sämtliche, sondern nur besonders qualifizierte Übertragungen dem gesteigerten Mehrheitserfordernis unterfielen. Übertragungen, welche die „Geschäftsgrundlage" der geltenden Verträge nicht berührten, könnten vielmehr durch einfaches Gesetz – und zwar auf Grundlage von Art. 23 Abs. 1 S. 2 GG i. V. m. Art. 59 Abs. 2 S. 1 GG – erfolgen.[103] Nachdem die Bundesregierung in diesem Punkt auf den Widerstand des Bundesrates gestoßen war,[104] wurde der geplante Wortlaut des neuen Art. 23 Abs. 1 S. 3 im Rahmen des Sonderausschusses „Europäische Union" zwar nochmals um die Wendung der „vergleichbaren Regelungen" ergänzt, um den Anwendungsbereich der 2/3-Mehrheit neben der Zustimmung zu Vertragsänderungen auch ausdrücklich auf die Fälle von Evolutivklauseln zu erweitern.[105] Allerdings konnte das Problem damit gerade nicht gelöst werden. Auch die tatbestandliche Erstreckung von Art. 23 Abs. 1 S. 3 GG auf Evolutivklauseln als Modus der Primärrechtsentwicklung beantwortet nämlich nicht die Frage, ob diesbezüglich am Maßstab der konkreten Verfassungsrelevanz verfahrensrechtlich zu differenzieren ist oder nicht. An ihrer Rechtsauffassung

---

füges auf dem Weg zur EU, EuGRZ 19 (1992), S. 589 (592); *O. Rojahn*, in: I. v. Münch/P. Kunig (Hrsg.), GG, Bd. 2 (4./5. Aufl. 2001), Art. 23, Rn. 47; *C. D. Classen*, in: H. v. Mangoldt/F. Klein/C. Starck (Hrsg.), GG, Bd. II (5. Aufl. 2005), Art. 23, Rn. 19; *A. Randelzhofer*, in: T. Maunz/G. Dürig, GG, Art. 24 Abs. 1 (1992), Rn. 203; *C. Hillgruber*, in: B. Schmidt-Bleibtreu/F. Klein (Hrsg.), GG (11. Aufl. 2008), Art. 23, Rn. 23; *R. Breuer*, Die Sackgasse des neuen Europaartikels (Art. 23 GG), NVwZ 1994, S. 417 (423); *U. Everling*, Überlegungen zur Struktur der Europäischen Union und zum neuen Europa-Artikel des Grundgesetzes, DVBl. 1993, S. 936 (944). Ähnlich, aber Anwendungsraum im Rahmen von Evolutivklauseln (Passerelles) belassend, soweit diese bereits übertragene Hoheitsrechte nur ausfüllen *R. Streinz*, in: M. Sachs (Hrsg.), GG (4. Aufl. 2007), Art. 23, Rn. 65 f. sowie *D. H. Scheuing*, Deutsches Verfassungsrecht und europäische Integration, in: P.-C. Müller-Graff/E. Riedel (Hrsg.), Gemeinsames Verfassungsrecht in der Europäischen Union (1998), S. 157 (171).

[101] Hierzu eingehend *R. Scholz*, Grundgesetz und europäische Einigung, NJW 1992, S. 2593 (2598).

[102] Vgl. S. 21 des Berichts der GVK, BT-Drs. 12/6000.

[103] Für die Begründung der Bundesregierung s. BT-Drs. 12/3338, S. 7.

[104] Für die Stellungnahme des Bundesrates vgl. ebd., S. 12 sowie für die Gegenäußerung der Bundesregierung wiederum S. 14.

[105] Vgl. BT-Drs. 12/3896, S. 18. Aus dieser Beschlussempfehlung ergab sich dann letztlich der verabschiedete Wortlaut von Art. 23 Abs. 1 n. F.

im Hinblick auf die verfahrensrechtliche Differenzierung hält die Bunderegierung dementsprechend bis heute fest.

In dogmatischer Hinsicht überwiegen zudem die Argumente, die Anwendung von Art. 23 Abs. 1 S. 3 GG an eine Einzelfallbetrachtung am Maßstab der *Verfassungsintensität* der konkreten Integrationshandlung zu knüpfen, sodass im Ergebnis nur Übertragungen ab einer bestimmten Intensitätsschwelle eine qualifizierte Mehrheit erfordern.[106] Nicht nur spricht die verfassungsrechtliche Verpflichtung zur Mitwirkung am Integrationsprozess gemäß Art. 23 Abs. 1 S. 1 GG in systematischer Hinsicht gegen eine Anwendung restriktiver Verfahrenserfordernisse auf die Gesamtheit der Übertragungen. Auch ist S. 3 bereits seiner Normstruktur nach am Kriterium der Verfassungsrelevanz ausgerichtet. Ob das „Grundgesetz seinem Inhalt nach geändert oder ergänzt wird oder solche Änderungen oder Ergänzungen ermöglicht werden" ist eine Frage, die nicht pauschal bewertet, sondern nur einzelfallbezogen evaluiert werden kann.[107] Dass eine Übertragung im Ergebnis möglicherweise regelmäßig eine verfassungsrelevante Dimension aufweist, widerspricht dem nicht, sondern setzt eine solche Prüfung vielmehr denknotwendig voraus. Anderenfalls hätte man textlich schlicht das generelle Erfordernis einer 2/3-Mehrheit aufstellen können, wie dies bereits im Jahr 1956 in Art. 37 Abs. 2 i. V. m. Art. 49bis der luxemburgischen Verfassung geschehen war. Hätte sich die GVK tatsächlich auf eine ausnahmslose Anwendung der 2/3-Mehrheit innerhalb des Anwendungsbereiches der neuen Integrationsermächtigung verständigen können, wie behauptet wird, so wäre eine der luxemburgischen Klausel vergleichbare Textfassung einem solchen Verhandlungsergebnis ungleich näher gekommen. Der tatbestandliche Zusatz, dass das Grundgesetz „seinem Inhalt nach geändert oder ergänzt" oder dergleichen ermöglicht werden müsse, wäre nicht notwendig gewesen. Über die Reichweite der verfassungsändernden Mehrheitsschwelle wurde innerhalb der GVG aber gerade intensiv gestritten.[108] Insbesondere der Kompromisscharakter der letztlich für Art. 23 Abs. 1 S. 3 GG gefundenen Formulierung[109] steht somit auch in historischer Betrachtung einem differenzierten Ansatz nicht entgegen. Freilich bleibt das historisch-subjektive Argument spezifisch auf die deutsche Verfassungsordnung beschränkt.

Über die Grenzen der grundgesetzlichen Verfassungsordnung hinweg aber lässt sich sagen, dass eine differenzierte Auslegung, soweit möglich, dem grundsätzlichen Integrationszweck dynamischer Integrationsermächtigungen entspricht. Diese sind

---

[106] So vor allem *R. Scholz*, in: T. Maunz/G. Dürig, GG, Art. 23 (1996), Rn. 83 ff.; *J. Schwarze*, Deutscher Landesbericht, in: ders. (Hrsg.), Die Entstehung einer europäischen Verfassungsordnung (2000), S. 109 (136); *H. Jarras*, in: ders./B. Pieroth (Hrsg.), GG (7. Aufl. 2007), Art. 23, Rn. 16, 23; *I. Pernice*, in: H. Dreier (Hrsg.), GG, Bd. II (2. Aufl. 2006), Art. 23, Rn. 90, der nur dann die 2/3-Mehrheit für einschlägig befindet, wenn vom GG „ausdrücklich zugewiesene Kompetenzen verlagert (...), Rechte und Regelungen inhaltlich modifiziert (...) oder Grundsätze der Verfassung berührt werden".

[107] Vgl. auch *I. Pernice*, in: H. Dreier (Hrsg.), GG, Bd. II (2. Aufl. 2006), Art. 23, Rn. 90.

[108] Vgl. abermals S. 21 des Berichts der GVK, BT-Drs. 12/6000.

[109] Dazu *R. Scholz*, Grundgesetz und europäische Einigung, NJW 1992, S. 2593 (2597).

Ausdruck, ja operatives Instrument der jeweiligen Integrationsbereitschaft der Verfassung. Darum spricht auch in funktionaler Hinsicht mehr dafür, die im einfachgesetzlichen Verfahren angelegte Dynamik nur dann zu Gunsten erhöhter Mehrheitsschwellen zurückzunehmen, wenn die Integrationshandlung auch tatsächlich materiell in das innerstaatliche Verfassungsgefüge eingreift.

Mit Blick auf die Anwenderperspektive wird einer solchen Binnendifferenzierung der Integrationsermächtigung freilich entgegengehalten, dass eine klare, praxistaugliche Abgrenzung am Maßstab der Verfassungsrelevanz kaum möglich sei und dies in erhöhtem Maße die Gefahr von Rechtsunsicherheit mit sich bringe.[110] Indessen ist eine Einzelfallabwägung am Maßstab der Verfassungsrelevanz bzw. -intensität als Ausgleich zwischen den Prinzipien dynamischer Integrationsoffenheit einerseits und verfahrensrechtlicher Legitimation[111] materieller Verfassungsänderungen andererseits geboten.

Der einzelfallbasierte Ansatz ist darüber hinaus flexibler und setzt, anders als eine Alles-oder-Nichts-Lösung, eine vertiefte Auseinandersetzung und Diskussion um Tiefe und verfassungsrechtliche Tragweite des entsprechenden Integrationsschrittes im Parlament voraus. Damit werden zugleich die diskursive und deliberative Vorbereitung der Integrationshandlung und damit letztlich die parlamentarische Integrationsverantwortung gestärkt.

In der bisherigen Praxis der Bundesrepublik sind die Meinungsverschiedenheiten von Bundesregierung und Bundesrat um die Auslegung von Art. 23 Abs. 1 S. 2 u. 3 GG wiederholt offen zu Tage getreten. Die der Bundesregierung eigene differenzierte Linie zeigt dabei anschaulich die möglichen Unterschiede in der Bewertung einzelner Integrationshandlungen auf, wenn man sie jeweils am Maßstab der Verfassungsrelevanz misst. So war für die Zustimmung zum Eigenmittelbschluss vom 31. Oktober 1994 nach Auffassung der Bunderegierung ein einfaches Gesetz in Anwendung von Art. 23 Abs. 1 S. 2 GG, nach Auffassung des Bundesrates hingegen eine qualifizierte Mehrheit gemäß S. 3 erforderlich.[112] Ebenso gingen die Meinungen in Bezug auf den Vertrag von Nizza auseinander.[113] Im Hinblick auf die Zustimmungsgesetze zu den Beitrittsverträgen der Erweiterungsrunden 1995, 2004 und 2007[114] vertrat die Bundesregierung darüber hinausgehend die Position, Art. 23 Abs. 1 GG sei bereits man-

[110] Kritisch etwa *D. König*, Die Übertragung von Hoheitsrechten im Rahmen des europäischen Integrationsprozesses (2000), S. 306 f.

[111] Grundlegend *N. Luhmann*, Legitimation durch Verfahren (Nachdr. d. 3. Aufl. 1978), insbesondere S. 27 ff.

[112] Vgl. BT-Drs. 13/382, S. 5, 20 (BReg: Art. 23 Abs. 1 S. 2 GG) sowie S. 19 (BRat: Art. 23 Abs. 1 S. 3 GG). *D. König*, Die Übertragung von Hoheitsrechten im Rahmen des europäischen Integrationsprozesses (2000), S. 313 vertritt hingegen die Auffassung, Art. 59 Abs. 2 S. 1 GG hätte allein ausgereicht, weil die im Eigenmittelbeschluss enthaltene Ermächtigung des Rates vom Zustimmungsgesetz zum Vertrag von Maastricht bereits enthalten sei.

[113] BT-Drs. 14/6146, S. 6 u. 57 (BReg.) sowie S. 55 (BRat).

[114] Die Jahreszahlen beziehen sich auf das Jahr, in dem der jeweilige Beitritt wirksam wurde. Die Unterzeichnung der Beitrittsverträge fand am 24. 6. 1994, am 16. 4. 2003 und am 25. 4. 2005 statt.

gels einer Übertragung von Hoheitsrechten überhaupt nicht heranzuziehen. Während der Bundesrat Art. 23 Abs. 1 GG im Allgemeinen und seinen S. 3 wiederum im Besonderen für einschlägig befand, stützte sich die Bundesregierung in ihren Gesetzesentwürfen vielmehr ausschließlich auf Art. 59 Abs. 2 S. 1 GG.[115]

Letztlich hatten diese Divergenzen in der Praxis zwar keinen Einfluss auf das Ergebnis, da eine 2/3-Mehrheit in allen Fällen aufgrund eines hinreichenden politischen Konsenses bei Weitem erreicht, ja sogar deutlich übertroffen wurde. Gleichwohl darf diese Tatsache nicht darüber hinwegtäuschen, dass die Deutungsvielfalt des Verhältnisses von Art. 23 Abs. 1 S. 2 und S. 3 problematisch ist.[116] Annähernde Übereinstimmung zwischen Bundesregierung und Bundesrat hinsichtlich der Anwendung von Art. 23 Abs. 1 S. 3 GG herrschte allenfalls in Bezug auf die Zustimmungsgesetze zum Vertrag von Amsterdam,[117] zum VVE[118] und jüngst zum VvL.[119]

Ein im Abgleich zur deutschen Rechtslage überaus interessantes Beispiel für die mögliche Binnendifferenzierung am Maßstab der Verfassungsrelevanz bietet in diesem Kontext die niederländische Verfassungspraxis. Hier scheint die – seit 1953 bestehende – rechtliche Ausgangslage auf den ersten Blick der (jüngeren) deutschen sehr ähnlich. Nach Art. 92 i. V. m. 91 Abs. 3 der Verfassung ist nämlich eine 2/3-Mehrheit der abgegebenen Stimmen der Kammern notwendig, wenn der Vertrag Bestimmungen enthält,

> „die von der Verfassung abweichen oder eine solche Abweichung erforderlich machen."[120]

Diese Regel wird in der Praxis allerdings überaus restriktiv gehandhabt. Gerade anders als in Deutschland reicht in nahezu allen Fällen eine einfache Mehrheit aus.[121] In Bezug auf die Europäische Union wurde Art. 91 Abs. 3 Verf-NL bislang nur ein einziges Mal, nämlich im Zusammenhang mit der Europäischen Verteidigungsgemeinschaft in den 50er Jahren, herangezogen.[122] Diese enge Auslegung prägte jüngst auch

---

[115] Für die *Beitrittsrunde 1995* vgl. BT-Drs. 12/7977 (BReg) sowie die Beschlussempfehlung des Auswärtigen Ausschusses, BT-Drs. 12/8188, S. 3 f. (wobei allerdings die SPD-Fraktion für eine Anwendung des Art. 23 Abs. 1 S. 3 plädierte, ebd. S. 5). Für die *Beitrittsrunde 2004* vgl. BT-Drs. 15/1100, S. 1 (BReg) und 15/1200, S. 1 ff. (BRat) sowie die Beschlussempfehlung des EU-Ausschusses BT-Drs. 15/1300, S. 1 und den Änderungsantrag der Abgeordneten *P. Hintze* et. al., BT-Drs. 15/1358. Für die *Beitrittsrunde 2007* vgl. BT-Drs. 16/2293, S. 1 (BReg) und 299 f. (BRat).

[116] Vgl. auch *R. Geiger*, Unaufgelöste Widersprüche im Europa-Artikel des Grundgesetzes – Zur Änderung und Erweiterung der Europäischen Union gemäß Art. 23 Abs. 1 GG, in: L. Gramlich (Hrsg.), Zwischen Legitimation und Effektivität (2006), S. 43 ff.

[117] BT-Drs. 13/9339, S. 6 (BReg).

[118] Vgl. für die Zustimmung zum VVE den Entwurf der BReg, BT-Drs. 16/4900, S. 1 (BReg) sowie BT-Drs 15/4939 (BRat).

[119] Gesetz v. 8. 10. 2008, BGBl. 2008 II, S. 1038 ff. Vgl. im Vorfeld BT-Drs. 16/8300, S. 1.

[120] Eine ähnliche Abstufung findet sich zudem in § 94 Abs. 2 S. 2 der finnischen Verfassung, hier allerdings nicht im Rahmen einer dynamischen Integrationsermächtigung.

[121] *R. Wessel/W. Van de Griendt*, Offene Staatlichkeit, in: IPE II (2008), § 19 Niederlande, Rn. 29 ff.

[122] *L. F. M. Besselink*, The Netherlands – Becoming a Party to Treaties Which Diverge From the Constitution, EPL 9 (2003), S. 471 (473 ff.).

die Haltung des niederländischen Staatsrates gegenüber dem VvL. Dieser wurde gerade nicht als abweichend von der niederländischen Verfassung eingestuft, sodass für die Ratifikation die Grundregel der einfachen Mehrheit zum Zuge kommen konnte.[123] In der Verfassungspraxis hat die differenzierte Verfahrensregel in den Niederlanden daher im EU-Kontext bislang praktisch kaum eine Rolle gespielt.

cc) Zwischenbefund: Integrationsdynamik v. gesteigertes Legitimationserfordernis?

Die in Deutschland geführte Debatte um die anwendbaren Verfahrensregeln ist vor diesem Hintergrund der in der Praxis am häufigsten virulent gewordene Beispielsfall für das Für und Wider einer Integrationsermächtigung, die *innerhalb ihres Anwendungsbereichs* eine verfahrensrechtliche Abschichtung verschiedener Integrationshandlungen am Maßstab ihrer konkreten Verfassungsrelevanz vorsieht bzw. eine solche zumindest textlich zulässt. Die in erster Linie vom Bundesrat vertretene Auffassung, im EU-Kontext ausnahmslos die 2/3-Mehrheit nach Art. 23 Abs. 1 S. 3 GG anzuwenden, besticht hierbei durch Klarheit und Eindeutigkeit. Indessen wird einzig eine verfahrensrechtliche Differenzierung der gebotenen Abwägung zwischen verfahrensrechtlicher Integrationsdynamik einerseits und erhöhtem Legitimationsbedürfnis materieller Verfassungsänderungen andererseits gerecht. Allerdings ist, dies sei nochmals ausdrücklich hervorgehoben, die Integrationshandlung selbst im Falle der Anwendung der 2/3-Mahrheit nicht mit einer formellen Verfassungsänderung gleichzusetzen.[124]

III. Volksentscheid

Neben den unterschiedlichen parlamentarischen Zustimmungserfordernissen gibt es als verfahrensrechtliches Modell dynamischer Integrationsermächtigungen zudem den direktdemokratischen Modus. Ein integrationsbezogenes Referendum kann sich dabei beziehen auf den Beitritt zur Union, die Ratifikation eines (Änderungs-)

[123] Vgl. nied. Staatsrat, Gutachten v. 15. 2. 2008, Gesetzbl. (Kamerstukken) II 2007/08, 31 384 (R 1850), Nr. 4, abrufbar unter http://www.europapoort.nl/9345000/1/j9vvgy6i0ydh7th/vgbwr-4k8ocw2/f=/vhtal99v30su.pdf (1. 9. 2010), der keine Unvereinbarkeit des Vertrages von Lissabon mit der Verf-NL feststellen kann.

[124] In dieser Hinsicht ist der Regelungsgehalt von Art. 23 Abs. 1 S. 3 GG eindeutig, da die Norm hinsichtlich der verfahrensrechtlichen Voraussetzungen gerade nicht auf das Textänderungsgebot in Art. 79 Abs. 1 GG verweist, vgl. eingehend den Abschlussbericht der GVK, BT-Drs. 12/6000, S. 21. Eine Spezialregelung des Textänderungsgebotes – aber nicht im Kontext mit der Übertragung von Hoheitsrechten – findet sich in Art. 79 Abs. 1 S. 2 GG. Danach genügt bei bestimmten völkerrechtlichen Verträgen eine Ergänzung des Wortlautes des Grundgesetzes, die sich auf die Klarstellung beschränkt, dass die Bestimmungen des Grundgesetzes dem Abschluss und dem Inkraftsetzen des betreffenden Vertrages nicht entgegenstehen. Ein solcher Fall fand bislang einzig anlässlich der letztlich gescheiterten Europäischen Verteidigungsgemeinschaft statt. Art. 142a a. F., der gleichzeitig mit Art. 79 Abs. 1 S. 2 GG in das GG eingeführt wurde, mittlerweile aber gestrichen ist, sah vor: „Die Bestimmungen dieses Grundgesetzes stehen dem Abschluß und dem Inkraftsetzen der am 26. und 27. Mai 1952 in Bonn und Paris unterzeichneten Verträge (…) nicht entgegen."

Vertrages, eine integrationsinduzierte Verfassungsänderung oder auf die Teilnahme an einem bestimmten Politikbereich, wie beispielsweise der WWU oder dem Schengener Raum.

Bis zum heutigen Tage wurden europaweit mehr als vierzig Volksentscheide abgehalten, die in einem unmittelbaren Zusammenhang zur europäischen Integration stehen.[125] In den meisten Fällen ging es hierbei um den Beitritt eines Staates zur Union oder um die Ratifikation eines Vertrages bzw. deren verfassungsrechtliche Ermöglichung.

Gäbe es einen Faktor für Spannung und Dramatik europäischer Verfassungsentwicklung, so gebührte dem Volksentscheid zweifellos ein Platz am obersten Ende der Skala. Dies beginnt bereits bei der Frage der Zugehörigkeit zur Union. So blieb Norwegen aufgrund der beiden gescheiterten Beitrittsreferenden in den Jahren 1972 und 1994 bis heute eine Mitgliedschaft in der EU versagt. In der Schweiz wurde 2001 eine Volksinitiative auf Wiederbeginn von Beitrittsgesprächen negativ beschieden. In Dänemark lehnte das Volk im Jahr 2000, in Schweden im Jahr 2003 den Eintritt in die dritte Stufe der WWU ab. Aber auch grundlegende Vertragsrevisionen mussten zunächst unter dem Damoklesschwert eines gescheiterten innerstaatlichen Referendums ihres Schicksals harren. So scheiterte das Referendum zum Vertrag von Maastricht in Dänemark im ersten Anlauf 1992[126] und konnte die Hürde erst ein Jahr später, vor dem Hintergrund einer ausgehandelten Freistellung für Dänemark in Bezug auf zentrale Teile der WWU, nehmen.[127] Auch in Irland wurde der Volksentscheid über den Vertrag von Nizza nach dem negativen Ausgang im ersten Anlauf 2001 ein Jahr später wiederholt. Der Verfassungsvertrag hingegen scheiterte im Jahr 2005 endgültig an dem negativen Ausgang der beiden Referenden in Frankreich und den Niederlanden. Auch für seinen Nachfolger, den Vertrag von Lissabon, musste man sich, um ein endgültiges Scheitern der Reform vorerst zu verhindern, nach dem negativen Ausgang des Volksentscheids in Irland am 12. Juni 2008 auf einen zweiten Anlauf verständigen,[128] der am 2. Oktober 2009 positiv ausging.

---

[125] Eine illustrative Übersicht über die bisherigen integrationsbezogenen Referenden, allerdings noch ohne Berücksichtigung der beiden irischen Referenden zum VvL, bietet *M. Shu*, Referendums and the Political Constitutionalisation of the EU, ELJ 14 (2008), S. 423 (445). Rechtsvergleichend zudem *S. Hölscheidt/I. Putz*, Referenden in Europa, DÖV 2003, S. 737 ff.

[126] Auch in Frankreich war die Zustimmung mit 51,1% bei einer Beteiligung von 69,7% der Wahlberechtigten äußerst knapp ausgefallen.

[127] Heute Protokoll Nr. 16 über einige Bestimmungen betreffend Dänemark. In verfassungsrechtlicher Hinsicht besonders interessant ist seine ausdrückliche Bezugnahme darauf, „dass die dänische Verfassung Bestimmungen enthält, die vor einem Verzicht Dänemarks auf seine Freistellung in Dänemark eine Volksabstimmung erfordern könnten". Damit wird seitens des europäischen Primärrechts also letztlich auf die dänische Integrationsermächtigung in § 20 Verf-DK rekurriert.

[128] Vgl. die Schlussfolgerungen des Vorsitzes zur Tagung des Europäischen Rates vom 11./12. 12. 2008, Dok. 17271/1/08 Rev 1, Nr. 1–4. Das Hauptzugeständnis gegenüber Irland lag neben einigen deklaratorischen Feststellungen zur Reichweite des Vertrags von Lissabon insbesondere in der Inaussichtstellung, dass auch künftig weiterhin ein Staatsangehöriger jedes Mitgliedstaats der Kommission angehören werde.

Verdeutlichen diese Fälle nachdrücklich das Risiko, welches mit der Abhaltung eines Volksentscheids verbunden ist, so wurde die Mehrzahl integrationsrelevanter Referenden bislang gleichwohl positiv beschieden. Insbesondere die Volksentscheide, die anlässlich der Beitrittsrunde 2004 in allen beitretenden Staaten bis auf Zypern abgehalten wurden, förderten überwiegend sehr klare Mehrheiten der Bevölkerung für einen Beitritt zu Tage.[129] Freilich ist bei einer solchen Feststellung grundsätzliche Vorsicht geboten. Gerade die politischen Hintergründe und Stimmungslagen sind ein entscheidender, angesichts ihrer Komplexität aber gleichermaßen schwierig zu evaluierender Faktor. Dies zeigen die Volksentscheide im Zuge der Beitrittswelle des Jahres 2004 nur zu deutlich. Die hohe Wahlbeteiligung sowie der letztliche Ausgang dieser beitrittsbezogenen Referenden kann nämlich nicht losgelöst von den überaus intensiven Vorfeldmaßnahmen der politischen Führungen gesehen werden, die von der massiven Sorge um zu geringe Wahlbeteiligung oder einen negativen Ausgang getragen waren. Diese „Motivationshandlungen" erstreckten sich mitunter von kirchlichen Wahlaufrufen bis hin zu kostenlosen Taxifahrten zu den Wahlurnen und der Verteilung von Freikarten für Fußballspiele, um nur einige Beispiele zu nennen.[130]

Klarzustellen ist, dass das Referendum im Folgenden als verfahrensrechtlicher Modus im Rahmen von Verfassungsordnungen mit *dynamischen Integrationsermächtigungen* behandelt wird. Davon zu unterscheiden sind Verfassungsordnungen, in denen das Referendum als Teil des verfassungsgebenden bzw. verfassungsändernden Verfahrens im Integrationskontext relevant wird. Hierunter fällt in erster Linie die Rechtslage in Irland. Das Referendum bildet dort gerade keinen Verfahrensmodus auf Grundlage einer verfassungsrechtlichen Ermächtigung, sondern ist vielmehr Bestandteil des verfassungsändernden Verfahrens, das auf die Schaffung einer solchen Ermächtigungsgrundlage für die Ratifikation abzielt.[131]

Was die rechtliche Konstruktion der Volksentscheide im Kontext von Verfassungsordnungen mit dynamischen Integrationsermächtigungen anbelangt, gilt es eine Vielzahl von Regelungsvarianten zu unterscheiden. Das Referendum kann obligatorischen oder fakultativen Charakter haben. Es kann konsultativ oder rechtlich bindend sein, wobei die Verbindlichkeit wiederum von der Einhaltung eines Mindestquorums abhängen kann. Zudem ist die verfassungsrechtliche Fundierung des Volksentscheids sowohl durch allgemeine Bestimmungen als auch durch integrati-

[129] Speziell zu den Referenden in den mittel-und osteuropäischen Staaten *A. Albi*, EU Enlargement and the Constitutions of Central and Eastern Europe (2005), S. 138 ff. Für einen Überblick aus Sicht der Europäischen Kommission vgl. zudem *F. Hoffmeister*, Constitutional Implications of EU Membership: A View from the Commission, CYELP 3 (2007), S. 59 (67 ff.).

[130] Vgl. zu den verfahrensrechtlichen Manövern im Vorfeld die kritische Analyse von *A. Albi*, EU Enlargement and the Constitutions of Central and Eastern Europe (2005), S. 149 ff. (insbesondere S. 154).

[131] Dazu eingehend Teil 2 – Kapitel 7 – I. Weitere Anwendungsfälle für Referenden im Integrationskontext finden sich in Art. 44 Abs. 3 öst. B-VG im Rahmen der sog. „Gesamtänderung" sowie in der Änderungsvorschrift von § 3 des estnischen Verfassungsergänzungsgesetzes.

onsbezogene Spezialnormen möglich, welche die Integrationsermächtigung in verfahrensrechtlicher Hinsicht ergänzen. Die einzelnen Unterscheidungsmerkmale sind untereinander wiederum kombinierbar, sodass eine Vielzahl an Varianten entsteht. Für das Verständnis der Integrationsermächtigungen als dynamische Mechanismen verfassungsrechtlicher Permeabilität ist dabei von gesteigertem Interesse, inwieweit die jeweilige Verfassungsordnung spezielle, d.h. ggf. gegenüber den sonstigen Verfahrensregeln abweichende, Verfahrensvorkehrungen trifft.

1. EU-bezogene Spezialvorschriften

Insbesondere in jüngerer Zeit hat dabei die Anzahl an Verfassungsordnungen deutlich zugenommen, die Spezialvorschriften über ein Referendum im Kontext der europäischen Integration oder allgemeiner im Zusammenhang mit der Kompetenzübertragung an internationale Organisationen enthalten.

a) Spezialvorschriften für bestimmte Fälle des Integrationsfortgangs

Die erste Variante integrationsbezogener Spezialvorschriften ist in ihrem Anwendungsbereich sehr eng gezogen. Sie verlangt den Volksentscheid nur für einzelne, genau definierte Fälle der Integrationsentwicklung.

aa) Beitritt des eigenen Staates

Ein dergestalt spezifisches, nämlich ausschließlich auf den *EU-Beitritt* gerichtetes Referendum sah bis zum 1. Mai 2004, d.h. bis zur Wirksamkeit des Beitritts, die ungarische Verfassung in Art. 79 a.F. vor. Diese „Einweg"-Vorschrift bereitete eine Grundlage ausschließlich für das – obligatorische und in seinem Ausgang rechtlich bindende – Referendum zur Ratifikation der Beitrittsakte und war nach erfolgreicher Durchführung in ihrem Regelungsgehalt erschöpft. Die Norm lautete:

> „Über den Beitritt der Republik Ungarn zur Europäischen Union gemäß dem Beitrittsvertrag ist ein zentraler Volksentscheid abzuhalten. Der Zeitpunkt dieses Volksentscheids ist der 12. April 2003. Die zur Abstimmung zu stellende Frage lautet: Sind Sie damit einverstanden, dass die Republik Ungarn Mitglied der Europäischen Union wird?"

Obwohl die Norm bereits mit dem Beitritt zum 1. Mai 2004 außer Kraft trat,[132] werfen ihre Konstruktionsweise und der Grund ihrer Einfügung bis heute Fragen auf, die das verfahrensrechtliche Gesamtgefüge der Verfassung betreffen. Die dahinter stehende systematische Frage ist gleichermaßen über die Grenzen der ungarischen Verfassung hinaus interessant und aufschlussreich.

Die ausdrückliche verfassungsrechtliche Regelung des Beitrittsreferendums in Ungarn, bestärkt bis heute nämlich Teile der Literatur in der Annahme, dass ein Referendum über künftige Integrationsentwicklungen ohne eine weitere Spezialregelung in der ungarischen Verfassung ausgeschlossen sei. Aus der Einfügung der Spezialnorm in die Verfassung ergebe sich im Umkehrschluss, dass eine Volksabstimmung

---

[132] Vgl. Gesetz 2002/61, v. 23. 12. 2002.

über Fragen der „Souveränitätsübertragung bzw. der gemeinsamen Souveränitätsausübung" in der EU einzig aufgrund einer „dem seligen § 79 ähnlichen" Norm zulässig sei.[133] Damit sind Grundfragen der Regelungstechnik rechtlicher Permeabilität aufgeworfen.

Die Regelungslage in Ungarn ist allerdings komplexer als es das Argument des Umkehrschlusses zunächst vermuten ließe. Denn die ungarische Verfassung sieht zugleich allgemeine Vorschriften über ein Referendum vor. So kann gemäß Art. 28b Abs. 1 Verf-HU eine in den Kompetenzbereich des Parlamentes fallende Frage grundsätzlich Gegenstand einer landesweiten Volksabstimmung bzw. eines landesweiten Volksbegehrens sein. Die Frage drängt sich geradezu auf, ob nicht auch ein Referendum im EU-Kontext hierunter fallen könnte. Die in der ungarischen Verfassung zusätzlich in Art. 28c Abs. 5 Verf-HU geregelten Ausnahmetatbestände zur Anberaumung eines Referendums umfassen jedenfalls gerade nicht die Frage der Ratifikation eines völkerrechtlichen Vertrages.[134] Dies spricht zunächst dafür, ein EU-bezogenes Referendum auch auf die allgemeine Vorschrift des Art. 28b Abs. 1 Verf-HU zu stützen. Allerdings liefert die zeitlich vor dem EU-Beitritt ergangene Rechtsprechung des ungarischen Verfassungsgerichts Anhaltspunkte dafür, dass die in Art. 28b Abs. 1 Verf-HU angelegte Möglichkeit der Verdrängung repräsentativer durch direktdemokratische Elemente „weder zur impliziten noch zur manifesten Abänderung der Verfassung führen" dürfe.[135] Mit anderen Worten, diese Rechtsprechung kann so verstanden werden, dass ein Volksentscheid über Gegenstände der Verfassungsgebung in Ungarn von Verfassung wegen ausgeschlossen sei. Daran anknüpfend wird in der Literatur zuweilen die Parallelität der Mehrheitsschwellen von Integrationsermächtigung und verfassungsänderndem Verfahren betont. Dass Art. 2a Verf-HU die gleiche Mehrheitsschwelle vorsehe wie eine Verfassungsänderung nach Art. 24 Abs. 3 Verf-HU, zeige die (materiell) verfassungsändernde Dimension der Integrationshandlung auf. Soweit ein Vertrag also unter die Integrationsermächtigung falle und eine mate-

---

[133] So in Bezug auf den VVE *I. Varga*, Zum aktuellen Stand der EU-Verfassungsdebatte in Ungarn, in: K. Beckmann/J. Dieringer/U. Hufeld (Hrsg.), Eine Verfassung für Europa (2. Aufl. 2005), S. 303 (307).

[134] Art. 28c Abs. 5 lit. b) Verf-HU bezieht sich nur auf Verpflichtungen aus *bereits geltenden* Verträgen, dazu sogleich.

[135] *I. Varga*, a.a.O. S. 306, insbesondere unter Bezugnahme auf das ung. VerfG, Entsch. v. 19. 1. 1993 – Nr. 2/1993, Entscheidungssammlung (ABH) 1993, S. 33 (dort 2. Leitsatz). Eine solche Ausnahme für Gegenstände der Verfassungsgebung ist in der Ausnahmebestimmung des Art. 28c Abs. 5 Verf-HU aber gerade *nicht ausdrücklich geregelt*. Nach dem Wortlaut sind lediglich „Bestimmungen der Verfassung zur Volksabstimmung bzw. zum Volksbegehren" von der Möglichkeit des Referendums ausgenommen. Daraus lässt sich in systematischer Hinsicht freilich ableiten, dass andere als die hier ausdrücklich genannten Verfassungsnormen grundsätzlich dem Volksentscheid unterliegen können. Die Zuständigkeit des Parlaments zur Verfassungsgebung gemäß Art. 19 Abs. 3 lit. a) Verf-HU kann aus diesem systematischen Zusammenhang heraus also durchaus als ein Anwendungsfall des Art. 28b Abs. 1 Verf-HU, sprich als ein der Möglichkeit des Referendums unterliegender Bereich, angesehen werden.

rielle Verfassungsänderung impliziere, müsse die Frage seiner Ratifikation folglich ebenfalls dem Volksentscheid entzogen sein.[136]

Diese Überlegungen verdeutlichen, dass der Verfahrensmodus der Volksabstimmung im Kontext der europäischen Integration nicht nur systematische Abgrenzungsprobleme aufwirft, sondern damit zugleich Grundfragen der verfassungsrechtlichen Binnenarchitektur, insbesondere der Ausgestaltung des Demokratieprinzips berührt.[137]

Speziell in Ungarn ging die Rechtsprechung nach dem EU-Beitritt allerdings in eine andere Richtung als es die vorgetragene Argumentation zunächst vermuten ließe. Ende 2004 erklärte das ungarische Verfassungsgericht einen Beschluss des ungarischen Landeswahlausschusses für verfassungswidrig, durch den dieser die Zulässigkeit einer Volksinitiative abgelehnt hatte, die auf ein Referendum über den VVE ausgerichtet war.[138] Das Gericht setzte sich in seinen Entscheidungsgründe insbesondere mit der bereits erwähnten Ausnahmebestimmung des Art. 28c Abs. 5 lit. b) Verf-HU auseinander. Danach sind Volksentscheide über Verpflichtungen ausgeschlossen, die sich aus einem für Ungarn *bereits geltenden* (nicht aber noch zu ratifizierenden) völkerrechtlichen Vertrag ergeben. In seinem Beschluss hatte der Landeswahlausschuss das völkerrechtliche Frustrationsverbot nach Art. 18 der Wiener Vertragsrechtskonvention (WVK) als eine solche Verpflichtung identifiziert und diese durch das Abhalten eines Referendums über den VVE und das damit einhergehende Ratifikationsrisiko zudem als verletzt angesehen. Folglich stehe Art. 28c Abs. 5 lit. b) einem derartigen Referendum entgegen. Die Entscheidung des Verfassungsgerichts, den Beschluss aufzuheben und die Sache zur Neubescheidung an den Wahlausschuss zurückzuverweisen,[139] ist damit in erster Linie als eine – völlig zu Recht ergehende – Absage an die überdehnte Auslegung von Art. 18 WVK seitens des Wahlausschusses zu verstehen.[140] Sie erscheint in diesem Licht zunächst weniger als ein Grundsatzurteil über die generelle Zulässigkeit künftiger Referenden im Integrationskontext. Gleichwohl gibt das Verfassungsgericht am Ende seiner Ausführungen in erstaunlich deut-

[136] Zum ganzen ebd. S. 306 f.

[137] Gleichwohl mag der Rekurs auf *F. Nietzsche*'s „Der Wille zur Macht" (vgl. *I. Varga*, a.a.O. S. 303) den Leser in diesem Kontext ein wenig befremden.

[138] Ung. VerfG, Entsch. v. 13. 12. 2004 – Nr. 58/2004 – *Volksinitiative VVE-Referendum*, Entscheidungssammlung (ABH) 2004, S. 822 ff. Dazu *J. Czuczai*, Ratification of the European Constitution in Hungary, in: A. Albi/J. Ziller (Hrsg.), The European Constitution and National Constitutions (2007), S. 29 (31 ff.). Richter *A. Harmathy* kritisierte in seiner abweichenden Meinung insbesondere den beschränkten Prüfungsumfang des Gerichtes, vgl. hierzu seinen ehemaligen Mitarbeiter am VerfG *I. Varga*, a.a.O. 306 f.

[139] Allerdings kam die Entscheidung des Verfassungsgerichtes für die Antragsteller insoweit zu spät, als die Ratifikation bereits sechs Tage später, am 20. 12. 2004, durch das ungarische Parlament erfolgte.

[140] Im Sinne dieser Entscheidung insbesondere auch *H. Küpper*, Die Ratifikation der Unionsverfassung in den neuen Mitgliedstaaten, in: K. Beckmann/J. Dieringer/U. Hufeld (Hrsg.), Eine Verfassung für Europa (2. Aufl. 2005), S. 273 (295 f.) sowie *J. Czuczai*, Ratification of the European Constitution in Hungary, in: A. Albi/J. Ziller (Hrsg.), The European Constitution and National Constitutions (2007), S. 29 (32).

lichen Worten zu erkennen, die ungarische Verfassungsordnung mache in Absenz einer Ausnahmebestimmung grundsätzlich

„die Abhaltung einer Volksabstimmung über die Frage möglich, ob das Parlament einen völkerrechtlichen Vertrag – so auch die EU-Verfassung – ratifizieren soll.“[141]

Abstrakt formuliert muss die Aufnahme einer speziellen Verfahrensbestimmung über ein bestimmtes Integrationsreferendum also *keineswegs eine Sperrwirkung* für andere Volksentscheide im Integrationskontext entfalten, soweit die Verfassung weitere Anknüpfungspunkte, etwa in Gestalt einer allgemeinen Bestimmung über Referenden, bereithält. Eine Spezialnorm wie Art. 79 a.F. Verf-HU muss daher nicht zwingend konstitutiven, sondern kann vielmehr lediglich deklaratorischen Charakter haben.

Dergleichen kann verfassungstextlich freilich klarer geregelt werden. Dies zeigt ein Blick in die lettische Verfassung. Der im Jahr 2003 mit Blick auf den kommenden Beitritt eingeführte Art. 68 Abs. 3 Verf-LET[142] sieht nämlich ebenfalls ein ausschließlich auf den Beitritt zugeschnittenes Referendum vor. Daneben besteht aber gemäß Art. 68 Abs. 4 Verf-LET ausdrücklich die Möglichkeit, auf Verlangen der Hälfte der Parlamentsmitglieder ein Referendum über „erhebliche Änderungen der Bedingungen der Mitgliedschaft Lettlands in der Europäischen Union“ abzuhalten.[143] Diese Regelung bringt also ungleich deutlicher zum Ausdruck, dass (und wann) ein Referendum im Integrationskontext über die Frage des Beitritts hinaus stattfinden kann.

bb) Beitritt in einen „Staatsverband“ als spezifische Integrationsfrage?

Auf den ersten Blick scheinen sich spezielle Vorschriften über den Beitritt zur Union auch in Art. 93 Abs. 1 i.V.m. Art. 7 Abs. 1 der slowakischen, Art. 141 Abs. 4 der kroatischen sowie Art. 120 Abs. 3 der mazedonischen Verfassung zu finden. Alle drei Bestimmungen knüpfen den *Beitritt in einen Staatsverband* bzw. einen *Bund mit anderen Staaten* an den positiven Ausgang eines Volksentscheides.

---

[141] Ung. VerfG, Entsch. v. 13. 12. 2004 – Nr. 58/2004 – *Volksinitiative VVE-Referendum*, Entscheidungssammlung (ABH) 2004, S. 822 (828), deutsche Übersetzung zitiert nach *I. Varga*, a.a.O. S. 306, der die in dieser Passage zum Ausdruck kommende Gleichstellung von völkerrechtlichen Verträgen und Verfassungsvertrag zu Recht kritisiert.

[142] Zu den Verfassungsänderungen im Kontext des Beitritts s. *A. Endziòs*, The Position of the Constitutional Court of the Republic of Latvia Following Integration into the European Union, in: A. M. Mavčič (Red.), The Position of Constitutional Courts Following Integration into the European Union (2004), S. 208 (211 ff.); *A. Ušacka*, Latvia, in: A. E. Kellermann et al. (Hrsg.), The Impact of EU Accession on the Legal Orders of New Member States and (Pre-) Candidate Countries (2006), S. 369 (381 ff.). Zur Rechtslage vor der Verfassungsänderung vgl. *dies.*, The Impact of the European Integration Process on the Constitution of Latvia, in: A. E. Kellermann et al. (Hrsg.), EU-Enlargement – The Constitutional Impact at EU and National Level (2001), S. 337 (339 ff.).

[143] In der Literatur wird u. a. das Austrittsszenario als ein Fall des Art. 68 Abs. 4 Verf-LET behandelt, vgl. *A. Ušacka*, Latvia, in: A. E. Kellermann et al. (Hrsg.), The Impact of EU Accession on the Legal Orders of New Member States and (Pre-) Candidate Countries (2006), S. 369 (383). Die praktische Relevanz dieses Szenarios dürfte derzeit gleichwohl eher gering sein.

Jedenfalls für die Slowakei kann unter Rückgriff auf die Entstehungsmaterialien der Verfassung sowie den systematischen Abgleich zu den EU-spezifischen Regeln in Art. 7 Abs. 2 i. V. m. Art 84 Abs. 4 der Verfassung jedoch als gesichert gelten, dass die Option des „Staatenverbandes" nicht den Beitritt zur EU umfasst, sondern vielmehr auf ein aus mehreren Ländern zusammengesetzten Gebilde mit klassischer Eigenstaatlichkeit gerichtet ist.[144] Das Referendum anlässlich des Beitrittes wurde darum auch auf die allgemeine Norm des Art. 93 Abs. 2 Verf-SLK gestützt.[145] In Kroatien ist hingegen noch nicht abschließend geklärt, ob ein möglicher EU-Beitritt unter Art. 141 oder aber unter Art. 139 Abs. 2 Verf-KRO über die Übertragung von Befugnissen auf internationale Organisationen fällt.[146] Ähnliches gilt für Mazedonien.[147] Die grundsätzlich vergleichbare Rechtslage in der Slowakei spricht jedoch dafür, die speziellen Vorschriften über den Beitritt in einen Staatsverband auch hier im Kontext der Union nicht heranzuziehen. Da es sich bei einem solchen Staatsverband in historischer Perspektive um ein Gebilde mit Eigenstaatlichkeit – etwa Jugoslawien oder die Tschechoslowakei – handelt, überzeugt eine extensive Ausdehnung dieser Normen auf die EU als dezidiert nichtstaatlichen Akteur wenig.[148] Ungleich mehr spricht für den Rückgriff auf die Vorschriften zur Übertragung von Kompetenzen auf internationale Organisationen oder, besser noch, für die Einführung EU-spezifischer Verfassungsbestimmungen.[149]

cc) Beitritt eines anderen Staates

Eine weitere Spielart spezifischer Verfahrensregeln für bestimmte Integrationshandlungen findet sich im französischen Verfassungsrecht.[150] Nach Art. 88-5 Abs. 1 Verf-F

[144] Vgl. *M. Hofmann*, Völker- und Europarecht in der geänderten slowakischen Verfassung, in: FS G. Brunner (2001), S. 398 (405 f.); *M. Hoskova*, Legal Aspects of the Integration of the Czech Republic and Slovakia into European Security and Economic Structures, German Yearbook of International Law 37 (1994), S. 68 (91). In der Tendenz ebenso *V. Kunová*, Constitutional Aspects of the Accession of the Slovak Republic to European Union, in: A. E. Kellermann et al. (Hrsg.), EU-Enlargement – The Constitutional Impact at EU and National Level (2001), S. 327 (328 f.). *M. Slastan*, Slovak Republic, in: A. E. Kellermann et al. (Hrsg.), The Impact of EU Accession on the Legal Orders of New Member States and (Pre-) Candidate Countries (2006), S. 437 (448) berichtet, dass im Vorfeld des Beitritts lediglich eine politische Minderheit eine diesem Verständnis entgegenstehende Auffassung vertrat.

[145] *M. Slastan*, a.a.O. S. 448.

[146] Dazu *S. Rodin/T. Ćapeta*, A View from a Candidate Country: Implications for Croatia of (Non) Ratification of the Treaty Establishing a Constitution for Europe, in: A. Albi/J. Ziller (Hrsg.), The European Constitution and National Constitutions (2007), S. 189 (198 f.).

[147] Die mazedonische Verfassung hält mit Art. 121 ebenso eine allgemein auf den Beitritt zu internationalen Organisationen zugeschnittene Klausel als mögliche Ermächtigungsgrundlage bereit.

[148] So in Bezug auf die slowakische Verfassung *V. Kunová*, Constitutional Aspects of the Accession of the Slovak Republic to European Union, in: A. E. Kellermann et al. (Hrsg.), EU-Enlargement – The Constitutional Impact at EU and National Level (2001), S. 327 (328 f.).

[149] So für Kroatien auch *T. Ćapeta/D. Mihelin/S. Rodin*, Croatia, in: A. E. Kellermann et al. (Hrsg.), The Impact of EU Accession on the Legal Orders of New Member States and (Pre-) Candidate Countries, (2006), S. 69 (71 ff.).

[150] Allerdings kann die französische Verfassungsordnung, wie bereits gezeigt, nur in begrenztem Maße als eine Rechtsordnung mit dynamischer Integrationsermächtigung verstanden werden.

wird jeder Gesetzesentwurf, der zur Ratifizierung eines Vertrages über den *EU-Beitritt eines anderen Staates* ermächtigt, zum Volksentscheid gebracht.[151] Der Systematik nach hat dieses Referendum zudem obligatorischen Charakter. Durch die im Jahr 2008 erfolgte Novellierung im Rahmen der Verfassungsreform zur Modernisierung der französischen Institutionen[152] besteht durch den neu hinzugefügten Abs. 2 allerdings die Möglichkeit, dass das Parlament durch einen von beiden Kammern mit jeweils einer 3/5-Mehrheit der Mitglieder angenommenen Antrag das verfassungsändernde Verfahren gemäß Art. 89 Abs. 3 Verf-F zur Anwendung bringt.[153] Dieses erfordert eine 3/5-Mehrheit im Kongress, also der gemeinsamen Sitzung von Nationalversammlung und Senat. Damit hält nach neuer Rechtslage letztlich das Parlament die Entscheidung darüber in Händen, ob es zu einem Referendum kommen wird oder nicht.

Die französische Verfassung belegt damit die bereits im Zuge der parlamentarischen Verfahrensbestimmungen herausgearbeitete Grundtendenz vieler Verfassungen, komplexe, risikoreiche oder schwer kalkulierbare Verfahrensmodi im Rahmen der integrationsrelevanten Verfahrensbestimmungen in bestimmten Grenzen zu halten oder der Kontrolle durch die repräsentativen Verfassungsorgane zu unterstellen.

b) Referendum als verfahrensrechtliche Alternative oder Ergänzung

Andere verfahrensrechtliche Spezialnormen sind in ihrem Anwendungsbereich hingegen nicht auf eine bestimmte Integrationshandlung begrenzt, sondern ermöglichen Volksentscheide grundsätzlich im Rahmen der gesamten tatbestandlichen Breite der Integrationsermächtigung. Der Volksentscheid ist in diesen Fällen als Alternative bzw. Ergänzung zum Regelverfahren der parlamentarischen Zustimmung konzipiert.

---

[151] Lediglich Beitritte infolge einer Regierungskonferenz, deren Einberufung vom Europäischen Rat vor dem 1. Juli 2004 beschlossen wurde, sind dem Anwendungsbereich der Vorschrift entzogen, vgl. Art. 47 des Verfassungsgesetzes Nr. 2008-724 v. 23. 7. 2008. In Bezug auf die alte Rechtslage bestand bereits die gleiche Einschränkung, die insbesondere für den Beitritt Bulgariens und Rumäniens Anwendung fand. Nach französischer Lesart ist ebenso der Beitritt Kroatiens von Art. 88-5 Verf-F ausgenommen (vgl. J. *Ziller*, French Reactions to the Treaty Establishing a Constitution for Europe, in: A. Albi/J. Ziller (Hrsg.), The European Constitution and National Constitutions (2007), S. 103 (109)), obwohl Kroatien am 18. 6. 2004 nur der offizielle Kandidatenstatus verliehen wurde, während der Beschluss des Europäischen Rates über die Eröffnung der Beitrittsverhandlungen erst im Dezember desselben Jahres fiel.

[152] Verfassungsgesetz Nr. 2008-724 v. 23. 7. 2008. Gemäß Art. 47 dieses Verfassungsgesetzes wurde mit dem Inkrafttreten des Vertrages von Lissabon zudem die Passage „und zu den Europäischen Gemeinschaften" in Art. 88-5 Abs. 1 Verf-F redaktionell gestrichen.

[153] Das Verfahren nach Art. 89 Abs. 3 Verf-F ist im Übrigen auch deswegen von besonderer Integrationsrelevanz, weil in Frankreich, wie bereits mehrfach angesprochen, vor der Ratifikation regelmäßig eine Verfassungsänderung erforderlich wird.

aa) Fakultativ

Eine erste Modellgruppe bilden die speziellen Verfahrensbestimmungen über *fakultative* Referenden. In der slowenischen Verfassung etwa gewährt die Spezialregelung in Art. 3a Abs. 2 der Nationalversammlung die Option, einen rechtlich bindenden Volksentscheid im Vorfeld der Ratifikation eines Vertrages auszuschreiben, der sich auf die Übertragung der Ausübung von Hoheitsrechten auf internationale Organisationen bezieht. Für diese Entscheidung genügt im Parlament bereits die *einfache Mehrheit.*[154] Art. 3a Abs. 2 der Verfassung wurde als Teil der slowenischen Integrationsklausel durch das verfassungsändernde Gesetz vom 27. Februar 2003 eingeführt,[155] das ausdrücklich festhält, die Vorschrift werde „für die Volksentscheide über den Beitritt Sloweniens in die Europäische Union und in den Nordatlantikpakt" angewendet.[156] Eine Besonderheit weist die Regelung insoweit auf, als sie verfahrenstechnisch von einem Volksentscheid zur Bestätigung einer Verfassungsänderung nach Art. 170 Abs. 2 Verf-SLO abweicht. Für die Gültigkeit eines übertragungsbezogenen Referendums nach Art. 3a Abs. 2 Verf-SLO besteht nämlich – anders als im Fall des Art. 170 Abs. 2 Verf-SLO – kein Mindestquorum, sodass auch eine geringe Beteiligung für seine Gültigkeit ausreicht. Auch dies deckt sich mit der länderübergreifenden Tendenz verfahrensrechtlich moderater Integrationsvorschriften.

Die lettische Verfassung erkennt in Art. 68 Abs. 4 der *Hälfte der Parlamentsmitglieder* das Initiativrecht zu, ein Referendum über „erhebliche Änderungen der Bedingungen der Mitgliedschaft Lettlands in der Europäischen Union" zu beschließen. Das lettische Verfassungsgericht hat in seiner *Lissabon*-Entscheidung vom 7. April 2009 dabei eingehend dargelegt, dass Art. 68 Abs. 4 keine Pflicht, sondern ein Recht des Parlaments darstellt.[157] Es handelt sich, wie sich bereits aus dem Wortlaut ergibt, um ein *fakultatives* Referendum. Wie auch das Beitrittsreferendum in Abs. 3, setzt dieser Volksentscheid gemäß Art. 79 Abs. 2 Verf-LET als Quorum nur die Teilnahme von mindestens der Hälfte der Wähler voraus, die bei der vorhergehenden Parlamentswahl zu den Urnen gingen. Für die Annahme genügt dann die Mehrheit. Hingegen muss im Fall eines Referendums im Kontext der Verfassungsänderung mindestens die Hälfte *aller* Wahlberechtigten *zustimmen* (Art. 79 Abs. 1 Verf-LET). Auch in

---

[154] Mangels einer speziellen Regelung erfolgt insoweit ein Rückgriff auf Art. 86 Verf-SLO, vgl. auch *H. Küpper*, Die Ratifikation der Unionsverfassung in den neuen Mitgliedstaaten, in: K. Beckmann/J. Dieringer/U. Hufeld (Hrsg.), Eine Verfassung für Europa (2. Aufl. 2005), S. 273 (292).

[155] Verfassungsänderndes Gesetz v. 27. 2. 2003, slowen. ABl. v. 7. 3. 2003, Nr. 24, 898.

[156] So auch geschehen. Das Referendum über den EU-Beitritt fand am 23. 3. 2003 auf Grundlage von Art. 3a Abs. 2 Verf-SLO statt. Zur Rechtslage nach dem Beitritt vgl. insbesondere *M. Škrk*, The Role of the Constitutional Court of the Republic of Slovenia Following Integration into the European Union, in: A. M. Mavčič (Red.), The Position of Constitutional Courts Following Integration into the European Union (2004), S. 237 ff. sowie *M. Pogačnik/M. Starman/P. Vehar*, Slovenia, in: A. E. Kellermann et al. (Hrsg.), The Impact of EU Accession on the Legal Orders of New Member States and (Pre-) Candidate Countries (2006), S. 179 ff.

[157] Lett. VerfG, Entsch. v. 7. 4. 2009 – Nr. 2008-35-01 – *Lissabon*, Rn. 19.1. bis 19.4. Die Entscheidung ist in englischer Übersetzung des VerfG abrufbar unter http://www.satv.tiesa.gov.lv/upload/judg_2008_35.htm (1. 9. 2010).

der lettischen Verfassung ist also die europaweite Grundtendenz der verfahrensrechtlichen Abstufung zwischen Integrationsermächtigung und Verfassungsänderung erkennbar.

Art. 90 Abs. 3 der polnischen Verfassung bietet die Möglichkeit, die Zustimmung zur Ratifikation eines jeden Vertrages kompetenzübertragender Dimension alternativ im Wege eines Referendums herbeizuführen. Dafür ist gemäß Art. 90 Abs. 4 Verf-PL ein Beschluss des polnischen Unterhauses (Sejm) mit *absoluter Mehrheit bei Anwesenheit von mindestens der Hälfte der gesetzlichen Abgeordnetenzahl* erforderlich. Das Ergebnis der Volksabstimmung ist bindend, wenn sich an der landesweiten Volksabstimmung mehr als die Hälfte der Stimmberechtigten beteiligt (Art. 125 Abs. 3 Verf-PL).[158] Im Vergleich hierzu sieht das durch Art. 235 Abs. 6 Verf-PL ermöglichte Referendum zur Bestätigung bestimmter Verfassungsänderungen jedoch gerade kein Mindestquorum vor. In der polnischen Verfassung ist das Verhältnis von Verfassungsänderung und Integrationsermächtigung somit in Bezug auf den Volksentscheid gegenläufig zur Tendenz in den meisten anderen Verfassungen. Diese Beobachtung deckt sich mit dem Befund zur vergleichsweise rigiden Ausgestaltung des parlamentarischen Zustimmungsverfahrens im Kontext einer Kompetenzübertragung.[159]

In Tschechien schließlich erlaubt Art. 10a Abs. 2 der Verfassung, dass die parlamentarische Zustimmung zur Ratifizierung eines Vertrages im Sinne der Übertragungsklausel (Art. 10a Abs. 1) durch ein Referendum ersetzt werden kann, soweit dies ein Verfassungsgesetz vorsieht. Da es für die Annahme eines Verfassungsgesetzes gemäß Art. 39 Abs. 4 Verf-CZ – ebenso wie für die Zustimmung zur Ratifikation eines kompetenzübertragenden Vertrages – jeweils einer *3/5-Mehrheit der Abgeordneten sowie der anwesenden Senatoren* bedarf, stellt die tschechische Verfassung insoweit besonders hohe (parlamentarische) Voraussetzungen für das Abhalten eines Referendums. Bislang einziger Anwendungsfall ist das Verfassungsgesetz vom 14. November 2002, das sich auf den EU-Beitritt bezog.[160] Hinsichtlich des VVE war ein entsprechendes Gesetz zwar erwogen worden, letztlich kam es nach dem negativen Ausgang

---

[158] Problematisch, da nicht explizit in der Verfassung geregelt, ist die Frage der Rechtsfolgen eines Unterschreitens des Mindestquorums. Allerdings ist davon auszugehen, dass ein derart fehlgeschlagenes Referendum keine bindende Wirkung, sondern ausschließlich konsultativen Charakter hat, vgl. *M. Jankowska-Gilberg*, Verfassungsrechtliche Grundlagen des Beitritts und der Mitgliedschaft Polens in der Europäischen Union, EuR 2003, 417 (420) sowie *S. Biernat*, Offene Staatlichkeit, in: IPE II (2008), § 21 Polen, Rn. 25, der auf die nunmehr in diesem Sinne erfolgte Regelung im poln. „Referendumsgesetz" hinweist. Wäre das Mindestquorum also unterschritten gewesen, so hätte die Ratifikation gleichwohl parlamentarisch erfolgen können, vgl. auch *A. Albi*, EU Enlargement and the Constitutions of Central and Eastern Europe (2005), S. 152.

[159] Vgl. bereits Teil 2 – Kapitel 6 – II. 3. b) a. E.

[160] Verfassungsänderndes Gesetz Nr. 515/2002 v. 14. 11. 2002, tschech. ABl. 2002, Nr. 179, 515. Dementsprechend sind auch die in diesem Kontext eingefügten Verfassungsbestimmungen – Art. 62 lit l) sowie 87 Abs. 1 lit. l) u. m) Verf-CZ – bislang einzig auf den Beitritt bezogen, vgl. *H. Küpper*, Die Ratifikation der Unionsverfassung in den neuen Mitgliedstaaten, in: K. Beckmann/J. Dieringer/U. Hufeld (Hrsg.), Eine Verfassung für Europa (2. Aufl. 2005), S. 273 (294).

der Referenden in Frankreich und den Niederlanden aber zu keiner diesbezüglichen Entscheidung mehr.[161]

Gemeinsam ist diesen vier Verfassungsordnungen, dass sie verfahrensrechtliche Spezialregelungen enthalten, die unmittelbar in der Integrationsklausel selbst – zumeist in einem eigenen Absatz nach der Integrationsermächtigung – verankert sind und das *Referendum als Alternative* bzw. als *Ergänzung* zur parlamentarischen Zustimmung erlauben.[162] Entscheidend dabei ist: Das letzte Wort, ob ein Referendum durchgeführt wird oder nicht, behält das Parlament. In Bezug auf den VvL wurde in den vier genannten Staaten dabei einhellig der parlamentarische Weg beschritten.[163]

bb) Obligatorisch

Komplizierter kann es in der Verfassungspraxis dann werden, wenn das Referendum obligatorischen Charakter hat.

Dies illustriert allen voran die Rechtslage in Dänemark. Auch hier bildet die relevante Verfahrensnorm, § 20 Abs. 2 Verf-DK, einen integralen Bestandteil der Integrationsklausel. Anders als die bislang erörterten Regelungsvarianten schreibt diese Norm jedoch den Volksentscheid unter bestimmten Voraussetzungen als obligatorisch fest. Danach *muss* jede Gesetzesvorlage zur Übertragung von Befugnissen einem Volksentscheid unterbreitet werden, wenn die erhöhte Mehrheitsschwelle von 5/6 der Parlamentsmitglieder unterschritten, eine Mehrheit für einfache Gesetze aber gleichwohl erreicht wird und die Regierung zudem an der Vorlage festhält. Der Systematik nach ist die parlamentarische Entscheidung also die Regel bzw. die erste Etappe des Verfahrens, die direktdemokratische hingegen die Ausnahme bzw. die ggf. hinzutretende zweite Etappe.

Dessen ungeachtet hat sich in der Praxis allerdings die Vorgehensweise durchgesetzt, im Anwendungsbereich von § 20 Verf-DK durchweg einen Volksentscheid anzuberaumen.[164] Die tatsächlich erreichte Mehrheit spielt dabei entgegen der verfassungsrechtlichen Systematik faktisch keine Rolle mehr. Durch den Rückgriff auf die allgemeine Bestimmung des § 42 Verf-DK kommt es auch bei Erreichen der 5/6-

---

[161] Eine Mehrheit im Parlament war in Tschechien hierbei weder für die direkte Ratifikation des VVE, noch für ein Verfassungsgesetz über ein Referendum (in beiden Fällen das Verfahren nach Art. 39 Abs. 4 Verf-CZ) gesichert, vgl. *Z. Kühn*, Ratification Without Debate and Debate without Ratification: the European Constitution in Slovakia and the Czech Republic, in A. Albi/J. Ziller (Hrsg.), The European Constitution and National Constitutions (2007), S. 157 (159, 164 f.).

[162] Auch in Schweden ist der Weg zu einem fakultativen, ergänzenden Referendum eröffnet, wenn der Übertragungsbeschluss gemäß Kap. 10 § 5 Abs. 1 S. 4 schw. RegForm (künftig ggf. enthalten in Kap. 10 § 6 schw. RegForm) in der gleichen Weise erfolgt wie eine Verfassungsänderung. Das verfassungsändernde Verfahren eröffnet gemäß Kap. 8 § 15 Abs. 3 schw. RegForm die Möglichkeit eines Volksentscheids.

[163] Vgl. die Übersicht unter http://www.ratifizierungsmonitor.eu/(1. 9. 2010).

[164] Vgl. *H. Koch*, The Danish Constitutional Order, in: A. E. Kellermann et al. (Hrsg.), EU-Enlargement – The Constitutional Impact at EU and National Level (2001), S. 109 (111).

Mehrheit im Parlament zu einem Referendum, dem in der Praxis sogar eine (faktische) Bindungswirkung zuerkannt wird.[165]

Ersichtlich besteht der Zweck der Spezialregelung in § 20 Abs. 2 Verf-DK darin, in Bezug auf das Übertragungsgesetz einen hohen Grad an Legitimität sicherzustellen, der über eine einfache parlamentarische Mehrheit hinausgeht. Demnach muss entweder eine gesteigerte Mehrheitsschwelle im Parlament erreicht werden, oder aber ein Volksentscheid ergänzend zu einer einfachen parlamentarischen Mehrheit hinzutreten. Das eingeforderte hohe Legitimationsniveau kann demnach entsprechend der in der Vorschrift angelegten Stufensystematik auch durch eine *alleinige* parlamentarische Zustimmung gewährleistet werden, vorausgesetzt die entsprechenden Mehrheiten liegen vor. Die Möglichkeit der alleinigen parlamentarischen Zustimmung im Anwendungsbereich des § 20 Verf-DK wird aber durch die gegenwärtige Verfassungspraxis gerade umgangen.[166] Nach derzeitigem Stand braucht lediglich dann kein Volksentscheid abgehalten zu werden, wenn eine Übertragung von Befugnissen i. S. v. § 20 Abs. 1 Verf-DK bereits tatbestandlich abgelehnt wird und das besondere Legitimationsbedürfnis insoweit entfällt.[167]

Verfassungsrechtliche Problemlagen und Ungereimtheiten sind hier freilich vorprogrammiert. Besonders deutlich wurde dies, wie bereits oben erwähnt, im Ratifikationsverfahren zum VvL. Anders als zuvor in Bezug auf den VVE kam das dänische Justizministerium[168] in diesem Kontext nämlich zu dem Ergebnis, dass tatbestandlich keine Übertragung von Befugnissen i. S. d. § 20 Abs. 1 der Verfassung vorliege.[169] Ein durch Volksentscheid anzunehmendes Übertragungsgesetz konnte somit vermieden, die Ratifikation letztlich auf alleiniger Grundlage von § 19 Verf-DK bewerk-

165 Zu dieser Problematik vgl. *H. Rasmussen*, Denmark's Waning Constitutionalism and Article 20 of the Constitution on Transfer of Sovereignty, in: A. Albi/J. Ziller (Hrsg.), The European Constitution and National Constitutions (2007), S. 149 (150 f.), nach dessen Rechtsauffassung ein Referendum nach § 42 Verf-DK – anders als auf Basis von § 20 Abs. 2 – gerade keine rechtliche Bindungswirkung entfalten dürfe. Kritisch nunmehr auch *J. H. Danielsen*, One of Many National Constraints on European Integration: Section 20 of the Danish Constitution, EPL 16 (2010), S. 181 (185 ff.). Ein Beispiel für das Abhalten eines Referendums trotz Erreichens der parlamentarischen 5/6-Mehrheit ist das zweite Referendum über den Vertrag von Maastricht, dazu *H. Zahle*, Dänemark, in: U. Battis/D. Th. Tsatsos/D. Stefanou (Hrsg.), Europäische Integration und nationales Verfassungsrecht (1995), S. 47 (53 ff., 61 f.).

166 Kritisch zur derzeitigen Praxis darum *H. Rasmussen*, Denmark's Waning Constitutionalism and Article 20 of the Constitution on Transfer of Sovereignty, in: A. Albi/J. Ziller (Hrsg.), The European Constitution and National Constitutions (2007), S. 149 (150 f.).

167 Gleichwohl ist ein Volksentscheid auch in diesem Fall verfassungsrechtlich möglich, vgl. § 42 Abs. 6 S. 2 Verf-DK. So wurde das Zustimmungsgesetz zur Einheitlichen Europäische Akte mangels einer Übertragung von Befugnissen nicht auf § 20 Verf-DK, sondern vielmehr auf die allgemeine Vorschrift des § 19 Verf-DK gestützt. Zusätzlich wurde ein konsultatives Referendum abgehalten, vgl. dazu *T. de Berranger*, Danemark, in: J. Rideau (Hrsg.), Les Etats membres de l'Union européenne (1997), S. 97 (99).

168 Diesem kommt nach der dänischen Verfassungspraxis die Einschätzungsprärogative mit Blick auf die Gesetzesinitiative zu.

169 Vergleichbares war zuvor bereits im Hinblick auf die Einheitliche Europäische Akte geschehen, vgl. Fn. 167.

stelligt werden.[170] Dieser Ansatz überzeugt allerdings weder in Bezug auf die rechtliche Bewertung des Lissabonner Vertrages für sich genommen, noch ist er im Abgleich zur vorher getroffenen Einordnung des VVE konsequent. Angesichts der marginalen Unterschiede zwischen beiden Vertragsregimen in materiell-rechtlicher bzw. kompetenzieller Hinsicht[171] ist die vorgenommene Unterscheidung zwischen dem VVE als kompetenzübertragend und dem VvL als nicht kompetenzübertragend i. S. v. § 20 Abs. 1 Verf-DK problematisch.[172] Die Vermutung, dass hier letztlich vom Ergebnis her, also der Vermeidung eines Referendums gedacht wurde, drängt sich geradezu auf.

Damit zeigt die dänische Verfassungspraxis deutlich die Schwierigkeiten auf, die entstehen können, wenn die in der Integrationsklausel angelegte verfahrensrechtliche Abstufung in der Praxis zugunsten der grundsätzlichen Notwendigkeit eines Volksentscheids eingeebnet wird. Ein alternatives Verfahren kann dann nur im Wege des tatbestandlichen Ausschlusses der Integrationsermächtigung erreicht werden. Dies ist u. U. nicht nur – wie im Fall des VvL – angesichts der inhaltlichen Substanz des betreffenden Vertragswerks schwer zu begründen, sondern führt darüber hinaus zu einer fragwürdigen Rückkehr zur verfassungsrechtlichen Gleichbehandlung von Unions- und Völkerrecht, wenn auf die allgemeine Bestimmung, hier § 19 Verf-DK, zurückgegriffen wird.

2. *Allgemeine Regeln über den Volksentscheid*

Darüber hinaus gibt es Verfassungsordnungen, die allgemein gefasste Bestimmungen enthalten, welche Referenden über bestimmte *Gesetzesvorhaben* oder ganz allgemein über *wichtige Fragen des öffentlichen Interesses* ermöglichen. Als verfassungsrechtliche Grundlagen für Referenden können diese Vorschriften u. U. auch im Kontext der europäischen Integration relevant werden.

Exemplarisch für diesen Ansatz ist die litauische Verfassungsordnung, die selbst keine verfahrensrechtliche lex specialis für die europäische Integration enthält.[173]

---

[170] Gutachten des dän. Justizministeriums v. 4. 12. 2007. Hingegen wurde der VVE 2004 als kompetenzübertragend i. S. v. § 20 Verf-DK eingestuft, dazu *H. Rasmussen*, Denmark's Waning Constitutionalism and Article 20 of the Constitution on Transfer of Sovereignty, in: A. Albi/J. Ziller (Hrsg.), The European Constitution and National Constitutions (2007), S. 149 (150).

[171] Unterschiede im Hinblick auf die Frage der Öffentlichkeit betont insbesondere *T. Eijsbouts*, Lisbon and the Quest for the European Public: Let Elections do some of the work, in: I. Pernice/E. Tanchev (Hrsg.), Ceci n'est pas une Constitution – Constitutionalisation without a Constitution? (2009), S. 203 (204 f.), demzufolge der VvL insbesondere von der Furcht der Öffentlichkeit geprägt sei.

[172] Den weitgehenden Gleichklang beider Vertragsregime in materiell-rechtlicher Hinsicht bestätigen hingegen überzeugend beide Entscheidungen des franz. Verfassungsrat v. 19. 11. 2004 – Nr. 2004-505 DC – *Verfassungsvertrag*, Rec. S. 173 sowie v. 20. 12. 2007 – Nr. 2007-560 DC – *Lissabon*, JORF v. 29. 12. 2007, S. 21813.

[173] Da der EU-Verfassungsakt von 2004 keine verfahrensrechtlichen Aussagen trifft, richtet sich auch die parlamentarische Zustimmung nach den allgemeinen Regeln (hier Art. 67 Nr. 16 u. 138 Abs. 1 Nr. 6 Verf-LIT).

Gemäß Art. 9 Abs. 1 Verf-LIT werden „bedeutende Fragen des Lebens des Staates und des Volkes" hier durch Volksentscheid entschieden.[174] Das bislang einzige integrationsbezogene Referendum fand in diesem Zusammenhang anlässlich des EU-Beitritts statt.[175] Als eine „bedeutende Frage" i. S. d. Vorschrift könnte freilich auch die Zustimmung zur Ratifikation eines für die Entwicklung der Union und ihrer Mitgliedstaaten wegweisenden Änderungsvertrages angesehen werden.[176] Anders als im Fall des Beitritts begnügte sich die litauische Verfassungspraxis jedoch sowohl in Bezug auf den VVE als auch den VvL mit einer rein parlamentarischen Zustimmung.[177]

Ähnlich verhält es sich mit Art. 93 Abs. 2 der slowakischen Verfassung, der den Weg zur Volksabstimmung für „wichtige Fragen von öffentlichem Interesse" eröffnet. Auf diese allgemeine Verfahrensbestimmung wurde im Integrationskontext bislang ebenfalls einzig anlässlich des Beitritts zurückgegriffen, während die Zustimmung zur Ratifikation des VVE und des VvL in der Folge rein parlamentarisch erfolgten.[178] Im Unterschied zur litauischen Verfassung verfügt die slowakische allerdings in ihrem Art. 84 Abs. 4 über eine integrationsbezogene lex specialis, die einzig einen parlamentarischen Zustimmungsmodus vorsieht. Der darin geregelte parlamentarische Verfahrensmodus wird offenbar aber nicht als abschließend in dem Sinne verstanden, dass der Rückgriff auf die allgemeine Verfahrensbestimmung über den Volksentscheid ausgeschlossen wäre. Vielmehr zeigt das Beitrittsreferendum, dass der Rückgriff auf den allgemeinen Art. 93 Abs. 2 Verf-SLK auch im Anwendungsbereich der Integrationsermächtigung möglich ist.

Dem entspricht auch die Rechtslage in Kroatien, vorausgesetzt, dass ein EU-Beitritt hier nicht als Beitritt zu einem Bund mit anderen Staaten (Art. 141 Verf-KRO), sondern vielmehr als Kompetenzübertragung (Art. 139 Abs. 2 Verf-KRO) verhandelt

---

[174] Gemäß Art. 69 Abs. 4 Verf-LIT können ganz allgemein Gesetzesbestimmungen auch durch ein Referendum verabschiedet werden. Ein Referendum ist darüber hinaus gemäß Art. 148 Abs. 1 und 2 zwingend notwendig, wenn Verfassungsbestimmungen des ersten Abschnittes der Verfassung oder solche über das Änderungsverfahren geändert werden sollen.

[175] Das Beitrittsreferendum fand vom 10.–11. 5. 2003 auf Grundlage des Referendumsgesetzes vom 4. 6. 2002 statt und offenbarte mit über 90% Ja-Stimmen einen besonders hohen Anteil an Befürwortern. Die Zustimmung zur Ratifikation der Beitrittsakte durch das Parlament erfolgte im Anschluss am 16. 9. 2003, vgl. *E. Kûris*, The Constitutional Court of Lithuania and Lithuania's Membership in the European Union, in: A. M. Mavčič (Red.), The Position of Constitutional Courts Following Integration into the European Union (2004), S. 179 (193).

[176] Diese Möglichkeit sieht unter vergleichendem Hinweis auf die Rechtslage in Lettland auch *H. Küpper*, Die Ratifikation der Unionsverfassung in den neuen Mitgliedstaaten, in: K. Beckmann/J. Dieringer/U. Hufeld (Hrsg.), Eine Verfassung für Europa (2. Aufl. 2005), S. 273 (290).

[177] Die Zustimmung des Parlaments zur Ratifikation des VVE erfolgte unter Rückgriff auf die allgemeinen Regeln der Art. 67 Nr. 16 u. Art. 138 Abs. 1 Nr. 6 Verf-LIT (Gesetz IX-2562 v. 11. 11. 2004, lit. ABl. v. 25. 11. 2004, Nr. 170-6239), die zum VvL ebenso (Gesetz X-1525 v. 8. 5. 2008, lit. ABl. v. 17. 5. 2008, Nr. 56-2123). Zur Ratifikation des VVE näher *I. Jarukaitis*, Ratification of the European Constitution in Lithuania and its Impact on the National Constitutional System, in: A. Albi/J. Ziller (Hrsg.), The European Constitution and National Constitutions (2007), S. 17 (22 f.).

[178] Zum Beitrittsreferendum *M. Slastan*, Slovak Republic, in: A. E. Kellermann et al. (Hrsg.), The Impact of EU Accession on the Legal Orders of New Member States and (Pre-) Candidate Countries (2006), S. 437 (448).

würde. Neben Art. 139 Abs. 2 Verf-KRO, der für die Zustimmung zu einem Übertragungsvertrag eine Mehrheitsschwelle von 2/3 aller Abgeordneten verlangt, ist nach derzeitiger Rechtslage auch die allgemeine Bestimmung über Volksentscheide in Art. 86 Verf-KRO anwendbar und könnte einem etwaigen Beitrittsreferendum zugrunde gelegt werden.[179]

Auch in Schweden sind Volksabstimmungen im EU-Kontext über den Weg einer allgemeinen Verfassungsbestimmung trotz Bestehens verfahrensrechtlicher Spezialregelungen (Kap. 8 § 4 schw. RegForm) möglich.[180] Neben dem Referendum anlässlich des EU-Beitrittes im Jahr 1994 wurde auch die in rechtlicher Hinsicht überaus kontrovers beurteilte Volksabstimmung über den Eintritt in die dritte Stufe der WWU im Jahr 2003 auf diese Bestimmung gestützt.[181] Insbesondere der negative Ausgang dieses Referendums war eine Triebfeder der Politik, die Ratifikation des VVE ohne eine zusätzliche Volksabstimmung einzuleiten und die Ratifikation des VvL letztlich rein parlamentarisch abzuschließen.[182]

Ein besonders prominentes Beispiel für den Rückgriff auf allgemeine Regeln in jüngerer Zeit liefern insbesondere die beiden Referenden über den Verfassungsvertrag in Frankreich und in den Niederlanden. Verfassungsrechtliche Grundlage in Frankreich war Art. 11 der Verfassung, der Volksabstimmungen über bestimmte Gesetzesentwürfe *ermöglicht* und letztlich dem Ermessen des Staatspräsidenten unterstellt. Zu den tatbestandlich recht breit und offen gefassten Fallgruppen zählen (Gesetzes-)Entwürfe, welche die Organisation der öffentlichen Gewalten sowie Reformen der Wirtschafts-, Sozial- oder Umweltpolitik und der dazu beitragenden öffentlichen Dienste betreffen.[183] Zudem fallen Entwürfe darunter, die „auf die Ermächtigung zur Ratifikation eines Vertrages" abzielen, der „Auswirkungen auf das Funktionieren der

---

[179] Vgl. *S. Rodin/T. Ćapeta*, A View from a Candidate Country: Implications for Croatia of (Non) Ratification of the Treaty Establishing a Constitution for Europe, in: A. Albi/J. Ziller (Hrsg.), The European Constitution and National Constitutions (2007), S. 189 (198).

[180] Allerdings ermöglicht, wie gesehen, bereits das Integrationsverfahren nach Kap. 10 § 5 Abs. 1 S. 4 schw. RegForm (künftig ggf. enthalten in Kap. 10 § 6 schw. RegForm), den Übertragungsbeschluss nach dem verfassungsändernden Verfahren zu erlassen, in dessen Rahmen der Weg zu einem fakultativen Referendum gemäß Kap. 8 § 15 Abs. 3 schw. RegForm eröffnet ist.

[181] Für Schweden besteht unionsrechtlich, anders als etwa für Dänemark oder das Vereinigte Königreich, keinerlei Ausnahme von der Verpflichtung zur Teilnahme an der Währungsunion. Kritisch zum schwedischen WWU-Referendum daher *J. Nergelius*, Offene Staatlichkeit, in: IPE II (2008), § 22 Schweden, Rn. 46 ff.

[182] Der VVE war bereits zuvor seitens des schwedischen Gesetzesrates, eines aus höchsten Richtern zusammengesetzten Organs mit im Wesentlichen beratender Funktion, für vereinbar mit der Verfassung erklärt worden. Nach dem negativen Ausgang der Referenden in Frankreich und den Niederlanden wurde der Ratifikationsprozess in Bezug auf den VVE jedoch vor seiner Vollendung gestoppt. Vgl. zum Ganzen *J. Nergelius*, Sweden's Possible Ratification of the EU Constitution: A Case-study of ‚Wait and See', in: A. Albi/J. Ziller (Hrsg.), The European Constitution and National Constitutions (2007), S. 183 (186 f.). Hingegen wurde die Ratifikation des VvL *nach* dem gescheiterten Volksentscheid in Irland am 20. 11. 2008 vollendet.

[183] Der Rekurs auf die Umweltpolitik kam jüngst hinzu durch Verfassungsgesetzes Nr. 2008-103 v. 4. 2. 2008.

Institutionen hätte."[184] Das – keineswegs zwingend notwendige – Referendum zum Gesetzesentwurf über die Zustimmung zur Ratifikation des VVE wurde vom damaligen Staatspräsidenten *Jacques Chirac* auf dieser Grundlage letztlich *per Dekret* festgesetzt.[185]

In den Niederlanden fehlt eine der französischen Norm vergleichbare Bestimmung gänzlich. Das Referendum zum VVE – das erste seiner Art seit der Einführung der niederländischen Verfassung im Jahr 1813! – konnte jedoch auf der Grundlage eines *speziellen Parlamentsgesetzes* anberaumt werden.[186] Da die Zustimmung zur Ratifikation nach niederländischem Verfassungsrecht als alleinige Domäne des Parlaments ausgestaltet ist, handelte es sich, rein rechtlich gesehen, allerdings nur um ein rein konsultatives Referendum,[187] dessen Ausgang für den Gesetzgeber letztlich aber einen Befolgungsdruck politischer Natur auslöste.[188] Der niederländische Staatsrat stellte in seinem Gutachten vom 12. September 2007 zum *Lissabon*-Mandat mehrere Voraussetzungen für das Abhalten eines solchen Referendums auf und unterstrich insbesondere, dass ein solches Referendum keinen (rechtlichen) Präzedenzcharakter für die folgende (und rechtlich allein) bindende Entscheidung der Legislative haben dürfe.[189]

Der so ermöglichte Rückgriff auf allgemeine Bestimmungen über den Volksentscheid in zahlreichen Verfassungsordnungen verdeutlicht nochmals die besondere Regelungsvielfalt im Bereich der verfahrensrechtlichen Ausgestaltung der Integrationsermächtigungen. In systematischer Hinsicht wirft er jedoch ernst zu nehmende Fragen auf.

---

[184] Ein solcher Vertrag darf freilich nicht gegen die Verfassung verstoßen, wie der Wortlaut von Art. 11 Abs. 1 Verf-F nochmals ausdrücklich herausstellt. Daneben ermöglicht Art. 89 Abs. 2 Verf-F ein Referendum im Rahmen des verfassungsgebenden Verfahrens. Die verfassungsrechtlichen Neuerungen im Vorfeld der letztlich nicht vollendeten Ratifikation zum VVE erfolgten jedoch nach dem Verfahren des Art. 89 Abs. 3 Verf-F, d.h. im Wege der parlamentarischen Verfassungsgebung durch den Kongress, vgl. Verfassungsgesetz Nr. 2005-204 v. 1. 3. 2005.

[185] Vgl. Art. 1 des Dekrets Nr. 2005-218 v. 9. 3. 2005. Speziell zum Referendum über den VVE *J. Ziller*, French Reactions to the Treaty Establishing a Constitution for Europe: from Constitutional Welcome to Popular Rejection, in: A. Albi/J. Ziller (Hrsg.), The European Constitution and National Constitutions (2007), S. 103 ff. Auch anlässlich der Beitrittsrunde 1972 sowie der Zustimmung zur Ratifikation des Vertrages von Maastricht wurden Referenden in Frankreich abgehalten.

[186] Eingehend hierzu *L. F. M. Besselink*, Double Dutch – The Referendum on the European Constitution, EPL 12 (2006), S. 345 (347) sowie *ders.*, Grundlagen und Grundzüge staatlichen Verfassungsrechts, in: IPE I (2007), § 6 Niederlande, Rn. 123.

[187] Vgl. bereits niederl. Staatsrat, Gutachten v. 14. 7. 2003 – Nr. W04. 03. 0194/I – *Referendum VVE*. Dazu *L. F. M. Besselink*, Constitutional Referenda in the Netherlands: A Debate in the Margin, EJCL 11.1 (Mai 2007), S. 1 (14).

[188] *L. F. M. Besselink*, The Dutch Constitution, the European Constitution and the Referendum in the Netherlands, in: A. Albi/J. Ziller (Hrsg.), The European Constitution and National Constitutions (2007), S. 113 (118).

[189] Niederl. Staatsrat, Gutachten v. 12. 9. 2007 – W02. 07. 0254/II/E – *IGC-Mandat*, Punkt 4.2., in englischer Übersetzung abrufbar unter http://www.raadvanstate.nl/adviezen (1. 9. 2010). Dazu *J. Ziller*, The Law and Politics of the Ratification of the Lisbon Treaty, in: S. Griller/ders. (Hrsg.), The Lisbon Treaty (2008), S. 309 (319 ff.).

3. *Verhältnis von speziellen und allgemeinen Regeln*

Die Koexistenz allgemeiner Bestimmungen und EU-spezifischer Verfahrensregeln über einen Volksentscheid wirft für die betreffende Verfassungsordnung die Frage nach dem Verhältnis beider Normgruppen zueinander auf. Hierbei gilt es zwei Konstellationen auseinanderzuhalten.

In der *ersten* sind bereits der Tatbestand der Integrationsermächtigung und damit die verfahrensrechtliche Spezialregelung *nicht* einschlägig, etwa weil eine Übertragung von Hoheitsrechten nach Auffassung der zuständigen Verfassungsorgane nicht vorliegt. In diesem Fall ist ein Rückgriff auf die verfahrensrechtliche lex generalis im Integrationskontext grundsätzlich möglich. Mit anderen Worten, die Spezialregelung entfaltet *außerhalb ihres Anwendungsbereiches grundsätzlich keine Sperrwirkung*, die einen integrationsbezogenen Volksentscheid auf Grundlage allgemeiner Vorschriften ausschließt. So ist in Polen und Slowenien ein Rückgriff auf die lex generalis im Integrationskontext auch dann möglich, wenn die (explizit das Referendum als Verfahrensmodus umfassende) lex specialis nicht einschlägig sein sollte.[190] Die Zustimmung zu einem Änderungsvertrag kann dem Volksentscheid unter dieser Prämisse also auf zwei Wegen unterbreitet werden. Wird der Vertrag als eine „Übertragung" von Kompetenzen i. S. d. Übertragungsklausel eingestuft, läuft das Referendum – falls ein entsprechender parlamentarischer Beschluss vorliegt – über die Spezialvorschriften in Art. 90 Abs. 3 der polnischen sowie Art. 3a Abs. 2 der slowenischen Verfassung. Wird dem Vertrag hingegen keine kompetenzübertragende Dimension beigemessen, kann ein Referendum gleichwohl über die allgemeinen Vorschriften in Art. 125 der polnischen sowie Art. 90 der slowenischen Verfassung herbeigeführt werden.

In der *zweiten Konstellation* ist der Tatbestand der Spezialnorm hingegen erfüllt; die verfahrensrechtlichen Spezialregelungen greifen. Hier richtet sich das Verfahren zunächst primär nach den in der lex specialis vorgesehenen verfahrensrechtlichen Abläufen, wobei wiederum zwei Unterfälle auseinanderzuhalten sind.

Im ersten trifft die Spezialnorm selbst keinerlei Aussage über einen Volksentscheid und regelt allein den parlamentarischen Zustimmungsmodus. In diesem Fall ist der Rückgriff auf allgemeine Regeln über den Volksentscheid unter der Voraussetzung möglich, dass die Spezialnorm nicht als für den Integrationskontext abschließend verstanden wird. Insbesondere die Verfassungsordnungen der Niederlanden, der Slowakei und Kroatiens veranschaulichen diese Auslegung. Auch in Ungarn sah sich das Verfassungsgericht, wie gesehen, nicht daran gehindert, ein integrationsbezogenes Referendum im Anwendungsbereich der Integrationsermächtigung auf Grundlage der allgemeinen Bestimmung des Art. 28b Abs. 1 Verf-HU im Grundsatz für möglich zu erachten, obwohl die Integrationsermächtigung nur das parlamentarische Verfah-

---

[190] Art. 125 Verf-PL sowie Art. 90 Verf-SLO Vergleichend hierzu *H. Küpper*, Die Ratifikation der Unionsverfassung in den neuen Mitgliedstaaten, in: K. Beckmann/J. Dieringer/U. Hufeld (Hrsg.), Eine Verfassung für Europa (2. Aufl. 2005), S. 273 (291 f.).

ren vorsieht und für das Beitrittsreferendum vormals eine ausdrückliche Regelung in Art. 79 a. F. Verf-HU kannte.[191] In systematischer Hinsicht ist ein hiervon abweichendes Ergebnis natürlich möglich. Allerdings lässt sich diese Frage nicht abstrakt beantworten, sondern ist, wie die Diskussion in Ungarn besonders deutlich zeigt, von den Eigenheiten und dem Gesamtgefüge der betreffenden Verfassungsordnung abhängig. Ergäbe sich aus einer solchen Betrachtung aber der Schluss, dass die jeweilige Spezialbestimmung den Modus des Integrationsverfahrens abschließend regelte, wäre ein Rückgriff auf die lex generalis für den Anwendungsbereich der Integrationsermächtigung präkludiert. In diese Richtung kann die Rechtslage in Rumänien interpretiert werden, wo die integrationsspezifische Verfahrensregelung in Art. 148 Abs. 1 Verf-RO einzig einen parlamentarischen Verfahrensmodus vorsieht.[192] Weder im Zusammenhang mit der Ratifikation der Beitrittsakte, noch in der Folge in Bezug auf den VVE oder den VvL sollte hier ein Volksentscheid anberaumt werden, obwohl auch die rumänische Verfassung mit Art. 90 Verf-RO eine entsprechende lex generalis bereithält. Einzig im Rahmen der Verfassungsänderung im Jahr 2003 fand – weil verfassungsrechtlich ausdrücklich geboten – ein Referendum statt.[193]

Der zweite Unterfall besteht darin, dass die anwendbare Spezialregelung konkrete Aussagen über ein integrationsbezogenes Referendum trifft. In einer solchen Konstellation muss ein Rückgriff auf die allgemeinen Bestimmungen aus systematischen Erwägungen heraus ausgeschlossen sein. Ebenso wie die besondere Mehrheitsschwelle der Integrationsermächtigung im parlamentarischen Verfahren nicht durch Anwendung der allgemeinen Bestimmungen über die Ratifizierung völkerrechtlicher Verträge umgangen werden kann, darf konsequenterweise auch kein Rückgriff auf die allgemeinen Bestimmungen über den Volksentscheid erfolgen, wenn die spezielle Verfahrensnorm diesbezügliche Dispositionen trifft. Anderenfalls bestünde die Gefahr, genau diese speziellen Dispositionen zu umgehen. Dass die Verfassungspraxis zuweilen gleichwohl nicht mit diesen Überlegungen übereinstimmt, illustriert die soeben geschilderte Situation in Dänemark. Sie zeigt aber zugleich auf, dass die Umgehung der verfahrensrechtlichen Abstufung in der Verfassung Folgeprobleme nach sich zieht.

Eine begrüßenswerte Regelungsklarheit weist in diesem Zusammenhang nunmehr der im Jahr 2008 neu gefasste Art. 50 Abs. 4 des österreichischen Bundes-Verfassungsgesetzes (B-VG) auf. Darin sind besondere Verfahrensvoraussetzungen hinsichtlich der parlamentarischen Zustimmung ausdrücklich „unbeschadet des Art. 44 Abs. 3" B-VG über die Gesamtänderung der Bundesverfassung geregelt. Berührt die Änderung der vertraglichen Grundlagen der Union also die „Baugesetze" der öster-

---

[191] Vgl. Teil 2 – Kapitel 6 – III. 1. a) aa) im Einzelnen.

[192] So auch *H. Küpper*, Die Ratifikation der Unionsverfassung in den neuen Mitgliedstaaten, in: K. Beckmann/J. Dieringer/U. Hufeld (Hrsg.), Eine Verfassung für Europa (2. Aufl. 2005), S. 273 (289).

[193] Vgl. Art. 151 f. Verf-RO Dazu *A. Albi*, EU Enlargement and the Constitutions of Central and Eastern Europe (2005), S. 151.

reichischen Bundesverfassung, ist ein Rückgriff auf das gesamtändernde Verfahren – und damit einen Volksentscheid – ausdrücklich nicht ausgeschlossen.[194]

4. *Verfassungsrechtliches Verbot des Volksentscheids*

Ausgeschlossen ist ein Referendum jedenfalls dann, wenn die Verfassung ein entsprechendes Verbot aufstellt. Solche Vorschriften finden sich in mehreren mitgliedstaatlichen Verfassungsordnungen, wobei sie sich auf unterschiedlichste Regelungsgegenstände beziehen können. Grenzüberschreitende Übereinstimmung herrscht interessanterweise hinsichtlich des Verbots direktdemokratischer Entscheidungen über Haushalts- und Steuerfragen.[195] Für den vorliegenden Kontext relevant sind hingegen in erster Linie diejenigen Bestimmungen, welche das Abhalten eines Referendums für die Ratifikation eines völkerrechtlichen Vertrages im Allgemeinen oder aber eines Integrationsvertrages im Besonderen verbieten.

Ein solches Verbot, die Ermächtigung zur Ratifizierung internationaler Verträge einem Volksentscheid zu unterbreiten, enthält etwa Art. 75 Abs. 2 der italienischen Verfassung:[196]

> „Ein Volksentscheid ist nicht zulässig über Steuer- und Haushaltsgesetze, über Amnestien und Strafnachlässe sowie über die Ermächtigung zur Ratifizierung internationaler Verträge."

Auch § 106 Abs. 1 der Verfassung Estlands nimmt die Frage der Ratifizierung oder Kündigung völkerrechtlicher Verträge ausdrücklich von der Möglichkeit eines Volksentscheides aus.[197] Ebenfalls ist ein Referendum in Deutschland im Rahmen des Integrationsverfahrens nach Art. 23 Abs. 1 GG derzeit nicht möglich, wenngleich hier keine ausdrückliche Verbotsregel besteht. Allerdings hat das BVerfG in seinem *Lissa-*

---

[194] So die Erläuterungen zur Regierungsvorlage (314 der Beilagen zur XXIII. Gesetzgebungsperiode), abrufbar unter http://www.parlament.gv.at/PG/DE/XXIII/I/I_00314/fname_090432.pdf (1. 9. 2010), S. 9: „Hervorzuheben ist, dass Art. 50 Abs. 1 Z 2 i. V. m. Abs. 4 nicht zum Abschluss von ‚gesamtändernden' Staatsverträgen ermächtigt. Durch die in Art. 50 Abs. 4 gewählte Formulierung (‚unbeschadet des Art. 44 Abs. 3') soll klargestellt werden, dass der allfällige Abschluss eines – die vertraglichen Grundlagen der Europäischen Union ändernden – Staatsvertrages, durch den eines der leitenden Prinzipien der Verfassung geändert werden würde, eine entsprechende bundesverfassungsgesetzliche Ermächtigung voraussetzen würde, wobei diese gemäß Art. 44 Abs. 3 als ‚Gesamtänderung' einer Volksabstimmung zu unterziehen wäre."

[195] Vgl. insbesondere Art. 75 Abs. 2 Verf-I; Art. 42 Abs. 6 Verf-DK; Art. 115 Abs. 4 Verf-POR; Art. 28c Abs. 5 Verf-HU; Art. 93 Abs. 3 Verf-SLK; Art. 106 Abs. 1 Verf-EST.

[196] Insofern ergibt sich eine Ausnahme zur allgemeinen Regel in Art. 138 Verf-I, wonach Verfassungsänderungsgesetze und sonstige Verfassungsgesetze dann zum Volksentscheid zu bringen sind, wenn dies binnen drei Monaten nach ihrer Veröffentlichung von einem Fünftel der Mitglieder einer Kammer, von 500.000 Wählern oder von fünf Regionalversammlungen begehrt wird.

[197] Die Bestimmung lautet: „Einer Volksabstimmung dürfen Fragen des Haushalts, der Steuern, der monetären Verpflichtungen des Staates, der Ratifizierung oder Kündigung völkerrechtlicher Verträge, der Verhängung und Aufhebung des Ausnahmezustandes sowie der Landesverteidigung nicht unterworfen werden." Allerdings ist hier für die Abänderung des EU-gerichteten Verfassungsergänzungsgesetzes ein Referendum notwendig. Dergleichen wurde bislang aber nicht notwendig. Vgl. hierzu Teil 2 – Kapitel 8 – III.

bon-Urteil auf die „freie Entscheidung des Volkes jenseits der gegenwärtigen Geltungskraft des Grundgesetzes“ nach Art. 146 GG hingewiesen,

„über den Identitätswechsel der Bundesrepublik Deutschland, wie er durch Umbildung zu einem Gliedstaat eines europäischen Bundesstaates bewirkt werden würde, und die damit einhergehende Ablösung des Grundgesetzes“

zu befinden.[198] Damit wäre ein integrationsgerichtetes Referendum jedenfalls dann notwendig, wenn der Ausbau der EU zur Ablösung der grundgesetzlichen Ordnung führen würde.

Eine ausdrückliche Ausschlussregelung enthält schließlich Art. 115 Abs. 4 der portugiesischen Verfassung. Als Gegenstand eines Referendums ausgeschlossen sind danach neben Verfassungsänderungen grundsätzlich auch die Art. 161 Verf-POR festgelegten Kompetenzbereiche des Parlamentes. Lediglich die Möglichkeit eines Volksentscheids über Fragen wesentlichen nationalen Interesses, die Gegenstand einer internationalen Übereinkunft sein müssen, können wiederum einem Referendum unterworfen werden, es sei denn, sie betreffen den Frieden oder die Berichtigung von Grenzen. In dieses komplizierte Regel-Ausnahme-Geflecht hat der verfassungsändernde Gesetzgeber im Jahr 2005 durch den neu in die Verfassung eingeführten Art. 295 Verf-POR[199] zumindest in Bezug auf die EU für Klarheit gesorgt. Die Bestimmung verdeutlicht nunmehr, dass die Verfassung jedenfalls nicht der Möglichkeit eines Referendums entgegensteht, das

„auf die Zustimmung zu einem Vertrag über die Errichtung und Vertiefung der Europäischen Union gerichtet“

ist. Damit verfügt die portugiesische Verfassung nunmehr über die ausdrückliche verfassungsrechtliche Absicherung eines integrationsbezogenen Referendums. Anders als bei der geplanten Ratifikation des VVE wurde jedoch für die Ratifikation des VvL auf eine parlamentarische Zustimmung zurückgegriffen.[200]

IV. Fazit: Dynamische Permeabilität von Verfassung wegen

Die vergleichende Analyse der verfahrensrechtlichen Ausgestaltung dynamischer Integrationsermächtigungen legt ein im Detail weit verzweigtes Netz an Regelungsmodellen frei. Gleichwohl können europaweit einige Grundtendenzen herausgefiltert

[198] BVerfG, Urt. v. 30. 6. 2009 – 2 BvE 2/08 u. a. – *Lissabon* = BVerfGE 123, 267 ff. (Rn. 263, 179, 228). Vgl. in Bezug auf Art. 146 GG auch das Gutachten von *D. Murswiek*, S. 125, abrufbar unter http://www.peter-gauweiler.de (1. 9. 2010). Zur Problematik auch *O. Sauer*, Volksabstimmung über den Lissabonner Vertrag?, BayVBl. 2008, S. 581 ff.

[199] Eingefügt durch Verfassungsgesetz (Lei Constitucional) 1/2005 v. 12. 8. 2005.

[200] Das ursprünglich anberaumte Referendum für die Zustimmung zum VVE wurde in Folge des Scheiterns der Ratifikation in Frankreich und den Niederlanden abgesagt. Die Zustimmung des Parlamentes zur Ratifikation des Vertrages von Lissabon erfolgte am 23. 4. 2008.

werden, welche die verfahrensrechtliche Struktur dynamischer Integrationsermächtigungen in besonderem Maße prägen.

In der überwiegenden Mehrzahl mitgliedstaatlicher Verfassungsordnungen dominieren im Anwendungsbereich der Integrationsermächtigungen *spezielle Verfahrensregeln*, deren Anforderungen über die klassischen Vorschriften zur Ratifizierung völkerrechtlicher Verträge hinausreichen. Dies gilt insbesondere in Bezug auf erhöhte Mehrheitsschwellen im parlamentarischen Zustimmungsverfahren. Dieser Umstand ist besonders kennzeichnend, weil das *parlamentarische Verfahren* in fast allen Verfassungen den *Regelfall* sowohl in systematischer Hinsicht wie in praktischer Anwendungsperspektive darstellt. Darüber hinaus können *Volksabstimmungen alternativ* abgehalten werden oder *ergänzend* hinzutreten. Auch gibt es einige Verfassungen, die Volksentscheide *exklusiv* für bestimmte Fallkonstellationen verlangen.

Das Verhältnis von allgemeinen und speziellen Normen sowie von parlamentarischen und direktdemokratischen Zustimmungsmodi wirft nicht selten Abgrenzungsprobleme auf. In der Tendenz kann aber festgehalten werden, dass ein Rückgriff auf allgemeine Bestimmungen über den Volksentscheid in der Regel auch trotz Vorliegens spezieller Verfahrensbestimmungen über die parlamentarische Zustimmung zugelassen wird, da letztere für den Integrationskontext zumeist als nicht abschließend betrachtet werden. In zahlreichen Mitgliedstaaten ist damit ein integrationsgerichteter Volksentscheid verfassungsrechtlich möglich, auch wenn die parlamentarische Zustimmung den Regelfall darstellt.

Unklarheiten ergeben sich gelegentlich auch in Bezug auf die tatbestandliche Konkretisierung der Integrationsermächtigungen. Hier geht es um die Frage, wann die Integrationsermächtigung im Gegensatz zu allgemeinen Bestimmungen, etwa über die Ratifikation völkerrechtlicher Verträge, zur Anwendung gelangt und damit die speziellen Verfahrensbestimmungen greifen. Mitunter finden sich innerhalb einer Rechtsordnung von Fall zu Fall und im Laufe der Zeit recht unterschiedliche Antworten auf die Frage, wann z.B. eine „Übertragung von Hoheitsrechten" vorliegt. Abweichungen hinsichtlich des zugrunde zu legenden Maßstabs waren hierbei in jüngerer Zeit insbesondere in Dänemark in Bezug auf die rechtliche Bewertung des VVE auf der einen und des VvL auf der anderen Seite zu beobachten.

Darüber hinaus gilt es zuweilen Differenzierungen *innerhalb* des Anwendungsbereichs der Integrationsermächtigungen zu berücksichtigen, soweit die betreffenden Normen das einschlägige Verfahren zusätzlich vom verfassungsrechtlichen Intensitätsgrad der betreffenden Integrationshandlung abhängig machen. Dies illustriert – in seiner gegenwärtigen Gestalt wenig klar und von der jeweiligen Auslegung abhängig – etwa das deutsche Grundgesetz in Art. 23 Abs. 1 S. 3. Unter Umständen kann sich aus einer solchen Unterscheidung sogar eine recht verwirrende kategoriale Dreiteilung der Integrationshandlungen ergeben. Für die erste Fallgruppe gelten mangels Einschlägigkeit der Integrationsermächtigung die allgemeinen Vorschriften. Die zweite fällt zwar in den Anwendungsbereich der Integrationsermächtigung, unterliegt aber aufgrund fehlender Verfassungsintensität nicht den erhöhten Verfahrensvoraussetzungen. Die dritte fällt schlussendlich sowohl unter den Tatbestand der Integrationsermächtigung als auch unter die besonderen Verfahrensmodi.[201]

Gleicht man die Integrationsverfahren mit dem jeweiligen Verfahren der Verfassungsänderung ab, so ist in den Verfassungsordnungen, die auf dynamische Integrationsermächtigungen zurückgreifen, europaweit – mit Ausnahme der polnischen Rechtsordnung – sehr deutlich der Grundtenor erkennbar, das Integrationsverfahren mit einem Mindestgrad an Leichtgängigkeit und *praktischer Durchführbarkeit* zu gestalten. Insbesondere Verfassungen, die ein langwieriges Änderungsverfahren, ggf. gestreckt über zwei Legislaturperioden, vorschreiben, bringen durch die vergleichsweise verminderte Verfahrenskomplexität des Integrationsverfahrens prägnant den Grundgedanken zum Ausdruck, dass der Integrationsfortschritt nicht über die Maßen durch zu starre Verfahrensvorgaben gefährdet werden darf. Zumindest eine zeitnahe Entscheidung seitens der zuständigen Verfassungsorgane soll gewährleistet werden, auch wenn die Anforderungen an ein hohes Legitimationsniveau zuweilen durch gesteigerte Mehrheitsvoraussetzungen gegenüber dem verfassungsändernden Verfahren kompensiert werden.

Über den Bezugspunkt der einzelnen Verfassungsordnung hinaus wird durch den Vergleich somit ein zentrales Funktionsmerkmal sichtbar. Die betreffenden Ermächtigungsnormen sind aus Perspektive der innerstaatlichen Verfassung verfahrensrechtlich *dynamisch* in dem Sinne, dass sie die Rechtsgrundlage für Einwirkungen der supranationalen Grundordnung in den innerstaatlichen Verfassungsraum hinein darstellen, ohne dass die Aktualisierung der Ermächtigung regelmäßig von der Einhaltung besonders komplexer Verfahrenserfordernisse abhinge.[202] Die so geschaffene Permeabilität ist ein dynamisches Strukturmerkmal, welches sich, einmal errichtet, auf Ebene der Verfassungs*anwendung* entfaltet. Einer (formellen) Änderung des Verfassungs*textes* bedarf es durch die Anwendung dynamischer Integrationsermächtigungen nicht.[203]

Zwar können die im Rahmen des Integrationsverfahrens angelegten Mehrheitserfordernisse an die einer Verfassungsänderung heranreichen. Zuweilen können sie diese im Fall von Rechtsordnungen mit komplexen oder mehrstufigen Änderungsverfahren sogar übersteigen, um ein erhöhtes Legitimationsniveau gleichwohl zu sichern. Jedoch ist das Integrationsverfahren im letzteren Fall gerade im Vergleich zur Verfassungsänderung stets in seiner Komplexität reduziert oder gekürzt. Diese verfahrensrechtliche Vereinfachung gegenüber der Verfassungsänderung machen auch die Vorschriften über direktdemokratische Entscheidungen deutlich. Hier werden

201 Für Deutschland wären dies, folgte man der diesbezüglichen Auffassung der Bundesregierung, (1) eine einfache Mehrheit aufgrund alleiniger Anwendung von Art. 59 Abs. 2 S. 1 GG, (2) eine einfache Mehrheit aufgrund Art. 23 Abs. 1 S. 2 i. V. m. Art. 59 Abs. 2 S. 1 GG sowie (3) eine 2/3-Mehrheit der Mitglieder von BT sowie 2/3 der Stimmen von BR aufgrund Art. 23 Abs. 1 S. 3 i. V. m. Art. 59 Abs. 2 S. 1 GG.

202 Die zweite Komponente der Dynamik liegt, wie bereits dargelegt, in der sachbereichlichen Offenheit dieser Integrationsermächtigungen begründet.

203 Zu Fällen integrationsinduzierter Verfassungsänderungen vgl. Teil 2 – Kapitel 7 – IV.

für das integrationsbezogene Referendum in der Regel geringere Anforderungen in Bezug auf Mindestbeteiligung oder zu erreichende Mehrheit gestellt. Dort wo sich die verfahrensrechtlichen Erfordernisse von Verfassungsänderung und Integrationsverfahren weitgehend decken, ist das Änderungsverfahren selbst vergleichsweise leichtgängig ausgestaltet.

Die ganz überwiegende Anzahl mitgliedstaatlicher Verfassungsordnungen prägt also der Grundsatz einer *verfahrensrechtlich dynamischen Permeabilität von Verfassung wegen*. Das Integrationsverfahren ist demnach so ausgestaltet, dass ein *Mindestmaß an praktischer Durchführbarkeit* – bezogen sowohl auf die Frage eines zeitnahen Verfahrensabschlusses als auch im Hinblick auf die vorausgesetzten Mehrheitsschwellen und Mindestquoren – gewährleistet ist.

Dieser Grundsatz ergibt sich *aus der jeweiligen Verfassungsordnung selbst* und ist normativ nicht etwa durch das Unionsrecht oder das Völkerrecht vorgegeben. Weder lässt sich, wie das ungarische Verfassungsgericht zutreffend ausführt, eine Pflicht zur Risikosenkung des Ratifikationsverfahrens aus Art. 18 WVK ableiten. Noch kann unionsrechtlich bei Rechtsfiguren wie der gegenseitigen Loyalitätspflicht angesetzt werden, da das Unionsrecht auch nach dem Integrationsstand des Vertrages von Lissabon das Inkrafttreten einer klassischen Vertragsänderung an die Ratifikation seitens der Mitgliedstaaten nach Maßgabe ihrer verfassungsrechtlichen Vorschriften knüpft. Zwar sieht Art. 48 Abs. 5 EUV vor, dass der Europäische Rat bei Entstehung von Ratifikationsschwierigkeiten befasst wird, wenn vier Fünftel der Mitgliedstaaten den betreffenden Vertrag nach Ablauf von zwei Jahren bereits ratifiziert haben. Eine rechtliche Verpflichtung der Mitgliedstaaten zur präventiven Vermeidung solcher Schwierigkeiten durch Anwendung vereinfachter Ratifikationsverfahren lässt sich daraus aber nicht ableiten. Allerdings kann sich aus der *nationalen Verfassung* u.U. eine ausdrückliche Pflicht zur nicht unnötigen Verzögerung der Ratifikation ergeben, wie dies insbesondere das tschechische Verfassungsgericht in seinem zweiten *Lissabon*-Urteil formuliert hat.

Die verfahrensrechtlich dynamische Permeabilität ist aber nicht nur ein prägendes Element jeder einzelnen Verfassung für sich genommen. Vielmehr ist ihre Entwicklung, wie gesehen, durch wechselseitige Rezeptionszusammenhänge der Verfassungsordnungen untereinander beeinflusst. Die Praktikabilität einer derart horizontalen Vernetzung[204] ergibt sich bereits daraus, dass die Mitgliedstaaten rechtsordnungsübergreifend nicht nur mit einem funktional äquivalenten, sondern mit *demselben* Phänomen in Gestalt der supranationalen Rechtsordnung konfrontiert sind. Bei dem Grundsatz dynamischer Permeabilität handelt es sich damit um ein Beispiel *gemein-*

---

[204] Zur horizontalen Dimension des europäischen Verfassungsverbundes *I. Pernice*, Theorie und Praxis des Europäischen Verfassungsverbundes, in: C. Calliess (Hrsg.), Verfassungswandel im europäischen Staaten- und Verfassungsverbund (2007), S. 61 (70) sowie speziell in Bezug auf die (ehemals) dritte Säule *ders.*, Die horizontale Dimension des europäischen Verfassungsverbundes, in: FS J. Meyer (2006), S. 359 ff.

europäischen Verfassungsrechts[205] par excellence. Obwohl positivrechtlich in jeder Verfassung selbst verankert, sind Funktionsweise, Entstehung und Fortentwicklung dieses Rechtsinstituts nur aus dem gemeineuropäischen Kontext heraus erklärbar, ja verständlich.

V. Verfahrensrechtliche „best practice"?

Fragt man vor dem Hintergrund dieser Erwägungen nun ausblickend nach der verfahrensrechtlich adäquatesten Lösung bzw. nach einer „best practice", dem bestbewährten Verfahren, kann die Antwort nicht losgelöst von der jeweiligen Bezugsverfassung erfolgen. Mit anderen Worten, es gibt trotz der vielfältigen Rezeptionszusammenhänge keine verfahrensrechtliche Musterlösung, welche auf alle Verfassungen gleichermaßen anwendbar wäre. Viel hängt von der betreffenden Entscheidungskultur, insbesondere der Balance von repräsentativen und direktdemokratischen Elementen innerhalb des verfassungsrechtlichen Gesamtgefüges ab. Sucht man eine Textstufe, welche die erörterten Aspekte zumindest vermittelnd bzw. veranschaulichend abbildet, kann ein solcher Formulierungsvorschlag darum auch allenfalls als Ausgangspunkt für die stets im Einzelfall erforderliche Individualeinpassung in die Verfassung des betreffenden Mitgliedstaates X dienen.

1. Prototyp einer differenzierten Verfahrensregel

Ein in sich austarierter, hinreichend differenzierter Ansatz auf Grundlage der rechtsvergleichenden Erörterungen könnte, formuliert als verfahrensrechtlicher Folgeabsatz des vorgeschlagenen Verbundmodells, wie folgt lauten:

„X kann die Ausschließlichkeit seiner Hoheitsgewalt für den Geltungsbereich dieser Verfassung begrenzen und im Zusammenwirken mit den Völkern Europas die Organe und Einrichtungen der Europäischen Union mit bestimmten Aufgaben und Befugnissen durch Errichtung und Fortentwicklung einer gemeinsamen Grundordnung betrauen, die fortan im Verbund mit dieser Verfassung und in Achtung ihrer identitätstragenden Grundsätze die rechtliche Grundlage für die Ausübung von Hoheitsgewalt in X bildet. [siehe bereits oben]

Hierfür bedarf es jeweils der Zustimmung des Abgeordnetenhauses [und des Senats]. Wird die Verfassung ihrem Inhalt nach geändert oder ergänzt, so müssen mindestens zwei Drittel aller Abgeordneten [und Senatoren] zustimmen. Auf Verlangen von mindestens der Hälfte aller Abgeordneten [und Senatoren] kann die parlamentarische Zustimmung nach Satz 2 durch einen Volksentscheid ersetzt werden."

---

[205] Zum Begriff s. *P. Häberle*, Gemeineuropäisches Verfassungsrecht, EuGRZ 1991, S. 261 ff.; *ders.*, Gemeineuropäisches Verfassungsrecht, in: R. Bieber/P. Widmer (Hrsg.), L'espace constitutionnel européen – Der europäische Verfassungsraum (1995), S. 361 (367, 370 ff.). Vgl. im gleichen Sammelband auch den Beitrag von *B.-C. Funk*, Gemeineuropäisches Verfassungsrecht, ebd. S. 399 ff. Speziell zum Verfassungsvertrag s. *I. Pernice*, Der Verfassungsentwurf als gemeineuropäisches Verfassungsrecht, in: P. Brand/S. Huster/D. Tsatsos (Hrsg.), Die Europäische Union als Verfassungsordnung (2004), S. 111 ff.

Das Präpositionaladverb „Hierfür" bezieht sich auf die Mitwirkung des Staates X an der Errichtung und Fortentwicklung der gemeinsamen supranationalen Grundordnung und die damit verbundene innerstaatliche Rücknahme der alleinigen Hoheitsgewalt der Staatsorgane von X im Sinne der Integrationsermächtigung im ersten Absatz. Alternativ, aber im Sinne der Lesbarkeit einer Verfassung auch für Nichtjuristen vielleicht etwas zu technisch, könnte es heißen:

„Für eine *Integrationsentscheidung* im Sinne des Abs. 1 bedarf es (...)."

Ein erstes Kennzeichen dieser Verfahrensregel besteht darin, dass sie als EU-spezifische lex specialis gerade nicht ausschließlich auf die Zustimmung zu klassischen Vertragsänderungen fixiert ist, sondern auch Integrationshandlungen jenseits davon umfasst. Auf Tragweite und Form der betreffenden Integrationshandlung kommt es also für den Anwendungsbereich der Spezialnorm zunächst nicht an, was eine klare Abgrenzung zu den allgemeinen Verfahrensbestimmungen erlaubt. Insbesondere ein Rückgriff auf die Vorschriften über die Ratifikation völkerrechtlicher Verträge ist ausgeschlossen.

Die notwendige *verfahrensrechtliche Abstufung* findet vielmehr *innerhalb* des Anwendungsbereichs der Spezialnorm statt. Für eine solche Binnendifferenzierung spricht, wie am Beispiel der deutschen Rechtsordnung dargelegt, die Berücksichtigung der Verfassungsintensität der jeweiligen Integrationshandlung im Einzelfall. Nur dann, wenn durch einen *tatsächlich* materiell verfassungsändernden Charakter ein erhöhtes Legitimationsbedürfnis entsteht, kommen die besonderen Verfahrensvoraussetzungen zur Anwendung. Hierüber kann es im Einzelfall gewiss Meinungsverschiedenheiten geben. Eine parlamentarische Diskussion um die verfassungsrechtlichen Auswirkungen eines bestimmten Integrationsprojekts kann jedoch zugleich eine wichtige Öffentlichkeits- und Vermittlungsfunktion erfüllen.[206] Durch den nach außen hin abschließenden, aber in sich differenzierten Anwendungsbereich der Spezialnorm ist zudem gewährleistet, dass „eine Flucht" in die allgemeinen Normen – wie anlässlich des VvL in Dänemark – und damit eine Gleichsetzung supranationaler Verfassungsentwicklung und klassischer völkerrechtlicher Verträge ausgeschlossen ist. Aufgrund der Sperrwirkung für die allgemeinen Regeln wird auch nur zwischen zwei Konstellationen unterschieden, nämlich Integrationshandlungen mit und solchen ohne materiell verfassungsändernde Dimension. Dies kann zur Klarheit der Regelungslage beitragen.

Nur für die letzte Fallgruppe gelten gehobene, aber gleichwohl angemessene, d.h. nicht zu strikte Verfahrensanforderungen. Was die Mehrheitsschwelle im parlamentarischen Zustimmungsverfahren betrifft, darf diese jedenfalls nicht über die einer Verfassungsänderung hinausgehen. Je nach Verfassungsordnung könnte die Mehrheitsschwelle im Rahmen des Integrationsverfahrens demnach in Maßen nach unten

[206] Die Frage des verfahrensrechtlichen Modus kann zugleich einer gerichtlichen Nachprüfung unterworfen sein, eine entsprechende Verfassungs- bzw. Höchstgerichtsbarkeit vorausgesetzt.

(etwa 3/5) bzw. nach oben (etwa 3/4) variieren. Das bloße Erfordernis einer parlamentarischen Zustimmung durch Gesetz oder Beschluss[207] gewährleistet im Gegensatz zu etwaigen gestreckten Anforderungen im (verfassungs-)gesetzgebenden Verfahren zudem grundsätzlich einen zeitnahen Verfahrensabschluss. Bei Zweikammerparlamenten muss im Übrigen festgelegt werden, welche Kammer im Einzelnen zu beteiligen ist, sei es, dass das Abgeordnetenhaus alleine entscheidet, dass beide Kammern jeweils einen Beschluss fassen oder aber, dass beide gar in einer gemeinsamen Sitzung entscheiden. Für die Bundesrepublik Deutschland könnte die Verfahrensbestimmung etwa wie folgt lauten:

„Hierfür bedarf es jeweils eines Gesetzes mit Zustimmung des Bundesrates. Wird das Grundgesetz seinem Inhalt nach geändert oder ergänzt, so gilt Art. 79 Abs. 2.“[208]

Schließlich trifft der obige Formulierungsvorschlag bereits eine Regelung über einen Volksentscheid. Ein solcher kann nach der vorgestellten Konzeption nur in Fällen des S. 2, also in Bezug auf eine Integrationshandlung mit materiell verfassungsändernder Dimension, abgehalten werden. Diese Regelung ist als abschließend zu verstehen und verwehrt damit einen Rückgriff auf allgemeine Bestimmungen über Volksentscheide. Systematische Unsicherheiten können so vermieden werden. Zudem bedarf es für die Aktivierung dieses Verfahrensmodus der absoluten Mehrheit aller Abgeordneten.[209] Wie in vielen Verfassungen behielte also auch hier das Parlament das letzte Wort über die Frage eines Referendums. Noch restriktiver in diesem Sinne wäre es, die Mehrheitsschwelle für den Beschluss über die Volksabstimmung anzuheben. Auch könnte der Volksentscheid als Negativentscheidung ausgestaltet werden. Eine Zustimmung wäre dann ausgeschlossen, wenn sich mindestens die Hälfte der Wähler gegen das betreffende Integrationsprojekt ausspräche. Umgekehrt könnte der parlamentarische Antrag für ein Referendum als Minderheitenrecht ausgestaltet werden. Die konkrete Ausgestaltung hängt letztlich aber vom Gesamtkontext der betreffenden Verfassungsordnung ab.

2. *Ausblick: Neue Textstufe als möglicher Orientierungspunkt*

Dies führt zurück zu den anfänglichen Überlegungen. Ein Textvorschlag für eine integrationsspezifische Verfahrensbestimmung kann nicht per se in jedwede Verfassungsordnung implementiert werden, sondern muss vielmehr deren Eigenheiten und Besonderheiten im Einzelfall Rechnung tragen. Einen Mehrwert erbringt er gleichwohl insofern, als er die verfassungsvergleichenden Erfahrungswerte – insbesondere die erörterten Defizite einiger Bestimmungen in puncto Normenklarheit, Verfah-

[207] Dies ist eine Frage, die für jede einzelne Verfassungsordnung gesondert entschieden werden muss.

[208] Eines gesonderten Verweises auf Art. 79 Abs. 3 bedarf es hier nicht, da ein solcher ggf. ausdrücklich im Rahmen der Integrationsermächtigung erfolgen würde, vgl. Teil 2 – Kapitel 5 – IV. 2. a) bb) für einen Formulierungsvorschlag.

[209] Ggf. der Stimmen beider Kammern.

rensmodus und systematisches Verhältnis zu anderen Bestimmungen – berücksichtigt und den verfahrensrechtlichen Grundsatz *dynamischer Permeabilität von Verfassung wegen* auf dieser Grundlage zu einer neuen Textstufe fortentwickelt. Diese kann als Orientierung bzw. Ausgangspunkt für die verfassungsrechtliche Weiterentwicklung der integrationsbezogenen Verfahrensnormen in der jeweiligen Verfassungsordnung dienen.

Kapitel 7

Statische Integrationsermächtigungen

Im Gegensatz zur überwiegenden Anzahl mitgliedstaatlicher Verfassungsordnungen, deren Integrationsbestimmungen vom Grundsatz dynamischer Permeabilität *von Verfassung wegen* geprägt sind, greifen einige wenige Mitgliedstaaten auf eine statische, einzelfallbezogene Permeabilität *qua Verfassungsänderung* zurück. Dieses Modell kann als *statische Integrationsermächtigung* bzw. *Einzelermächtigung* bezeichnet werden.

Zwei Modelle dieser Art existieren derzeit im Verfassungsrecht der Mitgliedstaaten. Zum einen können spezifische Ermächtigungen im Hinblick auf eine bestimmte *Integrationsstufe* in die Verfassung aufgenommen werden (hierzu I.). Zum anderen ist die Einfügung *sachbereichsspezifischer* Integrationsermächtigungen möglich (hierzu II.). Einige Verfassungsordnungen sind darüber hinaus durch eine Parallelität einzelfallbezogener und dynamischer Integrationsermächtigung gekennzeichnet. Für diesen Fall stellt sich die Frage nach dem Verhältnis beider Ansätze zueinander (hierzu III.). Daneben sind die Einzelermächtigungen von sonstigen integrationsinduzierten Verfassungsänderungen zu unterscheiden, die eine weitaus geläufigere Erscheinung im Verfassungsrecht der Mitgliedstaaten darstellen (hierzu IV.). Im Lichte dieser Erwägungen kristallisiert sich der Rückgriff auf Einzelermächtigungen im Verfassungsrecht der betreffenden Mitgliedstaaten schließlich als normative Folge einer fehlenden prinzipiellen Integrationsoffenheit der Verfassungsordnung heraus (hierzu V.).

I. Integrationsstufenmodell

Am deutlichsten ausgeprägt ist der Rückgriff auf verfassungsrechtliche Ermächtigungen zu einzelnen Integrationsstufen im irischen Europaverfassungsrecht.[1]

---

[1] Zum irischen Europaverfassungsrecht *M. Reid*, The Impact of Community law on the Irish Constitution (1990); *D.R. Phelan*, Revolt or Revolution (1997), S. 328 ff.; *G. Hogan*, Ireland and the European Union: Constitutional Law and Practice, in: A.E. Kellermann et al. (Hrsg.), EU-Enlargement – The Constitutional Impact at EU and National Level (2001), S. 89 ff.; *ders.*, Ratification of the

1. *Konzeption und Verwendung*

Die Besonderheit dieses Modells besteht darin, dass die Ratifikation eines Integrationsvertrages regelmäßig die vorherige Änderung der Verfassung in Form einer speziell auf den jeweiligen Vertrag zugeschnittenen Ermächtigung voraussetzt.[2] Die einzelnen Ermächtigungsschritte und Integrationsstufen wurden zudem bis zur Verfassungsänderung im Jahr 2009[3] in der Verfassung textlich aufeinanderfolgend abgebildet. Diese Regelungstechnik stufenweiser Ratifikationsgrundlagen qua Verfassungsänderung kann als *Stufenmodell* bezeichnet werden.

Art. 29 Abs. 4 Verf-IRL stellt seiner Struktur nach keine dynamische Erlaubnisnorm dar. Bis zum Inkrafttreten der Verfassungsreform im Jahr 2009 wies die Norm zunächst die Gestalt sukzessive nacheinander aufgeschichteter Einzelermächtigungen auf. Diese waren jeweils auf eine bestimmte Integrationsetappe begrenzt und erlaubten dem irischen Staat ausdrücklich, den betreffenden Integrationsvertrag ratifizieren zu dürfen. Angefangen bei der Ermächtigung zur Mitgliedschaft in den damaligen Gemeinschaften (Art. 29 Abs. 4 Nr. 3 UAbs. 1 *a. F.*), über die ausdrücklichen Ermächtigungen zur Ratifikation der EEA (Nr. 3 UAbs. 2 *a. F.*) sowie der Verträge von Maastricht (Nr. 4 *a. F.*), Amsterdam (Nr. 5 *a. F.*) und Nizza (Nr. 7 *a. F.*), bis hin zu Einzelfragen der Integration, wie z. B. der Ratifikation des Abkommens über Gemeinschaftspatente (Nr. 11), bildete die seit ihrer Einfügung zusehends angewachsene Vorschrift eine Art verfassungsrechtliche Sammelstelle bzw. einen Ort der Sedi-

---

European Constitution – Implications for Ireland, in: A. Albi/J. Ziller (Hrsg.), The European Constitution and National Constitutions (2007), S. 137 ff.; *ders.*, The Nice Treaty and the Irish Constitution, EPL 7 (2001), S. 565 ff.; *J. Temple Lang*, Legal and Constitutional Implications for Ireland of Adhesion to the EEC Treaty, CMLRev. 9 (1972), S. 167 ff.; *ders.*, The Irish Court Case which delayed the Single European Act: Crotty v. An Taoiseach and Others, CMLRev. 24 (1987), S. 709 ff.; *R. Fuller*, Das verfassungsrechtliche Verhältnis Irlands zum Prozess der Europäischen Integration, NVwZ-Extra 9/2008; *A. Maurer/B. Roth*, Warum Irland abstimmen muss(te) – oder auch nicht, abrufbar unter http://www.swp-berlin.org/common/get_document.php?asset_id=5575 (1. 9. 2010); *M. Cahill*, Ireland's Constitutional Amendability and Europe's Constitutional Ambition: the Lisbon Referendum in Context, GLJ 9 (2008), S. 1191 ff.; *D. R. Phelan/A. Whelan*, Irish Report, in: F. I. D. E. (Hrsg.), 17. F. I. D. E.-Kongress Berlin, Bd. 1: Le droit constitutionnel national et l'intégration européenne (1996), S. 292 ff.; *C. R. Symmons*, Ireland, in: P. M. Eisemann (Hrsg.), L'intégration du droit international et communautaire dans l'ordre juridique national (1996), S. 317 ff.; *M. C. Lucey*, Europäische Integration und nationales Verfassungsrecht in Irland, in: U. Battis/D. Th. Tsatsos/D. Stefanou (Hrsg.), Europäische Integration und nationales Verfassungsrecht (1995), S. 213 ff.; *N. Fennelly/A. M. Collins*, Irlande, in: J. Rideau (Hrsg.), Les Etats membres de l'Union européenne (1997), S. 263 ff. In rechtsvergleichender Perspektive *F. G. Jacobs*, The Constitutional Impact of the Forthcoming Enlargement of the EU: What can be learnt from the experience of the existing Member States?, in: A. E. Kellermann et al. (Hrsg.), EU-Enlargement – The Constitutional Impact at EU and National Level (2001), S. 183 (186) sowie *F. C. Mayer*, Kompetenzüberschreitung und Letztentscheidung (2000), S. 201 ff.

[2] *T. de Berranger*, Constitutions nationales et construction communautaire (1995), S. 70 spricht in diesem Zusammenhang von einer „nécessité fréquente d'une révision constitutionnelle", einer häufigen Notwendigkeit einer Verfassungsänderung.

[3] 28. Verfassungsänderungsgesetz v. 15. 10. 2009, abrufbar unter http://www.oireachtas.ie/documents/bills28/acts/2009/a28th09.pdf (1. 9. 2010).

mentierung für integrationsbezogene Einzelermächtigungen. Die Beteiligung Irlands an der europäischen Integration wurde so auf Ebene des Verfassungstextes in sichtbarer Weise stufenhaft entwickelt. Diese textliche Sichtbarkeit war in ihrer konkreten Ausprägung einzigartig im Verfassungsrecht der Mitgliedstaaten.

Im Zuge der Verfassungsreform anlässlich der Ratifizierung des VvL im Jahr 2009 wurden jedoch fast alle in der Verfassung enthaltenen Alt-Ermächtigungen mit Wirkung zum Inkrafttreten des Vertrages von Lissabon am 1. Dezember 2009 gestrichen. Lediglich in Art. 29 Abs. 4 Nr. 3 UAbs. 1 Verf-IRL wurde die Ermächtigung zur Ratifizierung des Europäischen Atomgemeinschaft (EEA) aufrecht erhalten. Hinzu kam die neue Ermächtigung zur Ratifikation des VvL, die jetzt in Art. 29 Abs. 4 Nr. 5 *n. F.* enthalten ist.[4] Wie die Ermächtigungen zuvor, handelt es sich bei dieser Bestimmung ebenfalls nicht um eine dynamische Integrationsermächtigung, sondern um eine dem Integrationsstand nach begrenzte – hier auf den Integrationsstand des Vertrages von Lissabon.

Neben der verfassungsrechtlichen Einführung dieser Ermächtigung bestehen die Neuerungen des irischen Integrationsverfassungsrechts vor allem aber in der Festlegung einzelner Beteiligungsformen am Integrationsprozess. So setzt die Zustimmung der irischen Regierung zur Anwendung von Brückenklauseln oder vergleichbaren Regeln im Rat nunmehr ausdrücklich eine vorherige Zustimmung beider Parlamentskammern voraus, Art. 29 Abs. 4 Nr. 8 *n. F.* Verf-IRL. Gleiches gilt für die Teilnahme an asymmetrischen, „ungleichzeitigen"[5] Integrationsformen wie Schengen oder der verstärkten Zusammenarbeit, Art. 29 Abs. 4 Nr. 7 *n. F.* Verf-IRL. Darüber hinaus hält Art. 29 Abs. 4 Nr. 9 *n. F.* Verf-IRL ausdrücklich fest, dass Irland einem Beschluss über die Errichtung einer gemeinsamen Verteidigung i. S. d. Art. 42 Abs. 2 S. 2 EUV *nicht* zustimmen darf, sofern der irische Staat hierin einbezogen wäre.[6] Damit stellt Art. 29 Abs. 4 Verf-IRL in seiner Gesamtheit nach wie vor eine der detailliertesten Vorschriften im Europaverfassungsrecht der Mitgliedstaaten dar.

Eine Änderung der irischen Verfassung ist gemäß Art. 46 Abs. 2 Verf-IRL stets einem Volksentscheid zu unterbreiten.[7] Daher setzt die Einfügung neuer Ratifikationsermächtigungen auch künftig unverändert den positiven Ausgang eines Referendums voraus. Zudem verlangt das verfassungsändernde Verfahren eine Verabschiedung der Gesetzesvorlage durch beide Parlamentskammern. Das Referendum ersetzt also nicht die Einbindung des Parlaments, sondern tritt kumulativ zu ihr hinzu. Da-

---

[4] Die Ratifikationsermächtigung zum VvL wurde gemäß Art. 2 Abs. 2 und Abs. 3 des 28. VerfÄndG für die Zeit bis zum Inkrafttreten des VvL zunächst als Nr. 12 den bestehenden Ermächtigungen hinzugefügt und ab dem 1. 12. 2009 dann in Nr. 5 umnummeriert. Die übrigen Integrationsermächtigungen wurden gemäß Art. 2 Abs. 2 des VerfÄndG mit Inkrafttreten des Vertrages am 1. 12. 2009 gestrichen.

[5] Grundlegend *D. Thym*, Ungleichzeitigkeit und europäisches Verfassungsrecht (2004).

[6] Dies ist Ausdruck der irischen Neutralität.

[7] Zum Verfassungsänderungsverfahren eingehend *M. Cahill*, Ireland's Constitutional Amendability and Europe's Constitutional Ambition: the Lisbon Referendum in Context, GLJ 9 (2008), S. 1191 (1200ff.).

mit ein völkerrechtlicher Vertrag Bestandteil der irischen Rechtsordnung werden kann, ist nach Art. 29 Abs. 6 Verf-IRL zudem stets ein parlamentarischer Transformationsakt erforderlich.[8] Für die Entfaltung innerstaatlicher Rechtswirkungen eines Vertrages bedarf es diesem Ansatz zufolge also nochmals eines ausdrücklichen Tätigwerdens des Gesetzgebers. Im Jahr 1972 wurde neben der erstmaligen Schaffung einer integrationsspezifischen Einzelermächtigung durch Verfassungsänderung daher mit Blick auf den Beitritt zugleich ein „EG-Gesetz", der *European Communities Act*, angenommen, der eine einfachgesetzliche Basis für die innerstaatliche Rechtsverbindlichkeit der Verträge und des Sekundärrechts bildet und ebenfalls im Zuge der Integrationsentwicklung sukzessive angepasst wurde.[9] Darüber hinaus hielt man es in Irland für notwendig, die so geschaffene rechtliche Permeabilität durch eine verfassungsrechtliche Bestimmung abzusichern. Dieser Sicherungsmechanismus findet sich heute in Art. 29 Abs. 4 Nr. 6 *n. F.* Verf-IRL[10] Er gewährt zweierlei Normenkreisen eine verfassungsrechtliche Immunität (*constitutional immunity*), nämlich europarechtlichen, d.h. insbesondere sekundärrechtlichen Rechtsakten sowie innerstaatlichen (Umsetzungs-)Akten, die sich notwendig (*necessitated*) aus der Mitgliedschaft ergeben. Über die Reichweite der Immunitätsklausel bestehen im Einzelnen allerdings erhebliche Meinungsverschiedenheiten.[11]

2. *Verfassungsrechtliche Rahmenbedingung*

Weitgehende Einigkeit herrscht hingegen darüber, dass das Motiv der Einfügung von Beitrittsermächtigung und Immunitätsklausel in die irische Verfassung primär im rigiden Schutz der Souveränität begründet liegt.[12] Die bereits im Jahr 1937, also noch vor der Entstehung erster Formen verfassungsrechtlicher Permeabilität, angenommene Verfassung bekräftigt das Souveränitätsprinzip nämlich nicht nur in allgemei-

[8] „Kein internationales Abkommen wird Bestandteil der innerstaatlichen Rechtsordnung, es sei denn, dies werde vom Oireachtas [Parlament] bestimmt." Dazu *D. R. Phelan*, Revolt or Revolution. The Constitutional Boundaries of the European Community (1997), S. 328 (332ff.).

[9] Ir. European Communities Act v. 16. 12. 1972 – Nr 27/1972 – Art. 2: „From the 1st day of January, 1973, the treaties governing the European Communities and the existing and future acts adopted by the institutions of those Communities shall be binding on the State and shall be part of the domestic law thereof under the conditions laid down in those treaties." Das Gesetz in seiner aktuellen Fassung ist abrufbar unter http://www.irishstatutebook.ie/1972/en/act/pub/0027/sec0002.html#zza27y1972s2 (1. 9. 2010).

[10] Ursprünglich war die Bestimmung unmittelbar nach der Beitrittsermächtigung als Art. 29 Abs. 4 Nr. 3 S. 2 enthalten. Anders als zum Zeitpunkt ihrer Einführung ist sie nunmehr auch explizit auf die Europäische *Union* bezogen.

[11] Auf diese wird an späterer Stelle im Kontext der Vorrangproblematik zurückzukommen sein, vgl. Teil 2 – Kapitel 11 – II. 2.

[12] Eingehend *D. R. Phelan*, Revolt or Revolution. The Constitutional Boundaries of the European Community (1997), S. 303ff. u. 329ff.; *G. Hogan*, Ireland and the European Union: Constitutional Law and Practice, in: A. E. Kellermann et al. (Hrsg.), EU-Enlargement – The Constitutional Impact at EU and National Level (2001), S. 89 (90f.); *C. Lucey*, Europäische Integration und nationales Verfassungsrecht in Irland, in: U. Battis/D. Th. Tsatsos/D. Stefanou (Hrsg.), Europäische Integration und nationales Verfassungsrecht (1995), S. 213 (234f. u. 239f.).

nen Grundsatzartikeln (insbesondere Art. 1 und 5 Verf-IRL). Vielmehr behält die irische Verfassung gemäß Art. 15 Abs. 2 bis heute die legislative Tätigkeit „alleinig und ausschließlich“ dem irischen Parlament vor und ermöglicht die Ausübung gubernativer Gewalt nach Art. 6 Abs. 2 allein durch die in der Verfassung begründeten Staatsorgane bzw. in deren „Auftrag“. Normative Permeabilität in ein Verfassungsgefüge einzuziehen, das in einem derartigen Umfang auf Manifestation und Bewahrung von Souveränität angelegt ist, stellt einen Paradigmenwechsel dar, der rechtstechnisch erhebliche Schwierigkeiten aufwirft. Während die Verfassungsordnungen der mittel- und osteuropäischen Mitgliedstaaten diese Schwierigkeit in jüngerer Zeit illustrieren,[13] stellt Irlands Europaverfassungsrecht bereits seit den 1970er Jahren ein markantes Beispiel für die gemeineuropäische Herausforderung dar, die verfassungsrechtliche Altlast rigider Souveränitätswahrung – genauer, den umfänglichen Schutz der Einzigkeit und Exklusivität innerstaatlicher Hoheitsgewalt – durch Hinzufügung einzelner Vorschriften im Nachhinein zu überwinden. Der irische Europarechtler *Diarmuid R. Phelan* vergleicht diese Aufgabe mit dem Bild des Schwanzes, der mit dem Hund wedeln müsste:

> „It is very difficult to bring about, by the insertion of one provision in a 36-year old Constitution, the effect of the tail wagging the dog capable, in conjunction with the European Communities Act 1972, of funnelling a whole new system of law past the rest of the Constitution of which it forms a textual part and into the national courts.“[14]

Einer ersten und gleichsam bis heute maßgeblichen Prüfung unterzogen wurde der irische Ansatz integrationsverfassungsrechtlicher Grundlegung im Kontext des 1986 begonnenen Ratifizierungsverfahrens der Einheitlichen Europäischen Akte (EEA). Der irische Oberste Gerichtshof (*Supreme Court*) hatte sich im Rahmen eines Berufungsverfahrens mit dem Begehren einer natürlichen Person, Herrn *Crotty*, auseinanderzusetzen, der im Wesentlichen die Auffassung vertrat, dass die Ratifizierung der EEA durch Irland ohne eine vorherige Verfassungsänderung, d. h. insbesondere ohne ein vorheriges Referendum, verfassungswidrig sei.[15] Obgleich in den spezi-

---

[13] Vgl. Teil 2 – Kapitel 3 – II. 2.

[14] *D. R. Phelan*, Revolt or Revolution. The Constitutional Boundaries of the European Community (1997), S. 331.

[15] Ir. Supreme Court, Entsch. v. 9. 4. 1987–1986 Nr. 12036P – *Crotty v. An Taoiseach*, [1987] IR 713, abrufbar unter http://www.bailii.org/ie/cases/IESC/1987/4.html (1. 9. 2010). Hintergrund des Rechtsstreits war das Ende 1986 in Irland bereits nahezu abgeschlossene Ratifikationsverfahren. Das irische Parlament hatte der EEA zugestimmt und eine Änderung des EG-Gesetzes von 1972 auf den Weg gebracht, durch welche die Vertragsänderungen „Bestandteil der innerstaatlichen Rechtsordnung“ i. S. v. Art. 29 Abs. 6 Verf-IRL geworden wären. Das Ratifikationsverfahren sollte dabei ursprünglich ohne vorherige Verfassungsänderung bewerkstelligt werden. Für den Abschluss fehlte nur noch die Hinterlegung der bereits vom irischen Präsidenten unterzeichneten Ratifikationsurkunde. Dies konnte durch den Erlass einer einstweiligen Verfügung durch den High Court und später auch den Obersten Gerichtshof für die Dauer der gerichtlichen Auseinandersetzung gestoppt werden. Speziell zur Entscheidung *G. Hogan*, The Supreme Court and the Single European Act, The Irish Jurist 1987, S. 55 ff. sowie *J. Temple Lang*, The Irish Court Case which delayed the Single European Act: Crotty v. An Taoiseach and Others, CMLRev. 24 (1987), S. 709 ff.

fischen Verfassungskontext Irlands eingebettet, spiegelt die Entscheidung des Obersten Gerichtshofs das grundsätzliche Spannungsfeld zwischen Souveränität und Permeabilität prägnant wider und wird somit auch über die Grenze der irischen Rechtsordnung hinaus für den gemeineuropäischen Kontext interessant.

In seinen Entscheidungsgründen stellte der Oberste Gerichtshof[16] zunächst klar, dass die Ratifizierung nicht als eine innerstaatliche Handlung angesehen werden könne, die sich im Sinne der Immunitätsklausel „notwendig" aus den Verpflichtungen der Mitgliedschaft in den Gemeinschaften ergebe.[17] Eine verfassungsrechtliche Immunisierung der innerstaatlichen Ratifikations- und Begleitgesetzgebung schied daher aus. Folglich war von zentraler Bedeutung, ob die Ratifikation der EEA noch unter die ausdrückliche Ermächtigung zur Mitgliedschaft in den Gemeinschaften nach Art. 29 Abs. 4 Nr. 3 *a. F.* Verf-IRL gefasst werden konnte.[18] In der Vorinstanz war Richter *Barrington* zu der Auffassung gelangt, dass diese Ermächtigung eine „Erlaubnis zum Beitritt in eine lebendige, dynamische Gemeinschaft" umfasse.[19] Insbesondere die irische Regierung teilte diese Sichtweise. Die Beitrittsermächtigung von 1972 ziele auf die Mitgliedschaft in einer lebendigen, in fortlaufender Entwicklung begriffenen Gemeinschaft ab und umfasse konsequenterweise auch künftige Vertragsänderungen.[20] Anders formuliert, die Ermächtigung sei in einem *dynamischen* Sinne auszulegen.

Dieses Argument drang beim Obersten Gerichtshof jedoch nur in sehr begrenztem Maße durch. Zwar, so gestand das Gericht zu, erlaube die Beitrittsermächtigung von 1972 nicht nur eine Mitgliedschaft auf dem Integrationsniveau zum Zeitpunkt des Beitritts, sondern umfasse zugleich mögliche Fortentwicklungen der Verträge. Jedoch decke die Ermächtigung dies nur,

> „solange solche Vertragsänderungen nicht den wesentlichen Wirkungsbereich oder die Ziele der Gemeinschaften (*essential scope or objectives of the Communities*) änderten".[21]

---

[16] An der Entscheidung wirkten fünf Richter mit. Die Entscheidungsgründe und Tenor sind jeweils den einzelnen Richtern individuell zuordenbar, wobei die Ausführungen des vorsitzenden Richters den Anfang bilden (s. sogleich).

[17] Dem Obersten Gerichtshof zufolge ist die Ratifikation also gerade kein Anwendungsfall der Immunitätsklausel, welche vielmehr auf andere Fallgestaltungen, wie z. B. die innerstaatliche Umsetzung sekundärrechtlicher Vorgaben, abzielt. Ir. Supreme Court, Entsch. v. 9. 4. 1987–1986 Nr. 12036P – *Crotty v. An Taoiseach*, [1987] IR 713, Rn. 6, Entscheidungsgründe des vorsitzenden Richters (*Chief Justice*) *Finlay*.

[18] Ebd.

[19] Ir. High Court, Entsch. v. 12. 2. 1987–1986 No. 12036P – *Crotty v. An Taoiseach*, [1987] IEHC 1, Rn. 77: „(…) a licence to join a living dynamic Community". *Barrington* bewertete interessanterweise auch die Notwendigkeit eines Referendums in Bezug auf den Vertrag von Lissabon kritisch, vgl. The Irish Times v. 11. 7. 2008, zitiert von *G. Hogan*, The Lisbon Treaty and the Irish Referendum, EPL 15 (2009), S. 163 (167).

[20] Ir. Supreme Court, Entsch. v. 9. 4. 1987–1986 Nr. 12036P – *Crotty v. An Taoiseach*, [1987] IR 713, Rn. 6.

[21] Ebd., Rn. 6 (vorsitzender Richter *Finlay*): „must be construed as an authorisation given to the State not only to join the Communities as they stood in 1973, but also to join in amendments of the

Vertragsänderungen gänzlich vom Anwendungsbereich der Ermächtigung auszuschließen sei einerseits zu eng. Andererseits könne die Beitrittsermächtigung aber auch nicht als offene und unbegrenzte Ermächtigung verstanden werden, die jedwede Vertragsänderung ohne vorherige Änderung der Verfassung autorisiere.[22] Noch von der Ermächtigung umfasst waren nach einhelliger Auffassung der Richter die in Teil II der EEA vorgesehenen Übergänge von der qualifizierten zur einfachen Mehrheit sowie die Möglichkeit zur Einführung des Gerichts erster Instanz.[23] Demgegenüber sah die Mehrheit der Richter den dritten Teil der EEA, der die Eckpunkte der Europäischen Politischen Zusammenarbeit und damit im Wesentlichen eine Verrechtlichung der zwischenstaatlicher Kooperation in der Außenpolitik zum Ziel hatte, als einen im Grunde separaten und neuen Vertrag an, der die Grenzen der vorhandenen Ermächtigung zur Mitgliedschaft sprenge.[24]

Dass die Ratifikation der EEA in Bezug auf seinen Teil III nicht unter die integrationsspezifischen Vorschriften des Art. 29 Abs. 4 *a. F.* Verf-IRL – nämlich weder die Immunitätsklausel noch die damalige Beitrittsermächtigung – fiel, bedeutete zwar noch nicht zwingend die Unzulässigkeit der Ratifikation.[25] Ein völkerrechtlicher Vertrag kann nach Art. 29 Abs. 5 und 6 der irischen Verfassung mit Zustimmung des Parlaments ratifiziert und in die innerstaatliche Rechtsordnung überführt werden, ohne dass es hierfür grundsätzlich einer spezifischen Ermächtigung auf Verfassungsebene bedarf. Etwas anderes ergab sich aber im vorliegenden Fall daraus, dass der Supreme Court letztlich die Unvereinbarkeit des zu ratifizierenden Vertrages mit der irischen Verfassung annahm. Im Gegensatz zum *High Court* kamen drei von fünf Richtern des *Supreme Court* nämlich zu dem Ergebnis, dass eine Ratifikation von Titel III der EEA gegen das verfassungsrechtliche Souveränitätsprinzip verstoße und daher eine vorherige, die Ratifikation autorisierende, Verfassungsänderung voraus-

---

Treaties *so long as* such amendments do not alter *the essential scope or objectives* of the Communities" (Hervorh. hinzugefügt).

[22] Ebd., Rn. 6: „To hold that the first sentence of Article 29, s. 4, sub-s. 3 does not authorise any form of amendment to the Treaties after 1973 without a further amendment of the Constitution would be too narrow a construction; to construe it as an open-ended authority to agree, without further amendment of the Constitution, to any amendment of the Treaties would be too broad."

[23] Ebd., Rn. 14 ff.

[24] Ebd., Rn. 19: The „ provisions (...) on European cooperation in the sphere of foreign policy (...) do not purport to constitute amendments of or additions to any of the Treaties establishing the Communities" (vorsitzender Richter *Finlay*), Rn. 42: „Title III (...) in reality is itself a separate treaty although not so in form" (Richter *Walsh*); Rn. 64: „Title III (...) deals with matters which are outside the scope of the existing treaties." (Richer *Henchy*); Rn. 86: „Title III (...) is effectively a separate treaty." (Richter *Griffin*); Rn. 104 (Richer *Hederman*).

[25] Vgl. *G. Hogan*, Ireland and the European Union: Constitutional Law and Practice, in: A. E. Kellermann et al. (Hrsg.), EU-Enlargement – The Constitutional Impact at EU and National Level (2001), S. 89 (92). Dies übersehen *A. Maurer/B. Roth*, Warum Irland abstimmen muss(te) – oder auch nicht, abrufbar unter http://www.swp-berlin.org/common/get_document.php?asset_id=5575 (1. 9. 2010), S. 17, wenn sie die Prüfung des Obersten Gerichtshofs auf lediglich zwei Stufen – nämlich erstens Einschlägigkeit der Immunitätsklausel und zweitens Frage der essential scope or objectives – reduzieren.

setze. Die irische Regierung dürfe nicht die Souveränität auf dem Gebiet der Außenpolitik, einem für die Souveränität charakteristischen Kennzeichen (*mark of sovereignty*), einschränken, ohne dass dies vorab durch eine Änderung der Verfassung und damit einhergehend einem Volksentscheid legitimiert sei.[26] Dass bereits die Verrechtlichung einer bloßen gegenseitigen Informations- und Abstimmungspflicht in der Außenpolitik als Verstoß gegen das Souveränitätsprinzip eingestuft wurde, zeigt, wie niedrig die Schwelle für einen Verfassungsverstoß in diesem Bereich gesteckt bzw. wie hoch die um die Souveränität gezogene Schutzmauer gebaut ist. Besonders der Kontrast zu anderen Mitgliedstaaten, in denen die Ratifikation der EEA auf keine nennenswerten verfassungsrechtlichen Hindernisse stieß,[27] zeigt die Restriktivität des Ansatzes und damit die Intensität des Souveränitätsschutzes zu Lasten der Permeabilität der irischen Rechtsordnung auf.[28]

3. *Konsequenzen für die Verfassungspraxis*

Die Entscheidung des Obersten Gerichtshofs im Fall *Crotty* ist als maßgebend für die Funktionsweise des irischen Europaverfassungsrechts anzusehen.[29] Für die Verfassungspraxis ergeben sich daraus bis heute grundlegende Konsequenzen.

Nach der *Crotty*-Formel kommt es aufgrund der niedrigen Schwelle für die Annahme eines Verstoßes gegen das Souveränitätsprinzip nämlich entscheidend darauf an, ob die anstehende Vertragsänderung noch unter die in der Verfassung enthaltene Ratifikationsermächtigung gefasst werden kann oder ob sie vielmehr eine Änderung des „wesentlichen Wirkungsbereichs oder der Ziele" der Union darstellt. Dieses vom

[26] Ir. Supreme Court, Entsch. v. 9.4. 1987–1986 Nr. 12036P – *Crotty v. An Taoiseach*, [1987] IR 713, Rn. 62 (Richter *Walsh*): „In enacting the Constitution the people conferred full freedom of action upon the Government to decide matters of foreign policy and to act as it thinks fit on any particular issue so far as policy is concerned and as, in the opinion of the Government, the occasion requires. In my view, this freedom does not carry with it the power to abdicate that freedom or to enter into binding agreements with other States to exercise that power in a particular way or to refrain from exercising it save by particular procedures, and so to bind the State in its freedom of action in its foreign policy. The freedom to formulate foreign policy is just as much a *mark of sovereignty* as the freedom to form economic policy and the freedom to legislate." Dem zustimmend Rn. 84 (Richter *Henchy*) sowie Rn. 104 (Richter *Hederman*). Abweichend hingegen Rn. 41 (vorsitzender Richter *Finlay*) und Rn. 103 (Richter *Griffin*).

[27] Vgl. Teil 2 – Kapitel 4 – III.

[28] In prozessualer Hinsicht treten flankierend die herabgesenkten Anforderungen an die subjektive Beschwerdebefugnis (*locus standi*) hinzu, die letztlich überhaupt erst eine Entscheidung in der Sache ermöglichten. Dazu in vergleichender Perspektive *R. Fuller*, Das verfassungsrechtliche Verhältnis Irlands zum Prozess der Europäischen Integration, NVwZ-Extra 9/2008, S. 5 m. w. N. zur Folgerechtsprechung in diesem Bereich.

[29] Vgl. jüngst die Analysen zum irischen Referendum über den Vertrag von Lissabon: *M. Cahill*, Ireland's Constitutional Amendability and Europe's Constitutional Ambition: the Lisbon Referendum in Context, GLJ 9 (2008), S. 1191 (1209 ff.); *G. Hogan*, The Lisbon Treaty and the Irish Referendum, EPL 15 (2009), S. 163 (165 ff.); *A. Maurer/B. Roth*, Warum Irland abstimmen muss(te) – oder auch nicht, abrufbar unter http://www.swp-berlin.org/common/get_document.php?asset_id=5575 (1. 9. 2010), S. 9 ff.; *R. Fuller*, Das verfassungsrechtliche Verhältnis Irlands zum Prozess der Europäischen Integration, NVwZ-Extra 9/2008, S. 4 ff.

Obersten Gerichtshof angelegte Unterscheidungskriterium limitiert jedoch nicht nur die Möglichkeiten einer dynamischen Auslegung der Ermächtigung. In seinem Gehalt ist es zudem kaum präzise zu ermitteln, geschweige denn mit Blick auf künftige Vertragsentwicklungen hinreichend kalkulierbar.[30] Stehen dem zu ratifizierenden Vertrag Bestimmungen oder Grundsätze der Verfassung, insbesondere das Souveränitätsprinzip entgegen und soll gleichwohl an der Ratifizierung festgehalten werden, ergeben sich auf Ebene des innerstaatlichen Verfassungsrechts zwei denkbare Lösungswege: Entweder die der Ratifikation entgegenstehenden Verfassungsbestimmungen werden geändert, was im vorliegenden Beispielsfall eine Abschaffung oder Einschränkung des Souveränitätsprinzips bedeuten würde. Oder aber es wird im Wege der Verfassungsänderung eine neue, ausdrückliche Ratifikationsermächtigung in die Verfassung eingefügt. Die Einführung einer einzelfallbezogenen Ratifikationsermächtigung ist damit letztlich nichts anderes, als die punktuelle Überwindung eines im Grundsatz entgegenstehenden Verfassungsprinzips.[31]

Die irische Verfassungspraxis hat sich für den letzteren Weg entschieden, ließ es im Kontext der europäischen Integration aber erst gar nicht zu weiteren Feststellungen der Verfassungswidrigkeit einer anstehenden Vertrages durch den *Supreme Court* kommen. Mit Ausnahme des Beitritts neuer Mitgliedstaaten wurde seither für jede Ratifikation einer Vertragsänderung die vorherige Änderung der irischen Verfassung in die Wege geleitet, ohne dass man hierfür eine Entscheidung des Obersten Gerichtshofs herbeigeführt hätte. Für jede Integrationsstufe wurde Art. 29 Abs. 4 Verf-IRL sukzessive eine spezielle Ermächtigung hinzugefügt, die als Verfassungsänderung jeweils den positiven Ausgang eines Referendums voraussetzte. An diesem Prinzip hat die Neustrukturierung des Art. 29 Abs. 4 Verf-IRL im Zuge der Ratifikation des VvL nichts geändert. Lediglich die alten Ermächtigungsgrundlagen wurden aus der Verfassung entfernt. Für die Ratifikation des VvL kam hingegen eine neue Ermächtigungsgrundlage in Art. 29 Abs. 4 Nr. 5 *n. F.* Verf-IRL hinzu.

Der in Irland praktizierte Ansatz stufenweiser Einzelermächtigungen ist aufgrund der hinter ihm stehenden Grundproblematik durchaus auch in anderen Staaten vorstellbar. Dort wo das Souveränitätsprinzip die Grenzen der Öffnung markiert, liegt es nahe, die verfassungsrechtliche Grundlage durch sukzessive Einfügung von Einzelermächtigungen zu schaffen. In Irland kommt verfahrensrechtlich erschwerend hinzu, dass für die Einfügung der Einzelermächtigungen stets ein Volksentscheid notwendig ist. Wie die Ratifikationsgeschichten der Verträge von Nizza und Lissabon nachdrücklich belegen, führte dies in jüngerer Zeit zunehmend zu einer ernsthaften Gefährdung primärrechtlicher Integrationsentwicklung für die Union in ihrer Gesamtheit.

---

[30] Kritisch insbesondere *D. R. Phelan*, Revolt or Revolution. The Constitutional Boundaries of the European Community (1997), S 336.

[31] Ggf. muss daran anknüpfend, wie in Irland, noch zusätzlich eine verfassungsrechtliche Immunisierung der künftig auf Grundlage oder infolge des Vertrages erlassenen Rechtsakte erfolgen.

Zwar ergeben sich etwa in Bezug auf den VvL durchaus Zweifel an der Notwendigkeit einer Verfassungsänderung im Sinne der *Crotty*-Doktrin.[32] Auch der nach Scheitern des ersten Referendums gebildete Unterausschuss des irischen Parlaments schloss in seinem Bericht vom 27. November 2008 die Möglichkeit einer rein parlamentarischen Ratifizierung im zweiten Anlauf nicht von vornherein aus.[33] Jedoch entschied man sich auf politischer Ebene verständlicherweise auch im zweiten Anlauf für den Volksentscheid.[34]

Die Literatur berichtet zuweilen, es habe im Vorfeld des letztlich nicht durchgeführten Referendums zum VVE Überlegungen der Regierung gegeben, die Folgen der *Crotty*-Entscheidung nachträglich im Wege der Verfassungsänderung zu korrigieren.[35] Dies wurde von Regierungsseite aber umgehend dementiert und schlug sich jedenfalls nicht im damaligen Entwurf der Verfassungsänderung nieder.[36] Art. 29 Abs. 4 Nr. 8 *n. F.* Verf-IRL schafft nunmehr jedenfalls Klarheit hinsichtlich der Anwendung der Brückenklauseln. Da hierfür eine vorherige Zustimmung beider irischen Parlamentskammern vorgesehen ist – dergleichen war bereits im Änderungsentwurf für die Ratifikation des VVE enthalten[37] –, erscheint zumindest für diese Fallgruppe primärrechtlicher Fortentwicklung eine vorherige Verfassungsänderung nach der *Crotty*-Doktrin ausgeschlossen.

4. *Zwischenbefund*

Zusammenfassend lässt sich festhalten, dass das Zusammenspiel von verfassungsrechtlichen Souveränitätsgewährleistungen, höchstrichterlicher Rechtsprechung und politischer Praxis in Irland letztlich die Einfügung punktueller Einzelermächtigungen zur Ratifikation eines Integrationsvertrages – mit Ausnahme des Beitritts

---

[32] Vgl. insbesondere *A. Maurer/B. Roth*, Warum Irland abstimmen muss(te) – oder auch nicht, abrufbar unter http://www.swp-berlin.org/common/get_document.php?asset_id=5575 (1. 9. 2010), S. 17 ff., 30. Zu den Gegenstimmen s. auch *G. Hogan*, The Lisbon Treaty and the Irish Referendum, EPL 15 (2009), S. 163 (167).

[33] Bericht des parlamentarischen Unterausschusses zur Zukunft Irlands in der EU v. 27. 11. 2008, abrufbar unter:
http://www.oireachtas.ie/viewdoc.asp?fn=/documents/committees30thdail/j-europeanaffairs/Sub_Cttee_EU__20081127.doc (1. 9. 2010), S. 47, Rn. 49 f.

[34] Weder in rechtlicher, noch in politischer Hinsicht kann dies überraschen. Bereits in seinem Bericht stellt der Unterausschuss die rechtliche Unsicherheit der rein parlamentarischen Option in Ermangelung einer Entscheidung des Obersten Gerichtshofs heraus. Auch deutet er die politischen Konsequenzen einer Umgehung des negativen Ausgangs des ersten Referendums an. Daher wurde letztlich allenfalls eine parlamentarische Ratifikation in Bezug auf Einzelaspekte, wie etwa die Sitzverteilung im EP, in Betracht gezogen.

[35] So *G. Hogan*, The Nice Treaty and the Irish Constitution, EPL 7 (2001), S. 565 ff.; *ders.*, Ratification of the European Constitution – Implications for Ireland, in: A. Albi/J. Ziller (Hrsg.), The European Constitution and National Constitutions (2007), S. 137 (142).

[36] Ebd., unter Bezugnahme auf die *Irish Times* v. 6. u. 7. 5. 2005.

[37] Zum Entwurf zur Ratifikation des VVE *G. Hogan*, Ratification of the European Constitution – Implications for Ireland, in: A. Albi/J. Ziller (Hrsg.), The European Constitution and National Constitutions (2007), S. 137 (142).

eines neuen Mitgliedstaates – erforderlich macht. Die irische Verfassung enthält damit bis heute keine dynamische (bzw. als solche ausgelegte) Integrationsermächtigung, die eine Teilnahme an künftigen Integrationsschritten nennenswerten Gewichtes ohne die Änderung der Verfassung erlaubte. Daran hat auch die Verfassungsänderung im Zuge der Ratifikation des VvL im Jahr 2009 nichts geändert.

II. Sachbereichsspezifische Ermächtigungen

Eine zweite Variante verfassungsrechtlicher Einzelermächtigungen bezieht sich ihrem Gegenstand nach nicht auf die Ratifikation eines bestimmten Integrationsvertrages, sondern vielmehr auf einzelne *Sachbereiche.* Dieser Ansatz prägt seit 1992 insbesondere das französische Europaverfassungsrecht.

1. Konzeption und verfassungsrechtliche Einbettung

Ausgangspunkt für die Einführung sachbereichlich begrenzter Einzelermächtigungen in die französische Verfassung ist die bereits an anderer Stelle erörterte erste Entscheidung des französischen Verfassungsrates (*Conseil constitutionnel*) zum Vertrag von Maastricht, in der die Grenzen der dynamischen Integrationsfähigkeit der französischen Verfassung ausgelotet und allen voran im Begriff der „Grundvoraussetzungen für die Ausübung der nationalen Souveränität" materialisiert wurden.[38] Ausschlaggebend für die Änderungsbedürftigkeit der Verfassung waren nach Auffassung des Verfassungsrates namentlich die Wirtschafts- und Währungsunion, das Kommunalwahlrecht für Unionsbürger sowie der Übergang zu Mehrheitsentscheidungen im Bereich der Visumspolitik.[39] Da der Verfassungsrat in seiner *Maastricht-I*-Entscheidung jedoch zum ersten Mal überhaupt eine Änderungsbedürftigkeit der Verfassung in Bezug auf eine internationale Verpflichtung ausdrücklich feststellte,[40] gab es bis dato noch keine gesicherte Praxis, wie mit einer solchen Situation zu verfahren sei.

Der Verfassungsgeber reagierte auf die „Weichenstellung"[41] der Judikative durch Einfügung EU-spezifischer Ermächtigungsnormen bzw. „Verfassungsdurchbrechungen".[42] Diese Bestimmungen (Art. 88-2 a. F. und Art. 88-3 Verf-F) waren Teil eines gänzlich neu in die Verfassung eingeführten und auf die EU bezogenen Titels

[38] Franz. Verfassungsrat, Entsch. v. 9. 4. 1992 – Nr. 92-308 DC – *Maastricht I*, Rec. S. 55.

[39] S. insbesondere Erwägungsgründe 43 und 50.

[40] *J. Gundel*, Die Einordnung des Gemeinschaftsrechts in die französische Rechtsordnung (1997), S. 130.

[41] In Frankreich wird in Bezug auf den Verfassungsrat auch figurativ vom „aiguilleur", vom Weichensteller, gesprochen, der den Inhalt der Gesetzgebung zwar nicht verhindern, aber gleichwohl anzeigen könne, ob sie in Form eines einfachen Gesetzes oder eines Verfassungsgesetzes zu erfolgen habe, vgl. eingehend *L. Favoreu*, La politique saisie par le droit (1988), S. 30.

[42] So *D. Capitant*, Landesbericht Frankreich, in: W. Kluth (Hrsg.), Europäische Integration und nationales Verfassungsrecht (2007), S. 141 (155 f.).

XV und ermächtigten punktuell zu denjenigen Kompetenz*übertragungen*, die der Verfassungsrat zuvor als für unvereinbar mit der Verfassung erklärt hatte.[43] Weder änderte der Verfassungsgeber bestehende Vorschriften der Verfassung ab – wie insbesondere die Souveränitäts- und Wahlklausel – noch führte er eine neue Integrationsermächtigung dynamischer Natur ein, die als Integrationshebel künftige Kompetenzübertragungen mit materiell verfassungsändernder Wirkung hätte ermöglichen können.[44] Vielmehr beschränkte er sich auf die *punktuelle Ergänzung* der Verfassung um sachbereichsbegrenzte Einzelermächtigungen. Dieser Ansatz wird in der französischen Literatur als *révision d'adjonction*, also als eine „Verfassungsänderung durch Hinzufügung" bezeichnet.[45] Trefflich nachvollziehen lässt er sich anhand von Art. 88-2 Verf-F. In seiner ursprünglichen Fassung aus dem Jahr 1992 lautete diese Bestimmung:

„Unter dem Vorbehalt der Gegenseitigkeit und gemäß den Modalitäten des am 7. Februar 1992 unterzeichneten Vertrages über die Europäische Union stimmt Frankreich der *Übertragung von Befugnissen* zu, die zur Schaffung der europäischen Wirtschafts- und Währungsunion notwendig sind."[46]

Normative Permeabilität im Wege punktueller, ergänzender Ermächtigungen herzustellen, ist, dies hat sich bereits mit Blick auf die irische Rechtslage angedeutet, als Konzept indessen keineswegs unproblematisch und stößt auch in der französischen Wissenschaft auf beachtlichen Widerstand. So sieht insbesondere *Louis Favoreu* darin die Gefahr einer zunehmenden Banalisierung der Verfassungsänderung.[47] *Patrick Gaïa* charakterisiert den Ansatz kritisch als „Gelegenheitsverfassungsmäßigkeit im Kleinformat" (*micro constitutionnalité de circonstance*), wobei das unkoordinierte Nebeneinander von Grundsatz- und Ausnahmebestimmungen zu Inkohärenz und Rechtsunsicherheit führen und sich sogar negativ auf den Grundrechtsschutz auswirken könne.[48] Die Unklarheit des systematischen Verhältnisses der Einzelermächtigungen zu anderen Vorschriften oder Prinzipien der französischen Verfassung betont auch *Jean-François Flauss*, der zugleich die Problematik der (Nicht-)Abänderbarkeit dieser Bestimmungen für die Zukunft hervorhebt.[49] Die Zielstellung eines

---

[43] Eingeführt durch Verfassungsgesetz Nr. 92-554 v. 25. 6. 1992. Franz. Verfassungsrat, Entsch. v. 9. 4. 1992 – Nr. 92-308 DC – *Maastricht I*, Rec. S. 55, Rn. 27, 45, 50. Speziell dazu *C. Grewe*, La révision constitutionnelle en vue de la ratification du traité de Maastricht, RFDC 1992, S. 413 ff.

[44] Art. 88-1 Verf-F erfüllt eine solche Funktion gerade nicht, vgl. bereits Teil 2 – Kapitel 5 – I. 3. a) bb) sowie Teil 2 – Kapitel 5 – III. 1.

[45] Vgl. *J.-F. Flauss*, Rapport français, in: J. Schwarze (Hrsg.), Die Entstehung einer europäischen Verfassungsordnung (2000), S. 25 (80); *X. Magnon*, La sanction de la primauté de la Constitution sur le droit communautaire par le Conseil d'Etat, RFDA 2007, S. 578 (588).

[46] Hervorh. hinzugefügt.

[47] *L. Favoreu*, Révision de la Constitution et justice constitutionnelle – France, AIJC 10 (1994), S. 105 (115 f.).

[48] *P. Gaïa*, Rapport français, in: F. I. D. E. (Hrsg.), 17. F. I. D. E.-Kongress, Le droit constitutionnel national et l'intégration européenne (1996), S. 231 (259).

[49] *J.-F. Flauss*, Rapport français, in: J. Schwarze (Hrsg.), Die Entstehung einer europäischen Verfassungsordnung (2000), S. 25 (82 f.).

spezifischen, „maßgeschneiderten" Zuschnitts der Klauseln bringe während der Entstehung zudem redaktionelle Schwierigkeiten mit sich, weshalb letztlich die Einfügung einer dynamischen Integrationsermächtigung zu bevorzugen sei.[50]

Auch einige französische Senatoren zweifelten an der gewählten Form der Verfassungsänderung. Erneut im Wege einer präventiven Vertragskontrolle nach Art. 54 Verf-F angerufen, billigte der Verfassungsrat indessen in seiner zweiten Entscheidung zum Vertrag von Maastricht den vom Verfassungsgeber gewählten Ansatz.[51] Mit Ausnahme der verfahrensrechtlichen Modi der Verfassungsänderung sowie Art. 89 Abs. 5 Verf-F, der die „republikanische Regierungsform" von einer Verfassungsänderung ausnimmt, unterliege der Verfassungsgesetzgeber keiner Beschränkung. Vielmehr sei es ihm freigestellt, Verfassungsbestimmungen „in der von ihm für angezeigt empfundenen Art und Weise" aufzuheben, zu verändern oder zu ergänzen.[52] Auch bestehe die Möglichkeit der Hinzufügung von Ausnahmebestimmungen, welche „sowohl ausdrücklich, als auch stillschweigend sein können."[53] Eine darüber hinausgehende materiell-rechtliche Grenze der Verfassungsänderung entwickelte der Verfassungsrat nicht.[54] In seiner dritten *Maastricht*-Entscheidung schließlich erklärte er sich für unzuständig, im Wege der präventiven Normenkontrolle (Art. 61 Verf-F) über das auf der verfassungsrechtlichen Ermächtigung fußende Zustimmungsgesetz zu entscheiden, weil dieses im konkreten Fall nicht vom Parlament verabschiedet, sondern im Wege eines Volksentscheids angenommen worden war.[55] Damit stand dem vom Verfassungsgeber gewählten Ansatz der Einzelermächtigungen nichts mehr im Wege.

In der Folge wiederholte sich das Wechselspiel zwischen der Feststellung der Änderungsbedürftigkeit durch die Judikative und der Anpassung des Verfassungstextes seitens des Verfassungsgebers sowohl anlässlich des Vertrags von Amsterdam, als auch in Bezug auf den VVE sowie den VvL. Was Amsterdam betrifft, so lag der Grund der Änderungsbedürftigkeit primär im Übergang zur qualifizierten Mehrheit im Be-

---

[50] Ebd. S. 81. *Flauss* schlägt eine Klausel mit folgendem Wortlaut vor: „La France consent aux transferts de souveraintè nécessaires à l'approfondissement de la construction communautaire, à l'organisation de la société internationale, à la protection internationale des droits de l'homme et à la défense de la paix." Diese Ermächtigungsklausel sei zudem in prozeduraler Hinsicht mit einer gesteigerten Mehrheitsschwelle im Parlament zu koppeln.

[51] Franz. Verfassungsrat, Entsch. v. 2. 9. 1992 – Nr. 92-312 DC – *Maastricht II*, Rec. S. 76.

[52] Ebd., 19. Erwägungsgrund.

[53] Ebd., 19. Erwägungsgrund.

[54] Vgl. zum Ganzen *P. Gaïa*, Rapport français, in: F. I. D. E. (Hrsg.), 17. F. I. D. E.-Kongress, Le droit constitutionnel national et l'intégration européenne (1996), S. 231 (258 ff.) sowie *F. C. Mayer*, Kompetenzüberschreitung und Letztentscheidung (2000), S. 147.

[55] Franz. Verfassungsrat, Entsch. v. 23. 9. 1992 – Nr. 92-313 DC – *Maastricht III*, Rec. S. 94. Darin wird eine Stärkung des direktdemokratisch ausgerichteten Prinzips der „souveraineté populaire" gesehen, vgl. *J. Ziller*, Sovereignty in France: Getting Rid of the Mal de Bodin, in: N. Walker (Hrsg.), Sovereignty in Transition (2003), S. 261 (273).

reich der Einwanderungs- und Asylpolitik.[56] Art. 88-2 a. F. Verf-F wurde daher ein zweiter Absatz hinzugefügt:

„Unter demselben Vorbehalt und gemäß den Modalitäten, die im Vertrag zur Gründung der Europäischen Gemeinschaft in seiner sich aus dem am 2. Oktober 1997 unterzeichneten Vertrag ergebenden Fassung vorgesehen sind, *kann* der *Übertragung von Befugnissen*, die zur Festlegung der Regelungen für den freien Personenverkehr und für die damit verbundenen Bereiche notwendig sind, zugestimmt werden."[57]

In den in wesentlichen Teilen deckungsgleichen Entscheidungen zum VVE und zum VvL[58] identifizierte der Verfassungsrat hingegen eine ganze Reihe unterschiedlicher Elemente, die seiner Auffassung nach eine Verfassungsänderung erforderlich machten.[59] Das rechtstechnische Vorgehen des Verfassungsgebers passte sich dieser Komplexität an. Zwar wurden nach wie vor punktuelle Ermächtigungen in die Verfassung aufgenommen. Anders als im Zuge der Verträge von Maastricht und Amsterdam, wurde diesmal aber auf eine konkrete Nennung der betroffenen Sachbereiche verzichtet und stattdessen lediglich in allgemeiner Form auf die Verpflichtungen, wie sie sich jeweils aus dem betreffenden Vertrag ergeben, verwiesen.[60] Die Art. 88-1 der Verfassung hinzugefügte Ermächtigung lautete in Bezug auf den VvL wie folgt:

„Sie [die Französische Republik] kann an der Europäischen Union unter den Bedingungen mitwirken, die in dem am 13. Dezember 2007 unterzeichneten Vertrag von Lissabon zur Änderung des Vertrages über die Europäische Union und des Vertrages zur Gründung der Europäischen Gemeinschaft festgelegt sind."

Dieses Vorgehen erklärt sich in erster Linie anhand der Vielschichtigkeit des vom Verfassungsrat festgestellten Änderungsbedarfs, der man durch Einfügung sachbereichsspezifischer Ermächtigungen wohl nur schwer hätte redaktionell gerecht werden können.[61] Damit hat der französische Verfassungsgeber seinen Ansatz *sachbereichsspezifischer* zu Gunsten *vertragsbezogener* Einzelermächtigungen variiert. Im Unterschied zur Rechtslage in Irland werden die einzelnen Ermächtigungen jedoch

---

[56] Franz. Verfassungsrat, Entsch. v. 31. 12. 1997 – Nr. 97-394 DC – *Amsterdam*, Rec. S. 344, Erwägungsgründe 21 ff. Daraufhin wurde das Verfassungsgesetz Nr. 99-49 v. 25. 1. 1999 verabschiedet. Die Änderungen bezogen sich neben der Ergänzung von Art. 88-2 um einen neuen Abs. 2 auch auf die Unterrichtungspflicht der Regierung gegenüber dem Parlament nach Art. 88-4.

[57] Hervorh. hinzugefügt.

[58] Franz. Verfassungsrat, Entscheidungen v. 19. 11. 2004 – Nr. 2004-505 DC – *Verfassungsvertrag*, Rec. S. 173 sowie v. 20. 12. 2007 – Nr. 2007-560 DC – *Lissabon*, JORF v. 29. 12. 2007, 21813. Dazu bereits Teil 2 – Kapitel 4 – VIII. 2.

[59] Vgl. eingehend hierzu Dazu *F. Chaltiel*, Une première pour le Conseil constitutionnel – Juger un traité établissant une constitution, RMC 484 (2005), S. 5 ff.; *X. Magnon*, Décision n° 2004-505 DC du 19 novembre 2004, Traité établissant une Constitution pour l'Europe, JO du 24 novembre 2004, RFDC 62 (2005), S. 329 ff.; *G. Carcassonne*, Conseil Constitutionnel on the European Constitutional Treaty. Decision of 19 November 2004, 2004-505 DC, EuConst 1 (2005), S. 293 ff.

[60] Art. 88-1 Abs. 2 in den Fassungen der Verfassungsgesetze Nr. 2005-204 v. 1. 3. 2005 sowie Nr. 2008-103 v. 4. 2. 2008.

[61] So in Bezug auf den VVE auch *C. Haguenau-Moizard*, Offene Staatlichkeit, in: IPE II (2008), § 15 Frankreich, Rn. 36.

nicht alle aufeinanderfolgend im Verfassungstext sukzessive aufgeschichtet und beibehalten, sondern vielmehr wieder gelöscht bzw. abgeändert.

2. *Zwischenbefund und Ausblick*

Zusammenfassend ist zu konstatieren, dass das französische Europaverfassungsrecht seit der ersten *Maastricht*-Entscheidung des Verfassungsrates bis heute durch einen fortgesetzten Dialog zwischen Verfassungsrat und Verfassungsgeber gekennzeichnet ist, der wiederholt zur punktuellen Einführung von Einzelermächtigungen in die Verfassung geführt hat. Zunächst waren die Ermächtigungen hierbei sachbereichsbezogen ausgerichtet. Angesichts der Komplexität des vom Verfassungsrat festgestellten Änderungsbedarfs im Rahmen des VVE und des VvL wurde in jüngerer Zeit jedoch in den jeweiligen Bestimmungen nur noch global auf den betreffenden Integrationsvertrag rekurriert. Ein Rückgriff auf sachbereichsspezifische Einzelermächtigungen scheint für das Szenario einer künftigen Primärrechtsreform aber nicht ausgeschlossen, soweit die betroffenen Regelungsmaterien klar identifizierbar sind.

Wie kaum in einem anderen Land – mit Ausnahme Irlands – spiegeln die Anpassungen der französischen Verfassung seit dem Vertrag von Maastricht die Fortentwicklung des europäischen Integrationsprozesses textlich wider.[62] Anders als in Irland hat die Praxis spezifischer Ratifikationsermächtigungen jedoch in Frankreich bislang nicht zu einer herausgehobenen Gefährdung europäischer Primärrechtsentwicklung geführt.[63]

III. Verhältnis zu dynamischen Integrationsermächtigungen

Ansätze integrationsbezogener Einzelermächtigungen kennzeichnen indessen nicht nur das irische und französische Europaverfassungsrecht. Auch in Deutschland sah sich der verfassungsändernde Gesetzgeber anlässlich des Vertrages von Maastricht berufen, eine in ihrem Umfang begrenzte Einzelermächtigung in die Verfassung einzuführen: Nach Art. 88 S. 2 GG können speziell die Aufgaben der Bundesbank

> „im Rahmen der Europäischen Union der Europäischen Zentralbank *übertragen* werden, die unabhängig ist und dem vorrangigen Ziel der Sicherung der Preisstabilität verpflichtet."[64]

Die Besonderheit der Rechtslage in Deutschland besteht allerdings darin, dass das Grundgesetz mit Art. 23 Abs. 1 S. 2 GG zugleich eine Integrationsermächtigung bereithält, die für künftige Integrationsschritte in sachbereichlicher Hinsicht dyna-

---

[62] Die Parallelen beider Rechtsordnungen unter diesem Blickwinkel betont auch *P. M. Huber*, Europäisches und nationales Verfassungsrecht, VVDStRL 60 (2001), S. 194 (216).

[63] Das gescheiterte Referendum zum VVE bezog sich nicht auf die Frage der Verfassungsänderung und war, wie gesehen, verfassungsrechtlich gerade nicht geboten, vgl. Teil 2 – Kapitel 6 – III. 2.

[64] Hervorh. hinzugefügt.

misch geöffnet ist.[65] Anders als in Frankreich und Irland, wo die in der Verfassung angelegten Mechanismen normativer Permeabilität nur in eng begrenzter Weise in einem dynamischen Sinne ausgelegt wurden,[66] erscheint eine spezielle Einzelermächtigung im deutschen Verfassungsrecht angesichts der dynamischen Ausrichtung von Art. 23 Abs. 1 GG (und zuvor bereits Art. 24 Abs. 1 GG) daher auf den ersten Blick überflüssig.

Dass beide Formen von Integrationsermächtigungen gleichwohl kumulativ im Rahmen der deutschen Verfassungsordnung auftreten, erklärt sich in erster Linie anhand der *spezifischen Strukturvorgaben* in Art. 88 S. 2 GG, die auf die Unabhängigkeit der EZB sowie ihre Verpflichtung auf die Preisstabilität abzielen.[67] Ein eigenständiger Regelungsgehalt kommt Art. 88 S. 2 GG daher zumindest insoweit zu, als er zusätzliche, von Art. 23 Abs. 1 S. 1 GG nicht spezifisch umfasste Anforderungen an die konkrete Ausgestaltung der Union stellt – hier in Bezug auf die WWU. Für das Verfahren der Übertragung finden hingegen die Modalitäten gemäß Art. 23 Abs. 1 S. 2 u. 3 GG Anwendung.[68]

In seiner Funktion als *Ermächtigung* zur Übertragung bestimmter Hoheitsrechte ist Art. 88 S. 2 GG daher normativ nicht geboten.[69] Zwar mögen rechtspolitische Befindlichkeiten in Bezug auf die Aufgabe der Währungshoheit und ein daraus resultierendes Streben nach ausdrücklicher Erwähnung dieses Umstandes in der Verfassung die Einfügung einer spezifischen Klausel neben einer dynamischen Integrationsermächtigung erklären.[70] Indessen unterläuft eine solche Parallelität die Konzeption dynamischer Integrationsermächtigungen. Die parallele Einführung einer lex specialis lässt nämlich zumindest theoretisch den Rückschluss zu, dass für die Gestattung der Beteiligung an bestimmten Integrationsstufen stets eine ausdrückliche Einzeler-

---

[65] Allerdings hat es das BVerfG im Lissabon-Urteil nunmehr erstmals unternommen, in nicht unbeträchtlichem Umfang Sachbereiche zu identifizieren, die dem Zugriff der Integrationsgewalt nach dem Grundgesetz entzogen sein sollen, vgl. BVerfG, Urt. v. 30. 6. 2009 – 2 BvE 2/08 u. a. – *Lissabon* = BVerfGE 123, 267 ff. (Rn. 249, 252 ff., 351 ff.).

[66] Abs. 15 der Präambel der Verf-F 1946 (Einschränkung von Souveränität); Art. 29 Abs. 4 Nr. 3 Verf-IRL (Ermächtigung zur Mitgliedschaft).

[67] Während sich die GVK noch auf die Möglichkeit der Übertragung von Aufgaben und Befugnissen an die EZB beschränkte (BT-Drs. 12/6000, S. 26), forderte der später einberufene Sonderausschuss „Europäische Union" darüber hinausgehend struktursichernde Anforderungen (BT-Drs. 12/3896, S. 21 f.). Dazu *R. Scholz*, Europäische Union und Verfassungsreform, NJW 1993, S. 1690 (1691 f.).

[68] Vgl. *I. Pernice*, in: H. Dreier (Hrsg.), GG, Bd. III (2. Aufl. 2008), Art. 88, Rn. 41. In Bezug auf den Übertragungsvorgang spricht *M. Herdegen*, in: T. Maunz/G. Dürig, GG, Art. 88 (34. EGL 1998), Rn. 4 missverständlich (weil eine dingliche Vorstellungswelt implizierend) davon, mit der Vollendung der Währungsunion sei das „Regelungssubstrat" für die Währungspolitik auf die supranationale Ebene „abgewandert".

[69] So auch *D. Janzen*, Der neue Artikel 88 Satz 2 des Grundgesetzes (1996), S. 40 ff.; *T. Weikart*, Die Änderung des Bundesbank-Artikels im Grundgesetz im Hinblick auf den Vertrag von Maastricht, NVwZ 1993, S. 834 (839); *H. J. Hahn/U. Häde*, in: BK, Art. 88 (Erstb. 1999), Rn. 5 ff.

[70] Hierzu *T. Weikart*, Die Änderung des Bundesbank-Artikels im Grundgesetz im Hinblick auf den Vertrag von Maastricht, NVwZ 1993, S. 834 (841).

mächtigung notwendig ist. Würde man etwa die Einführung von Art. 88 S. 2 GG über die Frage der Integrationssteuerung hinaus als verfassungsrechtlich geboten erachten, so hieße dies letztlich, bestimmte Kompetenzfelder, die der Währungshoheit qualitativ äquivalent sind, vom Anwendungsbereich von Art. 23 Abs. 1 GG auszunehmen. Verstünde man die Währungshoheit in Anlehnung an *Jean Bodin* zum Beispiel als ein charakteristisches Merkmal der Souveränität,[71] so würden folgerichtig auch andere Kernattribute der Souveränität unter den Vorbehalt einer expliziten Einzelermächtigung gestellt. Die Einführung einer lex specialis könnte so als Ausdruck einer verfassungsimmanenten Begrenzung dynamischer Integrationsoffenheit verstanden werden. Die damit einhergehenden Abgrenzungsschwierigkeiten würden die Integrationsoffenheit letztlich auf die Ebene der Verfassungsänderung verlagern. In praktischer Hinsicht müsste wohl stets eine gerichtliche Entscheidung über die Frage der Notwendigkeit einer Verfassungsänderung eingeholt werden, was der Rechtslage in Frankreich durchaus nahe käme, in weiten Teilen eben aber eine Aufgabe des dynamischen Konzeptes bedeutete.

Aus alledem folgt, dass eine sachbereichliche lex specialis neben einer dynamischen Integrationsermächtigung in systematischer Hinsicht grundsätzlich abzulehnen ist, will man letztere nicht potenziell in ihrem Anwendungsbereich verengen oder bewusst Unklarheiten streuen. In diesem Sinne ist es nur konsequent, dass die Parallelität von dynamischer Integrationsermächtigung und punktueller Einzelermächtigung bislang die Ausnahme im Verfassungsrecht der Mitgliedstaaten darstellt.[72]

IV. Abgrenzung zu sonstigen Verfassungsänderungen

Anders verhält es sich mit den übrigen Formen integrationsinduzierter Verfassungsänderungen. Sie stellen sowohl in Verfassungsordnungen mit als auch in solchen ohne dynamische Integrationsermächtigung eine häufige Begleiterscheinung der Integrationsentwicklung dar. Sie sind von den hier behandelten Einzelermächtigungen strikt zu unterscheiden. Einzelermächtigungen *autorisieren* zur Ratifikation eines be-

---

[71] *J. Bodin*, Les six livres de la République (10. Aufl. 1593 – Nachdr. 1986), Buch I, Kap. XX, S. 295 ff. (306, 309) in Bezug auf das Münzrecht und die Festsetzung des Geldwerts. Dazu bereits unter Teil 2 – Kapitel 3 – I. 2.

[72] Demgegenüber existieren zentralbankbezogene Regelungen auf Verfassungsebene neben Deutschland in den Verfassungen Portugals (Art. 102), Schwedens (Kapitel 9. § 12), Finnlands (Art. 91), Polens (Art. 227 I), Ungarns (Art. 32d), Tschechiens (Art. 98), Estlands (Art. 111 f.), Litauens (Art. 125) und Zyperns (Art. 119). In Bezug auf den Aufgabenbereich der (nationalen) Zentralbanken nennen die Verfassung Tschechiens (Art. 98 Abs. 1) und Estlands (Art. 111 S. 2) explizit die Wahrung der Preis- bzw. Währungsstabilität. In Portugal übt die Bank nach der neuen Fassung des Art. 102 der Verfassung nunmehr ausdrücklich „ihre Funktionen nach Maßgabe der Gesetze und der internationalen Regeln aus, an die der Staat Portugal gebunden ist". Vgl. zum Ganzen *I. Pernice*, in: H. Dreier (Hrsg.), GG, Bd. III (2. Aufl. 2008), Art. 88, Rn. 10 ff. sowie die einleitende, rechtsvergleichende Übersicht bei *H.-J. Blanke*, in: v. Mangoldt/Klein/Starck, GG, Bd. III (5. Aufl. 2005), Art. 88.

stimmten Integrationsvertrages bzw. zur Kompetenzübertragung für einen spezifischen Bereich, d. h. sie *erteilen eine Rechtsmacht* zur konstitutiven Errichtung eines inhaltlich oder durch Verweis auf den betreffenden Vertrag umrissenen Integrationsniveaus und der damit einhergehenden Permeabilität der innerstaatlichen Verfassungsordnung. So ermächtigt beispielsweise Art. 88 S. 1 GG zur „Übertragung" bestimmter Aufgaben an die EZB und macht die deutsche Verfassungsordnung für supranationale Rechtsakte im Bereich der WWU permeabel.

Demgegenüber passen die übrigen, in der Praxis weitaus zahlreicheren, integrationsinduzierten Änderungen die Verfassung in materieller Hinsicht lediglich an die neue Rechtslage an. Dies geschieht insbesondere in zwei Fallkonstellationen. Zum einen kann das innerstaatliche Verfassungsrecht dem (künftigen) Unionsrecht hinsichtlich der Rechtsfolgen ausdrücklich entgegenstehen, oder aber bestimmte unionsrechtlich garantierte Rechtspositionen müssen zum anderen im innerstaatlichen Verfassungsrecht positiv verankert werden.

In der ersten Fallgruppe widerspricht die innerstaatliche Verfassung der Regelungslage auf unionsrechtlicher Ebene ausdrücklich. Ein prominentes Beispiel für die Vermeidung offener Konflikte durch eine entsprechende Verfassungsänderung liefern die ehemaligen Verfassungsbestimmungen über das Verbot der Auslieferung eigener Staatsangehöriger an Drittstaaten, die im Zuge der Regelungen des europäischen Haftbefehls geändert werden mussten. Dies gilt etwa für die ausdrückliche Änderung von Art. 55 der polnischen Verfassung in Folge des Urteils des polnischen Verfassungsgerichtshofs zum Europäischen Haftbefehl (nachträglich)[73] sowie das deutsche Pendant in Art. 16 Abs. 2 S. 2 GG (präventiv).[74] Ein weiterer Anwendungsfall sind die (ehemaligen) Vorschriften über die alleinige Zuständigkeit der nationalen Zentralbanken für die Ausgabe von Banknoten, die der Zuständigkeit der EZB im Rahmen der dritten Stufe der WWU entgegenstehen.[75] Darüber hinaus mussten im

[73] Poln. VerfGH, Entsch. v. 27. 4. 2005 – P 1/05 – *Europäischer Haftbefehl.* Dazu *A. Łazowski*, Poland. Constitutional Tribunal on the Surrender of Polish Citizens Under the European Arrest Warrant. Decision of 27 April 2005, EuConst 1 (2005), S. 569 ff.

[74] Eingeführt wurde die Norm allerdings im Hinblick auf das Römische Statut des Internationalen Strafgerichtshofs. Vgl. näher *K.-P. Sommermann*, Offene Staatlichkeit, in: IPE II (2008), § 14 Deutschland, Rn. 49, der die Norm als „Öffnungsklausel" charakterisiert.

[75] Zentralbankbezogene Regelungen auf Verfassungsebene finden sich allgemein neben Deutschland (Art. 88 GG) in den Verfassungen Frankreichs (Art. 88-2), Portugals (Art. 102), Schwedens (Kapitel 9 § 12 RegForm), Finnlands (Art. 91), Polens (Art. 227 Abs. 1), Ungarns (Art. 32d), Tschechiens (Art. 98), Estlands (Art. 111 f.), Litauens (Art. 125) und Zyperns (Art. 119). Nach 227 Abs. 1 Verf-PL ist die Nationalbank von Polen als Zentralbank noch ausschließlich für die Ausgabe des Geldes und für die Währungspolitik zuständig und dabei für den Wert der polnischen Währung verantwortlich. Auch Art. 111 der estnischen Verfassung weist das ausschließliche Recht zur Geldausgabe der Zentralbank zu. Beide Vorschriften sehen sich deshalb im Hinblick auf den erfolgten Beitritt zur EU und die künftige Mitgliedschaft in der WWU anhaltender Kritik ausgesetzt, vgl. zu Polen etwa *K. Wójtowicz*, Proposed changes in the Polish Constitution of 1997 ahead of Poland's accession to the European Union, Polish Yearbook of International Law 2005, S. 40 ff. sowie zu Estland *A. Albi*, ‚Europe' Articles in the Constitutions of Central and East European Countries, CML-Rev. 42 (2005), S. 399 (410). Demgegenüber wurde eine vergleichbare Passage aus Art. 125 Verf-LIT

Zuge der Erweiterungsrunden 2004 und 2007 viele der Verfassungsordnungen der Mittel- und osteuropäischen Staaten zudem mit Blick auf den Erwerb von Grundstücken durch Ausländer geändert werden. Ähnlich verhält es sich mit der Anpassung von Art. 12a Abs. 4 S. 2 GG, der in Folge der *Kreil*-Entscheidung des EuGH geändert wurde.[76] Art und Ausmaß formeller Verfassungsänderungen mit dem Ziel einer Anpassung an das EU-Recht können insoweit ggf. Rückschlüsse auf Qualität und Kapazität verfassungsrechtlicher Verschränkungsmechanismen zulassen.

Die zweite Fallgruppe besteht darin, dass das Unionsrecht neue Rechte – sei es für den Einzelnen oder aber für die innerstaatlichen Verfassungsorgane – schafft, deren Realisierung einer verfassungsrechtlichen Umsetzung bedarf. Mit anderen Worten, die Anpassungen können auch einer Umsetzung unionsrechtlicher Vorgaben in das innerstaatliche Verfassungsrecht geschuldet sein. Hierzu gehören etwa das Kommunalwahlrecht für EU-Bürger oder die innerstaatliche Ausgestaltung der unionsrechtlich garantierten Parlamentsrechte im Kontext der Subsidiaritätskontrolle.[77] Insbesondere in diesen Fällen hängt es von der Struktur und Regelungsdichte der innerstaatlichen Rechtsordnung ab, ob die entsprechende Gestaltungshandlung auf Ebene des Verfassungsrechts oder aber durch einfaches Gesetz bewerkstelligt werden kann.

Ein Beispiel für das Zusammenfallen beider Änderungszwecke liefert das Kommunalwahlrecht für Unionsbürger, das nicht nur die Ausräumung entgegenstehender Exklusivrechte für die Staatsbürger, sondern zugleich einer positivrechtlichen Ausgestaltung in der betreffenden Verfassung bzw. Rechtsordnung bedarf. Auch können bestimmte unionsrechtliche Gewährleistungen im einen Staat eine spezifische Ermächtigung erforderlich machen, während im anderen eine rechtsfolgenorientierte Anpassung erfolgt. Dies wird ebenfalls illustriert durch die Verfassungsbestimmungen zum kommunalen Wahlrecht von Unionsbürgern. *Peter M. Huber* unterscheidet insoweit zwischen dem Modus einer „ausdrücklichen und konstitutiven Ermächtigung" in Art. 88-3 der französischen Verfassung einerseits und dem Weg über eine „(deklaratorische) Verfassungsänderung" in Art. 28 Abs. 1 S. 3 GG sowie Art. 70 Abs. 2 u. 4 Verf-HU andererseits.[78]

Auch Fälle der inhaltlichen Rückgängigmachung von Verfassungsänderungen sind bekannt.[79]

---

mit Gesetz Nr. X-572, 25. 04. 2006, lit. Abl. 2006, No. 48-1701 (29. 4. 2006) gestrichen. In Portugal übt die Bank nach der geänderten Vorschrift des Art. 102 „ihre Funktionen nach Maßgabe der Gesetze und der internationalen Regeln aus, an die der Staat Portugal gebunden ist". Auch in Schweden wurden die Bestimmungen bzgl. Währungshoheit und Reichsbank in Kap. 9 §§ 11–14 in jüngerer Zeit durch das Änderungsgesetz 2002:904 nochmals angepasst.

[76] EuGH, Urt. v. 11. 1. 2000 – Rs. C-285/98 – *Kreil* = Slg. 2000, S. I-69.

[77] Dies illustrieren jüngst die Neuregelungen über die parlamentarische Subsidiaritätsklage in Art. 23 Abs. 1a GG sowie Art. 88-6 der französischen Verfassung. Auch in Österreich sind mit Art. 23g n. F. und Art. 23h n. F. B-VG entsprechende Regelungen in Kraft.

[78] *P. M. Huber*, Offene Staatlichkeit, in: IPE II (2008), § 26 Vergleich, Rn. 43.

[79] So wurde in Griechenland eine Änderung der Bestimmungen über die Pressefreiheit im Jahr 2001 angesichts ihrer Unionsrechtswidrigkeit im Ergebnis wieder aufgehoben, vgl. *J. Iliopoulos-Strangas*, Offene Staatlichkeit, in: IPE II (2008), § 16 Griechenland, Rn. 35 f.

Betrachtet man speziell die Inhalte der integrationsinduzierten Anpassungen,[80] so bestehen länderübergreifend vermehrt EU-spezifische Regeln im Bereich des Kommunalwahlrechts,[81] der Wahlen zum Europäischen Parlament,[82] der WWU,[83] der Auslieferung eigener Staatsangehöriger,[84] des Erwerbs von Grundeigentum,[85] des Asylrechts,[86] der innerstaatlichen Kompetenzaufteilung,[87] der Mitwirkung an der Besetzung von EU-Spitzenämtern[88] sowie verteidigungspolitischer Fragen.[89] Die einzige Verfassungsordnung, die zu fast allen dieser Bereiche ausdrückliche Regelungen enthält, ist die rumänische.[90]

Gewiss kann ein (potenzieller) Konfliktfall umgekehrt auch zur Änderung des Primärrechts führen. Klassisches Beispiel hierfür ist das primärrechtliche Protokoll Nr. 35 in Bezug auf den Schutz des ungeborenen Lebens in Art. 40 Abs. 3 UAbs. 3 der irischen Verfassung,[91] wobei Art. 40 Abs. 3 UAbs. 3 der irischen Verfassung in den Sätzen 2 und 3 interessanterweise wiederum selbst auf eine Konfliktvermeidung mit den europäischen Grundfreiheiten angelegt ist.

Im Übrigen gilt es die Einzelermächtigungen noch von besonderen Verfahrensregeln abzugrenzen, die speziell für einzelne Sachbereiche oder Integrationsetappen im Rahmen dynamischer Integrationsermächtigungen zur Anwendung gelangen. Wenn etwa die ungarische (Art. 79 a. F.) oder die lettische (Art. 68 Abs. 3) Verfassung speziell für den Beitritt jeweils ein Referendum vorschrieben, liegt darin keine Integrati-

[80] Für eine Übersicht in vergleichender Perspektive s. *F. Hoffmeister*, Constitutional Implications of EU Membership: A View from the Commission, CYELP 3 (2007), S. 59 (91 ff.) sowie speziell für die ab 2004 beigetretenen Mitgliedstaaten *A. Albi*, EU Enlargement and the Constitutions of Central and Eastern Europe (2005), S. 15 ff.

[81] Art. 28 Abs. 1 GG, Art. 88-3 *a. F.* Verf-F; Art. 9 Verf-Lux; Art. 13 Abs. 2 Verf-ESP; Art. 15 Abs. 4 Verf-POR; Art. 30 Abs. 1 Verf-SLK; Art. 70 Abs. 2 u. 71 Verf-HU; Art. 42 Abs. 3 Verf-BG sowie Art. 16 Abs. 4 Verf-ROM.

[82] Art. 117 Abs. 2 Verf-BE; Art. 122 Verf-IT; Art. 15 Abs. 5 und 133 lit. b Verf-POR; Art. 23a und 23b öst. B-VG; Art. 129 Verf-SLK; Art. 70 Abs. 4 u. 71 Verf-HU; Art. 42 Abs. 3 Verf-BG sowie Art. 38 Verf-ROM.

[83] Art. 88 S. 2 GG; Art. 88-2 *a. F.* Verf-F; Art. 80 Abs. 2 Verf-GR i. V. m. Interpretativklausel; Art. 102 Verf-POR sowie Art. 137 Verf-ROM.

[84] Art. 16 Abs. 2 S. 2 GG; Art. 88-2 *n. F.* Verf-F; Art. 33 Verf-POR; Art. 55 Abs. 2 Verf-PL; Art. 47 Verf-SLO; Art. 25 Abs. 4 Verf-BG sowie Art. 19 Abs. 2 Verf-ROM. Angepasst wurde auch die finnische Verfassung. Allerdings weist der durch Änderungsgesetz Nr. 802/2007 v. 24. 8. 2007 geänderte § 9 Abs. 3 Verf-FIN keinen unmittelbaren textlichen Bezug zur EU auf.

[85] Art. 68 Verf-SLO; Art. 22 Verf-BG sowie Art. 44 Verf-ROM.

[86] Art. 16a Abs. 2 und 5 GG sowie Art. 18 Verf-ROM.

[87] Art. 117 Verf-IT; Art. 93 S. 2 Verf-ESP; Art. 112 Verf-POR; Art. 65 Verf-MAL; Art. 7 Abs. 2 S. 3 und 120 Verf-SLK.

[88] Art. 23c öst. B-VG.

[89] Art. 23j n. F. öst. B-VG sowie Art. 29 Abs. 4 Nr. 9 *n. F.* Verf-IRL.

[90] Vgl. die obigen Nachweise für die Verf-ROM. Speziell zum rumänischen Europaverfassungsrecht *V. Duculescu/A. Ruxandra*, Romania, in: A. E. Kellermann et al. (Hrsg.), The Impact of EU Accession on the Legal Orders of New Member States and (Pre-)Candidate Countries (2006), S. 113 ff.

[91] Jetzt Protokoll Nr. 35 über Artikel 40.3.3 der Verfassung Irlands. „Die Verträge (…) berühren nicht die Anwendung des Artikels 40.3.3 der irischen Verfassung in Irland."

ons*ermächtigung*, sondern vielmehr eine *verfahrensrechtliche* Spezialregelung bzw. Qualifizierung.

V. Fazit: Fehlende *prinzipielle* Integrationsoffenheit

Festzuhalten bleibt: Die Modelle verfassungsrechtlicher Einzelermächtigungen prägen in erster Linie das irische und französische Europaverfassungsrecht. Beiden Rechtsordnungen ist der verfassungsrechtliche Kontext gemeinsam, dass die vorhandenen Ermächtigungen von der Rechtsprechung weitaus weniger in einem dynamischen, entwicklungsoffenen Sinne interpretiert worden sind bzw. werden als es ihre Konstruktion grundsätzlich erlaubt. Der Abgleich zu anderen Ländern macht dies deutlich. Gleichzeitig manifestiert sich das Souveränitätsprinzip in beiden Verfassungsordnungen als besonders ausgeprägt und wurde in den gerichtlichen Leitentscheidungen entsprechend in den Vordergrund gerückt. Letztlich resultierte daraus in beiden Ländern – wenngleich in jeweils unterschiedlicher Ausprägung – die Notwendigkeit wiederholter Verfassungsänderungen im Zuge der Integrationsentwicklung. Es überrascht vor diesem Hintergrund nicht, wenn ein irischer Verfassungsrechtler als Vergleichsbasis gerade die Rechtsprechung des französischen Verfassungsrates bemüht, um die Frage der Verfassungsrelevanz des Lissabonner Vertrages zu erörtern.[92]

Im Hinblick auf die verfassungsrechtliche Transparenz kann das Modell der Einzelermächtigungen die unterschiedlichen Etappen und Niveaus der Europäisierung des nationalen Verfassungsrechts sicherlich plakativer herausstellen als eine dynamische Integrationsermächtigung. Wie nur in wenigen anderen Ländern spiegelt die förmliche Nachzeichnung der einzelnen Integrationsetappen bzw. Sachbereiche in der irischen und französischen Verfassung die Fortentwicklung des europäischen Integrationsprozesses textlich wider.

Umgekehrt zeigt die Diskussion um die Methode der Verfassungsergänzung in Frankreich aber auch, dass die Einfügung einer Einzelermächtigung systematische Schwierigkeiten, insbesondere mit Blick auf das Verhältnis und die Abgrenzung zu anderen Bestimmungen der Verfassung, aufwerfen kann. Hinzu kommen die redaktionellen Probleme, den jeweiligen Änderungsbedarf auch stets hinreichend in einer Verfassungsbestimmung abbilden, ja parallel spiegeln zu können. Das Beispiel des deutschen Art. 88 S. 2 GG macht zudem deutlich, dass die Einführung einer Einzelermächtigung neben einer dynamischen Integrationsermächtigung im Grunde einen Systembruch darstellt, solange nicht andere Aspekte – wie etwa die Normierung spezifischer Struktursicherungsanforderungen – für die zusätzliche Einführung einer solchen Spezialregelung sprechen.

---

[92] Vgl. *G. Hogan*, The Lisbon Treaty and the Irish Referendum, EPL 15 (2009), S. 163 (163 u. 167).

Zu betonen ist, dass der Weg über Einzelermächtigungen nicht *per se* ein Modell sein muss, das die Integrationsentwicklung verlangsamte oder gar stoppte. Verfahrensrechtliche Parallelen bestehen durchaus zu Integrationsermächtigungen mit verfahrensrechtlichen Voraussetzungen, die einer Verfassungsänderung entsprechen. Hier wie dort müssen für die Ratifikation gesteigerte Hürden genommen werden. Beiden Ansätzen unterliegt somit zumindest die Annahme einer jedenfalls *materiellen* Verfassungsänderung, wenngleich für die Errichtung einer Einzelermächtigung stets auch eine *formelle* Verfassungsänderung, also eine Textänderung zu erfolgen hat. Das Fehlen einer dynamischen Integrationsermächtigung ist daher für sich genommen nicht mit Unbeweglichkeit gleichzusetzen. Gerade das französische Beispiel veranschaulicht, dass die regelmäßige Notwendigkeit einer Verfassungsänderung in der Praxis recht unproblematisch zu bewältigen ist und sich verfahrenstechnisch insoweit kaum von Staaten unterscheidet, in denen eine besondere Mehrheitsschwelle im Rahmen einer dynamischen Integrationsermächtigung einzuholen ist.

Indes gründet dieser Umstand *nicht* auf einem *verfassungsrechtlichen Grundsatz* dynamischer Integrationsoffenheit, sondern liegt vielmehr an dem vergleichsweise weniger rigiden Verfahren der Verfassungsänderung bzw. -gebung. Anders gewendet, die französische Verfassung ermöglicht die Konstituierung verfassungsintensiver Integrationsvorhaben nur deswegen, weil sie durch ein vergleichsweise leichtgängiges und praktisch durchführbares Änderungsverfahren bei weitgehender Absenz unabänderlicher Kernbestände konstituiert wird.[93] Dies ist kein Spezifikum im Hinblick auf die europäische Integration, sondern vielmehr ein generelles Merkmal der französischen Verfassungsordnung, das sich im konkreten Fall reflexartig „zugunsten" der Integrationsentwicklung entfaltet.

Die irische Verfassung ist hingegen ein Beispiel dafür, wie sich die *fehlende prinzipielle Integrationsoffenheit* auf Ebene des geschriebenen Verfassungsrechts für den Fall auswirken kann, wenn das Änderungsverfahren vergleichsweise rigide ausgestaltet ist. Ist die spezifische Integrationsoffenheit nämlich kein bzw. nur ein bedingt ausgeprägtes Verfassungsprinzip, fehlt gleichsam ein verfassungsrechtliches Gegengewicht zur Souveränität bzw. ein Maßstab *auf Verfassungsebene*, der für die Funktionsfähigkeit des Integrationsverfahrens bestimmte Mindestanforderungen stellt.

Hierin liegt der grundlegende Unterschied zu den Mitgliedstaaten, die vom Prinzip dynamischer Permeabilität von Verfassung wegen geprägt sind. Geht man von der Prämisse einer grundsätzlichen Permeabilität der Verfassungsordnung aus, so kann die Einfügung punktueller Integrationsermächtigungen gerade nicht als Modellregelung empfohlen werden.

[93] Vgl. in Bezug auf die weitgehende Absenz einer sog. *supra-constitutionnalité*, einer „Überverfassungsrechtlichkeit", franz. Verfassungsrat, Entsch. v. 2.9. 1992 – Nr. 92-312 DC – *Maastricht II*, Rec. S. 76 sowie *J. Ziller*, Sovereignty in France: Getting Rid of the Mal de Bodin, in: N. Walker (Hrsg.), Sovereignty in Transition (2003), S. 261 (270 ff.).

Kapitel 8

Sonderwege nationaler Integrationsermächtigungen

Die Vielfalt an Möglichkeiten, Permeabilität verfassungsrechtlich zu fundieren, ist damit jedoch keineswegs erschöpft. Darüber hinaus gibt es Ansätze, die, obgleich gewisse Schnittmengen mit den bislang beschriebenen Modellen aufweisend, in ihrer Eigenart der spezifischen Struktur der jeweiligen Verfassungsordnung geschuldet sind und nur schwer durch eine verallgemeinerbare, über die Grenzen der betreffenden Rechtsordnung hinausgehende Modellbeschreibung einzufangen sind. Zu diesen Fällen ist der in Österreich anlässlich des Beitrittes gewählte Weg einer „Gesamtänderung" in Verbindung mit sukzessive folgenden Verfassungsgesetzen (dazu I.) ebenso zu rechnen wie Lösungen, welche die Permeabilität über Verfassungsausnahme- bzw. Verfassungsergänzungsgesetze herstellen (dazu II. und III.) oder mangels einer geschriebenen Verfassung vor Herausforderungen eigener Art gestellt sind (dazu IV.). Diesen Mechanismen ist gemeinsam, dass sie sich außerhalb eines verfassungsrechtlichen Stammtextes bewegen und in ihrer spezifischen Ausprägung nahezu kaum bzw. allenfalls bedingt auf andere Rechtsordnungen übertragen werden können (dazu V.).

I. Gesamtänderung und sukzessive Einzelverfassungsgesetze

Der verfassungsrechtliche Zugang Österreichs zum Prozess der europäischen Integration[1] war zur Zeit des Beitritts im Jahr 1995 durch die Besonderheit einer sog.

---

[1] Hierzu *T. Öhlinger*, Verfassungsfragen einer Mitgliedschaft zur Europäischen Union (1999), insbesondere S. 165ff.; *ders.*, EU-Beitritts BVG, in: K. Korinek/M. Holoubek (Hrsg.), Österreichisches Bundesverfassungsrecht (Losebl. 2001); *ders.*, Die österreichische Verfassung und die europäische Integration, in: W. Hummer (Hrsg.), Paradigmenwechsel im Europarecht zur Jahrtausendwende (2004), S. 67ff.; *C. Grabenwarter*, Änderungen der österreichischen Bundesverfassung aus Anlass des Beitritts zur Europäischen Union, ZaöRV 55 (1995), S. 166ff.; *ders.*, Offene Staatlichkeit, in: IPE II (2008), § 20 Österreich; *H. Schäffer*, Österreichischer Landesbericht, in: J. Schwarze (Hrsg.), Die Entstehung einer europäischen Verfassungsordnung (2000), S. 339ff.; *R. Winkler*, Integrationsverfassungsrecht. Das österreichische Verfassungsrecht und das Recht der Europäischen Union – Koordination, Kooperation, Konflikt (2003); *C. Herbst*, Austrian constitutional law and accession to the European Union, EPL 1 (1995), S. 1ff.; *H. Koeck*, Austria. EU Law and National Constitutions – the Austrian Case, BIICL (Hrsg.), F.I.D.E. XX Congress London, Vol. 1 (2002), S. 5ff.; *S. Peyrou-Pistoulet*, Droit constitutionnel et droit communautaire: l'exemple autrichien, RFDC 46 (2001), S. 237ff.; *P. Pernthaler*, Europäische Integration und nationales Verfassungsrecht in Österreich, in: U. Battis/D. Th. Tsatsos/D. Stefanou (Hrsg.), Europäische Integration und nationales Verfassungsrecht (1995), S. 437ff. sowie *H. Stolzlechner*, Die Auswirkungen einer Mitgliedschaft Österreichs in der Europäischen Union auf die österreichische Verfassungsordnung, in: W. Hummer (Hrsg.), Die Europäische Union und Österreich (1994), S. 163ff.

In vergleichender Perspektive *S. Griller*, Introduction to the Problems in the Austrian, the Finnish and Swedish Constitutional Order, in: A.E. Kellermann et al. (Hrsg.), EU-Enlargement – The Constitutional Impact at EU and National Level (2001), S. 147ff. sowie *ders./F. Maislinger/A. Reindl*,

„Gesamtänderung" der Bundesverfassung gekennzeichnet, weist aber in jüngster Zeit gleichermaßen bemerkenswerte Neuentwicklungen auf. Diese nähern das österreichische Verfassungsrecht der Rechtslage in Staaten mit dynamischen Integrationsermächtigungen an.

1. Konzeption und Eigenheit des Ansatzes

Unter der für den österreichischen EU-Beitritt so charakteristischen „Gesamtänderung" ist die intensivste Revisionsform der österreichischen Bundesverfassung zu verstehen, die in materieller Hinsicht durch Aufhebung oder wesentliche Modifikation ihrer grundlegenden „Baugesetze" und in formeller Hinsicht vor allem durch die obligatorische Durchführung eines Referendums gekennzeichnet ist, Art. 44 Abs. 3 öst. B-VG.[2]

Herrschte im Vorfeld des Beitritts zwar weitgehende Einigkeit über das „Ob" einer Gesamtänderung, so bestanden demgegenüber höchst unterschiedliche Auffassungen über das verfahrensrechtliche „Wie".[3] Letztlich entschied man sich für die Vorgehensweise, die Volksabstimmung i. S. d. Art. 44 Abs. 3 *nicht* über die unmittelbare Genehmigung des Beitrittsvertrages selbst abzuhalten. Gegenstand des Referendums war vielmehr ein gesondertes Bundesverfassungsgesetz, das zum Abschluss des Beitrittsvertrages ermächtigte und eine diesbezügliche Zustimmungspflicht beider Parlamentskammern aufstellte, deren Beschlüsse, vergleichbar dem verfassungsändernden Verfahren, jeweils einer Mehrheit von zwei Dritteln der abgegebenen Stimmen bei Anwesenheit von mindestens der Hälfte der Mitglieder bedurften.[4] Anders gewendet, die Gesamtänderung bezog sich im Kern auf die *Ermächtigung*, die grundlegenden Änderungen der österreichischen Verfassungsordnung im Wege eines auf völkerrechtlicher Ebene geschlossenen Vertrages herbeizuführen, dessen innerstaat-

---

Fundamentale Rechtsgrundlagen einer EG-Mitgliedschaft. Verfassungsfragen der Übernahme von EG-Recht in vergleichender Sicht (1991). Für eine Analyse des letztlich nicht als Integrationsermächtigung fungierenden Art. 9 Abs. 2 öst. B-VG vgl. *S. Griller*, Die Übertragung von Hoheitsrechten auf zwischenstaatliche Einrichtungen (1989).

[2] Daneben bedarf es in beiden Kammern einer 2/3-Mehrheit der abgegebenen Stimmen bei Anwesenheit von mindestens der Hälfte der Mitglieder. Zur Gesamtänderung anlässlich des Beitritts s. insbesondere *T. Öhlinger*, Verfassungsfragen einer Mitgliedschaft zur Europäischen Union (1999), S. 165 ff.; *H. Schäffer*, Österreichischer Landesbericht, in: J. Schwarze (Hrsg.), Die Entstehung einer europäischen Verfassungsordnung (2000), S. 339 (354 ff.); *R. Winkler*, Integrationsverfassungsrecht. Das österreichische Verfassungsrecht und das Recht der Europäischen Union – Koordination, Kooperation, Konflikt (2003), S. 11 ff.

[3] Diese bezogen sich insbesondere auf das Verhältnis der alten Fassungen von Art. 50 und Art. 44 Abs. 3 B-VG, vgl. dazu eingehend *H. Schäffer*, Österreichischer Landesbericht, in: J. Schwarze (Hrsg.), Die Entstehung einer europäischen Verfassungsordnung (2000), S. 339 (356 ff.) sowie *C. Grabenwarter*, Offene Staatlichkeit, in: IPE II (2008), § 20 Österreich, Rn. 19 ff.

[4] Art. I und II des Bundesverfassungsgesetzes über den Beitritt Österreichs zur EU, öst. BGBl. Nr. 744/1994, abrufbar unter http://www.ris.bka.gv.at/Dokumente/BgblPdf/1994_744_0/1994_744_0.pdf (1. 9. 2010). Vgl. hierzu eingehend die Kommentierung von *T. Öhlinger*, in: K. Korinek/M. Holoubek (Hrsg.), Österreichisches Bundesverfassungsrecht (Losebl. 2001).

liche Genehmigung *durch das Parlament* gemäß eines genau definierten Verfahrens erfolgen durfte.[5] Das durch Volksentscheid angenommene, gesamtändernde „EU-Beitritts-Bundesverfassungsgesetz" und die mit ihm geschaffene Ermächtigungsgrundlage sind dabei nicht zu verwechseln mit der ebenfalls anlässlich des Beitritts ergangenen Novelle, mit der EU-spezifische Begleitregelungen staatsorganisatorischer Natur (Art. 23a ff.) in das Bundes-Verfassungsgesetzes (B-VG), eingeführt wurden.[6]

Die Einzigartigkeit des gesamtändernden Ansatzes in Österreich besteht einerseits in der qualitativen Tiefenwirkung, die dem Beitritt zur EU in verfassungsrechtlicher Hinsicht beigemessen wurde. Andererseits ist bemerkenswert, dass sich dieser grundlegende Schritt vollzogen hat, ohne auf Ebene des verfassungsrechtlichen Stammtextes, des B-VG, sichtbar zu werden. Der Beitritt wurde verfassungsrechtlich insbesondere nicht auf die Klausel zur Übertragung von Hoheitsrechten (Art. 9 Abs. 2 a. F. B-VG) gestützt. Aufgrund ihres restriktiven Zuschnitts konnte diese auch nicht als verfassungsrechtliche Grundlage für primärrechtliche Folgeentwicklungen zum Zuge kommen.[7] So betonte etwa der österreichische Verfassungsrechtler *Heinz Schäffer*, es fehle dem B-VG

> „sowohl an einem ‚*Bekenntnis zu Europa*' als auch an einer allgemeinen *Öffnungsklausel* und einem zukunftsoffenen ‚*Integrationshebel*'. Alle zentralen juristischen Fragen können daher nicht aus dem Verfassungstext (des Stammgesetzes) unmittelbar gelöst werden, sondern nur mittelbar aus der Art und Weise, wie das Problem der Gesamtänderung bewältigt wurde".[8]

Das Fehlen einer (als solche ausgelegten) dynamischen Integrationsermächtigung führte dazu, dass für jede weitere Entwicklung auf Ebene des europäischen Vertragsrechts in Österreich eine gesonderte verfassungsrechtliche Ermächtigung in Gestalt eines speziellen Bundesverfassungsgesetzes geschaffen wurde, allerdings ohne gesamtändernde Dimension. Dies gilt sowohl für die Verträge von Amsterdam[9] und Nizza[10] als auch in Bezug auf die folgenden Beitrittsverträge[11] sowie den VVE.[12] Die Besonderheit des österreichischen Ansatzes mit Blick auf die EU betont in diesem

---

[5] Vgl. *H. Koeck*, Austria. EU Law and National Constitutions – the Austrian Case, in: BIICL (Hrsg.), F. I. D. E. XX Congress London, Vol. 1 (2002), S. 5 (12).

[6] Bundesverfassungsgesetz, öst. BGBl. 1013/1994.

[7] Vgl. Teil 2 – Kapitel 5 – II. 1.

[8] *H. Schäffer*, Österreichischer Landesbericht, in: J. Schwarze (Hrsg.), Die Entstehung einer europäischen Verfassungsordnung (2000), S. 339 (352). Hervorhebungen im Original.

[9] Bundesverfassungsgesetz über den Abschluss des Vertrages von Amsterdam, öst. BGBl. I Nr. 76/1998.

[10] Bundesverfassungsgesetz über den Abschluss des Vertrages von Nizza, öst. BGBl. I Nr. 120/2001. Vgl. zu beidem *H. Koeck*, Austria. EU Law and National Constitutions – the Austrian Case, in: BIICL (Hrsg.), F. I. D. E. XX Congress London, Vol. 1 (2002), S. 5 (18).

[11] Bundesverfassungsgesetz, öst. BGBl. I Nr. 53/2003 sowie Bundesverfassungsgesetz, öst. BGBl. I Nr. 25/2006.

[12] Bundesverfassungsgesetz über den Abschluss des Vertrages über eine Verfassung für Europa, öst. BGBl. I Nr. 12/2005. Das vor dem Verfassungsgerichtshof gegen das Bundesverfassungsgesetz über den Abschluss des Vertrages über eine Verfassung für Europa angestrengte Verfahren, ein In-

Kontext auch *Stefan Griller*, der allenfalls gewisse Parallelen zum irischen Modell gelten lässt, weil die Verfassungsordnungen beider Länder für jede weitere Integrationsetappe jeweils eine spezielle Ermächtigung auf Ebene des Verfassungsrechts erforderlich machen.[13] Gewisse Ähnlichkeiten existieren so gesehen auch zur Rechtslage in Frankreich, wo die dynamische Integrationsoffenheit der Verfassung ebenfalls begrenzt ist.

Die grundlegende Besonderheit des Ansatzes einzelner Verfassungsgesetze in Österreich besteht allerdings darin, dass er sich *außerhalb des verfassungsrechtlichen Stammtextes* vollzieht. Die sukzessiven Integrationsermächtigungen wurden gerade nicht in die Verfassung inkorporiert, sondern jeweils gesondert in ein spezielles Verfassungsgesetz gefasst. Die Zulässigkeit derartiger „Sonderverfassungsgesetze" außerhalb des Stammtextes stellt eine strukturelle Besonderheit des österreichischen Verfassungsrechts dar, das aufgrund des Fehlens eines Inkorporationsgebots in formeller Hinsicht einen mosaikhaften, ja zuweilen durchaus zersplitterten Charakter aufweist. Dieser manifestiert sich vor allem in der Existenz diverser verfassungsrechtlicher Nebengesetze bzw. Nebenbestimmungen.[14]

2. *Neuausrichtung*

Diese Diversität an Normen mit Verfassungsrang, welche im Übrigen keineswegs auf den EU-Kontext beschränkt ist, hat aufgrund der Gefährdung von Transparenz und innerer Kohärenz der Verfassungsordnung wiederholt zu Reformbestrebungen geführt. Diese mündeten schließlich in eine Grundsatzreform der österreichischen Verfassung, die zu Beginn des Jahres 2008 in Kraft trat.[15] In diesem Rahmen wurden auch die Grundmechanismen der rechtlichen Permeabilität gegenüber dem Unionsrecht in wesentlichen Punkten reformiert. Hinsichtlich des Reformzwecks sind dabei vor allem die Erläuterungen der Regierungsvorlage aufschlussreich:

> „Um eine weitere Zersplitterung des Verfassungsrechts insbesondere im Bereich staatsvertraglicher Normen hintan zu halten, soll eine Erlassung oder Änderung von Verfassungsrecht durch Staatsverträge in Hinkunft nicht mehr möglich sein."[16]

---

dividualantrag, wurde bereits als unzulässig zurückgewiesen, Öst. VerfGH, Beschl. v. 18.6.2005 – G 62/05-4 – *Verfassungsvertrag*, VfSlg. 17588/2005.

[13] *S. Griller*, Introduction to the Problems in the Austrian, the Finnish and Swedish Constitutional Order, in: A.E. Kellermann et al. (Hrsg.), EU-Enlargement – The Constitutional Impact at EU and National Level (2001), S. 147 (150). Aus dem Umstand, dass dem österreichischen Kanzleramt eine rechtsvergleichende Untersuchung zu der Rechtslage in den 12 Mitgliedstaaten vorgelegen habe, könne zudem in gewissem Umfang geschlossen werden, dass sich dieser Spezialweg in bewusster Abkehr von den Modellen in anderen Staaten vollzogen habe (ebd., S. 150, dort Fn. 9).

[14] Vgl. *E. Wiederin*, Grundlagen und Grundzüge staatlichen Verfassungsrechts, in: IPE I (2007), § 7 Österreich, Rn. 27ff., 44ff.

[15] Bundesverfassungsgesetz, öst. BGBl. I Nr. 2/2008.

[16] Erläuterungen zur Regierungsvorlage (314 der Beilagen zur XXIII. Gesetzgebungsperiode), abrufbar unter http://www.parlament.gv.at/PG/DE/XXIII/I/I_00314/fname_090432.pdf (1.9.2010), S. 2f.

Zu diesem Zweck wurde mit Art. 50 Abs. 1 Nr. 2 i. V. m. Abs. 4 B-VG eine Regelung in das B-VG aufgenommen, die sich nunmehr ausdrücklich auf den Abschluss und die parlamentarische Genehmigung von *Änderungen der vertraglichen Grundlagen der EU* bezieht und diesbezüglich besondere Verfahrensanforderungen stellt:

„(1) Der Abschluss von (...)

2. Staatsverträgen, durch die die vertraglichen Grundlagen der Europäischen Union geändert werden, bedarf der Genehmigung des Nationalrates. (...)

(4) Staatsverträge [in diesem Sinne] dürfen unbeschadet des Art. 44 Abs. 3 nur mit Genehmigung des Nationalrates und mit Zustimmung des Bundesrates abgeschlossen werden. Diese Beschlüsse bedürfen jeweils der Anwesenheit von mindestens der Hälfte der Mitglieder und einer Mehrheit von zwei Dritteln der abgegebenen Stimmen."

Mit den Worten der Regierungsvorlage soll mit dieser Neufassung

„eine *generelle Ermächtigung* geschaffen werden, Staatsverträge, durch die die vertraglichen Grundlagen der Europäischen Union geändert werden, abzuschließen. Durch diese generelle Ermächtigung sollen besondere Bundesverfassungsgesetze, die bislang die Grundlage für eine Änderung der vertraglichen Grundlagen der Europäischen Union bildeten, entbehrlich werden. Die Regelung lehnt sich inhaltlich an diese Sonderverfassungsgesetze an."[17]

Darüber hinaus erweiterte der verfassungsändernde Gesetzgeber den Anwendungsbereich der allgemeinen Übertragungsklausel in Art. 9 Abs. 2 B-VG. Diese beschränkt sich seitdem nicht mehr ausschließlich auf Hoheitsrechte des *Bundes*. Auch ist jetzt eigens geregelt, dass „österreichische Organe der Weisungsbefugnis der Organe anderer Staaten oder zwischenstaatlicher Einrichtungen" unterstellt werden können. Ein Novum ist zudem die Möglichkeit der *umgekehrten Übertragung*, d. h. der Übertragung von Hoheitsrechten anderer Staaten oder zwischenstaatlicher Einrichtungen „auf österreichische Organe".[18]

Die Erläuterungen der Regierungsvorlage enthalten allerdings keine Aussage zum künftigen Verhältnis von Art. 9 Abs. 2 B-VG (Übertragungsklausel) und Art. 50 Abs. 1 Nr. 2 i. V. m. Abs. 4 B-VG (Abschluss und Genehmigung von Änderungen der vertraglichen Grundordnung der Union). Ob der neu gefasste Art. 9 Abs. 2 B-VG künftig im EU-Kontext neben Art. 50 B-VG zur Anwendung gelangen wird, ist zweifelhaft. Dafür spricht zwar zunächst der systematische Konnex beider Vorschriften über den Verweis in Art. 9 Abs. 2 B-VG, der nunmehr auch den EU-spezifischen Art. 50 Abs. 1 Nr. 2 B-VG mit umfasst. Ferner indiziert auch die tatbestandliche Erweiterung der Übertragungsklausel und insbesondere die nunmehr ausdrücklich mögliche Unterwerfung Österreichs unter eine *Weisungsbefugnis* die hohe Qualität zwischenstaatlicher Durchgriffsbefugnisse, die verfassungsrechtlich erlaubt ist. Schließlich liest sich der neue Art. 50 B-VG durch die Brille des Verfassungsvergleichers auch mehr als eine *verfahrensrechtliche* und weniger als eine *ermächtigende* Be-

---

[17] Ebd., S. 3 u. 8 f. (Hervorh. hinzugefügt).

[18] Die Erläuterungen verweisen in diesem Kontext insbesondere auf die diplomatische Vertretung anderer Staaten durch Österreich, a.a.O., S. 6.

stimmung.[19] Unter diesem Blickwinkel erscheint also eine kombinierte Anwendung von Übertragungsermächtigung und der, als solcher verstandenen, komplementären Verfahrensregel durchaus naheliegend.

Gegen die Anwendung von Art. 9 Abs. 2 B-VG im EU-Kontext spricht hingegen, dass die tatbestandliche Beschränkung auf „einzelne" Hoheitsrechte in der Neufassung aufrecht erhalten wurde, obwohl sie bereits in der Vergangenheit ein wichtiger Anknüpfungspunkt für die restriktive Auslegung von Art. 9 Abs. 2 B-VG darstellte.[20] Die Neufassung der Übertragungsklausel ist, anders als Art. 50 B-VG, auch nicht spezifisch auf die EU, sondern weiterhin allgemein auf „zwischenstaatliche Einrichtungen" bezogen. Darüber hinaus bringen die Erläuterungen zur Regierungsvorlage die Übertragungsklausel nicht ausdrücklich mit der Änderung von Primärrecht in Verbindung. In rechtsempirischer Hinsicht spricht zudem gegen eine Heranziehung der Übertragungsklausel im Integrationskontext, dass hinsichtlich der Ratifikation des Vertrages von Lissabon, des ersten Anwendungsfalles der neuen Rechtslage, allein auf Art. 50 Abs. 1 Nr. 2 i. V. m. Abs. 4 B-VG zurückgegriffen wurde.[21] Ob Art. 9 Abs. 2 B-VG dementsprechend auch in Zukunft nicht auf Änderungen des Primärrechts angewendet werden wird, kann letztlich aber erst die künftige Verfassungspraxis zeigen.

Sollte ein künftiger Integrationsschritt für die österreichische Verfassungsordnung allerdings gesamtändernde Dimensionen erreichen, so bleibt, dies macht Art. 50 Abs. 4 B-VG nunmehr deutlich, jedenfalls das gesamtändernde Verfahren nach Art. 44 Abs. 3 B-VG anwendbar. In Bezug auf den Vertrag von Lissabon konnte eine solche Tiefenwirkung allerdings nicht festgestellt werden. Es genügte vielmehr eine parlamentarische Zustimmung auf Grundlage von Art. 50 Abs. 1 Nr. 2 i. V. m. Abs. 4 B-VG.[22] Die hiergegen vor dem Verfassungsgerichtshof eingelegten Individualanträge, die für ein Referendum im Rahmen einer Gesamtänderung stritten, scheiterten, anders als die Verfassungsbeschwerden in Deutschland, bereits an der Zulässigkeit.[23]

---

[19] Vgl. etwa die jeweils getrennten Regelungen in Art. 90 Abs. 1 u. Abs. 2 poln. Verf; Art. 7 Abs. 2 u. 87 Abs. 4 Verf-SLK; Art. 10a Abs. 1 u. Abs. 2 sowie 39 Abs. 4 Verf-CZ; Art. 85 Abs. 1 Nr. 9 u. Abs. 2 Verf-BG.

[20] Zur bislang restriktiven Auslegung von Art. 9 Abs. 2 B-VG vgl. *S. Griller*, Wird Österreich das dreizehnte EU-Mitglied?, EuZW 1991, S. 679 (680); *C. Grabenwarter*, Offene Staatlichkeit, in: IPE II (2008), § 20 Österreich, Rn. 30 f.; *H. Schäffer*, Österreichischer Landesbericht, in: J. Schwarze (Hrsg.), Die Entstehung einer europäischen Verfassungsordnung (2000), S. 339 (350 f.) sowie *R. Winkler*, Integrationsverfassungsrecht. Das österreichische Verfassungsrecht und das Recht der Europäischen Union – Koordination, Kooperation, Konflikt (2003), S. 37 f.

[21] Eine Veröffentlichung im Bundesgesetzblatt erfolgt erst bei Inkrafttreten des Vertrages von Lissabon. Allerdings ergibt sich die rechtliche Grundlage der parlamentarischen Zustimmung aus dem Beschluss des öst. VerfGH v. 30. 9. 2008 – SV 2/08-3, G 80/08-3 und SV 3/08-6, G 81/08-6 – *Lissabon I*.

[22] Der Nationalrat stimmte am 9. 4. 2008, der Bundesrat am 24. 4. 2008 zu.

[23] Öst. VerfGH, a.a.O.

3. *Zwischenbefund: Konzeptionelle Kehrtwendung*

Signifikant an der neuen Rechtslage ist, dass Österreich seinen vormaligen Ansatz sukzessiver Verfassungsgesetze als Grundlage für eine Änderung der vertraglichen Grundlagen der Europäischen Union aufgegeben und sich stattdessen der ganz überwiegenden Herangehensweise in den Mitgliedstaaten angeschlossen hat, auf eine *dynamische Integrationsermächtigung* zurückzugreifen. Damit setzt sich die zunehmende Tendenz der Implementierung dynamischer Integrationsermächtigungen nach der Beitrittswelle 2004 und 2007 auch in Mitgliedstaaten fort, die bereits länger der Union angehören. Dies bekräftigt abermals den engen, rechtsordnungsübergreifenden Entwicklungs- und Rezeptionszusammenhang, durch den das innerstaatliche Europaverfassungsrecht heute auf horizontaler Ebene verknüpft ist.

II. Verfassungs*ausnahme*gesetz

Eine nach wie vor bestehende Besonderheit in der verfassungsrechtlichen Fundierung normativer Permeabilität findet sich in Finnland. Zwar enthält die zum Jahr 2000 grundlegend reformierte finnische Verfassung[24] durchaus EU-spezifische Bestimmungen. Diese beziehen sich auf die innerstaatliche Vorbereitung von Beschlüssen auf EU-Ebene (§ 93 Abs. 2) sowie auf Informations- und Beteiligungsrechte des Parlaments (§ 96). Demgegenüber enthält die finnische Verfassung bis heute jedoch keine Norm zur Übertragung oder gemeinschaftlichen Ausübung von Hoheitsrechten bzw. der Einschränkung von Souveränität. Der finnische Verfassungsrechtler *Tuomas Ojanen* charakterisiert dieses Merkmal der Verfassung als einen eher „minimalistischen Zugang" zur verfassungsrechtlichen Bewältigung der Mitgliedschaft in der Europäischen Union.[25]

1. *Konzeption und Eigenheiten*

Die parlamentarische Genehmigung völkerrechtlicher Verträge ist allgemein in § 94 Verf-FIN geregelt. Völkerrechtliche Verträge, die von der Verfassung abweichen, müssen gemäß § 94 Abs. 2 Verf-FIN durch parlamentarischen Beschluss mit 2/3-Mehrheit der abgegebenen Stimmen genehmigt werden. Allerdings darf dies gemäß Abs. 3 nicht die demokratischen Grundlagen der Verfassung einschränken. Neben

---

[24] Hierzu *M. Suksi*, Finland: the Constitution 2000, EPL 5 (1999), S. 338 ff. sowie im Vorfeld bereits *J. Husa*, Prospects of reforming the Finnish Constitution, EPL 3 (1997), S. 45 ff.

[25] *T. Ojanen*, The Impact of EU Membership on Finnish Constitutional Law, EPL 10 (2004), S. 531. Vgl. auch *K. Pohjolainen/Z. Sundström*, Finland, in: F. I. D. E. (Hrsg.), 17. F. I. D. E.-Kongress Berlin, Bd. 1: Le droit constitutionnel national et l'intégration européenne (1996), S. 399 (403) sowie in vergleichender Perspektive *F. C. Mayer*, Kompetenzüberschreitung und Letztentscheidung (2000), S. 243 ff. und *S. Griller*, Introduction to the Problems in the Austrian, the Finnish and Swedish Constitutional Order, in: A. E. Kellermann et al. (Hrsg.), EU-Enlargement – The Constitutional Impact at EU and National Level (2001), S. 147 (165).

der parlamentarischen *Zustimmung zur Ratifikation* bedarf es gemäß § 95 Verf-FIN zudem des *Inkraftsetzens* des betreffenden Vertrages durch Parlamentsbeschluss, d. h. seiner Überführung in die innerstaatliche Rechtsordnung.[26] Auch diesbezüglich bedarf es einer 2/3-Mehrheit, wenn der Vertrag von der Verfassung abweicht (Abs. 2). Dies schafft eine verfahrensrechtliche Parallelität zwischen Zustimmung und Inkraftsetzung.

Dabei kommt § 95 Abs. 2 Verf-FIN im EU-Kontext eine Schlüsselrolle zu. Dogmatisch betrachtet regelt die Vorschrift einen besonderen – weil speziell auf völkerrechtliche Verträge bezogenen – Fall eines *Verfassungsausnahmegesetzes.* Dieses der finnischen Rechtsordnung eigene Rechtsinstitut erlaubt in begrenztem Umfang Ausnahmen von der Verfassung, ohne dass deren Text hierfür explizit geändert werden muss. Es findet seine allgemeine Grundlage in § 73 Verf-FIN, der neben der klassischen Verfassungsänderung zugleich „beschränkte Ausnahmen" von der Verfassung zulässt.[27] Mit den Worten der finnischen Verfassungsdoktrin wird so ein „Loch" in die Verfassung gehauen.[28] Das Verfassungsausnahmegesetz unterliegt mit Ausnahme des Textänderungsgebots dabei demselben, vergleichsweise langwierigen Verfahren wie eine Verfassungsänderung. Die Besonderheit liegt allerdings darin, dass das Ausnahmegesetz trotz seiner verfassungsderogierenden Wirkung selbst nur den Rang eines einfachen Gesetzes einnimmt und darum auch im Wege eines einfachen Gesetzes, ohne Einhaltung der besonderen Verfahrensvorschriften, wieder aufgehoben oder abgeändert werden kann, soweit eine solche Änderung die Ausnahme nicht in maßgeblichem Umfang erweitert.[29] Damit genießt das Verfassungsausnahmegesetz zwar weniger Bestandsschutz als eine in den Verfassungstext inkorporierte Norm, ist aber mit Blick auf künftige Änderungen und Anpassungen in gewissem Umfang flexibler. Gegenüber der *allgemeinen* Bestimmung in § 73 Verf-FIN, die das Verfahren im Regelfall auf zwei Legislaturperioden erstreckt (Abs. 1),[30] sieht die *besondere* Rege-

[26] Dies entspricht im Kern einer dualistischen Konzeption, vgl. *T. Ojanen*, The European Constitution in the Far North, in a Country Called *Suomi*, in: A. Albi/J. Ziller (Hrsg.), The European Constitution and National Constitutions (2007), S. 89 (92). Aufgrund der Spezifika des Verhältnisses von nationalem Verfassungsrecht zum Europarecht wird die finnische Rechtsordnung nunmehr gelegentlich auch als ein „de facto Monismus" beschrieben, vgl. *dens.*, The Impact of EU Membership on Finnish Constitutional Law, EPL 10 (2004), S. 531 (534) m. w. N. Ebenso *A. Rosas*, Finland's accession to the European Union: constitutional aspects, EPL 1 (1995), S. 166 (167). Zur Relativierung der konzeptionellen Aussagekraft der Unterscheidung zwischen Dualismus und Monismus vgl. bereits Teil 1 – Kapitel 1 – II. 3.

[27] Zum historischen Hintergrund dieser Rechtsfigur vgl. näher *K. Pohjolainen/Z. Sundström*, Finland, in: F. I. D. E. (Hrsg.), 17. F. I. D. E.-Kongress Berlin, Bd. 1: Le droit constitutionnel national et l'intégration européenne (1996), S. 399 (404 ff.).

[28] *T. Ojanen*, The Impact of EU Membership on Finnish Constitutional Law, EPL 10 (2004), S. 531 (535).

[29] Ebd. Vgl. auch *ders.*, The European Constitution in the Far North, in a Country Called *Suomi*, in: A. Albi/J. Ziller (Hrsg.), The European Constitution and National Constitutions (2007), S. 89 (93).

[30] Sofern sich im Parlament nicht eine Mehrheit von 5/6 der abgegebenen Stimmen für ein beschleunigtes Verfahren entscheidet, § 73 Abs. 2 Verf-FIN.

lung in § 95 Abs. 2 Verf-FIN eine verfahrensrechtliche Privilegierung vor.[31] Durch die bloße Einforderung eines Beschlusses mit 2/3-Mehrheit wird nämlich in jedem Fall ein zügiger Verfahrensabschluss ermöglicht.[32] Auch Finnland bekräftigt damit, wenngleich nicht im Rahmen einer klassischen dynamischen Integrationsermächtigung, die generelle Tendenz des mitgliedstaatlichen Verfassungsrechts hin zu einem Mindeststandard an verfahrensrechtlicher Flexibilität in Bezug auf die europäische bzw. internationale Eingliederung.

Die Einstufung der EU-Mitgliedschaft Finnlands als Eingriff in das Souveränitätsprinzip[33] machte für den Beitritt im Jahr 1995 ein Verfassungsausnahmegesetz erforderlich.[34] Zusätzlich hielt man ein konsultatives Referendum ab.[35] Während der Vertrag von Amsterdam als signifikante Ausweitung des mit dem Beitritts-Ausnahmegesetz geschaffenen „Loches“ gewertet wurde und daher abermals ein Verfassungsausnahmegesetz erlassen werden musste,[36] genügte für den Vertrag von Nizza ein einfaches Gesetz.[37] Das abweichende Ergebnis erklärt sich nicht zuletzt anhand der zum Jahr 2000 erfolgten Neuausrichtung von § 1 der Verfassung auf die internationale Zusammenarbeit und der damit einhergehenden Wandlung des vormals strikten Souveränitätsverständnisses.[38] Hingegen ließen sowohl der VVE[39] als auch der VvL[40] als substanziell signifikante Erweiterungen des „Loches“ jeweils ein Verfassungsausnahmegesetz erforderlich werden.

---

[31] Gleiches gilt verfahrensrechtlich, wie gesehen, für § 94 Abs. 2. Allerdings wird offenbar nur dem Inkorporationsakt und nicht der parlamentarischen Zustimmung die Funktion eines Verfassungsausnahmegesetzes beigemessen, obwohl beide in der Praxis zusammenfallen, vgl. zur Trennung näher *T. Ojanen*, The European Constitution in the Far North, in a Country Called *Suomi*, in: A. Albi/J. Ziller (Hrsg.), The European Constitution and National Constitutions (2007), S. 89 (92 f.).

[32] Auch gegenüber der Dringlichkeitsregel in § 73 Abs. 2 liegt eine Privilegierung insoweit vor, als die Dringlichkeitsentscheidung eine 5/6-Mehrheit voraussetzt.

[33] Vgl. *K. Pohjolainen/Z. Sundström*, Finland, in: F. I. D. E. (Hrsg.), 17. F. I. D. E.-Kongress Berlin, Bd. 1: Le droit constitutionnel national et l'intégration européenne (1996), S. 399 (400).

[34] Gesetz Nr. 1540/94. Während es für das Verfassungsausnahmegesetz (den Inkorporationsakt) nach alter Rechtslage (d.h. vor dem Jahr 2000) ebenfalls einer 2/3-Mehrheit bedurfte, war für die Zustimmung zur Ratifikation demgegenüber noch eine einfache Mehrheit ausreichend. Zu den Einzelheiten des Beitritts *P. Aalto*, Accession of Finland to the European Union: first remarks, ELRev. 20 (1995), S. 618 ff.; *A. Rosas*, Finland's accession to the European Union: constitutional aspects, EPL 1 (1995), S. 166 ff. sowie *N. Jääskinen*, The Application of EU-Law in Finland: 1995 to 1998, CMLRev. 37 (2000), S. 407 ff. Zur alten Rechtslage auch *M. Scheinin/T. Ojanen*, Finlande, in: J. Rideau (Hrsg.), Les Etats membres de l'Union européenne (1997), S. 185 ff.

[35] § 53 Verf-FIN, hierzu *M. Suksi*, The Advisory Referendum in Finland, EPL 5 (1999), S. 535 ff.

[36] Gutachten des finnischen Verfassungsausschusses Nr. 10/1998.

[37] Gutachten des finnischen Verfassungsausschusses Nr. 38/2001.

[38] Eingehend zum Ganzen *T. Ojanen*, The Impact of EU Membership on Finnish Constitutional Law, EPL 10 (2004), S. 531 (538 ff.).

[39] Gutachten des Verfassungsausschusses Nr. 9/2006. Dazu speziell *T. Ojanen*, The European Constitution in the Far North, in a Country Called *Suomi*, in: A. Albi/J. Ziller (Hrsg.), The European Constitution and National Constitutions (2007), S. 89 (97). Zur Verabschiedung des Ausnahmegesetzes kam es jedoch letztlich nie.

[40] Die Abstimmung im Parlament erfolgte am 11. 6. 2008 mit einer Mehrheit von 150 von 200 Abgeordneten.

2. *Zwischenbefund und Abgleich zu anderen Modellen*

Hinsichtlich des Verfahrensmodus ähnelt der finnische Integrationsmechanismus auf den ersten Blick durchaus einer dynamischen Integrationsermächtigung, soweit für diese gesteigerte Verfahrensvoraussetzungen gelten. Allerdings besteht die Besonderheit des finnischen Ansatzes gerade darin, dass die ohne Textänderung ermöglichte Abweichung von der Verfassung kein spezieller Mechanismus rechtlicher Permeabilität ist,[41] sondern vielmehr ein die finnische Verfassungsordnung allgemeinhin prägendes Instrument darstellt. Dieses ist bis zum heutigen Tag in einer Vielzahl von Fällen zur Anwendung gelangt.[42] Hinzu kommt der grundlegende Unterschied, dass ein finnisches Verfassungsausnahmegesetz in gewissen Grenzen im Nachhinein durch ein einfaches Gesetz modifiziert bzw. sogar aufgehoben werden kann. Beides zeigt deutlich die Partikularität des Ansatzes auf, der sich in die spezifischen Eigenheiten der finnischen Verfassungsordnung einpasst und kaum verallgemeinerungsfähig ist. Im Ergebnis liegt die finnische Konstruktion gleichwohl auf einer funktional äquivalenten Linie mit den Verfassungen, die auf dynamische Integrationsermächtigungen zurückgreifen.

III. Verfassungs*ergänzungs*gesetz

Wird im Kontext der EU mit verfassungsrechtlichen Nebengesetzen operiert, obwohl die betreffende Verfassungsordnung nicht dafür ausgelegt ist, so kann dies ernsthafte Schieflagen hervorrufen. Ein anschauliches Beispiel hierfür bietet die estnische Verfassungsordnung. Im Jahr 1996 wurde seitens der estnischen Regierung eine Expertenkommission einberufen, die mit der Evaluierung des verfassungsrechtlichen Änderungsbedarfs im Hinblick auf den nahenden Beitritt betraut war. Dieses Gremium stufte allen voran die Souveränitätsklausel in § 1 der neuen estnischen Verfassung[43] als verfassungsrechtliches Beitrittshindernis ein. Entsprechende Änderungsvorschläge wurden formuliert.[44]

Die Souveränitätsklausel unterliegt aber einem besonderen Bestandsschutz und kann gemäß § 162 Verf-EST nur unter Abhaltung eines Referendums geändert wer-

---

[41] Wenngleich hierfür, wie gesehen, verfahrensrechtliche Sonderbestimmungen gelten.

[42] Für den Zeitraum zwischen 1919 und 2000 wird in der Literatur von einer Gesamtzahl von 888 Ausnahmegesetzen ausgegangen, vgl. *T. Ojanen*, The Impact of EU Membership on Finnish Constitutional Law, EPL 10 (2004), S. 531 (535) m. w. N.

[43] Dessen Abs. 2 lautet: „Die Selbständigkeit und Unabhängigkeit Estlands sind unverjährbar und unveräußerlich."

[44] Dazu *T. Kerikmäe*, Estonian Constitutional Problems in Accession to the EU, in: A. E. Kellermann et al. (Hrsg.), EU-Enlargement – The Constitutional Impact at EU and National Level (2001), S. 291 (295 f.) sowie *A. Albi*, Estonia, in: A. E. Kellermann et al. (Hrsg.), The Impact of EU Accession on the Legal Orders of New Member States and (Pre-) Candidate Countries (2006), S. 331 (332 f.) mit dem Hinweis, dass bereits die travaux préparatoires von 1991 eine solche Verfassungsänderung nahelegten.

den. Da die Frage der Souveränitätswahrung aber als in höchstem Grade sensibel erschien, entschied man sich auf politischer Ebene gegen eine unmittelbare Abänderung des Verfassungstextes.[45] Stattdessen wurde der estnischen Verfassungsordnung im Jahr 2003 zusätzlich zum Stammtext der Verfassung ein sogenanntes „Verfassungsergänzungsgesetz" (im Folgenden: VEG) beigefügt. Zwar unterbreitete man auch das VEG einem Volksentscheid, ließ gleichwohl aber die Frage der Souveränität textlich unberührt. § 1 VEG bestimmt, dass Estland, ausgehend von den „wichtigsten Grundsätzen" der Verfassung, Mitglied der EU werden darf, wobei die estnische Verfassung gemäß § 2 VEG infolge des Beitritts „an die Rechte und Pflichten aus dem Beitrittsvertrag angepasst" werde.[46] Das textlich gleichermaßen knapp wie vage gehaltene VEG stieß in Fachkreisen auf massive Kritik, insbesondere weil die Kategorie eines Verfassungsergänzungsgesetzes dem estnischen Verfassungsrecht bis dato fremd gewesen war.[47] Nicht weniger als neun Klagen hatte der Oberste Gerichtshof Estlands in diesem Kontext zu bewältigen, die jedoch allesamt an prozessualen Hürden, insbesondere der fehlenden individuellen Antragsberechtigung bzw. Klagebefugnis, scheiterten.[48]

Neben diesem verfassungsstrukturellen Problem ergab sich zudem die Frage nach der inhaltlichen Tragweite des VEG, insbesondere seiner Eignung als verfassungsrechtliche Grundlage künftiger Integrationsentwicklungen. Vor allem im Zuge der Ratifikation des Verfassungsvertrages entspann sich eine intensive Diskussion darüber, ob die estnische Verfassung i. V. m. dem VEG eine hinreichende Grundlage für die Ratifikation darstelle oder nicht.[49] Eine abermals einberufene Expertenkommission kam nach langen Beratungen schließlich zu dem Ergebnis, dass das Parlament den VVE ohne eine vorherige Verfassungsänderung ratifizieren könne.[50] Auch in der Literatur wurde eine dergestalt dynamische Auslegung des VEG vertreten. Die in § 2 VEG allgemein postulierte „Anpassung" bzw. „Rücksichtnahme" der estnischen Verfassung auf die Rechte und Pflichten aus dem Beitrittsvertrag umfasse auch die Pflicht,

> „weiteren Souveränitätsübertragungen keine Hindernisse etwa in Gestalt der Notwendigkeit einer vorhergehenden Verfassungsänderung in den Weg zu legen."[51]

---

[45] Vgl. zu den politischen Hintergründen eingehend *A. Albi*, EU Enlargement and the Constitutions of Central and Eastern Europe (2005), S. 89 f.

[46] Gesetz zur Ergänzung des Grundgesetzes der Republik Estland vom 5. Oktober 2003 (Amtsblatt v. 10. Oktober 2003, 64, 429).

[47] *J. Laffranque*, Ratification of the European Constitution in Estonia: A New Constitution for Estonia?, in: A. Albi/J. Ziller (Hrsg.), The European Constitution and National Constitutions. Ratification and Beyond (2007), S. 79; *A. Albi*, EU Enlargement and the Constitutions of Central and Eastern Europe (2005), S. 91 ff.

[48] Dazu *A. Albi*, Estonia, in: A. E. Kellermann et al. (Hrsg.), The Impact of EU Accession on the Legal Orders of New Member States and (Pre-) Candidate Countries (2006), S. 331 (335 f.).

[49] Eingehend hierzu *J. Laffranque*, a.a.O., S. 80 ff.

[50] Ebd. S. 82 ff., insbesondere S. 84.

[51] So *H. Küpper*, Die Ratifikation der Unionsverfassung in den neuen Mitgliedstaaten, in: K. Beckmann/J. Dieringer/U. Hufeld (Hrsg.), Eine Verfassung für Europa (2. Aufl. 2005), S. 273 (286).

Im Ergebnis wurde im Zuge des VVE sowie des VvL eine Änderung des VEG nicht als erforderlich angesehen.[52] Vielmehr reichte die (einfache) parlamentarische Zustimmung.[53]

Mehr Klarheit über die grundsätzliche Bedeutung des VEG schaffte schließlich der Oberste Gerichtshof Estlands. Er bestätigte am 11. Mai 2006 im Rahmen eines (neu geschaffenen) Gutachtenverfahrens dass die Verfassung und das VEG *zusammen gelesen werden müssten*, wobei das VEG eine materielle Änderung der *gesamten Verfassung* in dem Ausmaße bewirke, als diese mit dem Unionsrecht unvereinbar sei.[54] Damit konnte die Permeabilität der estnischen Rechtsordnung in der Praxis letztlich im Wege einer weiten Auslegung des VEG bewerkstelligt werden, ohne dass die grundlegenden Bedenken gegenüber der Existenz eines verfassungsrechtlichen Nebengesetzes überwunden worden wären.

Weniger problematisch verhält es sich in Litauen. Auch hier existiert zwar ein spezielles, wenngleich erst nach dem Beitritt auf den Weg gebrachtes EU-Verfassungsgesetz.[55] Indes fügt sich dieser Ansatz ungleich besser in das litauische Verfassungssystem ein, welches bereits zuvor in Art. 150 Verf-LIT die Möglichkeit von Verfassungstexten außerhalb des Stammtextes, wenngleich nicht als Regelfall, bereithielt.[56] Zwar ist der EU-Verfassungsakt ein vom Stammtext der Verfassung förmlich getrennter Akt, er gilt aber über den Verweis in Art. 150 Verf-LIT als integraler Bestandteil der Verfassung.[57]

---

[52] Sicherlich wäre der (wenngleich eher hypothetische) Austritt aus der Union ein Fall der Änderung des VEG. So auch *H. Küpper*, a.a.O., S. 289.

[53] Diese erfolgte für den VvL am 11. 6. 2008. Das in § 3 festgelegte verfahrensrechtliche Erfordernis eines Referendums bezieht sich nur auf die *Änderung des VEG*, nicht aber auf die Zustimmung zur Ratifikation. Ein Volksentscheid über die Ratifikation eines völkerrechtlichen Vertrages wäre im Übrigen gemäß § 106 Abs. 1 Verf-EST ausgeschlossen. Die Frage eines Referendums hängt also letztlich davon ab, wann das VEG geändert werden muss. Da das VEG selbst keine verfahrensrechtlichen Voraussetzungen für die Ratifikation einer Änderung der vertraglichen Grundlagen der EU vorsieht, liegt es nahe, für die parlamentarische Zustimmung auf die allgemeinen Regeln (§ 121 Verf-EST) zurückzugreifen. Das Gesetz zur Ratifikation des VvL, abrufbar unter https://www.riigiteataja.ee/ert/act.jsp?id=12980404, (1. 9. 2010) ist enthält jedoch keine genaue Angabe über die Rechtsgrundlage.

[54] Estn. Oberster Gerichtshof, Gutachten v. 11. 5. 2006 – Nr. 3-4-1-3-06, in engl. Übersetzung abrufbar unter http://www.nc.ee/?id=663 (1. 9. 2010). Zuvor war die Rechtsprechung in diesem Kontext eher zurückhaltend ausgefallen, vgl. estn. Oberster Gerichtshof, Entsch. v. 19. 4. 2005 – Nr. 3-4-1-1-05, in engl. Übersetzung abrufbar unter http://www.nc.ee/?id=391 (1. 9. 2010), dazu *C. Ginter*, Constitutional Review and EC Law in Estonia, ELRev. 31 (2006), S. 912 (920 f.).

[55] Verfassungsgesetzes vom 13. Juli 2004 über die Mitgliedschaft der Republik Litauen in der Europäischen Union.

[56] So *A. Albi*, EU Enlargement and the Constitutions of Central and Eastern Europe (2005), S. 102. Kritischer dagegen *I. Jarukaitis*, Ratification of the European Constitution in Lithuania and its Impact on the National Constitutional System, in: A. Albi/J. Ziller (Hrsg.), The European Constitution and National Constitutions. Ratification and Beyond (2007), S. 17 (19 f.).

[57] Allerdings wurde in Litauen kein Referendum über das EU-Verfassungsgesetz abgehalten, vgl. zum Ganzen *I. Jarukaitis*, Lithuania, in: A. E. Kellermann et al. (Hrsg.), The Impact of EU Accession on the Legal Orders of New Member States and (Pre-) Candidate Countries (2006), S. 385 (392) sowie *ders.*, Ratification of the European Constitution in Lithuania and its Impact on the National

IV. Permeabilität ohne geschriebene Verfassung

Eine weitere Besonderheit, die sich praktisch nicht mit den Kategorien der bislang herausgearbeiteten Mechanismen fassen lässt, stellt die Verankerung der europäischen Integration in der britischen Verfassungsordnung dar, die in weiten Teilen nicht auf einem geschriebenen Verfassungstext beruht.[58]

Zentraler Angelpunkt von Rechtsprechung und Wissenschaft im Hinblick auf die „verfassungsrechtliche" Einbindung des Unionsrechts ist hier klassischerweise das Spannungsverhältnis zwischen dem Vorranganspruch des Unionsrechts einerseits und dem Grundsatz der „Parlamentssouveränität" (*parliamentary sovereignty*) andererseits.[59] Hierauf wird unter dem Gesichtspunkt der Vorrangproblematik zurückzukommen sein.[60]

V. Fazit: Individuelle Sonderlösungen

Zusammenfassend lässt sich festhalten, dass die soeben beschriebenen Ansätze normativer Permeabilität unter einem formellen Gesichtspunkt Gemeinsamkeiten aufweisen, weil sie sich allesamt außerhalb des verfassungsrechtlichen Stammtextes der Verfassung bewegen. Hinsichtlich ihrer Funktionsweise gibt es jedoch z. T. erhebliche Unterschiede.

So stellen der in Österreich anlässlich des Beitritts praktizierte Ansatz einer Gesamtänderung sowie die dort bis vor kurzem sukzessive erlassenen Einzelverfassungsgesetze eine singuläre Ausnahmeerscheinung in Bezug auf die verfassungsrechtlichen Grundlagen normativer Permeabilität dar. Der finnische Ansatz der Ver-

---

Constitutional System, in: A. Albi/J. Ziller (Hrsg.), The European Constitution and National Constitutions (2007), S. 17 (19).

[58] Zum britischen Verfassungsrecht vgl. *A. W. Bradley/K. D. Ewing*, Constitutional and Administrative Law (14. Aufl. 2003); *P. Leyland*, The Constitution of the United Kingdom (2007); *I. Loveland*, Constitutional Law, Administrative Law and Human Rights (4. Aufl. 2006); *A. Carroll*, Constitutional and Administrative Law (5. Aufl. 2009); *F. F. Ridley*, The British Constitution and Constitutional Reform in Britain, in: R. Bieber/P. Widmer (Hrsg.), L'espace constitutionnel européen (1995), S. 37 ff.; *M. Loughlin*, Grundlagen und Grundzüge staatlichen Verfassungsrechts, in: IPE I (2007), § 4 Großbritannien.

[59] Vgl. nur *K. A. Armstrong*, United Kingdom – Divided on Sovereignty?, in: N. Walker (Hrsg.), Sovereignty in Transition (2003), S. 327 ff.; *P. Craig*, Sovereignty of the United Kingdom Parliament after Factortame, YEL 11 (1991), S. 221 ff.; *F. G. Jacobs*, The interaction of European Law and national constitutional law: A comment with specific reference to the United Kingdom, in: J. Schwarze/P.-C. Müller-Graff (Hrsg.), Europäische Verfassungsentwicklung, EuR Beiheft 1/2000, S. 41 ff.; *P. Birkinshaw*, British Report, in: J. Schwarze (Hrsg.), Die Entstehung einer europäischen Verfassungsordnung (2000), S. 205 (211 ff., 234 ff.); *ders.*, British Report, in: F. I. D. E. (Hrsg.), 17. F. I. D. E.-Kongress Berlin, Bd. 1: Le droit constitutionnel national et l'intégration européenne (1996), S. 440 (443 f.); *ders./M. Künnecke*, in: Offene Staatlichkeit, in: IPE II (2008), § 27 ff.; *N. Foster*, Großbritannien und die Europäische Union: Verfassungsrechtliche Aspekte des Beitritts und der Mitgliedschaft, AJP 1998, S. 409 ff.

[60] Vgl. unter Teil 2 – Kapitel 11 – I. 1.

fassungsausnahmegesetze ähnelt in seinem Wirkmechanismus zwar den dynamischen Integrationsermächtigungen anderer Mitgliedstaaten, ist aber in seiner Grundkonstruktion als eine der Struktur der finnischen Rechtsordnung geschuldete Besonderheit zu sehen. Auch die Lösung in Estland kann nicht ungefiltert auf andere Staaten übertragen werden. Bereits in verfassungsstruktureller Hinsicht gilt dies aufgrund eines weitgehend fehlenden geschriebenen Verfassungstextes für die britische Rechtsordnung.

Soweit die Spezialformen integrationsverfassungsrechtlicher Grundlegung aber die Teilnahme an künftigen Integrationsschritten in einem dynamischen Sinne ermöglichen, bestehen zumindest mit Blick auf das Ergebnis einige Deckungslinien mit dem Europaverfassungsrecht vieler anderer Mitgliedstaaten. Dies betrifft vor allem die Neuausrichtung des österreichischen Europaverfassungsrechts, das mit den Worten der Erläuterungen zur Verfassungsreform nunmehr in seiner Stammverfassung über eine „generelle Ermächtigung" im EU-Kontext verfügt. Auch die Analyse des finnischen Ansatzes ergibt jedenfalls im Ergebnis eine Übereinstimmung dahingehend, dass das finnische Recht einen Mindeststandard an verfahrensrechtlicher Flexibilität bzw. Dynamik in Bezug auf die internationale Eingliederung aufstellt. Auch das estnische Verfassungsergänzungsgesetz ist seitens Wissenschaft und Judikative letztlich so interpretiert worden, dass eine erneute Verfassungsänderung im Wege eines Referendums nicht notwendig wurde.

Kapitel 9

Übergreifende Aspekte nationaler Integrationsermächtigungen

Aus den vorhergehenden Kapiteln heraus erwachsen übergreifende Fragen, die alle Modellgruppen verfassungsrechtlicher Integrations*ermächtigungen* in vergleichbarer, querschnittsartiger Weise betreffen. Diese Aspekte können Intensität und Reichweite der Permeabilität maßgeblich beeinflussen.

Ein erster Gesichtspunkt ist die Unterscheidung zwischen Integrationsermächtigungen, die allgemein auf internationale bzw. zwischenstaatliche Organisationen bezogen sind und solchen, die eine spezifische Ausrichtung auf die EU aufweisen (dazu I.). Des Weiteren stellt die systematische Stellung der Integrationsermächtigung innerhalb des Verfassungsgefüges einen gewichtigen Faktor für Funktion und Bedeutung der jeweiligen Norm in gesamtverfassungsrechtlicher Perspektive dar (dazu II.). Ein für die materielle Reichweite grundlegender Gesichtspunkt liegt zudem in der Annahme bzw. Formulierung verfassungsrechtlicher Bestandsgrenzen im Sinne einer defensiven Selbstbewahrung der betreffenden Verfassungsordnung. Die Normierung solcher Grenzen wird zuweilen unmittelbar an den Text der Integrationsermächtigung gekoppelt (dazu III.). Einige Integrationsermächtigungen sind darüber hinaus mit Zielbestimmungen, Programmsätzen und zuweilen sogar mit integrationssteuernden Struktursicherungen verbunden, die eine zusätzliche Leit- und Sicherungsfunktion erfüllen (dazu IV.). Schließlich stehen die Integrationsermächtigungen häufig in Verbindung mit Bestimmungen über die institutionelle Verflechtung, insbesondere im Hinblick auf die Einbindung nationaler Parlamente und föderaler Einheiten (dazu V.).

I. Internationaler oder EU-spezifischer Zuschnitt

Ein erstes Unterscheidungsmerkmal bezieht sich auf die Frage, ob die jeweilige Integrationsermächtigung speziell auf die EU Bezug nimmt, oder demgegenüber allgemein bei internationalen Organisationen bzw. zwischenstaatlichen Einrichtungen ansetzt. Zuweilen wird in der Literatur hier auch vom „Begünstigten"[1] oder „Empfänger"[2] der Integrationshandlung gesprochen. Da diese Terminologie stark in Richtung einer Delegation oder gar dinglichen Abtretung tendiert, soll sie an dieser Stelle vermieden werden. Treffender ist der Begriff des „Zuordnungssubjekts"[3] oder, klarer noch, des Rechtsträgers.

Neben bzw. anstelle eines Rechts*trägers* kann die Integrationsermächtigung freilich auch auf eine bestimmte – internationale oder europäische – Rechts*ordnung* bezogen sein. Allerdings stellt dies in der Verfassungspraxis bislang eher die Ausnahme dar.[4] Da die meisten dynamischen Integrationsermächtigungen bei der Übertragung bzw. gemeinsamen Ausübung von Kompetenzen ansetzen, sind sie auf den Bezugspunkt einer die Kompetenzen wahrnehmenden Organisation ausgerichtet und stellen folglich in der Regel auf den Rechtsträger ab. Unterschiede in den Rechtsfolgen ergeben sich zwischen beiden textlichen Varianten in der Verfassungspraxis aber nicht.

1. International ausgerichtete Ermächtigungsgrundlagen

Die zu Beginn in allen Gründungsstaaten gemeinsam vorherrschende, heute aber nach wie vor verbreitete Herangehensweise besteht in einer allgemeinen Ausrichtung

---

[1] So *N. Lorenz*, Die Übertragung von Hoheitsrechten auf die Europäischen Gemeinschaften (1990), S. 5. Ebenso *T. de Berranger*, Constitutions nationales et construction communautaire (1995), S. 108 ff. („bénéficiaire").

[2] So *H. Küpper*, Die Ratifikation der Unionsverfassung in den neuen Mitgliedstaaten, in: K. Beckmann/J. Dieringer/U. Hufeld (Hrsg.), Eine Verfassung für Europa (2. Aufl. 2005), S. 273 (278).

[3] *C. D. Classen*, in: H. v. Mangoldt/F. Klein/C. Starck (Hrsg.), GG, Bd. II (5. Aufl. 2005), Art. 23, Rn. 13.

[4] Art. 11 Verf-IT „zwischenstaatliche Ordnung". Der auf die „EU-Rechtsordnung" bezogene Art. 117 Abs. 1 Verf-IT erfüllt hingegen nicht die Funktion einer Integrationsermächtigung, vgl. *C. Panara*, Offene Staatlichkeit, in: IPE II (2008), § 18 Italien, Rn. 38 f. u. 43. § 20 Abs. 1 Verf-DK bezieht sich sowohl auf den Rechtsträger, als auch auf die Rechtsordnung: Übertragung auf „zwischenstaatliche Behörden" zwecks Förderung „zwischenstaatlicher Rechtsordnung und Zusammenarbeit".

der Ermächtigungsgrundlage auf *internationale* bzw. *zwischenstaatliche* Organisationen.[5]

Keinen wie immer gearteten Hinweis auf die Mitgliedschaft in der Union enthalten dabei bis heute die Verfassungen der Niederlande, Luxemburgs, Dänemarks, Spaniens, Polens und Sloweniens.[6] In der Verfassung Kroatiens sind beide für den Beitritt in Frage kommenden Bestimmungen ebenfalls allgemein gehalten.[7] Auch die mazedonische Verfassung erwähnt die EU bislang nicht explizit.[8] Zwar zeigen die Verfassungen Italiens, Belgiens und Tschechiens, dass aus der Verwendung allgemeiner Ermächtigungsklauseln im Kontext der EU nicht zwangsläufig folgen muss, dass die betreffende Verfassungsordnung textlich gänzlich europablind wäre. Hier gibt es mittlerweile explizite EU-Bezüge im Zusammenhang mit der innerstaatlichen Kompetenzverteilung (Italien),[9] parlamentarischen Informationsrechten (Belgien)[10] oder Regelungen über den Volksentscheid (Tschechien).[11]

---

[5] Für die *Gründungsstaaten* vgl. Art. 24 Abs. 1 GG „zwischenstaatliche Einrichtungen"; Art. 92 (ex-Art. 67) Verf-NL „völkerrechtliche Organisationen"; Art. 49bis Verf-Lux „Institutionen des internationalen Rechts"; Art. 34 (ex-Art. 25bis) Verf-BE „völkerrechtliche Einrichtungen"; zu Art. 11 Verf-IT s. bereits Fn. 4; in Frankreich spricht der 15. Abs. der Verf. von 1946 ganz allgemein von Einschränkungen, wobei sich der Bezug zu internationalen Organisationen aus der Zusammenschau mit dem 14. Absatz der Präambel ergibt. Für die *später hinzugetretenen Mitgliedstaaten* vgl. § 20 Verf-DK „zwischenstaatliche Behörden"; Art. 93 Verf-ESP „internationale Organisation oder Institution"; Art. 9 Abs. 1 öst. B-VG „zwischenstaatliche Einrichtungen und ihre Organe" (allerdings nicht als dynamische Integrationsermächtigung ausgelegt, s. o.); Art. 90 Abs. 1 Verf-PL „internationale Organisation oder internationales Organ"; Art. 10a Verf-CZ „internationale Organisationen oder Institutionen"; Art. 3a Verf-SLO „internationale Organisationen (...), die auf der Achtung der Menschenrechte, und Grundfreiheiten, der Demokratie und den Prinzipien des Rechtsstaates fundieren"; Art. 139 Abs. 2 Verf-KRO „internationale Organisationen oder Bund".

[6] In Slowenien bezieht sich allerdings das Verfassungsänderungsgesetz in Abschnitt II konkret auf das innerstaatliche Referendum zum EU-Beitritt.

[7] Wie gesehen, ist hier noch nicht abschließend geklärt, ob ein möglicher EU-Beitritt unter Art. 139 Abs. 2 (Übertragung von Befugnissen auf internationale Organisationen) oder aber Art. 141 der Verfassung (Bund mit anderen Staaten) fällt, vgl. Teil 2 – Kapitel 6 – III. 1. a) bb) m. w. N. Die kroatische Verfassung erwähnt in ihrer (einer historischen Besinnung gleichenden) Präambel allerdings „die Änderung der internationalen Ordnung in Europa".

[8] Die mazedonische Verfassung scheint mit der Ermächtigung in Art. 120 zur Bildung einer „Gemeinschaft oder Union" mit anderen Staaten begrifflich stärker in Richtung der EU zu tendieren, hält aber als mögliche Grundlage für einen Beitritt ebenso eine allgemein auf den Beitritt zu internationalen Organisationen zugeschnittene Klausel (Art. 121) bereit.

[9] So enthält etwa die italienische Verfassung seit 2001 mit Art. 117 Abs. 1 eine EU-spezifische Norm, die die gesetzgebende Gewalt an die Verpflichtungen der unionalen Rechtsordnung bindet und im Rahmen des Kompetenzkataloges mehrmals auf die EU Bezug nimmt. Dazu *C. Panara*, Offene Staatlichkeit, in: IPE II (2008), § 18 Italien, Rn. 38 f. u. 43. Daneben beziehen sich Art. 120 Verf-IT auf die europäische Gesetzgebung und Art. 122 Verf-IT auf die Wahlen zum EP.

[10] In Belgien garantiert Art. 168 den Parlamentskammern ein Informationsrecht für den Fall der Verhandlungen über Vertragsrevisionen auf europäischer Ebene. Näher dazu Teil 2 – Kapitel 9. Daneben beziehen sich Art. 8 Abs. 3 Verf-BE (Stimmrecht von EU-Ausländern) sowie indirekt Art. 117 Abs. 2 Verf-BE (Wahlen belg. Gemeinschafts- und Regionalparlamente am selben Tag wie Wahlen zum EP) auf die EU.

[11] In Tschechien begründet Art. 87 Abs. 1 lit. m eine Zuständigkeit des Verfassungsgerichts betreffend der Überprüfung der Verfassungsmäßigkeit der Durchführung des Beitrittsreferendums.

Ungeachtet solcher vereinzelten Rekurse auf die EU ist die Verwendung einer lediglich auf internationale Organisationen ausgerichteten Ermächtigungsgrundlage jedoch angesichts der besonderen Struktur der EU keineswegs unproblematisch. Die undifferenzierte Gleichsetzung mit klassischen völkerrechtlichen Organisationen täuscht über den genuin verfassungsrechtlichen und spezifisch komplementären Charakter der europäischen Rechtsordnung hinweg, welche unmittelbar Rechte und Pflichten gerade auch für die Einzelnen erzeugt.[12] Letztere sind gerade nicht nur Adressaten der supranationalen Hoheitsgewalt, sondern zugleich deren Legitimationsquelle.[13] Einige Autoren kritisieren das nach wie vor verbreitete Fehlen einer konkreten Ausrichtung der Integrationsermächtigungen auf die EU darum als verfassungsrechtlich bedenkliches „Europa-Defizit".[14]

Dessen ungeachtet findet sich in der Verfassungspraxis seit Anbeginn des Integrationsprozesses das Argument, eine verfassungsrechtliche Spezialermächtigung für die europäische Integration sei nicht notwendig, da die Gemeinschaften bzw. die Union jedenfalls vom Begriff der internationalen Organisationen mit umfasst seien. Exemplarisch für dieses Verständnis ist die Rechtslage in Italien. Bereits während des Entstehungsprozesses des im Jahre 1947 in Kraft getretenen Art. 11 Verf-IT wies man Vorschläge zur speziellen Ausrichtung der Klausel auf künftige Formen der Zusammenarbeit im europäischen Rahmen zurück. Letztere seien schon im Oberbegriff der internationalen Organisationen enthalten.[15] Auch der italienische Verfassungsgerichtshof sah in der Folge keine nennenswerten Schwierigkeiten, die in den fünfziger Jahren gegründeten supranationalen Gemeinschaften unter den Begriff der internationalen Organisationen i. S. v. Art. 11 Verf-IT zu subsumieren.[16] Ebenso verwarf man in Spanien während des verfassungsgebenden Prozesses die Einführung einer Norm, welche speziell auf die Beteiligung in supranationalen Wirtschaftsräumen zugeschnitten gewesen wäre.[17]

Bemerkenswert ist, dass der Ansatz allgemeiner, auf internationale Organisationen ausgerichteter Ermächtigungsklauseln trotz des mittlerweile weit fortgeschrittenen Integrationsstandes auch in jüngeren Verfassungsordnungen wiederholt aufgegriffen wurde. Dies belegen allen voran die Verfassungen Polens, Tschechiens und Sloweniens. Mehrere Gründe lassen sich für diese Entwicklung anführen. Zum einen wurde

---

[12] Grundlegend EuGH, Urt. v. 5. 2. 1963 – Rs. 26/62 – *Van Gend & Loos*, Slg. 1963, S. 1 ff.

[13] *I. Pernice*, Europäisches und nationales Verfassungsrecht, VVDStRL 60 (2001), 148 (172).

[14] So treffend *B. de Witte*, Constitutional Aspects of European Union Membership in the Original Six Member States: Model Solutions for the Applicant Countries?, in: A. E. Kellermann et al. (Hrsg.), EU-Enlargement – The Constitutional Impact at EU and National Level (2001), S. 65 (73 f.).

[15] Dazu *C. Panara*, Offene Staatlichkeit, in: IPE II (2008), § 18 Italien, Rn. 15.

[16] Vgl. ital. VerfGH Urt. v. 18. 12. 1973 – Nr. 183/1973 – *Frontini* = EuR 1974, S. 255 ff., 5. Entscheidungsgrund. Anzumerken ist, dass dem 2001 hinzugefügten Art. 117 Abs. 1 Verf-IT nicht die Funktion einer Integrationsermächtigung beigemessen wird, vgl. bereits Teil 2 – Kapitel 5 – I. 3. b) m. w. N.

[17] *A. López Castillo*, Offene Staatlichkeit, in: IPE II (2008), § 24 Spanien, Rn. 9. Vgl. zu den derzeitigen Reformbestrebungen aber Teil 2 – Kapitel 4 – VIII. 1.

versucht, die Auswirkungen der EU-Mitgliedschaft auf verfassungsrechtlicher Ebene symbolisch herunterzuspielen, um den Beitritt nicht durch Befeuerung euroskeptischer Strömungen in der Öffentlichkeit zu gefährden.[18] Zum anderen passt sich eine lediglich international ausgerichtete Ermächtigungsklausel durchaus in das souveränitätswahrende Grundgefüge mittel- und osteuropäischer Verfassungsordnungen ein. Aus dem gleichen Grund stellten international orientierte Entwürfe nämlich auch für die Verfassungen Ungarns, der Slowakei, Estlands und Rumäniens zumindest während der travaux préparatoires zunächst eine ernsthaft erwogene Option dar, selbst wenn man sich hier letztlich für EU-spezifische Lösungen entschied.[19] Speziell für Slowenien wird hervorgehoben, dass der Verzicht auf eine EU-spezifische Klausel nicht zuletzt pragmatische Gründe gehabt habe. Nicht nur sei die rechtliche Natur der EU und ihre Unterschiede zu internationalen Organisationen umstritten. Auch müsse eine allgemeine Ermächtigungsklausel im Falle einer Namensänderung der EU – gemeint ist wohl das Aufgehen der Gemeinschaften in der EU – nicht geändert werden. Schließlich passe sich eine allgemein gehaltene Klausel besser in die abstrakte Sprache der slowenischen Verfassung ein.[20]

In seiner Diktion einmal mehr prägnant, erörterte der polnische Verfassungsgerichtshof in seinem Urteil zum Beitrittsvertrag die Frage des fehlenden EU-Bezugs in der polnischen Integrationsermächtigung (Art. 90 Abs. 1). Ausgangspunkt seiner Argumentation war, dass die Gründungsverträge den Begriff der „supranationalen Organisation“ selbst nicht erwähnten. Die Unterscheidung zwischen supranationalen und internationalen Organisationen entbehre daher „hinreichender rechtlicher Voraussetzungen“, ja sie finde

> „weder eine Stütze im Völkerrecht noch in den Bestimmungen des Beitrittsvertrages und der Akte über die Bedingungen des Beitritts.“ [21]

Eine solche Argumentation, die sich primär auf die fehlende positivrechtliche Eigenbezeichnung des Unionsrechts als supranational stützt, vermag freilich in substanzieller Hinsicht kein überzeugendes Argument gegen die Eigenheiten der EU gegenüber klassischen völkerrechtlichen Organisationen zu liefern.

---

[18] Kritisch *A. Albi*, EU Enlargement and the Constitutions of Central and Eastern Europe (2005), S. 75 f.

[19] Ebd. S. 124 ff.

[20] Vgl. *C. Ribičič*, Implementing European Standards into the case-law of the Constitutional Court, in: A. M. Mavčič (Red.), The Position of Constitutional Courts Following Integration into the European Union (2004), S. 119 (125, dort Fn. 14). Allerdings stellt Art. 3a Verf-SLO spezifische Anforderungen an die internationalen Organisationen, auf die eine Übertragung der Kompetenzausübung erfolgt: Sie müssen „auf der Achtung der Menschenrechte, und Grundfreiheiten, der Demokratie und den Prinzipien des Rechtsstaates“ gründen.

[21] Poln. VerfGH, Entsch. v. 11. 5. 2005 – Az. K 18/04 – *Beitrittsvertrag*, in der deutschen Übersetzung von *M. Bainczyk/U. Ernst*, EuR 2006, S. 236 (242), wobei zuvor betont wird, dass die verfassungsrechtlichen Kriterien bzgl. der Mitgliedschaft Polens in einer solchen internationalen Organisation derzeit nur die Europäischen Gemeinschaften und die Union erfüllten (a.a.O., S. 241).

2. *Europaspezifische Ansätze*

Mit fortschreitender Vertiefung des europäischen Integrationsprozesses wurde in vielen Mitgliedstaaten dagegen die Notwendigkeit erkannt, die Eigenheiten der EU gegenüber anderen Formen internationaler Kooperation in einer verfassungsrechtlichen Integrationsermächtigung ausdrücklich anzuerkennen. Während die allmähliche Herausbildung europabezogener Verfassungsbestimmungen im Kontext der zeitlichen Entwicklungslinien und Rezeptionszusammenhänge permeabler Verfassungsstrukturen bereits nachgezeichnet wurde,[22] geht es im Folgenden primär um die Frage der unterschiedlichen *Gestaltformen*.

a) *Dynamische Integrationsermächtigungen*

Die erste Möglichkeit besteht darin, eine *dynamische Integrationsermächtigung* spezifisch für den EU-Kontext in die Verfassung einzuführen. Dergleichen wurde durch die impulsgebende Wirkung des Vertrages von Maastricht im Jahr 1992 erstmals in Deutschland (Art. 23 Abs. 1 GG n. F.) und Portugal (Art. 7 Abs. 6 Verf-POR) eingeführt.[23] Über EU-spezifische dynamische Integrationsermächtigungen verfügen mittlerweile auch die Verfassungen Ungarns, der Slowakei, Bulgariens, Rumäniens und jüngst auch das österreichische Bundes-Verfassungsgesetz.[24] In Litauen liegt mit Art. 1 des litauischen EU-Verfassungsaktes ebenfalls eine – wenngleich nur über einen Verweis in den Stammtext der Verfassung inkorporierte – EU-spezifische Übertragungsklausel vor.[25] Auch das estnische Verfassungsergänzungsgesetz (VEG) ist auf die EU ausgerichtet.[26] In Lettland besteht die Besonderheit darin, dass Art. 68 Abs. 3 u. 4 i. V. m. Art. 79 Verf-LET spezielle Verfahrensmodi für den Beitritt und erhebliche Änderungen der Bedingungen der *EU-Mitgliedschaft* vorsehen, während die Über-

[22] S. Teil 2 – Kapitel 4.

[23] Art. 23 Abs. 1 GG, eingeführt durch das 38. Gesetz zur Änderung des GG v. 21. 12. 1992, BGBl. I v. 24. 12. 1992, S. 2086; Art. 7 Abs. 6 Verf-POR, eingeführt im Rahmen der 3. Verfassungsänderung durch das Verfassungsgesetz Nr. 1/92 v. 25. 11. 1992. Ein Bekenntnis zu einem „vereinten Europa" enthielt bereits die Präambel des GG von 1949. Erste verfassungstextliche Bezüge zu den europäischen Gemeinschaften erfolgten im Jahr 1973 durch Art. 29 Verf-IRL sowie den brit. ECA. Im Jahr 1989 kam mit Art. 7 Abs. 5 Verf-POR eine auf den „europäischen Einigungsprozess" bezogene Staatszielbestimmung hinzu.

[24] Art. 2a Abs. 1 Verf-HU „Europäische Union bzw. Europäische Gemeinschaften (im Weiteren: Europäische Union)"; Art. 7 Abs. 2 Verf-SLK „Europäische Gemeinschaft und die Europäische Union"; Art. 1 lit. EU-Verf.-Akt. „Europäische Union"; Art. 85 Abs. 1 Nr. 9 Verf-BG „Europäische Union"; Art. 148 Abs. 1 Verf-RO „Europäische Union" sowie „Gemeinschaftsinstitutionen"; Art. 50 Abs. 1 Nr. 2 i. V. m. Abs. 4 öst. B-VG „Europäische Union".

[25] Gleichwohl richtet sich das Verfahren der Ratifikation hier nach den allgemeinen Regeln der Art. 67 Nr. 16 u. Art. 138 Abs. 1 Nr. 6 Verf-LIT Diese Vorgehensweise wurde sowohl bzgl. der Ratifikation des VVE (Gesetz IX-2562 v. 11. 11. 2004, lit. ABl. v. 25. 11. 2004, Nr. 170-6239), als auch des Vertrages von Lissabon (Gesetz X-1525 v. 8. 5. 2008, lit. ABl. v. 17. 5. 2008, Nr. 56-2123) eingehalten.

[26] Die genaue Reichweite dieses Verfassungsergänzungsgesetzes ist allerdings noch nicht abschließend geklärt, vgl. dazu Teil 2 – Kapitel 8 – III.

tragungsermächtigung in Art. 68 Abs. 2 Verf-LET noch allgemein auf internationale Organisationen bezogen ist.

Mit voranschreitender Entwicklung des Integrationsstandes können aus Sicht des verfassungsändernden Gesetzgebers im Rahmen einer bereits europaspezifischen Norm zuweilen weitere Anpassungen erforderlich werden. So rekurrierte die schwedische Integrationsermächtigung in Kap. 10 § 5 Abs. 1 S. 1 des schwedischen Hauptverfassungsgesetzes (*Regeringsformen*) in ihrer Fassung zum Zeitpunkt des Beitritts 1995[27] noch auf die europäischen *Gemeinschaften*, wurde aber mit Blick auf die zunehmende Bedeutung der zweiten und dritten Säule im Jahr 2002 textlich zugunsten der Europäischen *Union* abgeändert.[28]

Die Einführung dynamischer Integrationsermächtigungen, die speziell auf die Europäische Union ausgerichtet sind, stellt in der Gesamtschau eine mittlerweile geläufige Herangehensweise im Verfassungsrecht der Mitgliedstaaten dar, hat gleichwohl aber in den neuen Mitgliedstaaten nur zum Teil Schule gemacht.

b) Spezifizierung durch auslegende Erklärung

Einen besonderen, bislang jedoch ohne Nachahmung gebliebenen Ansatz EU-spezifischer Ausrichtung verfolgt die griechische Verfassungsordnung. Die allgemein auf internationale Organisationen bezogene Integrationsermächtigung in Art. 28 Verf-GR wird hier mittels einer unmittelbar im Verfassungstext verankerten *auslegenden Erklärung* als verfassungsrechtliche Grundlage der Teilnahme am europäischen Integrationsprozess ausgewiesen:

> „Artikel 28 stellt den Grundstein für die Teilnahme des Landes an dem Verfahren der europäischen Integration dar."

Ein kurzer Blick auf die Entstehungsgeschichte sowie den verfassungsrechtlichen Kontext deckt die Hintergründe dieser auf den ersten Blick ungewöhnlichen Lösung auf. Bereits seit dem Beitritt Griechenlands im Jahr 1981 war in Praxis und Wissenschaft überwiegend anerkannt, dass Art. 28 Verf-GR die verfassungsrechtliche Grundlage der Integration darstellt, ohne dass sich dergleichen unmittelbar aus dem Verfassungstext ergeben hätte.[29] Im Jahr 1995, in den Nachbeben von Maastricht,

---

[27] Die anderen Absätze von Kap. 10 § 5 waren bereits zuvor Bestandteil des schwedischen Hauptverfassungsgesetzes (Regeringsformen). Zur Entwicklung der Norm vgl. *U. Bernitz*, Swedish Report, in: J. Schwarze (Hrsg.), Die Entstehung einer europäischen Verfassungsordnung (2000), S. 389 (419).

[28] Dazu *J. G. Schäder/M. Melin*, Sweden – European Law and National Constitutions, in: BIICL (Hrsg.), F. I. D. E., XX Congress London, Vol. 1 (2002), S. 387 (391) sowie *J. Nergelius*, Offene Staatlichkeit, in: IPE II (2008), § 22 Schweden, Rn. 17. Sollte die Reform der schwedischen Verfassung auf Grundlage des Regierungsentwurfs v. 8. 12. 2009 – Regeringens proposition 2009/10:80 – in Kraft treten, fände sich die Übertragungsklausel im neuen Kap. 10 § 6 Regeringsformen wieder.

[29] Ratifikationsgesetz zum Beitritt Nr. 945/1979, gr. ABl. v. 27. 7. 1979. Zur Integrationsfunktion der Art. 28 Abs. 2 und 3 Verf-GR vgl. *G. Papadimitriou*, Griechenland, in: U. Battis/D. Th. Tsatsos/D. Stefanou (Hrsg.), Europäische Integration und nationales Verfassungsrecht (1995), S. 149 (155 ff.). Höchst umstritten war bzw. ist allerdings das Verhältnis von Art. 28 Abs. 2 und 3 Verf-GR, vgl. dazu

strengte die amtierende Regierung schließlich eine Reform an, um den Besonderheiten der europäischen Integration auch textlich Rechnung zu tragen. Dieser Entwurf sah interessanterweise sogar einen Gewährleistungsanspruch gegenüber der Union auf „Achtung der nationalen Identität" als innerstaatliches Gegenstück zu Art. 4 Abs. 2 EUV (ex-Art. 6 Abs. 3 EU) vor.[30] Nachdem die Umsetzung allerdings im Zuge der vorgezogenen Parlamentswahlen im Jahr 1996 gescheitert war,[31] erfolgte 2001 eine vom Umfang her vergleichsweise begrenzte Verfassungsänderung, die sich auf die Einfügung der „auslegenden Erklärung" in den Verfassungstext beschränkte.[32] Ebenso wurde die Bestimmung über die Ausgabe von Münzen und Banknoten (Art. 80 Abs. 2 Verf-GR) durch eine auslegende Erklärung ergänzt, die schlicht die Vereinbarkeit dieser Verfassungsbestimmung mit der Wirtschafts- und Währungsunion postuliert.

Die Rechtsfigur der auslegenden Erklärung stellt eine Besonderheit des griechischen Verfassungsrechts dar. Sie findet auf eine Vielzahl verfassungsrechtlicher Bestimmungen auch außerhalb des Integrationskontextes Anwendung.[33] Es handelt sich dabei um eine Norm, die andere Verfassungsbestimmungen authentisch interpretiert bzw. ergänzt und sogar deren Rangstufe in der Normenhierarchie teilt.[34] Für diese textlich minimalistische Lösung sprechen in erster Linie sicherlich pragmatische Gründe. Der Vorteil liegt in der ohne Textänderung gelingenden Klarstellung, dass die betreffende Norm sich jedenfalls auch auf den europäischen Integrationsprozess bezieht. Gleichermaßen wird die Norm aber nicht auf den EU-Kontext verengt, sondern bleibt auch für Übertragungen in anderen Kontexten anwendbar.[35]

Im Hinblick auf einen möglichen Modellcharakter ist zu berücksichtigen, dass dieser Ansatz zumindest die Möglichkeit auslegender Erklärungen als verfassungsrechtliche Normkategorie voraussetzt. Er dürfte daher schwer in Verfassungsordnungen anderer Mitgliedstaaten zu übersetzen sein.

J. Iliopoulos-Strangas, Grèce, in: F.I.D.E. (Hrsg.), 17. F.I.D.E.-Kongress Berlin, Bd. 1: Le droit constitutionnel national et l'intégration européenne (1996), S. 120 (124 ff.). Näher unter Teil 2 – Kapitel 6 – II. 4.

[30] *J. Iliopoulos-Strangas*, Offene Staatlichkeit, in: IPE II (2008), § 16 Griechenland, Rn. 17.

[31] Ebd. Rn. 17. Eine Verfassungsänderung setzt in Griechenland neben zwei Beschlüssen des Parlaments mit jeweils 3/5 der Stimmen der Mitglieder und einem zeitlichen Abstand von mindestens einem Monat (Art. 110 Abs. 2) zudem einen Beschluss des folgenden Parlaments mit absoluter Mehrheit der Stimmen der Mitglieder in seiner ersten Sitzungsperiode (Art. 110 Abs. 3) voraus.

[32] Dazu *A. Filos*, Die neue griechische Verfassung, ZaöRV 62 (2002), S. 993 (1019 f.).

[33] Weitere Beispiele finden sich für Art. 4, 5, 22, 24, 32, 37, 38, 41, 88, 94, 101, 106 Verf-GR.

[34] Vgl. *J. Iliopoulos-Strangas*, Offene Staatlichkeit, in: IPE II (2008), § 16 Griechenland, Rn. 18 (dort Fn. 26). Einen Überblick über die Quellen des griechischen Verfassungsrechts bietet *A. Calogeropoulos*, The Hellenic Republic, in: L. Prakke/C. Kortmann (Hrsg.), Constitutional Law of 15 EU Member States (2004), S. 367 (376 ff.).

[35] Für die spanische Verfassungsordnung weist *A. López Castillo*, Offene Staatlichkeit, in: IPE II (2008), § 24 Spanien, Rn. 41 f. auf die Problematik einer EU-spezifischen Auslegung der allgemein gehaltenen Klausel – hier freilich unabhängig von einer auslegenden Erklärung – hin.

c) Verfassungsordnungen ohne dynamische Integrationsermächtigung

Auch die verbleibenden Verfassungsordnungen, welche konzeptionell nicht, oder – wie die französische – nur in äußerst begrenztem Maße auf ein Modell dynamischer Integrationsermächtigungen zurückgreifen, stellen mittlerweile ganz überwiegend ausdrückliche Bezüge zum europäischen Integrationsprozess her. In Frankreich erfolgt dies durch einen eigens der Union gewidmeten Verfassungstitel XV, der nicht nur die erwähnten Einzelermächtigungen, sondern darüber hinaus auch EU-relevante Regelungen in Bezug auf die institutionelle Verflechtung enthält.[36] Auch die Einzelermächtigungen in Irland sind explizit an der Mitgliedschaft in der Union ausgerichtet.[37] Gleiches gilt für den britischen ECA.[38] Auch die Verfassung Maltas sieht zwar keine dynamische Integrationsermächtigung vor,[39] kennt aber gleichwohl seit dem Jahr 2003 mit Art. 65 Abs. 1 eine EU-bezogene Bestimmung, welche die innerstaatliche Gesetzgebung – ähnlich Art. 117 Abs. 1 S. 1 Verf-IT – ausdrücklich an die sich aus dem EU-Beitrittsvertrag ergebenden Verpflichtungen bindet. Diese Neuerung erfolgte auf Grundlage eines einfachen (sic!) Parlamentsgesetzes,[40] welches neben dem Änderungsartikel zugleich Regelungen über die Anwendung des Unionsrechts enthält, die erkennbar an den britischen ECA angelehnt sind.[41] In der zypriotischen Verfassung, ebenfalls ein Text ohne dynamische Ermächtigungsklausel,[42] wurde ein expliziter EU-Bezug schließlich im Jahr 2006 durch die Vorrangklausel des Art. 1a Verf-CY hergestellt, welche sich in Ausschnitten wiederum an der irischen Europaklausel orientiert. In Finnland und Österreich gibt es trotz (ursprünglichen) Fehlens einer dynamischen Integrationsermächtigung detaillierte integrationsbezogene Regelungen über Informations- und Mitwirkungsrechte der Parlamente in EU-Angelegenheiten,[43] in Österreich darüber hinaus u. a. über das Bund-Länder-Verhältnis, die Wahlen zum Europäischen Parlament sowie die Ernennung von Mit-

---

[36] Dieser bezog sich zunächst auf die *Gemeinschaften* und die *Union*. Seit Inkrafttreten des Vertrages von Lissabon wird jedoch nunmehr ausschließlich auf die Union rekurriert, vgl. Art. 2 d. Verfassungsgesetzes Nr. 2008-103 v. 4. 2. 2008 sowie Art. 47 d. Verfassungsgesetzes Nr. 2008-724 v. 23. 7. 2008.

[37] Art. 29 Abs. 4 Nr. 3 ff. Verf-IRL.

[38] European Communities Act v. 1972.

[39] Die Frage der Ratifikation völkerrechtlicher Verträge ist in einem gesonderten Parlamentsgesetz, dem Gesetz Nr. V/1983 über die Ratifizierung von Verträgen v. 9. 3. 1983 geregelt.

[40] Gemäß Art. 66 Verf-MAL sind besondere verfahrensrechtliche Voraussetzungen für eine Verfassungsänderung, etwa in Gestalt einer 2/3-Mehrheit aller Abgeordneten, nur bei der Änderung der enumerativ aufgelisteten Verfassungsbestimmungen erforderlich. Art. 65 Verf-MAL fällt nicht darunter.

[41] Gesetz V/2003 vom 15. 7. 2003, malt. ABl., Kapitel 460. Art. 4 Abs. 1 ist angelehnt an Art. 2 Abs. 1 des britischen ECA; Art. 5 Abs. 1 rezipiert im Wesentlichen Art. 3 Abs. 1 des britischen ECA.

[42] Hier gibt es bislang nur die allgemeine Norm des Art. 169 über die Ratifikation völkerrechtlicher Verträge.

[43] In Finnland § 96 u. 97 Verf-FIN (die Zustimmung zur Ratifikation völkerrechtlicher Verträge beruht hier auf § 94 Verf-FIN); in Österreich Art. 23e, 23f, 23g, 23h und 23i öst. B-VG.

gliedern der EU-Organe.[44] Von den Verfassungen ohne dynamische Integrationsermächtigung weist einzig die türkische bislang keinen EU-Bezug auf.[45]

3. Mögliche Rechtsfolgen des Rekurses auf die EU

Man könnte zunächst glauben, dass die spezifische Ausrichtung des Verfassungstextes auf die Mitgliedschaft in der EU primär verfassungssymbolischen Charakter hat. Ein näherer Blick auf das Europaverfassungsrecht der Mitgliedstaaten zeigt indes, dass in dem expliziten Rekurs auf die EU häufig mehr liegt als bloße Verfassungssymbolik. Der Rekurs auf die EU entfaltet dann zugleich eine rechtliche Wirkung, wenn er die Anerkennung der spezifischen Qualität der unionalen Rechtsordnung und ihrer normativen Verschränkung mit dem innerstaatlichen Verfassungsrecht zum Ausdruck bringt. Anders gewendet, der ausdrückliche EU-Bezug kann zum rechtlichen Anknüpfungspunkt für die kategoriale Unterscheidung zwischen Unionsrecht und klassischem Völkerrecht und den sich hieraus ergebenden Rechtsfolgen werden.

Dies zeigen deutlich die Entscheidungen des französischen Verfassungsrats zum VVE und zum VvL. Der französische Verfassungsgeber habe, so der Verfassungsrat, durch die unionsspezifischen Bestimmungen der französischen Verfassung, allen voran Art. 88-1 Abs. 1 a. F. Verf-F,

> „dem Bestehen einer gemeinschaftsrechtlichen Rechtsordnung, welche in die nationale Rechtsordnung integriert und *nicht Bestandteil der Rechtsordnung des Völkerrechts* ist, Rechnung getragen".[46]

---

[44] Art. 23d (Bund-Länder), Art. 23a und 23b (EP), Art. 23c (Mitglieder) öst. B-VG.

[45] Aufgrund des in der türkischen Verfassung – vor allem in Art. 6 Abs. 3 – rigide geschützten Souveränitätsprinzips wird die allgemeine Norm des Art. 90 Abs. 1 über die Ratifikation völkerrechtlicher Verträge überwiegend als nicht ausreichend für einen EU-Beitritt angesehen und stattdessen eine Verfassungsänderung angemahnt. Vgl. *K. Başlar/E. İshakoğlu*, Turkey, in: A. E. Kellermann et al. (Hrsg.), The Impact of EU Accession on the Legal Orders of New Member States and (Pre-) Candidate Countries (2006), S. 195 (200 f.); *M. Soysal*, Introduction to the Constitutional Problems of Accession in Turkey, in: A. E. Kellermann et al. (Hrsg.), EU-Enlargement – The Constitutional Impact at EU and National Level (2001), S. S. 259 (260 f.).

[46] Franz. Verfassungsrat, Entscheidungen v. v. 19. 11. 2004 – Nr. 2004-505 DC – *Verfassungsvertrag*, Rec. S. 173, 11. Erwägungsgrund sowie v. 20. 12. 2007 – Nr. 2007-560 DC – *Lissabon*, JORF v. 29. 12. 2007, 21813, 7. Erwägungsgrund (Hervorh. hinzugefügt): „(...) que le constituant a ainsi consacré l'existence d'un ordre juridique communautaire intégré à l'ordre juridique interne et distinct de l'ordre juridique international". Auch der jüngeren Rechtsprechung des Conseil d'Etat wird ein entsprechender Ansatz entnommen, vgl. *F. Chaltiel*, Le Conseil d'Etat reconnaît la spécificité constitutionnelle du droit communautaire, RMC 2007, S. 335 (335 f.) sowie *dies.*, Les rapports de système entre le droit constitutionnel et le droit européen, RMC 2007, S. 361 (362). Allerdings wird diese Einschätzung in Bezug auf die Rechtsprechung des Conseil d'Etat nicht vorbehaltlos geteilt, vgl. *X. Magnon*, La sanction de la primauté de la Constitution sur le droit communautaire par le Conseil d'Etat, RFDA 2007, S. 578 (583 ff.) sowie *A. Levade*, Le Palais-Royal aux prises avec la constitutionnalité des actes de transposition des directives communautaires, RFDA 2007, S. 564 (568 f.). Zur Problematik *F. C. Mayer/E. Lenski/M. Wendel*, Der Vorrang des Europarechts in Frankreich, EuR 2008, S. 63 (77 ff.) sowie Teil 2 – Kapitel 11 – III. 3.

In Frankreich sind an die verfassungsrechtliche Anerkennung der *spécificité*, der Eigenheit des Unionsrechts handfeste Rechtsfolgen geknüpft, da die Rechtsprechung aus Art. 88-1 Verf-F eine *verfassungsrechtliche* Pflicht zur Umsetzung von Richtlinien ableitet und das Europarecht insoweit von sonstigen völkerrechtlichen Verpflichtungen abhebt.[47]

Die Rechtsprechung des BVerfG ist in diesem Punkt ambivalent. Zwar wird im *Lissabon*-Urteil nunmehr prominent die spezifische Europarechtsfreundlichkeit des Grundgesetzes neben den Grundsatz der Völkerrechtsfreundlichkeit gestellt.[48] Es gelte mit Blick auf den spezifischen Integrationsauftrag in Art. 23 Abs. 1 S. 1 GG

„nicht nur der Grundsatz der Völkerrechtsfreundlichkeit, sondern *auch der Grundsatz der Europarechtsfreundlichkeit*."[49]

Indessen lässt das BVerfG an anderer Stelle ein eher klassisch-völkerrechtliches Verständnis des Unionsrechts erkennen, soweit das Primärrecht als „Völkervertragsrecht" im Sinne einer „abgeleiteten Grundordnung" verhandelt wird, die „allein der Verfügung der Mitgliedstaaten" unterliege.[50]

Europaweit gibt es vermehrt Beispiele für beratend wirkende Organe, Ausschüsse oder Expertenkommissionen, die sich für die unionsspezifische Anpassung der jeweiligen Integrationsermächtigung bzw. die Neuschaffung einer solchen in der Zukunft aussprechen. Dabei steht im Vordergrund, die verfassungsrechtlichen Implikationen der EU-Mitgliedschaft von denen in anderen völkerrechtlichen Organisationen zu unterscheiden und ausdrücklich herauszustellen. Nicht nur der bereits erwähnte Vorschlag des spanischen Staatsrates (*Consejo de Estado*) zur Einführung einer speziellen Europaklausel in die spanische Verfassung gehört in diesen Kontext.[51] Auch der niederländische Staatsrat (*Raad van State*) sprach im Zusammen-

---

[47] Franz. Verfassungsrat, Entscheidungen v. 10. 6. 2004 – Nr. 2004-496 DC – *elektronischer Geschäftsverkehr*, Rec. S. 101, 7. Erwägungsgrund sowie v. 27. 7. 2006 – Nr. 2006-540 DC – *Informationsgesellschaft*, Rec. S. 88, 17 sowie franz. Staatsrat, Entsch. v. 8. 2. 2007 – Nr. 287110 – *Arcelor*, 11. Erwägungsgrund. Die Ableitung einer verfassungsrechtlichen Pflicht zur Richtlinienumsetzung hat dabei zugleich eine verfassungsprozessuale Komponente. Aufgrund des begrenzten Prüfungsumfangs des Verfassungsrates – vgl. Art. 54, 61 a. F. Verf-F – wird die als *verfassungsrechtlich* statuierte Umsetzungspflicht somit in den zulässigen Prüfungsmaßstab – hier der Normentwurfskontrolle nach Art. 61 a. F. – einbezogen, der sich grundsätzlich nur auf die Konformität mit der Verfassung, nicht aber mit einer internationalen Verpflichtung erstreckt, vgl. franz. Verfassungsrat, Entsch. v. 15. 1. 1975 – Nr. 74-54 – Rec. S. 19, *Schwangerschaftsabbruch (IVG)*, 7. Erwägungsgrund. Vgl. näher Teil 2 – Kapitel 11 – III. 3.

[48] Der Vorsitzende des Zweiten Senats, *Andreas Voßkuhle*, hebt das Prinzip der Europarechtsfreundlichkeit sogar jüngst als „Leitidee" hervor, vgl. *A. Voßkuhle*, Der europäische Verfassungsgerichtsverbund, NVwZ 2010, S. 1 (5).

[49] BVerfG, Urt. v. 30. 6. 2009 – 2 BvE 2/08 u. a. – *Lissabon* = BVerfGE 123, 267 ff. (Rn. 225, Hervorh. hinzugefügt).

[50] Ebd. Rn. 229 u. 231.

[51] Span. Staatsrat (*Consejo de Estado*), Bericht v. 16. 2. 2006, Nr. E 1/2005, abrufbar unter http://www.consejo-estado.es/pdf/modificaciones%20constitucion%20esp.pdf (1. 9. 2010). Vgl. zum Bericht bereits Teil 2 – Kapitel 4 – VIII. 1.

hang mit dem VVE die (unverbindliche) Empfehlung aus, die Verfassung und insbesondere die derzeit noch auf internationale Organisationen bezogene Übertragungsklausel (Art. 92) explizit auf die Mitgliedschaft in der EU auszurichten. Weil die Europäische Union „sich ausdrücklich als eine Verfassungsordnung" verstehe, könne die Mitgliedschaft nicht länger auf die allgemeinen Regeln über internationale Organisationen gestützt werden.[52] Österreich ist mit der Einführung der EU-spezifischen Ermächtigung im neuen Art. 50 Abs. 1 Nr. 2 i. V. m. Abs. 4 B-VG derzeit das jüngste Beispiel eines Mitgliedstaates, der auf das Regelungsmodell einer EU-spezifischen Integrations*ermächtigung* umgeschwenkt ist. In der Sache vergleichbare Forderungen existieren auch in Ländern mit Kandidatenstatus, namentlich in Kroatien und in der Türkei.[53] Das jüngste Beispiel bilden die verfassungsrechtlichen Reformpläne in Schweden, wo die Einführung eines neuen Grundsatzartikels im ersten Kapitel des schwedischen Hauptverfassungsgesetzes (Regeringsformen) geplant ist, der die Mitgliedschaft Schwedens in der EU benennen soll.[54]

Allerdings lässt die Frage des Europabezugs selbst im Fall der darin angelegten Differenzierung zwischen Unionsrecht und klassischem Völkerrecht nicht immer Rückschlüsse auf den Grad bzw. den Umfang der Integrations*bereitschaft* der entsprechenden Verfassung in formeller oder materieller Hinsicht zu. Dass die fehlende textliche Erwähnung der EU nicht unbedingt einer verminderten Integrationsfreundlichkeit gleichzusetzen ist, zeigt etwa die traditionell offene Verfassung der Niederlande. Trotz fehlenden textlichen Zuschnitts auf die Union erkennt diese die autonome Geltung sowie den Vorrang des Unionsrechts vor dem Verfassungsrecht in umfänglicher Weise an.[55]

---

[52] Nied. Staatsrat, Gutachten, Kamerstukken (GesetzBl.) II, 2004/2005, 30 025 (R 1783), S. 15, abrufbar unter http://europapoort.eerstekamer.nl/9345000/1/j9tvgajcovz8izf_j9vvgy6i0ydh7th/vgbwr4k8ocw2/f=/vgzfig40opyr.pdf (1. 9. 2010): „Nu de Europese Unie zich uitdrukkelijk als een constitutionele orde manifesteert, acht de Raad het moment gekomen om in de Grondwet voor het Koninkrijk der Nederlanden niet langer te volstaan met de algemene regeling voor deelneming aan volkenrechtelijke organisaties". Dazu eingehend *R. Wessel/W. Van de Griendt*, Offene Staatlichkeit, in: IPE II (2008), § 19 Niederlande, Rn. 24.

[53] Für Kroatien *T. Ćapeta/D. Mihelin/S. Rodin*, Croatia, in: A. E. Kellermann et al. (Hrsg.), The Impact of EU Accession on the Legal Orders of New Member States and (Pre-) Candidate Countries, (2006), S. 69 (73); für die Türkei vgl. *K. Başlar/E. İshakoğlu*, Turkey, ebd. S. 195 (200).

[54] Kap. 1 § 10 n. F.: „Sverige är medlem i Europeiska unionen (...)", vgl. Regierungsentwurf v. 8. 12. 2009 – Regeringens proposition 2009/10:80, abrufbar unter http://regeringen.se/content/1/c6/13/70/77/84ff1d65.pdf (1. 9. 2010). Interessant ist, dass trotz Bestehens einer bereits EU-spezifischen Übertragungsklausel (Kap. 10 § 5 Abs. 1, künftig ggf. Kap. 10 § 6 schw. RegForm) die Aufnahme einer allgemeinen Klausel über die EU-Mitgliedschaft in den Grundlagenteil des schwedischen Hauptverfassungsgesetzes vorgeschlagen wird, um die spezifischen verfassungsrechtlichen Auswirkungen der EU-Mitgliedschaft an zentraler Stelle in der Verfassung zum Ausdruck zu bringen.

[55] Vgl. etwa *L. F. M. Besselink*, An Open Constitution and European Integration: The Kingdom of the Netherlands in: F. I. D. E. (Hrsg.), 17. F. I. D. E.-Kongress Berlin, Bd. 1: Le droit constitutionnel national et l'intégration européenne (1996), S. 361 (362 f.); *ders.*, The Dutch Constitution, the European Constitution and the Referendum in the Netherlands in: A. Albi/J. Ziller (Hrsg.), The European Constitution and National Constitutions (2007), S. 113 (116); *C. Kortmann*, European Union Law

Auch bedeutet die Einführung einer EU-bezogenen Integrationsermächtigung keineswegs eine verfahrens- oder materiell-rechtliche Erleichterung der normativen Permeabilität für das Unionsrecht. So war die Einführung des unionsspezifischen Art. 23 Abs. 1 GG im Jahr 1992 gegenüber der alten Rechtslage (Art. 24 Abs. 1 GG) nicht nur mit einer zusätzlichen Struktursicherungs- bzw. Strukturgestaltungsklausel (Art. 23 Abs. 1 S. 1 GG), sondern gerade auch mit erhöhten – wenngleich nicht die Dynamik der Integrationsermächtigung unangemessen beschränkenden – verfahrensrechtlichen Hürden (Art. 23 Abs. 1 S. 3 GG) verbunden. Eine solche Verknüpfung stellt, wie gesehen, keineswegs einen Einzelfall dar. Mit der Anerkennung der Eigenheiten des Unionsrechts durch speziell auf die Union ausgerichtete Integrationsermächtigungen geht vielmehr regelmäßig die Normierung besonderer Verfahrenserfordernisse einher.

4. *Fazit: EU-Bezug als normativ relevanter Faktor*

In der Gesamtschau ergibt sich damit folgender Befund: In den Verfassungsordnungen, die auf ein Modell dynamischer Integrationsermächtigungen zurückgreifen, sind letztlich drei Varianten zu unterscheiden. Die *erste* besteht in dynamischen Integrationsermächtigungen mit spezifischer Ausrichtung auf den europäischen Integrationsprozess. Sie findet sich mittlerweile in etwa einem Drittel der Verfassungen der Mitgliedstaaten und Beitrittskandidaten.[56] Eine *zweite*, zahlenmäßig vergleichbare Gruppe von Verfassungen greift im EU-Kontext demgegenüber auf Integrationsermächtigungen zurück, die sich allgemein auf internationale bzw. zwischenstaatliche Organisationen beziehen.[57] Der *dritte*, vermittelnde Ansatz schließlich findet sich

---

and National Constitutions, in: BIICL (Hrsg.), F. I. D. E. XX Congress London, Vol. 1 (2002), S. 299 (305 f.); *B. de Witte*, Do Not Mention the Word: Sovereignty in Two Europhile Countries: Belgium and the Netherlands, in: N. Walker (Hrsg.), Sovereignty in Transition (2003), S. 351 (361 f.). Wie noch genauer zu zeigen sein wird, geht dieser Ansatz signifikant über das hinaus, was die meisten EU-spezifischen Verfassungen im Hinblick auf das Verhältnis von Unionsrecht und nationalem Verfassungsrecht zulassen, vgl. Teil 2 – Kapitel 9 – II. 3.

[56] Dazu zählen Deutschland (Art. 23 Abs. 1 GG), Portugal (Art. 7 Abs. 6), Schweden (Kap. 10 § 5 Abs. 1, künftig ggf. Kap. 10 § 6 RegForm), Ungarn (Art. 2a), die Slowakei (Art. 7 Abs. 2), Lettland (Art. 68 Abs. 3 und 4), Litauen (Art. 1 EU-Verf-Akt), Rumänien (Art. 148 Abs. 1) und Bulgarien (Art. 85 Abs. 1 Nr. 9). Je nach rechtlicher Einordnung des estnischen Verfassungsergänzungsgesetzes von 2003 kann auch Estland hierzu gezählt werden. Würde in Mazedonien ein künftiger EU-Beitritt auf Art. 120 der Verfassung (Bildung einer „Gemeinschaft oder Union" mit anderen Staaten) und nicht auf Art. 121 (Beitritt zu internationalen Organisationen) gestützt, so könnte ggf. auch Mazedonien hierzu gezählt werden.

[57] Hierunter fallen Italien (Art. 11), die Niederlande (Art. 92), Luxemburg (Art. 49bis), Belgien (Art. 34), Dänemark (§ 20), Spanien (Art. 93), Polen (Art. 90 Abs. 1), Tschechien (Art. 10a) sowie Slowenien (Art. 3a). Auch in Kroatien sind beide in Betracht kommenden Vorschriften (Art. 139 Abs. 2 und 141) allgemein gehalten. Für Mazedonien vgl. Fn. 56. Ggf. lässt sich auch Frankreich hinzuzählen, da Abs. 15 der 1946er Präambel allgemein gehalten ist und die EU-spezifischen Art. 88-1 ff. Verf-F keine dynamischen Ermächtigungen darstellen. Gleichwohl spricht die durch die Rechtsprechung des Verfassungsrats strak begrenzte Reichweite von Abs. 15 der '46er Präambel, wie gesehen, gegen die Qualifizierung als dynamische Integrationsermächtigung.

einzig im griechischen Verfassungsrecht. Hier wurde die allgemein gehaltene Integrationsermächtigung durch eine europaspezifische Interpretativerklärung ergänzt. In den Verfassungsordnungen, die demgegenüber *nicht* bzw. nur *in begrenztem Umfang auf dynamische Integrationsermächtigungen zurückgreifen*, finden sich mittlerweile sogar ganz überwiegend textliche Bezüge zum europäischen Integrationsprozess.

Die im expliziten Rekurs der Integrationsklausel auf die Europäische Union angelegte Anerkennung der spezifischen Qualität der unionalen Rechtsordnung und ihrer normativen Verschränkung mit dem innerstaatlichen Verfassungsrecht kann, dies machen die aufgezeigten Entwicklungen deutlich, ein nicht zu unterschätzender, *normativ relevanter Faktor* für die Integrationsadäquanz der betreffenden Ermächtigungsgrundlage sein, soweit daraus die Besonderheiten des Unionsrechts gegenüber dem Völkerrecht abgeleitet werden. Die normative Permeabilität der betreffenden Verfassungsordnung differenziert sich so nach der Richtung des rechtlichen Einbindungsobjektes, hier des Unionsrechts, aus. Diese Überlegung liegt einhellig allen jüngeren Reformbestrebungen des innerstaatlichen Europaverfassungsrechts zugrunde und ist in ihrem Bemühen um zunehmende Ausdifferenzierung nachdrücklich zu begrüßen. Eine EU-spezifische Herangehensweise entspricht darum auch dem hier vorgeschlagenen Verbundmodell in seinem expliziten Zuschnitt auf die *Organe und Einrichtungen der Europäischen Union.*[58] Einschränkend ist anzumerken, dass der konkrete EU-Bezug für sich allein genommen – d.h. insbesondere ohne Einbeziehung formeller bzw. materieller Integrationsschranken – nur bedingt Rückschlüsse auf die Europafreundlichkeit der betreffenden Verfassung zulässt.

II. Systematische Stellung der Integrationsermächtigung in der Verfassung

Auch die systematische Stellung der betreffenden Norm innerhalb des Verfassungstextes kann ein wichtiger Faktor für die Reichweite der darin angelegten normativen Permeabilität sein. Dem Verhältnis zu den verfassungsrechtlichen Bestimmungen über die Souveränität kommt hierbei regelmäßig eine herausgehobene Bedeutung zu, insbesondere während des verfassungsgebenden bzw. -ändernden Prozesses. Zwei Herangehensweisen sind möglich. Zum einen kann die Integrationsermächtigung direkt an die Souveränitätsklausel gekoppelt und insoweit in unmittelbare textliche Beziehung zu ihr gesetzt werden. Zum anderen ist eine Verankerung in anderen Abschnitten der Verfassung bzw. außerhalb des verfassungsrechtlichen Stammtextes denkbar. Eine solche Trennung ist nicht selten der Überlegung geschuldet, einen systematischen Zusammenhang beider Bestimmungen aus Gründen des Souveränitätsschutzes zu vermeiden.

---

[58] Vgl. Teil 2 – Kapitel 5 – IV.

1. Unmittelbare Koppelung an die Souveränitätsklausel

Koppelt die betreffende Verfassung die Integrationsermächtigung direkt an die Souveränitätsklausel, so kann darin zunächst eine *Einschränkung* bzw. *konzeptionelle Neuausrichtung* des Souveränitätsprinzips liegen. Beispiele hierfür sind im Verfassungsrecht der Mitgliedstaaten gleichwohl rar. Zwar lässt sich in Finnland mittlerweile eine textliche Relativierung der Souveränitätsklausel in § 1 Abs. 1 Verf-FIN durch die Staatszielbestimmung in § 1 Abs. 3 Verf-FIN nachweisen, welche auf die internationale Zusammenarbeit gerichtet ist.[59] Bislang wird jedoch einzig für das türkische Verfassungsrecht der Vorschlag unterbreitet, eine das Souveränitätsprinzip ausdrücklich relativierende Integrationsermächtigung unmittelbar in die Souveränitätsklausel aufzunehmen.[60]

Darüber hinaus kann die Kopplung der Integrationsermächtigung an die Souveränitätsklausel auch umgekehrt auf eine *Relativierung normativer Permeabilität* abzielen. Für diesen Ansatz finden sich ungleich deutlichere Beispiele. So wurde die Integrationsermächtigung der belgischen Verfassung (Art. 34, ex-Art. 25bis) im Jahr 1970 in unmittelbarer Folge zum bereits existierenden Art. 33 (ex-Art. 25) Verf-BE eingefügt, wonach alle Gewalten von der Nation ausgehen und in der durch die Verfassung bestimmten Weise *ausgeübt* werden. Es ist überliefert, dass der verfassungsändernde Gesetzgeber auf den systematischen Konnex beider Vorschriften besonderen Wert legte.[61] Durch ihn sollte zum Ausdruck kommen, dass die Übertragung der Gewaltenausübung auf die supranationale Ebene als unmittelbarer Ausfluss des traditionellen Konzeptes nationaler Souveränität und nicht etwa als dessen (teilweise) Aufhebung oder Relativierung zu verstehen sei.[62] Diese Zweckrichtung wird verstärkt durch die Begrenzung der Integrationsermächtigung auf die bloße *Ausübung* von Kompetenzen als Ausfluss der nach wie vor als „einzig" gedachten staatlichen Ho-

---

[59] Eingehend zum Ganzen *T. Ojanen*, The Impact of EU Membership on Finnish Constitutional Law, EPL 10 (2004), S. 531 (538 ff.). Die im EU-Kontext entscheidenden operative Vorschriften finden sich jedoch im 8. Kapitel der Verfassung über die internationalen Beziehungen (insbesondere §§ 94 f. Verf-FIN). Vergleichbar ist auch § 1 der tschechischen Verfassung.

[60] Vgl. den derzeit überaus strikten Art. 6 Verf-TÜR: „Die Souveränität gehört uneingeschränkt und unbedingt dem Volk. (...) Der Gebrauch der Souveränität darf auf keine Weise irgendeiner Person, einer Gruppe oder einer Klasse überlassen werden. Niemand und kein Organ darf eine Kompetenz des Staates ausüben, die nicht aus der Verfassung hervorgeht." Vor diesem Hintergrund schlagen *K. Başlar/E. İshakoğlu*, Turkey, in: A. E. Kellermann et al. (Hrsg.), The Impact of EU Accession on the Legal Orders of New Member States and (Pre-) Candidate Countries (2006), S. 195 (200) einen neuen Abs. 4 vor: „The Republic of Turkey may transfer legislative, administrative and/or judicial prerogatives to/with/in favour of an international organisation or institution by/pursuant to a treaty."

[61] Vgl. *B. de Witte*, Do Not Mention the Word: Sovereignty in Two Europhile Countries: Belgium and the Netherlands, in: N. Walker (Hrsg.), Sovereignty in Transition (2003), S. 351 (355), der diesen Ansatz in normativer Hinsicht gleichwohl kritisiert. Zur Integrationsermächtigung im Kontext der ursprünglichen Debatten vgl. *J.-V. Louis*, L'article 25bis de la Constitution belge, RMC 1970, S. 410 ff., der dem tradierten Souveränitätskonzept ebenfalls kritisch gegenübersteht.

[62] *B. de Witte*, a.a.O., S. 355.

heitsgewalt.[63] Die systematische Kopplung an die Souveränitätsklausel bedeutet nach dieser Lesart also letztlich eine Rückführung der Integrationsgewalt auf staatliche Regelungstotalität. Einen ähnlichen Schluss lassen die textlich vergleichbar ausgestalteten Art. 2 und Art. 2a der ungarischen sowie Art. 3 und 3a der slowenischen Verfassung zu.[64]

2. *Vermeidungsstrategien*

Nicht selten sind allerdings umfassende Vermeidungsstrategien in Bezug auf den systematischen Zusammenhang von Souveränitätsklausel und Integrationsermächtigung festzustellen. Dies zeigt bereits die Diskussion in Frankreich um die Revisionstechnik in Folge der ersten *Maastricht*-Entscheidung des Verfassungsrates. Wie gesehen entschied sich der Verfassungsgeber trotz erheblicher Kritik in der Literatur für die Schaffung eines neuen, EU-spezifischen Titels XV der Verfassung, anstatt die vorhandenen Vorschriften der Verfassung, darunter insbesondere die Souveränitätsklausel, direkt zu modifizieren.[65]

Ein besonders deutliches Beispiel für Vermeidungsstrategien gibt die Rechtslage in Estland, wo man die integrationsrelevanten Normen an sich systemwidrig in einem verfassungs*externen* Gesetz verankerte.[66] Dies ist, wie gesehen, in erster Linie darauf zurückzuführen, dass eine Änderung oder Ergänzung der überaus strikten Souveränitätsklausel (§ 1 Verf-EST) als politisch schwer durchsetzbar erschien, zumal die Souveränitätsklausel gemäß § 162 Verf-EST einem besonderen Bestandsschutz unterliegt und nur unter Abhaltung eines Referendums abgeändert werden kann.[67]

Auch in Polen deutet die Entstehungsgeschichte der Integrationsermächtigung (Art. 90 Abs. 1 Verf-PL) in eine vergleichbare Richtung. Im Rahmen der travaux préparatoires wurde in Bezug auf die Integrationsermächtigung nicht nur die Formulierung der „Einschränkung von Souveränität" zugunsten des Übertragungsmodells verworfen um Anklänge an eine prinzipielle Aushöhlung der Souveränität zu vermeiden.[68] Vor allem aber fügte man die Integrationsermächtigung im Gegensatz

---

63 Vgl. bereits Teil 2 – Kapitel 5 – II. 4. b) bb) im Kontext des Übertragungsmodells.

64 Für Ungarn *J. Czuczai*, Constitutional Impact of EU-Accession in Hungary, in: A. Ágh (Hrsg.), Europeanization and Regionalization. Hungary's Accession (2004), S. 43 (50 f.). Für Slowenien im Ansatz *M. Pogačnik/M. Starman/P. Vehar*, Slovenia, in: A. E. Kellermann et al. (Hrsg.), The Impact of EU Accession on the Legal Orders of New Member States and (Pre-) Candidate Countries (2006), S. 179 (183).

65 Vgl. näher Teil 2 – Kapitel 7 – II. 1. Die Unklarheit des systematischen Verhältnisses der Einzelermächtigungen zu anderen Vorschriften oder Prinzipien der französischen Verfassung betont insbesondere *J.-F. Flauss*, Rapport français, in: J. Schwarze (Hrsg.), Die Entstehung einer europäischen Verfassungsordnung (2000), S. 25 (82 f.).

66 Estn. Verfassungsergänzungsgesetz (VEG) v. 5. 10. 2003. Vgl. dazu bereits Teil 2 – Kapitel 8 – III.

67 Ebd.

68 Dazu *A. Albi*, EU Enlargement and the Constitutions of Central and Eastern Europe (2005), S. 79 u. 113; *M. Jankowska-Gilberg*, Verfassungsrechtliche Grundlagen des Beitritts und der Mitgliedschaft Polens in der Europäischen Union, EuR 2003, 417 (423); *C. Mik*, State Sovereignty and

zur Souveränitätsklausel bewusst nicht in das mit besonderem Revisionsschutz ausgestattete erste Kapitel der Verfassung über die Grundprinzipien der Republik, sondern vielmehr in das die Rechtsquellen betreffende dritte ein.[69] Der ursprüngliche Vorschlag, die Integrationsermächtigung als Bestandteil des ersten Kapitels den Grundprinzipien zuzuordnen und damit die herausgehobene Stellung der Permeabilität als *Verfassungsprinzip* zu unterstreichen, konnte sich nicht durchsetzen.[70]

3. *Fazit: Textliche Abschirmung oder Vorschaltung der Souveränitätsklauseln*

Zusammenfassend ist festzuhalten, dass im Verfassungsrecht der Mitgliedstaaten überwiegend die Tendenz vorherrscht, die jeweilige Souveränitätsklausel, soweit vorhanden, in systematischer Hinsicht von den Integrationsermächtigungen abzuschirmen oder sie ihnen vorauszustellen.

Bislang kennt das geltende Verfassungsrecht keine einzige Klausel, in der Souveränitätsgrundsatz und Integrationsermächtigung gemeinsam geregelt wären. Zwar gibt es einige Verfassungen, in denen beide im selben Abschnitt der Verfassung geregelt[71] bzw. unmittelbar aufeinander folgend normiert[72] und daher in einen gemeinsamen Kontext gestellt sind. Wo aber ein unmittelbarer textlicher Bezug beider Normgruppen besteht, liegt darin nicht selten, wie die Beispiele Belgiens, Ungarns und Sloweniens zeigen, sogar eine Relativierung der Integrationsoffenheit, da die Integrationsermächtigung insoweit als Ausfluss bzw. Folge staatlicher Souveränität angelegt ist. In der überwiegenden Zahl innerstaatlicher Verfassungen sind die Integrationsermächtigungen hingegen nicht mit der jeweiligen Souveränitätsklausel verknüpft, sondern finden sich vielmehr in späteren Abschnitten der Verfassung, sogar gelegentlich außerhalb des verfassungsrechtlichen Stammtextes.[73]

European Integration: Public International Law, EU and Constitutional Law in the Polish Context, in: N. Walker (Hrsg.), Sovereignty in Transition (2003), S. 367 (398).

[69] Dazu eingehend *S. Biernat*, Offene Staatlichkeit, in: IPE II (2008), § 21 Polen, Rn. 4 ff.

[70] Ebd.

[71] So in *Italien*, wo die Ermächtigung zu Souveränitätsbeschränkungen (Art. 11 Verf-I) und die Souveränitätsklausel (Art. 1 Verf-I) im Abschnitt über die verfassungsrechtlichen Grundprinzipien platziert sind. In *Deutschland* trat die Integrationsermächtigung in Art. 23 n. F. symbolträchtig an die Stelle der alten Beitrittsklausel. In *Portugal* sind Art. 3 Verf-POR und Art. 7 Abs. 6 u. 8 Abs. 4 Verf-POR im selben Abschnitt über die Grundbestimmungen enthalten; ebenso in der *Slowakei* (Art. 1 und 7 Abs. 2 Verf-SLK) und in *Tschechien* (Art. 1 und 10a Verf-CZ). In *Luxemburg* gehören Souveränitätsklausel (Art. 32 Verf-Lux) und Integrationsermächtigung (Art. 49bis Verf-Lux) beide Kapitel 3 über die Souveränität an, Art. 49bis Verf-Lux findet sich jedoch in einem eigenen Unterabschnitt über die internationalen Gewalten.

[72] Unmittelbar auf die Souveränitätsklausel folgen die Integrationsermächtigungen in den Verfassungen *Belgiens* (Art. 33 und 34 Verf-BE), *Ungarns* (Art. 2 und 2a Verf-HU) sowie *Sloweniens* (Art. 3 und 3a Verf-SLO). Die *zypriotische* Verfassung enthält unmittelbar nach der Souveränitätsklausel in Art. 1 nunmehr mit Art. 1a eine Bestimmung, die den Vorrang des EU-Rechts absichern soll.

[73] In *Frankreich* Art. 3 Verf-F (Titel I. Die Souveränität) und Art. 88-1 ff. Verf-F (Titel XV. Die Europäische Union); für *Irland* Art. 1 und 5 (Abschnitte über die Nation und den Staat) und Art. 29 Verf-IRL (Abschnitt über internationale Beziehungen); für *Griechenland* Art. 1 Verf-GR (Erster Teil

Auch die systematische Stellung der Integrationsermächtigung im Verfassungsgefüge veranschaulicht damit die Vorbehalte und tastenden Gratwanderungen der verfassungsändernden Gesetzgeber in Bezug auf die Herstellung eines Gleichgewichts zwischen tradiertem Souveränitätsprinzip und zumeist zeitlich nachfolgend implementierter Permeabilität.

III. Bestandssicherung („Defensive")

Die Vergegenwärtigung des Souveränitätsschutzes wirft sogleich die Frage nach der *Defensive* der mitgliedstaatlichen Verfassung gegenüber der supranationalen Ebene auf. Die Permeabilität ist in vielen mitgliedstaatlichen Verfassungsordnungen keineswegs grenzenlos gewährleistet oder gar in materiell-rechtlicher Hinsicht blind. Zieht man Parallelen zu chemisch-physikalischen Strukturen, deren Permeabilität ausschließlich selektiv für bestimmte Moleküle wirkt, sind auch viele innerstaatliche Verfassungsordnungen durch eine in diesem Sinne *selektive Permeabilität* charakterisiert.

Im Folgenden soll es um Wege gehen, verfassungsrechtliche Schranken durch Bestandssicherungsklauseln an die Integrationsermächtigung zu koppeln.[74]

1. Konzeptioneller Zuschnitt von Bestandssicherungsklauseln

Von zentraler Bedeutung ist zunächst, sich über den konzeptionellen Zuschnitt einer solchen Bestandssicherungs- bzw. „Verfassungsbestandsklausel"[75] im Klaren zu sein

über Grundbestimmungen) und Art. 28 Verf-GR (Dritter Teil über Organisation und Funktionen des Staates); für *Spanien* Art. 1 Abs. 2 Verf-ESP (Vortitel) und Art. 93 (Kapitel III – Internationale Verträge); für *Finnland* § 1 (1. Kapitel über die Grundlagen der Staatsform) und §§ 94 f. Verf-FIN (8. Kapitel über internationale Beziehungen); für *Schweden* Kap. 1 (Grundlagen) § 1 schw. RegForm und Kap. 10 (Beziehungen zu anderen Staaten) § 5 schw. RegForm; für *Estland* § 1 Verf-EST (Abschnitt I – allgemeine Bestimmungen) und das externe estnische Verfassungsergänzungsgesetz (VEG); für *Lettland* Art. 1 und 2 Verf-LET (Kapitel I – Allgemeine Bestimmungen) und Art. 68 Verf-LET (Kapitel V – Die Gesetzgebung); für *Litauen* Art. 1–3 Verf-LIT (Abschnitt 1 über den litauischen Staat) und den in Verfassungsakt über die EU-Mitgliedschaft, der gemäß Art. 150 (Abschnitt über abschließende Bestimmungen) Bestandteil der Verfassung ist; für *Polen* Art. 4 f. Verf-PL (Kapitel I über die Republik) und Art. 90 Abs. 1 Verf-PL (Kapitel III über die Rechtsquellen); für *Bulgarien* Art. 1 Verf-BG (Kap. I – Grundprinzipien) und Art. 85 Abs. 1 Verf-BG (Kapitel III – Die Nationalversammlung); für *Rumänien* Art. 2 Verf-RO (Titel I – Allgemeine Prinzipien) und Art. 148 Verf-RO (Titel VI – Euro-Atlantische Integration); für *Kroatien* Art. 2 Verf-KRO (Abschnitt II – Grundlegende Bestimmungen) und Art. 139 Verf-KRO (Abschnitt VII – Internationale Beziehungen); für *Mazedonien* Art. 1 f. Verf-MK (Kapitel I – Grundbestimmungen) und Art. 121 Verf-MK (Kapitel VI – Internationale Beziehungen).

[74] Vgl. *I. Pernice*, Bestandssicherungen der Verfassungen: Verfassungsrechtliche Mechanismen zur Wahrung der Verfassungsordnung, in: R. Bieber/P. Widmer (Hrsg.), L'espace constitutionnel européen (1995), S. 225 ff.

[75] So *R. Breuer*, Die Sackgasse des neuen Europaartikels (Art. 23 GG), NVwZ 1994, S. 417 (422).

und diese von anderen Formen verfassungsrechtlicher Integrationsschranken abzugrenzen.

Eine Bestandssicherungsklausel bezieht sich als Instrument verfassungsrechtlicher *Defensive* auf die Bewahrung nationaler verfassungsrechtlicher Grundstrukturen gegenüber der supranationalen Gewalt. Ihre Zweckrichtung besteht darin, bestimmte Einbrüche in das *innerstaatliche* Verfassungsgefüge zu verhindern. Darin liegt zugleich der Hauptunterschied zu einer Strukturgestaltungsklausel. Diese ist auf die Ausgestaltung der supranationalen Hoheitsgewalt im Sinne einer verfassungsrechtlichen Ausstrahlungswirkung bzw. „Offensive"[76] gerichtet.[77] Übereinstimmungen weisen Bestandssicherungs- und Strukturgestaltungsklausel allerdings insoweit auf, als sie beide nur die *nationalen* Staatsorgane als Adressaten in die Pflicht nehmen, nicht aber die Organe oder sonstigen Institutionen der EU (unmittelbar) binden können.

Fragt man nach der konzeptionellen Ausgestaltung der verfassungsrechtlichen Defensivlinie gegenüber der supranationalen Hoheitsgewalt, so muss genau danach differenziert werden, an welchem Funktionsbereich des innerstaatlichen Europaverfassungsrechts diese Schranke ansetzt.[78] Mehrere Varianten sind hier denkbar.

So kann das begrenzende Element der Entstehung normativer Permeabilität bereits vorausliegen. Allen voran das Souveränitätsprinzip wirkt sich in limitierender Weise schon im Vorfeld auf die Entstehungsbedingungen rechtlicher Permeabilität aus. Das Europaverfassungsrecht in Irland und Frankreich in seinem spezifisch stufenhaften bzw. einzelfallbezogenen Modellcharakter legt hiervon ebenso Zeugnis ab wie die souveränitätszentrierten Reformdebatten in den neuen Mitgliedstaaten.

Sind in die betreffende Verfassungsordnung sodann in einem zweiten Schritt permeable Strukturmechanismen eingeführt worden, können die verfassungsrechtlichen Schranken entweder an die Integrationsermächtigung gekoppelt werden oder demgegenüber an der normativen Verortung des Unionsrechts im innerstaatlichen Rechtsraum ansetzen. Letzteres betrifft die Frage nach der Geltungsbegründung sowie nach dem Vorranganspruch des Unionsrechts. Neben der rein materiell-rechtlichen Dimension spielen hier vor allem die verfassungsprozessualen Mechanismen eine zentrale Rolle, wie z.B. gerichtliche Prüfungsvorbehalte und Letztentscheidungsrechte. Dieser Problemkomplex wird in Kapitel 11 im Kontext der Vorrangproblematik ausführlich dargelegt.[79] Im Folgenden soll hingegen ausschließlich die erste Variante interessieren, d.h. die unmittelbar an die Integrations*ermächtigung* geknüpfte Grenzziehung, wobei primär ihr *regelungsstruktureller* Aspekt im Fokus

[76] Zur Unterscheidung nach Offensive und Defensive vgl. *R. Breuer*, a.a.O.

[77] Zu den Struktursicherungsklauseln s. sogleich unter Teil 2 – Kapitel 9 – IV. 2.

[78] Für eine rechtsvergleichende Übersicht über „verfassungsrechtliche Grenzen der offenen Staatlichkeit" auf Vergleichsbasis von 11 EU-Mitgliedstaaten s. *P.M. Huber*, Offene Staatlichkeit, in: IPE II (2008), § 26 Vergleich, Rn. 83 ff.

[79] Soweit die nationale Verfassungsordnung nämlich die innerstaatliche Geltung und Anwendbarkeit des Unionsrechts auf das nationale Recht selbst stützt, ist darin bereits der Grundstein für eine Grenzziehung gegenüber dem Unionsrecht im innerstaatlichen Rechtsraum gelegt.

steht. Kurzum, es geht um die verschiedenen Möglichkeiten, *wie* eine Integrationsermächtigung von Verfassung wegen begrenzt werden kann.

a) Anknüpfung an dynamische Ermächtigungsmodelle

Ein erster Weg verfassungsrechtlicher Grenzziehung nimmt seinen Ausgangspunkt unmittelbar bei dem Funktionsmodus der Integrationsermächtigung selbst. Dieses Modell betrifft in erster Linie dynamische Integrationsermächtigungen, die zwar grundsätzlich durch einen breit gefassten und entwicklungssoffen ausgestalteten Anwendungsbereich charakterisiert sind, gerade deshalb aber durch einen verfassungsrechtlichen Sicherungsmechanismus eingehegt werden sollen.

Die hier denkbaren Varianten im Verfassungsrecht der Mitgliedstaaten wurden bereits im Zuge der Grundmodelle dynamischer Integrationsermächtigungen vorgestellt[80] und seien an dieser Stelle lediglich in aller Knappheit rekapituliert. So begrenzen einige Verfassungen, die speziell auf das Übertragungsmodell zurückgreifen, ihre Integrationsermächtigung dadurch, dass sie den Übertragungsvorgang lediglich in Bezug auf „einzelne" oder „bestimmte" Kompetenzen ermöglichen,[81] oder aber die Übertragung auf Teile der verfassungsrechtlich begründeten Kompetenzen reduzieren.[82] Zudem kann die Übertragung in zeitlicher Hinsicht limitiert werden.[83] Auch in der Verengung der Übertragung auf eine bloße Kompetenzausübung[84] sowie der ausdrücklichen Ableitung der zur Ausübung übertragenen Kompetenzen aus der nationalen Verfassung[85] kann eine Bestandsgrenze liegen, soweit damit die Konstituierung der supranationalen Rechtsordnung zum Derivat staatlicher Regelungstotalität wird. Entsprechende Schranken können auch mit der Modellgruppe gekoppelt werden, die von der Leitidee einer gemeinsamen Kompetenzausübung ausgeht. Wird die gemeinsame Kompetenzausübung zudem auf ein für die Erfüllung der Mitgliedschaftsverpflichtungen „erforderliches Maß" reduziert oder definiert die Verfassung die gemeinsam ausgeübten Kompetenzen als aus der nationalen Verfassung „hergeleitet", so bekräftigt dies zusätzlich die Einschränkung der grundsätzlich dynamisch angelegten Integrationsermächtigung.[86]

Gemeinsam ist allen diesen Ansätzen, dass der durch sie gespannte Schutzschirm gegen die Begründung unbestimmter Blankettermächtigungen auf supranationaler Ebene bzw. die Übertragung der Kompetenz-Kompetenz gerichtet ist. Eine prozessu-

---

[80] Vgl. insbesondere Teil 2 – Kapitel 5 – II. 4. b) im Kontext des Übertragungsmodells sowie Teil 2 – Kapitel 5 – III. 2. b) im Zuge des Modells gemeinsamer Kompetenzausübung.

[81] So etwa § 20 Abs. 1 Verf-DEN „in näher bestimmtem Umfang"; 34 Verf-BE „bestimmte Gewalten"; Art. 10a Verf-CZ „bestimmte Befugnisse"; Art. 90 Abs. 1 Verf-PL „in bestimmten Angelegenheiten"; Art. 148 Abs. 1 Verf-RO „bestimmter Zuständigkeiten".

[82] Art. 68 Abs. 2 Verf-LET; Art. 7 Abs. 2 Verf-SLK; Art. 3a Abs. 1 Verf-SLO.

[83] Art. 49bis Verf-LUX, wenngleich daraus bis heute keine konkreten Folgen abgeleitet wurden.

[84] Art. 49bis Verf-LUX; Art. 34 Verf-BE, Art. 93 Verf-ESP, Art. 7 Abs. 2 S. 1 Verf-SLK, Art. 3a Abs. 1 Verf-SLO, Art. 1 lit. EU-Verfassungsakt und Art. 148 Abs. 1 Verf-RO.

[85] Art. 93 S. 1 Verf-ESP.

[86] Art. 2a Verf-HU sowie Art. 7 Abs. 6 Verf-POR.

ale Flankierung durch ein verfassungsgerichtliches Letztentscheidungsrecht ist in der Praxis darum auch keine Seltenheit.[87]

b) Bestandssicherungsklauseln im engeren Sinne

Eine zweite Variante sichert hingegen konkret einzelne Kerngehalte der Verfassung gegenüber der Integrationsermächtigung ab. Dieser Ansatz kann in seiner positivrechtlichen Ausprägung als Bestandssicherungsklausel im engeren Sinne bezeichnet werden. Im Verfassungsrecht der Mitgliedstaaten gibt es mittlerweile mehrfach Anwendungsbeispiele.

So lässt die griechische Verfassung in ihrem Art. 28 Abs. 3 eine Einschränkung der Ausübung der nationalen Souveränität nur zu, wenn dies ein nationales Interesse erfordert und

„die Menschenrechte und Grundlagen der demokratischen Staatsordnung nicht angetastet werden".

Wenn Art. 28 Abs. 3 Verf-GR mit der Einforderung von Gleichberechtigung und Gegenseitigkeit fortfährt, so liegt darin allerdings keine Bestandssicherung, sondern vielmehr eine auf die strukturelle Ausgestaltung der supranationalen Ebene gerichtete Strukturgestaltungsklausel. Das Beispiel der griechischen Verfassung zeigt, dass Bestands- und Strukturgestaltungsklausel textlich durchaus nah beieinander liegen können und sich in eindeutiger Weise nur anhand des differierenden Schutzzwecks voneinander unterscheiden lassen.

Eine der griechischen Bestandssicherungsklausel ähnliche Formulierung findet sich in Art. 94 Abs. 3 Verf-FIN, wonach eine internationale Verpflichtung „nicht die demokratischen Grundlagen der Verfassung gefährden" darf. Auch in der schwedischen Verfassungsordnung findet sich eine Bestandssicherungsklausel. Gemäß Kap. 10 § 5 des schwedischen Hauptverfassungsgesetzes darf die Übertragung von Beschlussrechten auf die EU nicht die „Grundsätze der Staatsform" berühren.[88] Eine vergleichbare Beschränkung beinhaltet das EU-gerichtete Verfassungsergänzungsgesetz Estlands, wenn es die Zugehörigkeit Estlands „ausgehend von den wichtigsten Grundsätzen" der estnischen Verfassung erlaubt. Auch kann die Grenzziehung in Form eines Verweises erfolgen, wie dies in Art. 23 Abs. 1 S. 3 GG in Bezug auf die änderungsfesten Kerngehalte des Art. 79 Abs. 3 GG angelegt ist.

Sicherlich ist die Existenz eines verfassungsrechtlichen Bestandsschutzes nicht zwingend an das Vorliegen einer ausdrücklichen Schutzklausel geknüpft. So diente

---

[87] Vgl. Teil 2 – Kapitel 11 – III. 1. c) speziell zu ultra-vires-Vorbehalten.

[88] Der Wortlaut wurde anlässlich der Diskussion um die Ratifikation des VVE jedoch als impraktikabel kritisiert, dazu *J. Nergelius*, Sweden's Possible Ratification of the EU Constitution: A Case-study of „Wait and See", in: A. Albi/J. Ziller (Hrsg.), The European Constitution and National Constitutions. Ratification and Beyond (2007), S. 183 (185 f.). Sollte die Reform der schwedischen Verfassung auf Grundlage des Regierungsentwurfs v. 8. 12. 2009 – Regeringens proposition 2009/10:80 – in Kraft treten, fände sich diese Vorschrift im neuen Kap. 10 § 6 Regeringsformen wieder.

die Einführung von Art. 23 Abs. 1 GG[89] lediglich der Kodifikation der bereits zuvor durch die Rechtsprechung des BVerfG anerkannten Integrationsschranken.[90] In anderen Mitgliedstaaten fehlen ausdrückliche Bestandssicherungsklauseln bis heute. Gleichwohl sind verfassungsrechtliche Grenzen der Integrationsermächtigung dort anerkannt. Exemplarisch sei auf die Lehre der *controlimiti* in Italien[91] oder auf die verfassungsimmanenten Schranken der Integrationsermächtigungen in Spanien,[92] Polen[93] oder Tschechien[94] hingewiesen.[95]

Dass Transparenz und Regelungsklarheit grundsätzlich für die Einführung einer ausdrücklichen Klausel sprechen, zeigt aber neben dem Beispiel des deutschen Grundgesetzes gerade auch die Diskussion in Spanien um die künftige Einführung einer verfassungsrechtlichen Europaklausel. So beinhaltet die Normempfehlung des spanischen Staatsrates vom 16. Februar 2006 eine Integrationsermächtigung, die speziell durch eine Bestandssicherungsklausel eingehegt wird:[96]

> „(...) zu diesem Zweck wirkt der spanische Staat, *ohne die im Vortitel verankerten Grundsätze zu verletzen*, mit anderen Mitgliedstaaten durch gemeinsame Institutionen an der Gründung einer Union mit, die der Rechtsstaatlichkeit, der Demokratie und den Grundrechten verpflichtet ist."

Auch hier besteht die Bestandssicherungsklausel im Wesentlichen aus einem Verweis. Dieser bezieht sich auf die durch den Vortitel der spanischen Verfassung ge-

---

[89] Eingeführt durch das 38. Gesetz zur Änderung des Grundgesetzes vom 21. 12. 1992 (BGBl. I vom 24. 12. 1992, S. 2086).

[90] Vgl. insbesondere BVerfG, Beschl. v. 29. 5. 1974 – BvL 52/71 – *Solange I* = BVerfGE 37, 271 (279 f.) sowie Beschl. v. 22. 10. 1986 – 2 BvR 197/83 – *Solange II* = BVerfGE 73, 339 (375 f.).

[91] Ital. VerfGH, Urteile v. 16. 12. 1965 – Nr. 98/1965 – *Acciaierie San Michele* = EuR 1966, S. 146 ff.; v. 18. 12. 1973 – Nr. 183/1973 – *Frontini* = EuR 1974, S. 255 ff.; v. 5. 6. 1984 – Nr. 170/1984 – *Granital* = EuGRZ 1985, S. 98 ff. sowie v. 13. 4. 1989 – Nr. 232/1989 – *Fragd.* Vgl. auch *F. P. Ruggeri Laderchi*, Report on Italy, in: A.-M. Slaughter/A. Stone Sweet/J. H. H. Weiler (Hrsg.) The European Court and National Courts (1998), S. 147 (162 ff.); *G. Itzcovich*, Sovereignty, Legal Pluralism and Fundamental Rights – Italian Jurisprudence and European Integration (1964–1973), EPL 10 (2004), S. 107 (120 ff.).

[92] Span. VerfG, Erkl. v. 13. 12. 2004 – DTC 1/2004 – *Verfassungsvertrag* = EuR 2005, S. 339 (342 f.). Dazu *P. Pérez Tremps/A. Saiz Arnaiz*, Spain's Ratification of the Treaty Establishing a Constitution for Europe, in: A. Albi/J. Ziller (Hrsg.), The European Constitution and National Constitutions (2007), S. 45 (50); *A. del Valle Gálvez*, Constitution Espagnole et traité constitutionnel européen, CDE 41 (2005), S. 705 (716 f.).

[93] Poln. VerfGH, Entsch. v. 11. 5. 2005 – Az. K 18/04 – *Beitrittsvertrag* = EuR 2006, S. 236 (239 f.) unter besonderer Betonung der durch die polnische Verfassung garantierten Individualrechte und -freiheiten. Vgl. zuvor bereits *M. Jankowska-Gilberg*, Verfassungsrechtliche Grundlagen des Beitritts und der Mitgliedschaft Polens in der Europäischen Union, EuR 2003, 417 (426).

[94] Tschech. VerfG, Urt. v. 8. 3. 2006 – Pl. US 50/04 – *Zuckerquoten II*, Entscheidungsgrund VI.B; Urt. v. 3. 5. 2006 – Pl. US. 66/04 – *Europäischer Haftbefehl*, Rn. 53; Urt. v. 26. 11. 2008 – Pl. US 19/08 – *Lissabon I*, Rn. 97, 113 f., 130, 196.

[95] Soweit an die Anerkennung solcher materiell-rechtlicher Bestandsgrenzen in prozessualer Hinsicht Prüfungsvorbehalte bzw. Letztentscheidungsrechte innerstaatlicher Höchst- bzw. Verfassungsgerichte geknüpft ist, die den Vorranganspruch des Unionsrechts in Frage stellen, wird in Teil 2 – Kapitel 11 eingehend auf diese Beispiele zurückzukommen sein.

[96] Span. Staatsrat (*Consejo de Estado*), Bericht v. 16. 2. 2006, Nr. E 1/2005, S. 92, 107.

schützten Grundsätze und umfasst insbesondere Art. 1 Abs. 1 Verf-ESP, wonach sich Spanien „als demokratischer und sozialer Rechtsstaat" konstituiert und sich „zu Freiheit, Gerechtigkeit, Gleichheit und politischem Pluralismus" als den obersten Verfassungswerten bekennt.

Auch das im Rahmen dieser Untersuchung als weitere Textstufe vorgeschlagene Verbundmodell enthält bereits eine Bestandssicherungsklausel, die sich an den *identitätstragenden Grundsätzen* der nationalen Verfassung ausrichtet.

2. Festigkeit der Bestandsgrenze

Sind der Integrationsermächtigung Grenzen von Verfassung wegen gezogen, so evoziert dies die Frage nach ihrer Festigkeit. Der deutsche Betrachter läuft dabei vergleichsweise leicht Gefahr, durch die Brille von Art. 79 Abs. 3 GG eine verfassungsrechtliche Bestandsgrenze automatisch mit Integrationsfestigkeit, d. h. einem dauerhaften Hindernis für die rechtliche Begründung normativer Permeabilität, gleichzusetzen.

a) Bestandsgrenze als Markierung verfassungsrechtlicher Änderungsbedürftigkeit

Eine Bestandsgrenze ist jedoch keineswegs zwingend an einen unabänderlichen Verfassungskern gekoppelt. In der überwiegenden Anzahl mitgliedstaatlicher Verfassungen können bestehende oder drohende Konflikte vielmehr im Wege der Verfassungsänderung beigelegt werden.

In diesem Szenario kommt es entscheidend auf die konkrete verfahrensrechtliche Ausgestaltung des Revisionsprozesses an. Je höher die Hürden einer Verfassungsänderung gesteckt sind, desto schwieriger ist gleichsam die Überwindung der Integrationsschranken. Während in einigen Mitgliedstaaten insoweit kein Unterschied zwischen dem Integrationsverfahren und der klassischen Verfassungsänderung besteht, muss in anderen Staaten ein ungleich komplexeres Revisionsverfahren durchlaufen werden.[97] Die verfassungsrechtlich geforderten Mehrheitsschwellen dürfen dabei freilich nicht als nominaler Vergleichswert gelten, sondern sind stets in den Kontext der jeweiligen politischen Entscheidungskultur einzuordnen, der von Land zu Land signifikant variieren kann. Regelmäßig fordern die mitgliedstaatlichen Verfassungen für eine Verfassungsänderung gehobene Mehrheits- oder Abstimmungsmodalitäten, zuweilen auch komplexe und langwierige Verfahren unter Einschluss von Neuwahlen.[98] Auch sehen einige Verfassungen einen speziellen Revisionsschutz durch

[97] Vgl. dazu bereits Teil 2 – Kapitel 6.

[98] Vgl. zu unterschiedlichen Modalitäten der Verfassungsrevision im Abgleich zum Integrationsverfahren bereits Teil 2 – Kapitel 6 – II. 3. Zur Frage der Verfassungsgebung und -änderung in vergleichender Perspektive s. zudem *A. Auer*, L'adoption et la révision des constitutions, ebd., S. 267 ff. sowie *G. A. Bermann*, The Constitutional Amendment Process, ebd. S. 291 ff. Eine frühe rechtsvergleichende Analyse, wenngleich nicht spezifisch auf den EU-Kontext bezogen, findet sich zudem bei *P. Häberle*, Verfassungsrechtliche Ewigkeitsklauseln als verfassungsstaatliche Identitätsgarantien, in: FS H. Haug (1986), S. 81 ff.

erhöhte Verfahrenshürden für verfassungsrechtliche Kernprinzipien, wie etwa das Souveränitätsprinzip vor.[99]

b) Bestandsgrenze als Markierung verfassungsrechtlicher Änderungsfestigkeit

Stellt die Verfassung hingegen bestimmte Kerngehalte unter den Schutz eines verfassungsrechtlichen Revisions*verbots* und werden die so gezogenen Grenzen auf die verfassungsrechtliche Integrationsgewalt angewendet, so stößt die Permeabilität im Rahmen der bestehenden Verfassungsordnung auf unüberwindliche Schranken.[100] Typisches Beispiel hierfür ist Art. 23 Abs. 1 S. 3 i. V. m. Art. 79 Abs. 3 GG.[101]

aa) Revisionsverbote im Verfassungsrecht der EU-Mitgliedstaaten

Neben Art. 79 Abs. 3 GG finden sich positivierte Revisionsverbote zudem in den Verfassungen Frankreichs, Italiens, Griechenlands, Portugals, Tschechiens, Zyperns und Rumäniens. In Frankreich und Italien entziehen Art. 89 Abs. 5 Verf-F und Art. 139 Verf-IT die republikanische Regierungs- bzw. Staatsform einer Verfassungsänderung. In Griechenland nimmt Art. 110 Abs. 1 Verf-GR „die Staatsgrundlage und die Staatsform als parlamentarische Republik" inklusive einiger Grundsatzartikel[102] von der Revision aus. Vergleichbares gilt gemäß Art. 288 Verf-POR und Art. 152 Abs. 1 und 2 Verf-ROM. In Tschechien schützt Art. 9 Abs. 2 Verf-CZ die „wesentlichen Erfordernisse des demokratischen Rechtsstaats",[103] während Art. 182 Verf-CY wiederum eine ganze Liste sog. „Grundartikel" vom Revisionsverfahren ausnimmt.

Die bloße Existenz eines ausdrücklichen Revisionsverbotes sagt für sich genommen freilich noch nichts darüber aus, inwieweit dieses Verbot von den Gerichten im Einzelfall konkretisiert werden darf. Die Frage der Justiziabilität änderungsfester Be-

---

[99] Vgl. etwa die baltischen Verfassungen, welche für die Änderungen ihrer Grundbestimmungen die Zustimmung des Volkes per Volksentscheid verlangen, § 162 Verf-EST, Art. 77 Verf-LET und Art. 148 Abs. 2 Verf-LIT. Zum Ganzen bereits Teil 2 – Kapitel 3 – II. 2.

[100] Kritisch im deutschen Kontext bereits *J. Schwarze*, Ist das Grundgesetz ein Hindernis auf dem Weg nach Europa?, JZ 1999, S. 637 ff.

[101] Wurde im Rahmen von Art. 24 GG vereinzelt noch die Anwendbarkeit von Art. 79 Abs. 3 GG in Frage gestellt – in diesem Sinne: etwa *H. H. Rupp*, Die Grundrechte und das europäische Gemeinschaftsrecht, NJW 1970, S. 353 (357); *H. P. Ipsen*, Europäisches Gemeinschaftsrecht (1972), S. 65 (§ 2 Rn. 37). Zur Problematik eingehend *S. Uhrig*, Die Schranken des Grundgesetzes für die europäische Integration (1999), S. 77 ff. –, so hat sich dies mit der Einführung von Art. 23 GG im Jahr 1992 nunmehr erledigt. Die Problematik wurde allerdings nicht gänzlich entschärft, sondern vielmehr auf die Frage umgeleitet, was unter den Schutz von Art. 79 Abs. 3 GG fällt, vgl. *I. Pernice*, in: H. Dreier (Hrsg.), GG, Bd. II (2. Aufl. 2006), Art. 23, Rn. 92.

[102] Darunter u. a. den Schutz der Menschenwürde (Art. 2 Abs. 1 Verf-GR), den allgemeinen Gleichheitssatz (Art. 4 Abs. 1 Verf-GR), das Recht auf freie Entfaltung der Persönlichkeit und die Freiheit der Person (Art. 5 Abs. 1 und 3 Verf-GR), die Glaubensfreiheit (Art. 13 Abs. 1 Verf-GR) sowie den Grundsatz der Gewaltenteilung (Art. 26 Verf-GR).

[103] Dazu speziell *K. Vodička*, Unaufhebbare Grundprinzipien der tschechischen Verfassungsordnung, Osteuropa Recht 42 (1996), S. 225 ff. Ergänzend sieht Art. 9 Abs. 3 Verf-CZ zudem vor, dass die Norminterpretation zu keiner Beseitigung oder Gefährdung der Fundamente des demokratischen Rechtsstaates berechtige.

standsgrenzen stellt sich dabei ganz losgelöst vom Kontext der EU, wenngleich dieser hier allein im Blickpunkt steht.

bb) Justiziabilität: Der Sonderweg des BVerfG

Gesteigerten Konkretisierungswillen in Bezug auf das Revisionsverbot legt unter den Verfassungs- und Höchstgerichten der EU-Mitgliedstaaten einzig das deutsche BVerfG an den Tag. Bezeichnenderweise gilt dies gerade für den Bereich der europäischen Integration. Nachdem das BVerfG änderungsfeste Grenzen in seiner früheren Rechtsprechung noch in recht abstrakter Weise gegen die europäische Integration ins Feld geführt hatte,[104] ging das Gericht im *Lissabon*-Urteil vom 30. Juni 2009 dazu über, eine vergleichsweise detaillierte Liste an Kernbereichen zu identifizieren, deren kompetenzieller Verbleib beim Staat notwendige Bedingung der aus dem Demokratieprinzip fließenden Wahrung souveräner Staatlichkeit sei.[105] Die europäische Integration dürfe, so das BVerfG,

> „nicht so verwirklicht werden, dass in den Mitgliedstaaten *kein ausreichender Raum zur politischen Gestaltung der wirtschaftlichen, kulturellen und sozialen Lebensverhältnisse mehr bleibt.* Dies gilt insbesondere für Sachbereiche, die die Lebensumstände der Bürger, vor allem ihren von den Grundrechten geschützten privaten Raum der Eigenverantwortung und der persönlichen und sozialen Sicherheit prägen, sowie für solche politische Entscheidungen, die in besonderer Weise auf kulturelle, historische und sprachliche Vorverständnisse angewiesen sind, und die sich im parteipolitisch und parlamentarisch organisierten Raum einer politischen Öffentlichkeit diskursiv entfalten. Zu *wesentlichen Bereichen demokratischer Gestaltung* gehören unter anderem die Staatsbürgerschaft, das zivile und militärische Gewaltmonopol, Einnahmen und Ausgaben einschließlich der Kreditaufnahme sowie die für die Grundrechtsverwirklichung maßgeblichen Eingriffstatbestände, vor allem bei intensiven Grundrechtseingriffen wie dem Freiheitsentzug in der Strafrechtspflege oder bei Unterbringungsmaßnahmen. Zu diesen bedeutsamen Sachbereichen gehören auch kulturelle Fragen wie die Verfügung über die Sprache, die Gestaltung der Familien- und Bildungsverhältnisse, die Ordnung der Meinungs-, Presse- und Versammlungsfreiheit oder der Umgang mit dem religiösen oder weltanschaulichen Bekenntnis."[106]

Dass es dem Gericht hierbei tatsächlich um die Vermessung änderungsfester, d.h. durch Art. 79 Abs. 3 GG geschützter Integrationsgrenzen geht, zeigen neben den ge-

[104] Vgl. BVerfG, Beschl. v. 29. 5. 1974 – BvL 52/71 – *Solange I* = BVerfGE 37, 271 (279 f.) sowie Beschl. v. 22. 10. 1986 – 2 BvR 197/83 – *Solange II* = BVerfGE 73, 339 (375 f.) jeweils unter Bezug auf die grundgesetzliche Verfassungsidentität und, dazu gehörend, den Grundrechtsteil des GG. In BVerfG, Urt. v. 12. 10. 1993 – 2 BvR 2134, 2159/92 – *Maastricht* = BVerfGE 89, 155 (172 f.) beschränkt sich das Gericht noch auf die vergleichsweise abstrakte Formulierung, das GG schließe „es im Anwendungsbereich des Art. 23 GG aus, dieses Recht [gemeint ist das Wahlrecht nach Art. 38 Abs. 1 S. 1 GG] durch Verlagerung von Aufgaben und Befugnissen des Bundestages so zu entleeren, daß das demokratische Prinzip, soweit es Art. 79 Abs. 3 i. V. m. Art. 20 Abs. 1 und 2 GG für unantastbar erklärt, verletzt" werde.

[105] Vgl. bereits Teil 2 – Kapitel 3 – I. 2. a) und Teil 2 – Kapitel 3 – I. 3e b) jeweils im Kontext des Souveränitätsbegriffs.

[106] BVerfG, Urt. v. 30. 6. 2009 – 2 BvE 2/08 u. a. – *Lissabon* = BVerfGE 123, 267 ff. (Rn. 249, Hervorh. hinzugefügt). Die konkrete Prüfung der durch den VvL auf EU-Ebene neu begründeten Kompetenzen erfolgt sodann unter Rn. 352 ff.

richtlichen Ausführungen zum Prüfungsgegenstand[107] auch mehrere Passagen der Urteilsgründe, die speziell einzelne Kompetenzbereiche betreffen.[108]

Der Blick in andere europäische Verfassungsordnungen mit Revisionsverbot offenbart die Besonderheit dieses Ansatzes. Ganz überwiegend werden die änderungsfesten Identitätsgehalte und die sie absichernden Normen in der Rechtsprechung nämlich seitens der Judikative mit äußerster Zurückhaltung gehandhabt.

Ein klassisches Beispiel für den restriktiven Umgang mit der Ewigkeitsklausel im Kontext der EU ist die Handhabung von Art. 89 Abs. 5 Verf-F. Bereits in der Literatur ist höchst umstritten, ob diese Norm, welche speziell dem Rückfall in eine Monarchie vorbeugen soll,[109] überhaupt als Maßstab einer „Überverfassungsrechtlichkeit" (*supra-constitutionnalité*) verstanden werden darf.[110] Neben der Literatur hat aber vor allem der französische Verfassungsrat (*Conseil constitutionnel*) eine betonte Vorsicht gegenüber der Anwendung von Art. 89 Abs. 5 Verf-F an den Tag gelegt und aus dieser Bestimmung bis heute keine konkreten Integrationsgrenzen abgeleitet. Die in der Rechtsprechung des Verfassungsrates zentral figurierende Integrationsgrenze der „Grundvoraussetzungen für die Ausübung der nationalen Souveränität" markiert darum auch lediglich die Schwelle, ab der eine Verfassungsänderung notwendig ist.[111] In Bezug auf Art. 89 Abs. 5 Verf-F beließ es der Verfassungsrat hingegen bei einem bislang singulären, zumal gänzlich allgemein gehaltenen Hinweis auf die insoweit bestehende Bindung des Verfassungsgesetzgebers.[112] Die im Zuge des Vertrages von *Maastricht* auf den Weg gebrachte Verfassungsänderung hielt der Verfassungsrat dementsprechend in seiner zweiten *Maastricht*-Entscheidung auch vollumfänglich aufrecht.[113] In seiner dritten *Maastricht*-Entscheidung erklärte sich der Verfassungsrat aufgrund des Grundsatzes der Gewaltenteilung sogar für unzuständig, im Wege der präventiven Normenkontrolle (Art. 61 Verf-F) über die Verfassungsmäßigkeit das Zustimmungsgesetz zu entscheiden, weil dieses im konkreten Fall nicht vom Parla-

---

[107] Ebd., Rn. 208, 219, 244 f., 261 und 264.

[108] Vgl. ebd. Rn. 255 (Integrationsfestigkeit des konstitutiven Parlamentsvorbehalts für den Auslandseinsatz der Bundeswehr); Rn. 256 (Verletzungsszenario des Demokratieprinzips „in seinem substantiellen Bestimmungsgehalt" durch die Aushöhlung des Budgetrechts), Rn. 364 (Schutz des strafrechtlichen Schuldprinzips als Teil der nach der wegen Art. 79 Abs. 3 GG unverfügbaren Verfassungsidentität, die auch vor Eingriffen durch die supranational ausgeübte öffentliche Gewalt geschützt ist) sowie Rn. 392 (Sozialstaatsprinzip).

[109] So bereits Art. 8 Abs. 2 der Verfassung der Französischen III. Republik seit der Verfassungsänderung 1884.

[110] Zur Porblematik eingehend *J. Ziller*, Sovereignty in France: Getting Rid of the Mal de Bodin, in: N. Walker (Hrsg.), Sovereignty in Transition (2003), S. 261 (271 ff.) m. w. N.

[111] Franz. Verfassungsrat, Entscheidungen v. 9. 4. 1992 – Nr. 92-308 DC – *Maastricht I*, Rec. S. 55; v. 31. 12. 1997 – Nr. 97-394 DC – *Amsterdam*, Rec. S. 344; v. 19. 11. 2004 – Nr. 2004-505 DC – *Verfassungsvertrag*, Rec. S. 173 sowie v. 20. 12. 2007 – Nr. 2007-560 DC – *Lissabon*, JORF v. 29. 12. 2007, S. 21813. Dazu bereits eingehend Teil 2 – Kapitel 5 – I. 3. a) sowie Teil 2 – Kapitel 7 – II. 1.

[112] Franz. Verfassungsrat, Entsch. v. 2. 9. 1992 – Nr. 92-312 DC – *Maastricht II*, Rec. S. 76, insbesondere 19. Erwägungsgrund.

[113] Ebd., vgl. auch Teil 2 – Kapitel 7 – II. 1.

ment verabschiedet, sondern im Wege eines Volksentscheids angenommen worden war.[114]

Dass das BVerfG mit seinem ausgreifenden Anspruch auf gerichtliche Definitionshoheit über änderungsfeste Integrationsgrenzen bislang allein steht, zeigt jedoch besonders prägnant das zweite *Lissabon*-Urteil des tschechischen Verfassungsgerichts.[115] Zentrale Teile der Urteilsgründe können dabei als unmittelbare Antwort auf das deutsche Pendant verstanden werden, beriefen sich die antragstellenden Senatoren sowie der tschechische Präsident *Klaus* doch ausdrücklich auf das *Lissabon*-Urteil des BVerfG und forderten das tschechische Verfassungsgericht vor diesem Hintergrund auf, einen änderungsfesten Kompetenzkatalog zu formulieren.[116] Diesem Begehren nach richterlicher Schöpfung integrationsfester Bestandsgrenzen erteilte das tschechische Verfassungsgericht indes eine klare Absage:

> „In point 49 of the petition the petitioners ask the Constitutional Court to set ‚substantive limits to the transfer of powers', and in point 51 to 56 they attempt to formulate these themselves, *evidently inspired by the decision of the German Constitutional Court dated 30 June 2009* (…) which provides such a catalogue in point 252 (…). However, the Constitutional Court *does not consider it possible, in view of the position that it holds in the constitutional system of the Czech Republic, to create such a catalogue of non-transferrable powers and authoritatively determine ‚substantive limits to the transfer of powers'*, as the petitioners request. It points out that (…) [t]hese limits should be left *primarily to the legislature to specify*, because this is a priori a political question, which provides the legislature wide discretion (…). Responsibility for these political decisions cannot be transferred to the Constitutional Court; it can review them only at the point when they have actually been made on the political level. (…) For the same reasons, the Constitutional Court does not feel authorised to formulate in advance, in an abstract context, what is the precise content of Article 1(1) of the Constitution, as requested by the petitioners, supported by the president, who welcomes the attempt ‚in a final list to define the elements of the ‚material core' of the constitutional order, or more precisely, of a sovereign democratic state governed by the rule of law', and states (in agreement with the petitioners) that this could ‚limit future self-serving definition of these elements based on cases being adjudicated at the time'".[117]

Auch in den übrigen Mitgliedstaaten haben sich Judikative und Wissenschaft mit der Heranziehung der Revisionsverbote zumindest in der Vergangenheit zurückgehal-

---

[114] Franz. Verfassungsrat, Entsch. v. 23. 9. 1992 – Nr. 92-313 DC – *Maastricht III*, Rec. S. 94. Darin kann eine Stärkung des direktdemokratisch ausgerichteten Prinzips der „souveraineté populaire" gesehen werden, vgl. *J. Ziller*, Sovereignty in France: Getting Rid of the Mal de Bodin, in: N. Walker (Hrsg.), Sovereignty in Transition (2003), S. 261 (273).

[115] Tschech. VerfG, Urt. v. 3. 11. 2009 – Pl. US 29/09 – *Lissabon II*.

[116] Das Urteil gibt die wesentlichen Argumentationslinien, Anträge un diesbezüglichen Ergänzungen in Rn. 1 ff. wider.

[117] Ebd., Rn. 110–112 (Hervorh. hinzugefügt). Unter Bezug auf tschech. VerfG, Urt. v. 26. 11. 2008 – Pl. US 19/08 – *Lissabon I*, Rn. 109.

ten. Dies gilt namentlich für Italien,[118] Griechenland,[119] Portugal[120] und Rumänien.[121]

cc) Notwendigkeit einer restriktiven Handhabung

Der im europäischen Vergleich partikulare Ansatz des BVerfG in Bezug auf Art. 79 Abs. 3 GG ist nicht nur in der Rechtsprechung des tschechischen Verfassungsgerichts auf Ablehnung gestoßen. Auch die Literatur kritisiert das *Lissabon*-Urteil unter diesem Gesichtspunkt mehrheitlich heftig. Bereits die Argumentationsführung des Urteils wirft Fragen auf. Das BVerfG entwickelt sein zuweilen als „Staatsaufgabenlehre" kritisiertes[122] Konzept nämlich ohne hinreichende *verfassungsrechtliche* Begründung. Die detaillierte Aufzählung der änderungsfesten Kernbereiche souveräner Staatlichkeit leitet das Gericht mit dem Satz ein, dass Entscheidungen über diese Sachbereiche „seit jeher" als „besonders sensibel für die demokratische Selbstgestaltungsfähigkeit eines Verfassungsstaates" anzusehen seien.[123] Die Annahme einer historischen Kontinuität, wie sie im Argument des „seit-jeher" aufscheint, liefert aber kein Argument für oder gegen die Schutzwürdigkeit einzelner staatlicher Aufgabenfelder nach dem Grundgesetz. Die – bereits grundsätzlich zu hinterfragende – Behauptung, dass etwas immer schon so gewesen sei, lässt keine Deduktion aus dem positiven Verfassungsrecht zu.

In substanzieller Hinsicht können in Bezug auf das Lissabon-Urteil darum allenfalls Spekulationen über Ableitungszusammenhang und Herkunft der als Kernbereiche souveräner Staatlichkeit identifizierten Kompetenzfelder angestellt werden.[124] Das Fehlen eines hinreichenden Begründungsaufwands steht dabei in deutlichem Kontrast zu den ansonsten sehr ausführlich gehaltenen Urteilsgründen. Möglicherweise erklärt es sich aber gerade anhand der grundsätzlichen Schwierigkeit, einen

---

[118] Dazu *M. Cartabia*, The Legacy of Sovereignty in Italian Constitutional Debate, in: N. Walker (Hrsg.), Sovereignty in Transition (2003), S. 305 (316).

[119] Dabei ist bereits umstritten, on zwischen dem Revisionsverbot in Art. 110 Abs. 1 Verf-GR und der Bestandssicherungsklausel in Art. 28 Abs. 3 Verf-GR überhaupt ein unmittelbarer Zusammenhang besteht, oder Art. 28 Abs. 3 Verf-GR nicht vielmehr lex specialis ist. Jedenfalls aber wird im Verhältnis zur Integrationsermächtigung für eine äußerst restriktive Anwendung des Art. 110 Abs. 1 Verf-GR plädiert, vgl. *J. Iliopoulos-Strangas*, a.a.O., Rn. 43 f.

[120] *M. Poiares Maduro*, EU Law and National Constitutions: Portugal, unveröffentlichtes Manuskript für: BIICL (Hrsg.), F. I. D. E. XX Congress London, Vol. 1 (2002), ehemals abrufbar unter www.fide2002.org, Manuskript-S. 13 ff.

[121] *V. Duculescu/A. Ruxandra*, Romania, in: A. E. Kellermann et al. (Hrsg.), The Impact of EU Accession on the Legal Orders of New Member States and (Pre-)Candidate Countries (2006), S. 113 (118 ff.).

[122] So kritisch *D. Halberstam/C. Möllers*, The German Constitutional Court says *„Ja zu Deutschland!"*, GLJ 10 (2009), S. 1241 (1249 ff.).

[123] BVerfG, Urt. v. 30. 6. 2009 – 2 BvE 2/08 u. a. – *Lissabon* = BVerfGE 123, 267 ff. (Rn. 252, 355).

[124] Vgl. *D. Thym*, Europäische Integration im Schatten souveräner Staatlichkeit, Der Staat 48 (2009), S. 559 (562 f.).

staatlichen Aufgabenkern überhaupt zu formulieren und mit juristischen Argumenten zu rechtfertigen.[125]

Die Kritik am *Lissabon*-Urteil des BVerfG weist aber über den Vorwurf gerichtlicher Begründungsverweigerung hinaus. Denn die Konkretisierung und substanzielle Anreicherung von Art. 79 Abs. 3 GG verschiebt die Gewaltenbalance des Grundgesetzes zu Lasten der (verfassungsändernden) Legislative und schafft damit ein erhebliches inter-institutionelles Konfliktpotenzial.[126] Auch sind in dem operativen Zugriff auf die Ewigkeitsklausel zugleich EU-spezifische Konfliktherde angelegt. Die potenziellen Folgen des „kreativen" Umgangs mit änderungsfesten Integrationsgrenzen könnten für eine supranationale *Rechtsgemeinschaft* im Sinne von *Walter Hallstein*[127] das Ende ihres dynamischen Entwicklungspotenzials bedeuten, wenn nicht mehr die gewählten Vertreter bzw. die Abstimmungsberechtigten, sondern die Gerichte in letzter Instanz darüber entschieden, welche Aufgaben gemeinschaftlich verwirklicht werden dürfen und welche nicht.

Dieses Problem wird auch nicht dadurch kompensiert, dass das BVerfG mit seinem Hinweis auf Art. 146 GG nunmehr einen Weg weist, die änderungsfesten Integrationsschranken letztlich doch im Wege einer Verfassungsablösung qua Volksentscheid zu überwinden.[128] Eine solche Ablösung des Grundgesetzes müsste beispielsweise dann erfolgen, wenn die politische Entscheidung anstünde, grundsätzliche Fragen der Sozialpolitik auf europäischer Ebene zu treffen.[129] Die Konsequenz bestünde nach dem Ansatz des BVerfG im Ende der grundgesetzlichen Ordnung, verbunden mit einem Beitritt in einen europäischen Bundesstaat. Eine derartige Rechtsfolge kann aber Art. 79 Abs. 3 GG i. V. m. Art. 20 Abs. 1 und Abs. 2 GG nicht entnommen werden, ohne den Normzweck der Ewigkeitsklausel zu verkennen. Der Zweck des Revisionsverbotes liegt in der Verhinderung eines Rückfalles in Diktatur oder

---

[125] Zu dieser Problematik vgl. zeitlich bereits weit vor dem *Lissabon*-Urteil *C. Möllers*, Staat als Argument (2000), S. 389 ff.

[126] Ebenso *C. Schönberger*, *Lisbon* in Karlsruhe: *Maastricht's* Epigones At Sea, GLJ 10 (2009), S. 1201 (1208 ff.): „arrogation of power"; *C. D. Classen*, Legitime Stärkung des Bundestages oder verfassungsrechtliches Prokrustesbett?, JZ 2009, S. 881 (887) sowie *C. Tomuschat*, The Ruling of the German Constitutional Court on the Treaty of Lisbon, GLJ 10 (2009), S. 1259 f. Tendenziell zustimmend dagegen *F. Schorkopf*, The European Union as an Association of Sovereign States: Karlsruhe's Ruling on the Treaty of Lisbon, GLJ 10 (2009), S. 1219 (1223 f.) unter Hinweis auf das deliberative Demokratiemodell bei *J. Habermas*.

[127] *W. Hallstein*, Der unvollendete Bundesstaat (1969), S. 154 f.; *ders.*, Die Europäische Gemeinschaft, (1973), S. 31 ff.

[128] Vgl. BVerfG, Urt. v. 30. 6. 2009 – 2 BvE 2/08 u. a. – *Lissabon* = BVerfGE 123, 267 ff. (Rn. 228, 263). In diesem Sinne bereits *D. Murswiek*, Maastricht und der pouvoir constituant, Der Staat 32 (1993), S. 161 (162 ff.). Kritisch *C. Möllers*, Staat als Argument (2000), S. 410. Ähnlich wie *Murswiek* auch *P. M. Huber*, Offene Staatlichkeit, in: IPE II (2008), § 26 Vergleich, Rn. 84, der Parallelen zum österreichischen Konzept der Gesamtänderung nach Art. 44 Abs. 3 öst. B-VG zieht. Ob eine Gesamtänderung jedoch qualitativ mit einer Verfassungsablösung gleichgesetzt werden kann, muss bezweifelt werden.

[129] Ebd., Rn. 259, wonach „die sozialpolitisch wesentlichen Entscheidungen in eigener Verantwortung der deutschen Gesetzgebungsorgane getroffen werden" müssen.

Monarchie,[130] nicht aber in der Ermächtigung zur judikativen Entwicklung einer Staatsaufgabenlehre. Eine Grenzziehung muss daher – jedenfalls wenn sie die Schwelle zur Unverfügbarkeit der verfassungsgebenden Gewalt markiert – bereits in materieller Hinsicht äußerst restriktiv im Sinne einer ultima ratio unter besonderer Berücksichtigung des Prinzipiencharakters der geschützten Kernsätze ausgelegt werden.[131]

Dem im Verfassungsrecht der Mitgliedstaaten ganz überwiegend vorsichtigen Umgang mit verfassungsrechtlichen Revisionsverboten ist daher nachdrücklich zuzustimmen. Wenngleich nicht ausgeschlossen werden kann, dass andere Verfassungsgerichte dem Beispiel des BVerfG in Zukunft folgen werden, setzt das zweite *Lissabon*-Urteil des tschechischen Verfassungsgerichts insoweit jedenfalls ein verfassungsrechtlich überzeugendes Gegensignal.

3. *Materiell-rechtliche Gehalte*

Wie bereits einleitend erwähnt, zielt die vorliegende Untersuchung der Bestandssicherungsklauseln speziell auf den regelungs*strukturellen* Aspekt. Sollte es überhaupt möglich sein, die stets in tektonischer Bewegung befindlichen Konfliktlinien innerhalb einer Verfassungsordnung ihrem Verlauf nach genau nachzuzeichnen, so bedarf dies jedenfalls einer Gesamtwürdigung der jeweiligen Verfassungsordnung in materiell-rechtlicher Perspektive. Viel hängt vom spezifischen Stellenwert verfassungsrechtlicher Prinzipien und vom kulturellen bzw. historischen Kontext im Einzelfall ab. Nationale Eigenheiten können Eingang in bestimmte Verfassungsgrundsätze gefunden haben, ohne dass diese Partikularität über die Grenze der betreffenden Rechtsordnung hinaus in einem Vergleichsrahmen angemessen eingefangen werden könnte. Eine modellorienterte Vergleichung stößt hier zwangsläufig an methodische Grenzen. Hinzu kommt, dass die genaue Vermessung der Integrationsgrenzen mit juristischen Instrumenten allein nicht gelingen kann, wie die Diskussion um die Justiziabilität integrationsfester Kerngehalte gezeigt hat. Hier zeichnen sich zugleich Grenzen des Rechts ab. Im Folgenden werden daher wiederkehrende Kerngehalte und materiell-rechtliche Argumentationsmuster im Zusammenhang mit den Bestandssicherungsklauseln lediglich kurz skizziert.

---

[130] Speziell für den geschichtlichen Hintergrund des deutschen Art. 79 Abs. 3 GG vgl. etwa *M. Herdegen*, in: T. Maunz/G. Dürig, GG, Art. 79 (52. EGL 2008), Rn. 63 ff., der zutreffend für eine enge Auslegung gerade auch mit Blick auf die Judikative plädiert: „Ebenso wie dem verfassungsändernden Gesetzgeber ist es auch der verfassungsgerichtlichen Judikatur versagt, die Schranken der verfassungsändernden Gewalt fortzubilden und so die Entwicklungsoffenheit des Grundgesetzes zu Lasten der Gestaltungsfreiheit des verfassungsändernden Gesetzgebers zu beschneiden" (ebd., Rn. 78 f.). Rechtsvergleichend *C. Wittekindt*, Materiell-rechtliche Schranken von Verfassungsänderungen im deutschen und französischen Verfassungsrecht (1999).

[131] So für die Rechtslage in Griechenland etwa ausdrücklich *J. Iliopoulos-Strangas*, Offene Staatlichkeit, in: IPE II (2008), § 16 Griechenland, Rn. 44.

Ein erstes Gravitationszentrum verfassungsrechtlicher Integrationsschranken bilden die Grundsätze der *Demokratie*, der *Staatlichkeit* und der *Souveränität*.[132] Wie bereits eingehend dargelegt, stellt das Souveränitätsprinzip den zentralen Antipol normativer Permeabilität überhaupt dar.[133] Die Wahrung der Staatlichkeit ist hingegen nur in wenigen Verfassungsordnungen textlich als Integrationsschranke ausgewiesen[134] und als normative Grenze der europäischen Integration ohnehin hochgradig umstritten.[135] Zentrale Bedeutung in Verfassungstexten wie Rechtsprechung nimmt neben dem Souveränitätsprinzip vor allem das Demokratieprinzip ein. Allerdings ist es praktisch unmöglich, in der verfassungs- bzw. höchstrichterlichen Rechtsprechung eine isolierte Verwendung des Demokratieprinzips als Argumentform defensiver Grenzziehung gegenüber den Integrationsermächtigungen auszumachen. Vielmehr erscheint der gerichtliche Rekurs auf Demokratie und Souveränität – sowie u. U. an Staatlichkeit – regelmäßig in Gestalt einer funktionellen Einheit. Die Rechtsprechung des BVerfG ist hierfür ein prononciertes Beispiel. Nachdem sich die konzeptionelle Kopplung bereits im *Maastricht*-Urteil angekündigt hatte,[136] gelangte die Konstruktion der aus dem Demokratieprinzip abgeleiteten Notwendigkeit zur Wahrung souveräner Staatlichkeit schließlich vollends im *Lissabon*-Urteil zum Durchbruch.[137] Die Verknüpfung von Demokratieprinzip und Souveränität als Schranken nationaler Integrationsermächtigungen charakterisiert aber auch die Rechtsprechung in mehreren anderen Mitgliedstaaten. Dies gilt zuvörderst für das *Maastricht*-Urteil des dänischen Obersten Gerichtshofs, das erkennbar von seinem deutschen Pendant beeinflusst ist.[138] Aber gerade auch in den 2004 beigetretenen Staaten sind analoge Argumentationslinien erkennbar.[139] In Ungarn weist die Rechtsprechung des

---

[132] Für einen vergleichenden Überblick s. auch *P. M. Huber*, Offene Staatlichkeit, in: IPE II (2008), § 26 Vergleich, Rn. 85 ff.

[133] S. bereits Teil 2 – Kapitel 3 – III. 1.

[134] Eine Ausnahme bildet insoweit Art. 2a Verf-HU, der Ungarns Beteiligung an der EU nur „als Mitgliedstaat" zulässt. Dazu *P. Sonnevend*, Offene Staatlichkeit, in: IPE II (2008), § 25 Ungarn, Rn. 23.

[135] Eingehend *C. Möllers*, Staat als Argument (2000), S. 376 ff. m. w. N.

[136] BVerfG, Urt. v. 12. 10. 1993 – 2 BvR 2134, 2159/92 – *Maastricht* = BVerfGE 89, 155 (185 f.): „Ein Übergewicht von Aufgaben und Befugnissen in der Verantwortung des europäischen Staatenverbundes würde die Demokratie auf staatlicher Ebene nachhaltig schwächen, so daß die mitgliedstaatlichen Parlamente die Legitimation der von der Union wahrgenommenen Hoheitsgewalt nicht mehr ausreichend vermitteln könnten. Vermitteln die Staatsvölker – wie gegenwärtig – über die nationalen Parlamente demokratische Legitimation, sind mithin der Ausdehnung der Aufgaben und Befugnisse der Europäischen Gemeinschaften vom demokratischen Prinzip her Grenzen gesetzt." Zur Gesamtproblematik *M. Kaufmann*, Europäische Integration und Demokratieprinzip (1997), S. 347 ff.

[137] BVerfG, Urt. v. 30. 6. 2009 – 2 BvE 2/08 u. a. – *Lissabon* = BVerfGE 123, 267 ff. (Auszüge aus Rn. 246–249).

[138] Dän. Oberster Gerichtshof, Urt. v. 6. 4. 1998 – Az. I 361/1997 – *Carlsen/Rasmussen* = EuGRZ 1999, S. 49 (52) in deutscher Übersetzung.

[139] Diese Einschätzung teilt speziell für die neuen Mitgliedstaaten in vergleichender Perspektive auch *W. Sadurski*, „Solange, chapter 3": Constitutional Courts in Central Europe – Democracy – European Union, ELJ 14 (2008), S. 1 (19).

Verfassungsgerichts bereits in der Phase vor dem Beitritt in diese Richtung, soweit das Verfassungsgericht erste Grenzen der verfassungsrechtlichen Permeabilität Ungarns aus einer Verknüpfung von Demokratieprinzip (Art. 2 Abs. 1 Verf-HU) und Volkssouveränität (Art. 2 Abs. 2 Verf-HU) ableitet.[140] Dieser Entscheidung wird bis in jüngste Zeit hinein eine Leitfunktion beigemessen, weil die Literatur von der grundsätzlichen Übertragbarkeit dieser Bedingungen auf die Integrationsermächtigung ausgeht.[141] In Polen hebt der Verfassungsgerichtshof in seiner Leitentscheidung vom 11. Mai 2005 hervor, die polnische Integrationsermächtigung in Art. 90 Abs. 1 Verf-PL dürfe nicht zulassen, „dass die Republik Polen nicht als souveräner und demokratischer Staat" funktionieren könne, wobei sich der Verfassungsgerichtshof insoweit ausdrücklich an die *Maastricht*-Rechtsprechung des BVerfG und des dänischen Obersten Gerichtshofs anlehnt.[142] Auch das tschechische Verfassungsgericht verknüpft die nach Art. 1 Abs. 1 Verf-CZ geschützte Souveränität unmittelbar mit Kerngehalten „demokratischer Rechtsstaatlichkeit".[143] Eine prozessuale Verlängerung finden diese Rechtsprechungslinien darin, dass sie allesamt von einem gerichtlichen Letztentscheidungsrecht über kompetenzüberschreitende Akte des Unionsrechts ausgehen.

Ein weiterer zentraler Bereich, der mit den vorgenannten Prinzipien in enger Wechselbeziehung steht, ist die Achtung rechtsstaatlicher Grundsätze, insbesondere der *Grundrechte*. In diesem Kontext hat sich in der Praxis als entscheidend herauskristallisiert, inwieweit nationale Verfassungs- und Höchstgerichte sich für kompetent erklären, Unionsrecht oder nationale Umsetzungsakte am Maßstab innerstaatlicher Grundrechte zu messen.[144]

Daneben gibt es individuelle Einzelbereiche, die je nach Eigenart der betreffenden Verfassungsordnung als Bestandsgrenzen identifiziert werden können. Solche Grenzen sind in der Regel der spezifischen Bedeutung eines bestimmten Verfassungsgrundsatzes innerhalb der fraglichen Verfassungsordnung geschuldet und können unter Umständen (noch) dem Schutz der „Verfassungsidentität" zugeordnet werden.

---

[140] Ung. VerfG, Entsch. v. 22. 6. 1998 – Nr. 30/1998 – *Europaabkommen*, in englischer Übersetzung abrufbar unter http://www.mkab.hu/content/en/en3/30_1998.pdf (1. 9. 2010), insbesondere Entscheidungsgrund V.3 und V.4. Die Entscheidung bezieht sich noch auf das damalige Europaabkommen und einen darauf gestützten Beschluss des Assoziationsrates. Dazu *A. F. Tatham*, Constitutional Judiciary in Central Europe and the Europe Agreement: Decision 30/1998 (VI.25) AB of the Hungarian Constitutional Court, ICLQ 1999, S. 913 ff.

[141] Vgl. *P. Sonnevend*, Offene Staatlichkeit, in: IPE II (2008), § 25 Ungarn, Rn. 10 ff.

[142] Poln. VerfGH, Entsch. v. 11. 5. 2005 – Az. K 18/04 – *Beitrittsvertrag* = EuR 2006, S. 236 (238 f.).

[143] Tschech. VerfG, Urt. v. 26. 11. 2008 – Pl. US 19/08 – *Lissabon I*, Rn. 130. Wie gesehen, weigert sich das Gericht aber, aus Art. 9 Abs. 2 i. V. m. Art. 1 Abs. 1 Verf-CZ einen abstrakten Katalog integrationsfester Grenzen herauszudestillieren, vgl. tschech. VerfG, Urt. v. 3. 11. 2009 – Pl. US 29/09 – *Lissabon II*, Rn. 109 ff.

[144] Auf die unterschiedlichen Modelle gerichtlicher Prüfungsvorbehalte wird im Kontext der Vorrangproblematik zurückzukommen sein Teil 2 – Kapitel 11 – III. 1. b) unter vergleichender Betrachtung mehrere Modellgruppen.

Beispiele sind die föderale Struktur des betreffenden Mitgliedstaates,[145] der Grundsatz der Laizität,[146] der Schutz der Landessprache,[147] das verfassungsrechtliche Verbot privater Hochschulen[148] oder der Schutz pränatalen Lebens.[149] Als besonders sensibel hat sich in einigen Verfassungsordnungen zudem der Bereich außen- und wehrpolitischer Neutralität herauskristallisiert, wie insbesondere die Verfassungsordnungen Irlands[150] und Österreichs[151] zeigen.

4. *Fazit: Konservierend-sichernde Funktion*

Festzuhalten bleibt, dass die Frage verfassungsrechtlicher „Grenzziehung" gegenüber der Europäischen Union kein Aspekt ist, der einzig auf die Frage der Bestandsgrenzen reduziert werden kann und darf. Gleichwohl kommt verfassungsrechtlichen Bestandssicherungen eine besonders wichtige regulative Funktion zu, da sie speziell bei den Integrationsermächtigungen als den rechtlichen Grundlagen der Permeabilität ansetzen. Während einige Verfassungen mittlerweile ausdrückliche Bestandssicherungsklauseln vorsehen, durch welche die Bestandsgrenzen textlich sichtbar gemacht werden, leiten sich Integrationsgrenzen in der Mehrzahl mitgliedstaatlicher Verfassungsordnungen hingegen nach wie vor ohne textliche Fixierung aus dem jeweiligen verfassungsrechtlichen Gesamtgefüge ab.

---

[145] Art. 23 Abs. 1 S. 3 i. V. m. Art. 79 Abs. 3 GG.

[146] So speziell für die Rechtslage in Frankreich etwa der Commissaire du gouvernement *M. Guyomar* in seinen Schlussanträgen vor dem französischen Staatsrat in der Rechtssache *Arcelor*, abgedruckt in RTDE 2007, 378 (385). Das Prinzip der Laizität ist neben anderen verfassungsrechtlichen Grundprinzipien prominent in Art. 1 Abs. 1 Verf-F verankert.

[147] Speziell zur Debatte in Spanien vgl. *A. López Castillo*, Offene Staatlichkeit, in: IPE II (2008), § 24 Spanien, Rn. 50 im Kontext der Souveränitätswahrung.

[148] Art. 16 Abs. 8 S. 2 Verf-GR. Aus der Rechtsprechung vgl. insbesondere gr. Staatsrat (6. Kammer), Entsch. v. 8. 7. 1997 – Nr. 2808/1997 – *Vagias/DI. K. A. T. S. A.* sowie in der Folge gr. Staatsrat (Plenum), Entsch. v. 25. 9. 1998 – Nr. 3458/1998 – *Katsarou/DI. K. A. T. S. A*, engl. Übersetzung in: A. Oppenheimer (Hrsg.), The Relationship between European Community Law and National Law: The Cases, Vol. 2 (2003), S. 300 ff. Näher dazu Teil 2 – Kapitel 11 – IV. 2.

[149] Vgl. Art. 40 Abs. 3 Verf-IRL sowie auf Ebene des Primärrechts Protokoll Nr. 35 über Artikel 40.3.3 der Verfassung Irlands. Näher dazu Teil 2 – Kapitel 11 – II. 2.

[150] Art. 29 Abs. 4 Nr. 9 n. F. Verf-IRL: „Der Staat darf keinen Beschluss des Europäischen Rates zur Errichtung einer gemeinsamen Verteidigung gemäß Art. 42 des Vertrages über die Europäische Union annehmen, die den Staat in diese gemeinsame Verteidigung einschließt." Auf Ebene des Unionsrechts macht zudem Art. 42 Abs. 2 UAbs. 2 EUV (ex-Art. 17 Abs. 1 UAbs. 2 EU) deutlich, dass die „Politik der Union (…) nicht den besonderen Charakter der Sicherheits- und Verteidigungspolitik bestimmter Mitgliedstaaten" berührt.

[151] Vgl. Art. 23j (ex-Art. 23f) öst. B-VG, der lex-specialis zum öst. Neutralitäts-Bundesverfassungsgesetz v. 26. 10. 1955, öst. BGBl. v. 4. 11. 1955, S. 1151 ist. Allerdings sieht das mit Verfassungsrang ausgestattete österreichische EU-Beitritts-Bundesverfassungsgesetz keine expliziten Schranken vor, wenngleich unter Rückgriff auf dessen Entstehungsmaterialien gleichwohl die „Grundprinzipien der Bundesverfassung" als „Maßstab einer verfassungsgerichtlichen Nachprüfung künftiger Änderungen des Primärrechts" identifiziert werden, vgl. *C. Grabenwarter*, Offene Staatlichkeit, in: IPE II (2008), § 20 Österreich, Rn. 34.

Unterschiede in der Ausgestaltung ergeben sich vor allem im Hinblick auf die Festigkeit der jeweiligen Integrationsschranke. Während Bestandsgrenzen in vielen Verfassungen lediglich die Schwellen markieren, ab denen eine Änderung der Verfassung notwendig ist, stellen wiederum andere integrationsfeste Kerngehalte unter den Schutz eines Revisionsverbotes. Der Vergleich zeigt, dass die Judikative mit einziger Ausnahme des deutschen BVerfG indes überaus restriktiv mit der Handhabung solch änderungsfester Schranken umgeht, nicht nur im EU-Kontext. Dieser überwiegenden Auffassung ist zuzustimmen. Eine Grenzziehung, welche die Schwelle zur Unverfügbarkeit der verfassungsgebenden Gewalt markiert, muss bereits mit Blick auf den telos verfassungsrechtlicher Revisionsverbote äußerst restriktiv im Sinne einer ultima ratio unter besonderer Berücksichtigung des Prinzipiencharakters der geschützten Kernsätze ausgelegt werden.

Bestandssicherungsklauseln bilden durch ihre defensive Ausrichtung in materiellrechtlicher Hinsicht allenfalls eine letzte Verteidigungsbastion der nationalen Verfassung gegenüber der durch sie selbst konstituierten Permeabilität. Spätestens hier ist hervorzuheben, dass die Europäische Union in Art. 2 und 6 EUV gerade selbst auf die Fundamentalprinzipien der Achtung der Menschenwürde, Freiheit, Demokratie, Gleichheit, Rechtsstaatlichkeit und die Wahrung der Menschenrecht verpflichtet wird und für den Fall ihrer Missachtung durch die Mitgliedstaaten sogar Sanktionsmechanismen in Art. 7 EUV vorsieht. Die Unionsrechtsordnung kennt damit ebenfalls Sicherungsmechanismen zur Wahrung des Demokratieprinzips *in den* einzelnen Mitgliedstaaten – eine häufig ausgeblendete Dimension.[152]

Aus Perspektive der innerstaatlichen Verfassung kann durch die Bestandssicherungsklausel allenfalls mittelbar ein gestaltender Impuls auf die Ausgestaltung der Rechtsordnung ausgeübt werden, für deren Rechtsakte und Normgehalte die nationale Verfassung permeabel ist. Hier zeigt sich die konzeptionelle Enge einer Bestandsgrenze, die sich im Wesentlichen auf eine konservierend-schützende Funktion in Bezug auf den staatlichen Binnenbereich beschränkt. Soll die verfassungsrechtliche Grundlage normativer Permeabilität hingegen eine Impulswirkung in Richtung des von der Bezugsverfassung getrennten Rechtssetzungszentrums entfalten, so bedarf es einer zusätzlichen Regelung, welche speziell diese verfassungsrechtliche „Offensive“ in den Blick nimmt.

IV. Programmatische und strukturgestaltende Ausrichtung („Offensive“)

Die Impulswirkung der innerstaatlichen Verfassung in Richtung des Unionsrechts kann etwa durch Zielbestimmungen oder Mitwirkungsverpflichtungen erfolgen,

[152] Die wichtige Funktion der Demokratieförderung seitens der EU für die neuen Mitgliedstaaten betonend *W. Sadurski*, Accession's Democracy Dividend: The Impact of the EU Enlargement upon Democracy in the New Member States of Central and Eastern Europe, ELJ 10 (2004), S. 371 ff.

welche die Integrationsermächtigung programmatisch komplementieren.[153] Eine integrationssteuernde Wirkung entfalten dabei allen voran Struktursicherungs- bzw. – besser – Struktur*gestaltungs*klauseln. Sie nehmen die Verfassungsorgane in die Pflicht, die supranationale Ebene entlang bestimmter Grundwerte auszurichten. In Abgrenzung zur soeben erörterten Frage der defensiven Bestandssicherung geht es nunmehr also um die verfassungsrechtliche Wirkrichtung der *Integrationssteuerung*. Die Integrationssteuerung kann in der nationalen Verfassung auf unterschiedlichen Intensitätsstufen verwirklicht werden.

1. Zielbestimmungen und Mitwirkungsverpflichtungen

In einigen Verfassungen finden sich allgemeine Bekenntnisse zu Europa bzw. zur Völkerverständigung, etwa in der Präambel[154] oder allgemeinen Grundsatzbestimmungen.[155] An dieser Stelle sollen hingegen speziell die auf *Integrationsermächtigungen* bezogenen bzw. mit diesen verknüpften Zielbestimmungen und Mitwirkungsverpflichtungen in den Blick genommen werden. Die Funktion dieser Normen besteht darin, die betreffende Integrationsermächtigung programmatisch anzureichern und sie ggf. an einer bestimmten, zumeist recht abstrakt gehaltenen Finalität auszurichten.

So ermöglicht die italienische Verfassung in ihrer Integrationsermächtigung (Art. 11 Verf-I) bereits seit 1947 die Vornahme von Souveränitätsbeschränkungen,

> „die für eine den Frieden und die Gerechtigkeit unter den Völkern gewährleistende zwischenstaatliche Ordnung erforderlich sind".

Ähnlich heben die dänische und die griechische Integrationsermächtigung auf die „Förderung zwischenstaatlicher Rechtsordnung und Zusammenarbeit" (§ 19 Verf-DK) bzw. auf die „Zusammenarbeit mit anderen Staaten" (Art. 28 Verf-GR) ab.[156] Eine spezifisch auf die europäische Integration bezogene Programmbestimmung enthält seit 1989 die portugiesische Verfassung. Art. 7 Abs. 5 Verf-POR lautet:

---

[153] Grundlegend zur Kategorie der Staatszielbestimmungen *K.-P. Sommermann*, Staatsziele und Staatszielbestimmungen (1997).

[154] Vgl. besonders deutlich die Präambel des deutschen GG („von dem Willen beseelt, als gleichberechtigtes Glied in einem vereinten Europa dem Frieden der Welt zu dienen").

[155] So etwa § 1 Abs. 2 Verf-FIN, wonach Finnland sich beteiligt „an der internationalen Zusammenarbeit in der Absicht, Frieden und Menschenrechte sicherzustellen, und in der Absicht die Gesellschaft zu entwickeln." Ähnlich Art. 2 Abs. 2 Verf-GR: „Griechenland ist bestrebt, unter Beachtung der allgemein anerkannten Regeln des Völkerrechts, den Frieden, die Gerechtigkeit und die Entwicklung freundschaftlicher Beziehungen zwischen den Völkern und Staaten zu fördern." Art. 90 Verf-NL verpflichtet die niederländische Regierung, die „Entwicklung der internationalen Rechtsordnung" zu fördern.

[156] Hierzu in rechtsvergleichender Perspektive *T. de Berranger*, Constitutions nationales et construction communautaire (1995), S. 106 f.

„Portugal setzt sich für eine Verstärkung der europäischen Identität und ein verstärktes gemeinsames Vorgehen der europäischen Staaten zugunsten der Demokratie und des Friedens, des wirtschaftlichen Fortschritts und der Gerechtigkeit zwischen den Völkern ein."[157]

Diese Zielvorgabe ist der im Zuge des Vertrages von Maastricht im Jahr 1992 eingeführten Integrationsermächtigung (Art. 7 Abs. 6 Verf-POR) vorangestellt und wird durch diese operationalisiert.[158] Die Integrationsermächtigung in Art. 7 Abs. 6 Verf-POR stellt insoweit das verfassungsrechtliche Instrumentarium bereit, die in Abs. 5 vorgegebene Zielvorgabe und Handlungsverpflichtung des portugiesischen Staates zu verwirklichen.

In Verfassungen der 2004 und 2007 beigetretenen Mitgliedstaaten werden die Integrationsermächtigungen zuweilen von programmatischen Zielbestimmung, bzw. *Verpflichtungen zur aktiven Mitwirkung* am europäischen Integrationsprozess flankiert. So sieht die ungarische Verfassung in Art. 6 Abs. 4 vor, dass Ungarn

„zur Entfaltung der Freiheit, des Wohlstands und der Sicherheit der Völker Europas an der Schaffung der europäischen Einheit mit[wirkt]."

Diese Klausel, die textlich nicht unmittelbar an die Integrationsermächtigung in Art. 2a Verf-HU gekoppelt ist, wird in der Wissenschaft als *Auslegungsmaxime* nicht nur für die Europaklausel, sondern für die Verfassung in ihrer Gesamtheit verstanden.[159] Vergleichbares ergibt sich für Art. 4 Abs. 3 Verf-BG, worin die Beteiligung „am Aufbau und an der Fortentwicklung der Europäischen Union" festgeschrieben wird. Neben der Charakterisierung der Vorschrift als Zielbestimmung[160] verortet die Literatur in ihr zuweilen den verfassungsdogmatischen Ausgangspunkt für die Eingliederung der gesamten bulgarischen Verfassungsordnung in eine verfassungsrechtliche Mehrebenenstruktur.[161]

Der Übergang vom „bloßen" Programmsatz hin zum greifbaren Rechtsfolgenregime kann also, dies zeigen die vorgenannten Beispiele, durchaus fließend sein. Besonders deutlich lässt das die Rechtslage in Frankreich erkennen. So statuiert die französische Verfassung in Art. 88-1 in textlich bescheidener Weise zwar lediglich die „Mitwirkung" an der EU. Gleichwohl geht diese Norm in ihrer normativen Kraft über eine bloße Integrationsprogrammatik hinaus, soweit ihr die Rechtsprechung eine verfassungsrechtliche Verpflichtung zur Umsetzung von Richtlinien ent-

---

157 Eingeführt im Rahmen der 2. Verfassungsänderung, Verfassungsgesetz 1/89 v. 8. 7. 1989.

158 So *M. Poiares Maduro*, EU Law and National Constitutions: Portugal, unveröffentlichtes Manuskript für: BIICL (Hrsg.), F. I. D. E. XX Congress London, Vol. 1 (2002), ehemals abrufbar unter www.fide2002.org, Manuskript-S. 26 f.

159 *P. Sonnevend*, Offene Staatlichkeit, in: IPE II (2008), § 25 Ungarn, Rn. 28 f.

160 *M. Decheva*, Europäisierung des bulgarischen Verfassungsrechts infolge des EU-Beitritts (2010), S. 43.

161 So *E. Tanchev/M. Belov*, Constitutional Gradualism: Adapting to EU Membership and Improving the Judiciary in the Bulgarian Constitution, EPL 14 (2008), S. 3 (10) unter Rekurs auf die bulgarische Übersetzung von *I. Pernice*, Theorie und Praxis des Europäischen Verfassungsverbundes, in: C. Calliess (Hrsg.), Verfassungswandel im europäischen Staaten- und Verfassungsverbund (2007), S. 61 ff.

nimmt.[162] Hier schließt sich der Kreis zur vorstehend erörterten Frage nach der normativen Relevanz eines ausdrücklichen EU-Bezugs der mitgliedstaatlichen Verfassungsordnung.[163]

Auch der litauische EU-Verfassungsakt enthält in seinem einleitenden Teil eine Zielbestimmung, die jedoch eher im Stil einer Feststellung als einer Forderung formuliert ist:

„(...) in der Überzeugung, dass die Europäische Union auf der Achtung der Menschenrechte und Grundfreiheiten gegründet ist und die Mitgliedschaft der Republik Litauen in der Europäischen Union zu einer wirkungsvollen Sicherung der Menschenrechte und Grundfreiheiten beitragen wird (...)".

Der Trend hin zur verfassungsrechtlichen Verankerung integrationsgerichteter Programmsätze und staatlicher Mitwirkungsverpflichtungen hat sich in jüngster Zeit staatenübergreifend fortgesetzt. So betont gerade das BVerfG in seinem *Lissabon*-Urteil unter Rückgriff auf Präambel und Integrationsermächtigung den Grundsatz der Europafreundlichkeit des Grundgesetzes. Der grundgesetzliche Verfassungsauftrag zur Verwirklichung eines vereinten Europas insbesondere für die deutschen Verfassungsorgane bedeute, dass die Beteiligung an der europäischen Integration „nicht in ihrem politischen Belieben" stehe.[164] Wenngleich die konkreten normativen Implikationen des Grundsatzes der Europarechtsfreundlichkeit noch weitgehend ungeklärt sind, wird ihm doch zuweilen unter Analogie zur normativen Kraft des Prinzips der Bundestreue oder des *effet utile* ein nicht zu unterschätzendes Potenzial vorausgesagt.[165]

Der derzeit jüngste Programmsatz auf Ebene des mitgliedstaatlichen Verfassungsrechts findet sich in der seit dem 1. Dezember 2009 in Kraft getretenen Neufassung des irischen Europaartikels, Art. 29 Abs. 4 *Nr. 4* Verf-IRL n. F.:

„Irland bekräftigt sein Bekenntnis zur Europäischen Union innerhalb derer die Mitgliedstaaten dieser Union zusammenarbeiten, um Frieden, gemeinsame Werte und das Wohlergehen ihrer Völker zu fördern."

---

162 Vgl. insbesondere franz. Verfassungsrat, Entscheidungen v. 10. 6. 2004 – Nr. 2004-496 DC – *elektronischer Geschäftsverkehr*, Rec. S. 101, 7. Erwägungsgrund sowie v. 27. 7. 2006 – Nr. 2006-540 DC – *Informationsgesellschaft*, Rec. S. 88, 17. Erwägungsgrund. Vgl. auch franz. Conseil d'Etat, Entsch. v. 8. 2. 2007 – Nr. 287110 – *Arcelor*, 11. Erwägungsgrund. Vgl. *F. C. Mayer*, Europarecht als französisches Verfassungsrecht, EuR 2004, S. 925 (928) sowie *ders./E. Lenski/M. Wendel*, Der Vorrang des Europarechts in Frankreich, EuR 2008, S. 63 (68). Demgegenüber Art. 88-1 Verf-F als Norm mit „eher symbolischem als normativem Charakter" bezeichnend *J. Scheffler*, Das französische Verfassungsverständnis angesichts der Anforderungen des EG/EU-Rechts, ZaöRV 67 (2007), S. 43 (62). Dazu bereits Teil 2 – Kapitel 5 – III. 1. Teil 2 – Kapitel 5 – III. 1.

163 Vgl. Teil 2 – Kapitel 9 – I. 3.

164 BVerfG, Urt. v. 30. 6. 2009 – 2 BvE 2/08 u. a. – *Lissabon* = BVerfGE 123, 267 ff. (LS 4 u. Rn. 225).

165 So *A. Voßkuhle*, Der europäische Verfassungsgerichtsverbund, NVwZ 2010, S. 1 (5), der dadurch jedenfalls kritische Stimmen und Befürchtungen vor einem drohenden Justizkonflikt zwischen BVerfG und EuGH entkräftet sieht.

2. *Integrationssteuernde Strukturvorgaben*

Die irische Programmklausel, ebenso wie die portugiesische (Art. 7 Abs. 5 Verf-POR) oder ungarische (Art. 6 Abs. 4 Verf-HU), deutet bereits an, dass die integrationsgerichteten Zielbestimmungen zugleich mit *strukturellen Vorgaben* für die Ausgestaltung der supranationalen Ebene verknüpft sein können.

a) Verwendung

Besonders deutlich erfolgt eine solche ebenenübergreifende – wenngleich gewiss nur die innerstaatlichen Organe rechtlich bindende – Strukturvorgabe durch Art. 23 Abs. 1 S. 1 GG:

> „Zur Verwirklichung eines vereinten Europas wirkt die Bundesrepublik Deutschland bei der Entwicklung der Europäischen Union mit, die demokratischen, rechtsstaatlichen, sozialen und föderativen Grundsätzen und dem Grundsatz der Subsidiarität verpflichtet ist und einen diesem Grundgesetz im wesentlichen vergleichbaren Grundrechtsschutz gewährleistet."

Diese der Integrationsermächtigung in S. 2 und 3 unmittelbar vorgelagerte Norm geht über die Statuierung des Staatszieles eines vereinten Europas und die diesbezügliche Mitwirkungsverpflichtung (Art. 23 Abs. 1 S. 1, 1. Hs. GG) deutlich hinaus, soweit sie im zweiten Halbsatz die deutschen Staatsorgane in die Pflicht nimmt, bei Gründung und Fortentwicklung der supranationalen Grundordnung die Einhaltung materieller Kernsätze sicherzustellen.[166] *Karl-Peter Sommermann* charakterisiert eine solche Norm darum als „qualifizierte", weil speziell mit bestimmten inhaltlichen Vorgaben verbundene Staatszielbestimmung.[167]

In ähnlicher Deutlichkeit stellt die schwedische Integrationsermächtigung in Kap. 10 § 5 Abs. 1 S. 2 schw. RegForm[168] Strukturvorgaben auf, wenn sie die Übertragung von Beschlussrechten auf die EU daran knüpft,

> „dass der Freiheits- und Rechtsschutz in dem Bereich der Zusammenarbeit, in dem die Beschlussrechte übertragen werden, demjenigen dieser Verfassung und der Europäischen Konvention zum Schutz der Menschenrechte und Grundfreiheiten entspricht."[169]

Die portugiesische Verfassung stellt neben der Zielbestimmung in Art. 7 Abs. 5 zudem Strukturanforderungen an die Union, die unmittelbar an die Integrationsermächtigung in Art. 7 Abs. 6 Verf-POR geknüpft sind:

---

[166] Vgl. im Einzelnen *I. Pernice*, in: H. Dreier (Hrsg.), GG, Bd. II (2. Aufl. 2006), Art. 23, Rn. 48 ff., der daneben zugleich auf die Appell- und Orientierungsfunktion hinweist.

[167] *K.-P. Sommermann*, Staatsziele und Staatszielbestimmungen (1997), S. 381 f. sowie *ders.*, in: Offene Staatlichkeit, in: IPE II (2008), § 14 Deutschland, Rn. 34.

[168] Für den Fall dass die Reform der schwedischen Verfassung auf Grundlage des Regierungsentwurfs v. 8. 12. 2009 – Regeringens proposition 2009/10:80 – zum 1. 1. 2011 in Kraft tritt: Kap. 10 § 6 n. F.

[169] Hervorh. hinzugefügt. Wie bereits im Kontext der horizontalen Rezeptionszusammenhänge permeablen Verfassungsrechts auf nationaler Ebene angedeutet, ist diese Formel, wenngleich mittlerweile in modifizierter Form, eine unmittelbare textliche Verarbeitung der Solange-Formel des BVerfG.

„Portugal kann nach dem Grundsatz der Gegenseitigkeit und unter Beachtung der fundamentalen Prinzipien des demokratischen Rechtsstaats und des Subsidiaritätsprinzips sowie im Hinblick auf die Verwirklichung des wirtschaftlichen, sozialen und territorialen Zusammenhalts, eines Raumes der Freiheit, der Sicherheit und des Rechts und zur Festlegung und Ausführung einer gemeinsamen Außen-, Sicherheits- und Verteidigungspolitik Vereinbarungen über die gemeinschaftliche, in Zusammenarbeit mit den Organen der Europäischen Union oder durch diese zu erfolgende Ausübung der zur Bildung oder Festigung der Europäischen Union erforderlichen Befugnisse treffen."

Auch die slowenische Verfassung koppelt ihre Integrationsermächtigung in Art. 3a Abs. 1 zugleich mit strukturgestaltenden Anforderungen. Die (internationalen) Organisationen, auf die eine Übertragung der Ausübung von Hoheitsrechten nach der slowenischen Verfassung möglich ist, müssen

„auf der Achtung der Menschenrechte und Grundfreiheiten, der Demokratie und den Prinzipien des Rechtsstaates" gründen.

Diese Passage wird von prominenten Vertretern als wichtigster Teil der beitrittsgerichteten Verfassungsänderungen in Slowenien gewertet, weil sich daraus zugleich eine Kontrollbefugnis des slowenischen Verfassungsgerichts in Bezug auf das Unionsrecht am Maßstab slowenischer Verfassungsprinzipien ableiten lasse.[170] Ein solcher Schluss ist freilich in zweierlei Hinsicht nicht zwingend. Erstens ist die Beanspruchung eines (potenziell ausgeübten) Letztentscheidungsrechts über Akte des *Unionsrechts* am Maßstab innerstaatlicher Verfassungsprinzipien der prozessuale Arm der defensiven Bestandsgrenze, nicht hingegen der integrationssteuernden Struktursicherung. Zweitens zieht die Existenz materiell-rechtlicher Schranken keineswegs automatisch eine verfassungsgerichtliche Prüfungsbefugnis in prozessualer Hinsicht nach sich.

b) *Steuerungswirkung und Maßstabsfunktion: funktionelle Äquivalenz*

Mit Blick auf Wirkung und Funktion der Strukturgestaltungsklauseln bzw. „Kohärenz- oder Kongruenzsicherungsklauseln"[171] sollte daher genau differenziert werden. Zum einen ist eine solche Klausel *Urteilsmaßstab*, der an die nationale Integrationsgewalt in Bezug auf die Konstituierungshandlung angelegt wird. Aktualisiert werden kann dieser Kontrollmaßstab durch ein Verfassungsgericht etwa im Wege einer (präventiven) Kontrolle des Zustimmungsgesetzes oder des Änderungsvertrages.[172] Zugleich aber ist die Strukturgestaltungsklausel Verhaltensnorm bzw. *Handlungsmaß-*

[170] So der slowenische Verfassungsrichter *C. Ribičič*, Implementing European Standards into the case-law of the Constitutional Court, in: A. M. Mavčič (Red.), The Position of Constitutional Courts Following Integration into the European Union (2004), S. 119 (127).

[171] *P. Szczekalla*, in: S.H. Heselhaus/C. Nowak (Hrsg.) Handbuch der Europäischen Grundrechte, § 2 II Rn. 5.

[172] Diese prozessuale Konstellation gilt es strikt von der Beanspruchung eines gerichtlichen Letztentscheidungsrechts über geltendes Unionsrecht oder unionsrechtlich determinierte Umsetzungsakte zu unterscheiden. Näher dazu Teil 2 – Kapitel 11 – III. 1. a) im Kontext der Vorrangproblematik.

stab, der die nationalen Staatsorgane insbesondere bei ihrer Mitwirkung auf EU-Ebene – etwa als Teil des (Europäischen) Rates – bindet.[173] Daraus leitet sich neben der ebenenübergreifenden Steuerungs- zugleich eine Stabilisierungswirkung ab, die mit Art. 6 und 7 EUV in funktioneller Hinsicht ordnungsübergreifend verbunden ist.

Ein zentraler Unterschied zur innerstaatlichen Bestandssicherung besteht aber gerade in Natur und Reichweite des Maßstabs, den die Strukturgestaltungsklausel an die supranationale Ebene anlegt. Anders als bei der Bestandssicherung handelt es sich gerade nicht um eine Ausrichtung an der Messlatte verfassungsstaatlicher Prämissen, also nicht um eine strukturelle Kongruenz oder eine ungefilterte Verlängerung des Geltungsanspruches staatlicher Konstitutionsprinzipien auf supranationaler Ebene.

Vielmehr sind die Strukturgestaltungsklauseln in ihrer Maßstabsfunktion auf *funktionelle Äquivalenz*, bzw. – wie es Kap. 10 § 5 Abs. 1 S. 2 des schwedischen Hauptverfassungsgesetzes formuliert – auf inhaltliche *Entsprechung* gerichtet. Dies hat das BVerfG nunmehr im *Lissabon*-Urteil in Bezug auf das Demokratieprinzip deutlich herausgestellt. Die Strukturgestaltungsklausel des GG verlange gerade

„keine ‚strukturelle Kongruenz' (...) oder gar Übereinstimmung der institutionellen Ordnung der Europäischen Union mit der Ordnung, die das Demokratieprinzip des Grundgesetzes für die innerstaatliche Ebene vorgibt. (...). Das Demokratieprinzip ist grundsätzlich für die Erfordernisse einer supranationalen Organisation offen, *nicht um sich in seinem normativen Regelungsgehalt der jeweiligen Faktizität politischer Herrschaftsorganisation anzupassen, sondern um gleichbleibende Wirksamkeit unter geänderten Umständen zu bewahren* (...). Art. 23 Abs. 1 Satz 1 GG geht somit davon aus, dass die demokratischen Grundsätze in der Europäischen Union nicht in gleicher Weise wie im Grundgesetz verwirklicht werden können."[174]

Eine solche Auslegung wird nicht nur Sinn und Zweck einer Strukturgestaltungsklausel gerecht und deckt sich spiegelbildlich mit den unionsrechtlichen Mechanismen in Art. 6 Abs. 1 und 7 Abs. 1 EUV.[175] Sie erlaubt in dogmatischer Perspektive zugleich eine klare Abgrenzung von der verfassungsrechtlichen Bestandssicherung, die bei der Wahrung verfassungsstaatlicher Kerngehalte ansetzt.

Was die Rechtsprechung des BVerfG betrifft, so muss indes bezweifelt werden, dass das Gericht an seinem zunächst vorgestellten Verständnis der Strukturgestaltungsklausel konsequent festhielte. Trotz der Ankündigung, gerade nicht dem Blaupausenfehler zu unterliegen, die supranationale Ebene an einem innerstaatlich geprägten Demokratiemaßstab zu messen, legt das Gericht in seinem *Lissabon*-Urteil an die Beurteilung des Demokratieprinzips auf Unionsebene letztlich doch einen „verfas-

[173] Zur Unterscheidung vgl. *O. Rojahn*, in: I. v. Münch/P. Kunig (Hrsg.), GG, Bd. 2 (4./5. Aufl. 2001), Art. 23, Rn. 19. Ähnlich *I. Pernice*, in: H. Dreier (Hrsg.), GG, Bd. II (2. Aufl. 2006), Art. 23, Rn. 50.

[174] BVerfG, Urt. v. 30. 6. 2009 – 2 BvE 2/08 u. a. – *Lissabon* = BVerfGE 123, 267 ff. (Rn. 266 f., Hervorh. hinzugefügt). Vgl. auch ebd. Rn. 219 sowie 277 f.

[175] Wie hier *A. v. Bogdandy*, Grundprinzipien, in: ders./J. Bast (Hrsg.), Europäisches Verfassungsrecht (2. Aufl. 2009), S. 13 (53). Für ein Verständnis von Art. 6 Abs. 1 und 7 Abs. 1 EUV als Klauseln zur Ausgestaltung und Gewährleistung von Homogenität vgl. hingegen *F. Schorkopf*, Homogenität in der Europäischen Union (2000), S. 69 ff. u. 104 ff.

sungsstaatlichen" Maßstab an.[176] Die vielversprechende Ouvertüre, die Verwirklichungsformen des Demokratieprinzips auf Ebene der EU dürften aus Sicht des Grundgesetzes prinzipiell von denen der staatlichen Ebene abweichen, entpuppt sich in der Folge paradoxerweise gerade nicht als Einstieg in die gerichtliche *Anerkennung* eines hinreichenden legitimatorischen Eigenstandes der EU, den man vor dem Hintergrund des Tenors – d.h. insbesondere der Verfassungs*konformität* des Zustimmungsgesetzes – folgerichtig erwarten dürfte.

Bei näherem Hinsehen entpuppt sich das *Lissabon*-Urteil vielmehr als die wohl grundlegendste Misstrauensbekundung gegenüber demokratischen Verwirklichungsformen auf supranationaler Ebene, die das BVerfG je gegenüber der EU ausgesprochen hat. So sehr das Gericht den Deutschen Bundestag in seiner „Integrationsverantwortung" in die Pflicht nimmt,[177] so sehr spricht es dem Europäischen Parlament gleichsam spiegelbildlich die Fähigkeit zu autonomer Legitimierung europäischer Hoheitsgewalt ab. Konnte das *Maastricht*-Urteil noch als Appell für eine wachsende Einbindung des Europäischen Parlamentes zur Legitimationsvermittlung gelesen werden,[178] so spielt das BVerfG im *Lissabon*-Urteil nunmehr Demokratieprinzip gegen Parlamentarismus aus,[179] wenn es mit Blick auf die degressiv proportionale Zusammensetzung des Europäischen Parlamentes ausführt:

> „Gemessen an verfassungsstaatlichen Erfordernissen [sic!] fehlt es der Europäischen Union auch nach Inkrafttreten des Vertrags von Lissabon an einem durch gleiche Wahl aller Unionsbürger zustande gekommenen politischen Entscheidungsorgan mit der Fähigkeit zur einheitlichen Repräsentation des Volkswillens. Es fehlt, damit zusammenhängend, zudem an einem System der Herrschaftsorganisation, in dem ein europäischer Mehrheitswille die Regierungsbildung so trägt, dass er auf freie und gleiche Wahlentscheidungen zurückreicht und ein echter und für die Bürger transparenter Wettstreit zwischen Regierung und Opposition entstehen kann. Das Europäische Parlament ist auch nach der Neuformulierung in Art. 14 Abs. 2 EUV-Lissabon und entgegen dem Anspruch, den Art. 10 Abs. 1 EUV-Lissabon nach seinem Wortlaut zu erheben scheint, kein Repräsentationsorgan eines souveränen europäischen Volkes."[180]

---

[176] So ausdrücklich ebd., Rn. 280 ff., 289.

[177] Dies betrifft allen voran die Einforderung eines Gesetzes i.S.v. Art. 23 Abs. 1 S. 2 GG bzw. eines parlamentarischen Beschlusses als Grundlage für die Zustimmung des deutschen Regierungsvertreters im Rat bzgl. der allgemeinen und speziellen Brückenklauseln sowie der Vertragsabrundungskompetenz (Art. 352 AEUV), vgl. ebd., Rn. 409 ff.

[178] BVerfG, Urt. v. 12. 10. 1993 – 2 BvR 2134, 2159/92 – *Maastricht* = BVerfGE 89, 155 (184).

[179] So treffend *C. Möllers*, Was ein Parlament ist, entscheiden die Richter, FAZ v. 16. 7. 2009, S. 27.

[180] BVerfG, Urt. v. 30. 6. 2009 – 2 BvE 2/08 u.a. – *Lissabon* = BVerfGE 123, 267 ff. (Rn. 280, Anm. hinzugefügt). Gerade in der Literatur ist hingegen die zentrale Bedeutung des Europäischen Parlamentes für einen originären Legitimitätszugewinn europäischer Legislativgewalt herausgehoben worden, ohne diesen Befund am Maßstab innerstaatlicher Wahlrechtsgleichheit relativieren zu müssen, vgl. *P. Craig*, The Role of the European Parliament under the Lisbon Treaty, in: S. Griller/J. Ziller (Hrsg.), The Lisbon Treaty (2008), S. 109 (111, 132) ohne freilich bestehende institutionelle Schwächen unreflektiert lassen zu müssen (a.a.O., S. 26 f.). Ähnlich *ders.*, The Treaty of Lisbon, process, architecture and substance, ELRev. 33 (2008), S. 137 (157). Vgl. für die Rolle des EP nach dem

Das dezidiert an „staatlichen Demokratieanforderungen gemessene" und kritisierte Demokratiedefizit der europäischen Hoheitsgewalt kann nach Auffassung des BVerfG durch Formen partizipatorischer, assoziativer oder direkter Demokratie auch „nicht aufgewogen und insoweit nicht gerechtfertigt" werden.[181] Dass das BVerfG das Zustimmungsgesetz zum VvL gleichwohl als verfassungsgemäß passieren lässt, ist folglich auch nicht dem Umstand geschuldet, dass die Ausgestaltung des Demokratieprinzips auf europäischer Ebene *für sich genommen* strukturelle Besonderheiten – etwa aufgrund der spezifischen Gewichtung föderaler Elemente – gegenüber der nationalen Ebene aufweisen dürfte. Der Grund für die verfassungsrechtliche Nichtbeanstandung durch das BVerfG liegt vielmehr einzig darin, dass das Gericht den Fortbestand souveräner Staatlichkeit der Bundesrepublik als gewahrt ansieht und damit die demokratische Legitimation europäischer Hoheitsgewalt existenziell an den nationalen Legitimationsstrang bindet. Demnach muss das europäische Institutionensystem nicht in einer staatsanalogen Weise demokratisch ausgestaltet sein, weil der – als notwendig vorausgesetzte – verfassungs*staatliche* Legitimationsstrang noch über die souveränen Staaten läuft.[182] Diese bilden als „volldemokratisch" organisierte Herren der Verträge den originären Ausgangspunkt demokratischer Legitimationsvermittlung.[183]

Dieser Logik zufolge ist eine supranationale Union – jedenfalls solange ihre Mitgliedstaaten noch Staaten sind – umso demokratischer, je stärker der Zugriff der Mitgliedstaaten auf die Entscheidungsergebnisse auf supranationaler Ebene ist. Folgerichtig lesen sich einige Passagen des deutschen *Lissabon*-Urteils auch gleichsam wie ein Plädoyer für den Intergouvernementalismus, etwa die Passage über die verfassungsrechtliche Unbedenklichkeit (sic!) der Konventsmethode.[184]

Das der Strukturgestaltungsklausel inhärente Äquivalenzerfordernis wird so missachtet. Letztlich verweist das Prüfprogramm des BVerfG auch hinsichtlich der demokratischen Ausgestaltung der Union auf die Grenzen der Ewigkeitsklausel. Die strukturellen Unterschiede zwischen integrationssteuernder Strukturgestaltungsklausel (Art. 23 Abs. 1 S. 1 GG) und defensiver Bestandssicherung (Art. 23 Abs. 1 S. 3 i. V. m. Art. 79 Abs. 3 GG) verschwimmen auf diese Weise.[185]

VvL auch *H. Bribosia*, The Main Institutional Innovations of the Lisbon Treaty, in: S. Griller/J. Ziller (Hrsg.), The Lisbon Treaty (2008), S. 57 (61 ff.).

[181] BVerfG, ebd., Rn. 289 ff.

[182] Kritisch nunmehr auch *C. Schönberger*, Die europäische Union zwischen ‚Demokratiedefizit' und Bundesstaat, Der Staat 48 (2009), S. 535 (551 f.).

[183] BVerfG, Urt. v. 30. 6. 2009 – 2 BvE 2/08 u. a. – *Lissabon* = BVerfGE 123, 267 ff. (Rn. 298 ff.).

[184] So urteilt das Gericht in Rn. 308 über das nunmehr gemäß Art. 48 Abs. 3 UAbs. 1 zum Regelfall erhobene Konventsverfahren, dieses sei „verfassungsrechtlich [sic!] unbedenklich, solange die Mitgliedstaaten rechtlich an die Ergebnisse des Konvents nicht gebunden sind und frei darüber entscheiden können, welche Vertragsänderungen sie letztendlich völkerrechtlich [sic!] vereinbaren wollen".

[185] Vgl. den Prüfungsmaßstab in Rn. 244 f. sowie Rn. 261 u. 264. Die Vermengung mag möglicherweise dem Umstand geschuldet sein, dass das Urteil eine Kompromissformel darstellt, welche unterschiedliche Forderungen einzelner RichterInnen gleichermaßen berücksichtigen muss.

c) Materiell-rechtliche Gehalte

Bezüglich der materiell-rechtlichen Gehalte der Strukturgestaltungsklauseln tauchen regelmäßig die gleichen Grundmuster auf. Die älteren Klauseln, wie etwa Art. 11 Verf-IT oder die 15. Präambelerwägung der 1946er Verfassung Frankreichs[186] betonen dabei neben der *Friedenssicherung* als Zweck der supranationalen bzw. internationalen Organisation zumeist das Prinzip der *Gegenseitigkeit* bzw. *Gleichstellung*. Ebenso sehen § 20 Abs. 1 Verf-DEN, Art. 28 Abs. 3 Verf-GR und Art. 7 Abs. 6 Verf-POR das Erfordernis der Gegenseitigkeit vor. Auch in Spezialklauseln über die WWU,[187] das Kommunalwahrecht,[188] das Wahlrecht zum EP[189] oder über die Auslieferung eigener Staatsangehöriger[190] sowie über den Schutz des Privateigentums[191] können im europäischen Kontext Gegenseitigkeitsvorbehalte enthalten. Die Bedingung der Gegenseitigkeit kann Unterschiedliches meinen. Eine mögliche Zielrichtung bezieht sich zunächst rein auf die formellen Voraussetzungen des Inkrafttretens des betreffenden Vertrages. Man kann dies als (vertrags-)*entstehungs*bezogene Variante der Gegenseitigkeit bezeichnen.[192] Dabei geht es im Wesentlichen darum, dass alle Parteien ratifizieren, nicht aber, dass die dabei eingegangenen Verpflichtungen in materieller Hinsicht den gleichen Umfang haben müssen. Ungleichzeitige bzw. asymmetrische Integrationsformen sind also insoweit nicht ausgeschlossen.[193] Zum anderen kann sich das Erfordernis der Gegenseitigkeit auf die gleiche Anwendung der eingegangene Verpflichtungen durch alle Vertragsparteien beziehen, also *anwendungs*bezogen ausgerichtet sein.[194] Beide Varianten ähneln sich insoweit, als ihnen ein primär formelles Verständnis der Gegenseitigkeit zugrunde liegt. Hiervon ist schließlich eine dritte Variante der Gegenseitigkeit zu unterscheiden, die in erster Linie auf einem materiellen Verständnis aufbaut und sich auf die Gleichheit bzw. Ebenbürtigkeit der durch den Vertrag geschaffenen Verpflichtungen für die Vertragsparteien

---

[186] Diese ist, wie bereits erwähnt, über den Verweis in der Präambel der Verfassung der Fünften Republik von 1958 Teil des „bloc de constitutionnalité, sprich Teil des geltenden franz. Verfassungsrechts, vgl. Teil 2 – Kapitel 5 – I. 1.

[187] Art. 88-2 *a. F.* Verf-F.

[188] Art. 15 Abs. 4 Verf-POR; Art. 13 Abs. 2 Verf-ESP; Art. 88-2 *a. F.* Verf-F.

[189] Art. 15 Abs. 5 Verf-POR.

[190] Art. 19 Abs. 2 Verf-ROM.

[191] Art. 44 Abs. 2 Verf-ROM.

[192] Diese Konzeption einer entstehungsbezogenen „réciprocité" wird der 15. Präambelerwägung der Verf-F von 1946 beigemessen. Auch Art. 88-2 Verf-F wird ein derartiger Bedeutungsgehalt unterlegt, vgl. *J.-F. Flauss*, Rapport français, in: J. Schwarze (Hrsg.), Die Entstehung einer europäischen Verfassungsordnung (2000), S. 25 (101).

[193] Vgl. Franz. Verfassungsrat, Entsch. v. 9. 4. 1992 – Nr. 92-308 DC – *Maastricht I*, Rec. S. 55, Erwägungsgrund 16.

[194] Ein solches Erfordernis lässt sich zudem der Kollisionsnorm des Art. 55 Verf-F entnehmen, wenngleich in der Literatur vertreten wird, dass der Vorbehalt der Gegenseitigkeit nach Art. 55 Verf-F „weder auf Menschenrechtsabkommen noch auf das Gemeinschaftsrecht sowie bestimmte andere Verträge Anwendung" finden könne, vgl. *C. Haguenau-Moizard*, Offene Staatlichkeit, in: IPE II (2008), § 15 Frankreich, Rn. 8.

bezieht, also *inhalts*bezogen ist.[195] In der Literatur wurde in diesem Kontext das Opt-out zur Grundrechtecharta für Großbritannien, Polen und nunmehr auch Tschechien als potenzieller Konflikt mit dem Grundsatz der Gegenseitigkeit – verstanden im inhaltsbezogenen Sinne – identifiziert.[196]

Die jüngeren Klauseln, wie insbesondere Art. 23 Abs. 1 S. 1 GG, Kap. 10 § 5 Abs. 1 S. 2 schw. RegForm, Art. 7 Abs. 6 Verf-POR sowie Art. 3a Abs. 1 Verf-SLO, beziehen sich dabei in der Regel auf materielle Fundamentalgrundsätze wie *Demokratie, Rechtsstaatlichkeit, Grund- und Menschenrechte* sowie ggf. *föderale Prinzipien auf supranationaler Ebene*, so die Beachtung der Subsidiarität in einem weiteren – und nicht nur dogmatisch auf die Funktion einer Kompetenzausübungsschranke begrenzten – Sinne.[197]

Auch könnte die *Permeabilität* der supranationalen Rechtsordnung spezielle Erwähnung finden. Jedenfalls de constitutione ferenda wäre zumindest eine explizite Einforderung der Strukturoffenheit des europäischen Verfassungsrechts wünschenswert. In Ansätzen weist die Präambel des litauischen EU-Verfassungsaktes in diese Richtung, soweit darin festgestellt wird, dass die EU „die nationale Identität und die Verfassungstraditionen ihrer Mitgliedstaaten respektiert".

3. Fazit: Auslegungsmaxime, Mitwirkungsverpflichtung, Strukturvorgabe

Letztlich lassen sich drei zueinander komplementäre, jedoch nicht notwendig kumulativ vorliegende Intensitätsstufen unterscheiden, auf denen die mitgliedstaatliche Verfassung „Offensivwirkung" vorgeben kann. Die erste besteht in der Grundlegung einer bestimmten Integrationsfinalität bzw. der *programmatischen Ausrichtung* der Integrationsermächtigung auf einen bestimmten Integrationszweck. Darin liegt nicht nur eine Leitlinie für die handelnden Staatsorgane, sondern in der Regel zugleich eine Auslegungsmaxime bzw. Interpretationsleitlinie, die sich über die Integrationsermächtigung hinaus ggf. auf die Verfassung in ihrer Gesamtheit erstrecken kann. Die zweite Funktion besteht in der Aufstellung einer verfassungsrechtlichen Handlungs*verpflichtung zur Mitwirkung* am Fortgang der europäischen Integration. Diese geht dogmatisch über die Ermächtigung, also die Einräumung einer bloßen Handlungsmöglichkeit, hinaus.[198] Drittens schließlich kann, wie das deutsche Bei-

---

[195] In der Literatur wird durchaus die Auffassung vertreten, dass ein übermäßiges Ungleichgewicht der vertragsmäßigen Verpflichtungen dem Erfordernis der Gegenseitigkeit entgegenstünde, vgl. *F. Luchaire*, Le traité d'Amsterdam et la Constitution, RDP 1998, S. 331 (336).

[196] So *F. C. Mayer*, Die Rückkehr der Europäischen Verfassung?, ZaöRV 67 (2007), S. 1141 (1161) in Bezug auf die alte Fassung des französischen Europaverfassungsrechts. Für den französischen Verfassungsrat hingegen stellte dies in seiner Entscheidung zum VvL kein verfassungsrechtliches Problem dar, vgl. franz. Verfassungsrat, Entsch. v. 20. 12. 2007 – Nr. 2007-560 DC – *Lissabon*, JORF v. 29. 12. 2007, 21813.

[197] Zu den Anforderungen von Art. 23 Abs. 1 S. 1 GG eingehend *I. Pernice*, in: H. Dreier (Hrsg.), GG, Bd. II (2. Aufl. 2006), Art. 23, Rn. 52 ff.

[198] S. bereits *K. Vogel*, Die Verfassungsentscheidung des Grundgesetzes für eine internationale Zusammenarbeit, Recht und Staat in Geschichte und Gegenwart, Heft 292/293 (1964), S. 1 (44 ff.)

spiel zeigt, zugleich eine integrationssteuernde bzw. *struktursichernde* Funktion mit der Zielbestimmung verbunden sein.

Die integrationssteuernden Normen bzw. Normbestandteile sind für sich genommen nicht selbst Wirkmechanismus rechtlicher Permeabilität, da sie auf die Ausgestaltung des von ihrer Ausgangsrechtsordnung (hier der nationalen Verfassung) getrennten Rechtssetzungszentrums (hier der supranationalen Rechtsordnung) gerichtet sind. Anders als die Bestandssicherungsklauseln zielen sie nicht auf die autolimitative, sondern vielmehr die konstitutive Funktion der Integrationsermächtigungen ab. Gerade darum aber stellen sie eine wichtige Ergänzung zum autolimitativen Kernmechanismus der Permeabilität dar, weil sie aus Sicht der Ausgangsrechtsordnung die Gewähr dafür bieten, dass das in sie einfließende, und die Individuen ggf. unmittelbar betreffende Recht hinreichend demokratisch legitimiert ist und materiell-rechtlichen Grundstandards genügt.

4. Ausblick und Textvorschlag

Die Tendenz im Verfassungsrecht der Mitgliedstaaten geht auch in Bezug auf Programmsätze, Mitwirkungsverpflichtungen und Strukturgestaltungsklauseln in Richtung einer zunehmenden Kodifizierung. Dies zeigen nicht nur die Beispiele der 2004 und 2007 beigetretenen Mitgliedstaaten. Gerade auch die Verfassungsreform in Irland im Dezember 2009 sowie der noch nicht in geltendes Recht überführte Normentwurf des spanischen Staatsrates enthalten entsprechende Klauseln.

> „Spanien beteiligt sich am Prozess der europäischen Integration; zu diesem Zweck wirkt der spanische Staat, ohne die im Vortitel verankerten Grundsätze zu verletzen, mit anderen Mitgliedstaaten durch gemeinsame Institutionen an der Gründung einer Union mit, die der Rechtsstaatlichkeit, der Demokratie und den Grundrechten verpflichtet ist."[199]

Freilich wird die Notwendigkeit zur Regelung solcher Strukturvorgaben nicht in allen Staaten gleichermaßen gesehen. In den Niederlanden etwa ist das Bedürfnis nach einer expliziten verfassungsrechtlichen Niederlegung struktursichernder Bedingungen für die Mitgliedschaft in der EU vergleichsweise gering, wie ein niederländischer Autor unter Abgrenzung zur Rechtslage in Schweden betont.[200] Mittelbar

---

unter Hinweis auf die verfassungsdogmatische Einordnung als „dirigierende Verfassungsrechtssätze" im Sinne von *P. Lerche*, Übermaß und Verfassungsrecht (Nachdr. d. 2. Aufl. 1961), S. 61 ff.

[199] Span. Staatsrat (*Consejo de Estado*), Bericht v. 16. 2. 2006 – Nr. E 1/2005, S. 107, abrufbar unter http://www.consejo-estado.es/pdf/modificaciones%20constitucion%20esp.pdf (1. 9. 2010) in der Übersetzung d. Verfassers. Dabei enthält die Klausel neben einer Zielbestimmung zugleich Bestands- und Struktursicherungsklausel.

[200] *T. van den Brink*, Implementing European Union Law in the Netherlands: the Current System, its Limitations and Possible Alternatives, EPL 12 (2006), S. 111 (115): „In any case, the desire to make EU membership subject to conditions in the way other Member states have done (...) is apparently absent."

können andere Staaten zudem von der Wirkung profitieren, was eine eigene Kodifikation u.U. entbehrlich erscheinen lassen kann.[201]

Für die Formulierung einer solchen Klausel bieten sich grundsätzlich zwei Wege an. Wollte man die Strukturgestaltungsbestimmung unmittelbar an die Integrationsermächtigung koppeln, müssten die Strukturvorgaben angefügt werden:

„(...) die fortan im Verbund mit dieser Verfassung die rechtliche Grundlage für die Ausübung von Hoheitsgewalt in X bildet *und die ... Grundsätzen entspricht.*"

Um die Ermächtigungsklausel nicht noch länger zu machen, erscheint es hingegen textlich eleganter und der Übersichtlichkeit dienlicher, die Strukturgestaltungsklausel der Integrationsermächtigung voranzustellen. Auf diese Weise kann sie zudem mit einer Zielbestimmung verknüpft werden. Diese könnte unter Berücksichtigung der oben angestellten Erwägungen wie folgt lauten:

„[Staat] X bekennt sich zur Verwirklichung eines vereinten Europas und wirkt durch seine Organe an der Entstehung und Fortentwicklung der Europäischen Union mit, die auf freiheitlich-demokratischen, rechtsstaatlichen, sozialen und föderalen Grundsätzen aufbaut, einen dieser Verfassung im Wesentlichen gleichen Grundrechtsschutz gewährt und im Geiste gegenseitiger Loyalität und Rücksichtnahme die Identität ihrer Mitgliedstaaten wahrt."[202]

V. Informations- und Beteiligungsrechte am supranationalen Rechtssetzungsprozess

Die Integrationsermächtigungen bilden das verfassungsrechtliche Fundament normativer Permeabilität in Bezug auf das Unionsrecht. Sie sind die Grundlage für das effektive Hineinwirken, bzw. Durchgreifen des auf supranationaler Ebene gesetzten Rechts in den sich in seinem Geltungswillen selbst limitierenden innerstaatlichen Verfassungsraum. Neben dem so entstehenden Verbund der *Rechtsmassen* hat die Rücknahme der (alleinigen) Hoheitsgewalt der Staatsorgane aber zugleich erhebliche Konsequenzen für das innerstaatliche *Institutionengefüge*. Die Eingliederung des modernen Verfassungsstaates in ein System gestufter Aufgabenwahrnehmung bewirkt grundlegende Verschiebungen seiner institutionellen Architektur.[203] Im Europaverfassungsrecht der Mitgliedstaaten spiegelt sich dieses Phänomen besonders deutlich in der kompensatorischen Schaffung von Informations- und Beteiligungsrechten wi-

---

[201] So *H. Schäffer*, Österreichischer Landesbericht, in: J. Schwarze (Hrsg.), Die Entstehung einer europäischen Verfassungsordnung (2000), S. 339 (361) in Bezug auf das österreichische Verfassungsrecht.

[202] Besondere Betonung wird dabei auf die gegenseitige Loyalität und Rücksichtnahme im Sinne einer ordnungsübergreifenden Verbundtechnik sowie die in der Wahrung der (nationalen) Identität enthaltene Permeabilität des Unionsrechts gelegt. Das Subsidiaritätsprinzip wird nicht gesondert erwähnt, da es als von den föderalen Grundsätzen umfasst angesehen werden kann.

[203] Dazu *J. Schwarze*, in: ders. (Hrsg.), Die Entstehung einer europäischen Verfassungsordnung (2000), S. 463 (517 ff.).

der, die bestimmten staatlichen Hoheitsträgern in europäischen Angelegenheiten (verfassungs-)rechtlich eingeräumt werden.

1. *Zweckrichtung*

Allen voran hat die Rolle der nationalen Parlamente im Zuge des steten Ausbaus der Mehrebenenverfassung Fragen grundsätzlicher Natur aufgeworfen.[204] Regelmäßig und über die Grenzen der einzelnen Verfassungsordnungen hinaus wurde in den vergangenen Jahren ein „Funktionsverlust"[205] bzw. ein „Einflussknick"[206], zumindest aber ein „Funktionswandel"[207] der nationalen Parlamente infolge der verstärkten Aufgabenzuweisung auf die supranationale Ebene konstatiert. Damit sind gleichermaßen die Verwirklichungsformen des Demokratieprinzips im Mehrebenensystem grundlegend auf den Prüfstand gestellt.[208] In föderal strukturierten Staaten tritt zudem die Frage nach der vertikalen Gewaltenteilung und damit letztlich nach der Rolle föderaler bzw. dezentraler Einheiten im Mehrebenensystem hinzu.[209]

Das innerstaatliche Europaverfassungsrecht fängt beide Dimensionen *demokratischer Legitimation* und *föderalen Kompetenzausgleichs* zunehmend ein. Eine Vielzahl mitgliedstaatlicher Verfassungen enthält mittlerweile EU-gerichtete Regelungen zur Absicherung von Informations- und Beteiligungsrechten nationaler Parlamente und föderaler Einheiten an europäischen Entscheidungsprozessen, d. h. insbesondere für den Bereich sekundärrechtlicher Normgebung. Zuweilen sind die entsprechenden Regelungen textlich an die Integrationsermächtigungen angeschlossen[210] oder ge-

[204] Vgl. *P. Dann*, Parlamente im Exekutivföderalismus (2004); *P. Weber-Panariello*, Nationale Parlamente in der Europäischen Union (1995); *A. Maurer/W. Wessels* (Hrsg.), National Parliaments on their Ways to Europe: Losers or Latecomers? (2001); *O. Tans/C. Zoethout/J. Peters* (Hrsg.), National Parliaments and European Democracy. A Bottom-Up Approach to European Constitutionalism (2007).

[205] So der rechtsvergleichende Befund bei *J. Schwarze*, a.a.O., S. 517.

[206] So *P. M. Huber*, in: Offene Staatlichkeit, in: IPE II (2008), § 26 Vergleich, Rn. 48, ebenfalls auf rechtsvergleichender Basis.

[207] *I. Pernice*, in: H. Dreier (Hrsg.), GG, Bd. II (2. Aufl. 2006), Art. 23, Rn. 93.

[208] Hierzu insbesondere *M. Kaufmann*, Europäische Integration und Demokratieprinzip (1997), S. 224 ff.; *C. Calliess*, Das Demokratieprinzip im europäischen Staaten- und Verfassungsverbund, in: FS G. Ress (2005), S. 399 ff. sowie die Beiträge von *A. v. Bogdandy*, *A. Benz*, *C. Calliess* und *M. Ruffert*, in: H. Bauer/P. M. Huber/K.-P. Sommermann (Hrsg.), Demokratie in Europa (2005). Einen vergleichenden Überblick über Demokratiekonzepte in einzelnen Mitgliedstaaten bietet *K.-P. Sommermann*, Demokratiekonzepte im Vergleich, ebd. S. 191 ff. Aus der Rechtsprechung vgl. insbesondere BVerfG zum , Urt. v. 12. 10. 1993 – 2 BvR 2134, 2159/92 – *Maastricht* = BVerfGE 89, 155 (185 f.) sowie BVerfG, Urt. v. 30. 6. 2009 – 2 BvE 2/08 u. a. – *Lissabon* = BVerfGE 123, 267 ff. (Rn. 246 ff., 276 ff. u. 351 ff. mit einer überaus kritischen Bilanz, insbesondere in Rn. 280).

[209] Vgl. insbesondere *M.-O. Pahl*, Regionen mit Gesetzgebungskompetenzen in der Europäischen Union – Eine rechtsvergleichende Analyse ihrer Mitwirkung an der EU-Rechtssetzung (2004).

[210] Vgl. § 96 Verf-FIN und Art. 10b Verf-CZ.

meinsam mit diesen in einer „Europaklausel“[211] bzw. einem der Union gewidmeten Verfassungstitel[212] enthalten.

Gleichwohl gilt es einen grundlegenden Unterschied zwischen den Integrationsermächtigungen einschließlich der für sie geltenden Verfahrensregeln einerseits und den im Folgenden in den Blick zu nehmenden Informations- und Beteiligungsrechten andererseits zu berücksichtigen. Während sich erstere auf die Konstituierung der supranationalen Grundordnung und die parallel laufende Öffnung des innerstaatlichen Rechtsraumes beziehen, zielen letztere primär auf die *Entstehungsprozesse sekundärrechtlicher*[213] Rechtsakte ab, für die die innerstaatliche Verfassungsordnung infolge der Anwendung der Integrationsermächtigungen *bereits strukturell permeabel ist.*[214] Anders gewendet, die Bestimmungen über Informations- und Beteiligungsrechte sind nicht selbst Mechanismen zur Herstellung rechtlicher Permeabilität, sondern *flankieren* diese vielmehr in parlamentarischer bzw. föderaler Perspektive. Kurzum: Es geht nicht um die Normierung der Permeabilität, sondern vielmehr um die *Teilhabe* an der Setzung von Recht, das aus der bereits errichteten supranationalen Grundordnung fließt.

Gewiss kann die hinreichende Absicherung parlamentarischer und föderaler Informations- und Beteiligungsrechte sowohl in rechtlicher, als auch politischer Hinsicht ggf. eine Entstehungsbedingung verfassungsrechtlicher Permeabilität im Sinne eines *no conferral without participation* sein. So stellt sich der verfassungsrechtliche Ausbau von Informations- und Beteiligungsrechten nicht selten als Konzession der Zentralregierung gegenüber Parlament bzw. föderalen Einheiten für die Erlangung der nötigen Zustimmungserfordernisse im Rahmen der Ratifikation eines Integrationsvertrages dar.[215] Auch kann die Einführung entsprechender Rechte das Ergebnis einer verfassungsgerichtlichen Entscheidung sein.[216] Insoweit besteht also ein zuwei-

---

[211] Vgl. Art. 23 Abs. 2 -7 GG; Art. 3a Abs. 4 Verf-SLO; Art. 3 lit. EU-Verfassungsakt; Art. 148 Abs. 5 Verf-RO.

[212] Art. 88-4 n. F. Verf-F (Titel XV der Verf-F). Im österreichischen B-VG kommt der EU im Rahmen des Ersten Hauptstücks mit den Artikeln 23a-23k ein eigener Abschnitt B zu, der sich ausschließlich auf institutionelle und prozessuale Verschränkungen bezieht und in seinem Detailgrad bislang als einzigartig gelten kann.

[213] Einzig die Verfassungen Belgiens (Art. 168) und Finnlands (§ 97 Abs. 2) sehen zusätzlich ausdrückliche Bestimmungen über Informationsrechte in Bezug auf *Primärrechts*änderungen vor.

[214] Dies verdeutlichen auch die Sicherungsvorbehalte einiger Verfassungsgerichte in Bezug auf die Bestimmtheit der Konstituierungshandlung. So muss nach dem *Maastricht*-Urteil des BVerfG ein Vertrag in Verbindung mit dem Zustimmungsgesetz „den *künftigen* Vollzugsverlauf, also die *mögliche* Inanspruchnahme der eingeräumten Hoheitsbefugnisse, hinreichend voraussehbar“ normieren (Hervorh. hinzugefügt), BVerfG, Urt. v. 12. 10. 1993 – 2 BvR 2134, 2159/92 – *Maastricht* = BVerfGE 89, 155 (191) sowie zuvor bereits BVerfG, Beschl. v. 23. 6. 1981 – 2 BvR 1107, 1124/77 u. 195/79 – *Eurocontrol I* = BVerfGE 58, 1 (37). In vergleichender Perspektive s. insbesondere dän. Oberster Gerichtshof, Urt. v. 6. 4. 1998 – Az. I 361/1997 – *Carlsen/Rasmussen*.

[215] Vgl. in politikwissenschaftlicher Perspektive für Deutschland etwa *T. Börzel*, States and Regions in the European Union. Institutional Adaptation in Germany and Spain (2001), S. 68 ff.

[216] Hierzu vgl. etwa den franz. Verfassungsrat, Entsch. v. 9. 4. 1992 – Nr. 92-308 DC – *Maastricht I*, Rec. S. 55 und die daraufhin folgende Einfügung von Art. 88-4 in die französische Verfassung.

len untrennbarer innerer Zusammenhang zwischen der Herausbildung von Grundstrukturen verfassungsrechtlicher Permeabilität einerseits und den sie komplettierenden Regelungen über Informations- und Beteiligungsrechte andererseits.

Die unterschiedlichen Formen „demokratisch-föderativer Verflechtung"[217] im Bereich sekundärrechtlicher Entscheidungsprozesse sind in den letzten Jahren verstärkt in den Fokus der Wissenschaft gerückt, ja mittlerweile zu einem eigenen Forschungsfeld herangereift, auf dessen Erträge an dieser Stelle weiterführend verwiesen werden kann.[218] Für den vorliegenden Kontext genügt die Beleuchtung der wesentlichen Regelungsvarianten.

2. *Informations- und Beteiligungsrechte nationaler Parlamente*

Nationale Parlamente erfüllen im institutionellen Geflecht des europäischen Mehrebenensystems unterschiedliche Aufgaben und Funktionen.[219] Dies beginnt bei der Entstehung und Fortschreibung der supranationalen Grundordnung. Hier nehmen die nationalen Parlamente – ggf. unter Einschluss der Länderkammern bzw. Länderparlamente[220] – in der Regel eine zentrale Rolle als Akteur ein. Im Rahmen des inner-

---

Dazu *J.-F. Flauss*, Rapport français, in: J. Schwarze (Hrsg.), Die Entstehung einer europäischen Verfassungsordnung (2000), S. 25 (92 ff.). Jüngst BVerfG, Urt. v. 30. 6. 2009 – 2 BvE 2/08 u. a. – *Lissabon* = BVerfGE 123, 267 ff. (Rn. 411 ff.) und in seiner Folge insbesondere das Integrationsverantwortungsgesetz (IntVG) v. 22. 9. 2009, BGBl. 2009 I, Nr. 60, S. 3022 ff. (BT-Drs. 16/13923).

[217] So *I. Pernice*, in: H. Dreier (Hrsg.), GG, Bd. II (2. Aufl. 2006), Art. 23, Rn. 93 in Bezug auf Art. 23 Abs. 2 GG.

[218] Aus der Fülle an Literatur zur Beteiligung nationaler Parlamente an europäischen Entscheidungsprozessen vgl. *H.-G. Kamann*, Die Mitwirkung der Parlamente der Mitgliedstaaten an der europäischen Gesetzgebung (1997); *F. Baach*, Parlamentarische Mitwirkung in Angelegenheiten der Europäischen Union (2008); *P. Dann*, Parlamente im Exekutivföderalismus (2004), S. 190 ff.; *C. Grabenwarter*, Die Rolle der nationalen Parlamente in den Mitgliedstaaten, in: H. Schäffer/J. Iliopoulos-Strangas (Hrsg.), Staatsmodernisierung in Europa, S. 85 ff.; *P. Weber-Panariello*, Nationale Parlamente in der Europäischen Union (1995), S. 47 ff.; *P. M. Huber*, Die Rolle der nationalen Parlamente bei der Rechtssetzung der Europäischen Union (2001); *A. Maurer/W. Wessels* (Hrsg.), National Parliaments on their Ways to Europe: Losers or Latecomers? (2001); *O. Tans/C. Zoethout/J. Peters* (Hrsg.), National Parliaments and European Democracy (2007); *A. Maurer*, Nationale Parlamente in der Europäischen Union – Herausforderungen für den Konvent, Integration 1/2002, S. 20 ff.; *A. Janowski*, Die nationalen Parlamente und ihre Europa-Gremien – Legitimationsgarant der EU? (2005); *I. Pernice*, The Role of National Parliaments in the European Union, in: D. Melissas/I. Pernice (Hrsg.), Perspectives of the Nice Treaty and the Intergovernmental Conference in 2004 (2002), S. 73 ff.

Zur Beteiligung föderaler Einheiten s. *M.-O. Pahl*, Regionen mit Gesetzgebungskompetenzen in der Europäischen Union – Eine rechtsvergleichende Analyse ihrer Mitwirkung an der EU-Rechtssetzung (2004); *C. Stumpf*, Mitglieder von Regionalregierungen im EU-Ministerrat, EuR 2002, S. 275 ff. sowie den vergleichenden Überblick bei *I. Pernice*, in: H. Dreier (Hrsg.), GG, Bd. II (2. Aufl. 2006), Art. 23, Rn. 13 f. und bei *C. Grabenwarter*, Staatliches Unionsverfassungsrecht, in: A. v. Bogdandy/J. Bast (Hrsg.), Europäisches Verfassungsrecht (2. Aufl. 2009), S. 121 (143 ff.).

[219] Dazu eingehend *P. Dann*, Parlamente im Exekutivföderalismus (2004), S. 177 ff.

[220] Vgl. insbesondere die Rechtslage in Belgien, wo die einzelnen Länderkammern zustimmen müssen. Nach Art. 34 i. V. m. 167 Verf-BE ist neben der (einfachen) Zustimmung des Bundesparlaments ebenso die der gesetzgebenden Einheiten der Regionen notwendig, vgl. dazu *F. Delpérée*, Bel-

staatlichen Integrationsverfahrens wirken sie hier als Entscheidungsträger unmittelbar an der Konstituierung der supranationalen Grundordnung und der parallel laufenden Öffnung des innerstaatlichen Rechtsraumes mit.[221] Eine zweite Funktion besteht in der Teilhabe an speziellen Verfahren mehrstufiger Rechtssetzung. Als Beispiel mag die (rechtsgestaltende) Umsetzung von Richtlinien dienen. Drittens, und gleichermaßen den beiden vorgenannten Funktionen zugrunde liegend, besteht die für das institutionelle Verbundgefüge wohl grundlegendste Funktion nationaler Parlamente in der Vermittlung demokratischer Legitimation. Daraus lässt sich in unterschiedlicher Intensität eine parlamentarische „Integrationsverantwortung" und Kontrolle des Regierungshandelns auf europäischer Ebene ableiten. Allen voran das BVerfG hat diesen Aspekt besonders deutlich herausgestellt.[222]

a) Regelungsmodi und Intensitätsstufen

Die effektive Erfüllung der *Legitimations-* und *Kontrollfunktion* durch die nationalen Parlamente hängt in entscheidendem Maße davon ab, ob die Regierungen zeitnah und in hinreichender Dichte Informationen über die Rechtssetzungstätigkeit auf Unionsebene bereitstellen. Folgerichtig hält die Mehrzahl mitgliedstaatlicher Verfassungen mittlerweile Bestimmungen über *Informationsrechte* der Parlamente bzw. korrespondierende *Unterrichtungspflichten* der Regierungen bereit, die zudem in der Regel einfachgesetzlich konkretisiert werden.[223] In Deutschland ist hier insbesondere das Gesetz über die Zusammenarbeit von Bundesregierung und Deutschem Bundestag in Angelegenheiten der Europäischen Union (EUZBBG) zu beachten, das in Folge des Lissabon-Urteils des BVerfG in zentralen Teilen neu gefasst wurde.[224]

Im Vergleich existieren sowohl im Hinblick auf den Umfang als auch hinsichtlich der zeitlichen Intervalle der Informationsvermittlung im Einzelnen recht unterschiedliche Regelungsmodelle. So kann die Informationsvermittlung in Bezug auf den Informationsgegenstand auf Rechtssetzungsvorschläge begrenzt werden oder darüber hinaus auf die Gesamtheit relevanter Dokumente ausgreifen.[225] Verfahrensrechtlich wird die Pflicht zur Unterrichtung zudem gelegentlich an eine konkrete

---

gium: The Lock-through System, in: A. Albi/J. Ziller (Hrsg.), The European Constitution and National Constitutions (2007), S. 67 (68 f.).

[221] Vgl. im Einzelnen Teil 2 – Kapitel 6 – II.

[222] BVerfG, Urt. v. 30. 6. 2009 – 2 BvE 2/08 u. a. – *Lissabon* = BVerfGE 123, 267 ff. (Rn. 236 ff.).

[223] Art. 23 Abs. 2 u. 3 GG i. V. m. EUZBBG; Art. 88-4 Verf-F; Art. 168 Verf-BE; Art. 70 Abs. 8 Verf-GR; Art. 161 lit f) u. 163 lit. f) i. V. m. Art. 197 lit. i) Verf-POR; § 96 Verf-FIN; Art. 23e öst. B-VG; Kap. 10 § 6 schw. RegForm; Art. 3 lit. EU-Verfassungsakt; Art. 3a Abs. 4 Verf-SLO; Art. 10b Verf-CZ; Art. 35a Verf-HU; Art. 105 Abs. 3 u. 4 Verf-BG sowie Art. 148 Abs. 5 Verf-RO.

[224] Die Änderungen erfolgten durch Gesetz zur Änderung des Gesetzes über die Zusammenarbeit von Bundesregierung und Deutschem Bundestag in Angelegenheiten der Europäischen Union (EUZBBG) v. 22. 9. 2009, BGBl. 2009 I, Nr. 60, S. 3026 ff. (BT-Drs. 16/13925).

[225] S. in vergleichender Perspektive *P. Dann*, Parlamente im Exekutivföderalismus (2004), S. 192 f.

Anfrage geknüpft, während in anderen Staaten ein kontinuierlicher, automatischer Informationsfluss von der Regierung an das Parlament vorgesehen ist.[226]

Vor allem bezüglich der Regelungsintensität bzw. der *Beteiligungs*formen lassen sich Unterschiede erkennen.[227] Erschöpft sich die Regelungslage in einigen Verfassungen bereits in bloßen Informationsrechten,[228] so sehen andere darüber hinausgehend *Befassungsvorbehalte* des Parlaments bzw. parlamentarische *Mandate*[229] vor. Was die Frage der Bindungswirkung einer parlamentarischen Stellungahme oder Empfehlung anbelangt, reichen die Vorschriften von der schlichten *Unverbindlichkeit*[230] über *Berücksichtigungsregeln*[231] bis hin zur veritablen *Bindung* der Regierung an parlamentarische Stellungnahmen.[232] Eine solche Bindungswirkung stellt in der Gesamtschau allerdings die Ausnahme dar. Ganz überwiegend sind die Regierungen der Mitgliedstaaten rechtlich nicht verpflichtet, sich an die Stellungnahmen der Parlamente zu halten bzw. müssen diese allenfalls berücksichtigen.

Eine den europäischen Durchschnitt in diesem Sinne exemplarisch veranschaulichende Vorschrift hält die slowenische Verfassung in Art. 3a Abs. 4 bereit:

> „In den Verfahren der Verabschiedung von Rechtsakten und Entscheidungen in den internationalen Organisationen, auf welche Slowenien die Ausübung der Teile der souveränen Rechte überträgt, informiert die Regierung laufend die Nationalversammlung über die Vorschläge solcher Akte und Entscheidungen sowie über ihre Tätigkeit. Die Nationalversammlung kann darüber Standpunkte darlegen, die Regierung berücksichtigt sie bei ihrer Tätigkeit. Das Verhältnis zwischen der Nationalversammlung und der Regierung aus diesem Absatz wird exakter durch ein Gesetz geregelt (...)."

Eine Stufe darüber bewegt sich der Befassungsvorbehalt. Ein klassisches Beispiel hierfür liefert das britische Parlamentsrecht:

---

[226] Ebd.

[227] Vgl. *C. Grabenwarter*, Staatliches Unionsverfassungsrecht, in: A. v. Bogdandy/J. Bast (Hrsg.), Europäisches Verfassungsrecht (2. Aufl. 2009), S. 121 (151 ff.).

[228] Als besonders defizitär wird hier regelmäßig die Rechtslage in Griechenland geschildert, vgl. *P. Zervakis/N. Yannis*, The Parliament of Greece: Slow but Constant Moves Towards European Integrations?, in: A. Maurer/W. Wessels (Hrsg.), National Parliaments on their Ways to Europe: Losers or Latecomers? (2001), S. 147 ff. sowie in vergleichender Perspektive *H.-G. Kamann*, Die Mitwirkung der Parlamente der Mitgliedstaaten an der europäischen Gesetzgebung (1997), S. 117 ff.

[229] So insbesondere in Dänemark, vgl. *F. Laursen*, The Danish Folketing and its European Affairs Committee. Strong Players in the National Policy Cycle, in: A. Maurer/W. Wessels (Hrsg.), National Parliaments on their Ways to Europe: Losers or Latecomers? (2001), S. 99 (104 ff.).

[230] So sind etwa die Empfehlungen des schwedischen „Beratungsausschusses für europäische Angelegenheiten" (sog. *EU-nämnden*) für die Regierung nicht rechtlich bindend, wenngleich sich aus ihnen in der Praxis eine Befolgungserwartung ergeben kann, vgl. *J. Nergelius*, Offene Staatlichkeit, in: IPE II (2008), § 22 Schweden, Rn. 37.

[231] So etwa die Rechtslage in Deutschland (Art. 23 Abs. 3 GG i. V. m. dem Gesetz über die Zusammenarbeit von Bundesregierung und Deutschem Bundestag in Angelegenheiten der Europäischen Union – EUZBBG) und Slowenien (Art. 3a Abs. 4 Verf-SLO).

[232] Hierunter fällt insbesondere die Rechtslage in Österreich, vgl. Art. 23e Abs. 3 öst. B-VG.

„Ein Minister darf im Rat oder im Europäischen Rat keinem Entwurf (...) zustimmen, der noch Gegenstand einer Prüfung (...) ist, oder (...) dessen Erörterung im Unterhaus noch aussteht.“[233]

Ein Beispiel für einen Parlamentsvorbehalt enthält das im September 2009 infolge des *Lissabon*-Urteils des BVerfG reformierte EUZBBG. Gibt der Bundestag eine Stellungnahme nach Art. 23 Abs. 3 S. 1 GG ab, legt die deutsche Bundesregierung gemäß § 9 Abs. 4 EUZBBG n. F. im Rat einen „Parlamentsvorbehalt ein, wenn der Beschluss des Bundestages in einem seiner wesentlichen Belange nicht durchsetzbar ist“.[234]

Die auf Ebene des Verfassungstextes am stärksten ausdifferenzierten und hinsichtlich der Rechtsposition des Parlaments gleichermaßen besonders intensiv ausgestalteten Vorschriften finden sich im österreichischen Bundes-Verfassungsgesetz (B-VG). Art. 23e Abs. 3 n. F. schreibt hier sogar eine Bindung des österreichischen Ratsmitglieds an parlamentarische Stellungnahmen vor, von der nur aus zwingenden integrations- und außenpolitischen Gründen bei nochmaliger Befassung des Parlaments abgewichen werden darf. Hat das Vorhaben innerstaatlich verfassungsrechtliche Relevanz, ist eine Abweichung sogar nur dann zulässig, wenn der nochmals mit der Angelegenheit befasste Nationalrat der Abweichung nicht innerhalb einer angemessenen Frist widerspricht.

Die praktische Wirksamkeit der Informations- und Beteiligungsregeln lässt sich freilich nicht allein auf Grundlage des positiven Verfassungsrechts, sondern nur unter Berücksichtigung der jeweiligen Verfassungskultur bzw. des konkreten Verhältnisses von Parlamentsmehrheit und Regierung bestimmen. So können Befassungsvorbehalte oder Mandatsregeln auch trotz Fehlens einer verfassungsrechtlich statuierten Bindungswirkung durchaus den Grundstein einer effektiven parlamentarischen Mitwirkung bilden,[235] wenngleich die Beteiligung der nationalen Parlamente am sekundärrechtlichen Rechtssetzungsprozess nicht mit einer eigenständigen Gesetzgebung gleichzusetzen ist.[236]

b) Wechselbezüglichkeit zu primärrechtlichen Gewährleistungen

Darüber hinaus ist zu beachten, dass die Einbindung nationaler Parlamente in die Entscheidungsprozesse auf europäischer Ebene mittlerweile keineswegs mehr eine

---

[233] House of Commons, Select Committee on European Scrutiny, Resolution v. 17. 11. 1998, abrufbar unter http://www.publications.parliament.uk/pa/cm200102/cmselect/cmeuleg/152-xvii/15205.htm (1. 9. 2010): „No Minister of the Crown should give agreement in the Council or in the European Council to any proposal (...) which is still subject to scrutiny (...) or (...) which is awaiting consideration by the House (...).“

[234] Vgl. das Gesetz zur Änderung des Gesetzes über die Zusammenarbeit von Bundesregierung und Deutschem Bundestag in Angelegenheiten der Europäischen Union v. 22. 9. 2009 (EUZBBG), BGBl. I-2009, Nr. 60, S. 3026 (3028).

[235] So überzeugend *P. Dann*, Parlamente im Exekutivföderalismus (2004), S. 194, speziell in Bezug auf die Rechtslage in Dänemark und Großbritannien.

[236] Vgl. insoweit auch *C. Grabenwarter*, Staatliches Unionsverfassungsrecht, in: A. v. Bogdandy/J. Bast (Hrsg.), Europäisches Verfassungsrecht (2. Aufl. 2009), S. 121 (156).

ausschließliche Frage *binnenverfassungsrechtlicher* Gestaltung darstellt. Den nationalen Parlamenten wird in jüngerer Zeit gerade durch das europäische Vertragswerk selbst gesteigerter Einfluss auf die Entscheidungsprozesse zuerkannt. Mit Art. 12 EUV und Protokoll Nr. 1 über die Rolle der nationalen Parlamente in der Europäischen Union kommt dies nunmehr klarer und gehaltvoller zum Ausdruck denn jemals zuvor. Neben unionsrechtlich garantierten Informationsrechten ist vor allem die unmittelbare Einbindung nationaler Parlamentarier in die Verfassungsgebung auf europäischer Ebene im Wege der Konventsmethode nach Art. 48 Abs. 3 EUV hervorzuheben. Auch steht den innerstaatlichen Parlamenten im Rahmen des vereinfachten Änderungsverfahrens nach Art. 48 Abs. 7 EUV ein Vetorecht zu, soweit es um einen Übergang von der Einstimmigkeit zur qualifizierten Mehrheit oder vom besonderen zum ordentlichen Gesetzgebungsverfahren geht.[237] Ein solches Vetorecht gibt es zudem im Bereich der justiziellen Zusammenarbeit in Zivilsachen nach Art. 81 Abs. 3 AEUV.[238] Vor allem aber kommt den nationalen Parlamenten gem. Art. 69 AEUV i. V. m. Art. 6 ff. des Protokolls Nr. 2 über die Anwendung der Grundsätze der Subsidiarität und der Verhältnismäßigkeit eine Schlüsselrolle für die Subsidiaritätskontrolle von Entwürfen sekundärrechtlicher Rechtsakte zu.[239]

Diese *unionsrechtlich* verankerten Rechtspositionen nationaler Parlamente wirken wiederum auf die innerstaatliche Verfassungsordnung zurück. Besonders deutlich kann dieser Prozess in jüngerer Zeit anhand der Beispiele des französischen und des deutschen Verfassungsrechts nachgezeichnet werden. In Folge der Entscheidung des französischen Verfassungsrates über die Vereinbarkeit der Verfassung mit dem Vertragswerk von Lissabon wurde in Frankreich zu Beginn des Jahres 2008 eine grundlegende Verfassungsänderung mit Blick auf die neue Rechtslage im Bereich der parlamentarischen Mitwirkung in EU-Angelegenheiten auf den Weg gebracht.[240] Die Neuregelungen gehen dabei vornehmlich in zwei Richtungen. Erstens legt Art. 88-6

---

[237] Zu Art. 48 Abs. 7 EUV vgl. bereits Teil 2 – Kapitel 6 – II. 1. b) bb) unter Bezugnahme auf die Rechtsprechung des BVerfG.

[238] Anders als für den Bereich des vereinfachte Vertragsänderungsverfahrens (vgl. bereits) war ein Vetorecht für die justizielle Zusammenarbeit in Zivilsachen im Verfassungsvertrag noch nicht vorgesehen, vgl. Art. III-269 Abs. 3 VVE.

[239] Hierzu *J.-V. Louis*, National Parliaments and the Principle of Subsidiarity – Legal Options and Practical Limits, in: I. Pernice/E. Tanchev (Hrsg.), Ceci n'est pas une constitution – Constitutionalisation without a Constitution? (2009), S. 132 ff.; sowie *G. A. Bermann*, National parliaments and subsidiarity: An outsider's view, ebd. S. 155 ff.

[240] 23. Verfassungsänderung durch das Verfassungsgesetz v. 4. 2. 2008 – Nr. 2008-103 – JO v. 5. 2. 2008 in Folge der Entscheidung des franz. Verfassungsrats v. 20. 12. 2007 – Nr. 2007-560 DC – *Lissabon*. Vgl. dazu das Gutachten der Abgeordneten *H. de Charette* für den Ausschuss für auswärtige Angelegenheiten der Nationalversammlung v. 8. 1. 2008 – Nr. 2008-563 sowie die Berichte des Abgeordneten *J.-L. Warsmann* v. 9. 1. 2008 – Nr. 2008-568 und des Senatsmitglieds *P. Gélard* für den Rechtsausschuss des Senats v. 23. 1. 2008 – Nr. 2008-175, abrufbar unter http://www.assemblee-nationale.fr/13/dossiers/titre_15constit.asp (1. 9. 2010). Die Änderungen entsprechen weitgehend den bereits 2005 mit Blick auf den Verfassungsvertrag eingeführten Normen, die aufgrund des Scheiterns des Ratifikationsprozesses nie in Kraft treten konnten, (Verfassungsgesetz v. 1. 3. 2005 – Nr. 2005-204 – JO v. 2. 3. 2005).

Verf-F verfahrensrechtliche Modalitäten der *Subsidiaritätskontrolle* fest, insbesondere in Bezug auf die begründete Stellungnahme und das parlamentarische Klagerecht i. S. d. Art. 6 ff. des Protokolls Nr. 2.[241] Daneben wurde zweitens mit Art. 88-7 Verf-F eine Regelung geschaffen, die speziell auf die verfahrensrechtlichen Ausübungsmodi der *parlamentarischen Vetorechte* abzielt.[242] Mit der großangelegten institutionellen Reform durch das Verfassungsgesetz vom 23. Juli 2008 kam zudem die verfassungsrechtliche Verankerung eines jeweils eigenen *EU-Ausschusses* in Nationalversammlung und Senat hinzu.[243] Wie zuvor bereits in anderen Staaten üblich,[244] verfügt nunmehr auch das französische Parlament über einen speziellen EU-Ausschuss, der verfassungsrechtlich festgeschrieben ist. Auch in Deutschland wurde Anpassungsbedarf gesehen. Die neue eingeführte Subsidiaritätsklage ist gemäß Art. 23 Abs. 1a GG auf Antrag eines Viertels der Mitglieder des Bundestages verpflichtend und damit als parlamentarisches Minderheitenrecht ausgestaltet.[245]

Beide Beispiele zeigen deutlich, dass die Frage parlamentarischer Beteiligungsrechte mittlerweile zu einem Teilgebiet europäischen Verfassungsrechts herangereift ist, das in besonders ausgeprägter Wechselwirkung zwischen innerstaatlicher und supranationaler Ebene steht.

c) Parlamentarische Beteiligung durch Zustimmungsgesetz?

Mit seinem *Lissabon*-Urteil geht das BVerfG über die primärrechtlich garantierten Rechtspositionen nationaler Parlamente hinaus, wenn es unter dem Topos der nationalen „Integrationsverantwortung" für zahlreiche Fälle „dynamischer Vertragsentwicklung" ausdrücklich eine Zustimmungspflicht des Bundestages und des Bundesrates statuiert.[246] Soweit es sich dabei um Fortentwicklungsmodi des *Primärrechts* –

---

[241] Dieser Artikel ist bis auf Abs. 3 S. 2 identisch mit dem aufgrund fehlender Ratifikation des Verfassungsvertrages nicht in Kraft getretenen Art. 88-5 (sic!), wie er im Verfassungsgesetz Nr. 2005-204 v. 1. 3. 2005 vorgesehen war.

[242] Diese Vorschrift entspricht weitgehend dem nicht in Kraft getretenen Vorläufer Art. 88-6 (sic !), wie er im Verfassungsgesetz Nr. 2005-204 v. 1. 3. 2005 vorgesehen war, verweist aber demgegenüber zusätzlich auf das Vetorecht nach Art. 81 Abs. 3 AEUV.

[243] Art. 88-4 Abs. 3 Verf-F, einfügt durch Art. 44 d. Verfassungsgesetzes Nr. 2008-724 v. 23. 7. 2008.

[244] Vgl. etwa Art. 45 GG oder § 3 lit. EU-Verfassungsakt. Für die Zuweisung EU-bezogener Aufgaben an andere Ausschüsse vgl. § 96 Abs. 2 Verf-FIN (in Bezug auf den Großen Ausschuss sowie den Ausschuss für auswärtige Angelegenheiten) sowie Art. 23k Abs. 2 öst. B-VG (in Bezug auf den Hauptausschuss). In vergleichender Perspektive s. zu diesem Fragenkomplex *A. Maurer/W. Wessels*, National Parliaments after Amsterdam: From Slow Adapters to National Players?, in: dies (Hrsg.), National Parliaments on their Ways to Europe: Losers or Latecomers? (2001), S. 425 (435 ff.) sowie insbesondere *A. C. Janowski*, Die nationalen Parlamente und ihre Europa-Gremien – Legitimationsgarant der EU? (2005), S. 178 ff.

[245] Die Verfassungsänderung wurde vom BVerfG, Urt. v. 30. 6. 2009 – 2 BvE 2/08 u. a. – *Lissabon* = BVerfGE 123, 267 ff. (Rn. 401 ff.) *nicht* beanstandet, war aber an das Inkrafttreten des Vertrags von Lissabon gekoppelt.

[246] BVerfG, Urt. v. 30. 6. 2009 – 2 BvE 2/08 u. a. – *Lissabon* = BVerfGE 123, 267 ff. (Rn. 411 ff.). Zur einfachgesetzlichen Umsetzung vgl. *M. Nettesheim*, Die Integrationsverantwortung – Vorgaben des BVerfG und gesetzgeberische Umsetzung, NJW 63 (2010), S. 177 (179 ff.).

etwa im Bereich der Brückenklauseln – handelt, gehören diese Erfordernisse in den Kontext der verfahrensrechtlichen Ausgestaltung dynamischer Integrationsermächtigungen.[247]

Allerdings verlangt das BVerfG mit der parlamentarischen Zustimmungspflicht zur Anwendung der Vertragsabrundungsklausel nach Art. 352 AEUV (ex-Art. 308 EG bzw. 235 EWGV) zugleich eine zwingende parlamentarische Beteiligung im Rahmen des Entstehungsprozesses *von Sekundärrecht*. Bundestag und Bundesrat müssen nach den gerichtlichen Vorgaben im Fall der Anwendung von Art. 352 AEUV ein Zustimmungsgesetz i. S. d. Art. 23 Abs. 1 GG erlassen.[248]

In der vergleichenden Gesamtschau parlamentarischer Beteiligungsrechte am Rechtssetzungsprozess auf europäischer Ebene stellt diese Konstruktion ein Novum dar. Dies überrascht auch nicht, überzeugt sie doch weder in dogmatischer, noch in rechtspraktischer Hinsicht.

Zunächst einmal ist die Anwendung der Vertragsabrundungskompetenz in dogmatischer Perspektive entgegen der Auffassung des BVerfG gerade kein Fall einer *Vertrags*entwicklung. Vielmehr handelt es sich um die Ausübung einer *durch* Vertrag begründeten Legislativkompetenz zur Setzung von Sekundärrecht. Das Argument des BVerfG, durch den erweiterten, weil nunmehr auf alle Politikbereiche der Verträge anwendbaren Art. 352 AEUV werde das Prinzip der begrenzten Einzelermächtigung gelockert,[249] ist zudem wenig schlagkräftig. Nicht nur ist die Anwendung von Art. 352 AEUV durch die Einstimmigkeitsregel und die Zustimmungspflicht des Europäischen Parlamentes (Abs. 1) sowie die Subsidiaritätskontrolle der nationalen Parlamente (Abs. 2) verfahrensrechtlich hinreichend abgesichert. Gerade auch in materiell-rechtlicher Hinsicht ergeben sich durch die Koppelung an die Harmonisierungsverbote (Abs. 3) und den ausdrücklichen Ausschluss der GASP (Abs. 4) deutliche Schranken. Hinzu kommt die prononciert restriktive Rechtsprechung des EuGH. Dieser hatte in seinem EMRK-Gutachten zur Vorläufernorm des Art. 235 EGV (ab Amsterdam Art. 308 EG) in aller Deutlichkeit Folgendes festgehalten:

> „Als integrierender Bestandteil einer auf dem Grundsatz der begrenzten Einzelermächtigung beruhenden institutionellen Ordnung kann diese Bestimmung keine Grundlage dafür bieten, den Bereich der Gemeinschaftsbefugnisse über den allgemeinen Rahmen hinaus auszudehnen, der sich aus der Gesamtheit der Vertragsbestimmungen und insbesondere denjenigen ergibt, die die Aufgaben und Tätigkeiten der Gemeinschaft festlegen. Sie kann *jedenfalls nicht als Rechtsgrundlage für den Erlass von Bestimmungen dienen, die der Sache nach, gemessen an ihren Folgen, auf eine Vertragsänderung ohne Einhaltung des hierfür vom Vertrag vorgesehenen Verfahrens hinausliefen.*“[250]

---

[247] Dazu bereits Teil 2 – Kapitel 6 – II. 1. b) aa) zu Art. 48 Abs. 6 EUV sowie Teil 2 – Kapitel 6 – II. 1. b) bb) zu Art. 48 Abs. 7 EUV.

[248] BVerfG, a.a.O., Rn. 328, 417.

[249] Ebd., Rn. 326.

[250] EuGH, Gutachten v. 28. 3. 1996 – 2/94 – *EMRK-Beitritt*, Slg. 1996, S. I-1759 ff. (Rn. 30, Hervorh. hinzugefügt). Da dem Beitritt zur EMRK eine „verfassungsrechtliche Dimension“ beigemes-

Die Prämisse, die Gesetzgebung auf Grundlage von Art. 352 AEUV sei in Wahrheit eine verdeckte Vertragsänderung, ist vor diesem Hintergrund nur schwer haltbar. Anders als das BVerfG greift das tschechische Verfassungsgericht in seiner *Lissabon*-Entscheidung im Kontext des Art. 352 AEUV dementsprechend auf die Argumentation der Luxemburger Richter zurück. Die mit dem EMRK-Gutachten begründete Rechtsprechungslinie des EuGH gebe hinreichenden Anlass zur Annahme, dass Art. 352 AEUV auch künftig nicht als Rechtsgrundlage für eine Vertragsänderung ausgelegt werden könne.[251] Unter Betonung des lückenfüllenden Ausnahmecharakters der Vorschrift und insbesondere der Kontrollfunktion nationaler Parlamente in Bezug auf das Subsidiaritätsprinzip kommt das tschechische Verfassungsgericht damit zu dem Ergebnis, dass Art. 352 AEUV gerade nicht mit einer (verdeckten) Vertragsänderung gleichzusetzen sei und daher ebenso wenig als Mittel zur Umgehung der tschechischen Integrationsermächtigung in Art. 10a Verf-CZ herangezogen werden könne.[252] Die nähere Umsetzung der parlamentarischen Einbindung, insbesondere die Modi der Subsidiaritätskontrolle, überlässt das Gericht im Geiste der Gewaltenteilung gänzlich dem tschechischen Gesetzgeber.[253]

Demgegenüber überträgt das BVerfG mit der zwingenden Einforderung einer, so wörtlich, „*Ratifikation* durch den Deutschen Bundestag und den Bundesrat“ für die Inanspruchnahme von Art. 352 AEUV[254] ein speziell auf die *Konstituierungs*funktion der Integrationsermächtigung zugeschnittenes Instrument auf die parlamentarische Beteiligung am *Entstehungsprozess von Sekundärrecht.*

Das Ausmaß dieser konzeptionellen Schieflage offenbart sich vollends, wenn man darüber hinaus die Perspektive der praktischen Rechtsanwendung einnimmt. Man mag noch darüber hinwegsehen, dass die Urteilsbegründung des BVerfG nicht hinreichend deutlich macht, ob das geforderte Zustimmungsgesetz stets die 2/3-Mehrheit voraussetzt oder ob nicht auch eine einfache Mehrheit genügen könnte. Einmal heißt es, ein Gesetz „auf der Grundlage von Art. 23 Absatz 1 Satz 2 *und* Satz 3 GG“ müsse ergehen, was zunächst nach einem generellen Erfordernis einer 2/3-Mehrheit

---

sen wurde (Rn. 35), kam der EuGH zu dem Ergebnis, ein EMRK-Beitritt könne nicht auf ex-Art. 235 EGV (später Art. 308 EG) gestützt werden.

[251] Tschech. VerfG, Urt. v. 26. 11. 2008 – Pl. US. 19/08 – *Lissabon I*, Rn. 151 ff.

[252] Ebd., Rn. 152: „(…) we can undoubtedly take the opinions of the Court of Justice as confirmation of the fact that the flexibility clause cannot serve as a means for amending the Treaty on the Functioning of the EU. Thus, it is not, and will not be possible to circumvent Art. 10a of the Constitution of the Czech Republic with the help of this clause – and the practice of bodies of the EU and the cited case law of the Court of Justice confirm this. In this situation the Constitutional Court considers the institutional framework for review of conferred competences – with regard to Article 352 of the Treaty on the Functioning of the EU – to be adequate, in view of all the reasons stated above (…).“

[253] Ebd., Rn. 153. Das in der Folge auf den Weg gebrachte Gesetz zur Änderung der Geschäftsordnungen beider Parlamentskammern wurde vom Abgeordnetenhaus am 19. 3. 2009 und vom Senat am 6. 5. 2009 angenommen (Drs. 742). Dazu sogleich.

[254] BVerfG, Urt. v. 30. 6. 2009 – 2 BvE 2/08 u. a. – *Lissabon* = BVerfGE 123, 267 ff. (Rn. 328, Hervorh. hinzugefügt).

klingt.[255] An anderer Stelle spricht das Gericht allgemein von einem Gesetz „im Sinne von Art. 23 Abs. 1 Satz 2 GG", was auch auf eine einfache Mehrheit rückschließen ließe.[256]

Weitaus problematischer hingegen ist die Frage, wie überhaupt ein Zustimmungsgesetz zu einem sekundärrechtlichen Rechtsakt ergehen können soll, der zum Zeitpunkt der Lesung im nationalen Parlament noch gar keine zustimmungsfähige Gestalt hat bzw. haben kann. Anders als in Fällen der Vertragsänderung, bei denen der Gegenstand des Zustimmungsgesetzes entweder durch Unterzeichnung des Vertrags (klassische Vertragsänderung), durch Beschluss des Europäischen Rates (vereinfachte Vertragsänderung) oder durch eine inhaltlich präzise Voraussehbarkeit des zu fassenden Beschlusses (Brückenklauseln) hinreichend fixiert ist, ist der Inhalt eines noch nicht förmlich beschlossenen Rechtssetzungsentwurfs ja gerade noch der fortlaufenden politischen Verhandlungsdynamik unterworfen. Würde der Verhandlungsprozess im Falle des Art. 352 AEUV durch einen einstimmigen Ratsbeschluss sowie die Zustimmung des Europäischen Parlamentes beendet, wäre der betreffende Rechtsakt nach dem Unionsrecht sogleich rechtswirksam zustande gekommen. Mit anderen Worten, das Zustimmungsgesetz könnte in dieser Fallkonstellation entgegen seiner Zweckrichtung gar keine konstitutive Wirkung mehr entfalten.

Für dieses Dilemma bieten sich drei Auswege an, die allesamt nicht überzeugen. Der *erste* besteht in einem *Ratifikationsvorbehalt.* Dieser könnte in die Schlussbestimmungen des jeweiligen Rechtssetzungsentwurfs eingefügt werden. Dergleichen ist allerdings im Unionsrecht – und hieraus ergeben sich die relevanten Verfahrensvorschriften – nicht vorgesehen. Art. 352 AEUV knüpft das Zustandekommen des betreffenden Rechtsakts gerade nicht an eine Ratifikation. Das Bestehen ausdrücklicher Regelungen, wie insbesondere das vereinfachten Vertragsänderungsverfahren nach Art. 48 Abs. 6 EUV, zeigen zudem im Umkehrschluss, dass ein Ratifikationsvorbehalt im Rahmen der Setzung von Sekundärrecht verfahrensrechtlich bewusst nicht vorgesehen ist. Art. 352 AEUV bindet die nationalen Parlamente zudem ausdrücklich ein, allerdings über die Subsidiaritätskontrolle und nicht die Notwendigkeit einer Ratifikation. Im Ergebnis bestehen daher erhebliche Bedenken, die verfahrensrechtliche Regelung in Art. 352 AEUV durch einen Ratifikationsvorbehalt in den Schlussbestimmungen des jeweiligen Rechtsaktes zu unterlaufen. Im Übrigen hätte die parlamentarische Abstimmung dann keinen Einfluss mehr auf die Verhandlungsführung des deutschen Vertreters im Rat. Nach dem BVerfG darf der deutsche Vertreter im Rat aber die förmliche Zustimmung zu einem entsprechenden Rechtssetzungsvorschlag der Kommission erst gar nicht erklären, „solange diese verfassungsrechtlich gebotenen Voraussetzungen", d.h. die geforderte „Ratifikation" durch Bundestag und Bundesrat, nicht erfüllt sind.[257]

---

[255] Ebd. (Hervorh. hinzugefügt).
[256] Ebd., Rn. 417.
[257] Ebd., Rn. 328.

Die *zweite* Lösung bestünde darum im *Einfrieren der Verhandlungen*. Im Rat müsste auf informeller Basis eine Einigung dahingehend erzielt werden, dass ein bestimmtes Verhandlungsergebnis für einen bestimmten Zeitraum vorläufig nicht mehr verhandelbar ist, gleichermaßen aber noch kein förmlicher Beschluss ergeht. Bundestag und Bundesrat könnten dann für diesen Verhandlungsstand ein Zustimmungsgesetz erlassen. Ein solches Verfahren erscheint praktisch jedoch nur schwer umsetzbar, weil hier (anders als bei einem üblichen Parlamentsvorbehalt) den Partnerländern abverlangt würde, das innerstaatliche Gesetzgebungsverfahren – ggf. das verfassungsändernde – in seiner vollen Länge abzuwarten. Dieser Zeitabschnitt wird nochmals erheblich für den als wahrscheinlich anzusehenden Fall verlängert, dass das betreffende Gesetz vor dem BVerfG mit dem Vorbringen einer Verletzung von Art. 38 Abs. 1 GG angegriffen würde. Hier zeigt sich abermals die judikative Dimension der Integrations(letzt)verantwortung. Aber selbst im Falle eines zügigen Verfahrensgangs könnte das Zustimmungsgesetz allenfalls den deutschen Regierungsvertreter im Innenverhältnis zur Zustimmung ermächtigen. Das Gesetz hätte im Unterschied zu einer „Ratifikation" dann gerade keine konstitutive Wirkung für das Inkrafttreten des betreffenden Rechtsaktes im Außenverhältnis.[258]

Der *dritte* Weg schließlich bestünde in einem *informellen Abkommen* zwischen dem Europäischen Parlament und den nationalen Parlamenten, etwa im Rahmen der Konferenz der nationalen parlamentarischen Europaausschüsse (COSAC). Danach könnte sich das Europäische Parlament (EP) verpflichten, mit der letzten Abstimmung des bereits durch Ratsbeschluss fixierten Textes solange zu warten, bis Bundestag und Bundesrat ein Zustimmungsgesetz erlassen hätten. Abgesehen davon, dass eine solche Konstruktion in der Praxis bereits vor dem Hintergrund unterschiedlicher Mehrheitsverhältnisse im EP kaum verhandelbar, geschweige denn für die Mitgliedstaaten ohne verfassungsrechtliche Pflicht zu einem Zustimmungsgesetz akzeptabel erscheint, leidet auch diese Lösung wie die erste darunter, dass sie keinen hinreichenden Einfluss des Bundestages auf die Verhandlungsführung im Rat sicherstellt.

Der Kern des Dilemmas liegt letztlich darin, dass ein konstitutives Zustimmungsgesetz i. S. d. Art. 23 Abs. 1 GG seiner Natur nach *keine Steuerungswirkung* entfalten kann. Für die parlamentarische Grundierung des Rechtssetzungsprozesses auf supranationaler Ebene wäre aber gerade ein Instrument mit einer solchen Eigenschaft notwendig. Soll die gerichtliche Forderung nach einem Gesetz i. S. d. Art. 23 Abs. 1 GG nicht zu einer faktischen Totalblockade des Verfahrens nach Art. 352 AEUV führen oder gänzlich am Regelungszweck parlamentarischer Fundierung des supranationalen Rechtssetzungsprozesses vorbeigehen, muss man innerstaatlich vielmehr ein parlamentarisches *Vorab-Mandat* vorschalten. Danach würden Bundestag und Bundesrat dem Regierungsvertreter im Vorhinein per Gesetz ein Mandat mit mehreren

[258] Soweit man angesichts des Umstandes, dass die Europapolitik längst als Teil der Innenpolitik verstanden werden müsste überhaupt noch von Außenverhältnis sprechen kann.

Optionen erteilen, nach deren Vorgaben der Rechtsakt auf supranationaler Ebene zustande oder eben nicht zustande kommen dürfte. Nur so hätte der Regierungsvertreter den notwendigen Spielraum auf Verhandlungsebene, dessen Grenzen zugleich parlamentarisch gezogen wären. Einzig eine solche Vorab-Mandatslösung erlaubt es, die eingeforderte parlamentarische Fundierung mit dem notwendigen Verhandlungsspielraum im Rat zu verbinden.

Dies entspricht auch in etwa dem Weg, den der tschechische Gesetzgeber im Anschluss an die *Lissabon*-Entscheidung des tschechischen Verfassungsgerichts gewählt hat. Das tschechische Begleitgesetz, welches zugleich die Geschäftsordnungen des Abgeordnetenhauses und des Senates ändert, sieht nunmehr ein zwingendes parlamentarisches Mandat vor, allerdings nur insoweit, als der in Frage stehende Rechtsakt seinem Regelungsgehalt nach über den Binnenmarkt – also den Anwendungsbereich von Art. 308 EG a. F. – hinausgeht.[259]

In Bezug auf die „Notbremsmechanismen"[260] hat auch das BVerfG die Notwendigkeit einer Vorablösung erkannt und dementsprechend gefordert, die Bundesregierung könne im Rat „nur auf entsprechende Weisung des Deutschen Bundestages" bzw., wenn erforderlich, zusätzlich des Bundesrates handeln.[261] Da hier bewusst auf eine Mandatslösung gesetzt wird, muss im Umkehrschluss allerdings bezweifelt werden, dass das Gericht die konzeptionelle Unzulänglichkeit des Zustimmungsgesetzes in Bezug auf Art. 352 AEUV schlicht übersehen hat. Will man dem BVerfG nicht unterstellen, dass es die Anwendung von Art. 352 AEUV durch das Einfordern eines Zustimmungsgesetzes bewusst inoperabel machen wollte, ist jedenfalls festzuhalten, dass das Gericht dieses Ergebnis durch den Rekurs auf Art. 23 Abs. 1 S. 2 (bzw. und S. 3) GG faktisch erreicht hat. Ob ein vorgeschaltetes und in Grenzen verhandlungsoffenes Mandatsgesetz mit den Vorgaben des BVerfG zur Anwendung von Art. 352 AEUV und der entsprechenden Regelung in § 8 des Integrationsverantwortungsgesetzes (IntVG) vereinbar wäre,[262] muss bezweifelt werden.

3. *Informations- und Beteiligungsrechte föderaler Einheiten*

Institutionelle Verschiebungen lassen sich darüber hinaus in Bezug auf föderale bzw. dezentrale Einheiten erkennen, soweit ein Mitgliedstaat entsprechend gegliedert ist. Gerade in Bezug auf die *vertikale* Kompetenzverteilung lassen sich Bestrebungen

[259] Gesetz Nr. 162/2009, dem das Abgeordnetenhaus am 19. 3. 2009 und der Senat am 6. 5. 2009 zustimmte (Drs. 742). Vgl. insbesondere § 109i GO d. Abgeordnetenhauses bzw. §§ 119k und 119m GO d. Senats.

[260] Also Art. 48 Abs. 2, Art. 82 Abs. 3 und Art. 83 Abs. 3 AEUV.

[261] BVerfG, a.a.O., Rn. 418. Kritisch zu möglichen Konsequenzen *D. Halberstam/C. Möllers*, The German Constitutional Court says *„Ja zu Deutschland!"*, GLJ 10 (2009), S. 1241 (1244).

[262] Die Vorschrift lautet: „Der deutsche Vertreter im Rat darf einem beabsichtigten Beschluss gemäß Artikel 352 des Vertrags über die Arbeitsweise der Europäischen Union nur zustimmen oder sich bei einer Beschlussfassung enthalten, nachdem hierzu ein Gesetz gemäß Artikel 23 Absatz 1 des Grundgesetzes in Kraft getreten ist. Ohne ein solches Gesetz muss der deutsche Vertreter im Rat den beabsichtigten Beschluss ablehnen."

nach Kompensation etwaiger Einflussverluste gegenüber der exekutiven Zentralgewalt auf nationaler Ebene ausmachen. Viel hängt hier von der jeweiligen Stellung und Bedeutung der föderalen bzw. dezentralen Einheiten im Gesamtgefüge der Verfassung ab, sodass stets auf den Einzelfall geachtet werden muss.

Besonders intensiv ist die Länderbeteiligung dort ausgestaltet, wo ihnen durch die nationale Verfassung oder rangniedrigere innerstaatliche Regelungen unmittelbare Vertretungs- bzw. Verhandlungsbefugnisse auf europäischer Ebene eingeräumt werden. Solche Vertretungsrechte sind dabei regelmäßig in ihrer Intensität abgestuft, je nachdem welcher Kompetenzbereich betroffen ist. So legen insbesondere die zwischen dem belgischen Föderalstaat und den belgischen Gemeinschaften und Regionen abgeschlossenen Kooperationsverträge mehrere Formen der Vertretung fest, die von der alleinigen Vertretung durch den Föderalstaat über verschiedene Mischformen[263] bis hin zur ausschließlichen Vertretung durch die Teileinheiten reichen, wobei die Vorab-Koordinierung im Rahmen eines speziellen Exekutivgremiums auf Ebene des Außenministeriums bewerkstelligt wird.[264]

In Deutschland regelt Art. 23 Abs. 6 GG seit der Föderalismusreform des Jahres 2006 *zwingend* die Übertragung der Vertretungsrechte auf einen vom Bundesrat benannten Ländervertreter, soweit ausschließliche Gesetzgebungsbefugnisse der Länder auf den Gebieten der schulischen Bildung, der Kultur oder des Rundfunks betroffen sind.[265] Darüber hinaus sieht Art. 23 Abs. 5 GG eine gestufte Berücksichtigungspflicht der Bundesregierung in Bezug auf Stellungahmen des Bundesrates vor.[266] Auch hier sind die Einzelheiten einfachgesetzlich geregelt, wobei das EUZBLG infolge des *Lissabon*-Urteils des BVerfG modifiziert wurde.[267]

---

[263] Insbesondere federführend föderale Vertretung mit regionalem Beisitzer *oder* regionale Vertretung mit föderalem Beisitzer.

[264] Vgl. insbesondere Annex 1 des Kooperationsabkommens v. 8. 3. 1994 über die Vertretung im Ministerrat (auf Französisch abrufbar unter http://www.law.kuleuven.ac.be/iir/nl/info/verdragen/swa/1994-03-08CFR.pdf), das von bis zu sechs unterschiedlichen Vertretungsmodi ausgeht, z.T. unter Einschluss eines Rotationssystems zwischen den Regionen. Dazu *M.-O. Pahl*, Regionen mit Gesetzgebungskompetenzen in der Europäischen Union (2004), S. 179 ff. sowie *G. Roller*, Die Mitwirkung der deutschen Länder und der belgischen Regionen an EG-Entscheidungen, AöR 123 (1998), S. 21 (47).

[265] Die Wahrnehmung der Rechte erfolgt dabei jedoch unter Beteiligung und in Abstimmung mit der Bundesregierung und unter Wahrung der gesamtstaatlichen Verantwortung des Bundes. Kritisch zur Neuregelung *I. Pernice*, in: H. Dreier (Hrsg.), GG, Bd. II (Supplementum 2007 zur 2. Aufl. v. 2006), Art. 23, Rn. 118a ff. Vgl. zudem *R. Hoffmann*, Europafähigkeit der Bundesrepublik, in: R. Holtschneider/W. Schön (Hrsg.), Die Reform des Bundesstaates, 2007, S. 225 ff.; *C. D. Classen*, Verbesserung der Europatauglichkeit, in: C. Starck (Hrsg.), Föderalismusreform (2007) S. 103 ff.; *W. Kluth*, in: ders. (Hrsg.), Föderalismusreformgesetz (2007), Art. 23. Speziell an der Frage der Rundfunkfreiheit hatte sich bereits zu Beginn der 1990er Jahre ein heftiger Streit zwischen Bund und Ländern entflammt, vgl. dazu insbesondere *G. Ress*, Die Rundfunkfreiheit als Problem der europäischen Integration, ZfRV 1992, S. 434 ff. sowie in der Folge BVerfG, Urt. v. 22. 3. 1995 – 2 BvG 1/89 – *Fernsehrichtlinie* = BVerfGE 92, 203 (227).

[266] Zur Rechtslage vor der Reform eingehend *R. Müller-Terpitz*, Die Beteiligung des Bundesrates am Willensbildungsprozess der Europäischen Union (1999).

[267] Die Änderung erfolgte durch das Gesetz zur Änderung des Gesetzes über die Zusammenar-

Auch in Österreich findet sich neben Unterrichtungspflichten und Rechten zur Stellungnahme mit „differenzierter Bindungswirkung“[268] (Art. 23d Abs. 1 und 2 B-VG) die Möglichkeit der Übertragung der Vertretung im Rat an einen Ländervertreter (Art. 23d Abs. 3 B-VG). Anders als in Deutschland wird diesbezüglich jedoch nicht dem Bundesrat, sondern einer speziellen „Integrationskonferenz der Länder“ die Hauptverantwortung zuerkannt.[269] Eine Besonderheit besteht zudem darin, dass in Österreich gerade auch die Gemeinden in das System der Informations- und Beteiligungsrechte eingeflochten wurden (Art. 23d Abs. 1 S. 3 B-VG).[270]

Beteiligungsrechte für föderale bzw. dezentrale Einheiten finden sich darüber hinaus in Bezug auf die autonomen Gemeinschaften in Spanien,[271] die Regionen in Italien[272] sowie im Rahmen des Dezentralisierungsprozesses (*devolution*) ansatzweise auch in Großbritannien.[273]

Trotz ihrer kompensatorischen Zielrichtung werden die Ansätze föderaler Beteiligungsrechte jedoch nicht selten kritisch beurteilt.[274] Dies gilt nicht nur im Hinblick auf mögliche Effizienzlücken, die sich daraus ergeben, dass vormalige Alleinentscheidungsrechte der föderalen Einheiten in der Regel nur durch Mitwirkungsrechte kompensiert werden.[275] Zweifelhaft ist insbesondere die systemische Eigenlogik der Verhandlungsführung durch einen Regionalvertreter auf supranationaler Ebene. Ein

---

beit von Bund und Ländern in Angelegenheiten der Europäischen Union (EUZBLG) v. 22. 9. 2009, BGBl. I-2009, Nr. 60, S. 3031 ff. Eine der wesentlichen Neuigkeiten besteht darin, dass die einzelnen Modalitäten nunmehr in einer Anlage enthalten sind, auf die § 9 EUZBLG n. F. verweist. Weitere Neuerungen bestehen in der Hervorhebung kommunalverwaltungsrechtlicher Interessen in § 10 EUZBLG n. F. sowie in der Notwendigkeit, gemäß § 14 EUZBLG n. F. Einvernehmen mit dem Bundesrat herzustellen, soweit es um die Zusammensetzung des Ausschusses der Regionen nach Art. 305 Abs. 2 AEUV geht.

[268] So *C. Grabenwarter*, Staatliches Unionsverfassungsrecht, in: A. v. Bogdandy/J. Bast (Hrsg.), Europäisches Verfassungsrecht (2. Aufl. 2009), S. 121 (145).

[269] Ebd., S. 307 sowie *ders.*, Änderungen der österreichischen Bundesverfassung aus Anlass des Beitritts zur Europäischen Union, ZaöRV 55 (1995), S. 166 (171).

[270] Die österreichischen Verfassungsbestimmungen über die Beteiligung innerstaatlicher Organe zeichnen sich im Übrigen dadurch aus, dass sie in Art. 23a-c B-VG detaillierte Regeln über die Wahl bzw. Ernennung von österreichischen Verantwortungsträgern auf europäischer Ebene, insbesondere Mitgliedern der EU-Organe, vorsehen.

[271] Die Koordination erfolgt hier im Rahmen einer „Konferenz über europäische Angelegenheiten“, vgl. *E. García de Enterría/R. Alonso García*, in: J. Schwarze (Hrsg.), Die Entstehung einer europäischen Verfassungsordnung (2000), S. 287 (304 ff.).

[272] Art. 117 Abs. 5 Verf-I, wobei die Beteiligung in bestimmten Fällen sogar unmittelbar durch Übertragung der Vertretung an den Präsidenten einer Regionalregierung erfolgen kann. Dazu eingehend *C. Panara*, Offene Staatlichkeit, in: IPE II (2008), § 18 Italien, Rn. 53 ff.

[273] Dazu *C. Stumpf*, Mitglieder von Regionalregierungen im EU-Ministerrat, EuR 2002, S. 275 (286 ff.) sowie *P. Birkinshaw*, British Report, in: J. Schwarze (Hrsg.), Die Entstehung einer europäischen Verfassungsordnung (2000), S. 205 (246 ff.).

[274] So auf rechtsvergleichender Basis auch *P. M. Huber*, Offene Staatlichkeit, in: IPE II (2008), § 26 Vergleich, Rn. 64.

[275] Vgl. *R. Müller-Terpitz*, Die Beteiligung des Bundesrates am Willensbildungsprozess der Europäischen Union (1999), S. 357 sowie *C. Grabenwarter*, Staatliches Unionsverfassungsrecht, in: A. v. Bogdandy/J. Bast (Hrsg.), Europäisches Verfassungsrecht (2. Aufl. 2009), S. 121 (148).

solcher Vertreter, der die Gesamtheit bzw. die Mehrheitsposition aller Länder bzw. Regionen, keinesfalls aber die autonome Position eines einzelnen Landes, nach außen vertreten kann, gibt nämlich auf supranationaler Ebene Erklärungen mit Wirkung *für die Föderation* ab, ist also insoweit (auch) immer Vertreter der Föderation als Ganzes.[276] Eine unmittelbare Vertretung durch ein föderales Organ erscheint daher ungleich sachnäher. Sofern die Mitwirkungsrechte darüber hinaus unmittelbar oder mittelbar durch Spitzen der Länder*exekutiven* wahrgenommen werden, bewirkt dies zugleich eine Verschiebung auf der horizontalen Achse der Gewaltenteilung zu Gunsten der Regionalexekutive und zu Lasten der Regionallegislative.[277] Die Verhandlungsführung durch einen exekutiven Regionalvertreter verursacht damit nicht nur in vertikaler, sondern auch in horizontaler Perspektive systemische Schwierigkeiten.

4. *Fazit: Demokratisch-föderative Einbettung der Permeabilität*

Zusammenfassend ist zu konstatieren, dass die Bestimmungen über Informations- und Beteiligungsrechte zu den Grundmechanismen normativer Permeabilität hinzutreten, um den Funktions*verlust* bzw. den Funktions*wandel* innerstaatlicher Verfassungsorgane zu kompensieren. Neben der Gewährleistung der parlamentarischen Legitimations- und Kontrollfunktionen besteht in föderal gegliederten Staaten darüber hinaus das Bemühen um einen vertikalen Kompetenzausgleich.

Obwohl nicht selbst Permeabilität begründend, sondern sie vielmehr flankierend, lassen die Regelungen über Informations- und Mitwirkungsrechte von Parlamenten und föderalen Einheiten Rückschlüsse auf die verfassungsrechtliche Tragweite normativer Permeabilität für das jeweilige innerstaatliche Verfassungsgefüge zu. Zuweilen sind sie sogar Entstehungsvoraussetzung für die Einführung oder Fortentwicklung rechtlicher Permeabilität, speziell mit Blick auf die Landesebene. Die im Parlamentsrecht der Mitgliedstaaten zunehmende Einrichtung von spezialisierten EU-Ausschüssen rundet das Bild von der institutionellen Seite her ab.

Allerdings sind weder die Mitwirkungsbefugnisse nationaler Parlamente noch diejenigen föderaler Einheiten mit einer eigenständigen Gesetzgebung gleichzusetzen. Dort, wo die Begründung supranationaler Kompetenzen ehemals bestehende Alleinentscheidungsrechte auf nationaler Ebene verdrängt, werden letztere mit den Worten von *Christoph Grabenwarter* lediglich „eingetauscht gegen Mitwirkungsrechte."[278] Allerdings darf die Zuerkennung von Befugnissen auf die supranationale Ebene keinesfalls nur als Verkürzung innerstaatlicher Handlungsfelder verstanden werden. Insbesondere ist auf supranationaler Ebene die Schaffung von Handlungsbefugnissen möglich, die aufgrund ihres genuin grenzüberschreitenden Zuschnitts

---

[276] Kritisch zur Rechtslage Deutschland *I. Pernice*, in: H. Dreier (Hrsg.), GG, Bd. II (Supplementum 2007 zur 2. Aufl. 2006), Art. 23, Rn. 118g sowie *C. D. Classen*, Verbesserung der Europatauglichkeit, in: C. Starck (Hrsg.), Föderalismusreform (2007), Rn. 236f.

[277] Vgl. *C. Grabenwarter*, a.a.O., S. 148f.

[278] *C. Grabenwarter*, ebd.

vormals auf nationaler Ebene noch gar nicht vorhanden waren bzw. gar nicht vorhanden sein konnten. Insoweit geht es mit Blick auf die Informations- und Mitwirkungsrechte von Parlamenten und föderalen Einheiten also *keineswegs ausschließlich um Verlustausgleich*, sondern ebenso um demokratische und föderative *Einbettung* des mit dem Ausbau der Mehrebenenverfassung einhergehenden *Handlungszugewinns*.

Darüber hinaus ist insbesondere die Frage der parlamentarischen Rückbindung europäischer Entscheidungsprozesse nicht einseitig von der Ebene der mitgliedstaatlichen Verfassungen her angelegt, sondern in zunehmendem Maße durch das Unionsrecht selbst geregelt. Von dort aus wirkt es wiederum auf die Verfassungsordnungen der Mitgliedstaaten zurück. Mit anderen Worten ist die innerstaatliche Regelung parlamentarischer Mitbestimmung in EU-Angelegenheiten zunehmend auch *verfassungsrechtlicher Reflex bzw. innerstaatliche Spiegelung* primärrechtlicher Verfassungsentwicklung. Dies verdeutlicht einmal mehr die zunehmende funktionale Verschränkung der Rechtsordnungen im europäischen Verfassungsverbund bei fortdauernder formaler Trennung beider Ebenen.

Dritter Abschnitt

Normative Verortung des Unionsrechts im nationalen Rechtsraum

Die mitgliedstaatlichen Verfassungsordnungen ermöglichen den Durchgriff bzw. das Einfließen unionsrechtlicher Rechtsakte und Normgehalte in den innerstaatlichen Rechtsraum im Wege einer normativen Selbstbeschränkung. Verfassungsrechtliche Grundlage der so entstehenden Permeabilität ist die jeweilige Integrationsermächtigung. Sie begründet nicht nur die Rechtsmacht zur verfassungsrechtlichen Mitwirkung an der Konstituierung supranationaler Hoheitsgewalt, sondern zugleich auch die Rechtsmacht zur verfassungsrechtlichen Autolimitation. Für sich allein genommen sagt sie jedoch noch nichts über die *normative Verortung des Unionsrechts im innerstaatlichen Rechtsraum* aus. Sie gibt weder eine Antwort auf die Frage nach der innerstaatlichen Geltung und Anwendung des Unionsrechts noch auf die Frage der Auflösung etwaiger Normenkollisionen. Diese Kernfragen bilden den Gegenstand der beiden folgenden Kapitel.

Mit Blick auf die möglichen Geltungs- und Anwendungsregime ist vorab Folgendes zu berücksichtigen: Aus der Anwendung der Integrationsermächtigung folgt keineswegs zwingend, dass das nationale Recht – aus der Binnenperspektive betrachtet – zugleich Geltung bzw. (vorrangige) Anwendbarkeit supranationalen Rechts im innerstaatlichen Rechtsraum *positiv anordnen* müsste. Die normative Selbstbeschränkung setzt vielmehr ausschließlich bei der *Rücknahme* der potenziellen Allzuständigkeit *staatlicher* Hoheitsgewalt an. Darin liegt insoweit eine grundlegende Koordinationsleistung, als die Regelungskonkurrenz zweier Hoheitsgewalten – staatlicher und supranationaler – auf dem Territorium des betreffenden Mitgliedstaates *von Seiten des nationalen Rechts her* grundsätzlich beseitigt wird. Für die Durchsetzbarkeit des Unionsrechts ist diese Koordinationsleistung essenziell. Denn erst wenn die innerstaatliche Rechtsordnung sich in ihrem unbedingten „Geltungswillen" zurücknimmt,[1] also einen *kooperativen Regelungsverzicht* leistet, kann das supranationale Recht überhaupt praktische Wirksamkeit im innerstaatlichen Rechtsraum entfalten. Eine positive Aussage über den Geltungsgrund bzw. die Vollzugsmodi des supranationalen Rechts ist damit aber nicht, jedenfalls nicht zwingend verbunden.

Autolimitation und Geltungsanordnung sind vielmehr kategorial zu unterscheiden. Während die Autolimitation ausschließlich auf die Reichweite der staatlichen Hoheitsgewalt und damit auf die Regelungsweite des *nationalen Rechts* selbst gerich-

---

[1] *K. Vogel*, Die Verfassungsentscheidung des Grundgesetzes für eine internationale Zusammenarbeit, Recht und Staat in Geschichte und Gegenwart, Heft 292/293 (1964), S. 1 (6 ff.).

tet ist, zielen Geltungs- bzw. Vollzugsanordnung auf das *Unionsrecht* ab. Beide setzen also an unterschiedlichen Bezugspunkten an, wobei denknotwendig vorauszusetzen ist, dass nationale und supranationale Rechtsordnung im Sinne der eingangs formulierten Hypothese als formal voneinander getrennt – wenngleich sich in ihrem Geltungsbereich partiell überschneidend und funktional verschränkt – betrachtet werden können.[2]

Eine Anordnung von Geltung oder Vollziehung des Unionsrechts im innerstaatlichen Rechtsraum durch das nationale (Verfassungs-)Recht kann allerdings die verfassungsrechtliche Autolimitation ergänzen. Die betreffende nationale Verfassungsordnung leistet aus ihrer Sicht dann nicht nur einen kooperativen Regelungsverzicht, sondern setzt das Unionsrecht zusätzlich *für den innerstaatlichen Raum* überhaupt erst in Geltung bzw. ordnet seine Vollziehbarkeit an. Das Unionsrecht entsteht in diesem Fall aus Sicht der nationalen Rechtsordnung *als Recht* erst aufgrund der Auswechslung des unionsrechtlichen durch einen nationalen Geltungsgrund,[3] bzw. es wird im staatlichen Rechtsraum nur aufgrund des nationalen Rechtsanwendungsbefehls angewendet. Es kann hierbei dahinstehen, ob diese Anwendung dem theoretischen Konzept nach aufgrund einer *Transformation* von Unionsrecht stattfindet (das Unionsrecht würde dann gänzlich entgegen der Rechtsauffassung des EuGH *als nationales Recht* anzuwenden sein), oder ob sie auf einem *Vollzugsbefehls* beruht (dann Anwendung des Unionsrechts *als Unionsrecht*, aber immer noch *aufgrund* des nationalen Rechtsanwendungsbefehls). Die für das Verhältnis des Völkerrechts zum nationalen Recht entwickelte Differenzierung zwischen Transformations- und Vollzugs- bzw. Adoptionslehre ist eng an die Monismus-Dualismus-Dichotomie geknüpft, die aus bereits genannten Gründen gerade nicht auf die Frage rechtlicher Permeabilität im europäischen Verfassungsrecht angewendet werden soll.[4]

Die ausschließlich auf Ebene der innerstaatlichen Hoheitsgewalt ansetzende Autolimitation hingegen lässt die Frage nach Existenz bzw. Vollziehbarkeit des Unionsrechtes *als Recht* auch aus Sicht des nationalen Rechts unberührt. Sie ist insofern *regelungsneutral* und belässt ebenso Raum dafür, dass ein innerstaatliches Gericht – in

[2] Teil 1 – Kapitel 1 – II. 1.

[3] So insbesondere *M. Jestaedt*, Der europäische Verfassungsverbund – Verfassungstheoretischer Charme und rechtstheoretische Insuffizienz einer Unschärferelation, in: GS Blomeyer (2004), S. 637 (659). Dabei zieht die verfassungsrechtliche Öffnung für *Jestaedt* die Auswechslung des Geltungsgrundes automatisch nach sich: „Erst in dem Moment und in dem Maße, in dem die erste Rechtsordnung sich für Normen der zweiten Rechtsordnung öffnet – anders gewendet: erst wenn und soweit die erste Rechtsordnung ‚Normen' einer anderen ‚Rechtsordnung' qua Rezeption (was nichts anderes bedeutet als: durch Rechtserzeugung) zu *eigenen* macht –, eignet diesen ‚Normen' Geltung innerhalb der ersten Rechtsordnung und vermögen sie, auf Grundlage der Erzeugungs- und Veränderungsregeln der ersten Rechtsordnung, in dieser normative Wirkung zu entfalten." Eher ungewöhnlich scheint an *Jestaedts* Ansatz, dass er dezidiert auf einer rechtsordnungsmonistischen Prämisse im Sinne *Hans Kelsens* aufbaut. Demgegenüber ist die Figur des Austausches der Geltungsgrundlage klassischerweise ein Merkmal der Transformationslehre, die mit dem Dualismus eng verwoben ist, vgl. *W. Rudolf*, Völkerrecht und deutsches Recht (1967), S. 158 f. u. 165 f.

[4] Vgl. Teil 1 – Kapitel 1 – II. 3.

seinem möglichen Selbstverständnis als europäisches, bzw. europäisch „mandatiertes“[5] Gericht – das Unionsrecht einzig aufgrund eines autonom bzw. genuin europäisch gedachten Geltungsgrundes beachtet und ggf. unmittelbar anwendet (also Anwendung von Unionsrecht als *und* aufgrund von Unionsrecht).

Dieser Unterschied wird nicht immer hinreichend beachtet. Insbesondere lässt sich nicht jeder innerstaatlichen Integrationsermächtigung zugleich eine (wenn auch nur implizite) Anordnung von Geltung und ggf. Anwendbarkeit des Unionsrechts im nationalen Rechtsraum entnehmen.[6] Pauschale Aussagen werden der Regelungsvielfalt im Verfassungsrecht der EU-Mitgliedstaaten keinesfalls gerecht.[7] Zwar führen die mitgliedstaatlichen Verfassungsordnungen die innerstaatliche Geltung und Anwendbarkeit des Unionsrechts im Ergebnis häufig – entgegen der ausdrücklichen Rechtsauffassung des EuGH[8] – auf das nationale Recht zurück. Dies gilt jedoch nicht für alle Verfassungsordnungen gleichermaßen.[9]

Die kategoriale Trennung von Geltungsanordnung bzw. Rechtsanwendungsbefehl einerseits und der mit der Konstituierungshandlung simultan einhergehenden Autolimitation andererseits zeigt sich auf textlicher Ebene am deutlichsten daran, dass neben den Integrationsermächtigungen in jüngerer Zeit zunehmend spezielle Verfassungsbestimmungen über Geltung und Anwendbarkeit des Unionsrechts im innerstaatlichen Rechtsraum in die nationalen Verfassungen aufgenommen werden. Mit Blick auf Existenz bzw. Ausgestaltung dieser Klauseln unterscheiden sich die einzelnen Verfassungsordnungen zuweilen signifikant (hierzu Kapitel 10).

Ein zweiter grundlegender Aspekt, der durch die Integrationsermächtigungen in aller Regel nicht ausdrücklich geregelt wird, ist die Lösung einer Normenkollision zwischen supranationalem und nationalem Recht. Mit der grundsätzlichen Bereit-

---

[5] Vgl. *M. Claes*, The National Courts' Mandate in the European Constitution (2006), S. 58 ff. u. 67 ff.

[6] In diese Richtung jedoch *M. Jestaedt*, a.a.O., S. 637 (658 ff.).

[7] S. aber *A. Schmitt Glaeser*, Grundgesetz und Europarecht als Elemente Europäischen Verfassungsrechts (1996), S. 166, wonach die „verschiedenen Bestimmungen der Mitgliedstaaten“ – darunter die niederländische – alle die „Geltung des europäischen Rechts im innerstaatlichen Raum“ normierten. Pauschal auch *C. Hillgruber*, Das Verhältnis der Europäischen Gemeinschaften und der Europäischen Union zu ihren Mitgliedstaaten, AVR 34 (1996), S. 347 ff. sowie *M. Heintzen*, Die ‚Herrschaft‘ über die Europäischen Gemeinschaftsverträge – Bundesverfassungsgericht und Europäischer Gerichtshof auf Konfliktkurs?, AöR 119 (1994), S. 564 (572). Nur die niederländische Verfassung als Ausnahme kennzeichnend *P. M. Huber*, Offene Staatlichkeit, in: IPE II (2008), § 26 Vergleich, Rn. 30. Differenzierter in vergleichender Perspektive hingegen *C. Grabenwarter*, Staatliches Unionsverfassungsrecht, in: A. v. Bogdandy/J. Bast (Hrsg.), Europäisches Verfassungsrecht (2. Aufl. 2009), S. 121 (133 f.) sowie *C. D. Classen*, in: H. v. Mangoldt/F. Klein/C. Starck (Hrsg.), GG, Bd. II (5. Aufl. 2005), Art. 24, Rn. 14.

[8] Vgl. nur EuGH, Urt. v. 5. 2. 1963 – Rs. 26/62 – *Van Gend & Loos*, Slg. 1963, S. 1 (24 f.); Urt. v. 15. 7. 1964 – Rs. 6/64 – *Costa/ENEL*, Slg. 1964, S. 1251 (1269 f.); Urt. v. 3. 4. 1968. – Rs. 28/67 – *Molkerei-Zentrale*, Slg. 1968, S. 215 (232); Urt. v. 13. 7. 1972 – Rs. 48/71 – *Kunstschätze II*, Slg. 1972, S. 529 ff. (Rn. 5/10).

[9] So dezidiert auch *C. D. Classen*, in: H. v. Mangoldt/F. Klein/C. Starck (Hrsg.), GG, Bd. II (5. Aufl. 2005), Art. 24, Rn. 14.

schaft der Verfassung zur Mitwirkung an der Errichtung der supranationalen Grundordnung sowie der damit einhergehenden normativen Selbstbeschränkung ist für sich genommen nämlich noch keine *kollisionsrechtliche* Aussage im engeren Sinne getroffen. Zwar verhindert die Rücknahme der potenziellen Ausschließlichkeit der nationalen Hoheitsgewalt grundsätzlich eine Überlagerung von nationalem und supranationalem Recht im staatlichen Innenraum. Insoweit kann die in den Integrationsermächtigungen angelegte Autolimitation bereits in einem kollisionsrechtlichen Sinne verstanden werden, da die durch sie erbrachte Koordinationsleistung einem ansonsten bestehenden Dauerkonflikt in Bezug auf nationales und supranationales Recht vorbeugt.[10] Man kann sie in der Sprache des Kollisionsrechts als *einseitige Kollisionsnorm* bezeichnen, die in negativ-limitierender Weise ausschließlich auf einer der beiden Ebenen, hier der nationalen, ansetzt.[11]

Eine Normenkollision – d.h. *die gleichzeitige Beanspruchung der Anwendbarkeit zweier geltender, einander nicht über- oder untergeordneter, aber hinsichtlich der Rechtsfolgen verschiedener Normen auf ein und denselben Sachverhalt* – kann in Grenzfällen[12] aber gerade nicht ausgeschlossen werden.[13] Dies ist auch die erklärte Sichtweise vieler innerstaatlicher Verfassungs- und Höchstgerichte,[14] wobei aus der jüngeren Rechtsprechung insbesondere die des polnischen Verfassungsgerichtshofs in ihrer Deutlichkeit heraussticht:

---

[10] In diese Richtung geht offenbar auch *R. Winkler*, Integrationsverfassungsrecht (2003), S. 133, wenn er ausführt, zur Vermeidung des Normenkonfliktes bedürfe „es keines Vollzugsbefehls, aber einer Öffnung der Verfassung". Es handle sich um einen „verfassungskoordinierten Vorrang, aber nicht um eine verfassungsrechtlich ermöglichte unmittelbare Anwendbarkeit."

[11] Vgl. *S. Kadelbach*, Allgemeines Verwaltungsrecht unter europäischem Einfluß (1999), S. 219. Dazu bereits Teil 2 – Kapitel 5 – II. 2. b) aa) im Kontext des Übertragungsmodells.

[12] *F. C. Mayer*, Kompetenzüberschreitung und Letztentscheidung (2000), S. 62 f. weist in diesem Kontext etwa auf die Möglichkeiten sich überschneidender Kompetenzbereiche bzw. nicht eindeutiger Kompetenzzuweisungen hin.

[13] Anders wäre dies freilich, wenn man auf streng rechtsordnungsmonistischer Basis bereits die theoretische Möglichkeit eines Normenkonfliktes ablehnte. So in Bezug auf das Verhältnis von Völkerrecht und staatlichem Recht insbesondere *H. Kelsen*, Die Einheit von Völkerrecht und staatlichem Recht, ZaöRV 19 (1958), S. 234 (244) sowie *ders.*, Reine Rechtslehre (2. Aufl. 1960 – Nachdruck 1967), S. 330 u. 342. Zum Ganzen bereits Teil 1 – Kapitel 1 – II. 3.

[14] Vgl. belg. Kassationsgerichtshof, Entsch. v. 27. 5. 1971 – Az. 4626 – *Le Ski* = EuR 1966, S. 261 (262 f.), der von „Konflikt" spricht. Das BVerfG, Beschl. v. 29. 5. 1974 – BvL 52/71 – *Solange I* = BVerfGE 37, 271 (278 ff.), spricht ebenfalls explizit von „Konflikt" bzw. „Kollision". Noch deutlicher wird das BVerfG in seinem Urt. v. 28. 1. 1992 – 1 BvR 1025/82, 1 BvL 16/83 u. 10/91 – *Nacharbeitsverbot* = BVerfGE 85, 191 (205): „Kollidiert Gemeinschaftsrecht mit nationalem Recht, so muß das Gericht den Normenkonflikt lösen." In seinem Urteil v. 30. 6. 2009 – 2 BvE 2/08 u. a. – *Lissabon* = BVerfGE 123, 267 ff. (Rn. 332) spricht das BVerfG nunmehr von einem „Kollisionsfall". Vgl. auch ital. VerfGH Urt. v. 5. 6. 1984 – Nr. 170/1984 – *Granital* = EuGRZ 1985, S. 98: „Unverträglichkeit". Mit besonders deutlichem Bezug auf die Frage des Vorrangs als Anwendungsregel zudem das span. VerfG, Erkl. v. 13. 12. 2004 – DTC 1/2004 – *Verfassungsvertrag* = EuR 2005, S. 339 (346).

„Das Auftreten einer relativen Autonomie von Rechtsordnungen, welche auf eigenen internen hierarchischen Grundsätzen beruhen (...) eliminiert (...) *nicht* die Möglichkeit der *Kollision zwischen den Regelungen* des Gemeinschaftsrechts und den Bestimmungen der Verfassung."[15]

Die Position des EuGH wiederum ist nicht nur hinsichtlich der autonomen Geltung des Unionsrechts, sondern auch, daran anknüpfend, hinsichtlich der kollisionsrechtlichen Frage eindeutig. Danach ist Unionsrecht gleich welcher unionsrechtsinternen Rangstufe gegenüber kollidierendem nationalem Recht gleich welcher innerstaatlichen Rangstufe vorrangig anzuwenden,[16] wobei das Vorrangprinzip als Kollisionsregel die Geltung nationalen Rechts konsequenterweise unberührt lässt (*Anwendungsvorrang*).[17] Dieser Ansatz wird in der Verfassungspraxis der meisten Mitgliedstaaten, insbesondere der innerstaatlichen Verfassungs- und Höchstgerichte bekanntlich aber nicht vorbehaltlos geteilt.

Auch unter diesem Blickwinkel dürfen die unterschiedlichen Ansätze nationaler Verfassungs- oder Höchstgerichte nicht einfach über einen Kamm geschert werden. Gerade mit Blick auf die Anerkennung des Vorrangprinzips – im Sinne der Nichtanwendung von innerstaatlichem Recht, das mit anwendbarem Unionsrecht kollidiert – weisen die einzelnen Verfassungsordnungen und Rechtsprechungslinien zuweilen erhebliche Unterschiede und Konstruktionsdifferenzen auf (hierzu Kapitel 11).

Kapitel 10

Geltungs- und Anwendungsregime

Mit Blick auf die Frage der innerstaatlichen Geltung und Anwendbarkeit des Unionsrechts sind zunächst einige begriffliche Vorklärungen hilfreich (hierzu I.). Sodann werden die verschiedenen Ansätze und Regelungsmodelle im innerstaatlichen Verfassungsrecht näher beleuchtet und systematisiert. Hierbei kann differenziert werden zwischen Modellen, die in Absenz einer ausdrücklichen Regelung grundsätzlich auf der Anerkennung der autonomen Geltung des Unionsrechts (hierzu II.) oder aber seiner Rückführung auf das nationale (Verfassungs-)Recht aufbauen (hierzu III.). Einige Verfassungsordnungen beschreiten einen Mittelweg, der hinsichtlich der theoretischen Prämissen der ersten, hinsichtlich der Rechtsfolgen hingegen der zweiten Gruppe zuzurechnen ist (hierzu IV.). Außerdem können in jüngerer Zeit zunehmend

[15] Poln. VerfGH, Entsch. v. 11.5.2005 – Az. K 18/04 – *Beitrittsvertrag*, Ziff. III.6.1 in der deutschen Übersetzung von *M. Bainczyk/U. Ernst*, EuR 2006, S. 236 (239, Hervorh. hinzugefügt).

[16] EuGH, Urt. v. 15.7.1964 – Rs. 6/64 – *Costa/ENEL*, Slg. 1964, S. 1251 (1269 f.); Urt. v. 17.12.1970 – Rs. 11/70 – *Internationale Handelsgesellschaft*, Slg. 1970, S. 1125 ff. (Rn. 3 f.); Urt. v. 9.3.1978 – Rs. 106/77 – *Simmenthal II*, Slg. 1978, S. 629 ff. (Rn. 17 ff.); Urt. v. 19.6.1990 – Rs. C-213/89 – *Factortame I*, Slg. 1990, S. I-2433 ff. (Rn. 18 ff.).

[17] Spätestens mit Urt v. 22.10.1998 – verb. Rs. C-10/97 bis 22/97 – *IN.CO.GE'90*, Slg. 1998, S. I-6397 ff. (Rn. 21) hat der EuGH unmissverständlich klargestellt, dass es sich bei seiner Vorrangkonzeption nicht um einen Geltungs- sondern ausschließlich um einen Anwendungsvorrang handelt.

Ansätze beobachtet werden, die eine Lösung auf positivrechtlicher Ebene, insbesondere über den Weg einer Gesamtverweisung auf das Unionsrecht anstreben (hierzu V.). Auf dieser Basis lassen sich schlussendlich weiterführende Überlegungen über die Normierbarkeit der Geltungs- und Anwendungsregime im nationalen Verfassungsrecht auf Basis eines Textentwurfs anstellen (hierzu VI.).

I. Geltung und Anwendbarkeit: Vorüberlegungen zur Terminologie

Mit den Begriffen Geltung und Anwendbarkeit können zwei unterschiedliche Eigenschaften einer Rechtsnorm bezeichnet werden. Während *Geltung* auf die spezifische Seinsweise im Sinne der Normexistenz[1] abzielt, meint *Anwendbarkeit* demgegenüber die vom jeweiligen Norminhalt abhängende Aktualisierbarkeit dieser Rechtsnorm im konkreten Einzelfall. Dabei setzt die Anwendbarkeit einer Norm deren Geltung voraus. Eine Norm, die im Einzelfall anwendbar ist, muss folglich immer zugleich auch gelten, während eine Norm die gilt, nicht zwingend anwendbar sein muss.

In der Verfassungspraxis werden beide Begriffe indes nicht selten als einander gleichbedeutend zusammengeworfen oder in einem Atemzug nebeneinander verwendet. Dies ebnet den kategorialen Unterschied häufig ein. Beispielhaft sei auf die Rechtsprechung des BVerfG hingewiesen. Das Gericht spricht in seinen beiden Leitentscheidungen *Solange-II* und *Maastricht* zunächst recht allgemein und unspezifisch von „Geltung und Anwendung" des Unionsrechts in Deutschland.[2] Im *Lissabon*-Urteil trennt das Gericht in Anknüpfung an die Literatur zunächst sehr genau zwischen dem Konzept des Geltungsvorrangs mit derogierender Wirkung und dem unionsrechtlichen Konzept des Anwendungsvorrangs.[3] An anderer Stelle führt es dann allerdings – in Fortführung seiner bisherigen Rechtsprechung – „Grund und Grenze für die *Geltung*" des Unionsrechts in Deutschland auf den im Zustimmungsgesetz enthaltenen „Rechts*anwendungs*befehl" zurück.[4] Geht man begrifflich streng davon aus, dass die Anwendbarkeit einer Norm ihre Geltung logisch voraussetzt, so unterliegt das BVerfG insoweit einem Kategoriefehler.[5] Diese kategoriale Unschärfe

[1] So bezeichnet etwa *H. Kelsen*, Reine Rechtslehre (2. Aufl. 1960 – Nachdruck 1967), S. 9f. mit Geltung „die spezifische Existenz einer Norm". Allerdings sei nochmals darauf hingewiesen, dass die vorliegende Untersuchung in ihrer Ausgangshypothese gerade nicht das Ausgangspostulat des *Kelsen*'schen Rechtsordnungsmonismus teilt, vgl. bereits Teil 1 – Kapitel 1 – II.

[2] Vgl. BVerfG, Beschl. v. 22. 10. 1986 – 2 BvR 197/83 – *Solange II* = BVerfGE 73, 339 (375) sowie Urt. v. 12. 10. 1993 – 2 BvR 2134, 2159/92 – *Maastricht* = BVerfGE 89, 155 (187 u. 190) in Bezug auf den innerstaatlichen Rechtsanwendungsbefehl. Vorher bereits in Bezug auf die „unmittelbare Geltung und Wirkung" des Gemeinschaftsrechts BVerfG, Beschl. v. 29. 5. 1974 – BvL 52/71 – *Solange I* = BVerfGE 37, 271 (280) sowie daran anknüpfend Beschl. v. 23. 6. 1981 – 2 BvR 1107, 1124/77 u. 195/79 – *Eurocontrol I* = BVerfGE 58, 1 (28).

[3] BVerfG, Urt. v. 30. 6. 2009 – 2 BvE 2/08 u. a. – *Lissabon* = BVerfGE 123, 267ff. (Rn. 331f., 335).

[4] Ebd., Rn. 343 (Hervorh. hinzugefügt).

[5] Bereits in *Solange-II* hatte das Gericht ausgeführt: „Aus dem Rechtsanwendungsbefehl des Zustimmungsgesetzes zum EWG-Vertrag (...) ergibt sich die unmittelbare Geltung der Gemeinschaftsverordnungen für die Bundesrepublik Deutschland und ihr Anwendungsvorrang gegenüber inner-

– sie ließe sich dann auflösen, wenn man lediglich die innerstaatliche *Vollziehung* bzw. *Anwendung* des Unionsrechts auf den Rechtsanwendungsbefehl zurückführte – ist in rechtsempirischer Hinsicht jedoch nichts Ungewöhnliches. Im Gegenteil. Über die Grenzen der deutschen Verfassungsordnung hinaus kann eine trennscharfe Verwendung der Begriffe Geltung und Anwendbarkeit sowie ihrer Äquivalente in aller Regel nicht ausgemacht werden.[6] Dies gilt im Übrigen auch für das Verhältnis des nationalen Verfassungsrechts zum Völkerrecht und die in diesem Kontext zuweilen synonyme Verwendung der Begriffe Geltungsanordnung und Rechtsanwendungsbefehl.[7]

Begriffliche Verschwommenheit charakterisiert nicht nur die Ebene der nationalen Verfassungsordnungen. Sie zeigt sich ebenso auf Ebene des Unionsrechts, hier zudem verstärkt durch die einzelnen Sprachfassungen von Normtexten und Rechtsprechung. Besonders deutlich veranschaulicht dies die Problematik der Abgrenzung von unmittelbarer Geltung (*direct applicability, applicabilité directe*) und unmittelbarer Anwendbarkeit bzw. Wirkung (*direct effect, effet direct*).[8] Das terminologische „Crossover" ist bereits in den verschiedenen, gleichermaßen verbindlichen Sprachfassungen angelegt. So müsste die exakte Übersetzung der englischen und französischen Sprachfassung von „unmittelbarer Geltung" eigentlich „direkte *Anwendbarkeit*" lauten. Dies aber würde der deutschen Übersetzung des „effet direct" entspre-

staatlichem Recht", BVerfG, Beschl. v. 22. 10. 1986 – 2 BvR 197/83 – *Solange II* = BVerfGE 73, 339 (375). Im *Maastricht*-Urteil lautete die entsprechende Passage: „Geltung und Anwendung von Europarecht in Deutschland hängen von dem Rechtsanwendungsbefehl des Zustimmungsgesetzes ab", BVerfG, Urt. v. 12. 10. 1993 – 2 BvR 2134, 2159/92 – *Maastricht* = BVerfGE 89, 155 (190). Mit der Wendung, dass „Grund und Grenze für die Geltung" des Unionsrechts aus dem im Zustimmungsgesetz enthaltenen Rechtsanwendungsbefehl folgten, übernimmt das BVerfG im *Lissabon*-Urteil eine Formulierung die sich – darauf verweist das BVerfG – bei *H. Sauer*, Jurisdiktionskonflikte in Mehrebenensystemen, 2008, S. 163 findet. Der Autor verwendet diese Formel, um die Rechtsprechung des BVerfG vor Lissabon auf einen Nenner zu bringen. Allerdings hebt er in diesem Kontext – durchaus nicht unkritisch konnotiert – das exklusiv völkerrechtliche Verständnis des Gerichts gegenüber dem Unionsrecht hervor. Das Gericht verweist zudem auf *M. Nettesheim*, Die Kompetenzordnung im Vertrag über eine Verfassung für Europa, EuR 2004, S. 511 (545 f.), der – allerdings ohne dem genannten Kategoriefehler zu unterliegen – ausführt, der Vorranganspruch müsse „aus mitgliedstaatlicher Sicht dort seine Grenzen finden, wo es um die Gewährleistung und Sicherung dieser [Gemeinwohlv]erantwortung" gehe. Daneben rekurriert das BVerfG auf *R. Streinz*, Europarecht (8. Aufl. 2008), Rn. 224 ff., der die vorangegangene Rechtsprechung des BVerfG in analytischer Perspektive zutreffend im Sinne eines Vorrangs „kraft verfassungsrechtlicher Ermächtigung" (ebd. Rn. 225) beschreibt.

[6] Eine Ausnahme ist die Erklärung des span. VerfG v. 13. 12. 2004 – DTC 1/2004 – *Verfassungsvertrag* = EuR 2005, S. 339 ff., das deutlich zwischen beiden Kategorien trennt.

[7] So etwa *M. Herdegen*, in: T. Maunz/G. Dürig (Hrsg.), GG, Art. 25 (37. EGL 2000), Rn. 36 im Kontext der völkerrechtlichen Vollzugs- bzw. Adoptionslehre. Vgl. auch *dens.*, Völkerrecht (7. Aufl. 2008), § 22, Rn. 5: „Mit der innerstaatlichen Geltung von Völkerrecht ist zumeist die innerstaatliche Anwendbarkeit von völkerrechtlichen Regeln gemeint."

[8] Hierzu aus der Fülle an Literatur bereits früh *T. Winter*, Direct Applicability and Direct Effect. Two Distinct and Different Concepts in Community Law, CMLRev. 9 (1972), S. 425 ff. sowie *H. P. Ipsen*, Europäisches Gemeinschaftsrecht (1972), S. 120 ff. (§ 5 Rn. 49 ff.).

chen, also genau dem anderen Konzept. Erschwerend hinzu kommt, dass auch die Rechtsprechung des EuGH in diesem Punkt nicht hinreichend trennscharf ist.[9]

Soweit die Begriffe im Folgenden in Bezug auf das Unionsrecht Verwendung finden, ist es der Klarheit wegen geboten, sie kurz zu präzisieren. Mit *unmittelbarer Geltung* wird in Anlehnung an die *Simmenthal-II*-Entscheidung des EuGH der Umstand bezeichnet, dass die unionsrechtliche Norm ohne einen zwischengeschalteten innerstaatlichen (*Transformations-* oder *Vollzugs-*)Akt aus sich heraus eine *zu beachtende Quelle* von Rechten und Pflichten darstellt, unabhängig davon, wie diese im Einzelnen ausgestaltet sind und an wen sie sich richten.[10] Unmittelbare Geltung ist mit anderen Worten das normative Korrelat zur Autonomie des Unionsrechts im Sinne rechtlichen Selbststands.[11] Demgegenüber bezieht sich der Begriff der *unmittelbaren Anwendbarkeit* (bzw. unmittelbaren Wirkung) im hier gemeinten Sinne auf die *normstrukturelle* bzw. *norminhaltliche* Frage, ob die betreffende Vorschrift hinreichend bestimmt und unbedingt ist, um *ohne Vermittlung* durch weitere rechtliche *Konkretisierung*sakte auf das betreffende Rechtssubjekt dergestalt *durchgreifen* zu können, dass dieses durch sie direkt verpflichtet oder berechtigt wird und sich im letzteren Fall vor dem rechtsanwendenden innerstaatlichen Organ auf sie berufen kann.[12] Für diese

---

[9] Ähnlich der Befund bei *U. Haltern*, Europarecht. Dogmatik im Kontext (2. Aufl. 2007), S. 314 ff.

[10] So besonders deutlich EuGH, Urt. v. 9. 3. 1978 – Rs. 106/77 – *Simmenthal II*, Slg. 1978, S. 629 ff. (Rn. 17 ff.): „Unmittelbare Geltung [engl. direct applicability; franz. applicabilité directe] bedeutet (…), dass die Bestimmungen des Gemeinschaftsrechts ihre volle Wirkung einheitlich in sämtlichen Mitgliedstaaten vom Zeitpunkt ihres Inkrafttretens an und während der gesamten Dauer ihrer Gültigkeit entfalten müssen. Diese Bestimmungen sind somit unmittelbare Quelle von Rechten und Pflichten für alle diejenigen, die sie betreffen, einerlei, ob es sich um die Mitgliedstaaten oder um solche Einzelpersonen handelt (…). Diese Wirkung erstreckt sich auch auf jedes Gericht, das, angerufen im Rahmen seiner Zuständigkeit, als Organ eines Mitgliedstaats die Aufgabe hat, die Rechte zu schützen, die das Gemeinschaftsrecht den Einzelnen verleiht." Weitere klassische Fälle, die die Frage der unmittelbaren Geltung betreffen, sind etwa: EuGH, Urt. v. 3. 4. 1968. – Rs. 28/67 – *Molkerei-Zentrale*, Slg. 1968, S. 215 (232) in Bezug auf das Primärrecht oder EuGH, Urt. v. 10. 10. 1973 – Rs. 34/73 – *Variola*, Slg. 1973, S. 981 ff. (Rn. 10) in Bezug auf das Sekundärrecht.

[11] Zur Kategorisierung der unterschiedlichen Autonomiebegriffe vgl. *A. Peters*, Elemente einer Theorie der Verfassung Europas (2001), S. 242 ff. Die hier gemeinte Bedeutung entspricht der Autonomie im Sinne rechtlicher Unabgeleitetheit, d. h. in der Terminologie von *Peters*: der „Autonomie$_{\text{Orig}}$" (ebd., S. 256 ff.).

[12] Vgl. in Bezug auf das Primärrecht insbesondere EuGH, Urt. v. 5. 2. 1963 – Rs. 26/62 – *Van Gend & Loos*, Slg. 1963, S. 1 (24 f.) sowie Urt. v. 10. 6. 1966 – Rs. 57/65 – *Lütticke*, Slg. 1966, S. 258 (265 f.). In Bezug auf das Sekundärrecht s. insbesondere EuGH, Urt. v. 6. 10. 1970 – Rs. 9/70 – *Franz Grad (Leberpfennig)*, Slg. 1970, S. 825 ff. (Rn. 5); Urt. v. 4. 12. 1974 – Rs. 41/74 – *van Duyn*, Slg. 1974, S. 1337 ff. (Rn. 12 ff.); Urt. v. 19. 1. 1982 – Rs. 8/81 – *Becker*, Slg. 1982, S. 52 ff. (Rn. 21 ff.); Urt. v. 26. 2. 1986 – Rs. 152/84 – *Marshall I*; Slg. 1986, S. 723 ff. (Rn. 46 ff.); Urt. v. 14. 7. 1994 – Rs. C-91/92 – *Faccini Dori*, Slg. 1994, S. I-3325 ff. (Rn. 20 ff.); Urt. v. 26. 9. 2000 – Rs. C-443/98 – *Unilever*, Slg. 2000, S. I-7535 ff. (Rn. 50 f.); Urt. v. 7. 1. 2004 – Rs. C-201/02 – *Wells*, Slg. 2004, S. I-723 ff. (Rn. 56 f.); Urt. v. 5. 10. 2004 – verb. Rs. C-397/01 bis C-403/01 – *Pfeiffer u. a.*, Slg. 2004, S. I-8835 ff. (Rn. 106 ff.); Urt. v. 17. 7. 2008 – verb. Rs. C-152/07 bis C-154/07 – *Arcor u. a.*, Slg. 2008, S. I-5959 ff. (Rn. 35 ff.). Zur Definition der unmittelbaren Anwendbarkeit, unter besonderer Berücksichtigung ihrer „Durchgriffswirkung" vgl. bereits *H. P. Ipsen*, Europäisches Gemeinschaftsrecht (1972), S. 120 ff. (§ 5 Rn. 49 ff.).

Unterscheidung spricht sowohl ihre begriffliche als auch ihre konzeptionelle Trennschärfe.[13]

Dass die Verfassungspraxis sowohl auf nationaler als auch auf europäischer Ebene gleichwohl weniger differenziert ist, muss allerdings im Rahmen des Verfassungsvergleichs Berücksichtigung finden. Das bedeutet: Im Bemühen um Systematisierung und Klarheit darf der gegenwärtigen Verfassungspraxis nicht einfach ein dogmatisch sauberes Gerüst übergestülpt werden, sofern dieses die jeweilige Rechtsprechung nicht zutreffend repräsentiert. Im Folgenden wird die Frage von Geltung und Anwendbarkeit des Unionsrechts daher in einem einheitlichen Analyseschritt untersucht. Bei Trennung beider Aspekte bestünde die Gefahr, in die betreffenden Urteils- oder Verfassungstexte eine terminologische Differenziertheit hineinzulesen, die möglicherweise gerade nicht intendiert ist. Soweit sich die Analyse auf positivrechtliche Modelle zur Regelung von Geltung und Anwendbarkeit des Unionsrechts im innerstaatlichen Rechtsraum erstreckt, wird unter diesem Blickwinkel zudem auch weniger ihre terminologische Genauigkeit, sondern vielmehr ihre konkrete *Funktion* im Vordergrund stehen.[14]

Im Übrigen sind die bisherigen Versuche der Literatur, den verfassungsrechtlichen Regelungskomplex der innerstaatlichen Geltung und Anwendbarkeit des Unionsrechts mit einem treffenden Oberbegriff bzw. einem dichotomen Begriffspaar einzufangen, eher weniger zufriedenstellend. Dies gilt insbesondere für den Begriff der „Infiltrationsebene", der zuweilen als Oberbegriff für Geltungs- und Anwendungsregeln der sog. „Entwicklungsebene" entgegengestellt wird.[15] Jedenfalls dann, wenn man die innerstaatliche Geltung und Anwendbarkeit des Unionsrechts nicht als verdecktes und auf Sabotage gerichtetes Betreten feindlichen Raumes kennzeichnen will, sollte man auf eine solche Terminologie verzichten. In semantischer Hinsicht prägnanter ist dagegen die Einteilung des positiven Europaverfassungsrechts in sog. „Aller"- und Retour"- Klauseln, also Klauseln über den „Hin- und Rückweg" von Kompetenzen und Rechtsakten.[16] Allerdings ist diese Terminologie wiederum in konzeptioneller Hinsicht nicht gänzlich überzeugend. Zum einen lässt nämlich das Bild eines in die nationale Rechtsordnung zurückkehrenden Rechtsaktes nicht erken-

[13] In wünschenswerter Klarheit ebenso ung. VerfG, Entsch. v. 22. 6. 1998 – Nr. 30/1998 – *Europaabkommen*, in englischer Übersetzung abrufbar unter http://www.mkab.hu/content/en/en3/30_1998.pdf (1. 9. 2010), Entscheidungsgrund III.2. In Bezug auf die unmittelbare Anwendbarkeit ähnlich wie hier auch *P. Craig/G. de Búrca*, EU Law (4. Aufl. 2008), S. 267 ff.

[14] Ist die begriffliche Trennung von Geltung und Anwendbarkeit in der Verfassungspraxis hingegen ausnahmsweise Ausdruck eines besonderen Konzepts nationalen Europaverfassungsrechts, wird dies freilich hervorgehoben werden. Dies betrifft in erster Linie die jüngere Rechtsprechung des span. VerfG, dazu näher Teil 2 – Kapitel 11 – III. 2.

[15] So *J. Hecker*, Europäische Integration als Verfassungsproblem in Frankreich (1997), S. 17 ff. Ihm folgend *J. Scheffler*, Das französische Verfassungsverständnis angesichts der Anforderungen des EG/EU-Rechts, ZaöRV 67 (2007), S. 43 (45).

[16] So *M. Claes*, The Europeanisation of National Constitutions in the Constitutionalisation of Europe: Some Observations Against the Backdrop of the Constitutional Experience of the EU-15, Croatian Yearbook of European Law and Policy 3 (2007), S. 1 (33).

nen, dass sich das supranationale Recht gerade auch auf Regelungsbereiche erstrecken kann, die auf staatlicher Ebene vormals gar nicht existierten.[17] Diese können darum aber auch nicht im Sinne einer Sachgesetzlichkeit dorthin zurückkehren. Zum anderen trägt die (Gegen-)Kategorie der „*Aller*-Klauseln" als Bezeichnung für die Integrationsermächtigungen nicht.[18] Eine Integrationsermächtigung erteilt nämlich gerade nicht nur die Rechtsmacht zur Konstituierung der supranationalen Rechtsordnung, sondern, wie gesehen, ebenso zur simultan erfolgenden Rücknahme der potenziellen Ausschließlichkeit innerstaatlicher Hoheitsgewalt.[19] Soweit in der Integrationsermächtigung also zugleich der Schlüssel zur rechtlichen Öffnung der Verfassungsordnung liegt, ist ihre Kennzeichnung als bloße „Aller"-Bestimmung verkürzt. Gleiches gilt im Übrigen für den Begriff der „Entwicklungsebene".

Mit Blick auf die Verhältnisbeschreibung der unterschiedlichen Ebenen zueinander ist nochmals zu betonen, dass der Erklärungswert der Monismus-Dualismus-Dichotomie für den Bereich normativer Permeabilität im europäischen Verfassungsrecht eher als gering einzustufen ist.[20] Die in epistemischer Hinsicht wenig Gewinn versprechende Zuordnung der verschiedenen Regelungsmodelle zum Monismus oder zum Dualismus nebst der zugehörigen Vollzugs- bzw. Transformationslehren[21] soll daher im Folgenden vermieden werden.[22]

II. *Anerkennung* der autonomen Geltung

Hinsichtlich der innerstaatlichen Geltung des Unionsrechts, wurzelt der Ansatz des EuGH bekanntlich in der Prämisse autonomen Selbststands des Unionsrechts.[23] Auf Ebene des nationalen Verfassungsrechts entspräche diesem Ansatz spiegelbildlich eine vollumfängliche Anerkennung der autonomen – d.h. hier: der normativ *ori-*

[17] Dazu bereits Teil 2 – Kapitel 5 – II. 2. a) aa).

[18] Vgl. *M. Claes*, a.a.O.

[19] Am deutlichsten: Tschech. VerfG, Urt. v. 8.3. 2006 – Pl. US. 50/04 – *Zuckerquoten II*, Teil VI. B.

[20] Vgl. bereits Teil 1 – Kapitel 1 – II. 3. Zu monistischen bzw. dualistischen Elementen der Rechtsprechung und Diskussion vgl. näher *A. Schmitt Glaeser*, Grundgesetz und Europarecht als Elemente Europäischen Verfassungsrechts (1996), S. 152 ff., der jedoch ebenfalls feststellt, dass die „Debatte zwischen Monismus und Dualismus in der modernen Völkerrechtslehre weitgehend an Schärfe verloren" habe.

[21] Klassisch für die Ordnung des GG hierzu *W. Rudolf*, Völkerrecht und deutsches Recht (1967), S. 128 ff. Für einen Überblick vgl. auch *M. Schweitzer*, Staatsrecht III (9. Aufl. 2008), Rn. 26 ff. und Rn. 418 ff. m. w. N.

[22] Anders, da stärker die jeweils dualistische bzw. monistische Konstruktion betonend *K. Lenaerts/P. Van Nuffel*, Constitutional Law of the European Union (2. Aufl. 2005), S. 678 ff.

[23] Grundlegend EuGH, Urt. v. 5. 2. 1963 – Rs. 26/62 – *Van Gend & Loos*, Slg. 1963, S. 1 (24 f.); Urt. v. 15. 7. 1964 – Rs. 6/64 – *Costa/ENEL*, Slg. 1964, S. 1251 (1269 f.). Eingehend zur Problematik *R. Barents*, The Autonomy of Community Law (2004).

ginären und insoweit *unabgeleiteten*[24] - Geltung des Unionsrechts im innerstaatlichen Rechtsraum.

Eine solche Anerkennung kann auf verfassungstextlicher Ebene zunächst durch eine *Nichtregelung*, d.h. einen bewussten oder unbewussten Regelungsverzicht bewerkstelligt werden. Für einen solchen Ansatz spricht zunächst, dass jeder Versuch einer positivrechtlichen Anordnung oder einer nur deklaratorischen Bekräftigung von Geltung und Anwendbarkeit des Unionsrechts auf Ebene des innerstaatlichen Verfassungsrechts das unionsrechtliche Eigenpostulat der Autonomie wiederum in Frage stellt.[25] Verhält sich der betreffende Verfassungstext gänzlich regelungsneutral bzw. existiert keine ausdrückliche Regelung über die innerstaatliche Geltung und Anwendbarkeit des Unionsrechts, so erleichtert dies eine umfängliche Anerkennung der autonomen Geltung des Unionsrechts.

1. *Anwendungsfälle*

Eine jedenfalls im Ansatz genuin supranationale Linie in diesem Sinne wird in einigen Mitgliedstaaten seit längerem vertreten.

Ein erstes Beispiel ist die belgische Verfassungsordnung. Hier schien die umfängliche Anerkennung von Geltung und vorrangiger Anwendbarkeit des Unionsrechts aus der spezifischen Eigenschaft der supranationalen Rechtsordnung heraus bereits seit dem Jahr 1971 durch eine Grundsatzentscheidung des Kassationsgerichtshofs (*Cour de cassation*) im Fall *Le Ski* abschließend und in Übereinstimmung mit der herrschenden Auffassung in der Literatur errungen.[26] Indes hat der zum Jahr 1983 ins Leben gerufene belgische Schiedshof (*Cour d'arbitrage*)[27] – zum 7. Mai 2007 umbenannt in Verfassungsgerichtshof (*Cour constitutionnelle*) – in zwei Entscheidungen zu Beginn der neunziger Jahre zu erkennen gegeben, dass er völkerrechtliche Verträge jedenfalls über den indirekten Weg des parlamentarischen Zustimmungsaktes am Maßstab verfassungsrechtlicher Garantien prüfe.[28] Zwar hat der Verfassungsgerichtshof diesen Verfassungsvorbehalt bislang noch nicht ausdrücklich auf das Unions-

---

[24] Zu den unterschiedlichen Ansätzen und Bedeutungsgehalten rechtlicher Autonomie im Kontext der EU *A. Peters*, Elemente einer Theorie der Verfassung Europas (2001), S. 243ff. Die hier gemeinte Autonomie entspricht des von *Peters* als „Autonomie$_{Orig}$" im Sinne von Ursprünglichkeit bezeichneten Bedeutungsgehaltes (ebd., S. 256ff.).

[25] Die Rechtsprechung des EuGH wendete sich seit Anbeginn ausdrücklich gegen die Notwendigkeit einer innerstaatlichen In-Geltung-Setzung bzw. Transformation, vgl. Urteile v. 3.4. 1968. – Rs. 28/67 – *Molkerei-Zentrale*, Slg. 1968, S. 215 (232); v. 18.2. 1970 – Rs. 40/69 – *Bollmann*, Slg. 1970, S. 69ff. (Rn. 4); v. 10. 10. 1973 – Rs. 34/73 – *Variola*, Slg. 1973, S. 981 ff. (Rn. 10f.); Urt. v. 31. 1. 1978 – Rs. 94/77 – *Zerbone*, Slg. 1978, S. 99ff. (Rn. 22/27).

[26] Belg. Kassationsgerichtshof, Entsch. v. 27.5. 1971 – Az. 4626 – *Le Ski* = EuR 1966, S. 261 (263), dazu die Anmerkung von *G. Bebr*, a.a.O., S. 263ff. sowie eingehend *H. Bribosia*, Report on Belgium, in: A.-M. Slaughter/A. Stone Sweet/J. H. H. Weiler (Hrsg.) The European Court and National Courts (1998), S. 3 (14ff.).

[27] Zur verfassungsrechtlichen Funktion vgl. *F. Delpérée*, Belgium: The Lock-through System, in: A. Albi/J. Ziller (Hrsg.), The European Constitution and National Constitutions (2007), S. 67 (71).

[28] Belg. Schiedshof (seit 2007 umbenannt in VerfGH), Entsch. v. 16. 10. 1991 – Nr. 26/91 – *Com-*

recht übertragen. Dennoch kann sein Ansatz dem Prinzip nach als Abkehr von der Anerkennung der autonomen Geltung sowie des uneingeschränkten Anwendungsvorrangs des Unionsrechts gelesen werden.[29] In Folge dieser Rechtsprechung besteht zumindest eine Unsicherheit fort, auch wenn der Verfassungsgerichtshof in jüngerer Zeit (noch unter dem Namen Schiedshof) durch eine Vorlage an den EuGH im Verfahren zum europäischen Haftbefehl eine gesteigerte Kooperationsbereitschaft unter Beweis gestellt hat.[30] Der belgische Staatsrat (*Conseil d'Etat*) wiederum hat in seiner Eigenschaft als höchstes Verwaltungsgericht zwar den Vorrang des Unionsrechts ausdrücklich auch vor der Verfassung anerkannt.[31] Gleichwohl verortet er die Grundlage hierfür nicht im Unionsrecht selbst, sondern vielmehr in der belgischen Integrationsermächtigung (Art. 34 Verf-BE). Diese Konstruktion kann gleichsam als Rückführung des unionsrechtlichen Geltungsgrunds auf die innerstaatliche Verfassung gedeutet werden.[32] Das vom Staatsrat in seiner Funktion als Beratungsorgan der Regierung(en)[33] angefertigte Gutachten zum Verfassungsvertrag aus dem Jahr 2005 lässt sich zudem so verstehen, dass der Staatsrat die völkerrechtliche Qualität des Verfassungsvertrages und weniger den autonomen Selbststand der supranationalen Rechtsordnung in den Vordergrund seiner Konzeption rückt.[34] Obwohl ganz überwiegende Teile der belgischen Literatur sowie der Kassationsgerichtshof den autonomen Geltungsgrund des Unionsrechts für den innerstaatlichen Rechtsraum aner-

---

mune de Lanaken sowie insbesondere Entsch. v. 3. 2. 1994 – Nr. 12/94 – *École européenne.* Dazu *H. Bribosia*, a.a.O. S. 3 (22 ff.).

[29] Kritisch etwa der damalige Procureur général des Kassationsgerichtshofs *J. Velu*, Contrôle de constitutionnalité et contrôle de compatibilité avec les traités, Journal des tribunaux 111 (1992), S. 729 (749); *J.-V. Louis*, La primauté, une valeur relative?, CDE 31 (1995), S. 23 ff. Unter dem vergleichenden Untersuchungsfokus eines möglichen ultra-vires-Vorbehalts vgl. *F. C. Mayer*, Kompetenzüberschreitung und Letztentscheidung (2000), S. 179 f.

[30] Belg. Schiedshof (seit 2007 umbenannt in VerfGH), Entsch. v. 13. 7. 2005 – Nr. 124/2005 – *Advocaten voor de Wereld*, abrufbar unter http://www.arbitrage.be/fr/common/home.htm (1. 9. 2010). Dies führte in der Folge zum Urteil des EuGH v. 3. 5. 2007 – Rs. C-303/05 – *Advocaten voor de Wereld (Europäischer Haftbefehl)*, Slg. 2007, S. I-3633 ff., in dem der Gerichtshof die Regelungen des Europäischen Haftbefehls für mit dem Unionsrecht vereinbar erklärte. Zu den Vorlagen des belgischen VerfGH im Spiegel rechtspluralistischer Theorie vgl. nunmehr *E. Cloots*, Germs of Pluralist Adjudication: *Advocaten voor de Wereld* and other References from the Belgian Constitutional Court, CMLRev. 47 (2010), S. 645 ff.

[31] Belg. Staatsrat, Urt. v. 5. 11. 1996 – Nr. 62.922 – *Orfinger* = Journal des tribunaux 116 (1997), S. 256 ff. mit Anmerkung v. *R. Ergec.*

[32] Vgl. *B. de Witte*, Do Not Mention the Word: Sovereignty in Two Europhile Countries: Belgium and the Netherlands, in: N. Walker (Hrsg.), Sovereignty in Transition (2003), S. 351 (357): „The Council of State judgment is somewhat paradoxical. While ranking the Constitution below international law (at least, below EC law), it affirms that this ranking results from a constitutional rule (...). It thereby reaffirms, in another manner, the ultimate authority of the Belgian Constitution."

[33] Der Plural ergibt sich aus der föderalen Struktur Belgiens und schließt die Regierungen auf Ebene der Regionen und Kommunen mit ein. Das Gutachten v. 15. 2. 2009 war jedoch insbesondere für die Zentralregierung angefertigt worden, vgl. *F. Delpérée*, Belgium: The Lock-through System, in: A. Albi/J. Ziller (Hrsg.), The European Constitution and National Constitutions (2007), S. 67 (71).

[34] Ebd., S. 76.

kennen und die Position des Staatsrates daher für sich allein genommen nicht als repräsentativ gelten kann, ergibt sich in Belgien letztlich jedenfalls kein einheitliches Bild.

Ähnliches kann im Ergebnis für die Rechtslage in Österreich gesagt werden. Zwar finden sich auch hier zahlreiche Stimmen in der Literatur, die sich zugunsten der autonomen Geltung des Unionsrechts im innerstaatlichen Rechtsraum aussprechen.[35] Dies kulminiert besonders prägnant in den Begriffen der „Doppelverfassung"[36] bzw. der „doppelten Verfassung".[37] Ihnen liegt die Vorstellung zugrunde, dass das Unionsrecht in Österreich unabhängig, wenngleich durch Querverbindungen vernetzt, *neben* der österreichischen Bundesverfassung gelte.[38] Bezogen auf die Rechtsprechung scheint der österreichische Verfassungsgerichtshof diese Idee auch aufgegriffen zu haben, wenn er hinsichtlich der Umsetzung von Richtlinien unter Verweis auf die Literatur von einer „doppelten Bindung" des Gesetzgebers an Unionsrecht und an die österreichische Verfassung spricht, soweit das betreffende Umsetzungsgesetz nicht vollends durch Gemeinschaftsrecht determiniert ist.[39] Zudem erkennt er den unionsrechtlichen Vorrang ausdrücklich gegenüber innerstaatlichem Verfassungsrecht an.[40] Indes lässt sich dieser Rechtsprechung trotz der weitreichenden Kon-

---

[35] Einen Überblick bietet *C. Grabenwarter*, Offene Staatlichkeit, in: IPE II (2008), § 20 Österreich, Rn. 70.

[36] *P. Pernthaler*, Die neue Doppelverfassung Österreichs, in: FS G. Winkler (1997), S. 773 ff.; *ders.*, Österreichisches Bundesstaatsrecht (2004), S. 50. Kritisch, weil die funktionale Einheit beider Teilordnungen zu wenig betonend *I. Pernice*, Europäisches und nationales Verfassungsrecht, VVDStRL 60 (2001), 148 (175 f.).

[37] *T. Öhlinger*, Verfassungsfragen einer Mitgliedschaft zur Europäischen Union (1999), S. 215 ff. *Ders.*, Die österreichische Verfassung und die europäische Integration, in: W. Hummer (Hrsg.), Paradigmenwechsel im Europarecht zur Jahrtausendwende (2004), S. 67 (82) führt darüber hinausgehend aus, die österreichische Bundesverfassung sei *„aus Sicht des Gemeinschaftsrechts zu Unterverfassungsrecht degradiert* worden" (Hervorh. im Original).

[38] In diese Richtung auch *H. Schäffer*, Österreichischer Landesbericht, in: J. Schwarze (Hrsg.), Die Entstehung einer europäischen Verfassungsordnung (2000), S. 339 (363); *T. Öhlinger/M. Potacs*, Gemeinschaftsrecht und staatliches Recht (3. Aufl. 2006), S. 10 ff.; *L. Adamovich/B.-C. Funk/G. Holzinger*, Österreichisches Staatsrecht I (1997), Rn. 01.245; *R. Winkler*, Integrationsverfassungsrecht (2003), S. 132 f.

[39] Öst. VerfGH, Erk. v. 3. 3. 1998 – G450/97 – *Tiroler Vergabegesetz*, Verf-Slg. 1998-15106 (II.2.c) sowie Erk. v. 9. 12. 1999 – G42/99 u. a. – *Gewerbeberechtigung*, Verf-Slg. 1999-15683 (VI.3.c): „(...) unbestritten, daß der Gesetzgeber bei der Ausführung von Gemeinschaftsrecht jedenfalls insoweit an bundesverfassungsgesetzliche Vorgaben gebunden bleibt, als eine Umsetzung gemeinschaftsrechtlicher Vorgaben durch diese nicht inhibiert wird. Der Gesetzgeber unterliegt in diesen Fällen also einer *doppelten Bindung*, nämlich einer Bindung an das Gemeinschaftsrecht und einer Bindung an den verfassungsgesetzlich gezogenen Rahmen." (Hervorh. hinzugefügt).

[40] Öst. VerfGH, Erk. v. 24. 2. 1999 – B 1625/98 – *Frequenzzuweisung*, Verf-Slg. 15427/1999 (III.1.a): „Der im innerstaatlichen Recht an sich vorgesehenen Möglichkeit eines Einspruchs im Sinn der Richtlinie (...) steht mithin lediglich Art. 133 Z. 4 B-VG entgegen. (...) Der Anwendungsvorrang des Gemeinschaftsrechts muß also dahingehend durchschlagen, daß für den Anwendungsbereich der Richtlinie Art. 133 Z. 4 B-VG verdrängt wird." Vgl. dazu *S. Griller*, Introduction to the Problems in the Austrian, the Finnish and Swedish Constitutional Order, in: A. E. Kellermann/J. W. de Zwaan/J. Czuczai (Hrsg.), EU-Enlargement – The Constitutional Impact at EU and National Level (2001),

sequenzen für den praktischen Rechtsalltag gleichwohl keine ausdrückliche Anerkennung der Autonomie des unionsrechtlichen Geltungs*grundes* entnehmen.[41] Angesichts der umfassenden Anerkennung des Vorrangs mag dies weniger spürbare Konsequenzen nach sich ziehen. Gleichwohl ist festzuhalten, dass sich die Autonomiethese in Österreich jedenfalls nicht umfänglich durchgesetzt hat. Mehrere Stimmen sprechen sich hier für eine Rückführung des innerstaatlichen Geltungsgrundes des Unionsrechts auf das österreichische Verfassungsrecht aus.[42]

Auch in Luxemburg findet die supranationale Geltungsbegründung des Unionsrechts überwiegend Zustimmung.[43] Während ein entsprechendes Urteil des luxemburgischen Verfassungsgerichts noch fehlt, deutet neben der Literatur auch die ordentliche Gerichtsbarkeit in diese Richtung. Einem Urteil des Berufungsgerichts (*Cour d'appel*) aus dem Jahr 2001, das den Vorrang der EMRK vor Verfassungsrecht angenommen hat, kann jedenfalls im Wege eines Erst-Recht-Schlusses die Anerkennung eines Vorranges des autonom geltenden Unionsrechts vor der Verfassung entnommen werden.[44] Gänzlich gesichert ist dieser Rückschluss freilich nicht. Auch wird eine Entscheidung des luxemburgischen Verfassungsgerichts in diesem Kontext als eher unwahrscheinlich angesehen, da ihm die verfassungsrechtliche Kontrolle von Zustimmungsgesetzen zu völkerrechtlichen Verträgen nicht möglich ist.[45] Damit bleibt auch in Luxemburg letztlich eine Restunsicherheit bestehen.

Umfassend zum Durchbruch gelangt ist die Anerkennung der autonomen Geltung des Unionsrechts im innerstaatlichen Rechtsraum bislang wohl einzig in den Nieder-

---

S. 147 (150ff.) auch in Bezug auf die entgegenstehende Auffassung des österreichischen Verwaltungsgerichtshofes.

[41] Dass auch in der Umsetzungssituation die Bindung des Gesetzgeber an Verfassungsrecht gerade im Bereich der ihm verbleibenden Beurteilungs- bzw. Ermessensspielräume nicht durch das vorrangige Unionsrecht verdrängt wird, besagt für sich genommen noch nicht, ob die Bindung *an* Unionsrecht sowie sein Vorrang *qua Unionsrecht* oder vielmehr aufgrund eines innerstaatlichen Rechtsgeltungs- bzw. Rechtsanwendungsbefehls erfolgt.

[42] Vgl. etwa *H. Stolzlechner*, Die Auswirkungen einer Mitgliedschaft Österreichs in der Europäischen Union auf die österreichische Verfassungsordnung, in: W. Hummer (Hrsg.), Die Europäische Union und Österreich (1994), S. 163 (171); *G. Baumgartner*, Der Rang des Gemeinschaftsrechts im Stufenbau der Rechtsordnung, JRP 2000, S. 84 (85); *S. Griller*, Der Stufenbau der österreichischen Rechtsordnung nach dem EU-Beitritt, JRP 2000, S. 273 (278).

[43] Vgl. den Bericht von *G. Wivenes*, Luxembourg. Le droit européen et les constitutions nationales, in: BIICL (Hrsg.), F.I.D.E. XX Congress London, Vol. 1 (2002), S. 267 (284) m.w.N.; *ders.*, Europäische Integration und nationales Verfassungsrecht in Luxemburg, in: U. Battis/D. Tsatsos/D. Stefanou (Hrsg.), Europäische Integration und nationales Verfassungsrecht (1995), S. 303 (320); *L. Frieden*, Rapport luxembourgeois, in: F.I.D.E. (Hrsg.), 17. F.I.D.E.-Kongress Berlin, Bd. 1: Le droit constitutionnel national et l'intégration européenne (1996), S. 344 (355); *R. Biever/N. Edon/L. Weitzel*, Luxembourg, in: P. M. Eisemann (Hrsg.), L'intégration du droit international et communautaire dans l'ordre juridique national (1996), S. 407 (418f. u. 425).

[44] Lux. Berufungsgericht, Urt. v. 13. 11. 2001 – Nr. 396/01V. Dazu *G. Wivenes*, Luxembourg. Le droit européen et les constitutions nationales, in: BIICL (Hrsg.), F.I.D.E. XX Congress London, Vol. 1 (2002), S. 267 (285).

[45] *G. Wivenes*, a.a.O., S. 284 sowie *F. C. Mayer*, Kompetenzüberschreitung und Letztentscheidung (2000), S. 182 u. 186.

landen. Zwar enthält die niederländische Verfassung spezielle Vorschriften über die innerstaatliche Rechtsverbindlichkeit bestimmter „Bestimmungen von Verträgen und Beschlüssen völkerrechtlicher Organisationen" (Art. 93). Auch ist daran anknüpfend die Nichtanwendung entgegenstehender gesetzlicher Vorschriften verfassungsrechtlich geregelt (Art. 94). Gleichwohl geht die herrschende Meinung davon aus, dass diesen Verfassungsvorschriften in Bezug auf die *EU* gerade *keine konstitutive Relevanz* zukomme.[46] Die innerstaatliche Geltungsgrundlage des Unionsrechts ist demnach vielmehr unmittelbar auf supranationaler Ebene zu verorten. Selbst wenn überhaupt keine entsprechenden Verfassungsbestimmungen auf nationaler Ebene bestünden, hätte das Unionsrecht folglich die ihm gegenwärtig zuerkannte innerstaatliche Geltung.[47] Die genannten Vorschriften der niederländischen Verfassung werden dementsprechend ausschließlich für das klassische Völkerrecht herangezogen, während normative Existenz und Anwendung des Unionsrechts im innerstaatlichen Rechtsraum allein aus dem Unionsrecht gezogen werden. Im Kontext des Verfassungsprozesses brachte dies prägnant der niederländische Verfassungsrechtler *Leonard F. M. Besselink* auf den Punkt:

„It is somewhat paradoxical that while the Netherlands had a Constitution which was so well prepared for the supranational character of EC law, a majority of authors in the field of constitutional law held that EC law had direct effect, primacy and superiority *per se*, that is to say even beyond and quite independently of the constitutional provisions on the status of treaties and of decisions of international organizations (*praeter constitutionem*)."[48]

Eine strafrechtliche Entscheidung des niederländischen Obersten Gerichtshofs (*Hoge Raad*) aus dem Jahr 2004 lässt sich als ausdrückliche Bestätigung dieses Ansatzes verstehen, sodass auch für die niederländische Rechtsprechung mittlerweile von einer vollumfänglichen Anerkennung der autonomen Geltung und Anwendbarkeit des Unionsrechts auszugehen ist.[49]

---

[46] *L. F. M. Besselink*, The Dutch Constitution, the European Constitution and the Referendum in the Netherlands in: A. Albi/J. Ziller (Hrsg.), The European Constitution and National Constitutions (2007), S. 113 (116); *ders.*, F. I. D. E. (Hrsg.), 17. F. I. D. E.-Kongress Berlin, Bd. 1: Le droit constitutionnel national et l'intégration européenne (1996), S. 361 (362 f.); *B. de Witte*, Do Not Mention the Word: Sovereignty in Two Europhile Countries: Belgium and the Netherlands, in: N. Walker (Hrsg.), Sovereignty in Transition (2003), S. 351 (361 f.); *M. Claes*, The National Courts' Mandate in the European Constitution (2006), S. 205 f.; *R. Wessel/W. Van de Griendt*, Offene Staatlichkeit, in: IPE II (2008), § 19 Niederlande, Rn. 16 m. w. N.

[47] *R. Wessel/W. Van de Griendt*, a.a.O.

[48] *L. F. M. Besselink*, a.a.O., S. 116 (Hervorh. im Original).

[49] Niederl. Oberster Gerichtshof, Entsch. v. 2. 11. 2004 – Nr. LJN: AR1797 – abrufbar unter http://zoeken.rechtspraak.nl/resultpage.aspx?snelzoeken=true&searchtype=ljn&ljn=AR1797 (1. 9. 2010). Dazu *L. F. M. Besselink*, a.a.O. sowie *R. Wessel/W. Van de Griendt*, a.a.O. Während insbesondere ein frühes Urteil des Obersten Gerichtshofs noch so interpretiert wurde, dass das Unionsrecht über Art. 93 und 94 in die niederländische Rechtsordnung aufgenommen würde (Entsch. v. 18. 5. 1962 – *Bosch*), wurde eine Entscheidung des niederländischen Staatsrates Mitte der neunziger Jahre bereits als Kehrtwende in diesem Bereich gesehen (Niederl. Staatsrat, Entsch. v. 7. 7. 1995 – Nr. R01. 93. 0067 – *Metten*), vgl. *L. F. M. Besselink*, An Open Constitution and European Integration: The Kingdom of the Netherlands, in: F. I. D. E. (Hrsg.), 17. F. I. D. E.-Kongress Berlin, Bd. 1: Le droit

2. *Verfahrensrechtliche „Letztautorität" der Verfassung?*

Einzuräumen ist freilich, dass auch für die Niederlande am Anfang des Integrationsprozesses bzw. der einzelnen Integrationsetappen die Ratifikation der Verträge steht. Anders gewendet, das Unionsrecht gilt in den Niederlanden letztlich auch nach der Logik einer unmittelbar auf das supranationale Recht verweisenden Geltungsbegründung nur, weil die Verträge in ihrer jeweiligen Form – inklusive ihrer personellen und territorialen Erstreckung auf die Niederlande – von den Mitgliedstaaten nach Maßgabe ihrer jeweiligen verfassungsrechtlichen Vorschriften ratifiziert wurden.[50]

Zuweilen wird aus dieser Notwendigkeit, das jeweilige verfassungsrechtliche Integrationsverfahren einhalten zu müssen,[51] eine „Letztautorität" der nationalen Verfassung abgeleitet.[52] Ein solcher Schluss ist jedoch allenfalls dann zutreffend, wenn man unter „Letztautorität" – begrifflich verkürzt – die Möglichkeit zur Nichtratifikation, also zur bloßen *Rechtsentstehungsblockade* versteht. Zwar trifft es zu, dass die Ratifikation und damit die Entstehung bzw. die Änderung des Primärrechts nur über den Weg der innerstaatlichen Verfassungen führen. Wie gesehen, kommt der Anhebung oder Absenkung der nationalen Verfahrenshürden in der Ratifikationspraxis eine verfahrensrechtliche Schlüsselposition für das rechtliche Entwicklungspotenzial der gesamten Union zu. Allerdings darf nicht übersehen werden, dass eine solche Vetoposition aus supranationaler Perspektive – und diese ist es, auf welche für die Geltungsbegründung des Unionsrechts in den Niederlanden rekurriert wird – überhaupt erst aus der *unionsrechtlichen* Einstimmigkeitsregel folgt.

Hier wird die staatentranszendierende Dimension europäischer Verfassungsgebung bzw. -änderung deutlich. Es ist das Verfahren nach Art. 48 EUV, welches *aus dem Unionsrecht heraus* auf die innerstaatlichen Verfassungsordnungen verweist[53] und durch seine Einstimmigkeitsregel dem jeweiligen Mitgliedstaat ein *europäisch dimensioniertes* Vetorecht auf Ratifikationsebene verleiht. Die genuin supranationale Dimension dieser einzelstaatlichen Vetoposition wird besonders daran erkennbar, dass sie sich gerade auf das Inkrafttreten und die Geltung des Unionsrechts in gleich-

---

constitutionnel national et l'intégration européenne (1996), S. 361 (391): „clear reversal". Zur Rechtsprechung vor 2004 vgl. auch *F. C. Mayer*, Kompetenzüberschreitung und Letztentscheidung (2000), S. 190 ff.

[50] Jetzt Art. 48 Abs. 4 S. 2 EUV.

[51] Wie dargelegt, kam die 2/3-Mehrheit nach Art. 92 i. V. m. Art. 91 Abs. 3 Verf-NL aber bislang praktisch nie zum Zuge, vgl. Teil 2 – Kapitel 6 – II. 4. b) bb) a. E.

[52] So insbesondere *M. Poiares Maduro*, EU Law and National Constitutions: Portugal, unveröffentlichtes Manuskript für: BIICL (Hrsg.), F. I. D. E. XX Congress London, Vol. 1 (2002), ehemals abrufbar unter www.fide2002.org, Manuskript-S. 5: „But even in such a case, the fact that such supra-constitutional value or constitutional transfers of authorities are dependent upon certain conditions and processes established in the Dutch constitution demonstrates that the ultimate constitutional authority still belongs to the Dutch constitution and that the latter may even change the „rules of the game" in its relationship with European law." Ähnlich *P. M. Huber*, Offene Staatlichkeit, in: IPE II (2008), § 26 Vergleich, Rn. 30.

[53] Dazu näher unter Teil 3 – Kapitel 13 – III.

sam *allen*, also *auch den jeweils anderen* Mitgliedstaaten bezieht. Auch mit Blick auf den einzelnen Mitgliedstaat wird deutlich, dass die jeweilige Verfassung für sich genommen gerade keine Letztautorität im Hinblick auf die *Rechtserzeugung* des Unionsrechts hat. Auf ihrer alleinigen Grundlage kann die Geltung des supranationalen Rechts – etwa in Gestalt eines Reformvertrages – nämlich selbst für denjenigen Staat nicht isoliert hergestellt werden, dessen Rechtsordnung sie konstituiert. Anders gesagt, die verfassungsgemäße Ratifikation durch die Niederlande hätte den Vertrag von Lissabon auch nicht begrenzt für die Niederlande in Kraft setzen können, wenn etwa die irische Ratifikation ausgeblieben wäre. Selbst die „ungleichzeitige", bzw. territorial asymmetrische Geltung von Unionsrecht setzt in der Regel die vorherige Zustimmung *aller* Mitgliedstaaten voraus.[54]

Dass sich die Wirkungsdimension einer einzelnen mitgliedstaatlichen Nichtratifikation gleichermaßen auf alle anderen Staaten erstreckt und dass umgekehrt für die Geltung oder Nichtgeltung des Unionsrechts innerhalb eines Mitgliedstaates die Zustimmung aller anderen Staaten unabdingbare (Vor-)Bedingung ist,[55] lässt sich aber nicht aus der einzelnen Verfassung im Sinne einer ihr zurechenbaren „Letztautorität", sondern nur aus der weiter ausgreifenden Perspektive der supranationalen Rechtsordnung als funktionelles Ganzes erklären. Die durch Art. 48 EUV geforderte Zustimmung aller Mitgliedstaaten ist aufgrund ihrer supranationalen *Einsetzung* im Wege des Art. 48 EUV insoweit qualitativ etwas anderes als die bloße Summe ihrer Teile.

Die genuin europäische Dimension des Verfahrens nach Art. 48 EUV zeigt sich im Übrigen auch darin, dass die Unionsorgane maßgeblich in das Verfahren eingebunden werden.[56] Insbesondere die Zustimmung des Europäischen Parlaments ist seit Inkrafttreten des Vertrages von Lissabon nicht mehr nur in Bezug auf einen Beitritt (Art. 49 Abs. 1 S. 3 EUV), sondern auch dann erforderlich, wenn ein Konvent – nach Art. 48 Abs. 3 S. 1 EUV als Regel vorgesehen – im Rahmen des ordentlichen Vertragsänderungsverfahrens ausnahmsweise nicht einberufen werden soll. Die Geltung des Unionsrechts richtet sich also nach der Einhaltung des verfassungsgebenden bzw. -ändernden Verfahrens auf supranationaler Ebene, wobei das Erfordernis der Ratifikation und die damit verbundene (potenzielle) Vetoautorität neben der ordnungsgemäßen Einbindung der Unionsorgane nur einen, wenngleich wichtigen Teil dieses föderal strukturierten Verfahrens auf europäischer Ebene darstellt. Dieser Einsicht scheint sich das BVerfG in seinem *Lissabon*-Urteil allerdings zu verschließen, soweit es in perspektivischer Wendung nach innen die supranationale Ebene auf einen abge-

[54] Zur Ungleichzeitigkeit als integralem Bestandteil der europäischen Rechtsordnung vgl. grundlegend *D. Thym*, Ungleichzeitigkeit und europäisches Verfassungsrecht (2004), S. 233 ff.

[55] Dass viele Staaten, wie sogleich zu zeigen sein wird, aus der Binnenperspektive die *innerstaatliche* Geltung des (auf supranationaler Ebene erzeugten) Unionsrechts auf einen innerstaatlichen Rechtsanwendungs- bzw. Geltungsbefehl stützen, berührt diese Feststellung für sich genommen nicht, da es hier um die supranationale Perspektive geht.

[56] Vgl. bereits *I. Pernice*, Europäisches und nationales Verfassungsrecht, VVDStRL 60 (2001), 148 (171).

leiteten Sekundärraum reduziert und zugleich das – ebenfalls nur negatorisch ausgerichtete – Austrittsrecht als Ausdruck und Sicherungsanker souveräner Staatlichkeit in den Vordergrund stellt.[57]

Sofern hinsichtlich der Geltungsbegründung unmittelbar auf die supranationale Ebene rekurriert wird, kommt der Kennzeichnung der innerstaatlichen Ratifikation als Ausdruck „verfassungsrechtlicher Letztautorität" über die bloße Bezeichnung der Vetoposition bzw. des einseitigen Austrittsrechts hinaus kein normativer Eigenwert zu. Dies veranschaulicht wiederum das Beispiel der niederländischen Verfassungspraxis. Begrifflichkeiten wie verfassungsrechtliche Letztautorität finden, genauso wie der eng daran gekoppelte Begriff der Souveränität, hier praktisch keinen Resonanzboden. In den Worten von *Bruno de Witte*: „Do not mention the word."[58]

3. *Zwischenbefund: Textliche Neutralität als Unsicherheitsfaktor*

Die niederländische Verfassungspraxis ist derzeit das Paradebeispiel für den „supranationalen Ansatz", d.h. die Anerkennung der autonomen Geltung und Anwendbarkeit des Unionsrechts *qua Unionsrecht*.[59] Allerdings beruht dieses Modell auf einem bestimmten Grund- bzw. Vorverständnis, das in der niederländischen Verfassung textlich kaum zum Ausdruck kommt, ja den Verfassungstext sogar überspielt. Die weit ausgreifende Permeabilität der niederländischen Verfassung für das Unionsrecht wird im Verfassungstext praktisch nicht abgebildet.

Der Vorteil eines weitgehend regelungsneutralen Verfassungstextes besteht sicherlich darin, dass er der Anerkennung der originären Geltung des Unionsrechts keine expliziten Hindernisse in den Weg stellt. Insbesondere das Beispiel der irischen Verfassung hat gezeigt, wie schwierig es sein kann, rechtliche Permeabilität in einer Verfassungsordnung zu verankern, deren Verfassungstext konzeptionell gegenläufige Vorschriften enthält.[60]

Andererseits wirft die textliche Regelungsneutralität eine Reihe von Folgeproblemen auf. Ein neutraler Text steht vielen Deutungen offen. Soll die autonome Geltung des Unionsrechts aber ohne eine klare Verfassungsbestimmung anerkannt werden, so setzt dies zwingend einen entsprechenden ungeschriebenen Grundsatz bzw. eine entsprechende Vorprägung der beteiligten Akteure voraus. Die Frage von Geltung und Anwendbarkeit des Unionsrechts wird auf diese Weise letztlich aus dem Bereich des Textlichen ausgelagert. Darin aber liegt ein rechtlicher Unsicherheitsfaktor. Der

---

[57] BVerfG, Urt. v. 30.6. 2009 – 2 BvE 2/08 u.a. – *Lissabon* = BVerfGE 123, 267ff. (Rn. 231, 301, 329f.). Kritisch zum Austrittsrecht als denkbarer normativer Folge eines staatlichen Souveränitätsvorbehalts bereits *C. Möllers*, Staat als Argument (2000), S. 399f.

[58] So aus vergleichender Perspektive *B. de Witte*, Do Not Mention the Word: Sovereignty in Two Europhile Countries: Belgium and the Netherlands, in: N. Walker (Hrsg.), Sovereignty in Transition (2003), S. 351 (363): „Dutch legal authors have little use for the concept of sovereignty when describing the position of the Netherlands within the European legal order."

[59] In vergleichender Perspektive ebenso *M. Claes*, The National Courts' Mandate in the European Constitution (2006), S. 205f.

[60] Vgl. Teil 2 – Kapitel 7 – I.

Verfassungsgeber bzw. der verfassungsändernde Gesetzgeber lässt eine Grundentscheidung über die Interaktion von Staatsverfassung und supranationalem Recht offen bzw. delegiert sie an die Judikative weiter.[61]

Unter diesem Blickwinkel ist auch verständlich, warum sich gerade in den Niederlanden in jüngerer Zeit Reformbestrebungen für die Einführung einer speziellen Europaklausel in die Verfassung abzeichnen. Danach soll eine neue EU-Bestimmung in die niederländische Verfassung aufgenommen werden, die insbesondere das Verhältnis von niederländischem Recht zu Unionsrecht ausdrücklich regelt und damit für mehr Transparenz und Klarheit sorgt.[62]

III. Innerstaatliche Geltungs*anordnung*

Das konzeptionelle Gegenteil zum supranationalen Ansatz, wie er insbesondere in der niederländischen Verfassungsordnung praktiziert wird, besteht in der Rückführung der innerstaatlichen Geltung bzw. Anwendbarkeit des Unionsrechts auf das rechtliche Fundament des *nationalen Rechts*. Dieser Ansatz ist in der Verfassungspraxis der EU-Mitgliedstaaten weit verbreitet.[63]

Rechtlicher Anknüpfungspunkt der Geltungsanordnung bzw. des Rechtsanwendungsbefehls können entweder die Integrationsermächtigung auf Verfassungsebene oder der Zustimmungs- bzw. Begleitakt sein. Eine saubere Abgrenzung zwischen diesen Regelungsvarianten ist häufig schwierig, stellt doch die Rechtsprechung zumeist nicht hinreichend klar, ob die Integrationsermächtigung selbst, der einfachgesetzliche Zustimmungs- bzw. Begleitakt, oder aber beide zusammen den normativen Bezugspunkt bilden. Hinsichtlich der Rechtsfolgen scheint es in der Praxis außerdem ohnehin von eher sekundärer Bedeutung, welcher rechtliche Referenzpunkt stärker in den Vordergrund gerückt wird.

---

[61] Speziell in den Niederlanden ist die Judikative allerdings in prozessualer Hinsicht begrenzt, vgl. auch Teil 2 – Kapitel 11 – III. 1. a) .

[62] Zu einer entsprechenden Empfehlung des niederländischen Staatsrates und der diesbezüglichen Haltung der Regierung vgl. den Bericht von *R. Wessel/W. Van de Griendt*, Offene Staatlichkeit, in: IPE II (2008), § 19 Niederlande, Rn. 24. Auch von Seiten der Wissenschaft wurde eine umfangreiche Studie zu dieser Frage vorgelegt, vgl. *L. F. M. Besselink*, De *Nederlandse Grondwet* en de Europese Uni (2004). Dazu *T. van den Brink*, Implementing European Union Law in the Netherlands: the Current System, its Limitations and Possible Alternatives, EPL 12 (2006), S. 111 (115).

[63] Ähnlich im Ergebnis *F. Hoffmeister*, Constitutional Implications of EU Membership: A View from the Commission, CYELP 3 (2007), S. 59 (78 ff.) sowie *C. D. Classen*, in: H. v. Mangoldt/F. Klein/C. Starck (Hrsg.), GG, Bd. II (5. Aufl. 2005), Art. 24, Rn. 14 (dort Fn. 68), der – wie hier – zugleich die Regelungsvielfalt im Verfassungsrecht der Mitgliedstaaten betont. Eine weitgehende Monopolstellung des geltungsanordnenden Ansatzes mit einziger Ausnahme der niederländischen Verfassung verzeichnet hingegen *P. M. Huber*, Offene Staatlichkeit, in: IPE II (2008), § 26 Vergleich, Rn. 30.

1. Impliziter Geltungs- bzw. Anwendungsbefehl durch Integrationsermächtigung

Die erste Variante setzt unmittelbar auf Ebene der Verfassung an. Der jeweiligen Integrationsermächtigung – also z.B. einer Bestimmung über die Übertragung von Kompetenzen an die EU – wird dann neben der Konstituierungs- und Öffnungsfunktion zugleich eine Geltungsanordnung bzw. ein Rechtsanwendungsbefehl für das Unionsrecht im innerstaatlichen Rechtsraum entnommen.

Ein Beispiel hierfür liefert die bereits angesprochene Entscheidung des belgischen Staatsrats (*Conseil d'Etat*) im Fall *Orfinger.*[64] Darin gibt der Staatsrat zu erkennen, dass er den Geltungsgrund des Unionsrechts in Belgien unmittelbar aus der in Art. 34 Verf-BE enthaltenen Integrationsermächtigung ableitet.[65] Allerdings gibt diese Rechtsprechung, wie gesehen, nur einen Teil der in Rechtsprechung und Literatur für die belgische Verfassungsordnung entwickelten Ansätze wieder.[66] Sie ist daher nicht, jedenfalls nicht alleinig, repräsentativ für die belgische Verfassungsordnung. Auch in Österreich ergibt sich, wie gesehen, kein einheitliches Bild. Während sich beachtliche Stimmen in der Literatur für einen supranationalen Ansatz aussprechen, plädiert ein anderer Teil der Lehre demgegenüber für eine Rückführung des innerstaatlichen Geltungsgrundes des Unionsrechts auf das österreichische Verfassungsrecht.[67]

Vergleichsweise deutlicher ist die verfassungsrechtliche Zuordnung der Geltungsanordnung zur Integrationsermächtigung hingegen im ungarischen Verfassungsrecht. Zwar enthält die ungarische EU-Klausel, Art. 2a Verf-HU, ebenfalls keine explizite Aussage über Geltung bzw. Anwendbarkeit des Unionsrechts in Ungarn.[68] Dass die Klausel aber die gemeinsame Kompetenzausübung auf das „erforderliche Maß" zur Wahrnehmung der Rechte und Pflichten der EU-Mitgliedschaft begrenzt und die gemeinsam ausgeübten Kompetenzen „aus der Verfassung" herleitet, wird in der Literatur dahingehend interpretiert, dass das Unionsrecht auf dem ungarischen Hoheitsgebiet nur „kraft der besonderen Ermächtigung der Verfassung" gilt.[69] Die bisherige Rechtsprechung des ungarischen Verfassungsgerichts hat diese Lesart zwar

---

[64] Belg. Staatsrat, Urt. v. 5.11. 1996 – Nr. 62.922 – *Orfinger* = Journal des tribunaux 116 (1997), S. 256 ff. mit Anmerkung v. *R. Ergec.*

[65] Vgl. bereits Teil 2 – Kapitel 10 – II. 1.

[66] Zwar kann der Rechtsprechung des Verfassungsgerichtshofs (*Cour constitutionnelle*) zum Völkerrecht ein ähnlicher Ansatz entnommen werden. Hingegen vertreten jedenfalls der Kassationsgerichtshof (*Cour de cassation*) sowie die ganz überwiegende Mehrheit der belgischen Fachliteratur die gegenteilige, d.h. originär supranationale Position, vgl. ebd.

[67] Vgl. zum Ganzen bereits Teil 2 – Kapitel 10 – II. 1. Für einen Überblick über die verschiedenen Positionen vgl. auch *C. Grabenwarter*, Offene Staatlichkeit, in: IPE II (2008), § 20 Österreich, Rn. 70 f.

[68] Ein entsprechender Vorschlag wurde sogar ausdrücklich verworfen, vgl. *P. Sonnevend*, Offene Staatlichkeit, in: IPE II (2008), § 25 Ungarn, Rn. 16. Indes könnte die neue ungarische Verfassung nach derzeitigem Stand der Pläne eine solche Klausel im Europaartikel E enthalten.

[69] *P. Sonnevend*, a.a.O., Rn. 26. *J. Czuczai*, Hungary, in: A.E. Kellermann et al. (Hrsg.), The Impact of EU Accession on the Legal Orders of New Member States and (Pre-)Candidate Countries (2006), S. 343 (347 f.) betont hingegen stärker die Offenheit der Integrationsermächtigung für verschiedene Interpretationen und die damit einhergehende zentrale Rolle der Rechtsprechung.

noch nicht ausdrücklich bestätigt, lässt aber in der Tendenz ebenfalls eine eher souveränitätszentrierte Sicht erkennen, die mit der Rückführung des unionsrechtlichen Geltungsgrundes auf das innerstaatliche Verfassungsrecht zumindest theoretisch in Einklang steht.[70]

Auch für die slowakische Verfassung liegt es nahe, innerstaatliche Geltung und Anwendbarkeit des Unionsrechts aus der Integrationsklausel (Art. 7 Abs. 2 Verf-SLK) abzuleiten.[71]

Eine Besonderheit ergibt sich hingegen in Frankreich. Hier legt die jüngere Rechtsprechung französischer Höchstgerichte, insbesondere die des Verfassungsrates (*Conseil constitutionnel*) und des Staatsrates (*Conseil d'Etat*), die vergleichsweise allgemein gehaltene Europabestimmung des Art. 88-1 Verf-F als eine Art normatives Bindeglied zwischen supranationaler und nationaler Rechtsordnung aus, obgleich die Bestimmung nicht als dynamische Integrationsermächtigung interpretiert wird.[72]

2. *Rechtsanwendungsbefehl durch Integrationsgesetz*

Während einige Staaten die Geltungsanordnung bzw. den Rechtsanwendungsbefehl primär aus der verfassungsrechtlichen Ermächtigungsnorm ableiten, heben andere wiederum das Integrations*gesetz* als normativen Bezugspunkt hervor. Bei einem solchen Gesetz kann es sich um ein Zustimmungs-, ein Transformations- oder aber um

---

[70] Vgl. ung. VerfG, Entsch. v. 25. 5. 2004 – Nr. 17/2004 – *Zuckerquoten* sowie Entsch. v. 28. 2. 2006 – Nr. 10/2006 – *Volksinitiative Agrarquoten*. Dabei scheint die Rechtsprechungslinie aus der Zeit vor dem Beitritt noch nicht gänzlich überwunden, vgl. ung. VerfG, Entsch. v. 22. 6. 1998 – Nr. 30/1998 – *Europaabkommen*. Aus der Literatur *R. Uitz*, EU Law and the Hungarian Constitutional Court: Lessons of the First Post-Accession Encounter, in: W. Sadurski et al. (Hrsg.), Après Enlargement (2006), S. 41 (52 f.); *A. Sajó*, Learning co-operative constitutionalism the hard way, ZSE 2 (2004), S. 351 ff.; *W. Sadurski*, „Solange, chapter 3": Constitutional Courts in Central Europe – Democracy – European Union, ELJ 14 (2008), S. 1 (17 f.); *J. Czuczai*, Ratification of the European Constitution in Hungary: Problems and Challenges, in: A. Albi/J. Ziller (Hrsg.), The European Constitution and National Constitutions (2007), S. 29 (35 f.) sowie *Z. Kühn*, The Application of European Law in the New Member States: Several (Early) Predictions, GLJ 6 (2005), S. 563 (574 f.).

[71] Art. 7 Abs. 2 Verf-SLK regelt die Übertragung von Befugnissen sowie den Vorrang des Sekundärrechts vor einfachem Recht. Eine Aussage über die unmittelbare Geltung des Unionsrechts trifft die Norm zwar nicht. Eine Rückführung des unionsrechtlichen Geltungsgrundes auf die Integrationsermächtigung kann jedoch zum Einen aus der verfassungsrechtlichen Begrenzung der Integrationsermächtigung abgeleitet werden. Zum Anderen kann die Beschränkung des Vorrangs des Unionsrechts auf Kollisionen mit einfachem Recht indirekt als Hinweis für eine verfassungsrechtliche Grundlegung des Unionsrechts gedeutet werden. Vgl. zum Ganzen *M. Slastan*, Slovak Republic, in: A. E. Kellermann et al. (Hrsg.), The Impact of EU Accession on the Legal Orders of New Member States and (Pre-)Candidate Countries (2006), S. 437 (441 ff.).

[72] Franz. Verfassungsrat, Entsch. v. 10. 6. 2004 – Nr. 2004-496 DC – *elektronischer Geschäftsverkehr* = EuR 2004, S. 921 ff. in deutscher Übersetzung und Entsch. v. 27. 7. 2006 – Nr. 2006-540 DC – *Informationsgesellschaft*. Vgl. auch franz. Staatsrat, Entsch. v. 8. 2. 2007 – Nr. 287110 Ass. – *Arcelor* = EuR 2008, S. 57 ff. in deutscher Übersetzung. Dabei geht es in erster Linie um die Umsetzung von Richtlinien, also nicht um die Konstellation der unmittelbaren Anwendbarkeit einer Norm des Unionsrechts. Näher zum Ganzen Teil 2 – Kapitel 11 – III. 3.

ein spezielles EU-Begleitgesetz handeln. Nicht selten vereint ein solcher Rechtsakt aber gleich mehrere dieser Funktionen auf sich. Auch in Bezug auf verfahrensrechtliche Aspekte lässt sich differenzieren. So kann der entsprechende Rechtsakt – wie in der Regel – parlamentarisch verabschiedet oder (bzw. und) im Wege eines Referendums direktdemokratisch bestätigt worden sein.

Obgleich bei der im Folgenden zu untersuchenden Regelungsvariante primär der jeweilige (einfachgesetzliche) Akt im Vordergrund steht, findet auch dieser seine Grundlage letztlich in der verfassungsrechtlichen Integrationsermächtigung, welche die Rechtsmacht zur Erteilung eines entsprechenden Geltungs- bzw. Rechtsanwendungsbefehls qua Gesetz überhaupt erst erteilt.

Das wohl prägnanteste Beispiel für die Ableitung eines Geltungs- bzw. Rechtsanwendungsbefehls aus dem Zustimmungsgesetz zu den Verträgen ist die Rechtsprechung des BVerfG. Nach den beiden Leitentscheidungen *Solange-II* und *Maastricht* hat das Gericht seinen dogmatischen Ansatz im *Lissabon*-Urteil bekräftigt und nochmals prägnant zusammengefasst. Danach ist der

> „*Grund und die Grenze* für die *Geltung* des Rechts der Europäischen Union in der Bundesrepublik Deutschland [...] *der im Zustimmungsgesetz enthaltene Rechtsanwendungsbefehl*, der nur im Rahmen der geltenden Verfassungsordnung erteilt werden kann.“[73]

Von Anfang an vertreten hat das Gericht diese Auffassung allerdings nicht. Gerade seine frühen Integrationsentscheidungen waren noch signifikant von genuin supranationalen Deutungsmustern dominiert, wie zwei Entscheidungen aus der Zeit Ende der 1960er und Anfang der 1970er Jahre zeigen.[74] Für die Frage der Geltungsbegründung kann im Übrigen selbst noch die *Solange-I*-Entscheidung aus dem Jahr 1974 als vergleichsweise moderater Ansatz gelesen werden. Zwar zieht das BVerfG darin dem Vorranganspruch des Unionsrechts erstmals in deutlicher Weise verfassungsrechtliche Grenzen. Gleichwohl betont das Gericht in seinen Entscheidungsgründen noch

---

[73] BVerfG, Urt. v. 30.6. 2009 – 2 BvE 2/08 u.a. – *Lissabon* = BVerfGE 123, 267 ff. (Rn. 343, Hervorh. hinzugefügt) unter Verweis auf BVerfG, Beschl. v. 22.10. 1986 – 2 BvR 197/83 – *Solange II* = BVerfGE 73, 339 (374 ff.) Zu den begrifflich-konzeptionellen Ungereimtheiten vgl. bereits Teil 2 – Kapitel 10 – I.

[74] BVerfG, Beschl. v. 18.10. 1967 – 1 BvR 248/63 und 216/67 – *EWG-Verordnungen* = BVerfGE 22, 293 (296): „Damit ist eine neue öffentliche Gewalt entstanden, die gegenüber der Staatsgewalt der einzelnen Mitgliedstaaten selbständig und unabhängig ist; ihre Akte brauchen daher von den Mitgliedstaaten weder bestätigt (‚ratifiziert‘) zu werden noch können sie von ihnen aufgehoben werden. (...) Das Gemeinschaftsrecht und das innerstaatliche Recht der Mitgliedstaaten sind ‚zwei selbständige, voneinander verschiedene Rechtsordnungen‘; das vom EWG-Vertrag geschaffene Recht *fließt aus einer ‚autonomen Rechtsquelle‘*“. Anders in der Tendenz ebenfalls noch BVerfG, Beschl. v. 9.6. 1971 – 2 BvR 255/69 – *Milchpulver* = BVerfGE 31, 145 (173 f.): „(...) ist in Übereinstimmung mit Art. 24 Abs. 1 GG eine eigenständige Rechtsordnung der Europäischen Wirtschaftsgemeinschaft entstanden, die in die innerstaatliche Rechtsordnung hineinwirkt und von den deutschen Gerichten anzuwenden ist (...). Art. 24 Abs. 1 GG besagt bei sachgerechter Auslegung nicht nur, dass die Übertragung von Hoheitsrechten auf zwischenstaatliche Einrichtungen überhaupt zulässig ist, sondern auch, dass die Hoheitsakte ihrer Organe, wie hier das Urteil des Europäischen Gerichtshofs, vom ursprünglich ausschließlichen Hoheitsträger *anzuerkennen* sind“.

mehrfach die fortbestehende *autonome* Geltung des Unionsrechts.[75] Für die Konstruktion der verfassungsrechtlichen Grenzen setzt das BVerfG in *Solange-I* dementsprechend auch noch nicht bei der Rechtsfigur des Rechtsanwendungsbefehls, sondern vielmehr bei der innerstaatlichen Öffnung an. Anders gewendet, die Grenzziehung erfolgt nach dieser Lesart der Entscheidung nicht dadurch, dass dem Unionsrecht seine innerstaatliche Existenz *als Recht* entzogen wird, sondern dadurch, dass die *staatliche* Hoheitsgewalt ihren Durchsetzungsanspruch in bestimmten Bereichen nicht kooperativ zurücknimmt. Dem aus einer autonomen Quelle fließenden und weiter geltenden Unionsrecht steht dann der konkurrierende Durchsetzungsanspruch der deutschen Hoheitsgewalt gegenüber.[76] Eben dies ist die typische Konstellation einer rechtsanwendungsbezogenen *Normenkollision*, nicht jedoch einer *Geltungsderogation*.[77] Konsequenterweise misst das BVerfG heute *Solange-I* auch keinen Präjudiziencharakter für die Konstruktion des Rechtsanwendungsbefehls bei. Diesbezüglich knüpft das Gericht vielmehr an *Solange-II* an.[78] In dieser Entscheidung wurden nämlich sowohl die innerstaatliche Geltung und Anwendbarkeit des Primärrechts als auch die des Sekundärrechts erstmals einheitlich auf den „Rechtsanwendungsbefehl des Zustimmungsgesetzes" gestützt.[79]

Umfang und verfassungsrechtliche Untermauerung des Konzepts des Rechtsanwendungsbefehls variieren im Übrigen von Entscheidung zu Entscheidung erheblich.[80]

---

[75] BVerfG, Beschl. v. 29. 5. 1974 – BvL 52/71 – *Solange I* = BVerfGE 37, 271 (277 f.): „Der Senat hält – insoweit in Übereinstimmung mit der Rechtsprechung des Europäischen Gerichtshofs [sic!] – an seiner Rechtsprechung fest, daß das Gemeinschaftsrecht *weder Bestandteil der nationalen Rechtsordnung noch Völkerrecht ist, sondern eine eigenständige Rechtsordnung bildet, die aus einer autonomen Rechtsquelle fließt*" (Hervorh. hinzugefügt). Noch deutlicher allerdings die abweichende Meinung der Richter *Rupp*, *Hirsch* und *Wand*, ebd., S. 291 (291 f.).

[76] Ebd. S. 280: „Art. 24 GG ermächtigt nicht eigentlich zur Übertragung von Hoheitsrechten, sondern *öffnet* die nationale Rechtsordnung (*in der angegebenen Begrenzung*) derart, daß der ausschließliche Herrschaftsanspruch der Bundesrepublik Deutschland im Geltungsbereich des Grundgesetzes *zurückgenommen* und der unmittelbaren Geltung und Anwendbarkeit eines *Rechts aus anderer Quelle innerhalb des staatlichen Herrschaftsbereichs Raum gelassen wird*" (Hervorh. hinzugefügt).

[77] Dass dieser Unterschied allenfalls begrifflicher Natur sei, betonen hingegen die Richter *Rupp*, *Hirsch* und *Wand* in ihrer abweichenden Meinung, ebd., S. 291 f.

[78] BVerfG, Urt. v. 30. 6. 2009 – 2 BvE 2/08 u. a. – *Lissabon* = BVerfGE 123, 267 ff. (Rn. 343). Die verfassungsrechtliche Begrenzung der Integrationsgewalt und die damit einhergehende Rechtsfolge, kollidierendes Unionsrecht in Deutschland ggf. für unanwendbar zu erklären, stellt die *Solange-I*-Entscheidung allerdings an den Anfangspunkt einer Kontinuitätslinie, die sich bis zum *Lissabon*-Urteil im Jahr 2009 zieht. Kritisch zu dieser Rechtsfolge insbesondere die abweichende Meinung der Richter *Rupp*, *Hirsch* und *Wand* zu BVerfG, Beschl. v. 29. 5. 1974 – BvL 52/71 – *Solange I* = BVerfGE 37, 271 (291 f.).

[79] BVerfG, Beschl. v. 22. 10. 1986 – 2 BvR 197/83 – *Solange II* = BVerfGE 73, 339 (367 u. 375).

[80] BVerfG, Beschl. v. 8. 6. 1977 – 2 BvR 499/74 u. 1042/75 – *Rückwirkende Verordnungen* = BVerfGE 45, 142 (169) für das Primärrecht und unter Bezugnahme auf die *Zustimmungsgesetze gemäß Art. 59 Abs. 2 GG*, wohingegen die Geltung der EWG-Verordnung innerstaatlich kraft des EWG-Vertrages erfolge; Beschl. v. 25. 7. 1979 – 2 BvL 6/77 – *Vielleicht-Beschluss* = BVerfGE 52, 187 (199) für das Primärrecht unter unspezifischer Bezugnahme auf die *Zustimmungsgesetze*; Beschl. v.

In jüngerer Zeit ist die supranationale Argumentationslinie durch den *Honeywell*-Beschluss wiedererstarkt, jedenfalls soweit das BVerfG darin die vorrangige *Anwendbarkeit* des Unionsrechts *auch* auf das Unionsrecht und die Rechtsprechung des EuGH zurückführt. Die EU könne ohne die einheitliche Wirksamkeit des Unionsrechts in den Mitgliedstaaten „als Rechtsgemeinschaft nicht bestehen".[81] Allerdings macht das BVerfG im gleichen Atemzug deutlich, dass die innerstaatliche Anwendbarkeit des Unionsrechts zugleich von der grundgesetzlichen Ermächtigung in Art. 23 Abs. 1 GG abhänge, welcher ein „Wirksamkeits- und Durchsetzungsversprechen" enthalte. In diesem Kontext verweist das Gericht auf die oben zitierte Passage des *Lissabon*-Urteils über den Rechtsanwendungsbefehl des Zustimmungsgesetzes, indes ohne den Begriff des Rechtsanwendungsbefehls selbst aufzugreifen.[82]

Ein beträchtlicher Teil der Literatur folgt der Konstruktion des Rechtsanwendungsbefehls dem Grunde nach bis heute.[83] Häufig wird das Zustimmungsgesetz da-

---

22. 10. 1986 – 2 BvR 197/83 – *Solange II* = BVerfGE 73, 339 (367 u. 375) für Primär- und Sekundärrecht unter kumulativer Bezugnahme auf die *Zustimmungsgesetze gemäß Art. 24 Abs. 1 und 59 Abs. 2 Satz 1 GG*; Beschl. v. 8. 4. 1987 – 2 BvR 687/85 – *Kloppenburg* = BVerfGE 75, 223 (244) für Sekundärrecht unter Bezugnahme auf die *Zustimmungsgesetze i. V. m. Art. 24 Abs. 1 GG*; Beschl. v. 31. 5. 1990 – 2 BvL 12, 13/88, 2 BvR 1436/87 – *Absatzfonds* = BVerfGE 82, 159 (193) für Primärrecht unter kumulativer Bezugnahme auf die *Zustimmungsgesetze gemäß Art. 24 Abs. 1 u. 59 Abs. 2 Satz 1 GG*; Urt. v. 28. 1. 1992 – 1 BvR 1025/82, 1 BvL 16/83 u. 10/91 – *Nachtarbeitsverbot* = BVerfGE 85, 191 (204) für Sekundärrecht unter Bezugnahme auf die *Zustimmungsgesetze i. V. m. Art. 24 Abs. 1 GG*; Urt. v. 12. 10. 1993 – 2 BvR 2134, 2159/92 – *Maastricht* = BVerfGE 89, 155 (190) allgemein für das Gemeinschaftsrecht unter unspezifischer Bezugnahme auf *die Zustimmungsgesetze*; Urt. v. 30. 6. 2009 – 2 BvE 2/08 u. a. – *Lissabon* = BVerfGE 123, 267 ff. (Rn. 343) allgemein für das Recht der Europäischen Union unter unspezifischer Bezugnahme auf das *Zustimmungsgesetz*. Die Frage des Rechtsanwendungsbefehls wird hingegen *nicht weiter hervorgehoben* in BVerfG, Beschl. v. 7. 6. 2000 – 2 BvL 1/97 – *Bananenmarktordnung* = BVerfGE 102, 147 sowie Urt. v. 18. 7. 2006 – 2 BvR 2236/04 – *Europäischer Haftbefehl* = BVerfGE 113, 273 (dort zu Recht, weil es um den intergouvernementalen Bereich der ehemals dritten Säule ging).

[81] BVerfG, Beschl. v. 6. 7. 2010 – 2 BvR 2661/06 – *Honeywell*, Rn. 53 unter Verweis auf EuGH, Urt. v. 15. 7. 1964 – Rs. 6/64 – *Costa/ENEL*, Slg. 1964, S. 1251 (1269 f.).

[82] Ebd.

[83] S. insbesondere *P. Kirchhof*, Deutsches Verfassungsrecht und Europäisches Gemeinschaftsrecht, in: ders./C.-D. Ehlermann (Hrsg.), Europarecht Beiheft 1/1991, S. 11 (15) sowie *ders.*, Der deutsche Staat im Prozeß der europäischen Integration, HStR VII (1993), § 183, Rn. 65, der in Bezug auf die Ermächtigung des Art. 24 Abs. 1 GG bildlich von einer „Brücke" spricht, über die das Europarecht die deutsche Rechtsordnung erreiche; *D. König*, Die Übertragung von Hoheitsrechten im Rahmen des europäischen Integrationsprozesses (2000), S. 73 ff., 81 f. u. 301 ff.; *M. Jestaedt*, Der europäische Verfassungsverbund – Verfassungstheoretischer Charme und rechtstheoretische Insuffizienz einer Unschärferelation, in: GS Blomeyer (2004), S. 637 (658 ff.); *M. Nettesheim*, EU-Recht und nationales Verfassungsrecht, in: J. Schwarze/P.-C. Müller Graf (Hrsg.), XX. FIDE-Kongress. Die Deutschen Landesberichte, EuR Beiheft 1/2004, S. 7 (45) „zur Anwendung bringen"; *O. Rojahn*, in: I. v. Münch/P. Kunig (Hrsg.), GG, Bd. 2 (4./5. Aufl. 2001), Art. 23, Rn. 44; *K. Rauser*, Die Übertragung von Hoheitsrechten auf ausländische Staaten (1991), S. 35 f.; *C. Hillgruber*, in: B. Schmidt-Bleibtreu/F. Klein (Hrsg.), GG (11. Aufl. 2008), Art. 23, Rn. 19; *R. Streinz*, in: M. Sachs (Hrsg.), GG (4. Aufl. 2007), Art. 23, Rn. 58 ff. *C. Tomuschat*, in: BK, Art. 24 (Zweitb. 1981) spricht, insoweit abgeschwächt, davon, dass „die innerstaatliche Rechtswirksamkeit" der supranationalen Hoheitsakte „von der Gestattung durch das nationale Recht" abhingen (Rn. 17, ähnlich Rn. 74) bzw. dass nationale Verfassungsordnung und supranationales Recht sich insoweit die „Hand reichen" und „inein-

bei verfassungsrechtlich neben der Integrationsermächtigung (d.h. Art. 23 Abs. 1 GG, früher Art. 24 Abs. 1 GG) auf die allgemeine Vorschrift über Vertragsgesetze (Art. 59 Abs. 2 S. 1 GG) gestützt.[84] Die Einbeziehung von Art. 59 Abs. 2 S. 1 GG als einer auf das klassische Völkerrecht ausgerichteten Norm befördert freilich die Annahme eines innerstaatlichen Rechtsanwendungsbefehls auch für das Unionsrecht. Dogmatisch besonders differenziert beschreibt hierbei *Doris König* die Funktionsaufteilung von Art. 23 Abs. 1 GG und Art. 59 Abs. 2 S. 1 GG.[85] Danach soll der vertragsgesetzliche, d.h. auf Art. 59 Abs. 2 S. 1 GG gestützte Teil des Zustimmungsgesetzes die parlamentarische Zustimmung zur späteren Ratifizierung durch den Bundespräsidenten sicherstellen *und* einen Rechtsanwendungsbefehl für das *Primärrecht* in der innerstaatlichen Rechtordnung erteilen. Der auf Art. 23 Abs. 1 S. 2 GG gestützte Teil öffne demgegenüber den deutschen Rechtsraum und bilde den Rechtsanwendungsbefehl für das *Sekundärrecht* (weil vom bloßen *Vertrags*zustimmungsgesetz i.S.d. Art. 59 Abs. 2 S. 1 GG noch nicht gedeckt) sowie die rechtliche Grundlage für die Anerkennung des Anwendungsvorrangs des Primär- *und* Sekundärrechts.[86]

Eine solche dogmatische Ausdifferenzierung des uno actu ergehenden Zustimmungsgesetzes ist indessen fraglich. Zwar trifft es in analytischer Perspektive zu,

---

andergreifen" müssten (Rn. 76), wobei für eine kumulative Anwendung von Art. 59 Abs. 2 und Art. 24 Abs. 1 GG plädiert wird (Rn. 28). Dass sich der Vorrang aus dem Zustimmungsgesetz ergibt, lag offenbar auch der Vorstellung der damaligen Bundesregierung in ihrer Begründung des Gesetzesentwurfs zur Einführung von Art. 23 GG zugrunde. Art. 23 Abs. 1 GG erlaube die „*Anordnung* des innerstaatlichen Anwendungsvorrangs" für EU-Recht, vgl. BT-Drs. 12/3338, S. 7. Ablehnend dagegen *I. Pernice*, in: H. Dreier (Hrsg.), GG, Bd. II (2. Aufl. 2006), Art. 23, Rn. 121 sowie Art. 24, Rn. 30; *C.D. Classen*, in: H. v. Mangoldt/F. Klein/C. Starck (Hrsg.), GG, Bd. II (5. Aufl. 2005), Art. 24, Rn. 14 ff. m.w.N.; *R. Geiger*, Die Mitwirkung des deutschen Gesetzgebers an der Entwicklung der Europäischen Union, JZ 1996, S. 1093 (1095 f.).

[84] So bislang die politische Praxis, vgl. insbesondere die Vorarbeiten BT-Drs. 16/8300, S. 6 zum Gesetz v. 8. 10. 2008, BGBl. 2008 II, S. 1038 ff. (Zustimmung VvL). Auch die überwiegende Auffassung in der Literatur geht von dieser verfassungsrechtlichen Doppelabstützung aus, vgl. *D. König*, Die Übertragung von Hoheitsrechten im Rahmen des europäischen Integrationsprozesses (2000), S. 61 ff.; *M. Nettesheim*, EU-Recht und nationales Verfassungsrecht, in: J. Schwarze/P.-C. Müller Graf (Hrsg.), XX. FIDE-Kongress. Die Deutschen Landesberichte, EuR Beiheft 1/2004, S. 7 (44); *K.-P. Sommermann*, Offene Staatlichkeit, in: IPE II (2008), § 14 Deutschland, Rn. 12; *O. Rojahn*, in: I. v. Münch/P. Kunig (Hrsg.), GG, Bd. 2 (4./5. Aufl. 2001), Art. 23, Rn. 44; *C. Tomuschat*, in: BK, Art. 24 (Zweitb. 1981), Rn. 28; *M. Schweitzer*, Staatsrecht III (9. Aufl. 2008), Rn. 56; *R. Streinz*, in: M. Sachs (Hrsg.), GG (4. Aufl. 2007), Art. 23, Rn. 61. *T. Flint*, Die Übertragung von Hoheitsrechten (1998), S. 150 spricht mit Blick auf die Differenzierung von Art. 59 Abs. 2 S. 1 GG in Ermächtigungs- und Vollzugsfunktion sogar insgesamt, d.h. unter Hinzunahme von Art. 23 Abs. 1 S. 2 GG von einer „Dreifachfunktion". In der Rechtsprechung bislang ebenso BVerfG, Beschl. v. 22. 10. 1986 – 2 BvR 197/83 – *Solange II* = BVerfGE 73, 339 (367).

[85] *D. König*, Die Übertragung von Hoheitsrechten im Rahmen des europäischen Integrationsprozesses (2000), S. 73 ff., 302 f.

[86] Ebd. S. 74 f., 76 u. 77 ff., wobei im Hinblick auf die Frage des Geltungsgrundes einmal festgestellt wird, dieser sei im Sinne der gemäßigt-dualistischen „Vollzugstheorie" im Unionsrecht selbst zu suchen (S. 75), ein anderes Mal mit Blick auf den *Solange II*-Beschluss offenbar doch eine innerstaatliche Geltungsanordnung unterstellt wird (S. 81 u. 86).

zwischen der Konstituierungs- und der Öffnungs*funktion* zu differenzieren.[87] Allerdings sprechen die spezifischen Besonderheiten der supranationalen Rechtsordnung im Gegensatz zum klassischen Völkerrecht gerade dafür, Konstituierung und Öffnung im Sinne einer funktionalen Einheit zusammen auf die Integrationsermächtigung als der Spezialnorm verfassungsrechtlicher Permeabilität gegenüber dem Unionsrecht zu stützen. Eine der Besonderheiten der supranationalen Rechtsordnung besteht gerade darin, einen autonomen Geltungsanspruch auch *innerhalb* der nationalen Rechtsordnungen, d.h. in zumindest partieller Überschneidung zu ihren räumlichen, zeitlichen und vor allem sachlichen Geltungsbereichen, zu erheben. Dies gilt für (unmittelbar anwendbares) Primärrecht ebenso wie für Sekundärrecht, ohne dass dogmatisch auf zwei unterschiedliche verfassungsrechtliche Grundlagen abzuheben wäre. Über Art 59 Abs. 2 S. 1 GG bzw. partiell über Art. 23 Abs. 1 S. 2 GG die Anordnung der innerstaatlichen Geltung bzw. Anwendbarkeit des Unionsrechts zu konstruieren, konterkariert den Regelungszweck einer speziell auf die Union ausgerichteten Integrationsermächtigung. Art. 23 Abs. 1 S. 2 GG ist vielmehr umfänglich lex specialis zu Art. 59 Abs. 2 S. 1 GG.[88]

Man kann interessanterweise nunmehr auch das BVerfG so verstehen, wenn es Art. 23 Abs. 1 Satz 2 GG im *Lissabon*-Urteil als „besonderen Gesetzesvorbehalt“[89] bzw. als „lex specialis zu Art. 59 Abs. 2 GG“[90] bezeichnet. Falls diese Lesart des Urteils zutrifft,[91] zieht das BVerfG daraus doch nicht die entscheidende Konsequenz. Die Anerkennung der Spezialität von Art. 23 Abs. 1 S. 1 GG gegenüber Art. 59 Abs. 2 S. 1 GG für den Bereich der europäischen Integration veranlasst das Gericht jedenfalls nicht zur Aufgabe der für den innerstaatlichen Vollzug des Völkerrechts herkömmlichen Figur des Rechtsanwendungsbefehls in Bezug auf das Unionsrecht.[92]

Auch zahlreiche Verfassungsordnungen anderer Mitgliedstaaten führen den innerstaatlichen Geltungsgrund des Unionsrechts auf das entsprechende Integrations-

---

[87] Vgl. bereits Teil 2 – Kapitel 5 – II. 2. c) im Kontext des Übertragungsmodells.

[88] So auch *I. Pernice*, in: H. Dreier (Hrsg.), GG, Bd. II (2. Aufl. 2006), Art. 23, Rn. 121; *C. D. Classen*, in: H. v. Mangoldt/F. Klein/C. Starck (Hrsg.), GG, Bd. II (5. Aufl. 2005), Art. 23, Rn. 17; *R. Geiger*, Die Mitwirkung des deutschen Gesetzgebers an der Entwicklung der Europäischen Union, JZ 1996, S. 1093 (1095 f.), die gleichsam gegen die Annahme eines Rechtsanwendungsbefehls plädieren.

[89] BVerfG, Urt. v. 30. 6. 2009 – 2 BvE 2/08 u. a. – *Lissabon* = BVerfGE 123, 267 ff. (Rn. 243).

[90] Ebd., Rn. 312.

[91] Mit der in Rn. 243 des *Lissabon*-Urteils bezeichneten „Besonderheit“ von Art. 23 Abs. 1 S. 2 GG (wie übrigens auch von Art. 24 Abs. 1 GG) könnte auch lediglich der Umstand gemeint sein, dass gegenüber Art. 59 Abs. 2 GG jedenfalls stets der Bundesgesetzgeber zu Entscheidung berufen ist, vgl. bereits *C. Tomuschat*, in: BK, Art. 24 (Zweitb. 1981), Rn. 29. Die Qualifizierung von Art. 23 Abs. 1 S. 2 GG als „lex specialis“ in Rn. 312 des *Lissabon*-Urteils fällt zudem speziell im Kontext des vereinfachten Vertragsänderungsverfahrens und lässt somit jedenfalls nicht zwingend den Schluss zu, das BVerfG nehme von der bislang vorherrschenden Doppelabstützung des Zustimmungsgesetzes grundsätzlich Abstand.

[92] BVerfG, Urt. v. 30. 6. 2009 – 2 BvE 2/08 u. a. – *Lissabon* = BVerfGE 123, 267 ff. (Rn. 333, 339, 343).

gesetz zurück. Dies gilt namentlich für die Verfassungen Italiens,[93] Großbritanniens,[94] Irlands,[95] Dänemarks,[96] Griechenlands,[97] Schwedens,[98] Finnlands[99] und seit dem Jahr 2003 auch Maltas.[100]

Während sich eine Geltungsanordnung bzw. ein Rechtsanwendungsbefehl aus einem Zustimmungsgesetz zumeist nur implizit ergeben, enthalten demgegenüber vor allem diejenigen Integrationsgesetze, die aus Sicht der nationalen Rechtsordnung zugleich der innerstaatlichen Umsetzung bzw. *Transformation* des unionsrechtlichen Acquis dienen, vergleichsweise deutliche Bestimmungen über die Geltung bzw. Anwendbarkeit des Unionsrechts im innerstaatlichen Rechtsraum.

Klassisches Beispiel hierfür sind die Grundsatzbestimmungen in den beiden EU-Gesetzen Großbritanniens und Irlands. Art. 2 Abs. 1 des britischen EU-Gesetzes (*European Communities Act*) vom 17. Oktober 1972 lautet:

„Alle Rechte, Befugnisse, Verbindlichkeiten, Verpflichtungen und Beschränkungen, die jeweils durch die Verträge begründet werden oder sich aus ihnen ableiten, sowie alle Rechtsmittel und Verfahren, die jeweils in den Verträgen oder aufgrund der Verträge vorgesehen sind, werden, soweit ihnen nach Maßgabe der Verträge ohne weiteren Rechtssetzungsakt unmittelbare Rechtswirkung oder Durchsetzbarkeit im Vereinigten Königreich zukommen soll, *aner-*

---

[93] Art. 11 Verf-IT i. V. m. Zustimmungsgesetz, vgl. *M. Cartabia*, The Ratification of the European Constitutional Treaty in Italy, in: A. Albi/J. Ziller (Hrsg.), The European Constitution and National Constitutions (2007), S. 39 (41). *E. Cannizzaro*, Italy, in: BIICL (Hrsg.), F. I. D. E. XX Congress London, Vol. 1 (2002), S. 243 (256f.) spricht in Bezug auf Art. 11 Verf-IT von „constitutional underpinnings".

[94] Art. 2 Abs. 1 brit. EU-Gesetz (European Communities Act) von 1972, dazu *P. Birkinshaw*, British Report, in: J. Schwarze (Hrsg.), Die Entstehung einer europäischen Verfassungsordnung (2000), S. 205 (236).

[95] Art. 29 Abs. 6 Verf-IRL i. V. m. ir. EU-Gesetz von 1972.

[96] § 20 Verf-DK i. V. m. Zustimmungsgesetz, vgl. dän. Oberster Gerichtshof, Urt. v. 6. 4. 1998 – Az. I 361/1997 – *Carlsen/Rasmussen* in der deutschen Übersetzung von *R. Hofmann*, EuGRZ 1999, S. 49 (52) Abschnitt 9.6 des Urteils. Vgl. auch *H. Koch*, The Danish Constitutional Order, in: A. E. Kellermann et al. (Hrsg.), EU-Enlargement – The Constitutional Impact at EU and National Level (2001), S. 109 (112).

[97] Art. 28 Verf-GR i. V. m. Zustimmungsgesetz, vgl. *J. Iliopoulos-Strangas*, Offene Staatlichkeit, in: IPE II (2008), § 16 Griechenland, Rn. 27.

[98] Kap. 10 § 5 Abs. 1 bzw. künftig Kap. 10 § 6 (Übertragungsbeschluss) sowie Kap. 10 § 2 (Ratifikationsbeschluss) schw. RegForm i. V. m. EU-Gesetz Nr. 1994:1500, vgl. *U. Bernitz*, Sweden and the European Union: On Sweden's Implementation and Application of European Law, CMLRev. 38 (2001), S. 903 (920f.); *ders.*, Swedish report, in: J. Schwarze (Hrsg.), Die Entstehung einer europäischen Verfassungsordnung (2000), S. 389 (421f.). Im Falle Schwedens bilden der Übertragungsbeschluss nach Kap. 10 § 5 Abs. 1 (künftig ggf. Kap. 10 § 6) und der Ratifikationsbeschluss nach Kap. 10 § 2 jeweils einen eigenen Verfahrensschritt, vgl. bereits Teil 2 – Kapitel 6 – II. 1. c) im Kontext der Verfahrensmodi dynamischer Integrationsermächtigungen.

[99] § 95 Verf-FIN i. V. m. Gesetz zur Inkraftsetzung (ggf. als Verfassungsausnahmegesetz), vgl. *T. Ojanen*, The Impact of EU Membership on Finnish Constitutional Law, EPL 10 (2004), S. 531 (535).

[100] Gesetz V/2003 über die Europäische Union v. 16. 7. 2003, malt. ABl., Kapitel 460. Dazu *P. G. Xuereb*, Malta, in: A. E. Kellermann et al. (Hrsg.), The Impact of EU Accession on the Legal Orders of New Member States and (Pre-) Candidate Countries (2006), S. 409 (410f.). Dieses Gesetz ist in zentralen Teilen dem britischen European Communities Act von 1972 nachgebildet.

kannt und sind *von Rechts wegen verfügbar und werden dementsprechend vollstreckt, zugelassen und befolgt.*“[101]

Art. 2 des irischen EU-Gesetzes ist als Grundlage für die innerstaatliche Geltung des Unionsrechts[102] etwas knapper und prägnanter gefasst:

„Ab dem 1. Januar 1973 erlangen die Verträge über die Europäischen Gemeinschaften sowie bestehende und zukünftige von den Institutionen dieser Gemeinschaften angenommene Rechtsakte für den [irischen] Staat *Rechtsverbindlichkeit* und werden gemäß den in diesen Verträgen niedergelegten Voraussetzungen *Teil der innerstaatlichen Rechtsordnung.*“[103]

Beide Vorschriften wurden im Jahr 2003 anlässlich des nahenden Beitritts Maltas im maltesischen EU-Gesetz rezipiert.[104] Art. 2 des irischen EU-Gesetzes findet sich dort nahezu wortgleich in Art. 3 Abs. 1 wieder, während Art. 2 Abs. 1 des britischen EU-Gesetzes von Art. 4 Abs. 1 gespiegelt wird.[105] Auf einfachgesetzlicher Ebene ist das maltesische EU-Gesetz damit bislang eines der prägnantesten Beispiele für den horizontalen Rezeptionszusammenhang mitgliedstaatlichen Europaverfassungsrechts. Ähnlichkeit zu Art. 2 des irischen EU-Gesetzes weist im Übrigen auch das EU-Gesetz Schwedens auf, wenngleich hier – soweit ersichtlich – kein unmittelbarer Rezeptionszusammenhang besteht.[106]

---

[101] In der deutschen Übersetzung von *C. Tomuschat*, in: BK, Art. 24 (Zweitb. 1981), S. 146 f. (Hervorh. hinzugefügt). Amtl. Text in englischer Sprache abrufbar unter http://www.opsi.gov.uk/acts/acts1972/ukpga_19720068_en_1 (1. 9. 2010). Dass das britische EU-Gesetz die Geltungsgrundlage des Unionsrechts in Großbritannien ist, bestätigte in der Rechtsprechung besonders deutlich der brit. High Court (Administrative Court), Entsch. v. 18. 2. 2002 – *Thoburn v. Sunderland City Council*, [2002] EWHC 195 (Admin), Rn. 60 ff., insbesondere 69 f. Dazu näher im Kontext der Vorrangfrage Teil 2 – Kapitel 11 – I. 1.

[102] In Irland besteht die Besonderheit, dass der vorrangsichernden „Immunitätsklausel“ in Art. 29 Abs. 4 Nr. 6 n. F. Verf-IRL mehrheitlich lediglich eine prozessuale Sicherungsfunktion beigemessen wird. Die innerstaatliche Geltung des Unionsrechts wird vielmehr auf das EU-Gesetz gestützt, das seine verfassungsrechtliche Grundlage wiederum in Art. 29 Abs. 6 Verf-IRL findet, wonach ein internationales Abkommen ohne einen parlamentarischen (Transformations-)Akt nicht Bestandteil der innerstaatlichen Rechtsordnung wird. Dazu *D. R. Phelan*, Revolt or Revolution. The Constitutional Boundaries of the European Community (1997), S. 351. Diese im Kern dualistische Konstruktion ist freilich in Bezug auf den innerstaatlichen Geltungsgrund des Europarechts nicht unumstritten. Zur Gegenauffassung, wonach durch die Einführung der Immunitätsklausel die dualistische Tradition Irlands in Bezug auf die Union aufgegeben worden sei, vgl. *C. Lucey*, Europäische Integration und nationales Verfassungsrecht in Irland, in: U. Battis/D. Th. Tsatsos/D. Stefanou (Hrsg.), Europäische Integration und nationales Verfassungsrecht (1995), S. 213 (240).

[103] Übersetzung des Verfassers; Hervor. hinzugefügt. Amtl. Text in englischer Sprache abrufbar unter http://www.irishstatutebook.ie/1972/en/act/pub/0027/index.html (1. 9. 2010).

[104] Malt. EU-Gesetz, Nr. V/2003 v. 16. 7. 2003, malt. ABl., Kapitel 460. Dazu *P. G. Xuereb*, Malta, in: A. E. Kellermann et al. (Hrsg.), The Impact of EU Accession on the Legal Orders of New Member States and (Pre-) Candidate Countries (2006), S. 409 (410 f.).

[105] Gleiches gilt für Art. 4 Abs. 2 lit. a) u. b) malt. EU-Gesetz, der sich im Wesentlichen mit Art. 2 Abs. 2 lit. a) u. b) des britischen EU-Gesetzes deckt sowie für Art. 5 malt. EU-Gesetz, der fast den gesamten Wortlaut von Art. 3 des brit. EU-Gesetzes übernimmt. Auch die Gesamtstruktur des maltesischen Gesetzes ist unverkennbar eng an das britische Vorbild angelehnt.

[106] Gesetz Nr. 1994:1500. Eine englische Übersetzung der Kernvorschrift findet sich bei *U. Bernitz*, Sweden and the European Union: On Sweden's Implementation and Application of European

Dass die Annahme einer nationalen Geltungsanordnung bzw. eines innerstaatlichen Rechtsanwendungsbefehls in der Konsequenz regelmäßig zu einer Relativierung des Vorrangprinzips führt, zeigt besonders auffällig die Rechtsprechung des italienischen Verfassungsgerichtshofs (*Corte Costituzionale*). Danach würde im Falle eines Konfliktes von Unionsrecht mit den Grundprinzipien der italienischen Verfassung der generelle Rechtsanwendungsbefehl des Zustimmungsgesetzes partiell aufgehoben, sodass der betreffende Akt des Unionsrechts in Italien nicht zur Anwendung gelangte.[107]

3. *Zwischenbefund*

Eine beachtliche Anzahl mitgliedstaatlicher Verfassungsordnungen stützt innerstaatliche Geltung bzw. Anwendbarkeit des Unionsrechts auf das nationale Recht. Von diesen Verfassungsordnungen stellt wiederum diejenige Gruppe die Mehrheit, welche eine Geltungsanordnung bzw. einen Rechtsanwendungsbefehl nicht implizit aus der Integrationsermächtigung, sondern vielmehr aus dem darauf basierenden Zustimmungs-, Transformations- oder Begleitgesetz ableitet.

Die normative Rückführung auf das Fundament des nationalen Rechts ist das konzeptionelle Gegenteil zum supranationalen Ansatz, wie er in der niederländischen Verfassungsordnung vorherrscht. Das Hauptproblem besteht darin, dass diese Herangehensweise mit der Eigenbeschreibung der supranationalen Verfassungsordnung schlicht unvereinbar ist. Dem Unionsrecht wird durch seine normative Rückführung auf das nationale Recht seine autonome Geltung abgesprochen und so eines der zentralen Postulate des Unionsrechts konterkariert.[108]

Auch ist die Annahme einer geltungsvermittelnden „Brücke"[109] des nationalen Rechts für das Unionsrecht nicht einmal notwendig, sofern bestimmte Kerngehalte der nationalen Verfassungen dem Zugriff des Unionsrechts entzogen werden sollen. Zwar hat der Brückenansatz in dogmatischer Hinsicht den Vorteil, dass er durch die

---

Law, CMLRev. 38 (2001), S. 903 (920); Art. 2: „Those Treaties and other instruments enumerated in Section 4 as well as those acts, Treaties and other decisions that, before the Swedish accession to the European Union, have been taken or entered into by the European Communities are applicable in this country with the effects following from theses Treaties and other instruments"; Art. 3: „The European Communities will after the Swedish accession to the European Union be able to take decisions that will be applicable, to the extent, and with the effects following from the Treaties and other instruments enumerated in Section 4".

[107] Ital. VerfGH, Urt. v. 13.4. 1989 – Nr. 232/1989 – *Fragd*. Auf diese Rechtsprechung wird im Kontext der Vorrangfrage nochmals näher zurückzukommen sein, vgl. Teil 2 – Kapitel 11 – III. 1. b) aa) insbesondere im Abgleich zur Rechtsprechung des BVerfG.

[108] Vgl. *R. Barents*, The Autonomy of Community Law (2004), S. 226 ff.

[109] So in Bezug auf die Rechtslage in Deutschland *P. Kirchhof*, Deutsches Verfassungsrecht und Europäisches Gemeinschaftsrecht, in: ders./C.-D. Ehlermann (Hrsg.), Europarecht Beiheft 1/1991, S. 11 (15) bereits vor dem *Maastricht*-Urteil des BVerfG. Vgl. auch *dens.*, Der deutsche Staat im Prozeß der europäischen Integration, HStR VII (1993), § 183, Rn. 65 sowie *dens.*, Der europäische Staatenverbund, in: A. v. Bogdandy/J. Bast (Hrsg.), Europäisches Verfassungsrecht (2. Aufl. 2009), S. 1009 (1017).

Erhebung des nationalen Rechts zum geltungsvermittelnden Medium des Unionsrechts stets eine vergleichsweise einfache Antwort für den Konfliktfall parat hat. Im Zweifel kann dem Unionsrecht seine innerstaatliche Geltung[110] bzw. jedenfalls seine innerstaatliche Anwendbarkeit[111] versagt werden. Ein Konflikt wird demzufolge durch partielle Derogation des Zustimmungsgesetzes gelöst, wie im Übrigen auch die Rechtsprechung des italienischen VerfGH zeigt. Hier zeigt sich deutlich, dass die Konstruktion des national gedachten Geltungsgrunds des Unionsrechts unmittelbar an eine begrenzte Anerkennung des Vorrangprinzips geknüpft ist.

Indes können verfassungsrechtliche Kerngehalte der nationalen Verfassungen auch durch unionsrechtliche Mechanismen effektiv geschützt werden, zumal an der Errichtung der supranationalen Rechtsordnung gerade die betreffende Staatsgewalt – in den Grenzen ihrer verfassungsrechtlichen Bindungen bzw. Verpflichtungen – teilhatte.[112] Der mit dem Schutz bestimmter elementarer Verfassungsgüter einhergehende Durchsetzungsanspruch im Einzelfall ist zudem nicht gleichzusetzen mit dem Anspruch auf die innerstaatliche In-Geltung-Setzung rechtsordnungsdifferierenden Rechts. Mit anderen Worten, es gibt Verfassungsordnungen, die bestimmte Kerngehalte ihrer Verfassungen schützen, ohne in Bezug auf das Unionsrecht die Rechtsfigur einer Geltungsanordnung bzw. eines Anwendungsbefehls bemühen zu müssen. Dies leitet unmittelbar über zu Modellen, die konzeptionell zwischen den beiden bislang beschriebenen Ansätzen stehen und insoweit einen Mittelweg beschreiten.

IV. Konzeptionelle Mittelwege

Dieser konzeptionelle Mittelweg zeichnet sich im Kern dadurch aus, dass die betreffende Verfassungsordnung zwar die innerstaatliche Geltung des Unionsrechts nicht vom innerstaatlichen Recht abhängig macht, umgekehrt aber auch ein umfassend supranationaler Ansatz nicht anerkannt wird, wie er etwa in den Niederlanden vorherrscht. Das zeigt sich vor allem daran, dass die Integrationsgewalt – zumindest potentiell – aus dem nationalen Verfassungsrecht heraus begrenzt wird. Einen sol-

[110] So ausdrücklich *P. Kirchhof*, Der europäische Staatenverbund, in: A. v. Bogdandy/J. Bast (Hrsg.), Europäisches Verfassungsrecht (2. Aufl. 2009), S. 1009 (1017): „Der dem Vertrag zustimmende Parlamentsbeschluss oder eine Volksabstimmung bilden gleichsam die Brücke über die das Europarecht den räumlichen Geltungsbereich des Mitgliedstaates erreicht. Stimmen Parlament oder Staatsvolk nicht zu, *fehlt eine Geltungsvoraussetzung*; das Europarecht bleibt *unverbindlich*. Ausgangspunkt und Ziel des Europarechts sind also die Mitgliedstaaten" (Hervorh. hinzugefügt).

[111] In diesem Sinne BVerfG, Urt. v. 30. 6. 2009 – 2 BvE 2/08 u. a. – *Lissabon* = BVerfGE 123, 267 ff. (Rn. 340) im Kontext der Identitätskontrolle: „Es bedeutet in der Sache jedenfalls keinen Widerspruch zu dem Ziel der Europarechtsfreundlichkeit, (…) wenn ausnahmsweise, unter besonderen und engen Voraussetzungen, das Bundesverfassungsgericht Recht der Europäischen Union *für in Deutschland nicht anwendbar* erklärt" (Hervorh. hinzugefügt). Zur terminologischen Inkonsistenz des BVerfG in Bezug auf die Begriffe der Geltung und der Anwendbarkeit im *Lissabon*-Urteil vgl. aber bereits Teil 2 – Kapitel 10 – I.

[112] So insbesondere die abweichende Meinung der Richter *Rupp*, *Hirsch* und *Wand* zu BVerfG, Beschl. v. 29. 5. 1974 – BvL 52/71 – *Solange I* = BVerfGE 37, 271 (292 ff.).

chen Mittelweg beschreiten insbesondere die Verfassungsordnungen Tschechiens, Spaniens und ansatzweise auch Estlands.

Besonders deutlich tritt der Ansatz in der Rechtsprechung des tschechischen Verfassungsgerichts hervor. Wie bereits im Zuge des Übertragungsmodells festgestellt, misst das tschechische Verfassungsgericht in seiner *Zuckerquoten-II*-Entscheidung aus dem Jahr 2006 der Übertragungsklausel eine Doppelfunktion bei, die neben der Mitwirkung an der Konstituierung der supranationalen Rechtsordnung zugleich die Öffnung des innerstaatlichen Rechtsraumes umfasst. In Bezug auf die Öffnung geht das Gericht sogar davon aus, dass sich die Autolimitation auch auf die Frage der Regelungsbefugnis für die *normative Wirkung* europarechtlicher Rechtsakte in der innerstaatlichen Rechtsordnung erstreckt.[113] Anders gewendet, die tschechischen Verfassungsrichter legen ihrer Entscheidung die Annahme zugrunde, dass auch die Befugnis zur Determinierung der Geltungs- und Anwendungsprinzipien des Unionsrechts *für den staatlichen Innenraum* der Union übertragen wurde:[114]

„Direct applicability in national law and applicational precedence of a regulation follows from Community law doctrine itself, as it has emerged from the case-law of the ECJ (...). In contrast to international law, Community law *itself determines and specifies the effects it has in the national law of the Member States.* If membership in the EC brings with it a certain limitation on the powers of the national organs in favour of Community organs, one of the manifestations of such limitation must necessarily also be a restriction on Member States' freedom to determine the effect of Community law in their national legal orders (...). In other words, *the transfer of certain powers to the EC entails also the loss of the Czech Republic's freedom to designate the effects Community law has in national law*, which effects are derived directly from Community law in fields in which such transfer occurred."[115]

Auf den ersten Blick liest sich diese Passage wie die Anerkennung des supranationalen Ansatzes, insbesondere weil die autonome Geltung des Unionsrechts unter Hinweis auf die Rechtsprechung des EuGH und die unionsrechtlichen Geltungs- und Anwendungsprinzipien anerkannt wird. Der Unterschied zum supranationalen Ansatz wie er die Rechtslage in den Niederlanden prägt, besteht jedoch gerade darin, dass das tschechische Verfassungsgericht der Integrationsgewalt und dem Vorranganspruch des Unionsrechts durchaus Grenzen aus dem nationalen Verfassungsrecht heraus zieht. Diese Grenzziehung erfolgt interessanterweise aber nicht dadurch, dass das Unionsrecht auf die Geltungsgrundlage des nationalen Rechts gestellt würde. Die Geltungsgrundlage des Unionsrechts ist nach dem tschechischen Verfassungsgericht auf Unionsebene zu suchen. Das Gericht setzt für die Grenzziehung vielmehr bei der

[113] Dies befürwortete im Vorfeld der Entscheidung bereits *J. Zemánek*, Czech Republic, in: A.E. Kellermann et al. (Hrsg.), The Impact of EU Accession on the Legal Orders of New Member States and (Pre-) Candidate Countries (2006), S. 313 (318f.).

[114] Vgl. *J. Zemánek*, The Emerging Czech Constitutional Doctrine of European Law, EuConst 3 (2007), S. 418 (425).

[115] Tschech. VerfG, Urt. v. 8.3. 2006 – Pl. US. 50/04 – *Zuckerquoten II*, Teil VI.B (Hervorh. u. Anm. hinzugefügt), in der engl. Übersetzung des VerfG abrufbar unter http://angl.concourt.cz/angl_verze/doc/p-50-04.php (1.9. 2010).

Reichweite der Autolimitation der tschechischen Hoheitsgewalt an. Konkretisiert heißt das, im Falle eines Konfliktes des Unionsrechts mit den Grundwerten der tschechischen Verfassung (Art. 1 Abs. 1 i. V. m. Art. 9 Abs. 2 Verf-CZ) würde die tschechische Hoheitsgewalt ihren kooperativen Regelungsverzicht aufgeben.[116] Im Ergebnis entspricht dies freilich dem Ansatz des BVerfG und anderer Gerichte insoweit, als sich das Unionsrecht im Konfliktfall nicht durchsetzen kann. Dementsprechend folgt das tschechische Verfassungsgericht dem BVerfG im Ergebnis – nicht aber in der dogmatischen Konstruktion – auch hinsichtlich der Annahme von Grundrechts- und Ultra-vires-Vorbehalten.[117] Der zentrale Unterschied zum Ansatz des deutschen BVerfG besteht jedoch darin, dass eine innerstaatliche Geltungsanordnung nach dem tschechischen Ansatz *nicht zulässig* ist. Dies ist vor der Folie einer rechtspluralistischen Koexistenz mehrerer, partiell überlappender Rechtsordnungen im europäischen Verfassungsverbund nur konsequent.[118]

Die Auslegung der tschechischen Integrationsermächtigung durch das tschechische Verfassungsgericht ist damit ein prägnantes Beispiel dafür, dass von der verfassungsrechtlichen Öffnung der innerstaatlichen Rechtsordnung nicht automatisch auf einen nationalen Geltungs- oder Rechtsanwendungsbefehl für das Unionsrecht geschlossen werden darf.

Auch in Spanien betont das Verfassungsgericht in seiner Erklärung vom 13. Dezember 2004 zum VVE, dass das Unionsrecht eine eigene Rechtsordnung mit „besonderen Leitprinzipien über die Wirkung" ihrer Normen darstelle.[119] Nach erfolgter Integration in die innerstaatliche Rechtsordnung bilde das Primärrecht selbst den „Geltungsrahmen" des Unionsrechts, wenngleich die spanische Verfassung verlange, dass die als Folge der Übertragung im staatlichen Innenraum „akzeptierte Rechtsordnung" mit ihren eigenen Grundprinzipien und -werten vereinbar ist.[120] Damit geht auch das spanische Verfassungsgericht einerseits von der Anerkennung der autonomen Geltung des Unionsrechts aus, während es der in Art. 93 Verf-ESP verankerten Integrationsgewalt andererseits verfassungsrechtliche Grenzen zieht.[121] Daran

---

[116] So führt das tschechische Verfassungsgericht in seinem *Lissabon-I*-Urteil in Bezug auf den Grundrechtsschutz aus: „If, from this point of view, the standard of protection ensured in the European Union were unsuitable, the bodies of the Czech Republic would have to again take over the transferred powers, in order to ensure that it was observed" (Tschech. VerfG, Urt. v. 26. 11. 2008 – Pl. US 19/08 – *Lissabon I*, Rn. 196).

[117] Vgl. Teil 2 – Kapitel 11 – III. 1. b) cc) zum *Solange*-Modell sowieTeil 2 – Kapitel 11 – III. 1. c) bb) zum ultra-vires-Vorbehalt.

[118] Zwar geht auch das BVerfG im Grundsatz von der formellen Trennung von nationaler und unionaler Rechtsordnung aus. Allerdings ist die dem Unionsrecht zugestandene Autonomie aus Sicht des BVerfG in legitimationstheoretischer Perspektive nur eine begrenzte, da die unionale Hoheitsgewalt von den in ihren Staaten demokratisch verfassten Völkern Europas abgeleitet sei, vgl. BVerfG, Urt. v. 30. 6. 2009 – 2 BvE 2/08 u. a. – *Lissabon* = BVerfGE 123, 267 ff. (Rn. 231).

[119] Span. VerfG, Erkl. v. 13. 12. 2004 – DTC 1/2004 – *Verfassungsvertrag* = EuR 2005, S. 339 (342) in deutscher Übersetzung.

[120] Ebd.

[121] Die damit einhergehende „materiell-rechtliche Dimension" der spanischen Integrationsermächtigung ist neben der Vorrangkonstruktion einer der zentralen Aspekte der Entscheidung. An

anknüpfend entwickelt das spanische Verfassungsgericht eine für das Verhältnis von nationaler und supranationaler Rechtsordnung wegweisende Unterscheidung zwischen zwei Kategorien von Vorranggigkeit, nämlich der ordnungsübergreifenden, kollisionsrechtlichen Frage der Anwendung geltender, aber rechtsordnungsdifferierender Normen (sog. *primacía*) einerseits und der ordnungsinternen, rechtsentstehungsbezogenen Frage der Vorranggigkeit im klassisch hierarchischen Sinne (sog. *supremacía*).[122]

Auch die Rechtslage in Estland kann seit der Grundsatzentscheidung des estnischen Obersten Gerichtshofes vom 11. Mai 2006 dahingehend interpretiert werden, dass die autonome Geltung des Unionsrechts anerkannt wird, während sich aus dem EU-bezogenen estnischen Verfassungsergänzungsgesetz gleichermaßen aber auch Grenzen der Integrationsgewalt ableiten lassen.[123]

V. Positivrechtliche Ansätze auf Ebene des Verfassungsrechts

Der Verfassungsvergleich zeigt, dass sich die unterschiedlichen Lösungsangebote und Konstruktionen häufig nicht auf Ebene des Verfassungstextes der betreffenden Rechtsordnung widerspiegeln. Dies wirft abschließend die Frage nach positivrechtlichen Regelungsansätzen auf.

1. *Klassische Bestimmungen in Bezug auf das Völkerrecht*

Anders als in Bezug auf das Unionsrecht, sehen zahlreiche Verfassungsordnungen der Mitgliedstaaten ausdrückliche Bestimmungen über die Verbindlichkeit bzw. den Vollzug von Völkerrecht im staatlichen Innenraum vor.

Klassisches Beispiel hierfür ist die auf *William Blackstone* zurückgehende Formel „international law is part of the law of the land",[124] die im ursprünglichen Sinne für eine en-bloc-Adoption des Völkerrechts durch das Common Law stand.[125] Ein mitt-

---

dieser EU-spezifischen Auslegung des allgemein auf internationale Organisationen bezogenen Art. 93 Verf-ESP wird allerdings kritisiert, dass sie auf Übertragungen von Hoheitsrechten auf internationale Gebilde jenseits der EU nicht tragfähig sei. Die Einführung einer EU-spezifischen Klausel sei darum der dogmatisch bessere Weg. Dazu *A. López Castillo*, Offene Staatlichkeit, in: IPE II (2008), § 24 Spanien, Rn. 41 ff.

[122] Span. VerfG, a.a.O., S. 343 ff. Hierauf ist im Kontext der Vorrangproblematik zurückzukommen, vgl. Teil 2 – Kapitel 11 – III. 2.

[123] Estn. Oberster Gerichtshof, Gutachten v. 11. 5. 2006 – Nr. 3-4-1-3-06, in engl. Übersetzung abrufbar unter http://www.nc.ee/?id=663 (1. 9. 2010). Zum Ganzen *J. Laffranque*, Ratification of the European Constitution in Estonia: A New Constitution for Estonia?, in: A. Albi/J. Ziller (Hrsg.), The European Constitution and National Constitutions (2007), S. 79 (88).

[124] Im Original: „The Law of Nations wherever any question arises which is properly the object of its jurisdiction is here adopted in its full extent by the Common Law, and it is held to be part of the law of the land.", vgl. *W. Blackstone*, Commentaries on the Laws of England Buch 4, Kapitel 5 (1769), abrufbar unter http://avalon.law.yale.edu/18th_century/blackstone_bk4ch5.asp (1. 9. 2010).

[125] Eingehend hierzu *W. Rudolf*, Völkerrecht und deutsches Recht (1967), S. 151 ff.

lerweile ebenfalls klassischer, aber spezifisch auf die normativen Grundlagen der internationalen Gemeinschaft bezogenes Modell findet sich in Art. 4 der Weimarer Reichsverfassung von 1919 (WRV), der heute in Art. 9 Abs. 1 des österreichischen B-VG von 1929 sowie in Art. 25 S. 1 des deutschen GG von 1949 rezipiert wird.[126] Diese Bestimmungen machen die „allgemein anerkannten" bzw. die „allgemeinen" Regeln des Völkerrechts zum geltenden „Bestandteil" des österreichischen bzw. des deutschen Bundesrechts.[127] Vergleichbare Vorschriften enthalten Art. 10 Abs. 1 Verf-IT, Art. 28 Abs. 1 Verf-GR, Art. 8 Abs. 1 Verf-POR, Art. 7 Abs. 1 Verf-HU sowie § 3 Verf-EST.[128] Ähnlich angelegt ist auch Art. 8 Abs. 1 Verf-SLO, wenngleich diese Norm in ihrem Anwendungsbereich zugleich auf völkerrechtliche Verträge und die Frage der unmittelbaren Anwendbarkeit bezogen ist.[129] Speziell auf völkerrechtliche Verträge erstreckt sich auch Art. 10 S. 1 Verf-CZ, auf dessen Grundlage die vom Parlament ratifizierten völkerrechtlichen Verträge, die die Tschechische Republik binden, „Bestandteil" der tschechischen Rechtsordnung sind. Eine typische Regel in Bezug auf die innerstaatliche Verbindlichkeit völkerrechtlicher Normen findet sich zudem in Art. 93 Verf-NL, wonach „Bestimmungen von Verträgen und Beschlüsse völkerrechtlicher Organisationen, die ihrem Inhalt nach allgemein verbindlich sein können," nach ihrer Veröffentlichung verbindlich sind.

Für das Unionsrecht sind diese Normen allerdings regelmäßig nicht anwendbar. So gibt es in Großbritannien mit dem European Communities Act (ECA) ein Spezialgesetz, das die innerstaatliche Stellung des Unionsrechts in § 2 Abs. 1 behandelt. Auch Art. 25 GG und seine funktionellen Äquivalente in anderen Verfassungsordnungen, ebenso wie Art. 93 der niederländischen und Art. 10 S. 1 der tschechischen Verfassung finden auf das Unionsrecht keine Anwendung. Im Falle von Art. 25 GG und der ihm vergleichbaren Vorschriften folgt dies bereits aus dem engen Anwendungsbereich dieser Normengruppe. Sie ist ausschließlich auf die allgemeinen Regeln

---

[126] Art. 4 WRV lautete: „Die allgemein anerkannten Regeln des Völkerrechts gelten als bindende Bestandteile des deutschen Reichsrechts."

[127] Die österreichische Klausel liegt näher am Wortlaut von Art. 4 WRV, da er auf die „allgemein anerkannten" und nicht lediglich, wie das GG, auf die „allgemeinen" Regeln des Völkerrechts abstellt. Der abweichende Wortlaut des GG geht auf den Verfassungskonvent von Herrenchiemsee zurück, während dessen man sich auf eine über die Weimarer Reichsverfassung hinausgehende Öffnung des Bundesrechts für universelle Völkerrechtsregeln verständigte, die der Parlamentarische Rat schließlich übernahm, vgl. *M. Herdegen*, in: T. Maunz/G. Dürig, GG, Art. 25 (37. EGL 2000), Rn. 2. Darüber hinaus trifft Art. 25 S. 2 GG eine spezielle Vorrangregelung, soweit er den allgemeinen Regeln des Völkerrechts einen Rang oberhalb des einfachen Gesetzes, aber unterhalb der Verfassung zuweist.

[128] S. hierzu in vergleichender Perspektive *L. Wildhaber/S. Breitenmoser*, The Relationship between Customary International Law and Municipal Law in Western European Countries, ZaöRV 48 (1988), S. 163 ff.

[129] Art. 160 Abs. 2 Verf-SLO sichert dies zudem in prozessualer Hinsicht ab, da er dem Verfassungsgericht die Kompetenz verleiht, über die Übereinstimmung von Gesetzen und anderen Vorschriften mit den ratifizierten völkerrechtlichen Verträgen und den allgemeinen Grundsätzen des Völkerrechts zu entscheiden.

des Völkerrechts zugeschnitten.[130] Für Art. 93 Verf-NL ergibt sich die Nichtanwendbarkeit auf Unionsrecht hingegen aus dem spezifisch supranationalen Ansatz der Rechtsprechung.[131] Eine Anwendung von Art. 10 S. 1 Verf-CZ auf das Unionsrecht scheitert an der Spezialität des Art. 10a Verf-CZ.[132]

Lediglich vereinzelt finden sich verfassungsrechtliche Bestimmungen über die innerstaatliche Verbindlichkeit bzw. Stellung von Völkerrecht, deren Anwendungsbereich auf das Unionsrecht ausgedehnt wird. Dies gilt insbesondere für Art. 91 Verf-PL, der nach der Rechtsprechung des polnischen Verfassungsgerichtshofs ausdrücklich auch Unionsrecht umfasst.[133] Nach Abs. 1 dieser Vorschrift bildet ein ratifizierter und im Gesetzblatt der Republik Polen veröffentlichter völkerrechtlicher Vertrag „einen Teil der innenstaatlichen Rechtsordnung" und wird darüber hinaus unmittelbar angewandt, soweit seine Anwendung nicht die Verabschiedung eines Gesetzes voraussetzt.[134] Was die dogmatische Einordnung der Vorschrift betrifft, herrscht zwar Streit darüber, ob die Vorschrift dem Monismus oder vielmehr Dualismus zuzurechnen sei. Bezeichnend ist an dieser Diskussion allerdings die Betonung, dass der Unterscheidung zwischen Monismus und Dualismus jedenfalls bezüglich des Verhältnisses von nationaler zu unionaler Rechtsebene wenig praktische Bedeutung zukomme.[135] Dies deckt sich einmal mehr mit dem bereits zu Beginn der Untersuchung getroffenen Befund, dass eine Zuordnung permeabler Verfassungsstrukturen zu Mo-

---

[130] Zum Anwendungsbereich von Art. 25 GG *M. Herdegen*, in: T. Maunz/G. Dürig, GG, Art. 25 (37. EGL 2000), Rn. 19.

[131] Vgl. bereits Teil 2 – Kapitel 10 – II.

[132] Dass Art. 10a Verf-CZ vollumfänglich, d. h. auch in Bezug auf die Frage von (innerstaatlicher) Geltung und Vorrangigkeit lex specialis zu Art. 10 Verf-CZ ist, war in der Literatur umstritten, vgl. *E. Wagnerova*, Landesbericht Tschechien, in: W. Kluth (Hrsg.), Europäische Integration und nationales Verfassungsrecht (2007), S. 245 (251 ff.). In seiner *Zuckerquoten-II*-Entscheidung sprach sich das tschechische Verfassungsgericht allerdings für Art. 10a Verf-CZ als lex specialis auch im Hinblick auf autonome Geltung und Vorrangigkeit des Unionsrechts aus, da der tschechische Normgeber infolge der Übertragung nach Art. 10a Verf-CZ insoweit die Regelungsbefugnis verloren habe und sich die Vorrangigkeit gerade nicht aus Art. 10 Verf-CZ ergebe, vgl. tschech. VerfG, Urt. v. 8. 3. 2006 – Pl. US 50/04 – *Zuckerquoten II*, Entscheidungsgrund VI. B.

[133] Poln. VerfGH, Entsch. v. 11. 5. 2005 – Az. K 18/04 – *Beitrittsvertrag* = EuR 2006, S. 236 (238 ff.) in deutscher Übersetzung. Ebenso die Literatur, vgl. *M. Jankowska-Gilberg*, Verfassungsrechtliche Grundlagen des Beitritts und der Mitgliedschaft Polens in der Europäischen Union, EuR 2003, 417 (428, 434) sowie *J. Justynski*, The Impact of the European Integration Process on the Creation of the Broad Lines of the Constitution of the Republic of Poland and on the Political Practices of the Country, in: A. E. Kellermann et al. (Hrsg.), EU-Enlargement – The Constitutional Impact at EU and National Level (2001), S. 279 (284), der in Bezug auf Art. 91 Abs. 1 Verf-PL von einem „remote echo" von van Gend & Loos spricht. Kritisch hingegen *A. Wyrozumska*, Some comments on judgements of the Polish Constitutional Tribunal on the EU Accession Treaty and on the implementation of the European arrest warrant, Polish Yearbook of International Law 27 (2006), S. 1 (10).

[134] Abs. 2 verleiht den Verträgen, deren Ratifikation ein parlamentarisches Zustimmungsgesetz vorausgegangen ist, zudem Vorrang vor dem einfachen Gesetz, während Abs. 3 die unmittelbare Anwendbarkeit und den Gesetzesvorrang von *Sekundärrecht* regelt.

[135] Vgl. *S. Biernat*, Offene Staatlichkeit, in: IPE II (2008), § 21 Polen, Rn. 18 m. w. N.

nismus oder Dualismus aufgrund des mangelnden Erklärungswertes entbehrlich ist, jedenfalls soweit es um den Bereich des europäischen Verfassungsrechts geht.[136]

Daneben gibt es im Verfassungsrecht der Mitgliedstaaten vereinzelt Ansätze, welche die innerstaatliche Geltung des Unionsrechts auf eine ausdrücklich EU-spezifische Verfassungsbestimmung zurückführen, die sich dem Stil nach an die klassischen Normen für die Einbeziehung des Völkerrechts in die innerstaatliche Rechtsordnung anlehnt. So sieht insbesondere Art. 2 S. 1 des litauischen EU-Verfassungsaktes vor:

„Die Rechtsnormen der Europäischen Union sind Bestandteil der Rechtsordnung der Republik Litauen."

Diese Bestimmung entspricht ihrer Bauform nach den klassischerweise völkerrechtsbezogenen Verfassungsvorschriften, weist aber ebenso Parallelen zu Art. 2 des irischen und Art. 3 Abs. 1 des maltesischen EU-Gesetzes auf.[137] Eine spezielle Norm über die Verbindlichkeit ist zudem in Art. 144 der slowakischen Verfassung enthalten. Danach ist die slowakischen Judikative neben der Verfassung auch an internationale Verträge i. S. d. slowakischen Integrationsermächtigung (Art. 7 Abs. 2 VerfSLK) gebunden.[138]

Insgesamt bleiben derartige ausdrückliche Ansätze aber ebenso die Ausnahme wie die Anwendung klassischer Vollzugs- bzw. Transformationsvorschriften als Antwort auf die Frage nach der innerstaatlichen Geltung bzw. Anwendbarkeit des Unionsrechts.

2. *Verweisungsmodell*

Demgegenüber findet im Verfassungsrecht der Mitgliedstaaten ein positivrechtliches Modell zunehmend Verbreitung, das regelungstechnisch bei einer Verweisung auf die unionsrechtlichen Geltungs- und Anwendungsregeln ansetzt. Dieses Verweisungsmodell ist in seiner positivrechtlichen Gestalt ein vergleichsweise junger Ansatz,[139] der erst im Zuge der Erweiterungsrunden 2004 und 2007 sowie dem parallel verlaufenden EU-Reformprozess die Bühne des innerstaatlichen Europaverfassungsrechts betreten hat.

---

[136] Vgl. bereits Teil 1 – Kapitel 1 – II. 3.

[137] Art. 2 S. 1 des litauischen EU-Verfassungsaktes regelt daran anknüpfend zudem die unmittelbare Anwendbarkeit sowie den Vorrang vor dem einfachen Gesetz.

[138] Dazu *A. Albi*, EU Enlargement and the Constitutions of Central and Eastern Europe (2005), S. 69.

[139] Für die kategorische Erfassung von Anwendungs- und Kollisionsregeln im Verhältnis von nationalem Recht und Völkerrecht vgl. auf dualistischer Grundlage bereits *H. Triepel*, Völkerrecht und Landesrecht (1899 – Nachdr. 1958), S. 158 f.

a) Verwendung

Ein erster Anlauf war bereits im Jahr 2002 in Ungarn anlässlich der Debatten um die beitrittsgerichteten Verfassungsänderungen unternommen worden. Der ursprüngliche Vorschlag sollte der zweite Absatz der neu entworfenen Europaklausel (Art. 2a Verf-HU) werden. Die Überführung dieses Prototyps in geltendes Recht scheiterte jedoch an der mangelnden Unterstützung seitens der politischen Akteure.[140] Der Normentwurf lautete wie folgt:

„In der Republik Ungarn gelten das Gemeinschaftsrecht und die sonstigen Errungenschaften der Europäischen Union *gemäß den Gründungsverträgen der Europäischen Union und den sich hieraus ergebenden Rechtsgrundsätzen.*"[141]

Auch in Tschechien[142] und Bulgarien[143] kamen entsprechende Verweisungsnormen auf die Geltungs- bzw. Anwendungsprinzipien des Unionsrechts nicht über das Entwurfsstadium hinaus.

In Kraft trat eine solche Verweisungsnorm erstmals im Jahr 2003 in Slowenien. Der Entstehungsprozess war auch hier dem kommenden Beitritt zur EU geschuldet. Parallelen zu den Entwürfen in Ungarn und Tschechien bestehen insoweit, als auch die slowenische Bestimmung als Teilabschnitt der verfassungsrechtlichen Integrationsklausel konzipiert wurde. Art. 3a Verf-SLO enthält in Abs. 1 eine Integrationsermächtigung sowie in Abs. 2 eine Verfahrensregel. Hieran knüpft die Verweisung in Abs. 3 unmittelbar an:

„Rechtsakte und Entscheidungen, die im Rahmen der internationalen Organisationen verabschiedet wurden, auf die Slowenien Teile der Ausübung der souveränen Rechte überträgt, werden in Slowenien *gemäß der Rechtsordnung dieser Organisation angewendet.*"[144]

Allerdings ist die slowenische Klausel, anders als etwa der Entwurf in Ungarn, ihrem Wortlaut nach ausschließlich auf das Sekundärrecht beschränkt. Ähnlich verhält es sich mit Art. 91 Abs. 3 Verf-PL, der die unmittelbare und vorrangige Anwendbarkeit des von „einer internationalen Organisation hervorgebrachten Rechts" davon abhän-

---

[140] In Ungarn wird heute mehrheitlich davon ausgegangen, die innerstaatliche Geltung des Unionsrechts ergebe sich implizit aus der Integrationsermächtigung, vgl. Teil 2 – Kapitel 10 – III. 1.

[141] Deutsche Übersetzung zitiert nach *P. Sonnevend*, Offene Staatlichkeit, in: IPE II (2008), § 25 Ungarn, Rn. 16 (Hervorh. hinzugefügt).

[142] Dazu *J. Zemánek*, Czech Republic, in: A. E. Kellermann et al. (Hrsg.), The Impact of EU Accession on the Legal Orders of New Member States and (Pre-) Candidate Countries (2006), S. 313 (319, dort Fn. 35). Es handelt sich bei der Verweisungsnorm um die 2. Entwurfsalternative, die wie folgt lautete: „Should it follow from the Treaty of Accession, the law of the European Union forms part of the legal order of the Czech Republic *together with the effects stipulated by it*" (Hervorh. hinzugefügt).

[143] Dazu *M. Decheva*, Europäisierung des bulgarischen Verfassungsrechts infolge des EU-Beitritts (2010), S. 65 f. Der Vorschlag des bulgarischen Verfassungsausschusses ging (nach der deutschen Übersetzung von *Decheva*) dahin, dass die Rechtsakte der Union, die auf Grundlage der ihr übertragenen Befugnisse erlassen wurden, „gemäß ihrer (der Rechtsordnung, aus der sie resultieren) angewandt werden". Dieser Vorschlag lehnte sich ausdrücklich an Art. 32 Abs. 3 Verf-SLO an.

[144] Hervorh. hinzugefügt.

gig macht, dass sich dies aus einem Vertrag ergibt, der von Polen ratifiziert wurde und „durch den eine internationale Organisation gebildet wird".

Eine umfassende Verweisung gab es im geltenden Recht erst ab dem Jahr 2004, als sich der verfassungsändernde Gesetzgeber in Portugal mit Blick auf die Ratifikation des Verfassungsvertrages und der darin erst- und bislang zugleich letztmals enthaltenen Vorrangklausel (Art. I-6 VVE) für die Einfügung einer solchen Bestimmung entschied. Neben der Integrationsermächtigung in Art. 7 Abs. 6 Verf-POR hatte die portugiesische Verfassung bis dato mit Art. 8 Abs. 3 Verf-POR lediglich eine Vorschrift über die unmittelbare Anwendbarkeit bestimmter *völkerrechtlicher* Rechtsnormen enthalten.[145] Im Jahr 2004 kam mit dem neuen Art. 8 Abs. 4 Verf-POR eine speziell auf die EU ausgerichtete Bestimmung hinzu, die in ihrer umfassenden Verweisung auf das Unionsrecht das momentan vielleicht fortschrittlichste Regelungsmodell darstellt.[146] Sie lautet wie folgt:

„Die Regelungen der Verträge über die Europäische Union und die von deren Organen im Rahmen ihrer Zuständigkeit erlassenen Rechtsakte sind in der internen Rechtsordnung nach Maßgabe der von der Union aufgestellten Grundsätze unter Beachtung der fundamentalen Prinzipien des demokratischen Rechtsstaats anwendbar."

Die portugiesische Klausel wiederum beeinflusste in der Folge den spanischen Staatsrat, der in seinem Bericht vom 16. Februar 2006 die Einführung eines neuen Europaartikels in die spanische Verfassung empfohlen hat.[147] Dieser Artikel würde in Abs. 1 erstmals Grenzen und Strukturvorgaben der spanischen EU-Mitgliedschaft ausdrücklich festlegen und darüber hinaus in Abs. 2 spezifische Verfahrensregeln in Bezug auf die Ratifikation treffen. Die für den vorliegenden Kontext relevante Bestimmung ist Abs. 3 des Entwurfs:

„Innerhalb des in Abs. 1 gezogenen Rahmens[148] sind die Verträge der Europäischen Union und die von ihren Organen in Ausübung ihrer Zuständigkeiten hervorgebrachten Rechtsnormen in Spanien nach Maßgabe der durch das Recht der Union selbst bestimmten Grundsätze anwendbar."[149]

---

[145] Diese Norm gilt weiterhin fort: „Die von den zuständigen Organen internationaler Organisationen, denen Portugal angehört, erlassenen Rechtsnormen gelten unmittelbar innerhalb Portugals, sofern dies in den jeweiligen Verträgen entsprechend geregelt ist."

[146] 6. Verfassungsänderung durch Verfassungsgesetz 1/2004 v. 24. 7. 2004.

[147] Vgl. span. Staatsrat (*Consejo de Estado*), Bericht v. 16. 2. 2006, Nr. E 1/2005, S. 92, 107.

[148] D.h. erstens Einhaltung der im Vortitel der spanischen Verfassung festgehaltenen Grundprinzipien durch die spanische Integrationsgewalt sowie zweitens Einhaltung der Grundsätze der Rechtsstaatlichkeit, der Demokratie sowie der Menschenrechte seitens der EU. Abs. 1 des Entwurfs hat folgenden Wortlaut: „España participa en el proceso de integración europea y, con este fin, el Estado español, sin mengua de los principios consagrados en el Título Preliminar, coopera con los demás Estados miembros a través de instituciones comunes en la formación de una unión comprometida con el Estado de Derecho, la democracia y los derechos fundamentales."

[149] Im spanischen Original: „Dentro del marco establecido en el apartado 1, los tratados de la Unión Europea y las normas emanadas de sus instituciones en el ejercicio de sus competencias *serán aplicables* en España en los términos definidos por el propio Derecho de la Unión" (Hervorh. hinzugefügt).

Die bislang nicht in Kraft getretene Klausel wurde – dies bestätigen die umfänglichen rechtsvergleichenden Erwägungen des spanischen Staatsrats ausdrücklich[150] – der Gesamtverweisung in Art. 8 Abs. 4 der portugiesischen Verfassung nachgebildet. In eine ähnliche Richtung deuten im Übrigen auch die Reformbestrebungen in den Niederlanden.[151]

b) Konzeption

Bei der Verweisung handelt es sich regelungstechnisch um ein typisches Instrument des Internationalen Privatrechts (IPR).[152] Mit Blick auf die Konzeption stellen sich zuvörderst zwei Fragen. Erstens, welche unionsrechtlichen Grundsätze sind von der Verweisung umfasst? Zweitens, ist die Verweisung als eine rein deklaratorisch-bestätigende oder vielmehr als eine konstitutiv-präskriptive Bestimmung angelegt?

Für die Beantwortung der *ersten Frage* kann als gesichert gelten, dass die in Art. 3a Abs. 3 Verf-SLO enthaltene Verweisung sowohl die Rechtsanwendungsprinzipien als auch die Kollisionsnorm des Unionsrechts umfasst.[153] Sie kann daher in Anlehnung an das IPR dogmatisch als eine sog. *Gesamtverweisung* charakterisiert werden. Darunter ist eine Verweisung zu verstehen, die auch das Kollisionsrecht derjenigen Rechtsordnung einbezieht, auf die verwiesen wird.[154] Auf Basis von Art. 3a Abs. 3 Verf-SLO hat das slowenische Verfassungsgericht dementsprechend nicht nur die unmittelbare Anwendbarkeit, sondern auch den Vorrang des Unionsrechts in einer Entscheidung aus dem Jahr 2004 anerkannt.[155] Der Rekurs auf das Vorrangprinzip im kollisionsrechtlichen Sinne zeigte sich insbesondere daran, dass sich das Gericht in seiner Entscheidung entgegen dem Vorbringen des Beschwerdeführers nicht veranlasst sah, die Unanwendbarkeit innerstaatlicher, europarechtswidriger Normen zu-

---

150 Ebd., S. 91 ff.

151 Vgl. *L. F. M. Besselink* et al., De *Nederlandse Grondwet* en de Europese Uni (2004), S. 210. Dazu *T. van den Brink*, Implementing European Union Law in the Netherlands: the Current System, its Limitations and Possible Alternatives, EPL 12 (2006), S. 111 (115).

152 Zur Dogmatik der Verweisung im IPR vgl. etwa *C. v. Bar/P. Mankowski*, Internationales Privatrecht I (2. Aufl. 2003), § 7.

153 Für Slowenien vgl. *M. Pogačnik /M. Starman/P. Vehar*, Slovenia, in: A.E. Kellermann et al. (Hrsg.), The Impact of EU Accession on the Legal Orders of New Member States and (Pre-)Candidate Countries (2006), S. 179 (185).

154 Vgl. bereits RG, Urt. v. 15.02. 1912 – IV 302/11 – 6. Absatz d. Urteilsgründe = RGZ 78, 234 (237) sowie in der Folge BGH, Urt. v. 14.02. 1958 – VIII ZR 10/57 – Urteilsgrund I = NJW 1958, S. 750 (751) sowie Urt. v. 13.03. 1984 – VI ZR 23/82 – Rn. 9 = BGHZ 90, 294 (297). Aus der Literatur vgl. *H. J. Sonnenberger*, in: MüKO, BGB, Bd. X (4. Aufl. 2006), Einleitung, Rn. 484 sowie *R. Hausmann*, in: Staudinger (Neubearb. 2003), BGB, Art. 4 EGBGB, Rn. 5, 50. *M. Sonnentag*, Der Renvoi im Internationalen Privatrecht (2001), S. 4 f. m. w. N. plädiert demgegenüber der dogmatischen Sauberkeit wegen für die Begriffe „Kollisionsnormverweisung", „Kollisionsrechtsverweisung" oder „IPR-Verweisung".

155 Slowen. VerfG, Beschl. v. 8. 7. 2004 – Nr. Up-328/04 und U-I-186/04 – *Insolvenzverfahren*, zitiert nach *M. Škrk*, The Role of the Constitutional Court of the Republic of Slovenia Following Integration into the European Union, in: A.M. Mavčič (Red.), The Position of Constitutional Courts Following Integration into the European Union (2004), S. 137 (147).

sätzlich von der Frage ihrer (mittelbaren) Verfassungswidrigkeit abhängig zu machen.[156] Eingeschränkt ist die slowenische Verweisung in ihrem Anwendungsbereich insoweit, als sie sich ausweislich ihres Wortlautes ausschließlich auf das Sekundärrecht bezieht.[157]

Über Art. 8 Abs. 4 Verf-POR gibt es bis heute hingegen vergleichsweise wenig Literatur oder praktisches Anschauungsmaterial, das einem nicht portugiesisch-sprachigen Publikum zugänglich wäre. Bereits die Übersetzung der Norm bereitet Schwierigkeiten. Die gängige deutsche Übersetzung lehnt sich vom Stil her an die klassischen, völkerrechtsbezogenen Klauseln an. Danach „gelten" Primärrecht und Sekundärrechtsakte nach Maßgabe der von der Union aufgestellten Grundsätze „als Bestandteil der nationalen Rechtsordnung".[158] Indes spricht der portugiesische Originalwortlaut („sao aplicáveis na ordem interna") eher für eine Übersetzung im oben wiedergegebenen Sinne unter der Betonung, dass das Unionsrecht in der internen Rechtsordnung nach Maßgabe der von der Union aufgestellten Grundsätze *anwendbar* ist.[159] Aus den einleitend benannten Gründen kann aber die terminologische Genauigkeit im Rahmen der Analyse nicht überstrapaziert werden. Entscheidend ist vielmehr die Funktion des portugiesischen Verweisungsmodells. Die Anfrage bei wissenschaftlichen Größen des Europa- und Verfassungsrechts in Portugal[160] bestätigt die Vermutung, dass die Norm als lex specialis gegenüber dem allgemein gehaltenen Art. 8 Abs. 3 Verf-POR zu verstehen ist.[161]

Art. 8 Abs. 4 Verf-POR erstreckt sich dabei neben der Frage von Geltung und ggf. unmittelbarer Wirkung des sekundären und primären Unionsrechts außerdem auf das Vorrangprinzip. Dafür spricht insbesondere, dass die Vorschrift im Jahr 2004 speziell im Kontext des VVE und der darin enthaltenen Vorrangklausel in die portu-

---

[156] Vgl. *M. Škrk*, a.a.O., S. 147f.

[157] Anders als Art. 3a Abs. 3 Verf-SLO bezieht sich Art. 8 Verf-SLO demgegenüber allgemein auf die Stellung völkerrechtlicher Verträge, namentlich ihren übergesetzlichen (aber nicht überverfassungsrechtlichen!) Rang (S. 1) sowie ihre unmittelbare Anwendbarkeit (S. 2). Gleichwohl wird in der Literatur gefordert, für das geltende Primärrecht dieselben Regeln anzuwenden wie für das Sekundärrecht, vgl. M. Škrk, a.a.O., S. 148.

[158] Übersetzung von *A. Thomashausen/J.-J. Neuss/A. Rathenau/M. Hoffmann*, in: A. Kimmel/C. Kimmel (Hrsg.), Die Verfassungen der EU-Mitgliedstaaten (6. Aufl. 2005), S. 593ff.

[159] Für die Unterstützung in sprachlicher Hinsicht dankt der Verfasser in diesem Zusammenhang ganz herzlich *Ines Nolasco*.

[160] Für die Beantwortung mehrerer Anfragen im Zusammenhang mit Art. 8 Abs. 4 Verf-POR dankt der Verfasser herzlich *Miguel Poiares Maduro* sowie *Ana Martins Guerra*.

[161] Zuvor wurde Art. 8 Abs. 3 Verf-POR die unmittelbare Anwendbarkeit des Unionsrechts sowie dessen vorrangige Anwendung entnommen, konnte aber keinen Vorrang vor der Verfassung begründen vgl. *C. Botelho Moniz*, The Portuguese Constitution and the participation of the Republic of Portugal in the European Union, EPL 4 (1998), S. 465 (476f.). Zur Rechtsprechung portugiesischer Gerichte zum Vorrangprinzip vgl. *R.M. Moura Ramos*, in: A.E. Kellermann et al. (Hrsg.), EU-Enlargement – The Constitutional Impact at EU and National Level (2001), S. 131 (136ff.), der besonders die offene Haltung des portugiesischen Verfassungsgerichts hervorhebt, Vorabentscheidungsersuchen an den EuGH zu richten.

giesische Verfassung aufgenommen wurde.[162] Auch die rechtsvergleichende Einordnung seitens des spanischen Staatsrates, der den portugiesischen Ansatz dem eigenen Textvorschlag zugrunde legte, bestätigt die Lesart einer das Vorrangprinzip einschließenden Gesamtverweisung. Denn der spanische Staatsrat wollte durch die Übernahme des portugiesischen Modells gerade den Vorrang des Unionsrechts im kollisionsrechtlichen Sinne sichergestellt wissen.[163] Losgelöst von der konkreten Rechtslage in Slowenien und Portugal spricht zudem die enge konzeptionelle Verknüpfung von unmittelbarer Anwendbarkeit und Vorrangprinzip auf Ebene des Unionsrechts für die Annahme einer Gesamtverweisung, die neben der Frage von innerstaatlicher Normgeltung und Anwendbarkeit zugleich das Vorrangprinzip umfasst.

Auf die *zweite Frage* nach dem normativen Gehalt des Verweisungsmodells gibt es zwei mögliche Antworten.[164] Die Verweisung kann einerseits lediglich deklaratorischer Ausdruck einer ohnehin bestehenden Rechtslage sein. Die Norm diente dann allein Zwecken verfassungsrechtlicher Transparenz und Klarheit. Dies entspricht einer unionsfreundlichen Lesart, versteht man die verfassungsrechtliche Vorschrift insoweit doch lediglich als bloßen Hinweis auf die genuin autonome Rechtslage auf supranationaler Ebene. Andererseits kann die Verweisung aber auch als Bestimmung mit konstitutivem Charakter verstanden werden, d.h. als eine Norm, welche selbst den verfassungsrechtlichen Rechtsgrund für die Anwendung der unionsrechtlichen Prinzipien bildet. Genau dieses Verständnis ist es, das der Verweisungsklausel der slowenischen Verfassung unterlegt wird.[165]

Für Portugal fehlt eine herrschende bzw. gerichtlich bestätigte Auslegung derzeit noch. Die bislang dominierende Sicht auf das Verhältnis von Unionsrecht und portugiesischem Verfassungsrecht[166] legt es gleichwohl nahe, von einem präskriptiven Charakter, und damit letztlich von der Annahme der übergeordneten Stellung der Verfassung auszugehen. Für ein solches Verständnis sprechen insbesondere die in

[162] Die Einfügung erfolgte im Rahmen der 6. Verfassungsänderung durch Verfassungsgesetz 1/2004 v. 24. 7. 2004.

[163] Span. Staatsrat (*Consejo de Estado*), Bericht v. 16. 2. 2006, Nr. E 1/2005, S. 91 ff. Näher zum spanischen Verständnis des Vorrangprinzips im kollisionsrechtlichen, ordnungsübergreifenden Sinne (sog. *primacía*) vgl. Teil 2 – Kapitel 11 – III. 2.

[164] Dass von einem theoretischen Standpunkt aus beide Varianten denkbar sind, zeigt etwa die Debatte in Ungarn um die Einführung der letztlich nicht in geltendes Recht überführten Norm, vgl. *P. Sonnevend*, Offene Staatlichkeit, in: IPE II (2008), § 25 Ungarn, Rn. 16 (dort auch Fn. 45).

[165] *C. Ribičič*, Implementing European Standards into the case-law of the Constitutional Court, in: A. M. Mavčič (Red.), The Position of Constitutional Courts Following Integration into the European Union (2004), S. 119 (126).

[166] Vgl. dazu etwa *M. Poiares Maduro*, EU Law and National Constitutions: Portugal, unveröffentlichtes Manuskript für: BIICL (Hrsg.), F.I.D.E. XX Congress London, Vol. 1 (2002), ehemals abrufbar unter www.fide2002.org m. w. N.; *R. Machete*, Rapport portugais, in: F. I. D. E. (Hrsg.), 17. F. I. D. E.-Kongress Berlin, Bd. 1: Le droit constitutionnel national et l'intégration européenne (1996), S. 394; *C. Botelho Moniz*, The Portuguese Constitution and the participation of the Republic of Portugal in the European Union, EPL 4 (1998), S. 465 ff.; *R. M. Moura Ramos*, The Adaptation of the Portuguese Constitutional Order to Community Law, in: A. E. Kellermann et al. (Hrsg.), EU-Enlargement – The Constitutional Impact at EU and National Level (2001), S. 131 ff.

Art. 8 Abs. 4 Verf-POR ausdrücklich festgehaltenen Verweisungsschranken der „fundamentalen Prinzipien des demokratischen Rechtsstaats“, die bereits für die alte Rechtslage als (nationale) Grenzen von Geltung und vorrangiger Anwendbarkeit des Unionsrechts genannt wurden.[167] Die Konstruktion der Klausel ließe es freilich auch zu, hier einen Rekurs auf die *unionsrechtlichen* Grundprinzipien i. S. d. Art. 2 EUV zu erblicken. Eine solche Lesart würde einerseits bestimmte Grenzen der vorrangigen Anwendbarkeit des Unionsrechts anerkennen, diese aber andererseits im Sinne des europäischen Verbundgedanken auf Ebene des Unionsrechts verorten.

VI. Fazit und Textvorschlag: Gesamtverweisung als zukunftsweisendes Modell

Fasst man die Ergebnisse der vorangestellten Überlegungen zur Frage der innerstaatlichen Geltung und Anwendbarkeit des Unionsrechts aus Sicht des nationalen Verfassungsrechts zusammen, so kann zunächst zwischen materieller und formeller Ebene differenziert werden.

Auf der *materiellen Ebene* gilt es zudem zwei Zugänge zur Frage der innerstaatlichen Geltung und Anwendbarkeit des Unionsrechts zu unterscheiden, nämlich die grundsätzliche Anerkennung der autonomen Geltung und Anwendbarkeit des Unionsrechts einerseits sowie ihre Rückführung auf das nationale Recht andererseits. In der Gesamtschau wird deutlich, dass das Verfassungsrecht der Mitgliedstaaten – entgegen der Auffassung des EuGH – von der Vorstellung einer nationalen Geltungsbegründung dominiert wird, wenngleich die Unterschiede in der Praxis nicht immer trennscharf sind. Vereinzelt gibt es auch Mittelwege zu beobachten, die zwar konzeptionell auf der Anerkennung der autonomen Geltungsbegründung des Unionsrechts aufbauen, sich im Ergebnis aber denjenigen Verfassungsordnungen annähern, in denen das Unionsrecht auf das geltungsvermittelnde Medium des nationalen Rechts gestellt wird.

Was die *formelle Seite* anbelangt, so überwiegen derzeit zahlenmäßig noch die Verfassungsordnungen ohne eine ausdrückliche Regelung der innerstaatlichen Geltung und Anwendbarkeit des Unionsrechts. Gleichwohl ist der Trend hin zu textlicher Ausdifferenzierung zu erkennen. In zunehmendem Umfang finden sich Spezialregelungen, die den Komplex der innerstaatlichen Geltung und Anwendbarkeit – ggf. einschließlich der Vorrangproblematik – gesondert regeln. Prominenteste Beispiele sind die Verfassungen Sloweniens (Art. 3a Abs. 1 Verf-SLO Übertragung und Art. 3a Abs. 3 Verf-SLO Rechtsanwendung) sowie Portugals (Art. 7 Abs. 6 Verf-POR Übertragung und Art. 8 Abs. 4 Verf-POR Rechtsanwendung), aber auch der Entwurf des spanischen Staatsrat aus dem Jahr 2006.

Vergleicht man die verschiedenen Ansätze, liegen die Vorteile einer ausdrücklichen Gesamtverweisung auf der Hand. Zunächst einmal handelt es sich um ein Re-

---

[167] So *M. Poiares Maduro*, a.a.O., S. 2 f.

gelungsmodell, das textlich sowohl mit einem genuin supranationalen Ansatz (dann verstanden als deklaratorische Verweisung) als auch mit der Vorstellung der staatsverfassungsrechtlichen Verankerung des Unionsrechts (dann im konstitutiven Sinne) grundsätzlich kompatibel ist. In jedem Fall aber trägt eine ausdrückliche Verweisungsnorm zu einer transparenten Regelungslage auf Verfassungsebene bei. Der Verweis auf das Unionsrecht macht nicht nur die Existenz eines jedenfalls (teil-)autonomen Rechtssetzungszentrums mit eigenen Geltungs- und Anwendungsregeln deutlich. Vor allem schafft er Klarheit mit Blick auf die Rechtsfolgen: Das Unionsrecht wird unmittelbar und vorrangig angewendet, soweit es das Unionsrecht so bestimmt. Dies bekräftigt zudem das Verständnis bzw. die normative Einsetzung der nationalen Organe – speziell der Judikative – als europäische Akteure. Zugleich ist die Verweisung als dynamische Regelungstechnik auf Änderungen und künftige Entwicklungsprozesse des Unionsrechts ausgelegt.[168] Die Verweisungsnorm vereint somit verfassungsrechtliche Klarheit mit inhaltlich-dynamischer Kongruenz gegenüber dem Unionsrecht.

Allenfalls dann, wenn die Verweisung – wie etwa Art. 8 Abs. 4 Verf-POR oder der Entwurf des spanischen Staatsrates – zugleich verfassungsrechtliche Grenzen zieht, kann es im Ausnahmefall zu Abweichungen von der Grundregel kommen, dass sich die Anwendungsprinzipien des Unionsrechts im innerstaatlichen Rechtsraum ausschließlich nach Unionsrecht richten. Aber selbst dann schafft die Verweisung jedenfalls insoweit Klarheit, als die Grenzziehung unmittelbar im positiven Recht offen gelegt wird.

Dass sich die textliche Deutungsoffenheit zwischen konstitutiv-anordnendem Verständnis einerseits und deklaratorisch-bestätigender Auslegung andererseits nicht gänzlich auflösen lässt, spricht im Übrigen nicht gegen das Verweisungsmodell. Eine gewisse Restunsicherheit ist aus einem Normtext nie ganz zu verbannen und bleibt bei positivrechtlichen Lösungsansätzen regelmäßig bestehen. Selbst eine präzise formulierte Klausel – zumal auf Ebene des Verfassungsrechts – entbehrt nicht der Auslegung im konkreten Einzelfall.[169] Zudem handelt es sich bei der Geltungsbegründung um eine Fragestellung, die bereits ihrer Natur nach über die Grenzen des positivrechtlich Normierbaren hinausweist.[170] In diesem Zusammenhang kann nur

[168] Eine Änderung der seit Jahrzehnten grundlegenden Doktrin der unmittelbaren Anwendbarkeit und des Vorrangs ist freilich eher theoretischer Natur. Allerdings können sich durchaus Detailfragen ergeben, etwa wenn man an die Bereiche der ehemals zweiten oder dritten Säule denkt, vgl. jüngst etwa *A. Hinarejos*, On the Legal Effects of Third Pillar Measures: Directly Effective, Directly Applicable, Self-Executing, Supreme?, ELJ 14 (2008), S. 620 ff.

[169] *H.-G. Gadamer* charakterisiert das menschliche „Wissen" um Recht als stets „vom Einzelfall her ergänzt, ja geradezu produktiv bestimmt.", vgl. *H.-G. Gadamer*, Wahrheit und Methode (6. Aufl. 1990), S. 44.

[170] Klassisch in diesem Sinne ist die *Kelsen*'sche Theorie der Grundnorm als eines transzendental-logischen Ausgangs- bzw. Endpunktes der normativen Ableitungskette, wobei gerade die Grundnorm selbst keine Norm im positivrechtlichen Sinne, sondern vielmehr nur eine gedachte Norm bzw. eine Annahme ist, die den ansonsten drohenden infiniten Regress beendet, vgl. eingehend *H. Kelsen*, Reine Rechtslehre (2. Aufl. 1960 – Nachdruck 1967), S. 196 ff.

vor den Scheinsicherheiten gewarnt werden, welche die argumentative Rückführung auf „letzte Quellen“ oder einen „zureichenden Grund“ allenfalls zu erzeugen vermag.[171] Aus der auch im Falle einer positivrechtlichen Regelung verbleibenden Deutungsoffenheit in Bezug auf die innerstaatliche Geltungsbegründung des Unionsrechts lässt sich somit für sich genommen noch kein stichhaltiges Argument gegen die Verwendung des Verweisungsmodells ableiten.

Fasst man die oben stehenden Erwägungen im Spiegel des Verfassungsvergleichs in einen Textvorschlag zusammen, muss man sich darüber im Klaren sein, dass er keinen interpretations- oder gar konfliktfreien Raum zurücklassen wird.

Ein die zentrale Idee der Gesamtverweisung textlich einfangender Vorschlag könnte sich eng an dem Beispiel der portugiesischen Klausel orientieren, die – wie insbesondere der spanische Staatsrat zeigt – sich auch in andere Verfassungsordnungen einpassen lässt. Das Grundmodell könnte wie folgt lauten:

„Die Geltung des Rechts der Europäischen Union und seine Anwendung in [Mitgliedstaat] X richten sich nach den der Rechtsordnung der Union eigenen rechtlichen Grundsätzen.“

Im Unterschied zu den bislang existierenden Klauseln differenziert dieser Entwurf textlich genauer zwischen Geltung und Anwendbarkeit des Unionsrechts. Ansonsten spricht er verkürzt schlicht von „Recht der Europäischen Union“ als einem Oberbegriff für Primär- und Sekundärrecht. Dies könnte man freilich auch ausdifferenzieren, insbesondere wenn man die Klausel, etwa nach dem Vorbild des spanischen Entwurfs, um eine Klarstellung hinsichtlich der Kompetenzmäßigkeit der betreffenden Akte des Unionsrechts ergänzen wollte. Entschiede man sich zudem dazu, die Klausel unmittelbaren verfassungsrechtlichen Schranken zu unterwerfen, könnte folgender Halbsatz hinzugefügt werden, der auf die Bestandsgrenze der Integrationsermächtigung abgestimmt wäre:

„(...), unter Einhaltung der identitätstragenden Grundsätze dieser Verfassung.“

Diese Modifikationen wären dann in erster Linie Ansatzpunkte für eine Relativierung des Vorranganspruches des Unionsrechts und entsprächen Forderungen nach einer defensiven Ausrichtung des nationalen Europaverfassungsrechts. Hier zeigt sich abermals, dass die Frage der Geltungs- und Anwendungsregime regelmäßig die Weichen für die Lösung der Vorrangfrage stellt.

---

171 Vgl. in diesem Sinne *A. Peters*, Elemente einer Theorie der Verfassung Europas (2001), S. 148.

Kapitel 11

Kollisionsnormen und Vorrangproblematik

Scheinbar fern der staatlichen Akteure und, nach dem bekannten Diktum von *Eric Stein*, versteckt im „Feenreich" Luxemburg,[1] postulierte der EuGH bereits im Jahr 1964 den umfänglichen Anwendungsvorrang des Unionsrechts vor nationalem Recht.[2] Er schuf damit einen der grundlegenden verfassungsrechtlichen Pfeiler des Unionsrechts, der Wissenschaft und Gerichte seit Anbeginn der Integrationsentwicklung fortlaufend beschäftigt hat.[3] Weniger die Konzeption des EuGH selbst,[4] als vielmehr ihre Akzeptanz und Durchsetzung im Verfassungsrecht der Mitgliedstaaten sind ein Problemkomplex von anhaltender Aktualität, der bis zum heutigen Tag durch eine zumindest partielle Ergebnis- und Entwicklungsoffenheit gekennzeichnet ist.[5]

Der dem Vorrangproblem eigene Schwebezustand lässt sich nicht nur als normtheoretisches bzw. ordnungsbezogenes Problem beschreiben.[6] Er stellt sich in Bezug auf die handelnden Akteure insbesondere als ebenenübergreifender Konflikt der Judikative dar, weshalb der gerichtlichen Perspektive im Folgenden eine besonders herausgehobene Bedeutung zukommt.

---

[1] Klassisch *E. Stein*, Lawyers, Judges, and the Making of a Transnational Constitution, AJIL 75 (1981), S. 1 (1): „Tucked away in the fairyland Duchy of Luxembourg and blessed, until recently, with benign neglect by the powers that be and the mass media, the Court of Justice of the European Communities has fashioned a constitutional framework for a federal-type Europe".

[2] EuGH, Urt. v. 15. 7. 1964 – Rs. 6/64 – *Costa/ENEL*, Slg. 1964, S. 1251 (1269 f.). In der Folge grundlegend zudem Urt. v. 17. 12. 1970 – Rs. 11/70 – *Internationale Handelsgesellschaft*, Slg. 1970, S. 1125 ff. (Rn. 3 f.); Urt. v. 9. 3. 1978 – Rs. 106/77 – *Simmenthal II*, Slg. 1978, S. 629 ff. (Rn. 17 ff.); Urt. v. 19. 6. 1990 – Rs. C-213/89 – *Factortame I*, Slg. 1990, S. I-2433 ff. (Rn. 18 ff.); Urt v. 22. 10. 1998 – verb. Rs. C-10/97 bis 22/97 – *IN.CO.GE'90*, Slg. 1998, S. I-6397 ff. (Rn. 21).

[3] Einen Überblick über die hierzu mittlerweile erschienene Literatur zu geben, würde den Rahmen einer Fußnote sprengen. Vgl. für einen entwicklungsgeschichtlichen, interdisziplinären Ansatz insbesondere *K. J. Alter*, Establishing the Supremacy of European Law (2001).

[4] Sofern an der konzeptionellen Beschränkung der EuGH-Rechtsprechung auf einen Anwendungsvorrang (im Gegensatz zu einem Geltungsvorrang) aufgrund des *Simmenthal-II*-Urteils Zweifel bestanden haben mögen, wurden diese seitens des EuGH jedenfalls spätestens mit Urt v. 22. 10. 1998 – verb. Rs. C-10/97 bis 22/97 – *IN.CO.GE'90*, Slg. 1998, S. I-6397 ff. (Rn. 21) beseitigt. Vgl. bereits Teil 1 – Kapitel 1 – II. 1. Demnach könne „aus dem Urteil Simmenthal *nicht hergeleitet werden*, dass die Unvereinbarkeit einer später ergangenen Vorschrift des innerstaatlichen Rechts mit dem Gemeinschaftsrecht dazu führt, dass diese Vorschrift *inexistent* ist. In dieser Situation ist das nationale Gericht vielmehr verpflichtet, diese Vorschrift *unangewendet* zu lassen (...)" (Hervorh. hinzugefügt).

[5] Von einem „ungeregelten" Verhältnis spricht insoweit *A. v. Bogdandy*, Grundprinzipien, in: ders./J. Bast (Hrsg.), Europäisches Verfassungsrecht (2. Aufl. 2009), S. 13 (42).

[6] Vgl. zum Problemkreis jüngst *N. Walker*, Beyond boundary disputes and basic grids: Mapping the global disorder of normative orders, ICON 6 (2008), S. 415 ff.; *M. Rosenfeld*, Rethinking constitutional ordering in an era of legal and ideological pluralism, ICON 6 (2008), S. 415 ff.; *A. v. Bogdandy*, Pluralism, direct effect, and the ultimate say: On the relationship between international and domestic constitutional law, ICON 6 (2008), S. 397 ff.

In Bezug auf die innerstaatliche Resonanz des Vorrangprinzips muss in analytischer Perspektive zwischen dem Vorrang gegenüber *unterverfassungsrechtlichem Recht* der Mitgliedstaaten einerseits und gegenüber nationalem *Verfassungsrecht* andererseits differenziert werden. Während der Vorrang gegenüber unterverfassungsrechtlichen Normen mittlerweile praktisch einhellig anerkannt ist (hierzu in gebotener Kürze I.), hat sich als eigentliches Kernproblem der Vorrang vor *nationalem Verfassungsrecht*, insbesondere vor grundlegenden verfassungsrechtlichen Kerngehalten, herauskristallisiert. Diese vielbeachtete Problematik hat im Laufe der Zeit recht unterschiedliche Lösungsangebote im Verfassungsrecht der Mitgliedstaaten hervorgebracht, wobei in jüngerer Zeit interessante Neuentwicklungen zu beobachten sind. Die einzelnen Modelle können hierbei in ein Verhältnis gradueller Abstufung eingeordnet werden, was die Reichweite der Anerkennung des Vorrangprinzips betrifft. Im Grundsatz ist zwischen Verfassungsordnungen zu unterschieden, die den Vorrang des Unionsrechts vor dem nationalen Verfassungsrecht umfänglich im Sinne des EuGH anerkennen (hierzu II.), solchen, die trotz grundsätzlicher Anerkennung dem Vorranganspruch äußerste Grenzen durch das innerstaatliche Verfassungsrecht ziehen (hierzu III.) und schließlich solchen, die konzeptionell bei einem Vorrang der Verfassung gegenüber dem Unionsrecht ansetzen (hierzu IV.). Eine solche Einteilung kann freilich allenfalls eine grobe Orientierungshilfe für den Einstieg in die notwendige Detailanalyse sein. Auf Basis einer solchen Detailanalyse zeigt sich zudem, dass der Lösung eines Konfliktes mit kollisionsrechtlichen Mitteln häufig das präventive Bemühen um Kollisionsvermeidung im Wege (wechselseitiger) Konformauslegung vorgelagert ist (hierzu V.). Dies lässt abschließend eine Bewertung von Möglichkeiten und Grenzen kollisionsrechtlicher Ansätze in Bezug auf das Verhältnis von nationaler und europäischer Verfassungsebene zu (hierzu VI.).

I. Vorrang vor unterverfassungsrechtlichem Recht

Was zunächst den Vorrang des Unionsrechts vor nationalem Recht im Rang *unterhalb der Verfassung* betrifft, kann festgehalten werden, dass seine Durchsetzung nach heutigem Stand in den EU-Mitgliedstaaten einhellig gewährleistet ist.

1. Lex-posterior- und implied-repeal-Problematik

Hielten einige innerstaatliche Gerichte der effektiven Durchsetzung des Vorrangs in früheren Jahren der Integration noch zuweilen die *lex-posterior*-Regel bzw. die Doktrin des *implied repeal* entgegen, so kann dieser Problemkreis mittlerweile als gelöst gelten.

Dies gilt insbesondere für die Rechtsprechung des französischen Staatsrats (*Conseil d'Etat*), die über einen vergleichsweise langen Zeitraum hinweg von Widerstand gegen den Vorranganspruch des Europarechts in Bezug auf zeitlich nachfolgende Gesetze und untergesetzliche Rechtsakte geprägt war. Während sich die ordentliche Gerichtsbarkeit in Frankreich mit dem Kassationsgerichtshof (*Cour de cassation*) an der Spitze weniger schwer mit der Anerkennung des europarechtlichen Vorrangs vor zeitlich nachfolgenden Gesetzen tat,[7] schwenkte der Staatsrat erst mit der bekannten Grundsatzentscheidung *Nicolo* im Jahr 1989 auf diese Linie ein.[8] Als Konfliktfeld verblieb bis in die jüngste Vergangenheit hinein die Anerkennung der unmittelbaren Wirkung von Richtlinien in verwaltungsgerichtlichen Verfahren, in denen ein Einzelner gegen eine individuelle Verwaltungsentscheidung vorgeht. Die Berufung auf eine Richtlinie in einer solchen Situation hatte der Staatsrat in seiner viel ktitisierten *Cohn-Bendit*-Entscheidung aus dem Jahr 1978 abgelehnt, da seiner Auffassung nach Art. 288 Abs. 3 AEUV (ex-Art. 249 Abs. 3 EG, bzw. 189 Abs. 3 EWGV) eine solche Auslegung nicht zulasse.[9] Auch diese Problematik kann jedoch als gelöst gelten, da der Staatsrat in einer Grundsatzentscheidung vom 30. Oktober 2009 ausdrücklich die unmittelbare Wirkung von Richtlinien auch für die genannten Konstellationen anerkennt und sich selbst als „juge de droit commun" des Unionsrechts zu ihrer Durchsetzung berufen sieht.[10]

---

[7] Der französische Kassationsgerichtshof (*Cour de cassation*) als höchstes ordentliches Gericht hatte bereits im Jahr 1975 den Vorrang des Europarechts auch vor zeitlich nachfolgenden Gesetzen anerkannt, franz. Kassationsgerichtshof, Entsch. v. 24. 5. 1975 – Nr. 73-13556 – *Jacques Vabre.*

[8] Franz. Staatsrat, Entsch. v. 20. 10. 1989 – Nr. 108243 – *Nicolo.* Zuvor hatte der Staatsrat den Vorrang des Europarechts vor zeitlich nachfolgenden Gesetzen für mehr als zwanzig Jahre abgelehnt, franz. Staatsrat, Entsch. v. 1. 3. 1968 – Nr. 62814 – *Syndicat général des fabricants de semoules de France*, Rec. S. 149. In der Folge der *Nicolo*-Entscheidung erkannte der Staatsrat sodann sukzessive den Vorrang von unionsrechtlichen Verordnungen und von Richtlinien gegenüber dem nachfolgenden innerstaatlichen Gesetz an, vgl. franz. Staatsrat, Entsch. v. 24. 9. 1990, *Boisdet*, Rec. 251 sowie Entsch. v. 28. 2. 1992, *S. A. Rothmans International France u.a.*, Rec. 78.

[9] Franz. Staatsrat, Entsch. v. 22. 12. 1978 – Nr. 11604 – *Cohn-Bendit.* Zur Kritik vgl. *C. Tomuschat*, La justice – c'est moi, EuGRZ 1979, S. 257 ff.

[10] Franz. Staatsrat, Entsch. v. 30. 10. 2009 – Nr. 298348 – *Mme P.* In dem Verfahren klagte Frau *Perreux* gegen die Ablehnung ihrer Bewerbung auf eine Stelle an der Nationalen Richterschule (Ecole nationale de la magistrature), wobei die Ablehnung ihrer Auffassung nach im Zusammenhang mit ihrer gewerkschaftlichen Tätigkeit stand. Der Staatsrat gesteht in seiner Entscheidung nunmehr erstmals einem Kläger zu, sich im Rahmen eines gegen eine individuelle Verwaltungsentscheidung gerichteten Gerichtsverfahrens unmittelbar auf Bestimmungen einer Richtlinie zu berufen, die präzise und unbedingt sind und deren Umsetzungsfrist abgelaufen ist. Damit weicht der Staatsrat von seiner viel kritisierten Entscheidung v. 22. 12. 1978 – Nr. 11604 – *Cohn-Bendit* ab und folgt insoweit den Schlussanträgen des Rapporteur publique *Mattias Guyomar*, abrufbar unter http://bruxelles.blogs.liberation.fr/Perreux-Guyomar.pdf (1. 9. 2010). Die Entscheidung im Fall *Mme P.* bildet damit einen vorläufigen Schlussstein auf dem Weg zur Durchsetzbarkeit von Richtlinienbestimmungen vor den französischen Verwaltungsgerichten. In mehreren Entscheidungen zuvor hatte der Staatsrat bereits seine strikte Ablehnung einer unmittelbaren Richtlinienwirkung insoweit aufgeweicht, als er Gesetze oder Verordnungen im Einzelfall unangewendet ließ, die gegen Bestimmungen einer Richtlinie verstießen. Damit konnten mittelbar auch individuelle Verwaltungsentscheidungen zu Fall gebracht werden, soweit sie auf richtlinienwidrigen Gesetzen oder Verordnungen beruhten, vgl. franz. Staatsrat, Entsch. v. 28. 9. 1984, *Confédération nationale des sociétés de la protection des animaux*, Rec. 512; Entsch. v. 7. 12. 1984, *Fédération française des sociétés de la protection de la nature*, Rec. 410; Entsch. v. 3. 2. 1989, *Alitalia*, Rec. 44; Entsch. v. 28. 2. 1992, *S. A. Rothmans International France u.a.*, Rec. 78 sowie Entsch. v. 28. 2. 1992, *Société Arizona Tobacco Products u. a.*, Rec. 81.; Entsch. v. 24. 2. 1999, *Association des patients de la médecine d'orientation anthroposophique.* Allerdings

In Großbritannien stellte der Vorranganspruch eine besondere Herausforderung für einen der grundlegendsten Pfeiler der britischen Verfassungsarchitektur, den Grundsatz der Parlamentssouveränität (*parliamentary sovereignty*) und dem aus ihm folgenden Grundsatz des *implied repeal* dar.[11] Was die Zuordnung von britischer Parlamentssouveränität und unionsrechtlichem Vorranganspruch betrifft, hat die britische Gerichtspraxis bis zum heutigen Tag mehrere Entwicklungsstadien durchlaufen,[12] wobei der Vorrang des Unionsrechts in der Praxis mittlerweile umfänglich gewährleistet wird.[13] Die erste Grundsatzentscheidung erging bereits im Jahr 1980 im Fall *Macarthys Ltd v. Smith*. Der britische Berufungsgerichtshof (*Court of Appeal*) hatte zunächst dem EuGH eine Frage im Vorabentscheidungsverfahren vorgelegt, die im Zusammenhang mit dem britischen Antidiskriminierungsrecht stand.[14] Der EuGH bejahte in der Folge nicht nur die unmittelbare Anwendbarkeit von Art. 157 AEUV (ex-Art. 141 EG, 119 EWGV), sondern wendete das darin verankerte geschlechtliche Diskriminierungsverbot auch auf Situationen an, in denen eine weibliche Arbeitnehmerin schlechter bezahlt wurde als ein männlicher Arbeitnehmer, der

---

hält der Staatsrat im Fall *Mme P.* die fragliche Bestimmung in Art. 10 der Antidiskriminierungsrichtlinie 2000/78/EG letztlich nicht für unmittelbar anwendbar, da sie es in das Ermessen der Mitgliedstaaten stellt, eine die Kläger begünstigende Beweislastumkehr auf Verfahren anzuwenden, in denen der Untersuchungsgrundsatz gilt. Die Klage von Frau *Perreux* wurde im Ergebnis also abgewiesen. Zur Entscheidung vgl. nunmehr *C. Charpy*, The *Conseil d'Etat* Abandons Its *Cohn Bendit* Case-Law; *Conseil d'Etat*, 30 October 2009, *Mme Perreux*, EuConst 6 (2010), S. 123 ff.

[11] Klassisch *H. W. R. Wade*, The Basis of Legal Sovereignty, CLJ 13 (1955), S. 172 (174) unter Rückbezug auf *Coke*, *Blackstone* und *Dicey*. Vgl. zur jüngeren Diskussion auch *K. A. Armstrong*, United Kingdom – Divided on Sovereignty?, in: N. Walker (Hrsg.), Sovereignty in Transition (2003), S. 327 ff. Zur *parliamentary sovereignty* bereits Teil 2 – Kapitel 3 – I. 3. c) im Kontext des Souveränitätsbegriffs.

[12] Für einzelne Etappen der Rechtsprechung vgl. *D. Chalmers*, The Application of EU-Law in the United Kingdom: 1994 to 1998, CMLRev. 37 (2000), S. 83 ff.; *J. Dutheil de la Rochère/N. Grief/E. Saulnier*, L'application du droit communautaire par les juridictions britanniques (2002–2003), RTDeur. 40 (2004), S. 363 ff.; *E. Saulnier-Cassia*, L'application du droit communautaire par les juridictions britanniques (2003–2004), RTDeur. 41 (2005), S. 105 ff. sowie für die Zeit bis 1998 *M. Andenas/F. Jacobs*, European Community Law in the English Courts (1998) bzw. bis 2000 *S. Rajani*, Die Geltung und Anwendung des Gemeinschaftsrechts im Vereinigten Königreich von Großbritannien und Nordirland (2000).

[13] Diese Gesamteinschätzung teilen *P. P. Craig*, Report on the United Kingdom, in: A.-M. Slaughter/A. Stone Sweet/J. H. H. Weiler (Hrsg.) The European Court and National Courts (1998), S. 195 ff.; *ders.*, Britain in the European Union, in: J. Jowell/D. Oliver (Hrsg.), The Changing Constitution (6. Aufl. 2007), Kap. 4; *D. Oliver*, Landesbericht Vereinigtes Königreich, in: W. Kluth (Hrsg.), Europäische Integration und nationales Verfassungsrecht (2007), S. 163 (169 ff.); *P. Birkinshaw/M. Künnecke*, Offene Staatlichkeit, in: IPE II (2008), § 17 Großbritannien, Rn. 29; *P. Birkinshaw*, British Report, in: J. Schwarze (Hrsg.), Die Entstehung einer europäischen Verfassungsordnung (2000), S. 205 (236 ff.); *F. F. Ridley*, The British Constitution and Constitutional Reform in Britain, in: R. Bieber/P. Widmer (Hrsg.), L'espace constitutionnel européen – Der europäische Verfassungsraum, Zürich 1995, S. 37 (41 ff.); *A. Dashwood*, The British Way: The Cohabiting with Community Law, in: A. E. Kellermann et al. (Hrsg.), EU-Enlargement – The Constitutional Impact at EU and National Level (2001), S. 81 (83 ff.).

[14] Brit. Court of Appeal (Civil Division), Beschl. v. 25. 7. 1979 – *Macarthys Ltd v. Smith (Nr. 1)*, [1979] 3 All ER 325.

die Stelle lediglich zeitlich zuvor – aber nicht gleichzeitig – inne hatte.[15] Der britische Berufungsgerichtshof richtete sich sodann an diesem Auslegungsergebnis aus und nahm die Gelegenheit zum Anlass, sich erstmals deutlich im Sinne eines europarechtlichen Vorrangs auszusprechen.[16] Bewerkstelligt wurde die Durchsetzung des Vorrangs dabei primär im Weg der Konformauslegung britischen Rechts. In den Entscheidungsgründen betonte der damalige *Master of the Rolls*, d. h. der Vorsitzende des Zivilsenats des Berufungsgerichtshofes, *Lord Denning*, dass die Grundlage der Konformauslegung und des unionsrechtlichen Vorrangs im britischen EU-Gesetz von 1972 (*European Communities Act*) zu finden sei, genau genommen in dessen etwas kryptisch gefasstem Art. 2 Abs. 4.[17] Weitere Entscheidungen zur Frage der Konformauslegung am Maßstab des Unionsrechts folgten durch das *House of Lords*.[18]

Den Durchbruch in Sachen Vorrang aber brachten zweifelsohne die *Factortame*-Entscheidungen des *House of Lords* in den Jahren 1989 bis 1999, die im Zusammenhang um den Streit über die britischen Fischereifangquoten bzw. deren Nutzung erlassen wurden. Konkret ging es um die Vereinbarkeit des britischen *Merchant Shipping Acts* von 1988 mit Europarecht, namentlich der Niederlassungsfreiheit. Bereits den Ausführungen von *Lord Bridge* in der ersten *Factortame*-Entscheidung sind grundlegende Weichenstellungen im Hinblick auf die Modifikation des *implied-repeal*-Grundsatzes zu entnehmen.[19] Danach komme Art. 2 Abs. 4 brit. EU-Gesetz letztlich die Wirkung einer Generalvermutung dahingehend zu, der britische Gesetzgeber wolle sich grundsätzlich unionsrechtskonform verhalten. Konkret, der *Merchant Shipping Act* sei aufgrund von Art. 2 Abs. 4 des brit. EU-Gesetzes so zu verstehen, als ob er eine ausdrückliche Bestimmung enthielte, dass er nur unbeschadet des unmittelbar durchsetzbaren Unionsrechts gelte.[20] Die wohl bahnbrechendste Ent-

---

[15] EuGH, Urt. v. 27. 3. 1980 – Rs. 129/79 – *Macarthys*, Slg. 1980, S. 1275 ff. Dazu *T. R. S. Allan*, Parliamentary Sovereignty: Lord Denning's Dexterous Revolution, OJLS 3 (1983), S. 22 ff.

[16] Brit. Court of Appeal (Civil Division), Entsch. v. 17. 4. 1980 – *Macarthys Ltd v. Smith (Nr. 2)*, [1980] EWCA Civ 7.

[17] Ebd.: „It is important now to declare – and it must be made plain – that the provisions of Article 119 of the Treaty of Rome take priority over anything in our English statute on equal pay which is inconsistent with Article 119. That priority is given by our own law. It is given by the European Communities Act 1972 itself. Community law is now part of our law: and, whenever there is any inconsistency, Community law has priority. It is not supplanting English law. It is part of our law which overrides any other part which is inconsistent with it. I turn therefore to the decision given by the European Court. The answer they gave was that the man and the woman need not be employed at the same time. The woman is entitled to equal pay for equal work, even when the woman is employed after the man has left. That interpretation must now be given by all the courts in England. It will apply in this case and in any such case hereafter."

[18] Brit. House of Lords, Entsch. v. 22. 4. 1982 – *Garland v. British Rail Engineering Ltd (Nr. 2)*, [1982] UKHL 2; Entsch. v. 11. 2. 1987 – *Duke v GEC Reliance Ltd*, [1987] UKHL 10 sowie Entsch. v. 19. 10. 1995 – *Webb v EMO Air Cargo (UK) Ltd (No.2)*, [1995] UKHL 13.

[19] Brit. House of Lords, Entsch. v. 18. 5. 1989 – *R v. Secretary of State for Transport ex p Factortame (Nr. 1)*, [1989] 2 All ER 692 (HL).

[20] Ebd.: „By virtue of section 2(4) of the Act of 1972 (...) the Act of 1988 is to be construed and take effect subject to directly enforceable Community rights and those rights are, by section 2(1) of the Act of 1972, to be ‚recognised and available in law, and ... enforced, allowed and followed accor-

scheidung aber stellt die zweite *Factortame*-Entscheidung des *House of Lords* vom 11. Oktober 1990 dar, die im Zusammenhang mit der Gewährung einstweiligen Rechtsschutzes vor britischen Gerichten gegenüber der Krone steht.[21] Darin leisteten die britischen *Lords* dem zuvor im Wege einer Vorabentscheidung angerufenen EuGH Folge, der es als einen Verstoß gegen Art. 4 Abs. 3 EUV (ehemals Art. 10 EG bzw. 5 EWGV) gewertet hatte, wenn einem innerstaatlichen Gericht, das anhand von Unionsrecht entscheiden muss, qua Gesetz verwehrt wird, einstweilige Anordnungen zu erlassen.[22] In seiner Entscheidung ließ das *House of Lords* folglich das innerstaatliche Gesetz unangewendet, welches die Gewährung von Interimsschutz gegen die Krone ausschloss.[23] Auch als der EuGH in einer zweiten Entscheidung den britischen *Merchant Shipping Act* für unionsrechtswidrig erklärte, folgte ihm das House of Lords.[24]

Der Vorrang des Unionsrechts vor britischem Parlamentsrecht wurde im Jahr 2002 im Fall *Thoburn v. Sunderland City Council* auch durch den *High Court* in der bislang dogmatisch vielleicht tiefgründigsten Entscheidung zum Verhältnis von britischem und unionalem Recht bestätigt.[25] In den Entscheidungsgründen erhob *Lord Laws* das britische EU-Gesetz zu einem Gesetz verfassungsrechtlicher Natur (*constitutional*

---

dingly …' This has precisely the same effect as if a section were incorporated in (…) the Act of 1988 which in terms enacted that the provisions with respect to registration of British fishing vessels were to be without prejudice to the directly enforceable Community rights of nationals of any member state of the E. E. C."

[21] Brit. House of Lords, Entsch. v. 11. 10. 1990 – *R v. Secretary of State for Transport, ex p. Factortame Ltd (No. 2)*, [1990] UKHL 13. Dazu *P. Craig*, Sovereignty of the United Kingdom Parliament after Factortame, Yearbook of European Law 11 (1991), S. 221 ff.; *H. W. R. Wade*, What has Happened to the Sovereignty of Parliament?, Law Quarterly Review 107 (1991), S. 1 ff.; *ders.*, Sovereignty – Revolution or Evolution, Law Quarterly Review 112 (1996), S. 568 ff. sowie in vergleichender Perspektive *F. C. Mayer*, Kompetenzüberschreitung und Letztentscheidung (2000), S. 196 ff.

[22] EuGH, Urt. v. 19. 6. 1990 – Rs. C-213/89 – *Factortame I*, Slg. 1990, S. I-2433 ff.

[23] Brit. House of Lords, Entsch. v. 11. 10. 1990 – *R v. Secretary of State for Transport, ex p. Factortame Ltd (No. 2)*, Rn. 4: „If the supremacy within the European Community of Community law over the national law of member states was not always inherent in the E. E. C. Treaty (…) it was certainly well established in the jurisprudence of the European Court of Justice long before the United Kingdom joined the Community. Thus, whatever limitation of its sovereignty Parliament accepted when it enacted the European Communities Act 1972 was entirely voluntary. Under the terms of the Act of 1972 it has always been clear that it was the duty of a United Kingdom court, when delivering final judgment, to override any rule of national law found to be in conflict with any directly enforceable rule of Community law. Similarly, when decisions of the European Court of Justice have exposed areas of United Kingdom statute law which failed to implement Council directives, Parliament has always loyally accepted the obligation to make appropriate and prompt amendments. Thus there is nothing in any way novel in according supremacy to rules of Community law in those areas to which they apply and to insist that, in the protection of rights under Community law, national courts must not be inhibited by rules of national law from granting interim relief in appropriate cases is no more than a logical recognition of that supremacy."

[24] EuGH, Urt. v. 25. 5. 1991 – Rs. C-221/89 – *Factortame II*, Slg. 1991, S. I-3905 ff. sowie brit. House of Lords, Entsch. v. 28. 10. 1999 – *Secretary of State for Transport, Ex Parte Factortame Ltd and Others, R v.* [1999] UKHL 44.

[25] Brit. High Court (Administrative Court), Entsch. v. 18. 2. 2002 – *Thoburn v. Sunderland City Council*, [2002] EWHC 195 (Admin).

statute).[26] Die Besonderheit eines solchen Gesetzes bestehe neben seiner grundsätzlichen Bedeutung – etwa im Hinblick auf das Verhältnis des Einzelnen zum Staat oder in Bezug auf die Regelung von grundlegenden Individualrechten – gerade darin, dass die Doktrin des *implied repeal* keine Anwendung finde.[27] Eine Abweichung durch ein späteres Gesetz könne allenfalls im Wege einer ausdrücklichen und unmissverständlichen Gesetzesbestimmung erfolgen.[28] Insoweit wird die traditionelle Doktrin des *implied repeal* also durch das Common Law modifiziert. Daraus folgt aber zugleich, dass die rechtliche Grundlage für die Anerkennung des Vorrangs in Großbritannien im britischen Recht selbst liegt. Dementsprechend trennt *Lord Laws* in seinen Entscheidungsgründen auch deutlich zwischen der Suprematie materiell-rechtlicher Normen des Europarechts und der Suprematie in Bezug auf die rechtliche Grundlage, die im englischen Recht verbleibe:

„(1) All the specific rights and obligations which EU law creates are by the ECA incorporated into our domestic law and *rank supreme*: that is, anything in our substantive law inconsistent with any of these rights and obligations is abrogated or must be modified to avoid the inconsistency (...). (2) The ECA is a constitutional statute: that is, it cannot be impliedly repealed. (3) The truth of (2) is derived, not from EU law, but *purely from the law of England*: the common law recognises a category of constitutional statutes. (4) The fundamental legal basis of the United Kingdom's relationship with the EU rests with the domestic, not the European, legal powers. In the event, which no doubt would never happen in the real world, *that a European measure was seen to be repugnant to a fundamental or constitutional right guaranteed by the law of England, a question would arise whether the general words of the ECA were sufficient to incorporate the measure and give it overriding effect in domestic law.* But that is very far from this case. I consider that the balance struck by these four propositions gives full weight both to the *proper supremacy of Community law* and to the *proper supremacy of the United Kingdom Parliament.* By the former, I mean the supremacy of substantive Community law. By the latter, I mean the supremacy of the legal foundation within which those substantive provisions enjoy their primacy. The former is guaranteed by propositions (1) and (2). The latter is guaranteed by propositions (3) and (4).“[29]

Gleichermaßen deutet der *High Court* äußerste Grenzen der Integrationskraft des britischen EU-Gesetzes für denjenigen – allerdings als unwahrscheinlich bezeichneten – Fall an, dass die vorrangige Anwendung eines Akts des Unionsrechts in Rede stünde, der einem britischen Verfassungs- oder Grundrecht widerspräche. Die Literatur hat in dieser Passage Anklänge an die *Solange*-Entscheidungen bzw. das *Maastricht*-Urteil des BVerfG identifiziert.[30] Lässt man sich auf die differenzierte – wenngleich der autonomen Geltung des Unionsrechts im innerstaatlichen Rechtsraum eine klare Absage erteilende – Argumentation *Laws'* ein, so erscheint das Kautel als

---

[26] Ebd., Rn. 62f. Neben dem European Communities Act werden als constitutional statutes u.a. genannt die Magna Charta, der Bill of Rights von 1689 sowie der Human Rights Act von 1998.

[27] Ebd. Rn. 63: „Ordinary statutes may be impliedly repealed. Constitutional statutes may not.“

[28] Ebd.

[29] Ebd., Rn. 69f.

[30] So etwa *P. Craig/G. de Búrca*, EU Law (4. Aufl. 2008), S. 369 oder *P. Birkinshaw/M. Künnecke*, Offene Staatlichkeit, in: IPE II (2008), § 17 Großbritannien, Rn. 40.

funktionelles Äquivalent zu Mechanismen anderer Verfassungsordnungen, welche dem Vorranganspruch *verfassungsrechtliche* Grenzen entgegenhalten. Anders gewendet, geht man mit *Lord Laws* von der kategorialen Einteilung britischer Parlamentsgesetze in einfache und verfassungsrechtliche Gesetze aus, so spielt sich die Problematik etwaiger Grenzen des Vorrangs auf der Ebene des Verfassungsrechts, nicht aber des einfachen Rechts ab. Als Beispiel mag der fiktive Fall dienen, dass ein Akt des Unionsrechts gegen den britischen Human Rights Act verstieße. Hier sind jedoch künftige Entwicklungen abzuwarten.[31]

Auch in anderen der alten Mitgliedstaaten ist die *lex-posterior*-Problematik mittlerweile gelöst, sofern sie sich in der Vergangenheit überhaupt gestellt hat.[32] Neue Konfliktherde sind in den vergangenen Jahren, soweit ersichtlich, nicht hinzugekommen. Insbesondere in den neuen Mitgliedstaaten wird der Vorrang vor unterverfassungsrechtlichen Normen praktisch einhellig anerkannt.[33]

Besonders prononciert erkennt das tschechische Verfassungsgericht den Anwendungsvorrang des Unionsrechts vor (einfachem) innerstaatlichem Recht an.[34] Indem das Gericht seinen eigenen Kontrollmaßstab auf tschechisches Verfassungsrecht begrenzt,[35] versucht es das unionsrechtliche Mandat der nationalen *Fachgerichte* in pro-

---

[31] In einem Verfahren über die Bedeutung und Tragweite des sog. *Parliament Acts* von 1911, wonach Gesetze unter bestimmten Umständen ohne Zustimmung des House of Lords verabschiedet werden können, argumentierte der Berufungsgerichtshof, dass die verfassungsrechtliche Tragweite eines bestimmten Gesetzgebungsvorhabens Auswirkungen darauf haben müsse, inwieweit es auf den *Parliament Acts* von 1911 gestützt werden könne oder nicht, brit. Court of Appeal (Civil Division), Entsch. v. 16.2. 2005 – *R (Jackson) v. Attorney General*, [2005] EWCA Civ. 126. Das House of Lords folgte dem Berufungsgerichtshof insoweit allerdings nicht. Es bleibt daher abzuwarten, inweit das „verfassungsrechtliche" Konzept über die spezielle Frage des Verhältnisses von EU-Recht und britischem Recht hinaus epistemischen oder gar normativen Wert entfalten wird. Indes bestätigte das House of Lords in einem obiter dictum die Modifizierung des klassischen Grundsatzes der Parlamentssouveränität im Grundrechts- und EU-Bereich, vgl. brit. House of Lords, Entsch. v. 13.10. 2005 – *R (Jackson) v. Attorney General*, [2005] UKHL 56, Rn. 159: „The courts will, of course, decline to hold that Parliament has interfered with fundamental rights unless it has made its intentions crystal clear. The courts will treat with particular suspicion (and might even reject) any attempt to subvert the rule of law by removing governmental action affecting the rights of the individual from all judicial scrutiny. Parliament has also, for the time being at least, limited its own powers by the European Communities Act 1972 and, in a different way, by the Human Rights Act 1998." Zum Ganzen *C. Grahamn*, A Very British Affair – *Jackson v. Attorney General*, EPL 12 (2006), S. 501 ff.

[32] Vgl. für Belgien exemplarisch *H. Bribosia*, Report on Belgium, in: A.-M. Slaughter/A. Stone Sweet/J.H.H. Weiler (Hrsg.) The European Court and National Courts (1998), S. 3 (11 ff.).

[33] Probleme stellen sich allerdings regelmäßig in Bezug auf das Verfassungsrecht. Dazu eingehend die Folgeabschnitte. Für einen rechtsvergleichenden Überblick über die mittel- und osteuropäischen Staaten in Bezug auf die Vorrangfrage s. *A. Albi*, Supremacy of EC Law in the New Member States, EuConst 3 (2007), S. 25 ff.

[34] Tschech. VerfG, Urteile v. 21.2. 2006 – Pl. US 19/04; v. 27.3. 2008 – Pl. US 56/05 – *„Squeeze out"*, Rn. 48 sowie v. 2.12. 2008 – Pl. US 12/08 – *Anwendungsvorrang*, Rn. 28 ff., abrufbar auf der Seite des tschechischen VerfG, http://www.concourt.cz/view/726/page/1 (1.9. 2010) bzw. http://angl.concourt.cz/angl_verze/cases.php (1.9. 2010). Dabei rekurriert das tschechische VerfG ausdrücklich auf EuGH, Urt. v. 9.3. 1978 – Rs. 106/77 – *Simmenthal II*, Slg. 1978, S. 629 ff.

[35] Besonders deutlich tschech. VerfG, Urt. v. 27.3. 2008 – Pl. US 56/05 – *„Squeeze out"*, Rn. 48 sowie Urt. v. 8.1. 2009 – US 1009/08 – *Vorlageverpflichtung der Fachgerichte*, Rn. 20.

zessualer Perspektive zu stärken. So weist es insbesondere Richtervorlagen tschechischer Fachgerichte nach Art. 95 Abs. 2 Verf-CZ (vergleichbar Art. 100 Abs. 1 GG) als unzulässig zurück, soweit sich die vorlegenden Gerichte auf einen Verstoß einer tschechischen Norm gegen Unionsrecht stützen.[36] In Übereinstimmung mit und unter ausdrücklichem Rekurs auf *Simmenthal-II*[37] betont das tschechische Verfassungsgericht dabei die Unzulässigkeit seiner eigenen Intervention, da es unmittelbar den Fachgerichten obliege, das unionsrechtswidrige nationale Recht unangewendet zu lassen oder dem EuGH eine Frage im Vorabentscheidungsverfahren vorzulegen.[38] Geht das Fachgericht neben einem Verstoß gegen Unionsrecht zugleich von der Verfassungswidrigkeit der entscheidungserheblichen Norm des nationalen Rechts aus, so überlässt ihm das tschechische Verfassungsgericht grundsätzlich die Entscheidung über den prozessualen Weg. Danach kommt es entweder zu einer innerstaatlichen Richtervorlage (bei Betonung der Verfassungswidrigkeit) oder aber zur Nichtanwendung der innerstaatlichen Norm und ggf. zur Vorlage an den EuGH (bei Annahme der Europarechtswidrigkeit). Dies entspricht dem Ansatz des BVerfG, das in seiner Tariftreueentscheidung ebenfalls nicht von einer festen Rangfolge der Zwischenverfahren nach Art. 267 AEUV (ex-Art. 234 EG bzw. 277 EWGV) und Art. 100 Abs. 1 GG ausgeht.[39] Entsprechend rekurriert das tschechische Verfassungsgericht auch auf das BVerfG.[40] Obwohl es die Rechtswegentscheidung primär dem nationalen Fachgericht überlässt, deutet das tschechische Verfassungsgericht eine Präferenz für den Weg der Nichtanwendung bzw. Art. 267 AEUV an, soweit das Fachgericht jedenfalls auch von der Europarechtswidrigkeit der innerstaatlichen Norm ausgeht.[41]

Seit einer Entscheidung vom 8. Januar 2009 versucht das tschechische Verfassungsgericht zudem, die Verletzung der Vorlageverpflichtung durch innerstaatliche Fachgerichte über das verfassungsrechtliche Verbot des Entzugs des gesetzlichen Richters zu sanktionieren.[42] Dabei lehnt sich das Gericht – einmal mehr prägnanter Ausdruck der horizontalen Vernetzung nationaler Verfassungsgerichte – *ausdrücklich* an die klassischen Fallgruppen der bundesverfassungsgerichtlichen Rechtsprechung zu Art. 101 Abs. 1 S. 2 GG an, deren Gültigkeit der Zweite Senat des BVerfG zuletzt im *Honeywell*-Beschluss bestätigt hat,[43] während der Erste Senat seit einem Beschluss

---

[36] Tschech. VerfG, Urt. v. 2. 12. 2008 – Pl. US 12/08 – *Anwendungsvorrang*, Rn. 31.

[37] EuGH, Urt. v. 9. 3. 1978 – Rs. 106/77 – *Simmenthal II*, Slg. 1978, S. 629 ff.

[38] Tschech. VerfG, Urt. v. 2. 12. 2008 – Pl. US 12/08 – *Anwendungsvorrang*, Rn. 28 ff.

[39] BVerfG, Beschl. v. 11. 7. 2006 – 1 BvL 4/00 – *Tariftreueerklärung* = BVerfGE 116, 202 (214).

[40] Tschech. VerfG, Urt. v. 2. 12. 2008 – Pl. US 12/08 – *Anwendungsvorrang*, Rn. 34.

[41] Ebd., Rn. 33 f.

[42] Tschech. VerfG, Urt. v. 8. 1. 2009 – US 1009/08 – *Vorlageverpflichtung der Fachgerichte*, Rn. 21 ff.

[43] BVerfG, Beschl. v. 6. 7. 2010 – 2 BvR 2661/06 – *Honeywell*, Rn. 89. Vgl. zuvor BVerfG, Beschl. v. 22. 10. 1986 – 2 BvR 197/83 – *Solange II* = BVerfGE 73, 339 (366 ff.); Beschl. v. 8. 4. 1987 – 2 BvR 687/85 – *Kloppenburg* = BVerfGE 75, 223 (233 ff.); Beschl. v. 9. 1. 2001 – 1 BvR 1036/99 – *Teilzeit*, Rn. 21 sowie Beschl. v. 14. 5. 2007 – 1 BvR 2036/05 – *Treibhausgas II* = NVwZ 2007, S. 942 (944 f.); Beschl. v. 6. 5. 2008 – 2 BvR 2419/06 – *Verwaltungs-Berufsgenossenschaft*, Rn. 17–32. Danach stellt die Vorlagepflichtverletzung einen Verstoß gegen Art. 101 Abs. 1 S. 2 GG in folgenden (alternativen)

vom 25. Februar 2010 eine Annäherung an die Rechtsprechung des EuGH im Bereich des Art. 267 Abs. 3 AEUV sucht.[44] Die mit der klassischen Fallgruppenbildung einhergehende Einschränkung der verfassungsrechtlichen Überprüfbarkeit des Anspruchs auf den gesetzlichen Richter in Fällen der Vorlageverpflichtung letztinstanzlicher Gerichte gefährdet aber zugleich die innerstaatliche Durchsetzbarkeit des Unionsrechts. Denn soweit damit Verstöße gegen die unionsrechtliche Vorlageverpflichtung nicht geahndet werden können, besteht eine Lücke im Rechtsschutzsystem des europäischen Verfassungsgerichtsverbunds,[45] die jedenfalls aus unionsrechtlicher Perspektive nicht zu rechtfertigen ist.[46] Wenn also etwaige Konfliktlinien im Hinblick auf die Durchsetzung des Vorranganspruches des Unionsrechtes vor einfachem Recht bestehen, verlaufen sie entlang prozessualer Fragestellungen, insbesondere der Beachtung der Vorlageverpflichtung nationaler Gerichte.[47] Weil der Entzug des gesetzlichen Richters aber verfassungsrechtlich sanktioniert wird, verweist dieses Problemfeld zugleich auf die Konfliktlinien zwischen Unionsrecht und nationalem Verfassungsrecht.

2. *Positivrechtliche Regelungen*

Für Rechtsklarheit in kollisionsrechtlicher Perspektive sorgen zudem in zunehmendem Maße verfassungsrechtlich positivierte Regelungen, die den Vorrang des Unionsrechts ausdrücklich vor dem einfachen Recht anordnen bzw. anerkennen.

Fallkonstellationen dar: Erstens bei grundsätzlicher Verkennung der Vorlagepflicht, zweitens bei bewusstem Abweichen von der Rechtsprechung des EuGH ohne Vorlagebereitschaft und drittens bei noch nicht durch die Rechtsprechung des EuGH geklärten Rechtsfragen, soweit das Gericht eine Auffassung vertritt, der mögliche Gegenauffassungen eindeutig vorzuziehen sind.

[44] BVerfG (1. Senat), Beschl. v. 25.2. 2010 – 1 BvR 230/09 – *Massenentlassungsanzeige* = NJW 2010, 1268 (Rn. 20f.).

[45] Näher zum Begriff *A. Voßkuhle*, Der europäische Verfassungsgerichtsverbund, NVwZ 2010, S. 1 (3).

[46] Dies kann hier nicht weiter vertieft werden. Kritisch zur Rechtsprechung des BVerfG jüngst *U. Fastenrath*, BVerfG verweigert willkürlich die Kooperation mit dem EuGH, NJW 2009, S. 272 (274ff.).

[47] Regelmäßig wird es dabei, dies deuten jedenfalls die jüngeren Fallbeispiele in Deutschland und Tschechien an, von der Ausgangssituation her nicht um eine Kollision von unmittelbar anwendbarem Unionsrecht und nationalem Recht, sondern um die Frage der Vereinbarkeit eines innerstaatlichen Umsetzungsaktes mit einer Richtlinie gehen. Unter diesem Gesichtspunkt aufschlussreich ist auch der Abgleich der Rechtslage in Frankreich anhand der Entscheidung des franz. Staatsrates v. 8.2. 2007 – Nr. 287110 Ass. – *Arcelor* = EuR 2008, S. 57ff. Während der franz. Staatsrat dem EuGH vorlegte, unterblieb eine Vorlage im deutschen Parallelverfahren seitens des BVerwG, dessen Entscheidung in der Folge den Willkürtest des BVerfG bestand, vgl. BVerfG, Beschl. v. 14.5. 2007 – 1 BvR 2036/05 – *Treibhausgas II* = NVwZ 2007, S. 942 (944f.). Dazu *F. C. Mayer/E. Lenski/M. Wendel*, Der Vorrang des Europarechts in Frankreich, EuR 2008, S. 63 (68ff.).

a) Vorrangklauseln in Bezug auf völkerrechtliche Regelungen im Allgemeinen

Dabei kann es sich um Normen handeln, die ganz allgemein auf völkerrechtliche Regeln bezogen sind. Beispiel hierfür ist Art. 91 Verf-PL, der im Hinblick auf Vertrags- und Sekundärrecht differenziert:

„(2) Der völkerrechtliche Vertrag, dessen Ratifizierung ein Zustimmungsgesetz vorausgegangen ist, hat den Vorrang einem Gesetz gegenüber, falls das Gesetz mit dem Vertrag unvereinbar ist.

(3) Das von einer internationalen Organisation hervorgebrachte Recht wird unmittelbar angewandt und hat im Fall der Unvereinbarkeit mit dem Gesetz den Vorrang, wenn es sich so aus einem von der Republik Polen ratifizierten Vertrag, durch den eine internationale Organisation gebildet wird, ergibt."

In Slowenien ergibt sich Vergleichbares aus der in Art. 3a Abs. 3 Verf-SLO enthaltenen Verweisung auf die Rechtsanwendungsgrundsätze des Unionsrechts.[48] Dass die slowenische und polnische Klausel trotz ihrer allgemeinen Formulierung speziell auf das Unionsrecht Anwendung finden,[49] ergibt sich bereits daraus, dass beide Klauseln mit Blick auf die konkrete Beitrittsperspektive in die EU in die Verfassung aufgenommen wurden. Hingegen werden entsprechende Vorrangklauseln in alten Mitgliedstaaten entweder gar nicht für das Unionsrecht herangezogen, wie etwa Art. 94 Verf-NL,[50] oder aber die Vorrangklausel dient allenfalls noch ergänzend zur Begründung des Vorranges des Unionsrechts, wie das Beispiel des Art. 55 Verf-F zeigt.[51]

b) EU-spezifische Vorrangklauseln als Kollisionsnormen

Zunehmend finden sich in den Verfassungstexten EU-spezifische Normen über den Vorrang des Unionsrechts vor dem einfachen Recht. Besonders klar ist in diesem Punkt die slowakische Verfassung in Art. 7 Abs. 2 S. 2:

---

[48] S. bereits Teil 2 – Kapitel 10 – V. 2.

[49] Für Polen ausdrücklich poln. VerfGH, Entsch. v. 11. 5. 2005 – Az. K 18/04 – *Beitrittsvertrag* = EuR 2006, S. 236 (238f.), wobei der VerfGH deutlich macht, dass sich Art. 91 Abs. 3 gerade kein Vorrang der Verfassung entnehmen lässt.

[50] *L. F. M. Besselink*, The Dutch Constitution, the European Constitution and the Referendum in the Netherlands in: A. Albi/J. Ziller (Hrsg.), The European Constitution and National Constitutions (2007), S. 113 (116); *ders.*, F.I.D.E. (Hrsg.), 17. F.I.D.E.-Kongress Berlin, Bd. 1: Le droit constitutionnel national et l'intégration européenne (1996), S. 361 (362f.); *B. de Witte*, Do Not Mention the Word: Sovereignty in Two Europhile Countries: Belgium and the Netherlands, in: N. Walker (Hrsg.), Sovereignty in Transition (2003), S. 351 (361f.); *M. Claes*, The National Courts' Mandate in the European Constitution (2006), S. 205f.; *R. Wessel/W. Van de Griendt*, Offene Staatlichkeit, in: IPE II (2008), § 19 Niederlande, Rn. 16 m. w. N.

[51] Art. 55 Verf-F wird in der jüngeren Rechtsprechung des Verfassungsrates gar nicht und in der Rechtsprechung des Staatsrates hingegen allenfalls ergänzend für die Begründung des Vorrangs des Unionsrechts vor nationalem Recht herangezogen, vgl. franz. Verfassungsrat, Entsch. v. 10. 6. 2004 – Nr. 2004-496 DC – *elektronischer Geschäftsverkehr* = EuR 2004, S. 921 ff. in deutscher Übersetzung; Entsch. v. 27. 7. 2006 – Nr. 2006-540 DC – *Informationsgesellschaft* sowie franz. Staatsrat, Entsch. v. 8. 2. 2007 – Nr. 287110 Ass. – *Arcelor* = EuR 2008, S. 57ff. in deutscher Übersetzung. Dazu näher Teil 2 – Kapitel 11 – III. 3.

„Bindende Rechtsakte der Europäischen Gemeinschaften und der Europäische Union haben Vorrang vor den Gesetzen der Slowakischen Republik."[52]

Auch die rumänische Verfassung sieht in Art. 148 Abs. 2 eine vergleichbare Bestimmung vor:

„Nach dem Beitritt haben die Bestimmungen der Gründungsverträge der Europäischen Union sowie die weiteren verbindlichen Bestimmungen des Gemeinschaftsrechts, unter Berücksichtigung der Regelungen des Beitrittsvertrages, Vorrang vor entgegenstehenden Bestimmungen des nationalen Rechts."

Ähnlich verhält es sich mit Art. 2 des litauischen Verfassungsakts vom 13. Juli 2004 über die Mitgliedschaft Litauens in der EU:

„Soweit die Gründungsverträge der Europäischen Union es vorsehen, haben die Rechtsnormen der Europäischen Union in der Republik Litauen unmittelbare Rechtswirkung und widersprechen sie dem Recht der Republik Litauen, so haben die Bestimmungen der Rechtsnormen der Europäischen Union Vorrang vor den Gesetzesbestimmungen und den anderen Rechtsakten der Republik Litauen."

Das litauische Verfassungsgericht hat – ähnlich wie der polnische Verfassungsgerichtshof – im Wege eines Umkehrschlusses festgestellt, dass ein Vorrang vor der Verfassung gerade nicht bestehe.[53] So gesehen kommt den Vorrangklauseln, die sich auf eine Normierung des übergesetzlichen Ranges des Unionsrechts beschränken also zugleich eine begrenzende Funktion zu.

All diesen Normen ist gemeinsam, dass es sich ihrer Gestalt nach um Kollisionsnormen handelt, welche die Möglichkeit einer Normenkollision im Sinne eines Anwendungskonfliktes voraussetzen.

c) EU-spezifische Vorrangklauseln als Verpflichtungen der Legislative

Anstelle einer Kollisionsnorm kann die innerstaatliche Verfassung den Vorrang des Unionsrechts vor dem einfachen Gesetzesrecht aber auch dadurch sichern, dass es ausdrücklich eine Bindung der Legislative an die Verpflichtungen aus dem Unionsrecht statuiert. Ein solcher Ansatz findet sich seit der Verfassungsänderung des Jahres 2001 in Art. 117 Abs. 1 der italienischen Verfassung. Danach wird die

„gesetzgebende Gewalt (...) gemäß der Verfassung und entsprechend den aus der EU-Rechtsordnung und aus den völkerrechtlichen Verpflichtungen entstehenden Verbindlichkeiten ausgeübt."

---

[52] Ein übergesetzlicher Rang des Primärrechts lässt sich zudem auf Art. 7 Abs. 5 Verf-SLK stützen.

[53] Lit. VerfG, Entsch. v. 14. 3. 2006 – Nr. 17/02-24/02-06/03-22/04, engl. Übersetzung abrufbar unter http://www.lrkt.lt/dokumentai/2006/r060314.htm (1. 9. 2010), Entscheidungsgrund III.9.4. Dazu *I. Jarukaitis*, Ratification of the European Constitution in Lithuania and its Impact on the National Constitutional System, in: A. Albi/J. Ziller (Hrsg.), The European Constitution and National Constitutions. (2007), S. 17 (21 f.).

Diese Vorschrift stellt weder eine Integrationsermächtigung dar, noch kann sie den Vorrang des Unionsrechts vor der italienischen Verfassung sicherstellen. Die Norm beschränkt sich vielmehr auf die Bestätigung und Kodifizierung der Rechtsprechung des italienischen Verfassungsgerichts zum Verhältnis von Unionsrecht und unterverfassungsrechtlichem Recht.[54] Ihrer Struktur nach unterscheidet sich Art. 117 Abs. 1 Verf-IT aber in zweierlei Hinsicht von einer Kollisionsnorm. Erstens ist die Vorschrift einer Kollisionsnorm gewissermaßen zeitlich vorgelagert, da sie die Bindung – und damit die Grenzen – der staatlichen und regionalen Legislative in den Blick nimmt und somit bereits bei der Entstehung des innerstaatlichen Rechts ansetzt. Damit aber hat Art. 117 Abs. 1 Verf-IT, zweitens, gleichsam eine verfassungsrechtliche Scharnier- bzw. Transmitterfunktion, da die Europarechtswidrigkeit nunmehr über Art. 117 Abs. 1 Verf-IT zugleich eine Verletzung der italienischen Verfassung darstellen kann, für die das italienische Verfassungsgericht in gewissen Grenzen zuständig ist.[55]

Eine vergleichbare Regelungslage ergibt sich mittlerweile in Malta durch Art. 65 Verf-MAL. Danach kann

„das Parlament Gesetze zum Zweck des Friedens, der Ordnung und der guten Staatsführung Maltas im Einklang mit (...) [den] durch den am 16. April 2003 in Athen unterzeichneten Beitrittsvertrag zur Europäischen Union eingegangen[en Verpflichtungen] erlassen."

Auch diese Vorschrift ist trotz ihrer vorrangsichernden Natur nicht als Kollisionsnorm ausgestaltet. Im Falle eines Verstoßes eines maltesischen Gesetzes gegen Europarecht führt diese Norm sogar zur Nichtigkeit des entsprechenden Gesetzes.[56] Hervorzuheben ist jedoch, dass das Gesetz aus dem Jahr 2003, welches die Art. 65 Verf-MALT modifizierende Bestimmung enthielt, nur mit einfacher Mehrheit erlassen wurde und darum nicht die Regelung über die innerstaatliche Suprematie der Verfassung nach Art. 6 Verf-MAL modifizieren kann.[57] Hierfür wäre nach Art. 66 Abs. 1 lit. b eine 2/3-Mehrheit aller Abgeordneten im Repräsentantenhaus erforderlich.[58]

---

[54] Eingehend zu Art. 117 Abs. 1 Verf-IT *C. Panara*, Offene Staatlichkeit, in: IPE II (2008), § 18 Italien, Rn. 37 ff. und 43 m. w. N. zu anderen Interpretationen der Norm.

[55] Ebd. Rn. 43 sowie zu den Zuständigkeitsgrenzen des ital. VerfGH speziell Rn. 31.

[56] *P. G. Xuereb*, Malta, in: A. E. Kellermann et al. (Hrsg.), The Impact of EU Accession on the Legal Orders of New Member States and (Pre-) Candidate Countries (2006), S. 409 (411).

[57] Gesetz V/2003 vom 16. 7. 2003, malt. ABl., Kapitel 460. Dazu *P. G. Xuereb*, Malta, in: A. E. Kellermann et al. (Hrsg.), The Impact of EU Accession on the Legal Orders of New Member States and (Pre-) Candidate Countries (2006), S. 409 (410 f.).

[58] Eine solche 2/3-Mehrheit ist gemäß Art. 66 Verf-MAL nur in bestimmten Fällen notwendig. Eine Änderung von Art. 6 Verf-MAL war ursprünglich vorgeschlagen worden, konnte jedoch die dafür politischen Mehrheiten nicht auf sich vereinen. Vgl. dazu *P. G. Xuereb*, Constitutional Questions Raised by the Proposed Accession of Malta to the European Union in the General Context, in: A. E. Kellermann et al. (Hrsg.), EU-Enlargement – The Constitutional Impact at EU and National Level (2001), S. 229 (230 f.).

3. *Zwischenbefund: Tendenz zur Kodifizierung des Vorranges vor einfachem Recht*

Immer mehr Staaten sind im Laufe der Zeit dazu übergegangen, entsprechende Vorrangklauseln in ihre Verfassung aufzunehmen, wenngleich sich Verfassungsreformen dieser Art nicht überall durchsetzen konnten. So schlugen insbesondere in Belgien seit dem Jahr 1953 acht Versuche fehl, eine Vorrangklausel in die Verfassung aufzunehmen.[59]

Soweit verfassungsrechtliche Vorrangklauseln aber in geltendes Recht überführt wurden, dominieren zusehends EU-spezifische Normen das Feld. Jüngere Reformbestrebungen wie etwa in Spanien und den Niederlanden deuten an, dass sich diese Tendenz für die Zukunft fortsetzen könnte.

Was die Ausgestaltung der positivrechtlichen Vorrangklauseln betrifft, ist festzustellen, dass das mitgliedstaatliche Verfassungsrecht nicht nur klassische Kollisionsnormen enthält, sondern daneben mittlerweile auch Normen aufweist, die speziell bei der Bindung der innerstaatlichen Legislative an unionsrechtliche Verpflichtungen ansetzen. Diesen Normen kann dann u. U. eine Scharnierfunktion dergestalt zukommen, dass sie einen Verstoß gegen Unionsrecht zugleich in einen Verfassungsverstoß überführen.

In der Gesamtschau kann festgehalten werden, dass der Vorrang des Unionsrechts vor innerstaatlichem Recht im gesetzlichen und untergesetzlichen Rang in den Verfassungsordnungen der Mitgliedstaaten einhellig anerkannt ist. Dies gilt unabhängig von der Frage, ob der Vorrang durch eine ausdrückliche Bestimmung im Verfassungstext gesichert wird. Freilich bringt eine solche – ähnlich wie bei der Frage des Geltungsgrundes – den Vorteil verfassungstextlicher Transparenz und Regelungsklarheit mit sich. Diese Regelungsklarheit kann jedoch auch eine dem Vorrangschutz gegenläufige Dynamik entwickeln. So haben, wie gesehen, sowohl der polnische Verfassungsgerichtshof als auch das litauische Verfassungsgericht gerade aus dem Umstand, dass der Vorrang vor gesetzlichem bzw. untergesetzlichem Recht verfassungsrechtlich normiert ist, im Umkehrschluss abgeleitet, dass ein solcher Vorrang vor dem nationalen Verfassungsrecht gerade nicht bzw. allenfalls eingeschränkt bestehe.[60]

So gesehen zeigen gerade die expliziten Vorrangklauseln in Bezug auf das unterverfassungsrechtliche Recht in aller Deutlichkeit an, dass der Kern der Vorrangproblematik entlang potenzieller Konfliktlinien von Unionsrecht und nationalem Verfassungsrecht verläuft.

---

[59] *H. Bribosia*, Report on Belgium, in: A.-M. Slaughter/A. Stone Sweet/J. H. H. Weiler (Hrsg.) The European Court and National Courts (1998), S. 3 (11 u. 14).

[60] Poln. VerfGH, Entsch. v. 11. 5. 2005 – Az. K 18/04 – *Beitrittsvertrag* = EuR 2006, S. 236 (238 f.); lit. VerfG, Lit. VerfG, Entsch. v. 14. 3. 2006 – Nr. 17/02-24/02-06/03-22/04, Entscheidungsgrund III.9.4.

II. Vorrang vor der Verfassung I: Generelle Anerkennung

Verfassungsordnungen, in denen der Vorrang des Unionsrechts uneingeschränkt anerkannt wird – sei es bereits aufgrund der theoretischen Fundierung oder nur aufgrund einer vergleichsweise eindeutigen Positionierung der Verfassungs- oder Höchstgerichte – stellen im Verfassungsvergleich die zahlenmäßige Ausnahme dar.

1. Anerkennung des Vorrangs als Folge der Anerkennung der autonomen Geltung

Die Mitgliedstaaten, deren Verfassungsordnungen den autonomen Geltungsgrund des Unionsrechts umfassend oder jedenfalls weitgehend anerkennen, gewährleisten konsequenterweise auch eine entsprechend weitgehende Anerkennung des unionsrechtlichen Vorranganspruches vor der nationalen Verfassung. Dies ergibt sich daraus, dass die Anerkennung des autonomen Geltungsgrundes des Unionsrechts zugleich eine Anwendung des Unionsrechts qua Unionsrecht bedeutet und deswegen uneingeschränkt die *unionsrechtliche Kollisionsnorm*, d.h. das Vorrangprinzip in seiner Ausprägung durch die Rechtsprechung des EuGH, zum Zuge kommt.[61] Dementsprechend ist eine umfassende Anerkennung des Vorrangs insbesondere in den Niederlanden anerkannt.[62]

Daneben wird, wie gesehen, der Vorrang des Unionsrechts vor nationalem Verfassungsrecht durch die Rechtsprechung aber auch in Belgien, Luxemburg und Österreich anerkannt.[63]

---

[61] Die jeweilige Geltungsbegründung löst bzw. präjudiziert für sich genommen noch nicht zwingend (wenn auch regelmäßig) die Frage eines Normenkonfliktes (s. auch *A. Peters*, Elemente einer Theorie der Verfassung Europas (2001), S. 273). Anders gewendet: anhand der Geltungsbegründung allein lässt sich nicht auf den Inhalt der zum Tragen kommenden Kollisionsnorm schließen. Darum kann auch aus der Autonomie des Unionsrechts für sich genommen ein Vorrang in kollisionsrechtlicher Hinsicht nicht zwingend hergeleitet werden. Vgl. in diesem Kontext insbesondere *Bruno de Wittes* Analogie zum Märchen des *Baron von Münchhausen*, der sich selbst aus dem Sumpf zieht, *ders.*, Direct Effect, Supremacy and the Nature of the Legal Order, in: P. Craig/G. De Búrca (Hrsg.), The Evolution of EU Law (1999), S. 177 (199): „(...) the idea that EC law can claim its primacy within national legal orders on the basis of its own authority seems as implausible as Baron von Munchhausen's claim that he had lifted himself from the quicksands by pulling on his bootstraps". Die Anerkennung des Vorrangs korreliert indes insoweit mit der Geltungsbegründung als durch die Anerkennung der autonomen Geltung des Unionsrechts zugleich die unionsrechtliche Kollisionsregel, d.h. der Anwendungsvorrang des Unionsrechts, als rechtsverbindlich angesehen wird. Umgekehrt bedeutet die Rückführung der Geltung des Unionsrechts auf einen innerstaatlichen Rechtsanwendungsbefehl aber nicht zwingend die Anwendung einer Kollisionsnorm, die dem nationalen Recht unbegrenzten Vorrang zusprechen müsste. Das nationale Recht kann vielmehr die unionsrechtliche Kollisionsregel als verbindlich anordnen. Rechtsgrund dieser Verweisung bleibt dann allerdings das nationale Recht. Daran können freilich Begrenzungen der unionsrechtlichen Kollisionsnorm geknüpft werden.

[62] Vgl. Teil 2 – Kapitel 10 – II.

[63] Ebd.

2. *Positivrechtliche Regelungen? Das Modell der Immunitätsklausel*

Eine erste Möglichkeit, den Vorrang des Unionsrechts vor dem nationalen Verfassungsrecht auf Ebene des Verfassungstextes zu sichern, besteht in einer Gesamtverweisung auf das Unionsrecht. Insoweit kann auf die obigen Ausführungen verwiesen werden.[64]

Ebenso wie Gesamtverweisungen auf das Unionsrecht trotz zunehmender Tendenz noch die zahlenmäßige Ausnahme darstellen, sind auch positivrechtliche Regelungen vergleichsweise selten, die allein die Frage des Vorrangs des Unionsrechts vor innerstaatlichem Verfassungsrecht regeln. Dies liegt weniger daran, dass die Einfügung solcher Klauseln nicht Gegenstand von Reformentwürfen und parlamentarischen Diskussionen wäre. So schlug etwa die mit Blick auf den EU-Beitritt gebildete schwedische Verfassungskommission im Jahr 1993 die Einführung einer Bestimmung in die schwedische Verfassung vor, die den Vorrang des Unionsrechts auch vor dem Verfassungsrecht *konstitutiv* festgelegt bzw. *deklaratorisch* anerkannt hätte.[65] Diese Klausel konnte sich allerdings politisch nicht durchsetzen.[66] Ähnlich erging es, wie gesehen, den Entwürfen über Verweisungsnormen für die ungarische und die tschechische Verfassung, die ebenfalls auf die Anerkennung des Vorranges des Unionsrechts vor Verfassungsrecht abzielten.[67]

Über lange Zeit hinweg war daher die in Art. 29 Abs. 4 Nr. 6 *n. F.*[68] der irischen Verfassung enthaltene Vorrangklausel die einzige Bestimmung im geltenden Verfassungsrecht der Mitgliedstaaten, die explizit den Vorrang des Unionsrechts vor innerstaatlichem Verfassungsrecht in den Blick nahm. Die Vorschrift lautet seit dem Inkrafttreten des Vertrags von Lissabon am 1. Dezember 2009 wie folgt:

> „Keine Bestimmung dieser Verfassung macht staatliche Gesetze, Handlungen oder Maßnahmen ungültig, die vor, am Tag oder nach dem Inkrafttreten des Vertrages von Lissabon in Erfüllung der Pflichten der Mitgliedschaft der in Ziffer 5 dieses Absatzes erwähnten Europäischen Union oder der Europäischen Atomgemeinschaft notwendig sind, oder hindert Gesetze, Handlungen oder Maßnahmen (...) [der Europäischen Union, der Euratom bzw. ihrer Organe oder Einrichtungen] daran, im Staate Rechtskraft zu erlangen."

---

[64] S. Teil 2 – Kapitel 10 – V. 2.

[65] Dazu *J. Nergelius*, Offene Staatlichkeit, in: IPE II (2008), § 22 Schweden, Rn. 15 sowie *U. Bernitz*, Swedish report, in: J. Schwarze (Hrsg.), Die Entstehung einer europäischen Verfassungsordnung (2000), S. 389 (419, 422 f.).

[66] Vgl. ebd.

[67] *P. Sonnevend*, Offene Staatlichkeit, in: IPE II (2008), § 25 Ungarn, Rn. 16 (Hervorh. hinzugefügt). *J. Zemánek*, Czech Republic, in: A. E. Kellermann et al. (Hrsg.), The Impact of EU Accession on the Legal Orders of New Member States and (Pre-) Candidate Countries (2006), S. 313 (319, dort Fn. 35). Vgl. bereits Teil 2 – Kapitel 10 – V. 2. a) im Kontext der Geltungs- und Anwendungsregime.

[68] Die neue Nummerierung ergibt sich aus dem 28. Verfassungsänderungsgesetz vom 15. 10. 2009, abrufbar unter http://www.oireachtas.ie/documents/bills28/acts/2009/a28th09.pdf (1. 9. 2010). Ursprünglich war die Bestimmung unmittelbar nach der Beitrittsermächtigung als Art. 29 Abs. 4 Nr. 3 S. 2, später dann in Art. 29 Abs. 4 Nr. 10 Verf-IRL enthalten. Anders als zum Zeitpunkt ihrer Einführung ist sie nunmehr auch explizit auf die Europäische *Union* bezogen.

Die Norm entfaltet im Wesentlichen zwei unterschiedliche Schutzrichtungen. Sie erfasst zum einen *innerstaatliche* (Umsetzungs-)Akte, die europarechtlich „notwendig" sind. Zum anderen erstreckt sie sich auf *europarechtliche* Rechtsakte, wobei das Notwendigkeitskriterium auf diese keine Anwendung findet. Die unter die Klausel fallenden Rechtsakte des nationalen und unionalen Rechts erhalten so eine verfassungsrechtliche Immunität (*constitutional immunity*).[69]

Beide Regelungsbereiche der Immunitätsklausel haben seit ihrer Einfügung in die Verfassung zahlreiche Fragen aufgeworfen. Insbesondere die Kriterien, anhand derer ein innerstaatlicher (Umsetzungs-)Akt als „notwendig" einzustufen ist, beschäftigten wiederholt Wissenschaft und Gerichte.[70] Darüber hinaus gibt es bis heute Meinungsverschiedenheiten in der Literatur über die genaue Bedeutung und Reichweite der Immunitätsklausel in Bezug auf unionsrechtliche Rechtsakte. Vereinzelt wird die Auffassung vertreten, dass die Immunitätsklausel in Art. 29 Abs. 4 Nr. 6 n. F. Verf-IRL eine Durchbrechung der Grundregel des Art. 29 Abs. 6 Verf-IRL darstelle, wonach internationales und supranationales Recht innerstaatliche Geltung nur durch ein (Transformations-)Gesetz erlangen kann.[71] Hingegen geht die herrschende Meinung davon aus, dass sich die Immunitätsklausel auf eine prozessuale Sicherungsfunktion gegen die Einrede der Verfassungswidrigkeit beschränkt und keine Aussage bzw. Anordnung über die innerstaatliche Geltung des Unionsrechts trifft. Diese ergebe sich vielmehr aus Art. 29 Abs. 6 Verf-IRL i. V. m. EU-Gesetz (*European Communities Act*) von 1972.[72]

---

[69] Zur Figur der „constitutional immunity" etwa *D. R. Phelan/A. Whelan*, Irish Report, in: F. I. D. E. (Hrsg.), 17. F. I. D. E.-Kongress Berlin, Bd. 1: Le droit constitutionnel national et l'intégration européenne (1996), S. 292 (296 f.).

[70] Ir. High Court, Entscheidungen v. 2. 10. 1987 – No. 11837P – *Lawlor v. Minister for Agriculture*, [1990] 1 IR 356 und v. 4. 4. 1989 – Nr. 2453P – *Greene v. Minister for Agriculture*, [1990] 2 IR 17 sowie ir. Supreme Court, Entsch. v. 18. 11. 1993 – Nr. 127 – *Meagher v. Minister for Agriculture & Food*, [1994] 1 IR 329. Auf die Einzelheiten kann an dieser Stelle nicht eingegangen werden. Weiterführend *G. Hogan*, Ireland and the European Union: Constitutional Law and Practice, in: A. E. Kellermann et al. (Hrsg.), EU-Enlargement – The Constitutional Impact at EU and National Level (2001), S. 89 (93 ff.) sowie eingehend *D. R. Phelan*, Revolt or Revolution. The Constitutional Boundaries of the European Community (1997), S. 338 ff.

[71] So insbesondere *C. Lucey*, Europäische Integration und nationales Verfassungsrecht in Irland, in: U. Battis/D. Th. Tsatsos/D. Stefanou (Hrsg.), Europäische Integration und nationales Verfassungsrecht (1995), S. 213 (240). Die Durchgriffs- und Rechtswirkungen des Europarechts würden demnach aufgrund der verfassungsrechtlichen Immunitätsklausel unmittelbar anerkannt und insoweit der Disposition des transformierenden Gesetzgebers entzogen. Auch im Kontext der vorgeblich streng dualistischen Verfassung Irlands gibt es also Ansätze, dass die kategoriale Dichotomie von Monismus und Dualismus in Bezug auf das innerstaatliche Europaverfassungsrecht zunehmend an Erklärungswert verliert.

[72] Die Immunitätsklausel sei insbesondere nicht hinreichend deutlich und klar formuliert, um eine Derogation von der Grundregel des Art. 29 Abs. 6 vorzunehmen, vgl. *D. R. Phelan*, Revolt or Revolution. The Constitutional Boundaries of the European Community (1997), S. 338 f. und 351; *R. Symmons, Ireland, in*: P. M. Eisemann (Hrsg.), L'intégration du droit international et communautaire dans l'ordre juridique national (1996), S. 317 (345); *G. Hogan*, Ratification of the European Constitution – Implications for Ireland, in: A. Albi/J. Ziller (Hrsg.), The European Constitution and National Constitutions (2007), S. 137 (145); *C. N. Fennelly/A. M. Collins*, Irlande, in: J. Rideau

Damit ergeben sich potenzielle Einschränkungen der Anerkennung des Vorrangs vor irischem Verfassungsrecht gleich in zweierlei Hinsicht. Die erste folgt daraus, dass innerstaatliche Umsetzungsakte „notwendig" sein müssen, um in den Schutz der verfassungsrechtlichen Immunität zu gelangen. Je enger dieses Kriterium durch die irischen Gerichte interpretiert wird, desto größer ist die Wahrscheinlichkeit, dass der betreffende Akt nicht unter die Immunisierung des Art. 29 Abs. 4 Nr. 6 n. F. Verf-IRL fällt. Auch wenn die Klausel bislang großzügig zugunsten des Unionsrechts ausgelegt worden ist, liegt in diesem Mechanismus jedenfalls eine potenzielle Beschränkung des unionsrechtlichen Vorranganspruches. Folgt man zudem der herrschenden Auffassung in Bezug auf die Geltungsbegründung des Unionsrechts in Irland, so resultiert eine zweite Einschränkung daraus, dass für die Geltungsbegründung auf das EU-Gesetz von 1972 abgestellt wird. Setzt die innerstaatliche Geltung des Unionsrechts aber konzeptionell ein nationales Gesetz voraus, muss zuvor logisch zwingend die Frage beantwortet werden, ob dieses EU-Gesetz als staatlicher Akt „notwendig" im Sinne des ersten Regelungsteils der Immunitätsklausel ist. Anders gesagt, die Behauptung der innerstaatlichen Geltung eines unionsrechtlichen Rechtsaktes kommt der Behauptung gleich, dass der die Geltung dieses EU-Aktes begründende Akt des nationalen Rechts „notwendig" im Sinne der sich aus der Mitgliedschaft ergebenden Verpflichtungen ist.[73]

Entgegen der in ihrem Wortlaut scheinbar klaren Vorrangregelung ergibt sich für das irische Verfassungsrecht letztlich ein durchaus differenziertes Bild. Art. 29 Abs. 4 Nr. 6 n. F. Verf-IRL bietet zwar im Regelfall, jedoch keineswegs ausnahmslos eine rechtliche Grundlage für die Durchsetzung des Vorrangs des Unionsrechts gegenüber der irischen Verfassung. In der Praxis wurde der Vorranganspruch des Unionsrechts bislang allerdings nur ein einziges Mal ernsthaft auf die Probe gestellt. Dabei ging es um das in Art. 40 Abs. 3 Verf-IRL mit besonderem Schutz ausgestattete Abtreibungsverbot. Letztlich konnte der Konflikt aber durch das Zusammenspiel einer vergleichsweise behutsamen EuGH-Rechtsprechung und dem Erlass eines konfliktpräventiven Protokolls auf Ebene des Primärrechts überwunden werden.[74]

(Hrsg.), Les Etats membres de l'Union européenne, Paris 1997, S. 263 (269). Diese Ansicht deckt sich auch mit der Rechtsprechung des irischen Supreme Court im Fall Crotty, vgl. ir. Supreme Court, Entsch. v. 9. 4. 1987–1986 Nr. 12036P – *Crotty v. An Taoiseach*, [1987] IR, S. 713 ff.

[73] So *D. R. Phelan*, Revolt or Revolution. The Constitutional Boundaries of the European Community (1997), 351, der insoweit zum Ergebnis der Irrelevanz des zweiten Teils der Immunitätsklausel gelangt. Diese sei allenfalls insoweit noch von Bedeutung, als sie indirekt die Verfassungsgemäßheit des irischen EU-Gesetzes fundiere.

[74] EuGH, Urt. v. 4. 10. 1991 – Rs. C-159/90 – *SPUC v. Grogan*, Slg. 1991, S. I-4685 ff. Das Urteil erging im Rahmen einer Auseinandersetzung zwischen der irischen Society for the Protection of Unborn Children Ireland Ltd (SPUC) und mehreren Vorstandsmitgliedern irischer Studentenvereinigungen. Diese hatten in Irland Informationen über den Namen und die Adresse von Kliniken in anderen Mitgliedstaaten verbreitet, in denen ärztliche Schwangerschaftsabbrüche vorgenommen werden durften. Hingegen war es nach der Rechtsprechung der irischen Gerichte (ir. High Court, Urt. v. 19. 12. 1986 sowie ir. Supreme Court, Urt. v. 16. 3. 1988 – *The Attorney General v. Open Door*, [1988] IR 593) aufgrund von Art. 40 Abs. 3 UAbs. 3 a. F. Verf-IRL verboten, schwangere Frauen in

Von dem in konzeptioneller Hinsicht umfassenderen Gesamtverweisungsmodell des Art. 8 Abs. 4 Verf-POR einmal abgesehen, war die irische Immunitätsklausel bis zum Jahr 2006 die einzige Vorschrift im Verfassungsrecht der Mitgliedstaaten, die unmittelbar eine Immunisierung unionsrechtlicher und innerstaatlicher (aber unionsrechtlich induzierter) Normen vor nationalem Verfassungsrecht bezweckte.

Im Jahr 2006 allerdings überschritt das Modell der Immunitätsklausel erstmals die Grenze der irischen Rechtsordnung und fand ihren Weg in Art. 1a der zypriotischen Verfassung. Die Anlehnung an das irische Vorbild ist unverkennbar, wenngleich die zypriotische Klausel im Ganzen etwas prägnanter gefasst ist:

„Keine Bestimmung dieser Verfassung macht Gesetze, Handlungen oder Maßnahmen der Republik ungültig, die notwendig aus der Erfüllung der Pflichten der Mitgliedschaft in der Europäischen Union oder der Europäischen Gemeinschaften folgen, oder hindert Verordnungen, Richtlinien oder sonstige rechtsverbindliche Handlungen mit Legislativcharakter, die von der Europäischen Union oder der Europäischen Gemeinschaften oder ihren Institutionen oder zuständigen Körperschaften erlassen werden und auf den Bedingungen für die Errichtung der Europäischen Gemeinschaften oder der Europäischen Union beruhen, daran, im Staate Rechtskraft zu erlangen."

Irland durch Bereitstellung von Schlüsselinformation dabei zu unterstützen, ins Ausland zu reisen, um dort ihre Schwangerschaft abbrechen zu lassen. Die SPUC wandte sich vor Gericht gegen die Informationsverbreitung durch die Studentenorganisationen und beantragte u. a. eine einstweilige Verfügung vor dem ir. High Court. Mit Urteil vom 11. 10. 1989 entschied dieser zunächst, vor einer Entscheidung über die von der Klägerin beantragte einstweilige Verfügung den EuGH im Wege des Vorabentscheidungsverfahrens zu befassen. Gegen dieses Urteil wurde sodann Berufung zum ir. Supreme Court eingelegt, der am 19. 12. 1989 die beantragte einstweilige Verfügung erließ, jedoch die Entscheidung des High Court, den Gerichtshof um Vorabentscheidung zu ersuchen, bestehen ließ, vgl. ir. Supreme Court, Urt. v. 19. 12. 1989 – *Society for the Protection of the Unborn Child v. Grogan and Others*, IR 1989, 753 ff. In den Entscheidungsgründen ließ insbesondere Richter *Walsh* erkennen, dass er die Frage der Auslegung der irischen Immunitätsklausel und ihres Verhältnisses zum Schwangerschaftsverbot primär als eine Frage irischen Verfassungsrechts ansah, deren Beantwortung in erster Linie den irischen Gerichten obliege. In der Folge legte der ir. High Court sodann mit Beschluss vom 5. 3. 1990 dem EuGH drei Fragen vor, die insbesondere auf den Anwendungsbereich der Dienstleistungsfreiheit gerichtet waren. Der EuGH entschied sodann, dass zwar ein ärztlicher Schwangerschaftsabbruch, der im Einklang mit dem Recht des betreffenden Mitgliedstaates vorgenommen wird, eine Dienstleistung i. S. d. Art. 56 f. AEUV (ex-Art. 49 f. EG, bzw. 59 f. EWGV) darstelle. Jedoch fiele die Verbreitung von Informationen wiederum nicht darunter, wenn diese Informationen nicht im Auftrag eines Wirtschaftsteilnehmers verbreitet würden, sondern lediglich eine Inanspruchnahme der Meinungsfreiheit darstellten. Dieses Entscheidungsergebnis entschärfte letztlich den drohenden Konflikt mit dem irischen Verfassungsrecht im konkreten Fall. Das der Qualifizierung des Schwangerschaftsabbruchs als Dienstleistung gleichwohl inhärente Konfliktpotenzial war jedoch Auslöser für die Einigung auf ein Protokoll – heute Protokoll Nr. 35 – über Artikel 40.3.3 der Verfassung Irlands: „Die Verträge, der Vertrag zur Gründung der Europäischen Atomgemeinschaft sowie die Verträge und Akte zur Änderung oder Ergänzung der genannten Verträge berühren nicht die Anwendung des Artikels 40.3.3 der irischen Verfassung in Irland." Kritisch dazu *D. Curtin*, The Constitutional Structure of the Union: A *Europe of bits and pieces*, CMLRev. 30 (1993), S. 17 ff. Weitere Folgeurteile kamen später hinzu und brachten den Fall vor den irischen Gerichten zu einem Abschluss, vgl. ir. Supreme Court, Entsch. v. 6. 3. 1997 – Nr. 317/92 – *Society for the Protection of the Unborn Child v. Grogan and Others*, [1997] IESC 4.

Aus Art. 1a Verf-CY können im Wesentlichen die gleichen (potenziellen) Beschränkungen des Vorrangs gegenüber Verfassungsrecht abgeleitet werden, wie aus der irischen. Darüber hinaus ließe sich der Vorbehalt, dass die betreffenden Akte des Unionsrechts nach den Vorschriften der Verträge zustande gekommen sein müssen (*based on the conditions creating the EU*) als eine Art Kompetenzmäßigkeitsvorbehalt auslegen.

Die Schwierigkeit, rechtliche Grundfragen wie den Vorrang des Unionsrechts vor der Verfassung verfassungstextlich einzufangen, hat sich auch schon in Bezug auf Geltung und Anwendbarkeit des Unionsrechts im innerstaatlichen Rechtsraum gezeigt. Selbst ein Regelungsmodell, das wie Art. 8 Abs. 4 der portugiesischen Verfassung umfänglich auf das Unionsrecht verweist, ist stets in den Kontext der jeweiligen Verfassungsordnung einzuordnen, woraus sich ggf. spezifische Einschränkungen ergeben können. Man stößt hier schlicht an die Grenzen des rechtlich Normierbaren.

Eine ausdrückliche Regelung des nationalen Verfassungsrechts über den Vorrang des Unionsrechts wird stets die ihr eigene Ambivalenz behalten. Kann sie einerseits als deklaratorische Anerkennung des unionsrechtlichen Vorrangs verstanden werden, ist andererseits ebenso die Deutung plausibel, sie als konstitutiv für den Vorrang auszulegen und damit das Feld für möglicherweise entgegenstehende Verfassungsprinzipien zu öffnen. Damit sind bereits Modelllösungen angesprochen, die dem uneingeschränkten Vorrangpostulat des Unionsrechts verfassungsrechtlich differenziert begegnen.

III. Vorrang vor der Verfassung II: Differenzierte Modelllösungen

Die überwiegende Anzahl mitgliedstaatlicher Verfassungsordnungen zieht dem Vorranganspruch des Unionsrechts in Bezug auf das innerstaatliche Verfassungsrecht Grenzen, wenngleich zumeist in abgestufter und differenzierter Weise. Der Vorrang des Unionsrechts vor nationalem Verfassungsrecht wird im Grundsatz zwar gewährleistet, gleichwohl aber nur im Rahmen der durch das nationale Verfassungsrecht gezogenen Schranken.

Die Annahme und Sicherung solcher Schranken ist eng mit der soeben erörterten Frage nach der Geltungsbegründung des Unionsrechts im innerstaatlichen Rechtsraum verknüpft, lässt sich aber nicht allein anhand dieser beantworten. Die Geltungsbegründung determiniert nämlich nicht automatisch die Rechtsfolge für den Fall einer Normenkollision. Gründet eine Verfassungsordnung die innerstaatliche Geltung des Unionsrechts – wie in der gegenwärtigen Verfassungspraxis ganz überwiegend – auf das nationale Recht selbst, bestimmt dieser Umstand für sich allein genommen noch nicht den Inhalt der einschlägigen Kollisionsnorm. Ein Fehlschluss wäre es daher, aus der Rückführung des unionsrechtlichen Geltungsgrundes auf das nationale (Verfassungs-)Recht automatisch einen Vorrang der Verfassung im kollisionsrechtlichen Sinne[75] abzuleiten. Vielmehr kann auch auf Grundlage eines innerstaatlichen Rechtsanwendungsbefehls die *unionsrechtliche* Kollisionsnorm angewendet und damit der Vorrang des Unionsrechts vor nationalem Verfassungsrecht zwar dem Grundsatz nach, aber eben nicht unbegrenzt gesichert werden.[76] Eine normative Rückführung der europarechtlichen Kollisionsregel auf die „Brücke"[77] der innerstaatlichen Integrationsermächtigung bzw. des Zustimmungsgesetzes ermöglicht es allerdings, dieser Brücke wiederum Regeln oder Prinzipien verfassungsrechtlichen Ranges entgegenzuhalten und dem Vorrang so sein nationales Fundament zu entziehen. Dies ist der innere Zusammenhang von Vorrangsicherung und Geltungsbegründung, wobei es nicht unbedingt darauf ankommt, ob die betreffende Verfassungsordnung einen änderungsfesten und damit zugleich vorrangfesten Kern vorsieht, oder ob die Relativierung des Vorrangs im Wege praktischer Konkordanz zwischen dem Grundsatz der Permeabilität und den insoweit gegenläufigen Verfassungsprinzipien hergestellt wird.

Im Verfassungsrecht der Mitgliedstaaten haben sich mittlerweile unterschiedliche Modelllösungen herausgebildet, das Vorrangpostulat des Unionsrechts mit der Wahrung verfassungsrechtlicher Grundsätze in Ausgleich zu bringen.[78]

[75] Für ein ausdrücklich kollisionsrechtliches Verständnis des Vorrangs in Anlehnung an das IPR vgl. insbesondere *C. Joerges*, (Re-)Conceptualizing the Supremacy of European Law: A Plea for a Supranational Conflict of Laws, in: B. Kohler-Koch/B. Rittberger (Hrsg.), *Debating the Democratic Legitimacy of the European Union* (2007), S. 311 ff.

[76] So jüngst, aber im Ansatz keineswegs einzig BVerfG, Urt. v. 30. 6. 2009 – 2 BvE 2/08 u. a. – *Lissabon* = BVerfGE 123, 267 ff. (Rn. 335): „Der *europarechtliche Anwendungsvorrang* lässt entgegenstehendes mitgliedstaatliches Recht in seinem Geltungsanspruch unberührt und drängt es nur in der Anwendung soweit zurück, wie es die Verträge erfordern *und nach dem durch das Zustimmungsgesetz erteilten innerstaatlichen Rechtsanwendungsbefehl auch erlauben*". Im *Honeywell*-Beschluss erkennt das BVerfG die unionsrechtliche Begründung nunmerh in bislang ungekannter Deutlichkeit an, BVerfG, Beschl. v. 6. 7. 2010 – 2 BvR 2661/06 – *Honeywell*, Rn. 53: „Der Anwendungsvorrang *folgt aus dem Unionsrecht*, weil die Union *als Rechtsgemeinschaft* nicht bestehen könnte, wenn die einheitliche Wirksamkeit des Unionsrechts in den Mitgliedstaaten nicht gewährleistet wäre [Verweis auf Costa/ENEL]". Auch hier betont das Gericht aber sogleich die Grenzen der Kollisionsregel, die aus der staatsverfassungsrechtlichen Grundlegung des Unionsrechts folgen (ebd., Rn. 54 f.). Anders etwa der polnische Verfassungsgerichtshof in seiner Entsch. v. 11. 5. 2005 – Az. K 18/04 – *Beitrittsvertrag* = EuR 2006, S. 236 (238 ff.), der in Gestalt von Art. 8 Abs. 1 poln. Verf auf eine *nationale* Kollisionsnorm – bzw. in diesem Fall dogmatisch treffender: eine Norm über die innerstaatliche Normenhierarchie – verweist, um den grundsätzlichen Vorrang der Verfassung festzustellen (dazu sogleich).

[77] So *P. Kirchhof*, Deutsches Verfassungsrecht und Europäisches Gemeinschaftsrecht, in: ders./C.-D. Ehlermann (Hrsg.), Europarecht Beiheft 1/1991, S. 11 (15); *ders.*, Der deutsche Staat im Prozeß der europäischen Integration, HStR VII (1993), § 183, Rn. 65 sowie *ders.*, Der europäische Staatenverbund, in: A. v. Bogdandy/J. Bast (Hrsg.), Europäisches Verfassungsrecht (2. Aufl. 2009), S. 1009 (1017).

[78] Diese müssen sich dabei nicht unbedingt ausschließen, sondern können ggf. auch nebeneinander vorstellbar und miteinander kombinierbar sein.

1. *Gerichtliche Prüfungsvorbehalte und Letztentscheidungsrechte*

Das klassische Modell ist ein *Sicherungsmechanismus verfassungsprozessrechtlicher Natur*, der auf effektive Abschirmung bestimmter Verfassungsgehalte gegenüber einem vollumfänglichen Vorrangpostulat des Unionsrechts abzielt. Es handelt sich hierbei um die ausdrückliche oder konkludente Beanspruchung von Prüfungsvorbehalten oder Letztentscheidungsrechten nationaler Gerichte über die Frage der Verbindlichkeit bzw. der Anwendbarkeit von Unionsrecht im innerstaatlichen Rechtsraum. Kann man die zugrunde liegende Problematik aus normativer Sicht als Konflikt zwischen Rechtsordnungen bzw. als Kollision rechtsordnungsdifferierender Normen beschreiben, so stellt sie sich aus Perspektive der handelnden Akteure in erster Linie als Konflikt zwischen *Gerichten* dar, nämlich insbesondere zwischen nationalen Verfassungs- und Höchstgerichten auf der einen und EuGH bzw. EuG auf der anderen Seite.[79]

a) *Vorüberlegung: Justiziabilität, prozessuale Konstellationen*

Der gerichtliche Schutz nationaler Verfassungsgehalte gegenüber dem unionsrechtlichen Vorranganspruch kann hinsichtlich Intensität und Reichweite erheblich variieren. Dabei ist strikt zu trennen zwischen der *prozessualen* Ebene des Prüfungsvorbehaltes einerseits und der *materiell-rechtlichen* Ebene der Bestandsgrenzen andererseits.[80] Aus der Anerkennung verfassungsrechtlicher Bestandsgrenzen kann nicht unmittelbar auf eine Prüfungskompetenz innerstaatlicher Gerichte geschlossen werden.[81] Die Justiziabilität hängt vielmehr von der konkreten Ausgestaltung des Gerichtssystems und, daran anknüpfend, der prozessualen Konstellation im Einzelfall ab.

---

[79] Zum ebenübergreifenden Verhältnis der Gerichte in der EU vgl. insbesondere *F.C. Mayer*, Kompetenzüberschreitung und Letztentscheidung (2000), dort v.a. S. 323ff.; *ders.*, Verfassungsgerichtsbarkeit, in: A. v. Bogdandy/J. Bast (Hrsg.), Europäisches Verfassungsrecht (2. Aufl. 2009), S. 559ff. Eingehend zudem *I. Pernice*, Das Verhältnis europäischer zu nationalen Gerichten im europäischen Verfassungsverbund (2006); *M. Kumm*, Who is the final arbiter of constitutionality in Europe?, CMLRev. 36 (1999), S. 351ff.; *ders.*, The Jurisprudence of Constitutional Conflict: Constitutional Supremacy in Europe before and after the Constitutional Treaty, ELJ 11 (2005), S. 262ff.; *M. Claes*, The National Courts' Mandate in the European Constitution (2006), S. 594ff.; *H. Sauer*, Jurisdiktionskonflikte in Mehrebenensystemen (2008), S. 179ff. u. 261ff. sowie auf Basis einzelner Länderberichte A.-M. Slaughter/A. Stone Sweet/J.H.H. Weiler (Hrsg.), The European Court and National Courts (1998). In politikwissenschaftlicher Perspektive in Bezug auf den EuGH vgl. *M. Höreth*, Die Selbstautorisierung des Agenten (2008). Für eine auf die Persönlichkeiten der Gerichtspräsidenten bezogene Betrachtung vgl. *J. Möller*, Das Verhältnis zwischen Bundesverfassungsgericht und Europäischem Gerichtshof unter den Präsidenten Papier und Skouris, NVwZ 2010, S. 225ff.

[80] Zur materiell-rechtlichen Dimension bereits Teil 2 – Kapitel 9 – III.

[81] Vgl. auch *H. Sauer*, a.a.O., S. 166f. mit dem zutreffenden Hinweis, dass eine Konfliktlösung nicht unbedingt gerichtlich erfolgen muss, sondern gerade auch über den politischen Weg einer Primärrechtsänderung angestrebt werden kann. Umgekehrt ist dies natürlich auch im Wege einer Verfassungsänderung möglich, soweit dem nicht ein änderungsfester Kern entgegensteht.

Eine den unmittelbaren oder mittelbaren Schutz nationalen Verfassungsrechts gegenüber dem Unionsrecht gewährleistende Gerichtsbarkeit setzt die Kompetenz voraus, nationale Zustimmungs- oder Umsetzungsakte bzw. Normen des Primär- oder Sekundärrechts (Prüfungsgegenstand) auf ihre Vereinbarkeit mit der Verfassung oder bestimmten verfassungsrechtlichen Kerngehalten hin (Prüfungsmaßstab) im Wege einer präventiven Kontrolle ex ante oder aber einer Kontrolle ex post (Verfahrensmodus) prüfen zu können. Jede der drei Komponenten kann je nach Gerichtssystem mehr oder weniger ausgeprägt sein. Das prozessuale Anwendungsfeld eines gerichtlichen Prüfungsvorbehalts wird dementsprechend erweitert oder verengt.

Mit Blick auf den *Prüfungsmaßstab* ist zunächst festzuhalten, dass in den Mitgliedstaaten und Beitrittskandidaten heute entweder spezialisierte Verfassungsgerichte existieren,[82] oder aber jedenfalls Höchstgerichte bestehen, die umfänglich oder partiell mit der Erfüllung verfassungsgerichtlicher Funktionen, d.h. insbesondere der letztinstanzlichen Entscheidung über die Verfassungsmäßigkeit der zu prüfenden Norm betraut sind.[83]

Die entsprechenden Verfassungs- bzw. Höchstgerichtsbarkeiten sind europaweit allerdings recht heterogen ausgestaltet.[84] Dies gilt insbesondere für die Frage des gerichtlichen *Prüfungsgegenstandes*. Kann in vielen mittel- und osteuropäischen Mitgliedstaaten eine vergleichsweise umfassende Verfassungsgerichtsbarkeit nachgewiesen werden,[85] so ist in einigen der alten Mitgliedstaaten das Gegenteil der Fall. Verfas-

---

[82] So insbesondere Österreich (*VerfGH*, bereits seit 1920; im Jahr 1933 faktisch ausgesetzt durch Regierungsverordnung; Wiederaufnahme der Tätigkeit ab 1946), Deutschland (*BVerfG*), Italien (*Corte costituzionale*), Luxemburg (*Cour constitutionnelle*, erst seit 1996), Belgien (*Cour constitutionnelle*, bis zum 7. Mai 2007 *Cour d'arbitrage*), Spanien (*Tribunal Constitucional*), Portugal (*Tribunal Constitucional*), Polen (*Trybunal Konstytucyjny*), Tschechien (*Ústavní soud*), Ungarn (*Magyar Köztársaság Alkotmánybírósága*), Slowakei (*Ústavny súd*), Slowenien (*Ustavno Sodisce*), Lettland (*Satversmes tiesa*), Litauen (*Konstitucinis Teismas*), Malta (*Constitutional Court*), Bulgarien (Конституционен), Rumänien (*Curtea Constitutionala*), Türkei (*Anayasa Mahkemesi*), Mazedonien (Уставен суд) und Kroatien (*Ustavni Sud*).

[83] Frankreich (*Conseil d'Etat* sowie *Cour de cassation* als oberste Fachgerichte sowie daneben der *Conseil constitutionnel* als verfassungsgerichtsähnliches Organ), Niederlande (*Raad van State* – Staatsrat und *Hoge Raad* – Oberster Gerichtshof), Vereinigtes Königreich (*House of Lords*), Irland (*Supreme Court*), Dänemark (*Højesteret* – Oberster Gerichtshof), Griechenland (*Αρειος Πάγος* – Areios Pagos/Oberstes Gericht; *Συμβούλιο της Επικρατείας* – Symvoulio tis Epikrateias/Staatsrat sowie *Ανώτατο Ειδικό Δικαστήριο* – Anotato Eidiko Dikastirio/Oberster Sondergerichtshof), Schweden (*Regeringsrätten* - Oberstes Verwaltungsgericht sowie *Högsta domstolen* - Oberstes Gericht), Finnland (*Korkein hallinto-oikeus* – Oberstes Verwaltungsgericht sowie *Korkein oikeus* – Oberstes Gericht), Estland (*Riigikohus* – Oberster Gerichtshof), Zypern (*Supreme Court*) und Island (*Hæstiréttur* - Oberstes Gericht).

[84] Dies kann hier nicht im Einzelnen vertieft werden. Für einen rechtsvergleichenden Überblick s. *Franz C. Mayer*, Verfassungsgerichtsbarkeit, in: A. v. Bogdandy/J. Bast (Hrsg.), Europäisches Verfassungsrecht (2. Aufl. 2009), S. 559 (560 ff.) sowie *ders.*, Kompetenzüberschreitung und Letztentscheidung (2000), S. 70 ff. Vgl. zudem die vom Walter-Hallstein-Institut für Europäisches Verfassungsrecht (WHI) betriebene Website des European Constitutional Law Network (ECLN) www.ecln.net (1. 9. 2010) mit einer Auswahl integrationsbezogener Entscheidungen.

[85] Speziell für die mittel- und osteuropäischen Staaten vgl. die Beiträge J. A. Frowein/T. Marauhn (Hrsg.), Grundfragen der Verfassungsgerichtsbarkeit in Mittel- und Osteuropa (1998) sowie spezi-

sungsrechtliche Einschränkungen der gerichtlichen Prüfungskompetenz ergeben sich insbesondere dort, wo es der Judikative aus Gründen der Gewaltenteilung traditionell verwehrt ist, über die Gültigkeit innerstaatlicher Parlamentsgesetze zu entscheiden.[86] Besonders deutlich kommt eine solche Begrenzung judikativer Zuständigkeit bis heute in Art. 120 der niederländischen Verfassung zum Ausdruck, wonach der Richter „nicht die Verfassungsmäßigkeit von Gesetzen und Verträgen" beurteilen darf. Dementsprechend ist in den Niederlanden eine gerichtliche Prüfung der Verfassungsmäßigkeit (nicht zu verwechseln mit der Vertragsmäßigkeit[87]) von Gesetzen und Verträgen ausgeschlossen.[88] Auch andere Rechtsordnungen stehen einer gerichtlichen Kontrollbefugnis in Bezug auf die Verfassungsmäßigkeit von Parlamentsgesetzen reserviert gegenüber. So weist die finnische Verfassung in § 74 nicht einem Verfassungsgericht, sondern speziell dem Verfassungsausschuss des finnischen Parlaments (*Perustuslakivaliokunta*) die Aufgabe zu, Vorabkontrollen in Gestalt von Gutachten über die Verfassungs- und Vertragsmäßigkeit von Gesetzesentwürfen und anderen Angelegenheiten abzugeben.[89] In Schweden gibt es mit dem Gesetzgebungsrat (*lagrådet*) ein aus Richtern der beiden höchsten Gerichte gebildetes Gremium, das gemäß Kap. 8 § 18 des schwedischen Hauptverfassungsgesetzes zur Begutachtung von Gesetzesvorlagen zuständig ist.[90]

Einige Gerichtssysteme mit traditionell fehlender oder schwach ausgeprägter Verfassungsgerichtsbarkeit unterliegen heute allerdings einem dynamischen Wandel, der tendenziell in Richtung einer Stärkung verfassungsgerichtlicher Elemente weist. Herausragendes Beispiel für diese Entwicklung ist das französische Gerichtssystem. Trotz der bereits im vorrevolutionären Frankreich vorhandenen[91] und in der Folge

---

fisch im EU-Kontext *W. Sadurski*, „Solange, chapter 3": Constitutional Courts in Central Europe – Democracy – European Union, ELJ 14 (2008), S. 1 (3 ff.) und *J. Czuczai*, Impact of European Integration on the Role and Functions of the National Judiciary, in: A. E. Kellermann et al. (Hrsg.), The Impact of EU Accession on the Legal Orders of New Member States and (Pre-) Candidate Countries (2006), S. 26 ff.

[86] Dazu eingehend *M. Claes*, The National Courts' Mandate in the European Constitution (2006), S. 214 ff.

[87] Die Kontrolle der Vertragsmäßigkeit gesetzlicher Vorschriften ist nach Art. 94 der Verfassung möglich.

[88] Vgl. ebd., S. 215 f. sowie *R. Wessel/W. Van de Griendt*, Offene Staatlichkeit, in: IPE II (2008), § 19 Niederlande, Rn. 6, beide mit Hinweisen auf Reformvorschläge in Bezug auf eine gerichtliche Prüfungsbefugnis am Maßstab spezifischer Verfassungsgehalte.

[89] Dazu *T. Ojanen*, The Impact of EU Membership on Finnish Constitutional Law, EPL 10 (2004), S. 531 (532).

[90] Der Gesetzgebungsrat ist allerdings ein rein konsultatives Gremium, vgl. näher *U. Bernitz*, Swedish report, in: J. Schwarze (Hrsg.), Die Entstehung einer europäischen Verfassungsordnung (2000), S. 389 (449 f.). Ansonsten darf ein schwedisches Gericht von der Anwendung einer vom Parlament oder der Regierung erlassenen Vorschrift wegen der Feststellung eines Verstoßes gegen höherrangiges Recht nur absehen, wenn der Fehler offenkundig ist, Kap. 11 § 14 schwed. Hauptverfassungsgesetz.

[91] Klassisch *C.-L. Montesquieu*, Vom Geist der Gesetze (Erstaufl. 1748 – dt. Übersetzung v. K. Weigand, Nachdr. 2006), S. 225: „Doch die Richter der Nation sind (…) lediglich der Mund, der den Wortlaut des Gesetzes spricht, Wesen ohne Seele gleichsam, die weder die Stärke noch die Strenge

geradezu omnipräsenten Skepsis der französischen Verfassungstradition gegenüber einem *gouvernement des juges*[92] wächst der Verfassungsrat (*Conseil constitutionnel*) zusehends in die Rolle eines veritablen Verfassungsgerichts hinein. Dies zeigt nicht nur seine mittlerweile zentrale Rolle für den Bereich des französischen Europaverfassungsrechts,[93] sondern insbesondere die jüngst im Zuge der Reform zur Modernisierung der Institutionen erstmals geschaffene Möglichkeit einer konkreten Normenkontrolle (*question prioritaire de constitutionnalité*) und damit einhergehend einer ex-post-Kontrolle der Verfassungsmäßigkeit von Parlamentsgesetzen in Frankreich.[94] Belgien und Luxemburg, deren Verfassungsordnungen ursprünglich am klassischen französischen Gerichtssystem ausgerichtet waren, haben mittlerweile ebenfalls den Weg in Richtung einer mehr oder weniger ausgeprägten Verfassungsgerichtsbarkeit eingeschlagen. Belgien verfügte mit dem zum Jahr 1983 ins Leben gerufenen belgischen Schiedshof (*Cour d'arbitrage*) zunächst über ein Gericht mit partiell verfassungsgerichtlicher Funktion.[95] Seit dem 7. Mai 2007 wurde es in „Verfassungsge-

---

des Gesetzes mäßigen können" (Mais les juges de la nation ne sont (...) que la bouche qui prononce les paroles de la loi; des êtres inanimés qui n'en peuvent modérer ni la force ni la rigueur).

[92] Der Begriff selbst stammt nicht aus der Revolutionszeit, sondern wurde geprägt von *E. Lambert*, Le gouvernement des juges et la lutte contre la législation sociale aux Etats-Unis (1921) in Bezug auf das amerikanische (sic!) Verfassungsrecht, insbesondere die Entscheidung des US-amerikanischen *Supreme Court* v. 24. 2. 1803 – *William Marbury v. James Madison*, 5 US (1803), S. 137 ff.

[93] Vgl. bereits unter Teil 2 – Kapitel 5 – I. 3. a) und Teil 2 – Kapitel 7 – II. Aus der Literatur *O. Dutheillet de Lamothe*, Le Conseil constitutionnel et le droit européen, RFDC 57 (2004), S. 23 ff.; *J. Dutheil de la Rochère*, The French Conseil Constitutionnel and the constitutional development of the European Union, in: M. Kloepfer/I. Pernice (Hrsg.), Entwicklungsperspektiven der europäischen Verfassung im Lichte des Vertrages von Amsterdam (1999), S. 43 ff. Für die Leitwirkung der Rechtsprechung des Verfassungsrates auf die des Staatsrates (*Conseil d'Etat*) vgl. *F. C. Mayer/E. Lenski/M. Wendel*, Der Vorrang des Europarechts in Frankreich, EuR 2008, S. 63 (68 ff.).

[94] Art. 61-1 Verf-F lautet: „Wird bei einem anhängigen Gerichtsverfahren behauptet, eine Rechtsvorschrift verstoße gegen die von der Verfassung garantierten Rechte und Freiheiten, kann der Verfassungsrat nach Zurückverweisung durch den Staatsrat oder den Kassationsgerichtshof mit dieser Frage befasst werden, der innerhalb einer bestimmten Frist eine Entscheidung zu treffen hat." Die Norm wurde eingeführt durch das Verfassungsgesetz Nr. 2008-103 v. 4. 2. 2008 und umgesetzt durch das Organgesetz Nr. 2009-1523 v. 10. 12. 2009. Zur Ausgestaltung des Verfahrens vgl. franz. Verfassungsrat, Entsch. v. 3. 12. 2009 – Nr. 2009-595 DC – *Organgesetz über die Durchführung von Art. 61-1* sowie v. 12. 5. 2010 – Nr. 2010-605 DC - *Gesetz über Wettbewerbsöffnung u. a.*, Rn. 11 ff. Beide Entscheidungen sind in deutscher Übersetzung abrufbar unter http://www.conseil-constitutionnel.fr (1. 9. 2010). Aus der Literatur vgl. *B. Genevois*, Le contrôle *a priori* de constitutionnalité au service du contrôle *a posteriori*, RFDA 2010, S. 1 ff. sowie *J. Roux*, La question prioritaire de constitutionnalité à la lumière de la décision du Conseil constitutionnel du 3 décembre 2009, RDP 2010, S. 233 ff. Die QPC ist auch deshalb Gegenstand intensiver Debatten, weil sie die Frage nach ihrer Europarechtskonformität aufgeworfen hat. Die französische *Cour de Cassation* hat dem EuGH in diesem Zusammenhang eine Frage im Vorabentscheidungsverfahren vorgelegt. Der EuGH hat sich in seinem Urt. v. 22. 6. 2010 – verb. Rs. C-188/10 u. C-189/10 – *Melki* u. a., Rn. 57 allerdings darauf beschränkt, allgemeine Leitlinien für die Europarechtskonformität der QPC zu ziehen und dem vorlegenden Gericht die Beurteilung zu überlassen, ob die verfahrensrechtliche Ausgestaltung der QPC diesen Vorgaben entspricht oder nicht.

[95] Dazu etwa *F. Delpérée*, Belgium: The Lock-through System, in: A. Albi/J. Ziller (Hrsg.), The European Constitution and National Constitutions (2007), S. 67 (71).

richtshof" (*Cour constitutionnelle*) umbenannt, was seiner in den letzten Jahren stetig gestiegenen verfassungsgerichtlichen Kompetenzen entspricht. Luxemburg hat mit der *Cour constitutionnelle* bereits im Jahr 1996 ein veritables Verfassungsgericht errichtet.[96]

Was schließlich den *Verfahrensmodus* anbelangt, ist zu beachten, dass nicht jede gerichtliche Prüfung integrationsrelevanter Sachverhalte am Maßstab der nationalen Verfassung zugleich geeignet ist, den unionsrechtlichen Vorranganspruch unmittelbar in Frage zu stellen. Insbesondere die häufig vorgesehenen präventiven Vertragskontrollen[97] stellen keine vorrangrelativierenden Prüfungsvorbehalte im engeren Sinne dar. Prüft ein innerstaatliches Verfassungsgericht bzw. ein funktional äquivalentes Organ die Vereinbarkeit eines zur Ratifikation anstehenden völkerrechtlichen Vertrages mit der Verfassung – also etwa das portugiesische Verfassungsgericht nach Art. 278 Verf-POR oder der französische Verfassungsrat auf Grundlage von Art. 54 Verf-F – so erfolgt diese Prüfung zwar am Maßstab des innerstaatlichen Verfassungsrechts, insbesondere seiner Bestandsgrenzen. Gleichwohl ist der Prüfungsgegenstand eines solchen Verfahrens aber gerade nicht geltendes Unionsrecht, sondern vielmehr der Vertragsentwurf bzw. das noch nicht ausgefertigte innerstaatliche Zustimmungsgesetz.[98] Der Vorrang, verstanden als Kollisionsregel, kann sich aber nur auf *unmittelbar anwendbares* – das setzt logisch voraus: bereits geltendes – Unionsrecht beziehen. Einen Vorranganspruch in Bezug auf künftiges Recht gibt es hingegen nicht.[99]

Kommt das prüfende nationale Verfassungs- oder Höchstgericht im Rahmen einer präventiven Vertragskontrolle zum Ergebnis der Verfassungswidrigkeit, liegt darin keine Verneinung des unionsrechtlichen Vorranganspruches. In solchen Fällen rea-

---

[96] Allerdings ist dem luxemburgischen Verfassungsgericht gemäß Art. 95b Abs. 2 Verf-Lux die Prüfung der Verfassungsmäßigkeit eines Zustimmungsgesetzes zu völkerrechtlichen Vertrages ausdrücklich versagt. Ein Konflikt kann sich indessen hinsichtlich eines luxemburgischen Umsetzungsgesetzes ergeben, vgl. *G. Wivenes*, Luxembourg. Le droit européen et les constitutions nationales, in: BIICL (Hrsg.), F. I. D. E. XX Congress London, Vol. 1 (2002), S. 267 (284).

[97] Vgl. Art. 54 Verf-F; Art. 278 Verf-POR („vorbeugende Kontrolle der Verfassungsmäßigkeit"); Art. 95 Abs. 2 Verf-ESP; Art. 74 Verf-FIN (bzgl. parlamentarischem Grundgesetzausschuss); Art. 188 Nr. 1 Verf-PL; Art. 125a Verf-SLK; Art. 87 Abs. 2 i. V. m. 89 Abs. 3 Verf-CZ; Art. 105 Abs. III Nr. 3 Verf-LIT (Gutachtenverfahren); Art. 149 Abs. 1 Nr. 4 Verf-BG; Art. 146 lit. b) i. V. m. 147 Verf-RO

[98] Dort wo eine entsprechende Vorabkontrolle nicht ausdrücklich normiert ist, kann eine Prüfung ggf. auch im Wege einer Individualbeschwerde erfolgen, soweit die Anforderungen an die subjektive Beschwerdebefugnis bejaht werden können. So gelangte die Ratifikation der EEA in Irland (Ir. Supreme Court, Entsch. v. 9. 4. 1987–1986 Nr. 12036P – *Crotty v. An Taoiseach*, [1987] IR, S. 713 ff.) sowie der Verträge von Maastricht und Lissabon in Deutschland vor Gericht (BVerfG, Urt. v. 12. 10. 1993 – 2 BvR 2134, 2159/92 – *Maastricht* = BVerfGE 89, 155 sowie Urt. v. 30. 6. 2009 – 2 BvE 2/08 u. a. – *Lissabon* = BVerfGE 123, 267 ff.). Anders dagegen Öst. VerfGH, Beschl. v. 18. 6. 2005 – G 62/05-4 – *Verfassungsvertrag* = VfSlg. 17588/2005.

[99] Auch die sog. „Vorwirkung" von Richtlinien vor Ablauf der Umsetzungsfrist findet ihren normativen Grund nicht in künftigem Recht, sondern vielmehr in Art. 10 Abs. 2 EG i. V. m. Art. 249 Abs. 3 EG (Nizza) sowie der (bereits als Rechtsakt geltenden) Richtlinie, vgl. EuGH, Urt. v. 18. 12. 1997 – Rs. C-129/96 – *Inter-Environnement Wallonie*, Slg. 1997, S. I-07411 (Rn. 45) sowie EuGH, Urt. v. 5. 2. 2004 -Rs. C-157/02 – *Rieser*, Slg. 2004, S. *I-01477* (Rn. 66 ff.) und Urt. v. 22. 11. 2005 – Rs. C-144/04 – *Mangold*, Slg. 2005, S. I-9981 (Rn. 67 f.).

giert die verfassungsändernde bzw. verfassungsgebende Gewalt üblicherweise mit der Anpassung der Verfassung.[100] Anderenfalls wäre der Mitgliedstaat an der Ratifikation gehindert. Die Feststellung der Verfassungswidrigkeit im Rahmen der Vorabkontrolle kann allenfalls eine Sperrwirkung in Bezug auf die formelle Vertragsänderung entfalten. Sie bewirkt hingegen keine Durchbrechung des Vorrangprinzips.[101] Zu berücksichtigen ist allerdings, dass die mit der Prüfung betrauten Gerichte eine Vorabkontrolle nicht selten zum Anlass nehmen, grundsätzliche Aussagen über das Verhältnis zwischen nationalem Verfassungsrecht und Unionsrecht, ggf. auch über die Ausgestaltung verfassungsgerichtlicher Prüfungsvorbehalte, zu treffen. Dies gilt insbesondere, wenn es um die Prüfung eines politisch wie rechtlich weit ausgreifenden Integrationsvorhabens geht.[102] Unter diesem Blickwinkel können also auch Leitentscheidungen, denen die prozessuale Konstellation einer Vorabkontrolle zugrunde liegt, für die Vorrangfrage relevant werden, allerdings nicht in operativer Form.

Ebenfalls nicht unmittelbar in Frage gestellt wird das unionsrechtliche Vorrangprinzip in der vergleichsweise seltenen Konstellation, dass nationale Mitwirkungshandlungen im Rahmen des Entstehungsprozesses von Sekundärrecht einer verfassungsgerichtlichen Prüfung unterzogen werden.[103] Exemplarisch sei auf den Bund-Länder-Streit um die Fernsehrichtlinie[104] sowie auf das Urteil des niederländischen Obersten Gerichtshofs (*Hoge Raad*) im Fall *Emesa Sugar* hingewiesen, in dem es um

[100] Dies zeigen besonders deutlich die Verfassungsordnungen, die auf statische Einzelermächtigungen zurückgreifen, vgl. näher Teil 1 – Kapitel 1. Denkbar ist freilich auch eine Anpassung des Vertragsentwurfs, wenngleich das nochmalige Aufschnüren eines einmal unterzeichneten Kompromisspakets politisch in der Regel als kaum durchsetzbar gelten mag.

[101] Vgl. auch *A. Peters*, Elemente einer Theorie der Verfassung Europas (2001), S. 317, die neben der Sperrwirkung von einem „faktisch wirksamen Vorrang" spricht.

[102] Beispiele aus jüngerer Zeit sind insbesondere span. VerfG, Erkl. v. 13. 12. 2004 – DTC 1/2004 – *Verfassungsvertrag* = EuR 2005, S. 339 ff. (in deutscher Übersetzung); tschech. VerfG, Urt. v. 26. 11. 2008 – Pl. US. 19/08 – *Lissabon I* und Urt. v. 3. 11. 2009 – Pl. US. 29/09 – *Lissabon II* sowie BVerfG, Urt. v. 30. 6. 2009 – 2 BvE 2/08 u. a. – *Lissabon* = BVerfGE 123, 267 ff. (Rn. 240 f. u. 334 ff.).

[103] Zu diesen Fallkonstellationen vgl. speziell *M. Claes*, The National Courts' Mandate in the European Constitution (2006), S. 541 ff.

[104] Während des Entstehungsprozesses der Richtlinie kam es zunächst zu einem Beschluss des BVerfG v. 11. 3. 1989 – 2 BvG 1/89 – *Fernsehrichtlinie (Eilrechtsschutz)* = BVerfGE 80, 74, durch den der Antrag des Freistaates Bayern auf Erlass einer einstweiligen Anordnung zurückgewiesen wurde. Im Jahre 1995 erging dann, lange nach dem Zustandekommen der RL 89/552/EWG das Urteil in der Hauptsache (Bund-Länder-Streit), BVerfG, Urt. v. 22. 3. 1995 – 2 BvG 1/89 – *Fernsehrichtlinie* = BVerfGE 92, 203. Zwar vertrat das Gericht in diesem Kontext zutreffend die Auffassung, die Wahrnehmung von Mitwirkungsrechten auf supranationaler Ebene durch die Bundesregierung könne eine vor dem BVerfG im Wege des Bund-Länder-Streits bzw. Organstreits angreifbare Maßnahme sein (ebd., S. 227). Indessen wird durch die gerichtliche Feststellung einer Rechtsverletzung seitens der Bunderegierung gerade nicht die Verbindlichkeit oder Anwendbarkeit des Unionsrechts in Frage gestellt (vgl. ebd.). Näher zum Urteil *M. Herdegen*, After the TV Judgment of the German Constitutional Court: Decision-making within the EU Council and the German Länder, CMLRev. 32 (1995), S. 1369 ff. sowie im Vorfeld *G. Ress*, Die Rundfunkfreiheit als Problem der europäischen Integration, ZfRV 1992, S. 434 ff.

die Frage innerstaatlichen gerichtlichen Schutzes gegenüber nationalen Mitwirkungshandlungen am Entstehungsprozess von Sekundärrecht ging.[105]

Hingegen liegt die typische Konstellation der Beanspruchung und ggf. Aktivierung eines gerichtlichen Prüfungsvorbehalts bzw. Letztentscheidungsrechts dann vor, wenn ein innerstaatliches Gericht für sich beansprucht, *bereits geltendes* primäres oder sekundäres Unionsrecht *unmittelbar* oder *mittelbar* über den innerstaatlichen Zustimmungs- bzw. Umsetzungsakt am Maßstab des nationalen Verfassungsrechts zu prüfen und im Falle eines Verfassungsverstoßes ggf. seine Unanwendbarkeit festzustellen. Aus der einschlägigen Rechtsprechung der innerstaatlichen Verfassungs- und Höchstgerichte stechen im Vergleich drei Schutzdimensionen besonders hervor: Erstens die Einhaltung eines hinreichenden Grundrechtsschutzes, zweitens der Schutz der Kompetenzmäßigkeit unionsrechtlichen Handelns (und damit der Schutz der nationalen Kompetenzsphäre) und drittens die Wahrung der innerstaatlichen Verfassungsidentität.[106]

Hier geht es letztlich um die *Grenzen der Permeabilität* des nationalen Verfassungsrechts.

b) Schutzdimension I: Grundrechte

Das wohl am weitesten verbreitete Modell verfassungs- bzw. höchstgerichtlicher Prüfungsvorbehalte bezieht sich auf die Wahrung der staatsverfassungsrechtlichen Grundrechte.

aa) Frontini-Fragd-Modell

Die Formulierung eines grundrechtsbezogenen Prüfungsvorbehaltes erfolgte in der Geschichte der europäischen Integration erstmals in der Verfassungsrechtsprechung Italiens. Nachdem sich eine materielle Begrenzung der italienischen Integrationsgewalt am Maßstab der Menschenrechte bereits in einer frühen Entscheidung des italienischen Verfassungsgerichtshofs (*Corte Costituzionale*) aus dem Jahr 1965 angedeutet hatte,[107] zog dieser in seiner bis heute wegweisenden Leitentscheidung *Frontini* schließlich im Jahr 1973 die prozessualen Konsequenzen und reklamierte ausdrücklich einen entsprechenden Prüfungsvorbehalt.[108]

---

[105] Niederl. Oberster Gerichthof, Entsch. v. 10. 9. 1999 – AB 1999/462 – *Emesa Sugar*, dazu näher *M. Claes*, The National Courts' Mandate in the European Constitution (2006), S. 548 f. In Übereinstimmung mit der Vorinstanz ging der *Hoge Raad* davon aus, dass kein Raum für nationale Gerichte bestehe, während des Entscheidungsprozesses auf supranationaler Ebene einstweiligen Rechtsschutz zu gewähren.

[106] Letztere kann u. U. mit dem Schutz der Grundrechte zusammenfallen.

[107] Ital. VerfGH, Urt. v. 16. 12. 1965 – Nr. 98/1965 – *Acciaierie San Michele* = EuR 1966, S. 146 (148) in deutscher Übersetzung: Die innerstaatlichen Wirkungen der supranationalen Hoheitsgewalt müssten „festgelegt werden, ohne dass das Recht des Einzelnen auf Rechtsschutz dadurch beeinträchtigt wird; dieses Recht gehört zu den unverletzbaren Menschenrechten".

[108] Ital. VerfGH, Urt. v. 18. 12. 1973 – Nr. 183/1973 – *Frontini* = EuR 1974, S. 255 (261 f.) in deutscher Übersetzung. In diesem Fall war der VerfGH im Rahmen mehrerer Richtervorlagen mit der Frage konfrontiert, ob das italienische Zustimmungsgesetz zu den Römischen Verträgen mit der

Dass Unionsrecht gegen die italienische Verfassung verstoßen könne, war nach Auffassung des Verfassungsgerichtshofs zwar zum damaligen Zeitpunkt praktisch kaum vorstellbar.[109] Allerdings wies er einschränkend darauf hin, dass die Zulässigkeit von Souveränitätsbeschränkungen nach Art. 11 Verf-IT an die in dieser Norm genannten Zielstellungen geknüpft sei.[110] Daher dürfte den Unionsorganen keine Befugnis zur Verletzung der Grundprinzipien der italienischen Verfassungsordnung oder der unveräußerlichen Menschenrechte eingeräumt werden. Sollte man dem Unionsrecht und insbesondere den darin dem EuGH zugewiesenen Kompetenzen jemals

> „eine so abwegige Interpretation geben müssen, so ist es offensichtlich, dass in dieser Hypothese *stets die Garantie der Rechtskontrolle durch dieses Gericht über die fortdauernde Vereinbarkeit des Vertrages mit den vorgenannten ‚Grundprinzipien'* gewährleistet wäre. Hingegen ist auszuschließen, dass dieses Gericht einzelne Verordnungen überprüfen kann, da Art. 134 der Verfassung nur die Verfassungsmäßigkeitskontrolle gegenüber den Gesetzen und den Akten mit Gesetzeskraft des Staates und der Regionen betrifft und die Gemeinschaftsverordnungen (...) keine solchen sind."[111]

Die durch den gerichtlichen Zugriff geschützten Kerngehalte der italienischen Verfassung, zu denen allen voran die Grundrechte zu rechnen sind, werden in der Literatur gemeinhin als „controlimiti" bezeichnet, also als Gegenschranken zu den auf Grundlage von Art. 11 Verf-IT ermöglichten Souveränitätsbeschränkungen.[112] Verfahrenstechnisch bezieht sich der Prüfungsvorbehalt der *Corte Costituzionale* allerdings nicht auf die Prüfung unmittelbar anwendbaren Primär- oder Sekundärrechts, sondern allein auf das *innerstaatliche Zustimmungsgesetz*.[113] Diese Auslegung wurde durch die Folgerechtsprechung, namentlich die Entscheidungen *Granital*[114] und

---

italienischen Verfassung, insbesondere den Vorschriften über das Gesetzgebungsverfahren, in Einklang stehe. Der Verfassungsgerichtshof bejahte die Verfassungsmäßigkeit primär deshalb, weil er die Integrationsermächtigung in Art. 11 Verf-IT als hinreichende Verfassungsgrundlage für Beschränkungen der Souveränität im Wege eines einfachen Parlamentsgesetzes, d.h. letztlich als dynamische Integrationsermächtigung wertete (ebd., S. 257 ff.). Hierzu bereits Teil 2 – Kapitel 5 – I. 3. b) sowie Teil 2 – Kapitel 6 – II. 2.

[109] Ebd., S. 261.

[110] Ebd.

[111] Ebd., S. 261 f. (Hervorh. hinzugefügt).

[112] Vgl. *F. P. Ruggeri Laderchi*, Report on Italy, in: A.-M. Slaughter/A. Stone Sweet/J. H. H. Weiler (Hrsg.) The European Court and National Courts (1998), S. 147 (162 ff.); *G. Itzcovich*, Sovereignty, Legal Pluralism and Fundamental Rights – Italian Jurisprudence and European Integration (1964–1973), EPL 10 (2004), S. 107 (120 ff.); *C. Panara*, Offene Staatlichkeit, in: IPE II (2008), § 18 Italien, Rn. 34. Gelegentlich werden die ‚controlimiti' in der Literatur mit der Unabänderlichkeitsklausel in Art. 139 Verf-IT in Verbindung gebracht und dogmatisch auf eine Unterscheidung zwischen rechtlichen Vorschriften als solchen und den ihnen inhärenten Kernwerten, vgl. *M. Cartabia*, The Legacy of Sovereignty in Italian Constitutional Debate, in: N. Walker (Hrsg.), Sovereignty in Transition (2003), S. 305 (315 f.).

[113] Hierauf bezieht sich auch die abweichende Meinung der Richter *Rupp*, *Hirsch* und *Wand* zu BVerfG, Beschl. v. 29. 5. 1974 – BvL 52/71 – *Solange I* = BVerfGE 37, 271 (299).

[114] Ital. VerfGH, Urt. v. 5. 6. 1984 – Nr. 170/1984 – *Granital* = EuGRZ 1985, S. 98 ff. in deutscher Übersetzung. Im Urteil ging es um ein Dekret des italienischen Staatspräsidenten, welches in Wi-

Fragd,[115] bestätigt und weiter ausdifferenziert. Insbesondere in *Fragd* hat der italienische Verfassungsgerichtshof klargestellt, dass das Zustimmungsgesetz im Falle eines Verstoßes nicht in seiner Gesamtheit, sondern nur insoweit für nichtig zu erklären wäre, als das Unionsrecht in seiner Auslegung durch die Unionsorgane gegen die Grundprinzipien der italienischen Verfassung oder die unveräußerlichen Menschenrechte verstieße. Mit anderen Worten, der im Zustimmungsgesetz enthaltene generelle Rechtsanwendungsbefehl würde partiell aufgehoben, um den Eingang der *jeweils* verfassungswidrigen Norm des Unionsrechts in die italienische Rechtsordnung zu verhindern.[116]

Die Permeabilität der italienischen Verfassungsordnung kann durch das in *Frontini* begründete und in *Fragd* näher ausgestaltete Modell also *punktuell* und *im konkreten Einzelfall* blockiert werden, wenn die *controlimiti* verletzt werden. In der Entscheidung *Zerini* aus dem Jahr 1994 stellte der VerfGH in diesem Sinne nochmals bestätigend fest, dass das Unionsrecht dem Grundsatz nach von innerstaatlichen Bestimmungen verfassungsrechtlichen Ranges abweichen könne, es sei denn, es handle sich dabei um verfassungsrechtliche Grundprinzipien oder unveräußerliche Menschenrechte.[117] Bislang hat der VerfGH aber noch keine Verletzung der *controlimiti* festgestellt.

Fragen wirft hingegen eine Entscheidung des italienischen Staatsrats (*Consiglio di Stato*) vom 8. August 2005 in seiner Eigenschaft als höchstes Verwaltungsgericht auf.[118] Zwar wird die *controlimiti*-Lehre des Verfassungsgerichtshofs darin aufgegriffen. Jedoch misst der Staatsrat zeitlich vorangegangenen Entscheidungen des Verfassungsgerichtshofs im Grundrechtsbereich offenbar eine Art Sperrwirkung zu. Ent-

derspruch zu einer gemeinschaftsrechtlichen Verordnung in ihrer Auslegung durch den EuGH stand. Der ital. VerfGH erkannte in seiner Entscheidung erstmals an, dass das streitentscheidende nationale Gericht einen mit Unionsrecht kollidierenden innerstaatlichen Rechtsakt direkt unangewendet lassen darf, ohne zuvor eine Entscheidung des VerfGH über die Nichtigkeit einzuholen zu müssen. Der VerfGH schwenkte damit auf die Linie des EuGH aus dem Urt. v. 9. 3. 1978 – Rs. 106/77 – *Simmenthal II*, Slg. 1978, S. 629 ff. (Rn. 17 ff.) ein. Ausdrücklich hält der VerfGH in *Granital* an der *controlimiti*-Lehre aus *Frontini* fest, stellt aber klar, dass der „unwahrscheinliche" Fall einer Verletzung der verfassungsrechtlichen Grundprinzipien oder der unveräußerlichen Menschenrechte im konkreten Fall nicht vorliege.

[115] Ital. VerfGH, Urt. v. 13. 4. 1989 – Nr. 232/1989 – *Fragd*. Der VerfGH stellte hier im Rahmen eines obiter dictum fest, dass die Gewährleistung effektiven Rechtsschutzes als Grundrecht und Fundamentalprinzip der italienischen Rechtsordnung verletzt sei, wenn der EuGH Art. 267 AEUV (ex-Art. 234 EG) so auslege, dass eine Vorlageentscheidung vom vorlegenden Gericht nicht verwendet werden dürfe. Dazu *A. Adinolfi*, The Judicial Application of Community Law in Italy (1981–1997), CMLRev. 35 (1998), S. 1313 (1323 ff.) sowie *F. C. Mayer*, Kompetenzüberschreitung und Letztentscheidung (2000), S. 170 f. Parallelen zu Solange-II betonend *E. Cannizzaro*, Italy, in: BIICL (Hrsg.), F. I. D. E. XX Congress London, Vol. 1 (2002), S. 243 (257).

[116] So *C. Panara*, Offene Staatlichkeit, in: IPE II (2008), § 18 Italien, Rn. 34.

[117] Ital. VerfGH, Urt. v. 23. 3. 1994 – Nr. 117/94 – *Zerini*, 2. Entscheidungsgrund. Dazu *A. Adinolfi*, a.a.O., S. 1322 f. sowie *F. C. Mayer*, a.a.O., S. 171.

[118] Ital. Staatsrat, Entsch. v. 8. 8. 2005 – Nr. 4207/05 – *Admenta*, abrufbar unter http://www.giustizia-amministrativa.it/DocumentiGA/Consiglio%20di%20Stato/Sezione%205/2004/200410778/Provvedimenti/CDS_200504207_SE.DOC (1. 9. 2010).

scheidungen über Grundrechte gehörten einem Regelungsfeld an, in dem der italienische Staat „gänzlich souverän" bleibe und das in prozessualer Hinsicht exklusiv der italienischen Verfassungsgerichtsbarkeit zugewiesen sei. Daher, so der Staatsrat, müsse eine Berufung auf Unionsrecht vor den Fachgerichten – und damit ggf. einhergehend eine Vorlage an den EuGH – ausgeschlossen sein, soweit die Wertung des Unionsrechts eine zuvor ergangene Grundrechtsentscheidung des Verfassungsgerichtshofs konterkarieren könnte.[119] Der Staatsrat erstreckt dieses Räsonnement offenbar auch auf grundrechtsbezogene Entscheidungen des Verfassungsgerichtshofs, in denen sich dieser gar nicht ausdrücklich mit Unionsrecht auseinandergesetzt hat.[120] Dass ein derart weit gehendes, präemptorisches Verständnis der *controlimiti* vom Verfassungsgerichtshof geteilt wird, muss indessen bezweifelt werden.[121] Vielmehr ist die *Corte Costituzionale* mit Beschluss vom 16. April 2008 mittlerweile selbst dazu übergegangen, dem EuGH Fragen im Vorabentscheidungsverfahren vorzulegen.[122] Dies deutet in der Tendenz auf eine gestiegene Kooperationsbereitschaft hin, die das Konfliktpotenzial zwischen EuGH und der italienischen Verfassungsgerichtsbarkeit in der Zukunft deutlich verringern könnte. Diese kooperative Hinwendung zu gerichtlichem Dialog lässt einer präemptorischen Konstruktion wie der des Staatsrates wenig Raum.

Zusammenfassend kann auf Basis der Rechtsprechung der *Corte Costituzionale* für Italien also von einer grundsätzlichen Anerkennung des Vorrangs des Unionsrechts vor Verfassungsrecht unter dem Vorbehalt ausgegangen werden, dass der italienische Verfassungsgerichtshof nicht im konkreten Einzelfall – ggf. nach Einholung einer Vorabentscheidung des EuGHs – eine Verletzung der Grundprinzipien der italie-

---

[119] Ebd., Entscheidungsgrund 3.4. Kritisch dazu *L. Daniele*, La protection des droits fondamentaux peut-elle limiter la primauté du droit communautaire et l'obligation de renvoi préjudiciel?, CDE 42 (2006), S. 67 (S. 73f. u. 77f.).

[120] Der Entscheidung des Staatsrates gingen eine Entscheidung des VerfGH und eine des Verwaltungsgerichts der Lombardei voraus. Auf die Vorlage des Verwaltungsgerichts hin hatte der VerfGH zunächst aus rein verfassungsrechtlichen Erwägungen heraus die Geltung bestimmter gesetzlicher Erfordernisse für private Apotheken auch auf kommunale (aber zur Privatisierung anstehende) Apotheken ausgedehnt. Daraufhin nahm das vorlegende Verwaltungsgericht das Verfahren wieder auf und wendete in seiner Entscheidung die gesetzlichen Erfordernisse entsprechend den Vorgaben des VerfGH auf die kommunalen Apotheken an. Hiergegen wurde Berufung vor dem Staatsrat eingelegt und erstmals die Frage der Europarechtskonformität aufgeworfen. Der Staatsrat musste entscheiden, ob die vom VerfGH geforderte Anwendung der gesetzlichen Vorgaben auf die privatisierten kommunalen Apotheken gegen Binnenmarktrecht verstoße. Anstatt diese Frage dem EuGH im Wege eines Vorabentscheidungsverfahrens vorzulegen, zog sich der Staatsrat jedoch auf den Standpunkt zurück, dass selbst eine erwiesene Europarechtswidrigkeit im konkreten Fall nicht zu einer Abweichung von der Entscheidung des VerfGH führen dürfe. Die Entscheidung des VerfGH basiere auf Grundrechten, die als controlimiti der Integrationsgewalt einem Bereich umfassender staatlicher Souveränität angehörten, der dem Zugriff des Unionsrechts entzogen sei.

[121] Vgl. *L. Daniele*, a.a.O., S. 77f.

[122] Ital. VerfGH, Beschl. v. 16.4. 2008 – Nr. 103/2008 – *Presidente del Consiglio dei ministri v. Regione Sardegna*. Dazu eingehend *G. della Cananea*, The Italian Constitutional Court and The European Court of Justice: from Separation to interaction? EPL 14 (2008), S. 523ff.

nischen Verfassung oder der unveräußerlichen Menschenrechte feststellt.[123] Das *Frontini-Fragd*-Modell zeichnet sich damit durch die gerichtliche Beanspruchung einer einzelfallbezogenen Prüfungskompetenz aus, die jedoch hinsichtlich des Prüfungsmaßstabes auf Kerngehalte der Verfassung und bzgl. des Prüfungsgegenstandes auf das (als sachlich teilbar gedachte) innerstaatliche Zustimmungsgesetz beschränkt ist.

bb) Solange-Modell

Neben der Rechtsprechung des italienischen Verfassungsgerichtshofs ist die wohl bekannteste und europaweit am häufigsten rezipierte Judikatur zu Grundrechtsvorbehalten die *Solange*-Rechtsprechung des BVerfG. Sie ist mehrfach und zugleich umfänglich analysiert worden.[124] Deshalb bedarf es einer weiteren Vertiefung an dieser Stelle nicht.

---

[123] Die Rechtsprechung des ital. VerfGH zur Anerkennung des Vorrangs wird im Rückblick regelmäßig in drei Entwicklungsetappen eingeteilt, die in der Tendenz eine zunehmende Ablösung von der klassisch dualistischen Position aufweisen, vgl. etwa *C. Panara*, a.a.O., Rn. 21 ff. sowie *M. Cartabia*, The Italien Constitutional Court and the Relationship Between the Italian legal system and the European Union, in: A.-M. Slaughter/A. Stone Sweet/J. H. H. Weiler (Hrsg.) The European Court and National Courts (1998), S. 133 (135 ff.). In der ersten Phase hatte der ital. VerfGH mit Entsch. v. 7. 3. 1964 – Nr. 14/1964 – *Costa/ENEL* einen Vorrang des Unionsrechts zunächst noch ausgeschlossen. In der Folge des EuGH-Urteils v. 15. 7. 1964 – Rs. 6/64 – *Costa/ENEL*, Slg. 1964, S. 1251 erkannte er dann mit Urt. v. 16. 12. 1965 – Nr. 98/1965 – *Acciaierie San Michele* = EuR 1966, S. 146 ff. die autonome Geltung des Unionsrechts an und leitete mit den Urteilen v. 18. 12. 1973 – Nr. 183/1973 – *Frontini* = EuR 1974, S. 255 ff. und v. 30. 10. 1975 – Nr. 232/1975 – *ICIC* schließlich eine zweite Phase ein, die durch eine ausdrückliche Anerkennung des Vorrangs gekennzeichnet ist. Allerdings ging der ital. VerfGH in der zweiten Phase noch von der dualistischen Konzeption aus, dass der Widerspruch eines späteren Gesetzes zu einer zeitlich vorausgehenden unmittelbar anwendbaren Vorschrift des Unionsrechts einen mittelbaren Verstoß gegen Art. 11 der Verfassung darstelle, der wiederum nur durch den Verfassungsgerichtshof selbst festgestellt werden könne. Nachdem der EuGH im Urt. v. 9. 3. 1978 – Rs. 106/77 – *Simmenthal II*, Slg. 1978, S. 629 ff. (Rn. 17 ff.) jedoch klargestellt hatte, dass jedes nationale Gericht befugt und verpflichtet sei, die betreffenden Vorschriften des nationalen Rechts automatisch unangewendet lassen, passte der ital. VerfGH seine Rechtsprechung abermals an. Mit Urt. v. 5. 6. 1984 – Nr. 170/1984 – *Granital* = EuGRZ 1985, S. 98 ff. leitete er eine dritte Phase ein, in der er die Befugnis der Fachgerichte anerkannte, unionsrechtswidriges innerstaatliches Recht unabhängig von einer vorausgehenden Entscheidung des VerfGH unangewendet zu lassen. Diese Phase dauert bis heute an. Daran hat auch die Einführung von Art. 117 Verf-IT im Jahr 2001 im Kern nichts geändert, vgl. *G. della Cananea*, The Italian Constitutional Court and The European Court of Justice: from Separation to interaction? EPL 14 (2008), S. 523 ff.

[124] Vgl. insbesondere *R. Streinz*, Bundesverfassungsgerichtlicher Grundrechtsschutz und Europäisches Gemeinschaftsrecht (1989), S. 143 ff.; *M. Schweitzer*, Staatsrecht III (9. Aufl. 2008), Rn. 70 ff.; *F. C. Mayer*, Kompetenzüberschreitung und Letztentscheidung (2000), S. 89 ff.; *I. Pernice*, Das Verhältnis europäischer zu nationalen Gerichten im europäischen Verfassungsverbund (2006), S. 27 ff.; *J. Kokott*, Report on Germany, in: A.-M. Slaughter/A. Stone Sweet/J. H. H. Weiler (Hrsg.) The European Court and National Courts (1998), S. 77 (86 ff.); *M. Claes*, The National Courts' Mandate in the European Constitution (2006), S. 598 ff. sowie nunmehr *H. Sauer*, Jurisdiktionskonflikte in Mehrebenensystemen (2008), S. 286 ff.

Bekanntlich nahm das BVerfG nach anfänglich aktiver Beanspruchung einer Prüfungskompetenz im *Solange-I*-Beschluss[125] und einer Periode graduellen Übergangs[126] seine Prüfungszuständigkeit im *Solange-II*-Beschluss in Anerkennung eines hinreichenden Grundrechtsschutzes auf supranationaler Ebene durch den EuGH grundsätzlich zurück,[127] wobei die tragenden Voraussetzungen dieses *judicial self restraint* nach gewissen Unsicherheiten hinsichtlich seines Fortbestehens in Folge des *Maastricht*-Urteils[128] schließlich ihre Bestätigung und bis heute gültige Gestalt im Bananenmarktbeschluss aus dem Jahr 2000 gefunden haben.[129] Danach sind

„Verfassungsbeschwerden und Vorlagen von Gerichten *von vornherein unzulässig*, wenn ihre Begründung nicht darlegt, dass die europäische Rechtsentwicklung einschließlich der Rechtsprechung des Europäischen Gerichtshofs nach Ergehen der Solange II-Entscheidung (...) unter den erforderlichen Grundrechtsstandard abgesunken sei. Deshalb muss die Begründung der Vorlage eines nationalen Gerichts oder einer Verfassungsbeschwerde, die eine Verletzung in Grundrechten des Grundgesetzes durch sekundäres Gemeinschaftsrecht geltend macht, im Einzelnen darlegen, *dass der jeweils als unabdingbar gebotene Grundrechtsschutz generell nicht gewährleistet* ist. Dies erfordert eine Gegenüberstellung des Grundrechtsschutzes auf nationaler und auf Gemeinschaftsebene in der Art und Weise, wie das Bundesverfassungsgericht sie in [Solange II] geleistet hat."[130]

---

[125] BVerfG, Beschl. v. 29. 5. 1974 – BvL 52/71 – *Solange I* = BVerfGE 37, 271 (285).

[126] BVerfG, Beschlüsse v. 25. 7. 1979 – 2 BvL 6/77 – *Vielleicht-Beschluss* = BVerfGE 52, 187 (202 f.); v. 23. 6. 1981 – 2 BvR 1107, 1124/77 u. 195/79 – *Eurocontrol I* = BVerfGE 58, 1 (27); v. 10. 11. 1981 – 2 BvR 1058/79 – *Eurocontrol II* = BVerfGE 59, 63 (85 ff.) und v. 14. 02. 1983 – 2 BvR 1461/82 – *Mittlerweile-Beschluss* = NJW 1983, S. 1258 f.

[127] BVerfG, Beschl. v. 22. 10. 1986 – 2 BvR 197/83 – *Solange II* = BVerfGE 73, 339 (387).

[128] BVerfG, Urt. v. 12. 10. 1993 – 2 BvR 2134, 2159/92 – *Maastricht* = BVerfGE 89, 155. In ausdrücklicher Abweichung zum *Eurocontrol-I*-Beschluss hat das BVerfG im *Maastricht*-Urteil entschieden, dass es durch seine Zuständigkeit gewährleiste, dass „ein wirksamer Schutz der Grundrechte für die Einwohner Deutschlands *auch gegenüber der Hoheitsgewalt der Gemeinschaften* generell sichergestellt" werde (ebd., S. 174, Hervorh. hinzugefügt): „Auch Akte einer besonderen, von der Staatsgewalt der Mitgliedstaaten geschiedenen öffentlichen Gewalt einer supranationalen Organisation betreffen die Grundrechtsberechtigten in Deutschland. Sie berühren damit die Gewährleistungen des Grundgesetzes und die Aufgaben des Bundesverfassungsgerichts, die den Grundrechtsschutz *in Deutschland* und insoweit *nicht nur gegenüber deutschen Staatsorganen* zum Gegenstand haben." (ebd., S. 175, Hervorh. hinzugefügt). Zur Problematik des Grundrechtsschutzes auch gegenüber unmittelbar anwendbarem Unionsrecht vgl. *H.-D. Horn*, Grundrechtsschutz in Deutschland – Die Hoheitsgewalt der Europäischen Gemeinschaften und die Grundrechte des Grundgesetzes nach dem Maastricht-Urteil des Bundesverfassungsgerichts, DVBl. 1995, S. 89 ff.; *C. Möllers*, Staat als Argument (2000), S. 403; *E. Klein*, Grundrechtsdogmatische und verfassungsprozessuale Überlegungen zur Maastricht-Entscheidung des Bundesverfassungsgerichts, in: GS Grabitz (1995), S. 271 (276 ff.); *W. Frenz*, Grundgesetzliche Rechtsschutzgarantien gegen europäische Rechtsakte?, Der Staat 34 (1995), S. 586 (591 ff.); *J.-P. Schneider*, Effektiver Rechtsschutz Privater gegen EG-Richtlinien nach dem Maastricht-Urteil des Bundesverfassungsgerichts, AöR 119 (1994), S. 294 (317 ff.).

[129] BVerfG, Beschl. v. 7. 6. 2000 – 2 BvL 1/97 – *Bananenmarktordnung* = BVerfGE 102, 147 (164). Zu den Zweifeln, die das *Maastricht*-Urteil in Bezug auf die Fortgeltung von *Solange-II* bei den Fachgerichten aufgeworfen hat, vgl. S. 154 f. in Bezug auf das nach Art. 100 Abs. 1 GG vorlegende VG Frankfurt a. M.

[130] Ebd., S. 164 (Hervorh. hinzugefügt).

Eine Reaktivierung des grundrechtlichen Prüfungsvorbehaltes auf Grundlage dieser Kriterien scheint derzeit ausgeschlossen. In seinem Beschluss zum Emissionszertifikathandel vom 13. März 2007 dehnte das BVerfG seine Rechtsprechung vielmehr in konsequenter Weise auch auf solche innerstaatlichen Umsetzungsakte aus, die zwingende Vorgaben einer Richtlinie umsetzen.[131] Unter Präzisierung der zeitlich vorangegangenen Entscheidungen zur Tabakwerberichtlinie und zum Europäischen Haftbefehl hob das Gericht deutlich hervor, dass eine Prüfung innerstaatlicher Umsetzungsakte am Maßstab der deutschen Grundrechte nur insoweit – dafür aber vollumfänglich – in Betracht komme, als es um die Ausfüllung des durch den unionsrechtlichen Rechtsakt belassenen Umsetzungsspielraum geht.[132] Im Urteil zur Vorratsdatenspeicherung vom 2. März 2010 hat das BVerfG diesen Ansatz bestätigt.[133]

Auch das *Lissabon*-Urteil kann im Sinne eines Festhaltens an der *Solange-II*-Konstruktion gelesen werden. Den prozessualen Kern von *Solange-II* und dem Bananenmarktbeschluss, d.h. die Beschränkung der Ausübung mitgliedstaatlicher Rechtsprechungsgewalt, führt das Gericht nunmehr ausdrücklich auf den Integrationsauftrag des GG sowie das primärrechtliche Leitbild einer unionsweiten Rechtsgemeinschaft (*Walter Hallstein*)[134] zurück, unterstreicht aber gleichermaßen, dass es sich hinsichtlich des Grundrechtsschutzes nur um eine grundsätzliche, d.h. nicht unbedingte Rücknahme handle:

„Der Integrationsauftrag des Grundgesetzes und das geltende europäische Vertragsrecht fordern mit der Idee einer *unionsweiten Rechtsgemeinschaft die Beschränkung der Ausübung mitgliedstaatlicher Rechtsprechungsgewalt*. Es sollen keine die Integration gefährdenden Wirkungen dadurch eintreten, dass die Einheit der Gemeinschaftsrechtsordnung durch unter-

---

[131] BVerfG, Beschl. v. 13. 3. 2007 – 1 BvF 1/05 – *Treibhausgas I* = BVerfGE 118, 79 (95f.). unter rechtsvergleichendem Hinweis auf die Entscheidung des französischen Staatsrats v. 8. 2. 2007 – Nr. 287110 Ass. – *Arcelor* = EuR 2008, S. 57 ff. in deutscher Übersetzung. Für den Fall eines unionsrechtlichen Beschlusses nach Art. 288 Abs. 4 AEUV (ehemals gemeinschaftsrechtliche Entscheidung nach ex-Art. 249 Abs. 4 EG), vgl. zuvor bereits BVerfG, Beschl. v. 17. 2. 2000 – 2 BvR 1210/98 – *Alcan* = NJW 2000, S. 2015.

[132] Eine Klarstellung erfolgt erstens in Bezug auf BVerfG, Beschl. v. 22. 1. 1997 – 2 BvR 1915/91 – *Tabakwerberichtlinie* = BVerfGE 95, 173 (339). Zwar sei in diesem Beschluss die deutsche Umsetzungsverordnung ohne näheres Eingehen auf die Solange II-Entscheidung am Maßstab der Grundrechte geprüft worden. Allerdings ergebe der Zusammenhang zum vorausgehenden Eilverfahren (BVerfG, Beschl. v. 12. 5. 1989 – 2 BvQ 3/89 – *Eilverfahren Tabakwerberichtlinie* = NJW 1990, S. 974), dass die Richtlinie den Mitgliedstaaten einen erheblichen Gestaltungsspielraum eröffnet habe, in dessen Grenzen sich die Prüfung am Maßstab deutscher Grundrechte bewegte. Zweitens habe „das für den Umfang der Ausübung der deutschen Verfassungsgerichtsbarkeit maßgebliche Kriterium eines verbleibenden Gestaltungsspielraums im Urteil des Zweiten Senats vom 18. Juli 2005 [BVerfG, Urt. v. 18. 7. 2006 – 2 BvR 2236/04 – *Europäischer Haftbefehl* = BVerfGE 113, 273] eine weitere Bestätigung gefunden." Dort sei lediglich festgestellt worden, dass *Umsetzungsspielräume*, die ein EU-Rahmenbeschluss nach Art. 34 Abs. 2 Buchstabe b EUV (Nizza) den Mitgliedstaaten belässt, in grundrechtsschonender Weise auszufüllen seien. Näher zum Haftbefehls-Urteil des BVerfG in Abgleich zu seinem polnischen Pendant Teil 2 – Kapitel 11 – IV.

[133] BVerfG, Urt. v. 2. 3. 2010 – 1 BvR 256/08 u. a. – *Vorratsdatenspeicherung*, Rn. 180 ff.

[134] *W. Hallstein*, Der unvollendete Bundesstaat (1969), S. 154 f.; *ders.*, Die Europäische Gemeinschaft, (1973), S. 31 ff.

schiedliche Anwendbarkeitsentscheidungen mitgliedstaatlicher Gerichte in Frage gestellt wird. Das Bundesverfassungsgericht hat seine ursprünglich angenommene generelle Zuständigkeit, den Vollzug von europäischem Gemeinschaftsrecht in Deutschland am Maßstab der Grundrechte der deutschen Verfassung zu prüfen [Verweis auf Solange I], zurückgestellt, und zwar im Vertrauen auf die entsprechende Aufgabenwahrnehmung durch den Gerichtshof der Europäischen Gemeinschaften [Verweis auf Solange II und den Bananenmarktbeschluss]. Die Endgültigkeit der Entscheidungen des Gerichtshofs konnte es mit Rücksicht auf die völkervertraglich abgeleitete Stellung der Gemeinschaftsorgane allerdings nur „grundsätzlich" anerkennen [abermals Verweis auf Solange II]."[135]

In dieser Passage kommen deutlich die beiden ineinandergreifenden Funktionsstränge des *Solange*-Modells zum Ausdruck, nämlich der grundsätzliche Verzicht auf die aktive Ausübung der Grundrechtsprüfung unionsrechtlich determinierter Rechtsakte bei gleichzeitiger und nur in qualifizierter Weise widerlegbarer Vertrauensvermutung in Bezug auf einen hinreichenden Grundrechtsschutz auf supranationaler Ebene. Im Unterschied zum *Frontini-Fragd*-Modell, das prozessual auf eine Prüfung im jeweiligen Einzelfall setzt, scheitert eine Prüfung nach *Solange-II* bereits von vornherein an der Zulässigkeit, solange nicht ein generelles Absinken des Grundrechtsschutzes auf EU-Ebene substantiiert dargelegt wird. Ein weiterer Unterschied ergibt sich im Hinblick auf den materiellen Schutzumfang. Während das *Solange*-Modell ausschließlich auf die Grundrechtsprüfung abzielt, deckt das *Frontini-Fragd*-Modell, wenngleich in erster Linie auf die Grundrechte abzielend, auch andere verfassungsrechtliche Grundprinzipien ab.

cc) Rezeption in Verfassungstexten und Rechtsprechung

Was die grenzüberschreitende Rezeption bzw. verfassungsrechtliche „Migration"[136] beider Modelle betrifft, sind besonders die Rechtslagen in Schweden, Ungarn und Tschechien aufschlussreich. In Tschechien gilt dies in erster Linie für die verfassungsgerichtliche Rechtsprechung, in Schweden und Ungarn vor allem für den Verfassungstext.

Textlichen Niederschlag fand die *Solange*-Rechtsprechung des BVerfG außerhalb Deutschlands besonders prägnant in Kap. 10 § 5 Abs. 1 a. F. des schwedischen Hauptverfassungsgesetzes (*Regeringsformen*), wobei sich die Kodifizierung hier, ähnlich wie in Art. 23 Abs. 1 S. 1 GG,[137] nur auf die materiell-rechtliche Schutzdimension erstreckte. Die im Zuge des schwedischen EU-Beitritts eingeführte EU-spezifische Integrationsermächtigung erlaubte in ihrer Urfassung Kompetenzübertragungen auf die damaligen Gemeinschaften ausdrücklich nur „so lange" (*så länge*) ein hinreichender Grundrechtsstandard auf supranationaler Ebene gewahrt würde.[138] Die in

---

[135] BVerfG, Urt. v. 30. 6. 2009 – 2 BvE 2/08 u. a. – *Lissabon* = BVerfGE 123, 267 ff. (Rn. 337).

[136] *S. Choudhry*, Migration as a new metaphor in comparative constitutional law, in: ders. (Hrsg.), The Migration of Constitutional Ideas (2006), S. 1 ff.

[137] Durch Einführung von Art. 23 Abs. 1 S. 1 n. F. GG durch das 38. Gesetz zur Änderung des GG vom 21. 12. 1992, BGBl. I vom 24. 12. 1992, 2086 und die Forderung nach einem „diesem Grundgesetz im wesentlichen vergleichbaren Grundrechtsschutz" in der Struktursicherungsklausel.

[138] Eingeführt durch Gesetz Nr. 1994:1375.

direkter Anlehnung an die Rechtsprechung des BVerfG in die schwedische Verfassung transplantierte Wendung „så länge"[139] fiel jedoch im Jahr 2002 wiederum einer allgemeineren Formulierung zum Opfer.[140] Inhaltlich besteht die Forderung eines der schwedischen Verfassung sowie der EMRK äquivalenten Grundrechtsschutzes auf supranationaler Ebene gleichwohl unverändert fort. Darüber hinausgehend verlangt die heute geltende Integrationsermächtigung aber, dass die Kompetenzübertragungen nicht die „Grundsätze der Staatsform" Schwedens berühren dürfen.[141]

Beide materiell-rechtlichen Erfordernisse, also das eines hinreichenden Grundrechtsschutzes sowie die Einhaltung der Grundsätze der schwedischen Staatsform, werden in erster Linie für die Zustimmung zu neuen Vertragsänderungen relevant, treffen über eine unmittelbare oder mittelbare Zuständigkeit schwedischer Gerichte zur Prüfung bereits geltenden Unionsrechts jedoch keine Aussage. Auch der Blick auf die Entstehungsgeschichte des schwedischen Europaverfassungsrechts gibt keine klare Antwort auf die Frage nach Existenz und ggf. Verfahrensmodus eines gerichtlichen Prüfungsvorbehalts. Als die obersten Gerichte Schwedens im Zuge der Vorarbeiten zur beitrittsgerichteten Verfassungsänderung konsultiert wurden, betonten sie zwar die grundsätzliche Anerkennung des Vorrangprinzips. Gleichermaßen sprachen sie sich aber gegen einen Vorschlag des mit den Reformvorschlägen betrauten Regierungskomitees aus, eine klar formulierte Vorrangklausel in die Verfassung aufzunehmen.[142] Die Flexibilität und Offenheit einer Nichtregelung wurde letztlich der ausdrücklichen Verankerung des Vorrangprinzips vorgezogen. Ein Letztentscheidungs-

[139] Interessant ist, dass die Rezeptionsgeschichte der Überlieferung nach zunächst über die Entdeckung des *Maastricht*-Urteils durch das für die Ausarbeitung der Entwürfe zuständige schwedische Regierungskomitees führte. Auf dieser Grundlage entdeckte das Komitee schließlich die *Solange*-Entscheidungen, an deren bekannte Formel es textlich für die neue Integrationsermächtigung anknüpfte, vgl. *J. Nergelius*, Offene Staatlichkeit, in: IPE II (2008), § 22 Schweden, Rn. 18. Eingehend zur alten Rechtslage und der *Solange*-Formulierung *U. Bernitz*, Swedish report, in: J. Schwarze (Hrsg.), Die Entstehung einer europäischen Verfassungsordnung (2000), S. 389 (419 f.) sowie *G. Lysén*, Swedish Rapport, in: F. I. D. E. (Hrsg.), 17. F. I. D. E.-Kongress Berlin, Bd. 1: Le droit constitutionnel national et l'intégration européenne (1996), S. 427 (431 ff.).

[140] Gesetz v. 9. 12. 2002 – Nr. 2002:903, abrufbar unter http://www.notisum.se/rnp/sls/sfs/20020903.PDF (1. 9. 2010). Kap. 10 § 5 Abs. 1 S. 1 und 2 schw. RegForm (künftig ggf. enthalten in Kap. 10 § 6 schw. RegForm) lauten in ihren geltenden Fassung (Stand: 1. 9. 2010): „Der Reichstag kann im Rahmen der Zusammenarbeit in der Europäischen Union Beschlussrechts übertragen, soweit sie die Grundsätze der Staatsform nicht berühren. Eine solche Übertragung setzt voraus, dass der Freiheits- und Rechtsschutz in dem Bereich der Zusammenarbeit, in dem die Beschlussrechte übertragen werden, demjenigen dieser Verfassung und der Europäischen Konvention zum Schutz der Menschenrechte und Grundfreiheiten entspricht."

[141] Inhalt und integrationsspezifische Relevanz dieser allgemein formulierten Grenze sind in der Praxis noch nicht hinreichend geklärt, vgl. im Kontext des VVE *J. Nergelius*, Sweden's Possible Ratification of the EU Constitution, in: A. Albi/J. Ziller (Hrsg.), The European Constitution and National Constitutions (2007), S. 183 (185 f.).

[142] Vgl. SOU (Statens offentliga utredningar/Staatliche offizielle Gesetzesvorlagen und Vorschläge) 1993:14. Dazu *W. Rothley*, Europäischer Gemeinschaftsbericht, in: F. I. D. E. (Hrsg.), 17. F. I. D. E.-Kongress Berlin, Bd. 1: Le droit constitutionnel national et l'intégration européenne (1996), S. 22 (42); *O. Ruin*, Suède, in: J. Rideau (Hrsg.), Les Etats membres de l'Union européenne (1997), S. 439 (440) und *U. Bernitz*, a.a.O., S. 419.

recht schwedischer Gerichte kann damit zumindest nicht von vornherein ausgeschlossen werden.[143] Bislang haben die obersten Gerichte Schwedens den Vorrang allerdings durchweg anerkannt.[144] Besonders deutlich ergibt sich diese Position aus der *Lassagård*-Entscheidung des obersten Verwaltungsgerichts (*Regeringsrätten*) aus dem Jahr 1997, in der das Gericht unter Berufung auf die allgemeinen Rechtsgrundsätze des Unionsrechts eine Norm des schwedischen Verfassungsrechts ausdrücklich unangewendet ließ.[145]

Ebenfalls aus dem Text der Integrationsermächtigung abgeleitet wird ein dem *Solange*-Prinzip in materiell-rechtlicher Hinsicht äquivalenter Grundsatz in Ungarn. Art. 2a Verf-HU begrenzt die gemeinsame Kompetenzausübung auf einzelne, „sich aus der Verfassung herleitende Kompetenzen". Mit dieser Formel soll zum Ausdruck gebracht werden, dass die Bestimmungen der ungarischen Verfassung, allen voran die Grundrechte, die Integrationsgewalt als *negative Kompetenznormen* beschränken, außerhalb derer eine Ausübung öffentlicher Gewalt unzulässig ist.[146] Gleichermaßen wird aber betont, dass das Unionsrecht trotz dieser Spielart der *nemo plus iuris*-Regel nicht einen im Einzelfall deckungsgleichen Grundrechtsschutz gewährleisten müsse, da die grundrechtliche Wesensgehaltsgarantie der ungarischen Verfassung wieder-

---

[143] In diesem Sinne *J. Nergelius*, a.a.O., Rn. 21, der zudem auf die mögliche Parallelität zur ultra-vires-Rechtsprechung des BVerfG und des dänischen Obersten Gerichtshofs hinweist. Vgl. auch *G. Lysén*, a.a.O., S. 434 ff.

[144] Vgl. eingehend *U. Bernitz*, a.a.O., S. 447 ff., 456; *G. Lysén*, a.a.O., S. 434 f.; *J. Nergelius*, a.a.O. Rn. 28 ff.

[145] Schw. Oberst. VerwGH, Entsch. v. 25. 1. 1997 – *Lassagård*, Slg. („RÅ") 1997, 65, engl. Übersetzung in *A. Oppenheimer (Hrsg.)*, The Relationship between European Community Law and National Law: The Cases, Vol. 2 (2003), S. 428 ff. Eingehend hierzu *J. Nergelius*, a.a.O. Rn. 28 ff. (insbesondere 30) sowie *U. Bernitz*, a.a.O., S. 447 f. Der Streit drehte sich um die Frage gerichtlichen Rechtsschutzes gegen eine innerstaatliche Verwaltungsentscheidung, durch die ein Antrag auf eine agrarrechtliche Beihilfe abgelehnt wurde. Unter Berufung auf das Prinzip effektiven Rechtsschutzes als allgemeinen Rechtsgrundsatz des Unionsrechts ließ das Gericht die streitige nationale Regel, welche die Möglichkeit einer gerichtlichen Überprüfung versagt hätte, unangewendet. Das Gericht durchbrach damit Kap. 11 § 14 des Hauptverfassungsgesetzes, wonach ein schwedisches Gericht eine vom Parlament oder der Regierung beschlossene Vorschrift nur dann wegen entgegenstehenden höherrangigen Rechts nicht anwenden darf, wenn der Verstoß offenkundig ist. Mit anderen Worten hat das oberste Verwaltungsgericht eine *verfassungsrechtliche* Beschränkung der judikativen Kompetenz zur Nichtanwendung schwedischer Gesetze gerade im Fall der Unionsrechtswidrigkeit einer schwedischen Norm durchbrochen und damit den Vorrang des Unionsrechts durchgesetzt. Der Fall zeigt zugleich, dass die Durchsetzung des Vorrangs keineswegs in allen Konstellationen der Rücknahme einer nationalen gerichtlichen Prüfungszuständigkeit gleichkommt. Wo es um die Sicherung unionsrechtlicher Rechtspositionen durch die innerstaatlichen (Fach-)Gerichte geht, ist vielmehr ein ungehindertes Recht auf Zugang zu Gericht überhaupt erst herzustellen. Das berühmteste Beispiel für eine solche Fallgestaltung ist sicherlich die *Factortame*-Rechtsprechung des EuGH und die damit einhergehende europarechtliche Einforderung gerichtlichen Eilrechtsschutzes in Großbritannien, vgl. EuGH, Urt. v. 19. 6. 1990 – Rs. C-213/89 – *Factortame I*, Slg. 1990, S. I-2433 ff. (Rn. 21–23). Vgl. bereits Teil 2 – Kapitel 11 – I. 1.

[146] *P. Sonnevend*, Offene Staatlichkeit, in: IPE II (2008), § 25 Ungarn, Rn. 27 und zuvor bereits Rn. 25 m. w. N. S. bereits Teil 2 – Kapitel 5 – III. 2. b) zur konzeptionellen Problematik der ungarischen Integrationsermächtigung.

um unter Berücksichtigung der Europaklausel (Art. 2a Verf-HU) und der Staatszielbestimmung (Art. 6 Abs. 4 Verf-HU – Mitwirkung an der europäischen Einheit) auszulegen sei.[147] Es reiche darum aus,

„wenn die Mindestvoraussetzungen für die Ausübung der durch die ungarische Verfassung geschützten Grundrechte objektiv gewährleistet"

seien, was unter Berücksichtigung der Rechtsprechung des EuGH und der nunmehr geltenden GRC das Konfliktpotenzial deutlich entschärfe.[148] Die eigentlichen Parallelen zur *Solange*-Rechtsprechung des BVerfG beziehen sich im ungarischen Verfassungsrecht also, ähnlich der Rechtslage in Schweden, lediglich auf die materiellrechtliche Forderung eines dem innerstaatlichen Grundrechtsregime nach Konzeption, Inhalt und Wirkungsweise im Wesentlichen funktional äquivalenten Schutzniveaus auf unionsrechtlicher Ebene.

In prozessualer Hinsicht ist das ungarische Verfassungsgericht dabei auf Kontrollen innerstaatlicher Rechtsnormen beschränkt, kann also unmittelbar weder Rechtsakte des Unionsrechts noch ihre konkrete Anwendung durch ungarische Staatsorgane prüfen.[149] Die einzige prozessuale Konfliktsituation besteht daher in der Prüfung der Verfassungsmäßigkeit innerstaatlicher Zustimmungs- und Umsetzungsgesetze. Viel diskutiert wurde in diesem Kontext eine Entscheidung vom 25. Mai 2004, in der das ungarische Verfassungsgericht ein innerstaatliches Gesetz zur Durchführung zweier Kommissions-Verordnungen wegen Verstoßes gegen den Gesetzesvorbehalt und das Rückwirkungsverbot für teilweise verfassungswidrig erklärte.[150] Die Entscheidung steht im Kontext eines länderübergreifenden Regimes agrarrechtlicher Übergangsmaßnahmen,[151] dessen konkrete Durchführung in mehreren Mitgliedstaaten Mittel- und Osteuropas zu rechtlichen Auseinandersetzungen führte und

---

[147] Ebd., Rn. 29. Ähnlich *M. Király*, Status and Tendencies in Hungary, in: P.-C. Müller-Graff (Hrsg.), East Central Europe and the European Union (1997), S. 45 (62) in Bezug auf Art. 8 Verf-HU.

[148] *P. Sonnevend*, a.a.O., Rn. 29.

[149] Ebd., Rn. 31 f.

[150] Ung. VerfG, Entsch. v. 25. 5. 2004 – Nr. 17/2004 – *Zuckerquoten*, Entscheidungsslg. (ABH) 2004, S. 291 ff. Dazu *R. Uitz*, EU Law and the Hungarian Constitutional Court: Lessons of the First Post-Accession Encounter, in: W. Sadurski et al. (Hrsg.), Après Enlargement (2006), S. 41 ff.; *A. Sajó*, Learning co-operative constitutionalism the hard way, ZSE 2 (2004), S. 351 ff.; *P. Sonnevend*, a.a.O., Rn. 33 ff.; *J. Czuczai*, Hungary, in: A. E. Kellermann et. al. (Hrsg.), The Impact of EU Accession on the Legal Orders of New Member States and (Pre-)Candidate Countries (2006), S. 343 (350 f.); *W. Sadurski*, „Solange, chapter 3": Constitutional Courts in Central Europe – Democracy – European Union, ELJ 14 (2008), S. 1 (9 ff.) sowie *Z. Kühn*, The Application of European Law in the New Member States: Several (Early) Predictions, GLJ 6 (2005), S. 563 (574).

[151] VO (EG) 1972/2003 v. 10. 11. 2003, ABl. L 293 v. 11. 11. 2003 S. 3 ff. sowie VO (EG) 60/2004 v. 14. 1. 2004, ABl. L 9 v. 15. 1. 2004, S. 8 ff. Durch diese Verordnungen sollten in erster Linie spekulatives Marktverhalten und damit einhergehende Wettbewerbs- und Preisverzerrungen verhindert werden. Zwei Verordnungen der Kommission gaben zu diesem Zweck ein Quotenregime für bestimmte landwirtschaftliche Erzeugnisse vor und verpflichteten die Mitgliedstaaten zur Erhebung von Abgaben auf Überschussbestände. Dabei waren die Durchführungsmodalitäten in gewissem Umfang den Mitgliedstaaten freigestellt.

gemeinhin als *Zuckerquotenstreit* bekannt ist.[152] Vergleichbare Problemlagen waren zwar bereits anlässlich der Beitritte Portugals und Spaniens (1986) sowie Finnlands, Österreichs und Schwedens (1995) aufgetreten.[153] Die im Rahmen des Zuckerquotenstreits angestrengten (verfassungs-)gerichtlichen Kontrollen innerstaatlicher Umsetzungsnormen wurden jedoch zum ersten länderübergreifenden Testfall des Vorrangprinzips in den *Mittel- und osteuropäischen Staaten.*

Dass das ungarische Verfassungsgericht dreieinhalb Wochen nach Vollendung des Beitritts, gewissermaßen noch im Nachtaumel der Feierlichkeiten, die Verfassungswidrigkeit eines innerstaatlichen Aktes zur Umsetzung von Unionsrecht feststellt, wurde von manchem Beobachter als ein regelrechter Paukenschlag und eine offene Kampfansage an den Vorranganspruch des Unionsrechts gewertet.[154] Indessen betonte das Gericht in den Entscheidungsgründen zwar lakonisch, aber gleichwohl ausdrücklich, dass es *nicht* die Gültigkeit der unionsrechtlichen Verordnungen, sondern ausschließlich das innerstaatliche Umsetzungsgesetz am Maßstab der ungarischen Verfassung prüfe.[155] In der Literatur ist das Entscheidungsergebnis daher mehrheitlich, wenngleich mit kritischem Unterton, nicht als Ablehnung des Vorrangs, sondern vielmehr als eine verfassungsrechtliche Korrektur im Bereich des für den ungarischen Gesetzgeber bestehenden Umsetzungsspielraums interpretiert worden.[156] Für eine solche Lesart spricht sicherlich, dass die den Verfassungsverstoß konkret begründenden Regelungstatbestände des Gesetzes nicht unmittelbar durch die Verordnungen der Kommission vorgegeben waren.[157] Eine hinreichende Auseinander-

---

[152] Neben Ungarn und Tschechien ergingen Entscheidungen insbesondere in Etsland und Zypern. Zum Zuckerquotenstreit in vergleichender Perspektive *A. Albi*, Supremacy of EC Law in the New Member States, EuConst 3 (2007), S. 25 (48 ff.) sowie *dies.*, Ironies in human rights protection in the EU: pre-accession conditionality and post-accession conundrums, *ELJ* 15 (2009), S. 46 ff.

[153] Der EuGH hatte in diesem Kontext vergleichbare Verordnungen der Kommission beide Male für gültig erklärt, vgl. EuGH, Beschl. v. 11. 10. 2001 – Rs. C-30/00 – *William Hinton*, Slg. 2001, S. I-7511 ff., dem die Vorlage eines portugiesischen Gerichts zugrunde lag, sowie Urt. v. 15. 1. 2002 – Rs C-179/00 – *Gerald Weidacher*, Slg. 2002, S. I-501 ff., das auf eine Vorlage des österreichischen VerwGH zurückging.

[154] So *A. Sajó*, Learning co-operative constitutionalism the hard way, ZSE 2 (2004), S. 351 ff.

[155] Entscheidungsgrund III.5. Ähnlich bereits der Antrag des Präsidenten der Republik, Entscheidungsgrund I.2., dem das VerfG in weiten Teilen gefolgt ist. Die Prüfung des VerfG bezog sich im Kern auf das Rückwirkungsverbot als Ausfluss des Prinzips der Rechtsstaatlichkeit sowie den Grundsatzes des Gesetzesvorbehaltes.

[156] So insbesondere *R. Uitz*, EU Law and the Hungarian Constitutional Court: Lessons of the First Post-Accession Encounter, in: W. Sadurski et al. (Hrsg.), Après Enlargement (2006), S. 41 (45 ff.); *P. Sonnevend*, Offene Staatlichkeit, in: IPE II (2008), § 25 Ungarn, Rn. 37; *W. Sadurski*, „Solange, chapter 3“: Constitutional Courts in Central Europe – Democracy – European Union, ELJ 14 (2008), S. 1 (18); *A. Albi*, Supremacy of EC Law in the New Member States, EuConst 3 (2007), S. 25 (56) sowie in der Tendenz *J. Czuczai*, Hungary, in: A. E. Kellermann et. al. (Hrsg.), The Impact of EU Accession on the Legal Orders of New Member States and (Pre-)Candidate Countries (2006), S. 343 (351). A. A. hingegen *A. Sajó*, Learning co-operative constitutionalism the hard way, ZSE 2 (2004), S. 351 ff. sowie ihm folgend *Z. Kühn*, The Application of European Law in the New Member States: Several (Early) Predictions, GLJ 6 (2005), S. 563 (574).

[157] Weder die streitige gesetzliche Ermächtigung zum Erlass von Durchführungsnormen durch die ungarische Regierung (Problematik des Gesetzesvorbehalts), noch die im ungarischen Gesetz

setzung mit dem Verhältnis von Unionsrecht zu ungarischem Verfassungsrecht ließ das Gericht gleichwohl vermissen.[158] Trotz des zunächst scheinbar spektakulären Ergebnisses trägt die Entscheidung des ungarischen Verfassungsgerichts zum Zuckerquotenstreit daher wenig Konkretes zur Fortschreibung des *Frontini-Fragd-* oder *Solange*-Modells bei.[159]

Anders in Tschechien. Hier nahm das Verfassungsgericht die Streitigkeiten um das Zuckerquotenregime zum Anlass, erstmals in grundlegender Weise das Verhältnis von europäischer und nationaler Verfassungsordnung zu vermessen.[160] Seine Zuckerquoten-Entscheidung vom 8. März 2006 ist europaweit zweifelsohne zu den wegweisenden Leitentscheidungen rechtlicher Permeabilität zu rechnen.[161] Dies gilt nicht nur in Bezug auf die Auslegung der in Tschechien als Übertragungsmodell ausgestalteten Integrationsermächtigung (Art. 10a Verf-CZ), sondern gerade auch für die weitreichende, gleichwohl aber bedingte Anerkennung des Vorrangs des Unionsrechts vor nationalem Verfassungsrecht. Ähnlichkeiten mit der Zuckerquotenentscheidung des ungarischen Verfassungsgerichts weist die Entscheidung nur hinsichtlich des Ergebnisses auf. Wie in Ungarn wird eine nationale Umsetzungsnorm teilweise für nichtig erklärt, hier eine tschechische Regierungsverordnung.[162]

Hinsichtlich der Entscheidungsgründe sind indes erhebliche Unterschiede zu verzeichnen. Im Gegensatz zu seinem ungarischen Pendant setzt sich das tschechische Verfassungsgericht eingehend mit der einschlägigen Grundrechtsjudikatur des EuGH auseinander und nimmt eine umfassende Prüfung der streitigen innerstaatlichen Norm *am Maßstab der allgemeinen Rechtsgrundsätze des Unionsrechts* vor. Dabei unterzieht es zugleich den Grundrechtsstandard auf EU-Ebene einer Prüfung. Als Zwischenergebnis dieser in ihrer Ausführlichkeit an die *Solange-II*-Entscheidung des

---

verankerte rückwirkende Vermutung der Arglist in Bezug auf bestimmte Geschäftstätigkeiten sowie die fehlende Vorbereitungszeit für die Betroffenen (Problematik der Wahrung des Grundsatzes Rechtsstaatlichkeit sowie insbesondere des Rückwirkungsverbotes) waren durch die Verordnungen vorgegeben. Vgl. *P. Sonnevend*, a.a.O., Rn. 37 sowie *Czuczai*, Hungary, in: A.E. Kellermann et. al. (Hrsg.), The Impact of EU Accession on the Legal Orders of New Member States and (Pre-)Candidate Countries (2006), S. 343 (351).

[158] Diesbezüglich stimmt die Literatur überwiegend überein, vgl. *R. Uitz*, a.a.O., S. 45 ff.; *W. Sadurski*, a.a.O., S. 15 mit Betonung der Kontinuitätslinien zur vorangegangene Rechtsprechung; *A. Albi*, a.a.O., S. 56 f. unter Betonung der Signalwirkung gegenüber dem Parlament; *A. Sajó*, a.a.O., S. 351; *J. Czuczai*, a.a.O., S. 351. In der Tendenz weniger kritisch als vielmehr zustimmend indessen *P. Sonnevend*, a.a.O., Rn. 37.

[159] Vgl. auch *W. Sadurski*, „Solange, chapter 3": Constitutional Courts in Central Europe – Democracy – European Union, ELJ 14 (2008), S. 1 (18 u. 29).

[160] Tschech. VerfG, Urt. v. 8. 3. 2006 – Pl. US. 50/04 – *Zuckerquoten II*, in engl. Übersetzung abrufbar unter http://angl.concourt.cz/angl_verze/doc/p-50-04.php (1. 9. 2010).

[161] Zur Entscheidung *J. Zemánek*, The Emerging Czech Constitutional Doctrine of European Law, EuConst 3 (2007), S. 418 (424 ff.); *W. Sadurski*, „Solange, chapter 3": Constitutional Courts in Central Europe – Democracy – European Union, ELJ 14 (2008), S. 1 (6 ff.) sowie zu den einzelnen Meinungen in der Literatur im Vorfeld der Entscheidung *E. Wagnerova*, Landesbericht Tschechien, in: W. Kluth (Hrsg.), Europäische Integration und nationales Verfassungsrecht (2007), S. 245 (251 ff.).

[162] Entscheidungsgrund VI. B.

BVerfG heranreichenden Evaluierung[163] stellt das Gericht die Vereinbarkeit der streitigen Norm mit den EU-Grundrechten fest.[164] Im Anschluss daran wird die Regierungsverordnung am Maßstab des *tschechischen Verfassungsrechts* geprüft, wobei das Gericht zur Auffassung gelangt, dass das fragliche Quotenregime jedenfalls partiell als verfassungswidrig zu bewerten wäre, würde man die verfassungsgerichtliche Grundrechtsprechung vor dem Beitritt als maßgeblich betrachten.[165] Diese Feststellung ist in der Folge jedoch interessanterweise *gerade nicht* ausschlaggebend für die Teilnichtigkeit der tschechischen Regierungsverordnung.

Das Gericht betont vielmehr, mit dem Beitritt sei ein „fundamentaler Wechsel innerhalb der tschechischen Rechtsordnung" zu verzeichnen, mit dem eine *verfassungsrechtliche Selbstbeschränkung* einhergehe.[166] Weil auf supranationaler Ebene ein dem tschechischen Grundrechtsstandard äquivalentes Schutzniveau vorherrsche, was die vorangegangene Prüfung am Maßstab der allgemeinen Rechtsgrundsätze belege, könne nach Vollendung des Beitritts auch von Präjudizien des tschechischen Verfassungsgerichts zum Grundrechtsschutz abgewichen werden, soweit diese dem Unionsrecht in seiner Auslegung durch den EuGH widersprächen.[167] Dass das tschechische Verfassungsgericht die streitige Vorschrift der Regierungsverordnung im Ergebnis gleichwohl für nichtig erklärt, ergibt sich allein aus dem Umstand, dass diese nach Auffassung des Gerichts die Kommissions-Verordnungen im Wesentlichen nur paraphrasiert hatte.[168] Hierin liegt ein wesentlicher Unterschied zur Konstellati-

---

[163] Anders als in *Solange-II* allerdings nur auf den konkreten Fall bezogen.

[164] Entscheidungsgrund VI. A.-1. Das Gericht meint die Frage seiner Vorlageverpflichtung durch einen Hinweis auf die *CILFIT*-Rechtsprechung offen lassen zu können, vgl. ebd.: „The Constitutional Court is aware of the delicacy of the question as to whether the Constitutional Court can be considered a court in the sense of Art. 234 of the EC Treaty, or in which type of proceedings, and reserves to itself in the future the possibility of adopting an unequivocal answer, in other words, to refer a matter for the adjudication to the ECJ in individual types of proceedings. The Constitutional Court is, however, of the the view that, in the given case, one of the exceptions formulated in ECJ case-law could be applied to the matter before the Court (see Case 283/81, Srl CILFIT ...)."

[165] Ebd., Entscheidungsgrund VI. A.-2.

[166] Ebd., Entscheidungsgrund VI. A.-3.

[167] Ebd.: „In the same way, the reaction to this problem in the case-law of the constitutional courts of particular Member States also experienced a dynamic development; the most representative examples of this are the changes in position of the Federal Constitutional Court of the FRG (cf. its decision of 29 May 1974, No. 2 BvL 52/71, „Solange I", its decision of 22 October 1986, No. 2 BvR 197/83, „Solange II", and its decision of 12 October 1993, No. 2 BvR 2134 and 2159/92 on the European Union Treaty). (...) In the Constitutional Court's view, the current standard within the Community for the protection of fundamental rights cannot give rise to the assumption that this standard for the protection of fundamental rights through the assertion of principles arising therefrom, such as otherwise follows from the above-cited case-law of the ECJ, is of a lower quality than the protection accorded in the Czech Republic, or that the standard of protection markedly diverges from the standard up till now provided in the domestic setting by the Constitutional Court. (...) In other words, (...) the Constitutional Court cannot avoid the conclusions which flows directly from the case-law of the ECJ and from which a definite principle of constitutional self-restraint can be inferred. (...) The Constitutional Court therefore came to the conclusion that in this case there are grounds for departing from its judgment in matter No. Pl. US. 39/01."

[168] Ebd., Entscheidungsgrund VI. B.

on in Ungarn, wo es um die Ausfüllung eines nationalen Beurteilungsspielraumes ging. In der Fallkonstellation, die dem tschechischen Verfassungsgericht vorlag, war ein solcher Beurteilungsspielraum indessen für das Gericht nicht erkennbar. Die tschechische Regierung habe, so das tschechische Verfassungsgericht, darum außerhalb ihrer Befugnisse gehandelt, soweit die Kompetenzen zur Rechtssetzung im konkreten Fall bereits auf Grundlage von Art. 10a Verf-CZ den EU-Organen zuerkannt worden seien und sich der präskriptive Gehalt der streitigen Norm unmittelbar aus den Kommissions-Verordnungen selbst ergeben hatte.[169] Die vorherigen Ausführungen des Gerichts zu den Grundrechten stellen also genau genommen ein *obiter dictum* dar. Mit anderen Worten, das tschechische Verfassungsgericht erkennt in seiner Zuckerquotenentscheidung das Vorliegen eines hinreichenden Grundrechtsstandards auf europäischer Ebene und – darauf aufbauend – die Möglichkeit zur Abweichung von seiner eigenen Grundrechtsjudikatur an, obwohl ein solch weitgehendes Zugeständnis im konkreten Fall letztlich gar nicht entscheidungserheblich war. Dies kann als ein deutliches Signal für die Europafreundlichkeit des Gerichts verstanden werden.[170]

Diese Europafreundlichkeit ist allerdings nicht grenzenlos. Neben der als *obiter dictum* formulierten Anerkennung eines hinreichenden Grundrechtsstandards auf supranationaler Ebene zeigen sich die konzeptionellen Anleihen an *Frontini-Fragd* und *Solange* nämlich zugleich in den Schranken, die das tschechische Verfassungsgericht dem Vorrang des Unionsrechts zieht. Diese Grenzziehung erfolgt unter ausdrücklicher Bezugnahme auf die Leitentscheidungen anderer europäischer Verfassungsgerichte. Das tschechische Verfassungsgericht könne nicht

„disregard the fact that several high courts of older Member States, including founding members, such as Italy [Verweis auf *Frontini* und *Fragd*] and Germany [Verweis auf *Solange II* und *Maastricht*], and later acceding Member States such as Ireland [Verweis auf *Grogan*] and Denmark [Verweis auf *Maastricht*], *have never entirely acquiesced in the doctrine of the absolute precedence of Community law over the entirety of constitutional law*; first and foremost, they retained a certain reserve to interpret principles such as the democratic law-based state and the protection of fundamental rights."[171]

---

[169] Ebd. Mit diesem auf Basis der vorangegangenen Erwägungen zunächst überraschenden Ergebnis erkennt das tschechische Verfassungsrecht nicht nur den Vorrang des Unionsrechts an, sondern geht zugleich von einer Sperrwirkung in Bezug auf die innerstaatliche legislative Tätigkeit aus, soweit unmittelbar anwendbares Unionsrecht vorliegt. Insoweit entspricht das tschechische Verfassungsgericht der Rechtsprechung des EuGH in den Urteilen v. 18. 2. 1970 – Rs. 40/69 – *Bollmann*, Slg. 1970, S. 69 ff. (Rn. 4); v. 10. 10. 1973 – Rs. 34/73 – *Variola*, Slg. 1973, S. 981 ff. (Rn. 10 f.) sowie v. 31. 1. 1978 – Rs. 94/77 – *Zerbone*, Slg. 1978, S. 99 ff. (Rn. 22/27). Im Gegensatz zum EuGH leitet es die Sperrwirkung indessen nicht nur aus Europarecht, sondern *zugleich aus tschechischem Verfassungsrecht* ab. Dies übersieht *A. Albi*, Supremacy of EC Law in the New Member States, EuConst 3 (2007), S. 25 (53).

[170] So auch *W. Sadurski*, „Solange, chapter 3": Constitutional Courts in Central Europe – Democracy – European Union, ELJ 14 (2008), S. 1 (7).

[171] Einleitende Erwägungen zur Grundrechtsprüfung, Entscheidungsgrund VI. A. (Anm. und Hervorh. hinzugefügt).

Für die tschechische Verfassungsordnung identifiziert das Gericht entsprechende Grenzen zum einen in der Wahrung staatlicher Souveränität (Art. 1 Abs. 1 Verf-CZ) und zum anderen in den der verfassungsändernden Gewalt entzogenen „wesentlichen Erfordernissen des demokratischen Rechtsstaates" (Art. 9 Abs. 2 Verf-CZ):

„[T]he delegation of a part of the powers of national organs *may persist only so long as these powers are exercised in a manner that is compatible with the preservation of the foundations of state sovereignty of the Czech Republic, and in a manner which does not threaten the very essence of the substantive law-based state.* Should one of these conditions for the transfer of powers cease to be fulfilled, that is, should developments in the EC, or the EU, threaten the very essence of state sovereignty of the Czech Republic or the essential attributes of a democratic state governed by the rule of law, it will be necessary to insist that these powers be once again taken up by the Czech Republic's state bodies; *in such determination the Constitutional Court is called upon to protect constitutionalism*".[172]

Diese für das tschechische Europaverfassungsrecht zentrale Passage hat das tschechische Verfassungsgericht in der Folge sowohl in seinem Urteil zum Europäischen Haftbefehl vom 3. Mai 2006,[173] als auch in seinem *Lissabon-I*-Urteil vom 26. November 2008 wieder aufgegriffen.[174] Materiell-rechtlich ist das Modell weiter ausgelegt als ein reiner Grundrechtsvorbehalt, wenngleich das tschechische Verfassungsgericht betont, dass insbesondere die Grundrechte unter den durch Art. 9 Abs. 2 Verf-CZ geschützten Verfassungskern fallen. Die tschechische Vorbehaltsvariante ähnelt in seinem Zuschnitt insoweit dem *Frontini-Fragd*-Modell, weist aber mit Blick auf den Schutz eines änderungsfesten Verfassungskerns jedenfalls strukturelle Ähnlichkeiten mit der Identitätskontrolle des BVerfG im *Lissabon*-Urteil auf.[175] Allerdings lehnte das tschechische Verfassungsgericht in Gegensatz zum deutschen BVerfG die Formulierung eines enumerativen Kataloges änderungsfester Integrationsgrenzen ausdrücklich ab.[176] Dass es eine Verletzung der Integrationsgrenzen feststellen wird, kann nach derzeitigem Stand zudem als vergleichsweise unwahrscheinlich gelten. In seiner auf das Zuckerquotenurteil folgenden Rechtsprechung – insbesondere den Urteilen zur Rückerstattung von Medikamenten und dem ersten Urteil zum VvL – betont das Gericht jedenfalls mehrmals mit Nachdruck, dass der Grundrechtsstandard auf EU-Ebene ein hinreichendes Niveau aufweise.[177]

Auch mit Blick auf die prozessuale Seite muss eine aktive Prüfung oder gar Verwerfung unionsrechtlicher bzw. unionsrechtlich determinierter Normen als Ausnahmefall gelten. Grundsätzlich erkennt das Gericht die EU-bedingte *Beschränkung sei-*

---

[172] Entscheidungsgrund VI. B. (Hervorh. hinzugefügt).

[173] Tschech. VerfG, Urt. v. 3. 5. 2006 – Pl. US. 66/04 – *Europäischer Haftbefehl*, Rn. 53. Vgl. zum Urteil *J. Zemánek*, The Emerging Czech Constitutional Doctrine of European Law, EuConst 3 (2007), S. 418 (427 ff.).

[174] Tschech. VerfG, Urt. v. 26. 11. 2008 – Pl. US. 19/08 – *Lissabon I*, Rn. 97, 113 f., 130, 196.

[175] Dazu sogleich Teil 2 – Kapitel 11 – III. 1. d)

[176] Tschech. VerfG, Urt. v. 3. 11. 2009 – Pl. US. 29/09 – *Lissabon II*, Rn. 110 ff.

[177] Vgl. insbesondere tschech. VerfG, Urteile v. 16. 1. 2007 – Pl. US. 36/05 – *Rückerstattung von Medikamenten*, Rn. 35 sowie v. 26. 11. 2008 – Pl. US. 19/08 – *Lissabon I*, Rn. 197 u. 217.

ner Gerichtsbarkeit an.[178] Einem generellen Vorranganspruch des Unionsrechts seien Grenzen nur für den Ausnahmefall gezogen, dass die der EU übertragenen Kompetenzen nicht mehr in einer Weise ausgeübt würden, welche die Einhaltung der im Zuckerquoten-Urteil aufgestellten Grenzen hinreichend respektierte. Solche Akte des Unionsrechts wären dementsprechend in Tschechien nicht verbindlich.[179] Solange ein derart unwahrscheinlicher Fall jedoch nicht eintrete, bleibe es bei dem Grundsatz, dass das tschechische Verfassungsgericht *einzelne Normen des Unionsrechts nicht* auf ihre Vereinbarkeit mit der tschechischen Verfassung hin überprüfen könne.[180] Präzise Kriterien, wann genau die Schwelle zur Aktivierung dieses Prüfungsvorbehaltes überschritten ist, bzw. welche Anforderungen für die Substantiierung einer entsprechenden Klage gelten, entwickelt das Gericht jedoch nicht. Allenfalls ansatzweise lässt es in seinem *Lissabon*-I-Urteil erkennen, dass der Weg prozessual über eine Individualbeschwerde führen könnte.[181]

In Bezug auf die Prüfung *innerstaatlicher Umsetzungsakte* am Maßstab der Verfassung unterscheidet das tschechische Verfassungsgericht deutlich anhand der jeweiligen Umsetzungssituation. Während innerstaatliche Normen zur *Umsetzung zwingender unionsrechtlicher Vorgaben grundsätzlich nicht* auf ihre Verfassungsmäßigkeit hin überprüft werden könnten,[182] sei dies im Rahmen eines unionsrechtskonformen Umsetzungsspielraums vollumfänglich möglich.[183] Dabei ist insbesondere die Entscheidung zum Europäischen Haftbefehl ein weiteres Zeugnis für die weitgehende Europafreundlichkeit des tschechischen Verfassungsgerichts, gerade auch was den Umgang mit dem Beurteilungsspielraum des nationalen Normgebers anbelangt. Im Gegensatz zu ihren Kollegen in Deutschland, Polen und Zypern,[184] erklärten die

---

[178] Vgl. insbesondere tschech. VerfG, Urt. v. 3. 5. 2006 – Pl. US. 66/04 – *Europäischer Haftbefehl*, Rn. 52 sowie Urt. v. 26. 11. 2008 – Pl. US. 19/08 – *Lissabon I*, Rn. 120 u. 197 und Urt. v. 3. 11. 2009 – Pl. US. 29/09 – *Lissabon II*, Rn. 110, 113 u. 146 ff.

[179] So ausdrücklich ebd., Rn. 216: „such legal acts could not be binding in the Czech Republic".

[180] Tschech. VerfG, Urt. v. 3. 5. 2006 – Pl. US. 66/04 – *Europäischer Haftbefehl*, Rn. 53: „In its judgment no. Pl US 50/04 of 8 March 2006, the Constitutional Court refused to recognize the ECJ doctrine insofar as it claims absolute primacy of EC law. It stated that the delegation of a part of the powers of national organs upon organs of the EU may persist only so long as these powers are exercised by organs of the EU in a manner that is compatible with the preservation of the foundations of state sovereignty of the Czech Republic, and in a manner which does not threaten the very essence of the substantive law-based state. Understandably that, unless such an exceptional and highly unlikely eventuality comes to pass, the Constitutional Court (…) *will not review individual norms of Community law for their consistency with the Czech constitutional order*" (Hervorh. hinzugefügt).

[181] Tschech. VerfG, Urt. v. 26. 11. 2008 – Pl. US. 19/08 – *Lissabon I*, Rn. 110: „(…) can be contested before the Constitutional Court of the Czech Republic by individual constitutional complaints, concerning possible (exceptional) excesses by Union bodies and Union law into fundamental rights and freedoms."

[182] D.h. solange nicht die Wahrung der staatlichen Souveränität oder die wesentlichen Erfordernissen des demokratischen Rechtsstaates gefährdet sind.

[183] Tschech. VerfG, Urt. v. 3. 5. 2006 – Pl. US. 66/04 – *Europäischer Haftbefehl*, Rn. 54 unter Rückbezug auf das Zuckerquotenurteil.

[184] BVerfG, Urt. v. 18. 7. 2006 – 2 BvR 2236/04 – *Europäischer Haftbefehl* = BVerfGE 113, 273 ff.; poln. VerfGH, Entsch. v. 27. 4. 2005 – P 1/05 – *Europäischer Haftbefehl* sowie Zyp. Oberster Gerichts-

tschechischen Verfassungsrichter mehrheitlich die innerstaatliche Gesetzgebung im Wege einer gleichermaßen verfassungs- wie unionsrechtskonformen Auslegung für verfassungsgemäß.[185] Damit bestätigt sich, dass der Vorrang des Unionsrechts in Tschechien bis auf wenige Ausnahmefälle dem Grundsatz nach gewährleistet ist.

dd) Zwischenbefund: Grundrechtsvorbehalte als europaweite Modelllösung

Schweden, Ungarn und Tschechien sind keineswegs die einzigen Mitgliedstaaten, in denen über die Verankerung eines Grundrechtsvorbehaltes und die damit einhergehende Relativierung des unionsrechtlichen Vorranganspruches nachgedacht wird. So deutet etwa der slowenische Verfassungsrichter *Ciril Ribičič* unter Bezugnahme auf die *Solange*-Entscheidungen des BVerfG an, dass auch das slowenische Verfassungsgericht künftig von einem Prüfungsvorbehalt in Bezug auf die Grundrechte und verfassungsrechtliche Kerngehalte ausgehen könnte, wenngleich eine solche Entscheidung bislang noch ausgeblieben ist.[186] Auch in anderen Staaten finden sich Hinweise dafür, dass die nationalen Grundrechte vor einem innerstaatlichen Gericht dem Unionsrecht erfolgreich entgegengehalten werden könnten. Unmittelbar aus dem Verfassungstext ableiten lässt sich ein entsprechender Vorbehalt etwa dort, wo Gesamtverweisungen in die Verfassung aufgenommen wurden, die – ggf. justiziable – Vorranggrenzen ausdrücklich enthalten. Dies gilt in erster Linie für Portugal (Art. 8 Abs. 4 Verf-POR). Nach dem Neuentwurf des an die portugiesische Klausel angelehnten EU-Artikels wäre aber auch Spanien *de constitutione ferenda* hierzu zu rechnen.[187]

Gleichwohl bleiben der Text des schwedischen Hauptverfassungsgesetzes sowie die Rechtsprechung des tschechischen Verfassungsgerichtes vielleicht die deutlichsten Anwendungsfälle für die direkte Rezeption der mittlerweile klassischen Rechtsprechungslinien zu Grundrechtsvorbehalten. Vergleichbares gilt wie gesehen für die Auslegung des Verfassungstextes in Ungarn.

Zusammenfassend kann also festgehalten werden, dass die in den Modellen *Frontini-Fragd* und *Solange* angelegte Schwebelage europaweit Schule gemacht hat. Zwar verbergen sich hinter dem vielfach verwendeten „Solange"-Topos nicht selten recht unterschiedliche Konzeptionen und Intensitätsstufen gerichtlicher Prüfungsvorbehalte.[188] Ein gemeinsamer Kern dieser Modelle besteht aber länderübergreifend dar-

---

hof, Entsch. v. 7. 11. 2005 – Nr. 294/2005 – *Europäischer Haftbefehl*, engl. Zsf. erhältlich als Annex A zu Ratsdok. 14281/05, http://www.consilium.europa.eu/ueDocs/cms_Data/docs/polju/EN/EJN680.pdf (1. 9. 2010).

[185] Tschech. VerfG, Urt. v. 3.5. 2006 – Pl. US. 66/04 – *Europäischer Haftbefehl*, insbesondere Rn. 61, 83 ff., 111. Dazu in vergleichender Perspektive *J. Komárek*, European Constitutionalism and the European Arrest Warrant – in Search of the Limits of „Contrapunctual Principles", CMLRev. 44 (2007), S. 9 (26 ff.) sowie *Z. Kühn*, The European Arrest Warrant, Third Pillar Law and National Constitutional Resistance, CYELP 3 (2007), S. 99 ff.

[186] *C. Ribičič*, Implementing European Standards into the case-law of the Constitutional Court, in: A. M. Mavčič (Red.), The Position of Constitutional Courts Following Integration into the European Union (2004), S. 119 (126).

[187] Für beide s. bereits Teil 2 – Kapitel 10 – V. 2.

[188] So fällt keine der von *W. Sadurski*, „Solange, chapter 3": Constitutional Courts in Central

in, dass die konkrete Reichweite gerichtlicher (Reserve-)Zuständigkeiten von der jeweiligen Ausprägung des Grundrechtsschutzes auf supranationaler Ebene abhängig gemacht wird.

Die eigentliche Pointe dieser Lösung liegt in ihrer zweifachen Wirkrichtung. Ist der gerichtliche Prüfungsvorbehalt nämlich nach innen in defensiver Weise auf die Wahrung der materiellen Bestandsgrenzen gerichtet, so entfaltet er nach außen zugleich eine offensive Gestaltungswirkung durch die Einforderung eines hinreichenden Grundrechtsschutzes auf supranationaler Ebene.[189] Gerade der *Solange*-Rechtsprechung wird heute im Rückblick ganz regelmäßig eine fördernde Impulswirkung für die Intensivierung des prätorischen Grundrechtsschutzes durch den EuGH zugeschrieben.[190] Gleiches gilt für das *Frontini-Fragd*-Modell.[191]

Wenn von grundrechtsfördernden Effekten in Europa die Rede ist, darf freilich umgekehrt nicht die positive Wirkung *des Unionsrechts* auf den Grundrechtschutz in den nationalen Verfassungen ausgeblendet werden. Als Beispiel sei nochmals die schwedische *Lassagård*-Entscheidung in Erinnerung gerufen. Die ihr zugesprochene wegweisende Bedeutung ergibt sich gerade nicht allein aus der Tatsache, dass das schwedische oberste Verwaltungsgericht (*Regeringsrätten*) darin den Vorrang des Unionsrechts vor der Verfassung im Grundsatz anerkannte. Die Entscheidung wird insbesondere auch deshalb als Leitentscheidung eingestuft, weil sie den Grundsatz effektiven Rechtsschutzes in Schweden aufgrund eines unionsrechtlichen Impulses weiter ausbaut.[192] Dass durch die Entscheidung eine gerichtliche Überprüfungsmöglichkeit der streitigen Verwaltungsentscheidung eröffnet wurde, ist konkret auf die Einwirkung des Unionsrechts zurückzuführen.

Das Phänomen unionsrechtlich induzierten Grundrechtsschutzes bleibt freilich nicht auf die schwedische Rechtsordnung begrenzt. Ein grundrechtsfördernder Effekt der Union wird vor allem auch für die mittel- und osteuropäischen Staaten im Zuge des Beitritts hervorgehoben.[193] Aber auch für Mitgliedstaaten der ersten Stunde

---

Europe – Democracy – European Union, ELJ 14 (2008), S. 1 ff. analysierten Entscheidungen unter das *Solange*-Modell im hier verstandenen, engen Sinne.

[189] Dies kommt textlich auch in Art. 23 Abs. 1 S. 1 GG zum Ausdruck. Zum Aspekt der wechselseitigen Stabilisierung über Bestandssicherungen vgl. *I. Pernice*, Bestandssicherungen der Verfassungen: Verfassungsrechtliche Mechanismen zur Wahrung der Verfassungsordnung, in: R. Bieber/ P. Widmer (Hrsg.), L'espace constitutionnel européen (1995), S. 225 ff.

[190] Vgl. etwa *D. Ehlers*, in: ders (Hrsg.), Europäische Grundrechte und Grundfreiheiten (2. Aufl. 2005), § 14 Allgemeine Lehren, Rn. 5.

[191] In diesem Sinne *C. Panara*, Offene Staatlichkeit, in: IPE II (2008), § 18 Italien, Rn. 57.

[192] Vgl. *J. Nergelius*, Offene Staatlichkeit, in: IPE II (2008), § 22 Schweden, Rn. 31 f.

[193] Vgl. etwa *E. Tanchev*, The Impact of the Charter of Fundamental Rights on the Candidate Countries, in: A. E. Kellermann et al. (Hrsg.), EU-Enlargement – The Constitutional Impact at EU and National Level (2001), S. 35 ff. sowie *W. Sadurski*, „Solange, chapter 3": Constitutional Courts in Central Europe – Democracy – European Union, ELJ 14 (2008), S. 1 (24 ff.). Die mitunter kritischen Untertöne mittel- und osteuropäischer Verfassungsgerichte gegenüber dem Unionsrecht werden insoweit als gewisse Ironie des Beitritts gewertet, der gerade auf eine Verbesserung der Grundrechtsstandards in den neuen Mitgliedstaaten abzielte, vgl. *A. Albi, Ironies in human rights protection in the EU: pre-accession conditionality and post-accession conundrums, ELJ* 15 (2009), S. 46 ff.

wird die grundrechtsfördernde Wirkung des Unionsrechts wiederholt betont, für Luxemburg etwa speziell für den Gleichheitsgrundsatz in Art. 157 AEUV (ex-Art. 141 EG).[194]

Eine besonders interessante Wendung nimmt die Anleihe an die in *Frontini-Fragd* und *Solange* angelegten Lösungsansätze dort, wo sie die Ebene zwischen den einzelnen EU-Mitgliedstaaten verlässt und sich *ebenenübergreifend* entfaltet. Dies betrifft in erster Linie das Verhältnis zwischen EGMR und EuGH im Rahmen des dreipoligen Grundrechtsschutzes in Europa.[195] Allerdings beschränkt sich die vorliegende Arbeit auf die wechselseitige Permeabilität von innerstaatlichem Verfassungsrecht und europäischem Unionsrecht. Die Permeabilität der *Unionsrechtsordnung* für die EMRK ist daher ebenso wenig Erörterungsgegenstand wie die diesbezügliche Permeabilität der innerstaatlichen Verfassungsordnungen.[196] Hier wird aber einmal mehr deutlich, dass Permeabilität als Paradigma offener Verfassungsordnungen über die staatsverfassungsrechtliche Ordnung hinaus reicht und zunehmend auch verfassungsrechtliche Ordnungen jenseits des Staates charakterisiert.

Gleiches gilt für die Rechtsprechung des EuGH im Fall *Kadi* hinsichtlich der Prüfung unionsrechtlicher Umsetzungsakte von UN-Resolutionen am Maßstab der Unionsgrundrechte.[197]

---

[194] Vgl. *L. Frieden*, Rapport luxembourgeois, in: F.I.D.E. (Hrsg.), 17. F.I.D.E.-Kongress Berlin, Bd. 1: Le droit constitutionnel national et l'intégration européenne (1996), S. 344 (350).

[195] EGMR, Urt. v. 30.6. 2005 – Nr. 45036/98 – *Bosphorus*, Rn. 152 ff. sowie zuvor bereits Urt. v. 18.2. 1999 – Nr. 24833/94 – *Matthews* = EuZW 1999, S. 308 ff. und Entsch. v. 9.2. 1990 – Nr. 13258/87 – *Melchers*. Speziell unter dem Blickwinkel des Verhältnisses der Gerichte *G. Hirsch*, Schutz der Grundrechte im „*Bermuda*-Dreieck" zwischen Karlsruhe, *Straßburg* und Luxemburg, EuR Beiheft 1 2006, S. 7 ff.; *L. Garlicki*, Cooperation of courts: The role of supranational jurisdictions in Europe, ICON 6 (2008), S. 509 (522 ff.) sowie *H. Sauer*, Jurisdiktionskonflikte in Mehrebenensystemen (2008), S. 303 ff. und 332 ff. Zur Rechtsprechung im Einzelnen vgl. *N. Lavranos*, Das So-Lange-Prinzip im Verhältnis von EGMR und EuGH, EuR 2006, S. 79 (85 f.); *S. Douglas-Scott*, A Tale of two Courts: Luxembourg, Strasbourg and the Growing European Human Rights Acquis, CMLRev. 2006, S. 629 ff.; *C. Eckes*, Does the European Court of Human Rights provide protection from the European Community?, EPL 13 (2007), S. 47 f. Vgl. zum Bosphorus-Urteil zudem *A. Berramdane*, La Cour européenne des droits de l'homme juge du droit de l'Union européenne, RDUE 2006, S. 243 ff. *G. Schohe*, Das Urteil Bosphorus: Zum Unbehagen gegenüber dem Grundrechtsschutz durch die Gemeinschaft, EuZW 2006, S. 33 ff.; *J. Bröhmer*, Die Bosphorus-Entscheidung des Europäischen Gerichtshofs für Menschenrechte – Der Schutz der Grund- und Menschenrechte in der EU und das Verhältnis zur EMRK, EuZW 2006, S. 71 ff.; *C. Heer-Reißmann*, Straßburg oder Luxemburg? – Der EGMR zum Grundrechtsschutz bei Verordnungen der EG in der Rechtssache Bosphorus, NJW 2006, S. 192 ff.

[196] Zum Verhältnis von innerstaatlichem Verfassungsrecht und EMRK *C. Grabenwarter*, Europäisches und nationales Verfassungsrecht, VVDStRL 60 (2001), S. 290 (325 ff.). In vergleichender Perspektive s. *J. Schwarze*, in: ders. (Hrsg.), Die Entstehung einer europäischen Verfassungsordnung (2000), S. 463 (508 ff.) sowie *P.M. Huber*, Offene Staatlichkeit, in: IPE II (2008), § 26 Vergleich, Rn. 101 f. Für die Ordnung des deutschen Grundgesetzes vgl. insbesondere BVerfG, Beschl. v. 14. 10. 2004 – 2 BvR 1481/04 – *Görgülü I* = BVerfGE 111, 307 (315 ff.) sowie Beschl. v. 26.2. 2008 – 1 BvR 1602, 1606, 1626/07 – *Caroline v. Monaco III* = BVerfGE 120, 180 (199 ff., 218 ff.).

[197] EuGH, Urt. v. 3.9. 2008 – verb. Rs. C-402/05 P u. C-415/05 P – *Kadi*, Slg. 2008, S. I-6351, Rn. 326: „Aus alledem ergibt sich, dass die Gemeinschaftsgerichte im Einklang mit den Befugnissen,

c) Schutzdimension II: Kompetenzmäßigkeit

Neben dem Schutz der innerstaatlichen Grundrechte hat sich als zweite Schutzdimension gerichtlicher Prüfungsvorbehalte die Kompetenzmäßigkeit unionsrechtlichen Handelns herauskristallisiert. Ein solcher Vorbehalt zielt spezifisch auf die gerichtliche Letztentscheidung über das Vorliegen etwaiger Kompetenzüberschreitungen – sog. Akte *ultra vires* – seitens der Unionsorgane ab.[198] *Franz C. Mayer* hat die Kernfrage des ultra-vires-Problems in seiner rechtsvergleichenden Studie wie folgt formuliert:

„Welches Gericht entscheidet im europäischen Mehrebenensystem, ob Rechtsakte der übergreifenden Ebene eine Kompetenzgrenze überschreiten?"[199]

aa) Ursprung des Modells

Tonangebend für die Entwicklung dieses in seinem Zuschnitt besonderen Vorbehaltsmodells war von Beginn an das BVerfG. Die Beanspruchung eines Letztentscheidungsrechts über unionsrechtliche Ultra-vires-Akte hatte sich bereits 1971 implizit im *Lütticke*-Beschluss angedeutet.[200] Mit dem *Kloppenburg*-Beschluss[201] aus

---

die ihnen aufgrund des EG-Vertrags zustehen, eine grundsätzlich umfassende Kontrolle der Rechtmäßigkeit sämtlicher Handlungen der Gemeinschaft im Hinblick auf die Grundrechte als Bestandteil der allgemeinen Grundsätze des Gemeinschaftsrechts gewährleisten müssen, und zwar auch in Bezug auf diejenigen Handlungen der Gemeinschaft, die wie die streitige Verordnung der Umsetzung von Resolutionen des Sicherheitsrats nach Kapitel VII der UN-Charta dienen sollen." Anders zuvor noch das EuG, Urteile v. 21. 9. 2005 – Rs. T-315/01 – *Kadi* sowie v. 21. 9. 2005 – Rs. T-306/01 – *Yusuf*, das von einer Beschränkung des Prüfungsmaßstabes auf *ius cogens* ausging. Zur Gesamtproblematik vgl. *C. Eckes*, EU Counter-Terrorist Policies and Fundamental Rights. The Case of Individual Sanctions (2010) sowie *dies.*, Sanctions Against Individuals – Fighting Terrorism within the European Legal Order, EuConst 4 (2008), S. 205 ff. Zum Urteil des EuGH vgl. insbesondere *H. Sauer*, Rechtsschutz gegen völkerrechtsdeterminiertes Gemeinschaftsrecht?, NJW 2008, S. 3685 ff.; *U. Haltern*, Gemeinschaftsgrundrechte und Antiterrormaßnahmen der UNO, JZ 2007, S. 537 ff.; *J. A. Kämmerer*, Das Urteil des Europäischen Gerichtshofs im Fall ‚Kadi': Ein Triumph der Rechtsstaatlichkeit?, EuR 2009, S. 114 ff. Zu den Urteilen des EuG vgl. zuvor die Anmerkung von *C. Tomuschat*, CMLRev. 43 (2006), S. 537 ff. sowie *M. Nettesheim*, UN Sanctions against Individuals – Challenge To the Architecture of European Union Governance, WHI-Paper 1/07; *C. Eckes*, Judicial review of European anti-terrorism measures – The Yusuf and Kadi judgments of the Court of First Instance, ELJ 14 (2008), S. 74 ff.; *J. A. Kämmerer*, Die Urteile ‚Kadi' und ‚Yusuf' des EuG und ihre Folgen, EuR 2008 – Beiheft 1, S. 65 ff.

[198] Grundlegend und in vergleichender Perspektive (EU-15) *F. C. Mayer*, Kompetenzüberschreitung und Letztentscheidung (2000).

[199] Ebd., S. 11.

[200] BVerfG, Beschl. v. 9. 6. 1971 – 2 BvR 255/69 – *Lütticke* = BVerfGE 31, 145 (174) mit der allenfalls als impliziten Hinweis zu lesenden Aussage, der EuGH habe „im Rahmen seiner Kompetenz" entschieden.

[201] Vgl. insbesondere BVerfG, Beschl. v. 8. 4. 1987 – 2 BvR 687/85 – *Kloppenburg* = BVerfGE 75, 223 (235). Darin ging es um die Rechtsprechung des EuGH zur unmittelbaren Anwendbarkeit von Richtlinien, die der Bundesfinanzhof als nicht mehr vom deutschen Zustimmungsgesetz zu den Römischen Verträgen gedeckt ansah. Das BVerfG wies diese Argumentation zwar deutlich zurück, führte allerdings aus, dass die dem EuGH durch Art. 177 EWGV [jetzt Art. 267 AEUV] übertragene Kompetenz „nicht schrankenlos" sei. Die ihr „durch das Grundgesetz gezogenen Grenzen" unterlägen „letztlich der Gerichtsbarkeit des Bundesverfassungsgerichts". An einer späteren Stelle des Ur-

dem Jahr 1987 nahm sie in der Folge unter dem Topos des „ausbrechenden Rechtsaktes" deutlicher Gestalt an. Gänzlich zum Durchbruch gelangte der Ansatz schließlich im Jahr 1993 mit dem *Maastricht*-Urteil.[202] Dessen Kernaussagen hatten bereits zuvor eine indirekte Vorwegnahme durch die Publikationen des berichterstattenden Richters *Paul Kirchhof* erfahren.[203]

Der Ultra-vires-Vorbehalt des BVerfG ist eingebettet in den spezifischen prozessualen Kontext des *Maastricht*-Urteils. Darin erklärt das BVerfG eine Verfassungsbeschwerde für zulässig, mit der die Verletzung des Wahlrechts zum Bundestag nach Art. 38 Abs. 1 GG gerügt wird. Art. 38 Abs. 1 GG schließe es im Anwendungsbereich der grundgesetzlichen Integrationsklausel aus, die durch die Wahl bewirkte Legitimation von Staatsgewalt so zu entleeren, dass das Demokratieprinzip in seinem durch Art. 79 Abs. 3 i. V. m. Art. 20 Abs. 1 und 2 GG für unantastbar erklärten Gehalt verletzt werde.[204] Anders als man bei einem auf Wahrung der Kompetenzmäßigkeit abzielenden Mechanismus vermuten könnte, ist der materiell-rechtliche Ausgangspunkt der Ultra-vires-Kontrolle also kein objektiv-, sondern ein subjektiv-rechtlicher. So gesehen bestehen gewisse Parallelen zum Grundrechtsvorbehalt. Freilich ist der konkrete Prüfungsmaßstab ein anderer. Denn am Maßstab von Art. 38 Abs. 1 GG wird letztlich – im Wege der Verfassungsbeschwerde – präventiv geprüft, ob dem Bundestag im Falle der Verabschiedung des Zustimmungsgesetzes und des Inkrafttretens des betreffenden Integrationsvorhabens weiterhin „Aufgaben und Befugnisse

---

teils betont das Gericht dann, dass die damalige EWG gerade keinen souveränen Staat mit einer Kompetenzkompetenz darstelle und dass es „verfassungsrechtlich erheblich" sei, ob eine zwischenstaatliche Einrichtung sich „in den Grenzen der ihr übertragenen Hoheitsrechte" halte oder aus ihnen ausbreche (ebd., S. 242). Allerdings ließ sich das BVerfG noch nicht auf eine genauere Grenzziehung ein: „Wo insoweit generelle Grenzen der Reichweite der Gemeinschaftsgewalt verlaufen, kann hier dahinstehen. Die vorliegende Rechtsprechung des Gerichtshofs zur Möglichkeit des Marktbürgers, sich auf Richtlinien bestimmter Art unmittelbar zu berufen, bleibt weit davon entfernt, diese Grenzen zu überschreiten" (ebd., S. 242). Indessen hilft diese Einschränkung nicht darüber hinweg, dass das BVerfG letztlich, wenngleich inzident und sachlich begrenzt, die Frage einer Kompetenzüberschreitung seitens des EuGH überprüft hat. Anders gewendet handelt es sich beim *Kloppenburg*-Beschluss nach dieser Lesart also um eine Entscheidung, welche die Verbindlichkeit Rechtsprechung des EuGH innerhalb Deutschlands letztlich auf das billigende Fundament bundesverfassungsgerichtlicher Letztentscheidung stellt.

[202] BVerfG, Urt. v. 12. 10. 1993 – 2 BvR 2134, 2159/92 – *Maastricht* = BVerfGE 89, 155 (187 f.). Zur Rechtsprechung des ausbrechenden Rechtsakts bis 1999 eingehend *F. C. Mayer*, a.a.O., S. 89 ff.

[203] *P. Kirchhof*, Deutsches Verfassungsrecht und Europäisches Gemeinschaftsrecht, in: ders./C.-D. Ehlermann (Hrsg.), Europarecht Beiheft 1/1991, S. 11 (18): „Beansprucht die Gemeinschaft eine verfassungsrechtlich nicht übertragungsfähige Kompetenz und wird die Nichtübertragbarkeit vom Bundesverfassungsgericht (in einem zulässigen Verfahren) festgestellt, so verliert das Gemeinschaftsrecht – einschließlich der vom Gemeinschaftsrecht her legitimierten Umsetzungen durch Gemeinschaftsorgane, insbesondere den EuGH – seine Verbindlichkeit im innerstaatlichen Recht. (...) Beansprucht die Gemeinschaft eine Kompetenz, die ihr zwar nach nationalem Verfassungsrecht hätte übertragen werden können, die ihr aber nach dem EWG-Vertrag nicht übertragen worden ist, so handelt sie ultra vires." Vgl. auch *dens.*, Der deutsche Staat im Prozeß der europäischen Integration, in: J. Isensee/ders. (Hrsg.), Handbuch des Staatsrechts der Bundesrepublik Deutschland, Bd. VII (1993), § 183, Rn. 64 f.

[204] BVerfG, Urt. v. 12. 10. 1993 – 2 BvR 2134, 2159/92 – *Maastricht* = BVerfGE 89, 155 (172).

von substantiellem Gewicht"[205] verbleiben.[206] Um einer (schleichenden) Verletzung von Art. 38 Abs. 1 GG vorzubeugen, ist eine hinreichend bestimmte und voraussehbare Festlegung der der supranationalen Ebene zuerkannten Kompetenzen darum zwingende Voraussetzung für die Verfassungsmäßigkeit der innerstaatlichen Zustimmung.[207]

Das BVerfG beschränkt sich aber gerade nicht auf die Überprüfung von Voraussehbarkeit und Bestimmtheit des Integrationsprogramms in präventiver Hinsicht, d. h. im zeitlichen Vorfeld der Ratifikation. Vielmehr erstreckt es seine Prüfungszuständigkeit auch auf den Bereich nach Inkrafttreten der Reform, d. h. auf *Vertragsanwendung und -auslegung* durch die Organe der EU, den EuGH eingeschlossen. Dieser über die Annahme einer präventiven Kontrolle hinausgehende Schritt ist es, der den Ansatz überhaupt für die Vorrangfrage im hier interessierenden Sinne virulent macht. Würden, so das Gericht,

„europäische Einrichtungen oder Organe den Unions-Vertrag in einer Weise *handhaben* oder *fortbilden*, die von dem Vertrag, wie er dem deutschen Zustimmungsgesetz zugrunde liegt, nicht mehr gedeckt wäre, so wären die daraus hervorgehenden Rechtsakte im deutschen Hoheitsbereich nicht verbindlich. Die deutschen Staatsorgane wären aus verfassungsrechtlichen Gründen gehindert, diese Rechtsakte in Deutschland *anzuwenden*. Dementsprechend prüft das Bundesverfassungsgericht, ob *Rechtsakte der europäischen Einrichtungen und Organe sich in den Grenzen der ihnen eingeräumten Hoheitsrechte halten oder aus ihnen ausbrechen* (...)."[208]

Das *Lissabon*-Urteil führt diese Linie unter Anknüpfung an das *Maastricht*-Urteil sowie den *Kloppenburg*-Beschluss fort.[209] Dabei tritt das BVerfG insbesondere dem Argument entgegen, die Frage der Kompetenzüberschreitung durch EU-Organe sei allein eine Frage des Unionsrechts. Das BVerfG löst das Prinzip der begrenzten Einzelermächtigung vielmehr aus seinem exklusiv unionsrechtlichen Bezugsrahmen. Das Prinzip der begrenzten Einzelermächtigung sei „nicht nur ein europarechtlicher Grundsatz" sondern vielmehr Ausfluss der „staatsverfassungsrechtlichen Grundle-

[205] Ebd., S. 186.

[206] Kritisch zur damit einhergehenden Umgehung der qualifizierten Zulässigkeitsvoraussetzungen der abstrakten Normenkontrolle *C. Tomuschat*, Die Europäische Union unter der Aufsicht des Bundesverfassungsgerichts, EuGRZ 1993, S. 489 ff.; *K. M. Meessen*, Maastricht nach Karlsruhe, NJW 1994, S. 549 (550 f.); *E. Klein*, Grundrechtsdogmatische und verfassungsprozessuale Überlegungen zur Maastricht-Entscheidung des Bundesverfassungsgerichts, in: GS Grabitz (1995), S. 271 ff. sowie im Kontext des Lissabon-Verfahrens die Schriftsätze der Vertreter des Bundestages im Lissabon-Verfahren *I. Pernice*, S. 19 m. w. N. und *F. C. Mayer*, S. 21 f., beide abrufbar unter http://www.whi-berlin.de/documents/whi-paper0509.pdf (1. 9. 2010).

[207] BVerfG, Urt. v. 12. 10. 1993 – 2 BvR 2134, 2159/92 – *Maastricht* = BVerfGE 89, 155 (187). Zur Frage des Bestimmtheitsgebots s. bereits Teil 2 – Kapitel 5 – II. 4. b) aa) im Kontext des Übertragungsmodells. Vergleichbares gilt für den Bereich der NATO, vgl. BVerfG, Urt. v. 22. 11. 2001 – BvE 6/99 – *NATO-Konzept* = BVerfGE 104, 151 (Rn. 118).

[208] BVerfG, Urt. v. 12. 10. 1993 – 2 BvR 2134, 2159/92 – *Maastricht* = BVerfGE 89, 155 (187 f.), Hervorh. hinzugefügt.

[209] BVerfG, Urt. v. 30. 6. 2009 – 2 BvE 2/08 u. a. – *Lissabon* = BVerfGE 123, 267 ff. (Rn. 240 u. 340). Daneben wird, wie bereits zuvor im *Maastricht*-Urteil (dort S. 188), auf den *Eurocontrol-I*-Beschluss verwiesen.

gung der Unionsgewalt"[210] und damit letztlich Reflex souveräner Staatlichkeit. Somit unterwirft das BVerfG die Einhaltung unionsrechtlicher Kompetenzgrenzen hinsichtlich der Vertragsanwendung und -auslegung seiner eigenen Prüfungszuständigkeit. Da sich der konkrete Inhalt des deutschen Zustimmungsgesetzes aber nur aus den Verträgen und dem hierauf basierenden Sekundärrecht ergibt, beansprucht das BVerfG – entgegen der unionsrechtlich insoweit eindeutigen Zuständigkeit des EuGH – letztlich nichts anderes, als Unionsrecht (auch) *am Maßstab von Unionsrecht* zu prüfen. Den „Herren der Verträge" könne „das Recht zur Prüfung der Einhaltung des Integrationsprogramms nicht entzogen sein".[211]

Neben den unverkennbaren Kontinuitätslinien zum *Maastricht*-Urteil konkretisiert und variiert das BVerfG seine Rechtsprechung zum ausbrechenden Rechtsakt im *Lissabon*-Urteil in einigen wesentlichen Punkten. Dies beginnt mit der Terminologie. Statt vom „ausbrechenden Rechtsakt" wird nunmehr begrifflich neutraler von einer „Ultra-vires-Kontrolle" gesprochen.[212] Zudem wird der aus dem *Maastricht*-Urteil stammende Topos des „Kooperationsverhältnisses" nicht mehr aufgegriffen. Ob dies auf der konzeptionellen Unschärfe des „Kooperationsverhältnisses" beruht, kann letztlich dahinstehen. Jedenfalls scheint es nicht ein gesteigerter Konfrontationswillen zu sein, der hierfür verantwortlich ist.

Im Gegenteil. Zwar erweitert das BVerfG im *Lissabon*-Urteil den materiellen Kontrollumfang, soweit es die Prüfung des Subsidiaritätsprinzips ausdrücklich in die Prüfung einbezieht.[213] Jedoch betont es zugleich, dass die Ultra-vires-Kontrolle auf eine Evidenzkontrolle für den Fall „ersichtlicher Grenzüberschreitungen" beschränkt bleibt, die nur dann greift, wenn „Rechtsschutz auf Unionsebene nicht zu erlangen" ist.[214] Zudem stellt das BVerfG im *Lissabon*-Urteil erstmals klar, dass eine Ultra-vires-Kontrolle zum „Schutz der Funktionsfähigkeit" der Unionsrechtsordnung ausschließlich ihm selbst vorbehalten ist.[215]

Dass der gerichtlichen Ultra-vires-Kontrolle nach dem *Lissabon*-Urteil deutliche Grenzen gezogen sind, hat der *Honeywell*-Beschluss des BVerfG vom 6. Juli 2010 – veröffentlicht am 26. August 2010 – nicht nur bestätigt, sondern die Kontrollausübung sogar nochmals signifikant verengt. So unterstreicht das BVerfG ausdrück-

---

[210] Ebd., Rn. 234.

[211] Ebd., Rn. 334. Dies gilt nach Auffassung des Gerichts „jedenfalls bis zur förmlichen Gründung eines europäischen Bundesstaates und dem damit ausdrücklich zu vollziehenden Wechsel des demokratischen Legitimationssubjekts".

[212] Ebd., Rn. 240. In Bezug auf die vorhergehende Rechtsprechung wird kontrastierend vom „sogenannten ausbrechenden Rechtsakt" gesprochen.

[213] Ebd.

[214] Ebd. Zuvor (Rn. 239) wird die Kontrolle in indirekter Weise als „sehr zurückgenommene und sich als exzeptionell verstehende" gekennzeichnet.

[215] BVerfG, Urt. v. 30. 6. 2009 – 2 BvE 2/08 u. a. – *Lissabon* = BVerfGE 123, 267 ff. (Rn. 241): „Zum Schutz der Funktionsfähigkeit der Gemeinschaftsrechtsordnung verlangt die europarechtsfreundliche Anwendung von Verfassungsrecht bei Beachtung des in Art. 100 Abs. 1 GG zum Ausdruck gebrachten Rechtsgedankens, dass sowohl eine Ultra-vires-Feststellung wie auch die Feststellung einer Verletzung der Verfassungsidentität nur dem Bundesverfassungsgericht obliegt."

lich, die Ultra-vires-Kontrolle sei „zu koordinieren" mit der unionsrechtlichen Aufgabe des EuGH, die Verträge auszulegen und anzuwenden und dabei Einheit und Kohärenz des Unionsrechts zu wahren.[216] Sie dürfe dementsprechend „nur europarechtsfreundlich" ausgeübt werden.[217]

Daraus leitet das BVerfG in *prozessualer Hinsicht* die Voraussetzung ab, dass dem EuGH vorab stets „Gelegenheit zur Vertragsauslegung sowie zur Entscheidung über die Gültigkeit und die Auslegung der fraglichen Rechtsakte" gegeben werden muss.[218] Dass eine Vorlage im Vorabentscheidungsverfahren zwingend durch das BVerfG selbst zu erfolgen hätte, sagt das Gericht allerdings nicht. Eine zeitlich vorgelagerte Vorlage durch die Fachgerichte scheint vielmehr zu genügen.[219] Die Nichtvorlage seitens der Fachgerichte kann durch das BVerfG freilich über den Hebel des Art. 101 Abs. 1 S. 2 GG sanktioniert werden. Allerdings hält der Zweite Senat hier ausdrücklich am klassischen – und hinsichtlich des Rechtsschutzes lückenhaften – Willkürmaßstab fest,[220] während der Erste Senat seit einem Beschluss vom 25. Februar 2010 einen Gleichklang zur Rechtsprechung des EuGH in Sachen Art. 267 Abs. 3 AEUV sucht.[221]

---

[216] BVerfG, Beschl. v. 6. 7. 2010 – 2 BvR 2661/06 – *Honeywell*, Rn. 56.

[217] Ebd., Rn. 58 ff.

[218] Ebd., Rn. 60: „Solange der Gerichtshof keine Gelegenheit hatte, über die aufgeworfenen unionsrechtlichen Fragen zu entscheiden, darf das Bundesverfassungsgericht für Deutschland keine Unanwendbarkeit des Unionsrechts feststellen."

[219] Versteht man den *Honeywell*-Beschluss selbst als Anwendungsfall einer ausgeübten Ultra-vires-Kontrolle (vgl. insbesondere Rn. 71 ff.), so bewiese der konkrete Verfahrensablauf gerade, dass ein erneutes Vorabentscheidungsersuchen von Seiten des BVerfG nicht mehr notwendig ist, wenn eine Vorlage durch ein Fachgericht – und sei es in einem früheren Verfahren, wie etwa im *Mangold*-Prozess – einmal erfolgt ist. Allerdings kann man das BVerfG auch so verstehen, dass aus seiner Sicht die Frage einer (nochmaligen) Vorabentscheidung im konkreten Fall schlicht nicht virulent wird, weil das Vorliegen eines Ultra-vires-Aktes ohnehin mit einem „jedenfalls"-Argument abgelehnt wird und es somit nicht zur *Feststellung* eines Ultra-vires-Aktes kommen kann. Folgte man dieser Auslegung, bedürfte es einer (nochmaligen) Vorlage also immer nur dann, wenn das BVerfG bereits auf Basis einer materiell-rechtlichen (Vor-)Prüfung zu dem Ergebnis gelangt ist, dass ein Ultra-vires-Akt tatsächlich vorliegt. Das Vorabentscheidungsverfahren diente dann einzig dem Zweck, dem EuGH die Möglichkeit zu geben, *das Bestehen* einer Kompetenzverletzung festzustellen und den betreffenden Rechtsakt für ungültig zu erklären, bevor das BVerfG einen Ultra-vires-Akt feststellen würde.

[220] Ebd., Rn. 89. Vgl. zuvor bereits BVerfG, Beschl. v. 22. 10. 1986 – 2 BvR 197/83 – *Solange II* = BVerfGE 73, 339 (366 ff.); Beschl. v. 8. 4. 1987 – 2 BvR 687/85 – *Kloppenburg* = BVerfGE 75, 223 (233 ff.); Beschl. v. 9. 1. 2001 – 1 BvR 1036/99 – *Teilzeit*, Rn. 21; ausdrücklich bestätigt durch Beschl. v. 14. 5. 2007 – 1 BvR 2036/05 – *Treibhausgas II* = NVwZ 2007, S. 942 (944 f.) sowie Beschl. v. 6. 5. 2008 – 2 BvR 2419/06 – *Verwaltungs-Berufsgenossenschaft*, Rn. 17–32. Völlig zu Recht kritisch zum Willkürmaßstab des BVerfG *U. Fastenrath*, BVerfG verweigert willkürlich die Kooperation mit dem EuGH, NJW 2009, S. 272 (274 ff.).

[221] BVerfG (1. Senat), Beschl. v. 25. 2. 2010 – 1 BvR 230/09 – *Massenentlassungsanzeige* = NJW 2010, 1268 (Rn. 20 f.): „Dabei kommt es für die Frage nach einer Verletzung des Rechts auf den gesetzlichen Richter gem. Art. 101 Abs. 1 S. 2 GG durch Nichtvorlage an den EuGH im Ausgangspunkt *nicht in erster Linie auf die Vertretbarkeit der fachgerichtlichen Auslegung des für den Streitfall maßgeblichen materiellen Gemeinschaftsrechts (...) an*, sondern auf die Beachtung oder Verkennung der Voraussetzungen der Vorlagepflicht nach der Vorschrift des Art. 234 Abs. 3 EGV, die den gesetzlichen

Die gegenüber dem *Lissabon*-Urteil gesteigerte Restriktivität in der Handhabung der Ultra-vires-Kontrolle zeigt sich im *Honeywell*-Beschluss daher auch weniger in prozessualer, als vielmehr in *materiell-rechtlicher Hinsicht*. Der Zweite Senat leitet aus dem ursprünglich im *Lissabon*-Urteil aufgestellten Kriterium der „Ersichtlichkeit" des streitgegenständlichen Kompetenzverstoßes[222] nämlich nunmehr einen *Doppeltest* ab. Ein Verstoß sei erst dann „ersichtlich" bzw. „hinreichend qualifiziert", wenn er *erstens offensichtlich* sei und wenn er *zweitens* „im Kompetenzgefüge zwischen Mitgliedstaaten und Union im Hinblick auf das Prinzip der begrenzten Einzelermächtigung und die rechtsstaatliche Gesetzesbindung *erheblich ins Gewicht*" falle, wenn er mit anderen Worten also eine kompetenzielle Verschiebung gravierenden Ausmaßes im Sinne einer systemischen Anomalie verursache.[223]

Dem EuGH wird in diesem Rahmen nicht nur die Orientierung an einem spezifisch unionsrechtlichen Methodenspektrum,[224] sondern zugleich ein Anspruch auf „Fehlertoleranz" zugebilligt:

„Soll das supranationale Integrationsprinzip nicht Schaden nehmen, muss die Ultra-vires-Kontrolle durch das Bundesverfassungsgericht zurückhaltend ausgeübt werden. Da es in jedem Fall einer Ultra-vires-Rüge auch über eine Rechtsauffassung des Gerichtshofs zu befinden hat, sind Aufgabe und Stellung der unabhängigen überstaatlichen Rechtsprechung zu wahren. Dies bedeutet zum einen, dass die *unionseigenen Methoden der Rechtsfindung*, an die sich der Gerichtshof gebunden sieht und die der „Eigenart" der Verträge und den ihnen eigenen Zielen Rechnung tragen (...), zu respektieren sind. Zum anderen hat der Gerichtshof *Anspruch auf Fehlertoleranz*. Daher ist es nicht Aufgabe des Bundesverfassungsgerichts, bei Auslegungsfragen des Unionsrechts, die bei methodischer Gesetzesauslegung im üblichen rechtswissenschaftlichen Diskussionsrahmen zu verschiedenen Ergebnissen führen können, seine Auslegung an die Stelle derjenigen des Gerichtshofs zu setzen. Hinzunehmen sind auch Interpretationen der vertraglichen Grundlagen, die sich ohne gewichtige Verschiebung im Kompetenzgefüge auf Einzelfälle beschränken und belastende Wirkungen auf Grundrechte entweder nicht entstehen lassen oder einem innerstaatlichen Ausgleich solcher Belastungen nicht entgegenstehen."[225]

Richter im Streitfall bestimmt. Die Vertretbarkeit des Unterlassens eines Vorabentscheidungsersuchens *muss daher im Zusammenhang mit der Rechtsprechung des EuGH zu Art. 234 Abs. 3 EGV gesehen werden*. Hiernach muss ein Gericht seiner Vorlagepflicht nachkommen, wenn sich in dem bei ihm anhängigen Verfahren eine entscheidungserhebliche Frage des Gemeinschaftsrechts stellt, es sei denn, das Gericht hat festgestellt, dass die betreffende Bestimmung des Gemeinschaftsrechts bereits Gegenstand einer Auslegung des EuGH war oder dass die richtige Anwendung des Gemeinschaftsrechts derart offenkundig ist, dass für einen vernünftigen Zweifel keinerlei Raum bleibt (...). Davon darf das innerstaatliche Gericht aber nur dann ausgehen, wenn es überzeugt ist, dass *auch für die Gerichte der übrigen Mitgliedstaaten und für den EuGH die gleiche Gewissheit bestünde*. Nur dann darf das Gericht von einer Vorlage absehen und die Frage in eigener Verantwortung lösen" (Hervorh. hinzugefügt).

[222] BVerfG, Urt. v. 30. 6. 2009 – 2 BvE 2/08 u. a. – *Lissabon* = BVerfGE 123, 267 ff. (Rn. 240): „im Fall von ersichtlichen Grenzüberschreitungen".

[223] BVerfG, Beschl. v. 6. 7. 2010 – 2 BvR 2661/06 – *Honeywell*, Rn. 61.

[224] Dies bezieht sich insbesondere, wenngleich nicht grenzenlos, auf die Frage richterlicher Rechtsfortbildung, vgl. ebd., Rn. 62–66.

[225] BVerfG, Beschl. v. 6. 7. 2010 – 2 BvR 2661/06 – *Honeywell*, Rn. 66.

Gemessen an diesen Maßstäben kann es das BVerfG im konkreten Fall sogar dahinstehen lassen, ob das *Mangold*-Urteil des EuGH,[226] an dem sich das im *Honeywell*-Verfahren streitgegenständliche Urteil des Bundesarbeitsgerichtes orientiert hatte, überhaupt eine Kompetenzüberschreitung darstellt oder nicht.[227] Denn es liege jedenfalls keine Überschreitung vor, welche das Prinzip der begrenzten Einzelermächtigung „in offensichtlicher und strukturwirksamer Weise" verletze.[228]

Die Einführung dieses restriktiven Kriteriums gelang der Mehrheit des Zweiten Senats nur um den Preis eines Sondervotums. In diesem führte Richter *Herbert Landau* aus, die Senatsmehrheit sei „über das Ziel einer europarechtsfreundlichen Ausgestaltung der Ultra-vires-Kontrolle hinaus[geschossen]" und habe so den „der Lissabon-Entscheidung zugrunde liegenden Konsens" verlassen.[229] Dass sich sowohl Richter *Landau* als auch die die Entscheidung tragende Senatsmehrheit zur Begründung ihres jeweiligen Ansatzes auf das *Lissabon*-Urteil stützen, unterstreicht abermals die Vielstimmigkeit und Deutungsoffenheit dieser Grundsatzentscheidung.[230]

bb) Rezeption

Was die europaweite Rezeption des Ultra-vires-Vorbehaltes betrifft,[231] so hat der im *Maastricht*-Urteil erstmals in der aufgezeigten Deutlichkeit formulierte Ansatz trotz heftiger Kritik in der Literatur grenzüberschreitend Gefolgschaft in der Richterschaft gefunden.[232] In der Rechtsprechung aufgegriffen haben ihn – wenngleich in der konkreten Ausgestaltung und Intensität variierend – der dänische Oberste Gerichtshof,[233]

---

[226] EuGH, Urt. v. 22. 11. 2005 – Rs. C-144/04 – *Mangold*, Slg. 2005, S. I-9981. Hierzu näher unter Teil 3 – Kapitel 12 – I. 2. d) aa) im Kontext der Permeabilität der unionalen Verfassungsebene.

[227] Insbesondere *L. Gerken* u.a. vertraten in einem Gutachten – abrufbar unter http://archiv.jura.uni-sb.de/projekte/Bibliothek2/text.php?id=530&show (1. 9. 2010) – die Auffassung, das *Mangold*-Urteil stelle einen ausbrechenden Rechtsakt im Sinne der Rechtsprechung des BVerfG dar, weil der EuGH „als Teil der judikativen Gewalt in den Zuständigkeitsbereich der legislativen Gewalt, nämlich der Mitgliedstaaten als Primärrechtsgeber, eingegriffen" habe.

[228] BVerfG, Beschl. v. 6. 7. 2010 – 2 BvR 2661/06 – *Honeywell*, Rn. 68 ff.

[229] Ebd., Sondervotum *Landau*, Rn. 102.

[230] Dass die Entscheidung hinsichtlich der Begründung sogar mit nur 6:2 Stimmen erging, muss im Übrigen nicht heißen, dass der betreffende Richter bzw. die betreffende Richterin ebenfalls Bedenken an der Einführung des restriktiven Kriteriums der strukturellen Anomalie hatte, sondern kann sich – gerade wenn man bedenkt, dass auch das Lissabon-Urteil hinsichtlich der Begründung mit einer Stimme weniger erging – im Gegenteil auch auf die grundsätzliche Ablehnung einer bundesverfassungsgerichtlichen Ultra-vires-Kontrolle beziehen.

[231] Für eine umfassende Analyse für die EU-15 vgl. *F. C. Mayer*, Kompetenzüberschreitung und Letztentscheidung (2000), S. 140 ff. (Zusammenfassung ab S. 260 ff.).

[232] Den *ultra-vires*-Vorbehalt aufgreifend dän. Oberster Gerichtshof, Urt. v. 6. 4. 1998 – Az. I 361/1997 – *Carlsen/Rasmussen* = EuGRZ 1999, S. 49 (52) in deutscher Übersetzung; poln. VerfGH, Entsch. v. 11. 5. 2005 – Az. K 18/04 – *Beitrittsvertrag* = EuR 2006, S. 236 (238 f., 243) in deutscher Übersetzung; tschech. VerfG, Urt. v. 26. 11. 2008 – Pl. US. 19/08 – *Lissabon I*, Rn. 120, 139 u. 216.

[233] Dän. Oberster Gerichtshof, Urt. v. 6. 4. 1998 – Az. I 361/1997 – *Carlsen/Rasmussen* = EuGRZ 1999, S. 49 (52) in deutscher Übersetzung. Die Parallelen aus deutscher Sicht betonen insbesondere *F. C. Mayer*, Kompetenzüberschreitung und Letztentscheidung (2000), S. 215; *I. Pernice*, Das Verhältnis europäischer zu nationalen Gerichten im europäischen Verfassungsverbund (2006), S. 37 f.; *F. Thomas*, Das Maastricht-Urteil des Dänischen Obersten Gerichtshofs vom 6. April 1998, ZaöRV

der polnische Verfassungsgerichtshof[234] sowie das tschechische Verfassungsgericht.[235]

Der Oberste Gerichtshof Dänemarks setzt in dogmatisch vergleichbarer Weise wie das BVerfG am Bestimmtheitserfordernis an. Dieses ergibt sich in Dänemark bereits ausdrücklich aus der Integrationsermächtigung des § 20 Verf-DK, wonach eine Kompetenzübertragung nur „in näher bestimmtem Umfang" möglich ist.[236] Daraus folge letztlich,

> „*dass den Gerichten nicht die Zuständigkeit genommen werden kann, Rechtsfragen zu behandeln, ob ein Rechtsakt der Gemeinschaft die Grenzen der durch das Beitrittsgesetz vorgenommenen Souveränitätsübertragung überschreitet.* Die dänischen Gerichte können daher einen Rechtsakt der Gemeinschaft für in Dänemark *unanwendbar* erklären, falls die *außergewöhnliche* Situation entstehen sollte, dass mit der notwendigen Sicherheit festgestellt werden kann, dass ein Rechtsakt der Gemeinschaft, der vom Gerichtshof bestätigt wurde, auf einer Anwendung des Vertrages gegründet ist, die außerhalb der vom Beitrittsgesetz bewirkten Souveränitätsübertragung liegt."[237]

Auch der polnische Verfassungsgerichtshof nimmt für sich eine solche Letztentscheidungsbefugnis ausdrücklich in Anspruch und betont, seine Rechtsprechung stehe unter diesem Gesichtspunkt „im Einklang" mit den *Maastricht*-Urteilen des BVerfG und des dänischen Obersten Gerichtshofs.[238] Die Mitgliedstaaten behielten das Recht zur Beurteilung, ob die Rechtssetzungsorgane der Union bei dem Erlass eines bestimmten Aktes im Rahmen der ihnen übertragenen Kompetenzen handelten.[239] Diese verfassungsgerichtliche Kontrolle scheint allerdings auf die legislative Tätigkeit der Union begrenzt.[240]

Nach dem polnischen Verfassungsgerichtshof beansprucht zudem auch das tschechische Verfassungsgericht seit seiner Entscheidung zum VvL ein Letztentscheidungsrecht in Bezug auf Ultra-vires-Akte der Unionsorgane. Ausdrücklich lehnt es sich an den vom Bundesverfassungsgericht entwickelten Prüfungsvorbehalt an, grenzt sich aber zugleich (in inhaltlich wenig substantiierter Weise) explizit vom An-

---

58 (1998), S. 879 (893) sowie *G. Ring/L. Olsen-Ring*, Souveränitätsübertragung nach dänischem Verfassungsrecht, EuZW 1998, S. 589 (591).

234 Poln. VerfGH, Entsch. v. 11. 5. 2005 – Az. K 18/04 – *Beitrittsvertrag* = EuR 2006, S. 236 (238 f., 243) in deutscher Übersetzung.

235 Tschech. VerfG, Urt. v. 26. 11. 2008 – Pl. US. 19/08 – *Lissabon I*, Rn. 120, 139 u. 216.

236 Dazu bereits Teil 2 – Kapitel 5 – II. 4. b) aa) ebenfalls unter Bezug auf die Rechtsprechung.

237 Dän. Oberster Gerichtshof, Urt. v. 6. 4. 1998 – Az. I 361/1997 – *Carlsen/Rasmussen* = EuGRZ 1999, S. 49 (52) in deutscher Übersetzung.

238 Poln. VerfGH, Entsch. v. 11. 5. 2005 – Az. K 18/04 – *Beitrittsvertrag* = EuR 2006, S. 236 (238 f., 243) in deutscher Übersetzung.

239 Ebd., S. 243 unten.

240 Eine Kontrolle unmittelbar anwendbaren Sekundärrechts gab es in Polen – anders als bzgl. eines innerstaatlichen Umsetzungsaktes – bislang nicht. Zu den unterschiedlichen Prüfungskonstellationen vgl. *S. Biernat*, Offene Staatlichkeit, in: IPE II (2008), § 21 Polen, Rn. 34 sowie *B. Banaszkiewicz*, Landesbericht Polen, in: W. Kluth (Hrsg.), Europäische Integration und nationales Verfassungsrecht (2007), S. 199 (218 ff.).

satz des polnischen Verfassungsgerichtshof ab: Im Gegensatz zu diesem stelle die Ultra-vires-Kontrolle in Tschechien eine *ultima ratio* dar.[241] Ob diese Lesart des polnischen Ansatzes seitens des tschechischen Verfassungsgerichts zutreffend ist, mag hier dahinstehen.[242] Die Ausführungen des tschechischen Verfassungsgerichts deuten daraufhin, dass es primär um eine Abgrenzung von der Rhetorik des polnischen Verfassungsgerichtshofes geht, während Parallelen beider Ansätze in substanzieller Hinsicht durchaus anerkannt werden.[243] Wegweisend am Ansatz des tschechischen Verfassungsgerichts ist vielmehr, dass es die Grenzziehung primär der Legislative überlässt und sich selbst auf eine bloße Reservezuständigkeit zurückzieht:

„These limits should be left *primarily to the legislature* to specify, because this is a priori a political question, which provides the legislature wide discretion; interference by the Constitutional Court should come into consideration as ultima ratio, i.e., in a situation where the scope of discretion was clearly exceeded, and Art. 1 par. 1 of the Constitution was affected, because there was a transfer of powers beyond the scope of Art. 10a of the Constitution."[244]

Dass das tschechische Verfassungsgericht diesen judicial self-restraint ernst nimmt, hat es, wie gesehen, in seinem zweiten Urteil zum VvL bestätigt.[245]

In Ungarn wird ein Ultra-vires-Vorbehalt – wie bereits in Bezug auf die Grundrechte – unmittelbar aus dem Text der Integrationsermächtigung abgeleitet, welche eine gemeinsame Kompetenzausübung im Rahmen der Union auf das *„erforderliche* Maße", gemessen am Primärrecht und den sich aus der Mitgliedschaft ergebenden

---

[241] Tschech. VerfG, Urt. v. 26. 11. 2008 – Pl. US. 19/08 – *Lissabon I*, Rn. 110, 120, u. 216 sowie insbesondere Rn. 139: „Here the Constitutional Court refers to its conclusions (...), under which, in exceptional cases, it can function as an ultima ratio and review whether an act of the Union has exceeded the limits [of powers] which the Czech Republic transferred to the EU under Art. 10a of the Constitution. In this regard, this would be an analog to the decision by the Federal Constitutional Court in the matter Solange II, but applied to review of powers, not to the level of protection of fundamental rights and freedoms."

[242] Die kommentierende Literatur zum polnischen Urteil deutet eher in die Richtung, dass sich die Kontrolle seitens des poln. VerfGH wohl nicht auf EuGH-Urteile und möglicherweise auch nicht auf unmittelbar anwendbares Unionsrecht erstrecken könnte, vgl. *M. Bainczyk/U. Ernst*, Fragen der EU-Mitgliedschaft vor dem polnischen Verfassungsgerichtshof, EuR 2006, S. 236 (251 u. 258 f.). Offen lassend *A. Łazowski*, Polish Constitutional Tribunal: Conformity of the Accession Treaty with the Polish Constitution, EuConst 3 (2007), S. 148 (159) sowie *ders.*, The Polish Constitution, the European Constitutional Treaty and the Principle of Supremacy, in: A. Albi/J. Ziller (Hrsg.), The European Constitution and National Constitutions (2007), S. 171 (179 f.).

[243] Ebd.: „The Polish Constitutional Tribunal, for example, expressly rules out the jurisdiction of the Court of Justice to evaluate the limits of conferral of competences on the EU, as, according to the Tribunal, that is a question of interpretation of domestic constitutional law. Although, in terms of the dogmatics of domestic constitutional law, we can agree with that conclusion to a certain extent, it is questionable whether it is necessary to formulate it as sharply as the Tribunal did."

[244] Tschech. VerfG, Urt. v. 26. 11. 2008 – Pl. US. 19/08 – *Lissabon I*, Rn. 109, wobei das Verfassungsgericht diesbezüglich wiederum eine Übereinstimmung zur Position des poln. VerfGH feststellt.

[245] Tschech. VerfG, Urt. v. 3. 11. 2009 – Pl. US. 29/09 – *Lissabon II*, Rn. 110, 113 u. 146 ff.

Verpflichtungen, beschränkt. Hierin werden Parallelen zur *Maastricht*-Rechtsprechung des BVerfG gesehen.[246]

Darüber hinaus wird ein Ultra-vires-Vorbehalt – wenngleich in der Rechtsprechung bislang noch nicht ausdrücklich entschieden – nach Auffassung einer Expertenkommission führender Akademiker und Richter auch für Estland angenommen.[247]

cc) Zwischenbefund: Ultra-vires-Vorbehalt als europaweite Modelllösung

Die Rezeptionsgeschichte des verfassungs- bzw. höchstgerichtlichen *ultra-vires*-Vorbehaltes kann vor diesem Hintergrund wohl neben der *Frontini-Fragd-* und *Solange*-Rechtsprechung als eines der deutlichsten Beispiele für den gemeineuropäischen Entwicklungs- und Rezeptionszusammenhang permeabler Verfassungsstrukturen in der Europäischen Union gelten.

Damit wird zugleich deutlich, dass das Souveränitätsprinzip nicht nur im Rahmen präventiver Vorabkontrollen gegenüber der Integrationsgewalt in Anschlag gebracht wird, sondern über den Weg der Ultra-vires-Kontrolle zugleich den Vorranganspruch *geltenden* Unionsrechts relativieren kann. Allerdings sind die Ultra-vires-Vorbehalte ganz überwiegend – dies heben die höchsten Gerichte in Deutschland, Dänemark und Tschechien ausdrücklich hervor – auf Ausnahmefälle zugeschnitten, sodass eine tatsächliche Ausübung der Prüfungskompetenz als selten gelten mag.

d) Schutzdimension III: Verfassungsidentität

Schließlich kann eine dritte Schutzdimension identifiziert werden. Sie ist speziell auf die Wahrung der nationalen Verfassungsidentität gerichtet und wird rechtstechnisch durch *Identitätsvorbehalte* gewährleistet.

aa) Konzeptionelle Vorüberlegung

Bei der Konzeption dieses Ansatzes stellt sich in Bezug auf den Schutzgegenstand zunächst die Frage des Verhältnisses zu den bereits erörterten Prüfungsvorbehalten.

Eine solche Abgrenzung ist in materiell-rechtlicher Hinsicht schwierig. Schon die Erörterung des *Frontini-Fragd*-Modells hat gezeigt, dass die der italienischen Integrationsgewalt von Verfassung wegen entgegengestellten „controlimiti" konzeptionell auf die Kerngehalte der italienischen Verfassung gerichtet sind, auch wenn dazu in erster Linie die Grundrechte gezählt werden. Auch das BVerfG spricht in seinem *Solange-II*-Beschluss unter Bezugnahme auf die Rechtslage in Italien vom Schutz der

---

246 Vgl. bereits Teil 2 – Kapitel 5 – III. 2. b) m. w. N. Die zentrale Bedeutung des *Verfassungsgerichts* für die künftige Auslegung dieser Grenze betont insbesondere *J. Czuczai*, Hungary, in: A. E. Kellermann et al. (Hrsg.), The Impact of EU Accession on the Legal Orders of New Member States and (Pre-) Candidate Countries (2006), S. 343 (347). Vgl. auch *P. Sonnevend*, Offene Staatlichkeit, in: IPE II (2008), § 25 Ungarn, Rn. 26.

247 *J. Laffranque*, Ratification of the European Constitution in Estonia: A New Constitution for Estonia?, in: A. Albi/J. Ziller (Hrsg.), The European Constitution and National Constitutions. Ratification and Beyond (2007), S. 79 (83 f.).

„Identität der geltenden Verfassungsordnung".[248] Vergleichbar der Rechtslage in Italien geht auch die Rechtsprechung des tschechischen Verfassungsgerichts in materiell-rechtlicher Dimension über einen reinen Grundrechtsvorbehalt hinaus, weil hier allgemein die unabänderlichen Kerngehalte nach Art. 9 Abs. 2 Verf-CZ sowie die Souveränität nach Art. 1 Abs. 1 Verf-CZ geschützt werden. Beide Ansätze, der italienische wie der tschechische, sind damit materiell-rechtlich auf die Wahrung verfassungsrechtlicher Kerngehalte im Sinne der Verfassungsidentität angelegt, wobei die Grundrechte hiervon lediglich einen (wenngleich besonders relevanten) Teilbereich bilden.[249] Auch die schwedische Schutzklausel zur Wahrung der „Grundsätze der Staatsform" könnte in materiell-rechtlicher Hinsicht unter den Topos des Identitätsschutzes gefasst werden. Gleiches gilt für die die Gesamtverweisung nach Art. 8 Abs. 4 der portugiesischen Verfassung begrenzenden Prinzipien.

Der vorliegenden Untersuchung wird indes ein spezifischer Begriff des verfassungsrechtlichen Identitätsvorbehalts zugrunde gelegt. Dieser lässt sich anhand zweier Gesichtspunkte festmachen.

Erstens erfasst der Identitätsvorbehalt keineswegs alle Formen der Bewahrung charakteristischer Besonderheiten der nationalen Rechtsordnung. Vielmehr muss es sich um Spezifika des *Verfassungsrechts* handeln, denen im Gesamtgefüge der Verfassung eine besondere Stellung bzw. jedenfalls eine charakterprägende Bedeutung zukommt. Als mögliche Beispiele sei auf die föderale Struktur Deutschlands,[250] das Prinzip der Laizität in Frankreich[251] oder den Schutz des ungeborenen Lebens in Irland[252] verwiesen. Dieses Charakteristikum löst allerdings die soeben angesprochenen Überschneidungen insbesondere zu den Grundrechtsvorbehalten nicht auf, da gerade den Grundrechten eine besondere Stellung und charakterprägende Bedeutung für die jeweilige Verfassungsordnung zukommt.

Zweitens – und dies ist für das Verhältnis von nationalem Verfassungsrecht und Unionsrecht entscheidend – knüpft der nationale Identitätsvorbehalt im hier verstandenen Sinne an ein spezifisches Verständnis der *unionsrechtlichen Identitätsklausel*

---

248 BVerfG, Beschl. v. 22. 10. 1986 – 2 BvR 197/83 – *Solange II* = BVerfGE 73, 339 (375f.) sowie bereits zuvor ohne vergleichenden Hinweis Beschl. v. 29. 5. 1974 – BvL 52/71 – *Solange I* = BVerfGE 37, 271 (279f.).

249 Für Italien gilt die Nähe zum Identitätsvorbehalt insbesondere dann, wenn man die von den controlimiti umfassten Grundsätze mit Art. 139 Verf-IT in Verbindung bringt, wonach die republikanische Staatsform nicht Gegenstand einer Verfassungsreform sein kann. Hierzu etwa *M. Cartabia*, The Legacy of Sovereignty in Italian Constitutional Debate, in: N. Walker (Hrsg.), Sovereignty in Transition (2003), S. 305 (316).

250 Art. 23 Abs. 1 S. 3 i. V. m. Art. 79 Abs. 3 GG.

251 Art. 1 Abs. 1 Verf-F. Vgl. auch den Commissaire du gouvernement *M. Guyomar* in seinen Schlussanträgen vor dem französischen Staatsrat in der Rechtssache *Arcelor*, abgedruckt in RTDE 2007, 378 (385).

252 Ir. Supreme Court, Urt. v. 19. 12. 1989 – *Society for the Protection of the Unborn Child v. Grogan and Others*, IR 1989, 753ff. sowie Protokoll Nr. 35 über Artikel 40.3.3 der Verfassung Irlands. „Die Verträge, der Vertrag zur Gründung der Europäischen Atomgemeinschaft sowie die Verträge und Akte zur Änderung oder Ergänzung der genannten Verträge berühren nicht die Anwendung des Artikels 40.3.3 der irischen Verfassung in Irland."

(Art. 4 Abs. 2 S. 1 EUV) an. Es handelt sich demnach um einen Vorbehalt, dessen rechtliche Grundlage aus Sicht nationaler Verfassungs- und Höchstgerichte nicht allein im nationalen Recht, sondern zugleich im *Unionsrecht* (wenngleich nach dieser Logik dort nur als deklaratorischer Reflex) angelegt ist.

bb) Verwendung in der Verfassungspraxis

Einen solchen Identitätsvorbehalt im engeren Sinne verfolgt insbesondere das BVerfG mit seinem Modell der „Identitätskontrolle". Der semantisch unglücklich an das Polizei- bzw. Straßenverkehrsrecht angelehnte Prüfungsvorbehalt wird im Wesentlichen aus der gleichen Axiomatik heraus entwickelt wie die bereits erläuterte Ultra-vires-Kontrolle. Kernpunkt ist die Annahme der „staatsverfassungsrechtlichen Grundlegung der Unionsgewalt", d. h. der derivativen Ableitung supranationaler Hoheitsgewalt aus souveräner Staatsgewalt.[253] Die Integration in eine „freiheitliche Gemeinschaft" verlange

> „weder eine der verfassungsrechtlichen Begrenzung und Kontrolle entzogene Unterwerfung noch den Verzicht auf die eigene Identität."[254]

Für das BVerfG folgt daraus, dass Zustimmungsgesetz sowie ggf. Begleitgesetzgebung zu einem Integrationsvorhaben nicht nur so beschaffen sein müssen, für die Unionsorgane die Möglichkeit auszuschließen, sich der Kompetenz-Kompetenz zu bemächtigen, sondern auch dass „die integrationsfeste *Verfassungsidentität* der Mitgliedstaaten" nicht verletzt wird.[255] Während die Ultra-vires-Kontrolle primär von der Befürchtung einer sachbereichlich-kompetenziellen Verselbständigung der Unionsgewalt motiviert ist, soll die Identitätskontrolle die grundgesetzliche Ordnung vor Einbrüchen in den innersten Verfassungskern sichern, wobei das BVerfG den Begriff der „Verfassungsidentität" mit dem Gehalt des Art. 79 Abs. 3 GG gleichsetzt.[256] In beiden Fällen spricht sich das BVerfG die Hüterrolle über entstehende Grenzkonflikte selbst zu. Mitgliedstaatlichen Rechtsprechungsorganen mit verfassungsrechtlicher Funktion könne, so das Gericht,

> „im Rahmen der ihnen übertragenen Zuständigkeit (...) nicht die Verantwortung für die Grenzen ihrer verfassungsrechtlichen Integrationsermächtigung und die Wahrung der unverfügbaren Verfassungsidentität genommen werden."[257]

Was die konkrete Ausgestaltung der Prüfungskompetenz des BVerfG betrifft, so führen „sowohl die Ultra-vires- als auch die Identitätskontrolle" mit Blick auf die Rechtsfolge dazu, dass „Unionsrecht in Deutschland für unanwendbar erklärt" wird.[258] Die

---

[253] BVerfG, Urt. v. 30. 6. 2009 – 2 BvE 2/08 u. a. – *Lissabon* = BVerfGE 123, 267 ff. (Rn. 219 ff., insbesondere Rn. 226, 228 f., 231, 234 f. u. 239 f.).

[254] Ebd., Rn. 228.

[255] Ebd., Rn. 239 (Hervorh. hinzugefügt).

[256] Ebd., Rn. 218 f. Zur Verfassungsidentität des GG auch *P. Kirchhof*, Die Identität der Verfassung, in: J. Isensee/ders. (Hrsg.), HStR II (3. Aufl. 2004), § 21.

[257] BVerfG, Urt. v. 30. 6. 2009 – 2 BvE 2/08 u. a. – *Lissabon* = BVerfGE 123, 267 ff. (Rn. 336).

[258] Ebd., Rn. 241.

beiden Letztentscheidungsrechte sind also einander ergänzende Mechanismen nationaler Selbst- bzw. Souveränitätsbehauptung.

Gleichwohl besteht ein Unterschied. Im Rahmen der Identitätskontrolle trifft das BVerfG ausschließlich eine Aussage über die Vereinbarkeit von Unionsrecht mit der deutschen Verfassungsidentität. Dabei wird der betreffende Akt des Unionsrechts nicht hinsichtlich seiner Geltung *an sich*, sondern allein in Bezug auf seine Anwendung in Deutschland hinterfragt. Demgegenüber stellt das BVerfG im Rahmen der Ultra-vires-Kontrolle, welche die Prüfung der unionsrechtlichen Kompetenzgrenzen erfordert, den betreffenden Unionsrechtsakt *der Sache nach zugleich in seiner unionsweiten Geltung* in Frage. Denn obwohl das Gericht auch hier formal nur über die Unanwendbarkeit des Unionsrechtsaktes in Deutschland *entscheidet*, beinhaltet die Feststellung der Kompetenzwidrigkeit dieses Aktes doch zugleich inhaltlich eine Aussage über seine (unionsrechtliche) Geltung an sich. Anders als beim Vorwurf der Kompetenzwidrigkeit ergeben sich aus dem Vorwurf der Unvereinbarkeit von Unionsrecht mit der deutschen Verfassungsidentität aber gerade keine unmittelbaren Einwände für die Geltung und Anwendbarkeit von Unionsrecht in anderen Mitgliedstaaten. Diesen Unterschied gegenüber der Ultra-vires-Kontrolle teilt der Identitätsvorbehalt somit mit den Grundrechtsvorbehalten der *Solange*-Rechtsprechung.[259]

Ähnlich wie in Bezug auf den Ultra-vires-Vorbehalt geht das BVerfG aber auch für die Konstruktion der Identitätskontrolle von einer besonderen Verknüpfung – bzw. genauer: Erzeugungskette – von innerstaatlichem Verfassungsrecht und Unionsrecht aus. So wie das Prinzip der begrenzten Einzelermächtigung letztlich als Ausfluss souveräner Staatlichkeit, d.h. als genuin aus dem nationalen Recht fließender Verfassungsgrundsatz verhandelt wird, so wird auch die in Art. 4 Abs. 2 S. 1 EUV festgeschriebene Achtung der nationalen Identität einschließlich der grundlegenden politischen und verfassungsmäßigen Strukturen der Mitgliedstaaten als besonderer Ausdruck der mitgliedstaatlichen Herrschaft über die Verträge konstruiert. Die Identitätsklausel im EUV ist nach dem BVerfG lediglich unionsrechtlicher Reflex souveräner Staatlichkeit und damit deklaratorische, d.h. nicht konstitutive Anerkennung einer als unilateral gedachten Durchbrechung des Vorrangprinzips qua gerichtlichen Letztentscheidungsrechts auf nationaler Ebene. Auf anderem Wege als durch ein solches Letztentscheidungsrecht könnten, so das BVerfG,

> „die von Art. 4 Abs. 2 Satz 1 EUV-Lissabon anerkannten grundlegenden politischen und verfassungsmäßigen Strukturen souveräner Mitgliedstaaten bei fortschreitender Integration nicht gewahrt werden. Insoweit gehen die verfassungs- und die unionsrechtliche Gewährleistung der nationalen Verfassungsidentität im europäischen Rechtsraum *Hand in Hand*. Die Identitätskontrolle ermöglicht die Prüfung, ob infolge des Handelns europäischer Organe die in Art. 79 Abs. 3 GG für unantastbar erklärten Grundsätze der Art. 1 und Art. 20 GG verletzt

[259] Vgl. *F.C. Mayer*, Kompetenzüberschreitung und Letztentscheidung (2000), S. 108, der die Grundrechtsvorbehalte darum als „Ultra vires-Akte im weiteren Sinne" klassifiziert.

werden. Damit wird *sichergestellt, dass der Anwendungsvorrang des Unionsrechts nur kraft und im Rahmen der fortbestehenden verfassungsrechtlichen Ermächtigung gilt.*"[260]

Diese Deutung der unionsrechtlichen Identitätsklausel als unionsrechtlicher Spiegel nationaler Verfassungshoheit ist keineswegs – auch nicht unter Verfassungsgerichten in Europa – einhellig. Insbesondere das spanische Verfassungsgericht legt in seiner Erklärung zum VVE überzeugend dar, dass gerade die unionsrechtliche Identitätsklausel i.V.m. den Bestimmungen über die Werte der Union (Art. 2 EUV) hinreichend Gewähr dafür bietet, dass ein Verstoß gegen verfassungsrechtliche Kernsätze *bereits auf Ebene des Unionsrechtes* in ausreichendem Umfang sanktioniert werden kann, sodass eine entsprechende Prüfungskompetenz innerstaatlicher Gerichte gänzlich ins Hypothetische zu verweisen ist.[261] Dagegen ist die Position des BVerfG trotz der auf den ersten Blick kooperativ wirkenden Metapher eines „Hand-in-Hand" letztlich auf die unilaterale Durchbrechung der Bindung an Unionsrecht durch nationales Verfassungsrecht angelegt.

Das BVerfG kontert das Argument der konfliktvermeidenden Werteidentität[262] dabei mit dem Hinweis auf die fehlende Kompetenz-Kompetenz der Union.[263] Zur Bestätigung des Identitätsvorbehalts verweist das BVerfG zudem auf das *Kadi*-Urteil des EuGH. Dieses belege das Bestehen eines übergreifenden Prinzips des Identitätsschutzes. Der EuGH habe mit seiner Entscheidung, derzufolge „dem völkerrechtlichen Geltungsanspruch" einer Resolution des UN-Sicherheitsrats

„grundlegende Rechtsprinzipien der Gemeinschaft entgegengehalten werden können (...) die *Selbstbehauptung eigener Identität als Rechtsgemeinschaft* über die ansonsten respektierte Bindung gestellt: Eine solche Rechtsfigur ist nicht nur im *Völkerrechtsverkehr* als Berufung auf den *ordre public* als Grenze vertraglicher Bindung vertraut; sie entspricht jedenfalls bei einem *konstruktiven Umgang auch der Idee von nicht strikt hierarchisch gegliederten politischen Ordnungszusammenhängen.* Es bedeutet in der Sache jedenfalls keinen Widerspruch zu dem Ziel der Europarechtsfreundlichkeit, das heißt zu der von der Verfassung geforderten Mitwirkung der Bundesrepublik Deutschland an der Verwirklichung eines vereinten Europas (Präambel, Art. 23 Abs. 1 Satz 1 GG), wenn *ausnahmsweise*, unter *besonderen und engen Voraussetzungen*,

---

[260] BVerfG, Urt. v. 30.6.2009 – 2 BvE 2/08 u.a. – *Lissabon* = BVerfGE 123, 267ff. (Rn. 240, Hervorh. hinzugefügt).

[261] Span. VerfG, Erkl. v. 13.12.2004 – DTC 1/2004 – *Verfassungsvertrag* = EuR 2005, S. 339 (347). Hierauf wird sogleich zurückzukommen sein, vgl. Teil 2 – Kapitel 11 – III. 2.

[262] Darauf Bezug nehmend auch der Schriftsatz von *I. Pernice* v. 28.7.2008, S. 104f., abrufbar als WHI-Paper 5/2009 unter http://www.whi-berlin.de/seiten/127.dhtml (1.9.2010).

[263] Allerdings ohne ausdrücklich auf das spanische Verfassungsgericht Bezug zu nehmen, vgl. BVerfG, Urt. v. 30.6.2009 – 2 BvE 2/08 u.a. – *Lissabon* = BVerfGE 123, 267ff. (Rn. 332): „Da es beim Vorrang kraft verfassungsrechtlicher Ermächtigung verbleibt, können auch die in Art. 2 EUV-Lissabon normierten Werte (...) im Kollisionsfall keinen Vorrang gegenüber der von Art. 4 Abs. 2 Satz 1 EUV-Lissabon geschützten und verfassungsrechtlich über die Identitätskontrolle nach Art. 23 Abs. 1 Satz 3 in Verbindung mit Art. 79 Abs. 3 GG abgesicherten Verfassungsidentität der Mitgliedstaaten beanspruchen. Die Werte des Art. 2 EUV-Lissabon, die teilweise bereits als Grundsätze im geltenden Art. 6 Abs. 1 EUV enthalten sind, verschaffen dem europäischen Integrationsverband keine Kompetenz-Kompetenz, sodass auch insoweit das Prinzip der begrenzten Einzelermächtigung fortgilt."

das Bundesverfassungsgericht Recht der Europäischen Union für in Deutschland nicht anwendbar erklärt".[264]

Die Betonung einer fehlenden strikten Hierarchie ist durchaus bemerkenswert, betont das BVerfG doch ansonsten mehrfach die Abgeleitetheit des Unionsrechts aus dem nationalen Verfassungsrecht.[265] Weniger überrascht hingegen der Rekurs auf *Kadi*. Dass das BVerfG die Entscheidung des EuGH eines Tages als argumentative Steilvorlage aufgreifen würde, war wohl nur eine Frage der Zeit. Allerdings passt die Analogie im Kontext des Identitätsvorbehalts in zweierlei Hinsicht nicht. *Erstens* geht es im Urteil *Kadi* – dies betont der EuGH sogar ausdrücklich – gerade nicht um die Prüfung des unmittelbaren „völkerrechtlichen Geltungsanspruchs" einer UN-Resolution, sondern vielmehr um den Bestand einer unionsrechtlichen Verordnung, welche die UN-Resolution inhaltlich umsetzt.[266] Die Identitätskontrolle i. S. d. BVerfG ist aber gerade (auch) auf die innerstaatliche Unanwendbarkeit von unmittelbar anwendbarem Unionsrecht ausgelegt und insoweit nicht direkt mit der Konstellation im Fall *Kadi* vergleichbar. *Zweitens* – und für den vorliegenden Kontext entscheidend – schließt der EuGH in *Kadi* eine generelle Rücknahme der Ausübung seiner Gerichtsbarkeit gerade deswegen aus, weil das auf UN-Ebene vorgesehene Verfahren zur Überprüfung der streitigen Aufnahme von Terrorverdächtigen auf die Sanktionsliste des UN-Sanktionsausschusses „offenkundig nicht die Garantien eines gerichtlichen Rechtsschutzes bietet".[267] Hier zeigt sich am Beispiel der Terrorabwehr der fundamentale Unterschied zwischen dem Verhältnis von Unionsrecht zu UN-Recht einerseits und dem Staatsverfassungsrecht zum Unionsrecht andererseits: Der praktisch inexistente, allenfalls indirekte Schutz gegen die Aufnahme auf die Anti-Terror-Liste auf UN-Ebene[268] ist mit dem umfassenden System gerichtlichen Rechtsschutzes auf EU-Ebene weder materiell-rechtlich, noch prozessual oder institutionell vergleich-

[264] BVerfG, Urt. v. 30. 6. 2009 – 2 BvE 2/08 u. a. – *Lissabon* = BVerfGE 123, 267 ff. (Rn. 340).

[265] Ebd., Rn. 231, 271, 337 u. 339.

[266] EuGH, Urt. v. 3. 9. 2008 – verb. C-402/05 P u. C-415/05 P – *Kadi*, Slg. 2008, S. I-6351, Rn. 286 f.: „Insoweit ist hervorzuheben, dass sich in einem Kontext wie dem der vorliegenden Rechtssachen die dem Gemeinschaftsrichter obliegende Rechtmäßigkeitskontrolle *auf den Gemeinschaftsrechtsakt bezieht*, mit dem die betreffende internationale Übereinkunft umgesetzt werden soll, und *nicht auf diese Übereinkunft als solche*. (...) Was insbesondere einen Gemeinschaftsrechtsakt angeht, der wie die streitige Verordnung der Umsetzung einer Resolution des Sicherheitsrats nach Kapitel VII der UN-Charta dient, ist der *Gemeinschaftsrichter demnach nicht befugt*, im Rahmen der in Art. 220 EG vorgesehenen ausschließlichen Zuständigkeit *die Rechtmäßigkeit einer solcher Resolution des Sicherheitsrats zu prüfen*, und sei diese Prüfung auf die Frage beschränkt, ob die betreffende Resolution mit dem ius cogens vereinbar ist" (Hervorh. hinzugefügt).

[267] Ebd., Rn. 322.

[268] Abgesehen davon, dass die Hintergrundinformationen für die Aufnahme der betroffenen Personen auf die Liste in der Regel von Geheimdiensten stammen und nicht offen gelegt werden, gab es zum fraglichen Zeitpunkt für die Betroffenen nur die Möglichkeit, indirekt über ihren Heimatstaat einen Antrag auf Streichung von der Liste zu stellen, der jedoch nur dann erfolgreich war, wenn der betreffende Staat dem Ersuchen nachkam und in der Folge einen dem Antrag entsprechenden *einstimmigen* Beschluss des Sanktionsrats erwirken konnte. Auch der in der Folge eingerichtete sog. „Focal point" nimmt Anträge zwar mittlerweile unmittelbar entgegen, verfügt aber über keine eige-

bar. Würde die Analogie des BVerfG tragen, so müsste der gegenwärtige Schutzstandard auf Ebene des Unionsrechts ein eklatantes Minus gegenüber dem Integrationsstand zu Zeiten des *Solange-I*-Beschlusses darstellen.[269] Dergleichen ist aber zweifelsohne nicht der Fall.[270]

Die Argumentation des BVerfG ist hier einmal mehr durch die – wenig gerechtfertigte – Gleichsetzung bzw. jedenfalls Annäherung von Unionsrecht und Völkerrecht gekennzeichnet. Dies zeigt nicht nur die Analogie zum *völkerrechtlichen* ordre public.[271] Bezeichnend ist insbesondere die deutliche Parallele zum *Görgülu-I*-Beschluss, der das Verhältnis der grundgesetzlichen Ordnung zum Völkervertragsrecht behandelt. So wie es nach *Görgülu-I* keinen Verstoß gegen das Ziel der Völkerrechtsfreundlichkeit des Grundgesetzes darstelle, wenn der deutsche Gesetzgeber „ausnahmsweise" Völkervertragsrecht nicht beachte, wenn nur auf diese Weise ein Verstoß gegen tragende Grundsätze der Verfassung abgewendet werden könne,[272] so wenig stelle es einen Widerspruch zum Ziel der grundgesetzlichen Europarechtsfreundlichkeit dar,

nen Entscheidungskompetenzen. Gerichtlicher Schutz im engeren Sinne fehlt gänzlich. Vgl. dazu *H. Sauer*, Rechtsschutz gegen völkerrechtsdeterminiertes Gemeinschaftsrecht?, NJW 2008, S. 3685.

[269] Dass bereits dieser Integrationsstand in Bezug auf unionsrechtlichen Grundrechtsschutz möglicherweise gar nicht in dem Ausmaß defizitär war, wie die unterschiedlichen Entscheidungsergebnisse zwischen *Solange-I* und *Solange-II* anzudeuten scheinen, wird daran deutlich, dass die wegweisenden EuGH-Urteile v. 12. 11. 1969 – Rs. 29/69 – *Stauder*, Slg. 1969, S. 419 ff.; v. 17. 12. 1970 – Rs. 11/70 – *Internationale Handelsgesellschaft*, Slg. 1970, S. 1125 ff. sowie v. 14. 05. 1974 – Rs. 4/73 – *Nold*, Slg. 1974, S. 491 (507) allesamt bereits vor Verkündung des *Solange-I*-Beschlusses am 29. 5. 1974 ergangen waren.

[270] Dies bestätigt nicht nur das tschech. VerfG, Urt. v. 26. 11. 2008 – Pl. US. 19/08 – *Lissabon I*, Rn. 197, sondern – zumindest implizit auch – das BVerfG, Urt. v. 30. 6. 2009 – 2 BvE 2/08 u. a. – *Lissabon* = BVerfGE 123, 267 ff. (Rn. 189).

[271] In der Terminologie des Kollisionsrechts mag eine Analogie zum ordre public zwar rein rechtstechnisch zutreffen, vgl. insoweit auch *A. Peters*, Elemente einer Theorie der Verfassung Europas (2001), S. 334. Übertragen auf den europäischen Rechtsraum geht sie jedoch insoweit fehl, als sie ausblendet, dass das Unionsrecht gerade die Einhaltung bestimmter Werte festschreibt (Art. 2 EUV), deren Nichteinhaltung zudem mit Sanktionen gegenüber dem betreffenden Mitgliedstaat belegt werden kann (Art. 7 EUV). Damit ruht die europäische Rechtsgemeinschaft gerade auf einer qualitativ ungleich festeren Vertrauensbasis, die einer ungefilterten Übertragung der völkerrechtlichen Rechtsfigur des ordre public auf die Union entgegensteht. Zur internationalen Dimension vgl. speziell *J. Kokott*, Grund- und Menschenrechte als Inhalt eines internationalen ordre public, in: Berichte der Deutschen Gesellschaft für Völkerrecht 38 (1998), S. 71 ff.

[272] Vgl. BVerfG, Beschl. v. 14. 10. 2004 – 2 BvR 1481/04 – *Görgülü I* = BVerfGE 111, 307 (319): „Das Grundgesetz erstrebt die Einfügung Deutschlands in die Rechtsgemeinschaft friedlicher und freiheitlicher Staaten, verzichtet aber nicht auf *die in dem letzten Wort der deutschen Verfassung liegende Souveränität*. Insofern widerspricht es nicht dem Ziel der Völkerrechtsfreundlichkeit, wenn der Gesetzgeber ausnahmsweise Völkervertragsrecht nicht beachtet, sofern nur auf diese Weise ein Verstoß gegen tragende Grundsätze der Verfassung abzuwenden ist. Das Grundgesetz will eine weitgehende Völkerrechtsfreundlichkeit, grenzüberschreitende Zusammenarbeit und politische Integration in eine sich allmählich entwickelnde internationale Gemeinschaft demokratischer Rechtsstaaten. Es will jedoch keine jeder verfassungsrechtlichen Begrenzung und Kontrolle entzogene Unterwerfung unter nichtdeutsche Hoheitsakte. Selbst die weitreichende supranationale europäische Integration, die sich für den aus der Gemeinschaftsquelle herrührenden innerstaatlich unmittelbar wirkenden Normanwendungsbefehl öffnet, steht unter einem, allerdings weit zurückgenommenen *Souveränitätsvorbehalt*" (Hervorh. hinzugefügt).

wenn das BVerfG „ausnahmsweise“ Unionsrecht in Deutschland für unanwendbar erkläre.[273]

Zwar unterwirft das BVerfG den Identitätsvorbehalt ähnlichen Einschränkungen wie den Ultra-vires-Vorbehalt. Eine Kontrolle darf demnach nur allein durch das BVerfG[274] und zudem als Ausnahmefall nur „unter besonderen und engen Voraussetzungen“ erfolgen.[275] Die verfassungsgerichtliche Kontrollbefugnis bildet nach der Konzeption des *Lissabon*-Urteils lediglich eine „Reservekompetenz“,[276] ihre Ausübung soll dem „Grundsatz der Europarechtsfreundlichkeit“ folgen.[277] Der Vorsitzende des Zweiten Senats, *Andreas Voßkuhle*, betonte jüngst sogar, „nicht obwohl, sondern eben weil“ es noch nie „zum Schwur“ gekommen sei, habe das BVerfG in seinem *Lissabon*-Urteil der Ultra-vires-Kontrolle die Identitätskontrolle hinzufügen können, „ohne befürchten zu müssen, häufiger in prekäre Konfliktsituationen zu geraten.“[278] Der *Honeywell*-Beschluss hat diese Zurückhaltung für den Bereich der Ultra-vires-Kontrolle nochmals deutlich unterstrichen. Zugleich legt er den Schluss nahe, dass die restriktive Handhabung auch für die Identitätskontrolle gelten soll.[279]

Indes bleibt fraglich, wie sich die neu ausgerufene Identitätskontrolle zur bisherigen Rücknahme der Prüfungskompetenz im Bereich der Grundrechte verhalten wird. Zwar hält das BVerfG im *Lissabon*-Urteil offenbar am Modus der *Solange-II*-Rechtsprechung in Gestalt des Bananenmarktbeschlusses fest.[280] Auch sind die von Art. 79 Abs. 3 GG umfassten grundrechtlichen Kerngehalte enger gefasst als der Prüfungsmaßstab im Rahmen einer vollumfänglichen Grundrechtskontrolle. Durch Art. 79 Abs. 3 GG sind die Grundrechte nur über die „in den Artikeln 1 und 20 niedergelegten Grundsätze“, d. h. nur in ihrem Wesenskern bzw. in ihrem spezifischen Menschenwürdegehalt geschützt.[281] Eine genaue Abgrenzung im Einzelfall ist allerdings schwierig. Denn jedenfalls ist der „Grundrechtsteil“ des GG in den *Solange*-Beschlüssen ausdrücklich als essentieller Bestandteil der „Identität der geltenden Verfassungsordnung“ verhandelt worden.[282]

---

[273] BVerfG, Urt. v. 30. 6. 2009 – 2 BvE 2/08 u. a. – *Lissabon* = BVerfGE 123, 267 ff. (Rn. 340).

[274] Ebd., Rn. 241.

[275] Ebd., Rn. 340. Im Gegensatz zur Ultra-vires-Kontrolle wird jedoch für die „Identitätskontrolle“ gerade nicht gefordert, dass Rechtsschutz auf Unionsebene zuvor nicht zu erlangen war (ebd., Rn. 240).

[276] Ebd., Rn. 341.

[277] Ebd., Rn. 240.

[278] *A. Voßkuhle*, Der europäische Verfassungsgerichtsverbund, NVwZ 2010, S. 1 (7).

[279] So spricht das BVerfG in seinem Beschl. v. 6. 7. 2010 – 2 BvR 2661/06 – *Honeywell* in Rn. 59 davon, dass die ihm vorbehaltenen „Kontrollbefugnisse [sic] nur zurückhaltend und europarechtsfreundlich ausgeübt“ werden dürften. Die Verwedung des Plurals weist zusammen mit der folgenden Rn. 60 („Das bedeutet für die *vorliegend in Rede stehende* Ultra-vires-Kontrolle“) darauf hin, dass die Einschränkung ebenso auf die Identitäskontrolle anwendbar ist.

[280] BVerfG, Urt. v. 30. 6. 2009 – 2 BvE 2/08 u. a. – *Lissabon* = BVerfGE 123, 267 ff. (Rn. 337).

[281] Vgl. BVerfG, Urt. v. 15. 12. 1970 – 2 BvF 1/69, 2 BvR 629/68 u. 308/69 – *Abhörurteil* = BVerfGE 30, 1 (24 f.); *H. Dreier*, in: ders. (Hrsg.), GG (2. Aufl. 2006), Art. 79 GG, Rn. 26; *M. Herdegen*, in: T. Maunz/G. Dürig, GG, Art. 79 (52. EGL 2008), Rn. 108 ff. m. w. N.

[282] Vgl. in diesem Sinne ausdrücklich BVerfG, Beschl. v. 29. 5. 1974 – BvL 52/71 – *Solange I* =

Aus der Perspektive eines künftigen Beschwerdeführers, der eine Verletzung deutscher Grundrechte durch Unionsrecht vor dem BVerfG geltend machen will, wird es darum prozesstaktisch wohl weniger darum gehen, ein – spätestens seit der Rechtsverbindlichkeit der GRC wohl gänzlich hypothetisches – generelles Absinken des Grundrechtsstandards unter den Integrationsstand von *Solange-II* darzulegen. Vielmehr wird er versuchen, die Behauptung einer Grundrechtsverletzung in das Gewand der Verletzung der Verfassungsidentität zu kleiden. Die Gefahr einer Banalisierung von Art. 79 Abs. 3 GG wird hierbei umso größer, je weniger das BVerfG die bislang nur abstrakt formulierten Einschränkungen der Identitätskontrolle umsetzt. Ob es sich dabei wirklich um einen „konstruktiven Umgang“ mit dem Unionsrecht handeln wird, wie das Gericht ausführt, kann allein die künftige Rechtsprechung zeigen. Das zweite *Lissabon*-Urteil des tschechischen Verfassungsrechts macht jedenfalls deutlich, wie problematisch die Operationalisierung einer verfassungsrechtlichen Ewigkeitsklausel sein kann.[283]

cc) Zwischenbefund

Festzuhalten ist, dass das Modell des Identitätsvorbehalts im hier gemeinten engen Sinne hinsichtlich seiner axiomatischen Grundlagen mit dem Ultra-vires-Vorbehalt verwandt ist. Beide Ansätze unterscheiden sich neben dem Prüfungsmaßstab allerdings dahingehend, dass bei der Identitätskontrolle der betreffende Akt des Unionsrechts allein in Bezug auf seine Anwendung in Deutschland, nicht aber der Sache nach zugleich hinsichtlich seiner unionsweiten Geltung hinterfragt wird. Die Besonderheit des Identitätsvorbehalts liegt zudem in der spezifischen Verknüpfung von nationaler und europäischer Verfassungsebene im Hinblick die Identitätsklausel. Dabei legt das BVerfG – im Gegensatz zum spanischen Verfassungsgericht – ein Verständnis der unionsrechtlichen Identitätsklausel zugrunde, das letztlich auf eine Ermächtigung der Mitgliedstaaten zur unilateralen Durchbrechung der Bindung an Unionsrecht hinausläuft.

Interessanterweise beruht die Argumentation des BVerfG hier implizit in der Annahme, dass das Unionsrecht selbst – indes als Ausfluss staatlicher Regelungstotalität – normativ permeabel sei. An dieser Stelle zeigt sich bereits eine Schnittstelle zum dritten Teil der vorliegenden Untersuchung. Die Argumentation des BVerfG wirft die Frage nach normativen Bedingungen und Modellen rechtlicher Permeabilität *auf supranationaler Ebene* auf.[284]

e) Positivrechtliche Normierung?

Bislang sind die erörterten Letztentscheidungsrechte allesamt Produkte der Rechtsprechung nationaler Gerichte, wenn man von den wenigen (materiell-rechtlichen)

BVerfGE 37, 271 (279f.) sowie Beschl. v. 22. 10. 1986 – 2 BvR 197/83 – *Solange II* = BVerfGE 73, 339 (375f.).

[283] Darum zutreffend tschech. VerfG, Urt. v. 3. 11. 2009 – Pl. US. 29/09 – *Lissabon II*, Rn. 113.

[284] Dazu Teil 3.

Anknüpfungspunkten im Verfassungstext einiger weniger Mitgliedstaaten, wie etwa in Dänemark (§ 20 Verf-DK) oder Ungarn (Art. 2a Verf-HU), einmal absieht. Spezielle positivrechtliche Normen fehlen im Verfassungsrecht der Mitgliedstaaten bislang gänzlich. Allerdings hat das BVerfG im *Lissabon*-Urteil dem (verfassungsändernden) Gesetzgeber eine Anregung zur positivrechtlichen Ausgestaltung souveränitätswahrender Prüfungsvorbehalte erteilt. „Denkbar" sei statt dem Rückgriff auf die bestehenden Verfahrensarten die positivrechtliche Schaffung eines

„zusätzlichen, *speziell auf die Ultra-vires- und die Identitätskontrolle zugeschnittenen verfassungsgerichtlichen Verfahrens* (...) zur Absicherung der Verpflichtung deutscher Organe, kompetenzüberschreitende oder identitätsverletzende Unionsrechtsakte *im Einzelfall* in Deutschland unangewendet zu lassen."[285]

Ein solcher Vorschlag, dessen Umsetzung je nach konkreter Ausgestaltung u. U. zu einer Verurteilung Deutschlands im Wege eines Vertragsverletzungsverfahrens führen könnte,[286] ist im Verfassungsvergleich bislang einzigartig.[287] Im Zuge der parlamentarischen Debatten um die Überarbeitung der Begleitgesetzgebung aufgegriffen hat ihn allein die Bundestagsfraktion der Linken.[288] Deren Fraktionsentwurf sah die Einführung zweier neuen Artikel – Art. 93 Abs. 1 Nr. 2a und Art. 93 Abs. 1 Nr. 4c GG – vor und zielte auf die Schaffung einer Zuständigkeit des BVerfG für folgende Klagearten ab:

„2b. bei Meinungsverschiedenheiten oder Zweifeln über die Vereinbarkeit einer Handlung mit Rechtswirkung eines Organs, einer Einrichtung oder einer sonstigen Stelle der Europäischen Union mit dem Grundsatz der begrenzten Einzelermächtigung oder den in Artikel 23 Absatz 3 in Verbindung mit Artikel 79 Absatz 3 niedergelegten Grundsätzen der Verfassungsidentität, auf Antrag der Bundesregierung, einer Landesregierung oder eines Viertels der Mitglieder oder einer Fraktion des Deutschen Bundestags;"

sowie

„4c. über Verfassungsbeschwerden nach den Nummern 4a und 4b gegen eine Handlung mit Rechtswirkung von Organen, Einrichtungen oder einer sonstigen Stelle der Europäischen Union wegen Verstoßes gegen den Grundsatz der begrenzten Einzelermächtigung oder die in Artikel 23 Absatz 3 in Verbindung mit Artikel 79 Absatz 3 niedergelegten Grundsätze der Verfassungsidentität."

---

[285] BVerfG, Urt. v. 30. 6. 2009 – 2 BvE 2/08 u. a. – *Lissabon* = BVerfGE 123, 267 ff. (Rn. 241, Hervorh. hinzugefügt). Zuvor hat das Gericht ausgeführt, dass im *Lissabon*-Urteil selbst offen bleiben könne, welche der bislang existierenden Verfahrensarten hierfür einschlägig sei, wobei grundsätzlich sowohl abstrakte und konkrete Normenkontrolle, als auch Organstreit, Bund-Länder-Streit und die Verfassungsbeschwerde in Betracht kämen.

[286] Diese Gefahr deutet das BVerfG nur in Bezug auf die einzelfallbasierte Nichtanwendung eines unionsrechtlichen Rechtsaktes innerhalb der Bundesrepublik an, was „allerdings unter Inkaufnahme entsprechender Konsequenzen im Staatenverkehr" (sic!) erfolgen müsse, ebd., Rn. 340.

[287] Bei näherem Hinsehen muss man sich fragen, ob die der Union an anderer Stelle des *Lissabon*-Urteils zugestandene „Tendenz zu politischer Selbstverstärkung" (ebd., Rn. 237) nicht auf das Bundesverfassungsgericht selbst zutrifft.

[288] BT-Drs. 16/13928.

Politisch durchsetzbar war der Vorschlag nicht. Auch die ganz überwiegende Anzahl der angehörten Experten lehnte ihn nicht nur wegen der Ausgestaltung der beiden Klagearten im Konkreten, sondern vor allem auch deswegen ab, weil eine positivrechtliche Verankerung – wenn überhaupt – der verfassungsrechtlichen Begrenzung der Kontrollkompetenz im Sinn einer Konfliktvermeidung dienen müsse.[289]

Diesem Tenor folgend forderten auch mehrere Europarechtler aus Wissenschaft und Praxis öffentlich, die Kontrollbefugnis des BVerfG an eine gesetzlich festgeschriebene Vorlageverpflichtung zu koppeln.[290] Dieser Vorschlag war maßgeblich von der Sorge um einen drohenden Gerichtskonflikt in den Verfahren *Honeywell* sowie *Vorratsdatenspeicherung* motiviert[291] und zielte auf einen neuen § 13a BVerfGG ab:

„Ist in einem Verfahren vor dem Bundesverfassungsgericht die Auslegung der vertraglichen Grundlagen der Europäischen Union oder die Gültigkeit und die Auslegung der Handlungen der Organe, Einrichtungen oder sonstigen Stellen der Europäischen Union entscheidungserheblich, ist das Bundesverfassungsgericht zur Vorlage dieser Frage an den Gerichtshof der Europäischen Union verpflichtet."

Allerdings konnte sich auch diese Forderung bislang nicht durchsetzen. In der Literatur ist mittlerweile ein weiterer Vorschlag hinzugekommen, der textlich in Art. 93 Abs 1 GG eingegliedert ist:

„[Das BVerfG entscheidet]

5. ausschließlich auf Antrag der Bundesregierung, einer Landesregierung, von zwei Dritteln der Mitglieder des Bundestages oder von zwei Dritteln der Stimmen des Bundesrates, ob Rechtsakte europäischer Einrichtungen und Organe

a) sich in den Grenzen der ihnen eingeräumten Hoheitsrechte halten, bei Zweifeln hieran nicht ohne vorherige Befassung des Gerichtshofs der Europäischen Union;

b) den unantastbaren Kerngehalt der Verfassungsidentität des Grundgesetzes (Art. 23 I 3 in Verbindung mit Art. 79 III GG) wahren."[292]

---

[289] Die Stellungnahmen der angehörten Experten sind abrufbar unter http://www.bundestag.de/bundestag/ausschuesse/a21/anhoerungen/90_sitzung/stellungnahmen/(7.9. 2009). Die vorgeschlagene Regelung zumindest im Ansatz befürwortend *C. Hillgruber*, S. 10f. der Stellungnahme.

[290] Abrufbar als WHI-Material 1/09 unter http://whi-berlin.de/documents/whi-material0109.pdf (1.9. 2010).

[291] In seinem grundlegenden Urt. v. 2.3. 2010 – 1 BvR 256/08 u.a. – *Vorratsdatenspeicherung*, Rn. 180ff. hat das BVerfG indes seine Prüfung ausdrücklich nur auf die durch die RL belassenen Umsetzungsspielräume erstreckt und konnte damit auf eine Vorlage an den EuGH – deren Möglichkeit es ausdrücklich in Betracht zog (ebd., Rn. 185) – verzichten. Im Beschl. v. 6.7. 2010 – 2 BvR 2661/06 – *Honeywell*, Rn. 58ff. konkretisierte das BVerfG die bereits im *Lissabon*-Urteil (dort Rn. 240) angedeutete Voraussetzung, dass vor Feststellung eines Ultra-vires-Aktes der EuGH im Wege des Vorabentscheidungsverfahrens angerufen werden müsse, ließ aber offen, ob eine solche Vorlage durch das BVerfG selbst erfolgen müsse, oder ob insoweit auch eine im Lauf des Verfahrens von fachgerichtlicher Seite erfolgte Vorlage genügen kann.

[292] *H. Sauer*, Kompetenz- und Identitätskontrolle von Europarecht nach dem Lissabon-Urteil – Ein neues Verfahren vor dem Bundesverfassungsgericht?, ZRP 2009, S. 195 (198). Kritisch dazu die Erwiderung von *B. Hirsch*, Kompetenz und Identitätskontrolle von Europarecht nach dem Lissabon-Urteil, ZRP, 2009, S. 250f.

Eine vergleichbare Diskussion um die positivrechtliche Verankerung einer Residualkompetenz nationaler Gerichte gibt es, soweit ersichtlich, in anderen Mitgliedstaaten bislang nicht. Das Ringen um das ebenenübergreifende Verhältnis der Gerichte wird sich damit voraussichtlich auch in Zukunft in Ermangelung einer konkreten Vorschrift in kasuistischer Weise entwickeln. Würde man indessen eine positivrechtliche Regelung ins Auge fassen, müsste ein entsprechender Vorschlag zumindest drei Gesichtspunkte zwingend berücksichtigen.

Erstens wäre – in Übereinstimmung mit dem soeben wiedergegebenen Vorschlag – verfahrensrechtlich ein hinreichender *gerichtlicher Dialog vorzuschalten*, um den Ausbruch eines offenen Konflikts bereits präventiv abwenden zu können. Das heißt insbesondere, dass ein Verfassungsgericht, welches über die Anwendbarkeit eines unionsrechtlichen Rechtsaktes entschiede, nach nationalem Recht zur vorherigen Stellung eines Vorabentscheidungsersuchen an den EuGH verpflichtet werden müsste. Dies hätte unabhängig davon zu gelten, ob der Gerichtshof bereits zuvor durch eine Vorlage der Fachgerichte mit der Rechtmäßigkeit der streitgegenständlichen Handlung oder Maßnahme befasst worden wäre oder nicht. Das Verfassungsgericht erhielte so Gelegenheit, als höchste gerichtliche Autorität in innerstaatlichen Verfassungsfragen, spezifische verfassungsrechtliche Bedenken in dem Vorlagebeschluss zu formulieren und dem EuGH deutlich zu signalisieren. Insoweit wäre dem EuGH wiederum die Möglichkeit gegeben, auf spezifische verfassungsrechtliche Bedenken des vorlegenden Verfassungsgerichts einzugehen und ggf. im Wege vielfaltswahrender Mechanismen primärrechtlicher Permeabilität zu berücksichtigen. Eine Vorlage wäre darum also nicht nur in Bezug auf die Ultra-vires-Kontrolle, sondern gerade auch im Hinblick auf die Identitätskontrolle essentiell. Im Übrigen hätten die Unionsorgane allein so die Möglichkeit, überhaupt vor Gericht zur Frage der Anwendbarkeit (bzw. unionsweiten Gültigkeit) des Rechtsaktes Stellung nehmen und diese ggf. verteidigen zu können.[293]

Zweitens wären *qualifizierte prozessuale Voraussetzungen* für die Aktivierung der Prüfungsschwelle einzufordern. Diese könnte sich zum einen spiegelbildlich an dem in Art. 7 EUV aufgestellten Kriterium einer „schwerwiegenden und anhaltenden Verletzung" elementarer Grundsätze der Rechtsstaatlichkeit orientieren. Ein Antrag bzw. eine Beschwerde vor dem innerstaatlichen Verfassungs- oder Höchstgericht dürfte demzufolge überhaupt nur dann zulässig sein, wenn der Antragsteller oder Beschwerdeführer hinreichend substantiiert darlegt, dass – unabhängig von dem gerügten Einzelakt – eine *strukturelle systemische Anomalie* auf supranationaler Ebene vorliegt. Zum anderen könnte der Kreis der Antragsberechtigten bzw. Beschwerdebefugten von vornherein begrenzt bzw. qualifiziert werden, um insbesondere Popularklagen auszuschließen.

[293] Vgl. EuGH, Urt. v. 22. 10. 1987 – Rs. 314/85 – *Foto-Frost*, Slg. 1987, S. 4199 ff. (Rn. 18) im Kontext des Normverwerfungsmonopols des EuGH.

Drittens müsste das zur Prüfung berufene nationale Gericht in materieller Hinsicht auf die *Wahrung des gesamteuropäischen Interesses verpflichtet* werden. Zwar hätte eine solche Verpflichtung aus unionsrechtlicher Perspektive an sich nur deklaratorischen Charakter, weil sie sich bereits heute unmittelbar aus dem Unionsrecht selbst ergibt. Nach der Logik eines innerstaatlichen Letztentscheidungsrechts und der dahinter stehenden Axiomatik staatsverfassungsrechtlicher Grundlegung der Unionsgewalt wäre eine verfassungsrechtliche Verankerung aber gleichwohl konsequent. Die konkrete Umsetzung dieser Pflicht könnte sich dabei an pluralistischen Ansätzen zum ebenenübergreifenden Verhältnis der Gerichte orientieren. In Betracht kommen hierbei das von *Mattias Kumm* vertretene „principle of best fit“[294] im Sinne einer auf beste Verwirklichung der *gemeinsamen* Grundprinzipien von Union und Mitgliedstaaten abzielenden Judikatur ebenso wie die von *Miguel P. Maduro* entwickelten „kontrapunktischen“ Leitprinzipien im Sinne eines richterlichen Bemühens um vertikale und horizontale Kohärenzbildung durch wechselseitige Berücksichtigung von Grundprinzipien und Entscheidungen bis hin zur Verwendung grenzüberschreitender, universeller Terminologie (*universal terms*).[295] Eine konkrete Folge der Pflicht zur Wahrung des gesamteuropäischen Interesses könnte etwa darin bestehen, eine Nichtanwendung von Unionsrecht zeitlich aufzuschieben, um so dem europäischen Gesetzgeber Gelegenheit zur Abhilfe zu geben und damit einen offenen Bruch zu vermeiden.[296] Damit würde die Konfliktlösung zugleich in die politische Arena zurückgeleitet.

Textlich könnte eine solche Norm etwa wie folgt lauten:

Das Verfassungsgericht X *[Bundesverfassungsgericht]* entscheidet über die Anwendbarkeit von Handlungen der Organe, Einrichtungen oder sonstigen Stellen der Europäischen Union im Mitgliedstaat X *[in der Bundesrepublik Deutschland]* auf Antrag von A, B oder C *[z. B. der Bundesregierung, einer Landesregierung oder eines bestimmten Teiles*[297] der Mitglieder des Deutschen Bundestages] wegen der Behauptung einer Verletzung des Grundsatzes der begrenzten Einzelermächtigung oder der identitätstragenden Grundsätze der X-Verfassung *[der durch Art. 79 Abs. 3 geschützten Grundsätze]*, soweit der Antrag hinreichend substantiiert darlegt, dass zugleich eine schwerwiegende und anhaltende Verletzung der Grundprinzipien der Union durch ihre Organe, Einrichtungen oder sonstigen Stellen vorliegt. Vor der Entscheidung hat das Verfassungsgericht X ein Vorabentscheidungsersuchen an den Gerichtshof der Europä-

---

[294] *M. Kumm*, The Jurisprudence of Constitutional Conflict: Constitutional Supremacy in Europe before and after the Constitutional Treaty, ELJ 11 (2005), S. 262 (286 f. allgemein u. 299 ff. in konkreter Anwendung auf nationale Verfassungsgerichte).

[295] *M. Poiares Maduro*, Contrapunctual Law: Europe's Constitutional Pluralism in Action, in: N. Walker (Hrsg.), Sovereignty in Transition (2003), S. 501 (527 ff.). Vgl. *dens.*, Der Kontrapunkt im Dienste eines europäischen Verfassungspluralismus, EuR 2007, S. 3 (26 ff.).

[296] Dies wäre eine Lösung analog zur Entscheidung des poln. VerfGH, Entsch. v. 27. 4. 2005 – P 1/05 – *Europäischer Haftbefehl*, der den Vollzug des Urteils für 18 Monate aussetzte, um so dem *polnischen* Verfassungsgeber die Möglichkeit zu einer Verfassungsänderung zu geben, gleichermaßen aber die unionsrechtlichen Verpflichtungen nicht zu unterlaufen.

[297] *H. Sauer*, Kompetenz- und Identitätskontrolle von Europarecht nach dem Lissabon-Urteil – Ein neues Verfahren vor dem Bundesverfassungsgericht?, ZRP 2009, S. 195 (198) fordert hier, wie gesehen, eine 2/3-Mehrheit.

ischen Union zu richten; dies gilt auch dann, wenn der Gerichtshof bereits zuvor eine Vorabentscheidung erlassen hat, die im sachlichen Zusammenhang mit dem gestellten Antrag steht. Bei seiner Entscheidung hat das Verfassungsgericht X das gesamteuropäische Interesse unter besonderer Berücksichtigung der Grundsätze der loyalen Zusammenarbeit und der gegenseitigen Rücksichtnahme zu wahren.

Letztlich aber bleibt höchst zweifelhaft, ob das Konfliktpotenzial durch die Einführung einer solchen Verfassungsnorm wirklich abgemildert werden könnte. Selbst hohe verfahrensrechtliche Hürden wie das Vorliegen einer schwerwiegenden und anhaltenden Verletzung europäischer Grundprinzipien würden als Tatbestandsmerkmale wiederum der letztverbindlichen Interpretationshoheit des betreffenden (Verfassungs-)Gerichtes unterliegen und könnten daher den argumentativen Spielraum allenfalls verengen bzw. kanalisieren. Die Grundproblematik auseinanderfallender Letztentscheidungsansprüche zwischen den Ebenen wäre nicht gelöst. Auch Stimmen in der Literatur, die spezifisch bei den wechselseitigen judikativen Loyalitätspflichten zur Lösung von Jurisdiktionskonflikten im Mehrebenensystem ansetzen, kommen letztlich zu dem Ergebnis, dass die Einfügung einer ausdrücklichen Klausel keinen entscheidenden Vorteil bringt,[298] von ihrer Unionsrechtswidrigkeit ganz zu schweigen.

2. *Trennung nach Ordnungszusammenhang: primacía – supremacía*

Einen besonderen Zugang zur Vorrangproblematik hat das spanische Verfassungsgericht in seiner vielbeachteten Erklärung zum VVE vom 13. Dezember 2004 entwickelt.[299] Trotz einiger Parallelen unterscheidet sich dieses Modell in einem wesentlichen Punkt von den bislang erörterten Ansätzen. Weniger die Annahme und konkrete Ausgestaltung eines gerichtlichen Prüfungsvorbehalts bzw. eines Letztentscheidungsrechts stehen für das spanische Verfassungsgericht im Zentrum. Vielmehr

---

[298] Vgl. *H. Sauer*, Jurisdiktionskonflikte in Mehrebenensystemen (2008), S. 505 ff., der eine ausdifferenzierte Modellklausel judikativer Loyalitätspflichten entwirft, die Einführung einer solchen indes rechtspolitisch ablehnt.

[299] Span. VerfG, Erkl. v. 13. 12. 2004 – DTC 1/2004 – *Verfassungsvertrag* = EuR 2005, S. 339 ff. in deutscher Übersetzung. Dazu *F. Castillo de la Torre*, Tribunal Constitucional (Spanish Constitutional Court), Opinion 1/2004 of 13 December 2004, on the Treaty Establishing a Constitution for Europe, CMLRev. 42 (2005), S. 1169 ff.; *A. C. Becker*, Vorrang versus Vorherrschaft, EuR 2005, S. 353 ff.; *R. Alonso García*, The Spanish Constitution and the European Constitution: The Script for a Virtual Collision and Other Observations on the Principle of Primacy, GLJ 6 (2005), S. 1001 ff.; *C. B. Schutte*, Spain. Tribunal Constitucional on the European Constitution. Declaration of 13 December 2004, EuConst 1 (2005), S. 281 ff.; *A. del Valle Gálvez*, Constitution Espagnole et traité constitutionnel européen – la déclaration du *Tribunal Constitucional* du 13 décembre 2004, CDE 41 (2005), S. 705 ff.; *C. Plaza*, The Constitution for Europe and the Spanish Constitutional Court, EPL 12 (2006), S. 353 ff.; *P. Pérez Tremps/A. Saiz Arnaiz*, Spain's Ratification of the Treaty Establishing a Constitution for Europe: Prior Constitutional Review, Referendum and Parliamentary Approval, in: A. Albi/J. Ziller (Hrsg.), The European Constitution and National Constitutions (2007), S. 45 (49 ff.). In vergleichender Perspektive *I. Pernice*, Das Verhältnis europäischer zu nationalen Gerichten im europäischen Verfassungsverbund (2006), S. 39 ff.

geht es um die Auflösung der Vorrangaporie durch eine kategoriale Unterscheidung nach der betreffenden Ordnung bzw. – genauer – dem jeweiligen *Ordnungszusammenhang*.

a) Konzeptionelle Grundlage

Das spanische Verfassungsgericht differenziert zwischen *zwei unterschiedlichen Konzeptionen von Vorrangigkeit.*[300] Die erste Konzeption (sog. *primacía*) bezieht sich auf die kollisionsrechtliche Wahlentscheidung zwischen geltenden Normen aus unterschiedlichen, aber rechtlich koexistierenden Rechtsordnungen. Vorrangigkeit im Sinne dieses *nicht-hierarchischen*, insoweit pluralistischen Verständnisses bezeichnet folglich eine Kollisionsregel für die konkrete Norm*anwendung.*[301] Dahinter steht das spezifische Verständnis des unionsrechtlichen Vorrangprinzips als einer *rule of rule-selection.*[302]

Demgegenüber bezieht sich die zweite Konzeption von Vorrangigkeit (sog. *supremacía*) auf die Frage des Erzeugungs- und damit Geltungszusammenhanges von Rechtsnormen *innerhalb* einer bestimmten, hier der spanischen, Rechtsordnung. Diese Vorrangigkeit im Sinne normativen Zuhöchstseins ist eng verbunden mit dem Verständnis von Souveränität als Ursprung und letztem Geltungsgrund allen positiven Rechts innerhalb eines Herrschaftsverbandes.[303] Suprematie bezeichnet danach die Eigenschaft der an der Spitze der innerstaatlichen Normenhierarchie stehenden Rechtsquelle, durch ein Rechtserzeugungsverfahren nachgeordnete Rechtsnormen in Geltung zu setzen. Während die Normen dieser höchsten normativen Quelle selbst nicht mehr ableitbar sind,[304] entfalten sie gegenüber den ihnen nachgeordneten Normen im Falle eines Verstoßes hingegen geltungsderogierende Wirkung. In den Worten des spanischen Verfassungsgerichts:

„Vorrang *(primacía)* und Vorherrschaft *(supremacía)* sind Kategorien, die sich in verschiedenen Ordnungen entfalten. Der Vorrang *(primacía)* kommt bei der Anwendung gültiger Normen zum Tragen, die Vorherrschaft *(supremacía)* in den Rechtsetzungsverfahren. Hinter der

---

300 Dazu 4. Entscheidungsgrund, EuR 2005, S. 346.

301 Für eine Charakterisierung des Vorrangs als eines kollisionsrechtlichen Problems vgl. bereits span. VerfG, Entsch. v. 14.2. 1991 – Nr. 28/1991 sowie v. 31.5. 1993 – Nr. 180/1993, hier allerdings unter ausdrücklicher Betonung der Konfliktstellung als *unter-verfassungsrechtlicher* Problematik. Dazu *A. Estella de Noriega*, A Dissident Voice: The Spanish Constitutional Court Case Law on European Integration, EPL 5 (1999), S. 269 ff.

302 Für ein dezidiert kollisionsrechtliches Verständnis des Vorrangs unter Anleihen an das IPR vgl. *C. Joerges*, (Re-)Conceptualizing the Supremacy of European Law: A Plea for a Supranational Conflict of Laws, in: B. Kohler-Koch/B. Rittberger (Hrsg.), Debating the Democratic Legitimacy of the European Union (2007), S. 311 ff.

303 Vgl. *C. Seiler*, Der souveräne Verfassungsstaat zwischen demokratischer Rückbindung und überstaatlicher Einbindung, S. 101 unter Rückbezug auf *H. Heller*, Die Souveränität: ein Beitrag zur Theorie des Staats- und Völkerrechts (1927), S. 118 ff. Dazu bereits Teil 2 – Kapitel 3 – I. 1. a) im Kontext der Erörterung des Souveränitätsbegriffs.

304 Vgl. insoweit die Parallelen zu *H. Kelsen*, Reine Rechtslehre (2. Aufl. 1960 – Nachdruck 1967), S. 334 f.

Vorherrschaft *(supremacía)* steht der hierarchisch höherrangige Charakter einer Norm, weswegen sie Geltungsgrund der ihr nachgeordneten Normen ist, mit der Folge der Ungültigkeit der niedrigeren Normen, wenn sie gegen das in der höherrangigen Norm zwingend Angeordnete verstoßen. Der Vorrang *(primacía)* dagegen behauptet sich nicht notwendigerweise über Hierarchie, sondern besteht in der Unterscheidung der Anwendungsbereiche verschiedener, grundsätzlich gültiger, Normen, von denen trotzdem die eine oder einige die Fähigkeit besitzen, andere aus verschiedenen Gründen aufgrund ihrer vorzugsweisen oder vorgehenden Anwendung zu verdrängen."[305]

Der Ansatz des spanischen Verfassungsgerichts kann mit der in der deutschen Literatur gebräuchlichen Differenzierung zwischen Anwendungs- und Geltungsvorrang nur unzureichend eingefangen werden.[306] Diese Unterscheidung impliziert nämlich nicht notwendig die für den spanischen Ansatz zentrale Differenzierung nach Ordnungszusammenhängen. Anders gewendet, der Ansatz des spanischen Verfassungsgerichts geht über die Trennung von Anwendbarkeit und Geltung hinaus. Das Konzept beruht zugleich auf einer Unterscheidung zwischen ordnungsinterner und ordnungsübergreifender Wirkung. Während *primacía* eine *ordnungsübergreifende* Normanwendungsregel mit Kollisionslösungsfunktion bezeichnet, meint *supremacía* ein *ordnungsinternes* Normerzeugungsregime mit Subordinationsfunktion.

Im Verhältnis beider Formen von Vorrangigkeit zueinander impliziert das normenhierarchische Zuhöchstsein (*supremacía*) zwar nach Auffassung des spanischen Verfassungsgerichts im Regelfall zugleich auch eine Vorrangigkeit im kollisionsrechtlichen Sinne (*primacía*). Allerdings könne die Verfassung als Rechtsquelle an der Spitze der innerstaatlichen Normenhierarchie ihre eigene kollisionsrechtliche Verdrängung selbst zulassen.[307] Diese Konstruktion erlaubt es dem spanischen Verfassungsgericht letztlich widerspruchsfrei, den unionsrechtlichen Vorranganspruch, verstanden als kollisionsrechtliches und ordnungsübergreifendes Konzept, anzuerkennen, ohne die normenhierarchische Suprematie der spanischen Verfassung, verstanden als ordnungsinternes Normerzeugungsverfahren, in Frage zu stellen. Die Suprematie der Verfassung ist folglich

„mit Anwendungsregimen vereinbar, die den Normen einer anderen als der nationalen Rechtsordnung Anwendungspräferenz verleihen, vorausgesetzt, dass die Verfassung selbst es so bestimmt hat. Genau das ist es, was bei der in Art. 93 enthaltenen Regelung geschieht, mittels derer die Übertragung von aus der Verfassung abgeleiteten Kompetenzen zugunsten einer internationalen Institution ermöglicht wird. Dadurch wird diese Institution von Verfassungs wegen ermächtigt, in Sachgebieten, die bis dahin der innerstaatlichen verfassungsmäßigen Gewalt vorbehalten waren, Normen zu setzen und auf dieselben anzuwenden. Zusammenfassend: es war die Verfassung selbst, die, kraft ihres Art. 93 CE, den Vorrang *(primacía)* des

---

[305] Span. VerfG, Erkl. v. 13. 12. 2004 – DTC 1/2004 – *Verfassungsvertrag* = EuR 2005, S. 339 (346, 4. Entscheidungsgrund).

[306] So auch *A. C. Becker*, Vorrang versus Vorherrschaft, EuR 2005, S. 353 (355).

[307] Span. VerfG, Erkl. v. 13. 12. 2004 – DTC 1/2004 – *Verfassungsvertrag* = EuR 2005, S. 339 (346, 4. Entscheidungsgrund).

Unionsrechts in dem ihm zustehenden Bereich, akzeptiert hat, so, wie man ihn jetzt ausdrücklich [im Unionsrecht] anerkennt."[308]

Diese Argumentation zeigt aber zugleich, dass das spanische Verfassungsgericht den Vorrang – wenngleich nicht die innerstaatliche Geltung bzw. Gültigkeit[309] – des Unionsrechts letztlich *auf die Autorisierung durch die spanische Verfassung selbst* stützt. Die Anwendung der unionsrechtlichen Kollisionsregel ergibt sich insoweit durch eine implizite *Verweisung* der spanischen Verfassung.[310] Diese Konstruktion geht über eine bloße Autolimitation bzw. eine „einseitige Kollisionsnorm",[311] welche nur den Geltungsbereich des innerstaatlichen Rechts absteckt, hinaus.

Im Ansatz vergleichbar ist diese dogmatische Unterscheidung mit dem Ansatz *des britischen High Court* im Fall *Thoburn v. Sunderland City Council* aus dem Jahr 2002, der ebenfalls die (anwendungsbezogene) Vorrangigkeit der materiell-rechtlichen Normen des Europarechts anerkannt, aber gleichermaßen die Suprematie des britischen Parlamentsrechts als rechtlicher Grundlage dieses Anwendungsregimes unangetastet belassen hatte.[312] Gewisse Parallelen ergeben sich unter diesem Blickwinkel auch zum Ansatz des BVerfG, welches den Vorrang des Unionsrechts, wie gesehen, als einen „Vorrang kraft verfassungsrechtlicher Ermächtigung" versteht.[313]

Mit Blick auf die Geltungsgrundlage des Unionsrechts betont das spanische Verfassungsgericht indes ausdrücklich, dass nach erfolgter Integration nicht mehr die spanische Verfassung, sondern „der Vertrag selbst der *Geltungsrahmen* der Gemeinschaftsnormen" sei. Nach Auffassung des spanischen Verfassungsgerichts muss die Notwendigkeit berücksichtigt werden, im Rahmen einer Übertragung der Ausübung von Kompetenzen die neu konstituierte supranationale Ebene mit „Instrumenten zu versorgen, die unentbehrlich sind, um den Vollzug des durch sie geschaffenen Rechts zu garantieren".[314]

Die EU-spezifische bzw. „materiell-rechtliche" Auslegung der allgemeinen Integrationsermächtigung (Art. 93 Verf-ESP) beinhaltet für das spanische Verfassungs-

---

[308] Ebd. (Anm. hinzugefügt).

[309] Diesen Unterschied ausdrücklich betonend *F. Castillo de la Torre*, Tribunal Constitucional (Spanish Constitutional Court), Opinion 1/2004 of 13 December 2004, on the Treaty Establishing a Constitution for Europe, CMLRev. 42 (2005), S. 1169 (1195): „(...) the difference between validity and applicability becomes crucial, as it is clear that Community rules do not derive their validity from the SC [Spanish Constitution]".

[310] Zur Funktion der Integrationsermächtigungen als kollisionsrechtliche Verweisungsnormen *A. Peters*, Elemente einer Theorie der Verfassung Europas (2001), S. 333 ff. die zwar den Erklärungswert der Analogie zum IPR im Hinblick auf das nicht-hierarchische Nebeneinander mehrerer Rechtsordnungen positiv hervorhebt, zugleich aber einwendet, das kollisionsrechtliche Paradigma werde dem Grundsatz der Einheitlichkeit der Rechtsordnung in der Union nur bedingt gerecht.

[311] Vgl. *S. Kadelbach*, Allgemeines Verwaltungsrecht unter europäischem Einfluß (1999), S. 219 sowie dazu bereits Teil 2 – Kapitel 11 – III. 2.

[312] Brit. High Court (Administrative Court), Entsch. v. 18. 2. 2002 – *Thoburn v. Sunderland City Council*, [2002] EWHC 195 (Admin), Rn. 60, 69 f. Dazu bereits Teil 2 – Kapitel 11 – I. 1.

[313] BVerfG, Urt. v. 30. 6. 2009 – 2 BvE 2/08 u. a. – *Lissabon* = BVerfGE 123, 267 ff. (Rn. 332).

[314] Span. VerfG, Erkl. v. 13. 12. 2004 – DTC 1/2004 – *Verfassungsvertrag* = EuR 2005, S. 339 (342 f., 2. Entscheidungsgrund, Hervorh. hinzugefügt).

gericht jedoch zugleich eine verfassungsrechtliche Grenzziehung. Die normative Autolimitation – oder wie das spanische Verfassungsgericht sagt: die Auferlegung „unausweichlicher Grenzen" für die „souveränen Befugnisse des Staates" – sei nur insoweit akzeptabel, als das

„europäische Recht mit den Grundprinzipien des sozialen und demokratischen Rechtsstaats vereinbar ist, den die nationale Verfassung errichtet. (...) Diese materiellen Grenzen, die nicht ausdrücklich in die Verfassungsbestimmung aufgenommen sind, sich aber konkludent aus der Verfassung und dem wesentlichen Sinn eben dieser Bestimmung ergeben, finden ihren Ausdruck in der Achtung der in unserer Verfassung verankerten Souveränität des Staates, unseren grundlegenden Verfassungsstrukturen sowie dem System der Grundwerte und -prinzipien, in welchem die Grundrechte eine entsprechend wesentliche Bedeutung erlangen".[315]

b) *Konsequenzen für einen gerichtlichen Prüfungsvorbehalt*

Wer angesichts der verfassungsvergleichenden Erkenntnisse nunmehr erwartet, dass sich an die verfassungsrechtliche Grenzziehung[316] nahtlos die Forderung nach einem verfassungsgerichtlichen Letztentscheidungsrecht anschließen müsste, wird durch die Lösung des spanischen Verfassungsgerichts überrascht sein. Die Ausgestaltung eines verfassungsgerichtlichen Letztentscheidungsrechts steht für das spanische Verfassungsgericht nämlich gerade nicht im Zentrum der Überlegungen.

Der grundlegende Unterschied zum Ansatz des BVerfG besteht in der Beurteilung des Wirkungsgrades *unionsrechtlicher* Sicherungsmechanismen. Während das BVerfG einen hinreichenden Schutz des Prinzips des begrenzten Einzelermächtigung sowie der grundgesetzlichen Verfassungsidentität nur durch eine Ultra-vires- und eine Identitätskontrolle gewährleistet sieht, kann das spanische Verfassungsgericht ein solches Letztentscheidungsrecht vollends ins Hypothetische verweisen. Grund hierfür ist ein bestimmtes Verständnis der unionsrechtlichen Grundlagennormen über die Werte der EU (Art. I-2 VVE, jetzt Art. 2 EUV), die Achtung der nationalen Identität (Art. I-5 Abs. 1 VVE, jetzt Art. 4 Abs. 2 EUV) und insbesondere die Rechtsverbindlichkeit der Grundrechtecharta (Teil II des VVE, jetzt verbindlich über Art. 6 Abs. 1 EUV). Nach Auffassung des spanischen Verfassungsgerichts tragen diese Bestimmungen

„dazu bei, die Gewährleistung der Existenz und der grundlegenden Strukturen der Staaten wie ihrer Werte, Prinzipien und Grundrechte, die nach Übertragung der Kompetenzausübung an die überstaatliche Organisation keinesfalls unkenntlich werden dürfen, zu verankern; das *Fehlen* oder die *fehlende Ausdrücklichkeit* einer solchen Garantie rechtfertigte jene Vorbehalte gegenüber dem Vorrang des Gemeinschaftsrechts vor der Verfassung, die zuvor in den einschlägigen Entscheidungen der Verfassungsgerichtsbarkeiten einiger Staaten formuliert worden sind (...). *Die Grenzen, auf die sich die Vorbehalte der besagten Verfassungsgerichtsbarkeiten bezogen, erscheinen nun mit anderen Worten, auf unmissverständliche Weise in dem Vertrag [über eine Verfassung für Europa] niedergelegt* (...) womit seine Vorschriften letztendlich den Anfor-

[315] Ebd., S. 343 (2. Entscheidungsgrund).

[316] Kollisionsrechtlich könnte man von ordre public sprechen, vgl. *A. Peters*, Elemente einer Theorie der Verfassung Europas (2001), S. 334.

derungen der Verfassungen der Mitgliedstaaten *entsprechen*. (...) Aber vor allem wird deutlich, dass die Kompetenzen, deren Ausübung der Europäischen Union übertragen werden, *nicht ohne Verstoß gegen den Vertrag selbst* als Grundlage für das Zustandekommen gemeinschaftsrechtlicher Normen dienen könnten, deren Inhalt Werten, Prinzipien oder Grundrechten unserer Verfassung widerspräche."[317]

Damit stellt ein Verstoß des Unionsrechts gegen Kerngehalte der innerstaatlichen (hier der spanischen) Verfassung immer zugleich auch einen Verstoß gegen das Unionsrecht selbst dar und kann daher bereits auf *unionsrechtlicher* Ebene sanktioniert werden.[318] Die erste und gleichsam wichtigste „Verteidigungslinie" ist also durch „inbuilt brakes", durch immanente Sicherungsmechanismen auf die Ebene des materiellen Unionsrechts und damit zugleich in den Zuständigkeitsbereich des EuGH vorverlegt.[319] Zwar kann sich auch das spanische VerfG in letzter Konsequenz nicht völlig von der theoretischen Möglichkeit eines nationalen Letztentscheidungsrechts verabschieden. Jedoch misst es diesem den Charakter eines hypothetischen Notfallrechts bei,[320] dessen genaue prozessuale Konkretisierung letztlich offen bleiben kann:

„Für den *kaum denkbaren Fall*, dass das Recht der Europäischen Union in seiner weiteren Entwicklung nicht mehr mit der spanischen Verfassung in Einklang zu bringen wäre, ohne dass die *hypothetischen Überschreitungen* des europäischen Rechts hinsichtlich der eigenen europäischen Verfassung über die *dort vorgesehenen herkömmlichen Rechtsbehelfe* behoben würden, könnten die Wahrung der Souveränität des spanischen Volkes und der Vorherrschaft *(supremacía)*, mit der sich die Verfassung versehen hat, in letzter Instanz von diesem Gerichtshof verlangen, die Probleme, die einem solchen Fall aufgeworfen würden und die *aus der aktuellen Perspektive als inexistent angesehen werden*, über die einschlägigen verfassungsrechtlichen Verfahren anzugehen."[321]

---

[317] Span. VerfG, Erkl. v. 13. 12. 2004 – DTC 1/2004 – *Verfassungsvertrag* = EuR 2005, S. 339 (344 f.) in deutscher Übersetzung.

[318] In diesem Sinne auch *F. Castillo de la Torre*, Tribunal Constitucional (Spanish Constitutional Court), Opinion 1/2004 of 13 December 2004, on the Treaty Establishing a Constitution for Europe, CMLRev. 42 (2005), S. 1169 (1185 f. u. 1192 f.). In die gleiche Richtung *A. C. Becker*, Vorrang versus Vorherrschaft, EuR 2005, S. 353 (355); *A. del Valle Gálvez*, Constitution Espagnole et traité constitutionnel européen – la déclaration du *Tribunal Constitucional* du 13 décembre 2004, CDE 41 (2005), S. 705 (716 f.) sowie *C. B. Schutte*, Spain. Tribunal Constitucional on the European Constitution. Declaration of 13 December 2004, EuConst 1 (2005), S. 281 (287 f.).

[319] So *F. Castillo de la Torre*, a.a.O., S. 1193 u. 1201.

[320] *I. Pernice*, Das Verhältnis europäischer zu nationalen Gerichten im europäischen Verfassungsverbund (2006), S. 41 spricht von „Notbremse". Ähnlich *C. B. Schutte*, Spain. Tribunal Constitucional on the European Constitution. Declaration of 13 December 2004, EuConst 1 (2005), S. 281 (287 f.): „emergency break".

[321] Span. VerfG, Erkl. v. 13. 12. 2004 – DTC 1/2004 – *Verfassungsvertrag* = EuR 2005, S. 339 (347) in deutscher Übersetzung. In der vorhergehenden Entscheidung v. 19. 4. 2004 – Nr. 58/2004 hatte das Gericht, zwar ohne im Ergebnis eine Verletzung festzustellen, unter Rückbezug auf eine Entscheidung v. 22. 3. 1991 – Nr. 64/1991 allerdings einen innerstaatlichen Umsetzungsakt am Maßstab der Grundrechte geprüft. Zur Entscheidung vgl. *R. Alonso García*, Spanish Constitutional Court. Judgment 58/2004, of 19 April 2004, CMLRev. 42 (2005), S. 535 ff. Ob diese Rechtsprechungslinie nach der Erklärung zum VVE fortgilt, ist indessen fraglich. Zum Problem *F. Castillo de la Torre*, a.a.O., S. 1197.

Dass das Gericht im Anschluss zugleich auf das Austrittsrecht als letzte Bastion staatlicher Selbstbehauptung verweist, bestätigt, dass es sich insoweit um einen Schutzmechanismus handelt, der nur im Falle einer schwerwiegenden strukturellen Anomalie auf Ebene des Unionsrechts aktualisierbar ist.[322]

c) Zwischenbefund und Ausblick

Die kategoriale Trennung von *primacía* und *supremacía* in Kombination mit der Anerkennung hinreichender Sicherungsmechanismen auf Ebene des Unionsrechts durch das spanische Verfassungsgericht offenbart ein Verständnis normativer Permeabilität, das nicht nur in theoretischer Perspektive widerspruchsfrei ist, sondern das – und hier liegt der entscheidende Unterschied zum Ansatz des BVerfG – ohne einseitige Usurpation der unionsrechtlichen Identitätsklausel in einer schonenden Weise der Aufgabenverteilung im Mehrebenensystem Rechnung trägt.

Im Zuge der Reformdebatte um das spanische Europaverfassungsrecht hat der spanische Staatsrat den Ansatz des Verfassungsgerichts aufgenommen und im Rahmen einer bislang noch nicht in geltendes Recht überführten Empfehlung in Textform gegossen.[323] Dieser Vorschlag ist, wie gesehen, zugleich der Gesamtverweisung in Art. 8 Abs. 4 der portugiesischen Verfassung nachgebildet.[324] Ähnlich wie dort handelt es sich hinsichtlich der Anwendungsregeln supranationalen Rechts um eine Verweisung auf das Unionsrecht selbst. Dazu gehört neben dem Grundsatz der unmittelbaren Anwendbarkeit insbesondere auch das Vorrangprinzip, verstanden als Kollisionsnorm im Sinne der *primacía*. Ungleich deutlicher als der bislang geltende Art. 93 Verf-ESP bringt der Textvorschlag zum Ausdruck, dass die spanische Verfassung Rechts*anwendungs*regime erlauben kann, die rechtsordnungsdifferierenden Normen Anwendungspräferenz verleihen können. Die normenhierarchische Vorrangigkeit (*supremacía*) bliebe hiervon unberührt.

Die Entscheidung des spanischen Verfassungsgerichts wiederum hat ihren Weg in die Verfassungsdiskussion in Bulgarien gefunden, wie die bulgarische Verfassungsrichterin *Emilia Drumeva* betont.[325] Auch hier wird, einmal mehr, der eng vernetzte Entwicklungskontext der Gestaltformen normativer Permeabilität deutlich.

---

[322] 4. Entscheidungsgrund (EuR 2005, S. 347): „Abgesehen davon wäre der Schutz der erwähnten Souveränität letzten Endes jedenfalls durch Art. I-60 des Vertrags abgesichert, der einen echten Kontrapunkt zu Art. I-6 darstellt und der es ermöglicht, den in Art. I-6 VV beanspruchten Vorrang *(primacía)* in seiner wirklichen Dimension zu bestimmen, d. h. außerstande ist, sich über die Ausübung des Austrittsrechts hinwegzusetzen, die dem höchsten, souveränen, Willen der Mitgliedstaaten vorbehalten bleibt."

[323] Span. Staatsrat (*Consejo de Estado*), Bericht v. 16. 2. 2006 – Nr. E 1/2005, S. 107, abrufbar unter http://www.consejo-estado.es/pdf/modificaciones%20constitucion%20esp.pdf (1. 9. 2010).

[324] Vgl. Teil 2 – Kapitel 10 – V. 2.

[325] *E. Drumeva*, Primacy of the EU Law in the National Constitutional Space – Reflections, in: I. Pernice/E. Tanchev (Hrsg.), Ceci n'est pas une constitution (2009), S. 100 (102 f.). Der Vorrang des Primärrechts gegenüber einfachem Gesetzesrecht ist durch Art. 5 Abs. 4 der bulgarischen Verfassung geregelt, wobei diese Vorschrift gemäß Art. 185 Abs. 4 Verf-BG nur erschwert, d. h. im Wege der sog. Großen Nationalversammlung, abgeändert werden kann.

3. *Verfassungsrechtliche Einkleidung: Unionsrecht als nationales Verfassungsrecht*

Ein weiteres Modell differenzierten Umgangs mit dem unionsrechtlichen Vorrangpostulat findet sich in der Rechtsprechung des französischen Verfassungsrats (*Conseil constitutionnel*) sowie, daran anknüpfend, des französischen Staatsrats (*Conseil d'Etat*). Die Ansätze beider Akteure nehmen ihren Ausgangspunkt in einer Einkleidung unionsrechtlicher Verpflichtungen in das Gewand französischen Verfassungsrechts.[326]

Für eine klassischerweise monistisch geprägte Rechtsordnung wie die französische ist ein solcher Ansatz auf den ersten Blick ungewöhnlich.[327] Er erschließt sich nur vor dem Hintergrund der bislang begrenzten und fragmentarischen Prüfungszuständigkeit französischer Gerichte.[328] Für die Frage des unionsrechtlichen Vorranganspruchs vor der nationalen Verfassung ist dabei zweierlei von Bedeutung. Zum einen darf der französische Verfassungsrat (*Conseil constitutionnel*) völkerrechtliche Verträge nur vorab, d.h. vor der Ratifikation, auf ihre Vereinbarkeit mit der Verfassung prüfen (Art. 54 Verf-F). Hinsichtlich der Prüfung der Verfassungsmäßigkeit von innerstaatlichen Gesetzen war der Verfassungsrat darüber hinaus bis in jüngste Zeit auf die Prüfung von Gesetzesentwürfen beschränkt (Art. 61 Abs. 2 Verf-F).[329] Prüfungsmaßstab dieser Entwurfskontrolle ist seit der Leitentscheidung zum Schwangerschaftsabbruch aus dem Jahr 1975 zudem ausschließlich das französische Verfassungsrecht, nicht aber das für Frankreich verbindliche Völkerrecht.[330]

---

[326] Vgl. *F. C. Mayer*, Europarecht als französisches Verfassungsrecht, EuR 2004, S. 925 ff. sowie *F. Chaltiel*, Les rapports de système entre le droit constitutionnel et le droit européen, RMC 2007, S. 361 (361 f.), die von einer „inscription constitutionnelle" bzw. einem „droit constitutionnalisé" spricht.

[327] Die (mittelbare) Parallelverankerung unionsrechtlicher Verpflichtungen im nationalen Verfassungsrecht ist ein Phänomen, das klassischerweise in dualistischen Rechtsordnungen beobachtet werden konnte. Insbesondere in Italien stellte sich dieses Problem in Folge der Urteile des Ital. VerfGH, Urt. v. 18. 12. 1973 – Nr. 183/1973 – *Frontini* = EuR 1974, S. 255 ff. und v. 30. 10. 1975 – Nr. 232/1975 – *ICIC*. Zwar wurde darin der Vorrang des Unionsrechts anerkannt. Allerdings ging der ital. VerfGH noch von der dualistischen Konzeption aus, dass der Widerspruch eines späteren Gesetzes zu einer zeitlich vorausgehenden unmittelbar anwendbaren Vorschrift des Unionsrechts einen mittelbaren Verstoß gegen Art. 11 der Verfassung darstelle, der – und hierin liegt ein entscheidender Unterschied zum Ansatz des französischen Verfassungsrates – nur durch den Verfassungsgerichtshof selbst festgestellt werden könne. Dass nunmehr in einem klassischerweise als monistisch qualifizierten Staat wie Frankreich eine Einkleidung der unionsrechtlichen Verpflichtungen in das französische Verfassungsrecht stattfindet, zeigt einmal mehr, dass die Unterscheidung zwischen Monismus und Dualismus im Kontext des Europäischen Verfassungsverbundes wenig aussagekräftig ist, vgl. Teil 1 – Kapitel 1 – II. 3.

[328] Dies kann hier nicht näher vertieft werden. Vgl. eingehend dazu *J.-F. Flauss*, Rapport français, in: J. Schwarze (Hrsg.), Die Entstehung einer europäischen Verfassungsordnung (2000), S. 25 (53 ff.). Speziell in Bezug auf die (indirekte) Kontrolle von Sekundärrecht *O. Dupéré*, Jurisprudence constitutionnelle – Le contrôle de constitutionnalité du droit dérivé de l'Union européenne. Lectures croisées par le Conseil d'Etat et le Conseil constitutionnel, RFDC 61 (2005), S. 147 ff.

[329] Änderungen ergeben sich durch Art. 61-1 Verf-F, eingeführt durch Verfassungsgesetz Nr. 2008-103 v. 4. 2. 2008 sowie umgesetzt durch Organgesetz Nr. 2009-1523 v. 10. 12. 2009. S. bereits Teil 2 – Kapitel 11 – III. 1. a) im Kontext der prozessualen Vorüberlegung.

[330] Franz. Verfassungsrat, Entsch. v. 15. 1. 1975 – Nr. 74-54 – *Schwangerschaftsabbruch (Interrup-*

Was zum anderen die höchsten Fachgerichte, d.h. den Staatsrat (*Conseil d'Etat*) in seiner Eigenschaft als höchstes Verwaltungsgericht und den Kassationsgerichtshof (*Cour de Cassation*) als höchstes ordentliches Gericht betrifft, so ist beiden nach wie vor eine Prüfung der Verfassungsmäßigkeit von Gesetzen verwehrt. Der Staatsrat kann jedoch Normen im Rang unterhalb des Gesetzes einer Prüfung unter Einschluss der Frage der Verfassungsmäßigkeit unterziehen. Infolge der Entscheidung des Verfassungsrates zum Schwangerschaftsabbruch sind beide Gerichte zudem im Lauf der Zeit dazu übergegangen, Gesetze auf ihre Vereinbarkeit mit *Völker- bzw. Europarecht* zu überprüfen und auf diesem Wege den Vorrang des Unionsrechts jedenfalls vor innerstaatlichen Normen im Range unterhalb der Verfassung sicherzustellen.[331] Allerdings entschied der Staatsrat Ende der 1990er Jahre im Fall *Sarran*, dass eine solche Kontrolle am Maßstab des Völkerrechts dann ausgeschlossen sei, wenn durch sie indirekt die Verfassung in Frage gestellt werde, etwa wenn die zu überprüfende innerstaatliche Norm eine verfassungsrechtliche Vorschrift umsetzt. Grund für diese Begrenzung war nach Auffassung des Staatsrats der fehlende Vorrang des Völkerrechts vor der französischen Verfassung.[332] Art. 55 der französischen Verfassung, der völkerrechtlichen Verträgen in Frankreich einen übergesetzlichen Rang zuweist, begründete seiner Auffassung nach gerade *keinen Vorrang vor der Verfassung*.[333] Einer Folgeentscheidung des Staatsrats aus dem Jahr 2001 ließ sich darüber hinaus entnehmen, dass dies auch in Bezug auf das Unionsrecht gelten solle.[334] In verfassungsvergleichender Perspektive wurde bzw. wird die französische Verfassungsordnung dar-

---

tion volontaire de grossesse (IVG)), 7. Erwägungsgrund. Damit wurde das Unionsrecht nicht in den sog. „bloc de constitutionnalité" eingegliedert. Für die heutige Bedeutung dieser Entscheidung in Fällen mit Bezug zum Unionsrecht vgl. *C. Charpy*, The Status of (Secondary) Law in the French Internal Order: the Recent Case-Law of the *Conseil Constitutionnel* and the *Conseil d'Etat*, EuConst 3 (2007), S. 436 (446 u. 448 f.).

[331] Franz. Kassationsgerichtshof, Entsch. v. 24.5. 1975 – Nr. 73-13556 – *Jacques Vabre* sowie franz. Staatsrat, Entsch. v. 20.10. 1989 – Nr. 108243 – *Nicolo* (im Gegensatz zur Entsch. v. 1.3. 1968 – Nr. 62814 – *Semoules*). Für einen instruktiven Überblick über die Entwicklung der Rechtsprechung vgl. *J. Scheffler*, Das französische Verfassungsverständnis angesichts der Anforderungen des EG/EU-Rechts, ZaöRV 67 (2007), S. 43 (57 f.).

[332] Franz. Staatsrat, Entsch. v. 30.10. 1998 – Nr. 200286 u. 200287 – *Sarran et Levacher*. Dazu *C. Richards*, Sarran and Levacher, Ranking Legal Norms in the French Republic, ELRev. 25 (2000), S. 192 ff.

[333] Ebd., 12. Erwägungsgrund: „(...) la suprématie ainsi conférée aux engagements internationaux ne s'applique pas, dans l'ordre interne, aux dispositions de nature constitutionnelle". In der Entscheidung ging es um die Vereinbarkeit eines Dekrets zur Durchführung der Volksabstimmung in Neukaledonien mit Völkerrecht (nicht Unionsrecht). Da das Dekret die damals geltenden Bestimmungen des Art. 76 der französischen Verfassung umsetzte, hätte seine Annullierung mittelbar zugleich die Verfassung in Frage gestellt. Der Kassationsgerichtshof schwenkte mit der Entscheidung v. 2.6. 2000 – Nr. 99-60274 – *Fraisse* auf diese Linie des Staatsrats ein, soweit es um eine Vereinbarkeit mit Völkerrecht geht.

[334] Franz. Staatsrat, Entsch. v. 3.12. 2001 – Nr. 226514 – *SNIP*. Kritisch zu der der Entscheidung entnommenen Gleichsetzung von Unionsrecht und Völkerrecht *F. Chaltiel*, Les rapports de système entre le droit constitutionnel et le droit européen, RMC 2007, S. 361 ff.

um regelmäßig denjenigen Rechtsordnungen zugeordnet, die grundsätzlich von einem Vorrang der Verfassung gegenüber dem Unionsrecht ausgehen.[335]

a) *Verfassungsrechtliche Substitution mit Identitätsvorbehalt*

Neuen Wind in die Diskussion brachte schließlich die jüngere Rechtsprechung des Verfassungsrats. Am 10. Juni 2004 verkündete er eine in der Folge vielbeachtete Entscheidung, die angesichts der geschilderten Ausgangslage als wegweisend für den Umgang mit der Vorrangfrage in Frankreich gelten kann.[336] Verfahrenstechnisch ging es um die Kontrolle eines Gesetzesentwurfs, der insbesondere die Umsetzung der Richtlinie 2000/31 über den elektronischen Geschäftsverkehr[337] zum Gegenstand hatte. Eine Feststellung der Verfassungswidrigkeit durch den Verfassungsrat hätte somit mittelbar auch die Richtlinie in Frage gestellt, soweit sie die fraglichen Gesetzesbestimmungen zwingend vorgab. Der Verfassungsrat beschritt in seiner Entscheidung verfassungsrechtliches Neuland. Erstmals entschied er, die Verpflichtung zur Umsetzung von Richtlinien resultiere nicht nur aus dem Unionsrecht, sondern zugleich

> „(...) aus einem *Erfordernis der Verfassung, dem lediglich eine ausdrückliche gegenteilige Bestimmung der Verfassung entgegengesetzt werden könnte*; bei Fehlen einer solchen Bestimmung kommt es ausschließlich dem im Rahmen des Vorlageverfahrens angerufenen europäischen Richter zu, die Vereinbarkeit einer Richtlinie sowohl mit den durch die Verträge bestimmten Kompetenzen, als auch mit den in Art. 6 des Vertrags über die Europäische Union garantierten Grundrechten zu überwachen."[338]

---

[335] Vgl. jüngst etwa *C. Grabenwarter*, Staatliches Unionsverfassungsrecht, in: A. v. Bogdandy/J. Bast (Hrsg.), Europäisches Verfassungsrecht (2. Aufl. 2009), S. 121 (129) sowie zuvor bereits *J. Schwarze*, in: ders. (Hrsg.), Die Entstehung einer europäischen Verfassungsordnung (2000), S. 463 (502) und *A. Peters*, Elemente einer Theorie der Verfassung Europas (2001), S. 312, die Parallelen zur Rechtslage in Griechenland zieht.

[336] Franz. Verfassungsrat, Entsch. v. 10. 6. 2004 – Nr. 2004-496 DC – *elektronischer Geschäftsverkehr*, Rec., S. 101(= EuR 2004, S. 921 ff. in deutscher Übersetzung). Dazu *J. Dutheil de la Rochère*, Conseil Constitutionnel (French Constitutional Court), Decision No. 2004-496 of 10 June 2004, CMLRev. 42 (2005), S. 859 ff.; *F. C. Mayer*, Europarecht als französisches Verfassungsrecht, EuR 2004, S. 925 (926 ff.); *J. H. Reestman*, Conseil Constitutionnel on the Status of (Secondary) Community Law in the French Internal Order, EuConst 1 (2005), S. 302 ff.; *J. Roux*, Le Conseil constitutionnel et l'ordre juridique communautaire: coopération et contrôle, RDP 2004, S. 912 ff.; *E. Sales*, La transposition des directives communautaires: une exigence de valeur constitutionnelle sous réserve de constitutionnalité, RTDeur. 41 (2005), S. 597 ff.; *C. Charpy*, The Status of (Secondary) Law in the French Internal Order: the Recent Case-Law of the *Conseil Constitutionnel* and the *Conseil d'Etat*, EuConst 3 (2007), S. 436 ff.; *O. Dupéré*, Jurisprudence constitutionnelle – Le contrôle de constitutionnalité du droit dérivé de l'Union européenne, RFDC 61 (2005), S. 147 ff.; *C. Walter*, Der französische Verfassungsrat und das Recht der Europäischen Union, EuGRZ 2005, S. 77 (79 ff.); *T. Pfeiffer*, Zur Verfassungsmäßigkeit des Gemeinschaftsrechts in der aktuellen Rechtsprechung des französischen Conseil constitutionnel, ZaöRV 67 (2007), S. 469 (471 ff.); *C. D. Classen*, Übersetzung und Anmerkung, JZ 2004, S. 969 ff.

[337] RL 2000/31/EG des Europäischen Parlaments und des Rates vom 8. 6. 2000 über bestimmte rechtliche Aspekte der Dienste der Informationsgesellschaft, insbesondere des elektronischen Geschäftsverkehrs, im Binnenmarkt, ABl. L 178 v. 17. 07. 2000, S. 1 ff.

[338] 7. Erwägungsgrund (EuR 2004, S. 922).

Dieser ebenso kurze wie prägnante Erwägungsgrund hat erhebliche, in seiner Wirkrichtung aber zugleich ambivalente Konsequenzen für die Durchsetzung des unionsrechtlichen Vorranganspruchs in der französischen Verfassungsordnung.[339]

Die Pointe des Ansatzes liegt zunächst in seiner *vorrangsichernden* Wirkung. Da die unionsrechtliche Umsetzungsverpflichtung nunmehr zugleich als eine sich *aus der französischen Verfassung* ergebende Verpflichtung behandelt wird,[340] kann der Verfassungsrat ihre Einhaltung überprüfen und damit den Vorranganspruch des Unionsrechts im Rahmen seiner prozessualen Mittel sichern.[341] Die normative Grundlage hierfür sieht der Verfassungsrat in Art. 88-1 Verf-F, also der Bestimmung über Frankreichs Beteiligung an der EU. Diese inhaltlich recht allgemein gehaltene Vorschrift war in der Literatur zuvor lediglich vereinzelt als mögliche verfassungsrechtliche Grundlage des Vorrangs diskutiert worden.[342] Dass der Verfassungsrat speziell auf eine Verfassungsbestimmung mit ausdrücklichem EU-Bezug zurückgreift, kann indessen als Anerkennung der *spezifischen Besonderheit* des Unionsrechts gegenüber dem allgemeinen Völkerrecht verstanden werden.[343] Diese Lesart wird auch durch die nachfolgenden Entscheidungen zum VVE und zum VvL bestätigt.[344] Das Unionsrecht wird durch seine spezifische Verankerung im französischen Europaverfassungsrecht somit „aus dem Bereich der sonstigen völkervertragsrechtlichen Verpflichtungen herausgelöst",[345] denen nach Art. 55 der französischen Verfassung zwar übergesetzlicher, aber eben nur unterverfassungsrechtlicher Rang zukommt. Man

339 Vgl. *F. C. Mayer*, Europarecht als französisches Verfassungsrecht, EuR 2004, S. 925 (929 f.); *F. Chaltiel*, Les rapports de système entre le droit constitutionnel et le droit européen, RMC 2007, S. 361 (363).

340 Dies ist nicht zu verwechseln mit dem vereinzelt unterbreiteten Vorschlag, die normenhierarchische Verortung des Unionsrechts im innerstaatlichen Rechtsraum müsse „nach der derogatorischen Kraft" erfolgen, auf der eine entsprechende Norm im innerstaatlichen Recht erzeugt werden müsse. So in Bezug auf die österreichische Rechtsordnung *H. R. Laurer*, Europarecht und österreichische Rechtsordnung – Rechtsnormen in einem einheitlichen Stufenbau?, ÖJZ 1997, S. 801 ff. Kritisch dazu *H. Schäffer*, Österreichischer Landesbericht, in: J. Schwarze (Hrsg.), Die Entstehung einer europäischen Verfassungsordnung (2000), S. 339 (368).

341 Ausdrücklich betont der Verfassungsrat diesen Gesichtspunkt in der sogleich zu erörternden Folgeentscheidung v. 27. 7. 2006 – Nr. 2006-540 DC – *Informationsgesellschaft*, 18. Erwägungsgrund: „Considérant qu'il appartient par suite au Conseil constitutionnel, saisi dans les conditions prévues par l'article 61 de la Constitution d'une loi ayant pour objet de transposer en droit interne une directive communautaire, *de veiller au respect de cette exigence*; que, toutefois, le contrôle qu'il exerce à cet effet est soumis à une double limite". Vgl. dazu *C. Charpy*, The Status of (Secondary) Law in the French Internal Order: the Recent Case-Law of the *Conseil Constitutionnel* and the *Conseil d'Etat*, EuConst 3 (2007), S. 436 (447).

342 Vgl. *T. de Berranger*, Constitutions nationales et construction communautaire (1995), S. 215 f.

343 *F. Chaltiel*, Les rapports de système entre le droit constitutionnel et le droit européen, RMC 2007, S. 361 (363).

344 Franz. Verfassungsrat, Entscheidungen v. v. 19. 11. 2004 – Nr. 2004-505 DC – *Verfassungsvertrag*, Rec. S. 173, 11. Erwägungsgrund sowie v. 20. 12. 2007 – Nr. 2007-560 DC – *Lissabon*, JORF v. 29. 12. 2007, 21813, 7. Erwägungsgrund. Vgl. bereits Teil 2 – Kapitel 9 – I. 3.

345 *F. C. Mayer*, Europarecht als französisches Verfassungsrecht, EuR 2004, S. 925 (929).

kann dies auch als eine (innerstaatliche) Konstitutionalisierung des Unionsrechts in Frankreich begreifen.[346]

Die Verankerung bzw. „Löslichkeit“[347] der unionsrechtlichen Umsetzungsverpflichtung im nationalen Verfassungsrecht ermöglicht aber umgekehrt ihre Einschränkung bzw. Relativierung durch widerstreitende Regeln oder Prinzipien verfassungsrechtlichen Ranges.[348] Allgemein gesprochen, die Erhebung des Unionsrechts in den Stand des Verfassungsrechts hat zugleich eine *vorrangbegrenzende* Funktion. Dem korrespondiert der Vorbehalt, den der französische Verfassungsrat in Bezug auf das Bestehen einer „ausdrücklich gegenteiligen“, also einer der Umsetzungsverpflichtung widersprechenden Bestimmung der Verfassung formuliert. Wo genau diese Grenze verläuft, ist freilich abstrakt nur schwer zu bestimmen.[349]

Allerdings hat der Verfassungsrat seinen Vorbehalt bereits kurz darauf mit Entscheidung vom 27. Juli 2006 abgewandelt.[350] Die von ihm ausgeübte Kontrolle *zur Einhaltung der Umsetzungsverpflichtung* unterliege, so führt er nunmehr präzisierend aus, zwei Beschränkungen. Die *erste* beziehe sich auf die materiell-rechtliche Dimension. Nach der neuen Formulierung des Verfassungsrats dürfe die Umsetzung einer Richtlinie

> „nicht gegen eine Bestimmung oder einen Grundsatz, in welchen die *verfassungsrechtliche Identität Frankreichs* zum Ausdruck kommt, verstoßen (...), es sei denn, der Verfassungsgesetzgeber hätte dem zugestimmt“.[351]

Es darf als wahrscheinlich gelten, dass dieser Vorbehalt in ausdrücklicher Anlehnung an die Identitätsklausel auf unionsrechtlicher Ebene formuliert wurde.[352] Dafür spricht insbesondere, dass der Verfassungsrat bereits in seiner Entscheidung zum VVE vom 19. November 2004 eine kombinierte Auslegung von unionsrechtlichem Vorrangprinzip (Art. I-6 VVE) und Identitätsklausel (Art. I-5 VVE) vorgenommen

---

[346] So *J. Scheffler*, Das französische Verfassungsverständnis angesichts der Anforderungen des EG/EU-Rechts, ZaöRV 67 (2007), S. 43 (61).

[347] Vgl. *J.-P. Camby*, Le droit communautaire est-il soluble dans la Constitution?, RDP 2004, S. 878 ff.

[348] *C. Richards*, The Supremacy of Community Law before the French Constitutional Court, ELR 31 (2006), S. 499 (505 f.) hebt insoweit hervor, die Verfassung bleibe jedenfalls in der Theorie die höchste Rechtsquelle in der französischen Rechtsordnung.

[349] Vgl. *J. Roux*, Le Conseil constitutionnel et l'ordre juridique communautaire: coopération et contrôle, RDP 2004, S. 912 (926 ff.) sowie *C. Walter*, Der französische Verfassungsrat und das Recht der Europäischen Union, EuGRZ 2005, S. 77 (80) m. w. N.

[350] Franz. Verfassungsrat, Entsch. v. 27. 7. 2006 – Nr. 2006-540 DC – *Informationsgesellschaft*. Dazu *F. Chaltiel*, Nouvelle précision sur les rapports entre le droit constitutionnel et le droit communautaire, RFDC 2006, S. 837 ff.

[351] 19. Erwägungsgrund.

[352] Vgl. *F. C. Mayer/E. Lenski/M. Wendel*, Der Vorrang des Europarechts in Frankreich, EuR 2008, S. 63 (71); *A. Levade*, Le Palais-Royal aux prises avec la constitutionnalité des actes de transposition des directives communautaires, RFDA 2007, 564 (569), die insoweit von einem „jeux de miroir“ spricht. Ebenso *C. Charpy*, The Status of (Secondary) Law in the French Internal Order: the Recent Case-Law of the *Conseil Constitutionnel* and the *Conseil d'Etat*, EuConst 3 (2007), S. 436 (445).

hatte.[353] Im Unterschied zum Identitätsvorbehalt des Bundesverfassungsgerichts handelt es sich allerdings – dies macht der Hinweis des Verfassungsrates auf eine mögliche Änderung der Verfassung deutlich – gerade nicht um einen Schutz änderungsfester Kerngehalte. Aus diesem Grund und auch weil der Identitätsvorbehalt des Verfassungsrates ohnehin nur im Rahmen einer präventiven Normenkontrolle aktualisiert werden kann, erscheint das Konzept des Verfassungsrates weniger invasiv als die „Identitätskontrolle" des BVerfG.[354] Gleicht man den Ansatz des Verfassungsrates mit dem des spanischen Verfassungsgerichts ab, treten trotz des gemeinsamen Rekurses auf die Identität auch hier Unterschiede hervor. Anders als der französische Verfassungsrat schützt das spanische Verfassungsgericht das Unionsrecht nämlich gerade nicht durch eine verfassungsrechtliche Einkleidung bzw. eine innerstaatliche Konstitutionalisierung. Durch die kategoriale Trennung von *primacía* und *supremacía* – nur für die Einhaltung letzterer wäre das Gericht im hypothetischen Fall zuständig – überweist das spanische Verfassungsgericht diese Aufgabe vielmehr gänzlich an die Fachgerichte.[355]

Die *zweite* Grenze, die der französische Verfassungsrat in seiner Rechtsprechung aufstellt, ist seinen verfahrensrechtlichen Rahmenbedingungen geschuldet. Weil der Verfassungsrat im Regelfall binnen eines Monates über die Verfassungsmäßigkeit eines Gesetzesentwurfes entscheiden muss (Art. 61 Abs. 3 Verf-F), hält er sich dementsprechend für außerstande, dem EuGH eine Frage zur Vorabentscheidung vorzulegen. Daraus folgt für ihn zugleich, dass er nur *offensichtliche Verstöße* der zu prüfenden Norm gegen die aus Art. 88-1 Verf-F folgende Umsetzungspflicht feststellen könne.[356] Allerdings stehe im Gegenzug „in jedem Fall den nationalen Fachgerichten" der Weg zum EuGH offen.[357] Während der Verfassungsrat also selbst nur in Fällen offenkundiger Umsetzungsfehler die Rolle des europäischen Richters einnimmt und in den Grenzen der französischen Verfassungsidentität zur Durchsetzung der Um-

353 Franz. Verfassungsrat, Entsch. v. 19. 11. 2004 – Nr. 2004-505 DC – *Verfassungsvertrag*, Rec. S. 173, 13. Erwägungsgrund: Es ergebe sich „aus der Gesamtheit der Bestimmungen dieses Vertrages (…), und besonders aus der *Zusammenstellung seiner Artikel I-5 und I-6*, dass er weder die Eigenschaft der Europäischen Union, noch die Tragweite des Vorrangprinzips des EU-Rechts, so wie sie sich aus *Artikel 88-1 der Verfassung*, wie es der Verfassungsrat in seinen oben genannten Entscheidungen entschieden hat, ergibt, verändert" (Hervorh. hinzugefügt).

354 Gegen die kombinierte Auslegung von Art. I-5 und I-6 VVE gleichwohl *T. Pfeiffer*, Zur Verfassungsmäßigkeit des Gemeinschaftsrechts in der aktuellen Rechtsprechung des französischen Conseil constitutionnel, ZaöRV 67 (2007), S. 469 (499 f.), der darin eine Missachtung der letztinstanzlichen Interpretationshoheit des EuGH durch den franz. Verfassungsrat sieht.

355 Vgl. *F. Castillo de la Torre*, Tribunal Constitucional (Spanish Constitutional Court), Opinion 1/2004 of 13 December 2004, on the Treaty Establishing a Constitution for Europe, CMLRev. 42 (2005), S. 1169 (1191): „Union law is not granted the protection of the Tribunal, but at the same time it is de facto freed from any constitutional constraint. (…) The Tribunal, guarantor of the Spanish Constitution, affirms the irrelevance of Community law from a constitutional point of view in order to avoid having to affirm its subjection to the Constitution."

356 20. Erwägungsgrund: „manifestement incompatible".

357 Ebd.

setzungspflicht beiträgt,[358] belässt er für die übrigen Fälle Raum für eine Überprüfung durch die Fachgerichte und ggf. eine Vorlage an den EuGH.[359]

b) Verfassungsrechtliche Substitution mit Äquivalenzvorbehalt

Es war nur eine Frage der Zeit, bis sich die Fachgerichte, insbesondere der Staatsrat, zu dieser Rechtsprechung positionieren würden. Lange warten musste der interessierte Beobachter nicht. Bereits am 8. Februar 2007 verkündete der französische Staatsrat im Fall *Arcelor* anlässlich der verfassungsrechtlichen Überprüfung eines Dekretes zur Umsetzung der Emissionshandelsrichtlinie[360] eine Entscheidung,[361] die seither als *grand arrêt*, als Leitentscheidung, für den Zugang des Staatsrates zum Vorranganspruch des Unionsrechtes gelten kann.[362] Darin übernimmt der Staatsrat die vom Verfassungsrat praktizierte Rückführung der Umsetzungsverpflichtung auf Art. 88-1 Verf-F,[363] entwickelt aber hinsichtlich der Prüfungsmodalitäten und der Vorranggrenzen einen Ansatz eigener Art.[364] Danach muss die Prüfung der Verfas-

---

[358] Bereits kurz darauf erklärte der Verfassungsrat mit Entsch. v. 30. 11. 2006 – Nr. 2006-543 DC – *Energiesektor*, Rec., S. 120 einen Gesetzesentwurf wegen offenkundiger Unvereinbarkeit mit einer Richtlinie für verfassungswidrig.

[359] Vgl. *C. Charpy*, The Status of (Secondary) Law in the French Internal Order: the Recent Case-Law of the *Conseil Constitutionnel* and the *Conseil d'Etat*, EuConst 3 (2007), S. 436 (447).

[360] Richtlinie 2003/87/EG des Europäischen Parlaments und des Rates vom 13. Oktober 2003 über ein System für den Handel mit Treibhausgasemissionszertifikaten in der Gemeinschaft und zur Änderung der Richtlinie 96/61/EG des Rates, ABl. L 275 vom 25. 10. 2003, S. 32, zuletzt geändert durch Verordnung (EG) Nr. 219/2009 des Europäischen Parlaments und des Rates vom 11. 3. 2009 zur Anpassung einiger Rechtsakte, für die das Verfahren des Artikels 251 des Vertrags gilt, an den Beschluss 1999/468/EG des Rates in Bezug auf das Regelungsverfahren mit Kontrolle.

[361] Franz. Staatsrat, Entsch. v. 8. 2. 2007 – Nr. 287110 Ass. – *Arcelor* = EuR 2008, S. 57 ff. in deutscher Übersetzung. Dazu *F. C. Mayer/E. Lenski/M. Wendel*, Der Vorrang des Europarechts in Frankreich, EuR 2008, S. 63 ff.; *P. Cassia*, Entscheidungsanmerkung, RTDE 2007, 406 ff.; *F. Chaltiel*, Le Conseil d'Etat reconnaît la spécificité constitutionnelle du droit communautaire, RMC 2007, 335 ff.; *dies.*, Les rapports de système entre le droit constitutionnel et le droit européen, RMC 2007, 361 (367 ff.); *X. Magnon*, La sanction de la primauté de la Constitution sur le droit communautaire par le Conseil d'Etat, RFDA 2007, 578; *A. Levade*, Le Palais-Royal aux prises avec la constitutionnalité des actes de transposition des directives communautaires, RFDA 2007, 564 (577); *C. Charpy*, The Status of (Secondary) Law in the French Internal Order: the Recent Case-Law of the *Conseil Constitutionnel* and the *Conseil d'Etat*, EuConst 3 (2007), S. 436 (453 ff.).

[362] Vgl. dementsprechend die Aufnahme der Entscheidung in *M. Long* et al., Les grands arrêts de la jurisprudence administrative (17. Aufl. 2009).

[363] In seiner Entsch. v. 30. 10. 2009 – Nr. 298348 – *Mme P.*, 9. Erwägungsgrund (*considérant*) knüpft der Staatsrat ebenfalls an die verfassungsrechtliche Verortung der Umsetzungsverpflichtung an, macht aber die Doppelnatur dieser Verpflichtung deutlich, die sich zugleich aus dem Unionsrecht ergibt.

[364] 11. Erwägungsgrund (= EuR 2008, S. 60 f.). Dass der Staatsrat – anders als der Verfassungsrat – jedoch vor dem Rekurs auf Art. 88-1 Verf-F zugleich seine Rechtsprechung zu Art. 55 Verf-F wiederholt, wird in der Literatur unterschiedlich bewertet. Einige Autoren heben den Rekurs auf Art. 88-1 Verf-F in den Vordergrund. Damit erkenne der Staatsrat nunmehr wie der Verfassungsrat die verfassungsrechtliche Besonderheit des Unionsrechts an, vgl. *F. Chaltiel*, Le Conseil d'Etat reconnaît la spécificité constitutionnelle du droit communautaire, RMC 2007, S. 335 (335 f.) sowie *dies.*, Les rapports de système entre le droit constitutionnel et le droit européen, RMC 2007, S. 361 (362). Andere Autoren hingegen sehen im parallelen Rekurs auf Art. 55 Verf-F eine Kontinuitätslinie

sungsmäßigkeit – und insbesondere der Grundrechtskonformität – von nationalen Rechtsakten, die im Rang unterhalb der Gesetze stehen und Verordnungscharakter haben, in einer zweistufigen Weise erfolgen.[365] In einem ersten Schritt hat der Staatsrat eine *Äquivalenzprüfung* durchzuführen, d. h. er muss prüfen,

„ob es eine Regel oder einen allgemeinen Rechtsgrundsatz *des Gemeinschaftsrechts* gibt, welcher im Hinblick auf seine Natur und Tragweite, so wie er nach dem gegenwärtigen Stand der Rechtsprechung der Gemeinschaftsgerichtsbarkeit ausgelegt wird, durch seine Anwendung die *effektive Beachtung der Verfassungsbestimmung bzw. des verfassungsrechtlichen Prinzips garantiert*, auf das sich berufen wurde."[366]

Der Ausgang dieser Äquivalenzprüfung bestimmt sodann den zweiten Schritt. Wird die *Existenz eines äquivalenten Grundsatzes* auf Ebene des Unionsrechts – wie im Regelfall – bejaht, muss der Staatsrat den innerstaatlichen Rechtsakt auf seine Vereinbarkeit mit dem entsprechenden Grundsatz *des Unionsrechts* hin prüfen. Bestehen keine „ernsthaften Zweifel" in Bezug auf die Unionsrechtskonformität, hat der Staatsrat den Antrag auf Nichtigerklärung abzuweisen. Liegt ein solches Ergebnis hingegen nicht offen auf der Hand, muss – dies statuiert der Staatsrat ausdrücklich – eine Vorlage an den EuGH erfolgen.[367]

Falls der Staatsrat im Rahmen der Äquivalenzprüfung hingegen zu dem Ergebnis gelangen sollte, dass das Unionsrecht *kein funktionales Äquivalent* zum gerügten Grundsatz des französischen Verfassungsrechts kennt, so ist es Sache des Staatsrates, „die Verfassungsmäßigkeit der streitigen Bestimmungen mit Verordnungscharakter zu prüfen."[368] Mit anderen Worten, der Staatsrat behält sich im Falle des Fehlens eines äquivalenten Grundsatzes auf Ebene des Unionsrechts vor, den innerstaatlichen Umsetzungsakt am Maßstab der französischen Verfassung (bzw. des *bloc de constitutionnalité*) zu prüfen. Damit zieht der Staatsrat dem Vorrang des Unionsrechts in Frankreich Grenzen.

---

zur alten Rechtsprechung des Staatsrates (insbesondere in den Fällen *Sarran* und *SNIP*, s. o.). Dies ebne letztlich die verfassungsrechtliche Unterscheidung von Völkerrecht und Unionsrecht wiederum ein, vgl. *X. Magnon*, La sanction de la primauté de la Constitution sur le droit communautaire par le Conseil d'Etat, RFDA 2007, S. 578 (583 ff.) sowie *A. Levade*, Le Palais-Royal aux prises avec la constitutionnalité des actes de transposition des directives communautaires, RFDA 2007, S. 564 (568 f.). Näher zur Problematik *F. C. Mayer/E. Lenski/M. Wendel*, Der Vorrang des Europarechts in Frankreich, EuR 2008, S. 63 (76 ff.).

[365] 11. Erwägungsgrund (= EuR 2008, S. 60 f.). Dieses Prüfungsprogramm ist jedoch in seinem Anwendungsbereich begrenzt. Es kommt nur dann zum Tragen, wenn es sich um die Umsetzung von Bestimmungen handelt, die „präzise und unbedingt" sind, und „wenn nicht die Kontrolle kompetenzrechtlicher oder verfahrensrechtlicher Regeln betroffen ist" (ebd.). Im Kern geht es um Fallkonstellationen, in denen eine Verletzung von materiell-rechtlichen Verfassungsprinzipien, insbesondere den nationalen Grundrechten gerügt wird. Dies entspricht auch der Konstellation im Ausgangsverfahren. Hier ging es um die Vereinbarkeit der innerstaatlichen Umsetzung mit dem grundrechtlichen Schutz des Eigentums und der unternehmerischen Freiheit sowie dem Gleichheitssatz.

[366] Ebd. (Hervorh. Hinzugefügt).

[367] Ebd.

[368] Ebd.

Während die wissenschaftlichen Deutungen der *Arcelor*-Entscheidung hinsichtlich einzelner Teilaspekte divergieren,[369] kann zumindest als gesichert gelten, dass weder der Staatsrat noch der Verfassungsrat den Vorrang des Unionsrechts gegenüber der französischen Verfassung generell anerkennen.[370] Vielmehr liegt beiden Ansätzen ein differenzierter Ansatz zugrunde, der den Vorrang zwar im Regelfall anerkennt, aber gleichwohl unter einen verfassungsrechtlichen Vorbehalt stellt. Unterschiede bestehen hierbei hinsichtlich Konstruktion und verfahrensrechtlicher Umsetzung. Mit Blick auf die prozessualen Modalitäten unterscheiden sich beide Herangehensweisen vor allem darin, dass der Staatsrat Vorabentscheidungsfragen an den EuGH richten kann bzw. muss, während den Verfassungsrat die kurze Entscheidungsfrist an einer Vorlage hindert. Was die materiell-rechtliche Seite betrifft, übernimmt der Staatsrat gerade nicht die vom Verfassungsrat angewandte Grenze der französischen Verfassungsidentität. Vielmehr rekurriert der Staatsrat auf das Vorliegen eines äquivalenten Schutzstandards auf Ebene des Unionsrechts im konkreten Einzelfall.[371] Geht man allerdings davon aus, dass es sich bei Verfassungsgrundsätzen, zu denen ein funktionales Äquivalent auf gemeinschaftsrechtlicher Ebene fehlt, in der Regel um spezifisch französische Verfassungstraditionen handeln muss,[372] so nähern sich beide Ansätze zumindest unter diesem Blickwinkel an.[373]

Neben dem Abgleich zum Ansatz des Verfassungsrates stellt sich abschließend die Frage nach Gemeinsamkeiten und Unterschieden des *Arcelor*-Modells zu den Modellen anderer europäischer Verfassungs- und Höchstgerichte. Dabei ist zu berücksichtigen, dass der Regierungskommissar (*Commissaire du gouvernement* - seit 1. Februar 2009 umbenannt „*Rapporteur Public*")[374] im *Arcelor*-Verfahren seine Schlussanträge

---

369 Dazu näher *F. C. Mayer/E. Lenski/M. Wendel*, Der Vorrang des Europarechts in Frankreich, EuR 2008, S. 63 (76 ff.).

370 Vgl. auch *P. Cassia*, Entscheidungsanmerkung, RTDE 2007, S. 406 (407). Im *Arcelor*-Verfahren hatte bereits der Commissaire du gouvernement (seit dem 1. 2. 2009 umbenannt in „Rapporteur Public") *Mattias Guyomar* in seinen Schlussanträgen hervorgehoben, dass der Vorrang des Gemeinschaftsrechts nicht die Vorherrschaft (suprématie) der Verfassung in der innerstaatlichen Rechtsordnung in Frage stellen könne, vgl. Schlussanträge, abgedruckt in RTDE 2007, S. 378 (385 f.). Diese Argumentation weist gewisse Parallelen mit der Argumentation des spanischen Verfassungsgerichts auf.

371 Damit entspricht die Lösung des Staatsrats im Ergebnis dem Vorschlag des Commissaire du gouvernement *M. Guyomar*, RTDE 2007, S. 378 (396). Dieser hatte in den Schlussanträgen zum Fall *Arcelor* betont, dass ein einzelfallbasierter Prüfungsmaßstab besser auf die Kompetenzen des Staatsrats abgestimmt sei. Die unterschiedliche Prüfdichte von Verfassungsrat (Prüfung begrenzt auf das Vorliegen offenkundiger Umsetzungsfehler) und Staatsrat stützt eine solche Unterscheidung, vgl. auch *Levade*, Le Palais-Royal aux prises avec la constitutionnalité des actes de transposition des directives communautaires, RFDA 2007, 564 (570 f.).

372 Der Commissaire du gouvernement *M. Guyomar*, RTDE 2007, S. 378 (385), nennt unter Hinweis auf Art. 1 und 3 der französischen Verfassung hier etwa das Prinzip der Laizität (vgl. Art. 1 Abs. 1 Verf-F) und die Definition des Wahlvolkes (corps electoral politique).

373 Ähnlich *P. Cassia*, Entscheidungsanmerkung, RTDE 2007, 406 (412). A. A. hingegen *X. Magnon*, La sanction de la primauté de la Constitution sur le droit communautaire par le Conseil d'Etat, RFDA 2007, S. 578 (588 f.).

374 Dieser ist das französische Vorbild für die Generalanwälte am EuGH. Zum 1. Februar 2009

unter expliziter Einbeziehung zahlreicher Urteile anderer Verfassungs- und Höchstgerichte entwickelte und den Staatsrat aufrief, sich dieser generellen Entwicklung judikativen Dialogs nicht zu verschließen.[375] Die Richter erarbeiteten ihre Lösung also in bewusster Kenntnis der Ansätze anderer europäischer Gerichte.

Die Fachliteratur zieht zuweilen Parallelen zur *Solange*-Rechtsprechung des BVerfG, da beiden Modellen die Anerkennung der grundrechtsschützenden Dimension des Unionsrechts zugrunde liege.[376] Diese Einschätzung übersieht allerdings, dass das BVerfG mit dem *Solange-II*-Vorbehalt in Gestalt des Bananenmarktbeschlusses gerade nicht auf eine einzelfallbasierte Prüfung des Schutzstandards setzt, sondern vielmehr einen allgemeinen und weitgehend hypothetischen Grundrechtsvorbehalt formuliert hat.[377] Ein Vergleich zur *Fragd*-Rechtsprechung des italienischen VerfGH scheint unter dem Gesichtspunkt der Einzelfallbezogenheit daher angebrachter.[378]

Die Unterschiede der Modelle *Solange-II* und *Arcelor* lassen sich unmittelbar anhand der deutschen Parallelverfahren zum Emissionszertifikathandel nachvollziehen. Sowohl das BVerwG, als auch in der Folge das BVerfG sahen sich durch die *Solange-II*-Rechtsprechung daran gehindert, die Umsetzung der zwingenden Richtlinienvorgaben am Maßstab der deutschen Grundrechte zu prüfen.[379] Es sei weder vorgetragen worden, noch ersichtlich, dass der Grundrechtsschutz auf Ebene des Unionsrechts seit Ergehen der *Solange-II*-Entscheidung unter den in dieser Entschei-

---

erfolgte eine Umbenennung, um der Unabhängigkeit des Amtes stärker Ausdruck zu verleihen und es von anderen, gleichnamigen Funktionen im Verwaltungsbereich abzugrenzen. Vgl. Dekret Nr. 2009-14 v. 7. 1. 2009.

[375] Schlussanträge des Commissaire du gouvernement *M. Guyomar*, abgedruckt in RTDE 2007, 378 (389). Dieser rekurriert auf Span. VerfG, Erkl. v. 13. 12. 2004 – DTC 1/2004 – *Verfassungsvertrag* = EuR 2005, S. 339 (347) in deutscher Übersetzung; gr. Staatsrat, Entsch. v. 25. 9. 1998 – Nr. 3458/1998 – *Katsarou/DI. K. A. T. S.A*; belg. Schiedshof (seit 2007 umbenannt in VerfGH), Entsch. v. 3. 2. 1994 – Nr. 12/94 – *École européenne*; ital. VerfGH, Urt. v. 13. 4. 1989 – Nr. 232/1989 – *Fragd*; BVerfG, Beschl. v. 29. 5. 1974 – BvL 52/71 – *Solange I* = BVerfGE 37, 271 ff.; BVerfG, Beschl. v. 22. 10. 1986 – 2 BvR 197/83 – *Solange II* = BVerfGE 73, 339 ff.; BVerfG, Beschl. v. 7. 6. 2000 – 2 BvL 1/97 – *Bananenmarktordnung* = BVerfGE 102, 147 ff. sowie EGMR, Urt. v. 30. 6. 2005 – Nr. 45036/98 – *Bosphorus*.

[376] So etwa *F. Chaltiel*, Les rapports de système entre le droit constitutionnel et le droit européen, RMC 2007, 361 (369).

[377] *X. Magnon*, La sanction de la primauté de la Constitution sur le droit communautaire par le Conseil d'Etat, RFDA 2007, 578 (582) grenzt die *Arcelor*-Entscheidung insoweit anhand des Kriteriums der Subsidiarität von der Solange-Rechtsprechung ab. Während es sich bei *Solange* um eine Subsidiaritätsjudikatur handele, der der Gedanke der Abschreckung zu Grunde liege („subsidiarité épouvantail"), sei die Lösung des Conseil d'Etat im Fall *Arcelor* vielmehr als eine „sanktionierte Subsidiarität" („subsidiarité sanctionnée") im Sinne einer effektiven und leicht aktivierbaren Kontrolle ausgestaltet.

[378] *P. Cassia*, Entscheidungsanmerkung, RTDE 2007, 406 (410).

[379] BVerwG, Urt. v. 30. 6. 2005 – 7 C 26.04 – *Treibhausgas* = BVerwGE 124, 47 ff. (Rn. 31 f.) sowie in der Folge BVerfG, Beschl. v. 13. 3. 2007 – 1 BvF 1/05 – *Treibhausgas I* = BVerfGE 118, 79 (95 ff.) unter Hinweis auf den französischen *Arcelor*-Fall und BVerfG, Beschl. v. 14. 5. 2007 – 1 BvR 2036/05 – *Treibhausgas II* = NVwZ 2007, S. 942 (942 f.). Für einen eingehenden Abgleich zur französischen Rechtslage s. *F. C. Mayer/E. Lenski/M. Wendel*, Der Vorrang des Europarechts in Frankreich, EuR 2008, S. 63 (82 ff.).

dung als ausreichend angesehenen Standard gefallen sei.[380] Hierin liegt der erste Unterschied zum Ansatz des französischen Staatsrates, der im Fall *Arcelor* gerade einen einzelfallbezogenen Äquivalenztest vornahm und konkret feststellte, dass sowohl die Achtung des Eigentums, der Unternehmensfreiheit als auch des Gleichheitsgrundsatzes allgemeine Rechtsgrundsätze des Unionsrechts darstellten, die „die effektive Beachtung" der durch die Antragsteller gerügten französischen Verfassungsgrundsätze gewährleisteten.[381]

Der zweite Unterschied bezieht sich auf die Frage der Vorabentscheidung. Anders als der französische Staatsrat hatte das BVerwG keine Zweifel an der Auslegung des Unionsrechts und entschied den Fall dementsprechend durch.[382] Die Nichtvorlage des BVerwG hielt zudem der im Anschluss erfolgenden Willkürprüfung durch das BVerfG mit Blick auf Art. 101 Abs. 1 S. 2 GG stand.[383] Damit erfolgte in Deutschland letztlich keine Vorlage an den EuGH.

Dass der französische Staatsrat sich im *Arcelor*-Fall hingegen entschied, dem EuGH vorzulegen, deutet zunächst darauf hin, dass sein Ansatz besser auf den gerichtlichen Dialog abgestimmt ist. Allerdings findet eine Vorlage durch den Staatsrat erst auf der zweiten Stufe seines Prüfprogramms statt.[384] Auf der ersten entscheidet er hingegen selbst darüber, ob ein äquivalenter Schutzstandard auf Ebene des Unionsrechts vorliegt oder nicht. Dass der Staatsrat funktional in die Rolle eines europäischen Richters schlüpft, d.h. den französischen Umsetzungsakt am Maßstab des Unionsrechts prüft, und bei Auslegungsfragen dem EuGH eine Frage im Vorabentscheidungsverfahren vorlegt, erfolgt also nur dann, wenn *er selbst* die Existenz eines funktional

380 So insbesondere BVerwG, Urt. v. 30. 6. 2005 – 7 C 26.04 – *Treibhausgas* = BVerwGE 124, 47ff. (Rn. 31).

381 Franz. Staatsrat, Entsch. v. 8. 2. 2007 – Nr. 287110 Ass. – *Arcelor*, 13. und 18. Erwägungsgrund (= EuR 2008, S. 61).

382 Das BVerwG konnte keinen Verstoß gegen die unionsrechtlichen Grundrechte feststellen (a.a.O. Rn. 32ff.).

383 BVerfG, Beschl. v. 14. 5. 2007 – 1 BvR 2036/05 – *Treibhausgas II* = NVwZ 2007, S. 942 (944f.). Insbesondere habe das BVerwG „nicht wegen Unvollständigkeit der Rechtsprechung ein Vorabentscheidungsersuchen stellen müssen. Es hat sich mit den Vorgaben der Rechtsprechung des EuGH auseinandergesetzt und hat sie auf den vorliegenden Fall angewandt. Dabei ist es zu einem vertretbaren Ergebnis gekommen. Eine willkürliche Handhabung des Kooperationsverhältnisses nach Art. 234 EG ist nicht festzustellen." Zu den Anforderungen des Willkürtest vgl. zuvor bereits BVerfG, Beschl. v. 22. 10. 1986 – 2 BvR 197/83 – *Solange II* = BVerfGE 73, 339 (366ff.), Beschl. v. 9. 1. 2001 – 1 BvR 1036/99 – *Teilzeit*, Rn. 18ff.; Beschl. v. 6. 5. 2008 – 2 BvR 2419/06, Rn. 17–32 sowie Beschl. v. 6. 7. 2010 – 2 BvR 2661/06 – *Honeywell*, Rn. 89. Ein solcher Willkür-Test findet freilich in Art. 267 AEUV (ex-Art. 234 EG) keine hinreichende Stütze, vgl. kritisch *F. C. Mayer/E. Lenski/M. Wendel*, Der Vorrang des Europarechts in Frankreich, EuR 2008, S. 63 (84) sowie jüngst *U. Fastenrath*, BVerfG verweigert willkürlich die Kooperation mit dem EuGH, NJW 2009, S. 272 (274ff.). Anders auch BVerfG (1. Senat), Beschl. v. 25. 2. 2010 – 1 BvR 230/09 – *Massenentlassungsanzeige* = NJW 2010, 1268 (Rn. 20f.).

384 Einmal abgesehen davon, dass der Staatsrat, sofern er eine Prüfung des Umsetzungsakts am Maßstab des Unionsrechts auf der zweiten Stufe vornimmt, freilich ebenso wie das BVerwG zu der Auffassung gelangen könnte, dass vernünftige Zweifel in Bezug auf die Auslegung des Unionsrechts nicht bestehen. Eine Vorlage entfiele dann.

äquivalenten Rechtsgrundsatzes auf Ebene des Unionsrechts bejaht. Wenn aus seiner Sicht der Schutzstandard auf Ebene des Unionsrechts zu gering oder gar inexistent ist, geht er hingegen automatisch zu einer Prüfung des innerstaatlichen Umsetzungsaktes am Maßstab des französischen *bloc de constitutionnalité* über.

Gerade in einer solchen Konstellation besteht aber ein gesteigertes Interesse an einer Weiterentwicklung des Schutzstandards auf Ebene des Unionsrechts. Das Unionsrecht ermöglicht es durch seine dynamisch-evolutive Struktur auch im Besonderen, solchen Entwicklungen speziell im Grundrechtsbereich Rechnung zu tragen. So gesehen erweist sich der Ansatz des Staatsrates zwar mit Blick auf die einzelfallbezogene Äquivalenzprüfung als flexibles, in Bezug auf den Umgang mit der unionsrechtlichen Verfassungsebene aber als eher *statisch-defensives Konzept*. Gerade dort, wo der nationale Richter durch eine Impulswirkung zur Stärkung des supranationalen Schutzstandards beitragen könnte, verstellt sich der Staatsrat den Weg zum EuGH. Sein zweistufiges Prüfungsprogramm erscheint in seiner konkreten Ausgestaltung daher wenig zur Impulsgebung im ebenenübergreifenden Dialog der Gerichte geeignet.[385]

c) *Zwischenbefund*

Als Zwischenbefund kann sowohl für den Ansatz des französischen Verfassungsrates als auch für den des Staatsrates festgehalten werden, dass beide den Vorrang des Unionsrechts jedenfalls im Regelfall anerkennen, ihn aber – wenngleich in unterschiedlicher Weise – unter einen verfassungsrechtlichen Vorbehalt stellen. Diese Lösung läuft letztlich auf einen konzeptionellen Mittelweg hinaus und entzieht sich aufgrund der Verwobenheit von französischer und supranationaler Verfassungsebene zugleich einer klaren Beschreibung im Sinne einer Normenhierarchie.[386]

Die spezifische Konstruktion, unionsrechtliche Verpflichtungen in das Gewand des nationalen Verfassungsrechts zu hüllen, um den Vorrang überhaupt sichern zu können, zeigt jedoch in besonderem Maße die Abhängigkeit des unionsrechtlichen Geltungsanspruchs vom innerstaatlichen Verfassungsrecht. Damit ist das „Substitutionsmodell" mit Blick auf seine Konstruktion durchaus einem „Vorrang der Verfassung" angenähert.[387]

---

[385] *F. C. Mayer/E. Lenski/M. Wendel*, Der Vorrang des Europarechts in Frankreich, EuR 2008, S. 63 (85 f.).

[386] Ebenso *I. Raducu/N. Levrat*, Le métissage des ordres juridiques européens, CDE 2007, 111 ff.; *J. Scheffler*, Das französische Verfassungsverständnis angesichts der Anforderungen des EG/EU-Rechts, ZaöRV 67 (2007), S. 43 (62).

[387] Vgl. *C. Richards*, The Supremacy of Community Law before the French Constitutional Court, ELR 31 (2006), S. 499 (505 f.); *J. Roux*, Le Conseil constitutionnel et l'ordre juridique communautaire: coopération et contrôle, RDP 2004, S. 912 (916). Zuvor bereits *T. de Berranger*, Constitutions nationales et construction communautaire (1995), S. 214 : „Il doit être clair (...) qu'actuellement *la voie constitutionnelle* est la seule concevable et possible pour les organes chargés d'assurer le respect de la primauté du droit européen."

IV. Vorrang der Verfassung

Am anderen Ende der Skala findet sich schließlich das Regelungsmodell, welches auf einem Vorrang der nationalen Verfassung gegenüber dem Unionsrecht aufbaut.

1. *Normenhierarchischer und kollisionsrechtlicher Vorrang der Verfassung*

Hierbei geht es nicht ausschließlich nur um eine normenhierarchische Vorrangigkeit.[388] Die Besonderheit des im Folgenden zu erörternden Ansatzes zeichnet sich vielmehr dadurch aus, dass der nationalen Verfassung neben der Vorrangigkeit im normenhierarchischen *zugleich eine Vorrangigkeit im kollisionsrechtlichen Sinne* beigemessen wird. Im Fall der Kollision von Verfassungs- und Unionsrecht kommt demnach nicht das unionsrechtliche Vorrangprinzip – auch nicht auf normativer Grundlage des nationalen Verfassungsrechts und damit ggf. in verfassungsrechtlich begrenzter Weise – als Kollisionsregel zur Anwendung. Vielmehr bestimmt sich der *Inhalt* der Kollisionsregel *ausschließlich nach dem nationalen Verfassungsrecht.*

a) Konzeption und Verwendung

Diesen Weg hat der polnische Verfassungsgerichtshof (VerfGH) beschritten. Vor allem in seiner Leitentscheidung zum Beitrittsvertrag vom 11. Mai 2005 bezog er eingehend und für viele Beobachter unmissverständlich zu Konstruktion und Reichweite des Vorrangkonzepts in Polen Stellung.[389]

Nach dem Ansatz des polnischen VerfGH genießt die polnische Verfassung als „oberstes Recht der Republik Polen" (Art. 8 Abs. 1 Verf-PL) sowohl *Geltungs- als auch Anwendungsvorrang.* Die polnische Verfassung bleibe

> „wegen ihrer besonderen *Geltungswirkung* das oberste Recht der Republik Polen" im Verhältnis zu allen für die Republik Polen verbindlichen völkerrechtlichen Verträgen. (...) Wegen der aus Art. 8 Abs. 1 Verf folgenden Überordnung der Rechtswirkung genießt sie in der Republik Polen *Geltungs- und Anwendungsvorrang.* (...) Der Verfassungsgerichtshof steht auf dem Standpunkt, dass weder Art. 90 Abs. 1 noch Art. 91 Abs. 3 eine Grundlage für die Übertragung einer Vollmacht auf eine internationale Organisation (oder ihr Organ) zum Erlass von Rechtsakten oder

---

[388] Wie gesehen geht insbesondere auch das spanische Verfassungsgericht von einer Vorrangigkeit der nationalen Verfassung im normenhierarchischen Sinne aus. Auch das BVerfG setzt das GG in der innerstaatlichen Normenhierarchie an die höchste Position, wenn es den Vorrang des Unionsrechts lediglich als abgeleitetes Rechtsinstitut kennzeichnet.

[389] Poln. VerfGH, Entsch. v. 11. 5. 2005 – Az. K 18/04 – *Beitrittsvertrag* = EuR 2006, S. 236 ff. in deutscher Übersetzung. Dazu *A. Łazowski*, Polish Constitutional Tribunal: Conformity of the Accession Treaty with the Polish Constitution. Decision of 11 May 2005, EuConst 3 (2007), S. 148 ff.; *M. Bainczyk/U. Ernst*, Fragen der EU-Mitgliedschaft vor dem polnischen Verfassungsgerichtshof – Anmerkungen zum Urteil des polnischen Verfassungsgerichtshofs vom 11. 05. 2005, EuR 2006, 247 ff.; *S. Biernat*, Offene Staatlichkeit, in: IPE II (2008), § 21 Polen, Rn. 45; *W. Sadurski*, „Solange, chapter 3": Constitutional Courts in Central Europe – Democracy – European Union, ELJ 14 (2008), S. 1 (18 ff.).

zum Treffen von Entscheidungen sein können, die der Verfassung der Republik Polen widersprechen würden."[390]

Auch sei eine Analogie zu Art. 91 Abs. 2 Verf-PL – der ähnlich Art. 55 Verf-F völkerrechtlichen Verträgen übergesetzlichen Rang in der innerstaatlichen Rechtsordnung verleiht – in Bezug auf das Verfassungsrecht ausgeschlossen.[391] Zwar neigt der polnische VerfGH in seiner Verhältnisbeschreibung von polnischer und europäischer Rechtsebene offenbar eher einem pluralistischen Verständnis zu. So führt er aus, dass die aus „unterschiedlichen Rechtssetzungszentren" herrührenden Normen nach dem Grundsatz einer „beiderseitig freundlichen Auslegung" sowie einer „kooperativen gemeinsamen Anwendbarkeit" koexistierten.[392] Indessen eliminiere das Auftreten einer „relativen Autonomie" von Rechtsordnungen, die auf eigenen internen hierarchischen Grundsätzen aufbauten, gerade nicht die „Möglichkeit der Kollision" zwischen Unions- und Verfassungsrecht.[393] Unter einem solchen Kollisionsszenario versteht der VerfGH dabei einen „unauflösbaren Widerspruch" zwischen einer Norm der polnischen Verfassung und einer Norm des Unionsrechts, der sich nicht im Wege „einer die relative Autonomie des europäischen und des nationalen Rechts respektierenden Auslegung" beseitigen lasse.[394]

Der polnische VerfGH entwickelt das Verhältnis von Unionsrecht zu nationalem Verfassungsrecht also ähnlich dem spanischen Verfassungsgericht im Sinne einer *kollisionsrechtlichen* und *ordnungsübergreifenden* Vorrangigkeit (*primacía*).[395] Gerade anders als sein spanisches Äquivalent spricht er diese Vorrangigkeit jedoch der nationalen Verfassung zu. Während das spanische Verfassungsgericht die *supremacía* dem nationalen Verfassungsrecht und – darauf aufbauend – die *primacía* dem Unionsrecht zuordnet, vereint der polnische VerfGH beides in der nationalen Verfassung. Zwar betont er wie das spanische Verfassungsgericht die Seltenheit einer offenen Kollision angesichts der gemeinsamen Wertebasis.[396] Indessen könne ein solcher Widerspruch im Falle seines Eintretens

„*in keinem Fall* durch die Anerkennung einer Überordnung einer Gemeinschaftsnorm im Verhältnis zu einer Verfassungsnorm gelöst werden. Sie könnte auch *nicht zum Verlust der Geltungswirkung der Verfassungsnorm* und ihrem Ersatz durch eine Gemeinschaftsnorm *noch zur Beschränkung des Anwendungsbereichs* auf den Raum führen, auf welchen sich die Regelung des Gemeinschaftsrechts nicht erstreckt. In einer solchen Situation würde dem polnischen Gesetz-

---

390 Poln. VerfGH, Entsch. v. 11. 5. 2005 – Az. K 18/04 – *Beitrittsvertrag*, Entscheidungsgrund 4.2 und 4.5 (= EuR 2006, S. 238), Hervorh. hinzugefügt.

391 Ebd.

392 Ebd., Entscheidungsgrund 2.2 (= EuR 2006, S. 237). Die Zuordnung zum Pluralismus teilen *A. Łazowski*, Polish Constitutional Tribunal: Conformity of the Accession Treaty with the Polish Constitution. Decision of 11 May 2005, EuConst 3 (2007), S. 148 (156) und *A. Albi*, Supremacy of EC Law in the New Member States, EuConst 3 (2007), S. 25 (41).

393 Ebd., Entscheidungsgrund 6.3 (= EuR 2006, S. 239).

394 Ebd.

395 Vgl. bereits Teil 2 – Kapitel 11 – III. 2.

396 Entscheidungsgrund 6.3 (= EuR 2006, S. 239).

geber entweder das Treffen von Entscheidungen über die *Änderung der Verfassung* oder über die Bewirkung von *Änderungen in Gemeinschaftsregelungen* obliegen oder – schließlich – die Entscheidung über den *Austritt aus der Europäischen Union*. Diese Entscheidung sollte der Souverän treffen, der das polnische Volk ist, oder ein Organ der Staatsgewalt, welches in Übereinstimmung mit der Verfassung das Volk repräsentieren kann."[397]

In Polen ist daher eine materiell-rechtliche Beschränkung derjenigen Verfassungsrechtssätze, die gegen den Vorrang des Unionsrechts als Kollisionsregel ins Feld geführt werden dürfen, erst gar nicht notwendig. Vielmehr gilt, sofern der Konflikt nicht im Wege der Konformauslegung beigelegt werden kann, ein Vorrang des *gesamten* Verfassungsrechts vor dem Unionsrecht.

Gleichwohl sind die Konsequenzen in der Praxis nicht so dramatisch wie Konzeption und insbesondere Rhetorik zunächst vermuten ließen. Es spricht vieles dafür, dass ein wichtiger Schlüssel zum Verständnis des Ansatzes des polnischen VerfGH gerade in dem bewussten Auseinanderfallen von souveränitätstragender Rhetorik einerseits und europafreundlicher Rechtsfolge andererseits liegt.[398] Dies wird besonders deutlich, wenn man die praktische Anwendung der Doktrin des VerfGH mit denjenigen anderer Verfassungs- bzw. Höchstgerichte vergleicht.

b) Abgleich zu anderen Modellen am Fallbeispiel des Europäischen Haftbefehls

Ein hervorragender Gegenstand für einen solchen Abgleich sind die verschiedenen höchstrichterlichen Entscheidungen zum Europäischen Haftbefehl. Dies betrifft in erster Linie die Entscheidung des polnischen VerfGH sowie die Parallelentscheidungen des tschechischen VerfG sowie des deutschen BVerfG.[399] Vergleichsweise wenig Beachtung gefunden hat in der öffentlichen Wahrnehmung bislang die Haftbefehls-Entscheidung des Obersten Gerichtshofs Zyperns (*Supreme Court*).[400] Minder aufschlussreich ist ihre Einbeziehung in den Vergleich aber keineswegs, bietet sie doch einen besonderen Lösungsansatz.

---

[397] Entscheidungsgrund 6.4 (= EuR 2006, S. 239, Hervor. hinzugefügt).

[398] So *W. Sadurski*, „Solange, chapter 3": Constitutional Courts in Central Europe – Democracy – European Union, ELJ 14 (2008), S. 1 (21).

[399] Speziell in vergleichender Perspektive vgl. *J. Komárek*, European Constitutionalism and the European Arrest Warrant – in Search of the Limits of „Contrapunctual Principles", CMLRev. 44 (2007), S. 9 (16 ff.); *ders.*, European Constitutionalism and the European Arrest Warrant: Contrapunctual Principles in Disharmony, Jean Monnet Working Paper 10/05; *Z. Kühn*, The European Arrest Warrant, Third Pillar Law and National Constitutional Resistance/Acceptance, CYELP 3 (2007), S. 99 ff.; *W. Sadurski*, „Solange, chapter 3": Constitutional Courts in Central Europe – Democracy – European Union, ELJ 14 (2008), S. 1 (18 ff.).

[400] Zyp. Oberster Gerichtshof, Entsch. v. 7. 11. 2005 – Nr. 294/2005 – *Europäischer Haftbefehl*, engl. Zsf. unter, http://www.consilium.europa.eu/ueDocs/cms_Data/docs/polju/EN/EJN680.pdf (1. 9. 2010) als Annex A zu Ratsdok. 14281/05. Zur Entscheidung *V. Mitsilegas*, The Constitutional Implications of Mutual Recognition in Criminal Matters in the EU, CMLRev. 43 (2006), S. 1277 (1298).

aa) Ausgangspunkt

In Polen war die Entscheidung zum Europäischen Haftbefehl vom 27. April 2005 der erste Anwendungsfall für die Doktrin des kollisionsrechtlichen Vorranges der Verfassung.[401] Obgleich der polnische VerfGH seine Vorrangdoktrin erst in der Entscheidung zum Beitrittsvertrag vom 11. Mai 2005 – also erst zwei Wochen später – eingehender erläuterte und auf ein verfassungstheoretisches Fundament stellte, hatte er ihre konkrete Rechtsfolge mit der Entscheidung zum Europäischen Haftbefehl bereits vorweggenommen. Darin erklärte das Gericht die polnische Umsetzung des Europäischen Haftbefehls insoweit für verfassungswidrig, als sie die Übergabe eines polnischen Staatsbürgers an einen anderen Mitgliedstaat erlaubte. Verfassungsrechtlicher Hintergrund des Urteils war insbesondere, dass die polnische Verfassung zum Zeitpunkt des Urteils noch ein uneingeschränktes und damit den Vorschriften des Europäischen Haftbefehls direkt widersprechendes Auslieferungsverbot enthielt.[402] Anders als etwa das deutsche GG in Art. 16 Abs. 2 S. 2[403] war die polnische Verfassung im Vorfeld nicht an das Regelungsregime des Europäischen Haftbefehls angepasst worden.

Nach eingehender Auseinandersetzung mit den in der Literatur vertretenen Auffassungen stellte der polnische VerfGH in seinem Urteil einen Verstoß der gesetzlichen Umsetzungsnorm gegen Art. 55 a. F. Verf-PL und damit indirekt eine Kollision von Unionsrecht und polnischem Verfassungsrecht fest.[404] Angesichts des Wortlauts der polnischen Verfassung sah das Gericht zudem die Grenzen der europarechtskonformen Auslegung als erreicht an und löste damit die drohende Kollision nicht in präventivem Wege auf.[405]

---

[401] Poln. VerfGH, Entsch. v. 27. 4. 2005 – P 1/05 – *Europäischer Haftbefehl* = EuR 2005, S. 494 ff. in deutscher Übersetzung. Dazu *D. Leczykiewicz*, Polish Constitutional Tribunal, Judgment of 27 April 2005, No. P 1/05, on the constitutionality of the European Arrest Warrant national implementation, CMLRev. 43 (2006), S. 1181 ff.; *A. Łazowski*, Constitutional Tribunal on the Surrender of Polish Citizens Under the European Arrest Warrant. Decision of 27 April 2005, EuConst 1 (2005), S. 569 ff.; *A. Wyrozumska*, Some comments on judgements of the Polish Constitutional Tribunal on the EU Accession Treaty and on the implementation of the European arrest warrant, Polish Yearbook of International Law 27 (2006), S. 1 ff.

[402] Art. 55 a. F. Verf-PL Die im Nachklang des Urteils geänderte Vorschrift lässt nunmehr entsprechende Ausnahmen zu.

[403] Zum Charakter dieser Norm als „Öffnungsklausel" *K.-P. Sommermann*, Offene Staatlichkeit, in: IPE II (2008), § 14 Deutschland, Rn. 49.

[404] Entscheidungsgrund 4.4 (= EuR 2005, S. 501). Streit bestand insbesondere darüber, ob eine „Übergabe" i. S. d. Europäischen Haftbefehls überhaupt unter die tatbestandlichen Voraussetzungen des Verbots der „Auslieferung" nach Art. 55 a. F. Verf-PL falle. Der poln. VerfGH bejahte dies letztlich: „Abschließend lässt sich feststellen, dass Art. 607t § 1 StVfGB, soweit er die Übergabe eines polnischen Bürgers an einen Mitgliedstaat der Europäischen Union aufgrund eines Europäischen Haftbefehls erlaubt, gegen Art. 55 Abs. 1 Verf verstößt."

[405] Zu diesem Zeitpunkt war insbesondere das Urteil des EuGH v. 16. 6. 2005 – Rs. C-105/03 – *Pupino* verkündet worden. Allerdings muss bezweifelt werden, dass Art. 55 a. F. angesichts seines eindeutigen Wortlautes ohne weiteres im Sinne des Unionsrechts hätte ausgelegt werden können. Dazu *J. Komárek*, European Constitutionalism and the European Arrest Warrant – in Search of the Limits of „Contrapunctual Principles", CMLRev. 44 (2007), S. 9 (16 ff.).

Im Ergebnis stellte der polnische VerfGH die teilweise Verfassungswidrigkeit der Umsetzungsnormen fest. Allerdings schob er die zeitliche Wirkung seines Urteils um 18 Monate auf. Damit gab er dem verfassungsändernden Gesetzgeber einerseits die Möglichkeit, die Verfassung zu ändern, stellte aber andererseits zugleich sicher, dass Polen für diesen Zeitraum seine unionsrechtlichen Verpflichtungen einhalten konnte.

bb) Abgleich unter dem Gesichtspunkt der Kollisionsprävention

Ein erster Vergleichsaspekt betrifft speziell die Frage der Entstehungsvoraussetzungen einer Normenkollision. Man kann diese Frage auch umgekehrt als Frage nach der Kollisionsprävention und damit nach Möglichkeiten und Grenzen des Prinzips der unionsrechtskonformen Auslegung stellen.

Was die praktische Reichweite des Prinzips der unionsrechtskonformen Auslegung betrifft, so unterscheidet sich das Urteil des polnischen VerfGH insbesondere von der Parallelentscheidung des tschechischen Verfassungsgerichts. Dieses hatte die innerstaatliche Umsetzung des Europäischen Haftbefehls nämlich im Wege einer gleichermaßen verfassungs- wie unionsrechtskonformen Auslegung aufrecht erhalten.[406] Der Ansatz des tschechischen Verfassungsgerichts, *qua Auslegung* zu einem Ergebnis zu gelangen, das sowohl dem Unionsrecht als auch dem nationalen Verfassungsrecht weitest möglichst gerecht wird, entspricht damit am ehesten denjenigen Stimmen in der Literatur, die auf rechtspluralistischer Basis für ein „principle of best fit" eintreten, das die Verwirklichung der *gemeinsamen* Grundprinzipien von Union und Mitgliedstaaten gewährleisten soll.[407] Ein solches „principle of best fit" bezieht sich aber primär auf die Judikative.[408] Es steht und fällt damit gleichermaßen mit dem judikativen Aktionsradius, insbesondere mit der Weite richterlichen Interpretationsspielraums.[409]

Genau diesen Spielraum bewerteten die Verfassungsgerichte Tschechiens und Polens jeweils unterschiedlich. Während sich das tschechische Verfassungsgericht nicht darin gehindert sah, das innerstaatliche Umsetzungsgesetz im Wege der gleichermaßen verfassungs- wie unionsrechtskonformen Auslegung um bestimmte Ausnahmevorschriften des Europäischen Haftbefehls zu komplettieren (obwohl diese gerade

---

[406] Tschech. VerfG, Urt. v. 3.5. 2006 – Pl. US. 66/04 – *Europäischer Haftbefehl*, insbesondere Rn. 61 u. 81 ff. (europarechtskonforme Auslegung) sowie Rn. 111 (verfassungskonforme Auslegung). Eine verfassungskonforme Auslegung erreicht das tschech. VerfG insoweit, als der eigentlich im innerstaatlichen Umsetzungsgesetz nicht vorgesehene Ausnahmetatbestand nach Art. 4 Abs. 7 des Rahmenbeschlusses (in Bezug auf ganz oder teilweiser im Vollstreckungsstaat begangene Taten) gleichwohl in das Umsetzungsgesetz hineingelesen wird. Auf diesem Weg erreicht das tschechische Verfassungsgericht eine Auslegung, die sowohl den Erfordernissen der tschechischen Verfassung – nämlich in erster Linie dem Grundsatz der Rechtssicherheit – Rechnung trägt, gleichermaßen aber den Vorschriften des Haftbefehls – eingedenk seiner Ausnahmetatbestände – gerecht wird.

[407] *M. Kumm*, The Jurisprudence of Constitutional Conflict: Constitutional Supremacy in Europe before and after the Constitutional Treaty, ELJ 11 (2005), S. 262 (286 ff.).

[408] Das Konzept *Kumm*'s bezieht sich in erster Linie auf das ebenenübergreifende Verhältnis des Gerichte im Sinne einer „Jurisprudence of Constitutionalism Beyond the State" (ebd., S. 288 ff.).

[409] Vgl. *J. Komárek*, European Constitutionalism and the European Arrest Warrant – in Search of the Limits of „Contrapunctual Principles", CMLRev. 44 (2007), S. 9 (38 f.).

nicht in das Umsetzungsgesetz übernommen worden waren), hat der polnische Verfassungsgerichtshof in seinem Urteil die Grenze unionsrechtskonformen *Judizierens* als überschritten angesehen.

Damit wirkt die Lösung des polnischen VerfGH zunächst vergleichsweise offensiv, insbesondere weil in der Erklärung der teilweisen Verfassungswidrigkeit des nationalen Umsetzungsgesetzes eine indirekte Kollision von Verfassungsrecht und Unionsrecht liegt. Das tschechische VerfG hingegen *verhindert* bereits *die Entstehung* einer solchen Kollision im Wege einer Konformauslegung.

cc) Abgleich unter dem Gesichtspunkt der Rechtsfolge

Auch gegenüber dem Haftbefehls-Urteil des deutschen BVerfG wirkt die Lösung des polnischen VerfGH zunächst als die scheinbar invasivere. Das deutsche BVerfG beschränkte sich in seinem Urteil auf die Prüfung der deutschen *Umsetzungsspielräume* am Maßstab deutschen Verfassungsrechts und konnte einen offenen Konflikt von GG und Unionsrecht somit scheinbar abwenden.[410]

Der zentrale Unterschied beider Entscheidungen aber liegt in ihrer jeweiligen Rechtsfolge. Das BVerfG erklärte das deutsche Umsetzungsgesetz *vollumfänglich* für verfassungswidrig.[411] Obwohl zahlreiche der im deutschen Umsetzungsgesetz geregelten Fälle verfassungsrechtlich unbedenklich waren, versetzte das BVerfG die Bundesrepublik in die Situation einer weitreichenden Verletzung von Unionsrecht.[412] In Polen hingegen ordnete der VerfGH zur Vermeidung einer Verletzung von Unionsrecht die befristete Weitergeltung des polnischen Umsetzungsgesetzes an. Dabei appellierte er zugleich an den verfassungsändernden Gesetzgeber, eine entsprechend Verfassungsänderung in die Wege zu leiten. Mit anderen Worten schuf der polnische VerfGH dem Parlament einen hinreichenden Aktionsraum zur Entscheidung nach innen bei gleichzeitiger Sicherung der Unionsrechtskonformität nach außen. Ermöglicht wurde dieser zeitliche Aufschub durch eine verfassungsrechtliche Norm, die ihrem Normzweck nach eher für den Bereich des Steuerwesens gedacht ist (Art. 190 Abs. 3 Verf-PL).[413] Danach ist die Weitergeltung einer als verfassungswidrig erkannten

---

[410] BVerfG, Urt. v. 18.7. 2006 – 2 BvR 2236/04 – *Europäischer Haftbefehl* = BVerfGE 113, 273 (300 ff.). Dazu die Verfahrensdokumentation von F. Schorkopf (Hrsg.), Der Europäische Haftbefehl vor dem Bundesverfassungsgericht (2006) sowie aus der Literatur T. Klink/A. Proelß, Zur verfassungsgerichtlichen Kontrolldichte bei Umsetzungsakten von Rahmenbeschlüssen der Europäischen Union, DÖV 2006, S. 469 ff.; *T. Gas*, Die Verfassungswidrigkeit des Europäischen Haftbefehlsgesetzes, EuR 2006, S. 285 ff.; *A. Hinarejos Parga*, Bundesverfassungsgericht (German Constitutional Court), Decision of 18 July 2005 (2 BvR 2236/04) on the German European Arrest Warrant Law, CMLRev. 43 (2006), S. 583 ff.; *S. Mißling*, Die bundesverfassungsgerichtliche Kontrolle so gen. umsetzungsgebundener Rechtsakte im Bereich der polizeilichen und justitiellen Zusammenarbeit nach dem EUV, EuR 2007, S. 261 ff.; *J. Bosbach*, Anmerkung zum Urteil des Bundesverfassungsgerichts v. 18. 07. 2005, NStZ 2006, 104 ff.

[411] BVerfG, a.a.O., S. 274 und 292 ff.

[412] So auch, wenngleich in unterschiedlicher Reichweite, die abweichenden Meinung der Richter *G. Lübbe-Wolff* (ebd., S. 181 ff.) und *M. Gerhardt* (ebd., S. 184 ff.).

[413] Dies betonte der polnische Verfassungsrichter *M. Wyrzykowski* anlässlich der Tagung des European Constitutional Law Network (ECLN) in Sofia vom 17.–19. April 2008.

Norm für maximal 18 Monate zulässig. Der polnische VerfGH schöpfte die verfassungsrechtlich zulässige Maximaldauer von 18 Monaten in seinem Urteil aus. Die Änderung von Art. 55 Verf-PL schließlich konnte innerhalb dieses Zeitraumes zu einem Abschluss gebracht werden.[414]

Vielleicht sind beide Urteile, das polnische und das deutsche, im wechselseitigen Abgleich die prägnantesten Beispiele dafür, wie sehr Rhetorik und konkretes Entscheidungsergebnis auseinanderfallen können. Während das BVerfG eine Kollision zwischen Unionsrecht und nationalem Verfassungsrecht verneint, gelangt es gleichwohl zu dem Ergebnis einer vollumfänglichen Verfassungswidrigkeit des Umsetzungsaktes.[415] Hingegen vermeidet der polnische VerfGH trotz nachdrücklicher Betonung der verfassungsrechtlichen Selbstbehauptung einen Bruch mit dem Unionsrecht. Ohne die unionsrechtlichen Verpflichtungen Polens zu unterlaufen – dies ist der zentrale Unterschied in der Rechtsfolge – spielt er den Ball an den verfassungsändernden Gesetzgeber zurück.[416] Anders als das BVerfG deduziert der polnische Verfassungsgerichtshof im Übrigen keine verfassungsrechtlich unabänderlichen und damit dem verfassungsändernden Gesetzgeber entzogenen Integrationsgrenzen aus der Verfassung.

Dass der polnische VerfGH die Entscheidung an den verfassungsändernden Gesetzgeber zurückverweist, lässt sich auch als spezifische Ausprägung des Grundsatzes der Gewaltenteilung begreifen. Der polnische VerfGH agiert unter diesem Blickwinkel, vergleichbar dem französischen Verfassungsrat, als *Weichensteller*, der die Notwendigkeit einer Verfassungsänderung lediglich aufzeigt, die tatsächliche Entscheidung über die Einhaltung der unionsrechtlichen Verpflichtungen aber der demokratisch legitimierten Legislative überlässt.[417] Damit geht es letztlich um die Wahl der richtigen Institution.[418] Oder anders formuliert: Die Frage, welches Gericht das letzte Wort hat, wandelt sich zur Frage, wo die Grenzen geltenden Rechts und – damit einhergehend – der richterlichen Rechtsfindung liegen.[419]

---

[414] Die Änderung von Art. 55 Verf-PL erfolgte am 8. 9. 2006, poln. GBl. 2006, Nr. 200, Ziff. 1471.

[415] Nicht nur das Entscheidungsergebnis ist ein Affront gegenüber dem Unionsrecht. Auch das *obiter dictum* zur Rechtsnatur der Rahmenbeschlüsse, welches der Rechtsprechung des EuGH zu Rahmenbeschlüssen (insbesondere dem Urt. v. 16. 6. 2005 – Rs. C-105/03 – *Pupino*) geradezu diametral entgegensteht, ist problematisch.

[416] Zwar verweist auch das BVerfG die Entscheidung letztlich zurück an die Legislative, hier den einfachen Gesetzgeber. Das erfolgt jedoch ohne Sicherung der unionsrechtlichen Verpflichtungen.

[417] *W. Sadurski*, „Solange, chapter 3“: Constitutional Courts in Central Europe – Democracy – European Union, ELJ 14 (2008), S. 1 (31) weist insoweit auf Parallelen zum französischen Verfassungsrat und dessen Rolle als *aiguilleur* hin. Im Unterschied zum französischen Verfassungsrat, der diese Rolle nur im Wege einer Vorabkontrolle wahrnimmt, erfolgt dies im Falle des polnischen VerfGH aber auch ex post.

[418] Vgl. *M. Poiares Maduro*, Contrapunctual Law: Europe's Constitutional Pluralism in Action, in: N. Walker (Hrsg.), Sovereignty in Transition (2003), S. 501 (530).

[419] So treffend *J. Komárek*, European Constitutionalism and the European Arrest Warrant – in Search of the Limits of „Contrapunctual Principles“, CMLRev. 44 (2007), S. 9 (38); *ders.*, European Constitutionalism and the European Arrest Warrant: Contrapunctual Principles in Disharmony,

In der Frage der Institutionenwahl deckt sich die Entscheidung des polnischen VerfGH zu gewissen Teilen auch mit dem Haftbefehls-Urteil des Obersten Gerichtshofes (OGH) Zyperns vom 7. November 2005.[420] Ähnlich wie die polnische Verfassung verbot die zypriotische Verfassung zum Zeitpunkt der Entscheidungsverkündung nämlich die Auslieferung eigener Staatsbürger. Zudem enthielt die zypriotische Verfassung mit Art. 179 *a. F.* Verf-CY eine Norm über die innerstaatliche Suprematie der Verfassung, die Verwandtschaft mit Art. 8 Verf-PL aufweist.[421] Auf dieser Grundlage erklärte auch der zyp. OGH die innerstaatliche Umsetzungsgesetzgebung für verfassungswidrig. Wie sein polnisches Pendant sah sich der OGH nicht im Stande, das nationale Recht – hier in Gestalt der Verfassung – unionsrechtskonform auszulegen. Auch im zypriotischen Fallbeispiel hatte also ein nationales Höchstgericht die selbst gezogenen Grenzen präventiver Kollisionsvermeidung erreicht. Wie der polnische VerfGH ging auch der zypriotische OGH von einer (indirekten) Kollision von nationalem Verfassungsrecht und Unionsrecht aus und verwies die Lösung des Konflikts letztlich an den verfassungsändernden Gesetzgeber.

Im Unterschied zum polnischen VerfGH schob der zypriotische OGH die zeitliche Wirkung seiner Entscheidung allerdings nicht auf. Vergleichbar dem Ergebnis des BVerfG, versetzte er Zypern damit in die Situation einer Verletzung unionsrechtlicher Verpflichtungen.[422] Allerdings löste der verfassungsändernde Gesetzgeber diese Konfliktlage in der Folge auf.[423] In der Art und Weise dieser Auflösung liegt zugleich der Hauptunterschied zur Rechtslage in Polen. In Zypern entschied man sich gerade nicht für eine Anpassung der speziell mit den Vorschriften des Europäischen Haftbefehls konfligierenden Verfassungsbestimmung (Art. 11 Verf-CY). Vielmehr nahm man den offen zu Tage getretenen Konflikt zum Anlass, um die vorhandene Bestimmung über die innerstaatliche Suprematie der Verfassung zu relativieren (Art. 179 *n. F.* Verf-CY[424]) und darüber hinaus eine neue Klausel einzuführen, die grundsätzlich den Vorrang des Unionsrechts auch vor der nationalen Verfassung si-

---

Jean Monnet Working Paper 10/05, S. 42. Zustimmend auch *A. Albi*, Supremacy of EC Law in the New Member States, EuConst 3 (2007), S. 25 (42).

[420] Zyp. Oberster Gerichtshof, Entsch. v. 7. 11. 2005 – Nr. 294/2005 – *Europäischer Haftbefehl*, engl. Zsf. unter, http://www.consilium.europa.eu/ueDocs/cms_Data/docs/polju/EN/EJN680.pdf (1. 9. 2010) als Annex A zu Ratsdok. 14281/05. Zur Entscheidung *V. Mitsilegas*, The Constitutional Implications of Mutual Recognition in Criminal Matters in the EU, CMLRev. 43 (2006), S. 1277 (1298).

[421] Diese lautete in ihrer damaligen Fassung: „(1) This Constitution shall be the supreme law of the Republic. (2) No law or decision of the House of Representatives or of any of the Communal Chambers and no act or decision of any organ, authority or person in the Republic exercising executive power or any administrative function shall in any way be repugnant to, or inconsistent with, any of the provisions of this Constitution."

[422] Vgl. Ratsdok. 14281/05.

[423] Verfassungsänderungsgesetz Nr. 127 (I) 2006 v. 28. Juli 2006. Dieses Änderungsgesetz vom 28. Juli 2006 kam aufgrund der besonderen politischen Situation Zyperns jedoch unter ausschließlicher Beteiligung der griechischen Abgeordneten zustande. Diese Verfahrensmodalität beruht auf der sog. „Notwendigkeitsdoktrin" des zyp. OGH, vgl. dazu bereits Teil 2 – Kapitel 4 – VII. 2.

[424] Diese lautet nunmehr: „Vorbehaltlich des Art. 1a [also der neuen Bestimmung über den

chern sollte (Art. 1a Verf-CY). Diese Vorrangklausel ist ihrem Wortlaut nach deutlich an die Vorrangklausel der irischen Verfassung (Art. 29 Abs. 4 Nr. 6 n. F. Verf-IRL) angelehnt. Kurzum, beseitigte man den Konflikt in Polen punktuell, d. h. nur in Bezug auf die Frage der Auslieferung (Art. 55 n. F. Verf-PL), vollzog man demgegenüber in Zypern einen verfassungsrechtlichen Paradigmenwechsel. Seither ist der Vorrang des Unionsrechts auch vor der zypriotischen Verfassung dem Grundsatz nach anerkannt.[425]

In der dogmatischen Konstruktion bleibt der Ansatz des polnischen Verfassungsgerichtshofs daher also das bislang klarste Beispiel für die Bekräftigung eines verfassungsrechtlichen Vorrangs im normenhierarchischen *und* kollisionsrechtlichen Sinne. Wie gesehen, bedeutet dies aber selbst im Kollisionsfall nicht zwangsläufig eine Verletzung unionsrechtlicher Verpflichtungen.

Allenfalls die jüngere Rechtsprechung des litauischen Verfassungsgerichts lässt sich ähnlich lesen wie die des polnischen Verfassungsgerichtshofs. In einer Grundsatzentscheidung vom 14. März 2006 entschied das litauische Verfassungsgericht, dass die Verfassung in Art. 2 des litauischen EU-Verfassungsaktes über den Vorrang des Unionsrechts vor Gesetzen die Kollisionsregel expressis verbis selbst vorsehe, dass diese sich jedoch nicht auf die litauische Verfassung selbst erstrecke.[426] Allerdings erging diese Aussage im Rahmen eines obiter dictums, sodass sich konkrete Folgen erst in zukünftigen Entscheidungen zeigen müssen.[427]

2. *Tendenzen hin zu einem kollisionsrechtlichen Vorrang der Verfassung*

In anderen Staaten lässt die Rechtsprechung eine klare Einordnung hingegen nur schwer erkennen, wenngleich Tendenzen in Richtung eines kollisionsrechtlichen Vorranges der Verfassung bestehen. Dies gilt insbesondere für Griechenland, wo in Absenz eines Verfassungsgerichtes die Rechtsprechung des Obersten Gerichts (*Αρειος Πάγος* – Areios Pagos) sowie des Staatsrats in seiner Eigenschaft als oberstes Verwaltungsgerichts (*Συμβούλιο της Επικρατείας* – Symvoulio tis Epikrateias) für die Vorrangfrage von zentraler Bedeutung sind.[428] Insbesondere der griechische Staatsrat hat

---

grundsätzlichen Vorrang des Unionsrechts, Anm. hinzugefügt], ist die Verfassung das oberste Gesetz des Landes."

[425] Zur Vorrangklausel näher unter Teil 2 – Kapitel 11 – II.

[426] Lit. VerfG, Entsch. v. 14. 3. 2006 – Nr. 17/02-24/02-06/03-22/04, engl. Übersetzung abrufbar unter http://www.lrkt.lt/dokumentai/2006/r060314.htm (1. 9. 2010), Entscheidungsgrund III.9.4.: „Thus, the Constitution (...) also, in regard of European Union law, establishes expressis verbis the collision rule, which consolidates the priority of application of European Union legal acts in the cases where the provisions of the European Union arising from the founding Treaties of the European Union compete with the legal regulation established in Lithuanian national legal acts (regardless of what their legal power is), *save the Constitution itself*" (Hervorh. hinzugefügt).

[427] Vgl. *I. Jarukaitis*, Ratification of the European Constitution in Lithuania and its Impact on the National Constitutional System, in: A. Albi/J. Ziller (Hrsg.), The European Constitution and National Constitutions. (2007), S. 17 (22).

[428] Vgl. *K. Chryssogonos*, The European Union and the Greek Constitutional Order, in: A. E. Kel-

seit Ende der 1990er Jahre in einer Reihe von Entscheidungen in jeweils anderer Besetzung unterschiedliche, aber in der Gesamttendenz eher ablehnende Impulse im Hinblick auf die Anerkennung des unionsrechtlichen Vorranganspruchs gesetzt.[429]

Vorstöße der Vierten Kammer des Staatsrates, dem Unionsrecht ausdrücklich Vorrang vor der griechischen Verfassung einzuräumen, konnten sich weder im Plenum noch in der Großen Kammer durchsetzen.[430] Der erste Anlauf scheiterte daran, dass das Plenum entgegen der Auffassung der Vierten Kammer bereits einen Verstoß gegen Unionsrecht und damit das Vorliegen einer Normenkollision verneinte.[431] Besonders deutlich sprach sich die Vierte Kammer dann abermals im zweiten Anlauf für einen Vorrang des Unionsrechts vor dem griechischen Verfassungsrecht aus.[432] Auch hier drang die Argumentation letztlich aber nicht durch. Vielmehr kam die Große Kammer durch eine restriktive Auslegung des Unionsrechts zu dem Ergebnis, dass bereits sein Anwendungsbereich nicht eröffnet sei und vermied damit abermals eine offene Auseinandersetzung mit der Problematik.[433]

Umgekehrt konnte sich aber auch die Sechste Kammer des Staatsrats mit ihrer Entscheidung vom 8. Juli 1997 und dem darin enthaltenen Ansatz eines Vorrangs der nationalen Verfassung nicht vollends durchsetzen. Rechtlicher Hintergrund dieser Entscheidung war das – bis heute geltende – verfassungsrechtliche Verbot privater Hochschulen in Griechenland (Art. 16 Abs. 8 S. 2 Verf-GR). Konkret ging es um die Rechtmäßigkeit einer behördlichen Weigerung, im Ausland erworbene Diplome anzuerkennen, die unter teilweiser Anrechnung von Leistungen an griechischen Privat-

---

lermann et al. (Hrsg.), EU-Enlargement – The Constitutional Impact at EU and National Level (2001), S. 141 (144).

[429] Dazu eingehend und in zeitlicher Abfolge *E. Maganaris*, The Principle of Supremacy of Community Law – The Greek Challenge, ELRev. 23 (1998), S. 179 ff.; *ders.*, The Principle of Supremacy of Community Law in Greece – from direct Challenge to non-application, ELRev. 24 (1999), S. 426 ff.; *ders.*, The Greek Council of State – Europhobic or simply over-protective?, ELRev. 25 (2000), S. 200 ff. Dazu *F. C. Mayer*, Kompetenzüberschreitung und Letztentscheidung (2000), S. 220 ff.

[430] Für einen Überblick vgl. *J. Iliopoulos-Strangas*, Offene Staatlichkeit, in: IPE II (2008), § 16 Griechenland, Rn. 38.

[431] Gr. Staatsrat (4. Kammer), Entsch. Nr. 3502/1994, ToS (= griechische Zeitschrift „Die Verfassung") 1995, S. 891 (895) sowie in der Folge gr. Staatsrat (Plenum), Entsch. Nr. 1545/1995, ToS 1995, S. 987 (901 f.), beide zitiert nach *J. Iliopoulos-Strangas* a.a.O. Der Fall drehte sich um die Verfassungs- und Unionsrechtskonformität eines gesetzlichen Ausreiseverbotes für Schuldner des griechischen Staates.

[432] Gr. Staatsrat (4. Kammer), Entsch. v. 28. 1. 1997 – Nr. 247/1997 – *Diamantopoulos*, engl. Übersetzung in: *A. Oppenheimer (Hrsg.)*, The Relationship between European Community Law and National Law: The Cases, Vol. 2 (2003), S. 286 (291). Auch hier ging es – ebenso wie im ersten Fall – um das Schuldnerausreiseverbot.

[433] Gr. Staatsrat (Plenum), Entsch. v. 27. 11. 1998 – Nr. 4674/1998 – *Diamantopoulos*, engl. Übersetzung in: *A. Oppenheimer (Hrsg.)*, The Relationship between European Community Law and National Law: The Cases, Vol. 2 (2003), S. 286 (295). Nach Ansicht des Plenums fehlte es für die Eröffnung des Anwendungsbereichs der Grundfreiheiten am grenzüberschreitenden Bezug. Im Ergebnis wurde die gesetzliche Regelung weder für verfassungswidrig, noch für unionsrechtswidrig gehalten. Kritisch dazu *E. Maganaris*, The Greek Council of State – Europhobic or simply over-protective?, ELRev. 25 (2000), S. 200 ff.

einrichtungen zustande gekommen waren. Die Richter der Sechsten Kammer hielten diese Nichtanerkennung für rechtmäßig, obwohl sie zugleich den Anwendungsbereich des Unionsrechts bejahten. Angesichts des somit festgestellten Widerspruchs unionsrechtlicher Grundfreiheiten und griechischen Verfassungsrechts sprachen sich die Richter mehrheitlich für einen (unter diesem Blickwinkel kollisionsrechtlichen) Vorrang der Verfassung aus. Unionsrecht könne keinen Vorrang vor der Verfassung haben, wenn Art. 28 Abs. 1 Verf-GR einen solchen für völkerrechtliche Verträge ausdrücklich nur vor unterverfassungsrechtlichem Recht vorsehe.[434] Dieser Umkehrschluss ähnelt der Argumentation des französischen Staatsrates zu Art. 55 Verf-F in den Entscheidungen *Sarran* und *SNIP*.[435] Da die Sechste Kammer des griechischen Staatsrats der Entscheidung grundlegende Bedeutung beimaß und zudem erwog, dem EuGH eine Frage im Vorabentscheidungsverfahren vorzulegen (wozu nur das Plenum berechtigt ist), wurde abermals das Plenum letztinstanzlich mit dem Fall befasst. Dieses entschied entgegen der Auffassung der Richtermehrheit der Sechsten Kammer jedoch, dass die Nichtanerkennung der Diplome nicht in den Anwendungsbereich des Unionsrechts falle bzw. – das Urteil ist hier nicht ganz klar – jedenfalls am Maßstab des Unionsrechts gerechtfertigt sei.[436] Das Plenum unterließ zugleich eine Vorlage an den EuGH.[437]

Die abermalige Vermeidungsstrategie führte diesmal freilich zu dem Ergebnis, dass ein letztlich europarechtswidriger Zustand aufrechterhalten wurde, ohne dies jedoch offen auf einen Vorranganspruch der Verfassung zu stützen.[438] Darin ist ein zumindest gradueller Unterschied zur Rechtsprechung des polnischen Verfassungsgerichts zu sehen, der den innerstaatlichen Vorranganspruch der Verfassung ausdrücklich offen legt.

Allerdings zeichnet sich in jüngerer Zeit ab, dass nunmehr auch die Vierte Kammer des griechischen Staatsrates in einer vergaberechtlichen Entscheidung aus dem Jahr 2005 dazu übergegangen ist, jedenfalls für den derzeitigen Integrationsstand einen Vorrang der Verfassung zu beanspruchen. Danach gelte der Vorrang der Verfassung

„zumindest im gegenwärtigen Entwicklungsstadiums des Gemeinschaftsrechts und solange ein europäischer Verfassungstext als übergeordnete Norm nicht gesetzt wird, der die Mitglied-

[434] Gr. Staatsrat (6. Kammer), Entsch. v. 8. 7. 1997 – Nr. 2808/1997 – *Vagias/DI. K. A. T. S. A.* Dazu *E. Maganaris*, The Principle of Supremacy of Community Law – The Greek Challenge, ELRev. 23 (1998), S. 179 ff.

[435] Franz. Staatsrat, Entsch. v. 30. 10. 1998 – Nr. 200286 u. 200287 – *Sarran* sowie v. 3. 12. 2001 – Nr. 226514 – *SNIP*. Dazu bereits Teil 2 – Kapitel 11 – III. 3.

[436] Gr. Staatsrat (Plenum), Entsch. v. 25. 9. 1998 – Nr. 3458/1998 – *Katsarou/DI. K. A. T. S. A*, engl. Übersetzung in: *A. Oppenheimer (Hrsg.)*, The Relationship between European Community Law and National Law: The Cases, Vol. 2 (2003), S. 300 (303 f.) Dazu eingehend auch *F. C. Mayer*, Kompetenzüberschreitung und Letztentscheidung (2000), S. 220 ff.

[437] Anders die abweichende Meinung von 12 Richtern, a.a.O., S. 305 ff.

[438] Kritisch daher *E. Maganaris*, The Principle of Supremacy of Community Law in Greece – from direct Challenge to non-application, ELRev. 24 (1999), S. 426 ff.

staaten daran bindet, ihre Verfassungen insoweit zu ändern, als sie zu diesem Widerspruch stehen".[439]

Ob das Plenum seine ausweichende Haltung zur Vorrangfrage auch in diesem Kontext weiterhin aufrechterhalten wird, ist noch offen. Für den konkreten Fall aber scheint der Ausgang des Verfahrens weniger von Bedeutung, hat doch der Gesetzgeber den Konflikt mittlerweile durch Änderung der Rechtslage entschärft.[440]

3. *Zwischenbefund*

Unabhängig von der konkreten Entwicklung der griechischen Rechtspraxis bleibt jedenfalls festzuhalten, dass die Verfassungsordnungen, die im Grundsatz von einem Vorrang der Verfassung auch im kollisionsrechtlichen Sinne ausgehen, rein zahlenmäßig eine Minderheit darstellen.

Im Einzelnen ist eine graduelle Abgrenzung bzw. Grenzziehung sicherlich schwierig. Stellt man allein den Aspekt der normenhierarchischen Vorrangigkeit in den Vordergrund, müssten auch die Ansätze des französischen Verfassungs- und Staatsrats (verfassungsrechtliche Substitution), das Trennungsmodell des spanischen Verfassungsgerichts (supremacía – primacía) sowie der Ansatz des BVerfG (Vorrang kraft verfassungsrechtlicher Ermächtigung) als Modelle verfassungsrechtlichen Vorranges gedeutet werden.

V. Konformauslegung und Interpretationsverfassungsrecht

Auf eine (letztinstanzliche) Wahl der Kollisionsnorm kommt es hingegen dann nicht an, wenn der Konflikt bereits im Wege der Konformauslegung beigelegt werden kann.

1. *Unionsrechtskonforme Auslegung nationalen Rechts*

Aus unionsrechtlicher Perspektive ist die Pflicht zur *unionsrechtskonformen Auslegung* des nationalen Rechts durch die innerstaatlichen Gerichte ein seit langem etabliertes Prinzip, das seine normative Grundlage insbesondere in Art. 4 Abs. 3 EUV (ex-Art. 10 EG, bzw. 5 EWGV) findet.[441] Der Begriff der Auslegung darf dabei nicht

---

[439] Gr. Staatsrat (4. Kammer), Entsch. Nr. 3242/2004, zitiert nach *J. Iliopoulos-Strangas*, Offene Staatlichkeit, in: IPE II (2008), § 16 Griechenland, Rn. 38.

[440] Vgl. ebd., Rn. 36.

[441] Dies gilt insbesondere für den Bereich der Umsetzung von Richtlinien, wobei sich die Pflicht zur Konformauslegung hier zusätzlich aus dem Umsetzungsgebot in Art. 288 Abs. 3 AEUV (ex-Art. 249 Abs. 3 EG) ableitet vgl. EuGH, Urt. v. 10. 4. 1984 – Rs. 14/83 – *Von Colson und Kamann*, Slg. 1984, S. 1891 (Rn. 26 ff.); Urt. v. 8. 10. 1987 – Rs. 80/86 – *Kolpinghuis Nijmegen*, Slg. 1987, S. 3969 (Rn. 12 ff.); EuGH, Urt. v. 13. 11. 1990 – Rs. C-106/89 – *Marleasing*, Slg. 1990, S. I-4135 (Rn. 8 f.); Urt. v. 14. 7. 1994 – Rs. C-91/92 – *Faccini Dori*, Slg. 1994, S. I-3325 ff. (Rn. 26 f.); Urt. v. 5. 10. 2004 – verb. Rs. C-397/01 bis C-403/01 – *Pfeiffer u. a.*, Slg. 2004, S. I-8835 ff. (Rn. 110 ff.); Urt. v. 3. 4. 2006 – Rs.

auf die vergleichsweise enge Begriffsbestimmung der klassischen Methodenlehre in Deutschland,[442] d.h. insbesondere den *Savigny*'schen Kanon aus grammatikalischer, historischer, systematischer und teleologischer Auslegung reduziert werden. So führt das BVerfG in seinem Teilzeitbeschluss zutreffend aus, dass die Pflicht eines deutschen Fachgerichts, sich hinreichend über das europäische Recht in Kenntnis zu setzen, „nicht nur materielle Rechtsnormen, sondern gerade auch die Methodenwahl" umfasse.[443]

Vor allem aber der deutsche BGH stellte in seiner vielbeachteten *Quelle*-Entscheidung vom 26. November 2008 heraus, dass sich die Pflicht zur Konformauslegung im unionsrechtlichen Sinne u. U. auch auf die „Rechtsfortbildung" in der Terminologie der deutschen Methodenlehre erstrecken kann.[444] Das heißt gewiss nicht, dass dem Prinzip der Konformauslegung von Seiten des Unionsrechts keine Grenzen gezogen wären. Gerade die Rechtsprechung des EuGH schränkt die Anwendbarkeit des Prinzips dort ein, wo der Wortlaut der innerstaatlichen Norm eine unionsrechtskonforme Auslegung schlechthin nicht zulässt.[445] Der deutsche BGH vertritt jedoch zu Recht die Auffassung, dass das vom EuGH aufgestellte Verbot des unionsrechtskonformen Contra-legem-Judizierens nicht mit einem generellen Verbot der unionsrechtskonformen Rechtsfortbildung gleichzusetzen ist. Vielmehr muss die vom EuGH gezogene Grenze der Konformauslegung in einem *funktionellen Sinne* verstanden werden, nämlich als eine Trennlinie, ab der eine richterliche Rechtsfindung nach *allen* zur Verfügung stehenden nationalen Methoden gänzlich unzulässig ist. Innerhalb des zulässigen methodischen Gesamtspektrums auf nationaler Ebene umfasst der Grundsatz der Konformauslegung hingegen ggf. auch die Pflicht zur unionsrechtskonformen Rechtsfortbildung.[446] Mit anderen Worten, der Wortlaut der nationalen Norm bildet dann keine zwingende Grenze unionsrechtskonformen Judizierens, „wenn seine Überschreitung nach allgemeinen methodischen Grundsätzen gerechtfertigt ist."[447] Die Mitgliedstaaten sind folglich zur Ausschöpfung des *gesamten nationalen Methodenspektrums* verpflichtet, um ein möglichst unionsrechtskonformes

---

C-212/04 – *Adeneler*, Slg. 2006, I-6057 (Rn. 110). Für Rahmenbeschlüsse der ehemals dritten Säule vgl. grundlegend EuGH, Urt. v. 16. 6. 2005 – Rs. C-105/03 – *Pupino*.

[442] Vgl. etwa *K. Larenz/C.-W. Canaris*, Methodenlehre der Rechtswissenschaft (4. Aufl. 2009), S. 143.

[443] BVerfG, Beschl. v. 9. 1. 2001 – 1 BvR 1036/99 – *Teilzeit*, Rn. 21.

[444] BGH, Urt. v. 26. 11. 2008 – VIII ZR 200/05 – *Quelle* = NJW 2009, 427 (428 f.).

[445] Vgl. insbesondere Urt. v. 3. 4. 2006 – Rs. C-212/04 – *Adeneler*, Slg. 2006, I-6057 (Rn. 110).

[446] So BGH, Urt. v. 26. 11. 2008 – VIII ZR 200/05 – *Quelle* = NJW 2009, 427 (428 f.) in Bezug auf die richtlinienkonforme Rechtsfortbildung bei Vorliegen einer planwidrigen, verdeckten Regelungslücke und einem konkreten Umsetzungswillen des Gesetzgebers. Dem Urteil des BGH ging ein Vorlagebeschluss an den EuGH voraus, BGH, Beschl. v. 16. 8. 2006 = EuZW 2007, 286. Der EuGH hatte in seinem Urteil eine richtlinienkonforme Rechtsfortbildung nicht zwingend eingefordert, EuGH, Urt. v. 17. 4. 2008 – Rs. C-404/06 – *Quelle*, Slg. 2008, I-2685 (Rn. 22 ff.). Zur Problematik im Vorfeld vgl. insbesondere *C. Herresthal*, Rechtsfortbildung im europarechtlichen Bezugsrahmen (2006), S. 317 f.

[447] So *T. Pfeiffer*, Richtlinienkonforme Auslegung gegen den Wortlaut des nationalen Gesetzes, NJW 2009, S. 412.

Ergebnis der Auslegung zu erreichen.[448] Nach diesem Ansatz ist der Grundsatz der unionsrechtskonformen Auslegung auf das denkbar breiteste methodische Fundament im nationalen Rechtsraum gestellt.

Soweit nationale Verfassungsgerichte das Unionsrecht als Auslegungsmaßstab für innerstaatliches Recht heranziehen ohne zuvor den EuGH im Wege der Vorabentscheidung anzurufen, besteht bei aller „Sympathie für eine europäische Auslegungsverantwortung"[449] nationaler Verfassungsgerichte freilich stets die Gefahr, die Alleinzuständigkeit des EuGH in Bezug auf die Auslegung des Unionsrechts zu untergraben.

2. *Beiderseitige Konformauslegung*

Spiegelbildlich ergänzt wird die Rechtspflicht zur unionsrechtskonformen Auslegung bzw. zum *Konformjudizieren* des nationalen Rechts durch eine entsprechende Pflicht zur staatsverfassungskonformen Auslegung des Unionsrechts, die in erster Linie den EuGH trifft.[450] Vor allem mitgliedstaatliche Verfassungs- bzw. Höchstgerichte betonen dies zunehmend. Die Folge ist eine *beiderseitige*, d.h. auf beiden Ebenen gleichzeitig erfolgende, Konformauslegung bzw. eine „annähernde Verfassungsauslegung".[451] In diesem Sinne stellte das BVerfG bereits früh heraus, dass

> „(…) für die *beiden* zur Rechtskontrolle berufenen Gerichte – den Europäischen Gerichtshof und das Bundesverfassungsgericht – zunächst die Pflicht [besteht], sich um die *Konkordanz* beider Rechtsordnungen *in ihrer* Rechtsprechung zu bemühen. Nur soweit das nicht gelingt, kann überhaupt der Konflikt entstehen, der zwingt, die Konsequenzen aus dem dargelegten grundsätzlichen Verhältnis zwischen den beiden Rechtskreisen zu ziehen."[452]

Möglicherweise kann man dem im *Lissabon*-Urteil herausgearbeiteten Prinzip der Europarechtsfreundlichkeit künftig ähnliche Rechtsfolgen entnehmen.[453]

Auch der polnische VerfGH schaltet dem Kollisionsfall das präventive Bemühen um eine „beiderseitig freundliche Auslegung" vor,[454] wenngleich sein Urteil zum Haftbefehl die Grenzen dieses Ansatzes innerhalb der polnischen Verfassungsordnung aufzeigt.

Gerade die Einbeziehung staatsverfassungsrechtlicher Prinzipien in die Auslegung des Unionsrechts bzw. die Ausrichtung an einem gemeineuropäischen Standard

---

[448] Vgl. *O. Mörsdorf*, Unmittelbare Anwendung von EG-Richtlinien zwischen Privaten in der Rechtsprechung des EuGH, EuR 2009, S. 219 (225 ff.).

[449] Vgl. *F. C. Mayer/E. Lenski/M. Wendel*, Der Vorrang des Europarechts in Frankreich, EuR 2008, S. 63 (84).

[450] Dazu speziell im Kontext primärrechtlicher Permeabilität Teil 3 – Kapitel 12 – II.

[451] So etwa *J. Basedow*, Von der deutschen zur europäischen Wirtschaftsverfassung (1992), S. 56 f.

[452] BVerfG, Beschl. v. 29. 5. 1974 – BvL 52/71 – *Solange I* = BVerfGE 37, 271 (278, Hervorh. hinzugefügt).

[453] Derzeit ist der normative Gehalt dieses Prinzips allerdings noch weitgehend offen, vgl. *A. Voßkuhle*, Der europäische Verfassungsgerichtsverbund, NVwZ 2010, S. 1 (5).

[454] Poln. VerfGH, Entsch. v. 11. 5. 2005 – Az. K 18/04 – *Beitrittsvertrag* = EuR 2006, S. 236 (237).

durch den EuGH erleichtert, ja ermöglicht erst den Jurisdiktionsverzicht von Seiten der nationalen Rechtsprechungsorgane. Auch in der Literatur wird darum für eine „national-verfassungskonforme Auslegung" als Bestandteil einer „wechselseitig-annähernden" Auslegungsmaxime in einem nicht-hierarchischen Ordnungszusammenhang plädiert.[455] Eine solche Konfliktvermeidung sei insbesondere praktikabel, weil die Verfassungskonflikte zwischen der Ebene des Unionsverfassungs- und des Staatsverfassungsrechts zumeist Prinzipienkollisionen (im Gegensatz zu Regelkonflikten) darstellten, die im Wege einer wechselseitig annähernden Auslegung aufzulösen seien.[456]

Diese Deutung wird auch durch den Ausgang der bereits erörterten Entscheidung des polnischen VerfGH zum Europäischen Haftbefehl nicht in Frage gestellt.[457] Zwar sah der VerfGH im konkreten Fall die Grenzen der Konformauslegung als erreicht an, weil das absolute Auslieferungsverbot in Art. 55 a. F. Verf-PL nicht mit den Bestimmungen des Europäischen Haftbefehls in Einklang gebracht werden konnte. Das verfassungsrechtliche Auslieferungsverbot, gegen welches das polnische Umsetzungsgesetz zum Europäischen Haftbefehl verstieß, stellte aber gerade keine Norm mit hinreichend prinzipienhaftem bzw. topischem Charakter dar. Vielmehr handelte es sich der Struktur nach um eine vergleichsweise klare *Regel* im Sinne einer auf ein „Alles-oder-Nichts" gerichteten Norm.[458] Der polnische VerfGH wurde demnach nicht mit einer Prinzipienkollision, sondern vielmehr mit einem *Regelkonflikt* konfrontiert.[459] Ein solcher Konflikt ist aber strukturell nicht durch eine auf beiderseitige Optimierung gerichtete Auslegung der kollidierenden Normen bei Aufrechterhaltung ihrer beider Geltung zugänglich. Vielmehr führt er, wenn nicht in die eine Regel eine Ausnahmeregelung hineingelesen werden kann, zur Nichtgeltung von mindestens einer der beiden konfligierenden Regeln.[460] Im konkreten Fall waren die beiden möglichen Alternativen aus Sicht des VerfGH zum einen die Nichtgeltung der gesetzlichen Umsetzungsbestimmung oder zum anderen die Durchbrechung des verfassungsrechtlichen Auslieferungsverbots. Der verfassungsändernde Gesetzgeber in Polen hat sich dabei für die letztere Variante entschieden.

---

[455] *A. Peters*, Elemente einer Theorie der Verfassung Europas (2001), S. 291 ff.

[456] Ebd., S. 286 f. in Anlehnung an die Unterscheidung zwischen Prinzipien und Regeln bei *R. Dworkin*, Taking Rights Seriously (1977), S. 22 ff. und – im Einzelnen differenzierter – *R. Alexy*, Theorie der Grundrechte (5. Aufl. 2006), S. 71 ff. sowie insbesondere S. 77 ff.

[457] Vgl. bereits Teil 2 – Kapitel 11 – IV. 1.

[458] Zur Kategorisierung von Regeln im Sinne einer „all-or-nothing-fashion" vgl. *R. Dworkin*, a.a.O. Ähnlich *R. Alexy*, a.a.O., S. 76 f., allerdings mit dem grundlegenden Unterschied der Kennzeichnung von Prinzipien als „Optimierungsgebote".

[459] So auch *J. Komárek*, European Constitutionalism and the European Arrest Warrant – in Search of the Limits of „Contrapunctual Principles", CMLRev. 44 (2007), S. 9 (18 f.).

[460] Zur kategorialen Unterscheidung zwischen Prinzipienkollisionen und Regelkonflikten mit Blick auf die Frage der Geltung vgl. *R. Alexy*, a.a.O., S. 79.

3. Spezialfall: Kombinierte Konformauslegung (auf nationaler Ebene)

Einen Spezialfall der Konformauslegung hält zudem die Rechtsprechung des tschechischen Verfassungsgerichts bereit. Hier wird die Auslegung (einfachen) nationalen Rechts am Maßstab des Unionsrechts mit der Auslegung am Maßstab des nationalen Verfassungsrechts kombiniert. So hat das tschechische Verfassungsgericht in seiner Entscheidung zum Europäischen Haftbefehl das nationale Umsetzungsgesetz in einer Weise ausgelegt, die sowohl den Bestimmungen des unionsrechtlichen Rahmenbeschlusses als auch denen der tschechischen Verfassung am weitesten möglich Rechnung tragen sollte.[461]

Die normative Grundlage für diese kombinierte Art der Konformauslegung verortet das tschechische Verfassungsgericht folgerichtig in einer *Verbindung* tschechischer und unionaler Verfassungsgrundsätze, nämlich Art. 1 Abs. 2 Verf-CZ i. V. m. Art. 10 EG (jetzt Art. 4 Abs. 3 EUV).[462] Auch hierdurch wird im Ergebnis ein Effekt der Kohärenzsicherung erzielt, wobei das nationale Verfassungsgericht Unionsrecht als Prüfungsmaßstab heranzieht.[463]

Im Unterschied zur ebenenübergreifenden (beiderseitigen) Konformauslegung geht es im Falle des tschechischen Haftbefehlurteils aber allein um die Auslegung *nationalen* Rechts, hier des innerstaatlichen Umsetzungsgesetzes. Die Konformauslegung ist somit eine mit Blick auf ihren Prüfungs*maßstab* kombinierte, bleibt in Bezug auf den Prüfungs*gegenstand* aber allein auf die nationale Ebene begrenzt. Zu einer etwaigen staatsverfassungskonformen Auslegung des Unionsrechts bleibt nach dieser Konzeption grundsätzlich der EuGH berufen, wenngleich dieser seiner Konformauslegung wiederum nur das „verfassungsrechtliche Selbstportrait" (*Anne Peters*)[464] des nationalen Verfassungsrechts zugrunde legen darf, das durch die nationalen Verfas-

---

[461] Vgl. bereits Teil 2 – Kapitel 11 – III. 1. b) cc) sowie Teil 2 – Kapitel 11 – IV. 1.

[462] Tschech. VerfG, Urt. v. 3. 5. 2006 – Pl. US. 66/04 – *Europäischer Haftbefehl*, insbesondere Rn. 81. Die verfassungskonforme Auslegung erfolgt sodann im Anschluss durch die Einbeziehung des (in der tschechischen Gesetzgebung nicht umgesetzten) Ausnahmetatbestandes in Art. 4 Abs. 7 des Rahmenbeschlusses. Durch diese Einbeziehung kann ein Verstoß gegen das verfassungsrechtliche Prinzip der Rechtssicherheit vermieden werden: „Although Article 4 par. 7 of the Framework Decision was not explicitly implemented into the Czech legal order, in accordance with the principle of the constitutionally conforming interpretation, Czech criminal justice organs must pay heed to Czech citizens' trust in the fact that their conduct within the Czech Republic will be governed by Czech criminal law" (ebd., Rn. 111).

[463] In seinen beiden Entscheidungen zum VVE sowie – in weiten Teilen sich darauf rückbeziehend – zum VvL, hat auch der französische Verfassungsrat eine harmonisierende Auslegung der neuen Vertragstexte im Sinne der französischen Verfassungsordnung vorgenommen. Dies bezog sich namentlich auf die Vorrangklausel sowie die Grundrechtecharta: Franz. Verfassungsrat, Entsch. v. 19. 11. 2004 – Nr. 2004-505 DC – *Verfassungsvertrag*, Rec. S. 173, Erwägungsgründe 9 ff. und 14 ff.; sowie Entsch. v. 20. 12. 2007 – Nr. 2007-560 DC – *Lissabon*, JORF v. 29. 12. 2007, S. 21813, Erwägungsgründe 11 ff. Kritisch dazu *J. Roux*, Le traité établissant une constitution pour l'Europe à l'épreuve de la constitution française, RDP 2005, S. 59 (66) sowie *T. Pfeiffer*, Zur Verfassungsmäßigkeit des Gemeinschaftsrechts in der aktuellen Rechtsprechung des französischen Conseil constitutionnel, ZaöRV 67 (2007), S. 469 (498 ff.).

[464] *A. Peters*, Elemente einer Theorie der Verfassung Europas (2001), S. 294.

sungsgerichte gezeichnet und ihm insbesondere durch den richterlichen Dialog im Rahmen des Vorabentscheidungsverfahrens übermittelt wird.

4. Positivrechtliche Verankerung

Das Instrument der Konformauslegung nimmt als hermeneutisches Leitsystem zur präventiven Vermeidung bzw. zur harmonischen Auflösung von ebenenübergreifenden Prinzipienkollisionen eine wichtige Rolle ein. In scharfem Kontrast dazu steht allerdings, dass sie in den Verfassungen der Mitgliedstaaten textlich praktisch nicht zum Ausdruck kommt. Ausdrückliche „methodenrelevante Normtexte“[465] in Bezug auf die EU fehlen im Verfassungsrecht der Mitgliedstaaten praktisch gänzlich. Zwar ist in Art. 10 Abs. 2 der spanischen Verfassung niedergelegt, dass Normen, die sich auf die in der Verfassung anerkannten Grundrechte und Grundfreiheiten beziehen, in Übereinstimmung mit der Allgemeinen Erklärung der Menschenrechte und den von Spanien ratifizierten internationalen Verträgen und Abkommen über diese Materien auszulegen sind.[466] Eine vergleichbare Klausel findet sich mittlerweile auch in Art. 20 der rumänischen und Art. 16 Abs. 2 der portugiesischen Verfassung.[467] Indessen gibt es in diesem Zusammenhang keine Normen, die spezifisch auf den EU-Kontext zugeschnitten wären. Soweit die Verfassung eine Gesamtverweisung auf die Anwendungsgrundsätze des Unionsrechts vorsieht, wie insbesondere Art. 8 Abs. 4 der portugiesischen Verfassung oder der noch nicht geltende Vorschlag des spanischen Staatsrates, kann von einer solchen Verweisung freilich auch der Grundsatz der Konformauslegung als umfasst angesehen werden. Hierin zeigt sich abermals der Vorteil dieses Regelungsmodells.

Umgekehrt gibt es auf Ebene des Unionsrechts vergleichsweise deutliche Beispiele *ebenenübergreifenden Interpretationsverfassungsrechts*. So schreibt Art. 52 Abs. 4 der nunmehr rechtsverbindlichen GRC in klarer Weise die Konformauslegung der Unionsgrundrechte am Maßstab der gemeinsamen Verfassungstraditionen fest, soweit die entsprechenden Unionsgrundrechte aus diesen hervorgegangen sind. Vergleichbares sieht Art. 53 Abs. 3 in Bezug auf die EMRK vor.

Das Fehlen ausdrücklicher Bestimmungen im nationalen Staatsverfassungsrecht lässt aber für sich genommen nicht den Rückschluss auf eine untergeordnete Rolle der Konformauslegung zu. Methodenleitende Normen sind in den meisten Verfas-

---

[465] Zum Begriff *T. Groh*, Methodenrelevante Normtexte im Gemeinschaftsrecht, in: F. Müller/I. Burr (Hrsg.), Rechtssprache Europas (2004), S. 263 ff.

[466] Darauf verweist auch das spanische Verfassungsgericht in seiner Erkl. v. 13. 12. 2004 – DTC 1/2004 – *Verfassungsvertrag* = EuR 2005, S. 339 (349 f.), 6. Entscheidungsgrund. Vgl. auch *K.-P. Sommermann*, Die Bedeutung der Rechtsvergleichung für die Fortentwicklung des Staats- und Verwaltungsrechts in Europa, DÖV 52 (1999), S. 1017 (1027).

[467] Zur Frage der Normierung verbindlicher Auslegungskriterien vgl. *K.-P. Sommermann*, Völkerrechtlich garantierte Menschenrechte als Maßstab der Verfassungskonkretisierung, AöR 114 (1989), S. 391 (399 ff.).

sungsordnungen – mit Ausnahme der griechischen[468] – ohnehin äußerst selten. An die Vorrangproblematik anknüpfend, wird vielmehr die systemische Bedeutung einer *beiderseitigen Konformauslegung* als konfliktpräventives Instrument in der Rechtsprechung der nationalen Verfassungs- und Höchstgerichte deutlich.

Dies rundet die Überlegungen zur normativen Verortung des Unionsrechts im innerstaatlichen Rechtsraum ab. Gleichermaßen verweist die Forderung nach der Einbeziehung nationaler Verfassungsgehalte aber bereits auf den dritten Teil der vorliegenden Untersuchung. Dieser wird die Frage nach den Formen der Einbeziehung nationalen Verfassungsrechts auf Ebene des Unionsrechts näher beleuchten.

VI. Fazit: Möglichkeiten und Grenzen kollisionsrechtlicher Ansätze

Der Verfassungsvergleich zeigt, dass der Kern der kollisionsrechtlichen Problematik nach wie vor in Modus und Reichweite des Vorrangprinzips vor dem nationalen Verfassungsrecht liegt. Während Verfassungsordnungen, die den Vorrang des Unionsrechts auch vor nationalem Verfassungsrecht vollumfänglich anerkennen, zahlenmäßig klar die Ausnahme darstellen, herrschen im überwiegenden Teil der Mitgliedstaaten differenzierte Modelllösungen vor. Dies gilt insbesondere für die jüngeren Mitgliedstaaten, obwohl – vielleicht aber gerade weil – diese in Kenntnis des Vorranganspruches des Unionsrechts der EU beigetreten sind.[469] Die Grenzziehung zwischen

---

[468] Vgl. Teil 2 – Kapitel 9 – I. 2. b) zu den auslegenden Erklärungen im griechischen Verfassungsrecht.

[469] Für Tschechien vgl. tschech. VerfG, Urt. v. 26. 11. 2008 – Pl. US. 19/08 – *Lissabon I*, Rn. 120, 215 ff. sowie Urt. v. 8. 3. 2006 – Pl. US. 50/04 – *Zuckerquoten II*, Urteilsgründe VI. A.3. Für Ungarn vgl. *P. Sonnevend*, Offene Staatlichkeit, in: IPE II (2008), § 25 Ungarn, Rn. 22 ff. Für Polen herrscht, wie gesehen, konzeptionell sogar ein Vorrang der Verfassung vor, vgl. insbesondere poln. VerfGH, Entsch. v. 11. 5. 2005 – Az. K 18/04 – *Beitrittsvertrag* = EuR 2006, S. 236 ff. sowie *S. Biernat*, Offene Staatlichkeit, in: IPE II (2008), § 21 Polen, Rn. 18 ff. Für Slowenien vgl. *C. Ribičič*, Implementing European Standards into the case-law of the Constitutional Court, in: A. M. Mavčič (Red.), The Position of Constitutional Courts Following Integration into the European Union (2004), S. 119 (126). Für die slowakische Republik vgl. *M. Slastan*, Slovak Republic, in: A. E. Kellermann et al. (Hrsg.), The Impact of EU Accession on the Legal Orders of New Member States and (Pre-)Candidate Countries (2006), S. 437 (442). Für Estland deutet die textliche Begrenzung des Verfassungsergänzungsgesetzes vom 5. 10. 2003 („ausgehend von den wichtigsten Grundsätzen des Grundgesetzes") auf eine Relativierung des Vorrangs hin, *J. Laffranque*, Ratification of the European Constitution in Estonia: A New Constitution for Estonia?, in: A. Albi/J. Ziller (Hrsg.), The European Constitution and National Constitutions (2007), S. 79 (80 u. 88). Für Lettland s. *A. Ušacka*, Latvia, in: A. E. Kellermann et al. (Hrsg.), The Impact of EU Accession on the Legal Orders of New Member States and (Pre-) Candidate Countries (2006), S. 369 (375 ff.). Für Litauen: *I. Jarukaitis*, Ratification of the European Constitution in Lithuania and its Impact on the National Constitutional System, in: A. Albi/J. Ziller (Hrsg.), The European Constitution and National Constitutions. (2007), S. 17 (21 f.) unter Hinweis auf Art. 7 Abs. 1 Verf-LIT sowie die Vorrangklausel in Art. 2 des lit. EU-Verfassungsaktes, der sich nur auf einen Vorrang vor einfachem Recht bezieht. Für Bulgarien vgl. *E. Drumeva*, Primacy of the EU Law in the National Constitutional Space – Reflections, in: I. Pernice/E. Tanchev (Hrsg.), Ceci n'est pas une constitution (2009), S. 100 (103). Für Rumänien s. *V. Duculescu/A. Ruxandra*, Romania, in: A. E. Kellermann et al. (Hrsg.), The Impact of EU Accession on the Legal Orders

den einzelnen Modellen wird nicht selten durch den Umstand erschwert, dass die Kollisionsszenarien in den Bereich des Hypothetischen verlegt sind. Darin liegt freilich zugleich ein deutlicher Beweis für die *praktische* Wirksamkeit des Unionsrechts im rechtlichen Alltag.

Das zahlenmäßig häufigste und in der Praxis gleichermaßen am stärksten variierte Modell ist dabei die Beanspruchung gerichtlicher Prüfungsvorbehalte bzw. Letztentscheidungsrechte durch nationale Rechtsprechungsorgane. Obgleich derartige Vorbehalte in rechtsvergleichender Perspektive nicht in allen Mitgliedstaaten nachgewiesen werden können, ist die Tendenz zu steigender Verbreitung gerade in den jüngeren Mitgliedstaaten mit häufig stark ausgeprägter Verfassungsgerichtsbarkeit nicht von der Hand zu weisen.

Bereits die Beanspruchung eines solchen Vorbehalts durch ein einzelnes mitgliedstaatliches Gericht stellt freilich eine potenzielle Gefährdung des unionsrechtlichen Vorranganspruches dar und kollidiert mit der vertraglichen Zuständigkeit des EuGH für die Prüfung der Recht- und Kompetenzmäßigkeit europäischer Rechtsakte nach Art. 19 Abs. 1 S. 2 EUV (ex-Art. 220 EG), Art. 263 (ex-Art. 230 EG), 267 (ex-Art. 234 EG) u. 277 (ex-Art. 241) i. V. m. 274 (ex-Art. 240 EG) u. 344 (ex-Art. 292 EG) AEUV und dem daran anknüpfenden Verwerfungsmonopol des EuGH.[470] Andererseits trägt das scheinbar „ungeregelte Verhältnis"[471] und der daraus resultierende Dialog der Gerichte in vertikaler und horizontaler Perspektive wiederum konstruktiv zur materiell-rechtlichen Sicherung und Stabilisierung der Union in ihrer Gesamtheit bei. Der potenziellen Ausübung einer nationalen Letztentscheidungskompetenz kann unter diesem Blickwinkel also zugleich eine Stabilisierungsfunktion zugeschrieben werden, soweit sie Minderheiteninteressen auf europäischer Ebene artikuliert und damit zu einer Balance zwischen den Ebenen beiträgt.[472] Anknüpfend daran lässt sich das ebenenübergreifende Verhältnis der europäischen Gerichte als „neuartiger typusprägender Regelkomplex" beschreiben, der als Teil eines Systems von „checks and bal-

---

of New Member States and (Pre-)Candidate Countries (2006), S. 113 (118 f.). Für Malta vgl. *P. G. Xuereb*, Malta, in: A. E. Kellermann et al. (Hrsg.), The Impact of EU Accession on the Legal Orders of New Member States and (Pre-) Candidate Countries (2006), S. 409 (412) unter Betonung der hypothetischen Natur eines Konfliktes zwischen Verfassungsrecht und Unionsrecht, der die nationale Identität Maltas in Frage stellen würde. In Zypern sichert Art. 1a Verf-CY den Vorrang des Unionsrechts wie gesehen gerade auch gegenüber der nationalen Verfassung. Dies gilt – wie auch gemäß dem textlichen Vorbild in Art. 29 Abs. 4 Nr. 6 n. F. Verf-IRL – allerdings nur, soweit die betreffende Norm des Unionsrechts für die Erfüllung der Mitgliedschaftspflichten „notwendig" ist.

[470] In Bezug auf die Beanspruchung des alleinigen Verwerfungsmonopols besonders deutlich EuGH, Urt. v. 22. 10. 1987 – Rs. 314/85 – *Foto-Frost*, Slg. 1987, S. 4199 ff. (Rn. 15). Zur Problematik auch *G. Hirsch*, Der EuGH im Spannungsverhältnis zwischen Gemeinschaftsrecht und nationalem Recht, NJW 2000, S. 1817 (1819) und *H. Steinberger*, Anmerkungen zum Maastricht-Urteil des Bundesverfassungsgerichts, in: P. Hommelhoff/P. Kirchhof (Hrsg.), Der Staatenverbund der Europäischen Union (1994), S. 25 ff.

[471] *A. v. Bogdandy*, Grundprinzipien, in: ders./J. Bast (Hrsg.), Europäisches Verfassungsrecht (2. Aufl. 2009), S. 13 (42).

[472] So in Bezug auf die Ultra-vires-Konfliktstellung *F. C. Mayer*, Kompetenzüberschreitung und Letztentscheidung (2000), S. 357.

ances" zur Sicherung der Rechte der Bürger speziell die institutionelle Ebene der Gerichte umfasst.[473] Dass der verfassungsrechtliche und verfassungsprozessuale Schutz eines Verfassungskerns lediglich einen „symptomatischen Ausgleich eines pathologischen Zustandes" darstellt,[474] muss insoweit bezweifelt werden.

Es liegt in der Logik der Selbstbewahrung nationaler Verfassungsordnungen, dass sie bestimmte Kerngehalte von der Integrationsgewalt ausnehmen. Auch das im Rahmen der vorliegenden Untersuchung vorgeschlagene Verbundmodell sieht als Bestandsgrenze ausdrücklich die identitätstragenden Kerngehalte der Verfassung vor.[475]

Aus einem System gegenseitiger Kontrolle folgt allerdings nicht zwingend die Notwendigkeit einer *unilateralen* Durchbrechung der Bindung an geltendes Unionsrecht nach Maßgabe einer gerichtlichen Einzelfallprüfung auf nationaler Ebene. Geht man von einer autonomen Geltung des Unionsrechts im innerstaatlichen Rechtsraum aus, so kann ein nationales, wenngleich europäisch „mandatiertes",[476] Gericht das Unionsrecht ohnehin nicht unmittelbar am Maßstab von Verfassungsrecht prüfen, sondern allenfalls den kooperativen Regelungs- bzw. Anwendungsverzicht des *innerstaatlichen Rechts* im Kollisionsfall aufheben, sodass die Normenkollision offen zu Tage tritt. Anders gewendet, die Bestandsgrenze setzt in diesem Fall operativ ausschließlich bei der innerstaatlichen, nicht aber bei der unionalen Hoheitsgewalt an. Andernfalls entstünde eine Art „Reservatrecht",[477] das ungeachtet der verfassungsrechtlich konstituierten Prüfungskompetenz des betreffenden Verfassungsgerichts grundsätzlich alle auf dem Territorium des jeweiligen Staates wirkenden Hoheitsakte automatisch und ohne Rücksicht auf ihre Herkunft der innerstaatlichen Gerichtsbarkeit unterwerfen würde.

Aber selbst wenn man im Sinne des BVerfG und vieler anderer Verfassungs- bzw. Höchstgerichte den innerstaatlichen Geltungsgrund auf das normative Fundament einer nationalen Geltungsanordnung stellt, folgt daraus nicht zwingend die gerichtliche Befugnis zur Prüfung der innerstaatlichen Anwendbarkeit von Unionsrecht im Einzelfall. Die Rücksicht auf die Funktionsfähigkeit der supranationalen Rechtsgemeinschaft und die Einheitlichkeit der Geltung ihres Rechts[478] sprechen in normati-

---

[473] *I. Pernice*, Das Verhältnis europäischer zu nationalen Gerichten im europäischen Verfassungsverbund (2006), S. 55. zur wechselseitigen Stabilisierung zuvor bereits *ders.*, Bestandssicherungen der Verfassungen: Verfassungsrechtliche Mechanismen zur Wahrung der Verfassungsordnung, in: R. Bieber/P. Widmer (Hrsg.), L'espace constitutionnel européen (1995), S. 225 ff.

[474] So *A. Schmitt Glaeser*, Grundgesetz und Europarecht als Elemente Europäischen Verfassungsrechts (1996), S. 114.

[475] Vgl. Teil 2 – Kapitel 5 – IV. 1.

[476] Vgl. *M. Claes*, The National Courts' Mandate in the European Constitution (2006), S. 58 ff.

[477] So kritisch in Bezug auf das durch das BVerfG beanspruchte Letztentscheidungsrecht auch gegenüber europäischen Rechtsakten *C. Möllers*, Staat als Argument (2000), S. 403 ff.

[478] Dies betont auch das BVerfG, Urt. v. 30. 6. 2009 – 2 BvE 2/08 u. a. – *Lissabon* = BVerfGE 123, 267 ff. (Rn. 241 u. 337).

ver Hinsicht vielmehr dafür, eine solche Kontrolle *grundsätzlich nur präventiv*, d.h. insbesondere vor Unterzeichnung eines Integrationsvertrages, durchzuführen.

Eine darüber hinausgehende Kontrolle *geltenden* Unionsrechts am Maßstab verfassungsrechtlicher (Kern-)Prinzipien sollte darum jedenfalls – dies entspricht auch der überwiegenden Regelungslage in den Mitgliedstaaten – im Sinne einer ultima ratio an enge Voraussetzungen geknüpft sein. Eine prozessuale Ausgestaltung *als Einzelfallregime* ist darum zu vermeiden. Vielmehr muss eine nationale Letztentscheidungskompetenz als Notvorbehalt auf strukturelle systemische Anomalien beschränkt bleiben, welche durch eine Missachtung rechtsstaatlicher Grundsätze nicht nur in die Tiefe, sondern auch in die Breite hinein charakterisiert sind. Das heißt konkret, dass die bloße Möglichkeit einer Verfassungsverletzung durch einen einzelnen Akt des Unionsrechts bzw. eine einzelne strittige (Fehl-)Entscheidung des EuGH für sich genommen noch nicht ausreichen darf, um die prozessuale Schwelle zur materiellen Nachprüfung durch ein nationales Verfassungsgericht zu überschreiten. Anderenfalls könnte die Idee einer gemeinsamen Rechtsgemeinschaft aus 27 Mitgliedstaaten nach Opportunität in Frage gestellt werden.

Während in den vergangenen Jahren eine deutliche Zunahme verfassungsrechtlicher Bestimmungen über Geltung und Anwendung des Unionsrechts im innerstaatlichen Rechtsraum sowie kollisionsrechtlicher Normen in Bezug auf das Verhältnis von supranationalem und innerstaatlichem Recht zu verzeichnen ist, gibt es (noch) keine geltenden Vorschriften über die Verfahrensmodi gerichtlicher Letztentscheidungsrechte. Ob eine positivrechtliche Normierung überhaupt sinnvoll wäre, muss ohnehin bezweifelt werden. Entschiede man sich jedoch für die Einführung entsprechender Vorschriften, so müssten zumindest drei Aspekte berücksichtigt werden: *erstens* die zwingende Vorschaltung eines ebenenübergreifenden gerichtlichen Dialogs durch Verpflichtung des entscheidenden Verfassungsgerichts zur Vorlage an den EuGH; *zweitens* die Aufstellung qualifizierter Verfahrensvoraussetzungen sowohl im Hinblick auf den Kreis der potenziellen Antragsberechtigten als auch auf die Darlegungslast bzgl. einer strukturellen systemischen Anomalie auf supranationaler Ebene; *drittens* schließlich die verfassungsrechtliche Verpflichtung des entscheidenden nationalen Gerichts zur Wahrung des gesamteuropäischen Interesses, aus der sich ggf. ein zeitlicher Aufschub der Nichtanwendung von Unionsrecht oder vergleichbare Rechtsfolgen zur Vermeidung offener Brüche ableiten ließen.

Was speziell die Ausgestaltung der Ultra-vires- und der Identitätskontrolle nach der jüngsten Rechtsprechung des BVerfG betrifft, so sind dem Urteil zwar deutliche Hinweise auf eine restriktive Handhabung der Prüfungskompetenz zu entnehmen, die einzelnen Kriterien müssen in der künftigen Praxis jedoch erst näher konkretisiert werden. Wie hoch die Wahrscheinlichkeit eines offenen Justizkonfliktes[479] tatsächlich ist, entzieht sich jedenfalls gegenwärtig einer genauen Prognose. In seinem

[479] *M. Kumm*, Who is the final arbiter of constitutionality in Europe?, CMLRev. 36 (1999), S. 351 (360) spricht insoweit von einem „Cassandra scenario".

grundlegenden Urteil vom 2. März 2010 zur Vorratsdatenspeicherung hat das BVerfG allerdings in begrüßenswerter Deutlichkeit seine Prüfung unter ausdrücklicher Aufrechterhaltung der *Solange-II-* und *Bananenmarkt*-Rechtsprechung nur auf die durch die Richtlinie belassenen Umsetzungsspielräume erstreckt und konnte damit auf eine Vorlage an den EuGH – deren grundsätzliche Möglichkeit im Falle der (hier nicht angenommenen) Entscheidungsrelevanz es sogar ausdrücklich in Betracht zog – verzichten.[480] Auch im *Honeywell*-Beschluss vom 6. Juli 2010 vermied das BVerfG durch die restriktive Handhabung der Ultra-vires-Kontrolle einen drohenden Justizkonflikt.[481]

Des Weiteren hat der Verfassungsvergleich aufgezeigt, dass eine nicht unbedeutende Anzahl von Fallkonstellationen und potenziellen Konfliktlagen zwischen unionalem und nationalem Verfassungsrecht bereits im Wege einer wechselseitigen Konformauslegung gelöst werden kann. In den vergleichsweise seltenen Fällen, in denen ein durch Konformauslegung nicht auflösbarer Konflikt zwischen Unionsrecht und nationalem Verfassungsrecht besteht, wird in der Regel eine Verfassungsänderung – wie im polnischen Haftbefehls-Urteil – oder aber eine Änderung des Unionsrechts – wie im Fall des irischen Abtreibungsprotokolls[482] – konfliktlösend eingreifen. Die in Literatur und Rechtsprechung gleichermaßen zu beobachtende „Prominenz" verfassungsgerichtlicher Prüfungsvorbehalte verstellt leicht den Blick für Lösungswege jenseits nationaler Gerichtssäle. Darum sei an dieser Stelle nochmals nachdrücklich betont, dass ein nationales Verfassungsgericht keineswegs das einzige Organ und ein verfassungsgerichtliches Letztentscheidungsrecht keineswegs das einzige rechtliche Instrument zum Schutz verfassungsrechtlicher Kerngehalte sind. Konflikte können gerade im Wege nationaler oder europäischer Verfassungs- bzw. Gesetzgebung beseitigt werden, ohne dabei die einheitliche Geltung des Unionsrechts in Frage zu stellen.

Indessen bleibt die Frage, ob nicht als identitätswahrende Alternativen zur unilateralen Durchbrechung der Bindung an geltendes Unionsrecht durch ein nationales Gericht weitere, konfliktvermeidende Optionen in Betracht kommen können. Gibt es Mechanismen, die nicht im nationalen Verfassungsrecht wurzeln, sondern vielmehr dem Unionsrecht selbst entstammen?

Damit ist die Frage nach (potenziellen) Verwirklichungsformen rechtlicher Permeabilität auf Ebene des Unionsrechts aufgeworfen.

---

[480] BVerfG, Urt. v. 2. 3. 2010 – 1 BvR 256/08 u. a. – *Vorratsdatenspeicherung*, Rn. 180ff.

[481] BVerfG, Beschl. v. 6. 7. 2010 – 2 BvR 2661/06 – *Honeywell*, Rn. 58ff.

[482] Protokoll Nr. 35 über Artikel 40.3.3 der Verfassung Irlands.

Teil 3

Perspektivwechsel: Permeabilität auf Unionsebene

Die Frage nach der Permeabilität des primären Unionsrechts ist bislang weithin ungestellt. Allenfalls die unionsrechtliche „Öffnung" für völkerrechtliche „Nebenverfassungen"[1] bzw. verfassungsrechtliche Elemente des Völkerrechts rückt in jüngerer Zeit verstärkt in den Fokus wissenschaftlichen Interesses.[2] Insbesondere die Problematik gerichtlichen Rechtsschutzes gegenüber unionsrechtlichen Umsetzungsakten von UN-Terrorabwehrmaßnahmen und die in diesem Zusammenhang ergangenen Urteile des EuG und des EuGH haben die verfassungsrechtliche Tiefenwirkung dieser Dimension rechtlicher Permeabilität aufgezeigt.[3]

Ist eine rechtspluralistische Grundannahme einmal vorausgesetzt,[4] eröffnet sie aber gerade nicht nur das Blickfeld für die integrativen Ordnungsstrukturen des Unionsrechts gegenüber dem Völkerrecht als geografisch weiter ausgreifender Ebene, sondern erlaubt ebenso den Zugriff auf die Permeabilität des primären Unionsrechts *für das nationale Recht.*

Diese Überlegung mag zunächst überraschen. Denn für die Rekonstruktion des Verhältnisses von europäischer und nationaler Rechtsordnung wird *aus Perspektive des Unionsrechts* regelmäßig beim Postulat autonomen Selbststandes, der unmittelbaren Anwendbarkeit sowie dem Vorrang angesetzt.[5] Anders gewendet, das Unionsrecht wird in seinem Verhältnis zum nationalen Recht in erster Linie unter dem Ge-

[1] Zum Begriff der völkerrechtlichen Nebenverfassung grundlegend *C. Tomuschat*, Der Verfassungsstaat im Geflecht der internationalen Beziehungen, VVDStRL 36 (1978), S. 7 (51 f.).

[2] Vgl. insbesondere *R. Uerpmann-Wittzack*, Völkerrechtliche Verfassungselemente, in: A. v. Bogdandy/J. Bast (Hrsg.), Europäisches Verfassungsrecht (2. Aufl. 2009), S. 177 ff.

[3] EuGH, Urt. v. 3. 9. 2008 – verb. C-402/05 P u. C-415/05 P – *Kadi*, Slg. 2008, S. I-6351, Rn. 326. Anders zuvor noch die Urteile des EuG v. 21. 9. 2005 – Rs. T-315/01 – *Kadi* sowie v. 21. 9. 2005 – Rs. T-306/01 – *Yusuf*. Vgl. dazu bereits Teil 1 – Kapitel 1 – III. 2. Aus der Fülle an Literatur vgl. zum Aspekt der Permeabilität insbesondere *F. C. Mayer*, European law as a door opener for public international law?, in: C. Tomuschat/J.-M. Thouvenin (Hrsg.), Droit international et diversité des cultures juridiques (2008), S. 345 ff. sowie *M. Nettesheim*, UN Sanctions against Individuals – Challenge to the Architecture of European Union Governance, WHI-Paper 1/07, S. 6 noch zum Urteil des EuG.

[4] Dazu eingehend Teil 1 – Kapitel 1 – II.

[5] Dies betrifft Arbeiten, welche die Integrationsklauseln auf nationaler Ebene vergleichen – s. insbesondere *N. Lorenz*, Die Übertragung von Hoheitsrechten auf die Europäischen Gemeinschaften (1990), S. 304 ff., sowie *T. de Berranger*, Constitutions nationales et construction communautaire (1995), S. 315 ff. – ebenso wie Arbeiten, die das Verhältnis von unionaler und nationaler Rechtsordnung speziell aus Perspektive des Unionsrechts in den Blick nehmen, vgl. etwa *R. Barents*, The Autonomy of Community Law (2004) oder *K. Alter*, Establishing the Supremacy of European Law (2001).

sichtspunkt seines Durchsetzungsanspruches und des daraus resultierenden Konvergenzdrucks auf die nationalen Verfassungsordnungen wahrgenommen. Gewiss, eine fundierte Auseinandersetzung mit der rechtlichen Begründung von Autonomie, unmittelbarer Anwendbarkeit und Vorrang des Unionsrechts ist für die konzeptionelle Erfassung der „normativen Verklammerung"[6] nationaler und unionaler Verfassungsebene von zentraler Bedeutung. Eine alleinige Fokussierung hierauf verstellt jedoch den Blick für die *rechtlich integrativen Verbundtechniken des Unionsrechts.*[7] Diese bilden den Gegenstand der folgenden, die Untersuchung in einer perspektivischen Wendung abrundenden Überlegungen.

Analog zur Analyse der Permeabilität auf nationaler Ebene geht es hierbei nicht um die Betrachtung exogen induzierter Verfassungsänderungen – d.h. im vorliegenden Kontext Vertragsänderungen oder Protokollneuschöpfungen –, mögen diese auch vom Bestreben um Rücksichtnahme auf einzelne oder mehrere nationale Verfassungsordnungen motiviert sein.[8] Auch liegt der Schwerpunkt nicht darauf, welche Rechts*inhalte* sich aufgrund des etwaigen Vorbildcharakters bestimmter nationaler Verfassungsgehalte im Unionsrecht niedergeschlagen haben oder sich künftig darin verwirklichen sollten.[9] Ziel ist vielmehr die systematische Entfaltung der Modelle rechtlicher Permeabilität im Unionsrecht, d.h. der *Art und Weise*, wie aus Perspektive der unionalen Verfassungsebene ein (dynamisches) Durchgreifen von Rechtssätzen oder ein Einfließen von Normgehalten aus dem nationalen Verfassungsrecht erfolgen kann und darf.[10]

---

[6] So die Terminologie des BVerfG im *Solange II*-Beschluss, BVerfG, Beschl. v. 22.10.1986 – 2 BvR 197/83 – *Solange II* = BVerfGE 73, 339 (384f.).

[7] Die Einseitigkeit der Betrachtungsweise kritisiert auch der ehemalige Präsident des BVerfG *H.-J. Papier*, Die Rezeption allgemeiner Rechtsgrundsätze aus den Rechtsordnungen der Mitgliedstaaten durch den Gerichtshof der Europäischen Gemeinschaften, EuGRZ 2007, S. 133. Eine solche perspektivische Verengung befördert zudem die fehlgehende Vorstellungswelt eines hierarchischen Verhältnisses beider Ebenen.

[8] Vgl. etwa die Protokolle Nr. 30 über die Anwendung der Charta der Grundrechte auf Polen und das Vereinigte Königreich (sowie künftig Tschechien) sowie insbesondere Nr. 35 über Artikel 40.3.3 der Verfassung Irlands.

[9] Die Einflüsse nationalen Verfassungsrechts auf das Unionsrecht werden häufig daran festgemacht, welche Inhalte der nationalen Verfassungsordnungen im primären Unionsrecht oder Rechtsprechung des EuGH Niederschlag gefunden haben. Auch wird häufig thematisiert, wie das Unionsrecht *aus Sicht der nationalen Verfassungsordnungen* im Rahmen künftiger Änderungsverfahren materiell-rechtlich weiter ausgestaltet werden könnte oder sollte. Eingehend hierzu *J. Ziller*, National Constitutional Concepts in the New Constitution for Europe, EuConst 1 (2005), S. 247ff. (Part I) und 452ff. (Part II). Vgl. auch die Analyse von *J. Schwarze*, Einführung, in: ders. (Hrsg.), Die Entstehung einer europäischen Verfassungsordnung (2000), S. 11 (19) sowie den darauf aufbauenden rechtsvergleichenden Beitrag ebd., S. 463 (548ff.).

[10] Ansätze zur systematischen Erfassung der einzelnen Modelle rechtlicher Permeabilität des Unionsrechts für das nationale Verfassungsrecht sind bislang eher punktuell und sachbereichlich begrenzt geblieben, vgl. insbesondere – allerdings noch auf dem Stand des Vertrages von *Maastricht* – die Studie von *A. Schmitt Glaeser*, Grundgesetz und Europarecht als Elemente Europäischen Verfassungsrechts (1996), S. 172ff. und 191ff., der mit den Kategorien der Achtung und der Rezeption zwei Stufen der Einbeziehung nationalen Verfassungsrechts beschreibt. Anklänge, jedoch limitiert auf einen Minimalschutz nationaler Verfassungsgehalte, finden sich auch bei *D.R. Phelan*, Revolt or

Dabei sind grundlegende Strukturunterschiede zwischen nationaler und unionaler Verfassungsebene zu berücksichtigen. Während im Verfassungsrecht der meisten Mitgliedstaaten das Prinzip der Souveränität von Beginn an ein entscheidender Faktor für Herausbildung und Gestaltformen rechtlicher Permeabilität war und regelmäßig noch heute ist,[11] blickt man mit dem primären Unionsrecht auf eine von vornherein sachbereichlich und kompetenziell begrenzte Verfassungsebene. Sie baut in vielfältiger Weise auf dem Recht der EU-Mitgliedstaaten auf und setzt es für den eigenen Vollzug notwendig voraus.[12] Anders als auf staatlicher Ebene muss das Postulat der Vollpositivierung bzw. Allzuständigkeit im Unionsrecht erst gar nicht überwunden werden,[13] fußt die unionale Verfassungsebene doch gemäß Art. 4 Abs. 1 und 5 Abs. 1 S. 1 EUV auf dem Prinzip der begrenzten Einzelermächtigung. Innerhalb seines Geltungsbereiches freilich schirmt sich das Unionsrecht durch die Grundsätze der einheitlichen Geltung bzw. der praktischen Wirksamkeit (*effet utile*) gegenüber einseitigen Eingriffen der nationalen Rechtsebene ab.[14]

Permeable Verfassungsstrukturen, die den innerstaatlichen Integrationsklauseln nachgebildet wären, wird man auf Ebene des Unionsrechts gleichwohl vergeblich suchen. Eine unionsrechtliche Integrationsnorm mit der für viele nationale Europaklauseln so charakteristischen Verschmelzung von Konstituierungs- und Öffnungsfunktion[15] gibt es im Verhältnis zum nationalen Recht gerade nicht. Trotz seiner mitunter erheblichen Auswirkungen auf das innerstaatliche Verfassungsgefüge kennt das Unionsrecht kein Beteiligungsverfahren an der Konstituierung autonomer staat-

Revolution (1997), S. 417 ff. Speziell auch in Bezug auf die Identitätsklausel, vgl. *F. C. Mayer*, Verfassungsgerichtsbarkeit, in: A. v. Bogdandy/J. Bast (Hrsg.), Europäisches Verfassungsrecht (2. Aufl. 2009), S. 559 (589 f.). Vergleichsweise eingehend wird die normative Relevanz der nationalen Verfassungsüberlieferungen zudem für den Bereich des Grundrechtsschutzes auf EU-Ebene thematisiert, vgl. bereits früh – trotz des scheinbar in die Gegenrichtung weisenden Aufsatztitels – *K. Zweigert*, Der Einfluß des Europäischen Gemeinschaftsrechts auf die Rechtsordnung der Mitgliedstaaten, RabelsZ 28 (1964), S. 601 (608 ff.). Auch unter dem Gesichtspunkt unionaler Prinzipienbildung wird die rechtliche Relevanz mitgliedstaatlicher Verfassungsprinzipien erörtert, vgl. *A. v. Bogdandy*, Grundprinzipien, in: ders./J. Bast (Hrsg.), Europäisches Verfassungsrecht (2. Aufl. 2009), S. 13 (30 ff.).

[11] Dazu eingehend das dritte Kapitel, zusammenfassend Teil 2 – Kapitel 3 – IV.

[12] Man denke etwa an die verwaltungsverfahrensrechtliche Dimension, vgl. *S. Kadelbach*, Allgemeines Verwaltungsrecht unter europäischem Einfluß (1999), S. 15 ff.

[13] Die Überwindung der potenziellen Allzuständigkeit des Staates ist ein zentrales Charakteristikum des Prinzips offener Staatlichkeit, vgl. *E. Grabitz*, Der Verfassungsstaat in der Gemeinschaft, DVBl. 1977, S. 786 (790) sowie *S. Hobe*, Der offene Verfassungsstaat zwischen Souveränität und Interdependenz (1998), S. 409. Dazu bereits Teil 1 – Kapitel 1 – III. 1.

[14] Besonders deutlich EuGH, Urt. v. 17. 12. 1970 – Rs. 11/70 – *Internationale Handelsgesellschaft*, Slg. 1970, S. 1125 ff. (Rn. 3 f.): „Die einheitliche Geltung des Gemeinschaftsrechts würde beeinträchtigt, wenn bei der Entscheidung über die Gültigkeit von Handlungen der Gemeinschaftsorgane Normen oder Grundsätze des nationalen Rechts herangezogen würden." Klassisch auch EuGH, Urt. v. 9. 3. 1978 – Rs. 106/77 – *Simmenthal II*, Slg. 1978, S. 629 ff. (Rn. 19 ff.) sowie Urt. v. 19. 6. 1990 – Rs. C-213/89 – *Factortame I*, Slg. 1990, S. I-2433 ff. (Rn. 22). Aus der Fülle an Literatur s. etwa *M. Nettesheim*, Der Grundsatz der einheitlichen Wirksamkeit des Gemeinschaftsrechts, in: GS Grabitz (1995), S. 447 ff.

[15] S. etwa Teil 2 – Kapitel 5 – II. 2. c) in Bezug auf das Übertragungsmodell.

licher Herrschaftsgewalt, wie es umgekehrt die nationalen Verfassungen in Bezug auf die Errichtung originär supranationaler Hoheitsgewalt vorsehen.[16] Kurzum, das Unionsrecht enthält keine Ermächtigung zur „Übertragung von Hoheitsrechten" auf die Mitgliedstaaten.[17] Allenfalls in Bezug auf das Völkerrecht und die Beteiligung der EU an internationalen Organisationen können unter dem Stichwort der „Integrationskompetenz" funktionelle Äquivalenzen zu nationalen Integrationsklauseln im Unionsrecht identifiziert werden.[18]

Aus der Strukturdivergenz zwischen nationaler und unionaler Verfassungsebene folgt, dass sich die Permeabilität der unionalen Verfassungsebene gegenüber dem nationalen Recht qualitativ anders gestalten muss, als die Permeabilität der nationalen Verfassungsordnungen gegenüber dem Unionsrecht. Eine schlichte Übertragung der für die innerstaatlichen Verfassungsordnungen herausgearbeiteten Modelle rechtlicher Permeabilität auf die Ebene des Unionsrechts scheitert an der strukturellen Verschiedenartigkeit beider Rechtsordnungen. Die sachbereichlich begrenzte und komplementäre Eigenart der supranationalen Rechtsordnung bringt es vielmehr mit sich, dass die Permeabilität der unionalen Rechtsordnung *materiell-rechtlich punktueller* und *verfahrenstechnisch bzw. methodisch mittelbarer* in Erscheinung tritt als die der meisten nationalen Verfassungen.

In entwicklungsgeschichtlicher Perspektive hinzu kommt, dass wechselseitig-horizontale Rezeptionsprozesse, wie sie die Herausbildung rechtlicher Permeabilität auf nationaler Ebene seit Anbeginn des Integrationsprozesses produktiv befördert haben,[19] auf supranationaler Ebene bislang fehlen. Jedenfalls zum gegenwärtigen Zeitpunkt gibt es keine supranationale Nachbarunion mit einer hinreichend vergleichbaren Integrationsdichte, die als Quelle rechtsvergleichender Inspiration für die EU herangezogen werden könnte.[20] Auch Anknüpfungspunkte für eine diachrone, d.h.

[16] Dass die nationalen Verfassungen verfahrensrechtliche Beteiligungsmodi an der Konstituierung supranationalen Rechts bereithalten, macht letzteres noch nicht zu einer (genetisch) aus dem nationalen Recht abgeleiteten Rechtsordnung, vgl. bereits Teil 2 – Kapitel 5 – II. 2. a) sowie Teil 1 – Kapitel 1 – II. 1. Teil 1 – Kapitel 1 – II. 3. a) Vielmehr hat die unionale Hoheitsgewalt trotz der nationalen Beteiligungsmodi ihrer Natur nach *originär* supranationalen Charakter.

[17] Zur Bedeutung von Art. 48 EUV und der darin ausdrücklich vorgesehenen Möglichkeit der Kompetenzverringerung ebenso wie zu Art. 2 Abs. 1, 2. HS AEUV s. sogleich unter Teil 3 – Kapitel 13 – I.

[18] Vgl. *C. Vedder*, Die Integrationskompetenz der EG in der Rechtsprechung des EuGH, in: GS Grabitz (1995), S. 795 (800 f.), der Integrationskompetenz definiert als „die Kompetenz, sich an völkerrechtlichen Einrichtungen zu beteiligen, die zu verbindlicher Beschlußfassung fähig sind, dem so erzeugten Recht ohne weiteres in der Gemeinschaftsrechtsordnung Wirksamkeit einzuräumen und dabei in Grenzen von der strikten Bindung an das primäre Gemeinschaftsrecht befreit zu sein: also genau das zu tun, was Art. 24 I und Art. 23 I 1 GG mit der Übertragung von Hoheitsrechten umschreiben."

[19] Eingehend Teil 2 – Kapitel 4.

[20] So unterscheidet sich etwa die Afrikanische Union (AU) und der ihr zugrunde liegende Acte constitutif trotz der zahlreichen institutionellen Anleihen an die EU und ihrer Verträge in Bezug auf den Grad rechtlicher Integration erheblich von dieser. Auch die nordamerikanische Freihandelszone nach dem North American Free Trade Agreement (NAFTA) unterscheidet sich in ihrer Integrati-

in die Zeit gedehnte Vergleichung zu historischen Rechtsordnungen oder Integrationsformen auf übernationaler Ebene bestehen kaum.[21]

Jedenfalls verglichen mit der Analyse des Verfassungsrechts von 27 Mitgliedstaaten und derzeit vier Beitrittskandidaten speist sich die Untersuchung rechtlicher Permeabilität auf EU-Ebene in rechtsempirischer Hinsicht aus einem weitgehend vorbildlosen und zudem sachbereichlich begrenzten Reservoir.

In struktureller Hinsicht weist die Permeabilität auf EU-Ebene zudem eine markante Besonderheit auf. Die supranationale Verfassungsebene ist in ihrer Durchlässigkeit für „das" nationale Recht nicht – wie umgekehrt die nationale Verfassungsebene für das Unionsrecht – auf ein einheitliches, sondern vielmehr auf ein *plurales Einbindungsobjekt* ausgerichtet. Denn die Summe aller mitgliedstaatlichen Verfassungsordnungen stellt keine *rechtlich* existente Gesamtrechtsordnung, sondern lediglich eine additive *Vergleichsordnung* dar.[22]

Damit eröffnen sich für die Permeabilität des Unionsrechts gegenüber der nationalen Ebene *zwei Wege*, die sich in Bezug auf die normative Erfassung nationalen Rechts unterscheiden lassen. Interessanterweise verläuft die Differenzierung entlang einer Trennlinie, welche für die Einteilung unionsrechtlicher Prinzipien im Allgemeinen vorgeschlagen wird, nämlich der *Bildung von Einheit* und der *Wahrung von Vielfalt*.[23]

Zum einen ist die Permeabilität der unionalen Verfassungsebene auf ein unionsrechtlich gefiltertes Substrat von Normgehalten oder Prinzipien der nationalen Rechtsordnungen gerichtet und entfaltet damit eine zusammenführende und *einheitsbildende Wirkung* (dazu Kapitel 12).

Zum anderen kann die primärrechtliche Permeabilität aber auch in spezifischer Weise auf das Durchschlagen der rechtlichen Wertung eines jeweils einzelnen Mitgliedstaats gerichtet sein. Dann ist Permeabilität aus Sicht des Unionsrechts *vielfaltswahrend* (dazu Kapitel 13).

---

onsdichte, insbesondere dem weitgehenden Fehlen supranationaler Elemente, signifikant von der EU.

[21] S. aber *C. Schönberger*, Die europäische Union als Bund, AöR 129 (2004), S. 81 ff.

[22] *A. Schmitt Glaeser*, Grundgesetz und Europarecht als Elemente Europäischen Verfassungsrechts (1996), S. 145 spricht von „überpositiver Vergleichsordnung".

[23] Vgl. *A. v. Bogdandy*, Grundprinzipien, in: ders./J. Bast (Hrsg.), Europäisches Verfassungsrecht (2. Aufl. 2009), S. 13 (36 ff.). Deutlicher noch die Vorauflage S. 184 ff. mit der Gegenüberstellung Einheit stiftender und Vielfalt schützender Prinzipien.

Kapitel 12

Einheitsbildende Formen primärrechtlicher Permeabilität

Die einheitsbildende Wirkung primärrechtlicher Permeabilität folgt aus der rechtlichen Filterung und Zusammenführung von Normgehalten des nationalen (Verfassungs-)Rechts auf der Ebene des Unionsrechts.

Diese *rechtliche* Einheitsbildung *auf EU-Ebene* ist nicht zu verwechseln mit der *funktionellen* Einheitsbildung *im übergreifenden Verbund*, die durch wechselseitige Koordinierung und Rücksichtnahme der formell voneinander getrennten Rechtsordnungen entsteht und sicherstellt, dass für den konkreten Einzelfall grundsätzlich nur eine einzige rechtliche Lösung vorgesehen ist.[1] Die Emergenz eines Verbundes in funktioneller bzw. materieller Hinsicht durch wechselseitige Permeabilität und andere Mechanismen der Kohärenzsicherung wird sowohl durch die einheitsbildenden, als auch durch die vielfaltswahrenden Modelle primärrechtlicher Permeabilität unterstützt. Beide sind Techniken, welche – rechtlich verankert im Unionsrecht – auf die Emergenz eines Verbundes in Gesamtperspektive abzielen.[2]

Der Unterschied zwischen einheitsbildender und vielfaltswahrender primärrechtlicher Permeabilität resultiert hingegen daraus, dass die einheitsbildenden Modelle Normgehalte des nationalen Rechts auf EU-Ebene zusammenführen, während die vielfaltswahrenden Modelle rechtliche Wertungen eines einzelnen Staates auf EU-Ebene durchschlagen lassen. Im ersten Fall wird ein *unionsrechtlicher (allgemeiner) Grundsatz* gebildet, der aus den Gehalten nationaler Verfassungs- oder Rechtsordnungen erwächst und in gewissen Grenzen an diese rückgekoppelt bleibt; im zweiten Fall schlägt das Recht der jeweils anwendbaren nationalen Rechtsordnung auf EU-Ebene in den durch das Unionsrecht gezogenen Grenzen durch, wobei auch hier in der Gesamtperspektive grundsätzlich nur eine rechtliche Lösung produziert wird.[3]

Das bedeutendste Modell einheitsbildender Permeabilität auf unionaler Verfassungsebene ist das Einfließen nationaler Verfassungsgehalte in das Unionsrecht im Wege der prätorischen Bildung allgemeiner Rechtsgrundsätze (dazu I.). Ergänzt wird dieses Instrument zudem in gradueller Abstufung durch eine mitgliedsstaatsfreundliche Auslegung des Unionsrechts auf verfassungsvergleichender Basis (dazu II.). In der Gesamtschau zeigt sich, dass der zentrale Mechanismus einheitsbildender Permeabilität auf Unionsebene die (wertende) *Verfassungsvergleichung* ist. Ihre grundlegende Verbundfunktion erschließt sich vor dem Hintergrund, dass die Konstituie-

---

[1] Zur Verbunddimension rechtlicher Permeabilität vgl. bereits Teil 1 – Kapitel 1 – IV.

[2] Denn in diesem Falle wäre der vielfaltswahrende Modus mangels seiner Eigenschaft als Verbundtechnik gar nicht als Mechanismus rechtlicher Permeabilität zu qualifizieren.

[3] Zum einen entsteht eine offene Kollision zwischen nationalem und unionalem Recht aufgrund der Permeabilität des Unionsrechts grundsätzlich nicht und zum anderen konkurrieren die nationalen Rechtsordnungen in ihrem Verhältnis zueinander aufgrund des unterschiedlichen territorialen Geltungsbereichs nicht miteinander.

rung der EU – schon aufgrund der nationalen Strukturgestaltungsklauseln – weitgehend Grundsätzen und Werten folgt, die im nationalen Verfassungsrecht der Mitgliedstaaten verankert sind, ja diese konkretisiert und für bestimmte Ziele sogar ausbaut. Insoweit lässt sich die wertende Verfassungsvergleichung zugleich als dynamisches Instrument zur laufenden Fortentwicklung und Anpassung der supranationalen Verfassungsebene an die Impulse bzw. Anforderungen verstehen, die das nationale Verfassungsrecht an sie heranträgt. Anders gewendet, die wertende Verfassungsvergleichung ist zugleich ein Kernmechanismus zur dynamischen Struktur- und Kohärenzsicherung als Bedingung des rechtlichen Zusammenhalts und der Funktionsfähigkeit des europäischen Verfassungsverbunds (dazu III.).

I. Bildung allgemeiner Rechtsgrundsätze

Die „allgemeinen Rechtsgrundsätze" bzw. die „allgemeinen Grundsätze" des Unionsrechts[4] sind eine der tragenden Rechtsquellen der europäischen Verfassungsebene und damit wiederholt Gegenstand wissenschaftlicher Aufarbeitung.[5] Diese soll und braucht hier nicht eingehend rekapituliert werden. In Anbetracht der normativen Mindestanforderungen, welche Permeabilität als rechtliche Verbundtechnik stellt, ist der Fokus im Folgenden vielmehr speziell auf Wirkungsweise und Leistungsfähigkeit des *Entstehungsprozesses* allgemeiner Rechtsgrundsätze zu richten.

Im Rahmen einer Vorüberlegung werden hierfür zunächst die sachlichen Anwendungsfelder und positivrechtlichen Grundlagen allgemeiner Rechtsgrundsätze sum-

---

[4] Zur terminologischen Uneinheitlichkeit vgl. bereits *I. Pernice*, Grundrechtsgehalte im Europäischen Gemeinschaftsrecht (1979), S. 27f. Daran anknüpfend *A. Schmitt Glaeser*, Grundgesetz und Europarecht als Elemente Europäischen Verfassungsrechts (1996), S. 131.

[5] Aus der Fülle an Literatur s. insbesondere *T. Tridimas*, The General Principles of Law (2. Aufl. 2006); *S. Jacoby*, Allgemeine Rechtsgrundsätze – Begriffsentwicklung und Funktion in der Europäischen Rechtsgeschichte (1997); *R.-E. Papadopoulou*, Principes généraux du droit et droit communautaire, origines et concrétisation (1996); *X. Groussot*, General Principles of Community Law (2006); *H. Lecheler*, Der Europäische Gerichtshof und die allgemeinen Rechtsgrundsätze (1971); *ders.*, Der Beitrag der allgemeinen Rechtsgrundsätze zur Europäischen Union. Rückblick und Ausblick, ZEuS 2003, S. 337ff.; U. Bernitz et al. (Hrsg.), General Principles of EC Law in a Process of Development (2008); *G. Zieger*, Die Rechtsprechung des Europäischen Gerichtshofs – Eine Untersuchung der Allgemeinen Rechtsgrundsätze, JöR 22 (1973), S. 299ff.; *K.M. Meessen*, Zur Theorie allgemeiner Rechtsgrundsätze des internationalen Rechts: Der Nachweis allgemeiner Rechtsgrundsätze des Europäischen Gemeinschaftsrechts, JIR 17 (1975), S. 283ff.; *T. Koopmans*, General Principles of Law in European and National Systems of Law: A Comparative View, in: U. Bernitz/J. Nergelius (Hrsg.), General Principles of European Community Law (2000), S. 25ff.; *M. Herdegen*, The Origins and Development of the General Principles of Community Law, ebd., S. 3ff.; *R. Gosalbo Bono*, The development of general principles of law at national and community level: achieving a balance, in: R. Schulze/U. Seif (Hrsg.), Richterrecht und Rechtsfortbildung in der Europäischen Rechtsgemeinschaft (2003), S. 99ff.; *T. Schilling*, Bestand und allgemeine Lehren der bürgerschützenden allgemeinen Rechtsgrundsätze des Gemeinschaftsrechts, EuGRZ 2000, S. 3ff.; *P. Szczekalla*, Freiheit im Europäischen Verfassungsverbund – Allgemeine Rechtsgrundsätze zwischen Instrumentalisierung und Auflösung?, DVBl. 2005, S. 286ff.

marisch aufgezeigt, bevor der Prozess ihrer prätorischen Entfaltung als Mechanismus primärrechtlicher Permeabilität näher beleuchtet wird.

1. *Anwendungsfelder und positivrechtliche Grundlagen*

Anwendungsfelder und positivrechtliche Grundlagen allgemeiner Rechtsgrundsätze auf EU-Ebene sind vielfältig.

a) *Wahrung des Rechts bei Auslegung und Anwendung der Verträge*

Das allgemeinste und gleichsam wichtigste rechtliche Fundament findet sich in Art. 19 Abs. 1 S. 2 EUV (ex-Art. 220 Abs. 1 EG bzw. 164 EWGV). Danach sichert der Gerichtshof der Europäischen Union die Wahrung des Rechts bei der Auslegung und Anwendung der Verträge. Neben ihrem organisationsrechtlichen Gehalt[6] entfaltet diese Vorschrift zugleich eine materiell-rechtliche Dimension. Sie garantiert in systematischer Verknüpfung mit Art. 2 EUV und der gemäß Art. 6 Abs. 1 EUV rechtsverbindlichen Charta der Grundrechte (GRC) die „Rechtlichkeit" der Europäischen Union, d. h. ihre Verfasstheit als Rechtsgemeinschaft.[7] Dies betont nunmehr auch das BVerfG.[8]

Den Auftrag zur Wahrung des Rechts hat der EuGH in stetiger Rechtsprechung zum normativen Ausgangspunkt genommen, um die materiell-rechtliche Bindung der Union an rechtsstaatliche Grundsätze zu verwirklichen und fortzuentwickeln. Mit der Begründung, er wolle sich nicht dem Vorwurf der Rechtsverweigerung (*déni de justice*) aussetzen, füllte der EuGH bereits in der Frühphase der EGKS in seinem Urteil *Algera* bestehende Regelungslücken des europäischen Verwaltungsverfahrensrechts durch den vergleichenden Rückgriff auf die mitgliedstaatlichen Rechtsordnungen auf.[9] Der EuGH unterstrich damit, dass die formelle Eröffnung des Zugangs zu Gericht zugleich die Pflicht impliziert, den Fall anhand materiell-rechtlicher Rechtsgrundsätze zu entscheiden.[10] Dass der Gerichtshof für die Entwicklung dieser Grundsätze von Beginn an auf das Recht der Mitgliedstaaten Bezug nahm, zeigt die

---

[6] Dieser erstreckt sich auf die institutionelle Garantie sowie den Aufgabenbereich der Judikative auf EU-Ebene.

[7] Vgl. *I. Pernice/F. C. Mayer*, in: E. Grabitz/M. Hilf (Hrsg.), Das Recht der Europäischen Union (20. EL 2002), Art. 220, Rn. 1, 12f. u. 17ff. S. auch *J. Schwarze*, in: ders. (Hrsg.), EU-Kommentar (2. Aufl. 2009), Art. 220 EGV, Rn. 3; *B. Wegener*, in: Art. 220 EGV, in: C. Calliess/M. Ruffert (Hrsg.), EUV/EGV (3. Aufl. 2007), Art. 220 EGV, Rn. 3. Zum Konzept der Rechtsgemeinschaft vgl. *W. Hallstein*, Der unvollendete Bundesstaat (1969), S. 154f.; *ders.*, Die Europäische Gemeinschaft, (1973), S. 31ff.

[8] BVerfG, Beschl. v. 6. 7. 2010 – 2 BvR 2661/06 – *Honeywell*, Rn. 63.

[9] EuGH, Urt. v. 12. 7. 1957 – verb. Rs. 7/56 u. 3–7/57 – *Algera*, Slg. 1957, S. 85 (118): „Um sich nicht dem Vorwurf einer Rechtsverweigerung auszusetzen, ist der Gerichtshof daher verpflichtet, diese Frage von sich aus unter Berücksichtigung der in Gesetzgebung, Lehre und Rechtsprechung der Mitgliedstaaten anerkannten Regeln zu entscheiden."

[10] Vgl. jüngst *J. Schwarze*, 20 Jahre Gericht erster Instanz in Luxemburg – Der Zugang zur Justiz, EuR 2009, S. 717 (721).

zentrale Bedeutung der Verschmelzung nationaler Rechtstraditionen auf EU-Ebene für die Gewährleistung einer umfassenden *Verfassungsgarantie*.[11]

Die Tragweite dieser aus Art. 19 Abs. 1 S. 2 EUV abgeleiteten Garantie haben der EuGH und das EuG in Leitentscheidungen wie *Les Verts*,[12] *Kadi*[13] oder *Sogelma*[14] immer wieder aufs Neue untermauert. Aufbauend auf Art. 19 Abs. 1 S. 2 EUV hat der Gerichtshof im Wege kasuistischer Erschließung darüber hinaus tragende Prinzipien der Rechtsstaatlichkeit bzw. der *rule of law* als allgemeine Rechtsgrundsätze in das Unionsrecht eingeführt. Dazu zählen insbesondere die Grundsätze der Verhältnismäßigkeit, des Vorbehaltes des Gesetzes, der Gesetzmäßigkeit der Verwaltung, der Rechtssicherheit und des Vertrauensschutzes.[15]

b) *Grundrechte*

Nicht minder Bedeutung kommt den allgemeinen Rechtsgrundsätzen für den unionsrechtlichen Grundrechtsschutz zu, den der EuGH 1969 im Urteil *Stauder* wegweisend als zentrale Aufgabe der europäischen Judikative identifizierte.[16] 1970 rückte der

---

[11] Vgl. abermals *I. Pernice/F. C. Mayer*, in: E. Grabitz/M. Hilf (Hrsg.), Das Recht der Europäischen Union (20. EL 2002), Art. 220, Rn. 17.

[12] EuGH, Urt. v. 23. 4.1986 – Rs. 294/83 – *Les Verts*, Slg. 1986, S. 1339 ff. (Rn. 23 u. 25) unter Berufung auf den Geist des Vertrages, so wie er in ex-Art. 164 EWGV Ausdruck gefunden habe.

[13] EuGH, Urt. v. 3. 9. 2008 – verb. C-402/05 P u. C-415/05 P – *Kadi*, Slg. 2008, S. I-6351 ff. (Rn. 282 ff., insbesondere Rn. 285 und 316).

[14] EuG, Urt. v. 8. 10. 2008 – Rs. T-411/06 – *Sogelma*, Slg. 2008, S. II-2771 ff. (Rn. 36 f.) in Bezug auf den Rechtsschutz gegenüber Maßnahmen der Europäischen Agentur für den Wiederaufbau: „Der Gerichtshof hat in Randnr. 23 des Urteils vom 23. April 1986, Les Verts/Parlament (...), festgestellt, dass die Europäische Gemeinschaft eine Rechtsgemeinschaft ist und dass durch den Vertrag ein umfassendes Rechtsschutzsystem geschaffen worden ist, innerhalb dessen dem Gerichtshof die Überprüfung der Rechtmäßigkeit der Handlungen der Organe übertragen ist. Nach dem System des Vertrags ist die Möglichkeit einer direkten Klage gegen alle Handlungen der Organe gegeben, die dazu bestimmt sind, eine Rechtswirkung zu erzeugen (...). Der Gerichtshof hat ausgeführt, dass eine Auslegung dieses Artikels, die die Handlungen des Europäischen Parlaments aus dem Kreis der anfechtbaren Handlungen ausschlösse, zu einem Ergebnis führen würde, das sowohl dem *Geist des Vertrags, wie er in Art. 164 EG-Vertrag (jetzt Art. 220 EG)* Ausdruck gefunden hat, als auch seinem System zuwiderliefe (...). Aus diesem Urteil kann der allgemeine Grundsatz abgeleitet werden, dass jede Handlung einer Gemeinschaftseinrichtung, die dazu bestimmt ist, Rechtswirkungen gegenüber Dritten zu erzeugen, *gerichtlich nachprüfbar sein muss*. Zwar werden im Urteil Les Verts, Randnr. 24, nur die Gemeinschaftsorgane genannt, und die EAR gehört nicht zu den in Art. 7 EG aufgezählten Organen. Jedoch ist die Situation der Gemeinschaftseinrichtungen mit der Befugnis, Handlungen vorzunehmen, die dazu bestimmt sind, Rechtswirkungen gegenüber Dritten zu erzeugen, identisch mit der Situation, die zum Urteil Les Verts geführt hat: *In einer Rechtsgemeinschaft kann es nicht hingenommen werden, dass solche Handlungen der richterlichen Kontrolle entzogen werden*" (Hervorh. hinzugefügt). Zum Urteil vgl. *J. Gundel*, Der Rechtsschutz gegen Handlungen der EG-Agenturen – endlich geklärt?, EuR 2009, S. 383 ff.

[15] Zur Rechtsprechung eingehend *T. Tridimas*, The General Principles of Law (2. Aufl. 2006), S. 136 ff., 193 ff. u. 242 ff. sowie *I. Pernice/F. C. Mayer*, in: E. Grabitz/M. Hilf (Hrsg.), Das Recht der Europäischen Union (20. EL 2002), nach Art. 6 EUV, Rn. 289 ff. m. w. N. Speziell zum Grundsatz der Verhältnismäßigkeit s. *O. Koch*, Der Grundsatz der Verhältnismäßigkeit in der Rechtsprechung des Gerichtshofs der Europäischen Gemeinschaften (2003).

[16] EuGH, Urt. v. 12. 11. 1969 – Rs. 29/69 – *Stauder*, Slg. 1969, S. 419 ff. (Rn. 7).

Gerichtshof in seiner Leitentscheidung *Internationale Handelsgesellschaft* zudem die gemeinsamen Verfassungsüberlieferungen als normativen Ausgangspunkt der Entwicklung unionaler Grundrechte in den Mittelpunkt.[17] Damit folgte er Generalanwalt *Alain L. Dutheillet de Lamothe*, der in seinen Schlussanträgen die Schlüsselrolle des „Substrats" nationaler Verfassungsgrundsätze für die Gewinnung allgemeiner Rechtsgrundsätze betont hatte.[18]

Noch deutlicher bekräftigte der EuGH die Permeabilität des Unionsrechts für verfassungsrechtliche Kerngehalte der Mitgliedstaaten im Jahr 1974 im Urteil *Nold*. In Anknüpfung an seine vorangegangene Rechtsprechung führte der Gerichtshof aus

> „dass die Grundrechte zu den allgemeinen Rechtsgrundsätzen gehören, die er zu wahren hat, und dass er bei der Gewährleistung dieser Rechte *von den gemeinsamen Verfassungsüberlieferungen der Mitgliedstaaten auszugehen hat. Hiernach kann er keine Maßnahmen als rechtens anerkennen, die unvereinbar sind mit den von den Verfassungen dieser Staaten anerkannten und geschützten Grundrechten.* Auch die internationalen Verträge über den Schutz der Menschenrechte, an deren Abschluss die Mitgliedstaaten beteiligt waren oder denen sie beigetreten sind, können Hinweise geben, die im Rahmen des Gemeinschaftsrechts zu berücksichtigen sind."[19]

War der Grundstein primärrechtlicher Permeabilität in allgemeiner Weise bereits mit der Entscheidung *Algera* gelegt, so kam die normative Rückkopplung an die nationalen Grundrechte im Speziellen spätestens mit *Nold* sichtbar zum Durchbruch – für das BVerfG erstmals hinreichend.[20] Neben der Anknüpfung an die gemeinsamen Verfassungsüberlieferungen der Mitgliedstaaten betonte der EuGH in diesem Urteil zugleich die Hinwendung zur völkerrechtlichen Ebene und zeigte so die *Mehrpoligkeit* unionsrechtlicher Permeabilität innerhalb der rechtlich polyzentrischen Ordnungswelt auf.[21] Auch Generalanwalt *Alberto Trabucchi* hatte zuvor in seinen Schluss-

---

[17] EuGH, Urt. v. 17. 12. 1970 – Rs. 11/70 – *Internationale Handelsgesellschaft*, Slg. 1970, S. 1125 ff. (Rn. 4).

[18] Schlussanträge des GA *Dutheillet de Lamothe* v. 2. 12. 1970 – Rs. 11/70 u. a. – *Internationale Handelsgesellschaft* u. a., Slg. 1970, S. 1125 (1150): „Heißt dies nun, daß die Grundprinzipien der nationalen Rechtsordnungen für das Gemeinschaftsrecht bedeutungslos sind? Sicherlich nicht, sie tragen zur Bildung des den Mitgliedstaaten gemeinsamen philosophischen, politischen und rechtlichen Substrats bei, auf dem sich im Wege richterlicher Fortbildung ein ungeschriebenes Gemeinschaftsrecht entwickelt, zu dessen wesentlichen Zielen gerade die Wahrung der individuellen Grundrechte gehört. In diesem Sinne tragen die Grundprinzipien der nationalen Rechtsordnungen dazu bei, daß im Gemeinschaftsrecht selbst die erforderlichen Mittel gefunden werden können, um nötigenfalls die Grundrechte zu wahren, die gemeinsamer Besitz der Mitgliedstaaten sind."

[19] EuGH, Urt. v. 14. 05. 1974 – Rs. 4/73 – *Nold*, Slg. 1974, S. 491 ff. (Rn 13, Hervorh. hinzugefügt).

[20] Vgl. insbesondere BVerfG, Beschl. v. 22. 10. 1986 – 2 BvR 197/83 – *Solange II* = BVerfGE 73, 339 (379): „Den – aus der Sicht des Grundgesetzes – wesentlichen Schritt leitete der Gerichtshof mit der Entscheidung im Falle *Nold* (…) ein, in der er ausführte, daß er bei der Gewährleistung der Grundrechte von den gemeinsamen Verfassungsüberlieferungen der Mitgliedsstaaten auszugehen habe."

[21] Die Hinwendung zur völkerrechtlichen Ebene erfolgte in späteren Urteilen noch deutlicher. Dies gilt allen voran für die EMRK, vgl. EuGH, Urt. v. 13. 12. 1979 – Rs. 44/79 – *Hauer*, Slg. 1979, S. 3727 ff. (Rn. 15 u. 17 ff.); v. Urt v. 15. 5. 1986 – Rs. 222/84 – *Johnston*, Slg. 1986, S. 1651 ff. (Rn. 18) sowie insbesondere Urt. v. 22. 10. 2002 – Rs. C 94/00 – *Roquette Frères*, Slg. 2002, S. I-9011 ff. (Rn. 25). Speziell den Internationalen Pakt über bürgerliche und politische Rechte hervorhebend EuGH, Urt.

anträgen betont, die Tätigkeit der Unionsorgane müsse vor den Grundrechten, wie sie sich aus den überlieferten und geltenden Rechtstexten ergäben, „respektvoll innehalten".[22]

Fast zwei Dekaden später wurde mit dem Vertrag von Maastricht schließlich eine geschriebene Rechtsgrundlage für die prätorische Entfaltung des Schutzes der Grundrechte als „allgemeine Grundsätze" des Unionsrechts in die Verträge eingeführt. Die nunmehr positiv-rechtlich verankerte Rückkopplung des unionsrechtlichen Grundrechtsschutzes an ordnungsexterne Bezugssysteme – darunter fallen die nationalen Verfassungsüberlieferungen ebenso wie die EMRK – bleibt in Art. 6 Abs. 3 EUV (ex-Art. 6 Abs. 2 EU bzw. Art. F Abs. 2 EUV) auch nach Inkrafttreten des VvL und der damit einhergehenden Rechtsverbindlichkeit der GRC[23] aufrechterhalten.[24] Ergänzt wird sie in hermeneutischer Perspektive zudem durch Art. 52 Abs. 3 und 4 GRC.[25]

c) Haftung der Union und ihrer Mitgliedstaaten

Ein weiterer Bereich, in dem der Rückgriff auf allgemeine Rechtsgrundsätze eine zentrale Rolle spielt, ist das unionsrechtliche Haftungsregime. Allgemein für den Bereich der *außervertraglichen Haftung* findet sich mit Art. 340 Abs. 2 AEUV (ex-Art. 288 Abs. 2 EG bzw. 215 Abs. 2 EWGV) bereits seit Anbeginn eine ausdrückliche Rechtsgrundlage für den Rückgriff auf Rechtsgehalte nationaler Rechtsordnungen.[26] Bzgl.

---

v. 18. 10. 1989 – Rs. 374/87 – *Orkem*, Slg. 1989, S. 3283 ff. (Rn. 31); Urt. v. 17. 2. 1998 – Rs. C 249/96 – *Grant*, Slg. 1998, S. I-621 ff. (Rn. 44). In Bezug auf die Konvention zum Schutz des Kindes vgl. EuGH, Urt. v. 27. 6. 2006 – Rs. C 540/03 – *Familienzusammenführung*, Slg. 2006, S. I-05769 ff. (Rn. 37).

[22] Schlussanträge des GA *Trabucchi* v. 28. 3. 1974 – Rs. 4/73 – *Nold*, Slg. 1974, S. 491 (514).

[23] Bereits zuvor wurde die GRC aber jedenfalls mittelbar in der Rechtsprechung herangezogen. Zuerst durch das EuG, Urt. v. 30. 1. 2002 – Rs. T-54/99 – *max.mobil*, Slg. 2002, S. II-313 ff. (Rn. 48 u. 57) sowie Urt. v. 15. 1. 2002 – Rs. T-377/00 – *Philipp Morris*, Slg. 2002, S. II-1 ff. (Rn. 122) und sodann durch den EuGH, Urt. v. 27. 6. 2006 – Rs. C 540/03 – *Familienzusammenführung*, Slg. 2006, S. I-05769 ff. (Rn. 38) sowie Urt. v. 3. 5. 2007 – Rs. C-303/05 – *Advocaten voor de Wereld (Europäischer Haftbefehl)*, Slg. 2007 S. I-3633 ff. (Rn. 45 f.).

[24] Dies entspricht Art. I-9 VVE. Die kontrovers beurteilte Frage, ob die normative Doppelabstützung des unionsrechtlichen Grundrechtsschutzes auf GRC *und* allgemeine Rechtsgrundsätze überzeugt, wird an späterer Stelle wieder aufgegriffen, da ihre Beantwortung bereits eine nähere Betrachtung des Entstehungsmechanismus allgemeiner Rechtsgrundsätze und seiner Eignung als Instrument rechtlicher Permeabilität voraussetzt, vgl. Teil 3 – Kapitel 12 – I. 2. Zur Problematik s. den Abschlussbericht der Gruppe II des Europäischen Konvents v. 22. 10. 2002, Dok. CONV 354/02, S. 9 sowie den Vermerk des Konventspräsidiums v. 6. 2. 2003 zu den Grundlagenartikeln, Dok. CONV 528/03, S. 13. Aus der Literatur s. insbesondere *R. Uerpmann-Wittzack*, Doppelter Grundrechtsschutz für die zukünftige Europäische Union, DÖV 2005, S. 152 ff.; *J. Dutheil de la Rochère*, The Protection of Fundamental Rights in the EU, in: I. Pernice/E. Tanchev (Hrsg.), Ceci n'est pas une constitution (2008), S. 119 (122 f. u. 128); *C. Grabenwarter*, Auf dem Weg in die Grundrechtsgemeinschaft?, EuGRZ 2004, S. 563 (569) sowie – besonders kritisch – *T. Kingreen*, in: C. Calliess/M. Ruffert (Hrsg.), Verfassung der Europäischen Union (2006), Art. I-9, Rn. 12 f.

[25] Zur hermeneutischen Dimension s. Teil 3 – Kapitel 12 – II.

[26] Aus der Rechtsprechung vgl. insbesondere EuGH, Urt. v. 2. 7. 1974 – Rs. 153/73 – *Holtz & Willemsen*, Slg. 1974, S. 675 ff.; EuG, Urt. v. 3. 2. 2005 – Rs. T-19/01 – *Chiquita Brands u. a.*, Slg. 2005, S. II-315 ff. sowie EuG, Urt. v. 8. 10. 2008 – Rs. T-411/06 – *Sogelma*, Slg. 2008, S. II-2771 ff.

der *Haftung der EZB* für die durch sie verursachten Schäden enthält Art. 340 Abs. 3 AEUV einen entsprechenden Verweis auf die allgemeinen Rechtsgrundsätze. Mit Art. 41 Abs. 3 GRC besteht zudem eine seit Inkrafttreten des VvL rechtsverbindliche Vorgabe, die sich aus dem *Recht auf eine gute Verwaltung* ableitet. Danach hat jede Person einen Anspruch darauf, dass die Union den durch ihre Organe oder Bediensteten in Ausübung ihrer Amtstätigkeit verursachten Schaden nach den allgemeinen Rechtsgrundsätzen, die den Rechtsordnungen der Mitgliedstaaten gemein sind, ersetzt. Art. 41 Abs. 3 GRC „flankiert" das Haftungsregime des AEUV also gewissermaßen von grundrechtlicher Seite.[27]

Die drei Spezialnormen verweisen jeweils nicht auf das Sachrecht[28] einer einzelnen Rechtsordnung, sondern auf das im Wege eines Vergleichs *erst zu gewinnende sachrechtliche Substrat* der nationalen Rechtsordnungen. In der Terminologie des internationalen Privatrechts lässt sich daher von „sachrechtlich-rechtsvergleichenden" Verweisungen sprechen.[29]

Dass diese Verweisungen zugleich rechtlich konstitutiven Charakter haben, muss unter Zugrundelegung der Rechtsprechung indes bezweifelt werden. Der EuGH nimmt auch in Fällen, die gerade nicht vom Anwendungsbereich der haftungsrechtlichen Spezialvorschriften erfasst sind, auf allgemeine Rechtsgrundsätze Bezug. Prägnantestes Beispiel ist das Urteil *Brasserie du Pêcheur und Factortame (III)*, worin der EuGH den für die Haftung der Union geltenden Rückgriff auf allgemeine Rechtsgrundsätze auch auf Fälle der Haftung von EU-Mitgliedstaaten wegen eines Verstoßes gegen Unionsrecht übertragen hat.[30]

Im Lichte dieser Rechtsprechung erweist sich jedenfalls der in Art. 340 Abs. 2 AEUV niedergelegte Verweis auf die allgemeinen Rechtsgrundsätze als ein früher positivrechtlicher Ausdruck eines zentralen Leitprinzips, auf dessen Grundlage sich der EuGH „bei Fehlen schriftlicher Normen" im Unionsrecht generell von allgemeinen Rechtsgrundsätzen „leiten lässt".[31]

d) Zwischenbefund: Materielle Verfassungsgarantie als zentrales Fundament

Der Deutung, dass hinter dem Rückgriff auf nationale Rechts- bzw. Verfassungsordnungen ein allgemeines Prinzip des Unionsrechts steht, entspricht es auch, dass der EuGH in *Brasserie* abermals die aus Art. 19 Abs. 1 S. 2 EUV folgende Verpflichtung zur Wahrung des Rechts in das Zentrum seiner Argumentation stellt:

---

[27] Vgl. *K. Kańska*, Towards Administrative Human Rights in the EU, ELJ 10 (2004), S. 296 (320 f.) sowie *M. Ruffert*, in: C. Calliess/ders. (Hrsg.), EUV/EGV, Art. 41 GRC, Rn. 19.

[28] Sachrecht verstanden i. S. d. IPR, also als kategorial zu unterscheiden vom Kollisionsrecht.

[29] Vgl. *C. v. Bar/P. Mankowski*, Internationales Privatrecht I (2. Aufl. 2003), S. 138, dort Fn. 215.

[30] EuGH, Urt. v. 5. 3. 1996 – verb. Rs. C-46/93 u. C-48/93 – *Brasserie du Pêcheur und Factortame III*, Slg. 1996, S. I-1029, Rn. 27 ff. und 41 f. Näher *W. van Gerven*, Taking Article 215 (2) EC Seriously, in: J. Beatson/T. Tridimas. (Hrsg.), New Directions in European Public Law (1998), S. 35 ff.

[31] EuGH, a.a.O., Rn. 41.

„Soweit der Vertrag keine Vorschriften enthält, die die Folgen von Verstößen der Mitgliedstaaten gegen das Gemeinschaftsrecht ausdrücklich und genau regeln, hat der Gerichtshof in Erfüllung der ihm durch Artikel 164 des Vertrages [jetzt Art. 19 Abs. 1 S. 2 EUV] übertragenen Aufgabe, die Wahrung des Rechts bei der Auslegung und Anwendung des Vertrages zu sichern, über eine solche Frage nach den allgemein anerkannten Auslegungsmethoden zu entscheiden, insbesondere indem er auf die Grundprinzipien der Gemeinschaftsrechtsordnung und gegebenenfalls auf allgemeine Grundsätze, die den Rechtsordnungen der Mitgliedstaaten gemeinsam sind, zurückgreift."[32]

Diese Formel unterstreicht die Stellung von Art. 19 Abs. 1 S. 2 EUV als tragender Rechtsgrundlage für den Rückgriff auf nationale Verfassungsgehalte durch den EuGH[33] und schließt damit den Kreis zu den anfänglichen Überlegungen: Der judikative Rückgriff auf das Vergleichssubstrat nationaler Verfassungen wurzelt im Kern in der *Garantie der Wahrung des Rechts* und der darin zum Ausdruck kommenden materiellen Verfassungsgarantie des europäischen Primärrechts.[34]

In dogmatischer Hinsicht kann der Rückgriff auf nationale Verfassungsgehalte zudem durch das *Integrationsprinzip* abgestützt werden, das in Art. 1 Abs. 2 und Abs. 3 sowie Art. 3 EUV zum Ausdruck kommt.[35]

Mit der Garantie zur Wahrung des Rechts ist die tragende Legitimationsbasis für die Einbeziehung nationaler Normgehalte in das Unionsrecht über den Weg der allgemeinen Rechtsgrundsätze identifiziert. Daraus lassen sich jedoch per se keine Antworten auf die Frage nach ihrer *methodischen Gewinnung* und *inhaltlichen Konkretisierung* ableiten.[36] Diese ist für den Kontext rechtlicher Permeabilität indes von zentraler Bedeutung.

2. *Mechanismus: Permeabilität durch „wertende" Verfassungsvergleichung*

Allgemeine Rechtsgrundsätze auf Ebene des Unionsrechts sind das Ergebnis eines judikativen Prozesses, in dem die Verfassungsvergleichung eine zentrale Rolle spielt. Richter und Wissenschaftler sind sich darin einig, dass der vergleichenden Erschließung des nationalen (Verfassungs-)Rechts nicht nur für die Herausbildung allgemeiner Rechtsgrundsätze im Besonderen, sondern ebenso für die Entscheidungsfindung des EuGH im Allgemeinen eine herausragende Bedeutung zukommt.[37]

---

[32] EuGH, a.a.O., Rn. 27 (Anm. hinzugefügt).

[33] So auch *K. Lenaerts*, Le droit comparé dans le travail du juge communautaire, in: F.R. Mensbrugghe (Hrsg.), L'utilisation de la méthode comparative en droit européen (2003), S. 111 (119).

[34] So nunmehr auch BVerfG, Beschl. v. 6. 7. 2010 – 2 BvR 2661/06 – *Honeywell*, Rn. 63.

[35] Dazu eingehend *C. Sobotta*, Transparenz in den Rechtsetzungsverfahren der Europäischen Union (2001), S. 305 ff., unter Betonung, dass das Unionsrecht in besonderer Weise eine Integrationswirkung entfalten müsse.

[36] Vgl. *I. Pernice*, Grundrechtsgehalte im Europäischen Gemeinschaftsrecht (1979), S. 26.

[37] Vgl. *T. v. Danwitz*, Der Einfluss des nationalen Rechts und der Rechtsprechung der Gerichte der Mitgliedstaaten auf die Auslegung des Gemeinschaftsrechts, ZESAR 2008, S. 57 ff.; *N. Colneric*, Die Rolle der Rechtsvergleichung in der Praxis des EuGH, in: FS R. Bieber (2007), S. 316 ff.; *K. Lenaerts*, Le droit comparé dans le travail du juge communautaire, in: F.R. Mensbrugghe (Hrsg.), L'utilisation de la méthode comparative en droit européen (2003), S. 111 ff.; *J. Mertens de Wilmars*,

a) Intransparenz durch mangelnden Nachweis in den Urteilsgründen

In geradezu diametralem Widerspruch zu diesem Befund steht jedoch, dass den Urteilsgründen des EuGH eingehende rechtsvergleichende Erwägungen, die über einen allgemeinen Verweis auf mitgliedstaatliche Verfassungsüberlieferungen und völkerrechtliche Normen hinausgingen, nur in den seltensten Fällen entnommen werden können. Der Gebrauch rechtsvergleichender Arbeitsweisen und Erwägungen wird in den EuGH-Urteilen kaum dokumentiert.[38] Wer sich vor dem EuGH auf die Beachtung tragender Grundsätze nationalen Verfassungsrechts beruft, stößt weniger auf „taube Ohren"[39] als vielmehr auf einen stummen Mund.

Ergiebige Zeugnisse vergleichenden Vorgehens, wie sie die frühe Rechtsprechung des Gerichtshofs zuweilen noch abgelegt hat,[40] sind als Rarität anzusehen. Auch die auf Anfrage der Richter regelmäßig erstellten rechtsvergleichenden „Forschungsnoten" der internen Direktion „Wissenschaftlicher Dienst und Dokumentation"[41] oder der Europäischen Kommission[42] sind bis zum heutigen Tag nicht zur Veröffentlichung bestimmt.[43]

Le droit comparé dans la jurisprudence de la Cour de justice des Communautés européennes, Journal des tribunaux 1991, S. 37ff.; *P. Pescatore*, Le recours dans la jurisprudence de la Cour de justice des Communautés européennes à es normes déduites de la comparaison des droits des Etats membres, RIDC 1980, S. 337ff.; *M. Hilf*, The role of comparative law in the jurisprudence of the Court of Justice of the European Communities, in: A. De Mestral et al. (Hrsg.), The Limitations of Human Rights in Comparative Constitutional Law (1986), S. 549ff.; *P. Häberle*, Grundrechtsgeltung und Grundrechtsinterpretation im Verfassungsstaat – zugleich zur Rechtsvergleichung als fünfter Auslegungsmethode", JZ 1989, S. 913 (916); *A. Bleckmann*, Die Rolle der Rechtsvergleichung in den Europäischen Gemeinschaften, ZVglRWiss 1975, S. 106 (109ff.); *F.C. Mayer*, Die Bedeutung von Rechts- und Verfassungsvergleichung im europäischen Verfassungsverbund, in: C. Calliess (Hrsg.), Verfassungswandel im europäischen Staaten- und Verfassungsverbund (2007), S. 167 (172ff.); *I. Pernice*, Europarechtswissenschaft oder Staatsrechtslehre, in: H. Schulze-Fielitz (Hrsg.), Die Verwaltung, Beiheft 7, Staatsrechtslehre als Wissenschaft (2007), S. 225 (242f.); *P. Jann*, Der Rückgriff auf die nationalen Rechte in der Tätigkeit des Europäischen Gerichtshofes, in: GS F. Schockweiler (1999), S. 255ff.; *Y. Galmot*, Réflexions sur le recours au droit comparé par la Cour de justice des Communautés européennes, RFDA 1990, S. 255ff.; *V. Constantinesco*, Brève note sur l'utilisation de la méthode comparative en droit européen, in: F.R. Mensbrugghe (Hrsg.), L'utilisation de la méthode comparative en droit européen (2003), S. 169ff.; *H. Kutscher*, Thesen zu den Methoden der Auslegung des Gemeinschaftsrechts aus der Sicht eines Richters, in: Gerichtshof der Europäischen Gemeinschaften (Hrsg.), Begegnung von Justiz und Hochschule (1976), S. I-30.

[38] Vgl. bereits *I. Pernice*, Grundrechtsgehalte im Europäischen Gemeinschaftsrecht (1979), S. 31f.

[39] Vgl. *I. Pernice*, Gemeinschaftsverfassung und Grundrechtsschutz. Grundlagen, Bestand und Perspektiven, NJW 1990, S. 2409 (2412).

[40] Besonders deutlich: EuGH, Urt. v. 12. 7. 1957 – verb. Rs. 7/56 u. 3–7/57 – *Algera*, Slg. 1957, S. 85 (118).

[41] Vgl. http://curia.europa.eu/jcms/jcms/Jo2_11968/direction-de-la-recherche-et-documentation (1. 9. 2010).

[42] So ersuchte der EuGH etwa vor Verkündung seines Urt. v. 10. 6. 1980 – Rs. 155/78 – *Frau M./Kommission*, Slg. 1980, S. 1797ff. (Rn. 19) die Europäische Kommission, „eine rechtsvergleichende Untersuchung über die ärztliche Schweigepflicht im Recht der verschiedenen Mitgliedstaaten" zu erstellen.

[43] Beispiele für die Anwendungsfelder solcher „Forschungsnoten" finden sich bei *N. Colneric*, Die Rolle der Rechtsvergleichung in der Praxis des EuGH, in: FS R. Bieber (2007), S. 316 (317).

Anders verhält es sich zwar regelmäßig mit den Schlussanträgen der Generalanwälte. Ein besonders eindrucksvolles Beispiel für die umfangreichen rechtsvergleichenden Untersuchungen, welche in diesem Rahmen zuweilen unternommen werden, liefern die verbundenen Schlussanträge zur Fallgruppe *Hoechst*. Darin unterzog Generalanwalt *Jean Mischo* das Recht aller damaligen zwölf Mitgliedstaaten sowie der EMRK einer umfassenden vergleichenden Analyse und entwickelte darauf aufbauend seinen Lösungsvorschlag hinsichtlich des Schutzumfangs der Unverletzlichkeit der Wohnung im Falle von Geschäftsräumen.[44] Jüngere Beispiele für rechtsvergleichende Evaluierungen der Generalanwälte finden sich in den Schlussanträgen zu Grundsatzentscheidungen wie *Omega*,[45] *Laval*,[46] *Kadi*[47] oder *Arcelor*,[48] jeweils in unterschiedlichem Umfang. Aber selbst seitens der Generalanwälte sind (nachgewiesene) rechtsvergleichende Untersuchungen keineswegs selbstverständlich, auch dann nicht, wenn sie einen gesteigerten Nutzen für die Lösung des betreffenden Falles erwarten ließen.[49]

Die Intransparenz des komparatistischen „Labors“[50] Luxemburg erschwert es, die prätorische Entfaltung allgemeiner Rechtsgrundsätze durch den EuGH von außen nachzuvollziehen und in methodischer Hinsicht hinreichend zu substantiieren.

---

[44] Verb. Schlussanträge des GA *Mischo* v. 21.02. 1989 – verb. Rs. 46/87 u. 227/88; Rs. 85/87 u. verb. Rs. 97, 98 u. 99/87 – *Hoechst et al.*, Slg. 1989, S. 2859 ff. (Rn. 48 bis 116, sic!). In seinen Schlussanträgen v. 20.09. 2001 – Rs. C-94/00 – *Roquette Frères*, S. I-9011 ff. (Rn. 33 ff.) passte GA *Mischo* seine Erwägungen an die mittlerweile durch das Urteil des EGMR v. 16. 12. 1992 – Serie A, Nr. 251-B – *Niemietz* = EuGRZ 1993, 65 ff. fortentwickelte Rechtslage an. Der Ausrichtung an der Rechtsprechung des EGMR folgte sodann auch der EuGH, Urt. v. 22. 10. 2002 – Rs. C-94/00 – *Roquette Frères*, Slg. 2002, S. I-9011 ff. (Rn. 29).

[45] Schlussanträge der GAin *Stix-Hackl* v. 18. 3. 2004 – Rs. C-36/02 – *Omega*, Slg. 2004, S. I-9609 ff. (Rn. 82 ff.).

[46] Schlussanträge des GA *Mengozzi* v. 23. 5. 2007 – Rs. C-341/05 – *Laval*, Slg. 2007, S. I-11767 ff. (Rn. 77) mit Verweis auf die nationalen Verfassungen, wenngleich der GA eine „erschöpfende Prüfung“ der Verfassungstraditionen der Mitgliedstaaten „nicht für zwingend notwendig“ hält, „weil die Grundrechtecharta, wiewohl rechtlich unverbindlich, das Hauptziel verfolgt, diejenigen Rechte erneut zu bekräftigen, die sich insbesondere aus den genannten Traditionen speisen“.

[47] Schlussanträge des GA *Poiares Maduro* v. 16. 1. 2008 – Rs. C.-402/05 P – *Kadi*, Slg. 2008, S. I-6351 ff. (Rn. 31, dort Fn. 34) in Bezug auf die Rechtsprechung nationaler Verfassungs- bzw. Höchstgerichte zum (nationalen) Grundrechtsschutz gegenüber völkerrechtlich determinierten Rechtsakten.

[48] Schlussanträge des GA *Poiares Maduro* v. 21. 5. 2008 – Rs. C-127/07 – *Arcelor*, Slg. 2008, S. I-9895 ff. (Rn. 37) zum Begriff des offenkundigen Beurteilungsfehlers.

[49] Als Negativbeispiel sei auf die Schlussanträge des GA *Tizzano* v. 30. 06. 2005 – Rs. C-144/04 – *Mangold*, Slg. 2005, S. I-9981 ff. hingewiesen. Obwohl – oder gerade weil? – die Rückführbarkeit des für diesen Fall streitentscheidenden Verbots der Altersdiskriminierung auf die nationalen Verfassungsüberlieferungen durchaus zweifelhaft war, begnügte sich der Generalanwalt mit einem bloßen Hinweis auf die Erwägungsgründe der einschlägigen RL 2000/78 (ebd., Rn. 83 f.). Auf das *Mangold*-Urteil ist sogleich zurückzukommen.

[50] *M. Hilf*, The role of comparative law in the jurisprudence of the Court of Justice of the European Communities, in: A. De Mestral et al. (Hrsg.), The Limitations of Human Rights in Comparative Constitutional Law (1986), S. 549 (550).

b) Normative Relevanz: Rechtsquelle v. Rechtserkenntnisquelle?

Sind den Urteilen des EuGH einerseits nur wenig positive Hinweise auf die Art und Weise der vorgenommenen rechtsvergleichenden Evaluierung zu entnehmen, geht aus der Rechtsprechung andererseits deutlich hervor, dass das nationale Recht über das Instrument der vergleichsbasierten Bildung allgemeiner Rechtsgrundsätze nur gefiltert in das Unionsrecht einfließen kann.

aa) Die Kategorie der Rechtserkenntnisquelle als Synonym normativer Irrelevanz

Bereits im Urteil *Internationale Handelsgesellschaft* führte der EuGH aus:

> „Die Gewährleistung dieser [Unionsgrund-]Rechte muss zwar von den gemeinsamen Verfassungsüberlieferungen der Mitgliedstaaten *getragen* sein, sie muss sich aber auch in die Struktur und die Ziele der Gemeinschaft einfügen."[51]

In der französischen Sprachfassung kommt die normative Mittelbarkeit der nationalen Verfassungsüberlieferungen für den Bildungsprozess allgemeiner Rechtsgrundsätze noch deutlicher zum Ausdruck, wird ihnen hier doch lediglich die Rolle einer inspirierenden Kraft zugesprochen:

> „que la sauvegarde de ces droits, tout en s'*inspirant* des traditions constitutionnelles communes aux Etats membres, doit être assurée dans le cadre de la structure et des objectifs de la Communauté".[52]

Ein grundsätzlicher Einwand gegen die Eignung der vergleichsbasierten Bildung allgemeiner Rechtsgrundsätze als Instrument rechtlicher Permeabilität betrifft daher den Grad normativer Relevanz, den das nationale Recht auf diesem Wege in der unionalen Rechtsordnung erlangt. Die regelmäßig im deutschsprachigen Schrifttum vorgenommene Klassifizierung der nationalen Verfassungsüberlieferungen sowie der EMRK als bloße Rechts*erkenntnis*quellen spiegelt diese Skepsis gegenüber der normativen Relevanz nationalen (Verfassungs-)Rechts auf Unionsebene wider.[53] Während eine Rechtsquelle rechtliche Bindungswirkung entfalte, fehle diese Eigenschaft

---

[51] EuGH, Urt. v. 17.12.1970 – Rs. 11/70 – *Internationale Handelsgesellschaft*, Slg. 1970, S. 1125 ff. (Rn. 4, Anm. u. Hervorh. hinzugefügt).

[52] Vgl. auch die englische Sprachfassung: „The protection of such rights, whilst *inspired* by the constitutional traditions common to the Member States, must be ensured within the framework of the structure and objectives of the Community" (Hervorh. hinzugefügt).

[53] Vgl. etwa *H.-W. Rengeling*, Grundrechtsschutz in der Europäischen Gemeinschaft (1993), S. 184; *D. Ehlers*, in: ders (Hrsg.), Europäische Grundrechte und Grundfreiheiten (2. Aufl. 2005), § 14 Allgemeine Lehren, Rn. 9; *T. Kingreen*, in: C. Calliess/M. Ruffert (Hrsg.), Verfassung der Europäischen Union (2006), Art. I-9, Rn. 7; *ders.*, in: C. Calliess/M. Ruffert (Hrsg.), EUV/EGV (3. Aufl. 2007), Art. 6 EUV, Rn. 33; *H.D. Jarras*, Die EU-Grundrechte (2005), § 2 Rn. 1; *J. Kühling*, Grundrechte, in A. v. Bogdandy/J. Bast (Hrsg.), Europäisches Verfassungsrecht (2. Aufl. 2009), S. 657 (663), der allerdings zugleich – und zutreffend – davon ausgeht, dass eine den „zentralen Werten eines Mitgliedstaates zuwiderlaufende Lösung" nicht haltbar ist.

bei einer Rechtserkenntnisquelle, die ihrer Natur nach lediglich die Auslegung der Rechtsquellen steuern könne.[54]

Träfe diese Einschätzung zu, käme den nationalen Verfassungsgehalten als bloßen Rechtserkenntnisquellen keine normative Relevanz auf EU-Ebene zu.

bb) Einwände gegen die Kategorie der Rechtserkenntnisquelle

Indes kann die Trennung zwischen Rechtsquelle und Rechtserkenntnisquelle nicht überzeugen. Sie suggeriert einen kategorialen Unterschied, der sich bei näherer Betrachtung allenfalls als *graduelle Abstufung* beschreiben lässt. Die verbreitete Differenzierung sieht sich – soweit sie überhaupt als kategoriale Unterscheidung gemeint ist[55] – insbesondere Einwänden in epistemologischer Hinsicht ausgesetzt. Eine Rechtsnorm kann als (verschriftlichte) menschliche Gedankenerklärung nämlich nicht „an sich", d.h. in einer auslegungsbereinigten „Reinform", kognitiv erfasst werden. Vielmehr fällt bereits der Prozess des erstmaligen Verstehens dieser Norm mit dem ihrer Auslegung zusammen.[56] Daraus folgt aber zugleich, dass aus Sicht des „Rechtserkennenden" eine kategoriale Grenzlinie, an der das Reich der bindenden Rechtsquellen verlassen und das der bloßen Rechtserkenntnisquellen betreten würde, nicht trennscharf gezogen werden kann.

Dass statt der Zweiteilung in rechtlich relevante Rechtsquelle und rechtlich irrelevante Rechtserkenntnisquelle allenfalls eine graduelle Abstufung nach *normativen Konkretisierungsgraden* angezeigt ist, veranschaulicht gerade die spezifische Eigenart allgemeiner Rechtsgrundsätze. Diese Quellen des Unionsrechts stellen ihrer Natur nach rechtliche Prinzipien dar, die als *Optimierungsgebote*[57] durch einen gesteigerten Abstraktionsgrad und damit naturgemäß eine gewisse Offenheit und Unbestimmtheit gekennzeichnet sind. Als Prinzipien sind sie weniger scharf konturiert als rechtliche Regeln. D.h. sie geben nicht möglichst eindeutige Verhaltensanweisungen im Stil eines Entweder-Oders bzw. eines Alles-oder-Nichts vor, sondern müssen erst einen Prozess der rechtlichen Abwägung *mit anderen Prinzipien* durchlaufen, um in eine rechtliche Lösung im Einzelfall überführt werden zu können.[58] Mit anderen Worten, die Konkretisierungsbedürftigkeit ist bei Prinzipien ungleich größer als bei

---

[54] Vgl. *T. Kingreen*, in: C. Calliess/M. Ruffert (Hrsg.), Verfassung der Europäischen Union (2006), Art. I-9, Rn. 7.

[55] Die lediglich graduelle Abstufung andeutend *T. Kingreen*, ebd.

[56] Vgl. *H.-G. Gadamer*, Wahrheit und Methode (6. Aufl. 1990), S. 312: „Auslegung ist nicht ein zum Verstehen nachträglich und gelegentlich hinzukommender Akt, sondern Verstehen ist immer Auslegung, und Auslegung ist daher die explizite Form des Verstehens." *Gadamer* sieht, darüber hinausgehend, nicht nur Verstehensprozess und Auslegung, sondern zusammen mit diesen auch den Anwendungsprozess als miteinander verschmolzene Prozesse an.

[57] *R. Alexy*, Theorie der Grundrechte (5. Aufl. 2006), S. 75 f.

[58] Zur Unterscheidung zwischen Prinzipien und Regeln vgl. *R. Dworkin*, Taking Rights Seriously (1977), S. 22 ff. vor. Vgl. auch – indes mit signifikanten Abweichungen und dogmatisch im Einzelnen differenzierter – *R. Alexy*, Theorie der Grundrechte (5. Aufl. 2006), S. 71 ff. u. 77 ff. Kritisch *A. v. Bogdandy*, Grundprinzipien, in: ders./J. Bast (Hrsg.), Europäisches Verfassungsrecht (2. Aufl. 2009), S. 13 (26).

Regeln. Dieser Umstand macht ein rechtliches Prinzip – und die zu seiner Konkretisierung im Einzelfall abwägend heranzuziehenden Prinzipien – aber nicht „weniger" normativ als eine rechtliche Regel.

Bereits aus der Natur der unionsrechtlich in Bezug genommenen Verfassungsüberlieferungen als rechtlicher *Prinzipien* folgt, dass nationales Verfassungsrecht auf EU-Ebene nicht anhand einzelner Regeln durchgreift, sondern vielmehr in einen Konkretisierungsprozess *einfließt*.[59] Dieser Umstand ist folglich weniger EU-spezifisch als man zunächst meinen könnte. Die Besonderheit auf EU-Ebene liegt vielmehr in der Vielzahl der nationalen Bezugsordnungen und der damit einhergehenden Pluralität der im Rahmen des Entstehungsprozesses allgemeiner Rechtsgrundsätze auf EU-Ebene zu berücksichtigenden Prinzipien nationaler Herkunft.

Dem Begriff der Rechtserkenntnisquelle kommt im Kontext der allgemeinen Rechtsgrundsätze also nicht mehr als der negative Erklärungswert zu, dass durch die Bildung allgemeiner Rechtsgrundsätze *nicht konkrete Rechtssätze bzw. einzelne Regeln* des nationalen Verfassungsrechts unmittelbar in der unionalen Rechtsordnung durchgreifen, sondern dass es sich um (Grund-)*Prinzipien* des nationalen Verfassungsrechts handelt, die im Rahmen eines *unionsrechtlich gesteuerten* Konkretisierungsprozesses in das Unionsrecht einfließen.[60]

Dass nationale Rechtssätze über den Mechanismus der allgemeinen Rechtsgrundsätze nicht dergestalt in das Unionsrecht gelangen, dass sie eine bestimmte rechtliche Lösung alleinig und unter Ausschluss anderer rechtlicher Bezugsquellen determinierten, erlaubt für sich genommen aber weder den Rückschluss der normativen Irrelevanz nationalen Verfassungsrechts auf EU-Ebene noch die Formulierung einer konstruktiven Antwort auf die Frage nach dem genauen Modus der „Einbeziehung" ordnungsexternen Rechts in die Unionsrechtsordnung.

Im Begriff der Rechtserkenntnisquelle schwingt vielmehr eine methodische Beliebigkeit mit, welche die nationalen Verfassungsüberlieferungen und die EMRK fehlgehend auf eine Stufe mit ganz allgemeinen erkenntnisleitenden Grundsätzen stellt. Denn (Rechts-)Erkenntnisquelle kann angefangen von Grundbausteinen menschlicher Logik bis hin zu historischen oder sozialen Kontextbedingungen im Grunde genommen alles sein, was ein geistiges Deutungsschema bereitstellt.

cc) Einbeziehung nationalen Rechts als methodische Pflicht

Die nationalen Verfassungsüberlieferungen und die internationalen Bezugsquellen weisen gegenüber erkenntnisleitenden Grundsätzen in diesem allgemeinen Sinne aber eine entscheidende differentia specifica auf: In der unionsrechtlichen Ermächtigung zur prätorischen Entwicklung allgemeiner Rechtsgrundsätze liegt eine *„verbindliche methodische Anweisung* an den Gerichtshof"[61] zur Rechts- und Verfassungs-

---

[59] Zu den verschiedenen Intensitätsgraden rechtlicher Permeabilität vgl. Teil 1 – Kapitel 1 – I. 5.

[60] Vgl. bereits die Schlussanträge des GA *Lagrange* v. 24. 5. 1960 – verb. Rs. 36–38/59 u. 40/59 – *Ruhrkohlenverkaufsgesellschaften*, Slg. 1960, S. 887 (940 f.).

[61] So zutreffend *J. Anweiler*, Die Auslegungsmethoden des Gerichtshofs der Europäischen Ge-

vergleichung für den Fall, dass von dieser Ermächtigung Gebrauch gemacht wird. Die ordnungsexternen Bezugsquellen sind für das Unionsrecht und die zu seiner Anwendung und Auslegung berufenen Organe folglich mehr als bloße geistige Anregungen,[62] sondern *notwendig heranzuziehen*. Das Unionsrecht geht über einen Verweis auf allgemeine epistemologische Leitsätze gerade hinaus, wenn es die Rechtsvergleichung – und in ihrem Zuge die Berücksichtigung nationaler Verfassungsgehalte – für die Bildung allgemeiner Rechtsgrundsätze zur *methodischen Pflicht* macht. Dies gilt im Übrigen auch für die Konformauslegung.[63]

Zwar trifft es zu, dass der Bildungsprozess allgemeiner Rechtsgrundsätze des Unionsrechts dem „Vorgang" und nicht dem Gegenstand juristischer Textarbeit zuzurechnen ist.[64] Dieser Vorgang schwebt aber nicht in einem normativ leeren Raum der reinen Erkenntnisgewinnung. Zum einen ist er durch rechtliche Vorgaben eingehegt und kanalisiert: Wenn von der Ermächtigung zur Bildung allgemeiner Rechtsgrundsätze Gebrauch gemacht wird, so *muss* der Ausgangspunkt bei den nationalen Verfassungsüberlieferungen und völkerrechtlichen Nebenverfassungen, wie insbesondere der EMRK, gesucht werden. Zum anderen bezieht sich dieser Vorgang gerade auf die Verarbeitung *rechtlicher* Bezugsquellen. Dass die durch das Unionsrecht in Bezug genommenen Prinzipien ordnungsexterner Herkunft erst durch einen Abwägungs- und Einpassungsprozess in eine konkrete Lösung überführt werden können, spricht nicht gegen ihre normative Relevanz, sondern belegt sie vielmehr. Als Teil des zu leistenden Konkretisierungsvorgangs auf Unionsebene – in dessen Rahmen sie mit anderen Prinzipien des Unionsrechts abgewogen werden und an dessen Ende ein allgemeiner Rechtsgrundsatz des Unionsrechts steht – müssen sie *selbst zwingend in der Kategorie des Rechtlichen fassbar* sein.

dd) Zwischenbefund: materielle Öffnung des Unionsrechts

Durch die Einbeziehung nationaler Verfassungsgehalte *in den rechtlichen Entstehungs- und Konkretisierungsprozess allgemeiner Rechtsgrundsätze* „öffnet" sich das Unionsrecht somit in materieller Hinsicht.[65] Die unionale Verfassungsebene wird zu einer rechtlich permeablen Rechtsordnung, in welche die *rechtlichen* „Wertungen der nationalen Verfassungen einzugliedern sind".[66]

---

meinschaften (1997), S. 359 (Hervorh. hinzugefügt). Vgl. auch *T. Groth*, Methodenrelevante Normtexte im Gemeinschaftsrecht, in: F. Müller/I. Burr (Hrsg.), Rechtssprache Europas (2004), S. 263 (271), der von einem „Auftrag zur Rechtsvergleichung" spricht.

[62] So im Ergebnis auch *A. Schmitt Glaeser*, Grundgesetz und Europarecht als Elemente Europäischen Verfassungsrechts (1996), S. 141 f.

[63] Vgl. insbesondere Art. 52 Abs. 3 und 4 GRC, dazu Teil 3 – Kapitel 12 – II.

[64] Vgl. *F. Müller/R. Christensen*, Juristische Methodik, Bd. II, Europarecht (2003), S. 157 ff.

[65] So *P. Dann*, Überlegungen zu einer Methodik des europäischen Verfassungsrechts, in: Y. Becker u. a. (Hrsg.), Die europäische Verfassung – Verfassungen in Europa (2005) S. 161 (177), der ebenfalls von einer normativen Gebotenheit der Rechtsvergleichung ausgeht.

[66] *A. Schmitt Glaeser*, Grundgesetz und Europarecht als Elemente Europäischen Verfassungsrechts (1996), S. 178 (Hervorh. hinzugefügt). Allerdings weicht *Schmitt Glaeser*s Ansatz von der hier vertretenen Position insoweit ab, als er die normative Relevanz der nationalen Verfassungen auf EU-

c) „Wertende" Einpassung und Abwägung mit unionsrechtlichen Prinzipien

Durch die vergleichsbasierte Einbeziehung nationaler Verfassungsprinzipien in das Unionsrecht werden etwaige Prinzipienkollisionen zwischen nationaler und supranationaler Ebene zugleich in *unionsrechtsinterne* Prinzipienkollisionen transponiert.[67]

In den unionsrechtlich gesteuerten Abwägungsvorgang fließen auch *unionsrechtliche Prinzipien* ein und prägen sein Ergebnis in materiell-rechtlicher Hinsicht entscheidend mit. Generalanwalt *Maurice Lagrange* war einer der ersten, der diesen Zusammenhang ans Licht brachte. Demnach beschränke sich der Gerichtshof bei der Heranziehung der innerstaatlichen Rechtsordnungen nicht darauf, diesen

„Quellen nur ein mehr oder weniger arithmetisches ‚Mittel' zwischen den verschiedenen Lösungen zu entnehmen, sondern würde in den einzelnen Ländern diejenigen Lösungen auswählen, die ihm *im Hinblick auf die Vertragsziele* als die *besten* oder, wenn man diesen Ausdruck gebrauchen will, als die *fortschrittlichsten* erscheinen."[68]

Wenig später charakterisierte *Konrad Zweigert* das methodische Vorgehen des EuGH paradigmatisch als „wertende Rechtsvergleichung".[69] Generalanwalt *Karl Roemer* griff diesen Begriff sodann im Jahr 1971 in seinen Schlussanträgen zum Fall *Schöppenstedt* im Kontext der außervertraglichen Haftung auf. Angezeigt sei ein

„wertendes Vorgehen, bei dem insbesondere die speziellen Vertragsziele und Besonderheiten der Gemeinschaftsstrukturen berücksichtigt werden müss[t]en."[70]

Auch der EuGH unterstrich in seinem bereits zitierten Urteil *Internationale Handelsgesellschaft* nachdrücklich die Notwendigkeit, die im Wege der Vergleichung aus dem nationalen Verfassungsrecht in Bezug genommenen Prinzipien in die Struktur und Ziele der Union einzupassen.[71] Dem entspricht die ständige Rechtsprechung, der kein

---

Ebene in erster Linie deshalb für geboten erachtet, „weil nur diese durch das Volk als Verfassungsgeber (...) unmittelbarst legitimiert" seien (ebd., S. 179). Diese Argumentation kommt in der Absolutheit, in der sie die demokratische Legitimation allein auf die nationale Ebene zurückführt, dem Ansatz des BVerfG im *Lissabon*-Urteil nahe und ist aus den genannten Gründen – vgl. insbesondere Teil 2 – Kapitel 9 – IV. 2. b) – abzulehnen. Zudem verortet *Schmitt Glaeser* die positivrechtliche Grundlage für eine *umfassende* unionsrechtliche Pflicht zur Achtung des nationalen Verfassungsrechts in der unionsrechtlichen Identitätsklausel (ebd., S. 191 ff.). Wie sogleich zu zeigen sein wird, kann der Identitätsklausel aber nur eine Verpflichtung zur Achtung *elementarer* Verfassungsstrukturen der Mitgliedstaaten entnommen werden.

[67] Vgl. *A. Schmitt Glaeser*, a.a.O., S. 195. Vgl. auch *A. Peters*, Elemente einer Theorie der Verfassung Europas (2001), S. 286 ff.

[68] Schlussanträge des GA *Lagrange* v. 12. 07. 1962 – Rs. 14/61 – *Hoogovens*, Slg. 1962, S. 513 (570 f.), Hervorh. hinzugefügt.

[69] *K. Zweigert*, Der Einfluß des Europäischen Gemeinschaftsrechts auf die Rechtsordnung der Mitgliedstaaten, RabelsZ 28 (1964), S. 601 (611). Vgl. auch *E. W. Fuß*, Rechtssatz und Einzelakt im Europäischen Gemeinschaftsrecht, NJW 1964, S. 945 (946, dort Fn. 11).

[70] Schlussanträge des GA *Roemer* v. 13. 07. 1971 – Rs. 5/71 – *Schöppenstedt*, Slg. 1971, S. 975 (989 f.). Ähnlich auch *H. P. Ipsen*, Europäisches Gemeinschaftsrecht (1972), S. 113 (§ 5 Rn. 20).

[71] EuGH, Urt. v. 17. 12. 1970 – Rs. 11/70 – *Internationale Handelsgesellschaft*, Slg. 1970, S. 1125 ff. (Rn. 4).

einheitlicher Weg im Hinblick auf die Rezeptionsintensität zu entnehmen ist. Weder ging der EuGH durchgehend von einer Minimallösung im Sinne eines kleinsten gemeinsamen Nenners des mitgliedstaatlichen Verfassungsrechts aus, noch orientierte er sich grundsätzlich am höchsten Schutzstandard.[72]

Die Lösung tendiert je nach spezifischer Gewichtung einmal in die eine, einmal in die andere Richtung und folgt damit primär den Besonderheiten des Einzelfalls. Zwei mittlerweile klassische Beispiele mögen dies veranschaulichen. Im Urteil *AM&S* arbeitete der EuGH hinsichtlich des Grundsatzes der Vertraulichkeit des Schriftwechsels zwischen Anwalt und Mandant ein unionsrechtliches Schutzniveau heraus, das in der zugesprochenen Intensität zum damaligen Zeitpunkt in den wenigsten Rechtsordnungen der Mitgliedstaaten anerkannt war, welches der EuGH aber dessen ungeachtet für den unionsrechtlichen Bezugsrahmen für unverzichtbar hielt.[73] In einem solchen Fall können die „genetischen Spuren" des betreffenden Prinzips vergleichsweise einfach nachvollzogen werden.[74] Im Urteil *Hoechst* nahm der EuGH hingegen im Anschluss an den Generalanwalt eine – gemessen am Schutzumfang des Art. 13 GG – vergleichsweise restriktive Auslegung des Grundrechts der „Unverletzlichkeit der Wohnung" in Bezug auf Geschäftsräume vor.[75]

Der durch wertende Rechtsvergleichung entwickelte Schutzstandard ist nach der Konzeption des Gerichtshofs zudem nicht statisch fixiert, sondern vielmehr dynamisch angelegt und als solcher ein konstant im Fluss befindlicher, evolutiver Prozess. Auch hier hält die Luxemburger Rechtsprechung zur Unverletzlichkeit der Wohnung ein besonders illustratives Beispiel bereit. Im Jahr 2002 gab der Gerichtshof im Urteil *Roquette Frères* seiner bisherigen Rechtsprechungslinie in diesem Bereich eine neue Richtung und schwenkte auf die Linie des EGMR ein,[76] der in seinem Urteil *Niemietz* den Schutz der Wohnung i. S. d. Art. 8 EMRK für bestimmte Fallkonstellationen auch auf Geschäftsräume ausgedehnt und damit ein weitergehendes Schutzkonzept verfolgt hatte als der EuGH noch zuvor in *Hoechst*.[77]

---

[72] Zu den einzelnen Ansätzen vgl. ausführlich *I. Wetter*, Die Grundrechtscharta des europäischen Gerichtshofs (1998), S. 41 ff. m. w. N. Für eine Gesamteinschätzung vgl. auch *I. Pernice/F. C. Mayer*, in: E. Grabitz/M. Hilf (Hrsg.), Das Recht der Europäischen Union (20. EL 2002), nach Art. 6 EUV, Rn. 4 ff. sowie *T. Tridimas*, The General Principles of Law (2. Aufl. 2006), S. 20 ff.

[73] EuGH, Urt. v. 18. 5. 1982 – Rs. 155/79 – *AM&S*, Slg. 1982, S. 1575 ff. (Rn. 19 ff.).

[74] So kann gerade auch ein gesteigerter Einfluss des deutschen Rechts auf Prinzipien wie etwa den Grundsatz der Verhältnismäßigkeit nachgezeichnet werden. Für eine Erklärung in historischer Perspektive vgl. *G. Nolte*, General Principles of German and European Administrative Law – A Comparison in Historical Perspective, MLR 57 (1994), S. 191 ff. Für weitere Beispiele der unionsrechtlichen Aufnahme bestimmter mitgliedstaatlicher Verfassungstraditionen im Wege allgemeiner Rechtsgrundsätze vgl. *H.-J. Papier*, Die Rezeption allgemeiner Rechtsgrundsätze aus den Rechtsordnungen der Mitgliedstaaten durch den Gerichtshof der Europäischen Gemeinschaften, EuGRZ 2007, S. 133 ff.

[75] EuGH, Urt. v. 21. 9. 1989 – verb. Rs. 46/87 u. 227/88 – *Hoechst*, Slg. 1989, S. 2859 (2924).

[76] EGMR, Urt. v. 16. 12. 1992 – Serie A, Nr. 251-B – *Niemietz* = EuGRZ 1993, S. 65 ff.

[77] EuGH, Urt. v. 20. 9. 2002 – Rs. C-94/00 – *Roquette Frères*, Slg. 2002, S. I-9011 ff. (Rn. 29).

In *Roquette Frères* stellte der EuGH somit einen harmonischen Gleichlauf zwischen dem Schutzumfang des Unionsrechts und der EMRK her.[78] Dies unterstreicht nicht nur die praktische Relevanz der EMRK für die Bildung allgemeiner Rechtsgrundsätze, sondern zeigt abermals die Mehrpoligkeit unionsrechtlicher Permeabilität auf. Diese besteht nicht nur für nationale Verfassungsgehalte, sondern ebenso für völkerrechtliche Verträge, allen voran die EMRK.

Vor allem aber legt das Urteil *Roquette Frères* eindrucksvoll die Verbunddimension allgemeiner Rechtsgrundsätze frei. Als Instrument zur Eingliederung ordnungsexterner Normgehalte in die Ausgangsrechtsordnung fungieren diese als Mechanismus der Koordinierung und der Kohärenzsicherung im Verbund mehrerer horizontal gekoppelter Rechtsordnungen. Auch hier zeigt sich einmal mehr, dass rechtliche Permeabilität als Verbundtechnik nicht etwa auf einer übergeordneten Ebene angesiedelt, sondern als ordnungseigenes Instrument unmittelbar im Recht *einer* Rechtsordnung, hier des Unionsrechts, verankert ist.[79]

d) Selektivität

Über den Weg der allgemeinen Rechtsgrundsätze sind Umfang und Intensität der Eingliederung ordnungsexterner Normgehalte in das Unionsrecht sowohl in methodischer als auch in materiell-rechtlicher Hinsicht begrenzt.

aa) Mangold als Demonstration methodischer Willkür?

Die prätorische Entfaltung allgemeiner Rechtsgrundsätze wird darum aus nationaler Perspektive auch durchaus ambivalent und keinesfalls alleinig als hinreichendes Mittel für die Berücksichtigung nationaler Verfassungsgehalte auf Unionsebene wahrgenommen.

Für besondere Verstimmung, zumal in Deutschland, sorgte allen voran die mit dem Urteil *Mangold* im Jahr 2005 begründete Rechtsprechungslinie des EuGH zum Verbot der Altersdiskriminierung.[80] Die hochgradig umstrittene Annahme des Gerichtshofs, es handle sich bei diesem speziellen Diskriminierungsverbot um einen allgemeinen Grundsatz des Unionsrechts bzw. um eine spezifische Ausprägung des allgemeinen unionsrechtlichen Gleichheitssatzes,[81] führte in dem der Vorabentschei-

---

[78] Zu Art. 52 Abs. 3 und 4 GRC vgl. sogleich unter Teil 3 – Kapitel 12 – II. 2. b) im Kontext der Konformauslegung.

[79] Vgl. zu diesem Merkmal rechtlicher Permeabilität Teil 1 – Kapitel 1 – I. 1.

[80] EuGH, Urt. v. 22. 11. 2005 – Rs. C-144/04 – *Mangold*, Slg. 2005, S. I-9981 ff. (Rn. 74 f.). Vgl. insoweit bereits die Schlussanträge des GA *Tizzano* v. 30. 06. 2005, a.a.O., Rn. 83 f. sowie 101. Jüngst vgl. EuGH, Urt. v. 19. 01. 2010 – Rs. C-555/07 – *Kücükdeveci*.

[81] So die zutreffende Deutung des *Mangold*-Urteils durch das BAG, Urt. v. 26. 4. 2006 – 7 AZR 500/04 – *Altersdiskriminierung* = NZA 2006, 1162 ff. (Rn. 23) sowie *A. v. Oettingen*/*D. Rabenschlag*, Europäische Richtlinien und allgemeiner Gleichheitssatz im innerstaatlichen Recht, ZEuS 2006, S. 323 (337 f.). In die gleiche Richtung, indes kritisch konnotiert, gehen die Schlussanträge des GA *Mazák* v. 15. 02. 2007 – Rs. C-411/05 – *Palacios*, Slg. 2007, S. I-8531 ff. (Rn. 82 ff.) sowie die Schlussanträge des GA *Sharpston* v. 22. 5. 2008 – Rs. C-427/06 – *Bartsch*, Slg. 2008, S. I-7245 ff. (Rn. 59 u. 65).

dung zugrunde liegenden Ausgangsverfahren zur Unanwendbarkeit einer Bestimmung des deutschen Arbeitsrechts, die älteren Beschäftigten den Wiedereintritt in den Arbeitsmarkt erleichtern sollte.[82] Die eigentliche Problematik des *Mangold*-Urteils lag darin, dass der EuGH durch den Rückgriff auf den allgemeinen Rechtsgrundsatz im Ergebnis den Regelungskern der Gleichbehandlungsrichtlinie 2000/78 vorwegnahm, deren Umsetzungsfrist zum fraglichen Zeitpunkt noch nicht abgelaufen war und deren unmittelbare Anwendbarkeit im Ausgangsverfahren auf Basis der bisherigen Rechtsprechung zur unmittelbaren Anwendbarkeit von Richtlinien[83] zudem ausgeschlossen gewesen wäre, da dem deutschen Ausgangsverfahren ein ausschließlich zwischen zwei Privaten begründetes (zu allem Überfluss auch noch konstruiertes) Rechtsverhältnis zugrunde lag.[84] Anders gewendet, der EuGH setzte über den Hebel des allgemeinen Rechtsgrundsatzes und seiner unmittelbaren Anwendbarkeit eine den speziellen Antidiskriminierungsregeln der Richtlinie 2000/78 inhaltlich äquivalente Rechtslage bereits vor Ablauf der Umsetzungsfrist der Richtlinie und in einem rein horizontalen Ausgangsstreit durch.

Sowohl in der breiten Öffentlichkeit[85] als auch in der Wissenschaft,[86] ja selbst von

---

[82] § 14 Abs. 3 TzBfG a. F.

[83] Vgl. dazu EuGH, Urt. v. 4. 12. 1974 – Rs. 41/74 – *van Duyn*, Slg. 1974, S. 1337 ff. (Rn. 12 ff.); Urt. v. 19. 1. 1982 – Rs. 8/81 – *Becker*, Slg. 1982, S. 52 ff. (Rn. 21 ff.); Urt. v. 26. 2. 1986 – Rs. 152/84 – *Marshall I*; Slg. 1986, S. 723 ff. (Rn. 46 ff.); Urt. v. 8. 10. 1987 – Rs. 80/86 – *Kolpinghuis Nijmegen*, Slg. 1987, S. 3969 (Rn. 12 ff.); Urt. v. 14. 7. 1994 – Rs. C-91/92 – *Faccini Dori*, Slg. 1994, S. I-3325 ff. (Rn. 8 ff.); Urt. v. 26. 9. 2000 – Rs. C-443/98 – *Unilever*, Slg. 2000, S. I-7535 ff. (Rn. 50 f.); Urt. v. 7. 1. 2004 – Rs. C-201/02 – *Wells*, Slg. 2004, S. I-723 ff. (Rn. 56 f.); Urt. v. 5. 10. 2004 – verb. Rs. C-397/01 bis C-403/01 – *Pfeiffer u. a.*, Slg. 2004, S. I-8835 ff. (Rn. 106 ff.); Urt. v. 17. 7. 2008 – verb. Rs. C-152/07 bis C-154/07 – *Arcor u. a.*, Slg. 2008, S. I-5959 ff. (Rn. 35 ff.).

[84] Ob der EuGH in seinem Urteil eine Vorwirkung der Richtlinie, zumal im horizontalen Verhältnis, annimmt, lässt sich den Urteilsgründen nicht zweifelsfrei entnehmen. Dafür spräche zunächst, dass der EuGH hinsichtlich des Prüfungsmaßstabes bei Art. 6 Abs. 1 der RL ansetzt (Rn. 55 ff.) und in Bezug auf den noch nicht erfolgten Ablauf der Umsetzungsfrist seine Rechtsprechung zur Vorwirkung von Richtlinien aufgreift (Rn. 67 ff.). Mehr spricht indes für die Lesart, dass der EuGH nicht die Richtlinie als rechtlich konstitutiv für das besondere Diskriminierungsverbot erachtet und unmittelbar anwendet, sondern hierfür allein den allgemeinen Rechtsgrundsatz heranzieht. So gibt der EuGH in Rn. 74 zu erkennen, dass „der Grundsatz der Gleichbehandlung in Beschäftigung und Beruf nicht in der Richtlinie 2000/78 selbst verankert" sei. Im Folgeurteil v. 19. 01. 2010 – Rs. C-555/07 – *Kücükdeveci* wird diese Lesart bestätigt, da sich der EuGH unter Rekurs auf *Mangold* ausdrücklich auf den allgemeinen Rechtsgrundsatz sowie nunmehr zusätzlich Art. 21 GRC i. V. m. Art. 6 Abs. 1 GRC stützt, nicht aber Art. 6 Abs. 1 der RL 2000/78 heranzieht (Rn. 20 ff.).

[85] Für Kritik in der Presse vgl. besonders prononciert *J. Jahn*, Tugendterror aus Luxemburg, FAZ v. 3. 12. 2005, S. 11.

[86] Vgl. *K. Hailbronner*, Hat der EuGH eine Normverwerfungskompetenz?, NZA 2006, S. 811 (811, 814 ff.); *G. Thüsing*, Europarechtlicher Gleichbehandlungsgrundsatz als Bindung des Arbeitgebers?, ZIP 2005, S. 2149 (2150), der gar von einer „kopernikanischen Wende im Europarecht" spricht; *S. Krebber*, The Social Rights Approach of the European Court of Justice to Enforce European Employment Law, CLLPJ 27 (2006), S. 377 (383); *N. Reich*, Urteilsanmerkung, EuZW 2006, S. 21 ff.; *M. Körner*, Europäisches Verbot der Altersdiskriminierung in Beschäftigung und Beruf, NZA 2005, S. 1395 (1396 f.); *U. Preis*, Verbot der Altersdiskriminierung als Gemeinschaftsgrundrecht – Der Fall „Mangold" und die Folgen, NZA 2006, S. 401 (402). Kritisch speziell zum inszenierten Ausgangsverfahren *J.-H. Bauer*, Ein Stück aus dem Tollhaus: Altersbefristung und der EuGH, NZA 2005, S. 800 ff. Für

Seiten der Generalanwälte[87] brandete diesem Ansatz heftige Kritik entgegen. Der Sturm der Entrüstung gipfelte schließlich im offenen Aufruf von *Roman Herzog* und *Lüder Gerken*, das BVerfG solle dem EuGH im Fall *Honeywell* die Gefolgschaft verweigern.[88] In einem 2009 veröffentlichten Gutachten maßen *Lüder Gerken*, *Volker Rieble*, *Günter H. Roth*, *Torsten Stein* und *Rudolf Streinz* dem *Mangold*-Urteil sogar die Qualitäten eines ausbrechenden Rechtsaktes[89] bei, dessen Vorliegen das BVerfG im *Honeywell*-Verfahren feststellen müsse.[90] Wie gesehen, hat das BVerfG seine Kontrollbefugnis über Ultra-vires-Akte im *Honeywell*-Beschluss restritkiv gehandhabt.[91]

Unter der Vielzahl an Kritikpunkten am *Mangold*-Urteil ist für den vorliegenden Kontext speziell die Frage der *methodischen Ratio* des Gerichtshofs in Bezug auf die Entwicklung allgemeiner Rechtsgrundsätze aus nationalen Verfassungsgehalten relevant.

Wenig stichhaltig ist in diesem Zusammenhang die Kritik, ein Verbot der Altersdiskriminierung könne dem mitgliedstaatlichen Verfassungsrecht schon nicht in quantitativ ausreichendem Umfang entnommen werden.[92] Anders als zuweilen pauschal behauptet, lässt sich dieses spezielle Diskriminierungsverbot nämlich durchaus in den Verfassungsordnungen einiger EU-Mitgliedstaaten nachweisen.[93] Auch ein Rückgriff auf internationale Quellen ist ergiebig.[94] Die Annahme eines allgemeinen

eine vergleichsweise ausgewogene und differenzierte Bewertung s. indes *A. v. Oettingen/D. Rabenschlag*, Europäische Richtlinien und allgemeiner Gleichheitssatz im innerstaatlichen Recht, ZEuS 2006, S. 323 ff.

[87] Schlussanträge des GA *Mazák* v. 15. 02. 2007 – Rs. C-411/05 – *Palacios*, Slg. 2007, S. I-8531 ff. (Rn. 87 ff. u. 133): „Mit diesem Ansatz hat sich der Gerichtshof in sehr schwieriges Fahrwasser begeben, nicht nur hinsichtlich der Frage, ob ein solcher allgemeiner Rechtsgrundsatz des Verbots der Diskriminierung aufgrund des Alters existiert (…), sondern auch im Hinblick darauf, wie er diesen Grundsatz angewendet hat."

[88] *R. Herzog/L. Gerken*, Stoppt den Europäischen Gerichtshof, FAZ v. 8. 9. 2008, S. 8 in Bezug auf die Verfassungsbeschwerde 2 BvR 2661/06 im Fall *Honeywell*. Das BVerfG übte die Ultra-vires-Kontrolle indes überaus restritkiv aus, BVerfG, Beschl. v. 6. 7. 2010 – 2 BvR 2661/06 – *Honeywell*, Rn. 58 ff. Dazu bereits Teil 2 – Kapitel 11 – III. 1. c) aa) im Kontext des Ultra-vires-Vorbehalts.

[89] In der Terminologie des *Lissabon*-Urteils nunmehr – zutreffender – Ultra-vires-Akt.

[90] *L. Gerken* u. a., „Mangold" als ausbrechender Rechtsakt (2009), Gutachten abrufbar unter: http://archiv.jura.uni-sb.de/projekte/Bibliothek2/text.php?id=530&show (1. 9. 2010). Anders indes ausdrücklich das BAG, Urt. v. 26. 4. 1006 – 7 AZR 500/04 – *Altersdiskriminierung* = NZA 2006, 1162 ff. (Rn. 20 ff.).

[91] BVerfG, Beschl. v. 6. 7. 2010 – 2 BvR 2661/06 – *Honeywell*, Rn. 58 ff. S. bereits Teil 2 – Kapitel 11 – III. 1. c) aa) im Kontext des Ultra-vires-Vorbehalts.

[92] So insbesondere *L. Gerken* u. a., a.a.O., S. 19 ff.

[93] Instruktiv hierzu *F. Temming*, Freie Rechtsschöpfung oder nicht: Der Streit um die EuGH-Entscheidung Mangold spitzt sich zu, NJW 2008, S. 3404 ff., der neben Finnland (Art. 6 Verf-FIN) und Portugal (Art. 59 Abs. 1 Verf-POR) auch Spanien (Art. 14 Verf-ESP) und Griechenland (Art. 21 Abs. 3 Verf-GR) als Mitgliedstaaten identifiziert, die ein Verbot der Altersdiskriminierung bzw. jedenfalls einen entsprechenden Schutzauftrag auf Ebene des Verfassungsrechts kennen. Auch der Rechtsprechung des BVerfG entnimmt *Temming* im Kontext von Art. 12 und 3 GG Anhaltspunkte für ein entsprechendes Diskriminierungsverbot.

[94] Ebd., der neben der Rechtsprechung des Menschenrechtsausschusses zu Art. 26 IPbpR auch

Grundsatzes des Verbots der Diskriminierung wegen des Alters findet also durchaus Anknüpfungspunkte in den unionsrechtsexternen Bezugsquellen, zu deren Einbeziehung Art. 19 Abs. 1 S. 2 und Art. 6 Abs. 3 EUV ermächtigen. Zudem enthält die gemäß Art. 6 Abs. 1 EUV rechtsverbindliche – und zum Zeitpunkt der Verkündung des *Mangold*-Urteils als „Kondensat des rechtsvergleichenden status quo“[95] jedenfalls eine Indizwirkung für das Bestehen gemeineuropäischer Grundrechtsgehalte entfaltende[96] – GRC in ihrem Art. 21 ausdrücklich ein Verbot der Altersdiskriminierung.[97]

Zwar trifft es zu, dass dieses Verbot nicht der Mehrheit der mitgliedstaatlichen Verfassungsordnungen entnommen werden kann. Allerdings ist bloße Quantität kein determinierender Faktor im Rahmen der wertenden Rechtsvergleichung. Einer Mehrheit der mitgliedstaatlichen Verfassungsordnungen bedarf es nach ständiger Rechtsprechung des EuGH, wie gesehen, grundsätzlich nicht.[98] Dies ist systemisch auch konsequent, stellt die wertende Rechtsvergleichung doch einen unionsrechtlich gesteuerten Prozess dar, der in erster Linie auf die Durchsetzung der *sachlich adäquatesten* Lösung im unionsrechtlichen Rahmen und nicht unbedingt auf die judikative Festschreibung einer nationalen Mehrheitslösung abzielt.

Das hat auch das deutsche Bundesarbeitsgericht (BAG) in einer Folgeentscheidung zur *Mangold*-Rechtsprechung ausdrücklich so gesehen und zugleich der Auffassung eine Absage erteilt, es handle sich beim *Mangold*-Urteil um einen ausbrechenden Rechtsakt. Das Gericht führte aus, es sei

> „methodisch vertretbar und [hielte] sich daher im Rahmen der dem Europäischen Gerichtshof bei der Auslegung des Primärrechts eröffneten Rechtserkenntnismöglichkeiten, sich bei der Herleitung eines einheitlichen gemeinschaftsrechtlichen Grundrechtsschutzes *nicht an einer Mindestanzahl von Mitgliedstaaten zu orientieren, sondern an dem in einem Mitgliedstaat oder nur in einer geringen Anzahl von Mitgliedstaaten ausdrücklich gewährleisteten Grundrechtsschutz, soweit dies nicht zu einer Kollision mit Verfassungsgrundsätzen anderer Mitgliedstaaten führt.* Diese Methodik steht im Einklang mit der Rechtsprechung des Bundesverfassungsgerichts, wonach der Europäische Gerichtshof nicht gehalten ist, die allgemeinen Rechtsgrundsätze des Gemeinschaftsrechts auf dem insoweit bescheidensten allgemeinen Nenner aus dem Vergleich der mitgliedstaatlichen Verfassungen zu verorten, sondern zu erwarten ist, dass er

---

auf das (allerdings nur von wenigen Staaten bislang ratifizierte) zwölfte Zusatzprotokoll zur EMRK hinweist. A. A. indes *L. Gerken* u. a., a.a.O., S. 19f.

[95] So *J. Kühling*, Grundrechte, in A. v. Bogdandy/J. Bast (Hrsg.), Europäisches Verfassungsrecht (2. Aufl. 2009), S. 657 (666), der insbesondere aus der Zusammensetzung des Konvents eine „neuartige Legitimationskraft“ ableitet.

[96] Vgl. die fünfte Präambelerwägung der GRC: „Diese Charta bekräftigt (…) die Rechte, die sich vor allem aus den gemeinsamen Verfassungstraditionen und den gemeinsamen internationalen Verpflichtungen der Mitgliedstaaten (…) ergeben.“

[97] Vgl. auch den Hinweis auf internationales Recht in den im Jahr 2007 überarbeiteten Erläuterungen zur GRC. Freilich darf die Bedeutung der Erläuterungen als Mittel zur Auslegung der GRC nach Art. 6 Abs. 1 UAbs. 3 EUV nicht überschätzt werden, vgl. *M. Wendel*, Renaissance der historischen Auslegungsmethode im europäischen Verfassungsrecht?, ZaöRV 68 (2008), S. 803 (820ff.).

[98] Dies verkennen *L. Gerken* u. a., a.a.O., S. 20.

nach der bestmöglichen Entfaltung eines Grundrechtsprinzips im Gemeinschaftsrecht trachten wird [Verweis auf *Solange-II*].“[99]

Das BVerfG wies die gegen das Urteil des BAG erhobene Verfassungsbeschwerde im *Honeywell*-Beschluss zurück. In den Entscheidungsgründen bringt die Senatsmehrheit ausdrücklich die grundsätzliche Anerkennung der „unionseigenen Methoden der Rechtsfindung“ seitens des EuGH zum Ausdruck.[100] Besondere Beachtung schenkt das BVerfG der vergleichsbasierten Entwicklung allgemeiner Rechtsgrundsätze. Die Grenzen der dem EuGH zugebilligten Kompetenz zur Rechtsfortbildung sieht es dabei jedenfalls dort als erreicht an, wo politische Grundentscheidungen getroffen oder „strukturelle Verschiebungen im System konstitutioneller Macht- und Einflussverteilung“ erfolgen.[101] Aufgrund der hohen materiell-rechtlichen Anforderungen an die Annahme eines „hinreichend qualifizierten“ Verstoßes im Rahmen der Ultra-vires-Kontrolle kann das BVerfG aber letztlich offen lassen, ob die Ableitung eines allgemeinen Grundsatzes des Verbots der Altersdiskriminierung aus den gemeinsamen Verfassungstraditionen und den völkerrechtlichen Verträgen der Mitgliedstaaten eine rechtsmethodisch nicht mehr vertretbare Rechtsfortbildung des Gerichtshofs darstellt oder nicht. Denn nach Auffassung des BVerfG hätte eine solche im *Mangold*-Fall jedenfalls weder einen neuen Kompetenzbereich für die Union zulasten der Mitgliedstaaten begründet noch eine bestehende Kompetenz mit dem Gewicht einer Neubegründung ausgedehnt.[102]

bb) Pflicht zu transparenter Entscheidungsfindung

Zuzustimmen ist der verbreiteten Kritik am *Mangold*-Urteil indes in Bezug auf die bereits bemängelte[103] Intransparenz, die der Gerichtshof bei der Herausarbeitung allgemeiner Rechtsgrundsätze regelmäßig an den Tag legt. So wird auch im *Mangold*-Urteil weder die rechtsvergleichende Basis des in Rede stehenden allgemeinen Rechtsgrundsatzes freigelegt noch – was schwerer wiegt – der Konkretisierungsprozess und die damit einhergehende Abwägung auf unionsrechtlicher Ebene argumentativ nachvollzogen. Vielmehr begnügt sich der EuGH mit einem allgemeinen Hinweis, das grundsätzliche Verbot bestimmter Einzelformen der Diskriminierung (darunter auch solche aus Gründen des Alters) fände „seinen Ursprung in verschiedenen völ-

[99] BAG, Urt. v. 26.4.2006 – 7 AZR 500/04 – *Altersdiskriminierung* = NZA 2006, 1162ff. (Rn. 24, Hervorh. und Anm. hinzugefügt). Gegen dieses Urteil richtete sich die Verfassungsbeschwerde in BVerfG, Beschl. v. 6.7.2010 – 2 BvR 2661/06 – *Honeywell*.

[100] BVerfG, Beschl. v. 6.7.2010 – 2 BvR 2661/06 – *Honeywell*, Rn. 62–66.

[101] Ebd., Rn. 64: „Rechtsfortbildung überschreitet diese Grenzen, wenn sie deutlich erkennbare, möglicherweise sogar ausdrücklich im Wortlaut dokumentierte (vertrags-)gesetzliche Entscheidungen abändert oder ohne ausreichende Rückbindung an gesetzliche Aussagen neue Regelungen schafft. Dies ist vor allem dort unzulässig, wo Rechtsprechung über den Einzelfall hinaus politische Grundentscheidungen trifft oder durch die Rechtsfortbildung strukturelle Verschiebungen im System konstitutioneller Macht- und Einflussverteilung stattfinden.“

[102] Ebd., Rn. 78. Ablehnend indes das Sondervotum des Richters *Herbert Landau*, ebd. Rn. 102f. und 109.

[103] Vgl. bereits Teil 3 – Kapitel 12 – I. 2. a) in Bezug auf die Rechtsprechung des EuGH generell.

kerrechtlichen Verträgen und den gemeinsamen Verfassungstraditionen der Mitgliedstaaten".[104]

Eine derart allgemeine Formel aber kann den Erfordernissen einer methodisch fundierten Rechtsprechung nicht genügen, will sich der EuGH nicht dem Vorwurf der Willkür aussetzen.[105] Gewiss, der Gerichtshof muss in seiner Entscheidungskultur unterschiedliche Rechtsprechungstraditionen vermittelnd zusammenführen, deren Formenvielfalt von den äußerst knapp bemessenen Urteilsgründen des französischen Verfassungsrats bis hin zu den gelegentlich monografisch anmutenden Urteilen des BVerfG reicht.

Allerdings darf das Streben nach hinreichender Berücksichtigung und Vermittlung unterschiedlicher Rechtsprechungstraditionen den Gerichtshof nicht von der richterlichen Begründungslast in Bezug auf die zentralen und streitentscheidenden Kernpunkte des zu entscheidenden Falles entbinden. Da die Annahme des allgemeinen Rechtsgrundsatzes der Altersnichtdiskriminierung auf Unionsebene für das Ergebnis des *Mangold*-Urteils entscheidend war, hätte der EuGH hier nicht nur eine rechtsvergleichende Dokumentation der Bezugsquellen vornehmen, sondern vor allem den unionsrechtlichen Konkretisierungsprozess, der zur Annahme dieses allgemeinen Rechtsgrundsatzes führte, nachvollziehbar begründen müssen.[106]

Ganz allgemein würde ein solches Vorgehen nicht nur die Akzeptanz der Luxemburger Rechtsprechung zu den allgemeinen Rechtsgrundsätzen befördern und bestehende Kritik von verschwörungstheoretischen Reflexen befreien.[107] Der EuGH könnte in seiner einzigartigen Stellung an der Schnittstelle der unterschiedlichen Verfassungsordnungen und Rechtstraditionen zudem weitaus mehr (empirische) Erkenntnisse zur Entwicklung eines gemeineuropäischen Verfassungsrechts beisteuern.

Nicht nur ist der Gerichtshof für eine europaweite Verfassungsvergleichung möglicherweise das in *technischer Hinsicht* am besten ausgestattete Organ, wenn man sich neben seinem wissenschaftlichen Dienst insbesondere die umfassend angelegten Übersetzungskapazitäten vergegenwärtigt. Zugleich ist der Gerichtshof in seiner multinationalen Zusammensetzung auch *personell* geradezu prädestiniert für die Verschmelzung nationaler Verfassungstraditionen auf EU-Ebene.

Dieser technischen und personellen Kompetenz korrespondiert eine *rechtliche Pflicht zu transparenter Entscheidungsfindung.* Ihr normatives Fundament ist die uni-

[104] EuGH, Urt. v. 22. 11. 2005 – Rs. C-144/04 – *Mangold*, Slg. 2005, S. I-9981 ff. (Rn. 74 f.). Auch die Schlussanträge des Generalanwalts sind in diesem Punkt nicht aufschlussreicher, vgl. Schlussanträge des GA *Tizzano* v. 30. 06. 2005 – Rs. C-144/04 – *Mangold*, Slg. 2005, S. I-9981 ff. (Rn. 83 f.).

[105] Besonders kritisch – speziell im Kontext der Rechtsprechung zur Unionsbürgerschaft – *K. Hailbronner*, Die Unionsbürgerschaft und das Ende rationaler Jurisprudenz durch den EuGH?, NJW 2004, S. 2185 ff.

[106] So auch BAG, a.a.O., Rn. 35 sowie aus der Literatur *F. Temming*, Freie Rechtsschöpfung oder nicht: Der Streit um die EuGH-Entscheidung Mangold spitzt sich zu, NJW 2008, S. 3404 (3405).

[107] So behaupten *L. Gerken/R. Herzog* in ihrem FAZ-Artikel vom 8. 9. 2008 ohne näheren Beleg, „zurückhaltende Urteile des EuGH" würden „bisweilen bewusst eingestreut werden, um den wachsenden Unmut in den Mitgliedstaaten vorübergehend zu dämpfen".

onsrechtliche Garantie der Wahrung des Rechts gemäß Art. 19 Abs. 1 S. 2 EUV. Leitet man aus dieser Vorschrift zutreffenderweise eine materielle Verfassungsgarantie der europäischen Rechtsgemeinschaft ab (s. o.), so kann dies für die Europäische Union nicht nur bedeuten, dass

„weder ihre Mitgliedstaaten noch ihre Organe der Kontrolle daraufhin, ob ihre Handlungen mit der Verfassungsurkunde der Gemeinschaft, dem Vertrag, im Einklang stehen, entzogen sind, und dass mit diesem Vertrag ein umfassendes System von Rechtsbehelfen und Verfahren geschaffen worden ist, das dem Gerichtshof die Überprüfung der Rechtmäßigkeit der Handlungen der Organe zuweist",[108]

sondern muss zugleich heißen, dass das im Rahmen dieser Rechtsbehelfe gesprochene Recht in methodischer Hinsicht transparent und argumentativ nachvollziehbar zustande kommt.

Mit anderen Worten, dass sich der EuGH nicht dem Vorwurf eines „déni de justice"[109] aussetzen darf, gilt nicht nur in materiell-rechtlicher, sondern ebenso in *methodischer* Hinsicht. Die seitens der Richterschaft zuweilen vorsichtig geäußerten Vorschläge, die komparativen Kapazitäten des Gerichtshofs transparenter und in diesem Rahmen vor allem die vergleichenden Studien des wissenschaftlichen Dienstes öffentlich zugänglich zu machen,[110] sind vor diesem Hintergrund nachdrücklich zu begrüßen.

cc) Richterlicher Spielraum und materiell-rechtliche Grenzen

Aber selbst wenn der EuGH dem Transparenzgebot künftig besser entsprechen sollte, könnte dies eine systemimmanente Beschränkung des in der Bildung allgemeiner Rechtsgrundsätze liegenden Permeabilitätsmechanismus nicht gänzlich verhindern: Stets wird der Prozess wertender Rechtsvergleichung durch einen vergleichsweise weiten (Beurteilungs-)Spielraum der Luxemburger Richter geprägt sein. Man muss nicht so weit gehen, hier einen „Rest von Beliebigkeit"[111] zu unterstellen oder die allgemeinen Rechtsgrundsätze gar dem „platonischen Rechtshimmel"[112] zuzuordnen.

Gleichwohl wohnt dem Prozess richterlicher Konkretisierung und Abwägung naturgemäß ein gewisses Maß an Freiraum und damit zwangsläufig an Rechtsunsicherheit inne. Auch wenn man die Rolle der nationalen Verfassungsüberlieferungen für den Bildungsprozess allgemeiner Rechtsgrundsätze – wie hier vertreten – als *normativ relevante* Bezugsquellen ordnungsexterner Herkunft und nicht lediglich als

---

[108] EuGH, Urt. v. 3. 9. 2008 – verb. Rs. C-402/05 P u. C-415/05 P – *Kadi*, Slg. 2008, S. I-6351 ff. (Rn. 281) sowie zuvor bereits EuGH, Urt. v. 23. 4. 1986 – Rs. 294/83 – *Les Verts* = Slg. 1986, 1339 (Rn. 23).

[109] S. abermals EuGH, Urt. v. 12. 7. 1957 – verb. Rs. 7/56 u. 3–7/57 – *Algera*, Slg. 1957, S. 85 (118).

[110] Vgl. insbesondere *Y. Galmot*, Réflexions sur le recours au droit comparé par la Cour de justice des Communautés européennes, RFDA 1990, S. 255 (261).

[111] *H. Lecheler*, Der Beitrag der allgemeinen Rechtsgrundsätze zur Europäischen Union. Rückblick und Ausblick, ZEuS 2003, S. 337 (344).

[112] So GA *Mazák* in seinen Schlussanträgen v. 15. 02. 2007 – Rs. C-411/05 – *Palacios*, Slg. 2007, S. I-8531 ff. (Rn. 86).

„Rechtserkenntnisquellen“[113] oder als „Wertungshintergrund“[114] betrachtet, ist die Lösung des Einzelfalls stets davon abhängig, welche Gewichtung die Richter konkret vornehmen. Das nationale Recht fließt zwar als normativ relevante Bezugsquelle unmittelbar in den unionsrechtlich gesteuerten Konkretisierungsprozess ein, kann vom Ergebnis her betrachtet aber allenfalls mittelbar auf Unionsebene durchschlagen. Die vergleichsbasierte Bildung allgemeiner Rechtsgrundsätze auf EU-Ebene stellt daher ein ungleich subtileres bzw. mittelbareres Modell rechtlicher Permeabilität dar als etwa das Durchgreifen einzelner Rechtssätze des Unionsrechts in den innerstaatlichen Rechtsraum.[115]

Diese verfahrenstechnische Mittelbarkeit wird in materiell-rechtlicher Hinsicht noch verstärkt. Der Gerichtshof nimmt das Bestehen eines allgemeinen Rechtsgrundsatzes keineswegs schon deshalb an, weil sein Regelungskern der Mehrheit der mitgliedstaatlichen Rechtsordnungen entspräche oder weil seine rechtsfortbildende Annahme rechtspolitisch opportun erschiene.

So hat der Gerichtshof im *Jippes*-Urteil entschieden, dass die Annahme eines allgemeinen Rechtsgrundsatzes ausscheidet, wenn er nicht hinreichend von den vertraglich verankerten Zielen der Union gedeckt ist.[116] Dass die Aufgaben und Ziele der Union den äußersten Rahmen für die Annahme eines allgemeinen Rechtsgrundsatzes auf Unionsebene bilden, ist eine notwendige Einschränkung, weil sonst über den Weg der allgemeinen Rechtsgrundsätze indirekt das Aufgaben- und Zuständigkeitsspektrum der Union verschoben werden könnte. Umgekehrt wird aber hierdurch das Einfließen nationalen (Verfassungs-)Rechts in das Unionsrecht begrenzt.

Limitierend wirkt aber vor allem, dass *materiell-rechtliche Prinzipien des Unionsrechts* für den Gewinnungsprozess allgemeiner Rechtsgrundsätze eine entscheidende Rolle spielen. Mit anderen Worten, die rechtliche Permeabilität wird durch die Einbeziehung unionsrechtlicher Prinzipien in den Konkretisierungsprozess zugleich durch materiell-rechtliche Prinzipien des Unionsrechts eingehegt und begrenzt. Dass es sich bei der im Rahmen der Konkretisierung vorzunehmenden Abwägung um einen genuin unionsrechtlichen Vorgang handelt, an dessen Ende ein allgemeiner Rechtsgrundsatz steht, der sich wiederum in Struktur und Ziele der Union einfügen muss, deckt sich mit der Logik des EuGH, die unionale Rechtsordnung als unabhängig – und in in diesem Sinne autonom – gegenüber den nationalen Rechtsordnungen

---

113 S.o.

114 *J. Kühling*, Grundrechte, in A. v. Bogdandy/J. Bast (Hrsg.), Europäisches Verfassungsrecht (2. Aufl. 2009), S. 657 (663). Von „Hintergrundgeltung“ spricht *H.-D. Horn*, Grundrechtsschutz in Deutschland, DVBl. 1995, S. 89 (95).

115 Zu den unterschiedlichen Intensitätsstufen rechtlicher Permeabilität vgl. Teil 1 – Kapitel 1 – I. 5.

116 EuGH, Urt. v. 12. 7. 2001 – Rs. C-189/01 – *Jippes*, Slg. 2001, S. I-5689 ff. (Rn. 71 ff.). Hier lehnt der EuGH das Bestehen eines allgemeinen Rechtsgrundsatzes des „Wohlergehens der Tiere“ insbesondere mit dem Argument ab, dass sich dergleichen nicht aus den *Zielen der Union* herleiten lasse. Eine Berücksichtigung erfolgt dann allerdings im Rahmen der Verhältnismäßigkeitsprüfung. Dies hebt auch *H. Lecheler*, a.a.O., S. 345 hervor.

zu konstruieren. Dementsprechend manifestierte sich die unionsrechtliche Defensive gegen einseitige Eingriffe von Seiten des nationalen Verfassungsrechts bereits früh im Urteil *Internationale Handelsgesellschaft*:

„Die einheitliche Geltung des Gemeinschaftsrechts würde beeinträchtigt, wenn bei der Entscheidung über die Gültigkeit von Handlungen der Gemeinschaftsorgane Normen oder Grundsätze des nationalen Rechts herangezogen würden. Die Gültigkeit solcher Handlungen kann *nur nach dem Gemeinschaftsrecht beurteilt werden*, denn dem vom Vertrag geschaffenen, somit aus einer autonomen Rechtsquelle fließenden Recht können wegen seiner Eigenständigkeit keine wie immer gearteten innerstaatlichen Rechtsvorschriften vorgehen, wenn ihm nicht sein Charakter als Gemeinschaftsrecht aberkannt und wenn nicht die Rechtsgrundlage der Gemeinschaft selbst in Frage gestellt werden soll. Daher kann es die Gültigkeit einer Gemeinschaftshandlung oder deren Geltung in einem Mitgliedstaat nicht berühren, wenn geltend gemacht wird, die Grundrechte in der ihnen von der Verfassung dieses Staates gegebenen Gestalt oder die Strukturprinzipien seiner Verfassung seien verletzt. (…) Es ist jedoch zu prüfen, ob nicht eine *entsprechende gemeinschaftsrechtliche Garantie* verkannt worden ist".[117]

Mit anderen Worten, der EuGH sieht die Problematik weniger darin, auf Unionsebene dem nationalen Verfassungsrecht *inhaltlich* zu entsprechen. Im Zentrum seiner Besorgnis steht vielmehr die Gefährdung der autonomen Geltung des Unionsrechts durch die potenzielle Erhebung des nationalen Verfassungsrechts *zum unmittelbaren Gültigkeitsmaßstab*. Entscheidend ist die Form: Gültigkeitsmaßstab des Unionsrechts können Normgehalte des nationalen Verfassungsrechts allenfalls im formellen Gewand des Unionsrechts – kurzum: nur *als Unionsrecht* – sein. Das Postulat der unionsrechtlichen Autonomie im Sinne „der Freiheit von mitgliedstaatlichen Eingriffen"[118] erfüllt in seiner abschirmenden Wirkung damit eine funktionell durchaus äquivalente Funktion zum Souveränitätsprinzip auf nationaler Ebene.

Zugleich liefert das Streben des Gerichtshofs nach Wahrung der „Autonomie$_{\text{Eingr}}$" einen möglichen Erklärungsansatz für seine bisherige Zögerlichkeit, rechtsvergleichende Evaluierungen öffentlich zu dokumentieren und in die Urteilsgründe aufzunehmen. Offenbar überwiegt bislang noch regelmäßig die Sorge, die Freilegung des rechtsvergleichenden Wurzelbodens allgemeiner Rechtsgrundsätze könnte am Ende invasive Begehrlichkeiten von nationaler Seite her wecken und damit die Autonomie der unionalen Rechtsordnung untergraben. Ganz aus der Luft gegriffen erscheint diese Befürchtung nicht. Es kann nicht ausgeschlossen werden, dass der Gerichtshof Animositäten gerade dadurch schaffte, dass er eine in den Mitgliedstaaten A, B und C entwickelte Lösung derjenigen der Mitgliedstaaten X, Y und Z ausdrücklich vorzöge.

Wie gesehen spricht jedoch mehr für die Annahme, dass eine gesteigerte Transparenz der rechts- und verfassungsvergleichenden Tätigkeit des Gerichtshofs einen gegenteiligen, nämlich akzeptanzfördernden und kohärenzsichernden, Effekt hätte.[119]

---

[117] EuGH, Urt. v. 17. 12. 1970 – Rs. 11/70 – *Internationale Handelsgesellschaft*, Slg. 1970, S. 1125 ff. (Rn. 3 f., Hervorh. hinzugefügt).

[118] Nach der treffenden Nomenklatur von *A. Peters*, Elemente einer Theorie der Verfassung Europas (2001), S. 274 die sog. „Autonomie$_{\text{Eingr}}$".

[119] Im Übrigen kann selbstredend auch das Schweigen des EuGH über die rechtsvergleichende

3. Funktionen

In das Licht dieses Widerstreits zwischen unionsrechtlicher Autonomiewahrung und rechtlich transparenter Rückkopplung an die Verfassungen der Mitgliedstaaten sind auch die unterschiedlichen Funktionen der vergleichsbasierten Bildung allgemeiner Rechtsgrundsätze getaucht.

a) Klassische Funktionen: Lückenfüllung und Gültigkeitsmaßstab

Die klassische Funktion des Rückgriffs auf nationale Verfassungsüberlieferungen und ihre Überführung in einen allgemeinen Rechtsgrundsatz liegt in der *Auffüllung bestehender Regelungslücken* des Unionsrechts. Das innerstaatliche Verfassungsrecht wird so zum „Rezeptionsreservoir"[120] des Unionsrechts. Diese Füllfunktion kam bereits im Urteil *Algera* zum Tragen[121] und wurde in der Folge besonders durch die Grundrechtsprechung des EuGH illustriert, welche mit dem Urteil *Stauder* ihren Ausgang nahm.[122]

Allgemeine Rechtsgrundsätze dienen aber nicht nur der Lückenfüllung, sondern ebenso – wenn nicht sogar häufiger[123] – der Herrschaftsbegrenzung. Insbesondere werden sie als *Gültigkeitsmaßstab*[124] für Handlungen der Union und ihrer Mitgliedstaaten im Bereich der Durchführung bzw. im Anwendungsbereich von Unionsrecht[125] herangezogen.

Beide Funktionen können im Übrigen zusammenfallen, wie abermals der Bereich des Grundrechtsschutzes zeigt. Hier schließt der allgemeine Rechtsgrundsatz zum

Basis seiner Lösung nicht verhindern, dass die Mitgliedstaaten seine Rechtsprechung auf Übereinstimmung oder Widerspruch zu ihrem eigenen Recht hin überprüfen.

[120] Vgl. *P. M. Huber*, Offene Staatlichkeit, in: IPE II (2008), § 26 Vergleich, Rn. 108.

[121] EuGH, Urt. v. 12. 7. 1957 – verb. Rs. 7/56 u. 3–7/57 – *Algera*, Slg. 1957, S. 85 (118).

[122] Vgl. bereits oben, EuGH, Urt. v. 12. 11. 1969 – Rs. 29/69 – *Stauder*, Slg. 1969, S. 419 ff. (Rn. 7).

[123] So *A. Schmitt Glaeser*, Grundgesetz und Europarecht als Elemente Europäischen Verfassungsrechts (1996), S. 128.

[124] Als frühes Beispiel sei auf EuGH, Urt. v. 17. 12. 1970 – Rs. 11/70 – *Internationale Handelsgesellschaft*, Slg. 1970, S. 1125 ff., als jüngeres Beispiel auf EuGH, Urt. v. 22. 11. 2005 – Rs. C-144/04 – *Mangold*, Slg. 2005, S. I-9981 ff. hingewiesen.

[125] Von „Durchführung" wird gesprochen in Bezug auf den mitgliedstaatlichen Vollzug von Unionsrecht, vgl. EuGH, Urt. v. 13. 7. 1989 – Rs. 5/88 – *Wachauf*, Slg. 1989, S. 2609 ff. (Rn. 19) sowie Urt. v. 13. 4. 2000 – Rs. C-292/97 – *Karlsson*, Slg. 2000, S. I-2737 ff. (Rn. 37 ff.). Soweit die Unionsgrundrechte als Schranken oder Schranken-Schranken von Grundfreiheiten in Anschlag gebracht werden, spricht der EuGH vom „Anwendungsbereich" des Unionsrechts als Anknüpfungspunkt, vgl. insbesondere EuGH, Urt. v. 18. 6. 1991 – Rs. C-260/89 – *ERT [Schranken-Schranke]*, Slg. 1991, S. I-2925 ff. (Rn. 42 ff.) sowie Urt. v. 12. 6. 2003 – Rs. C-112/00 – *Schmidberger [Schranke]*, Slg. 2003, S. I-5659 ff. (Rn. 74 f.). In 51 Abs. 1, 2. Alt. GRC wird ausdrücklich nur von Durchführung gesprochen. Indes ergibt sich aus den gemäß 52 Abs. 7 GRC gebührend zu berücksichtigenden Erläuterungen, dass in Art. 52 GRC die weitere Konstellation „im Anwendungsbereich" gemeint ist. EuGH, Urt. v. 19. 01. 2010 – Rs. C-555/07 – *Kücükdeveci*, Rn. 21 ff. kann nunmehr als Bestätigung dieser weiten Auslegung gelesen werden, da sowohl der allgemeine Rechtsgrundsatzes der Altersdiskriminierung (zum *Mangold*-Urteil vgl. bereits oben) als auch Art. 21 GRC im konkreten Fall deswegen als Gültigkeitsmaßstab herangezogen werden dürfen, weil eine Richtlinie den „Anwendungsbereich" des EU-Rechts eröffnet.

einen die Lücke, welche durch das Fehlen eines positivierten Grundrechtekatalogs entsteht und wirkt als Gültigkeitsmaßstab von sekundärem Unionsrecht und seinen innerstaatlichen Umsetzungsmaßnahmen zugleich herrschaftsbegrenzend.

Die Frage nach der methodischen Ratio des EuGH entpuppt sich zugleich als Frage nach der Gewaltenteilung bzw. dem institutionellen Gleichgewicht. Waren die Rückgriffe des EuGH auf allgemeine Rechtsgrundsätze in den Anfangsjahrzehnten der damaligen Gemeinschaften regelmäßig dem Umstand geschuldet, dass zahlreiche Regelungslücken bestanden, deren Aufrechterhaltung – wie speziell im Bereich des Grundrechtsschutzes – die Existenz der Union als Rechtsgemeinschaft in Frage gestellt hätte, so weist die Unionsordnung in zentralen Feldern eine zunehmende (positivrechtliche) Regelungsdichte auf. Daran knüpft die Frage an, inwieweit der Gerichtshof überhaupt noch legitimerweise Regelungslücken annehmen und durch allgemeine Rechtsgrundsätze füllen darf. Das Paradigma der evolutiv-judikativen *Konstitutionalisierung* gelangt hier zunehmend an seine Grenzen, wenn nicht im Ergebnis der europäischen Judikative die Rechtsmacht eingeräumt werden soll, bestehende Entscheidungen des europäischen Verfassungs- oder Gesetzgebers zu ersetzen.

In Bezug auf die richterliche Handhabung allgemeiner Rechtsgrundsätze heißt das konkret: Der EuGH muss jedenfalls dann richterliche Zurückhaltung (*judicial restraint*) walten lassen, wenn die Entwicklung eines neuen oder die Heranziehung eines bereits anerkannten (ungeschriebenen) allgemeinen Rechtsgrundsatzes im konkreten Einzelfall bestehende Entscheidungen bzw. Abwägungsergebnisse des europäischen Verfassungs- oder Gesetzgeber überspielte.[126] Dabei ist freilich danach zu differenzieren, ob der Gerichtshof durch den allgemeinen Rechtsgrundsatz die Entscheidung der Legislative materiell substituiert und sich damit selbst als Gesetzgeber geriert oder ob der allgemeine Rechtsgrundsatz, wie speziell im Grundrechtsbereich, als Gültigkeitsmaßstab gegenüber Unionsrecht oder innerstaatlichen Durchführungsmaßnahmen in Anschlag gebracht wird.[127]

b) Zentrale Verbundfunktion: Kohärenzsicherung

Da die Rolle allgemeiner Rechtsgrundsätze als materiell-rechtliches Surrogat (fehlender) gesetzgeberischer Grundentscheidungen nicht nur in empirischer Hinsicht abnimmt, sondern darüber hinaus vor allem in legitimatorischer Hinsicht problematisch ist, wird – und darf! – es aus Perspektive des Unionsrechts in Zukunft nur noch in Ausnahmefällen darum gehen, die nationalen Verfassungstraditionen als rechtsvergleichendes Reservoir zur Füllung behaupteter Regelungslücken auszuschöpfen.

Demgegenüber spricht viel dafür, dass die allgemeinen Rechtsgrundsätze in ihrer Bedeutung als Instrument zur *Sicherung von Kohärenz und rechtlichem Zusammen-*

---

[126] Genau dieses Spannungsfeld bildet das *Mangold*-Urteil ab, EuGH, Urt. v. 22. 11. 2005 – Rs. C-144/04 – *Mangold*, Slg. 2005, S. I-9981 ff.

[127] Die – nicht immer eindeutig mögliche – Abgrenzung ist eine Frage des Einzelfalles und kann an dieser Stelle nicht weiter vertieft werden.

halt zwischen unionaler und nationaler Ebene hinzugewinnen werden. Durch die einheitsbildende Wirkung ihres Entstehungs- bzw. Konkretisierungsprozesses tragen sie – gewissermaßen als Produkt primärrechtlicher Permeabilität – zur Verstetigung und Festigung gemeineuropäischen Verfassungsrechts bei.

aa) Kohärenzsicherung im Allgemeinen

Die Verbundfunktion des Entstehungs- und Konkretisierungsprozesses allgemeiner Rechtsgrundsätze lässt sich nicht nur anhand der unionsrechtlichen Gewährleistung eines bestimmten rechtsstaatlichen (Mindest-)Standards beschreiben, der aus der Eigenschaft der Union als Rechtsgemeinschaft folgt und sich in materiell-rechtlicher Hinsicht auf die Gehalte der nationalen Verfassungsüberlieferungen und einzelner völkerrechtlicher Konventionen oder Prinzipien zurückführen lässt. Ebenso kann sie im Sinne eines *Korrekturfaktors* von negativer Seite her begriffen werden. Aus Perspektive des Unionsrechts wird durch die fortlaufende Abwägung im Rahmen des unionsrechtlichen Entstehungs- und Konkretisierungsprozesses nämlich eine stetige *Rückversicherung* gegenüber dem nationalen Verfassungsrecht gewährleistet. Dadurch können gravierende Wertungswidersprüche und Verwerfungen zwischen den Ebenen von vornherein vermieden werden.

Anders gewendet, der Kerngehalt eines allgemeinen Rechtsgrundsatzes ist im Rahmen der Abwägung nur dann von Seiten des *Unionsrechts* (noch) als adäquat anzusehen, wenn er nicht mit elementaren Grundsätzen einer oder mehrerer mitgliedstaatlicher Verfassungsordnungen kollidiert, die ihrerseits wiederum den Anforderungen der Art. 7 i. V. m. 2 EUV entsprechen müssen. Die allgemeinen Rechtsgrundsätze auf Ebene des Unionsrechts sind so Ausdruck fortlaufender Kohärenzsicherung zwischen den Ebenen. Die Flexibilität ihres Enstehungs- und Konkretisierungsprozesses ermöglicht einen *dynamischen*, die Entwicklungen auf Ebene des nationalen Rechts und der EMRK evolutiv begleitenden Prozess kontinuierlicher Abstimmung und Kohärenzwahrung.

Dies wird dadurch verstärkt, dass die allgemeinen Rechtsgrundsätze durch den unionsrechtlichen „Output" einen Rückkopplungseffekt auf nationaler Ebene entfalten,[128] sodass sogar die EMRK auf diese Weise mittelbar am Vorrang des Unionsrechts teilhaben kann.[129] Dadurch entsteht letztlich eine stabilisierende *Wechselwirkung* zwischen den Ebenen.[130]

---

[128] *X. Groussot*, General Principles of Community Law (2006) teilt seine Untersuchung zu den allgemeinen Rechtsgrundsätzen darum in drei Etappen ein, nämlich erstens die Erzeugung, zweitens die zwischengeschaltete Fortentwicklung und drittens die Rückwirkung (creation, development, impact). Als Beispiel für eine solche Rückwirkung sei auf EuGH, Urt. v. 3. 5. 2007 – Rs. C-303/05 – *Advocaten voor de Wereld (Europäischer Haftbefehl)*, Slg. 2007, S. I-3633 ff. (Rn. 53) in Bezug auf den Grundsatz nulla poena sine lege (keine Strafe ohne Gesetz) hingewiesen.

[129] Rechtsvergleichend hierzu *P. M. Huber*, Offene Staatlichkeit, in: IPE II (2008), § 26 Vergleich, Rn. 101 ff. Besonders weit geht in diesem Zusammenhang die Rechtsauffassung der Vierten Kammer des griechischen Staatsrats, wonach der EMRK über Art. 6 Abs. 3 EUV die Qualität primären Gemeinschaftsrechts zukomme (Entscheidungen 3502/1994 und 249/1997). Allerdings ist diese Position weder von den folgenden Entscheidungen der Großen Kammer, noch des Plenums aufgegrif-

Soweit im Rahmen der Abwägung bereits Lösungsansätze ausgesondert werden können, die dem Verfassungsrecht eines einzelnen Mitgliedstaates fundamental widersprechen, ist ein funktioneller Berührungspunkt zur Wahrung der nationalen Verfassungsidentität nach Art. 4 Abs. 2 S. 1 EUV (ex-Art. 6 Abs. 3 EU) hergestellt.[131] Allerdings kann die Identitätsklausel nicht, wie in der Literatur insbesondere von *Alexander Schmitt Glaeser* vorgeschlagen,[132] zum normativen Ausgangspunkt einer unionsrechtlichen Achtungsverpflichtung gegenüber nationalem Verfassungsrecht im Allgemeinen erhoben werden. Zwar trifft die Deutung der Identitätsklausel als ebenenübergreifende Verbundtechnik zu. Jedoch ginge es zu weit, ihr eine Achtungsverpflichtung der Union gegenüber nationalem Verfassungsrecht schlechthin zu entnehmen.[133] Vielmehr bezieht sich die Schutzwirkung der Identitätsklausel allein auf die unionsrechtliche Achtung elementarer Verfassungsprinzipien oder landesspezifischer Verfassungsgrundsätze mit charakterprägender Bedeutung für die betreffende Verfassungsordnung. Diese Lesart wird nicht nur durch den seit Lissabon präzisierten Wortlaut der Identitätsklausel bestätigt, sondern deckt sich auch mit ihrem Sinn und Zweck als vielfaltswahrendem Mechanismus.[134] Insofern gibt es in funktioneller Hinsicht allenfalls partielle Berührungen zwischen dem (grundsätzlich einheitsbildenden) Entstehungsprozess allgemeiner Rechtsgrundsätze und der (grundsätzlich vielfaltswahrenden) Achtung der nationalen Verfassungsidentität.

In prozessualer Hinsicht bietet in erster Linie das Vorabentscheidungsverfahren nach Art. 267 AEUV (ex-Art. 234 EG bzw. 177 EWGV) die notwendigen Instrumente zur Kohärenzwahrung. Nationale Gerichte erhalten hier die Möglichkeit, dem EuGH die aus ihrer Sicht zentralen Aspekte des nationalen Verfassungsrechts mitzuteilen. Dass die Parteien des Ausgangsstreites ebenso wie die Mitgliedstaaten nach Art. 23

fen worden; eine spätere Kammerentscheidung vertrat sogar eine entgegengesetzte Position, vgl. zum Ganzen *J. Iliopoulos-Strangas*, Offene Staatlichkeit, in: IPE II (2008), § 16 Griechenland, Rn. 49, 38. Muss man indes zu Recht die – jedenfalls formelle – Qualität der EMRK *als* Primärrecht infolge von Art. 6 Abs. 3 EUV verneinen, so machen die bisherigen Überlegungen doch deutlich, wie weit ihr Einfluss über den Weg der allgemeinen Rechtsgrundsätze geht. Mit dem künftigen Beitritt der EU zur EMRK nach Art. 6 Abs. 2 EUV wird die EMRK sogar unmittelbar auf Unionsebene gelten.

[130] S. bereits *I. Pernice*, Grundrechtsgehalte im Europäischen Gemeinschaftsrecht (1979), S. 239 f.

[131] Ähnlich *J. Kühling*, Grundrechte, in A. v. Bogdandy/J. Bast (Hrsg.), Europäisches Verfassungsrecht (2. Aufl. 2009), S. 657 (663).

[132] *A. Schmitt Glaeser*, Grundgesetz und Europarecht als Elemente Europäischen Verfassungsrechts (1996), S. 191, der – anders als hier vertreten – die in der Identitätsklausel enthaltene Achtungsverpflichtung als allgemeine Pflicht zur Achtung „sämtlicher Regeln und Prinzipien" der nationalen Verfassung versteht, die sich in bestimmten Fällen zu einer Verpflichtung zur Rezeption verdichte. Dabei erscheint vor allem widersprüchlich, dass *Schmitt Glaeser* die Achtungsverpflichtung einerseits auf „sämtliche Regeln und Prinzipien" des nationalen Verfassungsrechts bezieht und ihr nur in bestimmten Fällen als (Rechts-)Folge zugleich die Pflicht zur Rezeption nationalen Rechts entnimmt (S. 191), andererseits aber die Achtungsverpflichtung umgekehrt zum „Leitbild" der (rezeptiven) Rechtsfortbildung erheben will (S. 178).

[133] Ebenso GA *Poiares Maduro* in seinen Schlussanträgen v. 28. 10. 2008 – Rs. C-213/07 – *Michaniki*, Slg. 2008, S. I-9999 ff. (Rn. 33).

[134] Näher zum Ganzen Teil 3 – Kapitel 13 – II. 4.

Abs. 2 der EuGH-Satzung[135] beim Gerichtshof Schriftsätze und Erklärungen einreichen können, gewährleistet zudem, dass alle potenziellen Belange des nationalen Verfassungsrechts in den unionsrechtlichen „Input"-Prozess einfließen können. Die ebenfalls bestehende Möglichkeit für die EU-Organe zur Stellungnahme stellt wiederum sicher, dass alle Belange des Unionsrechts zur Sprache kommen.[136] Die materielle Kohärenz von nationaler und unionaler Grundrechtsebene erhält somit auch ein prozessuales bzw. „formelles Band".[137] An dieser Stelle schält sich zudem der spezifische Mehrwert von Vorlagen durch nationale Verfassungsgerichte heraus. Weil nationale Verfassungsgerichte abschließend über die Auslegung der innerstaatlichen Verfassung befinden, sind gerade sie dazu berufen, den konstitutionellen Dialog mit dem EuGH zu führen.

Besonders deutlich hat die Bedeutung der Vorlagen nationaler Verfassungsgerichte Generalanwalt *Miguel Poiares Maduro* herausgestellt:

„Art. 6 EU macht deutlich, was sich bereits aus diesem existenziellen Erfordernis ergab, dass nämlich die Prüfung der Vereinbarkeit von Gemeinschaftsakten mit den Verfassungswerten und -grundsätzen der Mitgliedstaaten nur über das Gemeinschaftsrecht erfolgen kann und im Wesentlichen auf die Grundwerte beschränkt bleibt, die zu den gemeinsamen Verfassungsüberlieferungen gehören. Da somit das Gemeinschaftsrecht die Verfassungswerte der Mitgliedstaaten integriert hat, müssen die nationalen Verfassungen ihren Vorherrschaftsanspruch anpassen, um dem existenziellen Vorrang des Gemeinschaftsrechts gerecht zu werden. Das bedeutet nicht, dass die nationalen Gerichte bei der anstehenden Auslegung der allgemeinen Grundsätze und Grundrechte der Gemeinschaft keine Rolle spielen. Es liegt vielmehr in der Natur der Verfassungswerte der Union als gemeinsamen Verfassungswerten der Mitgliedstaaten, dass sie vom Gerichtshof *im ständigen Dialog mit den nationalen Gerichten, insbesondere mit denen, die mit der authentischen Auslegung der nationalen Verfassungen befasst sind*, verdeutlicht und entwickelt werden müssen. Das angemessene Instrument für diesen Dialog ist die *Vorlage zur Vorabentscheidung*, und in diesem Kontext muss die vorliegende Frage verstanden werden."[138]

bb) Kohärenzsicherung speziell im Grundrechtsbereich

Die zentrale Rolle der allgemeinen Rechtsgrundsätze für die Sicherung der rechtlichen Kohärenz im ebenenübergreifenden Verbund gibt schließlich eine Antwort auf die zu Beginn aufgeworfene Frage, ob die in Art. 6 Abs. 3 EUV fortbestehende Parallelabstützung des unionalen Grundrechtsschutzes auf die allgemeinen Rechtsgrundsätze neben der nunmehr gemäß Art. 6 Abs. 1 UAbs. 1 EUV verbindlichen GRC[139] konzeptionell überzeugt.[140]

---

[135] Protokoll (Nr. 3) über die Satzung des Gerichtshofs der Europäischen Union.

[136] Vgl. EuGH, Urt. v. 22. 10. 1987 – Rs. 314/85 – *Foto-Frost*, Slg. 1987, S. 4199 ff. (Rn. 18).

[137] So *I. Pernice*, Grundrechtsgehalte im Europäischen Gemeinschaftsrecht (1979), S. 239 f.

[138] Schlussanträge des GA *Poiares Maduro* v. 21. 5. 2008 – Rs. C-127/07 – *Arcelor*, Slg. 2008, S. I-9895 ff. (Rn. 17, Hervorh. hinzugefügt).

[139] Im Falle eines Beitritts zur EMRK nach Art. 6 Abs. 2 EUV sogar eine Dreifachbindung.

[140] Vgl. zur Problematik *R. Uerpmann-Wittzack*, Doppelter Grundrechtsschutz für die zukünftige Europäische Union, DÖV 2005, S. 152 ff.; *C. Grabenwarter*, Auf dem Weg in die Grundrechtsgemeinschaft?, EuGRZ 2004, S. 563 (569); *F. Sudre*, Article I-9, in: L. Burgorgue-Larsen/A. Levade/F.

Die im Europäischen Konvent mit der Frage des Grundrechtsschutzes befasste Arbeitsgruppe II unter Leitung von *António Vitorino* konnte zunächst keine Einigung in dieser Frage erzielen. Während einige Mitglieder der Auffassung waren, die Aufrechterhaltung eines Verweises auf die allgemeinen Rechtsgrundsätze sei überflüssig und stifte eher Verwirrung, betonten andere wiederum,

> „dass ein derartiger Verweis im Verfassungsvertrag dazu dienen könnte, den durch die Charta gegebenen Schutz zu ergänzen und zu verdeutlichen, dass künftige Entwicklungen der EMRK und der Menschenrechtsgesetzgebung der Mitgliedstaaten in das Unionsrecht *einfließen* können."[141]

Verengt man die Funktion der allgemeinen Rechtsgrundsätze allein auf die Rolle der Lückenfüllung, erscheint ihre praktische Bedeutung für den Grundrechtsschutz ab Inkrafttreten eines detaillierten Grundrechtekatalogs wie der GRC in der Tat weitgehend obsolet. Allerdings lässt eine solche Betrachtungsweise die kohärenzsichernde Wirkung des Entstehungs- und Konkretisierungsprozesses allgemeiner Rechtsgrundsätze gänzlich unberücksichtigt. Mit gutem Grund haben sich darum sowohl das Plenum des Europäischen Konventes als auch die folgenden Regierungskonferenzen in den Jahren 2004 (VVE) und 2007 (VvL) *für* die Aufrechterhaltung der normativen Rückbindung des Grundrechtsschutzes an die nationalen Verfassungsüberlieferungen und die EMRK über den Weg der allgemeinen Rechtsgrundsätze entschieden. Aus dem Vermerk des Konventspräsidiums geht hervor,

> „(...) dass sich der Gerichtshof auch nach der Einbeziehung der Charta auf diese beiden Quellen berufen [können soll], um zusätzliche Grundrechte anzuerkennen, die sich insbesondere aus einer eventuellen Weiterentwicklung der EMRK und der gemeinsamen Verfassungsüberlieferungen ergeben."[142]

Zutreffend wird hier die *entwicklungsoffene und dynamische Absicherung* der ebenenübergreifenden Kohärenz des Grundrechtsschutzes als tragender Grund für die Aufrechterhaltung des Verweises auf die allgemeinen Rechtsgrundsätze benannt. Durch den Verweis wird nicht nur eine nahtlose Fortführung der bisherigen Grundrechtssprechung des EuGH, sondern vor allem die *künftige* Kohärenz von Unionsrecht, EMRK und nationalen Verfassungen im Grundrechtsbereich gewährleistet. Das bedeutet freilich nicht, dass Art. 6 Abs. 3 EUV als Generalermächtigung verstanden werden dürfte, den geschriebenen Grundrechtskatalog der GRC nach Belieben richterlich zu ergänzen, wenn es „aufgrund gesellschaftlicher Entwicklungen opportun" erscheint.[143] Der Kritik an Art. 6 Abs. 3 EUV ist zuzugeben, dass der EuGH auch im

---

Picod (Hrsg.), Traité établissant une constitution pour l'Europe 1 (2007), Rn. 15ff.; *J. Dutheil de la Rochère*, The Protection of Fundamental Rights in the EU, in: I. Pernice/E. Tanchev (Hrsg.), Ceci n'est pas une constitution (2008), S. 119 (122f. u. 128) speziell in Bezug auf das Opt-out-Protokoll.

[141] Abschlussbericht der Gruppe II v. 22. 10. 2002, Dok. CONV 354/02, S. 9 (Hervorh. hinzugefügt).

[142] So der Vermerk des Konventspräsidiums v. 6. 2. 2003 zu den Grundlagenartikeln, Dok. CONV 528/03, S. 13.

[143] So die Befürchtung von *T. Kingreen*, in: C. Calliess/M. Ruffert (Hrsg.), Verfassung der Euro-

Bereich des Grundrechtsschutzes nicht nach Belieben in die Rolle des Gesetzgebers schlüpfen darf, um gesetzesvertretende Feinregulierungen vorzunehmen und nach bloßer Opportunität „zusätzliche Grundrechte" zu schaffen. Kernfunktion der allgemeinen Rechtsgrundsätze und der durch sie hergestellten normativen Verklammerung des Unionsrechts mit den Verfassungsordnungen der Mitgliedstaaten und der EMRK aber bleibt die *Verhinderung von gravierenden Wertungswidersprüchen zwischen den Ebenen.* Dies mag regelmäßig über eine evolutive Anpassung und Justierung der bestehenden Rechtsprechung möglich sein, kann im Einzelfall aber eine partielle Rechtsfortbildung durchaus erforderlich machen, wenn nur so die in Art. 19 Abs. 1 S. 2 EUV verankerte materielle Verfassungsgarantie gewahrt werden kann.[144] Art. 6 Abs. 3 EUV ist damit – wie schon sein nicht in Kraft getretener Vorläufer in Art. I-9 VVE – Ausdruck eines „offenen Systems".[145]

Handfeste Folgen könnte der fortdauernde Verweis auf die allgemeinen Rechtsgrundsätze im Übrigen im Kontext des (Opt-Out-)Protokolls Nr. 30 für Polen und Großbritannien sowie künftig auch Tschechien[146] gewinnen. Verstünde man Art. 1 Abs. 1 des Protokolls als Ausschlussvorschrift, aufgrund derer die GRC nicht als Gültigkeitsmaßstab nationaler Umsetzungs- und Durchführungsmaßnahmen herangezogen werden darf,[147] könnte der unionsrechtliche Grundrechtsschutz gegenüber diesen innerstaatlichen Handlungen in Polen, Großbritannien und Tschechien allein über das Instrument der allgemeinen Rechtsgrundsätze gewahrt werden. Ob dem Protokoll aber eine rechtlich relevante Aussage in Bezug auf nationale Umsetzungs- bzw. Durchführungsakte entnommen werden kann, ist in höchstem Maße zweifelhaft.[148]

päischen Union (2006), Art. I-9, Rn. 12 f., der die prätorische Rechtsfortbildung lediglich als einen bislang bestehenden „Notnagel" sieht und für eine Aufhebung von Art I-9 Abs. 3 VVE – jetzt Art. 6 Abs. 3 EUV – plädiert.

[144] Auch hier handelt es sich stets um eine Einzelfallentscheidung.

[145] So *F. Sudre*, Article I-9, in: L. Burgorgue-Larsen/A. Levade/F. Picod (Hrsg.), Traité établissant une constitution pour l'Europe 1 (2007), Rn. 15: „La dualité des sources des droits fondamentaux (...) est le signe d'un système ‚ouvert' de protection des droits fondamentaux", der gleichwohl auf die rechtspraktischen Schwierigkeiten dieser Koexistenz hinweist.

[146] Vgl. Annex I zu den Schlussfolgerungen des Vorsitzes zum Europäischen Rat vom 29. und 30. 10. 2009, Dok. 15265/09.

[147] Art. 1 des Protokolls lautet: „(1) Die Charta bewirkt keine Ausweitung der Befugnis des Gerichtshofs der Europäischen Union oder eines Gerichts Polens oder des Vereinigten Königreichs zu der Feststellung, dass die Rechtsund Verwaltungsvorschriften, die Verwaltungspraxis oder -maßnahmen Polens oder des Vereinigten Königreichs nicht mit den durch die Charta bekräftigten Grundrechten, Freiheiten und Grundsätzen im Einklang stehen. (2) Insbesondere – und um jeden Zweifel auszuräumen – werden mit Titel IV der Charta keine für Polen oder das Vereinigte Königreich geltenden einklagbaren Rechte geschaffen, soweit Polen bzw. das Vereinigte Königreich solche Rechte nicht in seinem nationalen Recht vorgesehen hat."

[148] Vgl. *C. Barnard*, The „Opt-Out" for the UK and Poland from the Charter of Fundamental Rights: Triumph of Rhetoric over Reality?, in: S. Griller/J. Ziller (Hrsg.), The Lisbon Treaty (2008), S. 257 (268) sowie *I. Pernice*, The Treaty of Lisbon and Fundamental Rights, ebd., S. 235 (244 ff.). Die Schutzwirkung des Protokolls wird sich daher wohl allenfalls auf den weitgehend theoretischen Schutz vor einem etwaigen judicial activism des EuGH im Bereich der sozialen Grundrechte nach

Gegen die Notwendigkeit des Verweises auf die allgemeinen Rechtsgrundsätze in Art. 6 Abs. 3 EUV wird schließlich eingewandt, dass die bezweckte Kohärenzsicherung in ausreichendem Maße durch die Auslegungsvorschriften in Art. 52 Abs. 3 und Abs. 4 GRC, die auf den interpretatorischen Gleichklang der GRC mit EMRK und nationalen Verfassungsüberlieferungen abzielen, sichergestellt werde.[149] Diese Auffassung ist konsequent, wenn man die unionsrechtsexternen Bezugsquellen lediglich als rechtlich unverbindliche Rechtserkenntnisquellen betrachtet.[150] Misst man der EMRK und den nationalen Verfassungsüberlieferungen indes – wie hier vertreten – eine *normative* Relevanz zu, folgt daraus, dass das Einfließen nationaler Verfassungsgehalte in das Unionsrecht über den Weg der allgemeinen Rechtsgrundsätze eine hermeneutische Leitwirkung übersteigt. Eine kategoriale Grenzziehung ist aber, wie gesehen, aus epistemologischen Gründen kaum möglich. Der Unterschied ist vielmehr gradueller Natur. Art. 6 Abs. 3 EUV und Art. 52 Abs. 3 und 4 GRC sind daher als komplementäre Mechanismen zur ebenenübergreifenden Wahrung der Kohärenz im europäischen „Grundrechtsverbund"[151] zu verstehen. Beide Wege schließen sich nicht gegenseitig aus, sondern ergänzen sich vielmehr in gradueller Abstufung. Dies zeigen insbesondere Urteile, in denen (sekundärrechtliches) Unionsrecht am Maßstab der allgemeinen Rechtsgrundsätze ausgelegt wird, die ihrerseits auf die gemeinsamen Verfassungstraditionen sowie die EMRK zurückgehen. In einem solchen Rahmen wird der einschlägige allgemeine Rechtsgrundsatz regelmäßig nicht bis zur Anwendungsreife durchkonkretisiert. Vielmehr offenbart sich ein fließender Übergang von den ordnungsexternen Bezugsquellen über den (nicht im Einzelfall konkretisierten) allgemeinen Rechtsgrundsatz bis hin zur Auslegung des Unionsrechts.[152]

Diese Überlegung leitet bereits über zur Frage nach Auslegungsstrategien in Bezug auf das Unionsrecht, die zur Berücksichtigung nationaler Verfassungsgehalte beitragen können.

II. National-verfassungskonforme Auslegung

Die Bedeutung der national-verfassungskonformen Auslegung des Unionsrechts wird gerade von Seiten nationaler Verfassungsgerichte als wesentlicher Bestandteil einer konfliktpräventiven Strategie der *beiderseitigen* Konformauslegung zwischen

---

Titel IV der GRC beschränken (Art. 1 Abs. 2 des Protokolls), vgl. auch *J. Kühling*, Grundrechte, in A. v. Bogdandy/J. Bast (Hrsg.), Europäisches Verfassungsrecht (2. Aufl. 2009), S. 657 (669 f.).

[149] *T. Kingreen*, in: C. Calliess/M. Ruffert (Hrsg.), Verfassung der Europäischen Union (2006), Art. I-9, Rn. 12.

[150] Ebd., Rn. 6 f. In diese Richtung tendierend auch *P. Szczekalla*, in: S. H. Heselhaus/C. Nowak (Hrsg.) Handbuch der Europäischen Grundrechte (2006), § 2 II Rn. 9

[151] *K.-P. Sommermann*, Funktionen und Methoden der Grundrechtsvergleichung, in: D. Merten/H.-J. Papier (Hrsg.), Handbuch der Grundrechte in Deutschland und Europa, Bd. I (2004), S. 631 (644).

[152] Vgl. etwa EuGH, Urt v. 15. 5. 1986 – Rs. 222/84 – *Johnston*, Slg. 1986, S. 1651 ff. (Rn. 18) sowie EuGH, Urt. v. 18. 6. 1991 – Rs. C-260/89 – *ERT*, Slg. 1991, S. I-2925 ff. (Rn. 42 ff.).

den Rechtsebenen betont.[153] Auch hier gilt, dass die verschiedenen Formen der Konformauslegung als rechtliche Verbundtechniken nicht auf einer (gedachten) übergeordneten Ebene angesiedelt sind, sondern als ordnungsimmanente „Reflexionen"[154] dem Recht der jeweiligen Ausgangsrechtsordnung angehören. Gleichwohl wirken unionsrechtliche und innerstaatliche Konformauslegung in ihrem gleichzeitigen und beiderseitigen Zusammenspiel auf die *Emergenz* eines Verbunds in funktioneller und materieller Hinsicht hin.

1. Rechtliche Grundlagen

Anders als in die Verfassungen der Mitgliedstaaten, welche ganz überwiegend ohne einen positivrechtlichen Hinweis auf die Verpflichtung zur Konformauslegung auskommen, liegen mit Art. 52 Abs. 3 und 4 GRC auf Unionsebene ausdrückliche Regelungen vor, zumal für einen so wichtigen Bereich wie den Schutz der Grundrechte.

Gleichwohl stellt Art. 52 Abs. 4 GRC lediglich eine spezielle Ausdrucksform einer allgemeinen Verpflichtung zur „national-verfassungskonformen Auslegung"[155] des Unionsrechts dar. Diese ist in erster Linie an den EuGH adressiert und findet ihre rechtlichen Grundlagen sowohl in der Garantie der Wahrung des Rechts gemäß Art. 19 Abs. 1 S. 2 EUV als auch im Grundsatz der loyalen Zusammenarbeit nach Art. 4 Abs. 3 EUV.

Auch im Rahmen der Konformauslegung ist zu beachten, dass das Unionsrecht die *methodische Pflicht* zur Rechts- bzw. Verfassungsvergleichung und insoweit auch zur Berücksichtigung nationaler Verfassungsgehalte aufstellt und damit über allgemeine erkenntnisleitende Grundsätze hinausgeht.

2. Praktische Relevanz der Verfassungsvergleichung für die Konformauslegung

Die tragende Bedeutung der Rechts- und Verfassungsvergleichung für die Auslegungspraxis des Gerichtshofs wird insbesondere von Seiten der Richterschaft betont.[156]

---

[153] S. bereits Teil 2 – Kapitel 11 – V. 2.

[154] Vgl. *H. Willke*, Ironie des Staates. Grundlinien einer Staatstheorie polyzentrischer Gesellschaft (1992), S. 73.

[155] Vgl. bereits *A. Peters*, Elemente einer Theorie der Verfassung Europas (2001), S. 289 f. Ähnlich *A. Epiney*, Gemeinschaftsrecht und Föderalismus, „Landes-Blindheit" und Pflicht zur Berücksichtigung innerstaatlicher Verfassungsstrukturen, EuR 1994, S. 301 (315). Vgl. auch *P. M. Huber*, Recht der Europäischen Integration (2. Aufl. 2002), § 10, Rn. 12 ff., der allerdings von einem hierarchischen Verhältnis der Rechtsordnungen ausgeht, soweit er den Geltungsgrund des Unionsrechts im nationalen Verfassungsrecht verortet. Hingegen geht *Peters* gerade von einer nicht-hierarchischen Verhältnisbeschreibung aus (a.a.O., S. 292).

[156] Vgl. insbesondere den ehemaligen Präsidenten des Gerichtshofs *J. Mertens de Wilmars*, Le droit comparé dans la jurisprudence de la Cour de justice des Communautés européennes, Journal des tribunaux 1991, S. 37 sowie *N. Colneric*, Die Rolle der Rechtsvergleichung in der Praxis des EuGH, in: FS R. Bieber (2007), S. 316 (319 ff.) und *K. Lenaerts*, Le droit comparé dans le travail du

a) Praktische Relevanz im Allgemeinen: Anwendungsbeispiele

Ähnlich wie für den Bereich der allgemeinen Rechtsgrundsätze steht auch dieser Befund in deutlichem Kontrast zur vorherrschenden Zögerlichkeit des Gerichtshofs, seine rechtsvergleichenden Vorarbeiten und die darauf basierenden Erwägungen offen zu legen.

So lässt der EuGH zwar regelmäßig Forschungsnoten erstellen, deren Gegenstand sich mitunter auf diffizile Detailfragen erstreckt, wie beispielsweise die rechtliche Definition des Abfallbegriffs[157] oder die Frage, ob Farben und Gerüche unter bestimmten Voraussetzungen (geschützte) Marken darstellen können.[158] In den Urteilsgründen findet sich in aller Regel gleichwohl kein Hinweis auf die rechtsvergleichenden Überlegungen des EuGH. Dass für die Lösung des konkreten Falls Forschungsnoten eingeholt und rechtsvergleichende Erwägungen angestellt worden sind, lässt sich zumeist nur im Nachhinein durch die Berichte von Insidern rekonstruieren.[159] Wird das rechtsvergleichende Fundament der Auslegung von Unionsrecht ausnahmsweise einmal in den Urteilsgründen kenntlich gemacht, kann die Öffentlichkeit zudem nicht mehr als einen allgemein gehaltenen Hinweis erwarten. Ein Beispiel liefert das Urteil *Courage* aus dem Bereich des Kartellrechts, in dem der EuGH nicht mehr als den kursorischen Hinweis erteilt, die gewählte Lösung sei ebenfalls in den „meisten Rechtssysteme[n] der Mitgliedstaaten" verankert.[160]

Auch für den Bereich der Konformauslegung ist damit ein Mangel an Transparenz in der Entscheidungskultur des EuGH zu beklagen.

b) Praktische Relevanz für den Grundrechtsbereich

Speziell für den Grundrechtsbereich besteht die Besonderheit der geschriebenen Auslegungsregel in Art. 52 Abs. 3 und insbesondere Art. 52 Abs. 4 GRC. Diese Bestimmungen setzen ein nicht zu unterschätzendes *dynamisches* Gegengewicht zur gleich dreifach verankerten *statischen* Auslegungsregel in Art. 6 Abs. 1 UAbs. 3 EUV, Art. 52 Abs. 7 GRC und der fünften Präambelerwägung der GRC, wonach die Erläuterungen zur GRC für die Auslegung der Charta „gebührend zu berücksichtigen" sind.[161]

---

juge communautaire, in: F.R. Mensbrugghe (Hrsg.), L'utilisation de la méthode comparative en droit européen (2003), S. 111 (151 ff.).

[157] EuGH, Urt. v. 7. 9. 2004 – Rs. C-1/03 – *Van de Walle* u. a., Slg. 2004, S. I-7613 ff.

[158] EuGH, Urt. v. 6. 5. 2003 – Rs. C-104/01 – *Libertel*, Slg. 2003, S. I-3793 ff. und EuGH, Urt. v. 12. 12. 2002 – Rs. C-273/00 – *Sieckmann*, Slg. 2002, S. I-11737 ff.

[159] Für die soeben benannten Beispiele aus der Rechtsprechung vgl. die Hinweise der Richterin *N. Colneric*, Die Rolle der Rechtsvergleichung in der Praxis des EuGH, in: FS R. Bieber (2007), S. 316 (319 ff.).

[160] EuGH, Urt. v. 20. 9. 2001 – Rs. C-453/99 – Courage, Slg. 2001, S. I-6297 ff. (Rn. 31).

[161] Zur Probematik eingehend *M. Wendel*, Renaissance der historischen Auslegungsmethode im europäischen Verfassungsrecht?, ZaöRV 68 (2008), S. 803 (815 ff.) sowie *ders.*, Vertragsauslegung nach Lissabon. Methodische Implikationen des Reformprozesses am Beispiel des detaillierten Mandats und der Erläuterungen zur Charta der Grundrechte, in: I. Pernice (Hrsg.), Der Vertrag von Lissabon: Reform der EU ohne Verfassung?, Baden-Baden (2008), S. 158 (162 ff.).

Diese Überlegung erschließt sich nicht auf den ersten Blick, sondern setzt bei der Entstehungsgeschichte der Erläuterungen sowie der auf sie bezogenenen Referenznormen an.[162] Die zumeist recht knapp gehaltenen Erläuterungen wurden ursprünglich unter der Leitung des Präsidiums des Charta-Konvents im Jahre 2000 erstellt.[163] Sie sind in erster Linie als ein Zugeständnis des Konventspräsidiums an die britische Delegation zu werten, die sich mit dem Vorschlag einer „Charta in zwei Teilen" nicht hatte durchsetzen können.[164] Ziel der britischen Verhandlungsstrategie, vertreten insbesondere durch *Lord Goldsmith*, war es zu verhindern, dass die Charta in ihrem Schutzumfang über den damals geltenden status quo des Grundrechtsschutzes hinausgeht. Änderungen der zum Zeitpunkt ihrer Entstehung geltenden Rechtslage sollte die GRC nicht bewirken, sondern allenfalls die Funktion einer „fotografischen" Abbildung der geltenden Rechtslage erfüllen. Ein erster unverbindlicher (sic!) Teil A hätte demnach die Auflistung der einzelnen Grundrechte beinhaltet, während ein verbindlicher Teil B die juristischen Erläuterungen sowie die Einschränkungen der in Teil A niedergelegten Rechte schriftlich fixiert hätte.[165] Auch wenn diese Lösung letztlich an der überwiegenden Mehrheit der Konventsmitglieder gescheitert ist, lässt der Entstehungshintergrund der Erläuterungen und der auf sie bezogenen Auslegungsregeln gleichwohl befürchten, dass eine an den Erläuterungen in ihrer jetzigen Form[166] orientierte Auslegung der GRC gewissermaßen auf ein Einfrieren der Grundrechtsprechung hinausliefe und damit das von der britischen Delegation angestrebte Ergebnis einer unverbrüchlichen Fixierung des status quo durch die Hintertür der Auslegungsregeln einführte.

---

[162] Zur Entstehung der Erläuterungen vgl. *M. Wendel*, a.a.O., S. 817 ff.

[163] Beteiligte weisen darauf hin, dass der Text in der Endphase des Charta-Konvents faktisch vom Generalsekretariat zusammen mit Kommissionsbeamten erstellt und seitens des Präsidiums letztlich nur gebilligt wurde, vgl. *C. Ladenburger*, in: P. J. Tettinger/K. Stern (Hrsg.), Europäische Grundrechte-Charta (2006), Art. 52, Rn. 115. Die erst nach Abschluss der Arbeiten im Konvent fertig gestellte Endfassung (Dok. CHARTE 4473/00 CONVENT 49) wurde den Konventsmitgliedern nur noch zur Kenntnis gebracht und kann ihnen darum nicht unmittelbar zugerechnet werden, vgl. *S. Barriga*, Die Entstehung der Charta der Grundrechte der Europäischen Union (2003), S. 65.

[164] Vgl. dazu *C. Ladenburger*, in: P. J. Tettinger/K. Stern (Hrsg.), Europäische Grundrechte-Charta (2006), Art. 52, Rn. 113. Dass viele Delegierte allerdings gegen die Rechtsverbindlichkeit der Erläuterungen eintraten, zeigt deutlich das Protokoll der 17. Sitzung vom 25./26. September 2000, Dok. SN 4236/1/00, abgedruckt bei *N. Bernsdorff/M. Borowsky*, Die Charta der Grundrechte der Europäischen Union – Handreichungen und Sitzungsprotokolle (2002) S. 377 ff.

[165] Kritisch auch *J. Meyer*, Der Grundrechtekonvent und die Annäherung von Common Law und Civil Law, Betrifft JUSTIZ 2001, S. 181 (183).

[166] Die Erläuterungen wurden bis zur feierlichen (Neu-)Proklamation der GRC am 12. Dezember 2007 (ABl. EU Nr. C 303/17 v. 14. 12. 2007) zwar mehrfach angepasst (für eine Synopse der Erläuterungen Stand 2000 und der Erläuterungen Stand 2004 vgl. die Anlagen zu *M. Wendel*, Die Auslegung der Verfassung für Europa, WHI-Paper 4/2005, abrufbar unter http://www.whi-berlin.de/documents/whi-paper0405.pdf). Indes ist eine weitere oder gar fortlaufende Aktualisierung – durch wen auch? – nicht intendiert.

Zu diesem potenziellen Bedeutungszuwachs der historischen Auslegungsmethode[167] im Grundrechtsbereich bilden Art. 52 Abs. 3 und 4 GRC das notwendige Gegengewicht, indem sie eine dynamisch-evolutive Entwicklung der Grundrechtsprechung auch in Bezug auf die Auslegung der *geschriebenen* Charta-Rechte absichern. Beide Normen stellen den interpretatorischen Gleichklang der GRC mit den korrespondierenden Gewährleistungen der EMRK (Abs. 3) sowie den gemeinsamen Verfassungsüberlieferungen der Mitgliedstaaten (Abs. 4) sicher, soweit das in Rede stehende Charta-Recht auf eine oder mehrere dieser ordnungsexternen Quellen rückführbar ist. Damit geht notwendig einher, dass die Auslegung sich am jeweils aktuellen Stand dieser Quellen orientieren muss. Art. 52 Abs. 3 GRC wird im Hinblick auf die Rechtsprechung des EGMR darum auch treffend als „dynamische Verweisungsklausel"[168] qualifiziert, wenngleich die EMRK auf Unionsebene bis zu einem Beitritt der EU nicht unmittelbar zur Anwendung gelangt.[169] Auch Art. 52 Abs. 4 GRC ist dynamisch angelegt, da er sich auf das durch (wertende) Verfassungsvergleichung stets neu zu erarbeitende Substrat der mitgliedstaatlichen Verfassungsordnungen bezieht.

Hier zeigt sicht nochmals deutlich die bereits oben erwähnte funktionelle Komplementarität von Art. 52 Abs. 3 und Abs. 4 GRC zur Fortgeltung der allgemeinen Rechtsgrundsätze als Rechtsquellen des unionsrechtlichen Grundrechtsschutzes.

3. *Funktionen*

Mit Blick auf die Funktionen der Konformauslegung als Verbundtechnik bestehen Ähnlichkeiten zum prätorischen Bildungsprozess allgemeiner Rechtsgrundsätze. So dient die mitgliedsstaatsfreundliche Auslegung in erster Linie der *Kohärenzsicherung* zwischen unionaler und nationaler Ebene. Der Verfassungsvergleichung als zentralem Filtermedium für die Konformauslegung in Bezug auf das nationale Recht kommt hier eine *einheitsbildende* Funktion zu, da die nationalen Belange in die einheitliche – und am Ende für alle Mitgliedstaaten gleichermaßen verbindliche – Auslegung des Unionsrechts einfließen.[170]

Insoweit kann die Konformauslegung aber auch von negativer Seite her als Sicherungsmechanismus im Sinne einer „Interpretations*schranke*"[171] verstanden werden.

---

[167] Dazu kritisch *M. Wendel*, Renaissance der historischen Auslegungsmethode im europäischen Verfassungsrecht?, ZaöRV 68 (2008), S. 803 ff.

[168] *M. Borowsky:* in: J. Meyer (Hrsg.), Charta der Grundrechte der Europäischen Union (2. Aufl. 2006), Art. 52, Rn. 37.

[169] Jedenfalls solange ein Beitritt auf Grundlage von Art. 6 Abs. 2 EUV noch nicht erfolgt ist.

[170] *Vielfaltswahrend* wäre die Konformauslegung nach der hier verwendeten, von der Perspektive des Unionsrechts ausgehenden, Terminologie nur dann, wenn die Auslegung einer bestimmten unionsrechtlichen Vorschrift in Abhängigkeit von dem *jeweils betroffenen Mitgliedstaat* von Mal zu Mal (zumindest potenziell) variieren könnte. Dies ist aber – mit Ausnahme von etwaigen Beurteilungsspielräumen für nationale Organe, vgl. Teil 3 – Kapitel 13 – II. 3. – in aller Regel nicht der Fall.

[171] *A. Peters*, Elemente einer Theorie der Verfassung Europas (2001), S. 289 (Hervorh. hinzugefügt).

Auf diesem Weg wird sichergestellt, dass keine Auslegung gewählt wird, die bestimmten Grundsätzen des nationalen Rechts diametral entgegenstünde.

Die Konformauslegung balanciert so den unionsrechtlichen Imperativ der einheitlichen Geltung des Unionsrechts mit der Notwendigkeit der Berücksichtigung nationalen Rechts aus und trägt somit zur „materiale[n] Verflechtung und Einheit“[172] von innerstaatlicher und unionaler Verfassungsebene bei.

III. Fazit: Verfassungsvergleichung als Kernmechanismus

Zusammenfassend ist festzuhalten, dass Kernmechanismus der einheitsbildenden Permeabilität auf Unionsebene die wertende *Verfassungsvergleichung* ist. Sie bildet das Herzstück eines unionsrechtlichen Prozesses, durch den das nationale Verfassungsrecht selektiv zusammengeführt und in den Konkretisierungsprozess allgemeiner Rechtsgrundsätze bzw. den Prozess der Konformauslegung auf Unionsebene einfließt. Kurzum:

> „Die Rechtsvergleichung erschließt die gemeinsame Verfassungsüberlieferung der Mitgliedstaaten und so eine Quelle des Unionsrechts.“[173]

Zentrale Rechtsgrundlage für diesen Rückgriff auf das nationale Verfassungsrecht und seine vergleichsbasierte Filterung auf Unionsebene ist die in Art. 19 Abs. 1 S. 2 EUV angelegte materielle Verfassungsgarantie des Unionsrechts. Komplettiert wird diese Rechtsgrundlage einerseits durch das Loyalitätsgebot in Art. 4 Abs. 3 EUV sowie das in Art. 1 Abs. 2 und Abs. 3 sowie Art. 3 EUV zum Ausdruck kommende Integrationsprinzip sowie andererseits durch sachbereichsspezifische leges speciales, wie insbesondere Art. 6 Abs. 3 EUV, Art. 340 Abs. 2 und Abs. 3 AEUV sowie Art. 41 Abs. 3 GRC für den Bereich der allgemeinen Rechtsgrundsätze sowie Art. 52 Abs. 3 und 4 GRC für den Bereich der Konformauslegung. Diese Ermächtigungen ermöglichen es dem EuGH, ordnungsextern entstandene Normgehalte in das Unionsrecht einfließen zu lassen. Dieser Mechanismus ist insoweit final, als er speziell auf das Einfließen bestimmter ordnungsexterner Bezugsquellen, darunter insbesondere die nationalen Verfassungsüberlieferungen, gerichtet ist.

Die prätorische Bildung allgemeiner Rechtsgrundsätze und die national-verfassungskonforme Auslegung stehen dabei dogmatisch in einem Verhältnis gradueller Abstufung zueinander und sind in funktioneller Hinsicht komplementär. Beide wirken als Verbundtechniken des Unionsrechts auf die Kohärenzsicherung zwischen nationaler und unionaler Ebene und damit auf die Emergenz eines Verbundes in

---

[172] *I. Pernice/F. C. Mayer*, in: E. Grabitz/M. Hilf (Hrsg.), Das Recht der Europäischen Union (20. EL 2002), Art. 220, Rn. 47.

[173] *A. v. Bogdandy/P. Cruz Villalón/P. M. Huber*, Vorwort zum IPE I (2007), S. V mit besonderer Betonung des Loyalitätsprinzips als rechtlicher Grundlage.

Gesamtperspektive hin. Die zentrale Funktion der Kohärenzsicherung erklärt auch, warum der unionsrechtliche Grundrechtsschutz selbst nach Inkrafttreten der GRC weiterhin gemäß Art. 6 Abs. 3 EUV eine Grundlage in den allgemeinen Grundsätzen des Unionsrechts findet.

Gleicht man die einheitsbildenden Formen primärrechtlicher Permeabilität mit den in Teil 2 der Untersuchung analysierten Modellen auf nationaler Ebene ab, treten zwei grundlegende Unterschiede, aber auch strukturelle Parallelen hervor.

Der *erste Unterschied* besteht darin, dass sowohl die prätorische Bildung allgemeiner Rechtsgrundsätze als auch die national-verfassungskonforme Auslegung *mittelbare* Formen von Permeabilität darstellen, auch wenn sie dem nationalen Recht – zu dessen Heranziehung eine methodische Pflicht auf Ebene des Unionsrechts besteht – normative Relevanz auf Unionsebene verleihen. Verglichen mit dem Durchgriff unmittelbar anwendbaren Unionsrechts in den innerstaatlichen Rechtsraum weisen sie eine indirekte Wirkungsweise auf. Im Rahmen der einheitsbildenden Permeabilität ist ein anderer Modus freilich auch nicht möglich, zielt sie doch gerade auf die Bündelung und Zusammenführung eines in seinem Ursprung pluralen „Einbindungsobjekts“ auf Unionsebene ab. Anders gewendet, die einheitsbildenden Modelle primärrechtlicher Permeabilität können sich per definitionem nur auf die Bildung eines vergleichsgefilterten „Substrats“ normativer Kerngehalte beziehen.

Damit einhergehend ergeben sich Grenzen der Permeabilität daraus, dass der Prozess wertender Vergleichung *unionsrechtlich gesteuert* ist und das nationale Verfassungsrecht notwendig in das Gewand des Unionsrechts gekleidet werden muss. Im Rahmen der Konkretisierung spielen unionsrechtliche Grundprinzipien darum eine entscheidende Rolle. Dass sie den materiell-rechtlichen Rahmen für die einheitsbildende Permeabilität des Unionsrechts – d. h. das Einfließen des nationalen Rechts in die supranationale Verfassungsebene – ziehen, stellt in funktioneller Hinsicht eine *Parallele* zu den Grenzen der Permeabilität auf nationaler Ebene dar.

Ein ernst zu nehmendes Problem bereitet in diesem Kontext allerdings die Intransparenz, welche die judikative Verwendung der Rechts- und Verfassungsvergleichung regelmäßig verhüllt. Gerade für den integrativen Effekt der allgemeinen Rechtsgrundsätze und der Konformauslegung im Gesamtverbund wäre es förderlich, die rechtsvergleichenden Grundlagen der gerichtlichen Argumentation in den Urteilsgründen des EuGH offen zu legen.

Ein *zweiter Unterschied* zwischen der Permeabilität auf nationaler und unionaler Ebene ergibt sich daraus, dass die einheitsbildenden Formen primärrechtlicher Permeabilität Instrumente sind, welche organisationsrechtlich insbesondere auf Seiten der *Judikative* ansetzen. Die prätorische Bildung allgemeiner Rechtsgrundsätze sowie die Konformauslegung liegen primär in der Hand der europäischen Richterschaft. Zu vernachlässigen ist die Rolle der Rechtsvergleichung für den Bereich der Rechtssetzung auf supranationaler Ebene freilich nicht. Rechtsvergleichende Erwägungen spielen namentlich für die Initiativtätigkeit der Europäischen Kommission eine nicht zu unterschätzende Rolle.[174] Allerdings ist dort weniger die – hier allein interessierende – *Verfassungs-*, sondern ganz allgemein die *Rechts*vergleichung von praktischer Bedeutung. Durch sie fließen Rechtsinstitute aus den nationalen Rechtsordnungen in den Legislativprozess auf Unionsebene ein und wirken von dort wiederum unionsweit einheitlich auf die nationale Ebene zurück.[175] Auch der institutionelle Aufbau – insbesondere die Berücksichtigung aller Mitgliedstaaten bei der personellen Zusammensetzung der Organe – hat in materiell-rechtlicher Hinsicht zur Folge, dass Rechtskulturen und -ideen, Lösungsansätze und Werte aus den Mitgliedstaaten einheitsbildend auf Unionsebene zusammengeführt werden.

Soweit es aber spezifisch um das Einfließen nationaler *Verfassungs*gehalte in das Unionsrecht geht, kommt dem EuGH eine Schlüsselrolle für die einheitsbildende Permeabilität zu. Geht damit zwar einerseits ein gesteigertes Potenzial an dynamisch-evolutiver Entfaltungskraft der vergleichsbasierten *Konstitutionalisierung*[176] der Unionsrechtsordnung einher, stößt dieses Modell aus legitimatorischen Gründen aber zugleich dort an Grenzen, wo die Judikative unbefugt in die Sphäre des europäischen Verfassungs- bzw. Gesetzgebers durch Aufhebung oder Substituierung seiner Entscheidungen eingriffe. Während auf nationaler Ebene die Parlamente bzw. über den Weg des Volksentscheids die Völker verfahrensrechtlich im Zentrum der dynamischen Integrationshandlung stehen, ist es auf Ebene des Unionsrechts – jedenfalls in verfassungsrechtlicher Dimension – primär der Gerichtshof.[177]

Summa summarum legt die Analyse des Bildungsprozesses allgemeiner Rechtsgrundsätze sowie der Konformauslegung aber die grundlegende Bedeutung der Rechts- und Verfassungsvergleichung als integrativem „Transmissionsriemen"[178] zur fortdauernden Kohärenzsicherung und Stabilitätswahrung im Verbund frei. Die einheitsbildenden Formen primärrechtlicher Permeabilität sind Verbundmechanismen, die für die Akzeptanz und Durchsetzungsfähigkeit des Unionsrechts von essenzieller Bedeutung sind, wie allen voran der Bereich des Grundrechtsschutzes unter Beweis stellt. Die Verfassungsvergleichung als Kernmechanismus primärrechtlicher Perme-

---

[174] *R. Wainwright*, Use of the Comparative Law Method in European Law, in: F. R. Mensbrugghe (Hrsg.), L'utilisation de la méthode comparative en droit européen, Namur 2003, S. 99 (102 ff.).

[175] Man denke etwa an die Bereiche des unionsrechtlichen Datenschutzes und des Umweltrechts, die sich beide verstärkt aus Lösungsansätzen speisen, die zuvor im nationalen Recht entwickelt wurden. Speziell im Bereich des Zugangs zu Informationen, der Öffentlichkeitsbeteiligung an Entscheidungsverfahren sowie des Zugangs zu Gerichten in Umweltangelegenheiten erhält dieses Wechselspiel zwischen unionaler und nationaler Ebene über die *Aarhus*-Konvention zudem eine dritte, eine internationale Dimension. Vgl. dazu die derzeit laufenden Verfahren vor dem EuGH in der Rs. C-115/09 – *Trianel* zur Frage der Mindestvorauseetzungen für eine effektive innerstaatliche Ausgestaltung der Umweltverbandsklage sowie in der Rs. C-240/09 – *Lesoochranárske* über die Rückwirkung von Art. 9 Abs. 3 der *Aarhus*-Konvention auf die unionale und nationale Rechtsebene.

[176] Zum Begriff der Konstitutionalisierung vgl. bereits Teil 1 – Kapitel 1 – IV. 2. a) im Kontext der Debatte um die Verfassungsfähigkeit bzw. Verfasstheit der Union.

[177] Etwas anderes gilt freilich für die Frage der Verfassungsgebung bzw. -änderung. Wie einleitend dargelegt, handelt es sich hierbei jedoch nicht um Formen rechtlicher Permeabilität im hier verstandenen Sinne.

[178] *P. Häberle*, Gemeineuropäisches Verfassungsrecht, EuGRZ 1991, S. 261 (267).

abilität trägt so aus der Vielfalt heraus zur Entstehung einer funktionellen und materiellen Einheit bei.[179]

Kapitel 13

Vielfaltswahrende Formen primärrechtlicher Permeabilität

Die besondere Eigenheit primärrechtlicher Permeabilität zeigt sich nicht allein in der bündelnden Kraft der vergleichsbasierten Bildung von allgemeinen Rechtsgrundsätzen und national-verfassungskonformen Auslegungsstandards. Eine besondere Pointe erlangt die Permeabilität des Unionsrechts gerade dann, wenn sie eine vielfaltswahrende Wirkung entfaltet. Nicht eine unitäre Lösung ist in diesen Fällen das Ziel. Vielmehr werden auf Ebene des Unionsrechts normative Räume geöffnet bzw. freigehalten, im Rahmen derer im Einzelfall von Mitgliedstaat zu Mitgliedstaat abweichende Wertungen möglich sind.

Für den Bereich des Verfassungsrechts könnte man einen solchen Mechanismus auf den ersten Blick in der seit Inkrafttreten des VvL ausdrücklich in Art. 48 Abs. 2 S. 2 EUV festgehaltenen Möglichkeit der Kompetenzverringerung sehen. Ein näherer Blick zeigt allerdings, dass die funktionelle Äquivalenz zwischen nationalen Integrationsklauseln und unionsrechtlichem (Regel-)Vertragsänderungsverfahren weitaus weniger ausgeprägt ist als dies der erste Eindruck suggerieren mag (dazu I.).

Ungleich deutlicher tritt die vielfaltswahrende Dimension primärrechtlicher Permeabilität in der unionsrechtlich niedergelegten Achtung der nationalen Verfassungsidentität in Erscheinung (dazu II.).

Trotz der systemisch tragenden Bedeutung handelt es sich bei der vielfaltswahrenden Permeabilität des Primärrechts gleichwohl um ein Instrument, dessen praktische Anwendung eher den Ausnahmefall darstellen wird (dazu III.).

I. Kompetenzrücknahme als primärrechtliche Permeabilität?

Das Unionsrecht enthält keine Normen, die nationalen Integrationsklauseln unmittelbar entsprächen. Allerdings könnte in der Neufassung von Art. 48 Abs. 2 EUV ein zumindest in Teilen funktionelles Äquivalent zu den rechtlichen Grundlagen der staatsverfassungsrechtlichen Permeabilität gesehen werden. Art. 48 Abs. 2 S. 2 EUV statuiert seit Inkrafttreten des VvL nunmehr ausdrücklich, dass eine Änderung der Verträge nicht nur auf eine Ausdehnung, sondern ebenso auf eine *Verringerung der Unionskompetenzen* abzielen kann. Liegt nun hierin die unionsrechtliche Entspre-

---

[179] Vgl. *M. Rosenfeld*, Comparing Constitutional Review by the European Court of Justice and the U. S. Supreme Court, in: I. Pernice/J. Kokott/C. Saunders (Hrsg.), The Future of the European Judicial System in a Comparative Perspective (2006), S. 33 (61 u. 63).

chung zu nationalen Verfassungsbestimmungen zur Einschränkung von Souveränität bzw. zur Übertragung von Hoheitsrechten?

Auch wenn in der präzisierten Vertragsänderungsklausel auf den ersten Blick gewisse Parallelen zu innerstaatlichen Integrationsklauseln aufscheinen, ist diese Frage zu verneinen. Im Unterschied zu Integrationsklauseln des nationalen Verfassungsrechts fehlt es Art. 48 Abs. 2 EUV insbesondere an der Konstituierungsfunktion. Eine Kompetenzverringerung auf EU-Ebene ist gerade nicht an die *Begründung* nationaler Hoheitsgewalt gekoppelt. So wie die Konstituierung supranationaler Hoheitsgewalt ein originäres *conferre* und kein bloßes Zusammenfügen einzelner abgetretener Kompetenzsplitter der Mitgliedstaaten darstellt,[1] so führt umgekehrt ihr Wegfall auch nicht zu einer sachgesetzlichen Wiederauferstehung nationaler Kompetenzen. Auch ein Verfahren zur Beteiligung an der Konstituierung *originärer* Hoheitsgewalt auf nationaler Ebene, wie es die nationalen Integrationsklauseln umgekehrt für die supranationale Ebene kennen, ist dem Unionsrecht fremd.

Gewisse Parallelen zu den Integrationsklauseln der Mitgliedstaaten scheint Art. 48 Abs. 2 EUV jedoch in Bezug auf seine *autolimitative* Dimension bereitzuhalten. *Soweit* das Unionsrecht nämlich eine kompetenzielle Sperrwirkung gegenüber der (gesetzgeberischen) Tätigkeit der Mitgliedstaaten entfaltet,[2] würde diese im Falle einer entsprechenden Kompetenzverringerung auf EU-Ebene wiederum erlöschen. Die Mitgliedstaaten wären in dem betreffenden Bereich fortan von Seiten des Unionsrechts nicht mehr gehindert, tätig zu werden.[3] Anders gewendet, aus Perspektive der supranationalen Rechtsebene führte die Rücknahme ihres eigenen Wirkungsbereichs dazu, dass die ihr vormals direkt adressierbaren Unionsbürger in diesem Falle nunmehr (wieder) dem unionsrechtlich nicht determinierten Zugriff der Hoheitsgewalt ihres jeweiligen Mitgliedstaates unterlägen.

Indes ist eine Kompetenzrücknahme auf EU-Ebene nicht zwingend mit dem Erlöschen einer solchen Sperrwirkung verbunden. Insbesondere können Zuständigkeiten gestrichen werden, die vormals auf nationaler Ebene gar nicht vorhanden waren. Auch könnte die Kompetenzverringerung dem Umstand geschuldet sein, dass bestimmte Kompetenzen auf eine andere supranationale oder internationale Organisation übertragen werden sollen.

Mit anderen Worten, die in Art. 48 Abs. 2 EUV benannte – und rechtlich nicht neue – Möglichkeit einer Kompetenzrücknahme bezieht sich ganz allgemein auf die Bestimmung der äußersten Grenzen der unionalen Rechtsordnung und ist für sich

---

[1] Dazu bereits eingehend Teil 2 – Kapitel 5 – II. 2. a) aa) ebenfalls im Rahmen des Übertragungsmodells.

[2] Wie insbesondere im Bereich der ausschließlichen Kompetenzen nach Art. 2 Abs. 1 AEUV, aber auch im Bereich der geteilten Zuständigkeiten, Art. 2 Abs. 2 und Abs. 3 AEUV.

[3] Soweit die Mitgliedstaaten innerhalb einer noch *bestehenden* ausschließlichen Zuständigkeit als „Sachwalter des gemeinsamen Interesses" tätig werden – vgl. – nehmen sie nur „fiduziarisch und lückenschließend eine fremde", nämlich unionale Kompetenz wahr und unterliegen hierbei engen Bindungen, vgl. Indes wird es sich auch hier um ein fiduziarisches, zumal eng begrenztes Tätigwerden handeln.

genommen zu unspezifisch um ein Modell rechtlicher Permeabilität darzustellen. Sie ist gerade nicht final auf den Durchgriff oder das Einfließen rechtsordnungsextern entstandenen, hier nationalen, Rechts in das Unionsrecht gerichtet.[4] Zudem hat Art. 48 Abs. 2 EUV einen lediglich deskriptiven Charakter. Eine etwaige Kompetenzrücknahme ergibt sich normativ erst aus einer ausdrücklichen Änderung der Verträge.

Im Übrigen kann ein Äquivalent zu den Integrationsermächtigungen auf nationaler Ebene auch nicht in Art. 2 Abs. 1, 2. HS AEUV gesehen werden. Soweit die Mitgliedstaaten im Bereich der ausschließlichen Unionskompetenzen gemäß dieser Norm von der Union zum Tätigwerden ermächtigt werden oder aber auf Basis der Rechtsprechung des EuGH als „Sachwalter des gemeinsamen Interesses" auftreten,[5] nehmen sie allenfalls fiduziarisch eine fremde, nicht aber eine ihnen originär anvertraute Kompetenz wahr und unterliegen bei der Ausübung engen Bindungen.[6]

II. Achtung der nationalen Verfassungsidentität

Der Kern vielfaltswahrender Permeabilität ist auf Ebene des Unionsrechts vielmehr dort zu suchen, wo es um die Wahrung elementarer staatsverfassungsrechtlicher Eigengesetzlichkeiten geht.

1. Grundfragen unionsrechtlicher Identitätswahrung

Die entscheidende rechtliche Grundlage dieser vielfaltswahrenden Dimension liegt in der Achtung der nationalen Verfassungsidentität durch das Unionsrecht.

a) Identität und Verfassungsidentität

Mit Inkrafttreten des VvL wurde durch den neu gefassten Art. 4 Abs. 2 S. 1 EUV in geltendes Recht überführt, was in Art. I-5 Abs. 1 S. 1 des nicht in Kraft getretenen VVE bereits angelegt war: Die Union achtet neben der Gleichheit der Mitgliedstaaten vor den Verträgen insbesondere die nationale Identität der Mitgliedstaaten, die in deren *grundlegenden politischen und verfassungsmäßigen Strukturen* einschließlich der regionalen und kommunalen Selbstverwaltung zum Ausdruck kommt.

---

[4] Zur Finalität als Merkmal rechtlicher Permeabilität vgl. Teil 1 – Kapitel 1 – I. 6.

[5] EuGH, Urt. v. 5. 5. 1981 – Rs. 804/79 – *Kommission/Großbritannien*, Slg. 1981, S. 1045 ff. (Rn. 30) sowie eingehend *M. Pechstein*, Die Mitgliedstaaten der EG als ‚Sachwalter des gemeinsamen Interesses' (1987).

[6] Vgl. *W. Kahl*, in: C. Calliess/M. Ruffert (Hrsg.), EUV/EGV (3. Aufl. 2007), Art. 10 EG, Rn. 55 sowie *C. Calliess*, in: ders./M. Ruffert (Hrsg.), Verfassung der Europäischen Union (2006), Art. I-12, Rn. 8 f. Die (Verfahrens-)Modalitäten des Art. 2 Abs. 1 AEUV (vormals Art. I-12 Abs. 1 VVE), wonach die Union die Mitgliedstaaten im Bereich einer bestehenden ausschließlichen EU-Zuständigkeit zum Tätigwerden ermächtigen kann, sind in vielerlei Hinsicht noch ungeklärt (vgl. *C. Calliess*, ebd., Rn. 9.).

Durch die textliche Neufassung ist die Achtung elementarer *verfassungsrechtlicher* Eigengesetzlichkeiten bzw. der wesentlichen, den „Aufbau und das Eigenverständnis“[7] der Mitgliedstaaten prägenden, Grundentscheidungen erstmals ausdrücklich als Kerngehalt der unionsrechtlichen Identitätsklausel benannt. Die Präzisierung gegenüber Art. 6 Abs. 3 EU a. F. bestätigt die bereits für die alte Rechtslage verbreitete Auslegung, dass die Wahrung *verfassungsrechtlicher Kernelemente* der Mitgliedstaaten den zentralen Gegenstand der identitätsbezogenen Achtungsverpflichtung bildet.[8] Gleichzeitig ist die Achtung der grundlegenden Funktionen des *Staates* nunmehr in einen eigenen Satz 2 aufgenommen, der systematisch auf der gleichen Stufe wie die Achtungsverpflichtung in Satz 1 steht und durch Satz 3 in Bezug auf die nationale Sicherheit in tautologischer Weise gedoppelt wird.[9] Komplettiert wird die Identitätsklausel des EUV zudem durch den dritten Erwägungsgrund der Präambel der GRC.[10] Die folgenden Ausführungen konzentrieren sich dabei primär auf die Achtung der *Verfassungsidentität* i. S. d. Art. 4 Abs. 2 S. 1 EUV, also der unionsrechtlichen Achtung der grundlegenden „verfassungsmäßigen Strukturen“ der Mitgliedstaaten.

b) Autonome Inhaltsbestimmung der Verfassungsidentität durch die Mitgliedstaaten

Dem Begriff der Identität ist schwer beizukommen. *Armin von Bogdandy* hat diese Problematik freigelegt und die kritische Bestandsaufnahme des aus „teilweise überbordenden und dramatisierenden wissenschaftlichen, esoterischen, journalistischen und literarischen Produktion“ quellenden Überreichtums an Bedeutungsgehalten mit der Beobachtung verbunden, dass der Identitätsbegriff „in nicht wenigen Texten zwischen Sein und Sollen, Beschreibung und Forderung“ oszilliere.[11] Gerade der re-

[7] *A. Puttler*, Art. I-5 VVE, in: C. Calliess/M. Ruffert (Hrsg.), Verfassung der Europäischen Union (2006), Rn. 11.

[8] Vgl. *M. Azpitarte-Sánchez*, Artikel 6 EU-Vertrag: Kodifizierung durch die Zeit, seine Bedeutung und Rechtsfolgen, JöR 51 (2003), S. 553 (564): „Weiterhin kann eine korrekte Deutung des Konzepts „nationale Identität“ nur bedeuten, dass diese als ‚konstitutionelle Identität‘ der Staaten verstanden wird.“ S. auch *M. Hilf/F. Schorkopf*, Art. 6 EUV, in: E. Grabitz/M. Hilf (Hrsg.), Das Recht der Europäischen Union (23. EL 2004), Rn. 72 (Sicherung der „Verfassungssubstanz der Mitgliedstaaten“) sowie *A. Peters*, Elemente einer Theorie der Verfassung Europas (2001), S. 290 im Kontext mitgliedsstaatsfreundlicher Auslegungsmaximen. Für ein tendenziell breiteres Verständnis vgl. ursprünglich noch *M. Hilf*, Europäische und nationale Identität der Mitgliedstaaten, in: GS Grabitz (1995), S. 157 (163): „Der Wortlaut deutet jedenfalls mehr an als nur die Achtung der Staatlichkeit oder der Verfassungsidentität der Mitgliedstaaten.“ Ebenso über die Verfassungsidentität hinausgehend *B. Bengt*, Art. 6 EUV, in: H. v. d. Groeben/J. Schwarze (Hrsg.), EUV/EGV, Band 1 (6. Aufl. 2003), Rn. 201.

[9] Diese Vorschrift war in Art. I-5 VVE noch nicht enthalten. Kritisch unter dem Stichwort der „Kompetenzangst“ dazu auch *F. C. Mayer*, Die Rückkehr der europäischen Verfassung?, ZaöRV 67 (2007), S. 1141 (1166).

[10] „Die Union trägt zur Erhaltung und zur Entwicklung dieser gemeinsamen Werte unter *Achtung* der Vielfalt der Kulturen und Traditionen der Völker Europas sowie *der nationalen Identität der Mitgliedstaaten* und der Organisation ihrer staatlichen Gewalt auf nationaler, regionaler und lokaler Ebene bei“ (Hervorh. hinzugefügt).

[11] *A. v. Bogdandy*, Europäische und nationale Identität: Integration durch Verfassungsrecht?,

gelmäßige Gebrauch des Begriffs in einem kryptonormativen Sinne fügt seiner inhaltlichen Unschärfe noch die Gefahr des programmatischen Missbrauchs hinzu. Beides teilt der Begriff der Identität mit dem der Souveränität.

Damit sind die Parallelen aber nicht erschöpft. Sowohl die Verwendung des Wortes Identität im EU-Kontext als auch die Entstehungsgeschichte der unionsrechtlichen Identitätsklausel[12] legen den Schluss nahe, dass Identität jedenfalls partiell zum konzeptionellen Surrogat für Souveränität aufgewachsen ist.[13]

Das Anliegen der vorliegenden Untersuchung besteht indes nicht darin, den zahllosen verschlungenen Pfaden des Identitätsbegriffs nachzuspüren, die Klärung verheißen und sich doch regelmäßig im Dickicht definitorischer Zirkelschlüsse verlieren. Im Kontext der verfassungsrechtlichen Bestandsgrenzen und gerichtlichen Prüfungsvorbehalte – d.h. zugleich: im Kontext der Grenzen der Permeabilität der nationalen Verfassungen – wurden für die nationale Ebene bereits Sachbereiche aufgezeigt, die typischerweise der nationalen Verfassungsidentität zugeordnet werden können.[14] Neben den fundamentalen Prinzipien der Demokratie und des Rechtsstaats – speziell das BVerfG setzt die Verfassungsidentität mit dem Gehalt des Art. 79 Abs. 3 GG gleich[15] – können hierunter insbesondere landestypische Verfassungsgrundsätze fallen, wenn ihnen eine besondere Stellung bzw. jedenfalls eine charakterprägende Bedeutung innerhalb des betreffenden Verfassungsgefüges zukommt, wie etwa der föderalen Staatsgliederung in Deutschland,[16] dem Prinzip der Laizität in Frankreich[17] oder dem Schutz des pränatalen Lebens in Irland.[18] Besondere Bedeu-

---

VVDStRL 62 (2003), S. 156 (159f.). Allerdings wird mit Blick auf die interdisziplinären Anknüpfungspunkte gerade auch das erkenntnisstiftende Potenzial des Identitätsbegriffs betont. Kritisch bzgl. der begrifflichen Handhabung auch, wenngleich zu gänzlich anderen Schlüssen als *v. Bogdandy* gelangend, *K. Doehring*, Die nationale „Identität“ der Mitgliedstaaten der Europäischen Union, in: FS U. Everling, Band I (1995), S. 263.

[12] Dazu *M. Hilf*, Europäische und nationale Identität der Mitgliedstaaten, in: GS Grabitz (1995), S. 157 (160ff.).

[13] Vgl. in diesem Sinne auch *A. v. Bogdandy*, a.a.O., S. 164: „Identität wird zu einem Schlüsselbegriff sowohl für die Beziehungen zum Bürger als auch für die äußere Politik. Er tritt an die Stelle von Souveränität während letztere von einem überragenden inhaltlichen Leitprinzip zu einer tendenziell völkerrechtstechnischen Nebenfrage schrumpft“.

[14] S. Teil 2 – Kapitel 11 – III. 1. d) aa) sowie Teil 2 – Kapitel 9 – III. 3.

[15] Vgl. BVerfG, Urt. v. 30. 6. 2009 – 2 BvE 2/08 u. a. – *Lissabon* = BVerfGE 123, 267ff. (Rn. 218f.). Zur Verfassungsidentität des GG auch *P. Kirchhof*, Die Identität der Verfassung, in: J. Isensee/ders. (Hrsg.), HStR II (3. Aufl. 2004), § 21. Vgl. auch *dens.*, Aussprache zu: Europäische und nationale Identität: Integration durch Verfassungsrecht?, VVDStRL 62 (2003), S. 199: „Insoweit stiftet die Verfassung Identität in einer unabänderlichen Garantie der Verfassungsinhalte.“

[16] Art. 23 Abs. 1 S. 3 i. V. m. Art. 79 Abs. 3 GG.

[17] Art. 1 Abs. 1 Verf-F. Vgl. auch den Commissaire du gouvernement *M. Guyomar* in seinen Schlussanträgen vor dem französischen Staatsrat in der Rechtssache *Arcelor*, abgedruckt in RTDE 2007, 378 (385).

[18] Ir. Supreme Court, Urt. v. 19. 12. 1989 – *Society for the Protection of the Unborn Child v. Grogan and Others*, IR 1989, 753ff. sowie Protokoll Nr. 35 über Artikel 40.3.3 der Verfassung Irlands. „Die Verträge, der Vertrag zur Gründung der Europäischen Atomgemeinschaft sowie die Verträge und Akte zur Änderung oder Ergänzung der genannten Verträge berühren nicht die Anwendung des Artikels 40.3.3 der irischen Verfassung in Irland.“

tung wird zudem der kulturellen Identität[19] sowie der Vielfalt der Sprachen[20] beigemessen. Auch das Staatskirchenrecht wird im Zusammenhang mit der nationalen Verfassungsidentität intensiv diskutiert.[21]

Aus der *Perspektive des Unionsrechts*, die für den dritten Teil der Untersuchung eingenommen wird, würde eine konkrete inhaltliche Anreicherung des Begriffs der nationalen Identität indes das zentrale Anliegen vielfaltswahrender Permeabilität gerade verfehlen.

Von kaum einem Faktor hängt die Inhaltsbestimmung des Identitätsbegriffs so stark ab, wie von der *verfahren*srechtlichen Vorfrage, *wer* hierüber entscheidet. Ein adäquates Verständnis des unionsrechtlich gewährleisteten Identitätsschutzes muss dieser Überlegung Rechnung tragen. Art. 4 Abs. 2 S. 1 EUV ist Ausdruck des Bestrebens, verfassungsrechtliche Grundstrukturen und Eigengesetzlichkeiten der nationalen Ebene zu bewahren, nicht aber diese unionsrechtlich aufzufüllen oder gar zu harmonisieren. Vielmehr verlangt die Identitätsklausel mit den Worten von *Peter Lerche* die

„Achtung des Vermögens der Mitgliedstaaten, in den angedeuteten Grenzen dasjenige *zu bestimmen*, das sie als zu ihrer Identität gehörig betrachten".[22]

Damit ist der Ausgangspunkt der vielfaltswahrenden Dimension primärrechtlicher Permeabilität durch das Instrument der Achtung der nationalen Verfassungsidentität trefflich umschrieben: Der inhaltliche Gehalt dessen, was nationale Identität ist und nicht ist, wird autonom durch die Mitgliedstaaten der Union bestimmt. Die Identitätsklausel verweist damit hinsichtlich der *tatbestandlichen Inhaltsbestimmung* des Begriffs „Identität" auf die nationale Ebene zurück.[23]

c) Kein „Zielvorrang" der Achtungsverpflichtung

Von der Inhaltsbestimmung strikt zu unterscheiden ist der konkrete *Umfang* der unionsrechtlich gewährleisteten Identitätswahrung.

---

[19] Besonderes Gewicht auf das Element der Kultur legend *A. Uhle*, Freiheitlicher Verfassungsstaat und kulturelle Identität (2004), S. 477: „Die ‚kulturelle' und die ‚nationale' Identität sind zwei Seiten derselben Medaille". Vgl. auch ebd., S. 489 mit einer Definition, welche die grundsätzlich außerrechtliche Natur der nationalen Identität in den Vordergrund stellt.

[20] Vgl. GA *Poiares Maduro* in seinen Schlussanträgen v. 16. 12. 2004 – Rs. C-160/03 – *Spanien/Eurojust*, Slg. 2005 S. I-2077 ff. (Rn. 24 u. 35 ff.)

[21] Vgl. *C. Walter*, Europäische Identität in der Wechselwirkung, in: W. Kluth (Hrsg.), Europäische Integration und nationales Verfassungsrecht (2007), S. 65 (76 ff.) m. w. N. und rechtsvergleichenden Hinweisen bzgl. Irland und Griechenland sowie *S. v. Zanthier*, Berücksichtigung der nationalen Verfassungsidentität als gemeinschaftsrechtliche Pflicht – exemplarisch beleuchtet am Beispiel des Staatskirchenrechts, ebd., S. 85 ff.

[22] *P. Lerche*, Achtung der nationalen Identität (Art. F Abs. 1 EUV), in: FS H. Schippel (1996), S. 919 (931).

[23] Vgl. auch *F. C. Mayer*, Verfassungsgerichtsbarkeit, in: A. v. Bogdandy/J. Bast (Hrsg.), Europäisches Verfassungsrecht (2. Aufl. 2009), S. 559 (589).

Art. 4 Abs. 2 S. 1 EUV begründet schon ausweislich seines Wortlautes eine für das Verhältnis von nationaler und unionaler Verfassungsebene grundlegende *Achtungsverpflichtung*. Diese reicht in ihrer Intensität indes nicht an einen „Zielvorrang" bzw. eine generelle Prinzipienpräponderanz der Identitätswahrung gegenüber anderen unionsrechtlichen Grundsätzen heran.[24] Anders gesagt, nur weil ein bestimmter Grundsatz einer staatlichen Verfassungsordnung als integraler Bestandteil der nationalen Verfassungsidentität eingestuft wird und somit die tatbestandlichen Voraussetzungen des Art. 4 Abs. 2 S. 1 EUV erfüllt, setzt er sich über den Mechanismus der unionsrechtlichen Achtungsverpflichtung nicht automatisch gegenüber anderen Prinzipien des Unionsrechts durch.[25] Die Achtungsverpflichtung ist nicht schrankenlos, sondern in den Gesamtzusammenhang der unionalen Verfassungsebene einzuordnen. Weder muss die europäische Judikative der Achtungsverpflichtung uneingeschränkten Vorrang gegenüber anderen Grundsätzen einräumen, noch ist die Legislative gehalten, Aspekten der Identitätswahrung automatisch den Vorzug gegenüber anderen Grundsätzen und Zielen der Union einzuräumen.[26]

Wie das Modell der allgemeinen Rechtsgrundsätze ist auch die in der Achtung der nationalen Verfassungsidentität angelegte Permeabilität ein *selektive*. Die autonom auf mitgliedstaatlicher Ebene definierten Bestandteile der nationalen Verfassungsidentität fließen in das Unionsrecht ein, weil sie den Gegenstand der Achtungsverpflichtung inhaltlich bestimmen. Die Achtungsverpflichtung selbst sieht sich indes im potenziellen Widerstreit zu anderen Grundsätzen des Unionsrechts. Sie kann mit diesen nur durch einen unionsrechtlich gesteuerten Prozess der *reflexiven Kontrolle* bzw. der *Abwägung* zum Ausgleich gebracht werden.[27] Das Unionsrecht zieht den *normativen Rahmen*, innerhalb dessen sich das Argument der Achtung der nationalen Verfassungsidentität durchsetzen kann. Anders als bei der vergleichsbasierten Bildung allgemeiner Rechtsgrundsätze entsteht hierbei gerade *kein* Grundsatz, der im Anwendungsbereich des Unionsrechts in allen Mitgliedstaaten einheitliche Geltung beanspruchte. Vielmehr wird über die Achtungsverpflichtung in den durch das Unionsrecht gezogenen Grenzen den verfassungsrechtlichen Wertungen eines einzelnen Staates (ggf. einer Staatengruppe) in gewissem Umfang Raum gelassen. Soweit das Unionsrecht diese Aspekte vorrangig berücksichtigt, entfaltet die Achtung der nati-

---

[24] S. *M. Hilf*, Europäische und nationale Identität der Mitgliedstaaten, in: GS Grabitz (1995), S. 157 (165).

[25] Dies unterscheidet den hier vertretenen Ansatz insbesondere von *D. R. Phelan*, Revolt or Revolution. The Constitutional Boundaries of the European Community (1997), S. 418.

[26] Für eine unionsrechtliche Pflicht zur Unterlassung „*jedweder* – unmittelbarer wie mittelbarer – identitätsbeeinträchtigender Handlungen" indes *A. Uhle*, Freiheitlicher Verfassungsstaat und kulturelle Identität (2004), S. 492 (Hervorh. hinzugefügt).

[27] Vgl. *A. Schmitt Glaeser*, Grundgesetz und Europarecht als Elemente Europäischen Verfassungsrechts (1996), S. 186 ff. Ähnlich auch *C. Walter*, Europäische Identität in der Wechselwirkung, in: W. Kluth (Hrsg.), Europäische Integration und nationales Verfassungsrecht (2007), S. 65 (75), der von einem „Achtungs- und Ausgleichsgebot" bzw. einem „Achtungs- und Abwägungsgebot" spricht und darum die (alleinige) Qualifizierung der Identitätsklausel als Kompetenzausübungsschranke ablehnt.

onalen Verfassungsidentität eine vielfaltswahrende Dimension. Speziell in Bezug auf den Vorrang des Unionsrechts bedeutet das, wie *Franz C. Mayer* formuliert,

> „dass *von der Unionsebene aus* der Vorranganspruch in Anbetracht bestimmter mitgliedstaatlicher Interessen zurückgenommen wird, wenn diese Interessen für einen Mitgliedstaat von besonderer Bedeutung sind."[28]

Für diese Einzelfallgewichtung sind einerseits die Stellung des staatsverfassungsrechtlichen Grundsatzes innerhalb seiner Verfassungsordnung sowie andererseits die Bedeutung der widerstreitenden unionsrechtlichen Prinzipien und die Schwere ihrer Beeinträchtigung relevant. Regelmäßig wird dies auf eine Prüfung der Verhältnismäßigkeit hinauslaufen, z.B. wenn die nationale Verfassungsidentität als legitimer Zweck zur Rechtfertigung einer Grundfreiheit ins Feld geführt wird.[29]

In besonderen Fällen kann es aber auch angezeigt sein, einen Kerngehalt des nationalen Verfassungsrechts aufgrund seiner fundamentalen Bedeutung ohne eine Abwägung im engeren Sinne über den Mechanismus der Achtungsverpflichtung durchschlagen zu lassen.[30] Auch hier behalten die Unionsorgane, allen voran der EuGH, aber gleichwohl – dies ist als Folge der rechtspluralistischen Grundannahme zwingend – das letzte Wort über die Entscheidung der Reichweite der unionsrechtlichen Permeabilität.

Die im Regelfall vorzunehmende Abwägung auf Unionsebene beugt einer Inflationierung der nationalen Verfassungsidentität zur allgemeinen Derogationsermächtigung vor. Würden nämlich die Belange der nationalen Verfassungsidentität bei tatbestandlicher Deutungshoheit der Mitgliedstaaten stets aufgrund der unionsrechtlichen Achtungsverpflichtung gegenüber anderen Belangen des Unionsrechts – sei es im Rahmen eines Rechtsstreits oder aber des Gesetzgebungsprozesses – überwiegen, so wäre das Unionsrecht letztlich unter einen 27-fachen Identitätsvorbehalt gestellt. Ein solch weitreichender Einschnitt, der die Union signifikant hinter den Integrationsstand der Gründungsjahre zurückwerfen würde, ist jedoch weder mit dem Wortlaut noch mit Sinn und Zweck der Identitätsklausel in Einklang zu bringen.[31] Die Identitätsklausel ist, wie nunmehr auch ihre systematische Stellung in Art. 4 EUV und die unmittelbare Nähe zum Grundsatz der loyalen Zusammenarbeit in Art. 4 Abs. 3 EUV unterstreicht, eine der grundlegenden Verbundtechniken zum wechselseitigen *Ausgleich* und zur *kooperativen Abstimmung* zwischen unionaler und natio-

---

[28] *F. C. Mayer*, Verfassungsgerichtsbarkeit, in: A. v. Bogdandy/J. Bast (Hrsg.), Europäisches Verfassungsrecht (2. Aufl. 2009), S. 559 (588, Hervorh. hinzugefügt).

[29] So insbesondere in EuGH, Urt. v. 2. 7. 1996 – Rs. C-473/93 – *KOM/Luxemburg*, Slg. 1996 S. I-3207 ff. (Rn. 35 f.).

[30] So insbesondere in Bezug auf den Schutz der Menschenwürde nach Art. 1 Abs. 1 GG in EuGH, Urt. v. 14. 10. 2004 – Rs. C-36/02 – *Omega*, *Slg.* 2004, S. I-9609 ff. Dazu näher Teil 3 – Kapitel 13 – II. 3.

[31] Wie hier *C. Walter*, Europäische Identität in der Wechselwirkung, in: W. Kluth (Hrsg.), Europäische Integration und nationales Verfassungsrecht (2007), S. 65 (72).

naler Ebene, nicht aber zur unilateralen Durchbrechung des Unionsrechts.[32] Darum wird auch von Seiten der Generalanwälte zutreffend betont, dass die

> „gebotene Achtung der verfassungsmäßigen Identität der Mitgliedstaaten *nicht generell für sämtliche nationalen Verfassungsregeln* gilt. Die nationalen Verfassungen würden sonst nämlich zu einem Instrument, mit dem sich die Mitgliedstaaten dem Gemeinschaftsrecht in bestimmten Bereichen entziehen könnten (...). Darüber hinaus könnte es zu Diskriminierungen im Verhältnis zwischen den Mitgliedstaaten kommen, je nachdem, welchen Inhalt sie jeweils ihren nationalen Verfassungen geben. So wie das Gemeinschaftsrecht die verfassungsmäßige Identität der Mitgliedstaaten berücksichtigt, muss sich das nationale Verfassungsrecht den Anforderungen der gemeinschaftlichen Rechtsordnung anpassen."[33]

Im Rahmen der Abwägung werden sich daher regelmäßig nur staatsverfassungsrechtliche Belange gegenüber dem Unionsrecht durchsetzen, die *elementare Verfassungsprinzipien oder landesspezifische Verfassungsgrundsätze mit charakterprägender Bedeutung für die betreffende Verfassungsordnung* darstellen. Da erstere in aller Regel bereits über das einheitsbildende Instrument der allgemeinen Rechtsgrundsätze auf Ebene des Unionsrechts geschützt werden, verbleiben in der Praxis vor allem letztere als Bezugspunkt der vielfaltswahrenden Identitätsklausel.[34]

Die äußerste Grenze des unionsrechtlich gezogenen normativen Relevanzrahmens für die Achtung der nationalen Verfassungsidentität markiert Art. 2 i.V.m. Art. 7 EUV. Aus Sicht des Unionsrechts sind rechtliche Belange – selbst wenn der nationalen Verfassungsidentität tatbestandlich zugeordnet – unter keinen Umständen schutzwürdig, wenn sie gegen die Grundwerte der Union verstoßen. Ein solcher Extremfall ist freilich hypothetischer Natur. Denn die nationale Verfassungsidentität eines Mitgliedstaates ist heute stets die eines *integrierten* Staates[35] und steht damit in unmittelbarer Wechselwirkung zur europäischen Verfassungsidentität.[36] Oder wie *Christian Walter* formuliert:

---

[32] Vgl. auch *M. Hilf/F. Schorkopf*, Art. 6 EUV, in: E. Grabitz/M. Hilf (Hrsg.), Das Recht der Europäischen Union (23. EL 2004), Rn. 93 ff. („schonender Ausgleich") bzw. *M. Hilf*, Europäische und nationale Identität der Mitgliedstaaten, in: GS Grabitz (1995), S. 157 (167), der ebenfalls die Wechselseitigkeit hervorhebt. A. A. dezidiert *A. Uhle*, Freiheitlicher Verfassungsstaat und kulturelle Identität (2004), S. 491 f.

[33] Schlussanträge d. GA *Poiares Maduro* v. 28. 10. 2008 – Rs. C-213/07 – *Michaniki*, Slg. 2008, S. I-9999 ff. (Rn. 33). Ähnlich auch *A. v. Bogdandy*, Art. 10 EG, in: E. Grabitz/M. Hilf (Hrsg.), Das Recht der Europäischen Union, Kommentar (20. EL 2002), Rn. 82. A. A., da die Identitätsklausel als positivierten Ausdruck einer gegenüber nationalem Verfassungsrecht *schlechthin* bestehenden Achtungsverpflichtung begreifend, *A. Schmitt Glaeser*, Grundgesetz und Europarecht als Elemente Europäischen Verfassungsrechts (1996), S. 191.

[34] Zum Verhältnis allgemeiner Rechtsgrundsätze zur Achtung der Verfassungsidentität s. sogleich.

[35] Zum Begriff der integrierten Staatlichkeit vgl. *M. Kaufmann*, Integrierte Staatlichkeit als Strukturprinzip, JZ 1999, S. 814 ff.

[36] Vgl. *M. Hilf*, Europäische und nationale Identität der Mitgliedstaaten, in: GS Grabitz (1995), S. 157 (164 f.); *I. Pernice*, in: H. Dreier (Hrsg.), GG, Bd. II (2. Aufl. 2006), Art. 23, Rn. 26. Ebenso *A. Puttler*, Art. I-5 VVE, in: C. Calliess/M. Ruffert (Hrsg.), Verfassung der Europäischen Union (2006), Rn. 11. S. auch *M. Nettesheim*, EU-Recht und nationales Verfassungsrecht, in: J. Schwarze/P.-C.

„Nationale und europäische Identität lassen sich (...) nicht in einem Entweder-Oder gegeneinander ausspielen. Die nationale Identität eines Mitgliedstaates der [Union] ist notwendig zugleich eine europäische."[37]

d) Prozeduralisierung: Ebenenübergreifende Aufgabenteilung und Dialog

Da die Inhaltsbestimmung der nationalen Verfassungsidentität auf nationaler Ebene vorgenommen wird, die Entscheidung über die Reichweite der Achtungsverpflichtung im konkreten Einzelfall indes auf Unionsebene, kommt es entscheidend auf eine funktionierende ebenenübergreifende Aufgabenteilung und den Dialog der beteiligten Akteure an.

Für die *Legislative* kann ein solcher Dialog zum einen interparlamentarisch, d.h. zwischen dem Europäischen Parlament und den nationalen Parlamenten stattfinden, etwa im Rahmen von COSAC. Der Rat in seiner Funktion als europäisches Legislativorgan wiederum bietet bereits aufgrund seiner institutionell-strukturellen Zusammensetzung hinreichende „safeguards of federalism", um Aspekten der Identitätswahrung Rechnung zu tragen.

Vor allem aber für die *Judikative* bedeuten ebenenübergreifende Aufgabenteilung und Dialog eine wirksame Umsetzung des gerichtlichen Kooperationsverhältnisses. Die Inhaltsbestimmung der betreffenden mitgliedstaatlichen Verfassungsidentität muss durch die mitgliedstaatlichen Gerichte so genau wie möglich dargelegt werden, um den EuGH in die Lage zu versetzen, die Abwägung auf Ebene des Unionsrechts unter Berücksichtigung aller relevanten Belange vorzunehmen. Den nationalen Gerichten kommt dabei neben der *Impulsgebung* vor allem die Rolle der *inhaltlichen Konkretisierung* der nationalen Verfassungsidentität zu, während der EuGH den Umfang der Achtungsverpflichtung – und damit der primärrechtlichen Permeabilität – absteckt und damit die *Integrationsfunktion* von Seiten des Unionsrechts übernimmt.[38] In prozessualer Hinsicht steht hier, einmal mehr, das Vorabentscheidungsverfahren nach Art. 267 AEUV (ex-Art. 234 EG bzw. 277 EWGV) im Zentrum. Es ermöglicht einem innerstaatlichen *Fachgericht*, die aus seiner Sicht bestehende Notwendigkeit einer Identitätswahrung an den EuGH heranzutragen. Ein Beispiel hierfür ist die Vorlage des BVerwG im Fall *Omega*, in dem es um die Verletzung der Menschenwürde nach dem deutschen GG ging.[39]

Sachnäher, weil der verfassungsrechtlichen Dimension der nationalen Verfassungsidentität spezifisch Rechnung tragend, wären freilich Vorlagen durch nationale *Ver-*

Müller Graf (Hrsg.), XX. FIDE-Kongress. Die Deutschen Landesberichte, EuR Beiheft 1/2004, S. 7 (66): „Schutzwürdig sind nur solche identitätskonstituierenden Gegebenheiten, die dem Ideal einer komplementären Mehrstufigkeit von nationaler und europäischer Identität nicht widersprechen."

[37] *C. Walter*, Europäische Identität in der Wechselwirkung, in: W. Kluth (Hrsg.), Europäische Integration und nationales Verfassungsrecht (2007), S. 65 (73).

[38] Für die Deutung der unionsrechtlichen Identitätsklausel als Ausdruck verfassungsrechtlicher Integrationsfunktion in der Tradition von *R. Smend* vgl. insbesondere *C. Walter*, a.a.O., S. 70 f.

[39] BVerwG, Beschl. v. 24. 10. 2001 – 6 C 3/01 – *Omega* = BVerwGE 115, 189. Auf diesen Fall ist sogleich eingehender zurückzukommen, vgl. Teil 3 – Kapitel 13 – II. 3.

fassungsgerichte, soweit diese im betreffenden Mitgliedstaat bestehen.[40] Die bisherige Vorlagepraxis der nationalen Verfassungsgerichte ist mit Zurückhaltung allerdings noch vorsichtig umschrieben. Von wenigen Ausnahmen, wie insbesondere dem österreichischen VerfGH,[41] dem belgischen VerfGH (bis 2007 Schiedshof),[42] dem litauischen VerfG[43] und jüngst auch dem italienischen VerfGH[44] abgesehen, sieht die ganz überwiegende Mehrzahl der mitgliedstaatlichen Verfassungsgerichte in einer Vorlage an den EuGH offenbar eher die Gefahr der Unterordnung als die Möglichkeit der Mitgestaltung und Impulsgebung.[45] Wie delikat und heikel die Annahme einer Vorlage(pflicht) von Seiten der nationalen Verfassungsgerichte gesehen wird, illustrieren etwa die zögerlichen Einlassungen des tschechischen Verfassungsgerichts, das die Frage in seiner *Zuckerquoten-II*-Entscheidung letztlich offen lässt.[46] Die weitgehende Absenz verfassungsgerichtlicher Vorlagen ist umso bedauerlicher, weil diese nicht nur im Kontext der Identitätsklausel, sondern gerade auch in anderen Konstellationen wichtig sein könnten, beispielsweise für die national-verfassungskonforme Auslegung des Unionsrechts oder die Frage, welchen verfassungsgerichtlich überprüfbaren Ermessensspielraum ein Akt des Unionsrechts der mitgliedstaatlichen Legislative belässt. Generalanwältin *Juliane Kokott* hat in ihren Schlussanträgen vom 2. Juli 2009 unter dem Stichwort des „aktiven Kooperationsverhältnisses" auf diesen Aspekt aufmerksam gemacht.[47] Dass nunmehr das BVerfG in seinem Urteil vom 2.

---

[40] Die Notwendigkeit verfassungsgerichtlicher Vorlagen nachdrücklich betonend auch *J. Schwarze*, Der Schutz der Grundrechte durch den EuGH, NJW 2005, S. 3459 (3462).

[41] Vorabentscheidungsersuchen des öst. VerfGH führten u.a. zu EuGH Urt. v. 8. 11. 2001 – Rs. C-143/99 – *Adria-Wien Pipeline*, Slg. 2001, S. I-8365 ff.; Urt. v. 8. 5. 2003 – Rs. C-171/01 – *Wählergruppe Gemeinsam*, Slg. 2003, S. I-4301 ff. sowie v. 20. 5. 2003 – verb. Rs. C-465/00, C-138/01 u. C-139/01 – *Österreichischer Rundfunk*, Slg. 2003, S. I-4989 ff.

[42] Vorabentscheidungsersuchen des belg. VerfGH (bis 2007 Schiedshof) führten u.a. zu EuGH, Urt. v. 16. 7. 1998 – Rs. C-93/97 – *Fédération belge des chambres syndicales de médecins*, Slg. 1998, S. I-4837 ff.; Urt. v. 3. 5. 2007 – Rs. C-303/05 – *Advocaten voor de Wereld (Europäischer Haftbefehl)*, Slg. 2007, S. I-3633 ff.; Urt. v. 26. 6. 2007 – Rs. C-305/05 – *Ordre des barreaux francophones et germanophone*, Slg. 2007, S. I-5305 ff. sowie Urt. v. 1. 4. 2008 – Rs. C-212/06 – *Gouvernement de la Communauté française und Gouvernement wallon*, Slg. 2008, S. I-1683 ff.

[43] Ein Vorabentscheidungsersuchen des lit. VerfG führte zu EuGH, Urt. v. 9. 10. 2008 – Rs. C-239/07 – *Sabatauskas*, Slg. 2008, S. I-7523 ff.

[44] Ital. VerfGH, Beschl. v. 16. 4. 2008 – Nr. 103/2008 – *Presidente del Consiglio dei ministri v. Regione Sardegna*. Dieses Vorabentscheidungsersuchen führte in der Folge zu EuGH, Urt. v. 19. 11. 2009 – Rs. C-169/08 – *Presidente del Consiglio dei Ministri v. Regione Sardegna*. Zum Vorlagebeschluss eingehend *G. della Cananea*, The Italian Constitutional Court and The European Court of Justice: from Separation to interaction? EPL 14 (2008), S. 523 ff. Vgl. nunmehr auch *A. Tizzano*, Der italienische Verfassungsgerichtshof (Corte Costituzionale) und der Gerichtshof der Europäischen Union, EuGRZ 2010, S. 1 ff.

[45] Anders sieht dies freilich mit der Vorlagepraxis der obersten Fachgerichte aus. Für einen rechtsvergleichenden Überblick über die Vorlagepraxis mitgliedstaatlicher Verfassungs- und Höchstgerichte vgl. *F. C. Mayer*, Verfassungsgerichtsbarkeit, in: A. v. Bogdandy/J. Bast (Hrsg.), Europäisches Verfassungsrecht (2. Aufl. 2009), S. 559 (564 ff.).

[46] Tschech. VerfG, Urt. v. 8. 3. 2006 – Pl. US 50/04 – *Zuckerquoten II*, Entscheidungsgrund VI. A. 1.

[47] Schlussanträge der GAin *Kokott* v. 2. 7. 2009 – Rs. C-169/08 – *Presidente del Consiglio dei Mi-*

März 2010 zur Vorratsdatenspeicherung zumindest die Möglichkeit einer eigenen Vorlage andeutet,[48] ist nachdrücklich zu begrüßen, wenngleich fraglich bleibt, ob das BVerfG von der nunmehr eingeräumten Möglichkeit auch tatsächlich Gebrauch machen wird.

Festzuhalten bleibt jedenfalls, dass der Ausgleich zwischen nationalem und unionalem Verfassungsrecht über den Weg des Vorabentscheidungsverfahrens „korrespondierend abgestimmt werden kann."[49] Das Verfahren bietet umfassend Raum dafür, die schutzwürdigen Belange des nationalen Verfassungsrechts in den ebenenübergreifenden Dialog einzubringen.

Erkennt man die in der Identitätsklausel verankerte unionsrechtliche Achtungsverpflichtung zutreffend als ein rechtliches Instrument an, welches der nationalen Ebene zwar die tatbestandliche Bestimmung der nationalen Verfassungsidentität, nicht aber die Entscheidung über die Rechtsfolge zuweist,[50] so bedarf es in institutioneller Hinsicht auch nicht eines ebenenübergreifenden gemeinsamen Senates oder eines eigenständigen (gemischt besetzten) Organs.[51] Als nützlich erweisen könnte sich ggf. ein umgekehrtes Vorabentscheidungsverfahren,[52] soweit es sich auf die Frage der tatbestandlichen Inhaltsbestimmung der nationalen Verfassungsidentität durch die mitgliedstaatlichen Gerichte beschränkte. Durch ein solches Verfahren könnte vor allem die bisherige Zögerlichkeit der nationalen Verfassungsgerichte, in einen formellen Dialog mit dem EuGH zu treten,[53] kompensiert werden. Würden die nationalen Verfassungsgerichte aber verstärkt die „aktive Kooperation" im Rahmen von Art. 267 AEUV suchen, wäre auch unter diesem Blickwinkel das bestehende Vorabentscheidungsverfahren ein hinreichendes Instrument.

---

nistri v. Regione Sardegna, Rn. 21 ff. dort auch mit Nennungen zu den bisher erfolgten Vorabentscheidungsersuchen durch nationale Verfassungsgerichte.

[48] BVerfG, Urt. v. 2. 3. 2010 – 1 BvR 256/08 u. a. – *Vorratsdatenspeicherung*, Rn. 185.

[49] So *A. Schmitt Glaeser*, Grundgesetz und Europarecht als Elemente Europäischen Verfassungsrechts (1996), S. 186, der indes – anders als hier – von einem weiteren, nämlich auf das gesamte nationale Verfassungsrecht bezogenen Achtungsverpflichtung ausgeht.

[50] S. aber *D. R. Phelan*, Revolt or Revolution. The Constitutional Boundaries of the European Community (1997), S. 417 f. Kritisch zu Recht *M. Poiares Maduro*, The Heteronyms of European Law, ELJ 5 (1999), S. 160 (163 ff.) sowie *N. MacCormick*, Risking Constitutional Collision in Europe?, Oxford Journal of Legal Studies 18 (1998), S. 517 ff.

[51] Für Anregungen in diese Richtungen vgl. etwa *J. H. H. Weiler*, The European Union Belongs to its Citizens, ELRev. 22 (1997), S. 150 (155) sowie *S. Broß*, Bundesverfassungsgericht, Europäischer Gerichtshof, Europäischer Gerichtshof für Kompetenzkonflikte. Zugleich ein Beitrag zur Lehre vom ausbrechenden Rechtsakt und vom Kooperationsverhältnis, VerwArch 92 (2001), S. 425 ff. Für weitere Nachweise s. *F. C. Mayer*, Verfassungsgerichtsbarkeit, in: A. v. Bogdandy/J. Bast (Hrsg.), Europäisches Verfassungsrecht (2. Aufl. 2009), S. 559 (586 f.), der gegenüber der Schaffung einer neuen Instanz ebenfalls skeptisch ist.

[52] *F. C. Mayer*, a.a.O., S. 588 f. unter rechtsvergleichendem Rekurs auf das im US-amerikanischen Verfassungsrecht entwickelte „Certifications"-Verfahren.

[53] Freilich stehen die Mitglieder der nationalen Verfassungs- und Höchstgerichte sowie des Gerichtshofs in informellem Austausch. So nehmen Richter des EuGH und des EGMR regelmäßig als „Beobachter" an den Kongressen der Konferenz der europäischen Verfassungsgerichte teil.

e) Keine Ermächtigung zur unilateralen Durchbrechung des Unionsrechts

Das Gefahrenpotenzial, welches in der ausgestreckten Hand der Identitätsklausel in Richtung des nationalen Verfassungsrechts liegt, aktualisiert sich im deutschen *Lissabon*-Urteil.

Wie im Rahmen des elften Kapitels bereits eingehend geschildert, stützt das BVerfG seine verfassungsrechtliche „Identitätskontrolle" auf die Annahme, dass die grundlegenden politischen und verfassungsmäßigen Strukturen der Mitgliedstaaten bei fortschreitender Integration nicht anders als durch einen national-verfassungsgerichtlichen Kontrollvorbehalt zu wahren seien. Der integrationsfesten Verfassungsidentität des Grundgesetzes in Art. 79 Abs. 3 GG entspreche auf Seiten des Unionsrechts gewissermaßen reflexartig die Pflicht, „die verfassungsgebende Gewalt der Mitgliedstaaten als Herren der Verträge zu achten."[54] Insoweit gingen verfassungs- und unionsrechtlicher Identitätsschutz „im europäischen Rechtsraum *Hand in Hand*."[55] Letztlich steht hinter diesem verführerischen Bild jedoch eher ein Reißen und Ziehen. Art. 4 Abs. 2 S. 1 EUV wird durch das BVerfG zur unilateralen Derogationsermächtigung für die Mitgliedstaaten und ihre Verfassungs- bzw. Höchstgerichte usurpiert. Dies steht, wie gesehen, im diametralen Gegensatz zum normativen Charakter der identitätsbezogenen *Achtungs*verpflichtung. Ein Mitgliedstaat kann unter Berufung auf die Identitätsklausel gerade nicht unilateral seine Bindung an Unionsrecht aufkündigen.[56] Das Attribut des Identitätstragenden ist kein Freibrief zur Derogation.

Die Beratungen des Europäischen Verfassungskonvents stützen diese Lesart. Im Schlussbericht der Arbeitsgruppe V wird ausdrücklich hervorgehoben, dass durch eine präzisierte Identitätsklausel dem Hauptanliegen der Arbeitsgruppe Rechnung getragen werden könnte,

> „nämlich, dass im Vertrag die Rolle und Bedeutung der Mitgliedsstaaten gewährleistet und gleichzeitig der erforderliche Spielraum für Flexibilität vorgesehen werden muss. Was diese Flexibilität betrifft, so wurde hervorgehoben, dass die Bestimmung *keine Ausnahmeklausel* darstellen würde. (…) Falls dem Gerichtshof in einem künftigen ‚Grundlagenvertrag von verfassungsrechtlichem Rang' eine Befugnis in Bezug auf diesen Artikel übertragen würde, könnte er immer dann die *letzte Instanz* für die Auslegung der Bestimmung darstellen, wenn die politischen Einrichtungen einen annehmbaren Ermessensspielraum überschreiten würden."[57]

Die bundesverfassungsgerichtliche Deutung der unionsrechtlichen Identitätsklausel ist daher auch unter den Verfassungsgerichten der Mitgliedstaaten keineswegs Kon-

---

[54] BVerfG, Urt. v. 30. 6. 2009 – 2 BvE 2/08 u. a. – *Lissabon* = BVerfGE 123, 267 ff. (Rn. 235).

[55] Ebd., Rn. 240 (Hervorh. hinzugefügt).

[56] So aber unter Rekurs auf die *Maastricht*-Rechtsprechung des BVerfG *K. Doehring*, Die nationale „Identität" der Mitgliedstaaten der Europäischen Union, in: FS U. Everling, Band I (1995), S. 263 (269 f.).

[57] Schlussbericht der Arbeitsgruppe V vom 4. 11. 2002, Dok. CONV 375/1/02 REV 1, S. 11. Für diesen Hinweis danke ich *M. Mlynarski*.

sens. So hatte insbesondere das spanische Verfassungsgericht in seiner Erklärung zum VVE gerade aus der Identitätsklausel, der Grundrechtecharta sowie der Bestimmung über die Grundwerte der EU gefolgert, dass eine Verletzung tragender Verfassungsgrundwerte auf Unionsebene praktisch immer zugleich auch eine Verletzung der spanischen Verfassung bedeute.[58] Das spanische Verfassungsgericht konnte die Ausübung seiner Gerichtsbarkeit damit als *ultima ratio* ins Hypothetische verweisen, weil aus seiner Sicht die Grenzen, auf die sich die Vorbehalte einiger nationaler Verfassungsgerichte beziehen, nun „auf unmissverständliche Weise" im Unionsrecht niedergelegt seien.[59] Dem liegt die Vorstellung zugrunde, dass gerade die Identitätsklausel einen hinreichenden Sicherungsmechanismus *auf Ebene des Unionsrechts* darstellt, der keiner prozessualen Durchsetzung durch die nationalen Gerichte bedarf. Insoweit wird zuweilen von einem „hands-off"-Ansatz gesprochen.[60]

2. *Unionsrechtliche Grundentscheidung zur verfassungsrechtlichen Vielfaltswahrung*

Trotz der systemischen Bedeutung der Achtung der nationalen Verfassungsidentität für das Verhältnis von mitgliedstaatlicher und unionaler Verfassungsebene gibt es speziell zu Art. 4 Abs. 1 S. 2 EUV (bzw. ex-Art. 6 Abs. 3 EU) bislang nahezu keine Rechtspraxis. Dieses Fehlen gerichtlicher Konkretisierung wirft insbesondere die Frage nach der dogmatischen Einordnung bzw. dem systematischen Verhältnis dieser Norm zu anderen Bestimmungen des Unionsrechts auf.

a) *Rechtspraxis zur Identitätsklausel*

Dass Art. 6 Abs. 3 EU *a. F.* bislang nicht unmittelbar vom Gerichtshof herangezogen wurde, liegt an der bis zum Inkrafttreten des Vertrages von Lissabon fehlenden Zuständigkeit des EuGH. Anders als für die Grundrechtsbestimmung des Art. 6 Abs. 2 EU *a. F.* begründete Art. 46 EU *a. F.* gerade keine judikative Zuständigkeit für die Identitätsklausel.

Gänzlich fremd ist der Topos der „nationalen Identität" der Rechtsprechung des EuGH gleichwohl nicht.[61] So hatte der EuGH bereits vor Einführung der Identitäts-

---

[58] Span. VerfG, Erkl. v. 13. 12. 2004 – DTC 1/2004 – *Verfassungsvertrag* = EuR 2005, S. 339 (344 f.) in deutscher Übersetzung.

[59] Ebd., S. 347.

[60] Vgl. *F. Castillo de la Torre*, Tribunal Constitucional (Spanish Constitutional Court), Opinion 1/2004 of 13 December 2004, on the Treaty Establishing a Constitution for Europe, CMLRev. 42 (2005), S. 1169 (1195), der gleichermaßen aber den vom spanischen Verfassungsgericht postulierten Notvorbehalt in Bezug auf verfassungsrechtliche Kerngehalte betont.

[61] Der Begriff der Identität wird vom EuGH freilich auch in anderen Kontexten als dem hier allein interessierenden verwendet, etwa im Zusammenhang mit dem Betriebsübergang (vgl. EuGH, Urt. v. 11. 3. 1997 – Rs. C-13/95 – *Süzen*, Slg. 1997, S. I-1259 ff.) oder mit dem Zugang zu Dokumenten (s. etwa EuGH, Urt. v. 1. 2. 2007 – Rs. C-266/05 P – *Sison*, Slg. 2008, S. I ff.). Dort geht es indes um völlig andere Sachbereiche, die mit der hier in den Blick genommenen Problematik der *nationalen Identität* bzw. der *Verfassungsidentität* i. S. d. Art. 4 Abs. 2 S. 1 EUV in keinem Zusammenhang stehen.

klausel im Urteil *Groener* vom 28. November 1989 zu erkennen gegeben, dass Maßnahmen zum Schutz und zur Förderung einer Landes- oder Nationalsprache – im konkreten Fall des Irischen – als Ausdruck der nationalen Identität und Kultur grundsätzlich von Seiten des Unionsrechts Bestand haben können, sofern sie die Grundfreiheiten nicht unverhältnismäßig einschränken.[62] Generalanwalt *Marco Darmon* hatte die Achtung der Vielfalt der Sprachen in seinen Schlussanträgen dabei als Grundsatzfrage der „kulturellen Identität" in den Vordergrund gerückt.[63] 25 Jahre später stufte Generalanwalt *Miguel Poiares Maduro* die Vielfalt der Sprachen unter Rekurs auf Art. 22 GRC und die Ziele der Union (Art. 3 Abs. 3 UAbs. 4 EUV) sogar als einen „der wesentlichen Gesichtspunkte des Schutzes der nationalen Identität der Mitgliedstaaten" ein.[64]

Während das Urteil *Groener* eine dogmatische Verortung des Identitätsarguments allenfalls in Ansätzen zuließ, stellte der EuGH in seinem Urteil vom 2. Juli 1996 im Fall *Kommission/Luxemburg* sodann deutlicher heraus, dass der Schutz der nationalen Identität ein unionsrechtlich „rechtmäßiges Ziel" darstelle, welches die Beschränkung von Grundfreiheiten rechtfertigen könne.[65] Der Gerichtshof wies als zusätzliche Bekräftigung dieses Auslegungsergebnisses sogar (wenngleich in Klammern gesetzt) auf die Identitätsklausel hin.[66] Im konkreten Fall ließ der EuGH den Schutz der nationalen Identität gleichwohl nicht gegenüber dem Unionsrecht überwiegen, weil das in Rede stehende mitgliedstaatliche Totalverbot – es ging um den Ausschluss anderer Staatsangehöriger von Arbeitsstellen des Luxemburgischen Bildungswesens – nicht verhältnismäßig war.[67] Dieser Befund fügt sich nahtlos in die oben angestellten Erwägungen ein, dass die unionsrechtlich statuierte Achtungsverpflichtung nicht mit einem generellen Zielvorrang der nationalen Verfassungsidentität zu verwechseln ist.

Mit *Groener* und *Kommission/Luxemburg* sind die zentralen Entscheidungen, in denen der EuGH den Topos der „nationalen Identität" aufgegriffen hat, bereits benannt. In mehreren anderen Fällen wurde das Identitätsargument zwar von den Ver-

---

[62] EuGH, Urt. v. 28. 11. 1989 – Rs. 379/87 – *Groener*, Slg. 1989, S. 3967 ff. (Rn. 18 ff.). Dazu *C. Lucey*, Europäische Integration und nationales Verfassungsrecht in Irland, in: U. Battis/D. Th. Tsatsos/D. Stefanou (Hrsg.), Europäische Integration und nationales Verfassungsrecht (1995), S. 213 (227 f.).

[63] GA *Darmon* in seinen Schlussanträgen v. 16. 5. 1989 – Rs. 379/87 – *Groener*, Slg. 1989, S. 3967 ff. (Rn. 19).

[64] So GA *Poiares Maduro* in seinen Schlussanträgen v. 16. 12. 2004 – Rs. C-160/03 – *Spanien/Eurojust*, Slg. 2005 S. I-2077 ff. (Rn. 24 u. 34 ff. unter Bezugnahme auf das Urteil *Groener* in Fn. 47).

[65] EuGH, Urt. v. 2. 7. 1996 – Rs. C-473/93 – *KOM/Luxemburg*, Slg. 1996 S. I-3207 ff. (Rn. 35 sowie 2. LS). Dazu *G. Wivenes*, Luxembourg. Le droit européen et les constitutions nationales, in: BIICL (Hrsg.), F. I. D. E. XX Congress London, Vol. 1 (2002), S. 267 (279 f.), der auch die Kontinuitätslinie zum Urteil *Groener* betont.

[66] Der EuGH, a.a.O., Rn. 35 nimmt hier auf die – damals in Art. F Abs. 1 EUV a. F. verankerte – Identitätsklausel nur scheinbar beiläufig und in Klammern gesetzt Bezug: „(...) stellt der Schutz der nationalen Identität der Mitgliedstaaten ein rechtmäßiges Ziel dar, das von der Gemeinschaftsrechtsordnung geachtet wird (wie dies im übrigen Artikel F Absatz 1 des Vertrages über die Europäische Union anerkennt) (...)".

[67] EuGH, a.a.O., Rn. 36.

fahrensbeteiligten aufgeworfen, nicht aber in den Entscheidungsgründen reflektiert.[68] Dies gilt selbst in Fallkonstellationen, in denen der Gerichtshof dem Vorbringen der Beteiligten dem Ergebnis nach gefolgt ist.[69] Hier zeigt sich bereits, dass die in der Identitätsklausel zum Ausdruck kommende vielfaltswahrende Permeabilität für das mitgliedstaatliche Verfassungsrecht im konkreten Einzelfall mit spezielleren Instrumenten als dem unmittelbaren Rückgriff auf die Identitätsklausel durchgesetzt werden kann.[70]

Am deutlichsten spiegelt sich dieser Befund im Urteil *Omega* wider, welches dem Ergebnis nach als geradezu typusprägender Anwendungsfall für die Achtung der nationalen Verfassungsidentität gelten kann, hierfür aber gänzlich ohne den Topos der Identität auskommt.[71]

Zumindest in jüngerer Zeit kann aber seitens der Generalanwälte eine deutliche Zunahme des Rekurses auf die Identitätsklausel beobachtet werden.[72] Obwohl dieses argumentative Angebot die Anwendung von Art. 4 Abs. 2 S. 1 EUV dezidiert als „unter der Kontrolle des Gerichtshofs" stehend beschreibt,[73] hat der EuGH auch nach Inkrafttreten des VvL seine Zurückhaltung gegenüber dem Identitätsargument bislang nicht aufgegeben. Das Urteil vom 2. März 2010 im Fall *Rottmann*, in dem es um die Frage von Existenz und Reichweite unionsrechtlicher Grenzen gegenüber mitgliedstaatlichen Entscheidungen zur Entziehung der Staatsangehörigkeit geht, legt dies offen.[74]

---

[68] Vgl. etwa EuGH, Urt. v. 12.9. 2006 – Rs. C-145/04 – *Spanien/Vereinigtes Königreich*, Slg. 2006, S. I-7917 ff. (Rn. 58) in Bezug auf das Vorbringen der Kommission sowie Urt. v. – Rs. C-344/01 – *Deutschland/KOM (Mutterkuhprämie)*, Slg. 2004, S. I-2081 ff. (Rn. 77 ff.) in Bezug auf das Vorbringen der Bundesrepublik Deutschland.

[69] Besonders deutlich in EuGH, Urt. v. 11.3. 2003 – Rs. C-186/01 – *Dory*, Slg. 2003, S. I-2479 ff. Hier nimmt der EuGH die Argumentation der Kommission (Rn. 28) zwar dem Ergebnis nach, nicht aber bzgl. des argumentativen Rückgriffs auf die nationale Identität an. Der EuGH spricht allerdings davon, es würde einen „Eingriff in die Zuständigkeiten der Mitgliedstaaten" darstellen, wenn man im vorliegenden Fall aus europarechtlichen Gründen die Erstreckung der allgemeinen Wehrpflicht in Deutschland auf Frauen ausdehnte.

[70] In diese Richtung bereits GA *van Gerven* in seinen Schlussanträgen v. 8.7. 1992 – verb. Rs. 306/88 u. a. – *Rochdale Borough Council*, Slg. 1992, S. I-6457 ff. (Rn. 24).

[71] EuGH, Urt. v. 14. 10. 2004 – Rs. C-36/02 – *Omega*, Slg. 2004, S. I-9609 ff. Dazu sogleich eingehend unter Teil 3 – Kapitel 13 – II. 3.

[72] Vgl. die Schlussanträge d. GA *Poiares Maduro* v. 30. 9. 2009 – Rs. C-135/08 – *Rottmann* (Rn. 25); d. GA *Colomer* v. 25. 6. 2009 – Rs. C-205/08 – *Umweltanwalt von Kärnten* (Rn. 47 mit Verweis auf die Urteile *KOM/Luxemburg* und *Omega*); d. GA *Poiares Maduro* v. 8. 10. 2008 – Rs. C-213/07 – *Michaniki*, Slg. 2008, S. I-9999 ff. (Rn. 31 ff.); d. GAin *Kokott* v. 4. 9. 2008 – Rs. C-222/07 – *UTECA* (Rn. 93) sowie d. GAin *Kokott* v. 8. 5. 2008 – verb. Rs. C-428/06 bis C-434/06 – *UGT-Rioja*, Slg. 2008, S. I-6747 ff. (Rn. 54 ff., unter besonderer Betonung des Ausgleichs zwischen Identitätswahrung und einheitlicher Geltung des Unionsrechts).

[73] Schlussanträge d. GA *Poiares Maduro* v. 28. 10. 2008 – Rs. C-213/07 – *Michaniki*, Slg. 2008, S. I-9999 ff. (Rn. 32).

[74] EuGH, Urt. v. 2. 3. 2010 – Rs. C-135/08 – *Rottmann*. Der EuGH entschied hier, dass es nicht gegen Art. 20 AEUV (ex-Art. 17 EG) verstoße, „wenn ein Mitgliedstaat einem Unionsbürger die durch Einbürgerung erworbene Staatsangehörigkeit dieses Mitgliedstaats wieder entzieht, falls die Einbürgerung durch Täuschung erschlichen wurde, vorausgesetzt, dass die Rücknahmeentschei-

Damit bleibt es trotz der Aufhebung des Zuständigkeitsausschlusses durch Lissabon vorerst de facto bei einer geringen Rechtsprechungspraxis zur Identitätsklausel.

b) Identitätswahrung als Querschnittsaufgabe

Aus der spärlichen Judikatur zu Art. 4 Abs. 2 S. 1 EUV folgt indes keineswegs, dass die unter dem Topos der Verfassungsidentität figurierenden materiell-rechtlichen Argumente nicht in ein anderes Gewand gekleidet und auf diese Weise in der Rechtspraxis durchgesetzt werden könnten. Vielmehr wird der in der Identitätsklausel allgemein angelegte Schutz mitgliedstaatlicher Verfassungsstrukturen im Unionsrecht in vielfältiger Weise ergänzt und flankiert.

aa) Grundsatz der loyalen Zusammenarbeit, Art. 4 Abs. 3 EUV

Eine besondere Nähe besteht zum Grundsatz der loyalen Zusammenarbeit nach Art. 4 Abs. 3 EUV (ex-Art. 10 EG bzw. 5 EWGV). Die identitätsbezogene Achtungsverpflichtung wird dabei regelmäßig als spezifische Ausprägung des Loyalitätsgebots verstanden.[75] Die mit Maastricht neu in das Unionsrecht eingeführte Identitätsklausel ist nach dieser Lesart somit die Kodifizierung eines auf dem Loyalitätsgebot beruhenden Prinzips der Rücksichtnahme auf elementare Grundbausteine der nationalen Verfassungen.[76]

Die systematische Stellung der durch Lissabon reformulierten Identitätsklausel hebt diesen inneren Zusammenhang nunmehr auch textlich hervor.[77] Wie das Loyalitätsgebot ist sie in der Grundsatzbestimmung des EUV über die „Beziehungen zwischen der Union und den Mitgliedstaaten" verankert.[78] Die Achtungsverpflichtung in

dung den Grundsatz der Verhältnismäßigkeit wahrt." Auf das von GA *Poiares Maduro* vorgetragene Argument der Verfassungsidentität (Schlussanträge, Rn. 25) ging der EuGH indes nicht ein.

[75] Vgl. *A. v. Bogdandy*, Art. 10 EG, in: E. Grabitz/M. Hilf (Hrsg.), Das Recht der Europäischen Union, Kommentar (20. EL 2002), Rn. 82; *A. Puttler*, Art. I-5 VVE, in: C. Calliess/M. Ruffert (Hrsg.), Verfassung der Europäischen Union (2006), Rn. 6; *W. Kahl*, Art. 10 EGV, in: C. Calliess/M. Ruffert (Hrsg.), EUV/EGV (3. Aufl. 2007), Rn. 71; *A. Hatje*, in: J. Schwarze (Hrsg.), EU-Kommentar (2. Aufl. 2009), Art. 10 EGV, Rn. 56f.; *A. Epiney*, Gemeinschaftsrecht und Föderalismus? „Landes-Blindheit" und Pflicht zur Berücksichtigung innerstaatlicher Verfassungsstrukturen, EuR 1994, S. 301 (310ff.). Den Ausgangspunkt bei Art 4 Abs. 3 EUV (ex-Art. 10 EG) nehmend auch *A. Schmitt Glaeser*, Grundgesetz und Europarecht als Elemente Europäischen Verfassungsrechts (1996), S. 149f. sowie *A. Peters*, Elemente einer Theorie der Verfassung Europas (2001), S. 290. Das BVerfG, Urt. v. 12. 10. 1993 – 2 BvR 2134, 2159/92 – *Maastricht* = BVerfGE 89, 155 (184) geht von einem „aus der Gemeinschaftstreue folgenden Gebot wechselseitiger Rücksichtnahme" aus, dem eine auf Ebene des Unionsrechts angesiedelte „Grenze in den Verfassungsprinzipien und elementaren Interessen der Mitgliedstaaten" korrespondiere.

[76] So insbesondere *M. Hilf*, Europäische und nationale Identität der Mitgliedstaaten, in: GS Grabitz (1995), S. 157 (167f.) sowie *M. Hilf/F. Schorkopf*, Art. 6 EUV, in: E. Grabitz/M. Hilf (Hrsg.), Das Recht der Europäischen Union (23. EL 2004), Rn. 96f. Ähnlich *R. Streinz*, Art. 10 EGV, in: ders. (Hrsg.), EUV/EGV (2003), Rn. 48. Eingehend zur Berücksichtigungspflicht nationalen Verfassungsrechts vgl. auch *C. U. Schmid*, Multi-Level Constitutionalism and Constitutional Conflicts (2002), S. 222ff.

[77] Vgl. F.C. Mayer, Verfassungsgerichtsbarkeit, in: A. v. Bogdandy/J. Bast (Hrsg.), Europäisches Verfassungsrecht (2. Aufl. 2009), S. 559 (589).

[78] So noch die (treffende) offizielle Überschrift des Art. I-5 VVE.

Abs. 2 erscheint damit zugleich weniger als spezieller Ausdruck des in Abs. 3 niedergelegten Loyalitätsgebots, sondern vielmehr als in systematischer Hinsicht *neben* diesem stehend.

Eine abschließende dogmatische Relationsbeschreibung beider Prinzipien kann im vorliegenden Kontext allerdings dahinstehen. Beide Deutungsvarianten – die Spezialitätsthese ebenso wie das zuletzt angedeutete Verständnis der systematischen Gleichordnung beider Grundsätze – stimmen hinsichtlich der Parallelen beider Prinzipien in ihrer Eigenschaft als Verbundtechniken überein: Die identitätsbezogene Achtungsverpflichtung teilt mit dem Loyalitätsgebot allen voran die Elemente der *Gegenseitigkeit*, der *Rücksichtnahme* und des *Ausgleichs*. Auf Rechtsfolgenseite folgt daraus insbesondere, dass weder das Loyalitätsgebot noch die identitätsbezogene Achtungsverpflichtung zu einer unilateralen Durchbrechung des Unionsrechts führen.

bb) Sachbereichsspezifische Vorschriften im AEUV

Der AEUV hält zudem eine Vielzahl sachbereichsspezifischer Normen bereit, die im Besonderen operationalisieren, was die Identitätsklausel im Allgemeinen vorgibt.

Auf die enge Beziehung zwischen der Vielfalt der Sprachen (Art. 3 Abs. 3 UAbs. 4 EUV, Art. 165 Abs. 1 AEUV und Art. 22 GRC) und der nationalen Identität wurde bereits hingewiesen.[79] Ein ebenso deutlicher Konnex besteht zur Wahrung und Förderung der kulturellen Vielfalt, wie sie in 167 Abs. 1 und Abs. 4 AEUV sowie Art. 22 GRC niedergelegt ist.[80]

Für den Raum der Freiheit, der Sicherheit und des Rechts betont Art. 67 Abs. 1 AEUV ausdrücklich die Achtung der „verschiedenen Rechtsordnungen und -traditionen der Mitgliedstaaten".[81]

Speziell im grundfreiheitlichen Bereich kann die Wahrung der Verfassungsidentität vor allem durch Bereichsausnahmen oder Rechtfertigungsgründe ungeschriebener oder geschriebener Art sichergestellt werden. So kann die Berücksichtigung elementarer nationaler Verfassungsprinzipien oder landesspezifischer Verfassungsgrundsätze im Rahmen von Art. 36 AEUV (ex-Art. 30 EG), Art. 45 Abs. 3 AEUV (ex-Art. 39 Abs. 3 EG), Art. 51 AEUV (ex-Art. 45 EG), Art. 52 AEUV (ex-Art. 46 EG), Art. 65 AEUV (ex-Art. 58 EG) oder aber den ungeschriebenen Rechtfertigungsgründen erfolgen.[82]

---

[79] Den Zusammenhang zur nationalen Identität herausstellend v. a. GA *Poiares Maduro* in seinen Schlussanträgen v. 16. 12. 2004 – Rs. C-160/03 – *Spanien/Eurojust*, Slg. 2005 S. I-2077 ff. (Rn. 24 u. 35 ff.).

[80] Speziell zur kulturellen Identität im Kontext des Art. 6 Abs. 3 a. F. EUV vgl. *A. Uhle*, Freiheitlicher Verfassungsstaat und kulturelle Identität (2004), S. 489. Von einer Flankierung spricht insoweit *S. Korioth*, Europäische und nationale Identität: Integration durch Verfassungsrecht, VVDStRL 62 (2003), S. 117 (149).

[81] Vgl. bereits Art. III-257 VVE.

[82] Vgl. *D. R. Phelan*, Revolt or Revolution. The Constitutional Boundaries of the European Community (1997), S. 422 f. m.w.N sowie *F. C. Mayer*, Verfassungsgerichtsbarkeit, in: A. v. Bogdandy/J. Bast (Hrsg.), Europäisches Verfassungsrecht (2. Aufl. 2009), S. 559 (589).

Wie von Generalanwalt *Poiares Maduro* jüngst zutreffend hervorgehoben wurde, besteht ein systematischer Zusammenhang des Identitätsschutzes zudem zu den Bestimmungen über die Unionsbürgerschaft. Unterstellt man, dass die nationale Identität zu einem nicht unwesentlichen Teil „durch die Zusammensetzung des nationalen Gemeinwesens bestimmt" wird, so dürfen Verleihung und Entzug der Staatsangehörigkeit jedenfalls dem Grundsatz nach nicht durch das Unionsrecht beeinflusst werden.[83]

Dass Art. 20 Abs. 1 S. 2 AEUV im Wege der tatbestandlichen Verweisung die innerstaatliche Definition der Staatsangehörigkeit grundsätzlich (wenn auch nicht grenzenlos) „unhinterfragt" übernimmt, unterstreicht seinen Charakter als *verfassungsrechtliche Integrationsnorm*, die unter diesem Blickwinkel als funktionelles Gegenstück zu den nationalen Integrationsnormen verstanden werden kann.[84] Ebenso wie Art. 4 Abs. 2 S. 1 EUV verweist Art. 20 Abs. 1 S. 2 AEUV auf das Recht der Mitgliedstaaten, dessen Wertungen es im Wege einer „integrativen Kopplung" als Ausdruck einer „föderalen Integrationsgemeinschaft" grundsätzlich in sich aufnimmt.[85]

cc) Grundsatzcharakter der Identitätsklausel

Auch wenn die derzeit entgegenstehende Praxis des Gerichtshofs nicht ausschließt, dass die Identitätsklausel zukünftig zur dogmatisch eigenständigen Norm des Identitätswahrung aufwächst, ist jedenfalls festzuhalten, dass der in Art. 4 Abs. 2 S. 1 EUV zum Ausdruck kommende Grundgedanke vielfaltswahrender Permeabilität auf unionsrechtlicher Ebene eine konkrete Umsetzung bereits durch unterschiedliche sachbereichsspezifische Instrumente erfährt.

Mit der Identitätsklausel wurde die vielfaltswahrende Dimension der supranationalen Verfassungsebene an zentraler Stelle des EUV als Norm mit *Grundsatz- bzw. Querschnittscharakter* vor die Klammer gezogen. Dem entsprechen unterschiedliche Akzentuierungen der Wirkrichtung der Identitätswahrung im Unionsrecht.[86]

Wenig ergiebig ist es deshalb, die Wirkungsweise der Identitätsklausel auf einen einzigen Funktionsbereich verengen zu wollen. Dogmatische Scheingefechte um *die eine* Funktion der Identitätsklausel führen nicht weiter. So kann etwa die Frage, ob die Identitätsklausel als Kompetenzausübungsschranke fungiere oder nicht,[87] weder

[83] Schlussanträge d. GA *Poiares Maduro* v. 30. 9. 2009 – Rs. C-135/08 – *Rottmann* (Rn. 25). Allerdings entschied der EuGH in seinem Urt. v. 2. 3. 2010 – Rs. C-135/08 – *Rottmann*, Rn. 42, 45 u. 55 dass der Verlust der Unionsbürgerschaft durch Entziehung der Staatsangehörigkeit in den Anwendungsbereich des Unionsrechts fällt und daher jedenfalls dem Grundsatz der Verhältnismäßigkeit entsprechen muss.

[84] So treffend *D. Rabenschlag*, Leitbilder der Unionsbürgerschaft (2009), S. 136 u. 139, der die funktionelle Äquivalenz von Art. 20 AEUV und Art. 4 Abs. 2 S. 1 EUV zu den innerstaatlichen Integrationsermächtigungen ausdrücklich betont.

[85] Ebd.

[86] Für ein vergleichendes Meinungsbild s. *J. Dutheil de la Rochère/I. Pernice*, European Union Law and National Constitutions, in: M. Andenas/J. A. Usher (Hrsg.), The Treaty of Nice and Beyond – Enlargement and Constitutional Reform (2003), S. 47 (73 f.).

[87] Dazu insbesondere *C. Walter*, Europäische Identität in der Wechselwirkung, in: W. Kluth

rundherum bejaht noch strikt verneint werden. Vielmehr kommt es auf den Kontext an, in dessen Rahmen die Achtung der nationalen Verfassungsidentität als Grundprinzip jeweils aktualisiert wird. Beispielsweise kann der Identitätsschutz im Rahmen supranationaler Legislativtätigkeit durch die Anwendung der Kompetenzausübungsschranken der Subsidiarität und der kompetenzrechtlichen Verhältnismäßigkeit nach Art. 5 Abs. 1 S. 2 i. V. m. Abs. 3 und Abs. 4 EUV sichergestellt werden. Darin liegt aber lediglich eine der möglichen Wirkrichtungen des Identitätsschutzes, wie er in Art. 4 Abs. 2 S. 1 EUV zum Ausdruck kommt.[88]

3. *Anwendungsbeispiele*

Zwei Anwendungsbeispiele illustrieren die unterschiedlichen Wirkrichtungen der unionsrechtlichen Achtung der nationalen Verfassungsidentität.

a) *Differenzierte Regelungen bei der Rechtssetzung*

Das erste Beispiel ist dem Bereich der Rechtssetzung zuzuordnen. Adressat der unionsrechtlichen Achtungsverpflichtung ist gerade auch der Unionsgesetzgeber. Für diesen können im Einzelfall Verpflichtungen entstehen, im Zuge der Rechtssetzung differenzierte Regelungen zu erlassen, die dem Ziel der Wahrung – ja in Fällen des Art. 167 Abs. 1 AEUV u. U. sogar der Förderung – der Vielfalt dienen. Dazu können sachlich differenzierte und abgestufte Regelungssysteme innerhalb eines Rechtsaktes ebenso zählen wie das Belassen von hinreichenden mitgliedstaatlichen Beurteilungsspielräumen in Richtlinien. Auch kann die Achtung der Verfassungsidentität der Mitgliedstaaten und damit die Vielfaltswahrung erreicht werden, indem eine Richtlinie den Mitgliedstaaten die Wahl zwischen unterschiedlichen Rechtsinstituten belässt. Regelmäßig können diese Aspekte freilich bereits im Zuge der Verhältnismäßigkeitsprüfung nach Art. 5 Abs. 4 EUV berücksichtigt werden.

b) *Beurteilungsspielräume*

Ein besonders anschauliches Beispiel für die Wirkungsweise der unionsrechtlichen Achtung der nationalen Verfassungsidentität bietet die EuGH-Rechtsprechung zu

---

(Hrsg.), Europäische Integration und nationales Verfassungsrecht (2007), S. 65 (73 ff.), der sich entgegen einer verbreiteten Auffassung in der Literatur gegen die Einordnung der Identitätsklausel als Kompetenzausübungsschranke ausspricht. Dafür etwa *C. Hillgruber*, Landesbericht Deutschland, ebd., S. 97 (138); *H. H. Rupp*, Bemerkungen zum europarechtlichen Schutz der „nationalen Identität" der EU-Mitgliedstaaten, in: FS W. Rudolf (2001), S. 173 (174 f.) sowie *A. Bleckmann*, Die Wahrung der „nationalen Identität" im Unions-Vertrag, JZ 1997, S. 265 (269), der als Rechtsfolge eines Verstoßes die Nichtigkeit des betreffenden Aktes des Unionsrechts annimmt. Die kompetenzielle Dimension betonend, aber nicht als alleinig ansehend *M. Nettesheim*, EU-Recht und nationales Verfassungsrecht, in: J. Schwarze/P.-C. Müller Graf (Hrsg.), XX. FIDE-Kongress. Die Deutschen Landesberichte, EuR Beiheft 1/2004, S. 7 (63 f.).

[88] Für unterschiedliche Funktionen und Wirkrichtungen vgl. auch *M. Hilf/F. Schorkopf*, Art. 6 EUV, in: E. Grabitz/M. Hilf (Hrsg.), Das Recht der Europäischen Union (23. EL 2004), Rn. 93 ff.

mitgliedstaatlichen Beurteilungsspielräumen im grundfreiheitlichen Bereich,[89] speziell zum Rechtfertigungsgrund der öffentlichen Ordnung.

aa) Konzeptioneller Ausgangspunkt

Die Anfänge dieser Rechtsprechungslinie reichen mehrere Jahrzehnte zurück. Ausgangspunkt war das Bemühen um einen adäquaten Ausgleich zweier gegenläufiger rechtlicher Maximen im Hinblick auf die Einschränkbarkeit europarechtlicher Grundfreiheiten. Zum einen musste der EuGH eine unilaterale Vereinnahmung des Rechtfertigungstatbestandes der öffentlichen Ordnung durch die Mitgliedstaaten verhindern. Zum anderen sollte der Ausnahmetatbestand gerade ermöglichen, bestimmte Wertungen und Einzelentscheidungen der nationalen Ebene gegenüber dem Unionsrecht durchzusetzen. In seiner Leitentscheidung *Van Duyn* überführte der EuGH im Jahr 1974 dieses Spannungsfeld zwischen einheitlicher Geltung des Unionsrechts und Rücksichtnahme auf mitgliedstaatliche Partikularinteressen in folgende Formel:

„Der Begriff der öffentlichen Ordnung ist im Gemeinschaftsrecht, namentlich, wenn er eine Ausnahme von dem wesentlichen Grundsatz der Freizügigkeit der Arbeitnehmer rechtfertigt, eng zu verstehen; daher darf seine Tragweite *nicht von jedem Mitgliedstaat einseitig ohne Nachprüfung durch die Organe der Gemeinschaft* bestimmt werden. Dennoch können die besonderen Umstände, die möglicherweise die Berufung auf den Begriff der öffentlichen Ordnung rechtfertigen, von Land zu Land und im zeitlichen Wechsel verschieden sein, so dass insoweit den zuständigen innerstaatlichen Behörden ein *Beurteilungsspielraum innerhalb der durch den Vertrag gesetzten Grenzen* zuzubilligen ist."[90]

bb) Vielfaltswahrende Dimension

Die *Van-Duyn*-Formel fängt die vielfaltswahrende Dimension primärrechtlicher Permeabilität in prägnanter Diktion ein: Das Unionsrecht steckt die Grenzen eines normativen Raumes ab, innerhalb dessen die Wertungen eines einzelnen Mitgliedstaates in gewissem Umfang durchschlagen können.

Dass dieser Mechanismus auf die unionsrechtliche Wahrung der nationalen *Verfassungs*identität in geradezu typusprägender Weise zugeschnitten ist, zeigt das drei Jahrzehnte später ergangene Urteil vom 14. Oktober 2004 im Fall *Omega*.[91] Darin

---

[89] Zur Rechtsprechung der Beurteilungsspielräume vgl. jüngst *N. N. Shuibhne*, Margins of appreciation: national values, fundamental rights and EC free movement law, ELRev 34 (2009), S. 230ff.

[90] EuGH, Urt. v. 4. 12. 1974 – Rs. 41/74 – *van Duyn*, Slg. 1974, S. 1337ff. (Rn. 18/19). Vgl. in der Folge auch EuGH, Urt. v. 27. 10. 1977 – Rs. 30/77 – *Bouchereau*, Slg. 1977, S. 1999ff. (Rn. 33/35). In *Bouchereau* wid zudem das für die Anwendung des Rechtfertigungstatbestandes der öffentlichen Ordnung zentrale Kriterium aufgestellt, dass eine „tatsächliche und hinreichend schwere Gefährdung vorliegt, die ein Grundinteresse der Gesellschaft berührt" (ebd.). In seinem Urt. v. 14. 3. 2000 – Rs. C-54/99 – *Église de scientologie*, Slg. 2000, S. I-1335ff. (Rn. 17) führte der EuGH aus, die Mitgliedstaaten könnten „zwar im wesentlichen weiterhin frei nach ihren nationalen Bedürfnissen bestimmen, was die öffentliche Ordnung und Sicherheit erfordern, doch sind diese Gründe im Gemeinschaftsrecht (…) eng zu verstehen, so daß ihre Tragweite nicht von jedem Mitgliedstaat einseitig ohne Nachprüfung durch die Organe der Gemeinschaft bestimmt werden kann."

[91] EuGH, Urt. v. 14. 10. 2004 – Rs. C-36/02 – *Omega*, Slg. 2004, S. I-9609ff.

ging es um die europarechtliche Beurteilung der ordnungsbehördlichen Untersagungsverfügung einer deutschen Kommunalbehörde, die einem grenzüberschreitend als Franchise-Nehmer tätigen Unternehmen die gewerbliche Betreibung einer Spielhalle untersagte, in der das simulierte Kampf- und Tötungshandlungen mit Laserpistolen angeboten wurde. Die Behörde stützte die Verfügung auf die polizeiliche Generalklausel. Grund hierfür war die Annahme einer Gefahr für die öffentliche Ordnung wegen der in der simulierten Tötungshandlung liegenden Verletzung der Menschenwürde. Die Verwaltungsstreitigkeit erreichte schließlich das BVerwG, welches ein Vorabentscheidungsersuchen an den EuGH richtete.

Dass es speziell um die *vielfaltswahrende* Dimension primärrechtlicher Permeabilität ging, macht der Vorlagebeschluss deutlich. Die Frage des BVerwG lautete,

> „ob es mit den Vorschriften des Vertrages zur Gründung der Europäischen Gemeinschaft über den freien Dienstleistungs- und Warenverkehr vereinbar ist, dass nach nationalem Recht ein gewerbliches Unterhaltungsspiel untersagt werden muss, weil es gegen die verfassungsrechtlichen Wertentscheidungen eines Mitgliedstaats verstößt, *ohne dass in den anderen Mitgliedstaaten entsprechende Rechtsüberzeugungen bestehen.*“[92]

Die materiell-rechtliche Besonderheit des Falles ist darin zu sehen, dass die Menschenwürde zwar europaweit als fundamentaler Grundsatz verfassungsrechtlich geschützt, anders als in Deutschland regelmäßig aber nicht als selbständig justiziable Norm mit dogmatischen Eigenkonturen verstanden wird.[93]

Der EuGH gelangte gleichwohl zu dem Ergebnis, dass die einschlägigen Bestimmungen des Unionsrechts über die Dienstleistungsfreiheit einem Verbot wie dem im Ausgangsverfahren zugrunde liegenden, „das zum Schutz der öffentlichen Ordnung wegen einer in dieser Tätigkeit *gesehenen* (sic!) Verletzung der Menschenwürde ergeht," nicht entgegensteht.[94] Damit schlug letztlich die rechtliche Wertung, so wie sie die deutsche Behörde auf Grundlage des *deutschen Grundgesetzes* vorgenommen hatte, auf unionsrechtlicher Ebene durch.[95] Nach Ansicht des EuGH kam es gerade nicht darauf an, dass die grundfreiheitsbeschränkende Maßnahme eines Mitgliedstaates einer allen Mitgliedstaaten gemeinsamen Auffassung darüber entsprechen muss, wie das berechtigte Interesse – hier die Menschenwürde – konkret zu schützen ist.[96]

---

[92] BVerwG, Beschl. v. 24. 10. 2001 – 6 C 3/01 – *Omega* = BVerwGE 115, 189, 3. LS (Hervorh. hinzugefügt). S. im Einzelnen Rn. 70 ff. des Vorlagebeschlusses.

[93] Vgl. die Schlussanträge d. GAin *Stix-Hackl* v. 18. 3. 2004 – Rs. C-36/02 – *Omega*, Slg. 2004 I-9609 ff. (Rn. 83 f.).

[94] EuGH, Urt. v. 14. 10. 2004 – Rs. C-36/02 – *Omega*, Slg. 2004, S. I-9609 ff. (Rn. 41).

[95] So auch *W. Frenz*, Menschenwürde und Dienstleistungsfreiheit, NVwZ 2005, S. 48 (50). *J. Bröhmer*, Urteilsanmerkung, EuZW 2004, S. 755 (756) spricht sogar von einem „‚Generalvorrang' des mitgliedstaatlichen Würdeverständnisses".

[96] EuGH, Urt. v. 14. 10. 2004 – Rs. C-36/02 – *Omega, Slg.* 2004, S. I-9609 ff. (Rn. 37). Damit trat der EuGH zugleich einer in die Gegenrichtung tendierenden Auslegung seines Urt. v. 24. 3. 2994 – Rs. C-275/92 – *Schindler*, Slg. 1994, S. I-1039 ff. (Rn. 60 f.) entgegen: „Zwar hat der Gerichtshof in Randnummer 60 des Urteils Schindler auf die sittlichen, religiösen oder kulturellen Erwägungen Bezug genommen, aufgrund deren alle Mitgliedstaaten die Veranstaltung von Lotterien oder anderen Glücksspielen Beschränkungen unterwerfen, er hat jedoch mit der Erwähnung dieser gemein-

Dieser Verzicht auf eine allgemeine Rechtsauffassung der Mitgliedstaaten war für die vielfaltswahrende Dimension des Urteils von tragender Bedeutung, weil die Menschenwürde zwar von Seiten des Unionsrechts völlig unproblematisch als allgemeiner Rechtsgrundsatz und damit als *legitimes Ziel* zur Einschränkung einer Grundfreiheit einzustufen war,[97] die spezifische dogmatische Handhabung von Art. 1 Abs. 1 GG aber von EuGH und Generalanwältin zutreffend als europaweite Besonderheit gewertet wurde. Es sei „kaum möglich", so die Generalanwältin *Christine Stix-Hackl*,

> „den Gewährungsinhalt der Menschenwürdegarantie des deutschen Grundgesetzes mit demjenigen der Garantie der Menschenwürde, wie sie vom Gemeinschaftsrecht anerkannt wird, ohne weiteres gleichzustellen".[98]

Darum konnte für die Rechtfertigung der Beschränkung der Dienstleistungsfreiheit nicht unmittelbar an die Menschenwürde als Unionsgrundrecht angeknüpft werden.[99] Vielmehr stützte sich der EuGH auf den Rechtfertigungsgrund der öffentlichen Ordnung gemäß Art. 52 AEUV (ex-Art. 46 EG), in dessen Rahmen die rechtlichen Erwägungen der Behörde auf Basis von Art. 1 Abs. 1 GG berücksichtigt werden konnten.[100] Für den EuGH war von entscheidender Bedeutung, dass die Untersagung der gewerblichen Veranstaltung simulierter Tötungshandlungen

> „dem vorlegenden Gericht zufolge dem Grad des Schutzes der Menschenwürde entspricht, *der mit dem Grundgesetz im Hoheitsgebiet der Bundesrepublik Deutschland sichergestellt werden sollte.*"[101]

Zwei Dinge sind für den vorliegenden Kontext hervorzuheben. Erstens zeigt die soeben wiedergegebene Passage der Urteilsgründe die tragende Bedeutung des gerichtlichen Dialogs im Vorabentscheidungsverfahren auf. Die eingehenden Ausführungen des BVerwG zum Schutz der Menschenwürde nach dem GG waren für den EuGH der zentrale Ausgangspunkt, um die Wahrung der nationalen Verfassungsidentität – wenn auch nicht als solche bezeichnet – im Rahmen des unionsrechtlich abgesteckten Beurteilungsspielraums durchschlagen zu lassen. Zweitens wird, anders als zuweilen behauptet,[102] die Menschenwürde nicht etwa mit der Dienstleistungsfreiheit

---

samen Auffassung kein allgemeines Kriterium für die Beurteilung der Verhältnismäßigkeit nationaler Maßnahmen formulieren wollen, mit denen die Ausübung einer wirtschaftlichen Tätigkeit beschränkt wird."

[97] Ebd., Rn. 34.

[98] Schlussanträge d. GAin *Stix-Hackl* v. 18. 3. 2004 – Rs. C-36/02 – *Omega*, Slg. 2004 I-9609 ff. (Rn. 92).

[99] Es ging also nicht um eine Konstellation wie im Fall *Schmidberger*, in der ein Unionsgrundrecht unmittelbar zur Rechtfertigung einer Beschränkung herangezogen wird, vgl. EuGH, Urt. v. 12. 6. 2003 – Rs. C-112/00 – *Schmidberger*, Slg. 2003, S. I-5659 ff. (Rn. 74).

[100] Ebd., Rn. 93 sowie EuGH, a.a.O., Rn. 36 ff.

[101] EuGH, a.a.O., Rn. 39 (Hervorh. hinzugefügt).

[102] So aber der Vortrag der Linksfraktion im deutschen *Lissabon*-Verfahren, S. 21 f., Schriftsatz abrufbar unter http://www.jura.uni-bielefeld.de/Lehrstuehle/Fisahn/Aktuell/KLagen-end-zusammen.pdf (1. 9. 2010).

abgewogen. Vielmehr lässt der Gerichtshof die Entscheidung der nationalen Behörde gerade deshalb durchschlagen, weil sie auf dem grundgesetzlichen Verständnis der Menschenwürde als eines nicht der Abwägung fähigen, selbständig justiziablen Grundrechts beruht. Anders gewendet, der EuGH hat das Menschenwürdeverständnis nach dem GG unionsrechtlich unangetastet gelassen und es gegenüber dem Unionsrecht als Achtung der nationalen Verfassungsidentität durchgesetzt.[103] Dies betonte auch der Präsident des EuGH *Vasilios Skouris* im Jahr 2006 anlässlich einer Tagung zum Verhältnis von nationalem Verfassungsrecht und Primärrecht. Demnach habe der Gerichtshof im Urteil *Omega*

„eine nationale verfassungsrechtliche Besonderheit berücksichtigt und nicht verlangt, dass die auf [ein] Grundrecht gestützte Einschränkung einer Grundfreiheit einer allen Mitgliedstaaten gemeinsamen Auffassung darüber entspricht, wie das betreffende Grundrecht am besten zu schützen ist. Der im [deutschen] *Grundgesetz* verankerten Garantie der Menschenwürde kommt *Vorrang* vor der Dienstleistungsfreiheit zu, selbst wenn das in Deutschland herrschende breite Verständnis der Menschenwürde *nicht von allen Mitgliedstaaten geteilt* wird."[104]

Dass der *Gerichtshof* und nicht etwa ein nationales Verfassungsgericht über die Reichweite der primärrechtlichen Permeabilität entscheidet, folgt zwingend aus der rechtspluralistischen Grundannahme, die dem Konzept rechtlicher Permeabilität zugrunde liegt.[105] Denn ebenso wie auf nationaler Ebene über die äußersten Grenzen der verfassungsrechtlichen Autolimitation des innerstaatlichen Rechtsraumes entschieden wird,[106] entscheidet der EuGH über die Grenzen des normativen Rahmens vielfaltswahrender Permeabilität.[107]

---

[103] Dafür ist der EuGH sogar kritisiert worden, weil er auf diese Weise „eine ‚carte blanche' für Beschränkungen der Marktfreiheiten erteilt [habe], wenn ein auch nur irgendwie gearteter Bezug zur Menschenwürde hergestellt werden" könne, vgl. *J. Bröhmer*, Urteilsanmerkung, EuZW 2004, S. 755 (756). Die seitens des EuGH durchgeführte Erforderlichkeitsprüfung (Rn. 39) bezieht sich zudem nicht auf die Abwägung der Menschenwürde mit der Dienstleistungsfreiheit, sondern allein auf die Frage des milderen Mittels in Bezug auf die konkrete behördliche Maßnahme. Im Übrigen hat der EuGH etwa im Urt. v. 12.6. 2003 – Rs. C-112/00 – *Schmidberger*, Slg. 2003, S. I-5659 ff. (Rn. 80) unter Rückbezug auf die EMRK deutlich herausgestellt, dass „durch diese Konvention gewährleistete Grundrechte wie das Recht jedes Menschen auf Leben oder das Verbot der Folter oder unmenschlicher oder erniedrigender Strafe, (...) keinerlei Beschränkung unterliegen". Darum kann der Rechtsprechung des EuGH im Erst-Recht-Schluss keinesfalls die potenzielle Relativierung der Menschenwürde entnommen werden, wie dies zuweilen in die Urteile v. 11. 12. 2007 – Rs. C-438/05 – *Viking*, Slg. 2007, S. I-10779 ff. (Rn. 45 f.) und v. 18. 12. 2007 – Rs. C-341/05 – *Laval*, Slg. 2007, S. I-11767 ff. (Rn. 93 f.) hineingelesen wird (s. abermals den Schriftsatz der Linksfraktion, a.a.O., S. 21 ff.).

[104] *V. Skouris*, Vorrang des Europarechts: Verfassungsrechtliche und verfassungsgerichtliche Aspekte, in: W. Kluth (Hrsg.), Europäische Integration und nationales Verfassungsrecht (2007), S. 31 (39, Hervorh. hinzugefügt).

[105] Vgl. eingehend Teil 1 – Kapitel 1 – II.

[106] Was, wie gesehen, von der Frage des (innerstaatlichen) Geltungsgrundes des Unionsrechts strikt zu trennen ist, vgl. die Einleitung zum dritten Abschnitt des zweiten Teils der vorliegenden Untersuchung.

[107] Dies verkennt das OLG Koblenz in seinem Urteil v. 21. 12. 2004 – 4 U 748/04 = EuZW 2005, S. 317 (318 f.) jedenfalls insoweit, als es unter Berufung auf *CILFIT* (prozessrechtlich) und *Omega*

4. *Verhältnis zu allgemeinen Rechtsgrundsätzen*

Der Fall *Omega* ist zudem in einer weiteren Hinsicht aufschlussreich. An ihm lassen sich die komplementären Wirkrichtungen des einheitsbildenden Instruments der allgemeinen Rechtsgrundsätze einerseits und der vielfaltsschützenden Achtung der nationalen Verfassungsidentität andererseits nachvollziehen.

In beiden Fällen kann – entsprechend dem Urteil *Internationale Handelsgesellschaft*[108] – das nationale Verfassungsrecht nicht zum Ausgangspunkt für eine unilaterale Derogation von bzw. als Gültigkeitsmaßstab für Unionsrecht genommen werden. Daraus eine fehlende Einwirkung des innerstaatlichen Verfassungsrechts in das Unionsrecht zu folgern, wäre freilich verfehlt. Es bestehen, von der Möglichkeit einer national-verfassungskonformen Auslegung einmal abgesehen, prinzipiell zwei Möglichkeiten, wie das nationale Verfassungsrecht in die unionale Rechtsordnung einfließen kann. Wie zutreffend von der Generalanwältin im Fall *Omega* unterschieden wird, schöpfen

> „*zum einen* die als allgemeine Rechtsgrundsätze des Gemeinschaftsrechts anerkannten Grund- und Menschenrechte bezüglich ihres Gewährungsinhalts (...) aus der Quelle der gemeinsamen Verfassungstraditionen der Mitgliedstaaten sowie insbesondere der EMRK (...); *zum anderen* sieht der Vertrag Rechtfertigungen für Beschränkungen der von ihm gewährleisteten Grundfreiheiten vor, sodass letztlich *aus der nationalen Grundrechtsordnung herrührende Erwägungen einfließen mögen*, wie auch aus dem vorliegenden Fall deutlich wird."[109]

Man kann das Verhältnis von allgemeinen Rechtsgrundsätzen und Wahrung der nationalen Verfassungsidentität, bzw. von einheitsbildender und vielfaltswahrender Permeabilität daher in einem *Stufenverhältnis* ausdrücken. Regelmäßig werden die zu schützenden Kerngehalte der nationalen Verfassung bereits den Ausgangspunkt für die vergleichsbasierte Bildung von allgemeinen Rechtsgrundsätzen bilden. Denn häufig ist es im Rahmen der wertenden Verfassungsvergleichung auf Unionsebene möglich, die in ihrer Grundtendenz länderübergreifend übereinstimmenden Kerngehalte des nationalen Verfassungsrechts im Wege eines allgemeinen Rechtsgrundsatzes zu schützen, ohne dabei in Wertungswiderspruch zu dem Verfassungsrecht eines oder mehrerer Mitgliedstaaten zu geraten.

Erst wo eine solche Einheitsbildung auf Unionsebene nicht möglich ist, bzw. wo trotz Bildung eines Rechtsgrundsatzes verfassungsrechtliche Partikularitäten eines oder mehrerer Mitgliedstaaten nicht berücksichtigt werden können, wird die vielfaltswahrende Dimension primärrechtlicher Permeabilität durch die Achtung der nationalen Verfassungsidentität virulent. Sie stellt insbesondere den Schutz *landes-*

(materiell-rechtlich) auf eine Vorlagefrage verzichten und den Fall abschließend entscheiden zu können glaubt.

[108] EuGH, Urt. v. 17. 12. 1970 – Rs. 11/70 – *Internationale Handelsgesellschaft*, Slg. 1970, S. 1125 ff. (Rn. 3 f.).

[109] Schlussanträge d. GAin *Stix-Hackl* v. 18. 3. 2004 – Rs. C-36/02 – *Omega* = Slg. 2004 I-9609, Rn. 70 (Hervorh. hinzugefügt).

spezifischer Verfassungsgrundsätze mit charakterprägender Bedeutung für die betreffende Verfassungsordnung sicher. Dabei schützt die in der Identitätsklausel zum Ausdruck kommende vielfaltswahrende Dimension zugleich vor einer zu weitgehenden Harmonisierung der innerstaatlichen Verfassungsgehalte über den Rückkopplungseffekt der allgemeinen Rechtsgrundsätze. Der Schutz der nationalen Verfassungsidentität wirkt insoweit zugleich als Grenze einheitsbildender Permeabilität.

III. Fazit: Ausnahmecharakter vielfaltswahrender Permeabilität

Zusammenfassend ist festzuhalten, dass in Art. 4 Abs. 2 S. 1 EUV das Prinzip verfassungsrechtlicher Vielfaltswahrung in grundsätzlicher bzw. querschnittsartiger Weise zum Ausdruck kommt.

Der Ausgangspunkt dieser vielfaltswahrenden Dimension primärrechtlicher Permeabilität ist bei einer autonom durch die Mitgliedstaaten vorzunehmenden Inhaltsbestimmung des Begriffs der „nationalen Verfassungsidentität" zu suchen.

Aus dem tatbestandlichen Verweis auf das Recht der Mitgliedstaaten darf indes mit Blick auf die Rechtsfolgenseite nicht der Schluss gezogen werden, das Unionsrecht räume der nationalen Verfassungsidentität über die Achtungsverpflichtung einen generellen Vorrang gegenüber anderen Prinzipien des Unionsrechts ein. Art. 4 Abs. 2 S. 1 EUV autorisiert die Mitgliedstaaten gerade nicht zu einer unilateralen Derogation von Unionsrecht. Die Achtung der nationalen Verfassungsidentität stellt – ebenso wie die vergleichsbasierte Bildung allgemeiner Rechtsgrundsätze – insoweit ein selektiv permeables Instrument dar. Das Unionsrecht in seiner letztverbindlichen Auslegung durch den EuGH zieht einen *normativen Rahmen*, innerhalb dessen Grenzen bestimmte Kernelemente des Verfassungsrechts eines einzelnen Mitgliedstaates gegenüber einzelnen Grundsätzen des Unionsrechts vorgehen können.

Für die Funktionsfähigkeit dieses Mechanismus ist die Gewährleistung eines ebenenübergreifenden Dialogs der beteiligten Akteure von grundlegender Bedeutung. Insbesondere EuGH und innerstaatliche Gerichte sind beide aus ihrer jeweiligen Perspektive auf eine wirksame Durchführung des gerichtlichen Kooperationsverhältnisses angewiesen, in dessen Rahmen die nationalen Gerichte impulsgebend die inhaltliche Konkretisierung der nationalen Verfassungsidentität vornehmen, während der EuGH die Reichweite der normativen Relevanz des nationalen Verfassungsrechts absteckt und insoweit einen rechtlich integrativen Effekt erzielt. Der ebenenübergreifende Dialog darf freilich nicht allein auf die Judikative verengt werden. Gerade im Gesetzgebungsprozess ist die Impulsgebung von nationaler Seite her für die hinreichende Achtung der Verfassungsidentität der Mitgliedstaaten zwingend notwendig. Die Aufwertung der nationalen Parlamente im institutionellen Gefüge des Lissabonner Vertragswerks könnte hier in Zukunft eine nicht zu unterschätzende Rolle spielen.

Mit Blick auf die normativen Grundlagen des Identitätsschutzes bleibt bis in die jüngste Zeit hinein eine durchaus spärliche Rechtsprechungspraxis zu Art. 4 Abs. 2 S. 1 EUV zu konstatieren. Allerdings wurde mit der im VvL reformulierten Identitätsklausel lediglich die vielfaltswahrende Dimension der supranationalen Verfassungsebene in allgemeiner Weise vor die Klammer gezogen. Der Schutz der nationalen Verfassungsidentität kann im Einzelfall auch durch sachbereichsspezifische Instrumente des AEUV verwirklicht werden, ohne dass es dafür zwingend auf die Justiziabilität der Grundsatznorm ankäme. Die vielfältigen normativen Anknüpfungspunkte bringen zugleich unterschiedliche Wirkrichtungen des Identitätsschutzes mit sich, sei es im Bereich der Kompetenzausübung oder aber der Rechtfertigung der Beschränkung von Grundfreiheiten.

Die textliche Stellung der Lissabonner Identitätsklausel unterstreicht den inneren Zusammenhang zum Loyalitätsgebot in Art. 4 Abs. 3 EUV nunmehr nachdrücklich. Die identitätsbezogene Achtungsverpflichtung teilt mit dem Loyalitätsgebot allen voran die verbundgerichteten Elemente der *Gegenseitigkeit*, der *Rücksichtnahme* und des *Ausgleichs*. Auf Rechtsfolgenseite übersetzt heißt dies, dass weder Loyalitätsgebot noch identitätsbezogene Achtungsverpflichtung zu einer unilateralen Durchbrechung des Unionsrechts ermächtigen.

Setzt man die Achtung der nationalen Verfassungsidentität in Beziehung zu den einheitsbildenden Formen primärrechtlicher Permeabilität, so stellt sich der vielfaltswahrende Identitätsschutz in empirischer Hinsicht gleichwohl eher als Ausnahmefall dar. Das Gros an verfassungsrechtlichen Kernsätzen der Mitgliedstaaten wird regelmäßig über den Weg der vergleichsbasierten Bildung allgemeiner Rechtsgrundsätze oder eine entsprechende Konformauslegung in das Unionsrecht einfließen. In der Praxis deckt der Schutz der nationalen Verfassungsidentität daher primär landesspezifische Verfassungsgrundsätze mit charakterprägender Bedeutung für die betreffende Verfassungsordnung ab.

Hier zeigt sich einer der grundlegendsten Unterschiede zur Permeabilität der nationalen Rechtsordnung gegenüber dem Unionsrecht. Während die nationale Rechtsebene sich in weitem Umfang für eine ganz erhebliche Bandbreite von Grundsätzen und Regeln des supranationalen Rechtsraums öffnet, bleibt die primärrechtliche Permeabilität – dies gilt dem Grunde nach auch für die vergleichsbasierte Bildung allgemeiner Rechtsgrundsätze – auf elementare Kernbausteine der nationalen Verfassungsordnungen beschränkt. Ein tragender Grund hierfür ist freilich, dass die supranationale Rechtsordnung von Anfang an fragmentarisch – im Sinne von sachbereichlich in der Zuständigkeit begrenzt – war, während die nationalen Verfassungsordnungen klassischerweise von der Vorstellung innerstaatlicher Regelungstotalität ausgehen.

Obgleich ihre Anwendung in empirischer Hinsicht eher die Ausnahme darstellt, kommt der Achtung der nationalen Verfassungsidentität in systemischer Hinsicht dennoch eine tragende Rolle zu. Sie stellt den unionsrechtlichen Schutz spezifischer Kerngehalte der nationalen Verfassungsordnungen sicher, soweit diese nicht bereits anderweitig Eingang in das Unionsrecht gefunden haben. Der Identitätsschutz komplettiert damit die einheitsbildenden Formen primärrechtlicher Permeabilität als Verbundtechnik und sichert zugleich die vielfaltswahrende Dimension der unionalen Verfassungsebene ab. Dieser Schutz ist conditio sine qua non für die Permeabilität der nationalen Verfassungsordnungen gegenüber dem Unionsrecht.

Die primärrechtliche Permeabilität verleiht dem nationalen Verfassungsrecht damit auf zwei unterschiedlichen Wegen eine normative Relevanz im Unionsrecht und spiegelt auf die ihr eigene Weise die symbiotische Verbindung von Einheit und Vielfalt in europäischer Verbundperspektive wider.

Schlussbetrachtung und Ausblick

Die Untersuchung hat die unterschiedlichen Modelle und potenziellen Gestaltformen rechtlicher Permeabilität auf Ebene des nationalen und unionalen Verfassungsrechts aufgezeigt.

I.

1.

Permeabilität im Rechtssinne bezeichnet die Eigenschaft einer Rechtsordnung, Rechtssätze durchgreifen oder Normgehalte einfließen zu lassen, die einer von ihr getrennten Rechtsquelle entstammen. Permeabilität entfaltet somit eine integrative Wirkung, wobei ihr formalrechtlicher Ansatzpunkt stets die jeweilige Ausgangsrechtsordnung bleibt. Hinsichtlich der Wirkrichtung lassen sich verschiedene Intensitätsgrade bzw. Wirkstufen unterscheiden, die von der Anerkennung des rechtlichen Eigenstands und Durchgriffs ordnungsfremder Rechtssätze bis hin zu indirekten Formen der Einbeziehung von Normgehalten oder Prinzipien reichen. In theoretischer Perspektive setzt Permeabilität eine rechtspluralistische Hypothese voraus, die weder mit den klassischen Instrumenten des normlogischen Monismus noch mit denen eines gemäßigten Dualismus gänzlich erfasst werden kann. Darüber hinaus ist das Konzept rechtlicher Permeabilität in seiner ebenenneutralen Ausrichtung nicht auf den Ordnungsrahmen des Verfassungsstaates beschränkt, sondern gerade auch auf Rechtsordnungen jenseits des Staates anwendbar. Während Permeabilität in diesem Sinne ganz allgemein als rechtliche Verbundtechnik verstanden werden kann, hat die vorliegende Untersuchung speziell die nationale und unionale Verfassungsebene in ihrem gegenseitigen Aufeinanderbezogensein in den Blick genommen.

2.

In methodischer Hinsicht folgte die Untersuchung einer modellorientierten Vergleichung, im Rahmen derer bestehende und denkbare Regelungstypen im gesamteuropäischen Kontext und ohne Vorschaltung einzelner Länderberichte entfaltet wurden. Der Abgleich zu anderen Lösungsansätzen sowie eine normative Bewertung erfolgten jeweils im Rahmen der Erörterung des betreffenden Modelltyps. Speziell für die Analyse des staatlichen Europaverfassungsrechts ging es nicht um die sukzessive

Analyse von länderbezogenen Partikularlösungen unter der Prämisse kontextueller Verschiedenheit, sondern vielmehr um die Erarbeitung länderübergreifender Modelltypen unter der Prämisse wechselseitiger Beeinflussung auf horizontaler Ebene.

II.

3.

Im *nationalen Verfassungsrecht* beginnt die Geschichte rechtlicher Permeabilität dort, wo der Wille zur unbedingten Aufrechterhaltung von Souveränität in den Mitgliedstaaten endet. Trotz dieses inneren Zusammenhangs nimmt die Souveränität bis zum heutigen Tage, wenn auch in unterschiedlichen Intensitätsstufen, einen festen Platz im Prinzipienkanon der staatlichen Verfassungen ein. Insbesondere die Rechtslage in den mittel- und osteuropäischen Staaten – aber, wie jüngst das Lissabon-Urteil des BVerfG deutlich macht, keinesfalls ausschließlich diese – illustriert, dass das Souveränitätsprinzip die Entwicklung und konzeptionelle Ausgestaltung rechtlicher Permeabilität von Beginn an nachhaltig erschwert und konzeptionell geprägt hat.

4.

Zugleich lässt die Vogelperspektive auf die zeitlichen Entwicklungslinien erkennen, dass die verfassungsrechtlichen Mechanismen rechtlicher Permeabilität trotz der unterschiedlichen Modelle im Einzelnen in einen engmaschigen, europaweiten Entstehungs- und Rezeptionskontext eingebunden sind, der sie auf horizontaler Ebene miteinander zu gemeineuropäischem Verfassungsrecht vernetzt. Die Einführung oder Fortentwicklung einer innerstaatlichen Integrations- oder Europaklausel in einem bestimmten Staat ist mittlerweile ohne vorherigen verfassungsrechtlichen Abgleich mit den Modellen in anderen Mitgliedstaaten praktisch nicht mehr vorstellbar. Neben den zahlreichen Rezeptionsprozessen in Bezug auf das positivierte innerstaatliche Europaverfassungsrecht weisen ebenso die höchstrichterlichen Entscheidungen in Integrationsfragen signifikante wechselseitige Rezeptionslinien auf, setzen sich aber, wie insbesondere die *Lissabon-II*-Entscheidung des tschechischen Verfassungsgerichts zeigt, zuweilen auch voneinander ab.

Auslöser bzw. Katalysator europaverfassungsrechtlicher Reformbestrebungen sind neben dem Beitritt in der Regel grundlegende institutionelle oder materiell-rechtliche Reformen des Primärrechts, wie sie anlässlich des Vertrages von Maastricht oder im Zuge des Verfassungs- und Reformprozesses besonders markant auftraten. Wie die jüngeren Beispiele Spaniens, Österreichs oder Schwedens zeigen, kann eine innerstaatliche Änderungsagenda in Bezug auf die verfassungsrechtlichen Grundlagen rechtlicher Permeabilität aber auch unabhängig von einem konkreten europäischen Anpassungsdruck entstehen.

Es wäre verkürzt, die Qualifizierung der verfassungsrechtlichen Entwicklungsprozesse als bloße Reaktion auf primärrechtliche Vorgaben zu verstehen. Neben Ausstrahlungswirkungen der innerstaatlichen Verfassungen untereinander auf horizontaler Ebene sind die impulsgebenden (Rück-)Wirkungen auf das Unionsrecht zu berücksichtigen. Besonders deutlich kommt diese Dimension in integrations*steuernden* bzw. *-begrenzenden* Vorgaben zum Ausdruck, wie sie häufig in Integrationsermächtigungen oder verfassungsgerichtlichen Grundsatzentscheidungen aufgestellt werden.

5.

Die Permeabilität der innerstaatlichen Verfassungsordnungen für das Unionsrecht gründet auf Rechtsnormen, die ihrer Struktur nach *Erlaubnissätze* darstellen. Zentraler Kern dieser Ermächtigungen ist die Erteilung der innerstaatlichen Rechtsmacht, an der Errichtung der supranationalen Grundordnung mitzuwirken (*Konstituierungs*funktion) sowie die potenziell alleinige Hoheitsgewalt der Staatsorgane zurückzunehmen (*Autolimitations*funktion). Die in ihren Gestaltformen überaus facettenreichen Integrationsermächtigungen stellen als verfassungsrechtliche Grundlage der Permeabilität den Grundstein der *rechtlichen Verbundfähigkeit* der nationalen Verfassung dar. Die aus Sicht der innerstaatlichen Verfassung entscheidende Integrations- bzw. Koordinationsleistung erfolgt hierbei in erster Linie durch die in der Integrationsermächtigung angelegte *Selbstbegrenzung* der potenziellen innerstaatlichen Regelungstotalität. Die Verbund*fähigkeit* der jeweiligen Rechtsordnung wird also in *normativer* Hinsicht in der betreffenden Rechtsordnung *selbst* und nicht etwa auf einer über- bzw. zwischengeordneten Metaebene verankert.

Eine Gestaltform verfassungsrechtlicher Integrationsermächtigungen prägt die mitgliedstaatlichen Rechtsordnungen in besonderer Weise. Dieser Ansatz findet sich mittlerweile in ca. zwei Dritteln der mitgliedstaatlichen Verfassungsordnungen und ist konzeptionell dynamisch ausgerichtet. Eine solche Integrationsermächtigung ist nämlich zum einen in sachbereichlicher Hinsicht etwicklungsoffen (d.h. nicht auf einen bestimmten Sachbereich begrenzt) angelegt und ermöglicht zum anderen in verfahrensrechtlicher Hinsicht integrationsbedingte Modifikationen der innerstaatlichen Rechtsordnung, die in materieller Hinsicht zwar Verfassungsänderungen darstellen, verfahrensrechtlich gleichwohl aber unterhalb der Schwelle zur formellen Verfassungsänderung ergehen dürfen.

Dynamische Integrationsermächtigungen kommen im geltenden Verfassungsrecht der Mitgliedstaaten in mehreren *Grundmodellen* vor. Alle sehen sich, wenngleich in unterschiedlicher Weise, kritischen Einwänden im Hinblick auf Konstruktion und Funktionsweise ausgesetzt.

Die zeitlich früheste Bauart setzt konzeptionell bei der Einschränkung von Souveränität an. Sowohl hinsichtlich der Unschärfe des Souveränitätsbegriffs, als auch in Bezug auf den Funktionsmechanismus der Einschränkung erweist sich das *Einschränkungsmodell* im Spiegel der Verfassungspraxis als nur bedingt tauglich im

Sinne einer entwicklungsoffen angelegten Ermächtigung. In jüngeren Verfassungen oder Reformvorhaben wurde das Modell folgerichtig nicht weiter aufgegriffen.

Mit Abstand am häufigsten rezipiert und gleichermaßen am variantenreichsten ausgestaltet ist im mitgliedstaatlichen Verfassungsrecht das *Übertragungsmodell*. Dieses setzt bei der Übertragung von Kompetenzen oder Hoheitsrechten bzw. deren Ausübung an. Auch dieser weit verbreitete Ansatz erweist sich jedoch als problematisch. Nicht nur provoziert der Begriff der Übertragung die fehlgehende Vorstellung einer dinglichen Abtretung bzw. Delegation von der nationalen auf die supranationale Ebene. Die einseitige Betonung der Konstituierungsfunktion verstellt zudem den Blick für die autolimitative Dimension.

Eine konzeptionelle Schieflage fördert schließlich auch das zeitlich jüngste, bei der *Gemeinsamkeit der Kompetenzausübung* ansetzende, Grundmodell zu Tage, soweit es die Ausübung von Kompetenzen auf supranationaler Ebene als einen bloßen Ausfluss staatlicher Regelungshoheit verhandelt.

Die bislang in der Verfassungspraxis vorherrschenden Grundmodelle dynamischer Integrationsermächtigungen verengen das vielschichtige Zusammenspiel der Rechtsebenen häufig also nur auf Teilaspekte oder reduzieren die Errichtung der supranationalen Rechtsordnung auf ein Derivat staatlicher Regelungstotalität. Dieser Befund bekräftigt die Notwendigkeit der Entwicklung einer neuen Textstufe dynamischer Integrationsermächtigungen. In Bezug auf Konzeption und Funktionsweise der Integrationsermächtigung ist hierbei ein Ansatz zu bevorzugen, der an die Erfahrungen der bestehenden Grundmodelle anknüpft, die tradierten Elemente aber unter konzeptioneller Betonung der (funktionalen) Komplementarität innerstaatlicher und supranationaler Verfassungsebene fortentwickelt. Ein an dieser Leitidee ausgerichtetes *Verbundmodell* könnte für den Mitgliedstaat X, wie gesehen, folgendermaßen lauten:

[Staat] X kann die Ausschließlichkeit seiner Hoheitsgewalt für den Geltungsbereich dieser Verfassung begrenzen und im Zusammenwirken mit den Völkern Europas die Organe und Einrichtungen der Europäischen Union mit bestimmten Aufgaben und Befugnissen durch Errichtung und Fortentwicklung einer gemeinsamen Grundordnung betrauen, die fortan im Verbund mit dieser Verfassung und in Achtung ihrer identitätstragenden Grundsätze die rechtliche Grundlage für die Ausübung von Hoheitsgewalt in X bildet.

Dieser Textvorschlag stellt eine Möglichkeit dar, den Integrationsprozess in seiner Eigenart und seinen verfassungsrechtlichen Auswirkungen auf die nationalen Rechtsordnungen in einer textlich adäquateren Weise als die bisherigen Modelle einzufangen, ohne dabei die Selbstbehauptung der innerstaatlichen Verfassung grundsätzlich in Frage zu stellen. Dies entbindet freilich nicht von der jeweils zwingend erforderlichen individuellen Einpassung eines solchen Ansatzes in die jeweilige Verfassungsordnung.

Wie die Verfassungsentwicklung in den Mitgliedstaaten seit Anbeginn der Integration zeigt, ist der Einfluss konzeptioneller Schlüssigkeit und Klarheit der Integrationsermächtigung auf die Rechtspraxis signifikant. Die Notwendigkeit einer konzeptionellen Weiterentwicklung offenbaren vor diesem Hintergrund auch die vielerorts fortbestehenden oder gar neu erhobenen Forderungen nach einer zukunftsorientierten und besser an den Eigenarten der rechtlichen Integration ausgerichteten Konstruktion der Integrationsermächtigung. Ein besonders prägnantes Beispiel bildet in diesem Kontext das Plädoyer des spanischen Staatsrates für die Einführung einer neuen verfassungsrechtlichen Europaklausel, deren Entwurf maßgeblich auf der Grundlage rechtsvergleichender Erwägungen entwickelt wurde. Vergleichbare Anpassungsbedürfnisse erscheinen nach derzeitigem Stand künftig auch andernorts vorstellbar.

6.

Dynamische Integrationsermächtigungen erlauben Modifikationen der innerstaatlichen Rechtsordnung, die ohne formelle Verfassungsänderung ergehen, obwohl sie in materieller Hinsicht einer Verfassungsänderung gleichkommen. Dieses Charakteristikum bedeutet indes nicht, dass für das Integrationsverfahren nicht besondere Erfordernisse gelten dürften. Im Anwendungsbereich dynamischer Integrationsermächtigungen dominieren vielmehr ganz überwiegend *spezielle Verfahrensregeln*, deren Anforderungen über die klassischen Bestimmungen zur Ratifizierung völkerrechtlicher Verträge hinausgehen. Trotz der vielfältigen Konstruktionsdifferenzen im Einzelnen können einige Grundtendenzen im Verfassungsrecht der Mitgliedstaaten herausgefiltert werden. Neben regelmäßig erhöhten Mehrheitsschwellen im parlamentarischen Zustimmungsverfahren ist häufig eine Volksabstimmung als verfahrensrechtliche Alternative, als Speziallösung oder als Ergänzung vorgesehen. Bis auf wenige Ausnahmen ist das Integrationsverfahren im Verfassungsrecht der Mitgliedstaaten dabei so ausgestaltet, dass im Hinblick auf Verfahrensdauer, Mehrheitsschwellen und Mindestquoren ein *Mindestmaß an praktischer Durchführbarkeit* gewährleistet ist, auch wenn die Mehrheitsschwellen in einigen Verfassungen an die des verfassungsändernden Verfahrens heranreichen bzw. diese, in Ausnahmefällen, sogar übersteigen. Im Anwendungsbereich dynamischer Integrationsermächtigungen werden mit anderen Worten in der Regel keine den Integrationsverlauf der gesamten Union verfahrenstechnisch ernstlich hemmenden Voraussetzungen aufgestellt.

Stellt man vor dem Hintergrund des Verfassungsvergleichs die Frage nach einer verfahrensrechtlichen *best practice*, kann keineswegs eine Musterlösung mit dem Anspruch auf Allgemeingültigkeit herausgehoben werden. Dies gebietet die Rücksicht auf das jeweilige verfassungsrechtliche Gesamtgefüge und insbesondere das in den einzelnen Staaten recht unterschiedlich ausgeprägte Verhältnis von repräsentativen und direktdemokratischen Elementen. Ein Formulierungsvorschlag für eine ausdifferenzierte Verfahrensnorm auf verfassungsvergleichender Basis mag daher allenfalls als Orientierungs- bzw. Ausgangspunkt für die jeweils zu leistende individuelle Einpassung der Norm in die jeweilige Verfassungsordnung dienen. Textlich unmittelbar anknüpfend an die als Verbundmodell ausgestaltete Integrationsermächtigung könnte ein solcher Vorschlag wie folgt lauten:

Hierfür bedarf es jeweils der Zustimmung des Abgeordnetenhauses [und des Senats]. Wird die Verfassung ihrem Inhalt nach geändert oder ergänzt, so müssen mindestens zwei Drittel aller Abgeordneten [und Senatoren] zustimmen. Auf Verlangen von mindestens der Hälfte aller Abgeordneten [und Senatoren] kann die parlamentarische Zustimmung nach Satz 2 durch einen Volksentscheid ersetzt werden.

7.

Eine weitere Gestaltform staatsverfassungsrechtlicher Integrationsermächtigungen entfaltet sich, anders als die dynamischen Integrationsermächtigungen, operativ unmittelbar auf Ebene der Verfassungs*gebung* bzw. der Verfassungs*änderung*. Dieser Ansatz besteht in der wiederholten Einfügung *punktueller Einzelermächtigungen* in die Verfassung. Eine solche gemessen an den dynamischen Integrationsermächtigungen vergleichsweise eng begrenzte Erlaubnisnorm ist jeweils auf eine *bestimmte Integrationsstufe* oder aber auf einen *konkreten Regelungsbereich* bezogen, für den die Permeabilität im Einzelfall ermöglicht werden soll. Insbesondere in Irland und Frankreich, wo die Rechtsprechung einem dynamischen Verständnis des Verfassungstextes in Bezug auf die europäische Integration enge Grenzen gesetzt hat, kommt diese Lösung zum Tragen. Soweit die Integrationsermächtigungen sukzessiv in die Verfassung eingeführt wurden, machen sie die einzelnen Entwicklungsschritte der europäischen Integration auf Ebene des nationalen Verfassungstextes in gewissem Umfang transparent. Gleichwohl treten durch den punktuellen Charakter dieser Vorschriften erhebliche systematische Konfliktlinien zu verfassungsrechtlichen Grundsatzbestimmungen auf. Auch ergeben sich in der Verfassungspraxis nicht selten redaktionelle Probleme, den jeweiligen Gegenstand und Umfang der Permeabilität überhaupt hinreichend in einer Verfassungsbestimmung abbilden zu können. Da die Permeabilität zudem nur im Wege der Verfassungsgebung bzw. -änderung *etappenhaft* hergestellt werden kann, sind die Einzelermächtigungen letztlich Ausdruck bzw. Kompensation einer *fehlenden prinzipiellen Integrationsoffenheit* des geschriebenen Verfassungsrechts. Dort wo die Verfassung, wie etwa in Irland, nur unter strengen Verfahrensvoraussetzungen geändert werden kann, gefährdet dieser Ansatz zugleich die Entwicklung des Primärrechts für die gesamte Union.

Dies erklärt, dass der Ansatz dynamischer Integrationsermächtigungen letztlich nicht nur in empirischer Hinsicht die Überhand gewonnen hat. Gerade auch in normativer Hinsicht stellt er das überzeugendere Konzept dar.

8.

Die Möglichkeiten der verfassungsrechtlichen Fundierung rechtlicher Permeabilität sind damit aber noch nicht abschließend erfasst. Die besondere Struktur einiger Verfassungsordnungen ermöglicht *spezifische Sonderlösungen*, die zwar Schnittmengen mit den benannten Ansätzen aufweisen, gleichwohl aber kaum durch eine verallgemeinerbare, über die Grenzen der betreffenden Rechtsordnung hinausgehende Modellbeschreibung einzufangen sind. Unter einem formellen Gesichtspunkt weisen diese Ansätze insoweit Gemeinsamkeiten auf, als sie regelmäßig *außerhalb des verfassungsrechtlichen Stammtextes der Verfassung* verankert sind.

9.

Bei der Analyse der verfassungsrechtlichen Ermächtigungsgrundlagen rechtlicher Permeabilität stellen sich schließlich einige strukturelle und konzeptionelle *Querschnittsfragen*, die alle beschriebenen Ansätze in vergleichbarer Weise betreffen.

Ein keineswegs nur symbolisch, sondern vielmehr *normativ* relevanter Faktor ist die Frage des konkreten *EU-Bezugs* der Integrationsermächtigung. Daran kann insbesondere die rechtliche Anerkennung der spezifischen Qualität der supranationalen Rechtsordnung geknüpft sein. Der Verfassungsvergleich zeigt, dass im Gegensatz zu den Anfangsjahren der Integration mittlerweile eine zunehmende Anzahl mitgliedstaatlicher Verfassungsordnungen auf EU-spezifische Ermächtigungen zurückgreift. Gleichwohl ist die Hälfte der geltenden dynamischen Integrationsermächtigungen derzeit noch allgemein auf internationale bzw. zwischenstaatliche Organisationen bezogen.

Auch der *systematischen Stellung* der Integrationsermächtigung innerhalb des Verfassungsgefüges und insbesondere dem Verhältnis zu den Bestimmungen über die Souveränität kommt eine beachtliche Bedeutung zu. Der Vergleich fördert hierbei in erster Linie die Vorsicht der verfassungsändernden Gesetzgeber in Bezug auf die Relativierung des Souveränitätsprinzips zu Tage. In der Tendenz werden die Souveränitätsklauseln in systematischer Hinsicht zumeist von den Integrationsermächtigungen abgeschirmt oder ihnen systematisch vorangestellt.

Sichernd wirken aber vor allem verfassungsrechtliche Bestandsgrenzen. In der Mehrzahl mitgliedstaatlicher Verfassungsordnungen leiten sie sich aus dem jeweiligen verfassungsrechtlichen Gesamtgefüge ab, in einigen anderen Mitgliedstaaten sind sie durch ausdrückliche Bestandssicherungsklauseln textlich unmittelbar an die Integrationsermächtigungen gekoppelt. Entscheidende Bedeutung kommt in diesem Rahmen der (Revision-)Festigkeit der jeweiligen Integrationsschranke zu. In den meisten Verfassungsordnungen sind Bestandsgrenzen lediglich Markierungslinien, ab deren Überschreiten eine Änderung der Verfassung notwendig wird. Andere Verfassungsordnungen wiederum stellen integrationsfeste Kerngehalte unter den Schutz eines Revisionsverbotes. Der europaweite Vergleich in diesem Punkt zeigt – mit einziger Ausnahme der Rechtsprechung des deutschen BVerfG – Übereinstimmung dahingehend, die judikative Konkretisierung änderungsfester Schranken restriktiv zu handhaben. Das BVerfG steht hinsichtlich seiner Auslegung von Art. 79 Abs. 3 GG insoweit isoliert, wie besonders deutlich die *Lissabon-II*-Entscheidung des tschechischen Verfassungsgerichts zeigt.

Die Ermächtigungen sind zudem regelmäßig durch *Programmsätze* bzw. *Zielbestimmungen* ergänzt, welche als Auslegungsmaximen, Mitwirkungsverpflichtungen oder Strukturgestaltungsklauseln angelegt sind. Aufbauend auf den rechtsvergleichenden Erfahrungen könnte eine solche Klausel an den Anfang des betreffenden Europaartikels gestellt und wie folgt formuliert werden:

[Staat] X bekennt sich zur Verwirklichung eines vereinten Europas und wirkt durch seine Organe an der Entstehung und Fortentwicklung der Europäischen Union mit, die auf freiheitlich-demokratischen, rechtsstaatlichen, sozialen und föderalen Grundsätzen aufbaut, einen dieser Verfassung im Wesentlichen gleichen Grundrechtsschutz gewährt und im Geiste gegenseitiger Loyalität und Rücksichtnahme die Identität ihrer Mitgliedstaaten wahrt.

Schließlich wird die Permeabilität von institutioneller Seite her zunehmend durch *Informations- und Beteiligungsrechte* innerstaatlicher Parlamente und föderaler bzw. dezentraler Einheiten eingebettet. Aufbauend auf den verschiedenen Modellen der Integrationsermächtigungen ergibt sich unter zusätzlicher Berücksichtigung dieser Querschnittsaspekte somit eine große Anzahl an modularen Kombinationsmöglichkeiten, welche die Regelungsvielfalt um ein Vielfaches erhöhen.

10.

Hinsichtlich der *innerstaatlichen Geltung und Anwendbarkeit des Unionsrechts* gibt es konzeptionell im Wesentlichen zwei Herangehensweisen: Erstens die grundsätzliche Anerkennung der originären Geltung und innerstaatlichen Anwendbarkeit des Unionsrechts sowie zweitens ihre Rückführung auf das nationale Recht. Das mitgliedstaatliche Verfassungsrecht wird dabei ganz überwiegend von der Vorstellung einer nationalen Geltungsbegründung beherrscht, wenngleich die Unterschiede in der Praxis nicht immer eindeutig zu ziehen sind. Vereinzelt gibt es auch Lösungen, die sich auf einem Mittelweg bewegen.

In Bezug auf die verfassungsrechtliche Regelung der innerstaatlichen Geltung und Anwendbarkeit des Unionsrechts ist in den vergangenen Jahren eine deutliche Tendenz hin zu mehr textlicher Ausdifferenzierung nachweisbar, etwa in den Verfassungen Sloweniens und Portugals sowie in einem Textentwurf des spanischen Staatsrats aus dem Jahr 2006. Diese Verfassungen bzw. Entwürfe beruhen auf einem wegweisenden Modell, das auf die Anwendungsregeln des Unionsrechts *verweist*. Textlich schafft ein solcher Ansatz Transparenz – insbesondere mit Blick auf die Rechtsfolgen – und ermöglicht zudem eine inhaltlich-dynamische Kongruenz in Bezug auf das Unionsrecht. Versteht man die Verweisung lediglich als deklaratorisch, entspricht sie einem genuin supranationalen Ansatz. Aber sie kann auch umgekehrt in einem konstitutiven Sinne verstanden und damit in Einklang mit einer staatsverfassungsrechtlichen Grundierung des Unionsrechts gebracht werden. In diesem Fall lässt sich die Verweisungsnorm insbesondere mit entsprechenden verfassungsrechtlichen Grenzen koppeln. Formuliert man unter Einfluss des portugiesischen Beispiels eine Modellklausel, könnte sie wie folgt lauten:

Die Geltung des Rechts der Europäischen Union und seine Anwendung in [Staat] X richten sich nach den der Rechtsordnung der Union eigenen rechtlichen Grundsätzen.

Von einer solchen Klausel erfasst kann insbesondere auch die *Vorrangfrage* sein. Kern der kollisionsrechtlichen Vorrangproblematik ist nach wie vor die Anerkennung des unionsrechtlichen Vorrangprinzips auf nationaler Ebene.

11.

Was die Vorrangfrage anbelangt, so herrschen im ganz überwiegenden Teil der Mitgliedstaaten differenzierte Modelllösungen vor, gerade auch in den jüngeren Mitgliedstaaten. Freilich ist das Gros denkbarer Kollisionsszenarien mittlerweile in den Bereich des Hypothetischen verlegt.

Zahlenmäßig am häufigsten – und in der Praxis gleichermaßen am stärksten variiert – ist der Ansatz gerichtlicher Prüfungsvorbehalte bzw. Letztentscheidungsrechte auf nationaler Ebene. Hier kann gerade in jüngerer Zeit nicht etwa eine zahlenmäßige Abnahme, sondern vielmehr die Tendenz zunehmender Verbreitung nachgewiesen werden. Die ausgeprägte Verfassungsgerichtsbarkeit in vielen der jüngeren Mitgliedstaaten hat hierbei eine katalysierende Wirkung. Hervorzuheben ist freilich, dass selbst dann, wenn man mit dem BVerfG und vielen anderen Verfassungs- und Höchstgerichten den innerstaatlichen Geltungsgrund auf das normative Fundament einer nationalen Geltungsanordnung stellt, keineswegs zwingend eine gerichtliche Befugnis zur Prüfung der innerstaatlichen Anwendbarkeit von Unionsrecht im Einzelfall angenommen werden muss. Die Rücksicht auf die Funktionsfähigkeit der supranationalen Rechtsgemeinschaft sowie die Einheitlichkeit der Geltung ihres Rechts verlangen vielmehr, eine solche Kontrolle dem Grundsatz nach *nur präventiv* vor Unterzeichnung eines Integrationsvertrages durchzuführen. Geht man darüber hinaus gleichwohl von der Möglichkeit einer Kontrolle geltenden Unionsrechts am Maßstab verfassungsrechtlicher Grundprinzipien aus, ist eine solche im Einklang mit der Regelungslage der Mehrzahl der Mitgliedstaaten an engste Voraussetzungen zu knüpfen. Viel spricht dafür, diese Schwelle erst dann als überschritten anzusehen, wenn eine strukturelle systemische Anomalie auf Unionsebene vorliegt, wie sie nunmehr auch das BVerfG im Rahmen der Ultra-vires-Kontrolle verlangt.

Anders als für die Frage der innerstaatlichen Geltung und Anwendung des Unionsrechts gibt es trotz einiger Vorschläge von Seiten der Literatur und der Politik derzeit noch keine geltenden nationalen Vorschriften über die Verfahrensmodi gerichtlicher Letztentscheidungsrechte. Eine solche Norm unionsrechtskonform auszugestalten, erscheint angesichts der klaren Rechtsprechung des EuGH auch ausgeschlossen, selbst wenn sie materiell-rechtliche und verfahrensrechtliche Sicherungsmechanismen – wie etwa die zwingende Vorschaltung eines Vorabentscheidungsersuchens durch das prüfende Verfassungsgericht, qualifizierte Verfahrensvoraussetzungen sowie eine verfassungsrechtliche Verpflichtung des entscheidenden nationalen Gerichts zur Wahrung des gesamteuropäischen Interesses Rechnung – enthielte.

Die praktische Bedeutung von Letztentscheidungsrechten wird aber nicht zuletzt durch den Umstand relativiert, dass zahlreiche Konfliktlagen zwischen unionalem und nationalem Verfassungsrecht bereits im Wege einer wechselseitigen Konformauslegung gelöst werden können. Im Übrigen wird häufig eine Verfassungsänderung (z. B. polnisches Haftbefehls-Urteil) oder aber eine Änderung des Unionsrechts (z. B. irisches Abtreibungsprotokoll) greifen.

Vor allem aber lassen sich Konflikte zwischen den Ebenen gerade dadurch präventiv verhindern oder jedenfalls abmildern, dass das Unionsrecht selbst in nicht unerheblichem Umfang für das nationale Verfassungsrecht permeabel ist.

III.

In struktureller Hinsicht weist die Permeabilität auf EU-Ebene gegenüber der auf nationaler Ebene eine markante Besonderheit auf: Sie ist in ihrer Durchlässigkeit für „das" nationale Recht nicht auf ein einheitliches, sondern vielmehr auf ein *plurales Einbindungsobjekt* ausgerichtet, woraus sich wiederum zwei unterschiedliche Grundformen primärrechtlicher Permeabilität ableiten lassen. Zum einen kann die Permeabilität der unionalen Verfassungsebene auf ein unionsrechtlich gefiltertes Substrat von Normgehalten oder Prinzipien der nationalen Rechtsordnungen gerichtet sein und damit eine zusammenführende und *einheitsbildende Wirkung* entfalten. Zum anderen ermöglicht sie in Einzelfällen aber auch, dass jeweils spezifische und unterschiedliche verfassungsrechtliche Wertungen der Mitgliedstaaten in bestimmten Fällen auf Unionsebene durchschlagen können, sodass ein *vielfaltswahrender* Effekt entsteht.

12.

Die einheitsbildende Dimension wird in erster Linie durch die vergleichsbasierte Bildung allgemeiner Rechtsgrundsätze sowie eine national-verfassungskonforme Auslegung des Unionsrechts hergestellt. Mechanismus dieser einheitsbildenden Permeabilität auf Unionsebene ist die *Verfassungsvergleichung*. Sie ist der Kern eines unionsrechtlichen Prozesses, durch den das nationale Verfassungsrecht selektiv zusammengeführt und in den Konkretisierungsprozess allgemeiner Rechtsgrundsätze bzw. den Prozess der Konformauslegung auf Unionsebene einfließt. Für die Akzeptanz und Durchsetzungsfähigkeit des Unionsrechts ist dieser Vorgang von essenzieller Bedeutung, wie allen voran der Bereich des Grundrechtsschutzes unter Beweis stellt. Die Verfassungsvergleichung trägt als Mechanismus primärrechtlicher Permeabilität aus der Vielfalt heraus zur Entstehung einer funktionellen und materiellen Einheit bei.

Wichtigste Rechtsgrundlage für den Rückgriff auf das nationale Verfassungsrecht für die Bildung allgemeiner Rechtsgrundsätze ist die in Art. 19 Abs. 1 S. 2 EUV zum Ausdruck kommende materielle Verfassungsgarantie des Unionsrechts, welche durch mehrere Spezialvorschriften komplettiert wird. Diese normativen Grundlagen primärrechtlicher Permeabilität ermächtigen den EuGH, das nationale Verfassungsrecht in das Unionsrecht einfließen zu lassen. In dogmatischer Hinsicht stehen die prätorische Bildung allgemeiner Rechtsgrundsätze und die national-verfassungskonforme Konformauslegung dabei in einem Verhältnis der graduellen Abstufung und funktionellen Komplementarität. Als Verbundtechniken des Unionsrechts wirken beide auf die *Kohärenzsicherung* zwischen nationaler und unionaler Ebene hin. Diese zentrale Funktion erklärt im Übrigen, warum der Grundrechtsschutz auch künftig gemäß Art. 6 Abs. 3 EUV eine Grundlage in den allgemeinen Grundsätzen des Unionsrechts findet.

Wie die Integrationsnormen auf nationaler Ebene Bestandteil des jeweiligen nationalen Rechts sind, bleiben umgekehrt die vergleichsbasierte Bildung allgemeiner Rechtsgrundsätze sowie die national-verfassungskonforme Auslegung Instrumente, die normativ der Ebene des Unionsrechts angehören. Hier zeigt sich einmal mehr der Charakter rechtlicher Permeabilität als eines ordnungszugehörigen, nicht ordnungstranszendierenden Instruments.

13.

Die *vielfaltswahrende Dimension* primärrechtlicher Permeabilität kommt in grundsätzlicher bzw. querschnittsartiger Weise allen voran in der unionsrechtlichen Identitätsklausel (Art. 4 Abs. 2 S. 1 EUV) zum Ausdruck. Die unionsrechtliche Wahrung nationaler Verfassungsidentität setzt nach dem hier unterbreiteten Verständnis zunächst eine *autonome Bestimmung des Begriffs der nationalen Verfassungsidentität durch die Mitgliedstaaten* voraus. Auch wenn das Unionsrecht insoweit tatbestandlich auf das nationale Verfassungsrecht verweist, verbleibt die Regelung der konkreten Rechtsfolge indes unter der Regie des Unionsrechts. Das Unionsrecht räumt der Achtung der nationalen Verfassungsidentität keinen generellen Vorrang gegenüber anderen Prinzipien des Unionsrechts ein oder erteilt den Mitgliedstaaten gar einen Freibrief zur Derogation. Vielmehr zieht das Unionsrecht – in seiner letztverbindlichen Auslegung durch den EuGH – der Achtungsverpflichtung einen *normativen Rahmen*, innerhalb dessen Grenzen bestimmte Kernelemente des Verfassungsrechts eines einzelnen Mitgliedstaates berücksichtigt werden können. Von zentraler Bedeutung für die praktische Funktionsfähigkeit dieses Instruments ist der ebenenübergreifende Dialog der beteiligten Akteure, allen voran der Judikative. Während die nationalen Gerichte die inhaltliche Konkretisierung der nationalen Verfassungsidentität vornehmen, steckt der EuGH die Reichweite der normativen Relevanz des nationalen Verfassungsrechts auf Unionsebene ab und arbeitet somit auf einen rechtlich integrativen Effekt hin.

Auch wenn zur unionsrechtlichen Identitätsklausel selbst kaum Rechtsprechungspraxis besteht, kann der Schutz der nationalen Verfassungsidentität durch zahlreiche sachbereichsspezifische Instrumente des AEUV umgesetzt werden. Damit einher gehen zugleich unterschiedliche Wirkrichtungen des Identitätsschutzes, etwa für den

Bereich der Kompetenzausübung oder aber die Rechtfertigung der Beschränkung von Grundfreiheiten. Ein besonders anschauliches Beispiel für die letztere Fallkonstellation ist das Urteil *Omega*.

Der Vergleich vielfaltswahrender und einheitsbildender Formen primärrechtlicher Permeabilität lässt den (empirischen) Ausnahmecharakter des vielfaltswahrenden Identitätsschutzes hervortreten. Während verfassungsrechtliche Grundprinzipien der nationalen Ebene regelmäßig bereits über den Weg der vergleichsbasierten Bildung allgemeiner Rechtsgrundsätze oder eine entsprechende Konformauslegung in das Unionsrecht einfließen, verbleiben für den Anwendungsbereich des vielfaltswahrenden Identitätsschutzes in erster Linie *landesspezifische Verfassungsgrundsätze mit charakterprägender Bedeutung für die betreffende Verfassungsordnung*. Trotz des faktischen Ausnahmecharakters kommt der Achtung der nationalen Verfassungsidentität in systemischer Hinsicht eine tragende Rolle zu. Sie komplettiert die einheitsbildenden Formen primärrechtlicher Permeabilität als Verbundtechnik und gewährleistet die vielfaltswahrende Dimension der unionalen Verfassungsebene.

IV.

Vergleicht man in einem abschließenden Gesamtblick staatsverfassungsrechtliche und primärrechtliche Permeabilität, so zeigt sich, dass mit Blick auf die rechtlich integrativen Ordnungsstrukturen signifikante Parallelen bestehen, die es rechtfertigen, diese Strukturen ebenenübergreifend unter einen einheitlichen Ansatz zu fassen.

Dies soll die Differenzen indes nicht verhüllen. Bereits ein Abgleich der einheitsbildenden Formen primärrechtlicher Permeabilität mit den Integrationsermächtigungen auf nationaler Ebene zeigt zwei Unterschiede auf.

Erstens handelt es sich bei beiden einheitsbildenden Formen primärrechtlicher Permeabilität um eher *mittelbare* und im Abgleich zum unmittelbaren Durchgriff von Unionsrecht in den innerstaatlichen Rechtsraum vergleichsweise wenig intensive Formen von Permeabilität. Diese Vermittlung durch das Unionsrecht ist in der Natur vielfaltswahrender Permeabilität angelegt, da letztere gerade auf die Einbindung und Zusammenführung eines pluralen Einbindungsobjekts auf Unionsebene gerichtet ist. Grenzen ergeben sich daraus, dass der Prozess wertender Vergleichung *unionsrechtlich gesteuert* ist und unionsrechtliche Ziele und Grundprinzipien darum den äußersten Rahmen für das Einfließen des nationalen Rechts auf Unionsebene ziehen. Als problematisch und dringend reformbedürftig stellt sich die Intransparenz dar, welche die Rechtsprechung des Gerichtshofs mit Blick auf das verfassungsvergleichende Fundament seiner Argumentation kennzeichnet. Hilfreich wären für die Zukunft vor allem eine Offenlegung der rechtsvergleichenden internen Studien des EuGH sowie eine mit Blick auf die Verfassungsvergleichung klarere Kultur der Entscheidungsbegründung. Dies könnte den integrativen Effekt allgemeiner Rechtsgrundsätze steigern.

Der zweite Unterschied zur Permeabilität der nationalen Rechtsebene liegt darin, dass die einheitsbildenden Formen primärrechtlicher Permeabilität, anders als die Integrationsnormen des nationalen Rechts, besonders deutlich auf Seiten der europäischen *Judikative* ansetzen. Während auf nationaler Ebene die Parlamente bzw. über den Weg des Volksentscheids die Völker verfahrensrechtlich im Zentrum der Integrationshandlung stehen, ist es auf Ebene des Unionsrechts primär der Gerichtshof. Zwar liegt dies auf der dynamisch-evolutiven Linie einer inkrementellen Konstitutionalisierung der Unionsrechtsordnung. Gleichwohl stößt dieses Modell aus legitimatorischen Gründen jedenfalls dort an Grenzen, wo die Judikative unbefugt in die Sphäre des europäischen Verfassungs- bzw. Gesetzgebers durch Aufhebung oder Substituierung seiner Entscheidungen eingreift.

Über die bereits genannten Unterschiede zu den einheitsbildenden Formen hinaus ist zu berücksichtigen, dass sich die nationale Rechtsebene in ausgreifenderer Weise für das Recht des supranationalen Rechtsraums öffnet, als die unionsrechtliche für Recht des nationalen Rechtsraumes. Sowohl einheitsbildende als auch vielfaltswahrende Formen primärrechtlicher Permeabilität bleiben im Wesentlichen auf Kernelemente der nationalen Verfassungsordnungen beschränkt. Der tragende Grund hierfür liegt darin, dass die supranationale Rechtsordnung von Anfang an keine Vollverfassung anstrebte, sondern ergänzend-fragmentarisch im Sinne einer sachbereichlich begrenzten Zuständigkeitsordnung war, während die nationalen Verfassungsordnungen in der Regel vom klassisch konnotierten Prinzip der Souveränität und der damit einhergehenden Beanspruchung staatlicher Regelungstotalität ausgingen. Das Postulat der Allzuständigkeit musste im Unionsrecht erst gar nicht überwunden werden, wenngleich die Grundsätze der einheitlichen Geltung bzw. des effet utile nicht selten eine Grenze gerade für die vielfaltswahrende Dimension primärrechtlicher Permeabilität bilden.

Die Unterschiede zwischen primärrechtlicher und staatsverfassungsrechtlicher Permeabilität spiegeln letztlich die Strukturdivergenz zwischen nationaler und unionaler Verfassungsebene. Insbesondere die sachbereichlich begrenzte Natur des Unionsrechts bewirkt, dass die primärrechtliche Permeabilität *materiell-rechtlich punktueller* und *verfahrenstechnisch bzw. methodisch mittelbarer* in Erscheinung tritt als die der meisten nationalen Verfassungen. In entwicklungsgeschichtlicher Perspektive ist zudem zu berücksichtigen, dass wechselseitig-horizontale Rezeptionsprozesse, wie sie die Herausbildung rechtlicher Permeabilität auf nationaler Ebene nachweislich intensiv befördert haben, auf supranationaler Ebene fehlen, da eine der EU hinreichend äquivalente Organisation bisher nicht existiert.

V.

Blickt man auf dieser Grundlage in die *Zukunft*, bleiben zwei Dinge festzuhalten. Zum einen sollten die benannten *strukturellen Defizite rechtlicher Permeabilität auf beiden Ebenen behoben* werden, sei es durch textliche Fortentwicklung oder eine Anpassung der Rechtsprechung. So wird die Frage der angemessenen Ausgestaltung nationaler Integrationsnormen schon bald wieder im Rahmen der kommenden Beitrittsrunden und der damit einhergehenden Anpassung der Verfassungen der Beitrittskandidaten an den acquis communautaire virulent werden. Auch wäre eine moderne Gestaltung der nationalen Integrationsklauseln, die den verfassungsvergleichenden Erkenntnissen und Erfahrungswerten Rechnung trägt, von signifikantem Nutzen für verfassungsrechtliche Transparenz und gerichtliche Anwendung. Umgekehrt ist vom EuGH mehr Einblick in die konkrete Handhabung verfassungsvergleichender Wertungsprozesse einzufordern, will der Gerichtshof seiner Integrationsfunktion hinreichend gerecht werden.

Zum anderen könnte der diese Arbeit leitende Ansatz der Permeabilität – der sich hinsichtlich des Untersuchungsgegenstands auf das wechselseitige Verhältnis von unionaler und nationaler *Verfassungs*ebene beschränkt hat – möglicherweise nutzbringend für die Verhältnisbeschreibung anderer Rechtsordnungen zueinander fruchtbar gemacht werden, etwa für das Verhältnis des Unionsrechts zum internationalen Recht und in die Gegenrichtung.

Anhang

Staatliches Europaverfassungsrecht

Ausgewählte Verfassungsbestimmungen der EU-Mitgliedstaaten und Beitrittskandidaten

Übersicht

I. Gründungsstaaten

Belgien

Koordinierte Verfassung Belgiens vom 17. Februar 1994
zuletzt geändert am 22. Dezember 2008 (belg. Staatsblatt vom 29. Dezember 2008)
in der amtlichen Fassung in deutscher Sprache[1]

Art. 8. (1) Erwerb, Fortbestand und Verlust der belgischen Staatsangehörigkeit werden durch das Zivilgesetz geregelt.

(2) Die Verfassung und die sonstigen Gesetze über die politischen Rechte bestimmen, welche Voraussetzungen neben der belgischen Staatsangehörigkeit für die Ausübung dieser Rechte zu erfüllen sind.

(3) In Abweichung von Absatz 2 kann das Gesetz das Stimmrecht der Bürger der Europäischen Union, die nicht die belgische Staatsangehörigkeit haben, gemäß den internationalen und überstaatlichen Verpflichtungen Belgiens regeln. (…)

Art. 33. Alle Gewalten gehen von der Nation aus. Sie werden in der durch die Verfassung bestimmten Weise ausgeübt.

Art. 34. Die Ausübung bestimmter Gewalten kann völkerrechtlichen Einrichtungen durch einen Vertrag oder ein Gesetz übertragen werden.

Art. 117. (…) (2) Außer wenn ein mit der in Artikel 4 letzter Absatz bestimmten Mehrheit angenommenes Gesetz etwas anderes bestimmt, finden die Wahlen für die Gemeinschafts- und Regionalparlamente am selben Tag statt und fallen zusammen mit den Wahlen für das Europäische Parlament.

Art. 167. § 1 – Der König leitet die internationalen Beziehungen, unbeschadet der Zuständigkeit der Gemeinschaften und Regionen, die internationale Zusammenarbeit einschließlich des Abschlusses von Verträgen in den Angelegenheiten zu regeln, für die sie durch die Verfassung oder aufgrund der Verfassung zuständig sind. (…)

§ 2 – Der König schließt die Verträge ab, mit Ausnahme derjenigen, die sich auf die in § 3 erwähnten Angelegenheiten beziehen. Diese Verträge werden erst wirksam, nachdem sie die Zustimmung der Kammern erhalten haben. (…)

---

[1] Abrufbar von der Internetpräsenz d. belgischen Senats, http://www.senate.be/deutsch/const_de.html#const (1. 9. 2010).

Art. 168. Ab Eröffnung der Verhandlungen im Hinblick auf jede Abänderung der Verträge zur Gründung der Europäischen Gemeinschaften und der Verträge und Akte, durch die diese Verträge abgeändert oder ergänzt werden, werden die Kammern darüber informiert. Sie werden vom Vertragsentwurf in Kenntnis gesetzt, bevor er unterzeichnet wird.

Art. 195. Die föderale gesetzgebende Gewalt hat das Recht zu erklären, dass eine von ihr bezeichnete Verfassungsbestimmung einer Revision bedarf.

Nach dieser Erklärung sind beide Kammern von Rechts wegen aufgelöst.

Zwei neue Kammern werden gemäß Artikel 46 einberufen.

Diese Kammern beschließen im Einvernehmen mit dem König über die zur Revision anstehenden Punkte.

In diesem Fall dürfen die Kammern nur beraten, wenn mindestens zwei Drittel der Mitglieder jeder Kammer anwesend sind; eine Änderung ist nur dann angenommen, wenn sie mindestens zwei Drittel der Stimmen erhalten hat.

Deutschland

Grundgesetz für die Bundesrepublik Deutschland vom 23. Mai 1949
zuletzt geändert durch Gesetz zur Änderung des GG vom 21. Juli 2010[2]

Präambel. (...) von dem Willen beseelt, als gleichberechtigtes Glied in einem vereinten Europa dem Frieden der Welt zu dienen, (...)

Art. 16. (...) (2) Kein Deutscher darf an das Ausland ausgeliefert werden. Durch Gesetz kann eine abweichende Regelung für Auslieferungen an einen Mitgliedstaat der Europäischen Union oder an einen internationalen Gerichtshof getroffen werden, soweit rechtsstaatliche Grundsätze gewahrt sind.

Art. 16a. (1) Politisch Verfolgte genießen Asylrecht.

(2) Auf Absatz 1 kann sich nicht berufen, wer aus einem Mitgliedstaat der Europäischen Gemeinschaft oder aus einem anderen Drittstaat einreist, in dem die Anwendung des Abkommens über die Rechtsstellung der Flüchtlinge und der Konvention zum Schutze der Menschenrechte und Grundfreiheiten sichergestellt ist. (...)

(5) Die Absätze 1 bis 4 stehen völkerrechtlichen Verträgen von Mitgliedsstaaten der Europäischen Gemeinschaft untereinander und mit dritten Staaten nicht entgegen, die unter Beachtung der Verpflichtungen aus dem Abkommen über die Rechtsstellung der Flüchtlinge und der Konvention zum Schutze der Menschenrechte und Grundfreiheiten, deren Anwendung in den Vertragsstaaten sichergestellt sein muss, Zuständigkeitsregelungen für die Prüfung von Asylbegehren einschließlich der gegenseitigen Anerkennung von Asylentscheidungen treffen.

Art. 20. (...) (2) Alle Staatsgewalt geht vom Volke aus. Sie wird vom Volke in Wahlen und Abstimmungen und durch besondere Organe der Gesetzgebung, der vollziehenden Gewalt und der Rechtsprechung ausgeübt. (...)

Art. 23.[3] (1) Zur Verwirklichung eines vereinten Europas wirkt die Bundesrepublik Deutschland bei der Entwicklung der Europäischen Union mit, die demokratischen, rechtsstaatlichen,

---

[2] BGBl. 2010 I Nr. 38, S. 944.

[3] Art. 23 Abs. 1a GG trat gem. Art. 2 des Gesetzes zur Änderung des Grundgesetzes v. 8. 10. 2008, BGBl. I Nr. 45, S. 1926 erst mit dem Inkrafttreten des Vertrages von Lissabon, also zum 1. 12. 2009, in Kraft.

sozialen und föderativen Grundsätzen und dem Grundsatz der Subsidiarität verpflichtet ist und einen diesem Grundgesetz im wesentlichen vergleichbaren Grundrechtsschutz gewährleistet. Der Bund kann hierzu durch Gesetz mit Zustimmung des Bundesrates Hoheitsrechte übertragen. Für die Begründung der Europäischen Union sowie für Änderungen ihrer vertraglichen Grundlagen und vergleichbare Regelungen, durch die dieses Grundgesetz seinem Inhalt nach geändert oder ergänzt wird oder solche Änderungen oder Ergänzungen ermöglicht werden, gilt Artikel 79 Abs. 2 und 3.

(1a) Der Bundestag und der Bundesrat haben das Recht, wegen Verstoßes eines Gesetzgebungsakts der Europäischen Union gegen das Subsidiaritätsprinzip vor dem Gerichtshof der Europäischen Union Klage zu erheben. Der Bundestag ist hierzu auf Antrag eines Viertels seiner Mitglieder verpflichtet. Durch Gesetz, das der Zustimmung des Bundesrates bedarf, können für die Wahrnehmung der Rechte, die dem Bundestag und dem Bundesrat in den vertraglichen Grundlagen der Europäischen Union eingeräumt sind, Ausnahmen von Artikel 42 Abs. 2 Satz 1 und Artikel 52 Abs. 3 Satz 1 zugelassen werden.

(2) In Angelegenheiten der Europäischen Union wirken der Bundestag und durch den Bundesrat die Länder mit. Die Bundesregierung hat den Bundestag und den Bundesrat umfassend und zum frühestmöglichen Zeitpunkt zu unterrichten.

(3) Die Bundesregierung gibt dem Bundestag Gelegenheit zur Stellungnahme vor ihrer Mitwirkung an Rechtsetzungsakten der Europäischen Union. Die Bundesregierung berücksichtigt die Stellungnahme des Bundestages bei den Verhandlungen. Das Nähere regelt ein Gesetz.

(4) Der Bundesrat ist an der Willensbildung des Bundes zu beteiligen, soweit er an einer entsprechenden innerstaatlichen Maßnahme mitzuwirken hätte oder soweit die Länder innerstaatlich zuständig wären.

(5) Soweit in einem Bereich ausschließlicher Zuständigkeiten des Bundes Interessen der Länder berührt sind oder soweit im übrigen der Bund das Recht zur Gesetzgebung hat, berücksichtigt die Bundesregierung die Stellungnahme des Bundesrates. Wenn im Schwerpunkt Gesetzgebungsbefugnisse der Länder, die Einrichtung ihrer Behörden oder ihre Verwaltungsverfahren betroffen sind, ist bei der Willensbildung des Bundes insoweit die Auffassung des Bundesrates maßgeblich zu berücksichtigen; dabei ist die gesamtstaatliche Verantwortung des Bundes zu wahren. In Angelegenheiten, die zu Ausgabenerhöhungen oder Einnahmeminderungen für den Bund führen können, ist die Zustimmung der Bundesregierung erforderlich.

(6) Wenn im Schwerpunkt ausschließliche Gesetzgebungsbefugnisse der Länder auf den Gebieten der schulischen Bildung, der Kultur oder des Rundfunks betroffen sind, wird die Wahrnehmung der Rechte, die der Bundesrepublik Deutschland als Mitgliedstaat der Europäischen Union zustehen, vom Bund auf einen vom Bundesrat benannten Vertreter der Länder übertragen. Die Wahrnehmung der Rechte erfolgt unter Beteiligung und in Abstimmung mit der Bundesregierung; dabei ist die gesamtstaatliche Verantwortung des Bundes zu wahren.

(7) Das Nähere zu den Absätzen 4 bis 6 regelt ein Gesetz, das der Zustimmung des Bundesrates bedarf.

Art. 24. (1) Der Bund kann durch Gesetz Hoheitsrechte auf zwischenstaatliche Einrichtungen übertragen.

(1a) Soweit die Länder für die Ausübung der staatlichen Befugnisse und die Erfüllung der staatlichen Aufgaben zuständig sind, können sie mit Zustimmung der Bundesregierung Hoheitsrechte auf grenznachbarschaftliche Einrichtungen übertragen.

(2) Der Bund kann sich zur Wahrung des Friedens einem System gegenseitiger kollektiver Sicherheit einordnen; er wird hierbei in die Beschränkungen seiner Hoheitsrechte einwilligen, die eine friedliche und dauerhafte Ordnung in Europa und zwischen den Völkern der Welt herbeiführen und sichern.

(3) Zur Regelung zwischenstaatlicher Streitigkeiten wird der Bund Vereinbarungen über eine allgemeine, umfassende, obligatorische, internationale Schiedsgerichtsbarkeit beitreten.

Art. 25. Die allgemeinen Regeln des Völkerrechtes sind Bestandteil des Bundesrechtes. Sie gehen den Gesetzen vor und erzeugen Rechte und Pflichten unmittelbar für die Bewohner des Bundesgebietes.

Art. 28. (1) (...) Bei Wahlen in Kreisen und Gemeinden sind auch Personen, die die Staatsangehörigkeit eines Mitgliedsstaates der Europäischen Gemeinschaft besitzen, nach Maßgabe von Recht der Europäischen Gemeinschaft wahlberechtigt und wählbar. In Gemeinden kann an die Stelle einer gewählten Körperschaft die Gemeindeversammlung treten. (...)

Art. 45. Der Bundestag bestellt einen Ausschuss für Angelegenheiten der Europäischen Union. Er kann ihn ermächtigen, die Rechte des Bundestages gemäß Artikel 23 gegenüber der Bundesregierung wahrzunehmen. Er kann ihn auch ermächtigen, die Rechte wahrzunehmen, die dem Bundestag in den vertraglichen Grundlagen der Europäischen Union eingeräumt sind.[4]

Art. 50. Durch den Bundesrat wirken die Länder bei der Gesetzgebung und Verwaltung des Bundes und in Angelegenheiten der Europäischen Union mit.

Art. 52. (...) (3a) Für Angelegenheiten der Europäischen Union kann der Bundesrat eine Europakammer bilden, deren Beschlüsse als Beschlüsse des Bundesrates gelten; die Anzahl der einheitlich abzugebenden Stimmen der Länder bestimmt sich nach Artikel 51 Abs. 2. (...)

Art. 59. (1) Der Bundespräsident vertritt den Bund völkerrechtlich. Er schließt im Namen des Bundes die Verträge mit auswärtigen Staaten. Er beglaubigt und empfängt die Gesandten.

(2) Verträge, welche die politischen Beziehungen des Bundes regeln oder sich auf Gegenstände der Bundesgesetzgebung beziehen, bedürfen der Zustimmung oder der Mitwirkung der jeweils für die Bundesgesetzgebung zuständigen Körperschaften in der Form eines Bundesgesetzes. Für Verwaltungsabkommen gelten die Vorschriften über die Bundesverwaltung entsprechend.

Art. 76. (...) (2) Vorlagen der Bundesregierung sind zunächst dem Bundesrat zuzuleiten. (...) Bei Vorlagen zur Änderung dieses Grundgesetzes und zur Übertragung von Hoheitsrechten nach Artikel 23 oder Artikel 24 beträgt die Frist zur Stellungnahme neun Wochen (...).

(3) Vorlagen des Bundesrates sind dem Bundestag durch die Bundesregierung innerhalb von sechs Wochen zuzuleiten. (...) Bei Vorlagen zur Änderung dieses Grundgesetzes und zur Übertragung von Hoheitsrechten nach Artikel 23 oder Artikel 24 beträgt die Frist neun Wochen (...).

Art. 79. (1) Das Grundgesetz kann nur durch ein Gesetz geändert werden, das den Wortlaut des Grundgesetzes ausdrücklich ändert oder ergänzt. Bei völkerrechtlichen Verträgen, die eine Friedensregelung, die Vorbereitung einer Friedensregelung oder den Abbau einer besatzungsrechtlichen Ordnung zum Gegenstand haben oder der Verteidigung der Bundesrepublik zu dienen bestimmt sind, genügt zur Klarstellung, dass die Bestimmungen des Grundgesetzes dem Abschluss und dem Inkraftsetzen der Verträge nicht entgegenstehen, eine Ergänzung des Wortlautes des Grundgesetzes, die sich auf diese Klarstellung beschränkt.

(2) Ein solches Gesetz bedarf der Zustimmung von zwei Dritteln der Mitglieder des Bundestages und zwei Dritteln der Stimmen des Bundesrates.

---

[4] Art. 45 Satz 3 GG trat gem. Art. 2 des Gesetzes zur Änderung des Grundgesetzes v. 8. 10. 2008, BGBl. I Nr. 45, S. 1926 mit dem Inkrafttreten des Vertrages von Lissabon, also zum 1. 12. 2009, in Kraft.

(3) Eine Änderung dieses Grundgesetzes, durch welche die Gliederung des Bundes in Länder, die grundsätzliche Mitwirkung der Länder bei der Gesetzgebung oder die in den Artikeln 1 und 20 niedergelegten Grundsätze berührt werden, ist unzulässig.

Art. 88. Der Bund errichtet eine Währungs- und Notenbank als Bundesbank. Ihre Aufgaben können im Rahmen der Europäischen Union der Europäischen Zentralbank übertragen werden, die unabhängig ist und dem vorrangigen Ziel der Sicherung der Preisstabilität verpflichtet.

Frankreich

Verfassung der V. Republik vom 4. Oktober 1958[5]
zuletzt geändert durch Verfassungsgesetz Nr. 2008-724 vom 23. Juli 2008
in der Übersetzung, die unter der gemeinsamen Verantwortung der Abteilung Presse, Information und Kommunikation des Ministeriums für Auswärtige Angelegenheiten und der Abteilung europäische Angelegenheiten der Nationalversammlung erstellt wurde[6]

Präambel. Das französische Volk verkündet feierlich seine Verbundenheit mit den Menschenrechten und den Grundsätzen der nationalen Souveränität, wie sie in der Erklärung von 1789 niedergelegt wurden, welche durch die Präambel der Verfassung von 1946 bestätigt und ergänzt wurde, sowie mit den in der Umweltcharta von 2004 festgelegten Rechten und Pflichten. (...)

Art. 1. Frankreich ist eine unteilbare, laizistische, demokratische und soziale Republik. Sie gewährleistet die Gleichheit aller Bürger vor dem Gesetz ohne Unterschied der Herkunft, Rasse oder Religion. Sie achtet jeden Glauben. Sie ist dezentral organisiert.

Der gleiche Zugang von Frauen und Männern zu den Wahlmandaten und -ämtern sowie zu beruflicher und gesellschaftlicher Verantwortung wird per Gesetz gefördert.

Art. 3. Die nationale Souveränität liegt beim Volke, das sie durch seine Vertreter und durch Volksentscheid ausübt.

Weder ein Teil des Volkes noch eine Einzelperson kann ihre Ausübung für sich in Anspruch nehmen. (...)

Art. 5. Der Präsident der Republik wacht über die Einhaltung der Verfassung. Er gewährleistet durch seinen Schiedsspruch die ordnungsgemäße Tätigkeit der öffentlichen Gewalten sowie die Kontinuität des Staates.

Er ist der Garant der nationalen Unabhängigkeit, der Integrität des Staatsgebietes und der Einhaltung der Verträge.

Art. 11. Der Präsident der Republik kann – auf Vorschlag der Regierung während der Sitzungsperioden oder auf gemeinsamen Vorschlag beider Kammern, welche im Journal officiel veröffentlicht werden – jeden Gesetzentwurf zum Volksentscheid bringen, der die Organisation der öffentlichen Gewalten sowie Reformen der Wirtschafts- oder Sozialpolitik der Nation und der dazu beitragenden öffentlichen Dienste betrifft oder auf die Ermächtigung zur Ratifikation eines Vertrages abzielt, welcher, ohne gegen die Verfassung zu verstoßen, Auswirkungen auf das Funktionieren der Institutionen hätte.

---

[5] Amtl. Text abrufbar unter http://www.assemblee-nationale.fr/connaissance/constitution.asp (1. 9. 2010).

[6] Abrufbar unter http://www.assemblee-nationale.fr/deutsch/8cb.asp (1. 9. 2010).

Wird der Volksentscheid auf Vorschlag der Regierung durchgeführt, gibt diese vor jeder Kammer eine Erklärung ab, der sich eine Aussprache anschließt. (…)

[Art. 11 n. F.[7] *Der Präsident der Republik kann – auf Vorschlag der Regierung während der Sitzungsperioden oder auf gemeinsamen Vorschlag beider Kammern, welche im Journal officiel veröffentlicht werden – jeden Gesetzentwurf zum Volksentscheid bringen, der die Organisation der öffentlichen Gewalten sowie Reformen der Wirtschafts-, Sozial- oder Umweltpolitik der Nation und der dazu beitragenden öffentlichen Dienste betrifft oder auf die Ermächtigung zur Ratifikation eines Vertrages abzielt, welcher, ohne gegen die Verfassung zu verstoßen, Auswirkungen auf das Funktionieren der Institutionen hätte.*

Wird der Volksentscheid auf Vorschlag der Regierung durchgeführt, gibt diese vor jeder Kammer eine Erklärung ab, der sich eine Aussprache anschließt.

Ein Volksentscheid zu einem im ersten Absatz genannten Thema kann auf Initiative eines Fünftels der Mitglieder des Parlaments, die von einem Zehntel der in den Wählerlisten eingetragenen Wähler unterstützt wird, anberaumt werden. Diese Initiative wird in Form eines Gesetzesvorschlags ergriffen und kann nicht die Aufhebung einer seit weniger als einem Jahr verkündeten Rechtsbestimmung zum Gegenstand haben. (…)]

Art. 52. Der Präsident der Republik verhandelt und ratifiziert die Verträge.

Er wird über alle Verhandlungen unterrichtet, die auf den Abschluss eines internationalen Abkommens abzielen, das nicht der Ratifikation unterliegt.

Art. 53. Die Ratifizierung von Friedensverträgen, Handelsverträgen, Verträgen oder Abkommen über die internationale Organisation, ferner solche, die Verpflichtungen für die Staatsfinanzen nach sich ziehen, Bestimmungen gesetzlicher Art ändern, den Personenstand betreffen oder die Abtretung, den Tausch oder Erwerb von Staatsgebieten beinhalten, oder deren Zustimmung darf nur aufgrund eines Gesetzes erfolgen.

Sie werden erst mit der Ratifizierung oder Zustimmung wirksam. (…)

Art. 53-1. Die Republik kann mit den europäischen Staaten, die durch dieselben Verpflichtungen in Fragen des Asylrechts sowie des Schutzes der Menschenrechte und Grundfreiheiten gebunden sind, Abkommen schließen, die ihre jeweiligen Zuständigkeiten bei der Prüfung der bei ihnen gestellten Asylanträge festlegen.

Aber selbst wenn der Antrag aufgrund dieser Abkommen nicht in ihre Zuständigkeit fällt, haben die Behörden der Republik immer das Recht, jedem Ausländer, der wegen seines Einsatzes für die Freiheit verfolgt wird oder aus einem anderen Grunde den Schutz Frankreichs begehrt, Asyl zu gewähren.

Art. 53-2. Die Republik kann die Zuständigkeit des Internationalen Strafgerichtshofes unter den Bedingungen, die in dem am 18. Juli 1998 unterzeichneten Vertrag vorgesehen sind, anerkennen.

Art. 54. Hat der vom Präsidenten der Republik, vom Premierminister oder vom Präsidenten einer der beiden Kammern oder von sechzig Abgeordneten oder sechzig Senatoren angerufene Verfassungsrat erklärt, dass eine internationale Verpflichtung eine verfassungswidrige Klausel enthält, so kann die Ermächtigung zu deren Ratifikation oder Zustimmung erst nach der Änderung der Verfassung erfolgen.

---

[7] Dieser Artikel tritt gem. Art. 46 d. Verfassungsgesetzes Nr. 2008-103 v. 4. 2. 2008 nach den Bedingungen in Kraft, die in den Gesetzen bzw. Organgesetzen zu seiner Anwendung bestimmt sind.

Art. 55. Nach ordnungsgemäßer Ratifizierung oder Zustimmung erlangen Verträge oder Abkommen mit ihrer Veröffentlichung höhere Rechtskraft als Gesetze unter dem Vorbehalt, dass das Abkommen oder der Vertrag von der anderen Vertragspartei ebenfalls angewandt wird.

Art. 61. Die Organgesetze müssen vor ihrer Verkündung, die in Artikel 11 genannten Gesetzesvorschläge, bevor sie zum Volksentscheid gebracht werden, und die Geschäftsordnungen der parlamentarischen Kammern, bevor sie zur Anwendung gebracht werden, dem Verfassungsrat vorgelegt werden, der über ihre Verfassungsmäßigkeit befindet.

Zum gleichen Zweck können Gesetze vor ihrer Verkündung vom Präsidenten der Republik, vom Premierminister, vom Präsidenten der Nationalversammlung, vom Präsidenten des Senats oder von sechzig Abgeordneten oder sechzig Senatoren dem Verfassungsrat unterbreitet werden.

In den in den beiden vorangehenden Absätzen genannten Fällen muss der Verfassungsrat binnen eines Monats entscheiden. Auf Ersuchen der Regierung wird jedoch bei Dringlichkeit diese Frist auf acht Tage verkürzt. (...)

Art. 61-1.[8] Wird bei einem anhängigen Gerichtsverfahren behauptet, eine Rechtsvorschrift verstoße gegen die von der Verfassung garantierten Rechte und Freiheiten, kann der Verfassungsrat nach Zurückverweisung durch den Staatsrat oder den Kassationsgerichtshof mit dieser Frage befasst werden, der innerhalb einer bestimmten Frist eine Entscheidung zu treffen hat.

Ein Organgesetz regelt die Bedingungen für die Anwendung dieses Artikels.

Art. 88-1.[9] Die Französische Republik wirkt an der Europäischen Union mit, welche aus Staaten besteht, die sich in freier Entscheidung dazu entschlossen haben, einige ihrer Befugnisse gemeinsam auszuüben gemäß dem Vertrag über die Europäische Union und dem Vertrag über die Arbeitsweise der Europäischen Union, wie diese sich aus dem am 13. Dezember 2007 in Lissabon unterzeichneten Vertrag ergeben.

[Art. 88-1 a. F. bis 30. 11. 2009: *Die Französische Republik wirkt an den Europäischen Gemeinschaften und an der Europäischen Union mit, welche aus Staaten bestehen, die sich in freier Entscheidung und auf der Grundlage ihrer Gründungsverträge dazu entschlossen haben, einige ihrer Befugnisse gemeinsam auszuüben.*

Sie kann an der Europäischen Union unter den Bedingungen mitwirken, die in dem am 13. Dezember 2007 unterzeichneten Vertrag von Lissabon zur Änderung des Vertrages über die Europäische Union und des Vertrages zur Gründung der Europäischen Gemeinschaft festgelegt sind.]

Art. 88-2.[10] Das Gesetz legt die Vorschriften betreffend den Europäischen Haftbefehl in Anwendung der Rechtsakte fest, die von den Institutionen der Europäischen Union erlassen wurden.

---

[8] Dieser Artikel trat gem. Art. 46 d. Verfassungsgesetzes Nr. 2008-103 v. 4. 2. 2008 nach den Bedingungen in Kraft, die in den Gesetzen bzw. Organgesetzen zu seiner Anwendung bestimmt sind. Die Umsetzung der sog. „question prioritaire de constitutionnalité" erfolgte durch Organgesetz Nr. 2009-1523 vom 10. 12. 2009.

[9] Dieser Artikel ergibt sich aus Art. 2 d. Verfassungsgesetzes Nr. 2008-103 v. 4. 2. 2008. Er trat mit Inkrafttreten des Vertrages von Lissabon zum 1. 12. 2009 in Kraft. Er entspricht seiner Struktur nach der aufgrund fehlender Ratifikation des Verfassungsvertrages nie in Kraft getretenen Fassung, wie sie sich aus dem Verfassungsgesetz Nr. 2005-204 v. 1. 3. 2005 ergab.

[10] Zum Inkrafttreten vgl. Fn. 9. Dieser Artikel ist identisch mit der bereits im Verfassungsgesetz Nr. 2005-204 v. 1. 3. 2005 vorgesehenen Fassung von Art. 88-2, die jedoch aufgrund fehlender Ratifikation des Verfassungsvertrages nie in Kraft trat.

[Art. 88-2 a. F. bis 30. 11. 2009. *Unter dem Vorbehalt der Gegenseitigkeit und gemäß den Modalitäten des am 7. Februar 1992 unterzeichneten Vertrages über die Europäische Union stimmt Frankreich der Übertragung von Befugnissen zu, die zur Schaffung der europäischen Wirtschafts- und Währungsunion notwendig sind.*

Unter demselben Vorbehalt und gemäß den Modalitäten, die im Vertrag zur Gründung der Europäischen Gemeinschaft in seiner sich aus dem am 2. Oktober 1997 unterzeichneten Vertrag ergebenden Fassung vorgesehen sind, kann der Übertragung von Befugnissen, die zur Festlegung der Regelungen für den freien Personenverkehr und für die damit verbundenen Bereiche notwendig sind, zugestimmt werden.

Das Gesetz legt die Vorschriften betreffend den Europäischen Haftbefehl in Anwendung der Rechtsakte fest, die auf der Grundlage des Vertrages über die Europäische Union erlassen wurden.]

Art. 88-3. Unter dem Vorbehalt der Gegenseitigkeit und gemäß den Modalitäten des am 7. Februar 1992 unterzeichneten Vertrages über die Europäische Union kann nur Unionsbürgern mit Wohnsitz in Frankreich das aktive und passive Wahlrecht bei Kommunalwahlen gewährt werden. Diese Bürger dürfen weder das Amt eines Bürgermeisters oder Beigeordneten ausüben noch an der Benennung der Wahlmänner zum Senat und an der Wahl der Senatoren teilnehmen. Die Bedingungen für die Anwendung dieses Artikels regelt ein von beiden Kammern im gleichen Wortlaut beschlossenes Organgesetz.

Art. 88-4.[11] Die Regierung legt der Nationalversammlung und dem Senat die Entwürfe europäischer Rechtsakte sowie die Entwürfe oder Vorschläge anderer Akte der Europäischen Union unmittelbar nach deren Übermittlung an den Rat der Europäischen Union vor.

Gemäß den in der Geschäftsordnung einer jeden Kammer festgelegten Modalitäten können europäische Entschließungen zu den im ersten Absatz genannten Entwürfen oder Vorschlägen sowie zu allen von einer Institution der Europäischen Union stammenden Dokumenten verabschiedet werden, gegebenenfalls auch außerhalb der Sitzungsperioden.

In jeder parlamentarischen Kammer wird ein für europäische Angelegenheiten zuständiger Ausschuss eingesetzt.

[Art. 88-4 a. F. bis 30. 11. 2009. *Die Regierung legt der Nationalversammlung und dem Senat die Entwürfe oder Vorschläge von Rechtsakten der Europäischen Gemeinschaften oder der Europäischen Union, welche Bestimmungen mit Gesetzescharakter enthalten, unmittelbar nach deren Übermittlung an den Rat der Europäischen Union vor. Sie kann ihnen auch die Entwürfe oder Vorschläge sonstiger Rechtsakte sowie sämtliche Dokumente einer Institution der Europäischen Union unterbreiten.*

Gemäß den in der Geschäftsordnung einer jeden Kammer festgelegten Modalitäten können europäische Entschließungen zu den im ersten Absatz genannten Entwürfen oder Vorschlägen sowie zu allen von einer Institution der Europäischen Union stammenden Dokumenten verabschiedet werden, gegebenenfalls auch außerhalb der Sitzungsperioden.

In jeder parlamentarischen Kammer wird ein für europäische Angelegenheiten zuständiger Ausschuss eingesetzt.]

---

[11] Die Neufassung von Art. 88-4 (insbesondere Abs. 1) trat gem. Art. 47 des Verfassungsgesetzes Nr. 2008-724 v. 23.7. 2008 mit Inkrafttreten des Vertrages von Lissabon, also zum 1. 12. 2009, in Kraft.

Art. 88-5.[12] Jeder Gesetzentwurf, der zur Ratifizierung eines Vertrages über den Beitritt eines Staates zur Europäischen Union ermächtigt, wird vom Präsidenten der Republik zum Volksentscheid gebracht.

Durch einen von jeder Kammer mit einer Mehrheit von drei Fünfteln der Mitglieder im gleichen Wortlaut angenommenen Antrag kann das Parlament jedoch die Annahme des Gesetzentwurfs nach dem im dritten Absatz von Artikel 89 vorgesehenen Verfahren zulassen.

[Art. 88-5 a. F. bis 30. 11. 2009. *Jeder Gesetzentwurf, der zur Ratifizierung eines Vertrages über den Beitritt eines Staates zur Europäischen Union und zu den Europäischen Gemeinschaften ermächtigt, wird vom Präsidenten der Republik zum Volksentscheid gebracht.*

Durch einen von jeder Kammer mit einer Mehrheit von drei Fünfteln der Mitglieder im gleichen Wortlaut angenommenen Antrag kann das Parlament jedoch die Annahme des Gesetzentwurfs nach dem im dritten Absatz von Artikel 89 vorgesehenen Verfahren zulassen.]

Art. 88-6.[13] Die Nationalversammlung oder der Senat kann eine mit Gründen versehene Stellungnahme zur Übereinstimmung des Entwurfs eines europäischen Rechtsaktes mit dem Subsidiaritätsprinzip abgeben. Der Präsident der betreffenden Kammer richtet dann die Stellungnahme an den Präsidenten des Europäischen Parlaments, den Vorsitzenden des Rates und den Präsidenten der Europäischen Kommission. Die Regierung wird hiervon in Kenntnis gesetzt.

Jede Kammer kann beim Gerichtshof der Europäischen Union ein Rechtsmittel gegen einen europäischen Rechtsakt wegen Verstoßes gegen das Subsidiaritätsprinzip einlegen. Dieses Rechtsmittel wird von der Regierung an den Gerichtshof der Europäischen Union übermittelt.

Zu diesem Zweck können gemäß den in der Geschäftsordnung einer jeden Kammer festgelegten Initiativ- und Beratungsbestimmungen Entschließungen verabschiedet werden, gegebenenfalls auch außerhalb der Sitzungsperioden. Auf Antrag von sechzig Abgeordneten oder sechzig Senatoren ist das Rechtsmittel von Rechts wegen einzulegen.

Art. 88-7.[14] Nehmen Nationalversammlung und Senat einen entsprechenden Antrag im gleichen Wortlaut an, kann sich das Parlament einer Änderung der Regeln für den Erlass von Rechtsakten der Europäischen Union in den Fällen widersetzen, die für die vereinfachte Ände-

---

[12] Art. 88-5 Abs. 1 n. F. ergibt sich aus Art. 2 des Verfassungsgesetzes Nr. 2008-103 v. 4. 2. 2008. Er ist identisch mit der bereits im Verfassungsgesetz Nr. 2005-204 v. 1. 3. 2005 vorgesehenen Fassung von Art. 88-7 (sic!), die nie in Kraft trat. Einziger Unterschied zur bereits geltenden Rechtslage ist die redaktionelle Streichung der Passage „und zu den Europäischen Gemeinschaften". Gemäß Art. 47 des Verfassungsgesetzes Nr. 2008-724 v. 23. 7. 2008 kommen sowohl die derzeitige, als auch die noch nicht in Kraft getretene Neufassung von Artikel 88-5 für die Beitritte infolge einer Regierungskonferenz noch *nicht zur Anwendung*, deren Einberufung vom Europäischen Rat vor dem 1. Juli 2004 beschlossen wurde.

[13] Art. 88-6 Abs. 1, Abs. 2 u. Abs. 3 S. 1 n. F. ergeben sich ebenfalls aus Art. 2 des Verfassungsgesetzes Nr. 2008-103 v. 4.2. 2008. Sie sind identisch mit der nie in Kraft getretenen Fassung d. Art. 88-5 (sic!), wie sie im Verfassungsgesetz Nr. 2005-204 v. 1. 3. 2005 vorgesehen war. Abs. 3 S. 2 wurde durch das Verfassungsgesetz Nr. 2008-724 v. 23. 7. 2008 hinzugefügt. Der ganze Artikel trat mit Inkrafttreten des Vertrages von Lissabon, also zum 1. 12. 2009, in Kraft, vgl. Art. 47 des Verfassungsgesetzes Nr. 2008-724.

[14] Art. 88-7 n. F. ergibt sich ebenfalls aus Art. 2 des Verfassungsgesetzes Nr. 2008-103 v. 4.2. 2008. Er entspricht weitgehend der nie in Kraft getretenen Fassung von Art. 88-6 (sic!), wie sie sich aus dem Verfassungsgesetz Nr. 2005-204 v. 1. 3. 2005 ergab, verweist aber demgegenüber zusätzlich auf das Vetorecht nach Art. 81 Abs. 3 AEUV (Liss) im Bereich des Familienrechts. Er trat mit Inkrafttreten des Vertrages zum 1. 12. 2009 in Kraft.

rung der Verträge oder der Zusammenarbeit in Zivilsachen im Vertrag über die Europäische Union und im Vertrag über die Arbeitsweise der Europäischen Union vorgesehen sind, so wie sie sich aus dem am 13. Dezember 2007 in Lissabon unterzeichneten Vertrag ergeben.

Artikel 89.[15] Die Initiative zur Änderung der Verfassung steht sowohl dem Präsidenten der Republik auf Vorschlag des Premierministers als auch den Mitgliedern des Parlaments gleichberechtigt zu.

Der Änderungsentwurf oder -vorschlag muss innerhalb der im dritten Absatz von Artikel 42 festgelegten Frist geprüft und von beiden Kammern im gleichen Wortlaut verabschiedet werden. Nach Zustimmung durch einen Volksentscheid tritt die Verfassungsänderung in Kraft.

Der Änderungsentwurf wird jedoch nicht zum Volksentscheid gebracht, wenn der Präsident der Republik beschließt, ihn dem als Kongress einberufenen Parlament vorzulegen. In diesem Falle gilt der Änderungsentwurf nur dann als angenommen, wenn er eine Mehrheit von drei Fünfteln der abgegebenen Stimmen erhält. Das Präsidium des Kongresses ist das Präsidium der Nationalversammlung.

Ein Verfahren zur Änderung der Verfassung darf nicht eingeleitet oder fortgesetzt werden, wenn die Integrität des Staatsgebietes gefährdet wird.

Die republikanische Regierungsform kann nicht Gegenstand einer Verfassungsänderung sein.

Präambel der Verfassung der IV. Republik vom 27. Oktober 1946

(14) Die Französische Republik, treu ihrer Überlieferung, richtet sich nach den Regeln des internationalen Völkerrechts. Sie wird keinen Krieg aus Eroberungsabsichten unternehmen und ihre Streitkräfte niemals gegen die Freiheit irgendeines Volkes wenden.

(15) Unter dem Vorbehalt der Gegenseitigkeit stimmt Frankreich den zur Organisation und Verteidigung des Friedens notwendigen Einschränkungen seiner Souveränität zu.

Erklärung der Menschen- und Bürgerrechte vom 26. August 1789

Art. 3. Der Ursprung aller Souveränität liegt ihrem Wesen nach in der Nation. Keine Körperschaft und kein Einzelner kann eine Gewalt ausüben, die nicht ausdrücklich von ihr ausgeht.

Italien

Verfassung der Italienischen Republik vom 27. Dezember 1947[16]
zuletzt geändert durch Verfassungsgesetz v. 2. Oktober 2007 (Nr. 1)
in der von der italienischen Abgeordnetenkammer herausgegebenen
deutschen Übersetzung[17]

Art. 1. Italien ist eine demokratische, auf die Arbeit gegründete Republik. Alle Staatsgewalt geht vom Volke aus. Sie wird vom Volke in den in der Verfassung vorgesehenen Formen und innerhalb der von der Verfassung gesetzten Grenzen ausgeübt.

---

[15] Abs. 2 S. 1 wurde modifiziert durch Art. 45 des Verfassungsgesetzes 2008-724.

[16] Amtl. Text abrufbar unter http://www.camera.it/38?conoscerelacamera=28 (1. 9. 2010).

[17] Ehemals (21. 10. 2009) abrufbar unter http://www.camera.it/cost_reg_funz/345/copertina.asp.

Art. 10. Die italienische Rechtsordnung passt sich den allgemeinen Regeln des Völkerrechts an. (...)

Art. 11. Italien lehnt den Krieg als Mittel des Angriffs auf die Freiheit anderer Völker und als Mittel zur Lösung internationaler Streitigkeiten ab; unter der Bedingung der Gleichstellung mit den übrigen Staaten stimmt es den Souveränitätsbeschränkungen zu, die für eine den Frieden und die Gerechtigkeit unter den Völkern gewährleistende zwischenstaatliche Ordnung erforderlich sind; es fördert und begünstigt die auf diesen Zweck ausgerichteten internationalen Organisationen.

Art. 75. Zur Entscheidung über die gänzliche oder teilweise Aufhebung eines Gesetzes oder eines Aktes mit Gesetzeskraft kommt es zu einem Volksentscheid, wenn 500000 Wahlberechtigte oder 5 Regionalräte dies verlangen.

Ein Volksentscheid ist nicht zulässig über Steuer- und Haushaltsgesetze, über Amnestien und Strafnachlässe sowie über die Ermächtigung zur Ratifizierung internationaler Verträge.

Am Volksentscheid können sich alle Bürger beteiligen, die zur Wahl der Abgeordnetenkammer berechtigt sind.

Der dem Volksentscheid unterbreitete Vorschlag ist angenommen, wenn die Mehrheit der Stimmberechtigten sich an der Abstimmung beteiligt und wenn eine Mehrheit der abgegebenen gültigen Stimmen erreicht wird.

Das Gesetz bestimmt die Einzelheiten des Verfahrens beim Volksentscheid.

Art. 117. Die gesetzgebende Gewalt wird vom Staat und von den Regionen gemäß der Verfassung und entsprechend den aus der EU-Rechtsordnung und aus den völkerrechtlichen Verpflichtungen entstehenden Verbindlichkeiten ausgeübt.

Der Staat hat die ausschließliche Gesetzgebungsgewalt in den folgenden Bereichen:

a) Die Außenpolitik und die internationalen Beziehungen des Staates; die Beziehungen des Staates mit der Europäischen Union; das Asylrecht und der Rechtsstatus der der Europäischen Union nicht angehörigen Bürger;

(...)

Die Materien der konkurrierenden Gesetzgebung sind: die internationalen Beziehungen der Regionen und die Beziehungen der Regionen mit der Europäischen Union; (...)

Die Regionen und die autonomen Provinzen Trient und Bozen wirken bei den die Abfassung der europäischen Rechtsakten bezweckenden Entscheidungsprozessen in den Materien ihrer Zuständigkeit zusammen und sorgen für die Ausführung und den Vollzug der internationalen Übereinkommen und der europäischen Rechtsakten, in Übereinstimmung mit den durch das Staatsgesetz vorgesehenen Verfahren, das die Ausübung der Ersatzbefugnis im Fall der Nichterfüllung ihrerseits regelt. (...)

Art. 138. Gesetze zur Änderung der Verfassung und sonstige Verfassungsgesetze werden von den Kammern mit jeweils zwei Abstimmungen, zwischen denen mindestens drei Monate liegen müssen, angenommen.

Verfassungsänderungsgesetze und sonstige Verfassungsgesetze sind dann zum Volksentscheid zu bringen, wenn binnen drei Monaten nach ihrer Veröffentlichung ein Fünftel der Mitglieder einer Kammer oder fünfhunderttausend Wähler oder fünf Regionalversammlungen dies begehren. Das zum Volksentscheid gebrachte Gesetz wird nur dann verkündet, wenn es die Zustimmung der Mehrheit aller gültig abgegebenen Stimmen erhalten hat.

Einem Volksbegehren wird nicht stattgegeben, wenn das Gesetz bei der zweiten Abstimmung in den Kammern die Zustimmung von jeweils zwei Dritteln der Mitglieder erhalten hat.

Art. 139. Die republikanische Staatsform kann nicht Gegenstand einer Verfassungsreform sein.

Luxemburg

Verfassung des Großherzogtums Luxemburg vom 17. Oktober 1868[18]
zuletzt geändert am 12. März 2009 (ABl. A – 43 v. 12. 3. 2009, S. 586)
in der vom Verfasser aktualisierten[19] Übersetzung nach *A. Kimmel*[20]

Art. 1. Das Großherzogtum Luxemburg ist ein demokratischer, freier, unabhängiger und unteilbarer Staat.

Art. 32. Die souveräne Gewalt liegt bei der Nation. Der Großherzog übt sie gemäß dieser Verfassung und den Gesetzen des Landes aus. (...)

Art. 37. Der Großherzog schließt die Verträge. Die Verträge treten nicht in Kraft, ehe sie durch das Gesetz gebilligt und in der für die Veröffentlichungen der Gesetze vorgeschriebenen Form veröffentlicht worden sind.

Die in Kapitel III § 4 Art. 49bis, genannten Verträge werden durch ein gemäß Art. 114 Abs. 2 beschlossenes Gesetz gebilligt.

Art. 49bis. Die Ausübung von Befugnissen, die von der Verfassung der gesetzgebenden, der vollziehenden und der rechtsprechenden Gewalt vorbehalten sind, kann durch Vertrag vorübergehend Institutionen des internationalen Rechts übertragen werden.

Art. 95b. (1) Das Verfassungsgericht entscheidet durch einen Urteilsspruch über die Übereinstimmung der Gesetze mit der Verfassung.

(2) Das Verfassungsgericht kann, gemäß den gesetzlichen Bestimmungen, von jeder Gerichtsbarkeit befasst werden um eine Vorabentscheidung zu treffen über die Übereinstimmung der Gesetze mit der Verfassung, mit Ausnahme der Zustimmungsgesetze zu internationalen Verträgen.

(3) Das Verfassungsgericht setzt sich zusammen aus dem Präsidenten des Obersten Gerichtshofes, dem Präsidenten des Verwaltungsgerichtshofes, zwei Mitgliedern des Kassationshofes und fünf Richtern, die vom Großherzog nach gemeinsamer Stellungnahme des Obersten Gerichtshofes und des Verwaltungsgerichtshofes ernannt werden. Die Bestimmungen der Artikel 91, 92 und 93 sind auf sie anwendbar. Das Verfassungsgericht besteht aus einer Kammer von fünf Richtern.

(4) Die Organisation des Verfassungsgerichtes sowie die Art und Weise, in der es seine Befugnisse ausübt, werden durch Gesetz geregelt.

Art. 114. Jede Verfassungsänderung muss in gleichem Wortlaut von der Abgeordnetenkammer in zwei Abstimmungen angenommen werden, zwischen denen mindestens drei Monate liegen müssen.

Eine Verfassungsänderung ist nur angenommen, wenn ihr nicht wenigstens zwei Drittel der Mitglieder der Kammer zustimmen. Eine stellvertretende Abstimmung ist nicht erlaubt.

---

[18] Amtl. Text abrufbar unter: http://www.legilux.public.lu/leg/textescoordonnes/recueils/Constitution/Constitution.pdf (1. 9. 2010).

[19] Der Verweis in Art. 37 Abs. 2 bezieht sich in der jüngsten Fassung auf Art. 114 Abs. 2.

[20] *A. Kimmel*, in: ders./ C. Kimmel (Hrsg.), Die Verfassungen der EU-Mitgliedstaaten (6. Aufl. 2005), S. 361 ff.

Der in erster Lesung von der Abgeordnetenkammer angenommene Text wird einem Volksentscheid unterbreitet. Er ersetzt die zweite Abstimmung in der Kammer, wenn er innerhalb von zwei Monaten nach der ersten Abstimmung von mehr als einem Viertel der Kammermitglieder oder von 25 000 auf den Listen für die Parlamentswahl eingetragenen Wählern beantragt wird. Die Verfassungsänderung ist nur angenommen, wenn sie die Mehrheit der abgegebenen Stimmen auf sich vereinigt. Die Modalitäten der Durchführung des Volksentscheids werden durch Gesetz geregelt.

Niederlande

Verfassung des Königreichs der Niederlande vom 24. August 1815 (in der Fassung der Neubekanntmachung vom 17. Februar 1983)[21]
zuletzt geändert am 18. August 2008 (Staatsbl. 2008, Nr. 348)
in der vom Ministerium für Inneres und Königreichsbeziehungen herausgegebenen Übersetzung[22]

Art. 90. Die Regierung fördert die Entwicklung der internationalen Rechtsordnung.

Art. 91. (1) Ohne vorherige Zustimmung durch die Generalstaaten ist das Königreich nicht an Verträge gebunden und werden Verträge nicht gekündigt. Die Fälle, in denen keine Zustimmung erforderlich ist, bezeichnet das Gesetz.

(2) Durch Gesetz wird bestimmt, in welcher Weise die Zustimmung erteilt wird. Das Gesetz kann eine stillschweigende Zustimmung vorsehen.

(3) Enthält ein Vertrag Bestimmungen, die von der Verfassung abweichen beziehungsweise eine solche Abweichung erforderlich machen, können die Kammern ihre Zustimmung nur mit einer Mehrheit von mindestens zwei Dritteln der abgegebenen Stimmen erteilen.

Art. 92. Durch Vertrag oder kraft eines Vertrags können völkerrechtlichen Organisationen Gesetzgebungs-, Verwaltungs- und Rechtsprechungsbefugnisse übertragen werden, erforderlichenfalls unter Berücksichtigung von Artikel 91 Absatz 3.

Art. 93. Bestimmungen von Verträgen und Beschlüssen völkerrechtlicher Organisationen, die ihrem Inhalt nach allgemein verbindlich sein können, haben Verbindlichkeit nach ihrer Veröffentlichung.

Art. 94. Innerhalb des Königreichs geltende gesetzliche Vorschriften werden nicht angewandt, wenn die Anwendung mit allgemein verbindlichen Bestimmungen von Verträgen und Beschlüssen völkerrechtlicher Organisationen nicht vereinbar ist.

Art. 120. Der Richter beurteilt nicht die Verfassungsmäßigkeit von Gesetzen und Verträgen.

Art. 137. (1) Durch ein Gesetz wird erklärt, dass eine Verfassungsänderung, wie sie darin vorgeschlagen ist, beraten werden soll.

(2) Die Zweite Kammer kann aufgrund eines vom König oder in seinem Auftrag eingereichten Vorschlags oder von sich aus die Vorlage eines solchen Gesetzes teilen.

---

[21] Amtl. Text abrufbar unter http://www.wetten.overheid.nl/BWBR0001840/ (1.9.2010).

[22] Abrufbar unter http://www.english.minbzk.nl/aspx/download.aspx?file=/contents/pages/6156/grondwet_D_6-02.pdf (1.9.2010). Die dortige Übersetzung bezieht sich auf die Fassung von 2002, die seither erfolgten Änderungen berührten die im Folgenden aufgeführten Artikel jedoch nicht.

(3) Nach Verkündung eines Gesetzes im Sinne von Absatz 1 wird die Zweite Kammer aufgelöst.

(4) Nachdem die neue Zweite Kammer zusammengetreten ist, beraten beide Kammern in zweiter Lesung über die Änderungsvorlage im Sinne von Absatz 1. Für ihre Annahme ist eine Mehrheit von mindestens zwei Dritteln der abgegebenen Stimmen erforderlich.

(5) Die Zweite Kammer kann aufgrund eines vom König oder in seinem Auftrag eingebrachten Vorschlags oder von sich aus mit einer Mehrheit von mindestens zwei Dritteln der abgegebenen Stimmen eine Änderungsvorlage teilen.

Art. 138. (1) Bevor die in zweiter Lesung angenommenen Vorlagen zur Änderung der Verfassung vom König bestätigt werden, können durch Gesetz:

a) die angenommenen Vorlagen und die unveränderten Verfassungsbestimmungen soweit wie nötig aufeinander abgestimmt werden;

b) die Einteilung in Kapitel, Paragraphen und Artikel, deren Anordnung sowie die Überschriften geändert werden.

(2) Eine Gesetzesvorlage, die Bestimmungen im Sinne von Absatz 1 Buchstabe a enthält, können die Kammern nur mit einer Mehrheit von mindestens zwei Dritteln der abgegebenen Stimmen annehmen.

Art. 140. Bestehende Gesetze und andere Regelungen und Erlasse, die im Widerspruch zu einer Verfassungsänderung stehen, gelten so lange, bis eine diesbezügliche, der Verfassung entsprechende Maßnahme getroffen worden ist.

II. Beitrittsländer zum Jahr 1973

Dänemark

Verfassung des Königreiches Dänemark vom 5. Juni 1953[23]
seither unverändert
in der amtlichen Übersetzung[24]

§ 12. Der König hat mit den in diesem Grundgesetz festgesetzten Einschränkungen die höchste Gewalt in allen Angelegenheiten des Königreiches und übt diese durch die Minister aus.

§ 19. (1) Der König handelt in zwischenstaatlichen Angelegenheiten im Namen des Königreiches. Ohne Zustimmung des Folketing kann er jedoch keine Handlung vornehmen, die das Gebiet des Königreiches erweitert oder vermindert, und auch keine Verpflichtung eingehen, zu deren Erfüllung die Mitwirkung des Folketing erforderlich oder die sonstwie von größerer Bedeutung ist. Ebenso kann der König zwischenstaatliche Verträge, die mit Zustimmung des Folketing geschlossen worden sind, nicht ohne Zustimmung des Folketing kündigen. (...)

§ 20. (1) Befugnisse, die auf Grund dieses Grundgesetzes den Behörden des Königreichs zustehen, können durch Gesetz in näher bestimmtem Umfang solchen zwischenstaatlichen Behör-

---

[23] Dänische Originalfassung abrufbar unter https://www.retsinformation.dk/Forms/R0710.aspx?id=45902 (1. 9. 2010).

[24] Abgedruckt in A. Kimmel/ C. Kimmel (Hrsg.), Die Verfassungen der EU-Mitgliedstaaten (6. Aufl. 2005), S. 41 ff.

den übertragen werden, die durch gegenseitige Übereinkunft zwecks Förderung zwischenstaatlicher Rechtsordnung und Zusammenarbeit errichtet worden sind.

(2) Zur Annahme diesbezüglicher Gesetzesvorlagen bedarf es einer Mehrheit von fünf Sechsteln der Mitglieder des Folketing. Wird eine solche Mehrheit nicht erreicht, wohl aber die für die Annahme allgemeiner Gesetzesvorlagen erforderliche Mehrheit, so wird, falls die Regierung an der Vorlage festhält, diese den Wählern des Folketing zur Annahme oder Ablehnung gemäß den in § 42 für Volksentscheide festgesetzten Vorschriften vorgelegt.

§ 42. (1) Wenn eine Gesetzesvorlage vom Folketing verabschiedet worden ist, kann ein Drittel der Mitglieder des Folketing innerhalb einer Frist von 3 Werktagen nach der Verabschiedung der Gesetzesvorlage beim Vorsitzenden den Volksentscheid über die Gesetzesvorlage beantragen. Der Antrag muss schriftlich eingereicht werden und mit den Unterschriften der antragstellenden Mitglieder versehen sein. (...)

(3) Wenn über eine Gesetzesvorlage der Volksentscheid beantragt wird, so kann das Folketing innerhalb einer Frist von 5 Werktagen nach der Verabschiedung der Vorlage beschließen, dass sie entfallen soll. (...)

(5) Beim Volksentscheid wird für und gegen die Gesetzesvorlage abgestimmt. Für die Ablehnung der Vorlage ist erforderlich, dass eine Mehrheit der an der Abstimmung teilnehmenden Wähler des Folketing, jedoch mindestens 30% sämtlicher Stimmberechtigten, gegen die Gesetzesvorlage gestimmt haben.

(6) Gesetzesvorlagen, die Haushaltsgesetze, Nachtragsbewilligungsgesetze, vorläufige Bewilligungsgesetze, Staatsanleihegesetze, Gesetze über den Stellenplan für Staatsbeamte und -angestellte, Besoldungs- und Pensionsgesetze, Gesetze über die Verleihung der Staatsangehörigkeit, Enteignungsgesetze, Gesetze über direkte oder indirekte Steuern sowie Gesetze zum Zwecke der Erfüllung staatsvertraglicher Verpflichtungen betreffen, können nicht zum Volksentscheid gebracht werden. Dasselbe gilt für Vorlagen der in den § 1 8, 9, 10 und 11 behandelten Gesetze wie auch für Anträge auf Beschlüsse der in § 19 genannten Art, soweit diese die Form von Gesetzen haben, es sei denn, dass für diese letztgenannten durch besonderes Gesetz bestimmt wird, dass ein solcher Entscheid stattfinden soll. Für Grundgesetzänderungen gelten die Bestimmungen in § 88. (...)

§ 88. Nimmt das Folketing den Entwurf einer neuen Grundgesetzbestimmung an und will die Regierung diese Sache fördern, so wird eine Neuwahl des Folketing ausgeschrieben. Wird von dem aus der Wahl hervorgehenden Folketing der Entwurf in unveränderter Fassung angenommen, so muss er vor Ablauf eines halben Jahres nach seiner Verabschiedung den Wählern des Folketing zur Billigung oder Ablehnung durch direkte Abstimmung vorgelegt werden. Die näheren Bestimmungen für diese Abstimmung trifft das Gesetz. Haben eine Mehrheit der an der Abstimmung teilnehmenden und mindestens 40% sämtlicher Stimmberechtigten ihre Stimme für den Folketingbeschluss abgegeben und wird dieser vom König bestätigt, so erhält dieser Beschluss den Rang eines Grundgesetzes.

Irland

Verfassung der Republik Irland vom 1. Juli 1937[25]
zuletzt geändert durch das 28. Verfassungsänderungsgesetz vom 15. Oktober 2009[26]
in der vom Verfasser aktualisierten und ergänzten[27] Übersetzung nach *P. C. Mayer-Tasch/ A. Kimmel*[28]

Art. 1. Die irische Nation bekräftigt hiermit ihr unveräußerliches, unverletzliches und souveränes Recht, ihre eigene Regierungsform zu wählen, und ihre Beziehungen zu anderen Nationen und die Entwicklung ihres politischen, wirtschaftlichen und kulturellen Lebens in Übereinstimmung mit ihrem besonderen Wesen und ihren Überlieferungen zu bestimmen.

Art. 5. Irland ist ein souveräner, unabhängiger, demokratischer Staat.

Art. 6. (1) Alle Regierungsgewalt, die gesetzgebende, vollziehende und rechtsprechende, gehen nächst Gott vom Volke aus, dessen Recht es ist, die Regierenden des Staates zu bestimmen und in letzter Instanz alle Fragen der nationalen Politik in Einklang mit den Erfordernissen des Gemeinwohles zu entscheiden.

(2) Diese Regierungsgewalten können nur durch die in dieser Verfassung begründeten Staatsorgane oder in ihrem Auftrag ausgeübt werden.

Art. 15. (1) 1. Das Nationale Parlament trägt die Bezeichnung Oireachtas. Auch diese Verfassung bezieht sich im allgemeinen unter dieser Bezeichnung auf das Nationale Parlament.

2. Das Oireachtas besteht aus dem Präsidenten und zwei Häusern: einem Repräsentantenhaus, das den Namen Dail Éireann, und einem Senat, der den Namen Seanad Éireann führt. (...)

(2) 1. Das alleinige und ausschließliche Recht, Staatsgesetze zu erlassen, wird hiermit dem Oireachtas verliehen: Keine andere gesetzgebende Instanz hat das Recht, Staatsgesetze zu erlassen. (...)

Art. 29. (1) Irland bekräftigt seine Ergebenheit gegenüber dem Ideal des Friedens und der freundschaftlichen Zusammenarbeit unter den Völkern auf der Grundlage internationaler Gerechtigkeit und Moral.

(2) Irland bekräftigt sein Festhalten am Grundsatz der friedlichen Erledigung internationaler Streitfragen durch schiedsrichterliche oder richterliche Entscheidung auf internationaler Ebene.

(3) Irland anerkennt die allgemein anerkannten Grundsätze des Völkerrechts als Richtschnur für seine Beziehungen zu anderen Staaten.

---

[25] Amtl. Text abrufbar unter http://www.constitution.ie/ (1. 9. 2010).

[26] Abrufbar unter http://www.oireachtas.ie/documents/bills28/acts/2009/a28th09.pdf (1. 9. 2010). Bis auf die jetzt in Art. 29 Abs. 4 Nr. 5 Verf-IRL enthaltene Integrationsermächtigung zur Ratifikation des Vertrages von Lissabon traten die Neuerungen gemäß Art. 2 Abs. 2 des VerfÄndG erst mit Inkrafttreten des Vertrages von Lissabon, also am 1. 12. 2009, in Kraft.

[27] Aktualisiert um die Neufassung von Art. 29 Abs. 4 Nr. 3 bis 9 durch das 28. VerfÄndG v. 15. 10. 2009 sowie ergänzt um die Neufassung von Art. 29 Abs. 9, der durch das 23. VerfÄndG v. 27. 3. 2002 eingefügt wurde und in der zugrunde gelegten Übersetzung bislang nicht berücksichtigt war.

[28] *P. C. Mayer-Tasch/ A. Kimmel*, in: A. Kimmel/ C. Kimmel (Hrsg.), Die Verfassungen der EU-Mitgliedstaaten (6. Aufl. 2005), S. 255 ff.

(4) 1. In seinen auswärtigen Beziehungen oder in Verbindung mit diesen wird die vollziehende Gewalt des Staates nach Maßgabe des Art. 28 dieser Verfassung durch die Regierung oder mit deren Vollmacht ausgeübt.

2. Zum Zwecke der Erfüllung irgendwelcher Exekutivfunktionen des Staates oder in Verbindung mit seinen auswärtigen Beziehungen kann sich die Regierung in dem Ausmaß und unter Wahrung der Bedingungen, die durch Gesetz – falls ein entsprechendes Gesetz besteht – bestimmt werden können, jeglicher Organe, Mittel oder Methoden bedienen oder sie sich zu eigen machen, deren sich auch die Mitglieder jedweder Gruppe oder jedweden Bundes von Nationen, mit denen der Staat zum Zwecke internationaler Zusammenarbeit in Angelegenheiten von allgemeiner Bedeutung verbündet ist oder sich verbindet, bedienen oder die sie sich zu eigen machen.

3. Der Staat kann Mitglied der (durch den am 25. März 1957 in Rom unterzeichneten Vertrag begründeten) Europäischen Atomenergiegemeinschaft werden.

4. Irland bekräftigt sein Bekenntnis zur Europäischen Union innerhalb derer die Mitgliedstaaten dieser Union zusammenarbeiten, um Frieden, gemeinsame Werte und das Wohlergehen ihrer Völker zu fördern.

5. Der Staat darf den am 13. Dezember 2007 in Lissabon unterzeichneten Vertrag von Lissabon, der den Vertrag über die Europäische Union und den Vertrag über die Gründung der Europäischen Gemeinschaft abändert, („Vertrag von Lissabon") ratifizieren und Mitglied der durch diesen Vertrag errichteten Union werden.

6. Keine Bestimmung dieser Verfassung macht staatliche Gesetze, Handlungen oder Maßnahmen ungültig, die vor, am Tag oder nach dem Inkrafttreten des Vertrages von Lissabon in Erfüllung der Mitgliedschaftspflichten der in Ziffer 5 dieses Absatzes erwähnten Europäischen Union oder der Europäischen Atomgemeinschaft notwendig sind, oder hindert Gesetze, Handlungen oder Maßnahmen, die

i. von der Europäischen Union oder der Europäischen Atomgemeinschaft oder deren Institutionen ,

ii. der Europäischen Gemeinschaften oder der Europäische Union in ihrer Gestalt unmittelbar vor Inkrafttreten des Vertrages von Lissabon oder deren Institutionen, oder

iii. von Körperschaften, die nach den in diesem Absatz erwähnten Verträge eingerichtet werden, erlassen oder vorgenommen werden,

daran, im Staate Rechtskraft zu erlangen.

7. Der Staat kann die Optionsrechte oder Ermessensentscheidungen

i. auf die Artikel 20 des Vertrages über die Europäische Union über die Verstärkte Zusammenarbeit Anwendung findet,

ii. gemäß Protokoll Nr. 19 des Schengener Besitzstandes, der in das Rahmenwerk der Europäischen Union integriert ist und diesem Vertrag und dem Vertrag über die Arbeitsweise der Europäischen Union (ehemals Vertrag über die Europäischen Gemeinschaften) angefügt ist, und

iii. gemäß dem ebenfalls angefügten Protokoll Nr. 21 über die Position des Vereinigten Königreichs und Irlands hinsichtlich des Raumes der Freiheit, der Sicherheit und des Rechts, einschließlich des Optionsrechts, dass dieses Protokoll Nr. 21 seine Geltung für den Staat gänzlich oder teilweise verliert,

ausüben, jedoch bedarf jede Ausübung dieser Rechte der vorherigen Zustimmung beider Häuser des Oireachtas.

8. Der Staat kann seine Zustimmung erteilen zu Beschlüssen, Verordnungen oder anderen Akten, die

i. gemäß dem Vertrag über die Europäische Union und dem Vertrag über die Arbeitsweise der Europäischen Union den Rat der Europäischen Union ermächtigen, anders als einstimmig zu entscheiden,

ii. gemäß diesen Verträgen zur Annahme des ordentlichen Gesetzgebungsverfahrens ermächtigen, und

iii. gemäß Unterabsatz d des Artikels 82 Abs. 2, Unterabsatz 3 des Artikels 83 Abs. 1 sowie der Absätze 1 und 4 des Artikels 86 des Vertrages über die Arbeitsweise der Europäischen Union, die sich auf den Raum der Freiheit, der Sicherheit und des Rechts beziehen,

jedoch bedarf jede Zustimmung zu einem solchen Beschluss, einer solchen Verordnung oder einem entsprechenden anderen Akt der vorherigen Zustimmung beider Häuser des Oireachtas.

9. Der Staat darf keinen Beschluss des Europäischen Rates zur Errichtung einer gemeinsamen Verteidigung gemäß Art. 42 des Vertrages über die Europäische Union annehmen, die den Staat in diese gemeinsame Verteidigung einschließt.

[Art. 29 Abs. 4 Nr. 3 bis 9 Verf-IRL a. F.

3. Der Staat kann Mitglied der (durch den am 18. April 1951 in Paris unterzeichneten Vertrag begründeten) Europäischen Kohle- und Stahl-Gemeinschaft, der (durch den am 25. März 1957 in Rom unterzeichneten Vertrag begründeten) Europäischen Wirtschaftsgemeinschaft und der (durch den am 25. März 1957 in Rom unterzeichneten Vertrag begründeten) Europäischen Atomenergiegemeinschaft werden. Der Staat darf die Einheitliche Europäische Akte ratifizieren (von den Mitgliedstaaten der Gemeinschaften am 17. Februar 1986 in Luxemburg und am 28. Februar 1986 im Haag unterzeichnet).]

4. Der Staat darf den Vertrag über die Europäische Union, unterzeichnet in Maastricht am 7. Februar 1992, ratifizieren und ein Mitglied dieser Union werden.

5. Der Staat darf den Vertrag von Amsterdam zur Änderung des Vertrags über die Europäische Union und der Verträge zur Gründung der Europäischen Gemeinschaften sowie einiger damit zusammenhängender Rechtsakte, unterzeichnet in Amsterdam am 2. Oktober 1997 ratifizieren.

6. Der Staat darf die Optionen und Rechte, welche ihm auf Grund oder gemäß der Artikel 1 Nr. 11, 2 Nr. 5 und 2 Nr. 15 des im Unterabsatz 5 dieses Absatzes genannten Vertrags und dem zweiten und vierten Protokoll des genannten Vertrags zustehen, nach eigenem Gutdünken ausüben, doch kann er diese nur nach vorheriger Zustimmung beider Häuser des Oireachtas ausüben.

7. Der Staat darf den Vertrag von Nizza, unterzeichnet am 26. Februar 2001 in Nizza, ratifizieren, der den Vertrag über die Europäische Union, die Verträge zur Gründung der Europäischen Gemeinschaften und bestimmte zugehörige Rechtsakte ändert

8. Der Staat darf die durch die oder aufgrund der Art. 1.6, 1.9, 1.11, 1.12, 1.13 and 2.1 des in Ziffer 7 des genannten Vertrages vorgesehenen Optionen und freien Entscheidungen treffen, jedoch muss jede dieser Entscheidungen den beiden Häusern des Oireachtas zur vorherigen Zustimmung vorgelegt werden.

9. Der Staat darf keine Entscheidung des Europäischen Rates über die Etablierung einer gemeinsamen Verteidigung nach Art. 1.2 des in Ziffer 7 genannten Vertrages annehmen, die den Staat in eine solche gemeinsame Verteidigung einschließt.

10. Keine Bestimmung dieser Verfassung macht staatliche Gesetze, Handlungen oder Maßnahmen ungültig, die in Erfüllung der Mitgliedschaftspflichten der Europäischen Union oder der Europäischen Gemeinschaften notwendig sind, oder hindert Gesetze, Handlungen oder Maßnahmen, die von der Europäischen Union oder den Europäischen Gemeinschaften oder deren Institutionen oder von Körperschaften, die nach den Gemeinschaftsverträgen eingerichtet werden, erlassen oder vorgenommen werden, daran, im Staate Rechtskraft zu erlangen.

11. Der Staat darf das Abkommen über Gemeinschaftspatente ratifizieren, das zwischen den Mitgliedstaaten der Europäischen Gemeinschaften in Luxemburg am 15. Dezember 1989 abgeschlossen wurde.]

(5) 1. Jedes internationale Abkommen, dem der Staat beitritt, wird dem Dáil Éireann vorgelegt.

2. Der Staat wird durch kein internationales Abkommen gebunden, das eine Inanspruchnahme öffentlicher Mittel nach sich zieht, es sei denn, die Bedingungen des Abkommens seien durch den Dáil Éireann gebilligt.

3. Dieser Absatz findet keine Anwendung auf Abkommen oder Konventionen technischen oder verwaltungsmäßigen Charakters.

(6) Kein internationales Abkommen wird Bestandteil der innerstaatlichen Rechtsordnung, es sei denn, dies werde vom Oireachtas bestimmt.

(7) 1. Der Staat darf zustimmen, dass er durch das britisch-irische Abkommen abgeschlossen in Belfast am 10. April 1998 und fortan Abkommen genannt, gebunden ist.

2. Jede durch das oder aufgrund des Abkommens errichtete Institution darf die ihr hierdurch übertragenen Befugnisse und Aufgaben wahrnehmen, und zwar für die ganze Insel Irland oder jeglichen Teil davon, unbeschadet jeder anderen Bestimmung dieser Verfassung, die eine vergleichbare Befugnis oder Aufgabe einer durch oder aufgrund der Verfassung ernannten, geschaffenen oder errichteten Person oder staatlichen Einrichtung zuweist. Jegliche Befugnis oder Aufgabe darf einer derartigen Institution bezüglich der Regelung oder Lösung von Streitigkeiten zusätzlich oder anstelle von Befugnissen und Aufgaben übertragen werden, die die Verfassung jeglicher Person oder einer staatlichen Einrichtung überträgt.

(8) Der Staat darf eine exterritoriale Hoheitsbefugnis in Übereinstimmung mit den allgemein anerkannten Grundsätzen des Völkerrechts ausüben.

(9) Der Staat darf das Römische Statut des Internationalen Strafgerichtshof, geschlossen am 17. Juli 1998 in Rom, ratifizieren.

Art. 46. (1) Jegliche Bestimmung dieser Verfassung kann durch Abänderung, Ergänzung oder Widerruf in der durch diesen Artikel bestimmten Weise geändert werden.

(2) Jeder Vorschlag einer Änderung dieser Verfassung wird im Dáil Éireann als eine Gesetzesvorlage eingebracht und, nachdem er von beiden Häusern des Oireachtas verabschiedet worden ist oder als verabschiedet gilt, in Einklang mit dem dann für den Volksentscheid maßgeblichen Gesetze auf dem Wege des Volksentscheides der Entscheidung des Volkes unterbreitet.

(3) Eine jede solche Gesetzesvorlage wird als ein „Gesetz zur Änderung der Verfassung" gekennzeichnet. (...)

Irisches EU-Gesetz vom 16. Dezember 1972[29]
in der Übersetzung des Verfassers

Art. 2. Ab dem 1. Januar 1973 erlangen die Verträge über die Europäischen Gemeinschaften sowie bestehende und zukünftige von den Institutionen dieser Gemeinschaften angenommene Rechtsakte für den Staat Rechtsverbindlichkeit und werden gemäß den in diesen Verträgen niedergelegten Voraussetzungen Teil der innerstaatlichen Rechtsordnung.

---

[29] Amtl. Text abrufbar unter: http://www.irishstatutebook.ie/1972/en/act/pub/0027/index.html (1.9.2010).

Vereinigtes Königreich

European Communities Act vom 17. Oktober 1972[30]
in der Übersetzung von *C. Tomuschat*[31]

Art. 2. (1) Alle Rechte, Befugnisse, Verbindlichkeiten, Verpflichtungen und Beschränkungen, die jeweils durch die Verträge begründet werden oder sich aus ihnen ableiten, sowie alle Rechtsmittel und Verfahren, die jeweils in den Verträgen oder aufgrund der Verträge vorgesehen sind, werden, soweit ihnen nach Maßgabe der Verträge ohne weiteren Rechtssetzungsakt unmittelbare Rechtswirkung oder Durchsetzbarkeit im Vereinigten Königreich zukommen soll, anerkannt und sind von Rechts wegen verfügbar und werden dementsprechend vollstreckt, zugelassen und befolgt.

(...)

(4) (...) jede bestehende oder künftige Rechtsvorschrift (...) wird ausgelegt und hat Rechtswirkung nach Maßgabe der vorstehenden Bestimmungen dieses Artikels (...).

Art. 3. (1) In allen rechtlichen Verfahren wird jede Frage zur Bedeutung und Wirkung eines der Verträge oder zur Wirksamkeit, Bedeutung oder Wirkung eines Gemeinschaftsrechtsaktes als Rechtsfrage behandelt (und, wenn sie nicht dem Europäischen Gerichtshof vorgelegt wird, in Übereinstimmung mit den Grundsätzen der Rechtsprechung des Europäischen Gerichtshofs entschieden). (...)

European Parliamentary Elections Act vom 24. Juli 2002[32]
in der Übersetzung des Verfassers

§ 12 Ratifikation von Verträgen. (1) Ein Vertrag, der eine Ausweitung der Befugnisse des Europäischen Parlamentes vorsieht, darf vom Vereinigten Königreich ohne Zustimmung durch Parlamentsgesetz nicht ratifiziert werden.

(2) In diesem Paragraf umfasst „Vertrag"

(a) jedes völkerrechtliche Abkommen, und

(b) jedes Protokoll oder jeden Anhang zu einem Vertrag oder völkerrechtlichem Abkommen

European Union (Amendment) Act vom 19. Juni 2008[33]
in der Übersetzung des Verfassers

Art. 4. Ausweitung der Befugnisse des Europäischen Parlaments. Der Vertrag von Lissabon wird zu Zwecken des § 12 des Gesetzes über die Wahlen zum Europäischen Parlament angenommen (parlamentarische Zustimmung zu Verträgen, welche die Befugnisse des Europäischen Parlaments erweitern).

---

[30] Amtl. Text abrufbar unter http://www.opsi.gov.uk/acts/acts1972/ukpga_19720068_en_1 (1. 9. 2010), geändert u. a. durch den European Union (Amendment) Act v. 19. Juni 2008.

[31] *C. Tomuschat*, in: BK, Art. 24 (Zweitb. 1981), S. 146 f.

[32] Amtl. Text abrufbar unter http://www.opsi.gov.uk/acts/acts2002/ukpga_20020024_en_1#pb8-l1g15 (1. 9. 2010).

[33] Amtl. Text abrufbar unter http://www.legislation.gov.uk/ukpga/2008/7/contents (1. 9. 2010).

Art. 5. Änderung der Gründungsverträge. (1) Ein Vertrag, der die folgenden Voraussetzungen erfüllt, darf ohne Zustimmung durch Parlamentsgesetz nicht ratifiziert werden.

(2) Die erste Voraussetzung ist, dass der Vertrag

a) den Vertrag über die Europäische Union (unterzeichnet in Maastricht am 7. Februar 1992),

b) den Vertrag über die Arbeitsweise der Europäischen Union (den Vertrag über die Gründung der [ehemals so bezeichneten] Europäischen Wirtschaftsgemeinschaft, unterzeichnet in Rom am 25. März 1957 [umbenannt durch den Vertrag von Lissabon]), oder

c) den Vertrag über die Gründung der Europäischen Atomgemeinschaft (unterzeichnet in Rom am 25. März 1957)

ändert.

(3) Die zweite Voraussetzung ist, dass der Vertrag aufgrund der Anwendung von Artikel 48 Abs. 2 bis 5 des Vertrages über die Europäische Union (in der durch den Vertrag von Lissabon geänderten Fassung) geschlossen wird (Ordentliches Vertragsänderungsverfahren, einschließlich Änderungen, die sich auf die Kompetenzen der EU auswirken).

Art. 6. Parlamentarische Kontrolle von Entscheidungen. (1) Ein Minister der Krone darf ohne die im Einklang mit diesem Artikel erteilte parlamentarische Zustimmung nicht für eine Entscheidung stimmen oder sie anderweitig unterstützen, wenn sie aufgrund einer der folgenden Bestimmungen ergeht:

a) Artikel 48 Abs. 6 des Vertrages über die Europäische Union (vereinfachtes Vertragsänderungsverfahren),

b) Artikel 48 Abs. 7 dieses Vertrages (allgemeine Bestimmung über den Übergang zur qualifizierten Mehrheitsentscheidung bzw. die Anwendung des ordentlichen Gesetzgebungsverfahrens),

c) Artikel 31 Abs. 3 dieses Vertrages (Gemeinsame Sicherheits- und Außenpolitik), der den Übergang zur qualifizierten Mehrheitsentscheidung erlaubt,

d) Artikel 81 Abs. 3 des Vertrages über die Arbeitsweise der Europäischen Union (Familienrecht), der die Anwendung des ordentlichen Gesetzgebungsverfahrens anstelle des besonderen erlaubt,

e) Artikel 153 Abs. 2 dieses Vertrages (Sozialpolitik), der die Anwendung des ordentlichen Gesetzgebungsverfahrens anstelle des besonderen erlaubt,

f) Artikel 192 Abs. 2 dieses Vertrages (Umwelt), der die Anwendung des ordentlichen Gesetzgebungsverfahrens anstelle des besonderen erlaubt,

g) Artikel 312 Abs. 2 dieses Vertrages (EU-Finanzen), der den Übergang zur qualifizierten Mehrheitsentscheidung erlaubt,

h) Artikel 333 Abs. 1 dieses Vertrages (verstärkte Zusammenarbeit), der den Übergang zur qualifizierten Mehrheitsentscheidung erlaubt, oder

i) Artikel 333 Abs. 2 dieses Vertrags, der die Anwendung des ordentlichen Gesetzgebungsverfahrens anstelle des besonderen erlaubt.

(2) Eine parlamentarische Zustimmung ist erteilt, wenn

a) ein Minister der Krone in beide Parlamentskammern einen Antrag dahingehend einbringt, die Kammer möge dem Vorhaben der Regierung Ihrer Majestät zustimmen, die Annahme eines bestimmten Entscheidungsentwurfes zu unterstützen, und

b) jede Kammer den Antrag ohne Abänderung annimmt.

(3) Die gemäß Absatz 2 hinsichtlich eines Entscheidungsentwurfs („Entscheidungsentwurf 1") unterbreiteten Anträge dürfen eine Bestimmung („Nichtanwendungsklausel") vorsehen, derzufolge Absatz 1 hinsichtlich jedes späteren Entscheidungsentwurfes unangewendet bleibt, den ein Minister der Krone als eine geänderte Version des Entscheidungsentwurfes 1 ausweist; dabei

a) wird eine von beiden Kammern angenommene Nichtanwendungsklausel wirksam, falls die parlamentarische Zustimmung in Einklang mit Absatz 2 erfolgt, und

b) bleibt eine auf die Streichung der Nichtanwendungsklausel gerichtete Abänderung unberücksichtigt, soweit nach Absatz 2 darüber entscheiden wird, ob ein Antrag ohne Abänderung angenommen wurde.

(4) In diesem Artikel meinen

a) „Vertrag über die Europäische Union" den Vertrag über die Europäische Union, unterzeichnet in Maastricht am 7. Februar 1992 (in der durch den Vertrag von Lissabon geänderten Fassung), und

b) „Vertrag über die Arbeitsweise der Europäischen Union" den Vertrag über die Gründung der (ehemals so bezeichneten) Europäischen Wirtschaftsgemeinschaft, unterzeichnet in Rom am 25. März 1957 (in der durch den Vertrag von Lissabon geänderten und umbenannten Fassung).

III. Beitrittsland zum Jahr 1981

Griechenland

Verfassung der Griechischen Republik vom 9. Juni 1975[34]
zuletzt geändert am 27. Mai 2008 (VIII. verfassungsänderndes Parlament)
in der Übersetzung von *P. Dagtoglou/ A. Filos*[35]

Artikel 1. (...) (2) Grundlage der Staatsform ist die Volkssouveränität.

(3) Alle Gewalt geht vom Volke aus, besteht für das Volk und die Nation und wird ausgeübt, wie es die Verfassung vorschreibt.

Artikel 2. (...) (2) Griechenland ist bestrebt, unter Beachtung der allgemein anerkannten Regeln des Völkerrechts, den Frieden, die Gerechtigkeit und die Entwicklung freundschaftlicher Beziehungen zwischen den Völkern und Staaten zu fördern.

Artikel 28. (1) Die allgemein anerkannten Regeln des Völkerrechtes sowie die internationalen Verträge nach ihrer gesetzlichen Ratifizierung und ihrer in ihnen geregelten Inkraftsetzung sind Bestandteile des inneren griechischen Rechtes und gehen jeder entgegenstehenden Gesetzesbestimmung vor. Die Anwendung der Regeln des Völkerrechts und der internationalen Verträge gegenüber Ausländern erfolgt stets unter der Bedingung der Gegenseitigkeit.

(2) Um wichtigen nationalen Interessen zu dienen und um die Zusammenarbeit mit anderen Staaten zu fördern, ist durch Verträge oder Abkommen die Zuerkennung von verfassungsmäßigen Zuständigkeiten an Organe internationaler Organisationen zulässig.

Zur Verabschiedung von Ratifizierungsgesetzen für solche Verträge oder Abkommen ist eine Mehrheit von drei Fünfteln der Gesamtzahl der Abgeordneten erforderlich.

---

[34] Amtl. Text abrufbar unter http://www.hellenicparliament.gr/UserFiles/8c3e9046-78fb-48f4-bd82-bbba28ca1ef5/SYNTAGMA.pdf (1. 9. 2010).

[35] *P. Dagtoglou/ A. Filos* in: A. Kimmel/ C. Kimmel (Hrsg.), Die Verfassungen der EU-Mitgliedstaaten (6. Aufl. 2005), S. 197 ff. Die Übersetzung bezieht sich auf die Fassung vom 17. April 2001, die seither erfolgten Änderungen berühren die im Folgenden aufgeführten Artikel nicht.

(3) Griechenland stimmt freiwillig durch ein Gesetz, das der absoluten Mehrheit der Gesamtzahl der Abgeordneten bedarf, einer Einschränkung der Ausübung seiner nationalen Souveränität zu, wenn dies ein wichtiges nationales Interesse erfordert, die Menschenrechte und die Grundlagen der demokratischen Staatsordnung nicht angetastet werden und wenn es in Gleichberechtigung und Gegenseitigkeit erfolgt.

Auslegende Erklärung:

Artikel 28 stellt den Grundstein für die Teilnahme des Landes an dem Verfahren der europäischen Integration dar.

Art. 70. (...) (8) Die Geschäftsordnung des Parlaments sieht die Art und Weise vor, in welcher das Parlament von der Regierung über die Themen informiert wird, die, im Rahmen der Europäischen Gemeinschaft, Normierungsgegenstand sind und wie über diese beraten wird.

Artikel 80. (...) (2) Durch Gesetz wird das Münzrecht und die Ausgabe von Geld geregelt.

Auslegende Erklärung:

Der Absatz 2 hindert nicht den Beitritt Griechenlands zum Verfahren der Wirtschafts- und Währungsunion im erweiterten Rahmen der europäischen Vereinigung gemäß den Bestimmungen des Artikels 28.

Artikel 110. (1) Die Bestimmungen der Verfassung können geändert werden, mit Ausnahme der Bestimmungen über die Staatsgrundlage und die Staatsform als parlamentarische Republik sowie mit Ausnahme der Bestimmungen der Artikel 2 Absatz 1, Artikel 4 Absätze 1, 4 und 7, Artikel 5 Absätze 1 und 3, Artikel 13 Absatz 1 und Artikel 26.

(2) Die Erforderlichkeit der Verfassungsänderung wird durch Parlamentsbeschluss festgestellt, der auf Vorschlag von mindestens 50 Abgeordneten ergeht und mit den Stimmen von drei Fünftel der Gesamtzahl der Parlamentsmitglieder in zwei, mindestens einen Monat auseinander liegenden Abstimmungen gefasst wird.

Durch diesen Beschluss werden die zu ändernden Bestimmungen im Einzelnen festgelegt.

(3) Ist die Verfassungsänderung beschlossen, entscheidet das nächste Parlament in seiner ersten Sitzungsperiode über die zu ändernden Bestimmungen mit absoluter Mehrheit der Gesamtzahl seiner Mitglieder.

(4) Stimmt einem Verfassungsänderungsvorschlag zwar die Mehrheit der Gesamtzahl der Abgeordneten zu, jedoch nicht die nach Absatz 2 erforderliche Mehrheit von drei Fünfteln derselben, kann das nächste Parlament in seiner ersten Sitzungsperiode mit einer Mehrheit von drei Fünfteln der Gesamtzahl seiner Mitglieder über die zu ändernden Bestimmungen entscheiden.

(5) Jede beschlossene Verfassungsänderung wird innerhalb von zehn Tagen nach ihrer Verabschiedung durch das Parlament in der Regierungszeitung verkündet und durch besonderen Parlamentsbeschluss in Kraft gesetzt.

(6) Eine Verfassungsänderung vor Ablauf von fünf Jahren nach dem Abschluss der vorhergehenden ist unzulässig.

IV. Beitrittsländer zum Jahr 1986

Portugal

Verfassung der Republik Portugal vom 2. April 1976[36]
zuletzt geändert am 12. August 2005 (7. Änderung durch Verfassungsgesetz Nr. 1/2005)
in der vom Verfasser erweiterten und modifizierten[37] Übersetzung auf Basis von
A. Thomashausen/ J.-J. Neuss/ A. Rathenau/ M. Hoffmann[38]

Art. 1. Portugiesische Republik. Portugal ist eine souveräne Republik, die sich auf die Grundsätze der Menschenwürde und des Volkswillens gründet und deren Ziel die Errichtung einer freien, gerechten und solidarischen Gesellschaft ist.

Art. 2. Demokratischer Rechtsstaat. Die Republik Portugal ist ein demokratischer Rechtsstaat, der auf der Souveränität des Staatsvolkes, der Meinungsvielfalt und der demokratischen politischen Organisation beruht (...).

Art. 3. Souveränität und Legalität. (1) Die alleinige und unteilbare Souveränität liegt beim Volke und wird von diesem in den von der Verfassung vorgesehenen Formen ausgeübt. (...)

Art. 7. Internationale Beziehungen. (1) Portugal lässt sich in seinen internationalen Beziehungen von den Grundsätzen der nationalen Unabhängigkeit, der Achtung der Menschenrechte, dem Selbstbestimmungsrecht der Völker, der Gleichheit unter den Staaten, der friedlichen Beilegung internationaler Streitigkeiten, der Nichteinmischung in innere Angelegenheiten anderer Staaten sowie der Zusammenarbeit zwischen den Völkern im Dienste der Befreiung des Fortschritts der Menschheit leiten.

(2) Portugal unterstützt die Abschaffung des Imperialismus, des Kolonialismus und jeglicher anderer Form der Aggression, der Beherrschung und der Ausbeutung unter den Völkern ebenso wie die allgemeine, ausgewogene und kontrollierte Abrüstung, die Auflösung der militärisch-politischen Blöcke und die Errichtung eines internationalen Sicherheitssystems zur Schaffung einer internationalen Ordnung, die den Frieden und die Gerechtigkeit in den Beziehungen zwischen den Völkern zu gewährleisten im Stande ist.

---

[36] Amtl. Text abrufbar unter: http://www.parlamento.pt/Legislacao/Paginas/ConstituicaoRepublicaPortuguesa.aspx (1. 9. 2010).

[37] Ergänzt um die Übersetzung von Art. 295 n. F., der durch das Verfassungsgesetz Nr. 1/2005 hinzugefügt wurde. Art. 7 Abs. 5 wurde nicht mit „verpflichtet sich, den europäischen Einigungsprozess ... zu unterstützen", sondern vielmehr mit „*Verstärkung der europäischen Identität* (reforço da identidade europeia)" übersetzt. Zudem wurde Art. 7 Abs. 6 nicht mit „Portugal ist ermächtigt, (...) zu treffen", sondern, genauer, mit „*Portugal kann (...) treffen*" übersetzt. In Art. 8 Abs. 4 wurde „sao aplicáveis na ordem interna" nicht mit „gelten als Bestandteil der nationalen Rechtsordnung", sondern mit „*sind in der internen Rechtsordnung ... anwendbar*" übersetzt. Vgl. insoweit auch den textlichen Unterschied zu Art. 8 Abs. 2 und 3, wo, anders als in Abs. 4, vielmehr von „vigorar" im Sinne von In-Kraft-Treten bzw. Gelten gesprochen wird. Auch wurde in Art. 115 Abs. 3 lit. c) die Verweisung statt „unbeschadet des nachfolgenden Buchstabens" mit „*unbeschadet des nachfolgenden Absatzes*" übersetzt. Leicht modifiziert wurde auch die Übersetzung des letzten Halbsatzes von Art. 115 Abs. 5. Für die Unterstützung in sprachlicher Hinsicht danke ich in diesem Zusammenhang ganz herzlich *Ines Nolasco*.

[38] Übersetzung von *A. Thomashausen/ J.-J. Neuss/ A. Rathenau/ M. Hoffmann*, in: A. Kimmel/ C. Kimmel (Hrsg.), Die Verfassungen der EU-Mitgliedstaaten (6. Aufl. 2005), S. 593 ff.

(3) Portugal anerkennt das Recht der Völker auf Selbstbestimmung und Unabhängigkeit sowie auf Entwicklung ebenso an, wie das Recht auf Widerstand gegen jede Form der Unterdrückung.

(4) Portugal unterhält besondere Beziehungen der Freundschaft und Zusammenarbeit zu den Ländern des portugiesischen Sprachraums.

(5) Portugal setzt sich für eine Verstärkung der europäischen Identität und ein verstärktes gemeinsames Vorgehen der europäischen Staaten zugunsten der Demokratie und des Friedens, des wirtschaftlichen Fortschritts und der Gerechtigkeit zwischen den Völkern ein.

(6) Portugal kann nach dem Grundsatz der Gegenseitigkeit und unter Beachtung der fundamentalen Prinzipien des demokratischen Rechtsstaats und des Subsidiaritätsprinzips sowie im Hinblick auf die Verwirklichung des wirtschaftlichen, sozialen und territorialen Zusammenhalts, eines Raumes der Freiheit, der Sicherheit und des Rechts und zur Festlegung und Ausführung einer gemeinsamen Außen-, Sicherheits- und Verteidigungspolitik Vereinbarungen über die gemeinschaftliche, in Zusammenarbeit mit den Organen der Europäischen Union oder durch diese zu erfolgende Ausübung der zur Bildung oder Festigung der Europäischen Union erforderlichen Befugnisse treffen.

(7) Im Hinblick auf die Verwirklichung einer internationalen Gerichtsbarkeit, die die Achtung der Rechte der Menschen und Völker fördert, ist Portugal befugt, die Gerichtsbarkeit des Internationalen Strafgerichtshofs, unter der Bedingung der Vervollständigung und sonstiger Bestimmungen des Römischen Statuts, anzuerkennen.

Art. 8. Internationales Recht. (1) Die Regeln und Grundsätze des allgemeinen oder einheitlichen Völkerrechts sind integraler Bestandteil des portugiesischen Rechts.

(2) Die Regelungen der ordnungsgemäß ratifizierten oder gebilligten internationalen Vereinbarungen gelten innerhalb Portugals nach ihrer amtlichen Veröffentlichung und solange sie den Staat Portugal international binden.

(3) Die von den zuständigen Organen internationaler Organisationen, denen Portugal angehört, erlassenen Rechtsnormen gelten unmittelbar innerhalb Portugals, sofern dies in den jeweiligen Verträgen entsprechend geregelt ist.

(4) Die Regelungen der Verträge über die Europäische Union und die von deren Organen im Rahmen ihrer Zuständigkeit erlassenen Rechtsakte sind in der internen Rechtsordnung nach Maßgabe der von der Union aufgestellten Grundsätze unter Beachtung der fundamentalen Prinzipien des demokratischen Rechtsstaats anwendbar.

Art. 15. Ausländer, Staatenlose, europäische Bürger. (...) (4) Durch Gesetz kann auf dem Staatsgebiet wohnhaften Ausländern, auf der Grundlage der Gegenseitigkeit, das aktive und passive Wahlrecht für die Wahl der Amtsträger der kommunalen Selbstverwaltungsorgane gewährt werden.

(5) Das Gesetz kann auch, auf der Grundlage der Gegenseitigkeit, im Staatsgebiet wohnhaften Angehörigen der Mitgliedstaaten der Europäischen Union das aktive und passive Wahlrecht für die Wahlen zum Europäischen Parlament gewähren.

Art. 33. Ausweisung, Auslieferung und Asylrecht. (1) Ausweisungen portugiesischer Staatsbürger aus dem portugiesischen Hoheitsgebiet sind nicht statthaft. (...)

(5) Die Bestimmungen der vorherigen Absätze lassen die Anwendung der Regelungen der justiziellen Zusammenarbeit in Strafsachen im Bereich der europäischen Union unberührt. (...)

Art. 102. Bank von Portugal. Die Bank von Portugal ist die nationale Zentralbank und übt ihre Funktionen nach Maßgabe der Gesetze und der internationalen Regeln aus, an die der Staat Portugal gebunden ist.

Art. 112. Gesetzgebungsakte. (...) (8) Die Umsetzung von Rechtsakten der Europäischen Union in nationales Recht erfolgt, je nach der konkreten Fallgestaltung, durch Gesetz, Gesetzesdekret oder nach Maßgabe des Absatzes 4, durch regionale legislative Verordnung.

Art. 115. Volksentscheid. (1) In den Fällen und unter den Bedingungen, die in der Verfassung und im Gesetz vorgesehen sind, können die wahlberechtigten und auf nationalem Gebiet in Wählerlisten eingetragenen Staatsbürger aufgrund einer Entscheidung des Präsidenten der Republik gemäß eines Vorschlags der Versammlung der Republik oder der Regierung und kraft eines unveräußerlichen Rechtes aufgerufen werden, sich direkt durch einen Volksentscheid zu äußern.

(2) Ein Volksentscheid kann auch aufgrund einer an die Versammlung der Republik gerichteten Bürgerinitiative, die nach einem gesetzlich festgelegten Verfahren und innerhalb der gesetzlich festgelegten Fristen vorgelegt werden muss und beurteilt wird, erforderlich werden.

(3) Gegenstand eines Volksentscheids dürfen nur Fragen von erheblichem nationalen Interesse sein, die von der Versammlung der Republik oder von der Regierung durch Abschluss internationaler Konventionen oder durch Gesetzgebungsakt entschieden werden müssen.

(4) Vom Volksentscheid ausgeschlossen sind:

a) Verfassungsänderungen;

b) Haushalts-, Steuer-, und Finanzfragen;

c) Regelungsgegenstände nach Artikel 161 der Verfassung, unbeschadet des nachfolgenden Absatzes;

d) Regelungsgegenstände nach Artikel 164 der Verfassung mit Ausnahme von Buchstaben i).

(5) Die Regelung im vorstehenden Absatz lässt die Möglichkeit eines Volksentscheids über Fragen wesentlichen nationalen Interesses, die Gegenstand einer internationalen Übereinkunft sein müssen, im Sinne von Artikel 161 i) der Verfassung unberührt, es sei denn sie betreffen den Frieden oder die Berichtigung von Grenzen. (...)

(7) Die Anberaumung und Durchführung von Volksentscheiden ist zwischen dem Anberaumungs- und Durchführungsdatum von (...) Abgeordneten für das Europäische Parlament ausgeschlossen. (...)

Art. 133. Kompetenz hinsichtlich anderer Organe. Hinsichtlich anderer Organe hat der Präsident der Republik die Kompetenz: (...)

b) (...) den Tag für die Wahl der Abgeordneten des Europäischen Parlamentes (...) festzulegen; (...)

Art. 161. Politische und gesetzliche Kompetenz. Die Versammlung der Republik hat die Kompetenz: (...)

i) völkerrechtlichen Verträgen, wenn sie Gegenstände der ihr ausschließlich vorbehaltenen Gesetzgebungskompetenz betreffen, Verträgen über die Beteiligung Portugals an internationalen Organisationen zum Inhalt haben, wenn es sich um Freundschafts-, Friedens-, Verteidigungs-, Grenzberichtigungs-, und weiterhin um Abkommen handelt, die militärische Angelegenheiten zum Inhalt haben sowie jedwelchen anderen Verträgen, die ihr die Regierung unterbreiten mag, zuzustimmen; (...)

n) sich nach Maßgabe des Gesetzes zu Angelegenheiten zu äußern, die innerhalb der Europäischen Union zur Beschlussfassung anstehen und der ausschließlichen Gesetzgebungskompetenz der Versammlung zugehörig sind; (…)

Art. 163. Kompetenzen hinsichtlich anderer Organe. Hinsichtlich anderer Organe hat die Versammlung der Republik die Kompetenz: (…)

f) die Teilnahme Portugals am europäischen Einigungsprozess nach Maßgabe des Gesetzes zu verfolgen und zu prüfen; (…)

Art. 164. Ausschließliche Gesetzgebungskompetenz. Die Versammlung der Republik hat die ausschließliche Kompetenz über die folgenden Gegenstände: (…)

p) Bestimmung der Mitglieder in Organen der Europäischen Union mit Ausnahme der Europäischen Kommission (…)

Art. 166. Form der Akte (…) (3) Die in Artikel 161 b) bis h) vorgesehenen Maßnahmen ergehen in der Form von Gesetzen. (…)

(5) Alle übrigen Maßnahmen der Versammlung der Republik (…) ergehen in der Form von Beschlüssen. (…)

Art. 197. Politische Kompetenzen. In Wahrnehmung ihrer politischen Aufgaben ist die Regierung befugt: (…)

i) der Versammlung der Republik zu gegebener Zeit in Durchführung der Artikel 161 lit. n) und 163 lit. f) Auskunft über den europäischen Einigungsprozess zu geben. (…)

Art. 227. Befugnisse der autonomen Regionen. Die autonomen Regionen sind Gebietskörperschaften und haben die folgenden, im jeweiligen Statut auszuführenden Befugnisse: (…)

v) auf eigene Initiative hin oder auf Ersuchen der Hoheitsorgane Stellung zu nehmen zu sie betreffenden Fragen in ihrem Hoheitsbereich sowie zur Bestimmung von Positionen Portugals innerhalb des europäischen Einigungsprozesses im Bereich von Fragen, die ihr spezifisches Interesse betreffen;

x) am europäischen Einigungsprozess durch die Vertretung in den jeweiligen regionalen Einrichtungen mitzuwirken und an Abordnungen teilzunehmen, die für Gemeinschaftsentscheidungen zu Fragen von spezifischem Interesse der Regionen gebildet werden, soweit es sich um Gegenstände handelt, die sie betreffen, ebenso an der Umsetzung von Rechtsakten der Europäischen Union nach Maßgabe des Artikels 112. (…)

Art. 277. Verfassungswidrigkeit durch Handlung. (…) (2) Die organische oder formelle Verfassungswidrigkeit der ordnungsgemäß ratifizierten internationalen Vereinbarungen schließt die Anwendung der in ihnen enthaltenen Normen im innerstaatlichen Recht Portugals dann nicht aus, wenn diese Normen auch in der innerstaatlichen Rechtsordnung des anderen Vertragsteils angewendet werden, es sei denn, dass die fragliche Verfassungswidrigkeit auf der Verletzung einer grundlegenden Bestimmung beruht.

Art. 278. Vorbeugende Kontrolle der Verfassungsmäßigkeit. (1) Auf Antrag des Präsidenten der Republik überprüft das Verfassungsgericht vorbeugend die Verfassungsmäßigkeit jedwelcher Bestimmungen, die in einem internationalen Abkommen enthalten sind, das dem Präsidenten der Republik zur Ratifizierung unterbreitet worden ist oder in einer als Gesetz oder Gesetzesverordnung von ihm auszufertigenden Verordnung oder in einem internationalen Vertrag, dessen Zustimmungsverordnung ihm zur Unterzeichnung vorgelegt worden ist, enthalten sind.

Art. 279. Wirkungen der Entscheidungen. (1) Hat das Verfassungsgericht eine sich aus irgendeiner Verordnung oder einem internationalen Vertrag ergebende Bestimmung für verfassungswidrig befunden, so hat der Präsident der Republik bzw. der Minister der Republik, je nach Lage des Falles, sein Veto gegen den Normierungsentwurf einzulegen und denselben an dasjenige Organ zurückzuleiten, das ihn verabschiedet hat. (...)

(4) Hat das Verfassungsgericht eine in einem internationalen Vertrag enthaltene Bestimmung für verfassungswidrig befunden, so kann der Vertrag von der Versammlung der Republik nur mit der Mehrheit von zwei Dritteln der anwesenden Abgeordneten, mindestens aber mit der absoluten Mehrheit der ihr Mandat ausübenden Abgeordneten ratifiziert werden.

Art. 284. Kompetenz und Zeitraum der Revision. (1) Die Versammlung der Republik kann die Verfassung jeweils nach dem Ablauf von fünf Jahren seit dem Tag der Bekanntmachung eines Revisionsgesetzes revidieren.

(2) Die Versammlung der Republik kann indessen jederzeit durch Vierfünftel-Mehrheit der ihr Mandat ausübenden Abgeordneten Sonderrevisionskompetenzen wahrnehmen.

Art. 286. Verabschiedung und Verkündung. (1) Die Änderungen der Verfassung müssen mit der Mehrheit von zwei Dritteln der ihr Mandat ausübenden Abgeordneten verabschiedet werden. (...)

Art. 288. Materielle Grenzen der Revision. Die Verfassungsrevisionsgesetze haben folgendes unberührt zu lassen:

a) die nationale Unabhängigkeit und die Einheitlichkeit des Staates;

b) die republikanische Regierungsform;

c) die Trennung von Kirche und Staat;

d) die Rechte, Freiheiten und Garantien der Bürger;

e) die Rechte der Arbeiter, der Arbeiterausschüsse und der gewerkschaftlichen Vereinigungen;

f) die Koexistenz von öffentlichem, privatem und genossenschaftlich-sozialem Bereich des Eigentums an den Produktionsmitteln;

g) die Existenz von Wirtschaftsplänen im Rahmen einer gemischten Wirtschaft;

h) die Benennung der wählbaren Organwalter der Hoheitsorgane, der Organe der selbständigen Regionen und der örtlichen Gemeinschaftsgewalt durch allgemeine, unmittelbare, geheime und regelmäßige Wahl sowie das System verhältnismäßiger Repräsentation;

i) den Meinungspluralismus und den Pluralismus der politischen Ordnung, worin die politischen Parteien und das Recht auf demokratische Opposition mit einbegriffen sind;

j) die Teilung und Verschränkung der Gewalten der Hoheitsorgane;

l) die Überwachung der Verfassungsmäßigkeit der Handlungen oder der unterlassenen Rechtsnormierungen;

m) die Unabhängigkeit der Gerichte;

n) die Selbständigkeit der örtlichen Selbstverwaltungskörperschaften;

o) die politische und verwaltungsmäßige Selbständigkeit der Inselgruppen Azoren und Madeira.

Art. 295. Volksentscheid über europäischen Vertrag

Die Bestimmungen des Artikels 115 Absatz 3 stehen der Möglichkeit zur Anberaumung und Durchführung eines Volksentscheids nicht entgegen, der auf die Zustimmung zu einem Vertrag über die Errichtung und Vertiefung der Europäischen Union gerichtet ist.

Spanien

Verfassung des Königreichs Spanien vom 29. Dezember 1978[39]
zuletzt geändert am 27. August 1992 (ABl. 207, vom 28. August 1992)
in der Übersetzung nach *A. Kimmel*[40]

Art. 1. (1) Spanien konstituiert sich als demokratischer und sozialer Rechtsstaat und bekennt sich zu Freiheit, Gerechtigkeit, Gleichheit und politischem Pluralismus als den obersten Werten seiner Rechtsordnung.

(2) Das spanische Volk, von dem alle Staatsgewalt ausgeht, ist Träger der nationalen Souveränität. (...)

Art. 10 (...) (2) Die Normen, die sich auf die in der Verfassung anerkannten Grundrechte und Grundfreiheiten beziehen, sind in Übereinstimmung mit der Allgemeinen Erklärung der Menschenrechte und den von Spanien ratifizierten internationalen Verträgen und Abkommen über diese Materien auszulegen.

Art. 13. (1) Ausländer genießen in Spanien nach Maßgabe der Verträge und des Gesetzes die öffentlichen Freiheiten, die dieser Titel [Titel 1, Grundrechte und Grundpflichten] garantiert.

(2) Nur Spanier sind Inhaber der in Artikel 23 [Wahlrecht und Recht auf Zugang zu öffentlichen Ämtern] anerkannten Rechte, mit Ausnahme dessen, was unter Berücksichtigung der Gegenseitigkeit für das aktive und passive Wahlrecht bei Gemeindewahlen durch Vertrag oder Gesetz festgelegt wird.

Art. 81. (1) Verfassungsausführende Gesetze [Organgesetze][41] sind jene Gesetze, die sich auf die Entwicklung der Grundrechte und der öffentlichen Freiheiten beziehen, jene, die die Autonomiestatute und das allgemeine Wahlgesetz verabschieden sowie die weiteren von der Verfassung vorgesehenen Gesetze.

(2) Die Verabschiedung, Änderung oder Aufhebung der verfassungsausführenden Gesetze [Organgesetze] bedarf bei der Schlussabstimmung über den gesamten Entwurf der absoluten Mehrheit des Kongresses.

Art. 93. Durch ein verfassungsausführendes Gesetz [Organgesetz] kann der Abschluss von Verträgen autorisiert werden, durch die einer internationalen Organisation oder Institution die Ausübung von aus der Verfassung abgeleiteten Kompetenzen übertragen wird. Die Gewährleistung für die Erfüllung dieser Verträge und der Beschlüsse, die die internationalen oder supranationalen Organismen, denen die Kompetenzen übertragen wurden, fassen, obliegt je nach Fall den Cortes Generales oder der Regierung.

Art. 94. (1) Die Erteilung der Zustimmung des Staates zur Bindung an Verträge oder Abkommen bedarf der vorherigen Ermächtigung durch die Cortes Generales in den folgenden Fällen:

a) Verträge politischen Charakters;

b) Verträge oder Abkommen militärischen Charakters;

c) Verträge oder Abkommen, die die territoriale Integrität des Staates oder die in Titel 1 niedergelegten Grundrechte und Grundpflichten betreffen;

---

[39] Amtl. Text abrufbar unter http://www.senado.es/constitu/index.html (1. 9. 2010).

[40] *A. Kimmel*, in: ders. / C. Kimmel (Hrsg.), Die Verfassungen der EU-Mitgliedstaaten (6. Aufl. 2005), S. 789 ff.

[41] Anm. hinzugefügt.

d) Verträge oder Abkommen, die Verpflichtungen für den Staatshaushalt einschließen;

e) Verträge oder Abkommen, die die Änderung oder Aufhebung eines Gesetzes bedingen oder für deren Durchführung legislative Maßnahmen erforderlich sind.

(2) Der Kongress und der Senat werden unverzüglich über den Abschluss der übrigen Verträge oder Abkommen informiert.

Art. 95. (1) Der Abschluss eines internationalen Vertrages, der verfassungswidrige Bestimmungen enthält, bedarf der vorherigen Änderung der Verfassung.

(2) Die Regierung oder jede der beiden Kammern kann das Verfassungsgericht auffordern, eine Erklärung darüber abzugeben, ob dieser Widerspruch besteht oder nicht.

Art. 96. (1) Gültig abgeschlossene internationale Verträge werden nach ihrer offiziellen Veröffentlichung in Spanien Teil der innerstaatlichen Rechtsordnung. Ihre Bestimmungen können nur in der von den Verträgen selbst vorgesehenen Form oder gemäß den allgemeinen Regeln des Völkerrechts aufgehoben, abgeändert oder suspendiert werden.

(2) Für die Kündigung der internationalen Verträge und Abkommen gilt das gleiche Verfahren, das Artikel 94 für ihre Billigung vorsieht.

Art. 167. (1) Entwürfe für eine Verfassungsänderung müssen durch eine Mehrheit von drei Fünftel jeder der beiden Kammern gebilligt werden. Kommt ein Einvernehmen zwischen den beiden Kammern nicht zustande, so wird versucht, es durch die Bildung eines Ausschusses herbeizuführen, der paritätisch mit Abgeordneten und Senatoren besetzt ist und der einen Text vorlegt, über den Kongress und Senat beschließen.

(2) Kommt eine Annahme der Verfassungsänderung gemäß dem Verfahren nach Absatz 1 nicht zustande, so kann der Kongress die Änderung mit ¾-Mehrheit beschließen, wenn der Senat dem Text mit absoluter Mehrheit zugestimmt hat.

(3) Nach Annahme der Verfassungsänderung durch die Cortes Generales wird sie zur Ratifizierung einer Volksabstimmung unterworfen, wenn innerhalb von 15 Tagen nach der Annahme durch das Parlament ein entsprechender Antrag von einem Zehntel der Mitglieder einer der beiden Kammern gestellt wird.

Art. 168. (1) Im Falle einer Gesamtrevision der Verfassung oder einer Verfassungsänderung, die sich auf den Vortitel, das Kapitel 2, Abschnitt 1 des Titels 1 oder den Titel II bezieht, so muss die prinzipielle Annahme mit der ¾-Mehrheit beider Kammern erfolgen; die Cortes Generales werden sofort aufgelöst.

(2) Die neugewählten Kammern müssen den Beschluss bestätigen und den neuen Verfassungstext beraten, der mit einer ¾-Mehrheit beider Kammern gebilligt werden muss.

(3) Nach Annahme der Verfassungsänderung durch die Cortes Generales wird sie zur Ratifizierung einer Volksabstimmung unterworfen.

Vorschlag des spanischen Staatsrates für eine neue Integrationsklausel
Consejo de Estado, Bericht v. 16. 2. 2006 – Nr. E 1/2005, S. 107[42]
in der Übersetzung des Verfassers

Art. X. (1) Spanien beteiligt sich am Prozess der europäischen Integration; zu diesem Zweck wirkt der spanische Staat, ohne die im Vortitel verankerten Grundsätze zu verletzen, mit anderen Mitgliedstaaten durch gemeinsame Institutionen an der Gründung einer Union mit, die der Rechtsstaatlichkeit, der Demokratie und den Grundrechten verpflichtet ist.

[42] Abrufbar unter http://www.consejo-estado.es/pdf/modificaciones%20constitucion%20esp.pdf (1. 9. 2010).

(2) Die Erteilung der Zustimmung zur Ratifizierung von Verträgen, durch die Spanien seine Beteiligung an der europäischen Integration verwirklicht, bedarf der vorherigen Ermächtigung durch das Parlament mit der absoluten Mehrheit beider Häuser. Wenn eine Einigung zwischen beiden nicht zustande kommt, kann der Kongress mit einer Mehrheit von drei Fünfteln die Ermächtigung zur Unterzeichnung der genannten Verträge erteilen.

(3) Innerhalb des in Abs. 1 gezogenen Rahmens sind die Verträge der Europäischen Union und die von ihren Organen in Ausübung ihrer Zuständigkeiten hervorgebrachten Rechtsnormen in Spanien nach Maßgabe der durch das Recht der Union selbst bestimmten Grundsätze anwendbar.

V. Beitrittsländer zum Jahr 1995

Finnland

Grundgesetz Finnlands vom 11. Juni 1999[43]
zuletzt geändert am 24. 8. 2007 (Gesetz Nr. 802/2007)
in der sprachlich angepassten Fassung der vom finnischen Justizministerium herausgegebenen Übersetzung[44]

§ 1. Staatsform.

Finnland ist eine souveräne Republik. (…)

Finnland beteiligt sich an der internationalen Zusammenarbeit zur Sicherung des Friedens und der Menschenrechte sowie zur Weiterentwicklung der Gesellschaft.

§ 2. Demokratie und Rechtsstaatsprinzip.

Die Staatsgewalt in Finnland gehört dem Volk, das durch das zum Reichstag versammelte Parlament vertreten wird. (…)

§ 9. Bewegungsfreiheit. (…) (3) Ein finnischer Staatsangehöriger darf nicht behindert, nach Finnland einzureisen, des Landes verwiesen oder gegen seinen Willen an ein anderes Land ausgeliefert oder in ein anderes Land verbracht werden. Das Gesetz kann jedoch vorsehen, dass ein finnischer Bürger aufgrund eines strafrechtlichen Verfahrens oder eines Sorgerechtsprozesses an ein Land ausgeliefert werden kann, das die Menschenrechte beachtet und die Rechtsstaatlichkeit gewährleistet. (…)

§ 73. Verfahren zur Grundgesetzgebung.

Ein Vorschlag zur Verabschiedung, Änderung oder Aufhebung des Grundgesetzes oder die Vornahme einer beschränkten Ausnahme vom Grundgesetz ist in der zweiten Lesung mit Stimmenmehrheit zum Aussetzen bis zu dem ersten Reichstag nach einer Parlamentswahl zu billigen. Der Vorschlag soll dann nach Abgabe eines Berichts durch einen Ausschuss inhaltlich unverändert in der Plenarsitzung in einer Lesung durch einen Beschluss angenommen werden, dem mindestens zwei Drittel der abgegebenen Stimmen zugestimmt haben.

Der Vorschlag kann jedoch durch einen Beschluss, dem mindestens fünf Sechstel der abgegebenen Stimmen zugestimmt haben, für dringlich erklärt werden. Der Vorschlag wird dann

---

[43] Amtl. Text auf Finnisch abrufbar unter http://www.finlex.fi/fi/laki/ajantasa/1999/19990731 (1.9.2010).

[44] Abrufbar unter http://www.finlex.fi/en/laki/kaannokset/1999/de19990731.pdf (1.9.2010).

nicht ausgesetzt und er kann mit mindestens zwei Dritteln der abgegebenen Stimmen angenommen werden.

§ 74. Überwachung der Verfassungsmäßigkeit.

Aufgabe des Grundgesetzausschusses des Parlaments ist es, ein Gutachten über die Verfassungsmäßigkeit der ihm zur Beratung überwiesenen Gesetzentwürfe und anderen Angelegenheiten sowie über ihr Verhältnis zu internationalen Menschenrechtsverträgen abzugeben.

§ 93. Zuständigkeit in internationalen Angelegenheiten.

Die Außenpolitik Finnlands wird von dem Präsidenten der Republik im Zusammenwirken mit der Staatsregierung geleitet. Das Parlament billigt jedoch die internationalen Verpflichtungen und deren Kündigung und entscheidet über das Inkraftsetzen internationaler Verpflichtungen wenn dieses Grundgesetz es vorschreibt. Über Krieg und Frieden entscheidet der Präsident mit Zustimmung des Parlaments.

Die Staatsregierung ist für die nationale Vorbereitung der in der Europäischen Union zu fassenden Beschlüsse zuständig und entscheidet über die hiermit in Verbindung stehenden Maßnahmen Finnlands, sofern der Beschluss die Zustimmung des Parlaments nicht erfordert. Das Parlament beteiligt sich an der nationalen Vorbereitung der in der Europäischen Union zu fassenden Beschlüsse so, wie es durch dieses Grundgesetz vorgeschrieben wird. (...)

§ 94. Billigung der internationalen Verpflichtungen und ihrer Kündigung.

Das Parlament billigt die Staatsverträge und die anderen internationalen Verpflichtungen, die in den Bereich der Gesetzgebung fallende Bestimmungen enthalten oder im Übrigen von erheblicher Bedeutung sind oder nach dem Grundgesetz aus einem anderen Grund die Zustimmung des Parlaments erfordern. Die Billigung des Parlaments ist auch für die Kündigung einer solchen Verpflichtung erforderlich.

Die Billigung einer internationalen Verpflichtung oder deren Kündigung wird mit Stimmenmehrheit beschlossen. Wenn der Vorschlag zur Billigung der Verpflichtung das Grundgesetz oder eine Veränderung des Staatsgebiets betrifft, ist er jedoch mit einem Beschluss zu billigen, dem mindestens zwei Drittel der abgegebenen Stimmen zugestimmt haben.

Eine internationale Verpflichtung darf nicht die demokratischen Grundlagen der Verfassung gefährden.

§ 95. Inkraftsetzung internationaler Verpflichtungen.

Die dem Bereich der Gesetzgebung unterfallenden Bestimmungen eines Staatsvertrags oder einer anderen internationalen Verpflichtung werden durch Gesetz in Kraft gesetzt. Andernfalls werden die internationalen Verpflichtungen durch eine von dem Präsidenten der Republik erlassene Verordnung in Kraft gesetzt.

Eine Gesetzesvorlage zur Inkraftsetzung einer internationalen Verpflichtung wird nach dem für die Verabschiedung eines gewöhnlichen Gesetzes geltenden Verfahren behandelt. Wenn der Vorschlag jedoch das Grundgesetz oder eine Veränderung des Staatsgebiets betrifft, ist er vom Parlament, ohne ihn auszusetzen, mit einem Beschluss zu genehmigen, dem mindestens zwei Drittel der abgegebenen Stimmen zugestimmt haben. (...)

§ 96. Beteiligung des Parlaments an der nationalen Vorbereitung von Angelegenheiten der Europäischen Union.

Das Parlament berät Vorlagen für Rechtsakte, Verträge und andere Maßnahmen, die innerhalb der Europäischen Union entschieden werden und die sonst nach dem Grundgesetz der Zuständigkeit des Parlaments zugehörten.

Die Staatsregierung hat mit einem Schreiben die in Absatz 1 genannte Vorlage an das Parlament unverzüglich, nachdem er Kenntnis davon erhalten hat, zur Festlegung des Standpunkts des Parlaments weiterzuleiten. Die Vorlage wird im Großen Ausschuss und im Allgemeinen in einem oder mehreren anderen Ausschüssen beraten, die dem Großen Ausschuss ein Gutachten abgeben. Eine die Außen- und Sicherheitspolitik betreffende Vorlage wird jedoch im Ausschuss für auswärtige Angelegenheiten beraten. Der Große Ausschuss oder der Ausschuss für auswärtige Angelegenheiten kann bei Bedarf der Staatsregierung ein Gutachten über die Vorlage abgeben. Das Präsidium kann auch beschließen, dass eine Debatte über eine solche Angelegenheit im Plenum diskutiert wird, das jedoch keinen Beschluss in der Angelegenheit fassen kann.

Die Staatsregierung hat die zuständigen Ausschüsse über die Behandlung der Angelegenheit in der Europäischen Union zu informieren. Dem Großen Ausschuss oder dem Ausschuss für auswärtige Angelegenheiten ist auch der Standpunkt der Staatsregierung in diesen Angelegenheiten mitzuteilen.

§ 97. Informationsrecht des Parlaments in internationalen Angelegenheiten.

Der Ausschuss für auswärtige Angelegenheiten des Parlaments soll auf Gesuch und ohnehin bei Bedarf von der Staatsregierung Aufklärung über außen- und sicherheitspolitische Angelegenheiten erhalten. Der Große Ausschuss des Parlaments soll gleicherweise Aufklärung über die Vorbereitung anderer Angelegenheiten in der Europäischen Union erhalten. Das Präsidium kann beschließen, dass eine solche Unterrichtung Gegenstand einer Plenarsitzung ist, bei der das Parlament jedoch keinen Beschluss in der Angelegenheit fasst.

Der Ministerpräsident soll dem Parlament oder einem seiner Ausschüsse Informationen über die in einer Tagung des Europäischen Rates zu beratenden Angelegenheiten im Voraus sowie unverzüglich nach der Tagung mitteilen. In gleicher Weise ist bei der Vorbereitung von Änderungen der Grundverträge der Europäischen Union zu verfahren.

Der zuständige Ausschuss des Parlaments kann gegenüber der Staatsregierung aufgrund der obengenannten Aufklärungen oder Informationen Stellung nehmen.

Österreich

Bundes-Verfassungsgesetz der Republik Österreich (B-VG) in der Fassung vom 7. Dezember 1929[45]
zuletzt geändert am 27. Juli 2010 (BGBl. I Nr. 57/2010).

Art. 1. Österreich ist eine demokratische Republik. Ihr Recht geht vom Volk aus.

Art. 9.[46] (1) Die allgemein anerkannten Regeln des Völkerrechtes gelten als Bestandteile des Bundesrechtes.

(2) Durch Gesetz oder durch einen gemäß Art. 50 Abs. 1 genehmigten Staatsvertrag können einzelne Hoheitsrechte auf andere Staaten oder zwischenstaatliche Einrichtungen übertragen werden. In gleicher Weise können die Tätigkeit von Organen anderer Staaten oder zwischenstaatlicher Einrichtungen im Inland und die Tätigkeit österreichischer Organe im Ausland

[45] Amtl. Text abrufbar unter http://www.ris2.bka.gv.at (1. 9. 2010).

[46] Art. 9 Abs. 2 B-VG wurde neugefasst durch Bundesverfassungsgesetz, BGBl. I Nr. 2/2008, abrufbar unter http://ris.bka.gv.at/Dokumente/BgblAuth/BGBLA_2008_I_2/BGBLA_2008_I_2.pdf (1. 9. 2010). Art. 9 Abs. 2 B-VG lautete in seiner alten Fassung: „Durch Gesetz oder durch einen gemäß Art. 50 Abs. 1 zu genehmigenden Staatsvertrag können einzelne Hoheitsrechte des *Bundes* auf zwischenstaatliche Einrichtungen und ihre Organe übertragen und kann die Tätigkeit von Organen fremder Staaten im Inland sowie die Tätigkeit österreichischer Organe im Ausland im Rahmen des Völkerrechtes geregelt werden."

geregelt sowie die Übertragung einzelner Hoheitsrechte anderer Staaten oder zwischenstaatlicher Einrichtungen auf österreichische Organe vorgesehen werden. Dabei kann auch vorgesehen werden, dass österreichische Organe der Weisungsbefugnis der Organe anderer Staaten oder zwischenstaatlicher Einrichtungen oder diese der Weisungsbefugnis österreichischer Organe unterstellt werden.

Art. 23a. (1) Die Mitglieder des Europäischen Parlaments werden in Österreich auf Grund des gleichen, unmittelbaren, persönlichen, freien und geheimen Wahlrechtes der Männer und Frauen, die am Wahltag das 16. Lebensjahr vollendet haben und am Stichtag der Wahl entweder die österreichische Staatsbürgerschaft besitzen und nicht nach Maßgabe des Rechts der Europäischen Union vom Wahlrecht ausgeschlossen sind oder die Staatsangehörigkeit eines anderen Mitgliedstaates der Europäischen Union besitzen und nach Maßgabe des Rechts der Europäischen Union wahlberechtigt sind, nach den Grundsätzen der Verhältniswahl gewählt.

(2) Das Bundesgebiet bildet für die Wahlen zum Europäischen Parlament einen einheitlichen Wahlkörper.

(3) Wählbar sind die in Österreich zum Europäischen Parlament Wahlberechtigten, die am Wahltag das 18. Lebensjahr vollendet haben.

(4) Art. 26 Abs. 5 bis 8 ist sinngemäß anzuwenden.

Art. 23b. (1) Öffentlich Bediensteten ist, wenn sie sich um ein Mandat im Europäischen Parlament bewerben, die für die Bewerbung um das Mandat erforderliche freie Zeit zu gewähren. Öffentlich Bedienstete, die zu Mitgliedern des Europäischen Parlaments gewählt wurden, sind für die Dauer der Mandatsausübung unter Entfall der Dienstbezüge außer Dienst zu stellen. Das Nähere wird durch Gesetz geregelt.

(2) Universitätslehrer können eine Tätigkeit in Forschung und Lehre und die Prüfungstätigkeit auch während der Zugehörigkeit zum Europäischen Parlament fortsetzen. Die Dienstbezüge für diese Tätigkeit sind entsprechend den tatsächlich erbrachten Leistungen zu bemessen, dürfen aber 25% der Bezüge eines Universitätslehrers nicht übersteigen.

(3) Insoweit dieses Bundesverfassungsgesetz die Unvereinbarkeit von Funktionen mit der Zugehörigkeit oder mit der ehemaligen Zugehörigkeit zum Nationalrat vorsieht, sind diese Funktionen auch mit der Zugehörigkeit oder mit der ehemaligen Zugehörigkeit zum Europäischen Parlament unvereinbar.

Art. 23c.[47] (1) Die Erstellung der österreichischen Vorschläge für die Ernennung von Mitgliedern der Europäischen Kommission, von Mitgliedern des Gerichtshofes der Europäischen Union, von Mitgliedern des Rechnungshofes, von Mitgliedern des Wirtschafts- und Sozialausschusses, von Mitgliedern des Ausschusses der Regionen und deren Stellvertretern und von Mitgliedern des Verwaltungsrates der Europäischen Investitionsbank obliegt der Bundesregierung.

(2) Vor der Erstellung der Vorschläge für die Ernennung von Mitgliedern der Europäischen Kommission, des Gerichtshofes der Europäischen Union, des Rechnungshofes und des Verwaltungsrates der Europäischen Investitionsbank hat die Bundesregierung dem Nationalrat und dem Bundespräsidenten mitzuteilen, wen sie vorzuschlagen beabsichtigt. Die Bundesregierung hat über die Vorschläge das Einvernehmen mit dem Hauptausschuss des Nationalrates herzustellen.

---

[47] Geändert durch die bundesverfassungsgesetzliche Lissabon-Begleitnovelle, öst. BGBl. I, Nr. 57/2010.

(3) Vor der Erstellung der Vorschläge für die Ernennung von Mitgliedern des Wirtschafts- und Sozialausschusses hat die Bundesregierung Vorschläge der gesetzlichen und sonstigen beruflichen Vertretungen der verschiedenen Gruppen des wirtschaftlichen und sozialen Lebens einzuholen.

(4) Die Vorschläge für die Ernennung von Mitgliedern des Ausschusses der Regionen und deren Stellvertretern hat die Bundesregierung auf Grund von Vorschlägen der Länder sowie des Österreichischen Gemeindebundes und des Österreichischen Städtebundes zu erstellen. Jedes Land hat ein Mitglied und dessen Stellvertreter vorzuschlagen; die sonstigen Mitglieder und deren Stellvertreter sind vom Österreichischen Gemeindebund und vom Österreichischen Städtebund gemeinsam vorzuschlagen.

(5) Die Bundesregierung hat dem Nationalrat mitzuteilen, wen sie nach Abs. 3 und 4 vorgeschlagen hat, und dem Bundesrat mitzuteilen, wen sie nach Abs. 2, 3 und 4 vorgeschlagen hat.

[Art. 23c a. F. bis 26. 7. 2010. *(1) Die österreichische Mitwirkung an der Ernennung von Mitgliedern der Kommission, des Gerichtshofes, des Gerichtes erster Instanz, des Rechnungshofes, des Verwaltungsrates der Europäischen Investitionsbank, des Wirtschafts- und Sozialausschusses sowie des Ausschusses der Regionen im Rahmen der Europäischen Union obliegt der Bundesregierung.*

(2) Für die Mitglieder der Kommission, des Gerichtshofes, des Gerichtes erster Instanz, des Rechnungshofes und des Verwaltungsrates der Europäischen Investitionsbank hat die Bundesregierung dabei das Einvernehmen mit dem Hauptausschuss des Nationalrates herzustellen. Die Bundesregierung hat den Hauptausschuss des Nationalrates und den Bundespräsidenten gleichzeitig von der von ihr beabsichtigten Entscheidung zu unterrichten.

(3) Für die Mitglieder des Wirtschafts- und Sozialausschusses sind von der Bundesregierung Vorschläge der gesetzlichen und sonstigen beruflichen Vertretungen der verschiedenen Gruppen des wirtschaftlichen und sozialen Lebens einzuholen.

(4) Die österreichische Mitwirkung an der Ernennung von Mitgliedern des Ausschusses der Regionen und deren Stellvertretern hat auf Grund von Vorschlägen der Länder sowie des Österreichischen Städtebundes und des Österreichischen Gemeindebundes zu erfolgen. Hiebei haben die Länder je einen, der Österreichische Städtebund und der Österreichische Gemeindebund gemeinsam drei Vertreter vorzuschlagen.

(5) Von den gemäß Abs. 3 und 4 namhaft gemachten Mitgliedern hat die Bundesregierung den Nationalrat zu unterrichten. Von den gemäß Abs. 2, 3 und 4 namhaft gemachten Mitgliedern hat die Bundesregierung den Bundesrat zu unterrichten.]

Art. 23d.[48] (1) Der Bund hat die Länder unverzüglich über alle Vorhaben im Rahmen der Europäischen Union, die den selbständigen Wirkungsbereich der Länder berühren oder sonst für sie von Interesse sein könnten, zu unterrichten und ihnen Gelegenheit zur Stellungnahme zu geben. Solche Stellungnahmen sind an das Bundeskanzleramt zu richten. Gleiches gilt für die Gemeinden, soweit der eigene Wirkungsbereich oder sonstige wichtige Interessen der Gemeinden berührt werden. Die Vertretung der Gemeinden obliegt in diesen Angelegenheiten dem Österreichischen Städtebund und dem Österreichischen Gemeindebund (Art. 115 Abs. 3).

(2) Haben die Länder eine einheitliche Stellungnahme zu einem Vorhaben erstattet, das Angelegenheiten betrifft, in denen die Gesetzgebung Landessache ist, so darf der Bund bei Verhandlungen und Abstimmungen in der Europäischen Union nur aus zwingenden integrations- und außenpolitischen Gründen von dieser Stellungnahme abweichen. Der Bund hat den Ländern diese Gründe unverzüglich mitzuteilen.

---

[48] Geändert durch die bundesverfassungsgesetzliche Lissabon-Begleitnovelle, öst. BGBl. I, Nr. 57/2010.

(3) Betrifft ein Vorhaben auch Angelegenheiten, in denen die Gesetzgebung Landessache ist, so kann die Bundesregierung die Befugnis, an den Tagungen des Rates teilzunehmen und in diesem Rahmen zu diesem Vorhaben die Verhandlungen zu führen und die Stimme abzugeben, einem von den Ländern namhaft gemachten Mitglied einer Landesregierung übertragen. Die Wahrnehmung dieser Befugnis durch den Vertreter der Länder erfolgt unter Beteiligung des zuständigen Bundesministers und in Abstimmung mit diesem; Abs. 2 gilt auch für ihn. Der Vertreter der Länder ist dabei in Angelegenheiten der Bundesgesetzgebung dem Nationalrat, in Angelegenheiten der Landesgesetzgebung den Landtagen gemäß Art. 142 verantwortlich.

(4) Die näheren Bestimmungen zu den Abs. 1 bis 3 sind in einer Vereinbarung zwischen dem Bund und den Ländern (Art. 15a Abs. 1) festzulegen.

(5) Die Länder sind verpflichtet, Maßnahmen zu treffen, die in ihrem selbständigen Wirkungsbereich zur Durchführung von Rechtsakten im Rahmen der Europäischen Union erforderlich werden; kommt ein Land dieser Verpflichtung nicht rechtzeitig nach und wird dies vom Gerichtshof der Europäischen Union gegenüber Österreich festgestellt, so geht die Zuständigkeit zu solchen Maßnahmen, insbesondere zur Erlassung der notwendigen Gesetze, auf den Bund über. Eine gemäß dieser Bestimmung vom Bund getroffene Maßnahme, insbesondere ein solcherart erlassenes Gesetz oder eine solcherart erlassene Verordnung, tritt außer Kraft, sobald das Land die erforderlichen Maßnahmen getroffen hat.

[Art. 23d a.F. bis 26.7. 2010. *(1) Der Bund hat die Länder unverzüglich über alle Vorhaben im Rahmen der Europäischen Union, die den selbständigen Wirkungsbereich der Länder berühren oder sonst für sie von Interesse sein könnten, zu unterrichten und ihnen Gelegenheit zur Stellungnahme zu geben. Solche Stellungnahmen sind an das Bundeskanzleramt zu richten. Gleiches gilt für die Gemeinden, soweit der eigene Wirkungsbereich oder sonstige wichtige Interessen der Gemeinden berührt werden. Die Vertretung der Gemeinden obliegt in diesen Angelegenheiten dem Österreichischen Städtebund und dem Österreichischen Gemeindebund (Art. 115 Abs. 3).*

(2) Liegt dem Bund eine einheitliche Stellungnahme der Länder zu einem Vorhaben im Rahmen der Europäischen Union vor, das Angelegenheiten betrifft, in denen die Gesetzgebung Landessache ist, so ist der Bund bei Verhandlungen und Abstimmungen in der Europäischen Union an diese Stellungnahme gebunden. Der Bund darf davon nur aus zwingenden außen- und integrationspolitischen Gründen abweichen. Der Bund hat diese Gründe den Ländern unverzüglich mitzuteilen.

(3) Soweit ein Vorhaben im Rahmen der Europäischen Union auch Angelegenheiten betrifft, in denen die Gesetzgebung Landessache ist, kann die Bundesregierung einem von den Ländern namhaft gemachten Vertreter die Mitwirkung an der Willensbildung im Rat übertragen. Die Wahrnehmung dieser Befugnis erfolgt unter Beteiligung des zuständigen Mitgliedes der Bundesregierung und in Abstimmung mit diesem. Für einen solchen Ländervertreter gilt Abs. 2. Der Vertreter der Länder ist dabei in Angelegenheiten der Bundesgesetzgebung dem Nationalrat, in Angelegenheiten der Landesgesetzgebung den Landtagen gemäß Art. 142 verantwortlich.

(4) Die näheren Bestimmungen zu den Abs. 1 bis 3 sind in einer Vereinbarung zwischen dem Bund und den Ländern (Art. 15a Abs. 1) festzulegen.

(5) Die Länder sind verpflichtet, Maßnahmen zu treffen, die in ihrem selbständigen Wirkungsbereich zur Durchführung von Rechtsakten im Rahmen der europäischen Integration erforderlich werden; kommt ein Land dieser Verpflichtung nicht rechtzeitig nach und wird dies von einem Gericht im Rahmen der Europäischen Union gegenüber Österreich festgestellt, so geht die Zuständigkeit zu solchen Maßnahmen, insbesondere zur Erlassung der notwendigen Gesetze, auf den Bund über. Eine gemäß dieser Bestimmung vom Bund getroffene Maßnahme, insbesondere ein

solcherart erlassenes Gesetz oder eine solcherart erlassene Verordnung, tritt außer Kraft, sobald das Land die erforderlichen Maßnahmen getroffen hat.]

Art. 23e.[49] (1) Der zuständige Bundesminister hat den Nationalrat und den Bundesrat unverzüglich über alle Vorhaben im Rahmen der Europäischen Union zu unterrichten und ihnen Gelegenheit zur Stellungnahme zu geben.

(2) Der zuständige Bundesminister hat den Nationalrat und den Bundesrat über einen bevorstehenden Beschluss des Europäischen Rates oder des Rates betreffend

1. den Übergang von der Einstimmigkeit zur qualifizierten Mehrheit oder
2. den Übergang von einem besonderen Gesetzgebungsverfahren zum ordentlichen Gesetzgebungsverfahren

ausdrücklich und so rechtzeitig zu unterrichten, dass dem Nationalrat und dem Bundesrat die Wahrnehmung der Zuständigkeiten nach diesem Artikel ermöglicht wird.

(3) Hat der Nationalrat eine Stellungnahme zu einem Vorhaben erstattet, das auf die Erlassung eines verbindlichen Rechtsaktes gerichtet ist, der sich auf die Erlassung von Bundesgesetzen auf dem im Rechtsakt geregelten Gebiet auswirken würde, so darf der zuständige Bundesminister bei Verhandlungen und Abstimmungen in der Europäischen Union nur aus zwingenden integrations- und außenpolitischen Gründen von dieser Stellungnahme abweichen. Beabsichtigt der zuständige Bundesminister, von der Stellungnahme des Nationalrates abzuweichen, so hat er den Nationalrat neuerlich zu befassen. Ist das Vorhaben auf die Erlassung eines verbindlichen Rechtsaktes gerichtet, der entweder die Erlassung bundesverfassungsgesetzlicher Bestimmungen erfordern würde oder Regelungen enthält, die nur durch solche Bestimmungen getroffen werden könnten, so ist eine Abweichung jedenfalls nur zulässig, wenn ihr der Nationalrat innerhalb angemessener Frist nicht widerspricht. Der zuständige Bundesminister hat dem Nationalrat nach der Abstimmung in der Europäischen Union unverzüglich Bericht zu erstatten und ihm gegebenenfalls die Gründe mitzuteilen, aus denen er von der Stellungnahme abgewichen ist.

(4) Hat der Bundesrat eine Stellungnahme zu einem Vorhaben erstattet, das auf die Erlassung eines verbindlichen Rechtsaktes gerichtet ist, der entweder die Erlassung bundesverfassungsgesetzlicher Bestimmungen erfordern würde, durch die die Zuständigkeit der Länder in Gesetzgebung oder Vollziehung gemäß Art. 44 Abs. 2 eingeschränkt wird, oder Regelungen enthält, die nur durch solche Bestimmungen getroffen werden könnten, so darf der zuständige Bundesminister bei Verhandlungen und Abstimmungen in der Europäischen Union nur aus zwingenden integrations- und außenpolitischen Gründen von dieser Stellungnahme abweichen. Eine Abweichung ist jedenfalls nur zulässig, wenn ihr der Bundesrat innerhalb angemessener Frist nicht widerspricht. Der zuständige Bundesminister hat dem Bundesrat nach der Abstimmung in der Europäischen Union unverzüglich Bericht zu erstatten und ihm gegebenenfalls die Gründe mitzuteilen, aus denen er von der Stellungnahme abgewichen ist.

[Art. 23e a. F. bis 26. 7. 2010. *(1) Das zuständige Mitglied der Bundesregierung hat den Nationalrat und den Bundesrat unverzüglich über alle Vorhaben im Rahmen der Europäischen Union zu unterrichten und ihnen Gelegenheit zur Stellungnahme zu geben.*

(2) Liegt dem zuständigen Mitglied der Bundesregierung eine Stellungnahme des Nationalrates zu einem Vorhaben im Rahmen der Europäischen Union vor, das durch Bundesgesetz umzusetzen ist oder das auf die Erlassung eines unmittelbar anwendbaren Rechtsaktes gerichtet ist, der Angelegenheiten betrifft, die bundesgesetzlich zu regeln wären, so ist es bei Verhandlungen und Abstim-

---

[49] Geändert durch die bundesverfassungsgesetzliche Lissabon-Begleitnovelle, öst. BGBl. I, Nr. 57/2010.

mungen in der Europäischen Union an diese Stellungnahme gebunden. Es darf davon nur aus zwingenden außen- und integrationspolitischen Gründen abweichen.

(3) Wenn das zuständige Mitglied der Bundesregierung von einer Stellungnahme des Nationalrates gemäß Abs. 2 abweichen will, so hat es den Nationalrat neuerlich zu befassen. Soweit der in Vorbereitung befindliche Rechtsakt der Europäischen Union eine Änderung des geltenden Bundesverfassungsrechts bedeuten würde, ist eine Abweichung jedenfalls nur zulässig, wenn ihr der Nationalrat innerhalb angemessener Frist nicht widerspricht.

(4) Wenn der Nationalrat eine Stellungnahme gemäß Abs. 2 abgegeben hat, so hat das zuständige Mitglied der Bundesregierung dem Nationalrat nach der Abstimmung in der Europäischen Union Bericht zu erstatten. Insbesondere hat das zuständige Mitglied der Bundesregierung, wenn es von einer Stellungnahme des Nationalrates abgewichen ist, die Gründe hiefür dem Nationalrat unverzüglich mitzuteilen.

(5) Die Wahrnehmung der Zuständigkeiten des Nationalrates gemäß den Abs. 1 bis 4 obliegt grundsätzlich dessen Hauptausschuss. Die näheren Bestimmungen hiezu werden durch das Bundesgesetz über die Geschäftsordnung des Nationalrates getroffen. Dabei kann insbesondere geregelt werden, inwieweit für die Behandlung von Vorhaben im Rahmen der Europäischen Union anstelle des Hauptausschusses ein eigener ständiger Unterausschuss des Hauptausschusses zuständig ist und die Wahrnehmung der Zuständigkeiten gemäß den Abs. 1 bis 4 dem Nationalrat selbst vorbehalten ist. Für den ständigen Unterausschuss gilt Art. 55 Abs. 3.

(6) Liegt dem zuständigen Mitglied der Bundesregierung eine Stellungnahme des Bundesrates zu einem Vorhaben im Rahmen der Europäischen Union vor, das zwingend durch ein Bundesverfassungsgesetz umzusetzen ist, das nach Art. 44 Abs. 2 der Zustimmung des Bundesrates bedürfte, so ist es bei Verhandlungen und Abstimmungen in der Europäischen Union an diese Stellungnahme gebunden. Es darf davon nur aus zwingenden außen- und integrationspolitischen Gründen abweichen. Die Wahrnehmung der Zuständigkeiten des Bundesrates gemäß Abs. 1 und diesem Absatz wird durch die Geschäftsordnung des Bundesrates näher geregelt. Dabei kann insbesondere geregelt werden, inwieweit für die Behandlung von Vorhaben im Rahmen der Europäischen Union anstelle des Bundesrates ein hiezu bestimmter Ausschuss zuständig ist und die Wahrnehmung der Zuständigkeiten gemäß Abs. 1 und diesem Absatz dem Bundesrat selbst vorbehalten ist.]

Art. 23f.[50] (1) Der Nationalrat und der Bundesrat üben die im Vertrag über die Europäische Union, im Vertrag über die Arbeitsweise der Europäischen Union und in den diesen Verträgen beigegebenen Protokollen in der jeweils geltenden Fassung vorgesehenen Zuständigkeiten der nationalen Parlamente aus.

(2) Jeder Bundesminister berichtet dem Nationalrat und dem Bundesrat zu Beginn jedes Jahres über die in diesem Jahr zu erwartenden Vorhaben des Rates und der Kommission sowie über die voraussichtliche österreichische Position zu diesen Vorhaben.

(3) Weitere Unterrichtungsverpflichtungen sind durch Bundesgesetz vorzusehen.

(4) Der Nationalrat und der Bundesrat können ihren Wünschen über Vorhaben der Europäischen Union in Mitteilungen an die Organe der Europäischen Union Ausdruck geben.

Art. 23g.[51] (1) Der Nationalrat und der Bundesrat können zu einem Entwurf eines Gesetzgebungsakts im Rahmen der Europäischen Union in einer begründeten Stellungnahme darlegen, weshalb der Entwurf nicht mit dem Subsidiaritätsprinzip vereinbar ist.

---

[50] Eingeführt durch die bundesverfassungsgesetzliche Lissabon-Begleitnovelle, öst. BGBl. I, Nr. 57/2010.

[51] Eingeführt durch die bundesverfassungsgesetzliche Lissabon-Begleitnovelle, öst. BGBl. I, Nr. 57/2010.

(2) Der Nationalrat und der Bundesrat können vom zuständigen Bundesminister eine Äußerung zur Vereinbarkeit von Entwürfen gemäß Abs. 1 mit dem Subsidiaritätsprinzip verlangen, die im Regelfall innerhalb von zwei Wochen nach Einlangen des Verlangens vorzulegen ist.

(3) Der Bundesrat hat die Landtage unverzüglich über alle Entwürfe gemäß Abs. 1 zu unterrichten und ihnen Gelegenheit zur Stellungnahme zu geben. Bei Beschlussfassung einer begründeten Stellungnahme gemäß Abs. 1 hat der Bundesrat die Stellungnahmen der Landtage zu erwägen und die Landtage über solche Beschlüsse zu unterrichten.

Art. 23h.[52] (1) Der Nationalrat und der Bundesrat können beschließen, dass gegen einen Gesetzgebungsakt im Rahmen der Europäischen Union beim Gerichtshof der Europäischen Union Klage wegen Verstoßes gegen das Subsidiaritätsprinzip erhoben wird.

(2) Das Bundeskanzleramt übermittelt die Klage im Namen des Nationalrates oder des Bundesrates unverzüglich an den Gerichtshof der Europäischen Union.

Art. 23i.[53] (1) Das österreichische Mitglied im Europäischen Rat darf einer Initiative gemäß Art. 48 Abs. 7 des Vertrags über die Europäische Union in der Fassung des Vertrags von Lissabon nur dann zustimmen, wenn es der Nationalrat mit Zustimmung des Bundesrates auf Grund eines Vorschlages der Bundesregierung dazu ermächtigt hat. Diese Beschlüsse des Nationalrates und des Bundesrates bedürfen jeweils der Anwesenheit von mindestens der Hälfte der Mitglieder und einer Mehrheit von zwei Dritteln der abgegebenen Stimmen.

(2) Soweit nach dem Recht der Europäischen Union für die nationalen Parlamente die Möglichkeit der Ablehnung einer Initiative oder eines Vorschlages betreffend

1. den Übergang von der Einstimmigkeit zur qualifizierten Mehrheit oder
2. den Übergang von einem besonderen Gesetzgebungsverfahren zum ordentlichen Gesetzgebungsverfahren

vorgesehen ist, kann der Nationalrat mit Zustimmung des Bundesrates diese Initiative oder diesen Vorschlag innerhalb der nach dem Recht der Europäischen Union vorgesehenen Fristen ablehnen.

(3) Beschlüsse des Rates, durch die neue Kategorien von Eigenmitteln der Europäischen Union eingeführt werden, bedürfen der Genehmigung des Nationalrates und der Zustimmung des Bundesrates; Art. 50 Abs. 4 zweiter Satz ist sinngemäß anzuwenden. Andere Beschlüsse des Rates, mit denen Bestimmungen über das System der Eigenmittel der Europäischen Union festgelegt werden, bedürfen der Genehmigung des Nationalrates. Art. 23e Abs. 2 gilt sinngemäß.

(4) Auf andere Beschlüsse des Europäischen Rates oder des Rates, die nach dem Recht der Europäischen Union erst nach Zustimmung der Mitgliedstaaten im Einklang mit ihren jeweiligen verfassungsrechtlichen Vorschriften in Kraft treten, ist Art. 50 Abs. 4 sinngemäß anzuwenden.

(5) Beschlüsse des Nationalrates und des Bundesrates nach diesem Artikel sind vom Bundeskanzler im Bundesgesetzblatt kundzumachen.

Art. 23j.[54] (1) Österreich wirkt an der Gemeinsamen Außen- und Sicherheitspolitik der Europäischen Union auf Grund des Titels V Kapitel 1 und 2 des Vertrags über die Europäische

---

[52] Eingeführt durch die bundesverfassungsgesetzliche Lissabon-Begleitnovelle, öst. BGBl. I, Nr. 57/2010.

[53] Eingeführt durch die bundesverfassungsgesetzliche Lissabon-Begleitnovelle, öst. BGBl. I, Nr. 57/2010.

[54] Geändert und umnummeriert (ehemals Art. 23f B-VG) durch die bundesverfassungsgesetzliche Lissabon-Begleitnovelle, öst. BGBl. I, Nr. 57/2010.

Union in der Fassung des Vertrags von Lissabon mit, der in Art. 3 Abs. 5 und in Art. 21 Abs. 1 insbesondere die Wahrung beziehungsweise Achtung der Grundsätze der Charta der Vereinten Nationen vorsieht. Dies schließt die Mitwirkung an Aufgaben gemäß Art. 43 Abs. 1 dieses Vertrags sowie an Maßnahmen ein, mit denen die Wirtschafts- und Finanzbeziehungen zu einem oder mehreren Drittländern ausgesetzt, eingeschränkt oder vollständig eingestellt werden. Auf Beschlüsse des Europäischen Rates über eine gemeinsame Verteidigung ist Art. 50 Abs. 4 sinngemäß anzuwenden.

(2) Für Beschlüsse im Rahmen der Gemeinsamen Außen- und Sicherheitspolitik der Europäischen Union auf Grund des Titels V Kapitel 2 des Vertrags über die Europäische Union in der Fassung des Vertrags von Lissabon gilt Art. 23e Abs. 3 sinngemäß.

(3) Bei Beschlüssen über die Einleitung einer Mission außerhalb der Europäischen Union, die Aufgaben der militärischen Beratung und Unterstützung, Aufgaben der Konfliktverhütung und der Erhaltung des Friedens oder Kampfeinsätze im Rahmen der Krisenbewältigung einschließlich Frieden schaffender Maßnahmen und Operationen zur Stabilisierung der Lage nach Konflikten umfasst, sowie bei Beschlüssen gemäß Art. 42 Abs. 2 des Vertrags über die Europäische Union in der Fassung des Vertrags von Lissabon betreffend die schrittweise Festlegung einer gemeinsamen Verteidigungspolitik ist das Stimmrecht im Einvernehmen zwischen dem Bundeskanzler und dem für auswärtige Angelegenheiten zuständigen Bundesminister auszuüben.

(4) Eine Zustimmung zu Maßnahmen gemäß Abs. 3 darf, wenn der zu fassende Beschluss eine Verpflichtung Österreichs zur Entsendung von Einheiten oder einzelnen Personen bewirken würde, nur unter dem Vorbehalt gegeben werden, dass es diesbezüglich noch der Durchführung des für die Entsendung von Einheiten oder einzelnen Personen in das Ausland verfassungsrechtlich vorgesehenen Verfahrens bedarf.

[Art. 23f a. F. bis 26. 7. 2010. *(1) Österreich wirkt an der Gemeinsamen Außen- und Sicherheitspolitik der Europäischen Union auf Grund des Titels V des Vertrages über die Europäische Union in der Fassung des Vertrages von Nizza mit. Dies schließt die Mitwirkung an Aufgaben gemäß Art. 17 Abs. 2 dieses Vertrages sowie an Maßnahmen ein, mit denen die Wirtschaftsbeziehungen zu einem oder mehreren dritten Ländern ausgesetzt, eingeschränkt oder vollständig eingestellt werden. Beschlüsse des Europäischen Rates zu einer gemeinsamen Verteidigung der Europäischen Union sowie zu einer Integration der Westeuropäischen Union in die Europäische Union bedürfen der Beschlussfassung des Nationalrates und des Bundesrates in sinngemäßer Anwendung des Art. 44 Abs. 1 und 2. Auf Beschlüsse des Europäischen Rates über eine gemeinsame Verteidigung ist Art. 50 Abs. 4 sinngemäß anzuwenden.*

(2) Für Beschlüsse im Rahmen der Gemeinsamen Außen- und Sicherheitspolitik der Europäischen Union auf Grund des Titels V sowie für Beschlüsse im Rahmen der polizeilichen und justitiellen Zusammenarbeit in Strafsachen auf Grund des Titels VI des Vertrages über die Europäische Union in der Fassung des Vertrages von Nizza gilt Art. 23e Abs. 2 bis 5.

(3) Bei Beschlüssen betreffend friedenserhaltende Aufgaben sowie Kampfeinsätze bei der Krisenbewältigung einschließlich friedensschaffender Maßnahmen sowie bei Beschlüssen gemäß Art. 17 des Vertrages über die Europäische Union in der Fassung des Vertrages von Nizza betreffend die schrittweise Festlegung einer gemeinsamen Verteidigungspolitik ist das Stimmrecht im Einvernehmen zwischen dem Bundeskanzler und dem für auswärtige Angelegenheiten zuständigen Bundesminister auszuüben.

(4) Eine Zustimmung zu Maßnahmen gemäß Abs. 3 darf, wenn der zu fassende Beschluss eine Verpflichtung Österreichs zur Entsendung von Einheiten oder einzelnen Personen bewirken würde, nur unter dem Vorbehalt gegeben werden, dass es diesbezüglich noch der Durchführung des für

die Entsendung von Einheiten oder einzelnen Personen in das Ausland verfassungsrechtlich vorgesehenen Verfahrens bedarf.]

Art. 23k.[55] (1) Nähere Bestimmungen zu den Art. 23e, 23f Abs. 1, 2 und 4 sowie 23g bis 23j treffen das Bundesgesetz über die Geschäftsordnung des Nationalrates und die Geschäftsordnung des Bundesrates.

(2) Die Zuständigkeiten des Nationalrates nach den Art. 23e, 23f Abs. 4, 23g und 23j Abs. 2 obliegen dessen Hauptausschuss. Das Bundesgesetz über die Geschäftsordnung des Nationalrates kann vorsehen, dass der Hauptausschuss einen ständigen Unterausschuss wählt, für den Art. 55 Abs. 3 sinngemäß gilt. Der Hauptausschuss kann diesem ständigen Unterausschuss Zuständigkeiten nach dem ersten Satz übertragen. Eine solche Übertragung kann jederzeit ganz oder teilweise widerrufen werden. Durch das Bundesgesetz über die Geschäftsordnung des Nationalrates können Zuständigkeiten des Hauptausschusses nach dem ersten Satz dem Nationalrat oder dem ständigen Unterausschuss des Hauptausschusses gemäß dem zweiten Satz übertragen werden.

(3) Zuständigkeiten des Bundesrates nach den Art. 23e, 23f Abs. 4 und 23g können durch die Geschäftsordnung des Bundesrates einem von diesem zu wählenden Ausschuss übertragen werden.

Art. 44. (1) Verfassungsgesetze oder in einfachen Gesetzen enthaltene Verfassungsbestimmungen können vom Nationalrat nur in Anwesenheit von mindestens der Hälfte der Mitglieder und mit einer Mehrheit von zwei Dritteln der abgegebenen Stimmen beschlossen werden; sie sind als solche („Verfassungsgesetz", „Verfassungsbestimmung") ausdrücklich zu bezeichnen.

(2) Verfassungsgesetze oder in einfachen Gesetzen enthaltene Verfassungsbestimmungen, durch die die Zuständigkeit der Länder in Gesetzgebung oder Vollziehung eingeschränkt wird, bedürfen überdies der in Anwesenheit von mindestens der Hälfte der Mitglieder und mit einer Mehrheit von zwei Dritteln der abgegebenen Stimmen zu erteilenden Zustimmung des Bundesrates.

(3) Jede Gesamtänderung der Bundesverfassung, eine Teiländerung aber nur, wenn dies von einem Drittel der Mitglieder des Nationalrates oder des Bundesrates verlangt wird, ist nach Beendigung des Verfahrens gemäß Art. 42, jedoch vor der Beurkundung durch den Bundespräsidenten, einer Abstimmung des gesamten Bundesvolkes zu unterziehen.

Art. 50.[56] (1) Der Abschluss von

1. politischen Staatsverträgen und Staatsverträgen, die gesetzändernden oder gesetzesergänzenden Inhalt haben und nicht unter Art. 16 Abs. 1 fallen, sowie

2. Staatsverträgen, durch die die vertraglichen Grundlagen der Europäischen Union geändert werden, bedarf der Genehmigung des Nationalrates.

(2) Für Staatsverträge gemäß Abs. 1 Z 1 gilt darüber hinaus Folgendes:

1. Sieht ein Staatsvertrag seine vereinfachte Änderung vor, so bedarf eine solche Änderung nicht der Genehmigung nach Abs. 1, sofern sich diese der Nationalrat nicht vorbehalten hat. (...)

(4) Staatsverträge gemäß Abs. 1 Z 2 dürfen unbeschadet des Art. 44 Abs. 3 nur mit Genehmigung des Nationalrates und mit Zustimmung des Bundesrates abgeschlossen werden. Diese Beschlüsse bedürfen jeweils der Anwesenheit von mindestens der Hälfte der Mitglieder und einer Mehrheit von zwei Dritteln der abgegebenen Stimmen. (...)

---

[55] Eingeführt durch die bundesverfassungsgesetzliche Lissabon-Begleitnovelle, öst. BGBl. I, Nr. 57/2010.

[56] In der durch Bundesverfassungsgesetz, BGBl. I Nr. 2/2008, geänderten Fassung.

Art. 140a. (1) Der Verfassungsgerichtshof erkennt über die Rechtswidrigkeit von Staatsverträgen. Dabei ist auf die mit Genehmigung des Nationalrates gemäß Art. 50 abgeschlossenen Staatsverträge und die gesetzändernden oder gesetzesergänzenden Staatsverträge gemäß Art. 16 Abs. 1 der Art. 140, auf alle anderen Staatsverträge der Art. 139 mit der Maßgabe anzuwenden, dass Staatsverträge, deren Gesetz- oder Verfassungswidrigkeit der Verfassungsgerichtshof feststellt, mit Ablauf des Tages der Kundmachung des Erkenntnisses von den zu ihrer Vollziehung berufenen Organen nicht anzuwenden sind, wenn der Verfassungsgerichtshof nicht eine Frist bestimmt, innerhalb welcher ein solcher Staatsvertrag weiter anzuwenden ist. Diese Frist darf bei den in Art. 50 bezeichneten Staatsverträgen und bei den Staatsverträgen gemäß Art. 16 Abs. 1, die gesetzändernd oder gesetzesergänzend sind, zwei Jahre, bei allen anderen Staatsverträgen ein Jahr nicht überschreiten. (...)

Bundesverfassungsgesetz über den Beitritt Österreichs zur Europäischen Union (BGBl. Nr. 744/1994)[57]

Auf Grund des Ergebnisses der Volksabstimmung wird kundgemacht:

Artikel I. Mit der Zustimmung des Bundesvolkes zu diesem Bundesverfassungsgesetz werden die bundesverfassungsgesetzlich zuständigen Organe ermächtigt, den Staatsvertrag über den Beitritt Österreichs zur Europäischen Union entsprechend dem am 12. April 1994 von der Beitrittskonferenz festgelegten Verhandlungsergebnis abzuschließen.

Artikel II. Der Staatsvertrag über den Beitritt Österreichs zur Europäischen Union darf nur mit Genehmigung des Nationalrates und der Zustimmung des Bundesrates hierzu abgeschlossen werden. Diese Beschlüsse bedürfen jeweils der Anwesenheit von mindestens der Hälfte der Mitglieder und einer Mehrheit von zwei Dritteln der abgegebenen Stimmen.

[57] Amtl. Text abrufbar unter: http://www.ris2.bka.gv.at/Dokument.wxe?QueryID=BgblPdf&Dokumentnummer=1994_744_0 (1. 9. 2010).

Schweden

Verfassung des Königreichs Schweden (Regeringsformen) vom 1. Januar 1975[58] zuletzt[59] geändert am 1. Juli 2003 (Gesetz 2002:905) in der Übersetzung des schwedischen Reichstages[60]

Kapitel 1 – Grundlagen der Staatsform

§ 1. Alle öffentliche Gewalt in Schweden geht vom Volk aus. (…)

Kapitel 2 – Grundrechte und Freiheiten

§ 23. Gesetze oder andere Vorschriften dürfen nicht im Widerspruch zu Schwedens Verpflichtungen aufgrund der Europäischen Konvention zum Schutz der Menschenrechte und Grundfreiheiten beschlossen werden.

Kapitel 8 – Gesetze und sonstige Vorschriften

§ 4. Vorschriften über die konsultative Volksabstimmung im ganzen Reich und über das Verfahren bei Volksabstimmungen in Grundgesetzfragen werden durch Gesetz erlassen.

Vorschriften über die Wahl zu einer Parlamentarischen Versammlung in der Europäischen Union werden in einem Gesetz erlassen.

§ 15. Grundgesetze werden durch zwei gleichlautende Beschlüsse verabschiedet. Der zweite Beschluss darf erst dann gefasst werden, wenn nach dem ersten Beschluss im ganzen Reich Reichstagswahlen abgehalten wurden und der neue Reichstag zusammentritt. Ferner haben zwischen der ersten Anmeldung des Gegenstandes im Plenum des Reichstages und den Wahlen mindestens neun Monate zu verstreichen, sofern der Verfassungsausschuss nicht spätestens bei der Vorbereitung des Gegenstandes mit den Stimmen von mindestens fünf Sechsteln seiner Mitglieder beschließt, hiervon eine Ausnahme zu bewilligen.

---

[58] Amtl. Text abrufbar unter http://www.riksdagen.se/templates/R_Page____4930.aspx (1. 9. 2010).

[59] Stand: 1. 9. 2010. Mit dem Regierungsentwurf v. 8. 12. 2009 – Regeringens proposition 2009/10:80, abrufbar unter http://regeringen.se/content/1/c6/13/70/77/84ff1d65.pdf (1. 9. 2010) – besteht ein groß angelegtes Vorhaben zur umfassenden Reform der schwedischen Verfassung. Für das Inkrafttreten der Reform sind gemäß Kap. 8 § 15 des geltenden schwedischen Hauptverfassungsgesetzes (Regeringsformen) zwei gleichlautende Parlamentsbeschlüsse notwendig, zwischen denen eine Parlamentswahl liegen muss. Für den Fall dass beide Beschlüsse vorliegen – der zweite soll am 24. 11. 2010 getroffen werden – wird die Reform zum 1. 1. 2011 in Kraft treten. Neben zahlreichen Bestimmungen ist auch das schwedische Europaverfassungsrecht Gegenstand der Reform. So soll in Kap. 1 des Hauptverfassungsgesetzes ein neuer § 10 eingeführt werden, der ausdrücklich die Mitgliedschaft Schwedens in der EU benennt: „Sverige är medlem i Europeiska unionen (…)." Zudem soll die bislang in Kap. 10 § 5 Abs. 1 enthaltene Übertragungsklausel in einen eigenen Paragraphen überführt werden (Kap. 10 § 6 n. F.). Dieser sieht eine gegenüber der geltenden Rechtslage verschärfte Mehrheitsschwelle im Regelverfahren vor. Danach reicht es nicht mehr aus, dass mindestens drei Viertel der *abstimmenden* Abgeordneten zustimmen. Zugleich muss künftig die absolute Mehrheit der Mitglieder des Parlaments erreicht werden: „Riksdagen kan besluta om sådan överlåtelse, om minst tre fjärdedelar av de röstande och mer än hälften av riksdagens ledamöter röstar för det." Eine Übersetzung ins Englische oder Deutsche liegt derzeit (Stand: 1. 9. 2010) noch nicht vor. Für Hilfe zum Verständnis des Reformentwurfes danke ich sehr herzlich dem schwedischen Europa- und Verfassungsrechtler *Carl Fredrik Bergström*.

[60] Sprachlich überarbeitet von *A. Kimmel* und fortgeführt von *F. Pfeil* in: A. Kimmel/ C. Kimmel (Hrsg.), Die Verfassungen der EU-Mitgliedstaaten (6. Aufl. 2005), S. 683 ff.

Der Reichstag darf keine Grundgesetzvorlage annehmen und (bis zum vorgeschriebenen zweiten Beschluss) für ruhend erklären, die mit einer anderen bereits ruhenden Grundgesetzvorlage unvereinbar ist, ohne letztere gleichzeitig zu verwerfen.

Über eine ruhende Grundgesetzvorlage ist eine Volksabstimmung anzuberaumen, wenn mindestens zehn vom Hundert der Reichstagsabgeordneten dies beantragen und mindestens ein Drittel der Abgeordneten für den Antrag stimmt. Ein derartiger Antrag ist binnen fünfzehn Tagen nach der durch den Reichstag erfolgten Annahme und Ruhenderklärung der Grundgesetzvorlage zu stellen. Der Antrag erfährt keine Ausschussbehandlung.

Die Volksabstimmung ist gleichzeitig mit den in Abs. 1 genannten Reichstagswahlen durchzuführen. Bei der Abstimmung können die Stimmberechtigten erklären, ob sie die ruhende Grundgesetzvorlage gutheißen oder nicht. Die Vorlage gilt als abgelehnt, wenn die Mehrheit der Abstimmungsteilnehmer gegen die Vorlage stimmt und ihre Zahl größer ist als die Hälfte der bei den Reichstagswahlen abgegebenen gültigen Stimmen. Andernfalls hat der Reichstag den Entwurf zur endgültigen Abstimmung zu bringen.

§ 18. Zur Begutachtung von Gesetzesvorlagen hat es einen Gesetzgebungsrat zu geben, dem Richter des Obersten Gerichtshofes und des Obersten Verwaltungsgerichtes angehören. Die Stellungnahmen des Gesetzgebungsrates werden von der Regierung oder, gemäß den näheren Vorschriften der Reichstagsordnung, von den Reichstagsausschüssen eingeholt. (…)

Kapitel 9 – Die Finanzgewalt

§ 12. Die Regierung trägt die Verantwortung für alle grundlegenden währungspolitischen Fragen. Weitere Bestimmungen zur Währungspolitik werden durch Gesetz erlassen.

§ 14. Ausschließlich die Reichsbank hat das Recht, Banknoten und Münzen auszugeben. Weitere Bestimmungen über das Geld- und Zahlungswesen werden durch Gesetz erlassen.

Kapitel 10 – Beziehungen zu anderen Staaten

§ 1. Übereinkünfte mit anderen Staaten oder zwischenstaatlichen Organisationen werden von der Regierung getroffen.

§ 2. Die Regierung darf ohne Genehmigung des Reichstages keine für das Reich verbindlichen, internationalen Übereinkünfte treffen, wenn die Übereinkünfte die Änderung oder Aufhebung von Gesetzen oder den Erlass von neuen Gesetzen voraussetzen oder im übrigen einen Gegenstand betreffen, über den der Reichstag zu beschließen hat. (…)

Die Regierung darf auch in keinen anderen als den in Abs. 1 vorgesehenen Fällen ohne Zustimmung des Reichstages für das Reich verbindliche, internationale Übereinkünfte von größerem Gewicht treffen. Die Regierung kann jedoch die Einholung der Genehmigung des Reichstages zu Übereinkünften unterlassen, wenn es die Interessen des Reiches erfordern. In derartigen Fällen hat sich die Regierung stattdessen mit dem Beirat für auswärtige Angelegenheiten zu beraten.

Übereinkünften im Sinne des Abs. 1 und 3, die im Rahmen der Zusammenarbeit in der Europäischen Union eingegangen werden, kann der Reichstag auch zustimmen, wenn die Übereinkunft nicht in der Schlussfassung vorliegt.

§ 5.[61] Der Reichstag kann im Rahmen der Zusammenarbeit in der Europäischen Union Beschlussrechts übertragen, soweit sie die Grundsätze der Staatsform nicht berühren. Eine solche Übertragung setzt voraus, dass der Freiheits- und Rechtsschutz in dem Bereich der Zusam-

[61] Sollte die Reform der schwedischen Verfassung auf Grundlage des Regierungsentwurfs v. 8. 12. 2009 – Regeringens proposition 2009/10:80 – in Kraft treten, fände sich diese Vorschrift im neuen

menarbeit, in dem die Beschlussrechte übertragen werden, demjenigen dieser Verfassung und der Europäischen Konvention zum Schutz der Menschenrechte und Grundfreiheiten entspricht. Die Übertragung erfolgt durch einen Beschluss, dem mindestens 3/4 der Abstimmenden zustimmen. Der Beschluss des Reichstages kann auch in der gleichen Weise erfolgen, in der Grundgesetze erlassen werden. Die Übertragung kann erst beschlossen werden, nachdem der Reichstag der Übereinkunft gem. § 2 zugestimmt hat.

In anderen Fällen kann ein Beschlussrecht, das sich unmittelbar auf diese Verfassung gründet und den Erlass von Vorschriften, die Verwendung staatlichen Vermögens oder den Abschluss bzw. die Kündigung internationaler Übereinkünfte und Verpflichtungen betrifft, in begrenztem Umfang auf eine zwischenstaatliche Organisation für friedliche Zusammenarbeit, der das Reich angeschlossen ist oder sich anschließen wird, oder an einen zwischenstaatlichen Gerichtshof übertragen werden. Hierbei darf kein Beschlussrecht übertragen werden, das die Einführung, Änderung oder Aufhebung von Grundgesetzen, der Geschäftsordnung des Reichstages oder des Gesetzes über die Reichstagswahlen oder die Einschränkung der Grundrechte und Freiheiten gem. Kap. 2 zum Gegenstad hat. Für den Übertragungsbeschluss gelten die Vorschriften für das Gesetzgebungsverfahren bei Grundgesetzen. Ist es nicht möglich, einen Beschluss nach diesem Verfahren abzuwarten, erfolgt die Übertragung durch einen Beschluss des Reichstages, wenn mindestens 5/6 der Abstimmenden und mindestens 3/4 der Abgeordneten dafür stimmen.

Ist gesetzlich vorgeschrieben, dass eine internationale Übereinkunft als schwedisches Recht zu gelten hat, kann der Reichstag durch ein gemäß der in Abs. 2 vorgeschriebenen verfahren gefassten Beschluss bestimmen, dass auch künftige, für das Reich verbindliche Änderungen der Übereinkunft hier im Reich gültig sind. Ein derartiger Beschluss darf sich nur auf künftige Änderungen von begrenztem Umfang beziehen.

Aufgaben der Rechtspflege sowie Verwaltungsaufgaben, die sich nicht unmittelbar auf diese Verfassung gründen, können in anderen als den in Abs. 1 vorgesehenen Fällen durch Beschluss des Reichstages auf einen anderen Staat, eine zwischenstaatliche Organisation oder eine ausländische oder internationale Einrichtung oder Vereinigung übertrage werden. Der Reichstag kann auch die Regierung oder andere Behörden durch Gesetz ermächtigen, in besonderen Fällen derartige Übertragungen zu beschließen. Beinhalten die Aufgaben Hoheitsverwaltung, so ist für den Ermächtigungsbeschluss des Reichstages mindestens eine ¾-Mehrheit erforderlich. Reichstagsbeschlüsse über derartige Übertragungen können auch gemäß den bei Grundgesetzen vorgeschriebenen Gesetzgebungsverfahren gefasst werden.

§ 6. Die Regierung hat den Reichstag regelmäßig über die Zusammenarbeit im Rahmen der Europäischen Union zu informieren und mit dem vom Reichstag bestimmten Organ darüber zu beraten. Nähere Bestimmungen über die Informations- und Beratungspflichten regelt die Geschäftsordnung des Reichstages.

Die Regierung hat den Beirat für auswärtige Angelegenheiten regelmäßig über die außenpolitischen Verhältnisses, die für das Reich Bedeutung erlangen können, auf dem Laufenden zu halten und mit dem Beirat so oft erforderlich hierüber zu beraten. In allen auswärtigen Angelegenheiten von größerem Gewicht hat sich die Regierung vor der Entscheidung mit dem Beirat hierüber zu beraten.

Kap. 10 § 6 Regeringsformen wieder. Dieser sieht eine gegenüber der geltenden Rechtslage verschärfte Mehrheitsschwelle im Regelverfahren vor (vgl. Fn. 59).

Kapitel 11 – Rechtspflege und Verwaltung

§ 14. Befindet ein Gericht oder ein anderes öffentliches Organ, dass eine Vorschrift im Widerspruch zu Bestimmungen der Grundgesetze oder sonstiger übergeordneter Vorschriften steht, oder dass bei ihrem Zustandekommen in wesentlicher Hinsicht gegen die feststehende Ordnung verstoßen wurde, darf die Vorschrift nicht zur Durchführung kommen. Wurde die Vorschrift vom Reichstag oder der Regierung beschlossen, ist von ihrer Durchführung nur dann abzusehen, wenn der Fehler offenbar ist.

Übergangsbestimmungen zum Gesetz 1994:1375
Übersetzung ins Englische[62]

(...) 2. If the Riksdag has approved an agreement on Swedish accession to the European Union following the holding of a referendum in the matter throughout the whole of the Realm, the Riksdag shall be entitled to transfer to the European Communities rights of decision-making resulting from such accession without applying the qualified majority rules set out in Chapter 10, Article 5. The Riksdag shall also be entitled to approve the incorporation into Swedish law of the Communities' rules at the time of accession in the same manner as applies to the transfer of rights of decision-making to the European Communities.

VI. Beitrittsländer zum Jahr 2004

Estland

Grundgesetz der Republik Estland vom 28. Juni 1992[63]
zuletzt geändert am 12. April 2007 (Amtsblatt. v. 20. April 2007, 33, 210)
in der Übersetzung der estnischen Botschaft[64]

§ 1. Estland ist eine selbständige, unabhängige, demokratische Republik, in welcher Träger der obersten Staatsgewalt das Volk ist.

Die Selbständigkeit und Unabhängigkeit Estlands sind unverjährbar und unveräußerlich.

§ 3. Die Staatsgewalt wird nur aufgrund des Grundgesetzes und mit ihm übereinstimmenden Gesetzen ausgeübt. Allgemein anerkannte Grundsätze und Normen des Völkerrechtes sind ein untrennbarer Bestandteil des estnischen Rechtssystems. (...)

§ 54. Pflicht eines estnischen Staatsbürgers ist es, der estnischen grundgesetzlichen Ordnung treu zu sein und die estnische Unabhängigkeit zu verteidigen. (...)

---

[62] abrufbar unter: http://www.legislationline.org/download/action/download/id/1641/file/8be1bfe7e1a03aa4b4ca65c2d11c.htm/preview (1.9. 2010).

[63] Amtl. Text abrufbar unter www.president.ee/et/eesti-vabariik/pohiseadus/index.htm (1.9. 2010).

[64] Abgedruckt in A. Kimmel/ C. Kimmel (Hrsg.), Die Verfassungen der EU-Mitgliedstaaten (6. Aufl. 2005), S. 111 ff. Die Übersetzung bezieht sich auf die Fassung vom 25. Februar 2003. Die seither erfolgten Änderungen berührten die im Folgenden aufgeführten Artikel nicht.

§ 56. Die höchste Staatsgewalt verwirklicht das Volk durch die stimmberechtigten Bürger:

1. durch Wahl der Staatsversammlung;
2. durch Volksabstimmung.

§ 105. Die Staatsversammlung hat das Recht, einen Gesetzentwurf oder eine andere das Staatsleben betreffende Frage einer Volksabstimmung zu unterwerfen.

Ein Volksentscheid ergeht mit der Mehrheit der Stimmen derjenigen, die an der Abstimmung teilgenommen haben.

Das in einer Volksabstimmung angenommene Gesetz wird vom Präsidenten der Republik unverzüglich verkündet. Die Entscheidung der Volksabstimmung ist für alle Staatsorgane verbindlich.

Erlangt der einer Volksabstimmung unterworfene Gesetzentwurf nicht die Zustimmung der Mehrheit, beraumt der Präsident der Republik außerordentliche Neuwahlen an.

§ 106. Einer Volksabstimmung dürfen Fragen des Haushalts, der Steuern, der monetären Verpflichtungen des Staates, der Ratifizierung oder Kündigung völkerrechtlicher Verträge, der Verhängung und Aufhebung des Ausnahmezustandes sowie der Landesverteidigung nicht unterworfen werden. (...)

§ 120. Die Beziehungen der Republik Estland zu anderen Staaten und internationalen Organisationen werden gesetzlich geregelt.

§ 121. Die Staatsversammlung ratifiziert und kündigt Verträge der Republik Estland,

1. die Staatsgrenzen ändern;
2. zu deren Erfüllung die Annahme, Änderung oder Aufhebung estnischer Gesetze notwendig ist;
3. gemäß denen die Republik Estland internationalen Organisation oder Bündnissen beitritt;
4. mit denen die Republik Estland militärische oder materielle Verpflichtungen übernimmt;
5. die eine Ratifikation vorsehen.

§ 123. Die Republik Estland schließt keine völkerrechtlichen Verträge ab, die dem Grundgesetz widersprechen.

Wenn estnische Gesetze oder andere Akte von der Staatsversammlung ratifizierten völkerrechtlichen Verträgen widersprechen, werden die Bestimmungen der völkerrechtlichen Verträge angewandt.

§ 162. Der I. Abschnitt „Allgemeine Bestimmungen" *[§§ 1–7, Anm. d. Verf.]* und der XV. Abschnitt „Die Abänderung des Grundgesetzes" *[§§ 161–168, Anm. d. Verf.]* können nur durch Volksabstimmung geändert werden.

§ 163. Das Grundgesetz kann durch ein Gesetz geändert werden, das angenommen wurde:

1. durch Volksabstimmung;
2. durch die Staatsversammlung in zwei aufeinanderfolgenden Zusammensetzungen;
3. durch die Staatsversammlung im Dringlichkeitsverfahren. (...)

Gesetz zur Ergänzung des Grundgesetzes der Republik Estland vom 5. Oktober 2003 (Amtsblatt v. 10. Oktober 2003, 64, 429)[65]
in der Übersetzung von *R. Müller*[66]

Das estnische Volk nahm am 14. September 2003 durch Volksabstimmung auf der Grundlage von § 162 des Grundgesetzes der Republik Estland folgendes Gesetz zur Ergänzung des Grundgesetzes an:

§ 1. Estland darf ausgehend von den wichtigsten Grundsätzen des Grundgesetzes der Republik Estland der Europäischen Union angehören.

§ 2. Infolge des Beitritts Estlands zur Europäischen Union wird das Grundgesetz der Republik Estland an die Rechte und Pflichten aus dem Beitrittsvertrag angepasst.

§ 3. Das vorliegende Gesetz kann nur durch Volksabstimmung geändert werden.

§ 4. Das vorliegende Gesetz tritt 3 Monate nach seiner Verkündung in Kraft.

Lettland

Grundgesetz der Republik Lettland vom 15. Februar 1922[67]
zuletzt geändert am 3. Mai 2007 (Amtsblatt Nr. 79 v. 17. Mai 2007)
inoffizielle Übersetzung[68]

Art. 1. Lettland ist eine unabhängige demokratische Republik.

Art. 2. Die souveräne Gewalt des Staates Lettland gehört dem lettischen Volke.

Art. 68. Alle völkerrechtlichen Verträge, welche die auf dem Gesetzgebungswege zu erledigenden Fragen regeln, bedürfen der Zustimmung des Seimas *[let. Parlament, Anm. d. Verf.]*.

Zur Stärkung der Demokratie kann Lettland beim Abschluss eines internationalen Vertrages Teile der Kompetenzen seiner staatlichen Organe auf internationale Organisationen übertragen. Internationale Verträge, in denen ein Teil der Kompetenzen der staatlichen Organe auf internationale Organisationen übertragen werden, können durch den Seimas nur beschlossen werden, wenn in der Sitzung mindestens zwei Drittel der Seimasmitglieder anwesend sind und die Zustimmung mit Zweidrittelmehrheit der anwesenden Mitglieder erfolgt.

Über die Mitgliedschaft Lettlands in der Europäischen Union wird durch Volksabstimmung entschieden, die auf Vorschlag des Seimas durchgeführt wird.

Erhebliche Änderungen der Bedingungen der Mitgliedschaft Lettlands in der Europäischen Union werden durch Volksabstimmung entschieden, wenn dies mindestens die Hälfte der Seimasmitglieder verlangt.

Art. 76. Der Seimas kann das Grundgesetz nur in solchen Sitzungen ändern, an denen mindestens zwei Drittel der Seimasabgeordneten teilnehmen. Die Änderungen werden in drei Le-

---

[65] Amtl. Text abrufbar unter https://www.riigiteataja.ee/ert/act.jsp?id=631119 (1. 9. 2010).

[66] Für die speziell für diese Untersuchung vorgenommene Übersetzung möchte ich *Renate Müller* meinen herzlichen Dank aussprechen.

[67] Amtl. Text abrufbar unter http://www.saeima.lv/Likumdosana/likumdosana_satversme.html (1. 9. 2010).

[68] Abrufbar unter http://www.verfassungen.eu/lv/ (1. 9. 2010).

sungen mit einer Mehrheit von mindestens zwei Dritteln der anwesenden Abgeordneten angenommen.

Art. 77. Hat der Seimas den Art. 1, 2, 3, 4, 6 oder 77 des Grundgesetzes abgeändert, so müssen solche Abänderungen zur Erlangung der Gesetzeskraft durch Volksabstimmung bestätigt werden.

Art. 78. Mindestens ein Zehntel der Wahlberechtigten kann dem Staatspräsidenten einen vollständig ausgearbeiteten Entwurf zur Änderung des Grundgesetzes oder einen Gesetzesvorschlag einbringen, welche der Präsident dem Seimas übergibt. Nimmt der Seimas einen derartigen Entwurf inhaltlich unverändert nicht an, so muss er zur Volksabstimmung übergeben werden.

Art. 79. Die zur Volksabstimmung übergebenen Grundgesetzänderungen gelten als angenommen, wenn mindestens eine Hälfte aller Wahlberechtigten ihnen zustimmt.

Die zur Volksabstimmung übergebenen Gesetzesvorschläge, die Entscheidung über die Mitgliedschaft Lettlands in der Europäischen Union oder erhebliche Veränderungen der Bedingungen dieser Mitgliedschaft, die einer Volksabstimmung übergeben wurden, gelten als angenommen, wenn die Zahl der Abstimmenden mindestens die Hälfte der Zahl der Wähler beträgt, die bei den letzten Wahlen zum Seimas teilgenommen hatten, und die Mehrheit für den Gesetzesvorschlag, der Mitgliedschaft Lettlands in der Europäischen Union oder der erheblichen Änderungen der Bedingungen dieser Mitgliedschaft gestimmt hat.

Art. 89. Der Staat erkennt die Grundrechte des Menschen an und schützt sie im Einklang mit diesem Grundgesetz, den Gesetzen und den Lettland bindenden völkerrechtlichen Verträgen.

Art. 101. Jeder Staatsbürger Lettlands hat das Recht, sich in der gesetzlich vorgesehenen Weise an der Tätigkeit des Staates und der Selbstverwaltungen zu beteiligen sowie den Staatsdienst zu versehen.

Die örtlichen Selbstverwaltungen werden von den vollberechtigten lettischen Staatsbürgern und den Staatsbürgern der Europäischen Union mit ständigem Wohnsitz in Lettland gewählt. Jeder Bürger der Europäischen Union mit ständigem Wohnsitz in Lettland hat das Recht, sich in der gesetzlich vorgesehenen Weise an der Tätigkeit der örtlichen Selbstverwaltungen zu beteiligen. Die Arbeitssprache der örtlichen Selbstverwaltungen ist die lettische Sprache.

Litauen

Verfassung der Republik Litauen vom 25. Oktober 1992[69]
zuletzt geändert am 25. April 2006 (Amtsblatt v. 29. April 2006, Nr. 48-1701),
inoffizielle Übersetzung[70]

Art. 1. Der litauische Staat ist eine unabhängige demokratische Republik.

Art. 2. Der litauische Staat wird vom Volk geschaffen. Die Souveränität gehört dem Volk.

Art. 3. Niemand darf die Souveränität des Volkes einengen oder beschränken oder sich dem gesamten Volk gehörender souveräner Rechte bemächtigen.

---

[69] Amtl. Text abrufbar unter http://www.lrkt.lt/Konstitucija.html (1. 9. 2010).
[70] Abrufbar unter http://www.verfassungen.eu/lt/index.htm (1. 9. 2010).

Das Volk sowie jeder Bürger sind berechtigt, sich jedem zu widersetzen, der mit Zwangsmitteln gegen die Unabhängigkeit, die territoriale Integrität oder die Verfassungsordnung des litauischen Staates vorgeht.

Art. 4. Das Volk übt die oberste souveräne Macht unmittelbar oder durch seine demokratisch gewählten Vertreter aus.

Art. 9. Bedeutende Fragen des Lebens des Staates und des Volkes werden durch Referendum entschieden.

In durch Gesetz bestimmten Fällen verkündet der Seimas ein Referendum.

Ein Referendum wird auch verkündet, wenn es von nicht weniger als 300.000 wahlberechtigten Bürgern verlangt wird.

Das Verfahren der Verkündung und Durchführung des Referendums regelt ein Gesetz.

Art. 67. Der Seimas

1. berät und verabschiedet Änderungen der Verfassung; (...)

3. fasst Beschlüsse über Referenden; (...)

16. ratifiziert völkerrechtliche Verträge der Republik Litauen und erklärt sie für ungültig, berät über andere außenpolitische Fragen; (...)

Art. 69. (...) Verfassungsgesetz der Republik Litauen werden verabschiedet, indem mehr als die Hälfte aller Mitglieder des Seimas für sie stimmen; geändert werden sie jedoch mit einer Stimmenmehrheit von drei Fünfteln aller Mitglieder des Seimas. Ein Verzeichnis der Verfassungsgesetze wird vom Seimas mit einer Stimmenmehrheit von drei Fünfteln aller Mitglieder des Seimas festgelegt.

Gesetzesbestimmungen der Republik Litauen können auch durch ein Referendum verabschiedet werden.

Art. 84. Der Präsident der Republik

1. entscheidet über die grundlegenden Fragen der Außenpolitik und führt zusammen mit der Regierung die Außenpolitik durch;

2. unterzeichnet die völkerrechtlichen Verträge der Republik Litauen und legt sie dem Seimas zur Ratifizierung vor; (...)

Art. 105. Das Verfassungsgericht prüft und entscheidet darüber, ob Gesetze der Republik Litauen und andere Rechtsakte des Seimas der Verfassung der Republik Litauen widersprechen. (...)

Das Verfassungsgericht erteilt Gutachten darüber (...)

3. ob völkerrechtliche Verträge der Verfassung widersprechen; (...)

Art. 106. (...) Um ein Gutachten des Verfassungsgerichts kann der Seimas ersuchen, jedoch wegen der Wahlen zum Seimas und völkerrechtlichen Verträgen – auch der Präsident der Republik.

Art. 125. Die Zentralbank der Republik Litauen ist die Bank Litauen, die Eigentum des litauischen Staates ist.

Die Organisations- und Arbeitsordnung sowie die Befugnisse der Bank Litauens und den rechtlichen Status des Vorsitzenden des Vorstandes der Bank Litauen und deren Kündigungsbedingungen werden durch Gesetz festgelegt.

Art. 135. Bei der Durchführung ihrer Außenpolitik lässt sich die Republik Litauen von den allgemein anerkannten Grundsätzen und Normen des Völkerrechts leiten, sucht die Sicherheit und Unabhängigkeit des Landes, das Wohl der Bürger und ihrer Grundrechte und -freiheiten zu gewährleisten und fördern die Schaffung einer auf Recht und Gerechtigkeit gegründeten Ordnung zwischen den Völkern. (...)

Art. 136. Die Republik Litauen beteiligt sich an internationalen Organisationen, sofern dies nicht den Interessen des Staates und seiner Unabhängigkeit widerspricht.

Art. 138. Der Seimas ratifiziert und kündigt folgende völkerrechtlichen Verträge der Republik Litauen: (...)

2. solche über die politische Zusammenarbeit mit fremden Staaten, gegenseitige Hilfe sowie mit der Staatsverteidigung zusammenhängende Verträge mit Verteidigungscharakter; (...)

5. solche über die Beteiligung der Republik Litauen an weltweiten internationalen Organisationen oder an regionalen internationalen Organisationen;

6. mehrseitige oder langfristige Wirtschaftsverträge.

In Gesetzen sowie in völkerrechtlichen Verträgen können auch andere Fälle vorgesehen werden, in denen der Seimas völkerrechtliche Verträge der Republik Litauen ratifiziert.

Völkerrechtliche Verträge, die der Seimas der Republik Litauen ratifiziert hat, sind Bestandteil des Rechtssystems der Republik Litauen.

Art. 148. Die Bestimmung des Artikels 1, „Der litauische Staat ist eine unabhängige demokratische Republik", darf nur durch ein Referendum geändert werden, wenn sich dafür nicht weniger als drei Viertel der Staatsbürger Litauens aussprechen, die das Wahlrecht innehaben.

Allein durch ein Referendum dürfen die Bestimmungen des ersten Abschnitts, „Der litauische Staat" *[Art. 1–17, Anm. d. Verf.]*, sowie des Abschnitts XIV, „Änderung der Verfassung" *[Art. 147–149, Anm. d. Verf.]*, geändert werden.

Über Verfassungsänderungen in Bezug auf die übrigen Abschnitte der Verfassung muss im Seimas zweimal beraten und abgestimmt werden. Zwischen diesen Abstimmungen muss eine Pause von mindestens drei Monaten eingelegt werden. Ein Gesetzesvorschlag zur Änderung der Verfassung gilt als vom Seimas angenommen, wenn in beiden Abstimmungen nicht weniger als zwei Drittel aller Mitglieder des Seimas dafür gestimmt haben.

Eine nicht angenommene Verfassungsänderung kann dem Seimas nicht früher als nach einem Jahr zur erneuten Beratung vorgelegt werden.

Art. 150. Bestandteile der Verfassung der Republik Litauen sind: (...)
– der Verfassungsakt vom 13. Juli 2004 „Über die Mitgliedschaft der Republik Litauen in der Europäischen Union".

Verfassungsakt über die Mitgliedschaft der Republik Litauen in der Europäischen Union vom 13. Juli 2004[71]
inoffizielle Übersetzung[72]

Das Seimas der Republik Litauen,

in Ausführung des Willens der Bürger der Republik Litauen, die in dem Referendum vom 10. und 11. Mai 2003 die Mitgliedschaft der Republik Litauen in der Europäischen Union befürwortet haben,

in der Überzeugung, dass die Europäische Union auf der Achtung der Menschenrechte und Grundfreiheiten gegründet ist und die Mitgliedschaft der Republik Litauen in der Europä-

[71] Amtl. Text abrufbar unter: http://www3.lrs.lt/pls/inter3/dokpaieska.showdoc_e?p_id=237876&p_query=&p_tr2= (1. 9. 2010).

[72] Abrufbar unter http://www.verfassungen.eu/lt/index.htm (1. 9. 2010).

ischen Union zu einer wirkungsvollen Sicherung der Menschenrechte und Grundfreiheiten beitragen wird,

stellt fest, dass die Europäische Union die nationale Identität und die Verfassungstraditionen ihrer Mitgliedstaaten respektiert,

ist bestrebt, die volle rechtliche Teilnahme der Republik Litauen an der Integration Europas zu erlangen sowie die Sicherheit der Republik Litauen und den Wohlstand ihrer Bürger zu festigen,

hat am 16. September 2003 den Vertrag (...) ratifiziert, der am 16. April 2003 in Athen unterzeichnet wurde,

beschließt und verkündet nachfolgenden Verfassungsakt.

1. Die Republik Litauen als Mitgliedstaat der Europäischen Union überträgt der Europäischen Union die gemäß den Gründungsverträgen der Europäischen Union vereinbarten Zuständigkeiten und Befugnisse der Staatsorgane der Republik Litauen zur gemeinschaftlichen Ausübung dieser Zuständigkeiten und Befugnisse durch alle Mitgliedstaaten der Europäischen Union.

2. Die Rechtsnormen der Europäischen Union sind Bestandteil der Rechtsordnung der Republik Litauen. Soweit die Gründungsverträge der Europäischen Union es vorsehen, haben die Rechtsnormen der Europäischen Union in der Republik Litauen unmittelbare Rechtswirkung und widersprechen sie dem Recht der Republik Litauen, so haben die Bestimmungen der Rechtsnormen der Europäischen Union Vorrang vor den Gesetzesbestimmungen und den anderen Rechtsakten der Republik Litauen.

3. Die Regierung der Republik Litauen informiert das Seimas über Vorschläge für Rechtsnormen der Europäischen Union. Betreffen Vorschläge für Rechtsnormen der Europäischen Union die Zuständigkeiten und Befugnisse des Seimas, konsultiert die Regierung das Seimas vor der Verabschiedung der Rechtsnorm. Das Seimas kann der Regierung hinsichtlich solcher Vorschläge Empfehlungen aussprechen. Der Europaausschuss des Seimas und der Außenpolitische Ausschuss des Seimas können gemäß des Statuts des Seimas der Regierung betreffend der Vorschläge für Rechtsnormen der Europäischen Union Gutachten und Anmerkungen Namens des Seimas vorlegen. Die Regierung prüft die Gutachten und Anmerkungen des Seimas oder seiner Ausschüsse und informiert das Seimas gemäß deren Statut über ihre Anwendung.

4. Die Regierung der Republik Litauen behandelt die Vorschläge für Rechtsnormen der Europäischen Union gemäß einem gesetzlich festgelegten Verfahren. Die Bestimmungen des Artikels 95 der Verfassung der Republik Litauen finden auf die Beschlüsse der Regierung, die wegen Vorschlägen für Rechtsnormen der Europäischen Union erfolgen, keine Anwendung.

Malta

Verfassung der Republik Malta vom 21. September 1964[73]
zuletzt geändert am 28. September 2007 (Gesetz Nr. XXI/2007)
in der Übersetzung des Verfassers aus der englischen (zugleich amtlichen) Sprachfassung

Art. 6. Vorbehaltlich der Bestimmungen von Art. 47 Abs. 7 und 9 sowie Art. 66 dieser Verfassung, geht die Verfassung jedem ihr widersprechenden Gesetz vor und ist jedes Gesetz nichtig, soweit es der Verfassung widerspricht.

[73] Amtl. Text in der englischen Sprachfassung abrufbar unter: http://justiceservices.gov.mt/DownloadDocument.aspx?app=lom&itemid=8566&l=1 (1. 9. 2010).

Art. 65. (1) Gemäß den Bestimmungen dieser Verfassung, kann das Parlament Gesetze zum Zweck des Friedens, der Ordnung und der guten Staatsführung Maltas im Einklang mit der umfänglichen Beachtung der Menschenrechte, der allgemein anerkannten Grundsätze des Völkerrechts sowie Maltas internationalen und regionalen Verpflichtungen, insbesondere denjenigen, die durch den am 16. April 2003 in Athen unterzeichneten Beitrittsvertrag zur Europäischen Union eingegangen wurden, erlassen. (...)

Art. 66. (1) Gemäß den Bestimmungen dieses Artikels kann das Parlament jede Bestimmung der Verfassung (...) abändern.

(2) Soweit

(a) dieser Artikel; oder

(b) (...), Art. 6, (...), Art. 65 Abs. 3 (...)

geändert werden, darf ein Gesetz im Sinne dieses Artikels im Repräsentantenhaus nicht verabschiedet werden, sofern ihm bei der Schlussabstimmung nicht mindestens zwei Drittel aller Abgeordneten zustimmen.

Gesetz über die Europäische Union vom 16. Juli 2003 (Nr. V/2003)[74]
zuletzt geändert durch Legal Notice 427/2007
in der Übersetzung des Verfassers aus der englischen (zugleich amtlichen) Sprachfassung

Art. 3. (1) Ab dem 1. Mai 2004 erlangen der Vertrag und bestehende sowie zukünftige von der Europäischen Union angenommene Rechtsakte für Malta Rechtsverbindlichkeit und werden gemäß den im Vertrag niedergelegten Voraussetzungen Teil der innerstaatlichen Rechtsordnung.

(2) Jede Bestimmung eines Gesetzes, welche ab dem genannten Datum mit den sich aus dem Vertrag ergebenden Verpflichtungen Maltas unvereinbar ist, oder von einem Recht abweicht, das einer Person durch oder aufgrund des Vertrages verliehen wird, hat, soweit eine solche Unvereinbarkeit oder Abweichung besteht, keine Rechtswirkung und ist nicht vollstreckbar.

Art. 4. (1) Alle Rechte, Befugnisse, Verbindlichkeiten, Verpflichtungen und Beschränkungen, die jeweils durch den Vertrag begründet werden oder sich aus ihm ableiten, sowie alle Rechtsmittel und Verfahren, die jeweils im Vertrag oder auf seiner Grundlage vorgesehen sind, werden, soweit ihnen nach Maßgabe des Vertrags ohne weiteren Rechtssetzungsakt unmittelbare Rechtswirkung oder Durchsetzbarkeit in Malta zukommen soll, anerkannt und sind von Rechts wegen verfügbar und werden dementsprechend vollstreckt, zugelassen und befolgt. (...)

Art. 5. (1) In allen Verfahren vor einem Gericht oder einer anderen rechtsprechenden Instanz wird jede Frage zur Bedeutung und Wirkung des Vertrags oder zur Geltung, Bedeutung oder Wirkung einer sich daraus ergebenden oder abgeleiteten Handlungsform als Rechtsfrage behandelt und, wenn sie nicht dem Europäischen Gerichtshof der Europäischen Gemeinschaften vorgelegt wird, in Übereinstimmung mit den Grundsätzen der Rechtsprechung des Gerichtshofs der Europäischen Gemeinschaften oder jedem diesem hinzugefügten Gericht entschieden. (...)

Art. 6. Im Sinne des Gesetzes über die Ratifizierung von Verträgen ist die Regierung Maltas hiermit ermächtigt, den Vertrag zu ratifizieren.

---

[74] Amtl. Text in der englischen Sprachfassung abrufbar unter: http://justiceservices.gov.mt/DownloadDocument.aspx?app=lom&itemid=8926&l=1 (1. 9. 2010).

Gesetz über die Ratifizierung von Verträgen vom 9. März 1983 (Nr. V/1983)[75]
in der Übersetzung des Verfassers aus der englischen (zugleich amtlichen) Sprachfassung

Art. 3. (1) Berührt oder betrifft ein Vertrag, für den Malta nach Inkrafttreten dieses Gesetzes Vertragspartei wird, (...)

(b) die Sicherheit Maltas, seine Souveränität, Einheit oder territoriale Integrität, oder

(c) das Verhältnis Maltas zu multinationalen Organisationen, Agenturen, Vereinigungen oder ähnlichen Zusammenschlüssen,

so tritt dieser Vertrag für Malta nicht in Kraft, sofern nicht eine Ratifikation oder die Ermächtigung oder Zustimmung zu einer Ratifikation im Einklang mit den Bestimmungen dieses Gesetzes erfolgt ist. (...)

(3) Eine Bestimmung eines Vertrags kann nur durch oder aufgrund eines Gesetzes Bestandteil der Rechtsordnung Maltas werden oder als ein solcher durchsetzbar sein.

Polen

Verfassung der Republik Polen vom 2. April 1997[76]
zuletzt geändert durch Gesetz vom 7. Mai 2009, poln. GBl. 2009 Nr. 114 Ziff. 946 in der vom Sejm (poln. Abgeordnetenhaus) herausgegebenen Übersetzung[77]

Art. 4. (1) Die oberste Gewalt in der Republik Polen steht dem Volk zu. (...)

Art. 5. Die Republik Polen schützt die Unabhängigkeit und Integrität ihres Territoriums, gewährleistet Freiheiten und Rechte der Menschen und der Bürger sowie die Sicherheit der Staatsbürger, schützt das nationale Erbe und gewährleistet den Umweltschutz, wobei sie sich von dem Prinzip der nachhaltigen Entwicklung leiten lässt.

Art. 8. (1) Die Verfassung ist das oberste Recht der Republik Polen. (...)

Art. 9. Die Republik Polen befolgt das Völkerrecht, das für sie verbindlich ist.

Art. 55. (1) Die Auslieferung eines polnischen Bürgers ist mit Ausnahme der in Abs. 2 und 3 beschriebenen Fälle verboten.

(2) Die Auslieferung eines polnischen Bürgers kann auf Antrag eines anderen Staates oder internationalen Gerichtsorgans erfolgen, soweit sich eine solche Möglichkeit aus einem von der Republik Polen ratifizierten internationalen Abkommen bzw. Gesetz ergibt, das eine Umsetzung des von einer internationalen Organisation, deren Mitglied die Republik Polen ist, geschaffenen Rechtes darstellt, vorausgesetzt, dass die den Auslieferungsantrag betreffende Tat

1. außerhalb des Gebietes der Republik Polen begangen wurde und

2. eine Straftat gemäß dem Recht der Republik Polen war oder eine solche gewesen wäre, falls sie auf dem Gebiet der Republik Polen begangen worden wäre, und zwar sowohl zum Zeitpunkt der Straftatbegehung als auch zum Zeitpunkt der Antragstellung. (...)

---

[75] Amtl. Text in der englischen Sprachfassung abrufbar unter: http://justiceservices.gov.mt/DownloadDocument.aspx?app=lom&itemid=8783&l=1 (1. 9. 2010).

[76] Amtl. Text abrufbar unter http://www.sejm.gov.pl/prawo/konst/polski/kon1.htm (1. 9. 2010).

[77] Abrufbar unter http://www.sejm.gov.pl/prawo/konst/niemiecki/kon1.htm (1. 9. 2010).

Art. 87. (1) Die Verfassung, Gesetze, ratifizierte völkerrechtliche Verträge und Rechtsverordnungen sind Quellen des allgemein geltenden Rechtes der Republik Polen.

(2) Akte des lokalen Rechtes sind die Quellen des allgemein geltenden Rechtes der Republik Polen auf dem Tätigkeitsgebiet der Organe, die sie beschlossen haben.

Art. 89. (1) Die Ratifizierung eines völkerrechtlichen Vertrages durch die Republik Polen sowie dessen Kündigung bedürfen einer vertraglichen Zustimmung durch Gesetz, falls der Vertrag folgende Gegenstände betrifft: (...)

3. die Mitgliedschaft der Republik Polen in einer internationalen Organisation,
4. erhebliche finanzielle Belastung des Staates (...)

Art. 90. (1) Aufgrund eines völkerrechtlichen Vertrages kann die Republik Polen einer internationalen Organisation oder einem internationalen Organ die Kompetenz von Organen der staatlichen Gewalt in bestimmten Angelegenheiten übertragen.

(2) Das Zustimmungsgesetz zu einem völkerrechtlichen Vertrag im Sinne des Abs. 1 wird vom Sejm mit einer Mehrheit von zwei Dritteln der Stimmen in Anwesenheit von mindestens der Hälfte der gesetzlichen Abgeordnetenzahl und vom Senat mit der Mehrheit von zwei Dritteln der Stimmen in Anwesenheit von mindestens der Hälfte der gesetzlichen Zahl der Senatoren angenommen.

(3) Die Zustimmung zur Ratifizierung eines solchen Vertrages kann auch in einer Volksabstimmung gemäß Art. 125 beschlossen werden.

(4) Ein Beschluss über die Weise, in welcher der Ratifizierung zugestimmt werden soll, wird vom Sejm mit absoluter Mehrheit der Stimmen in Anwesenheit von mindestens der Hälfte der gesetzlichen Abgeordnetenzahl angenommen.

Art. 91. (1) Nachdem ein ratifizierter völkerrechtlicher Vertrag im Gesetzblatt der Republik Polen veröffentlicht worden ist, bildet er einen Teil der innenstaatlichen Rechtsordnung und wird unmittelbar angewandt, es sei denn seine Anwendung setzt die Verabschiedung eines Gesetzes voraus.

(2) Der völkerrechtliche Vertrag, dessen Ratifizierung ein Zustimmungsgesetz vorausgegangen ist, hat den Vorrang einem Gesetz gegenüber, falls das Gesetz mit dem Vertrag unvereinbar ist.

(3) Das von einer internationalen Organisation hervorgebrachte Recht wird unmittelbar angewandt und hat im Fall der Unvereinbarkeit mit dem Gesetz den Vorrang, wenn es sich so aus einem von der Republik Polen ratifizierten Vertrag, durch den eine internationale Organisation gebildet wird, ergibt.

Art. 125. (1) In Fällen von besonderer Bedeutung für den Staat kann eine landesweite Volksabstimmung durchgeführt werden. (...)

(3) Das Ergebnis der Volksabstimmung ist bindend, wenn sich an der landesweiten Volksabstimmung mehr als die Hälfte der Stimmberechtigten beteiligt. (...)

Art. 126. (...) (2) Der Präsident der Republik Polen wacht über die Einhaltung der Verfassung, hütet die Souveränität und die Sicherheit des Staates sowie Integrität und Unteilbarkeit dessen Staatsgebiets. (...)

Art. 133. (1) Der Präsident der Republik Polen als Vertreter des Staates in äußeren Beziehungen

1. ratifiziert und kündigt völkerrechtliche Verträge, wovon er dem Sejm und dem Senat Mitteilungen macht (...)

(2) Der Präsident der Republik Polen kann sich vor Ratifizierung eines völkerrechtlichen Vertrages an den Verfassungsgerichtshof mit einem Antrag wenden bezüglich der Vereinbarkeit des Vertrages mit der Verfassung. (...)

Art. 146. (1) Der Ministerrat leitet die Innen- und Außenpolitik der Republik Polen. (...)

(4) In dem durch die Verfassung und die Gesetze bestimmten Umfang und entsprechend den dort geregelten Grundsätzen hat der Ministerrat insbesondere folgende Aufgaben: (...)

10. er schließt völkerrechtliche Verträge ab, die der Ratifizierung bedürfen sowie bestätigt und kündigt andere völkerrechtliche Verträge (...)

Art. 188. Der Verfassungsgerichtshof entscheidet über

1. die Vereinbarkeit der Gesetze und der völkerrechtlichen Verträgen mit der Verfassung,
2. die Vereinbarkeit der Gesetze mit den ratifizierten völkerrechtlichen Verträgen, deren Ratifizierung eine vorherige Zustimmung durch Gesetz voraussetzt,
3. die Vereinbarkeit der Rechtsvorschriften, die von zentralen Staatsorganen erlassen werden, mit der Verfassung, den ratifizierten völkerrechtlichen Verträgen und den Gesetzen (...)

Art. 190. (...) (3) Die Entscheidung des Verfassungsgerichtshofes tritt am Tag der Verkündung in Kraft. Der Verfassungsgerichtshof kann jedoch eine andere Frist bestimmen, mit deren Ablauf der Normativakt seine bindende Kraft verliert. Ist ein Gesetz betroffen, darf diese Frist 18 Monate nicht überschreiten. Bei anderen Normativakten darf die Frist nicht länger als 12 Monate betragen. (...)

Art. 235. (1) Eine Gesetzesvorlage über eine Änderung der Verfassung kann von mindestens einem Fünftel der gesetzlichen Abgeordnetenzahl, dem Senat oder dem Präsidenten der Republik vorgelegt werden.

(2) Die Verfassungsänderung erfolgt über ein Gesetz, das zunächst vom Sejm und dann wortgleich innerhalb einer Frist nicht länger als sechzig Tage vom Senat verabschiedet wird.

(3) Zwischen der Einbringung der Gesetzesvorlage zur Änderung der Verfassung beim Sejm und der ersten Lesung dieser Vorlage müssen mindestens dreißig Tage liegen.

(4) Das Gesetz über die Verfassungsänderung wird vom Sejm mit einer Mehrheit von mindestens zwei Dritteln der Stimmen in Anwesenheit von mindestens der Hälfte der gesetzlichen Abgeordnetenzahl beschlossen. Der Senat beschließt es mit absoluter Mehrheit der Stimmen in Anwesenheit von mindestens der Hälfte der gesetzlichen Senatorenzahl.

(5) Der Sejm kann ein Gesetz, das die Vorschriften der Kapitel I *[Art. 1–29*[78]], II *[Art. 30–37*[79]] oder XII *[Art 235*[80]] der Verfassung ändert, nicht früher als am sechzigsten Tag nach der ersten Lesung der Gesetzesvorlage beschließen.

(6) Betrifft das Verfassungsänderungsgesetz die Vorschriften der Kapitel I *[Art. 1–29*[81]], II *[Art. 30–37*[82]] oder XII *[Art 235*[83]], können die im Abs. 1 genannten Rechtsträger innerhalb einer Frist von fünfundvierzig Tagen nach der Verabschiedung des Gesetzes durch den Senat beanspruchen, dass eine Volksabstimmung über das Gesetz durchgeführt wird. (...) Die Verfassungsänderung gilt als angenommen, wenn sie von der Mehrheit der abgegebenen Stimmen befürwortet wird.

---

[78] Anm. d. Verf.
[79] Anm. d. Verf.
[80] Anm. d. Verf.
[81] Anm. d. Verf.
[82] Anm. d. Verf.
[83] Anm. d. Verf.

Art. 241. (1) Die völkerrechtlichen Verträge, die bisher von der Republik Polen aufgrund der zur Zeit ihrer Ratifizierung geltenden verfassungsrechtlichen Vorschriften ratifiziert und im Gesetzblatt veröffentlicht worden sind, gelten als Verträge, die durch ein vorhergehendes Zustimmungsgesetz ratifiziert worden sind. Die Vorschriften des Art. 91 werden auf sie angewandt, wenn der Vertrag seinem Inhalt nach die in Art. 89 Abs. 1 genannten Gegenstandsbereiche betrifft.

(2) Innerhalb von zwei Jahren nach dem Inkrafttreten der Verfassung legt der Ministerrat dem Sejm das Verzeichnis der völkerrechtlichen Verträge vor, die mit der Verfassung unvereinbare Bestimmungen enthalten.

Slowakei

Verfassung der Slowakischen Republik vom 1. September 1992[84] zuletzt geändert durch Verfassungsgesetz Nr. 100/2010 vom 4. März 2010 in der aktualisierten, sprachlich angepassten und ergänzten[85] Übersetzung nach *H. Slapnicka*[86]

Art. 1. Die Slowakische Republik ist ein souveräner, demokratischer Rechtsstaat. Sie ist weder an eine Ideologie noch an eine Religion gebunden.

(2) Die Slowakische Republik anerkennt die grundsätzlichen Bestimmungen des internationalen Rechts, die von ihr abgeschlossenen internationalen Verträge und ihre weiteren internationalen Verpflichtungen und hält daran fest.

Art. 2. (1) Die Staatsgewalt geht von den Bürgern aus, die sie durch ihre gewählten Vertreter oder direkt ausüben.

(2) Die Staatsorgane können nur auf Grundlage der Verfassung, in deren Rahmen und in der gesetzlich bestimmten Art und Weise handeln. (…)

Art. 7. (1) Die Slowakische Republik kann aufgrund freien Entschlusses in einen Staatsverband mit anderen Staaten eintreten. Über den Eintritt in einen Staatsverband mit anderen Staaten oder über den Austritt aus diesem Verband wird durch ein Verfassungsgesetz mit anschließendem Referendum entschieden.

(2) Die Slowakische Republik kann durch einen internationalen Vertrag, der auf gesetzlich bestimmte Weise ratifiziert und verkündet wird oder auf der Grundlage eines solchen Vertrags die Ausübung eines Teils ihrer Befugnisse auf die Europäischen Gemeinschaften und die Europäische Union übertragen. Bindende Rechtsakte der Europäischen Gemeinschaften und der Europäische Union haben Vorrang vor den Gesetzen der Slowakischen Republik. Die Übertragung von bindenden Rechtsakten, die eine Implementierung verlangen, erfolgt durch Gesetz oder eine Verordnung der Regierung gemäß Art. 120 Abs. 2.

---

[84] Amtl. Text abrufbar unter http://www.concourt.sk/sk/Informacie/RESOURCE/460_1992.pdf (1.9.2010).

[85] Ergänzt um die Übersetzung von Art. 129 Abs. 2, der durch das Verfassungsgesetz Nr. 323/2004 vom 14. Mai 2004 eingeführt wurde und am 20. Juli 2004 in Kraft trat. Die Übersetzung von Art. 129 Abs. 2 n.F. ins Deutsche erfolgte mit freundlicher Unterstützung der Europäischen Kommission. Zudem wurde die Übersetzung der Art. 7, 84, 86, 127 und 144 sprachlich angepasst.

[86] *H. Slapnicka*, in A. Kimmel/ C. Kimmel (Hrsg.), Die Verfassungen der EU-Mitgliedstaaten (6. Aufl. 2005), S. 715 ff.

(3) Die Slowakische Republik kann sich zur Aufrechterhaltung von Frieden, Sicherheit und Demokratie unter den durch einen internationalen Vertrag festgelegten Bedingungen einer Organisation kollektiver Sicherheit anschließen.

(4) Die Geltung internationaler Verträge über Menschenrechte und Grundfreiheiten; internationale politische Verträge; internationale Verträge militärischer Natur; internationale Verträge, die eine Mitgliedschaft der Slowakischen Republik in internationalen Organisationen nach sich ziehen; allgemeine internationale Wirtschaftsverträge; internationale Verträge, für deren Anwendung ein Gesetz erforderlich ist und internationale Verträge, die natürlichen oder juristischen Personen unmittelbar Rechte verleihen oder Pflichten auferlegen, benötigen vor der Ratifizierung die Zustimmung des Nationalrats der Slowakischen Republik.

(5) Internationale Verträge über Menschenrechte und Grundfreiheiten sowie internationale Verträge, für deren Anwendung ein Gesetz nicht erforderlich ist und internationale Verträge, die natürlichen oder juristischen Personen unmittelbar Rechte verleihen oder Pflichten auferlegen und die auf gesetzlich bestimmte Weise ratifiziert und verkündet wurden, haben Vorrang vor den Gesetzen.

Art. 7a. Die Slowakische Republik unterstützt das Nationalbewusstsein und die kulturelle Identität der im Ausland lebenden Slowaken sowie auch ihre zur Erreichung dieser Ziele errichteten Einrichtungen und ihre Beziehungen zum Mutterland.

Art. 13. (1) Pflichten können auferlegt werden

a) durch Gesetz oder aufgrund eines Gesetzes, innerhalb dessen Grenzen und unter Wahrung der Grundrechte und Grundfreiheiten,

b) durch einen internationalen Vertrag gemäß Art. 7 Abs. 4, der natürlichen oder juristischen Personen unmittelbar Rechte verleiht oder Pflichten auferlegt

c) durch Regierungsverordnung gemäß Art. 120 Abs. 2. (...)

Art. 30. (1) (...) Ausländer mit ständigem Wohnsitz auf dem Territorium der Slowakischen Republik haben das aktive und passive Wahlrecht zu Selbstverwaltungsorganen der kommunalen und übergeordneten Gebietseinheiten. (...)

Art. 84. (3) Zur Zustimmung zu einem internationalen Vertrag gemäß Art. 7 Abs. 3 und 4 (...) ist die absolute Mehrheit der Mitglieder des Abgeordneten erforderlich.

(4) Zur Annahme und Änderung der Verfassung sowie von Verfassungsgesetzen, zur Annahme eines internationalen Vertrages in Übereinstimmung mit Art. 7 Abs. 2, zur Annahme eines Beschlusses für eine Volksabstimmung über die Abberufung des Präsidenten der Slowakischen Republik, für die Erhebung der Anklage gegen den Präsidenten und zur Kriegserklärung an einen anderen Staat ist die Zustimmung von mindestens der drei Fünftel Mehrheit aller Abgeordneten erforderlich.

Art. 86. In den Zuständigkeitsbereich des Nationalrats der Slowakischen Republik fallen insbesondere: (...)

b) die Genehmigung von Verträgen über den Beitritt zu einem Staatsverband der Slowakischen Republik mit anderen Staaten und über die Kündigung eines solchen Vertrages durch Verfassungsgesetz, (...)

d) vor der Ratifizierung die Zustimmung zu geben zu internationalen Verträgen über Menschenrechte und Grundfreiheiten; zu internationalen politischen Verträge; zu internationalen Verträgen militärischer Natur; zu internationalen Verträgen, die eine Mitgliedschaft der Slowakischen Republik in internationalen Organisationen nach sich ziehen; zu allgemeinen internationalen Wirtschaftsverträgen; zu internationalen Verträge, für deren Anwendung ein Gesetz erforderlich ist und zu internationalen Verträge, die natürlichen oder juristischen Personen unmittelbar Rechte verleihen oder Pflichten auferlegen und zur gleichen Zeit zu beschließen ob es sich um internationale Verträge gemäß Art. 7 Abs. 5 handelt. (...)

Art. 87. (...) (4) Ein Gesetz tritt mit der Verkündung in Kraft. Das Nähere über die Verkündung von Gesetzen, internationalen Verträgen und bindenden Rechtsakten internationaler Organisationen gemäß Art. 7 Abs. 2 wird durch Gesetz geregelt.

Art. 93. (1) Durch eine Volksabstimmung wird ein Verfassungsgesetz über den Beitritt zu einem Staatenbund mit anderen Staaten oder über den Austritt aus diesem Bund bestätigt.

(2) Durch eine Volksabstimmung kann auch über andere wichtige Fragen von öffentlichem Interesse entschieden werden.

(3) Grundrechte und -freiheiten, Steuern, Abgaben und der Staatshaushalt können nicht zum Gegenstand einer Volksabstimmung gemacht werden.

Art. 120. (...) (2) Falls durch Gesetz festgelegt, ist die Regierung auch ermächtigt, Verordnungen zu erlassen über die Implementierung des Europaabkommens, über Assoziierung zwischen den Europäischen Gemeinschaften und ihren Mitgliedstaaten einerseits, der Slowakischen Republik andererseits und über die Ausführung von internationalen Verträgen gemäß Art. 7 Abs. 2. (...)

Art. 125. (1) Das Verfassungsgericht entscheidet über die Vereinbarkeit von

a) Gesetzen mit der Verfassung, mit Verfassungsgesetzen und internationalen Verträgen, denen der Nationalrat der Slowakischen Republik zugestimmt hat und die ratifiziert und in der durch Gesetz festgelegten Art und Weise verkündet wurden; (...)

Art. 125 a. (1) Das Verfassungsgericht entscheidet über die Verfassungsmäßigkeit von abgeschlossenen internationalen Verträgen, für die die Zustimmung des Nationalrats der Slowakischen Republik erforderlich ist.

(2) Der Präsident der Slowakischen Republik oder die Regierung können das Verfassungsgericht um eine Entscheidung gemäß Abs. 1 ersuchen, bevor der abgeschlossene internationale Vertrag dem Nationalrat der Slowakischen Republik zur Beratung unterbreitet wird.

(3) Das Verfassungsgericht entscheidet über das Ersuchen gemäß Abs. 2 innerhalb einer gesetzlich festgelegten Frist. Stellt das Verfassungsgericht in seiner Entscheidung fest, dass der internationale Vertrag nicht verfassungskonform ist, so kann er nicht ratifiziert werden.

Art. 127. (1) Das Verfassungsgericht entscheidet über Beschwerden natürlicher und juristischer Personen, wenn sie Verletzungen ihrer Grundrechte und Grundfreiheiten oder von Menschenrechten und Grundfreiheiten geltend machen, die aus einem internationalen Vertrag herrühren, der durch die Slowakische Republik ratifiziert und in der gesetzlich festgelegten Art und Weise verkündet worden ist, es sei denn, ein anderes Gericht entscheide über den Schutz dieser Rechte und Freiheiten. (...)

Art. 129. (..) (2) Das Verfassungsgericht entscheidet über die Verfassungsmäßigkeit und Gesetzmäßigkeit der Wahlen zum Nationalrat der Slowakischen Republik, zu den Organen der territorialen Selbstverwaltung sowie zur Wahl zum Europäischen Parlament. (...)

Art. 144. (1) Die Richter sind in der Ausübung ihres Amtes unabhängig und in ihren Entscheidungen nur an die Verfassung, an Verfassungsgesetze, an internationale Verträge gemäß Art. 7 Abs. 2 und Abs. 5 sowie an das Gesetz gebunden.

(2) Wenn ein Gericht zur Ansicht gelangt, dass eine andere allgemein verbindliche Rechtsvorschrift, ein Teil von ihr oder einzelne Bestimmungen, die eine anhängige Sache betreffen, der Verfassung, den Verfassungsgesetzen, internationalen Verträgen gemäß Art. 7 Abs. 5 oder

dem Gesetz widersprechen, setzt es die Verhandlung aus und stellt einen Antrag für die Einleitung eines Verfahrens nach Art. 125 Abs. 1. Die in der Entscheidung enthaltene Rechtsauffassung des Verfassungsgerichts der Slowakischen Republik bindet das Gericht.

Slowenien

Verfassung der Republik Slowenien vom 23. Dezember 1991[87]
zuletzt geändert am 27. Juni 2006 (Gesetz 68/06, Amtsblatt v. 30. 6. 2006)
in der vom slowenischen Verfassungsgericht herausgegebenen Übersetzung[88]

Präambel. Ausgehend von der Grundlegenden Verfassungsurkunde über die Selbständigkeit und Unabhängigkeit der Republik Slowenien und von den Menschenrechten und Grundfreiheiten, dem bleibenden Selbstbestimmungsrecht des slowenischen Volkes und der geschichtlichen Tatsache, dass die Slowenen in einem jahrhundertelangen Kampf um die Volksbefreiung ihre Eigenständigkeit ausgebildet und ihre Eigenstaatlichkeit zur Geltung gebracht haben beschließt die Versammlung der Republik Slowenien die Verfassung der Republik Slowenien.

Art. 3. Slowenien ist der Staat aller seiner Staatsbürgerinnen und Staatsbürger, der auf dem bleibenden und unveräußerlichen Selbstbestimmungsrecht des slowenischen Volkes beruht.

In Slowenien steht die oberste Gewalt dem Volke zu. Die Staatsbürgerinnen und Staatsbürger üben diese unmittelbar und in Wahlen nach dem Grundsatz der Gewaltenteilung in die gesetzgebende, die vollziehende und die rechtsprechende Gewalt aus.

Art. 3a. Slowenien kann durch ein internationales Abkommen, das von der Nationalversammlung mit Zweidrittelmehrheit der Stimmen aller Abgeordneten ratifiziert wird, die Ausübung der Teile der souveränen Rechte auf internationale Organisationen übertragen, die auf der Achtung der Menschenrechte und Grundfreiheiten, der Demokratie und den Prinzipien des Rechtsstaates fundieren; sowie einem Verteidigungsbündnis beitreten, mit Staaten, die auf Achtung dieser Werte gründen.

Vor der Ratifizierung des internationalen Abkommens aus dem vorherigen Absatz kann die Nationalversammlung einen Volksentscheid ausschreiben. Der Vorschlag ist durch Volksentscheid angenommen, wenn die Mehrheit der gültig abgegebenen Wählerstimmen für diesen Vorschlag abgegeben wurde. Die Nationalversammlung ist an den Ausgang des Volksentscheids gebunden. Wenn der Volksentscheid durchgeführt wurde, ist es nicht zulässig wegen des Gesetzes über die Ratifizierung eines solchen internationalen Abkommens einen Volksentscheid auszuschreiben.

Rechtsakte und Entscheidungen, die im Rahmen der internationalen Organisationen verabschiedet wurden, auf die Slowenien Teile der Ausübung der souveränen Rechte überträgt, werden in Slowenien gemäß der Rechtsordnung dieser Organisation angewendet.

In den Verfahren der Verabschiedung von Rechtsakten und Entscheidungen in den internationalen Organisationen, auf welche Slowenien die Ausübung der Teile der souveränen Rechte überträgt, informiert die Regierung laufend die Nationalversammlung über die Vorschläge solcher Akte und Entscheidungen sowie über ihre Tätigkeit. Die Nationalversammlung kann darüber Standpunkte darlegen, die Regierung berücksichtigt sie bei ihrer Tätigkeit. Das Verhältnis zwischen der Nationalversammlung und der Regierung aus diesem Absatz wird ex-

---

[87] Amtl. Text abrufbar unter http://www.us-rs.si/index.php?sv_path=3583,3519 (1. 9. 2010).

[88] Abrufbar unter http://www.us-rs.si/en/index.php?sv_path=3583,3519,3520&lang=2 (1. 9. 2010).

akter durch ein Gesetz geregelt, das mit Zweidrittelmehrheit der Stimmen der anwesenden Abgeordneten verabschiedet wird.

Art. 8. Gesetze und andere Vorschriften müssen mit den allgemein gültigen Grundsätzen des Völkerrechts und den für Slowenien verbindlichen völkerrechtlichen Verträgen in Einklang stehen. Ratifizierte und verkündete völkerrechtliche Verträge sind unmittelbar anwendbar.

Art. 13. Ausländer haben in Slowenien in Einklang mit den völkerrechtlichen Verträgen alle durch diese Verfassung und durch Gesetz gewährleisteten Rechte, außer jenen, die nach der Verfassung oder dem Gesetz lediglich den Staatsbürgern Sloweniens zustehen.

Art. 47. Auslieferung.

Ein Staatsbürger Sloweniens darf nicht ausgeliefert oder übergeben werden, außer wenn die Verpflichtung der Auslieferung oder der Übergabe aus dem internationalen Abkommen hervorgeht, durch welches Slowenien, gemäß mit der Bestimmung des Artikels 3.a des ersten Absatzes, die Ausübung der Teile der souveränen Rechte auf die internationale Organisation überträgt.

Art. 68. Eigentumsrecht der Ausländer.

Ausländer können Eigentumsrecht an Immobilien erwerben unter den Bedingungen, die durch Gesetz festgelegt werden oder durch ein internationales Abkommen, das von der Nationalversammlung ratifiziert wird.

Art. 90. Gesetzgebendes Referendum.

Die Staatsversammlung kann über Fragen, die durch Gesetz geregelt werden, ein Referendum ausschreiben.

Sie ist an das Ergebnis des Referendums gebunden.

Die Staatsversammlung kann ein Referendum im Sinne des vorigen Absatzes von sich aus ausschreiben. Sie muss es jedoch tun, wenn mindestens ein Drittel der Abgeordneten, der Staatsrat oder vierzigtausend Wähler es verlangen. (...)

Art. 153. Übereinstimmung von Rechtsakten.

Gesetze, Rechtsverordnungen und andere Allgemeinregelungen müssen mit der Verfassung übereinstimmen.

Gesetze müssen mit den allgemein geltenden Grundsätzen des Völkerrechts und mit den geltenden von der Staatsversammlung ratifizierten völkerrechtlichen Verträgen übereinstimmen. (...)

Art. 160. Zuständigkeiten des Verfassungsgerichtshofs.

Der Verfassungsgerichtshof entscheidet über:

– die Übereinstimmung von Gesetzen mit der Verfassung;

– die Übereinstimmung von Gesetzen und anderen Vorschriften; mit den ratifizierten völkerrechtlichen Verträgen und den allgemeinen Grundsätzen des Völkerrechts; (...)

Der Verfassungsgerichtshof erkennt auf Antrag des Staatspräsidenten, der Regierung oder eines Drittels der Abgeordneten der Staatsversammlung im Verfahren der Ratifikation völkerrechtlicher Verträge über ihre Übereinstimmung mit der Verfassung. Die Staatsversammlung ist an die Erkenntnis des Verfassungsgerichtshofs gebunden. (...)

Art. 169. Verfassungsänderung.

Die Verfassungsänderung wird von der Staatsversammlung mit einer Mehrheit von zwei Dritteln der Stimmen aller Abgeordneten beschlossen.

Artikel 170. Bestätigung einer Verfassungsänderung durch Referendum.

Auf Verlangen von mindestens dreißig Abgeordneten muss die Staatsversammlung eine vorgeschlagene Verfassungsänderung den Wählern zur Annahme durch Referendum vorlegen.

Die Verfassungsänderung wird durch Referendum angenommen, wenn die Mehrheit aller Wähler an der Abstimmung teilnimmt und sich mit Mehrheit der abgegebenen Stimmen für die Änderung ausgesprochen hat.

Verfassungsänderndes Gesetz vom 27. Februar 2003
slowen. ABl. vom 7. März 2003, Nr. 24, 898
in der vom slowenischen Verfassungsgericht veröffentlichten Übersetzung[89]

II. (...) Für die Volksentscheide über den Beitritt Sloweniens in die Europäische Union und in den Nordatlantikpakt werden die Bestimmungen des (...) Art. 3a Abs. 2 [n. F.][90] der Verfassung (...) und die Bestimmungen aus dem Kapitel III des Gesetzes über Volksentscheid und Volksbegehren angewendet.

Dieses Verfassungsgesetz tritt durch seine Verkündigung in der Nationalversammlung der Republik Slowenien in Kraft.

Tschechien

Verfassung der Tschechischen Republik vom 16. Dezember 1992[91]
zuletzt geändert durch Verfassungsänderungsgesetz Nr. 319/2009
(ABl. 2009, Nr. 99 v. 11. 9. 2009)
in der vom Tschechischen Parlament herausgegebenen deutschen Übersetzung[92]

Präambel. Wir, die Bürger der Tschechischen Republik (...), sind zur Zeit der Wiederherstellung eines selbständigen tschechischen Staates (...) entschlossen, die Tschechische Republik im Geiste der unantastbaren Werte der Menschenwürde und Freiheit (...) als einen freien und demokratischen, auf der Achtung der Menschenrechte und den Prinzipien der bürgerlichen Gesellschaft beruhenden Staat, als Teil der Familie der europäischen und weltweiten Demokratien zu gestalten, zu schützen und zu entfalten (...).

Art. 1. (1) Die Tschechische Republik ist ein auf der Achtung der Menschen- und Bürgerrechte und Freiheiten beruhender souveräner, einheitlicher und demokratischer Rechtsstaat.

(2) Die Tschechische Republik beachtet ihre Verpflichtungen, die sich aus dem Völkerrecht ergeben.

---

[89] abrufbar unter http://www.us-rs.si/en/index.php?sv_path=3583,3519,3520,3531&lang=2 (1. 9. 2010).

[90] Anm. d. Verf.

[91] Amtl. Text abrufbar unter http://www.psp.cz/docs/laws/constitution.html (1. 9. 2010).

[92] In einer aktualisierten Version abgedruckt in A. Kimmel/ C. Kimmel (Hrsg.), Die Verfassungen der EU-Mitgliedstaaten (6. Aufl. 2005), S. 831 ff. Vom Verfasser korrigiert in Bezug auf die Übersetzung von Art. 39 Abs. 4. Richtigerweise beziehen sich die verfahrensrechtlichen Voraussetzungen in Art. 39 Abs. 4 alternativ auf ein Verfassungsgesetz oder ein Zustimmungsgesetz gemäß Art. 10a Abs. 1, nicht jedoch (wie bei der von *Kimmel* abgedruckten Übersetzung) auf die „Annahme eines Verfassungsgesetzes, das die Zustimmung zur Ratifizierung von Verträgen nach Art. 10a Abs. 1 regelt".

Art. 2. (1) Das Volk ist die Quelle aller Staatsgewalt und übt diese mittels der Organe der gesetzgebenden, vollziehenden und rechtsprechenden Gewalt aus. (...)

Art. 9. (1) Die Verfassung kann nur durch Verfassungsgesetze ergänzt oder abgeändert werden.

(2) Eine Änderung der wesentlichen Erfordernisse des demokratischen Rechtsstaates ist unzulässig.

(3) Die Interpretation der Rechtsnormen berechtigt zu keiner Beseitigung oder Gefährdung der Fundamente des demokratischen Staates.

Art. 10. Vom Parlament ratifizierte und verkündete internationale Verträge, die die Tschechische Republik binden, sind Bestandteil der Rechtsordnung. Sieht der Vertrag etwas anderes vor, so hat der Vertrag Vorrang.

Art. 10a. (1) Bestimmte Befugnisse von Organen der Tschechischen Republik können durch Vertrag auf internationale Organisationen oder Institutionen übertragen werden.

(2) Die Ratifizierung eines Vertrages gemäß Abs. 1 erfordert die Zustimmung des Parlaments, es sei denn, ein Verfassungsgesetz bestimmt, dass die Ratifizierung durch eine Volksabstimmung erfolgen muss.

Art. 10b. (1) Die Regierung informiert das Parlament regelmäßig und im Vorhinein über die Fragen, die mit den Verpflichtungen verbunden sind, die sich aus der Mitgliedschaft der Tschechischen Republik in internationalen Organisationen oder Institutionen ergeben.

(2) Die Parlamentskammern geben ihre Stellungnahme zu vorbereiteten Entscheidungen solcher internationaler Organisationen oder Institutionen gemäß ihren Geschäftsordnungsbestimmungen ab.

(3) Ein Gesetz bestimmt die Prinzipien der Verhandlungen und Beziehungen zwischen beiden Kammern wie auch ihrer Außenbeziehungen und es kann die Ausübung der Befugnisse der Kammern gemäß Art. 2 auf ein gemeinsames Gremium der beiden Kammern übertragen.

Art. 39. (...) (4) Zur Verabschiedung eines Verfassungsgesetzes oder zur Zustimmung zu eines internationalen Vertrag nach Art. 10a Abs. 1 bedarf es einer Mehrheit von Dreifünfteln aller Abgeordneten und einer Mehrheit von Dreifünfteln der anwesenden Senatoren.

Art. 49. Die Zustimmung beider Parlamentskammern ist erforderlich zur Ratifizierung:

a) von Verträgen, die die Rechte und Pflichten von Personen berühren;

b) von Bündnis- und Friedensverträgen und anderen politischen Verträgen;

c) von Verträgen, durch die die Tschechische Republik Mitglied von internationalen Organisationen wird;

d) von allgemeinen Wirtschaftsverträgen;

e) von Verträgen über weitere Angelegenheiten, deren Regelung einem Gesetz vorbehalten ist.

Art. 62. Der Präsident der Republik (...)

l) verkündet das Referendum betreffend den Beitritt der Tschechischen Republik zur Europäischen Union und dessen Ergebnis.

Art. 63. (1) Der Präsident der Republik

a) vertritt ferner den Staat nach außen,

b) vereinbart und ratifiziert internationale Abkommen. Deren Vereinbarung kann er auf die Regierung oder mit ihrer Zustimmung auf ihre einzelnen Mitglieder übertragen (...).

Art. 87. (1) Das Verfassungsgericht entscheidet (...)

m) darüber, ob die Durchführung des Referendums betreffend den Beitritt der Tschechischen Republik zur Europäischen Union im Einklang mit dem zwingenden Verfassungsrecht betreffend das Referendum über den Beitritt der Tschechischen Republik zur Europäischen Union und mit dem Ausführungsgesetz steht.

(2) Vor der Ratifizierung eines Vertrages nach Art. 10a oder Art. 49 hat das Verfassungsgericht über die Verfassungsmäßigkeit des Vertrages zu entscheiden. Vor der Entscheidung des Verfassungsgerichts kann ein Vertrag nicht ratifiziert werden. (...)

Art. 89. (...) (3) Entscheidungen des Verfassungsgerichts, die gemäß Art. 87 Abs. 2 erklären, dass ein Vertrag der Verfassungsordnung widerspricht, sind ein Hindernis für die Ratifizierung des Vertrages, bis beide zur Übereinstimmung gebracht werden.

Art. 95. (1) Bei ihren Entscheidungen sind die Richter durch Gesetze und Verträge, welche Bestandteil der Rechtsordnung sind, gebunden. Sie sind befugt, darüber zu entscheiden, ob andere Rechtsakte als Gesetze sich in Übereinstimmung mit den Gesetzen oder derartigen Verträgen befinden.

(2) Kommt ein Gericht zu dem Schluss, dass ein Gesetz, welches bei der Lösung der Angelegenheit angewandt werden soll, im Widerspruch zur Verfassungsordnung steht, so legt es die Angelegenheit dem Verfassungsgericht vor.

Art. 95. (1) Bei ihren Entscheidungen sind die Richter durch Gesetze und Verträge, die zur Rechtsordnung gehören, gebunden. Sie sind befugt darüber zu entscheiden, ob andere Rechtsakte als Gesetze sich in Übereinstimmung mit den Gesetzen oder derartigen Verträgen befinden.

Ungarn

Verfassung der Republik Ungarn vom 20. August 1949[93]
zuletzt geändert durch Gesetz Nr. 64 vom 29. Juni 2009, ABl. Nr. 2009/92, S. 23653[94]
in der aktualisierten und ergänzten Übersetzung[95] auf Basis des vom ungarischen Verfassungsgericht herausgegebenen deutschen Textes[96]

Art. 2. (1) Die Republik Ungarn ist ein unabhängiger, demokratischer Rechtsstaat.

---

[93] Amtl. Text abrufbar unter http://net.jogtar.hu/jr/gen/getdoc.cgi?docid=94900020.tv (1. 9. 2010).

[94] Die mit einer Parlamentsmehrheit von mehr als zwei Dritteln aller Abgeordneten regierende FIDESZ-Partei arbeitet derzeit eine neue Verfassung aus. Dieses Reformvorhaben könnte in der ersten Hälfte des Jahres 2011 verabschiedet und zum 1. Januar 2012 in Kraft treten. Während die geplanten Neuerungen in vielerlei Hinsicht verfassungsrechtlichen und -politischen Sprengstoff in sich bergen – etwa hinsichtlich der geplanten Beschneidung der Kontrollbefugnisse des Verfassungsgerichtes, einer zum verbindlichen Auslegungsmaßstab erklärten Präambel nationalistischer Prägung sowie der für nahezu alle systemrelevanten Bereiche geplanten Einführung einer Kategorie von Gesetzen, welche nur durch eine Zweidrittelmehrheit erlassen bzw. abgeändert werden können – soll die Integrationsklausel der neuen Verfassung (Art. E des vorläufigen Entwurfs) weitgehend Art. 2a der geltenden Verfassung entsprechen.

[95] Die Ergänzung betrifft die umfangreichen Neufassungen bzw. Neueinfügungen von Art. 35 Abs. 1 lit. k; Art. 35a; Art. 40c; Art. 70 Abs. 2, 4 u. 5; Art. 71 Abs. 1 u. 3. Die Übersetzung ins Deutsche erfolgte mit freundlicher Unterstützung von *Adél Holdampf.*

[96] Ehemals abrufbar unter http://www.mkab.hu/de/depage5.htm (15. 5. 2009). Nunmehr findet

(2) In der Republik Ungarn geht alle Staatsgewalt vom Volke aus, das die Volkssouveränität durch seine gewählten Abgeordneten und unmittelbar ausübt.

Art. 2a. (1) Die Republik Ungarn kann im Interesse ihrer Teilnahme als Mitgliedsstaat an der Europäischen Union auf der Basis eines internationalen Vertrags – in einem zur Ausübung der sich aus den Gründungsverträgen der Europäischen Union bzw. der Europäischen Gemeinschaften (im Weiteren: Europäische Union) ergebenden Rechte und zur Erfüllung der Pflichten erforderlichen Maße – einzelne ihrer sich aus der Verfassung herleitenden Kompetenzen gemeinsam mit den anderen Mitgliedsstaaten ausüben; diese Kompetenzausübung kann auch eigenständig, durch die Institutionen der Europäischen Union realisiert werden.

(2) Zur Ratifizierung und Verkündung des internationalen Vertrags gemäß Absatz 1 ist eine Zweidrittelmehrheit der Parlamentsabgeordneten erforderlich.

Art. 5. Der Staat der Republik Ungarn schützt die Freiheit und die Macht des Volkes, die Unabhängigkeit und territoriale Integrität des Landes sowie seine in internationalen Verträgen verankerten Grenzen.

Art. 6. (...) (4) Die Republik Ungarn wirkt zur Entfaltung der Freiheit, des Wohlstands und der Sicherheit der Völker Europas an der Schaffung der europäischen Einheit mit.

Art. 7. (1) Das Rechtssystem der Republik Ungarn akzeptiert die allgemein anerkannten Regeln des internationalen Rechts und sichert ferner den Einklang der internationalen Rechtsverpflichtungen und des inneren Rechts.

(2) Die Ordnung der Rechtssetzung regelt ein Gesetz, zu dessen Annahme eine Zweidrittelmehrheit der anwesenden Parlamentsabgeordneten notwendig ist.

Art. 19. (...) (2) Indem das Parlament die sich aus der Volkssouveränität ergebenden Rechte ausübt, sichert es die verfassungsmäßige Ordnung der Gesellschaft und legt die Organisation, die Richtung und die Bedingungen des Regierens fest.

(3) In dieser Befugnis

a) schafft das Parlament die Verfassung der Republik Ungarn; (...)

f) schließt internationale Verträge ab, die vom Gesichtspunkt der auswärtigen Beziehungen der Republik Ungarn eine herausragende Bedeutung besitzen (...)

Art. 24. (...) (3) Zur Änderung der Verfassung sowie zur Fällung von einzelnen, in der Verfassung festgelegten Entscheidungen ist eine Zweidrittelmehrheit der Parlamentsabgeordneten notwendig. (...)

Art. 28b. (1) Der Gegenstand einer landesweiten Volksabstimmung und eines landesweiten Volksbegehrens kann eine in den Kompetenzbereich des Parlaments gehörende Frage sein.

(2) Zur Annahme des Gesetzes über die landesweite Volksabstimmung und das landesweite Volksbegehren ist eine Zweidrittelmehrheit der anwesenden Parlamentsabgeordneten notwendig.

Art. 28c. (1) Eine landesweite Volksabstimmung kann zur Entscheidungsfindung oder Meinungsäußerung abgehalten werden, die Anordnung der Volksabstimmung erfolgt verbindlich oder aufgrund einer Abwägung. (...)

(5) Keine landesweite Volksabstimmung darf abgehalten werden: (...)

b) über die sich aus einem geltenden internationalen Vertrag ergebenden Verpflichtungen bzw. über den Inhalt der die Verpflichtungen beinhaltenden Gesetze, (...)

---

sich dort nur noch eine Übersetzung ins Englische, abrufbar unter http://www.mkab.hu/index.php?id=constitution (1. 9. 2010).

(6) Die verbindliche landesweite Volksabstimmung ist erfolgreich, wenn mehr als die Hälfte der gültig ihre Stimme abgebenden wahlberechtigten Bürger, doch wenigstens mehr als ein Viertel aller wahlberechtigten Bürger auf die formulierte Frage eine identische Antwort gegeben haben.

Art. 35. (1) Die Regierung (...)

k) vertritt die Republik Ungarn in den unter Teilnahme der Regierung tätigen Institutionen der Europäischen Union;

Art. 35a. (1) In Angelegenheiten der europäischen Integration bestimmt ein mit Zweidrittelmehrheit der anwesenden Parlamentsabgeordneten verabschiedetes Gesetz im Einzelnen die Regeln der Kontrollbefugnis des Parlaments oder seiner Ausschüsse über die zwischen dem Parlament und der Regierung geführte Abstimmung sowie über die Informationspflicht der Regierung.

(2) Die Regierung legt dem Parlament die Vorlagen vor, die im Entscheidungsverfahren der unter Teilnahme der Regierung tätigen Institutionen der Europäischen Union auf der Tagesordnung stehen.

Art. 70. (...) (2) Jeder volljährige ungarische Staatsbürger, der auf dem Territorium der Republik Ungarn über einen Wohnsitz verfügt, und der volljährige Staatsbürger eines anderen Mitgliedsstaates der Europäischen Union, der auf dem Territorium der Republik Ungarn einen Wohnsitz besitzt, hat das Recht, bei der Wahl der Vertreter der kommunalen Selbstverwaltungen und der Bürgermeister gewählt werden zu können und – wenn er sich am Tag der Wahl bzw. der Volksabstimmung auf dem Territorium der Republik Ungarn aufhält – zu wählen sowie an einer kommunalen Volksabstimmung und einem Volksbegehren teilzunehmen. Zum Bürgermeister und Oberbürgermeister der Hauptstadt kann ein ungarischer Staatsbürger gewählt werden. (...)

(4) Jeder volljährige ungarische Staatsbürger, der auf dem Territorium der Republik Ungarn über einen Wohnsitz verfügt, und jeder volljährige Staatsbürger eines anderen Mitgliedsstaates der Europäischen Union, der auf dem Territorium der Republik Ungarn einen Wohnsitz besitzt, hat das Recht, bei den Wahlen zum Europäischen Parlament gewählt werden zu können und zu wählen.

(5) (...) Volljährige Staatsbürger eines anderen Mitgliedsstaates der Europäischen Union, die auf dem Territorium der Republik Ungarn über einen Wohnsitz verfügen, können auch dann nicht gewählt werden, wenn sie auf Grund einer Rechtsvorschrift bzw. gerichtlichen oder anderen behördlichen Entscheidung im Staat ihrer Herkunft von der Ausübung dieses Rechts ausgeschlossen wurde. (...)

Art. 71. (1) Die Parlamentsabgeordneten, Abgeordneten des Europäischen Parlaments bzw. Vertreter der kommunalen Selbstverwaltungen sowie die Bürgermeister und der Oberbürgermeister der Hauptstadt werden von den wahlberechtigten Bürgern auf der Basis des allgemeinen und gleichen Wahlrechts in direkter und geheimer Abstimmung gewählt. (...)

(3) Über die Wahl der Parlamentsabgeordneten, der Abgeordneten des Europäischen Parlaments, des Weiteren der Vertreter der kommunalen Selbstverwaltungen und der Bürgermeister verfügen gesonderte Gesetze, zu deren Annahme eine Zweidrittelmehrheit der anwesenden Parlamentsabgeordneten erforderlich ist.

[Art. 79 a. F., *außer Kraft zum 1. Mai 2004, vgl. Gesetz 2002/61, v. 23. 12. 2002*

Über den Beitritt der Republik Ungarn zur Europäischen Union gemäß dem Beitrittsvertrag ist ein zentraler Volksentscheid abzuhalten. Der Zeitpunkt dieses Volksentscheids ist der 12. April 2003. Die zur Abstimmung zu stellende Frage lautet: Sind Sie damit einverstanden, dass die Republik Ungarn Mitglied der Europäischen Union wird?]

Zypern

Verfassung der Republik Zypern vom 16. August 1960
ohne Anwesenheit der türkischen Mitglieder des Parlamentes auf Grundlage
der sogenannten „Notwendigkeitsdoktrin“[97] geändert am 28. Juli 2006 (Gesetz 127 (I) 2006)
in der Übersetzung des Verfassers aus dem Englischen[98]

Art. 1. Der Staat Zypern ist eine unabhängige und souveräne präsidiale Republik (...).

Art. 1a. Keine Bestimmung dieser Verfassung macht Gesetze, Handlungen oder Maßnahmen der Republik ungültig, die notwendig aus der Erfüllung der Pflichten der Mitgliedschaft in der Europäischen Union oder der Europäischen Gemeinschaften folgen, oder hindert Verordnungen, Richtlinien oder sonstige rechtsverbindliche Handlungen mit Legislativcharakter, die von der Europäischen Union oder der Europäischen Gemeinschaften oder ihren Institutionen oder zuständigen Körperschaften erlassen werden und auf den Bedingungen für die Errichtung der Europäischen Gemeinschaften oder der Europäischen Union beruhen, daran, im Staate Rechtskraft zu erlangen.

Art. 61. Die gesetzgebende Gewalt der Republik wird vom Abgeordnetenhaus in allen Angelegenheiten mit Ausnahme derjenigen ausgeübt, die durch diese Verfassung ausdrücklich den kommunalen Kammern zugewiesen sind.

Art. 169. Vorbehaltlich der Bestimmungen von Artikel 50 und Artikel 57 Absatz 3

1. wird jedes internationale Abkommen mit einem ausländischen Staat oder einer internationalen Organisation, das sich auf Handelsfragen, wirtschaftliche Zusammenarbeit (Zahlung und Kredit eingeschlossen) und das friedliche Zusammenleben bezieht, gemäß einer Entscheidung des Ministerrates geschlossen.

2. werden alle anderen Verträge, Konventionen oder internationale Abkommen gemäß einer Entscheidung des Ministerrates verhandelt und unterzeichnet und werden für die Republik nur dann wirksam und verbindlich, wenn sie durch ein Gesetz des Abgeordnetenhauses bestätigt werden, auf dessen Grundlage sodann ihr Abschluss erfolgt.

3. haben Verträge, Konventionen oder Abkommen, die in Übereinstimmung mit den vorstehenden Bestimmungen geschlossen wurden, vom Zeitpunkt ihrer Veröffentlichung im

---

[97] Aufgrund des Rückzugs der türkischen Zyprioten aus den staatlichen Institutionen im Jahr 1964 können die zur parlamentarischen Beschlussfassung verfassungstextlich vorgesehenen Mehrheitsschwellen faktisch nicht mehr erreicht werden. Zur Sicherstellung der Funktionsfähigkeit der legislativen Tätigkeit hat der zypriotische Oberste Gerichtshof (*Supreme Court*) daher Sonderregeln im Sinne einer Notwendigkeitsdoktrin anerkannt. Nachdem er in einer Grundsatzentscheidung zunächst Abweichungen von den verfahrensrechtlichen Verfassungsvorschriften für zulässig erachtet hatte – *Attorney General of the Republic v. Ibrahim*, Cyprus Law Reports 1964, 195 (230 ff.) –, gestand er in einer späteren Entscheidung unter Einhaltung engster Voraussetzungen sogar die Möglichkeit einer Änderung der nicht revisionsfesten Verfassungsbestimmungen durch 2/3-Mehrheit der griechisch-zypriotischen Parlamentsmitglieder zu – *President of the Republic v. House of Representatives*, Cyprus Law Reports 1986, 1444 ff. sowie *Nikolaou v. Kyriakides*, Cyprus Law Reports 1992, 356 ff. Zum Ganzen *N. Emiliou*, Cyprus, in: A. E. Kellermann et al. (Hrsg.), The Impact of EU Accession on the Legal Orders of New Member States and (Pre-) Candidate Countries (2006), S. 303 (304 f.) sowie *C. G. Patsalides*, Accomodating the Principle of Supremacy of Comminty Law to the Cypriot Legal Order – The Necessity for a Constitutional Amendment, EPL 12 (2006), S. 363 (368 f.).

[98] Die englische Sprachfassung der zypriotischen Verfassung ist abrufbar unter: http://www.cyprus.gov.cy/portal/portal.nsf/All/C44572D7363776ACC2256EBD004F3BB3?OpenDocument (1. 9. 2010).

Amtsblatt der Republik an Vorrang gegenüber einfachem Recht, unter der Bedingung, dass diese Verträge, Konventionen oder Abkommen von der jeweils anderen Partei angewendet werden.

Art. 179. Vorbehaltlich des Art. 1a, ist die Verfassung das oberste Gesetz des Landes.

Art. 182. (1) Die Artikel oder Teile der Artikel dieser Verfassung, die in Anhang III festgelegt sind, sind die Grundartikel dieser Verfassung und können, auf keinem Wege, geändert werden, sei es im Wege der Abänderung, Ergänzung oder Aufhebung.

(2) Vorbehaltlich von Absatz 1 dieses Artikels kann jede Bestimmung dieser Verfassung gemäß Absatz 3 dieses Artikels im Wege der Abänderung, Ergänzung oder Aufhebung geändert werden.

(3) Eine solche Änderung kommt zustande durch ein Gesetz, das von einer Mehrheit von mindestens zwei Dritteln der Gesamtzahl der Vertreter, die der Griechischen Gemeinschaft angehören, und mindestens zwei Dritteln der Gesamtzahl der Vertreter, die der Türkischen Gemeinschaft angehören, angenommen wird.

Anhang III. Liste der Grundartikel der Verfassung

Artikel 1, (...), 61, (...), 182 (...)

VII. Beitrittsländer zum Jahr 2007

Bulgarien

Verfassung der Republik Bulgarien vom 13. Juli 1991[99]
zuletzt geändert am 6. Februar 2007 (SG 12/6. 2. 2007)
in der aktualisierten und ergänzten[100] Übersetzung nach *K. Schrameyer*[101]

Art. 1. (...) (2) Die gesamte Staatsgewalt geht vom Volke aus. Sie wird von ihm unmittelbar und durch die in dieser Verfassung vorgesehenen Organe ausgeübt.

(3) Kein Teil des Volkes, keine politische Partei, keine andere Organisation, staatliche Institution oder Einzelperson darf sich die Ausübung der staatlichen Souveränität anmaßen.

Art. 4. (...) (3) Die Republik Bulgarien beteiligt sich am Aufbau und an der Fortentwicklung der Europäischen Union.

Art. 5. (1) Die Verfassung ist oberstes Gesetz und die anderen Gesetze dürfen ihr nicht widersprechen.

(2) Die Bestimmungen der Verfassung haben unmittelbare Wirkung. (...)

---

[99] Amtl. Text abrufbar unter http://www.parliament.bg/?page=const&lng=bg (1. 9. 2010).

[100] Ergänzt um die Übersetzungen der durch das Gesetz SG 18/2005 v. 25. 2. 2005 mit Blick auf den EU-Beitritt eingeführten Art. 4; 22; 42 Abs. 3, 85 Abs. 1 Nr. 9 u. Abs. 2, 105 Abs. 3 u. 4. Für entscheidende Hilfe bei der Übersetzung danke ich ganz herzlich meinem Institutskollegen *Miroslav Angelov.*

[101] *K. Schrameyer,* in: H. Roggemann (Hrsg.), Die Verfassungen Mittel- und Osteuropas (1999), S. 373 ff.

(4) Die verfassungsgemäß ratifizierten, verkündeten und für die Republik Bulgarien in Kraft getretenen internationalen Verträge sind Teil des innerstaatlichen Rechts. Sie haben Vorrang vor Normen der innerstaatlichen Gesetzgebung, die ihnen widersprechen. (...)

Art. 9. Die Streitkräfte gewährleisten die Souveränität, die Sicherheit und die Unabhängigkeit des Landes und schützen seine territoriale Integrität.

Art. 22. (1) Ausländische natürliche und juristische Personen dürfen Grundeigentum erwerben gemäß den Bedingungen, die aus dem Beitritt der Republik Bulgarien zur Europäischen Union folgen oder sich aus einem internationalen Vertrag ergeben, der ratifiziert, veröffentlicht und für die Republik Bulgarien in Kraft getreten ist, sowie durch Erbschaft kraft Gesetzes.

Art. 24. (1) Die Außenpolitik der Republik Bulgarien wird in Übereinstimmung mit den Prinzipien und Normen des Völkerrechts realisiert.

(2) Hauptziele der Außenpolitik der Republik Bulgarien sind die nationale Sicherheit und die Unabhängigkeit des Landes, der Wohlstand und die Grundrechte und -freiheiten der bulgarischen Bürger sowie die Mitwirkung bei der Errichtung einer gerechten internationalen Ordnung.

Art. 25. (...) (4) Kein bulgarischer Staatsangehöriger darf an einen anderen Staat oder an ein internationales Gericht zum Zweck der Strafverfolgung ausgeliefert werden, es sei denn dergleichen ist in einem internationalen Vertrag vorgesehen, der ratifiziert, veröffentlicht und für die Republik Bulgarien in Kraft getreten ist.

Art. 42. (...) (3) Die Wahlen von Mitgliedern des Europäischen Parlaments sowie die Beteiligung von Bürgern der Europäischen Union an Kommunalwahlen werden durch Gesetz geregelt.

Art. 44. (...) (2) Verboten sind Organisationen, deren Tätigkeit gegen die Souveränität, die territoriale Integrität des Landes und die Einheit der Nation, auf das Schüren von Rassen-, ethnischem oder religiösem Hass, auf die Verletzung der Rechte und Freiheiten der Bürger gerichtet ist, sowie Organisationen, welche geheime oder paramilitärische Strukturen bilden oder versuchen, ihre Ziele durch Gewalt zu verwirklichen. (...)

Art. 84. Die Volksversammlung (...)

5. beschließt die Durchführung eines nationalen Referendums (...)

Art. 85. (1) Die Volksversammlung ratifiziert und kündigt durch Gesetz die internationalen Verträge, die:

1. politischen oder militärischen Charakter haben;
2. sich auf die Beteiligung der Republik Bulgarien an internationalen Organisationen beziehen; (...)
6. sich auf die Grundrechte des Menschen beziehen; (...)
9. der Europäischen Union Befugnisse übertragen,[102] die aus der Verfassung folgen.

(2) Das Zustimmungsgesetz zu einem völkerrechtlichen Vertrag nach Absatz 1, Ziffer 9 wird mit einer Mehrheit von zwei Dritteln aller Abgeordneten angenommen.

(3) Die von der Volksversammlung ratifizierten Verträge können nur auf eine Weise geändert oder gekündigt werden, die in den Verträgen selbst angegeben sind, oder in Übereinstimmung mit den allgemein anerkannten Normen des Völkerrechts.

---

[102] *M. Decheva*, Europäisierung des bulgarischen Verfassungsrechts infolge des EU-Beitritts (2010), S. 56 und 272 übersetzt dies mit „zur Verfügung stellen".

(4) Dem Abschluss von internationalen Verträgen, die eine Änderung der Verfassung erfordern, muss eine Verabschiedung dieser Änderungen vorangehen.

Art. 105. (...) (3) Der Ministerrat informiert die Volksversammlung über Angelegenheiten, die die Verpflichtungen betreffen, welche für die Republik Bulgarien aus seiner Mitgliedschaft in der Europäischen Union folgen.

(4) Wenn der Ministerrat bei Erarbeitung und Annahme von Rechtsakten der Europäischen Union mitwirkt, informiert er die Volksversammlung im Voraus und erstattet über sein Vorgehen detailliert Bericht.

Art. 149. (1) Das Verfassungsgericht: (...)

4. entscheidet vor der Ratifizierung der von der Republik Bulgarien geschlossenen völkerrechtlichen Verträge über ihre Vereinbarkeit mit der Verfassung sowie über die Vereinbarkeit der Gesetze und allgemein anerkannten Normen des Völkerrecht mit den völkerrechtlichen Verträgen, deren Vertragspartei Bulgarien ist; (...)

Art. 153. Die Volksversammlung kann alle Vorschriften der Verfassung ändern oder ergänzen mit Ausnahme derjenigen, für welche die Große Volksversammlung zuständig ist.

Art. 155. (1) Die Volksversammlung verabschiedet ein Gesetz zur Änderung oder Ergänzung der Verfassung in drei Lesungen an verschiedenen Tagen mit einer Mehrheit von drei Vierteln aller Abgeordneten.

(2) Erhält die Vorlage weniger als drei Viertel, aber nicht weniger als zwei Drittel der Stimmen aller Abgeordneten, wird die Vorlage nicht früher als nach zwei Monaten und nicht später als nach fünf Monaten erneut eingebracht. Bei der erneuten parlamentarischen Erörterung wird die Vorlage angenommen, wenn für sie nicht weniger als zwei Drittel aller Abgeordneten stimmen.

Art. 157. Die Große Volksversammlung besteht aus 400 Abgeordneten, die im üblichen Verfahren gewählt werden.

Art. 158. Die Große Volksversammlung:

1. verabschiedet eine neue Verfassung;
2. entscheidet die Frage einer Änderung des Territoriums der Republik Bulgarien und ratifiziert völkerrechtliche Verträge, die derartige Änderungen vorsehen;
3. entscheidet die Fragen von Änderungen des Staatsaufbaus und der staatlichen Verwaltung;
4. entscheidet die Fragen einer Änderung der Artikel 5 Absatz 2 und 4 und Artikel 57 Absatz 1 und 3 der Verfassung;
5. entscheidet die Fragen einer Änderung und Ergänzung des neunten Kapitels *[§§ 153–163, Anm. d. Verf.]* der Verfassung.

Art. 161. Die Große Volksversammlung entscheidet über die eingebrachten Vorlagen mit einer Mehrheit von zwei Dritteln aller Abgeordneten in drei Lesungen an verschiedenen Tagen.

Art. 162. (1) Die Große Volksversammlung entscheidet nur die Fragen der Verfassung für die sie gewählt wurde. (...)

(3) Die Befugnisse der Großen Volksversammlung enden, nachdem sie abschließend die Fragen entschieden hat, für die sie gewählt worden war. In diesen Fällen beraumt der Präsident Wahlen nach dem gesetzlich geregelten Verfahren an.

Rumänien

Verfassung Rumäniens vom 21. November 1991[103]
zuletzt geändert am 18. September 2003 (Amtsblatt Nr. 669 v. 22. September 2003, mit neuer Nummerierung nochmals veröffentlicht in Nr. 767 v. 31. Oktober 2003)[104]
in der Übersetzung von *A. Bormann*[105]

Art. 1. Der rumänische Staat. (1) Rumänien ist ein souveräner und unabhängiger, einheitlicher und unteilbarer Nationalstaat.

(5) In Rumänien ist die Achtung der Verfassung, ihres Vorranges sowie der Gesetze verbindlich.

Art. 2. Souveränität. (1) Die nationale Souveränität steht dem rumänischen Volk zu, das sie durch seine Vertretungsorgane, die auf der Grundlage freier, regelmäßiger und rechtmäßiger Wahlen gebildet werden, und durch Referendum ausübt. (...)

Art. 10. Internationale Beziehungen. Rumänien unterhält und entwickelt friedliche Beziehungen zu allen Staaten und, in diesem Rahmen, Beziehungen der guten Nachbarschaft, die sich auf die Grundsätze und die anderen allgemein anerkannten Normen des Völkerrechts gründen.

Art. 11. Völkerrecht und nationales Recht. (1) Der rumänische Staat verpflichtet sich, die aus Verträgen, an denen er beteiligt ist, ihm zukommenden Verpflichtungen genau und mit gutem Glauben zu erfüllen.

(2) Die gemäß dem Gesetz vom Parlament ratifizierten Verträge sind Teil des nationalen Rechts.

(3) Falls ein Vertrag, dem Rumänien beitritt, Bestimmungen enthält, die im Widerspruch zur Verfassung stehen, kann dieser Vertrag erst nach einer Verfassungsänderung ratifiziert werden.

Art. 16. Rechtsgleichheit. (...) (4) Mit dem Beitritt Rumäniens zur Europäischen Union haben Unionsbürger, die die Anforderungen der Organgesetze erfüllen, das Recht, die örtliche öffentliche Verwaltung zu wählen und in diese gewählt zu werden.

Art. 18. Fremde Staatsangehörige und Staatenlose. (...) (2) Asylrecht wird unter den Bedingungen des Gesetzes und mit Beachtung der internationalen Verträge und Abkommen, denen Rumänien beigetreten ist, gewährt und entzogen.

Art. 19. Auslieferung und Ausweisung. (1) Ein rumänischer Staatsangehöriger kann aus Rumänien nicht ausgeliefert oder ausgewiesen werden.

---

[103] Amtl. Text abrufbar unter http://www.cdep.ro/pls/dic/site.page?id=372&idl=1 (1. 9. 2010).

[104] Ein Großteil der im Folgenden aufgeführten Artikel wurde durch diese Verfassungsänderung eingeführt bzw. geändert: Art. 1 Abs. 5; Art. 2 Abs. 1; Art. 11 Abs. 3; Art. 16 Abs. 4; Art. 19 Abs. 2; Art. 20 Abs. 2; Art. 38; Art. 44 Abs. 2; Art. 75 Abs. 1; Art. 91 Abs. 1; Art. 118 Abs. 1 S. 1; Art. 135 Abs. 2; Art. 137 Abs. 2; Art. 142 Abs. 1; Art. 146 lit. b; Art. 147 Abs. 3; Art. 148 sowie Art. 149. Eine englische Übersetzung des verfassungsändernden Gesetzes ist abrufbar unter http://www.cdep.ro/pdfs/reviz_constitutie_en.pdf (1. 9. 2010).

[105] *A. Bormann*, Die rumänische Verfassungsreform von 2003 – Textübersetzung mit Einführung, Jahrbuch für Ostrecht 45 (2004), S. 207 ff.

(2) Abweichend von Abs. 1 können rumänische Staatsbürger gemäß den Gesetzen und bei Gewährleistung der Gegenseitigkeit auf der Grundlage internationaler Abkommen, deren Vertragspartei Rumänien ist, ausgeliefert werden. (...)

Art. 20. Internationale Verträge über Menschenrechte. (1) Die Verfassungsbestimmungen über die Rechte und Freiheiten der Bürger sind in Übereinstimmung mit der Allgemeinen Erklärung der Menschenrechte, den Pakten und den anderen Verträgen, an denen Rumänien beteiligt ist, auszulegen und anzuwenden.

(2) Bestehen Unstimmigkeiten zwischen Pakten und Verträgen über die Grundrechte des Menschen, an denen Rumänien beteiligt ist, und nationalen Gesetzen, so haben die internationalen Regelungen Vorrang, mit Ausnahme des Falles, dass die Verfassung oder die inländischen Gesetze vorteilhaftere Bestimmungen enthalten.

Art. 38. Passives Wahlrecht zum Europäischen Parlament. Mit dem Beitritt Rumäniens zur Europäischen Union haben die rumänischen Bürger das Recht, das Europäische Parlament zu wählen und in dieses gewählt zu werden.

Art. 40. Vereinigungsfreiheit. (...) (2) Parteien und Organisationen, die durch ihre Ziele oder durch ihre Tätigkeit gegen den politischen Pluralismus, die Grundsätze des Rechtsstaates oder die Souveränität, die Integrität oder die Unabhängigkeit Rumäniens kämpfen, sind verfassungswidrig.

Art. 44. Schutz des Privateigentums. (...) (2) Das Privateigentum wird vom Gesetz unabhängig vom Inhaber in gleicher Weise geschützt. Fremde Staatsangehörige und Staatenlose können Eigentumsrechte an Grund und Boden nur gemäß den Rechtsfolgen erwerben, die sich aus dem Beitritt Rumäniens zur Europäischen Union sowie aus anderen internationalen Verträgen ergeben, deren Vertragspartei Rumänien ist, auf der Grundlage der Gegenseitigkeit, gemäß den von dem Organgesetz vorgesehenen Bedingungen sowie durch gesetzliche Erbschaft. (...)

Art. 75. Sitzung der Kammern. (1) Dem Abgeordnetenhaus werden als erster befasster Kammer zur Diskussion und Beschlussfassung Gesetzentwürfe und Gesetzesvorschläge für die Ratifizierung von Verträgen oder anderen internationalen Abkommen sowie für gesetzliche Maßnahmen, die aus der Umsetzung dieser Verträge und Abkommen folgen, weiterhin auch Vorhaben von Organgesetzen vorgelegt (...). Andere Gesetzesvorhaben werden dem Senat zur Diskussion und Beschlussfassung als erster befasster Kammer vorgelegt. (...)

Art. 90. Referendum. Der Präsident Rumäniens kann nach Befragung des Parlaments das Volk auffordern, durch Referendum seinen Willen hinsichtlich der Probleme von nationalem Interesse auszudrücken.

Art. 91. Befugnisse auf dem Gebiet der Außenpolitik. (1) Der Präsident schließt internationale Verträge im Namen Rumäniens ab, die von der Regierung ausgehandelt wurden, und legt sie innerhalb eines angemessenen Zeitraumes dem Parlament zur Ratifikation vor. Die anderen Verträge und internationalen Abkommen werden entsprechend den gesetzlichen festgelegten Verfahren geschlossen, gebilligt oder ratifiziert. (...)

Art. 118. Streitkräfte. (1) Die Armee ist ausschließlich dem Willen des Volkes untergeordnet zum Zweck der Gewährleistung der Souveränität, der Unabhängigkeit und der Einheit des Staates, der Unverletzlichkeit des Staatsgebietes des Landes und der verfassungsmäßigen Demokratie. Gemäß dem Gesetz und den internationalen Abkommen, an denen Rumänien beteiligt ist, leistet die Armee ihren Beitrag zur kollektiven Verteidigung in den Systemen der militärischen Bündnisse und nimmt an Maßnahmen zur Erhaltung oder Wiederherstellung des Friedens teil. (...)

Art. 135. Die Wirtschaft. (...) (2) Der Staat hat zu gewährleisten: (...)

g) die Anwendung einer Politik der Regionalentwicklung in Übereinstimmung mit den Zielen der Europäischen Union.

Art. 137. Finanzsystem. (...) (2) (...) Mit dem Beitritt zur Europäischen Union kann der Umlauf der Währung der Europäischen Union anerkannt und die nationale Währung durch diese ersetzt werden.

Art. 142. Struktur [des Verfassungsgerichtshofs[106]*]*. (1) Der Verfassungsgerichtshof ist der Garant des Vorranges der Verfassung. (...)

Art. 146. Befugnisse [des Verfassungsgerichtshofs[107]*]*. Der Verfassungsgerichtshof hat folgende Befugnisse: (...)

b) er nimmt Stellung zur Verfassungsmäßigkeit von Abkommen und anderen internationalen Verträgen auf Anrufung durch einen der Präsidenten der beiden Kammern, eine Anzahl von mindestens 50 Abgeordneten oder 25 Senatoren; (...)

Art. 147. Entscheidungen des Verfassungsgerichtshofes. (...) (3) Falls die Verfassungswidrigkeit eines internationalen Vertrages oder Abkommens gemäß Art. 146 Buchst. b) festgestellt wurde, kann dieser nicht Gegenstand einer Einwendung der Verfassungswidrigkeit sein. Ein internationaler Vertrag oder ein internationales Abkommen, dessen Verfassungswidrigkeit festgestellt wurde, kann nicht ratifiziert werden. (...)

Art. 148. Integration in die Europäische Union. (1) Der Beitritt Rumäniens zu den Gründungsverträgen der Europäischen Union zum Zweck der Übertragung bestimmter Zuständigkeiten an die Gemeinschaftsinstitutionen sowie der gemeinsamen Ausübung der in diesen Verträgen vorgesehenen Kompetenzen mit den anderen Mitgliedsstaaten erfolgt durch ein Gesetz, das in gemeinsamer Sitzung der Abgeordnetenkammer und des Senates mit einer Zweidrittelmehrheit der Anzahl der Abgeordneten und Senatoren verabschiedet wird.

(2) Nach dem Beitritt haben die Bestimmungen der Gründungsverträge der Europäischen Union sowie die weiteren verbindlichen Bestimmungen des Gemeinschaftsrechts, unter Berücksichtigung der Regelungen des Beitrittsvertrages, Vorrang vor entgegenstehenden Bestimmungen des nationalen Rechts.

(3) Auf die Beschlüsse über die Änderung der Gründungsverträge finden die Vorschriften der Absätze 1 und 2 entsprechende Anwendung.

(4) Das Parlament, der Präsident Rumäniens, die Regierung und die Gerichte verantworten die Erfüllung der aus dem Beitrittsvertrag und den Bestimmungen des Abs. 2 erwachsenden Verpflichtungen.

(5) Die Regierung übermittelt den beiden Kammern des Parlaments die Rechtsetzungsvorhaben mit verbindlichem Charakter, bevor diese den Institutionen der Europäischen Union zur Bestätigung vorgelegt werden.

Art. 149. Beitritt zur Nordatlantischen Verteidigungsgemeinschaft. Der Beitritt Rumäniens zur Nordatlantischen Verteidigungsgemeinschaft erfolgt durch ein Gesetz, das in einer gemeinsamen Sitzung der Abgeordnetenkammer und des Senats mit einer Zweidrittelmehrheit der Anzahl der Abgeordneten und Senatoren verabschiedet wird.

---

[106] Anm. d. Verf.

[107] Anm. d. Verf.

Art. 151. Verfahren der Änderung. (1) Der Änderungsentwurf oder -vorschlag muss von der Abgeordnetenkammer und dem Senat mit einer Mehrheit von mindestens zwei Dritteln der Zahl der Mitglieder jeder Kammer angenommen werden.

(2) Wird bei einem Vermittlungsverfahren keine Einigung erzielt, so entscheiden die Abgeordnetenkammer und der Senat in gemeinsamer Sitzung mit einer Stimmenmehrheit von mindestens drei Vierteln der Zahl der Abgeordneten und Senatoren.

(3) Die Änderung ist nach ihrer Bestätigung durch ein Referendum, das spätestens 30 Tage nach Annahme des Änderungsentwurfs oder -vorschlags durchzuführen ist, rechtskräftig.

Art. 152. Schranken einer Änderung. (1) Die Bestimmungen der vorliegenden Verfassung betreffend den nationalen, unabhängigen, einheitlichen und unteilbaren Charakter des rumänischen Staates, die republikanische Regierungsform, die Unverletzlichkeit des Staatsgebietes, die Unabhängigkeit der Justiz, den politischen Pluralismus und die Amtssprache können nicht Gegenstand einer Änderung sein.

(2) Ferner kann eine Änderung nicht vorgenommen werden, wenn sie die Beseitigung der Grundrechte und -freiheiten der Bürger oder ihrer Garantien zur Folge hätte. (...)

VIII. Beitrittskandidaten

Island

Verfassung der Republik Island vom 16. Juni 1944[108]
zuletzt geändert am 24. Juni 1999
inoffizielle Übersetzung[109]

Art. 1. Island ist eine konstitutionelle Republik.

Art. 2. Die gesetzgebende Gewalt liegt gemeinsam beim Althing [dem Parlament][110] und dem Präsidenten der Republik Island. Die vollziehende Gewalt wird im Einklang mit dieser Verfassung und anderen Landesgesetzen durch den Präsidenten und andere Regierungsorgane ausgeübt. Die Rechtsprechung wird durch. die Gerichte ausgeübt.

Art. 21. Der Präsident schließt Verträge mit anderen Staaten. Er kann außer mit Zustimmung des Althing keinerlei Abkommen treffen, die einen Verzicht auf Hoheitsrechte oder Hoheitsgewässer oder Servituten in ihren nach sich ziehen oder Verfassungsänderungen enthalten.

Art. 79. Abänderungs- oder Zusatzvorschläge zu dieser Verfassung können sowohl in ordentlichen wie auch in außerordentlichen Sitzungen des Althing eingebracht werden. Wenn ein Vorschlag gebilligt worden ist, wird das Althing unverzüglich aufgelöst und eine allgemeine Wahl durchgeführt. Wenn das Althing den Beschluss ohne Abänderung annimmt, wird er durch den Präsidenten der Republik ratifiziert und tritt als Verfassungsgesetz in Kraft.

Falls das Althing eine Änderung der Rechtsstellung der Staatskirche gemäß Artikel 62 beschließt, so soll der Beschluss einem Volksentscheid zur Annahme oder Ablehnung in geheimer Abstimmung unterbreitet werden.

---

[108] Amtl. Text abrufbar unter http://www.stjornarrad.is/stjornarskra/ (1. 9. 2010).

[109] Abrufbar unter http://www.verfassungen.eu/is/index.htm (1. 9. 2010).

[110] Anm. d. Verf.

Kroatien

Verfassung der Republik Kroatien vom 21. Dezember 1990[111]
zuletzt geändert am 23. April 2001 (Änderungsgesetz in Amtsblatt Nr. 28/2001; konsolidierte Fassung in Nr. 41/2001; korrigierte Version in 55/2001),
inoffizielle Übersetzung[112]

Art. 1. (...) Die Staatsgewalt in der Republik Kroatien geht vom Volke aus und steht dem Volk als Gemeinschaft freier und gleichberechtigter Staatsbürger zu.

Das Volk übt die Gewalt mittels Wahl seiner Vertreter und in direkten Abstimmungen aus.

Art. 2. Die Souveränität der Republik Kroatien ist unveräußerlich, unteilbar und unübertragbar.

Die Souveränität der Republik Kroatien erstreckt sich auf ihr Festland, ihre Flüsse, Seen, Kanäle, Binnengewässer, territoriales Meer sowie den Luftraum über diesen Gebieten.

Die Republik Kroatien verwirklicht, in Einklang mit dem Völkerrecht, die souveränen Rechte und die Gerichtsbarkeit auf den Meeresgebieten und dem Meeresgrund des Adriatischen Meeres außerhalb des Staatsgebietes bis zur Grenze zu den Nachbarn.

Der Kroatische Sabor *[kroatisches Parlament*[113]] und das Volk entscheiden unmittelbar, selbständig, in Einklang mit der Verfassung und dem Gesetz: (...)
– über die Vereinigung in einen Bund mit anderen Staaten.

Bündnisse mit anderen Staaten schließt die Republik Kroatien unter Vorbehalt des souveränen Rechtes, dass sie selbst über die übertragenen Kompetenzen und das Recht entscheidet, aus diesen frei auszutreten.

Art. 86. Der Kroatische Sabor kann ein Referendum über einen Vorschlag zu einer Änderung der Verfassung, über einen Gesetzesvorschlag oder über eine andere Frage aus ihrem Wirkungsbereich ausschreiben.

Der Präsident der Republik kann auf Vorschlag der Regierung und mit Gegenzeichnung des Ministerpräsidenten ein Referendum über einen Vorschlag zu einer Änderung der Verfassung oder eine andere Frage, die es für die Unabhängigkeit, Einheit und das Bestehen der Republik Kroatien für bedeutend erachtet, ausschreiben.

Der Kroatische Sabor kann ein Referendum über Fragen gemäß den Absätzen 1 und 2 dieses Artikels ausschreiben, wenn 10 Prozent der Wahlberechtigten der Republik Kroatien es verlangen.

Beim Referendum entscheidet die Mehrheit der abgegebenen Stimmen unter der Bedingung, dass am Referendum die Mehrheit aller Wahlberechtigten der Republik teilgenommen hat.

Das Ergebnis des Referendums ist verbindlich. (...)

Art. 138. Internationale Verträge werden im Einklang mit der Verfassung, den Gesetzen und dem Völkerrecht und abhängig von Wesen und Inhalt der internationalen Verträge vom Kroatischen Sabor, dem Präsidenten der Republik und der Regierung der Republik Kroatien abgeschlossen.

---

[111] Amtl. Text abrufbar unter: http://www.usud.hr/default.aspx?Show=ustav_republike_hrvatske&Gl=&G2=&G3=&m1=&m2=&Lang=hr (1.9.2010).

[112] Abrufbar unter http://www.verfassungen.eu/hr/verf90-i.htm (1.9.2010).

[113] Anm. d. Verf.

Art. 139. Der Kroatische Sabor bestätigt internationale Verträge, die den Erlass oder die Änderung eines Gesetzes verlangen, internationale Verträge militärischer und politischer Natur sowie internationale Verträge, die die Republik Kroatien finanziell verpflichten.

Internationale Verträge, durch die einer internationalen Organisation oder einem Bund Befugnisse aus der Verfassung der Republik Kroatien übertragen werden, bestätigt der Sabor mit einer Mehrheit von zwei Drittel aller Abgeordneten.

Der Präsident der Republik unterzeichnet die Ratifikations-, Beitritts-, Anerkennungs-, oder Zustimmungsurkunden zu internationalen Verträgen, die vom Kroatischen Sabor in Übereinstimmung mit den Absätzen 1 und 2 dieses Artikels ratifiziert wurden.

Internationale Verträge, die nicht durch den Kroatischen Sabor zu ratifizieren sind, werden vom Präsidenten der Republik auf Vorschlag der Regierung oder von der Regierung der Republik Kroatien abgeschlossen."

Art. 140. Internationale Verträge, die in Einklang mit der Verfassung abgeschlossen, bestätigt und veröffentlicht wurden, und die in Kraft getreten sind, bilden einen Teil der inneren Rechtsordnung der Republik und stehen ihrer Rechtskraft nach über dem Gesetz. Ihre Bestimmungen können nur unter den Bedingungen oder auf die Art geändert oder aufgehoben werden, wie sie in ihnen festgelegt sind oder in Einklang mit den allgemeinen Regeln des Völkerrechts.

Art. 141. Das Recht, ein Verfahren zur Vereinigung der Republik Kroatien in einen Bund mit anderen Staaten einzuleiten, haben mindestens ein Drittel der Abgeordneten des Kroatischen Sabors, der Präsident der Republik und die Regierung der Republik Kroatien.

Die Einleitung eines Verfahrens zur Vereinigung der Republik Kroatien in einem Bündnis mit anderen Staaten ist verboten, wenn diese Vereinigung zur Erneuerung der südslawischen Gemeinschaft oder zu einem anderen Art von Balkanstaat führt oder durch Zwang herbeigeführt werden soll.

Über die Vereinigung der Republik entscheidet zuerst der Sabor mit einer Mehrheit von zwei Drittel aller Abgeordneten.

Die Entscheidung über die Vereinigung der Republik wird durch ein Referendum mit der Mehrheit der Stimmen aller Wahlberechtigten der Republik getroffen.

Das Referendum muss innerhalb einer Frist von 30 Tagen ab dem Tag der Beschlussfassung des Sabors abgehalten werden.

Die Bestimmungen dieses Artikels über die Vereinigung beziehen sich auch auf die Bedingungen und das Verfahren für die Loslösung (Abspaltung) der Republik Kroatien.

Art. 143. Der Kroatische Sabor entscheidet, ob er einer Änderung der Verfassung mit der Mehrheit der Stimmen aller Abgeordneten zustimmen wird.

Über die Entwürfe der Verfassungsänderungen wird vom Kroatischen Sabor mit der Mehrheit der Stimmen aller Mitglieder entscheiden.

Art. 144. Die Entscheidung zur Änderung der Verfassung wird durch eine Mehrheit von zwei Dritteln aller Mitglieder des Kroatischen Sabors getroffen.

(Ehemalige jugoslawische Republik) Mazedonien

Verfassung der Republik Mazedonien vom 17. November 1991[114]
zuletzt geändert am 9. Januar 2009 (Änderung Nr. XXXI)
in der vom mazedonischen Parlament herausgegebenen Übersetzung ins Englische[115]

Art. 1. The Republic of Macedonia is a sovereign, independent, democratic and social state.

The sovereignty of the Republic of Macedonia is indivisible, inalienable and nontransferable.

Art. 2. Sovereignty in the Republic of Macedonia derives from the citizens and belongs to the citizens.

The citizens of the Republic of Macedonia exercise their authority through democratically elected Representatives, through referendum and through other forms of direct expression.

Art. 8. The fundamental values of the constitutional order of the Republic of Macedonia are:

– the basic freedoms and rights of the individual and citizen, recognized in international law and set down in the Constitution;

– the free expression of national identity; (...)

– respect for the generally accepted norms of international law.

Art. 118. The international agreements ratified in accordance with the Constitution are part of the internal legal order and cannot be changed by law.

Art. 119. International agreements are concluded in the name of the Republic of Macedonia by the President of the Republic of Macedonia. International agreements may also be concluded by the Government of the Republic of Macedonia, when it is so determined by law.

Art. 120. A proposal for association in a union or community with other states or for dissociation from a union or community with other states may be submitted by the President of the Republic, the Government or by at least 40 Representatives.

The proposal for association in or dissociation from a union or community with other states is accepted by the Assembly by a two-thirds majority vote of the total number of Representatives.

The decision of association in or dissociation from a union or community is adopted if it is upheld in a referendum by the majority of the total number of voters in the Republic.

Art. 121. A decision of association or dissociation concerning membership in international organizations is adopted by the Assembly by a majority vote of the total number of Representatives of the Assembly and proposed by the President of the Republic, the Government or at least 40 Representatives of the Assembly.

Art. 129. The Constitution of the Republic of Macedonia can be changed or supplemented by constitutional amendments.

Art. 131. The decision to initiate a change in the Constitution is made by the Assembly by a two-thirds majority vote of the total number of Representatives.

The draft amendment to the Constitution is confirmed by the Assembly by a majority vote of the total number of Representatives and then submitted to public debate.

---

[114] Amtl. Text abrufbar unter http://www.sobranie.mk/mk/default.asp?vidi=ustav (1. 9. 2010).

[115] Abrufbar unter http://www.sobranie.mk/en/default.asp?ItemID=9F7452BF44EE814B8DB897C1858B71FF (1. 9. 2010).

The decision to change the Constitution is made by the Assembly by a two-thirds majority vote of the total number of Representatives. (…)

Türkei

Verfassung der Republik Türkei vom 7. November 1982[116]
zuletzt geändert durch Gesetz Nr. 5982 vom 6. Mai 2010,[117]
in der Übersetzung von *C. Rumpf*[118]

Präambel. Diese Verfassung, die die ewige Existenz des türkischen Vaterlandes und der türkischen Nation sowie die unteilbare Einheit des Großen Türkischen Staates zum Ausdruck bringt, wird, um entsprechend der Auffassung vom Nationalismus, wie sie Atatürk, der Gründer der Republik Türkei, der unsterbliche Führer und einzigartige Held, verkündet hat; mit dem Ziel, die ewige Existenz, die Wohlfahrt, das materielle und geistige Glück der Republik Türkei als ehrenvolles und gleichberechtigtes Mitglied der Völkerfamilie der Welt entschlossen auf das Niveau moderner Zivilisation zu heben;

in dem Gedanken, dem Glauben und der Entschlossenheit,

dass der absolute Vorrang des Volkswillens, die Souveränität uneingeschränkt und unbedingt der Türkischen Nation zustehe und keine Person oder Institution, welche diese im Namen des Volkes auszuüben zuständig ist, von der in dieser Verfassung bestimmten freiheitlichen Demokratie und der von ihren Erfordernissen bestimmten Rechtsordnung abweichen werde, (…)

dass keinerlei Aktivität gegenüber den türkischen nationalen Interessen, der türkischen Existenz, dem Grundsatz der Unteilbarkeit von Staatsgebiet und Staatsvolk, den geschichtlichen und ideellen Werten des Türkentums und dem Nationalismus, den Prinzipien und Reformen sowie dem Zivilisationismus Atatürks geschützt wird und heilige religiöse Gefühle, wie es das Prinzip des Laizismus erfordert, auf keine Weise mit den Angelegenheiten und der Politik des Staates werden vermischt werden,

Art. 6. Die Souveränität gehört uneingeschränkt und unbedingt dem Volk.

Das Türkische Volk gebraucht seine Souveränität gemäß den von der Verfassung bestimmten Grundsätzen durch die zuständigen Organe.

Der Gebrauch der Souveränität darf auf keine Weise irgendeiner Person, einer Gruppe oder einer Klasse überlassen werden. Niemand und kein Organ darf eine Kompetenz des Staates ausüben, die nicht aus der Verfassung hervorgeht.

Art. 7. Die Zuständigkeit der Gesetzgebung steht im Namen des Türkischen Volkes der Großen Nationalversammlung der Türkei zu. Diese Zuständigkeit ist unübertragbar.

Art. 11. Die Verfassungsvorschriften sind rechtliche Grundregeln, welche die Organe der Gesetzgebung, der vollziehenden Gewalt und der Rechtsprechung, die Verwaltungsbehörden und übrigen Organisationen und Personen binden.

Die Gesetze dürfen nicht verfassungswidrig sein.

Art. 16. Die Grundrechte und -freiheiten können für Ausländer in Einklang mit dem Völkerrecht durch Gesetz beschränkt werden.

---

[116] Amtl. Text abrufbar unter http://www.tbmm.gov.tr/anaysa/ anaysa_2010.pdf (1. 9. 2010).

[117] ABl. vom 13. Mai 2010, Nr. 27580.

[118] Abrufbar unter http://www.tuerkei-recht.de/downloads/Verfassung.pdf (1. 9. 2010).

Art. 87. Die Türkische Große Nationalversammlung hat die Aufgaben und Kompetenzen, (...) die Ratifizierung völkerrechtlicher Verträge zu billigen (...).

Art. 90. Die Ratifizierung von Verträgen, die im Namen der Republik Türkei mit ausländischen Staaten und internationalen Organisationen abzuschließen sind, ist davon abhängig, dass sie von der Großen Nationalversammlung der Türkei durch Gesetz gebilligt wird. (...)

Die Durchführungsverträge, welche auf einem völkerrechtlichen Vertrag beruhen, und die Wirtschafts-, Handels-, technischen und Verwaltungsverträge, welche aufgrund einer durch Gesetz erteilten Kompetenz abgeschlossen werden, bedürfen nicht der Zustimmung durch die Große Nationalversammlung der Türkei; die gemäß diesem Absatz abgeschlossenen Wirtschafts- und Handelsverträge und Verträge, welche Rechte von Privatpersonen betreffen, dürfen jedoch ohne Verkündung nicht in Kraft gesetzt werden.

Auf den Abschluss von Verträgen aller Art, die eine Änderung der türkischen Gesetze mit sich bringen, findet der erste Absatz Anwendung.

Die verfahrensgemäß in Kraft gesetzten völkerrechtlichen Verträge haben Gesetzeskraft. Gegen sie kann das Verfassungsgericht mit der Behauptung der Verfassungswidrigkeit nicht angerufen werden. Soweit Grundrechte und -freiheiten regelnde Vorschriften verfahrensgemäß in Kraft gesetzter völkerrechtlicher Verträge mit nationalen Bestimmungen mit gleichem Regelungsgehalt nicht übereinstimmen, finden die Bestimmungen der völkerrechtlichen Verträge vorrangig Anwendung.

Art. 104. Der Präsident der Republik ist das Oberhaupt des Staates. (...)

Seine Aufgaben und Kompetenzen (...) sind folgende: (...)

– die Ratifizierung der völkerrechtlichen Verträge und ihre Verkündung (...).

Art. 175. Die Änderung der Verfassung kann von mindestens einem Drittel der Gesamtzahl der Mitglieder der Türkischen Großen Nationalversammlung schriftlich vorgeschlagen werden. Die Vorschläge zur Änderung der Verfassung werden im Plenum zweimal verhandelt. Die Annahme des Vorschlages ist mit einer Mehrheit von drei Fünfteln der Gesamtzahl der Mitglieder der Nationalversammlung in geheimer Abstimmung möglich.

(...)

Der Präsident der Republik kann die Gesetze über Verfassungsänderungen zur erneuten Verhandlung an die Türkische Große Nationalversammlung zurücksenden. Nimmt die Nationalversammlung das zurückgesandte Gesetz mit einer Mehrheit von zwei Dritteln der Gesamtzahl ihrer Mitglieder unverändert an, kann der Präsident der Republik dieses Gesetz einer Volksabstimmung unterbreiten.

Wird das mit den Stimmen von drei Fünfteln oder weniger als zwei Dritteln der Gesamtzahl ihrer Mitglieder von der Nationalversammlung angenommene Gesetz über die Verfassungsänderung vom Präsidenten der Republik nicht an die Nationalversammlung zurückgegeben, wird es, um dann einer Volksabstimmung unterbreitet zu werden, im Amtsblatt veröffentlicht.

Das unmittelbar oder nach Zurückgabe durch den Präsidenten der Republik mit einer Mehrheit von zwei Dritteln der Gesamtzahl der Mitglieder der Nationalversammlung angenommene Gesetz über die Verfassungsänderung oder solche seiner Vorschriften, bei denen es für notwendig angesehen wird, können von Seiten des Präsidenten der Republik einer Volksabstimmung unterbreitet werden. (...)

Damit die einer Volksabstimmung unterbreiteten Gesetze über Verfassungsänderungen in Kraft treten können, bedarf es mehr als der Hälfte der bei der Volksabstimmung abgegebenen gültigen Stimmen. (...)

IX. Weitere europäische Staaten

Norwegen

Verfassung des Königreichs Norwegen vom 4. November 1814[119]
zuletzt geändert am 27. Mai 2010 (FOR-2007-06-18-826)
in der vom norwegischen Außenministerium herausgegebenen Übersetzung[120]

§ 93. Um den internationalen Frieden und die internationale Sicherheit zu wahren, oder die internationale Rechtsordnung und Zusammenarbeit zu fördern, kann das Storting *[norweg. Parlament*[121]] mit Dreiviertelmehrheit darin einwilligen, daß eine internationale Organisation, der Norwegen angeschlossen ist oder sich noch anschließt, auf einem sachlich begrenzten Gebiet die Befugnisse ausüben kann, die nach dieser Verfassung sonst den Behörden des Staates zustehen, jedoch nicht die Befugnis, diese Verfassung zu ändern. Wenn das Storting seine Einwilligung geben soll, müssen, wie bei der Behandlung von Verfassungsänderungen, mindestens zwei Drittel seiner Mitglieder anwesend sein.

Die Bestimmungen dieses Artikels gelten nicht für die Beteiligung an einem internationalen Zusammenschluss, dessen Beschlüsse ausschließlich rein völkerrechtliche Auswirkungen für Norwegen haben.

§ 112. Lehrt die Erfahrung, dass irgendein Teil dieser Verfassung des Königreichs Norwegen geändert werden soll, so soll der Vorschlag darüber auf dem ersten, zweiten oder dritten ordentlichen Storting nach einer neuen Wahl vorgebracht und durch Druckschrift bekanntgegeben werden. Aber es steht erst dem ersten, zweiten oder dritten ordentlichen Storting nach der nächsten Wahl zu, darüber zu bestimmen, ob die vorgeschlagene Änderung durchgeführt werden soll oder nicht. Jedoch darf eine solche Änderung nie den Grundsätzen dieser Verfassung widersprechen, sondern lediglich Modifikationen in einzelnen Bestimmungen betreffen, die nicht den Geist dieser Verfassung verändern, und es müssen zwei Drittel des Stortings einer solchen Änderung zustimmen.

Eine derart angenommene Verfassungsbestimmung wird von dem Präsidenten und dem Sekretär des Stortings unterschrieben und dem König zur Bekanntgabe durch Druckschrift als gültige Bestimmung der Verfassung des Königreichs Norwegen übermittelt.

Schweiz

Bundesverfassung der Schweizerischen Eidgenossenschaft vom 18. April 1999[122]
zuletzt geändert durch Bundesbeschluss vom 25. September 2009
(amtl. Sammlung 2010, 2161)
in der amtlichen Fassung in deutscher Sprache

Art. 3. Kantone. Die Kantone sind souverän, soweit ihre Souveränität nicht durch die Bundesverfassung beschränkt ist; sie üben alle Rechte aus, die nicht dem Bund übertragen sind.

---

[119] Amtl. Text abrufbar unter http://www.lovdata.no/all/nl-18140517-000.html (1. 9. 2010).

[120] Abrufbar unter http://www.verfassungen.eu/n/index.htm (1. 9. 2010). Die Übersetzung ist auf dem Stand von 1995. Die hier abgedruckten Artikel wurden jedoch seither nicht verändert.

[121] Anm. d. Verf.

[122] Abrufbar unter http://www.admin.ch/ch/d/sr/c101.html (1. 9. 2010).

Art. 5. Grundsätze rechtsstaatlichen Handelns (4) Bund und Kantone beachten das Völkerrecht.

Art. 54. Auswärtige Angelegenheiten. (1) Die auswärtigen Angelegenheiten sind Sache des Bundes.

(2) Der Bund setzt sich ein für die Wahrung der Unabhängigkeit der Schweiz und für ihre Wohlfahrt; er trägt namentlich bei zur Linderung von Not und Armut in der Welt, zur Achtung der Menschenrechte und zur Förderung der Demokratie, zu einem friedlichen Zusammenleben der Völker sowie zur Erhaltung der natürlichen Lebensgrundlagen.

(3) Er nimmt Rücksicht auf die Zuständigkeiten der Kantone und wahrt ihre Interessen.

Art. 55. Mitwirkung der Kantone an außenpolitischen Entscheiden. (1) Die Kantone wirken an der Vorbereitung außenpolitischer Entscheide mit, die ihre Zuständigkeiten oder ihre wesentlichen Interessen betreffen.

(2) Der Bund informiert die Kantone rechtzeitig und umfassend und holt ihre Stellungnahmen ein.

(3) Den Stellungnahmen der Kantone kommt besonderes Gewicht zu, wenn sie in ihren Zuständigkeiten betroffen sind. In diesen Fällen wirken die Kantone in geeigneter Weise an internationalen Verhandlungen mit.

Art. 56. Beziehungen der Kantone mit dem Ausland. (1) Die Kantone können in ihren Zuständigkeitsbereichen mit dem Ausland Verträge schließen.

(2) Diese Verträge dürfen dem Recht und den Interessen des Bundes sowie den Rechten anderer Kantone nicht zuwiderlaufen. Die Kantone haben den Bund vor Abschluss der Verträge zu informieren.

(3) Mit untergeordneten ausländischen Behörden können die Kantone direkt verkehren; in den übrigen Fällen erfolgt der Verkehr der Kantone mit dem Ausland durch Vermittlung des Bundes.

Art. 138. Volksinitiative auf Totalrevision der Bundesverfassung. (1) 100 000 Stimmberechtigte können innert 18 Monaten seit der amtlichen Veröffentlichung ihrer Initiative eine Totalrevision der Bundesverfassung vorschlagen.

(2) Dieses Begehren ist dem Volk zur Abstimmung zu unterbreiten.

Art. 139 [n. F.]. Formulierte Volksinitiative auf Teilrevision der Bundesverfassung. (1) 100 000 Stimmberechtigte können innert 18 Monaten seit der amtlichen Veröffentlichung ihrer Initiative in Form eines ausgearbeiteten Entwurfs eine Teilrevision der Bundesverfassung verlangen.

(2) Verletzt die Initiative die Einheit der Form, die Einheit der Materie oder zwingende Bestimmungen des Völkerrechts, so erklärt die Bundesversammlung sie für ganz oder teilweise ungültig. (...)

Art. 140. Obligatorisches Referendum. (1) Volk und Ständen werden zur Abstimmung unterbreitet:

a. die Änderungen der Bundesverfassung;

b. der Beitritt zu Organisationen für kollektive Sicherheit oder zu supranationalen Gemeinschaften; (...)

(2) Dem Volk werden zur Abstimmung unterbreitet:

a. die Volksinitiativen auf Totalrevision der Bundesverfassung;

b. die Volksinitiativen auf Teilrevision der Bundesverfassung in der Form der allgemeinen Anregung, die von der Bundesversammlung abgelehnt worden sind; (...)

Art. 141. Fakultatives Referendum. Verlangen es 50 000 Stimmberechtigte oder acht Kantone innerhalb von 100 Tagen seit der amtlichen Veröffentlichung des Erlasses, so werden dem Volk zur Abstimmung vorgelegt: (...)

d. völkerrechtliche Verträge, die:

1. unbefristet und unkündbar sind;

2. den Beitritt zu einer internationalen Organisation vorsehen;

3. wichtige rechtsetzende Bestimmungen enthalten oder deren Umsetzung den Erlass von Bundesgesetzen erfordert.

Art. 147. Vernehmlassungsverfahren. Die Kantone, die politischen Parteien und die interessierten Kreise werden bei der Vorbereitung wichtiger Erlasse und anderer Vorhaben von grosser Tragweite sowie bei wichtigen völkerrechtlichen Verträgen zur Stellungnahme eingeladen.

Art. 166. Beziehungen zum Ausland und völkerrechtliche Verträge (1) Die Bundesversammlung beteiligt sich an der Gestaltung der Außenpolitik und beaufsichtigt die Pflege der Beziehungen zum Ausland.

(2) Sie genehmigt die völkerrechtlichen Verträge; ausgenommen sind die Verträge, für deren Abschluss auf Grund von Gesetz oder völkerrechtlichem Vertrag der Bundesrat zuständig ist.

Art. 184. Beziehungen zum Ausland. (1) Der Bundesrat besorgt die auswärtigen Angelegenheiten unter Wahrung der Mitwirkungsrechte der Bundesversammlung; er vertritt die Schweiz nach außen.

(2) Er unterzeichnet die Verträge und ratifiziert sie. Er unterbreitet sie der Bundesversammlung zur Genehmigung.

Art. 189. Zuständigkeiten des Bundesgerichts. (1) Das Bundesgericht beurteilt Streitigkeiten wegen Verletzung: (...)

b) von Völkerrecht; (...)

Art. 190. Maßgebendes Recht. Bundesgesetze und Völkerrecht sind für das Bundesgericht und die anderen rechtsanwendenden Behörden maßgebend.

Art. 192. Grundsatz. (1) Die Bundesverfassung kann jederzeit ganz oder teilweise revidiert werden.

(2) Wo die Bundesverfassung und die auf ihr beruhende Gesetzgebung nichts anderes bestimmen, erfolgt die Revision auf dem Weg der Gesetzgebung.

Art. 193. Totalrevision. (1) Eine Totalrevision der Bundesverfassung kann vom Volk oder von einem der beiden Räte vorgeschlagen oder von der Bundesversammlung beschlossen werden.

(2) Geht die Initiative vom Volk aus oder sind sich die beiden Räte uneinig, so entscheidet das Volk über die Durchführung der Totalrevision.

(3) Stimmt das Volk der Totalrevision zu, so werden die beiden Räte neu gewählt.

(4) Die zwingenden Bestimmungen des Völkerrechts dürfen nicht verletzt werden.

Art. 194. Teilrevision. (1) Eine Teilrevision der Bundesverfassung kann vom Volk verlangt oder von der Bundesversammlung beschlossen werden.

(2) Die Teilrevision muss die Einheit der Materie wahren und darf die zwingenden Bestimmungen des Völkerrechts nicht verletzen.

(3) Die Volksinitiative auf Teilrevision muss zudem die Einheit der Form wahren.

Literaturverzeichnis

Aalto, Pekka; Accession of Finland to the European Union: first remarks, ELRev. 20 (1995), S. 618 ff.

Adamovich, Ludwig K./Funk, Bernd-Christian/Holzinger, Gerhart; Österreichisches Staatsrecht, Band 1, Wien 1997.

Adinolfi, Adelina; The Judicial Application of Community Law in Italy (1981–1997), CMLRev. 35 (1998), S. 1313 ff.

Albi, Anneli; Postmodern Versus Retroperspective Sovereignty: Two Different Discourses in the EU and the Candidate Countries?, in: N. Walker (Hrsg.), Sovereignty in Transition, Oxford 2003, S. 401 ff.

– EU Amendments of the Central and Eastern European Candidate Countries, in: J. Ziller (Hrsg.), l'Européanisation des droits constitutionnels à la lumière de la Constitution pour l'Europe, Paris 2003, S. 39 ff.

– EU Enlargement and the Constitutions of Central and Eastern Europe, Cambridge 2005.

– „Europe" Articles in the Constitutions of Central and Eastern European Countries, CMLRev. 42 (2005), S. 399 ff.

– Estonia, in: A. E. Kellermann/J. Czuczai/S. Blockmans/dies./W. T. Douma (Hrsg.), The Impact of EU Accession on the Legal Orders of New Member States and (Pre-) Candidate Countries, Den Haag 2006, S. 331 ff.

– Supremacy of EC Law in the New Member States, EuConst 3 (2007), S. 25 ff.

– Selected EU Judgements by CEE Constitutional Courts: Lessons on How (not) to Amend Constitutions?, CYELP 3 (2007), S. 39 ff.

– Ironies in human rights protection in the EU: pre-accession conditionality and post-accession conundrums, ELJ 15 (2009), S. 46 ff.

Albi, Anneli/Van Elsuwege, Peter; The EU Constitution, National Constitutions and Sovereignty : an Assessment of a „European Constitutional Order", ELRev 29 (2004), S. 741 ff.

Albi, Anneli/Ziller, Jacques (Hrsg.); The European Constitution and National Constitutions. Ratification and Beyond, Alphen aan den Rijn 2007.

Alexy, Robert; Theorie der Grundrechte, 6. Aufl., Frankfurt a. M. 2006.

Allan, Trevor R. S.; Parliamentary Sovereignty: Lord Denning's Dexterous Revolution, OJLS 3 (1983), S. 22 ff.

Alonso García, Ricardo; The Spanish Constitution and the European Constitution: The Script for a Virtual Collision and Other Observations on the Principle of Primacy, German Law Journal 6 (2005), S. 1001 ff.

– Spanish Constitutional Court. Judgment 58/2004, of 19 April 2004, CMLRev. 42 (2005), S. 535 ff.

Alter, Karen J.; Establishing the Supremacy of European Law. The Making of an International Rule of Law in Europe, Oxford 2001.

Amato, Giuliano/Bribosia, Hervé/Witte, Bruno de (Hrsg.); Genèse et destinée de la Constitution européenne. Commentaire du Traité établissant une Constitution pour l'Europe à la lumière des travaux préparatoires et perspectives d'avenir, Bruxelles 2007.

Amrhein-Hofmann, Christine; Monismus und Dualismus in den Völkerrechtslehren, Berlin 2003.

Andenas, Mads/Jacobs, Francis; European Community Law in the English Courts, Oxford 1998.

Antoniou, Theodora; Europäische Integration und griechische Verfassung, Frankfurt a.M. 1985.

Anweiler, Jochen; Die Auslegungsmethoden des Gerichtshofs der Europäischen Gemeinschaften, Frankfurt a.M. 1997.

Anzilotti, Dionisio; Lehrbuch des Völkerrechts, Übersetzung 1929.

Armstrong, Kenneth A.; United Kingdom – Divided on Sovereignty?, in: N. Walker (Hrsg.), Sovereignty in Transition, Oxford 2003, S. 327 ff.

Arnold, Rainer; Peut-on définir le phénomène d'européanisation des droits constitutionnels nationaux ?, in: J. Ziller (Hrsg.), l'Européanisation des droits constitutionnels à la lumière de la Constitution pour l'Europe, Paris 2003, S. 85 ff.

– The European Constitution and the Transformation of National Constitutional Law, in: I. Pernice/J. Zemánek (Hrsg.), A Constitution for Europe: The IGC, the Ratification Process and Beyond, Baden-Baden 2005, S. 21 ff.

– Germany and the EU Constitutional Treaty, in: A. Albi/J. Ziller (Hrsg.), The European Constitution and National Constitutions. Ratification and Beyond, Alphen aan den Rijn 2007, S. 57 ff.

Auer, Andreas; L'adoption et la révision des constitutions: de quelques vérités malmenées par les faits, in: R. Bieber/P. Widmer (Hrsg.), L'espace constitutionnel européen – Der europäische Verfassungsraum, Zürich 1995, S. 267 ff.

Augsberg, Ino/Gostomzyk, Tobias/Viellechner, Lars; Denken in Netzwerken. Zur Rechts- und Gesellschaftstheorie Karl-Heinz Ladeurs, Tübingen 2009.

Avbelj, Matej; Questioning EU Constitutionalisms, GLJ 9 (2008), S. 1 ff.

– Thou Shalt not be Called Constitutionalism' or Why European Integration can not be Constitutional and Pluralist at the Same Time, in: ders./J. Komárek (Hrsg.), Constitutional Pluralism in the European Union and Beyond, Oxford 2010, i.E.

Avbelj, Matej/Komárek, Jan (Hrsg.); Constitutional Pluralism in the European Union and Beyond, Oxford 2010, i.E.

Aziz, Miriam; Sovereignty Lost, Sovereignty Regained? Some Reflections on the Bundesverfas sungsgericht's Bananas Judgement, Columbia JEL 9 (2002), S. 109 ff.

– Sovereignty *Über Alles:* (Re)Configuring the German Legal Order, in: N. Walker (Hrsg.), Sovereignty in Transition, Oxford 2003, S. 279 ff.

Azpitarte-Sánchez, Miguel; Artikel 6 EU-Vertrag: Kodifizierung durch die Zeit, seine Bedeutung und Rechtsfolgen, JöR 51 (2003), S. 553 ff.

Baach, Florian; Parlamentarische Mitwirkung in Angelegenheiten der Europäischen Union. Die Parlamente Deutschlands und Polens im europäischen Verfassungsverbund, Tübingen 2008.

Badura, Peter; Bewahrung und Veränderung demokratischer und rechtsstaatlicher Verfassungsstruktur in den internationalen Gemeinschaften, VVDStRL 23 (1966), S. 34 ff.

Baer, Susanne; Verfassungsvergleichung und reflexive Methode, ZaöRV 64 (2004), 737 ff.

Bainczyk, Magdalena/Ernst, Ulrich; Fragen der EU-Mitgliedschaft vor dem polnischen Verfassungsgerichtshof – Anmerkungen zum Urteil des polnischen Verfassungsgerichtshofs vom 11.05.2005, EuR 2006, 247 ff.

Balaš, Vladímir; Legal and Quasi-legal Thresholds of the Accession of the Czech Republic to the EC, in: A.E. Kellermann/J.W. de Zwaan/J. Czuczai (Hrsg.), EU-Enlargement – The Constitutional Impact at EU and National Level, Den Haag 2001, S. 267 ff.

Baldus, Manfred; Zur Relevanz des Souveränitätsproblems für die Wissenschaft vom öffentlichen Recht, Der Staat 36 (1997), S. 381 ff.

Bamforth, Nicholas/Leyland, Peter; Public Law in a Multi-Layered Constitution, in: dies. (Hrsg.), Public Law in a Mulit-Layered Constitution, Oxford 2003, S. 1 ff.

Banaszak, Bogusław; Die Stellung der Rechtsquellen des Völkerrechts im polnischen Rechtssystem, in: ders., Einführung in das polnische Verfassungsrecht, Wrocław 2003, S. 63 ff.

Banaszkiewicz, Bolesław; Entscheidungen des Verfassungsgerichtshofes der Republik Polen seit dem Inkrafttreten der neuen Verfassung bis zum Urteil über die EU-Mitgliedschaft (1997–2005), Warszawa 2006.

– Landesbericht Polen, in: W. Kluth (Hrsg.), Europäische Integration und nationales Verfassungsrecht, Baden-Baden 2007, S. 199 ff.

Baquero Cruz, Julio; The Legacy of the Maastricht-Urteil and the Pluralist Movement, EUI Working Paper Nr. 2007/13.

Bar, Christian von/Mankowski, Peter; Internationales Privatrecht, Band 1: Allgemeine Lehren, 2. Aufl., München 2003.

Barber, Neil W.; Legal Pluralism and the European Union, ELJ 12 (2006), S. 306 ff.

Barents, René; The Autonomy of Community Law, Den Haag 2004.

Barnard, Catherine; The „Opt-Out" for the UK and Poland from the Charter of Fundamental Rights: Triumph of Rhetoric over Reality?, in: S. Griller/J. Ziller (Hrsg.), The Lisbon Treaty. EU Constitutionalism without a Constitutional Treaty?, Wien 2008, S. 257 ff.

Barnes, Javier/Sarmiento, Daniel; Landesbericht Spanien, in: W. Kluth (Hrsg.), Europäische Integration und nationales Verfassungsrecht, Baden-Baden 2007, S. 225 ff.

Barriga, Stefan; Die Entstehung der Charta der Grundrechte der Europäischen Union. Eine Analyse der Arbeiten im Konvent und kompetenzrechtlicher Fragen, Baden-Baden 2003.

Bartole, Sergio/Daniele, Luigi; Italian Report, in: F.I.D.E. (Hrsg.), 17. F.I.D.E.-Kongress, Berlin 9.–12. Oktober 1996, Le droit constitutionnel national et l'intégration européenne – Nationales Verfassungsrecht mit Blick auf die europäische Integration, Baden-Baden 1996, S. 330 ff.

Basedow, Jürgen; Von der deutschen zur europäischen Wirtschaftsverfassung, Tübingen 1992.

Başlar, Kemal/İshakoğlu, Erdoğan; Turkey, in: A.E. Kellermann/J. Czuczai/S. Blockmans/A. Albi/W.T. Douma (Hrsg.), The Impact of EU Accession on the Legal Orders of New Member States and (Pre-) Candidate Countries, Den Haag 2006, S. 195 ff.

Battis, Ulrich/Tsatsos, Dimitris/Stefanou, Dimitris (Hrsg.); Europäische Integration und nationales Verfassungsrecht, Baden-Baden 1995.

Battis, Ulrich/Mahrenholz, Ernst/Tsatsos, Dimitris (Hrsg.); Das Grundgesetz im internationalen Wirkungszusammenhang der Verfassungen, Berlin 1989.

Battis, Ulrich/Kunig, Philip/Pernice, Ingolf/Randelzhofer, Albrecht (Hrsg.); Das Grundgesetz im Prozess europäischer und globaler Verfassungsentwicklung, Baden-Baden 2000.

Bauer, Hartmut/Huber, Peter M./Sommermann, Karl-Peter (Hrsg.); Demokratie in Europa, Tübingen 2005.

Bauer, Jobst-Hubertus; Ein Stück aus dem Tollhaus: Altersbefristung und der EuGH, NZA 2005, S. 800 ff.

Baumgartner, Gerhard; Der Rang des Gemeinschaftsrechts im Stufenbau der Rechtsordnung, JRP 2000, S. 84 ff.

Beaud, Olivier/Lechevalier, Arnauld/Pernice, Ingolf/ Strudel, Sylvie (Hrsg.); L'Europe en voie de Constitution – Pour un bilan critique des travaux de la Convention, Brüssel 2004.

Bebr, Gerhard; Anmerkung zum Urteil des belgischen Kassationsgerichtshofs vom 27. 5. 1971 (Az. 4626); „Le Ski“, EuR 1966, S. 263 ff.

Beck, Gunnar; The problem of *Kompetenz-Kompe*tenz: a conflict between right and right in which there is no *praetor,* ELRev. 30 (2005), S. 42 ff.

Becker, Anne C.; Vorrang versus Vorherrschaft – Anmerkung zum Urteil des spanischen Tribunal Constitucional DTC 1/2004, EuR 2005, S. 353 ff.

Beckmann, Klaus/Dieringer, Jürgen/Hufeld, Ulrich; Eine Verfassung für Europa, 2. Aufl., Tübingen 2005.

Bell, John; Comparative Administrative Law, in: M. Reimann/R. Zimmermann (Hrsg.), The Oxford Handbook of Comparative Law, Oxford 2006, S. 1260 ff.

Bell, John; Comparing Public Law, in: A. Harding/E. Örücün (Hrsg.), Comparative Law in the 21st Century, London 2002, S. 235 ff.

Bellamy, Richard; Sovereignty, Post-Sovereignty and Pre-Sovereignty: Three Models of the State, Democracy and Rights within the EU, in: N. Walker (Hrsg.), Sovereignty in Transition, Oxford 2003, S. 167 ff.

Benz, Arthur; Politikwissenschaftliche Diskurse über demokratisches Regieren im europäischen Mehrebenensystem, in: H. Bauer/P. M. Huber/K.-P. Sommermann (Hrsg.), Demokratie in Europa, Tübingen 2005, S. 253 ff.

– Amendment Procedure and the Future Importance of the Convention, in: I. Pernice/E. Tanchev (Hrsg.), Ceci n'est pas une constitution – Constitutionalisation without a Constitution?, Baden-Baden 2009, S. 190 ff.

Bermann, George A.; The Constitutional Amendment Process, in: R. Bieber/P. Widmer (Hrsg.), L'espace constitutionnel européen – Der europäische Verfassungsraum, Zürich 1995, S. 291 ff.

– National parliaments and subsidiarity: An outsider's view, in: I. Pernice/E. Tanchev (Hrsg.), Ceci n'est pas une constitution – Constitutionalisation without a Constitution?, Baden-Baden 2009, S. 155 ff.

Bernhardt, Rudolf; Eigenheiten und Ziele der Rechtsvergleichung im öffentlichen Recht, ZaöRV 24 (1964), S. 431 ff.

Bernitz, Ulf; Swedish Report, in: J. Schwarze (Hrsg.), Die Entstehung einer europäischen Verfassungsordnung – das Ineinandergreifen von nationalem und europäischem Verfassungsrecht, Baden-Baden 2000, S. 389 ff.

– Sweden and the European Union: On Sweden's Implementation and Application of European Law, CMLRev. 38 (2001), S. 903 ff.

Bernitz, Ulf/Nergelius, Joakim (Hrsg.); General Principles of European Community Law, The Hague 2000.

Bernitz, Ulf/Nergelius, Joakim/Carder, Cecilia (Hrsg.); General Principles of EC Law in a Process of Development, The Hague 2008.

Bernsdorff, Norbert/Borowsky, Martin; Die Charta der Grundrechte der Europäischen Union. Handreichungen und Sitzungsprotokolle, Baden-Baden 2002.

Berramdane, Abdelkhaleq; La Cour européenne des droits de l'homme juge du droit de l'Union européenne, RDUE 2006, S. 243 ff.

Berranger, Thibaut de; Constitutions nationales et construction communautaire – Essai d'approche comparative sur certains aspects constitutionnels nationaux de l'intégration européenne, Paris 1995.
– Danemark, in: J. Rideau (Hrsg.), Les Etats membres de l'Union européenne. Adaptations – Mutations – Résistances, Paris 1997, S. 97 ff.
Berti, Giorgio; Demokratie, Pluralismus und Wirtschaftssystem. Die mitgliedstaatlichen Verfassungen und die Europäische Union, in: M. Nettesheim/P. Schiera (Hrsg.), Der integrierte Staat. Verfassungs- und europarechtliche Betrachtungen aus italienischer und deutscher Perspektive, Berlin 1999, S. 131 ff.
Besselink, Leonard F. M.; Dutch Report, in: F. I. D. E. (Hrsg.), 17. F. I. D. E.-Kongress, Berlin 9.–12. Oktober 1996, Le droit constitutionnel national et l'intégration européenne – Nationales Verfassungsrecht mit Blick auf die europäische Integration, Baden-Baden 1996, S. 361 ff.
– The Netherlands – Becoming a Party to Treaties Which Diverge From the Constitution, EPL 9 (2003), S. 471 ff.
– Double Dutch – The Referendum on the European Constitution, EPL 12 (2006), S. 345 ff.
– The Dutch Constitution, the European Constitution and the Referendum in the Netherlands, in: A. Albi/J. Ziller (Hrsg.), The European Constitution and National Constitutions. Ratification and Beyond, Alphen aan den Rijn 2007, S. 113 ff.
– Grundlagen und Grundzüge staatlichen Verfassungsrechts, in: A. v. Bogdandy/P. Cruz Villalón/P. M. Huber (Hrsg.), Handbuch Ius Publicum Europaeum, Band I, Heidelberg 2007, § 6 Niederlande.
– Constitutional Referenda in the Netherlands: A Debate in the Margin, EJCL 11.1 (Mai 2007), S. 1 ff.
Besselink, Leonard F. M. et al.; De Nederlandse Grondwet en de Europese Uni, Groningen 2004.
Beutler, Bengt; Art. 6 EUV, in: H. v. d. Groeben/J. Schwarze (Hrsg.), Kommentar zum Vertrag über die Europäische Union und zur Gründung der Europäischen Gemeinschaft, Band 1, 6. Aufl. 2003.
BICL – British Institute of International and Comparative Law (Hrsg.); F. I. D. E. XX Congress London 2002.
Bieber, Roland; Verfassungsgebung und Verfassungsänderung in der Europäischen Union, in: ders./P. Widmer (Hrsg.), L'espace constitutionnel européen – Der europäische Verfassungsraum, Zürich 1995, S. 313 ff.
– Die Europäisierung des Verfassungsrechts, in: K. F. Kreuzer/D. H. Scheuing/U. Sieber (Hrsg.), Die Europäisierung der mitgliedstaatlichen Rechtsordnungen in der Europäischen Union, Baden-Baden 1997, S. 71 ff.
– Verfassungsentwicklung der EU: Autonomie oder Konsequenz staatlicher Verfassungsentwicklung?, in: P.-C. Müller-Graff/E. Riedel (Hrsg.), Gemeinsames Verfassungsrecht in der Europäischen Union, Baden-Baden, 1998, S. 209 ff.
– „An Association of Sovereign States", EuConst 5 (2009), S. 391 ff.
Bieber, Roland/Widmer, Pierre (Hrsg.); L'espace constitutionnel européen, Zürich 1995.
Biering, Peter; The Application of EU-Law in Denmark: 1986 to 2000, CMLRev. 37 (2000), S. 925 ff.
Biernat, Stanislaw; The Openness of the Constitution of Poland towards European Integration, in: G. Amato/G. Braibant/ E. Venizelos (Hrsg.), The Constitutional Revision in Today's Europe – La revision constitutionnelle dans l'Europe d'aujourd'hui, London 2002, S. 439 ff.

– Poland, in: A.E. Kellermann/J. Czuczai/S. Blockmans/A. Albi/W.T. Douma (Hrsg.), The Impact of EU Accession on the Legal Orders of New Member States and (Pre-) Candidate Countries, Den Haag 2006, S. 419 ff.

– Offene Staatlichkeit, in: A. v. Bogdandy/P. Cruz Villalón/P.M. Huber (Hrsg.), Handbuch Ius Publicum Europaeum, Band II, Heidelberg 2008, § 21 Polen.

Biever, Robert/Edon, Nico/Weitzel, Luc; Luxembourg, in: P.M. Eisemann (Hrsg.), L'intégration du droit international et communautaire dans l'ordre juridique national, Den Haag 1996, S. 407 ff.

Birkinshaw, Patrick; British Report, in: F.I.D.E. (Hrsg.), 17. F.I.D.E.-Kongress, Berlin 9.–12. Oktober 1996, Le droit constitutionnel national et l'intégration européenne – Nationales Verfassungsrecht mit Blick auf die europäische Integration, Baden-Baden 1996, S. 440 ff.

– British Report, in: J. Schwarze (Hrsg.), Die Entstehung einer europäischen Verfassungsordnung – das Ineinandergreifen von nationalem und europäischem Verfassungsrecht, Baden-Baden 2000, S. 205 ff.

– Constitutions, Constitutionalism and the State, EPL 11 (2005), S. 31 ff.

Birkinshaw, Patrick J./Künnecke, Martina; Offene Staatlichkeit, in: A. v. Bogdandy/P. Cruz Villalón/P.M. Huber (Hrsg.), Handbuch Ius Publicum Europaeum, Band II, Heidelberg 2008, § 17 Großbritannien.

Blanke, Hermann-Josef; Art. 88, in: H. v. Mangoldt/ F. Klein/C. Starck (Hrsg.), Kommentar zum Grundgesetz, Bd. 3, 5. Aufl., München 2005.

Bleckmann, Albert; Grundgesetz und Völkerrecht, Berlin 1975.

– Die Rolle der Rechtsvergleichung in den Europäischen Gemeinschaften, ZVglRW 1975, S. 106 ff.

– Die Wahrung der „nationalen Identität" im Unions-Vertrag, JZ 1997, S. 265 ff.

Böckenförde, Ernst-Wolfgang; Begriff und Probleme des Verfassungsstaates, in: ders., Staat, Nation, Europa, Frankfurt a.M. 1999, S. 127 ff.

Bodin, Jean; Les six livres de la République, Buch I, Nachdr. d. 10. Aufl. 1593 (Erstaufl. 1576), Edition Fayard, Paris 1986.

– Über den Staat, dt. Übersetzung u. Auswahl v. Gottfried Niedhart auf der Basis der der franz. Ausgabe v. 1583, Stuttgart 1976, Nachdr. 2005.

Bodnar, Adam/Kowalski, Michal/Raible, Karen/Schorkopf, Frank (Hrsg.); The Emerging Constitutional Law of the European Union – German and Polish Perspectives, Heidelberg 2003.

Bogdandy, Armin von; Supranationale Union als neuer Herrschaftstypus: Entstaatlichung und Vergemeinschaftung in staatstheoretischer Perspektive, Integration 1993, S. 210 ff.

– Skizzen einer Theorie der Gemeinschaftsverfassung, in: T. v. Danwitz/M. Heintzen/M. Jestaedt/S. Korioth/M. Reinhard (Hrsg.), Auf dem Weg zu einer europäischen Staatlichkeit, Stuttgart 1993, S. 9 ff.

– Supranationaler Föderalismus als Wirklichkeit und Idee einer neuen Herrschaftsform. Zur Gestalt der Europäischen Union nach Amsterdam, Baden-Baden 1999.

– Zweierlei Verfassungsrecht – Europäisierung als Gefährdung des gesellschaftlichen Grundkonsenses?, Der Staat 39 (2000), S. 163 ff.

– Beobachtungen zur Wissenschaft vom Europarecht. Strukturen, Debatten und Entwicklungsperspektiven der Grundlagenforschung zum Recht der europäischen Union, Der Staat 2001, S. 3 ff.

– Art. 10 EGV, in E. Grabitz/M. Hilf (Hrsg.), Das Recht der Europäischen Union, Kommentar, 20. EL 2002.

– Europäische und nationale Identität: Integration durch Verfassungsrecht?, VVDStRL 62 (2003), S. 156 ff.
– Zur Übertragbarkeit staatsrechtlicher Figuren auf die Europäische Union – Vom Nutzen der Gestaltidee supranationaler Föderalismus anhand des Demokratieprinzips, in: M. Brenner/ P.M. Huber/M. Möstl (Hrsg.), Der Staat des Grundgesetzes – Kontinuität im Wandel. Festschrift für Peter Badura zum siebzigsten Geburtstag, Tübingen 2004, S. 1033 ff.
– Demokratie, Globalisierung, Zukunft des Völkerrechts – eine Bestandsaufnahme, in: H. Bauer/P.M. Huber/K.-P. Sommermann (Hrsg.), Demokratie in Europa, Tübingen 2005, S. 225 ff.
– Wissenschaft vom Verfassungsrecht, in: ders./P. Cruz Villalón/P.M. Huber (Hrsg.), Handbuch Ius Publicum Europaeum, Band II, Heidelberg 2008, § 39 Vergleich.
– Pluralism, direct effect, and the ultimate say: On the relationship between international and domestic constitutional law, ICON 6 (2008), S. 397 ff.
– Grundprinzipien, in: ders./J. Bast (Hrsg.), Europäisches Verfassungsrecht, 2. Aufl., Berlin 2009, S. 13 ff.
– Grundprinzipien des Unionsrechts – eine verfassungstheoretische und -dogmatische Skizze, EuR 2009, S. 749 ff.
Bogdandy, Armin von/Bast, Jürgen; Der verfassungsrechtliche Ansatz und das Unionsrecht, in: dies. (Hrsg.), Europäisches Verfassungsrecht (2. Aufl. 2009), S. 1 ff.
Bogdandy, Armin von/Cruz Villalón, Pedro/Huber, Peter M. (Hrsg.); Handbuch Ius Publicum Europaeum, Band I, Grundlagen und Grundzüge staatlichen Verfassungsrechts, Heidelberg 2007.
– Handbuch Ius Publicum Europaeum, Band II, Offene Staatlichkeit – Wissenschaft vom Verfassungsrecht, Heidelberg 2008.
Borowsky, Martin; Art. 52 GRC, in: J. Meyer (Hrsg.), Charta der Grundrechte der Europäischen Union. Kommentar, 2. Aufl. Baden-Baden 2006.
Börzel, Tanja; States and Regions in the European Union. Institutional Adaptation in Germany and Spain , Cambridge 2001.
Bosbach, Jens; Anmerkung zum Urteil des Bundesverfassungsgerichts v. 18. 07. 2005, NStZ 2006, 104 ff.
Botelho Moniz, Carlos; The Portuguese Constitution and the participation of the Republic of Portugal in the European Union, EPL 4 (1998), S. 465 ff.
Bothe, Michael/Lohmann, Thorsten; Verfahrensfragen der deutschen Zustimmung zum Vertrag von Amsterdam, ZaöRV 58 (1998), S. 1 ff.
Boysen, Sigrid u. a. (Hrsg.); Netzwerke – 47. Assistententagung Öffentliches Recht, Baden-Baden 2008.
Bradley, Anthony W./Ewing, Keith D.; Constitutional and Administrative Law, 14. Aufl., London 2003.
Bredt, Stephan; The European Social Contract and the European Public Sphere, ELJ 12 (2006), S. 61 ff.
Breuer, Rüdiger; Die Sackgasse des neuen Europaartikels (Art. 23 GG), NVwZ 1994, S. 417 ff.
Bribosia, Hervé; Report on Belgium, in: A.-M. Slaughter/ A. Stone Sweet/J. H. H. Weiler (Hrsg.) The European Court and National Courts, Oxford 1998, S. 3 ff.
– The Main Institutional Innovations of the Lisbon Treaty, in: S. Griller/J. Ziller (Hrsg.), The Lisbon Treaty. EU Constitutionalism without a Constitutional Treaty?, Berlin 2008, S. 57 ff.
Brink, Ton van den; Implementing European Union Law in the Netherlands: the Current System, its Limitations and Possible Alternatives, EPL 12 (2006), S. 111 ff.

Bříza, Petr; The Czech Republic: The Constitutional Court on the Lisbon Treaty. Decision of 26 November 2008, EuConst 5 (2009), S. 143 ff.
Bröhmer, Jürgen; Anmerkung zu EuGH, U. v. 14. 10. 2004 – Rs. C-36/02 – Omega, EuZW 2004, S. 755 ff.
– Die Bosphorus-Entscheidung des Europäischen Gerichtshofs für Menschenrechte – Der Schutz der Grund- und Menschenrechte in der EU und das Verhältnis zur EMRK, EuZW 2006, S. 71 ff.
Broß, Siegfried; Bundesverfassungsgericht, Europäischer Gerichtshof, Europäischer Gerichtshof für Kompetenzkonflikte. Zugleich ein Beitrag zur Lehre vom ausbrechenden Rechtsakt und vom Kooperationsverhältnis, VerwArch 92 (2001), S. 425 ff.
Bruce, Eva; Faut-il intégrer le droit communautaire aux normes de référence du contrôle de constitutionnalité?, RFDC 63 (2005), S. 539 ff.
Brunkhorst, Hauke; Der Mythos des existenziellen Staates, Leviathan 36 (2008), S. 490 ff.
Bucher, Eugen; Zur Kritik an Kelsens Theorie von der hypothetischen Grundnorm, in: Schriftenreihe des Hans Kelsen-Instituts, Bd. 7, Die Reine Rechtslehre in wissenschaftlicher Diskussion, 1982, S. 47 ff.
Büdenbender, Martin; Das Verhältnis des Europäischen Gerichtshofs zum Bundesverfassungsgericht, Köln 2005.
Bürgin, Alexander; Die Legitimität der EU. Normative Standards als Verhandlungsressource im Verfassungskonvent, Baden-Baden 2007.
Bull, Thomas; Sweden. Constitutional Changes and the Limit of the Law, EPL 11 (2005), S. 187 ff.
Burgorgue-Larsen, Laurence/Levade, Anne/Picod, Fabrice (Hrsg.); Traité établissant une constitution pour l'Europe. Commentaire article par article. Tome 1 – Architecture constitutionnelle (Parties I & IV), Bruxelles 2007; Tome 2 – La charte des droits fondamentaux de l'Union (Partie II), Bruxelles 2005.
Cahill, Maria; Ireland's Constitutional Amendability and Europe's Constitutional Ambition: the Lisbon Referendum in Context, German Law Journal 9 (2008), S. 1191 ff.
Calliess, Christian; Das Demokratieprinzip im europäischen Staaten- und Verfassungsverbund, in: J. Bröhmer et al. (Hrsg.), Internationale Gemeinschaft und Menschenrechte, Festschrift für Georg Ress zum 70. Geburtstag, Köln 2005, S. 399 ff.
– Optionen zur Demokratisierung der Europäischen Union, in: H. Bauer/P. M. Huber/K.-P. Sommermann (Hrsg.), Demokratie in Europa, Tübingen 2005, S. 281 ff.
– Art. I-1 sowie Art. I-12 VVE, in: ders./M. Ruffert (Hrsg.), Verfassung der Europäischen Union. Kommentar der Grundlagenbestimmungen (Teil I), München 2006.
– Mitverantwortung der Rechtswissenschaft für die Verwendung des Verfassungstopos – Die Europäische Verfassung als Opfer der symbolischen Tragweite des Begriffes?, in: I. Pernice (Hrsg.), Der Vertrag von Lissabon – Reform der EU ohne Verfassung?, Baden-Baden 2008, S. 54 ff.
– Die Europäische Union nach dem Vertrag von Lissabon , Tübingen 2008.
Calliess, Christian/Bauer, Hartmut (Hrsg.); Verfassungsprinzipien in Europa, Athen u. a. 2008.
Calliess, Christian/Ruffert, Matthias (Hrsg.); Verfassung der Europäischen Union – Kommentar der Grundlagenbestimmungen (Teil I), München 2006.
Calogeropoulos, Andreas; The Hellenic Republic (übersetzt von A. McDonnell), in: L. Prakke/ C. Kortmann (Hrsg.), Constitutional Law of 15 EU Member States, Deventer 2004, S. 367 ff.

Camby, Jean-Pierre; Le droit communautaire est-il soluble dans la Constitution?, RDP 2004, S. 878 ff.

Cananea, Giacinto della; The Italian Constitutional Court and The European Court of Justice: from Separation to interaction? Comment on Constitutional Court, order n. 103 of 16 April 2008 – Presidente del Consiglio dei ministri v. Regione Sardegna, EPL 14 (2008), S. 523 ff.

Cannizzaro, Enzo; Italy. EU Law and National Constitution. A Pluralist Constitution for a Pluralist Legal Order?, in: British Institute of International and Comparative Law (Hrsg.), F. I. D. E. XX Congress London 2002, S. 243 ff.

Ćapeta, Tamara/Mihelin, Dario/Rodin, Sinisa; Croatia, in: A. E. Kellermann/J. Czuczai/S. Blockmans/A. Albi/ W. T. Douma (Hrsg.), The Impact of EU Accession on the Legal Orders of New Member States and (Pre-) Candidate Countries, Den Haag 2006, S. 69 ff.

Capitant, David; Landesbericht Frankreich, in: W. Kluth (Hrsg.), Europäische Integration und nationales Verfassungsrecht, Baden-Baden 2007, S. 141 ff.

Carcassonne, Guy; Conseil Constitutionnel on the European Constitutional Treaty. Decision of 19 November 2004, 2004–505 DC, EuConst 1 (2005), S. 293 ff.

Carré de Malberg, Raymond; Contribution à la Théorie générale de l'Etat, Tome 1, Paris 1920.

Carroll, Alex; Constitutional and Administrative Law, 5. Aufl., London 2009.

Carrozza, Paolo; Constitutionalism's Post-Modern Opening, in: M. Loughlin/N. Walker (Hrsg.), The Paradox of Constitutionalism, Oxford 2007, S. 169 ff.

Cartabia, Marta; The Italien Constitutional Court and the Relationship Between the Italian legal system and the European Union, in: A.-M. Slaughter/A. Stone Sweet/ J. H. H. Weiler (Hrsg.) The European Court and National Courts, Oxford 1998, S. 133 ff.

– The Legacy of Sovereignty in Italian Constitutional Debate, in: N. Walker (Hrsg.), Sovereignty in Transition, Oxford 2003, S. 305 ff.

– The Ratification of the European Constitutional Treaty in Italy, in: A. Albi/J. Ziller (Hrsg.), The European Constitution and National Constitutions. Ratification and Beyond, Alphen aan den Rijn 2007, S. 39 ff.

Cartabia, Marta/de Witte, Bruno/Pérez Tremps, Pablo (Hrsg.); Constitución Europea y Constituciones Nacionales, Valencia 2005.

Cartei, Gian F./Ferraro, V.; Reform of the Fifth Title of the Italian Constitution: A First Step Towards a Federal System?, EPL 8 (2002), S. 445 ff.

Cassia, Paul; Anmerkung zu Conseil d'Etat, Entscheidung v. vom 8. Februar 2007 (Arcelor u. a.), RTDE 2007, S. 406 ff.

Castillo de la Torre, Fernando; Tribunal Constitucional (Spanish Constitutional Court), Opinion 1/2004 of 13 December 2004, on the Treaty Establishing a Constitution for Europe, CMLRev. 42 (2005), S. 1169 ff.

Cavaré, Louis; Le droit international public positif, Bd. I, 3. Aufl., aktualisiert von J.-P. Quéneudec, Paris 1967.

Chalmers, Damian; The Application of EU-Law in the United Kingdom: 1994 to 1998, CMLRev. 37 (2000), S. 83 ff.

Chaltiel, Florence; La souveraineté de l'Etat et l'Union européenne, l'exemple français. Recherches sur la souveraineté de l'état membre. Paris 2000.

– Constitution française, constitution européenne, vers l'osmose des ordres juridiques? A propos de la révision constitutionnelle du 28 février 2005, RMC 488 (2005), S. 280 ff.

– Une première pour le Conseil constitutionnel – Juger un traité établissant une constitution, RMC 484 (2005), S. 5 ff.

– Nouvelle précision sur les rapports entre le droit constitutionnel et le droit communautaire, RFDC 2006, S. 837 ff.

– Le Conseil d'Etat reconnaît la spécificité constitutionnelle du droit communautaire, RMC 2007, S. 335 ff.
– Les rapports de système entre le droit constitutionnel et le droit européen, RMC 2007, S. 361 ff.
Charpy, Chloé; The Status of (Secondary) Law in the French Internal Order: the Recent Case-Law of the *Conseil Constitutionnel* and the *Conseil d'Etat*, EuConst 3 (2007), S. 436 ff.
– The *Conseil d'Etat* Abandons Its *Cohn Bendit* Case-Law; *Conseil d'Etat*, 30 October 2009, *Mme Perreux*, EuConst 6 (2010), S. 123 ff.
Choudhry, Sujit; Migration as a new metaphor in comparative constitutional law, in: ders. (Hrsg.), The Migration of Constitutional Ideas, Cambridge 2006, S. 1 ff.
Chryssogonos, Kostas; The European Union and the Greek Constitutional Order, in: A. E. Kellermann/J. W. de Zwaan/ J. Czuczai (Hrsg.), EU-Enlargement – The Constitutional Impact at EU and National Level, Den Haag 2001, S. 141 ff.
Ciobanu-Dordea, Aurel; Constitutional Problems of Accession in Romania, in: A. E. Kellermann/J. W. de Zwaan/ J. Czuczai (Hrsg.), EU-Enlargement – The Constitutional Impact at EU and National Level, Den Haag 2001, S. 311 ff.
Claes, Monica; Constitucionalizando Europa desde su fuente. Las „cláusulas europeas" en las Constituciones nacionales: evolución y tipología, in: M. Cartabia/B. de Witte/ Pablo Pérez Tremps (Hrsg.), Constitución Europea y Constituciones Nacionales, Valencia 2005, S. 123 ff.
– The National Courts' Mandate in the European Constitution, Oxford 2006.
– The Europeanisation of national Constitutions in the Constitutionalisation of Europe: Some Observations against the background of the Constitutional Experience of the EU-15, Croatian Yearbook of European Law and Policy 3 (2007), S. 1 ff.
Clariana, Gregorio Garzón; The Spanish Constitutional Order, in: A. E. Kellermann/J. W. de Zwaan/J. Czuczai (Hrsg.), EU-Enlargement – The Constitutional Impact at EU and National Level, Den Haag 2001, S. 117 ff.
Classen, Claus D.; Anmerkung zur Entscheidung des Conseil constitutionnel vom 10. 6. 2004 zum Verhältnis von Europäischem Gemeinschaftsrecht und französischem Verfassungsrecht, JZ 2004, S. 969 ff. (incl. Übersetzung).
– Art. 23 und 24, in: H. v. Mangoldt/F. Klein/C. Starck (Hrsg.), Kommentar zum Grundgesetz, Bd. 2, 5. Aufl., München 2005.
– Verbesserung der Europatauglichkeit, in: C. Starck (Hrsg.), Föderalismusreform, München 2007, S. 103 ff.
– Legitime Stärkung des Bundestages oder verfassungsrechtliches Prokrustesbett? Zum Urteil des BVerfG zum Vertrag von Lissabon, JZ 2009, S. 881 ff.
– Demokratische Legitimation im offenen Rechtsstaat, Tübingen 2009.
Cloots, Elke; Germs of Pluralist Adjudication: *Advocaten voor de Wereld* and other References from the Belgian Constitutional Court, CMLRev. 47 (2010), S. 645 ff.
Colneric, Ninon; Die Rolle der Rechtsvergleichung in der Praxis des EuGH, in: A. Epiney/M. Haag/A. Heinemann (Hrsg.), Die Herausforderung von Grenzen. Festschrift für Roland Bieber, Baden-Baden 2007, S. 316 ff.
Commichau, Michael F.; Nationales Verfassungsrecht und europäische Gemeinschaftsverfassung, 2. Aufl., Baden-Baden 1998.
Constantinesco, Léontin-Jean; Rechtsvergleichung, Bd. I: Einführung in die Rechtsvergleichung, Saarbrücken 1971.
– Rechtsvergleichung, Bd. II: Die rechtsvergleichende Methode, Saarbrücken 1972.
– Rechtsvergleichung, Bd. III: Die rechtsvergleichende Wissenschaft, Saarbrücken 1983.

Constantinesco, Vlad; Compétences et pouvoirs dans les Communautés européennes, Paris 1974.
– Der Beitrag nationaler Verfassungen zur Entwicklung eines zweistufigen europäischen Verfassungssystems: Frankreich, in: U. Battis/P. Kunig/I. Pernice/A. Randelzhofer (Hrsg.), Das Grundgesetz im Prozess europäischer und globaler Verfassungsentwicklung, Baden-Baden 2000, S. 61 ff.
– Brève note sur l'utilisation de la méthode comparative en droit européen, in: F. R. Mensbrugghe (Hrsg.), L'utilisation de la méthode comparative en droit européen, Namur 2003, S. 169 ff.
Constantinesco, Vlad/Pierré-Caps, Stéphane; Droit constitutionnel, 2. Aufl. Paris 2004.
Cotterrell, Roger; Seeking Similarity, Appreciating Difference: Comparative Law and Communities, in: A. Harding/E. Örücü. (Hrsg.), Comparative Law in the 21st Century, London 2002, S. 35 ff.
Craig, Paul P.; Sovereignty of the United Kingdom Parliament after Factortame, Yearbook of European Law 11 (1991), S. 221 ff.
– Report on the United Kingdom, in: A.-M. Slaughter/ A. Stone Sweet/J. H. H. Weiler (Hrsg.) The European Court and National Courts, Oxford 1998, S. 195 ff.
– Constitutions, Constitutionalism and the European Union, European Law Journal 2001, S. 125 ff.
– Constitutional Process and Reform in the EU: Nice, Laeken, the Convention and the IGC, EPL 10 (2004), S. 653 ff.
– Britain in the European Union, in: J. Jowell/D. Oliver (Hrsg.), The Changing Constitution, 6. Aufl., Oxford 2007, Kap. 4.
– The Role of the European Parliament under the Lisbon Treaty, in: S. Griller/J. Ziller (Hrsg.), The Lisbon Treaty. EU Constitutionalism without a Constitutional Treaty?, Berlin 2008, S. 109 ff.
– The Treaty of Lisbon, process, architecture and substance, ELRev. 33 (2008), S. 137 ff.
Craig, Paul/de Búrca, Gráinne; EU Law. Text and Materials, 4. Aufl., Oxford 2008.
Cruz Villalón, Pedro; Nationale Verfassungsangleichung zur Stunde europäischer Verfassungsgebung, in: A. Blankenagel/I. Pernice/H. Schulze-Fielitz (Hrsg.), Verfassung im Diskurs der Welt. Liber Amicorum für Peter Häberle, Tübingen 2004, S. 207 ff.
Curtin, Deidre; The Constitutional Structure of the Union. A Europe of bits and pieces, CMLRev. 30 (1993), S. 17 ff.
Custos, Dominique; New Caledonia, a Case of Shared Sovereignty within the French Republic: Appearance or Reality?, EPL 13 (2007), S. 97 ff.
Czerner, Frank; Das völkerrechtliche Anschlusssystem der Art. 59 II 1, 25 und 24 I GG und deren Inkorporationsfunktion zugunsten der innerstaatlichen EMRK-Geltung, EuR 2007, S. 537 ff.
Czuczai, Jeno; Constitutional Impact of EU-Accession in Hungary, in: A. Ágh (Hrsg.), Europeanization and Regionalization. Hungary's Accession, Budapest 2004, S. 43 ff.
– Constitutional Preparation for EU Accession in the New Central and Eastern European Member States: Is the Rule of Law Better than the Rule of Politics?, in: J. de Zwaan/ J. Jans/F. Nelissen (Hrsg.), The European Union: An Ongoing Process of Integration – Liber Amicorum Alfred E. Kellermann, Den Haag 2004, S. 269 ff.
– Hungary, in: A. E. Kellermann/J. Czuczai/S. Blockmans/A. Albi/W. T. Douma (Hrsg.), The Impact of EU Accession on the Legal Orders of New Member States and (Pre-)Candidate Countries, Den Haag 2006, S. 343 ff.

– Impact of European Integration on the Role and Functions of the National Judiciary, in: A. E. Kellermann/J. Czuczai/S. Blockmans/A. Albi/W. T. Douma (Hrsg.), The Impact of EU Accession on the Legal Orders of New Member States and (Pre-) Candidate Countries, Den Haag 2006, S. 26 ff.
– Ratification of the European Constitution in Hungary: Problems and Challenges, in: A. Albi/J. Ziller (Hrsg.), The European Constitution and National Constitutions. Ratification and Beyond, Alphen aan den Rijn 2007, S. 29 ff.
Daniele, Luigi; La protection des droits fondamentaux peut-elle limiter la primauté du droit communautaire et l'obligation de renvoi préjudiciel?, CDE 42 (2006), S. 67 ff.
Danielsen, Jens H.; One of Many National Constraints on European Integration: Section 20 of the Danish Constitution, EPL 16 (2010), S. 181 ff.
Dann, Philipp; Parlamente im Exekutivföderalismus, Berlin u. a. 2004.
– Überlegungen zu einer Methodik des europäischen Verfassungsrechts, in: Y. Becker u. a. (Hrsg.), Die europäische Verfassung – Verfassungen in Europa. 45. Assistententagung Öffentliches Recht, Baden-Baden 2005, S. 161 ff.
Danwitz, Thomas v.; Der Einfluss des nationalen Rechts und der Rechtsprechung der Gerichte der Mitgliedstaaten auf die Auslegung des Gemeinschaftsrechts, ZESAR 2008, S. 57 ff.
Dashwood, Alan; The British Way: The Cohabiting with Community Law, in: A.E. Kellermann/J. W. de Zwaan/J. Czuczai (Hrsg.), EU-Enlargement – The Constitutional Impact at EU and National Level, Den Haag 2001, S. 81 ff.
Day, Stephen/Shaw, Jo; The Boundaries of Suffrage and External Conditionality: Estonia as an Applicant Member of the EU, EPL 9 (2003), S. 211 ff.
Decheva, Maria; Änderung der bulgarischen Verfassung im Hinblick auf den EU-Beitritt, in: C. Salimi-Asl/E. Wrasse/G. Schuch (Hrsg.), Die Transformation nationaler Politik. Europäisierungsprozesse in Mitteleuropa, Berlin 2005, S. 301 ff.
– Europäisierung des bulgarischen Verfassungsrechts infolge des EU-Beitritts. Eine Untersuchung im Lichte der deutschen Erfahrungen, Baden-Baden 2010.
Delpérée, Francis; Le Conseil d'Etat de Belgique et le traité établissant une Constitution pour l'Europe, RFDA 2005, S. 242 ff.
– Belgium: The Lock-through System, in: A. Albi/J. Ziller (Hrsg.), The European Constitution and National Constitutions. Ratification and Beyond, Alphen aan den Rijn 2007, S. 67 ff.
Denzer, Horst; Jean Bodin (1529/30–1596), in: H. Maier/ H. Denzer (Hrsg.), Klassiker des politischen Denkens, Bd. 1, 2. Aufl., München 2004, S. 179 ff.
Deutscher Bundestag/Bundesarchiv (Hrsg.); Der Parlamentarische Rat 1948–1949. Akten und Protokolle, Bd. 2: Der Verfassungskonvent auf Herrenchiemsee (bearb. von Peter Bucher), 1981.
Di Fabio, Udo; Das Recht offener Staaten: Grundlinien einer Staats- und Rechtstheorie, Tübingen 1998.
– Der Verfassungsstaat in der Weltgesellschaft, Tübingen 2001.
Diehr, Christian; Die Bewahrung der demokratischen und föderativen Struktur der Bundesrepublik Deutschland im europäischen Integrationsprozess. Der neue Artikel 23 Grundgesetz, Frankfurt a. M. 1998.
Doehring, Karl; Die nationale „Identität" der Mitgliedstaaten der Europäischen Union, in: O. Due/M. Lutter/J. Schwarze (Hrsg.), Festschrift für Ulrich Everling, Band I, Baden-Baden 1995, S. 263 ff.
– *Allgemeine Staatslehre*: eine systematische Darstellung, 3. Aufl., Heidelberg 2004.
Dorau, Christoph; Die Verfassungsfrage der Europäischen Union, Baden-Baden 2001.

Dorsen, Normen/Rosenfeld, Michel/Sajó, András/Baer, Susanne; Comparative Constitutionalism. Cases and Materials, St. Paul 2003.

Douglas-Scott, Sionaidh; A Tale of two Courts: Luxembourg, Strasbourg and the Growing European Human Rights Acquis, CMLRev. 2006, S. 629 ff.

Dreier, Horst; Rechtslehre, Staatssoziologie und Demokratietheorie bei Hans Kelsen, 2. Aufl., Baden-Baden 1990.

– Art. 31 GG, in: ders. (Hrsg.), Grundgesetz. Kommentar, Bd. II, 2. Aufl., Tübingen 2006.

– Art. 79 GG, in: ders. (Hrsg.), Grundgesetz. Kommentar, Bd. II, 2. Aufl., Tübingen 2006.

Drumeva, Emilia; Primacy of the EU Law in the National Constitutional Space – Reflections, in: I. Pernice/E. Tanchev (Hrsg.), Ceci n'est pas une constitution – Constitutionalisation without a Constitution?, Baden-Baden 2009, S. 100 ff.

Duculescu, Victor/Adam, Ruxandra; Romania, in: A. E. Kellermann/J. Czuczai/S. Blockmans/A. Albi/W. T. Douma (Hrsg.), The Impact of EU Accession on the Legal Orders of New Member States and (Pre-)Candidate Countries, Den Haag 2006, S. 113 ff.

Due, Ole; The Danish Ratification of the Maastricht Treaty before the Danish Supreme Court, in: Mélanges en hommage à Michel Waelbroeck, Bruxelles 1999, S. 313 ff.

– The Danish Constitution and Two-Level Constitutionalism, in: U. Battis/P. Kunig/I. Pernice/A. Randelzhofer (Hrsg.), Das Grundgesetz im Prozess europäischer und globaler Verfassungsentwicklung, Baden-Baden 2000, S. 101 ff.

Dupéré, Olivier; Jurisprudence constitutionnelle – Le contrôle de constitutionnalité du droit dérivé de l'Union européenne. Lectures croisées par le Conseil d'Etat et le Conseil constitutionnel, RFDC 61 (2005), S. 147 ff.

Dupré, Catherine; The Importation of Law: A New Comparative Perspective and the Hungarian Constitutional Court, in: A. Harding/E. Örücün (Hrsg.), Comparative Law in the 21st Century, London 2002, S. 267 ff.

Dutheil de la Rochère, Jacqueline; The French Conseil Constitutionnel and the constitutional development of the European Union, in: M. Kloepfer/I. Pernice (Hrsg.), Entwicklungsperspektiven der europäischen Verfassung im Lichte des Vertrages von Amsterdam, Baden-Baden 1999, S. 43 ff.

– Conseil Constitutionnel (French Constitutional Court), Decision No. 2004–496 of 10 June 2004, Loi pour la confiance dans l'économie numérique (e-commerce), CMLRev. 42 (2005), S. 859 ff.

– The Protection of Fundamental Rights in the EU: Community of values with Opt-Out?, in: I. Pernice/E. Tanchev (Hrsg.), Ceci n'est pas une constitution – Constitutionalisation without a Constitution, Baden-Baden 2008, S. 119 ff.

Dutheil de la Rochère, Jacqueline/Pernice, Ingolf; European Union Law and National Constitutions, in: M. Andenas/ J. A. Usher (Hrsg.), The Treaty of Nice and Beyond – Enlargement and Constitutional Reform, Oxford 2003, S. 47 ff.

Dutheil de la Rochère, Jacqueline/Grief, Nicolas/Saulnier, Emmanuelle; L'application du droit communautaire par les juridictions britanniques (2002–2003), RTDeur. 40 (2004), S. 363 ff.

Dutheillet de Lamothe, Olivier; Le Conseil constitutionnel et le droit européen, RFDC 57 (2004), S. 23 ff.

Dworkin, Ronald; Taking Rights Seriously, Harvard 1977.

Eckes, Christina; Does the European Court of Human Rights provide protection from the European Community? The Case of Bosphorus Airways, Grand Chamber, Application no. 45036/98 of 30 June 2005, EPL 13 (2007), S. 47 ff.

– Sanctions Against Individuals – Fighting Terrorism within the European Legal Order, EuConst 4 (2008), S. 205 ff.
– Judicial review of European anti-terrorism measures – The Yusuf and Kadi judgments of the Court of First Instance, ELJ 14 (2008), S. 74 ff.
– EU Counter-Terrorist Policies and Fundamental Rights. The Case of Individual Sanctions, Oxford 2010.
Ehlers, Dirk; Allgemeine Lehren, in: ders. (Hrsg.), Europäische Grundrechte und Grundfreiheiten, 2. Aufl., Berlin 2005, § 14.
Ehlers, Dirk (Hrsg.); Europäische Grundrechte und Grundfreiheiten, 2. Aufl., Berlin 2005.
Eijsbouts, Tom; The Member States under the Constitution: Preliminary Investigations, in: J. de Zwaan/J. Jans/F. Nelissen (Hrsg.), The European Union: An Ongoing Process of Integration – Liber Amicorum Alfred E. Kellermann, Den Haag 2004, S. 87 ff.
– Lisbon and the Quest for the European Public: Let Elections do some of the work, in: I. Pernice/E. Tanchev (Hrsg.), Ceci n'est pas une constitution – Constitutionalisation without a Constitution?, Baden-Baden 2009, S. 203 ff.
Eisemann, Pierre M. (Hrsg.); L'intégration du droit international et communautaire dans l'ordre juridique national, The Hague 1996.
Emiliou, Nicholas; The Constitutional Impact of Enlargement at EU and National Level: The Case of the Republic of Cyprus, in: A. E. Kellermann/J. W. de Zwaan/J. Czuczai (Hrsg.), EU-Enlargement – The Constitutional Impact at EU and National Level, Den Haag 2001, S. 243 ff.
– Impact of EU Accession on the National Legal Orders of New Member States: The Case of Cyprus, in: J. de Zwaan/J. Jans/F. Nelissen (Hrsg.), The European Union: An Ongoing Process of Integration – Liber Amicorum Alfred E. Kellermann, Den Haag 2004, S. 285 ff.
– Cyprus, in: A. E. Kellermann/J. Czuczai/S. Blockmans/A. Albi/W. T. Douma (Hrsg.), The Impact of EU Accession on the Legal Orders of New Member States and (Pre-) Candidate Countries, Den Haag 2006, S. 303 ff.
Endziòs, Aivars; The Position of the Constitutional Court of the Republic of Latvia Following Integration into the European Union, in: A. M. Mavčič (Red.), The Position of Constitutional Courts Following Integration into the European Union, Bled 2004, S. 208 ff.
Epiney, Astrid; Gemeinschaftsrecht und Föderalismus ? „Landes-Blindheit" und Pflicht zur Berücksichtigung innerstaatlicher Verfassungsstrukturen, EuR 1994, S. 301 ff.
Ergec, Rusen; La consécration jurisprudentielle de la primauté du droit supranational, Journal des tribunaux 116 (1997), S. 256 ff.
Estella de Noriega, Antonio; A Dissident Voice: The Spanish Constitutional Court Case Law on European Integration, EPL 5 (1999), S. 269 ff.
Everling, Ulrich; Überlegungen zur Struktur der Europäischen Union und zum neuen Europa-Artikel des Grundgesetzes, DVBl. 1993, S. 936 ff.
– Das Maastricht-Urteil des Bundesverfassungsgerichts und seine Bedeutung für die Entwicklung der Europäischen Integration, Integration 1994, S. 165 ff.
– Europas Zukunft unter der Kontrolle der nationalen Verfassungsgerichte. Anmerkungen zum Urteil des Bundesverfassungsgerichts vom 30. Juni 2009 über den Vertrag von Lissabon, EuR 2010, S. 91 ff.
Everson, Michelle; Beyond the Bundesverfassungsgericht: On the Necessary Cunning of Constitutional Reasoning, ELJ 4 (1998), 389 ff.
Evrigenis, D.; Legal and Constitutional Implications of Greek Accession to the European Communities, CMLRev. 17 (1980), S. 157 ff.

Evtimov, Erik; Die bulgarische Verfassung im Lichte des Beitritts zur Europäischen Union, ZÖR 59 (2004), S. 53 ff.

F. I. D. E. (Hrsg.); 17. F. I. D. E.-Kongress, Berlin 9.–12. Oktober 1996, Le droit constitutionnel national et l'intégration européenne – Nationales Verfassungsrecht mit Blick auf die europäische Integration, Baden-Baden 1996.

Fastenrath, Ulrich; BVerfG verweigert willkürlich die Kooperation mit dem EuGH, NJW 2009, S. 272 ff.

Favoreu, Louis; La politique saisie par le droit. Alternances, Cohabitation et Conseil Constitutionnel, Paris 1988.

– Révision de la Constitution et justice constitutionnelle – France, AIJC 10 (1994), S. 105 ff.

Fennelly, Nial/Collins, Anthony M.; Irlande, in: J. Rideau (Hrsg.), Les Etats membres de l'Union européenne, Paris 1997, S. 263 ff.

Fikentscher, Wolfgang; Methoden des Rechts in vergleichender Darstellung, 5 Bände, Tübingen 1975–1977.

Filos, Altana; Die neue griechische Verfassung, ZaöRV 2002, S. 993 ff.

Fischer, Klemens H.; Der Vertrag von Lissabon, Baden-Baden 2008.

Fischer, Robert; Die Offenheit des deutschen Grundgesetzes und der spanischen Verfassung für den Fortgang der europäischen Integration, Konstanz 1999.

Fischer-Lescano, Andreas; Monismus, Dualismus? – Pluralismus. Selbstbestimmung des Weltrechts bei Hans Kelsen und Niklas Luhmann, in: H. Brunkhorst/R. Voigt (Hrsg.), Rechts-Staat. Staat, internationale Gemeinschaft und Völkerrecht bei Hans Kelsen, Baden-Baden: Nomos 2007, 203–229.

Fischer-Lescano, Andreas/Teubner, Gunther; Regime-Collisions: The Vain Search for Legal Unity in the Fragmentation of Global Law, MJIL 25 (2004), S. 999 ff.

– Regimekollisionen. Zur Fragmentierung des globalen Rechts, Frankfurt a. M. 2006.

Fischer-Lescano, Andreas/Tohidipur, Timo; Europäisches Grenzkontrollregime. Rechtsrahmen der europäischen Grenzschutzagentur FRONTEX, ZaöRV 67 (2007), S. 1219 ff.

Flauss, Jean-François; Rapport français, in: J. Schwarze (Hrsg.), Die Entstehung einer europäischen Verfassungsordnung – das Ineinandergreifen von nationalem und europäischem Verfassungsrecht, Baden-Baden 2000, S. 25 ff.

– Auf dem Wege zu einer europäische Verfassung – Wechselwirkungen zwischen europäischem und nationalem Verfassungsrecht aus französischer Sicht, in: J. Schwarze/P-C. Müller-Graff (Hrsg.), Europäische Verfassungsentwicklung, EuR Beiheift 1/2000, S. 31 ff.

Fleuren, Joseph/Kortmann, Constantijn A. J. M./ Voermans, Wim (Hrsg.); Constitutional Law EU Members: Bulgaria, Romania, Deventer 2009.

Flint, Thomas; Die Übertragung von Hoheitsrechten – Zur Auslegung der Art. 23 Abs. 1 Satz 2 und Art. 24 Abs. 1 GG, Berlin 1998.

Folz, Hans-Peter; Demokratie und Integration: der Konflikt zwischen Bundesverfassungsgericht und Europäischem Gerichtshof über die Kontrolle der Gemeinschaftskompetenzen; zum Spannungsverhältnis zwischen demokratischer Legitimation und Autonomie supranationaler Rechtsordnungen, Berlin 1999.

Foster, Nigel; Großbritannien und die Europäische Union: Verfassungsrechtliche Aspekte des Beitritts und der Mitgliedschaft, AJP 1998, S. 409 ff.

Foucault, Michel; Ceci n'est pas uns pipe, Fata Morgana, Paris 1973.

Frankenberg, Günter; Critical Comparisons: Re-thinking Comparative Law, Harvard International Law Journal 26 (1985), S. 411 ff., auszugsweise abgedruckt in: V. Jackson/Tushnet, Comparative Constitutional Law, 2. Aufl., New York 2005, S. 147 ff.

Frenz, Walter; Grundgesetzliche Rechtsschutzgarantien gegen europäische Rechtsakte?, Der Staat 34 (1995), S. 586 ff.
– Menschenwürde und Dienstleistungsfreiheit, NVwZ 2005, S. 48 ff.
Fricker, Karl Victor; Vom Staatsgebiet, Tübingen 1867.
Frieden, Luc; Rapport luxembourgeois, in: F.I.D.E. (Hrsg.), 17. F.I.D.E.-Kongress, Berlin 9.–12. Oktober 1996, Le droit constitutionnel national et l'intégration européenne – Nationales Verfassungsrecht mit Blick auf die europäische Integration, Baden-Baden 1996, S. 344 ff.
Fromont, Michel; Le droit constitutionnel national et l'intégration européenne. Rapport général, in: J. Schwarze (Hrsg.), 17. F.I.D.E. Kongress vom 9. bis 12. Oktober 1996 in Berlin, Baden-Baden 1996, S. 29 ff.
– Rapport général, in: F.I.D.E. (Hrsg.), 17. F.I.D.E.-Kongress, Berlin 9.–12. Oktober 1996, Le droit constitutionnel national et l'intégration européenne – Nationales Verfassungsrecht mit Blick auf die europäische Integration, Baden-Baden 1996, S. 472 ff.
– Konflikt oder Gleichlauf zwischen den Verfassungen der Mitgliedstaaten und der Verfassung der EU/EG?, in: P.-C. Müller-Graff/E. Riedel (Hrsg.), Gemeinsames Verfassungsrecht in der Europäischen Union, Baden-Baden, 1998, S. 149 ff.
Frowein, Jochen A.; Das Maastricht-Urteil und die Grenzen der Verfassungsgerichtsbarkeit, ZaöRV 54 (1994), S. 1 ff.
– Wesentliche Elemente einer Verfassung, in: R. Bieber/P. Widmer (Hrsg.), L'espace constitutionnel européen – Der europäische Verfassungsraum, Zürich 1995, S. 71 ff.
– Die Verfassung der Europäischen Union aus Sicht der Mitgliedstaaten, EuR 1995, S. 315 ff.
Frowein, Jochen A./Marauhn, Thilo (Hrsg.); Grundfragen der Verfassungsgerichtsbarkeit in Mittel- und Osteuropa, Berlin 1998.
Fuchs, Michael; Artikel 23 GG in der Bewährung – Anmerkungen aus der Praxis, DÖV 2001, 233 ff.
Fuller, Roslyn; Das verfassungsrechtliche Verhältnis Irlands zum Prozess der Europäischen Integration, NVwZ-Extra 9/2008.
Funk, Bernd-Christian; Gemeineuropäisches Verfassungsrecht, in: R. Bieber/P. Widmer (Hrsg.), L'espace constitutionnel européen – Der europäische Verfassungsraum, Zürich 1995, S. 399 ff.
Fuß, Ernst Werner; Rechtssatz und Einzelakt im Europäischen Gemeinschaftsrecht, NJW 1964, S. 945 ff.
– Souveränitätsdenken als Fessel des Integrationsfortschritts. Die Judikatur des französischen Verfassungsrats zur europäischen Einigung, DVBl. 1980, S. 98 ff.
Gadamer, Hans-Georg; Wahrheit und Methode, 6. Aufl., Tübingen 1990.
Gaïa, Patrick; Rapport français, in: F.I.D.E. (Hrsg.), 17. F.I.D.E.-Kongress, Berlin 9.–12. Oktober 1996, Le droit constitutionnel national et l'intégration européenne – Nationales Verfassungsrecht mit Blick auf die europäische Integration, Baden-Baden 1996, S. 231 ff.
Galmot, Yves; Réflexions sur le recours au droit comparé par la Cour de justice des Communautés européennes, RFDA 1990, S. 255 ff.
García de Enterría, Eduardo/Alonso García, Ricardo; Spanish Report, in: J. Schwarze (Hrsg.), Die Entstehung einer europäischen Verfassungsordnung – das Ineinandergreifen von nationalem und europäischem Verfassungsrecht, Baden-Baden 2000, S. 287 ff.
Gärditz, Klaus Ferdinand/Hillgruber, Christian; Volkssouveränität und Demokratie ernst genommen – Zum Lissabon-Urteil des BVerfG, JZ 2009, S. 872 ff.
Garlicki, Lech; Cooperation of courts: The role of supranational jurisdictions in Europe, ICON 6 (2008), S. 509 (522 ff.).

Garsztecki, Stefan; Verfassungsdiskurs in den neuen Mitgliedstaaten zwischen Nizza und dem Verfassungskonvent: Das Beispiel Polens, in: U. Liebert/J. Falke/M. Maurer (Hrsg.), Postnational Constitutionalisation in the New Europe, Baden-Baden 2006, S. 291 ff.

Gas, Tonio; Die Verfassungswidrigkeit des Europäischen Haftbefehlsgesetzes ? gebotener Grundrechtsschutz oder euroskeptische Überfrachtung?, EuR 2006, S. 285 ff.

Geiger, Rudolf; Die Mitwirkung des deutschen Gesetzgebers an der Entwicklung der Europäischen Union, JZ 1996, S. 1093 ff.

– Unaufgelöste Widersprüche im Europa-Artikel des Grundgesetzes – Zur Änderung und Erweiterung der Europäischen Union gemäß Art. 23 Abs. 1 GG, in: L. Gramlich (Hrsg.), Zwischen Legitimation und Effektivität – zur Rolle des Parlaments im Bereich des außenpolitischen Handelns, Chemnitz 2006, S. 43 ff.

Genevois, Bruno; Le contrôle *a priori* de constitutionnalité au service du contrôle *a posteriori*, RFDA 2010, S. 1 ff.

Gerber, Carl Friedrich von; Grundzüge eines Systems des deutschen Staatsrechts, Neudruck d. 3. Aufl. 1880, Hildesheim 1998.

Gerken, Lüder u. a.; „Mangold" als ausbrechender Rechtsakt, München 2009, Gutachten abrufbar unter: http://archiv.jura.uni-sb.de/projekte/Bibliothek2/text.php?id=530&show.

Gerven, Walter van; Taking Article 215 (2) EC Seriously, in: J. Beatson/T. Tridimas. (Hrsg.), New Directions in European Public Law, Oxford 1998, S. 35 ff.

Giegerich, Thomas; Europäische Verfassung und deutsche Verfassung im transnationalen Konstitutionalisierungsprozeß: Wechselseitige Rezeption, konstitutionelle Evolution und föderale Verflechtung, Berlin 2003.

Ginter, Carri; Constitutional Review and EC Law in Estonia, ELRev. 31 (2006), S. 912 ff.

Giorgi, Florence/Triart, Nicolas; National Judges , Community Judges: Invitation to a Journey through the Looking-glass – On the Need for Jurisdictions to Rethink the Inter-systemic Relations beyond the Hierarchical Principle, ELJ 14 (2008), S. 693 ff.

Glaesner, Hans J.; Übertragung rechtssetzender Gewalt auf internationale Organisationen in der völkerrechtlichen Praxis, DÖV 12 (1959), S. 653 ff.

Glenn, H. Patrick; Comparative Legal Families and Comparative Legal Traditions, in: M. Reimann/R. Zimmermann (Hrsg.), The Oxford Handbook of Comparative Law, Oxford 2006, S. 421 ff.

Gordley, James; Is Comparative Law a Distinct Discipline?, AJCompL 46 (1998), S. 607 ff.

Gosalbo Bono, Ricardo; The development of general principles of law at national and community level: achieving a balance, in: R. Schulze/U. Seif (Hrsg.), Richterrecht und Rechtsfortbildung in der Europäischen Rechtsgemeinschaft, Tübingen 2003, S. 99 ff.

Götz, Volkmar; Das Maastricht-Urteil des Bundesverfassungsgerichts, JZ 1993, S. 1081 ff.

Grabenwarter, Christoph; Änderungen der österreichischen Bundesverfassung aus Anlass des Beitritts zur Europäischen Union, ZaöRV 55 (1995), S. 166 ff.

– Europäisches und nationales Verfassungsrecht, VVDStRL 60 (2001), S. 290 ff.

– Auf dem Weg in die Grundrechtsgemeinschaft?, EuGRZ 2004, S. 563 ff.

– Die Rolle der nationalen Parlamente in den Mitgliedstaaten (nationale und regionale Ebene), in: H. Schäffer/J. Iliopoulos-Strangas (Hrsg.), Staatsmodernisierung in Europa, Athen u. a. 2007.

– Offene Staatlichkeit, in: A. v. Bogdandy/P. Cruz Villalón/P. M. Huber (Hrsg.), Handbuch Ius Publicum Europaeum, Band II, Heidelberg 2008, § 20 Österreich.

– Staatliches Unionsverfassungsrecht, in A. v. Bogdandy/J. Bast (Hrsg.), Europäisches Verfassungsrecht, 2. Aufl., Berlin 2009, S. 121 ff.

Grabitz, Eberhard; Gemeinschaftsrecht bricht nationales Recht, Hamburg 1966.

– Der Verfassungsstaat in der Gemeinschaft, DVBl. 1977, S. 786 ff.

Graham, Cosmo; A Very British Affair – *Jackson v. Attorney General*, EPL 12 (2006), S. 501 ff.

Gramlich, Ludwig; Europäische Zentralbank und Artikel 24 Abs. 1 GG. Zugleich ein Beitrag zur Herkunft und Reichweite dieser Verfassungsbestimmung, Würzburg 1977.

Grawert, Rolf/Schlink, Bernhard/Wahl, Rainer/Wieland, Joachim (Hrsg.); Offene Staatlichkeit. Festschrift für Ernst-Wolfgang Böckenförde zum 65. Geburtstag, Berlin 1995.

Grewe, Constance; La révision constitutionnelle en vue de la ratification du traité de Maastricht, RFDC 1992, S. 413 ff.

Griffiths, John; What is Legal Pluralism?, JLP 24 (1986), S. 1 ff.

Griller, Stefan; Die Übertragung von Hoheitsrechten auf zwischenstaatliche Einrichtungen. Eine Untersuchung zu Art. 9 Absatz 2 des Bundes-Verfassungsgesetzes, Wien 1989.

– Wird Österreich das dreizehnte EU-Mitglied?, EuZW 1991, S. 679 ff.

– Der Stufenbau der österreichischen Rechtsordnung nach dem EU-Beitritt, JRP 2000, S. 273 ff.

– Introduction to the Problems in the Austrian, the Finnish and Swedish Constitutional Order, in: A. E. Kellermann/J. W. de Zwaan/J. Czuczai (Hrsg.), EU-Enlargement – The Constitutional Impact at EU and National Level, Den Haag 2001, S. 147 ff.

– The impact of the Constitution for Europe on National Sovereignty, in: I. Pernice/J. Zemánek (Hrsg.), A Constitution for Europe: The IGC, the Ratification Process and Beyond, Baden-Baden 2005, S. 151 ff.

– Der „Sui Generis Charakter" der EU und die Konsequenzen für die Verfassungsoptionen. Ein Versuch einer Entmythologisierung des Verfassungsstreits, in: W. Hummer (Hrsg.), Paradigmenwechsel im Europarecht zur Jahrtausendwende, Wien 2004, S. 23 ff.

– Is this a constitution? Remarks on a Contested Concept, in: ders./J. Ziller (Hrsg.), The Lisbon Treaty, Wien 2008, S. 21 ff.

– The Reform's Typology: Treaty or Constitution?, in: I. Pernice/E. Tanchev (Hrsg.), Ceci n'est pas une constitution – Constitutionalisation without a Constitution?, Baden-Baden 2009, S. 44 ff.

Griller, Stefan/Maislinger, Franz, Reindl, Andreas; Fundamentale Rechtsgrundlagen einer EG-Mitgliedschaft. Verfassungsfragen der Übernahme von EG-Recht in vergleichender Sicht , Wien 1991.

Griller, Stefan/Ziller, Jacques (Hrsg.); The Lisbon Treaty. EU Constitutionalism without a Constitutional Treaty?, Berlin 2008.

Grimm, Dieter; Braucht Europa eine Verfassung?, JZ 1995, S. 581 ff.

– Verfassung im Prozess der Entstaatlichung, , in: P. M. Huber/M. Brenner/M. Möstl (Hrsg.), der Staat des Grundgesetzes – Kontinuität im Wandel. Festschrift für Peter Badura zum siebzigsten Geburtstag, Tübingen 2004, S. 145 ff.

– Europas Verfassung, in: G. F. Schuppert/I. Pernice/U. Haltern (Hrsg.), Europawissenschaft, Baden-Baden 2005, S. 177 ff.

– Souveränität – Herkunft und Zukunft eines Schlüsselbegriffs, Berlin 2009.

– Das Grundgesetz als Riegel vor einer Verstaatlichung der Europäischen Union. Zum Lissabon-Urteil des Bundesverfassungsgerichts, Der Staat 48 (2009), S. 475 ff.

– Defending Sovereign Statehood Against Transforming the Union Into a State, EuConst 5 (2009), S. 353 ff.

Grosser, Alfred; The Federal Constitutional Court's *Lisbon Case*: Germany's „Sonderweg" – An Outsider's Perspective, GLJ 10 (2009), S. 1263 ff.

Grote, Rainer; Rechtskreise im öffentlichen Recht, AöR 126 (2001), S. 10 ff.

Groussot, Xavier; General Principles of Community Law, Groningen 2006.

Grundmann, Stefan; Methodenpluralismus als Aufgabe, RabelsZ 61 (1997), S. 423 ff.

Grußmann, Wolf-Dieter; Grundnorm und Supranationalität, in: T. v. Danwitz/M. Heintzen/M. Jestaedt/S. Korioth/M. Reinhard (Hrsg.), Auf dem Weg zu einer europäischen Staatlichkeit, Tagungsband der 33. Assistententagung Öffentliches Recht, Stuttgart 1993, S. 47 ff.

Guerra Martins, Ana M.; The Treaty of Lisbon – After all another Step towards a European Constitution?, in I. Pernice/E. Tanchev (Hrsg.), Ceci n'est pas une constitution – Constitutionalisation without a Constitution?, Baden-Baden 2009, S. 56 ff.

Gundel, Jörg; Die Einordnung des Gemeinschaftsrechts in die französische Rechtsordnung, Berlin 1997.

– Die Kontrolle der europäischen Integration durch den französischen Verfassungsrat, EuR 1998, S. 371 ff.

– Der Rechtsschutz gegen Handlungen der EG-Agenturen – endlich geklärt?, EuR 2009, S. 383 ff.

Häberle, Peter; Verfassungsrechtliche Ewigkeitsklauseln als verfassungsstaatliche Identitätsgarantien, in: Y. Hangartner/S. Trechsel (Hrsg.), Völkerrecht im Dienste des Menschen, Festschrift für Hans Haug, Bern u. a. 1986, S. 81 ff.

– Grundrechtsgeltung und Grundrechtsinterpretation im Verfassungsstaat. Zugleich zur Rechtsvergleichung als „fünfter" Auslegungsmethode, JZ 1989, 913.

– Textstufen als Entwicklungswege des Verfassungsstaates, in: J. Jekewitz/K. H. Klein/J. D. Kühne/H. Petersmann/R. Wolfrum (Hrsg.), Des Menschen Recht zwischen Freiheit und Verantwortung. Festschrift für Karl Josef Partsch zum 75. Geburtstag, Berlin 1989, S. 555 ff.

– Gemeineuropäisches Verfassungsrecht, EuGRZ 1991, S. 261 ff.

– Rechtsvergleichung im Kraftfeld des Verfassungsstaates, Berlin 1992.

– Gemeineuropäisches Verfassungsrecht, in: R. Bieber/P. Widmer (Hrsg.), L'espace constitutionnel européen – Der europäische Verfassungsraum, Zürich 1995, S. 361 ff.

– Verfassungsvergleichung und Verfassunggebung – der Beitrag der Rechtswissenschaft zum Entstehungsvorgang der europäischen Verfassung(en), in M. Kloepfer/I. Pernice (Hrsg.), Entwicklungsperspektiven der europäischen Verfassung im Lichte des Vertrages von Amsterdam, Baden-Baden 1999, S. 100 ff.

– Europäische Verfassungslehre, 6. Aufl., Baden-Baden 2009.

Habermas, Jürgen; Die postnationale Konstellation, 5. Aufl., Frankfurt a. M. 2006.

Haguenau-Moizard, Catherine; Offene Staatlichkeit, in: A. v. Bogdandy/P. Cruz Villalón/P. M. Huber (Hrsg.), Handbuch Ius Publicum Europaeum, Band II, Heidelberg 2008, § 15 Frankreich.

Hahn, Hugo J./Häde, Ulrich; Art. 88, in: : R. Dolzer/C. Waldhoff/K. Graßhof (Hrsg.), Bonner Kommentar zum Grundgesetz, Loseblatt (Erstbearbeitung 1999).

Hailbronner, Kay; Die Unionsbürgerschaft und das Ende rationaler Jurisprudenz durch den EuGH?, NJW 2004, S. 2185 ff.

– Hat der EuGH eine Normverwerfungskompetenz?, NZA 2006, S. 811 ff.

Halberstam, Daniel; Local, Global, and Plural Constitutionalism: Europe and Beyond, i.E.

Halberstam, Daniel/Möllers, Christoph; The German Constitutional Court says *„Ja zu Deutschland!"*, GLJ 10 (2009), S. 1241 ff.

Hallstein, Walter; Der unvollendete Bundesstaat, Düsseldorf 1969.

– Die Europäische Gemeinschaft, Düsseldorf 1973.

Haltern, Ulrich; Pathos and Patina: The Failure and Promise of Constitutionalism in the European Imagination, ELJ 9 (2003), S. 14 ff.

– Gemeinschaftsgrundrechte und Antiterrormaßnahmen der UNO, JZ 2007, S. 537 ff.

– Europarecht. Dogmatik im Kontext, 2. Aufl., Tübingen 2007.
– Was bedeutet Souveränität?, Tübingen 2007.
Harding, Andrew J./Örücün, Esin (Hrsg.); Comparative Law in the 21st Century, The Hague 2002.
Harmathy, Attila; Constitutional Questions of the Preparation of Hungary to Accession to the European Union, in: A. E. Kellermann/J. W. de Zwaan/J. Czuczai (Hrsg.), EU-Enlargement – The Constitutional Impact at EU and National Level, Den Haag 2001, S. 315 ff.
Hart, Herbert L. A.; The Concept of Law, 2. Aufl., Oxford 1994.
Hasebe, Yasuo; Why We Should Not Take Sovereignty Too Seriously, in: A. Jyränki (Hrsg.), National Constitutions in the Era of Integration, London 1999, S. 113 ff.
Hatje, Armin; Art. 10 EGV, in: J. Schwarze (Hrsg.), EU-Kommentar, 2. Aufl., Baden-Baden 2009.
Haupt, Heinz-Gerhard/Kocka, Jürgen; Historischer Vergleich: Methoden, Aufgaben, Probleme. Eine Einleitung, in: dies. (Hrsg.), Geschichte und Vergleich, Frankfurt 1996, S. 9 ff.
Hausmann, Rainer; Art. 4 EGBGB, in: Staudinger, Kommentar zum Bürgerlichen Gesetzbuch mit Einführungsgesetz und Nebengesetzen, Neubearbeitung, München 2003.
Hecker, Jan; Europäische Integration als Verfassungsproblem in Frankreich – Verfassungsrechtliche Infiltrationshindernisse und Übertragungsschranken in der Europajudikatur französischer Gerichte, Berlin 1998.
Heer-Reißmann, Christine; Straßburg oder Luxemburg? - Der EGMR zum Grundrechtsschutz bei Verordnungen der EG in der Rechtssache Bosphorus, NJW 2006, S. 192 ff.
Hegel, Georg W. F.; Grundlinien der Philosophie des Rechts oder Naturrecht und Staatswissenschaft im Grundrisse (Erstaufl. 1821), Bd. 7 der Suhrkamp-Werkausgabe, Redaktion E. Moldenhauer u. K. M. Michel, Frankfurt a. M. 1986 (10. Nachdruck 2008).
Heintzen, Markus; Die „Herrschaft" über die Europäischen Gemeinschaftsverträge – Bundesverfassungsgericht und Europäischer Gerichtshof auf Konfliktkurs?, AöR 119 (1994), S. 564 ff.
Heller, Hermann; Die Souveränität: ein Beitrag zur Theorie des Staats- und Völkerrechts, Berlin 1927.
Helms, Ludger; Die politikwissenschaftliche Komparatistik im Kontext der Europaforschung: eine Bestandsaufnahme, ZSE 2006, S. 405 ff.
Herbst, Christoph; Austrian constitutional law and accession to the European Union, EPL 1 (1995), S. 1 ff.
Herbst, Tobias; Legitimität durch Verfassunggebung. Ein Prinzipienmodell der Legitimität staatlicher und supranationaler Hoheitsgewalt, Baden-Baden 2003.
Herdegen, Matthias; Die Belastbarkeit des Verfassungsgefüges auf dem Weg zur EU, EuGRZ 19 (1992), S. 589 ff.
– Maastricht and the German Constitutional Court: constitutional restraints for an „ever closer Union", CMLRev. 31 (1994), S. 235 ff.
– After the TV Judgment of the German Constitutional Court: Decision-making within the EU Council and the German Länder, CMLRev. 32 (1995), S. 1369 ff.
– Art. 88 GG, in: T. Maunz/G. Dürig, Grundgesetz. Kommentar, Loseblatt , 53. EGL 2009 (Stand der Kommentierung zu Art. 88 GG: 34. EGL 1998).
– The Origins and Development of the General Principles of Community Law, in: U. Bernitz/J. Nergelius (Hrsg.), General Principles of European Community Law, The Hague 2000, S. 3 ff.
– Art. 25 GG, in: T. Maunz/G. Dürig, Grundgesetz. Kommentar, Loseblatt, 53. EGL 2009 (Stand der Kommentierung zu Art. 25 GG: 37. EGL 2000).

– Art. 79 GG, in: T. Maunz/G. Dürig, Grundgesetz. Kommentar, Loseblatt, 53. EGL 2009 (Stand der Kommentierung zu Art. 79 GG: 52. EGL 2008).
– Völkerrecht, 7. Aufl., München 2008.
Heringa, Aalt Willem/Kiiver, Philipp (Hrsg.); Constitutions Compared. An Introduction to Comparative Constitutional Law, Antwerpen 2007.
Herresthal, Carsten; Rechtsfortbildung im europarechtlichen Bezugsrahmen. Methoden, Kompetenzen, Grenzen, dargestellt am Beispiel des Privatrechts, München 2006.
Herzog, Roman; Das Verhältnis der Europäischen Menschenrechtskonvention zu späteren deutschen Gesetzen, DÖV 12 (1959), S. 44 ff.
– Bundes- und Landesstaatsgewalt im demokratischen Bundesstaat, DÖV 15 (1962), S. 81 ff.
Herzog, Roman/Gerken, Lüder; Stoppt den Europäischen Gerichtshof, FAZ v. 8. 9. 2008, S. 8.
Hilf, Meinhard; Europäische Union und nationale Identität der Mitgliedstaaten, in: A. Randelzhofer/R. Scholz/D. G. Wilke (Hrsg.), Gedächtnisschrift für Eberhard Grabitz, München1995, S. 157 ff.
Hilf, Meinhard; The role of comparative law in the jurisprudence of the Court of Justice of the European Communities, in: A. De Mestral et al. (Hrsg.), The Limitations of Human Rights in Comparative Constitutional Law (1986), S. 549 ff.
– Europäische und nationale Identität der Mitgliedstaaten, in: in: A. Randelzhofer/R. Scholz/D. G. Wilke (Hrsg.), Gedächtnisschrift für Eberhard Grabitz, München1995, S. 157 ff.
Hilf, Meinhard/Schorkopf, Frank; Art. 6 EUV: Grundlagen der Union; Grundrechte; nationale Identität; Mittelausstattung, in: E. Grabitz/M. Hilf (Hrsg.), Das Recht der Europäischen Union, Kommentar, 23. EL 2004.
Hillgruber, Christian; Das Verhältnis der Europäischen Gemeinschaften und der Europäischen Union zu ihren Mitgliedstaaten, AVR 34 (1996), S. 347 ff.
– Souveränität – Verteidigung eines Rechtsbegriffs, JZ 2002, S. 1072 ff.
– Der Nationalstaat in der überstaatlichen Verflechtung, in: J. Isensee/P. Kirchhof (Hrsg.), Handbuch des Staatsrechts der Bundesrepublik Deutschland, Bd. II, 3. Aufl. 2004, S. 929 ff.
– Landesbericht Deutschland, in: W. Kluth (Hrsg.), Europäische Integration und nationales Verfassungsrecht, Baden-Baden 2007, S. 97 ff.
– Art. 23 und 24, in: B. Schmidt-Bleibtreu/F. Klein (Begr.), Kommentar zum Grundgesetz, 11. Aufl., Köln 2008.
Hinarejos Parga, Alicia; Bundesverfassungsgericht (German Constitutional Court), Decision of 18 July 2005 (2 BvR 2236/04) on the German European Arrest Warrant Law, CMLRev. 43 (2006), S. 583 ff.
– On the Legal Effects of Third Pillar Measures: Directly Effective, Directly Applicable, Self-Executing, Supreme?, ELJ 14 (2008), S. 620 ff.
Hirsch, Burkhard; Kompetenz und Identitätskontrolle von Europarecht nach dem Lissabon-Urteil, ZRP, 2009, S. 250 f.
Hirsch, Günter; Der EuGH im Spannungsverhältnis zwischen Gemeinschaftsrecht und nationalem Recht, NJW 2000, S. 1817 ff.
– Schutz der Grundrechte im „Bermuda-Dreieck“ zwischen Karlsruhe, Straßburg und Luxemburg, EuR Beiheft 1 2006, S. 7 ff.
Hobbes, Thomas; Leviathan oder Stoff, Form und Gewalt eines kirchlichen und bürgerlichen Staates (Erstauflage als 1651 als „Leviathan or the matter, forme and power of a commonwealth ecclesiastical and civill“), deutsche Übersetzung hrsg. u. eingel. v. I. Fetscher, übers. v. W. Euchner, Frankfurt a. M. 1984, 14. Nachdr. 2008.

Hobe, Stephan; Der offene Verfassungsstaat zwischen Souveränität und Interdependenz: eine Studie zur Wandlung des Staatsbegriffs der deutschsprachigen Staatslehre im Kontext internationaler institutionalisierter Kooperation, Berlin 1998.

Höbel, Sven; Polish and German Constitutional Jurisprudence on Matters of European Community Law: A Comparison of the Constitutional Courts' Approaches, Croatian Yearbook of European Law and Policy 3 (2007), S. 515 ff.

Hoffmann, Reinhard; Europafähigkeit der Bundesrepublik, in: R. Holtschneider/W. Schön (Hrsg.), Die Reform des Bundesstaates, Baden-Baden 2007, S. 225 ff.

Hoffmann-Riem, Wolfgang; Methoden einer anwendungsorientierten Verwaltungsrechtswissenschaft, in: E. Schmidt-Aßmann/W. Hoffmann-Riem (Hrsg.), Methoden der Verwaltungsrechtswissenschaften (2004), S. 9 ff.

Hoffmeister, Frank; Die EMRK als Grundrechtsverfassung und ihre Bedeutung in Deutschland, Der Staat 40 (2001), S. 349 ff.

– Constitutional Implications of EU Membership: A View from the Commission, Croatian Yearbook of European Law and Policy 3 (2007), S. 59 ff. = WHI-Paper 10/08, http://www.whi-berlin.de/documents/whi-paper1008.pdf (1. 4. 2010).

Hofmann, Hasso; Von der Staatssoziologie zu einer Soziologie der Verfassung?, JZ 1999, S. 1069 ff.

– Zu Entstehung, Entwicklung und Krise des Verfassungsbegriffs, in: A. Blankenagel/I. Pernice/H. Schulze-Fielitz, Verfassung im Diskurs der Welt. Liber Amicorum für Peter Häberle, Tübingen 2004, S. 157 ff.

Hofmann, Mahulena; Völker- und Europarecht in der geänderten slowakischen Verfassung, in: dies./H. Küpper (Hrsg.), Kontinuität und Neubeginn – Staat und Recht in Europa zu Beginn des 21. Jahrhunderts. Festschrift für Georg Brunner, Baden-Baden 2001, S. 398 ff.

Hofmann, Rainer; Der Vertrag von Maastricht vor den Verfassungsgerichten Frankreichs und Spaniens, in: H. Däubler-Gmelin/K. Kinkel/H. Meyer/H. Simon (Hrsg.), Gegenrede. Festschrift für Ernst Gottfried Mahrenholz, Baden-Baden 1994, S. 943 ff.

– Der Oberste Gerichtshof Dänemarks und die europäische Integration, EuGRZ 1999, S. 1 ff. sowie Übersetzung des Urteils des dänischen Obersten Gerichtshofs vom 6. April 1998 – Az. I 361/1997, EuGRZ 1999, S. 48 ff.

– Zurück zu Solange II! Zum Bananenmarktordnungs-Beschluß des Bundesverfassungsgerichts, in: H.-J. Cremer/T. Giegerich/D. Richter, A. Zimmermann (Hrsg.), Tradition und Weltoffenheit des Rechts. Festschrift für Helmut Steinberger, Heidelberg 2002, S. 1207 ff.

Hogan, Gerard; The Supreme Court and the Single European Act, The Irish Jurist 1987, S. 55 ff.

– The Nice Treaty and the Irish Constitution, EPL 7 (2001), S. 565 ff.

– Ireland and the European Union: Constitutional Law and Practice, in: A. E. Kellermann/J. W. de Zwaan/J. Czuczai (Hrsg.), EU-Enlargement – The Constitutional Impact at EU and National Level, Den Haag 2001, S. 89 ff.

– Ratification of the European Constitution – Implications for Ireland, in: A. Albi/J. Ziller (Hrsg.), The European Constitution and National Constitutions. Ratification and Beyond, Alphen aan den Rijn 2007, S. 137 ff.

– The Lisbon Treaty and the Irish Referendum, EPL 15 (2009), S. 163 ff.

Hölscheidt, Sven/Putz, Iris; Referenden in Europa, DÖV 2003, S. 737 ff.

Höreth, Marcus; Die Selbstautorisierung des Agenten. Der Europäische Gerichtshof im Vergleich zum U. S. Supreme Court, Baden-Baden 2008.

Horn, Hans-Detlef; Grundrechtsschutz in Deutschland – Die Hoheitsgewalt der Europäischen Gemeinschaften und die Grundrechte des Grundgesetzes nach dem Maastricht-Urteil des Bundesverfassungsgerichts, DVBl. 1995, S. 89 ff.

Hoskova, Mahulena; Legal Aspects of the Integration of the Czech Republic and Slovakia into European Security and Economic Structures, German Yearbook of International Law 37 (1994), S. 68 ff.

Huber, Peter M.; Bundesverfassungsgericht und Europäischer Gerichtshof als Hüter der gemeinschaftlichen Kompetenzordnung, AöR 116 (1991), S. 210 ff.

– Das Kooperationsverhältnis zwischen BVerfG und EuGH in Grundrechtsfragen – Die Bananenmarktordnung und das Grundgesetz, EuZW 1997, S. 517 ff.

– Die Rolle der nationalen Parlamente bei der Rechtssetzung der Europäischen Union, München 2001.

– Europäisches und nationales Verfassungsrecht, VVDStRL 60 (2001), S. 194 ff.

– Recht der Europäischen Integration, 2. Aufl., München 2002.

– Offene Staatlichkeit, in: A. v. Bogdandy/P. Cruz Villalón/P. M. Huber (Hrsg.), Handbuch Ius Publicum Europaeum, Band II, Heidelberg 2008, § 26 Vergleich.

Hufeld, Ulrich; Die Verfassungsdurchbrechung. Rechtsprobleme der Deutschen Einheit und der europäischen Einigung, Berlin 1997.

Hummer, Waldemar (Hrsg.); Paradigmenwechsel im Europarecht zur Jahrtausendwende, Wien 2004.

Hummer, Waldemar/Obwexer, Walter (Hrsg.); Der Vertrag über eine Verfassung für Europa, Baden-Baden 2007.

Husa, Jaakko; Prospects of reforming the Finnish Constitution, EPL 3 (1997), S. 45 ff.

– The Tip of the Iceberg or what lies Beneath the Surface of Comparative Law, MJ 12 (2005), S. 73 ff.

– Methodology of Comparative Law Today: From Paradoxes to Flexibility?, R. I. D. C. 2006, S. 1095 ff.

Iliopoulos-Strangas, Julia; Rechtsfragen der Mitgliedschaft Griechenlands in einer Europäischen politischen Union, EuR 1985, S. 199 ff.

– Rapport grec, in: F. I. D. E. (Hrsg.), 17. F. I. D. E.-Kongress, Berlin 9.–12. Oktober 1996, Le droit constitutionnel national et l'intégration européenne – Nationales Verfassungsrecht mit Blick auf die europäische Integration, Baden-Baden 1996, S. 120 ff.

– Offene Staatlichkeit, in: A. v. Bogdandy/P. Cruz Villalón/P. M. Huber (Hrsg.), Handbuch Ius Publicum Europaeum, Band II, Heidelberg 2008, § 16 Griechenland.

Ipsen, Hans Peter; Als Bundesstaat in der Gemeinschaft, in: E. v. Caemmerer/H.-J. Schlochauer/E. Steindorff (Hrsg.), Probleme des europäischen Rechts. Festschrift für Walter Hallstein zu seinem 65. Geburtstag, Frankfurt a. M. 1966, S. 248 ff.

– Europäisches Gemeinschaftsrecht, Tübingen 1972.

– *Europäische Verfassung – Nationale Verfassung*, EuR 1987, S. 195 ff.

– Die Bundesrepublik Deutschland in den Europäischen Gemeinschaften, in: J. Isensee/P. Kirchhof (Hrsg.), Handbuch des Staatsrechts der Bundesrepublik Deutschland, Bd. VII, Heidelberg 1993, § 181.

Isensee, Josef; Vorrang des Europarechts und deutsche Verfassungsvorbehalte, in: J. Burmeister (Hrsg.), Verfassungsstaatlichkeit, Festschrift für Klaus Stern zum 65. Geburtstag, München 1997, S. 1239 ff.

Itzcovich, Giulio; Sovereignty, Legal Pluralism and Fundamental Rights – Italian Jurisprudence and European Integration (1964–1973), EPL 10 (2004), S. 107 ff.

Jääskinen, Niilo; The Application of EU-Law in Finland: 1995 to 1998, CMLRev. 37 (2000), S. 407 ff.

Jackson, Vicki C./Tushnet, Mark; Defining the field of Comparative Constitutional Law, Westport 2002.

– Comparative Constitutional Law, 2. Aufl., New York 2005.

Jacobs, Francis G.; The interaction of European Law and national constitutional law: A comment with specific reference to the United Kingdom, in: J. Schwarze/P.-C. Müller-Graff (Hrsg.), Europäische Verfassungsentwicklung, EuR Beiheft 1/2000, S. 41 ff.

– The Constitutional Impact of the Forthcoming Enlargement of the EU: What can be learnt from the experience of the existing Member States?, in: A. E. Kellermann/J. W. de Zwaan/J. Czuczai (Hrsg.), EU-Enlargement – The Constitutional Impact at EU and National Level, Den Haag 2001, S. 183 ff.

Jacoby, Sigrid; Allgemeine Rechtsgrundsätze. Begriffsentwicklung und Funktion in der Europäischen Rechtsgeschichte, Berlin 1997.

Jacqué, Jean-Paul; La souveraineté française et l'élection du Parlement européen au suffrage universel direct, in: G. Ress (Hrsg.), Souveränitätsverständnis in den Europäischen Gemeinschaften, Baden-Baden 1980, S. 71 ff.

Jahn, Joachim; Tugendterror aus Luxemburg, FAZ v. 3. 12. 2005, S. 11.

Jakab, András; Neutralizing the Sovereignty Question. Compromise Strategies in Constitutional Argumentation before the European Integration and since, EuConst 2 (2006), S. 375 ff.

Jankowska-Gilberg, Magdalena; Verfassungsrechtliche Grundlagen des Beitritts und der Mitgliedschaft Polens in der Europäischen Union, EuR 2003, 417 ff.

Jann, Peter; Der Rückgriff auf die nationalen Rechte in der Tätigkeit des Europäischen Gerichtshofes, in: G. C. Iglesias et al. (Hrsg.), Mélanges en hommage à Fernand Schockweiler, Baden-Baden 1999, S. 255 ff.

Janowski, Agnes C.; Die nationalen Parlamente und ihre Europa-Gremien – Legitimationsgarant der EU?, Baden-Baden 2005.

Janzen, Dietmar; Der neue Artikel 88 Satz 2 des Grundgesetzes. Verfassungsrechtliche Anforderungen an die Übertragbarkeit der Währungshoheit auf die europäische Zentralbank, Berlin 1996.

Jarras, Hans D.; Die EU-Grundrechte, München 2005.

– Art. 23 und Art. 24, in: ders./B. Pieroth (Hrsg.), Grundgesetz für die Bundesrepublik Deutschland. Kommentar, 7 Aufl., München 2007.

Jarukaitis, Irmantas; Lithuania, in: A. E. Kellermann/J. Czuczai/S. Blockmans/A. Albi/W. T. Douma (Hrsg.), The Impact of EU Accession on the Legal Orders of New Member States and (Pre-) Candidate Countries, Den Haag 2006, S. 385 ff.

– Ratification of the European Constitution in Lithuania and its Impact on the National Constitutional System, in: A. Albi/J. Ziller (Hrsg.), The European Constitution and National Constitutions. Ratification and Beyond, Alphen aan den Rijn 2007, S. 17 ff.

Jelliek, Georg; Die Lehre von den Staatenverbindungen, Nachdr. d. Ausg. 1882, hrsg. u. eingel. v. W. Pauly, Goldbach 1996 .

– Allgemeine Staatslehre, 7. Neudr. d. 3. Aufl. v. 1914, Darmstadt 1960.

Jensen, Jørgen A.; Constitutional Reform in Denmark?, EPL 14 (2008), S. 275 ff.

Jestaedt, Matthias; Der europäische Verfassungsverbund – Verfassungstheoretischer Charme und rechtstheoretische Insuffizienz einer Unschärferelation, in: R. Krause/W. Veelken/K. Vieweg (Hrsg.), Recht der Wirtschaft und der Arbeit in Europa. Gedächtnisschrift für Wolfgang Blomeyer, Berlin 2004, S. 637 ff. sowie in: C. Calliess (Hrsg.), Verfassungswandel im europäischen Staaten- und Verfassungsverbund. Göttinger Gespräche zum deutschen und europäischen Verfassungsrecht, Tübingen 2007, S. 93 ff.

– Warum in die Ferne schweifen, wenn der Maßstab liegt so nah? Verfassungshandwerkliche Anfragen an das Lissabon-Urteil des BVerfG, Der Staat 48 (2009), S. 496 ff.

Jiménez-Blanco Carillo de Albornoz, Antonio; Die verfassungsrechtlichen Auswirkungen des Vertrages über die Europäische Union in Spanien und Frankreich, Die Verwaltung 28 (1995), S. 225 ff.

Joerges, Christian; (Re-)Conceptualizing the Supremacy of European Law: A Plea for a Supranational Conflict of Laws, in: B. Kohler-Koch/B. Rittberger (Hrsg.), Debating the Democratic Legitimacy of the European Union, Lanham (GB) 2007, S. 311 ff.

Josephides, Christos; La constitution de Chypre face au débat constitutionnel dans l'Union européenne, in: British Institute of International and Comparative Law (Hrsg.), F. I. D. E. XX Congress London 2002, S. 57 ff.

Jouanjan, Olivier; Grundlagen und Grundzüge staatlichen Verfassungsrechts, in: A. v. Bogdandy/P. Cruz Villalón/P. M. Huber (Hrsg.), Handbuch Ius Publicum Europaeum, Band I, Heidelberg 2007, § 2 Frankreich.

Jozon, Monika; Status and Tendencies in Romania, in: P.-C. Müller-Graff (Hrsg.), East Central Europe and the European Union: From Europe Agreements to Member Status, Baden-Baden 1997, S. 223 ff.

Justyňska, Izabela; Implications of the General Principles of Law on the Integration Process: Shaping of the Future Europe, in: A. Bodnar/M. Kowalski/K. Raible/F. Schorkopf (Hrsg.), The Emerging Constitutional Law of the European Union, Berlin 2003, S. 311 ff.

Justynski, Janus; The Impact of the European Integration Process on the Creation of the Broad Lines of the Constitution of the Republic of Poland and on the political Practices of the Country, in: A. E. Kellermann/J. W. de Zwaan/J. Czuczai (Hrsg.), EU-Enlargement – The Constitutional Impact at EU and National Level, Den Haag 2001, S. 279 ff.

Jyränki, Antero; Transferring Powers of a Nation-State to International Organisations: The Doctrine of Sovereignty Revisited, in: ders. (Hrsg.), National Constitutions in the Era of Integration, London 1999, S. 61 ff.

Jyränki, Antero (Hrsg.); National Constitutions in the Era of Integration, London 1999.

Kadelbach, Stefan; Allgemeines Verwaltungsrecht unter europäischem Einfluß, Tübingen 1999.

– Unionsbürgerschaft, in: A. v. Bogdandy/J. Bast (Hrsg.), Europäisches Verfassungsrecht, 2. Aufl., Berlin 2009, S. 611 ff.

Kadelbach, Stefan/Kleinlein, Thomas; Überstaatliches Verfassungsrecht: Zur Konstitutionalisierung im Völkerrecht, AVR 44 (2006), S. 235 ff.

Kahl, Wolfgang; Art. 10 EGV, in: C. Calliess/M. Ruffert (Hrsg.), EUV/EGV, 3. Aufl., München 2007.

Kaiser, Joseph H.; Vergleichung im öffentlichen Recht, ZaöRV 24 (1964), 391 ff.

Kalesna, Katarina et. al.; Status and Tendencies in Slovakia, in: P.-C. Müller-Graff (Hrsg.), East Central Europe and the European Union: From Europe Agreements to Member Status, Baden-Baden 1997, S. 165 ff.

Kamann, Hans-Georg; Die Mitwirkung der Parlamente der Mitgliedstaaten an der europäischen Gesetzgebung, Frankfurt a. M. 1997.

Kämmerer, Jörn A.; Die Urteile „Kadi" und „Yusuf" des EuG und ihre Folgen, EuR 2008 – Beiheft 1, S. 65 ff.

– Das Urteil des Europäischen Gerichtshofs im Fall „Kadi": Ein Triumph der Rechtsstaatlichkeit?, EuR 2009, S. 114 ff.

Kanitz, Ralf/Wendel, Mattias; Gemeinschaftsrechtlich gebotene Grenzen der Bestandskraftdurchbrechung im europäisierten Verwaltungsverfahren?, EuZW 2008, S. 231 ff.

Kańska, Klara; Towards Administrative Human Rights in the EU. Impact of the Charter of Fundamental Rights, ELJ 10 (2004), S. 296 ff.

Karpenstein, Ulrich/Neidhardt, Stephan; Bericht über die mündliche Verhandlung des Bundesverfassungsgerichts zur Vereinbarkeit des Vertrags von Lissabon mit dem Grundgesetz, WHI-Paper 4/2009, http://www.whi-berlin.de/documents/whi-paper0409.pdf (1. 4. 2010).

Kaufmann, Erich; Rechtsgutachten zum Vertrage über die Gründung der Europäischen Verteidigungsgemeinschaft und zum Deutschlandvertrage, in: Institut für Staatslehre und Politik Mainz (Hrsg.), Der Kampf um den Wehrbeitrag, Bd. II, München 1953, S. 42 ff.

Kaufmann, Marcel; Europäische Integration und Demokratieprinzip. Die Paradigmen demokratischer Legitimation der Europäischen Union am Maßstab des grundgesetzlichen Demokratieprinzips, Baden-Baden 1997.

– Permanente Verfassunggebung und verfassungsrechtliche Selbstbindung im europäischen Staatenverbund, Der Staat 36 (1997), S. 521 ff.

– Integrierte Staatlichkeit als Strukturprinzip, JZ 1999, S. 814 ff.

Kêdzia, Zdzislaw; Europäische Integration und nationales Verfassungsrecht der mit der Europäischen Union assoziierten Länder Mitteleuropas, in: U. Battis/D. Tsatsos/D. Stefanou (Hrsg.), Europäische Integration und nationales Verfassungsrecht, Baden-Baden 1995, S. 551 ff.

– 50 Jahre Grundgesetz – Eine Inspiration, in: U. Battis/P. Kunig/I. Pernice/A. Randelzhofer (Hrsg.), Das Grundgesetz im Prozess europäischer und globaler Verfassungsentwicklung, Baden-Baden 2000, S. 43 ff.

Kellermann, Alfred E./Czuczai, Jeno/Blockmans, Steven/Albi, Anneli/Douma, Wybe T. (Hrsg.); The Impact of EU Accession on the Legal Orders of New Member States and (Pre-) Candidate Countries, Den Haag 2006.

Kellermann, Alfred E./Zwaan, Jaap W. de/Czuczai, Jeno (Hrsg.); EU-Enlargement – The Constitutional Impact at EU and National Level, Den Haag 2001.

Kelsen, Hans; Das Problem der Souveränität und die Theorie des Völkerrechts, 2. Neudr. d. 2. Aufl. von 1928, Tübingen 1981.

– Die Einheit von Völkerrecht und staatlichem Recht, ZaöRV 19 (1958), S. 234 ff.

– Reine Rechtslehre, Nachdruck d. 2. Aufl. 1960, Wien 1967.

Kergandberg, Eerik; Role of the Constitutional Review Chamber of the Supreme Court of the Republic of Estonia in the European Union, in: A. M. Mavčič (Red.), The Position of Constitutional Courts Following Integration into the European Union, Bled 2004, S. 171 ff.

Kerikmäe, Tanel; Estonian Constitutional Problems in Accession to the EU, in: A. E. Kellermann/J. W. de Zwaan/J. Czuczai (Hrsg.), EU-Enlargement – The Constitutional Impact at EU and National Level, Den Haag 2001, S. 291 ff.

Kieserling, Heike; Das Europäische Gemeinschaftsrecht und die spanische Verfassung, Hamburg 2003.

Kiiver, Philipp; German Participation in EU Decision-Making after the *Lisbon Case*: A Comparative View on Domestic Parliamentary Clearance Procedures, GLJ 10 (2009), S. 1287 ff.

Kimmel, Adolf/Kimmel, Christiane; Verfassungen der EU-Mitgliedstaaten, 6., erweiterte Aufl. 2005.

Kingreen, Thorsten; Art. I-9, in: C. Calliess/M. Ruffert (Hrsg.), Verfassung der Europäischen Union, München 2006.

– Art. 6 Abs. 2 EUV, in: C. Calliess/M. Ruffert (Hrsg.), EUV/EGV, 3. Aufl., München 2007.

Király, Miklós et al.; Status and Tendencies in Hungary, in: P.-C. Müller-Graff (Hrsg.), East Central Europe and the European Union: From Europe Agreements to Member Status, Baden-Baden 1997, S. 45 ff.

Kirchhof, Paul; Deutsches Verfassungsrecht und Europäisches Gemeinschaftsrecht, in: ders./ C.-D. Ehlermann (Hrsg.), Deutsches Verfassungsrecht und Europäisches Gemeinschaftsrecht, Europarecht Beiheft 1/1991, S. 11 ff.

– Der deutsche Staat im Prozeß der europäischen Integration, in: J. Isensee/ders. (Hrsg.), Handbuch des Staatsrechts der Bundesrepublik Deutschland, Bd. VII, Heidelberg 1993, § 183.

– Aussprache zu: Europäische und nationale Identität: Integration durch Verfassungsrecht?, VVDStRL 62 (2003), S. 197 ff.

– Die Identität der Verfassung, in: J. Isensee/ders. (Hrsg.), Handbuch des Staatsrechts der Bundesrepublik Deutschland, Bd. II, 3. Aufl. 2004, § 21.

– Der europäische Staatenverbund, in: A. v. Bogdandy/J. Bast (Hrsg.), Europäisches Verfassungsrecht, 2. Aufl., Berlin 2009, S. 1009 ff.

Klein, Eckart; Grundrechtsdogmatische und verfassungsprozessuale Überlegungen zur Maastricht-Entscheidung des Bundesverfassungsgerichts, in: A. Randelzhofer/R. Scholz/D. G. Wilke (Hrsg.), Gedächtnisschrift für Eberhard Grabitz, München1995, S. 271 ff.

Klein, Friedrich; Gutachten, in: Institut für Staatslehre und Politik Mainz (Hrsg.), Der Kampf um den Wehrbeitrag, Bd. II, München 1953, S. 456 ff.

Klein, Karl Heinz; Die Übertragung von Hoheitsrechten, Berlin 1952.

Klink, Thomas/Proelß, Alexander; Zur verfassungsgerichtlichen Kontrolldichte bei Umsetzungsakten von Rahmenbeschlüssen der Europäischen Union ? Anmerkung zum Urteil des Bundesverfassungsgerichts vom 18. Juli 2005 (2 BvR 2236/04) über das Europäische Haftbefehlsgesetz, DÖV 2006, S. 469 ff.

Kloepfer Michael/Pernice, Ingolf (Hrsg.); Entwicklungsperspektiven der europäischen Verfassung im Lichte des Vertrages von Amsterdam

Kluth, Winfried; Föderalismusreformgesetz. Einführung und Kommentierung. Baden-Baden, 2007.

Kluth, Winfried (Hrsg.); Europäische Integration und nationales Verfassungsrecht, Baden-Baden 2007.

Koch, Henning; The Danish Constitutional Order, in: A. E. Kellermann/J. W. de Zwaan/J. Czuczai (Hrsg.), EU-Enlargement – The Constitutional Impact at EU and National Level, Den Haag 2001, S. 109 ff.

Koch, Oliver; Der Grundsatz der Verhältnismäßigkeit in der Rechtsprechung des Gerichtshofs der Europäischen Gemeinschaften, Berlin 2003.

Koeck, Heribert F.; Austria. EU Law and National Constitutions – the Austrian Case, in: British Institute of International and Comparative Law (Hrsg.), F. I. D. E. XX Congress London 2002, S. 5 ff.

Kokott, Juliane; Report on Germany, in: A.-M. Slaughter/A. Stone Sweet/J. H. H. Weiler (Hrsg.) The European Court and National Courts, Oxford 1998, S. 77 ff.

– Grund- und Menschenrechte als Inhalt eines internationalen ordre public, in: Berichte der Deutschen Gesellschaft für Völkerrecht 38 (1998), S. 71 ff.

Komárek, Jan; European Constitutionalism and the European Arrest Warrant: Contrapunctual Principles in Disharmony, Jean Monnet Working Paper 10/05, abrufbar unter http://www.jeanmonnetprogram.org/papers/05/051001.pdf (1. 4. 2010).

– European Constitutionalism and the European Arrest Warrant – in Search of the Limits of „Contrapunctual Principles", CMLRev. 44 (2007), S. 9 ff.

Komárek, Jan u. a., The Czech Constitutional Court's Second Decision on the Lisbon Treaty of 3 November 2009, EuConst 5 (2009), S. 345 ff.

König, Doris; Das Urteil des Bundesverfassungsgerichts zum Vertrag von Maastricht – ein Stolperstein auf dem Weg in die europäische Integration?, ZaöRV 54 (1994), S. 17 ff.

– Die Übertragung von Hoheitsrechten im Rahmen des europäischen Integrationsprozesses – Anwendungsbereich und Schranken des Art. 23 des Grundgesetzes, Berlin 2000.

Koopmans, Thijmen; General Principles of Law in European and National Systems of Law: A Comparative View, in: U. Bernitz/J. Nergelius (Hrsg.), General Principles of European Community Law, The Hague 2000, S. 25 ff.

Koppensteiner, Hans Georg; Die europäische Integration und das Souveränitätsproblem, Baden-Baden 1963.

Kordela, Marzena; Principles of Law as a Theoretical Category – Remarks on the Background of the General Principles of Community Law, in: A. Bodnar/M. Kowalski/K. Raible/F. Schorkopf (Hrsg.), The Emerging Constitutional Law of the European Union, Berlin 2003, S. 569 ff.

Korioth, Stefan; Europäische und nationale Identität: Integration durch Verfassungsrecht, VVDStRL 62 (2003), S. 117 ff.

Körner, Marita; Europäisches Verbot der Altersdiskriminierung in Beschäftigung und Beruf, NZA 2005, S. 1395 ff.

Kortmann, Constantijn A.; European Union Law and National Constitutions, in: British Institute of International and Comparative Law (Hrsg.), F. I. D. E. XX Congress London 2002, S. 290 ff.

Kortmann, Constantijn A./Fleuren Joseph/Voermans, Wim (Hrsg.); Constitutional Law of 10 New EU Member States, Deventer 2007.

Koskenniemi, Martti; From Apology to Utopia. The Structure of International Legal Argument, Neuaufl., Cambridge 2005.

Koskenniemi, Martti/Leino, Päivi; Fragmentation of International Law? Postmodern Anxieties, LJIL 15 (2002), S. 553 ff.

Kötz, Hein; Alte und neue Aufgaben der Rechtsvergleichung, JZ 2002, S. 257 ff.

Krabbe, Hugo; Die Lehre der Rechtssouveränität, Groningen 1906.

– Die moderne Staats-Idee, 2. Aufl., Haag 1919.

Krasner, Stephen D.; Sovereignty. Organized Hypocrisy, Princeton 1999.

Krebber, Sebastian; The Social Rights Approach of the European Court of Justice to Enforce European Employment Law, CLLPJ 27 (2006), S. 377 ff.

Kreuzer, Karl F./Scheuing, Dieter H./Sieber, Ulrich (Hrsg.); Die Europäisierung der mitgliedstaatlichen Rechtsordnungen in der Europäischen Union, Baden-Baden 1997.

Kropholler, Jan; Comparative Law, Function and Methods, in: Bernhardt (Hrsg.) Encyclopedia of Public International Law X, 1987.

Krüger, Hartmut; Eigenart, Methode und Funktion der Rechtsvergleichung im Öffentlichen Recht, in: B. Ziemske (Hrsg.), Staatsphilosophie und Rechtspolitik. Festschrift für Martin Kriele, 1997, 1393 ff.

Krüger, Herbert; Allgemeine Staatslehre, 2. Aufl., Stuttgart 1966.

Küchenhoff, Dietrich; Grundrechte und europäische Staatengemeinschaft, DÖV 16 (1963), S. 161 ff.

Kühling, Jürgen; Grundrechte, in: A. v. Bogdandy/J. Bast (Hrsg.), Europäisches Verfassungsrecht, 2. Aufl., Berlin 2009, S. 657 ff.

Kühn, Zden k; The Application of European Law in the New Member States: Several (Early) Predictions, GLJ 6 (2005), S. 563 ff.

– Making a European Transnational Constitution: Some Central European Perspectives, in: I. Pernice/J. Zemánek (Hrsg.), A Constitution for Europe: The IGC, the Ratification Process and Beyond, Baden-Baden 2005, S. 127 ff.
– Ratification Without Debate and Debate without Ratification: the European Constitution in Slovakia and the Czech Republic, in: A. Albi/J. Ziller (Hrsg.), The European Constitution and National Constitutions. Ratification and Beyond, Alphen aan den Rijn 2007, S. 157 ff.
– The European Arrest Warrant, Third Pillar Law and National Constitutional Resistance/Acceptance. The EAW Saga as Narrated by the Constitutional Judiciary in Poland, Germany, and the Czech Republic, Croatian Yearbook of European Law and Policy (CYELP) 3 (2007), S. 99 ff.
Küpper, Herbert; Die Ratifikation der Unionsverfassung in den neuen Mitgliedstaaten, in: K. Beckmann/J. Dieringer/U. Hufeld (Hrsg.), Eine Verfassung für Europa, 2. Aufl., Tübingen 2005, S. 273 ff.
Kumm, Mattias; Who is the final arbiter of constitutionality in Europe? Three conceptions of the relationship between the German Federal Constitutional Court and the European Court of Justice, CMLRev. 36 (1999), S. 351 ff.
– The Jurisprudence of Constitutional Conflict: Constitutional Supremacy in Europe before and after the Constitutional Treaty, ELJ 11 (2005), S. 262 ff.
Kunová,Vlasta; Constitutional Aspects of the Accession of the Slovak Republic to European Union, in: A.E. Kellermann/J.W. de Zwaan/J. Czuczai (Hrsg.), EU-Enlargement – The Constitutional Impact at EU and National Level, Den Haag 2001, S. 327 ff.
Kūris, Egidijus; The Constitutional Court of Lithuania and Lithuania's Membership in the European Union, in: A.M. Mavčič (Red.), The Position of Constitutional Courts Following Integration into the European Union, Bled 2004, S. 179 ff.
Kutscher, Hans; Thesen zu den Methoden der Auslegung des Gemeinschaftsrechts aus der Sicht eines Richters, in: Gerichtshof der Europäischen Gemeinschaften (Hrsg.), Begegnung von Justiz und Hochschule, 27.–28. September 1976, Luxemburg 1976.
Kutschera, Franz von; Einführung in die Logik der Normen, Werte und Entscheidungen, München 1973.
Kwiecień, Roman; Sovereignty of the European Union Member States: International Legal Aspects, in A. Bodnar/M. Kowalski/K. Raible/F. Schorkopf (Hrsg.), The Emerging Constitutional Law of the European Union, Berlin 2003, S. 339 ff.
La Pergola, Antonio; Quale Europa-Artikel per l'Italia?, in: Scritti in onore di G. Federico Mancini, Milano 1998, S. 537 ff.
La Pergola, Antonio/Del Duca, Patrick; Community Law, International Law and the Italian Constitution, AJIL 79 (1985), S. 598 ff.
Laband, Paul; Das Staatsrecht des Deutschen Reiches, Band I, Freiburg i. B. 1876.
Ladenburger, Clemens; Art. 52, in: P. J. Tettinger/K. Stern (Hrsg.), Kölner Gemeinschafts-Kommentar – Europäische Grundrechte-Charta, München 2006.
Ladeur, Karl-Heinz; Towards a legal Theory of Supranationality – The Viability of the Network Concept, ELJ 3 (1997), S. 33 ff.
Laffranque, Julia; Ratification of the European Constitution in Estonia: A New Constitution for Estonia?, in: A. Albi/J. Ziller (Hrsg.), The European Constitution and National Constitutions. Ratification and Beyond, Alphen aan den Rijn 2007, S. 79 ff.
Lambert, Edouard; Le gouvernement des juges et la lutte contre la législation sociale aux Etats-Unis, Paris 1921.
Larenz, Karl/Canaris, Claus-Wilhelm; Methodenlehre der Rechtswissenschaft, 4. Aufl. 2009.

Laurer, Hans René; Europarecht und österreichische Rechtsordnung ? Rechtsnormen in einem einheitlichen Stufenbau?, ÖJZ 1997, S. 801 ff.

Laursen, Finn; The Danish Folketing and its European Affairs Committee. Strong Players in the National Policy Cycle, in: A. Maurer/W. Wessels (Hrsg.), National Parliaments on their Ways to Europe: Losers or Latecomers? (2001), S. 99 (104 ff.)

Lavranos, Nikolaus; Das So-Lange-Prinzip im Verhältnis von EGMR und EuGH – Anmerkung zu dem Urteil der [sic] EGMR v. 30. 06. 2005, Rs. 450 36/98, EuR 2006, S. 79 ff.

Łazowski, Adam; Poland. Constitutional Tribunal on the Surrender of Polish Citizens Under the European Arrest Warrant. Decision of 27 April 2005, EuConst 1 (2005), S. 569 ff.

– Polish Constitutional Tribunal: Conformity of the Accession Treaty with the Polish Constitution. Decision of 11 May 2005, EuConst 3 (2007), S. 148 ff.

– The Polish Constitution, the European Constitutional Treaty and the Principle of Supremacy, in: A. Albi/J. Ziller (Hrsg.), The European Constitution and National Constitutions. Ratification and Beyond, Alphen aan den Rijn 2007, S. 171 ff.

Lecheler, Helmut; Der Europäische Gerichtshof und die allgemeinen Rechtsgrundsätze, Berlin 1971.

– Der Beitrag der allgemeinen Rechtsgrundsätze zur Europäischen Union. Rückblick und Ausblick, ZEuS 2003, S. 337 ff.

Leczykiewicz, Dorota; Polish Constitutional Tribunal, Judgment of 27 April 2005, No. P 1/05, on the constitutionality of the European Arrest Warrant national implementation, CML-Rev. 43 (2006), S. 1181 ff.

Legrand, Pierre/Munday, Roderick (Hrsg.); Comparative Legal Studies: Traditions and Transitions, Cambridge 2003.

Lenaerts, Koen; Constitutionalism and the Many Faces of Federalism, AJComL 38 (1990), S. 205 ff.

– Le droit comparé dans le travail du juge communautaire, in: F.R. Mensbrugghe (Hrsg.), L'utilisation de la méthode comparative en droit européen, Namur 2003, S. 111 ff.

Lenaerts, Koen/Van Nuffel Piet; Constitutional Law of the European Union, 2. Aufl., London 2005.

Lenz, Carl Otto; Die Rolle des EuGH im Prozeß der Europäisierung der mitgliedstaatlichen Rechtsordnungen, in: K.F. Kreuzer/D.H. Scheuing/U. Sieber (Hrsg.), Die Europäisierung der mitgliedstaatlichen Rechtsordnungen in der Europäischen Union, Baden-Baden 1997, S. 161 ff.

Leonhard, Jörn; Europäisches Deutungswissen in komparativer Absicht: Zugänge, Methoden und Potentiale, ZSE 2006, S. 341 ff.

Lepsius, Oliver; Erkenntnisgegenstand und Erkenntnisverfahren in den Geisteswissenschaften der Weimarer Republik, Ius Commune 22 (1995), S. 283 ff.

Lerche, Peter; Übermaß und Verfassungsrecht, Nachdr. d. 2. Aufl. 1961, Köln 1999.

– Achtung der nationalen Identität (Art. F Abs. 1 EUV), in: Bundesnotarkammer (Hrsg.), Festschrift für Helmut Schippel zum 65. Geburtstag, München 1996, S. 919 ff.

– „Kompetenz-Kompetenz" und das Maastricht-Urteil des Bundesverfassungsgerichts, in: J. Ipsen (Hrsg.), Verfassungsrecht im Wandel, Köln 1995, S. 409 ff.

Levade, Anne; Le Palais-Royal aux prises avec la constitutionnalité des actes de transposition des directives communautaires, RFDA 2007, S. 564 ff.

Ley, Isabelle; Verfassung ohne Grenzen? Zur Bedeutung von Grenzen im postnationalen Konstitutionalismus, in: I. Pernice et al. (Hrsg.), Europa jenseits seiner Grenzen – Politologische, historische und juristische Perspektiven, Baden-Baden 2009.

– Brünn betreibt die Parlamentarisierung des Primärrechts. Anmerkung zum zweiten Urteil des tschechischen Verfassungsgerichtshofs zum Vertrag von Lissabon vom 3. 11. 2009, JZ 2010, S. 165 ff.

Leyland, Peter; The Constitution of the United Kingdom. A Contextual Analysis, Oxford 2007.

Liebert, Ulrike; Postnational Constitutionalisation in the New Europe: Preconditions, Procedures, Legitimacy and Prospects, in: U. Liebert/J. Falke/A. Maurer (Hrsg.), Postnational Constitutionalisation in the New Europe. Postnationaler Verfassungsprozess im neuen Europa, Baden-Baden 2006, S. 13 ff.

Liebert, Ulrike/Falke, Josef/Maurer, Andreas (Hrsg.); Postnational Constitutionalisation in the New Europe. Postnationaler Verfassungsprozess im neuen Europa, Baden-Baden 2006.

Lock, Tobias; Why the European Union is not a State, EuConst 5 (2009), S. 407 ff.

Long, Marceau/Weil, Prosper/Braibant, Guy/Delvové, Paul/Genevois, Bruno; Les grands arrêts de la jurisprudence administrative, 17. Aufl. Paris 2009.

López Castillo, Antonio; Offene Staatlichkeit, in: A. v. Bogdandy/P. Cruz Villalón/P. M. Huber (Hrsg.), Handbuch Ius Publicum Europaeum, Band II, Heidelberg 2008, § 24 Spanien.

López Castillo, Antonio/Polakiewicz, Jörg; Verfassung und Gemeinschaftsrecht in Spanien, EuGRZ 1993, S. 277 ff.

Lorenz, Norbert; Die Übertragung von Hoheitsrechten auf die Europäischen Gemeinschaften, Frankfurt 1990.

Losano, Mario G.; Das Verhältnis von Geltung und Wirksamkeit in der Reinen Rechtslehre, in: Schriftenreihe des Hans Kelsen-Instituts (Hrsg.), Bd. 7, Die Reine Rechtslehre in wissenschaftlicher Diskussion, 1982, S. 82 ff.

Loughlin, Martin; Ten Tenets of Sovereignty, in: N. Walker (Hrsg.), Sovereignty in Transition, Oxford 2003, S. 55 ff.

– Grundlagen und Grundzüge staatlichen Verfassungsrechts, in: A. v. Bogdandy/P. Cruz Villalón/P. M. Huber (Hrsg.), Handbuch Ius Publicum Europaeum, Bd. I, Heidelberg 2007, § 4 Großbritannien.

– In Defence of Staatslehre, Der Staat 48 (2009), S. 1 ff.

Louis, Jean-Victor; L'article 25bis de la Constitution belge, RMC 1970, S. 410 ff.

– La primauté, une valeur relative?, CDE 31 (1995), S. 23 ff.

– National Parliaments and the Principle of Subsidiarity – Legal Options and Practical Limits, in: I. Pernice/E. Tanchev (Hrsg.), Ceci n'est pas une constitution – Constitutionalisation without a Constitution?, Baden-Baden 2009, S. 132 ff.

Loveland, Ian; Constitutional Law, Administrative Law and Human Rights, 4. Aufl. Oxford 2006.

Lucey, Mary C.; Europäische Integration und nationales Verfassungsrecht in Irland, in: U. Battis/D. Th. Tsatsos/D. Stefanou (Hrsg.), Europäische Integration und nationales Verfassungsrecht, Baden-Baden 1995, S. 213 ff.

Luchaire, François; Le contrôle de constitutionnalité des engagements internationaux et ses conséquences relatives à la communauté européenne, RTDE 1979, S. 391 ff.

– Le Conseil constitutionnel et la souveraineté nationale, RDP 1991, S. 1499 ff.

– Le traité d'Amsterdam et la Constitution, RDP 1998, S. 331 ff.

– Le Conseil Constitutionnel devant la Constitution pour l'Europe, RFDC 59 (2004), S. 466 ff.

Lübbe-Wolff, Gertrude; Europäisches und nationales Verfassungsrecht, VVDStRL 60 (2001), S. 246 ff.

– Volk, Demokratie, Verfassung – Die „Verfassung für Europa“ als Herausforderung an die Verfassungstheorie, in: W. Kluth (Hrsg.), Europäische Integration und nationales Verfassungsrecht, Baden-Baden 2007, S. 47 ff.

Luhmann, Niklas; Die Weltgesellschaft, in: *ders.*, Soziologische Aufklärung, Bd. 2: Aufsätze zur Theorie der Gesellschaft, Opladen 1975, S. 51 ff.

– Legitimation durch Verfahren, Nachdruck der 3. Aufl. 1978, Frankfurt a. M. 2008.

– Das Recht der Gesellschaft, Nachdruck der 1. Aufl. 1995, Frankfurt a. M. 2002.

Lysén, Göran; Swedish Rapport, in: F. I. D. E. (Hrsg.), 17. F. I. D. E.-Kongress, Berlin 9.–12. Oktober 1996, Le droit constitutionnel national et l'intégration européenne – Nationales Verfassungsrecht mit Blick auf die europäische Integration, Baden-Baden 1996, S. 427 ff.

MacCormick, Neil; Beyond the Sovereign State, MLR 56 (1993), S. 1 ff.

– Das Maastricht-Urteil: Souveränität heute, JZ 1995, S. 797 ff.

– Risking Constitutional Collision in Europe?, Oxford Journal of Legal Studies 18 (1998), S. 517 ff.

– Questioning Sovereignty: Law, State, and Nation in the European Commonwealth, Oxford 1999.

Machete, Ruis; Rapport portugais, in: F. I. D. E. (Hrsg.), 17. F. I. D. E.-Kongress, Berlin 9.–12. Oktober 1996, Le droit constitutionnel national et l'intégration européenne – Nationales Verfassungsrecht mit Blick auf die europäische Integration, Baden-Baden 1996, S. 394 ff.

Maganaris, Emmanuel; Greece. The Principle of Supremacy of Community Law – The Greek Challenge, ELRev. 23 (1998), S. 179 ff.

– The Principle of Supremacy of Community Law in Greece – from direct Challenge to non-application, ELRev. 24 (1999), S. 426 ff.

– The Greek Council of State – Europhobic or simply over-protective?, ELRev. 25 (2000), S. 200 ff.

Magnon, Xavier; Décision n° 2004–505 DC du 19 novembre 2004, Traité établissant une Constitution pour l'Europe, JO du 24 novembre 2004, RFDC 62 (2005), S. 329 ff.

– La sanction de la primauté de la Constitution sur le droit communautaire par le Conseil d'Etat, RFDA 2007, S. 578 ff.

Mancini, G. Federico; The Making of a Constitution for Europe, CMLRev. 26 (1989), S. 595 ff.

Mangas Martín, Araceli; Rapport espagnol, in: F. I. D. E. (Hrsg.), 17. F. I. D. E.-Kongress, Berlin 9.–12. Oktober 1996, Le droit constitutionnel national et l'intégration européenne – Nationales Verfassungsrecht mit Blick auf die europäische Integration, Baden-Baden 1996, S. 206 ff.

Martín y Pérez de Nanclares, José/López Castillo, Antonio; Spain. Droit de l'UE et constitutions nationales, in: British Institute of International and Comparative Law (Hrsg.), F. I. D. E. XX Congress London 2002, S. 313 ff.

Martinez, José; Die Bedeutung der (Verfassungs-)Rechtsvergleichung für den europäischen Staaten- und Verfassungsverbund, in: C. Calliess (Hrsg.), Verfassungswandel im europäischen Staaten- und Verfassungsverbund, Tübingen 2007, S. 153 ff.

Masclet, Jean-Claude/Maus, Didier (Hrsg.); Les constitutions nationales à l'épreuve de l'Europe, Paris 1994.

Maurer, Andreas; Nationale Parlamente in der Europäischen Union – Herausforderungen für den Konvent, Integration 1/2002, S. 20 ff.

Maurer, Andreas/Roth, Bettina; Warum Irland abstimmen muss(te) – oder auch nicht. Das Verhältnis zwischen irischem und europäischem Verfassungsrecht, Diskussionspapier SWP 2008, abrufbar unter http://www.swp-berlin.org/common/get_document.php?asset_id=5575 (1. 4. 2010).

Maurer, Andreas/Wessels Wolfgang; National Parliaments after Amsterdam: From Slow Adapters to National Players?, in: dies (Hrsg.), National Parliaments on their Ways to Europe: Losers or Latecomers? (2001), S. 425 ff.

Maurer, Andreas/Wessels, Wolfgang (Hrsg.); National Parliaments on their Ways to Europe: Losers or Latecomers?, Baden-Baden 2001.

Maus, Didier/Passelecq, Olivier (Hrsg.); Le traité d'Amsterdam face aux constitutions nationales, Paris 1998.

Mavčič, Arne M. (Hrsg.); The Position of Constitutional Courts Following Integration into the European Union, Bled, 30.9.–2. 10. 2004.

Mayer, Franz C.; Kompetenzüberschreitung und Letztentscheidung, München 2000.

– Die drei Dimensionen der europäischen Kompetenzdebatte, ZaöRV 61 (2001), S. 577 ff.

– Europarecht als französisches Verfassungsrecht – zugl. Anmerkung zu den Entscheidungen des Verfassungsrates vom 10. Juni und vom 19. November 2004, EuR 2004, S. 925 ff.

– Wer soll Hüter der europäischen Verfassung sein?, AöR 2004, S. 411 ff.

– Die Internationalisierung des Verwaltungsrechts. Modi und Strukturen der Einwirkung auf das nationale Recht in Zeiten der Europäisierung und Globalisierung, Berlin 2005, Manuskript.

– Die Rückkehr der Europäischen Verfassung? Ein Leitfaden zum Vertrag von Lissabon, ZaöRV 67 (2007), S. 1141 ff.

– Die Bedeutung von Rechts- und Verfassungsvergleichung im europäischen Verfassungsverbund, in: C. Calliess (Hrsg.), Verfassungswandel im europäischen Staaten- und Verfassungsverbund, Tübingen 2007, S. 167 ff.

– European law as a door opener for public international law?, in: C. Tomuschat/J.-M. Thouvenin (Hrsg.), Droit international et diversité des cultures juridiques, Paris 2008, S. 345 ff.

– Dichtung und Wahrheit im europäischen Verfassungsdiskurs – Anmerkungen zum Beitrag von K. A. Schachtschneider, Leviathan 36 (2008), S. 477 ff.

– Verfassungsgerichtsbarkeit, in: A. v. Bogdandy/J. Bast (Hrsg.), Europäisches Verfassungsrecht, 2. Aufl., Berlin 2009, S. 559 ff.

– Rashomon in Karlsruhe, NJW 2010, S. 714 ff. Abrufbar auch als Anlage unter http://www.bundestag.de/bundestag/ausschuesse/a21/anhoerungen/90_sitzung/stellungnahmen/mayer.pdf (1. 4. 2010).

Mayer, Franz C. (Hrsg.); Verfassungen in Europa – ein Überblick, WHI-Paper 7/02, abrufbar unter http://www.whi-berlin.de/documents/whi-paper0702.pdf (1. 4. 2010).

Mayer, Franz C./Lenski, Edgar/Wendel, Mattias; Der Vorrang des Europarechts in Frankreich. Zugleich Anmerkung zur Entscheidung des französischen Conseil d'Etat vom 8. Februar 2007 (Arcelor u. a.), EuR 2008, S. 63 ff.

Mayer, Franz C./Wendel, Mattias; Multilevel-constitutionalism and constitutional pluralism – querelle allemande ou querelle d'Allemand?, in: M. Avbelj/J. Komárek (Hrsg.), Constitutional Pluralism in the European Union and Beyond, Oxford 2010, i.E.

Mazák, Ján; National Judiciary After the Accession of the Slovak Republic to the European Union, in: Arne M. Mavčič (Red.), The Position of Constitutional Courts Following Integration into the European Union, Bled 2004, S. 236 ff.

Meessen, Karl M.; Zur Theorie allgemeiner Rechtsgrundsätze des internationalen Rechts: Der Nachweis allgemeiner Rechtsgrundsätze des Europäischen Gemeinschaftsrechts, JIR 17 (1975), S. 283 ff.

– Maastricht nach Karlsruhe, NJW 1994, S. 549 ff.

Merkl, Adolf J.; Die Lehre von der Rechtskraft, entwickelt aus dem Rechtsbegriff. Eine rechtstheoretische Untersuchung, Leipzig 1923.

– Prolegomena einer Theorie des rechtlichen Stufenbaus, in: A. Verdross (Hrsg.), Gesellschaft, Staat und Recht. Festschrift Hans Kelsen zum 50. Geburtstag gewidmet, Wien 1931 – unveränderter Nachdruck 1967, S. 252 ff.

Mertens de Wilmars, Josse; Le droit comparé dans la jurisprudence de la Cour de justice des Communautés européennes, Journal des tribunaux 1991, S. 37 ff.

Meyer, Jürgen; Der Grundrechtekonvent und die Annäherung von Common Law und Civil Law, Betrifft JUSTIZ 2001, S. 181 ff.

Mik, Cezary; State Sovereignty and European Integration: Public International Law, EU and Constitutional Law in the Polish Context, in: N. Walker (Hrsg.), Sovereignty in Transition, Oxford 2003, S. 367 ff.

Millns, Susan; The Treaty of Amsterdam and constitutional revision in France, EPL 5 (1999), S. 61 ff.

Miranda, Jorge; Portugal, in : J. Rideau (Hrsg.), Les Etats membres de l'Union européenne, Paris 1997, S. 391 ff.

Mißling, Sven; Die bundesverfassungsgerichtliche Kontrolle so gen. umsetzungsgebundener Rechtsakte im Bereich der polizeilichen und justitiellen Zusammenarbeit nach dem EUV, EuR 2007, S. 261 ff.

Mitsilegas, Valsamis; The Constitutional Implications of Mutual Recognition in Criminal Matters in the EU, CMLRev. 43 (2006), S. 1277 ff.

Mohl, Robert von; Encyclopädie der Staatswissenschaften, 2. Aufl., Tübingen 1872.

Möller, Johannes; Das Verhältnis zwischen Bundesverfassungsgericht und Europäischem Gerichtshof unter den Präsidenten Papier und Skouris, NVwZ 2010, S. 225 ff.

Möllers, Christoph; Staat als Argument, München 2000.

– Netzwerk als Kategorie des Organisationsrechts. Zur juristischen Beschreibung dezentraler Steuerung, in: J. Oebbecke (Hrsg.), Nicht-normative Steuerung in dezentrale Systemen, Stuttgart 2005, S. 285 ff.

– Gewaltengliederung. Legitimation und Dogmatik im nationalen und internationalen Rechtsvergleich, Tübingen 2005.

– Methoden, in: W. Hofmann-Riem/E. Schmidt-Aßmann/A. Voßkuhle (Hrsg.), Grundlagen des Verwaltungsrechts, Bd. I, München 2006, § 3, S. 121 ff.

– Verfassunggebende Gewalt ? Verfassung ? Konstitutionalisierung, in: A. v. Bogdandy/J. Bast (Hrsg.), Europäisches Verfassungsrecht, 2. Aufl., Berlin 2009, S. 227 ff.

Montesquieu, Charles-Louis; Vom Geist der Gesetze (franz. Original: „De l'Esprit des Lois", Erstaufl. 1748), dt. Übersetzung von Kurt Weigand, Stuttgart 1994, Nachdr. 2006.

Morlok, Martin; Möglichkeiten und Grenzen einer europäischen Verfassungstheorie, in: R. Lhotta/J. Oebbecke/E. Reh (Hrsg.), Deutsche und europäische Verfassungsgeschichte: Sozial- und rechtswissenschaftliche Zugänge, S. 113 ff.

Morscher, Edgar; Die Sein-Sollen-Dichotomie im Logischen Positivismus und im Rechtspositivismus", in: C. Jabloner/F. Stadler (Hrsg.), Logischer Empirismus und Reine Rechtslehre. Beziehungen zwischen dem Wiener Kreis und der Hans Kelsen-Schule, Wien 2001, S. 45 ff.

Mörsdorf, Oliver; Unmittelbare Anwendung von EG-Richtlinien zwischen Privaten in der Rechtsprechung des EuGH, EuR 2009, S. 219 ff.

Mosler, Hermann; Internationale Organisation und Staatsverfassung, in: W. Schätzel/H.-J. Schlochauer (Hrsg.), Rechtsfragen der internationalen Organisation. Festschrift für Hans Wehberg, Frankfurt a. M. 1956, S. 273 ff.

– Die Übertragung von Hoheitsgewalt, in: J. Isensee/P. Kirchhof (Hrsg.), Handbuch des Staatsrechts der Bundesrepublik Deutschland, Bd. VII (1993), § 175.

Mössner, Jörg M.; Rechtsvergleichung und Verfassungsrechtsprechung, AöR 99 (1974), S. 193 ff.

Moura Ramos, Rui M.; Portugal, in: P. M. Eisemann (Hrsg.), L'intégration du droit international et communautaire dans l'ordre juridique national, Den Haag 1996, S. 461 ff.

– The Adaptation of the Portuguese Constitutional Order to Community Law, in: A. E. Kellermann/J. W. de Zwaan/J. Czuczai (Hrsg.), EU-Enlargement – The Constitutional Impact at EU and National Level, Den Haag 2001, S. 131 ff.

Müller, Friedrich/Christensen, Ralph; Juristische Methodik, Band II – Europarecht, Berlin 2003.

Müller-Graff, Peter-Christian; East Central Europe and the European Union: From Europe Agreements to a Member Status. General Report, in: ders. (Hrsg.), East Central Europe and the European Union: From Europe Agreements to Member Status, Baden-Baden 1997, S. 9 ff.

– Das Karlsruher Lissabon-Urteil: Bedingungen, Grenzen, Orakel und integrative Optionen, Integration 2009, S. 331 ff.

Müller-Graff, Peter-Christian (Hrsg.); East Central Europe and the European Union: From Europe Agreements to a Member Status, Baden-Baden 1997.

Müller-Graff, Peter-Christian/Riedel, Eibe (Hrsg.); Gemeinsames Verfassungsrecht in der Europäischen Union, Baden-Baden, 1998.

Müller-Terpitz, R; Die Beteiligung des Bundesrates am Willensbildungsprozess der Europäischen Union, Stuttgart 1999.

Münch, Fritz; Einführung in die Verfassungsvergleichung, ZaöRV 33 (1973), S. 126 ff.

Murkens, Jo Eric Khushal; Identity trumps Integration. The Lisbon Treaty in the German Federal Constitutional Court, Der Staat 48 (2009), S. 517 ff.

Murswiek, Dieter; Maastricht und der pouvoir constituant. Zur Bedeutung zur verfassunggebenden Gewalt im Prozeß der europäischen Integration, Der Staat 32 (1993), S. 161 ff.

– Die heimliche Entwicklung des Unionsvertrages zur europäischen Oberverfassung, NVwZ 2009, S. 481 ff.

Nabli, Béligh; Européanisation et constitutionnalisation du droit en France: un essai de synthèse à la lumière de la doctrine, in: J. Ziller (Hrsg.), l'Européanisation des droits constitutionnels à la lumière de la Constitution pour l'Europe, Paris 2003, S. 69 ff.

Nergelius, Joakim; Sweden's Possible Ratification of the EU Constitution: A Case-study of ‚Wait and See', in: A. Albi/J. Ziller (Hrsg.), The European Constitution and National Constitutions. Ratification and Beyond, Alphen aan den Rijn 2007, S. 183 ff.

– Offene Staatlichkeit, in: A. v. Bogdandy/P. Cruz Villalón/P. M. Huber (Hrsg.), Handbuch Ius Publicum Europaeum, Band II, Heidelberg 2008, § 22 Schweden.

Nettesheim, Martin; Der Grundsatz der einheitlichen Wirksamkeit des Gemeinschaftsrechts, in: A. Randelzhofer/R. Scholz/D. G. Wilke (Hrsg.), Gedächtnisschrift für Eberhard Grabitz, München1995, S. 447 ff.

– EU-Recht und nationales Verfassungsrecht, in: Schwarze, J./Müller Graf, P.-C. (Hrsg.), XX. FIDE-Kongress vom 30. Oktober bis 2. November 2002 in London. Die Deutschen Landesberichte, EuR Beiheft 1/2004, S. 7 ff.

– Die Kompetenzordnung im Vertrag über eine Verfassung für Europa, EuR 2004, S. 511 ff.

– UN Sanctions against Individuals – Challenge to the Architecture of

European Union Governance, WHI-Paper 1/07, abrufbar unter www.whi-berlin.de/documents/whi-paper0107.pdf (1. 4. 2010).

– Europäischer Verfassungsverbund? Zwischen Selbststand und Amalgamierung der verfassungsrechtlichen Grundordnungen in Europa, in: O. Depenheuer/M. Heintzen/M. Jestaedt (Hrsg.), Staat im Wort. Festschrift für Josef Isensee, Heidelberg 2007, 733 ff.
– Die Integrationsverantwortung – Vorgaben des BVerfG und gesetzgeberische Umsetzung, NJW 63 (2010), S. 177 ff.
Nettesheim, Martin/Oppermann, Thomas (Hrsg.); Die Tschechische Republik und die europäische Union, Berlin 2003.
Neyer, Jürgen; Postnationale politische Herrschaft, Baden-Baden 2004.
Niedobitek, Matthias; The *Lisbon Case* of 30 June 2009 – A Comment from the European Law Perspective, GLJ 10 (2009), S. 1267 ff.
Niedobitek, Matthias/Zemánek, Jiří (Hrsg.); Continuing the European Constitutional Debate, Berlin 2008.
Nolte, Georg; General Principles of German and European Administrative Law – A Comparison in Historical Perspective, MLR 57 (1994), S. 191 ff.
Oeter, Stefan; Föderalismus und Demokratie, in: A. v. Bogdandy/J. Bast (Hrsg.), Europäisches Verfassungsrecht, 2. Aufl., Berlin 2009, S. 73 ff.
Oettingen, Anna von/Rabenschlag, David; Europäische Richtlinien und allgemeiner Gleichheitssatz im innerstaatlichen Recht – Anmerkungen anlässlich des Mangold-Urteils des EuGH, ZEuS 2006, S. 323 ff.
Ogorek, Markus; The Doctrine of Parliamentary Sovereignty in Comparative Perspective, German Law Journal 6 (2005), S. 967 ff.
Öhlinger, Theo; Verfassungsfragen einer Mitgliedschaft zur Europäischen Union, Wien 1999.
– Unity of the Legal System or Legal Pluralism: The Stufenbau Doctrine in Present-Day Europe, in: A. Jyränki (Hrsg.), National Constitutions in the Era of Integration, London 1999, S. 163 ff.
– EU-Beitritts BVG, in: K. Korinek/M. Holoubek (Hrsg.), Österreichisches Bundesverfassungsrecht. Kommentar, Loseblatt (2001).
– Die österreichische Verfassung und die europäische Integration, in: W. Hummer (Hrsg.), Paradigmenwechsel im Europarecht zur Jahrtausendwende, Wien 2004, S. 67 ff.
Öhlinger, Theo/Potacs, Michael; Gemeinschaftsrecht und staatliches Recht, 3. Aufl., Wien 2006.
Ojanen, Tuomas; The Impact of EU Membership on Finnish Constitutional Law, EPL 10 (2004), S. 531 ff.
– The European Constitution in the Far North, in a Country Called *Suomi*, in: A. Albi/J. Ziller (Hrsg.), The European Constitution and National Constitutions. Ratification and Beyond, Alphen aan den Rijn 2007, S. 89 ff.
Oliver, Dawn; Landesbericht Vereinigtes Königreich, in: W. Kluth (Hrsg.), Europäische Integration und nationales Verfassungsrecht, Baden-Baden 2007, S. 163 ff.
Oppenheimer, Andrew G. (Hrsg.); The Relationship between European Community Law and National Law: The Cases Vol. 1, Cambridge 1995 und Vol. 2, Cambridge 2003.
Oppermann, Thomas; Nationale Verfassungsautonomie und supranationale Bindung innerhalb der europäischen Union, in: U. Battis/P. Kunig/I. Pernice/A. Randelzhofer (Hrsg.), Das Grundgesetz im Prozess europäischer und globaler Verfassungsentwicklung, Baden-Baden 2000, S. 117 ff.
– Nationale Identität und supranationale Homogenität, in: A. Epiney/M. Haag/A. Heinemann (Hrsg.), Die Herausforderung von Grenzen. Festschrift für Roland Bieber, Baden-Baden 2007, S. 393 ff.

Oppermann, Thomas/Classen, Claus-Dieter/Nettesheim, Martin; Europarecht, 4. Aufl., München 2009.

Örücü, Esin; Unde venit, quo tendit Comparative Law?, in: A. J. Harding/dies. (Hrsg.), Comparative Law in the 21st Century, London 2002, S. 1 ff.

– Seven Packages towards Harmonisation with the European Union, EPL 4 (2004), S. 602 ff.

Özbudun, Ergun; Turkish Constitutional Developments and the European Constitutional Heritage, in: U. Battis/P. Kunig/I. Pernice/A. Randelzhofer (Hrsg.), Das Grundgesetz im Prozess europäischer und globaler Verfassungsentwicklung, Baden-Baden 2000, S. 107 ff.

Pahl, Marc-Oliver; Regionen mit Gesetzgebungskompetenzen in der Europäischen Union – Eine rechtsvergleichende Analyse ihrer Mitwirkung an der EU-Rechtssetzung, Baden-Baden 2004.

Panara, Carlo; Offene Staatlichkeit, in: A. v. Bogdandy/P. Cruz Villalón/P. M. Huber (Hrsg.), Handbuch Ius Publicum Europaeum, Band II, Heidelberg 2008, § 18 Italien.

Papadimitriou, Georgios; Griechenland, in: U. Battis/D. Tsatsos/D. Stefanou (Hrsg.), Europäische Integration und nationales Verfassungsrecht, Baden-Baden 1995, S. 149 ff.

Papadopoulou, Rebecca-Emmanuela; Principes généraux du droit et droit communautaire, origines et concrétisation, Bruxelles 1996.

Papier, Hans-Jürgen; Die Rezeption allgemeiner Rechtsgrundsätze aus den Rechtsordnungen der Mitgliedstaaten durch den Gerichtshof der Europäischen Gemeinschaften, EuGRZ 2007, S. 133 ff.

Parlamentarischer Rat; Verhandlungen des Hauptausschusses Bonn 1948/49, Bonn 1950.

Partsch, Karl Josef; Die Anwendung des Völkerrechts im innerstaatlichen Recht. Überprüfung der Transformationslehre, Karlsruhe 1964.

Patsalides, Christos G.; Accomodating the Principle of Supremacy of Community Law to the Cypriot Legal Order – The Necessity for a Constitutional Amendment, EPL 12 (2006), S. 363 ff.

Pawlowski, Hans-Martin; Einführung in die juristische Methodenlehre, 2. Aufl., Heidelberg 2000.

Pechstein, Matthias; Die Mitgliedstaaten der EG als ‚Sachwalter des gemeinsamen Interesses'. Gesetzgebungsnotstand im Gemeinschaftsrecht, Baden-Baden 1987.

– Art. 6 EUV: Grundlagen der Union, nationale Identität, Menschenrechte, Mittelausstattung, in: R. Streinz (Hrsg.), Vertrag über die Europäische Union und Vertrag zur Gründung der Europäischen Gemeinschaft, Kommentar, München 2003.

Peers, Steve; The Benes Decrees and the EU Charter of Fundamental Rights, abrufbar unter http://www.statewatch.org/news/2009/oct/lisbon-benes-decree.pdf (1. 4. 2010).

Pérez Tremps, Pablo/Saiz Arnaiz, Alejandro; Spain's Ratification of the Treaty Establishing a Constitution for Europe: Prior Constitutional Review, Referendum and Parliamentary Approval, in: A. Albi/J. Ziller (Hrsg.), The European Constitution and National Constitutions. Ratification and Beyond, Alphen aan den Rijn 2007, S. 45 ff.

Pernice, Ingolf; Grundrechtsgehalte im Europäischen Gemeinschaftsrecht. Ein Beitrag zum gemeinschaftsimmanenten Grundrechtsschutz durch den Europäischen Gerichtshof, Baden-Baden 1979.

– Gemeinschaftsverfassung und Grundrechtsschutz. Grundlagen, Bestand und Perspektiven, NJW 1990, S. 2409 ff.

– Karlsruhe locuta – Maastricht in Kraft, EuZW 1993, S. 649.

– Maastricht, Staat und Demokratie, Die Verwaltung 26 (1993), S. 449 ff.

– Carl Schmitt, Rudolf Smend und die europäische Integration, AöR 120 (1995), S. 100 ff.

– Bestandssicherungen der Verfassungen: Verfassungsrechtliche Mechanismen zur Wahrung der Verfassungsordnung, in: R. Bieber/P. Widmer (Hrsg.), L'espace constitutionnel européen – Der europäische Verfassungsraum, Zürich 1995, S. 225 ff.
– The framework revisited: Constitutional, federal and subsidiarity issues, Columbia Journal of European Law 2 (1995/96), S. 403 ff.
– Die Dritte Gewalt im Europäischen Verfassungsverbund, EuR 1996, S. 27 ff.
– Multilevel Constitutionalism and the Treaty of Amsterdam: European Constitution-Making Revisited?, CMLRev. 36 (1999), S. 703 ff.
– Europäisches Verfassungsrecht im Werden, in: H. Bauer/P. M. Huber (Hrsg.), Ius Publicum im Umbruch, XI. Deutsch-Polnisches Verwaltungsrechtskolloquium, Stuttgart 2000, S. 25 ff.
– Europäisches und nationales Verfassungsrecht, VVDStRL 60 (2001), S. 148 ff.
– The Role of National Parliaments in the European Union, in: D. Melissas/I. Pernice (Hrsg.), Perspectives of the Nice Treaty and the Intergovernmental Conference in 2004, Baden-Baden 2002, S. 73 ff.
– Der Verfassungsentwurf als gemeineuropäisches Verfassungsrecht, in: P. Brand/S. Huster/D. Tsatsos (Hrsg.), Die Europäische Union als Verfassungsordnung (2004), S. 111 ff.
– Europäische Justizpolitik in der Perspektive der Verfassung für Europa. Zur horizontalen Dimension des Europäischen Verfassungsverbundes, WHI-Paper 03/05, http://www.whi-berlin.de//documents/whi-paper0305.pdf (1. 4. 2010).
– Die horizontale Dimension des europäischen Verfassungsverbundes – Europäische Justizpolitik im Lichte von Pupino und Darkazanli, in: H.-J. Derra (Hrsg.), Freiheit, Sicherheit und Recht, Festschrift für Jürgen Meyer zum 70. Geburtstag, Baden-Baden 2006, S. 359 ff.
– Das Verhältnis europäischer zu nationalen Gerichten im europäischen Verfassungsverbund, Berlin 2006.
– Art. 23 sowie 24 GG in: H. Dreier (Hrsg.), Grundgesetz. Kommentar, Bd. II, 2. Aufl., Tübingen 2006 (incl. Supplementum 2007).
– Theorie und Praxis des Europäischen Verfassungsverbundes, in: C. Calliess (Hrsg.), Verfassungswandel im europäischen Staaten- und Verfassungsverbund. Göttinger Gespräche zum deutschen und europäischen Verfassungsrecht, Tübingen 2007, S. 61 ff.
– Europarechtswissenschaft oder Staatsrechtslehre, in: H. Schulze-Fielitz (Hrsg.), Die Verwaltung, Beiheft 7, Staatsrechtslehre als Wissenschaft, 2007, S. 225 ff.
– Art. 88 GG in: H. Dreier (Hrsg.), Grundgesetz. Kommentar, Bd. III, 2. Aufl., Tübingen 2008.
– The Treaty of Lisbon and Fundamental Rights, in: S. Griller/J. Ziller (Hrsg.), The Lisbon Treaty. EU Constitutionalism without a Constitutional Treaty?, Wien 2008, S. 235 ff.
– The Treaty of Lisbon: Multilevel Constitutionalism in Action, CJEL 15 (2009), S. 349 ff. = WHI-Paper 2/09, abrufbar unter http://www.whi-berlin.de/documents/whi-paper0209.pdf.

Pernice, Ingolf (Hrsg.); Der Vertrag von Lissabon: Reform der EU ohne Verfassung?, Baden-Baden 2008.

Pernice, Ingolf/Mayer, Franz C.; De la constitution composée de l'Europe, RTDE 36 (2000), S. 623 ff.
– Nach Art. 6 EUV sowie Art. 220 EGV, in: E. Grabitz/M. Hilf (Hrsg.), Das Recht der Europäischen Union, Kommentar, 20. EL 2002.
– Der Vertrag von Lissabon vor dem BVerfG. Verfahrensdokumentation, WHI-Paper 5/2009, abrufbar unter http://www.whi-berlin.de/seiten/127.dhtml (1. 4. 2010).

Pernice, Ingolf/Mayer, Franz C./Wernicke, Stephan; Renewing the European Social Contract. The Challenge of Institutional Reform and Enlargement in the Light of Multilevel Constitutionalism, in: Mads Andenas/John Gardener (Hrsg.), Can Europe Have a Constitution?, Kings College Law Journal 12 (2001), S. 60 ff.
Pernice, Ingolf/Poiares Maduro, Miguel (Hrsg.); A Constitution for the European Union: First Comments on the 2003-Draft of the European Convention, Baden-Baden 2003.
Pernice, Ingolf/Tanchev, Evgeni (Hrsg.); Ceci n'est pas une Constitution – Constitutionalisation without a Constitution?, Baden-Baden 2009.
Pernice, Ingolf/Zemánek, Jiří (Hrsg.); A Constitution for Europe: The IGC, the Ratification Process and Beyond, Baden-Baden 2005.
Pernthaler, Peter; Europäische Integration und nationales Verfassungsrecht in Österreich, in: U. Battis/D. Th. Tsatsos/D. Stefanou (Hrsg.), Europäische Integration und nationales Verfassungsrecht, Baden-Baden 1995, S. 437 ff.
– Die neue Doppelverfassung Österreichs, in: H. Haller/C. Kopetzki/R. Novak (Hrsg.), Staat und Recht. Festschrift für Günther Winkler, Wien 1997, S. 773 ff.
– Österreichisches Bundesstaatsrecht, Wien 2004.
Pescatore, Pierre; Das Zusammenwirken der Gemeinschaftsrechtsordnung mit den nationalen Rechtsordnungen, EuR 1970, S. 307 ff.
– Le recours dans la jurisprudence de la Cour de justice des Communautés européennes à es normes déduites de la comparaison des droits des Etats membres, RIDC 32 (1980), S. 337 ff.
Peters, Anne; Elemente einer Theorie der Verfassung Europas, Berlin 2001.
– Grundlage europäischer Konstitutionalisierung: Die Entkopplung von Verfassung und Staat, in: U. Liebert/J. Falke/A. Maurer (Hrsg.), Postnational Constitutionalisation in the New Europe. Postnationaler Verfassungsprozess im neuen Europa, Baden-Baden 2006, S. 35 ff.
Peters, Anne/Schwenke, Heiner; Comparative Law Beyond Post-Modernism, ICLQ 49 (2000), S. 800 ff.
Peters, Jit; The Dutch Constitution and Dutch Constitutional Values, in: A.E. Kellermann/J.W. de Zwaan/J. Czuczai (Hrsg.), EU-Enlargement – The Constitutional Impact at EU and National Level, Den Haag 2001, S. 57 ff.
Peters, Martin/Schröder, Peter; Souveränitätskonzeptionen. Beiträge zur Analyse politischer Ordnungsvorstellungen im 17. Bis zum 20. Jahrhundert, Berlin 2000.
Petersmann, Ernst-Ulrich; From State Sovereignty to the „Sovereignty of Citizens“ in the Internationale Relations Law of the EU?, in: N. Walker (Hrsg.), Sovereignty in Transition, Oxford 2003, S. 145 ff.
Peyrou-Pistoulet, Sylvie; Droit constitutionnel et droit communautaire: l'exemple autrichien, RFDC 46 (2001), S. 237 ff.
Pfeiffer, Thomas; Zur Verfassungsmäßigkeit des Gemeinschaftsrechts in der aktuellen Rechtsprechung des französischen Conseil constitutionnel, ZaöRV 67 (2007), S. 469 ff.
– Richtlinienkonforme Auslegung gegen den Wortlaut des nationalen Gesetzes ? Die Quelle-Folgeentscheidung des BGH, NJW 2009, S. 412 ff.
Phelan, Diarmuid R./Whelan, Anthony; Irish Report, in: F.I.D.E. (Hrsg.), 17. F.I.D.E.-Kongress, Berlin 9.–12. Oktober 1996, Le droit constitutionnel national et l'intégration européenne – Nationales Verfassungsrecht mit Blick auf die europäische Integration, Baden-Baden 1996, S. 292 ff.
Plaza, Carmen; The Constitution for Europe and the Spanish Constitutional Court, EPL 12 (2006), S. 353 ff.

Pogačnik, Mihu/Starman, Marko/Vehar, Primož; Slovenia, in: A.E. Kellermann/J. Czuczai/S. Blockmans/A. Albi/W.T. Douma (Hrsg.), The Impact of EU Accession on the Legal Orders of New Member States and (Pre)Candidate Countries, Den Haag 2006, S. 179ff.

Pohjolainen, Kirsi/Sundström, Zacharias; Finnish Report, in: F.I.D.E. (Hrsg.), 17. F.I.D.E.-Kongress, Berlin 9.–12. Oktober 1996, Le droit constitutionnel national et l'intégration européenne – Nationales Verfassungsrecht mit Blick auf die europäische Integration, Baden-Baden 1996, S. 399ff.

Poiares Maduro, Miguel; The Heteronyms of European Law, ELJ 5 (1999), S. 160ff.

– EU Law and National Constitutions: Portugal, unveröffentlichtes Manuskript für: British Institute of International and Comparative Law (Hrsg.), F.I.D.E. XX Congress London, Vol. 1 (2002); ehemals abrufbar unter www.fide2002.org.

– Contrapunctual Law: Europe's Constitutional Pluralism in Action, in: N. Walker (Hrsg.), Sovereignty in Transition, Oxford 2003, S. 501ff.

– Der Kontrapunkt im Dienste eines europäischen Verfassungspluralismus, EuR 2007, S. 3ff.

Potacs, Michael; Das Verhältnis zwischen der EU und ihren Mitgliedstaaten im Lichte traditioneller Modelle, ZÖR 65 (2010), S. 117ff.

Prakke, Lucas/Kortmann, Constantijn A. (Hrsg.); Constitutional Law of 15 EU Member States, Deventer 2004.

Preis, Ulrich; Verbot der Altersdiskriminierung als Gemeinschaftsgrundrecht – Der Fall „Mangold" und die Folgen, NZA 2006, S. 401ff.

Preuß, Hugo; Gemeinde, Staat, Reich als Gebietskörperschaften. Versuch einer deutschen Staatskonstruktion auf Grundlage der Genossenschaftstheorie. Nachdruck der Ausgabe Berlin 1889, Aalen 1964.

Puttler, Adelheid; Art. I-5 VVE, in: C. Calliess/M. Ruffert (Hrsg.), Verfassung der Europäischen Union, München 2006.

– Art. 6 Abs. 3 EUV, in: C. Calliess/M. Ruffert (Hrsg.), EUV/EGV, 3. Aufl., München 2007.

Quadros, Fausto de; Europäische Integration und nationales Verfassungsrecht in Portugal, in: U. Battis/D. Th. Tsatsos/D. Stefanou (Hrsg.), Europäische Integration und nationales Verfassungsrecht, Baden-Baden 1995, S. 375ff.

Quaritsch, Helmut; Souveränität. Entstehung und Entwicklung des Begriffs in Frankreich und Deutschland vom 13. Jh. bis 1806, Berlin 1986.

Rabenschlag, David; Leitbilder der Unionsbürgerschaft. Die Auslegung der Unionsbürgerschaft durch den EuGH im Spiegel umstrittener Konzeptionen eines europäischen Bürgerrechts, Baden-Baden 2009.

Rabska, Teresa; The new Constitution of the Republic of Poland, EPL 4 (1998), S. 166ff.

Raducu, Ioana/Levrat, Nicolas; Le métissage des ordres juridiques européens, CDE 2007, 111ff.

Rajani, Sona; Die Geltung und Anwendung des Gemeinschaftsrechts im Vereinigten Königreich von Großbritannien und Nordirland, Frankfurt a.M. 2000.

Randelzhofer, Albrecht; Art. 24 Abs. 1, in: T. Maunz/G. Dürig, Grundgesetz. Kommentar, Loseblatt (EGL 1992).

– Staatsgewalt und Souveränität, in: J. Isensee/P. Kirchhof (Hrsg.), Handbuch des Staatsrechts der Bundesrepublik Deutschland, Bd. II, 3. Aufl. 2004, § 17.

Rasmussen, Hjalte; Denmark's *Maastricht Ratification* Case: The Constitutional Dimension, in: A. Jyränki (Hrsg.), National Constitutions in the Era of Integration, London 1999, S. 87ff.

– Denmark's Waning Constitutionalism and Article 20 of the Constitution on Transfer of Sovereignty, in: A. Albi/J. Ziller (Hrsg.), The European Constitution and National Constitutions. Ratification and Beyond, Alphen aan den Rijn 2007, S. 149 ff.

Rauser, Karl Th.; Die Übertragung von Hoheitsrechten auf ausländische Staaten. Zugleich ein Beitrag zur Dogmatik des Art. 24 I GG, München 1991.

Reestman, Jan-Herman; Conseil Constitutionnel on the Status of (Secondary) Community Law in the French Internal Order. Decision of 10 June 2004, 2004–496 DC, EuConst 1 (2005), S. 302 ff.

– The Franco-German Constitutional Divide, EuConst 5 (2009), S. 374 ff.

Reich, Norbert; Anmerkung zu EuGH, Urt. v. 22. 11. 2005 – Rs. C-144/04 – *Mangold*, EuZW 2006, S. 21 ff.

Reichelt, Thibault; Was bleibt von Kelsens Souveränitätsbegriff?, ZÖR 61 (2006), S. 527 ff.

Reid, Madeleine; The Impact of Community law on the Irish Constitution, Dublin 1990.

Reimann, Mathias/Zimmermann, Reinhard; The Oxford Handbook of Comparative Law, Oxford 2006.

Rempe, Martin; Von der Völkerherrschaft zur Demokratie? Die Europäische Union nach der „Verfassung für Europa", WHI-Paper 14/2004, abrufbar unter http://www.whi-berlin.de/documents/whi-paper1404.pdf.

Rengeling, Hans-Werner; Grundrechtsschutz in der Europäischen Gemeinschaft. Bestandsaufnahme und Analyse der Rechtsprechung des Europäischen Gerichtshofs zum Schutz der Grundrechte als allgemeine Rechtsgrundsätze, München 1993.

Rengeling, Hans-Werner/Szczekalla, Peter; Grundrechte in der Europäischen Union. Charta der Grundrechte und Allgemeine Rechtsgrundsätze, Köln 2004.

Ress, Georg; Die Rundfunkfreiheit als Problem der europäischen Integration, ZfRV 1992, S. 434 ff.

Ribičič, Ciril; Implementing European Standards into the case-law of the Constitutional Court, in: A. M. Mavčič (Red.), The Position of Constitutional Courts Following Integration into the European Union, Bled 2004, S. 119 ff.

Richards, Claudina; Sarran and Levacher, Ranking Legal Norms in the French Republic, ELRev. 25 (2000), S. 192 ff.

– The Supremacy of Community Law before the French Constitutional Court, ELR 31 (2006), S. 499 ff.

Richers, Dominik; Postmoderne Theorie in der Rechtsvergleichung?, ZaöRV 67 (2007), S. 509 ff.

Rideau, Joël; Constitution et droit international dans les Etats membres des Communautés européennes. Réflexions générales et situation française, RFDC 1990, S. 259 ff. (Teil 1) und 425 ff. (Teil 2).

– La recherche de l'adéquation de la Constitution française aux exigences de l'Union européenne, RAE 3 (1992), S. 7 ff.

Rideau, Joël (Hrsg.); Les Etats membres de l'Union européenne. Adaptations – Mutations – Résistances, Paris 1997.

Ridley, F. F.; The British Constitution and Constitutional Reform in Britain, in: R. Bieber/P. Widmer (Hrsg.), L'espace constitutionnel européen – Der europäische Verfassungsraum, Zürich 1995, S. 37 ff.

Ridola, Paolo; Die kulturgeschichtlichen Grundlagen der gemeineuropäischen Verfassungsüberlieferungen, in: A. Blankenagel/I. Pernice/H. Schulze-Fielitz, Verfassung im Diskurs der Welt. Liber Amicorum für Peter Häberle, Tübingen 2004, S. 173 ff.

Riedel, Eibe; Der gemeineuropäische Bestand von Verfassungsprinzipien zur Begründung von Hoheitsgewalt – Legitimation und Souveränität, in: P.-C. Müller-Graff/E. Riedel (Hrsg.), Gemeinsames Verfassungsrecht in der Europäischen Union, Baden-Baden, 1998, S. 77 ff.

Ring, Gerhard/Olsen-Ring, Line; Souveränitätsübertragung nach dänischem Verfassungsrecht, EuZW 1998, S. 589 ff.

Röben, Volker; Constitutionalism of the European Union after the Draft Constitutional Treaty: How much Hierarchy?, Columbia JEL 10 (2004), S. 339 ff.

Rodin, Sinisa/ Ćapeta, Tamara; A View from a Candidate Country: Implications for Croatia of (Non) Ratification of the Treaty Establishing a Constitution for Europe, in: A. Albi/J. Ziller (Hrsg.), The European Constitution and National Constitutions. Ratification and Beyond, Alphen aan den Rijn 2007, S. 189 ff.

Roggemann, Herwig; Einführung. Verfassungsentwicklung und Verfassungsrecht in Mittel- und Osteuropa, in: ders (Hrsg.), Die Verfassungen Mittel- und Osteuropas, Berlin 1999, S. 41 ff.

Rojahn, Ondolf; Art. 23 und 24 GG, in: I. v. Münch/P. Kunig (Hrsg.), Grundgesetz-Kommentar, Bd. 2, 4./5. Aufl., München 2001.

Roller, Gerhard; Die Mitwirkung der deutschen Länder und der belgischen Regionen an EG-Entscheidungen, AöR 123 (1998), S. 21 ff.

Rosas, Allan; Finland's accession to the European Union: constitutional aspects, EPL 1 (1995), S. 166 ff.

Rosenfeld, Michael; Comparing Constitutional Review by the European Court of Justice and the U.S. Supreme Court, in: I. Pernice/J. Kokott/C. Saunders (Hrsg.), The Future of the European Judicial System in a Comparative Perspective, Baden-Baden 2006, S. 33 ff.

– Rethinking constitutional ordering in an era of legal and ideological pluralism, ICON 6 (2008), S. 415 ff.

Rothacker, Erich; Die vergleichende Methode in den Geisteswissenschaften, ZVglRWiss 60 (1957), S. 13 ff.

Roucounas, Emmanuel; Grèce, in: P.M. Eisemann (Hrsg.), L'intégration du droit international et communautaire dans l'ordre juridique national, Den Haag 1996, S. 287 ff.

Rousseau, Jean-Jacques; Vom Gesellschaftsvertrag oder Grundsätze des Staatsrechts (franz. Original: „Du contrat social ou principes du droit politique", Erstaufl. 1762), dt. Fassung hrsg. u. übers. v. H. Brockard, Stuttgart 2003, Nachdr. 2008.

Roux, Jérôme; Le principe de la souveraineté de l'Etat dans la jurisprudence du Conseil constitutionnel, Nancy 1998.

– Le Conseil constitutionnel et l'ordre juridique communautaire: coopération et contrôle, RDP 2004, S. 912 ff.

– Le traité établissant une constitution pour l'Europe à l'épreuve de la constitution française, RDP 2005, S. 59 ff.

– La question prioritaire de constitutionnalité à la lumière de la décision du Conseil constitutionnel du 3 décembre 2009, RDP 2010, S. 233 ff.

Rudolf, Walter; Völkerrecht und deutsches Recht, Tübingen 1967.

Ruffert, Matthias; Demokratie und Governance in Europa, in: H. Bauer/P.M. Huber/K.-P. Sommermann (Hrsg.), Demokratie in Europa, Tübingen 2005, S. 319 ff.

– Art. 41 GRC, in: C. Calliess/ders. (Hrsg.), EUV/EGV, 3. Aufl., München 2007.

Ruggeri Laderchi, Francesco P.; Report on Italy, in: A.-M. Slaughter/A. Stone Sweet/J.H.H. Weiler (Hrsg.) The European Court and National Courts, Oxford 1998, S. 147 ff.

Rupp, Hans Heinrich; Die Grundrechte und das europäische Gemeinschaftsrecht, NJW 1970, S. 353 ff.

– Bemerkungen zum europarechtlichen Schutz der „nationalen Identität“ der EU-Mitgliedstaaten, in: H.-W. Arndt et al. (Hrsg.), Völkerrecht und deutsches Recht, Festschrift für Walter Rudolf, München 2001, S. 173 ff.

Sadurski, Wojciech; Accession's Democracy Dividend: The Impact of the EU Enlargement upon Democracy in the New Member States of Central and Eastern Europe, ELJ 10 (2004), S. 371 ff.

– „Solange, chapter 3“: Constitutional Courts in Central Europe – Democracy – European Union, ELJ 14 (2008), S. 1 ff.

Sadurski, Wojciech/Ziller, Jacques/Zurek, Karolina (Hrsg.); Après Enlargement. Legal and Political Responses in Central and Eastern Europe, Florenz 2006, abrufbar unter http://cadmus.eui.eu/dspace/bitstream/1814/3946/1/2006_Apres_Enl.pdf (1. 4. 2010).

Sajó, András; Learning Co-operative Constitutionalism the Hard Way: the Hungarian Constitutional Court Shying Away from EU Supremacy, ZSE 2 (2004), S. 351 ff.

Sales, Eric; La transposition des directives communautaires: une exigence de valeur constitutionnelle sous réserve de constitutionnalité, RTDeur. 41 (2005), S. 597 ff.

Samardžič, Slobodan/Lopandić, Duško; Serbia and Montenegro, in: A. E. Kellermann/J. Czuczai/S. Blockmans/A. Albi/W. T. Douma (Hrsg.), The Impact of EU Accession on the Legal Orders of New Member States and (Pre-) Candidate Countries, Den Haag 2006, S. 143 ff.

Sander, Florian; Repräsentation und Kompetenzverteilung. Das Handlungsformensystem des Mehrebenenverbundes als Ausdruck einer legitimitätsorientierten Kompetenzbalance zwischen Europäischer Union und ihren Mitgliedstaaten, Berlin 2005, S. 168 ff.

Sauer, Heiko; Jurisdiktionskonflikte in Mehrebenensystemen. Die Entwicklung eines Modells zur Lösung von Konflikten zwischen Gerichten unterschiedlicher Ebenen in vernetzten Rechtsordnungen, Berlin 2008.

– Rechtsschutz gegen völkerrechtsdeterminiertes Gemeinschaftsrecht?, NJW 2008, S. 3685 ff.

– Kompetenz- und Identitätskontrolle von Europarecht nach dem Lissabon-Urteil ? Ein neues Verfahren vor dem Bundesverfassungsgericht?, ZRP 2009, S. 195 ff.

Sauer, Oliver; Volksabstimmung über den Lissabonner Vertrag?, BayVBl. 2008, S. 581 ff.

Saulnier-Cassia, Emmanuelle; L'application du droit communautaire par les juridictions britanniques (2003–2004), RTDeur. 41 (2005), S. 105 ff.

Scelle, Georges; Précis de droits des gens, Tome 1, Paris 1932.

Schachtschneider, Karl A.; Verfassungsrechtliche Argumente gegen den Vertrag von Lissabon, Leviathan 36 (2008), S. 317 ff.

Schäder, Göran/Melin, Mats; Sweden. European Union Law and National Constitutions, in: British Institute of International and Comparative Law (Hrsg.), F. I. D. E. XX Congress London 2002, S. 387 ff.

Schäffer, Heinz; Österreichs Beteiligung an der Willensbildung in der Europäischen Union, insbesondere an der europäischen Rechtssetzung, ZÖR 50 (1996), S. 3 ff.

– Österreichischer Landesbericht, in: J. Schwarze (Hrsg.), Die Entstehung einer europäischen Verfassungsordnung – das Ineinandergreifen von nationalem und europäischem Verfassungsrecht, Baden-Baden 2000, S. 339 ff.

Scharpf, Fritz W.; Die Politikverflechtungs-Falle: Europäische Integration und deutscher Föderalismus im Vergleich, Politische Vierteljahresschrift 26 (1985), S. 323 ff.

– Föderalismusreform. Kein Ausweg aus der Politikverflechtungsfalle?, Frankfurt a. M. 2009.

Scharpf, Fritz W., u. a. (Hrsg.); Politikverflechtung: Band 1 – Theorie und Empirie des kooperativen Föderalismus in der Bundesrepublik, 1976; Band 2 – Kritik und Berichte aus der Praxis, 1977; Band 3 – Kartellbildung in der allgemeinen Forschungsförderung, 1979.

Scheffler, Jan; Das französische Verfassungsverständnis angesichts der Anforderungen des EG/EU-Rechts, ZaöRV 67 (2007), S. 43 ff.
Scheinin, Martin/Ojanen, Tuomas; Finlande, in: J. Rideau (Hrsg.), Les Etats membres de l'Union européenne (1997), S. 185 ff.
Scheuing, Dieter H.; Deutscher Bericht, in: F.I.D.E. (Hrsg.), 17. F.I.D.E.-Kongress, Berlin 9.–12. Oktober 1996, Le droit constitutionnel national et l'intégration européenne – Nationales Verfassungsrecht mit Blick auf die europäische Integration, Baden-Baden 1996, S. 70 ff.
– Zur Europäisierung des deutschen Verfassungsrechts, in: K.F. Kreuzer/D.H. Scheuing/U. Sieber (Hrsg.), Die Europäisierung der mitgliedstaatlichen Rechtsordnungen in der Europäischen Union, Baden-Baden 1997, S. 87 ff.
– Deutsches Verfassungsrecht und europäische Integration, in: P.-C. Müller-Graff/E. Riedel (Hrsg.), Gemeinsames Verfassungsrecht in der Europäischen Union, Baden-Baden, 1998, S. 157 ff.
Scheuner, Ulrich; Beitritt der Bundesrepublik zur Europäischen Verteidigungsgemeinschaft und Grundgesetz, in: Institut für Staatslehre und Politik Mainz (Hrsg.), Der Kampf um den Wehrbeitrag, Bd. II, München 1953, S. 94 ff.
Schilling, Theodor; The Autonomy of the Community Legal Order – An Analysis of Possible Foundations, HILJ 37 (1996), S. 389 ff.
– The Jurisprudence of Constitutional Conflict: Some Supplementations to Mattias Kumm, ELJ 12 (2006), S. 173 ff.
– Bestand und allgemeine Lehren der bürgerschützenden allgemeinen Rechtsgrundsätze des Gemeinschaftsrechts, EuGRZ 2000, S. 3 ff.
Schliesky, Utz; Souveränität und Legitimität von Herrschaftsgewalt. Die Weiterentwicklung von Begriffen der Staatslehre und des Staatsrechts im europäischen Mehrebenensystem, Tübingen 2004.
Schmalenbach, Kirsten; Der neue Europaartikel 23 des Grundgesetzes im Lichte der Arbeit der Gemeinsamen Verfassungskommission, Berlin 1996.
Schmid, Christoph U.; From Pont d'Avignon to Ponte Vecchio. The Resolution of Constitutional Conflicts Between the European Union and the Member States Through Principles of Public International Law, EUI LAW 1998/07.
– Multi-Level Constitutionalism and Constitutional Conflicts. Interconnecting the National, European and International Economic Constitutions in the Banana Dispute, Florenz 2002.
Schmidt-Aßmann, Eberhard; Europäische Verwaltung zwischen Kooperation und Hierarchie, in: H.J. Cremer/T. Giegerich/D. Richter/A. Zimmermann (Hrsg.),Tradition und Weltoffenheit des Rechts. Festschrift für Helmut Steinberger, Berlin 2002, S. 1375 ff.
– Das allgemeine Verwaltungsrecht als Ordnungsidee. Grundlagen und Aufgaben der verwaltungsrechtlichen Systembildung, 2. Aufl., Berlin 2004.
Schmidt-Aßmann, Eberhard/Schöndorf-Haubold, Bettina (Hrsg.); Der Europäische Verwaltungsverbund. Formen und Verfahren der Verwaltungszusammenarbeit in der EU, Tübingen 2005.
Schmitt Glaeser, Alexander; Grundgesetz und Europarecht als Elemente Europäischen Verfassungsrechts, Berlin 1996.
– Souveränität und Vorrang, in: A. v. Bogdandy (Hrsg.), Europäisches Verfassungsrecht, Erstauflage, Berlin 2003, S. 205 ff.
Schmitt, Carl; Verfassungslehre, 9. Aufl. (Neusatz d. 1. Aufl. 1928), Berlin 1993.
– Politische Theologie. Vier Kapitel zur Lehre von der Souveränität, 8. Aufl. (Neusatz auf Basis der 2. Aufl. aus dem Jahr 1934), Berlin 2004.

Schneider, Hans-Peter; Das Grundgesetz als Vorbild? Sein Einfluß auf ausländische Verfassungen, in: ders. (Hrsg.), Das Grundgesetz in interdisziplinärer Betrachtung, Baden-Baden 2001, S. 159 ff.

Schneider, J.-P.; Effektiver Rechtsschutz Privater gegen EG-Richtlinien nach dem Maastricht-Urteil des Bundesverfassungsgerichts, AöR 119 (1994), S. 294 ff.

Schohe, Gerrit; Das Urteil Bosphorus: Zum Unbehagen gegenüber dem Grundrechtsschutz durch die Gemeinschaft, EuZW 2006, S. 33 ff.

Scholz, Rupert; Grundgesetz und europäische Einigung – Zu den reformpolitischen Empfehlungen der Gemeinsamen Verfassungskommission, NJW 1992, S. 2593 ff.

– Europäische Union und Verfassungsreform, NJW 1993, S. 1690 ff.

– Art. 23, in: T. Maunz/G. Dürig, Grundgesetz. Kommentar, Loseblatt (1996).

– Der Verfassungsstaat im Wandel: Europäisierung der Verfassung im Prozess der Verfassung Europas, dargestellt am Beispiel des Grundgesetzes, in: U. Battis/P. Kunig/I. Pernice/A. Randelzhofer (Hrsg.), Das Grundgesetz im Prozess europäischer und globaler Verfassungsentwicklung, Baden-Baden 2000, S. 21 ff.

Schönberger, Christoph; Die Europäische Union als Bund: Zugleich ein Beitrag zur Verabschiedung des Staatenbund-Bundesstaats-Schemas, AöR 129 (2004), S. 81 ff.

– Die europäische Union zwischen ‚Demokratiedefizit' und Bundesstaat. Anmerkungen zum Lissabon-Urteil des Bundesverfassungsgerichts, Der Staat 48 (2009), S. 535 ff.

– *Lisbon* in Karlsruhe: *Maastricht's* Epigones At Sea, GLJ 10 (2009), S. 1201 ff.

Schorkopf, Frank; Homogenität in der Europäischen Union – Ausgestaltung und Gewährleistung durch Art. 6 Abs. 1 und Art. 7 EUV, Berlin 2000.

– Grundgesetz und Überstaatlichkeit. Konflikt und Harmonie in den auswärtigen Beziehungen Deutschlands, Tübingen 2007.

– The European Union as an Association of Sovereign States: Karlsruhe's Ruling on the Treaty of Lisbon, GLJ 10 (2009), S. 1219 ff.

Schorkopf, Frank (Hrsg.); Der Europäische Haftbefehl vor dem Bundesverfassungsgericht, Tübingen 2006

Schröder, Meinhard; Das Bundesverfassungsgericht als Hüter des Staates im Prozeß der europäischen Integration – Bemerkungen zum Maastricht-Urteil, DVBl. 1994, S. 316 ff.

Schröder, Wolfgang M.; Grundrechtsdemokratie als Raison offener Staaten. Verfassungspolitik im europäischen und im globalen Mehrebenensystem, Berlin 2003.

Schroeder, Werner; Das Gemeinschaftsrechtssystem, Tübingen 2002.

Schulze-Fielitz, Helmuth; Was macht die Qualität öffentlich-rechtlicher Forschung aus?, JöR 50 (2002), S. 1 ff.

Schuppert, Gunnar F.; Anforderungen an eine Europäische Verfassung, in: H.-D. Klingenmann/F. Neidhardt (Hrsg.), Zur Zukunft der Demokratie. Herausforderungen im Zeitalter der Globalisierung, Berlin 2000, S. 207 ff.

– „Theorizing Europe" oder von der Überfälligkeit einer disziplinenübergreifenden Europawissenschaft, in: G. V. Schuppert/I. Pernice/U. Haltern (Hrsg.), Europawissenschaft, 2005, S. 3 ff.

– Verwaltungsorganisation und Verwaltungsrecht als Steuerungsfaktoren, in: W. Hofmann-Riem/E. Schmidt-Aßmann/A. Voßkuhle (Hrsg.), Grundlagen des Verwaltungsrechts, Bd. I, München 2006, § 16, S. 995 ff.

– Governance-Forschung. Vergewisserung über Stand und Entwicklungslinien, 2. Aufl., Baden-Baden 2006.

Schutte, Camilo B.; Spain. Tribunal Constitucional on the European Constitution. Declaration of 13 December 2004, EuConst 1 (2005), S. 281 ff.

Schwarze, Jürgen; Europapolitik unter deutschem Verfassungsrichtervorbehalt, Anmerkungen zum Maastricht-Urteil des BVerfG vom 12. 10. 1993, NJ 1994, S. 1 ff.
– Towards a common European public law, EPL 1 (1995), S. 227 ff.
– Ist das Grundgesetz ein Hindernis auf dem Weg nach Europa?, JZ 1999, S. 637 ff.
– Deutscher Landesbericht, in: ders. (Hrsg.), Die Entstehung einer europäischen Verfassungsordnung – das Ineinandergreifen von nationalem und europäischem Verfassungsrecht, Baden-Baden 2000, S. 109 ff.
– Die Entstehung einer europäischen Verfassungsordnung, in: ders (Hrsg.), Die Entstehung einer europäischen Verfassungsordnung – das Ineinandergreifen von nationalem und europäischem Verfassungsrecht, Baden-Baden 2000, S. 463 ff.
– Auf dem Weg zu einer europäischen Verfassung – Wechselwirkungen zwischen europäischem und nationalem Verfassungsrecht, in: ders./P-C. Müller-Graff (Hrsg.), Europäische Verfassungsentwicklung, EuR Beiheift 1/2000, S. 7 ff.
– Das ‚Kooperationsverhältnis' des Bundesverfassungsgerichts mit dem Europäischen Gerichtshof, in: P. Badura/H. Dreier (Hrsg.), Festschrift 50 Jahre Bundesverfassungsgericht, Band 1, Verfassungsgerichtsbarkeit und Verfassungsprozess, Tübingen 2001, S. 223 ff.
– Das Zusammenwachsen von nationalem und europäischem Verfassungsrecht – Überlegungen zu den Voraussetzungen eines europäischen Verfassungsvertrages, Basler Juristische Mitteilungen, 2001, S. 209 ff.
– Der Schutz der Grundrechte durch den EuGH, NJW 2005, S. 3459 ff.
– Art. 220 EGV, in: ders. (Hrsg.), EU-Kommentar, 2. Aufl., Baden-Baden 2009.
– 20 Jahre Gericht erster Instanz in Luxemburg – Der Zugang zur Justiz, EuR 2009, S. 717 ff.
– Die verordnete Demokratie – Zum Urteil des 2. Senats des BVerfG zum Lissabon-Vertrag, EuR 2010, S. 108 ff.

Schwarze, Jürgen (Hrsg.); Die Entstehung einer europäischen Verfassungsordnung – das Ineinandergreifen von nationalem und europäischem Verfassungsrecht, Baden-Baden 2000.

Schwarze, Jürgen/Müller-Graff, Peter-Christian; Europäische Verfassungsentwicklung, EuR Beiheft 1/2000.

Seiler, Chrsitian; Der souveräne Verfassungsstaat zwischen demokratischer Rückbindung und überstaatlicher Einbindung, Tübingen 2003.

Seydel, Max von; Der Bundesstaatsbegriff. Eine staatsrechtliche Untersuchung, ZgS 28 (1872), S. 185 ff.

Shaw, Jo; Postnational Constitutionalism in the European Union, JEPP 6 (1999), S. 579 ff.

Shikova, Ingrid; Status and Tendencies in Bulgaria, in: P.-C. Müller-Graff (Hrsg.), East Central Europe and the European Union: From Europe Agreements to Member Status, Baden-Baden 1997, S. 251 ff.

Shu, Min; Referendums and the Political Constitutionalisation of the EU, ELJ 14 (2008), S. 423 ff.

Shuibhne, Niamh N.; Margins of appreciation: national values, fundamental rights and EC free movement law, ELRev 34 (2009), S. 230 ff.

Simson, Werner von/Schwarze, Jürgen; Europäische Integration und Grundgesetz. Maastricht und die Folgen für das deutsche Verfassungsrecht, Berlin 1992.

Skouris, Vassilios; Vorrang des Europarechts: Verfassungsrechtliche und verfassungsgerichtliche Aspekte, in: W. Kluth (Hrsg.), Europäische Integration und nationales Verfassungsrecht , Baden-Baden 2007, S. 31 ff.

Škrk, Mirjam; The Role of the Constitutional Court of the Republic of Slovenia Following Integration into the European Union, in: Arne M. Mavčič (Red.), The Position of Constitutional Courts Following Integration into the European Union, Bled 2004, S. 137 ff.

Slastan, Miroslav; Slovak Republic, in: A.E. Kellermann/J. Czuczai/S. Blockmans/A. Albi/W.T. Douma (Hrsg.), The Impact of EU Accession on the Legal Orders of New Member States and (Pre-)Candidate Countries, Den Haag 2006, S. 437 ff.

Slaughter, Anne-Marie/Stone Sweet, Alec/Weiler, Joseph H.H. (Hrsg.); The European Court and National Courts – Doctrine and Jurisprudence, Oxford 1998.

Slosarčík, Ivo; Czech Republic and the European Union Law in 2004–2006, EPL 13 (2006), S. 367 ff.

– Czech Republic 2006–2008: On President, Judges and the Lisbon Treaty, EPL 16 (2010), S. 1 ff.

Slynn, Gordon, Baron Slynn of Headley; The Contribution of National Constitutions to the Development of a Bi-Level Constitutional System: United Kingdom, in: U. Battis/P. Kunig/I. Pernice/A. Randelzhofer (Hrsg.), Das Grundgesetz im Prozess europäischer und globaler Verfassungsentwicklung, Baden-Baden 2000, S. 37 ff.

Smend, Rudolf; Staat und Kirche nach dem Bonner Grundgesetz, ZevKR 1 (1951), S. 4 ff.

Smits, Jan M.; Comparative Law and its influence on national legal systems, in: M. Reimann/R. Zimmermann (Hrsg.), The Oxford Handbook of Comparative Law, Oxford 2006, S. 513 ff.

Sobotta, Christoph; Transparenz in den Rechtsetzungsverfahren der Europäischen Union. Stand und Perspektiven des Gemeinschaftsrechts unter besonderer Berücksichtigung des Grundrechtes auf Zugang zu Informationen, Baden-Baden 2001.

Sommermann, Karl-Peter; Völkerrechtlich garantierte Menschenrechte als Maßstab der Verfassungskonkretisierung. Die Menschenrechtsfreundlichkeit des Grundgesetzes, AöR 114 (1989), S. 391 ff.

– Staatsziele und Staatszielbestimmungen, Tübingen 1997.

– Die Bedeutung der Rechtsvergleichung für die Fortentwicklung des Staats- und Verwaltungsrechts in Europa, DÖV 52 (1999), S. 1017 ff.

– Funktionen und Methoden der Grundrechtsvergleichung, in: D. Merten/H.-J. Papier (Hrsg.), Handbuch der Grundrechte in Deutschland und Europa, Bd. I, Heidelberg 2004, S. 631 ff.

– Demokratiekonzepte im Vergleich, in: H. Bauer/P.M. Huber/K.-P. Sommermann (Hrsg.), Demokratie in Europa, Tübingen 2005, S. 191 ff.

– Offene Staatlichkeit, in: A. v. Bogdandy/P. Cruz Villalón/P.M. Huber (Hrsg.), Handbuch Ius Publicum Europaeum, Band II, Heidelberg 2008, § 14 Deutschland.

Sonnenberger, Hans Jürgen; Einleitung, in: Münchener Kommentar zum BGB, Bd. X Einführungsgesetz zum Bürgerlichen Gesetzbuche ? Internationales Privatrecht, 4. Aufl., München 2006.

Sonnentag, Michael; Der Renvoi im Internationalen Privatrecht, Tübingen 2001.

Sonnevend, Pál; Offene Staatlichkeit, in: A. v. Bogdandy/P. Cruz Villalón/P.M. Huber (Hrsg.), Handbuch Ius Publicum Europaeum, Band II, Heidelberg 2008, § 25 Ungarn.

Soysal, Mümtaz; Introduction to the Constitutional Problems of Accession in Turkey, in: A.E. Kellermann/J.W. de Zwaan/J. Czuczai (Hrsg.), EU-Enlargement – The Constitutional Impact at EU and National Level, Den Haag 2001, S. S. 259 ff.

Starck, Christian; Rechtsvergleichung im öffentlichen Recht, JZ 1997, 1021 ff.

Starck, Christian (Hrsg.); Grundgesetz und deutsche Verfassungsrechtsprechung im Spiegel ausländischer Verfassungsentwicklung Baden-Baden 1990.

Stein, Eric; Lawyers, Judges, and the Making of a Transnational Constitution, AJIL 75 (1981), S. 1 ff.

Steinberg, Rudolf; Grundgesetz und Europäische Verfassung, ZRP 1999, S. 365 ff.

Steinberger, Helmut; Anmerkungen zum Maastricht-Urteil des Bundesverfassungsgerichts, in: P. Hommelhoff/P. Kirchhof (Hrsg.), Der Staatenverbund der Europäischen Union , Heidelberg 1994, S. 25 ff.

Stephanou, Constantin/Passas, Anargyros; Grèce, in: J. Rideau (Hrsg.), Les Etats membres de l'Union européenne. Adaptions – Mutations – Résistances, Paris 1997, S. 239 ff.

Stępniak, Andrzej/Zielińska-Głębocka, Anna; Status and Tendencies in Poland, in: P.-C. Müller-Graff (Hrsg.), East Central Europe and the European Union: From Europe Agreements to Member Status, Baden-Baden 1997, S. 115 ff.

Stobiecka, Agnieszka; Constitutional Aspects of Polish Accession to the European Union, JEEL 9 (2002), S. 315 ff.

Stolzlechner, Harald; Die Auswirkungen einer Mitgliedschaft Österreichs in der Europäischen Union auf die österreichische Verfassungsordnung, in: W. Hummer (Hrsg.), Die Europäische Union und Österreich. Europarechtliche, völkerrechtliche und verfassungsrechtliche Perspektiven, Wien 1994, S. 163 ff.

Stone Sweet. Alec; Constitutional Dialogues in the European Community, in: A.-M. Slaughter/ A. Stone Sweet/J. H. H. Weiler (Hrsg.) The European Court and National Courts (1998), S. 305 ff.

Strebel, Helmut; Vergleichung und vergleichende Methode im öffentlichen Recht, ZaöRV 24 (1964), 405 ff.

Streinz, Rudolf; Bundesverfassungsgerichtlicher Grundrechtsschutz und Europäisches Gemeinschaftsrecht, Baden-Baden 1989.

– Verfassungsvorbehalte gegenüber Gemeinschaftsrecht – eine deutsche Besonderheit?, in: H. J. Cremer/T. Giegerich/D. Richter/A. Zimmermann (Hrsg.),Tradition und Weltoffenheit des Rechts. Festschrift für Helmut Steinberger, Berlin 2002, S. 1537 ff.

– Art. 10 EGV, in: ders. (Hrsg.), EUV/EGV, München 2003.

– Art. 23 und 24, in: M. Sachs (Hrsg.), Grundgesetz. Kommentar, 4. Aufl., München 2007.

– Europarecht, 8. Aufl., Heidelberg 2008.

Streinz, Rudolf/Ohler Christoph/Herrmann, Christoph; Der Vertrag von Lissabon zur Reform der EU, 2. Aufl. München 2008.

Stumpf, Christoph A.; Mitglieder von Regionalregierungen im EU-Ministerrat. Ein Vergleich zwischen den Rahmenbedingungen nach europäischem, deutschem und britischem Recht, EuR 2002, S. 275 ff.

Stumpf, Cordula; Art. 6 (ex-Art. F) EUV: Verfassungsprinzipien, Grundrechte, in: Schwarze (Hrsg.), EU-Kommentar, Baden-Baden 2000.

Sudre, Frédéric; Article I-9, in: L. Burgorgue-Larsen/A. Levade/F. Picod (Hrsg.), Traité établissant une constitution pour l'Europe. Commentaire article par article. Tome 1 – Architecture constitutionnelle (Parties I & IV), Bruxelles 2007.

Suksi, Markku; Finland: the Constitution 2000, EPL 5 (1999), S. 338 ff.

– The Advisory Referendum in Finland, EPL 5 (1999), S. 535 ff.

Swaak, Christof R. A./Besselink, Leonard F. M.; The Netherlands' constitutional law and European integration, EPL 2 (1996), S. 34 ff.

Sydow, Gernot; Europäische Integration und britischer Verfassungsreformprozess, in: W. Kluth (Hrsg.), Europäische Integration und nationales Verfassungsrecht, Baden-Baden 2007, S. 189 ff.

Symmons, Clive R.; Ireland, in: P. M. Eisemann (Hrsg.), L'intégration du droit international et communautaire dans l'ordre juridique national, Den Haag 1996, S. 317 ff.

Szabó, Krisztián B.; Az Európai Unió jogának hatása a magyar közjog rendszerére, abrufbar unter http://www.ajk.elte.hu/TudomanyosProfil/kiadvanyok/elektronikus/seminarium/inter_cuncta/SzaboKrisztian-EuropaiUnio.pdf (1. 5. 2009).

Szczekalla, Peter; Freiheit im Europäischen Verfassungsverbund – Allgemeine Rechtsgrundsätze zwischen Instrumentalisierung und Auflösung?, DVBl. 2005, S. 286 ff.

– Das Verhältnis zwischen dem Grundrechtsschutz in der EU und in den Mitgliedstaaten, in: S. H. Heselhaus/C. Nowak (Hrsg.) Handbuch der Europäischen Grundrechte, München 2006, § 2 II.

Tanchev, Evgeni; Constitutional Amendments Due to Bulgarian Full EU Membership, in: A. E. Kellermann/J. W. de Zwaan/J. Czuczai (Hrsg.), EU-Enlargement – The Constitutional Impact at EU and National Level, Den Haag 2001, S. 301 ff.

– The Impact of the Charter of Fundamental Rights on the Candidate Countries, in: A. E. Kellermann/J. W. de Zwaan/J. Czuczai (Hrsg.), EU-Enlargement – The Constitutional Impact at EU and National Level, Den Haag 2001, S. 35 ff.

– Supremacy of Constitutions in the Context of Constitutional Pluralism, in: J. de Zwaan/J. Jans/F. Nelissen (Hrsg.), The European Union: An Ongoing Process of Integration – Liber Amicorum Alfred E. Kellermann, Den Haag 2004, S. 251 ff.

– The Lisbon Treaty within and without Constitutional Orthodoxy, in: I. Pernice/E. Tanchev (Hrsg.), Ceci n'est pas une constitution – Constitutionalisation without a Constitution?, Baden-Baden 2009, S. 22 ff.

Tanchev, Evgeni/Belov, Martin; Constitutional Gradualism: Adapting to EU Membership and Improving the Judiciary in the Bulgarian Constitution, EPL 14 (2008), S. 3 ff.

Tanchev, Evgeni/Peteva, Jenia; in: A. E. Kellermann/J. Czuczai/S. Blockmans/A. Albi/W. T. Douma (Hrsg.), The Impact of EU Accession on the Legal Orders of New Member States and (Pre-) Candidate Countries, Den Haag 2006, S. 33 ff.

Tans, Olaf/Zoethout, Carla/Peters, Jan (Hrsg.); National Parliaments and European Democracy. A Bottom-Up Approach to European Constitutionalism, Groningen 2007.

Tatham, Allan F.; Constitutional Judiciary in Central Europe and the Europe Agreement: Decision 30/1998 (VI.25) AB of the Hungarian Constitutional Court, ICLQ 1999, S. 913 ff.

Temming, Felipe; Freie Rechtsschöpfung oder nicht: Der Streit um die EuGH-Entscheidung Mangold spitzt sich zu, NJW 2008, S. 3404.

– Der EuGH, das BVerfG und der Gesetzgeber – Lehren aus Mangold II, NZA 2010, S. 185 ff.

Temple Lang, John; Legal and Constitutional Implications for Ireland of Adhesion to the EEC Treaty, CMLRev. 9 (1972), S. 167 ff.

– The Irish Court Case which delayed the Single European Act: Crotty v. An Taoiseach and Others, CMLRev. 24 (1987), S. 709 ff.

Thomas, Fredrik; Das Maastricht-Urteil des Dänischen Obersten Gerichtshofs vom 6. April 1998, ZaöRV 58 (1998), S. 879 ff.

Thüsing, Gregor; Europarechtlicher Gleichbehandlungsgrundsatz als Bindung des Arbeitgebers?, ZIP 2005, S. 2149 ff.

Thym, Daniel; Ungleichzeitigkeit und europäisches Verfassungsrecht. Die Einbettung der verstärkten Zusammenarbeit, des Schengener Rechts und anderer Formen von Ungleichzeitigkeit in den einheitlichen rechtlichen und institutionellen Rahmen der Europäischen Union, *Baden-Baden 2004.*

– In the Name of Sovereign Statehood: A Critical Introduction to the Lisbon Judgment of the German Constitutional Court, CMLRev. 46 (2009), S. 1795 ff.

– Europäische Integration im Schatten souveräner Staatlichkeit. Anmerkungen zum Lissabon-Urteil des Bundesverfassungsgerichts, Der Staat 48 (2009), S. 559 ff.

Tizzano, Antonio; Der italienische Verfassungsgerichtshof (Corte Costituzionale) und der Gerichtshof der Europäischen Union, EuGRZ 2010, S. 1 ff.

Tocqueville, Alexis de; De la démocratie en Amérique, Bd. I, Nachdruck der Ausgabe von 1835 (erstellt 2001), abrufbar unter http://classiques.uqac.ca/classiques/De_tocqueville_alexis/democratie_1/democratie_tome1.html (1. 4. 2010).

Tomuschat, Christian; Der Verfassungsstaat im Geflecht der internationalen Beziehungen, VVDStRL 36 (1978), S. 7 ff.

– La justice – c'est moi, EuGRZ 1979, S. 257 ff.

– Art. 24 GG, in: R. Dolzer/C. Waldhoff/K. Graßhof (Hrsg.), Bonner Kommentar zum Grundgesetz, Loseblatt (Zweitbearbeitung 1981).

– Die Europäische Union unter der Aufsicht des Bundesverfassungsgerichts, EuGRZ 1993, S. 489 ff.

– Die staatsrechtliche Entscheidung für die internationale Offenheit, in: J. Isensee/P. Kirchhof (Hrsg.), Handbuch des Staatsrechts der Bundesrepublik Deutschland, Bd. VII (1993), § 172.

– Das Bundesverfassungsgericht im Kreise anderer nationaler Verfassungsgerichte, in: Festschrift 50 Jahre Bundesverfassungsgericht, Tübingen 2001, S. 245 ff.

– The Accession of Cyprus to the European Union, in: P. Häberle et al. (Hrsg.), Festschrift für Dimitris Th. Tsatsos, Baden-Baden 2003, S. 672 ff.

– Case T-306/01, Ahmed Ali Yusuf and Al Barakaat International Foundation v. Council and Commission; Case T-315/01, Yassin Abdullah Kadi v. Council and Commission, CMLRev. 43 (2006), S. 537 ff.

– The Ruling of the German Constitutional Court on the Treaty of Lisbon, GLJ 10 (2009), S. 1259 ff.

Trantas, Georgios; Die Anwendung der Rechtsvergleichung bei der Untersuchung des öffentlichen Rechts, Dresden 1998.

Tridimas, Takis; The General Principles of Law, 2. Aufl., Oxford 2006.

Triepel, Heinrich; Völkerrecht und Landesrecht, Leipzig 1899 – unveränderter Nachdruck Aalen 1958, abrufbar unter: http://www.archive.org/stream/vlkerrechtundla00triegoog#page/n10/mode/1up (1. 4. 2010).

Tsatsos, Dimitris Th.; Die Europäische Unionsgrundordnung, EuGRZ 1995, S. 287 ff.

Tsatsos, Dimitris Th. (Hrsg.); Die Unionsgrundordnung. Handbuch zur Europäischen Verfassung, Berlin 2010.

Tschentscher, Axel; Dialektische Rechtsvergleichung – Zur Methode der Komparatistik im öffentlichen Recht, JZ 2007, S. 807 ff.

Tushnet, Mark; The Possibilities of Comparative Constitutional Law, Yale Law Journal 108 (1998/1999), 391.

– Comparative Constitutional Law, in: M. Reimann/R. Zimmermann (Hrsg.), The Oxford Handbook of Comparative Law, Oxford 2006, S. 1225 ff.

– Some reflections on method in comparative constitutional law, in: S. Choudhry (Hrsg.), The Migration of Constitutional Ideas (2006), S. 67 ff.

Uerpmann-Wittzack, Robert; Doppelter Grundrechtsschutz für die zukünftige Europäische Union, DÖV 2005, S. 152 ff.

– Völkerrechtliche Verfassungselemente, in: A. v. Bogdandy/J. Bast (Hrsg.), Europäisches Verfassungsrecht, 2. Aufl., Berlin 2009, S. 177 ff.

Uerpmann-Wittzack, Robert/Edenharter, Andrea; Subsidiaritätsklage als parlamentarisches Minderheitsrecht?, EuR 2009, S. 313 ff.

Uhle, Arnd; Freiheitlicher Verfassungsstaat und kulturelle Identität, Tübingen 2004.

Uhrig, Stephanie; Die Schranken des Grundgesetzes für die europäische Integration – Grenzen der Übertragung von Hoheitsrechten nach dem Grundgesetz am Beispiel des Vertrages von Maastricht, Berlin 2000.

Uitz, Renata; EU Law and the Hungarian Constitutional Court: Lessons of the First Post-Accession Encounter, in: W. Sadurski/J. Ziller/K. Zurek (Hrsg.), Après Enlargement. Legal and Political Responses in Central and Eastern Europe, Florenz 2006, S. 41 ff.

Ušacka, Anita; The Impact of the European Integration Process on the Constitution of Latvia, in: A. E. Kellermann/ J. W. de Zwaan/J. Czuczai (Hrsg.), EU-Enlargement -The Constitutional Impact at EU and National Level, Den Haag 2001, S. 337 ff.

– Latvia, in: A. E. Kellermann/J. Czuczai/S. Blockmans/A. Albi/W. T. Douma (Hrsg.), The Impact of EU Accession on the Legal Orders of New Member States and (Pre-) Candidate Countries, Den Haag 2006, S. 369 ff.

Vadapalas, Vilenas; Die verfassungsgerichtliche Kontrolle der auswärtigen Gewalt in Litauen, in: J. A. Frowein/T. Marauhn (Hrsg.), Grundfragen der Verfassungsgerichtsbarkeit in Mittel- und Osteuropa, Berlin 1998, S. 537 ff.

– Lithuania: The Constitutional Impact of the Enlargement at National Level, in: A. E. Kellermann/J. W. de Zwaan/J. Czuczai (Hrsg.), EU-Enlargement – The Constitutional Impact at EU and National Level, Den Haag 2001, S. 347 ff.

Valle Gálvez, Alejandro del; Constitution Espagnole et traité constitutionnel européen – la déclaration du *Tribunal Constitucional* du 13 décembre 2004, CDE 41 (2005), S. 705 ff.

Van Hoecke, Mark; Deep Level Comparative Law, EUI Working Papers LAW 2002/13.

Varga, István; Zum aktuellen Stand der EU-Verfassungsdebatte in Ungarn, in: K. Beckmann/J. Dieringer/U. Hufeld (Hrsg.), Eine Verfassung für Europa, 2. Aufl. Tübingen 2005, S. 303 ff.

Vedder, Christoph; Die Integrationskompetenz der EG in der Rechtsprechung des EuGH, in: A. Randelzhofer/R. Scholz/D. Wilke (Hrsg.), Gedächtnisschrift für Eberhard Grabitz (1995), S. 795 ff.

Vedder, Christoph/Heintschel von Heinegg, Wolff (Hrsg.); Europäischer Verfassungsvertrag. Handkommentar. Baden-Baden 2007.

Vehar, Primož; Constitutional Problems in the Period of Pre-accession in the Republic of Slovenia, in: A. E. Kellermann/J. W. de Zwaan/J. Czuczai (Hrsg.), EU-Enlargement – The Constitutional Impact at EU and National Level, Den Haag 2001, S. 369 ff.

Velu, Jacques; Contrôle de constitutionnalité et contrôle de compatibilité avec les traités, Journal des tribunaux 111 (1992), S. 729 ff.

Verdross, Alfred; Zur Konstruktion des Völkerrechts, ZVR 8 (1914), S. 329 ff.

Verdross, Alfred/Simma, Bruno; Universelles Völkerrecht, 4. Aufl., Berlin 2010.

Vodička, Karel; Unaufhebbare Grundprinzipien der tschechischen Verfassungsordnung, Osteuropa Recht 42 (1996), S. 225 ff.

Vogel, Klaus; Die Verfassungsentscheidung des Grundgesetzes für eine internationale Zusammenarbeit, Recht und Staat in Geschichte und Gegenwart, Heft 292/293 1964, S. 1 ff.

– Der räumliche Anwendungsbereich der Verwaltungsrechtsnorm, Frankfurt a. M. 1965.

Voßkuhle, Andreas; Methode und Pragmatik im öffentlichen Recht, in: H. Bauer (Hrsg.), Umwelt, Wirtschaft und Recht. Wissenschaftliches Symposium aus Anlaß des 65. Geburtstages von Reiner Schmidt, Tübingen 2002, S. 171 ff.

– Der europäische Verfassungsgerichtsverbund, TranState Working Paper 106/2009, abrufbar unter http://www.sfb597.uni-bremen.de/pages/pubApBeschreibung.php?SPRACHE=de&ID=146 (1. 4. 2010).

Wade, H. William R.; The Basis of Legal Sovereignty, CLJ 13 (1955), S. 172 ff.

– What has Happened to the Sovereignty of Parliament?, Law Quarterly Review 107 (1991), S. 1 ff.
– Sovereignty ? Revolution or Evolution, Law Quarterly Review 112 (1996), S. 568 ff.
Wagner, Heinz; Monismus und Dualismus: Eine methodenkritische Betrachtung zum Theorienstreit, AöR 89 (1964), S. 212 ff.
Wagnerova, Eliska; Landesbericht Tschechien, in: W. Kluth (Hrsg.), Europäische Integration und nationales Verfassungsrecht, Baden-Baden 2007, S. 245 ff.
Wahl, Rainer; Die zweite Phase des öffentlichen Rechts in Deutschland, Der Staat 38 (1999), S. 495 ff.
– Verfassungsvergleichung als Kulturvergleichung, in: D. Murswiek/U. Storost/H. A. Wolff (Hrsg.), Staat – Souveränität – Verfassung. Festschrift für Helmut Quaritsch zum 70. Geburtstag, Berlin 2000, S. 163 ff.
– Zwei Phasen des Öffentlichen Rechts nach 1949, in: ders. (Hrsg.), Verfassungsstaat, Europäisierung, Internationalisierung, Frankfurt a. M. 2003, S. 411 ff.
– Die Schwebelage im Verhältnis von Europäischer Union und Mitgliedstaaten. Zum Lissabon-Urteil des Bundesverfassungsgerichts, Der Staat 48 (2009), S. 587 ff.
Waiinwright, Richard; Use of the Comparative Law Method in European Law, in: F. R. Mensbrugghe (Hrsg.), L'utilisation de la méthode comparative en droit européen, Namur 2003, S. 99 ff.
Waitz, Georg; Grundzüge der Politik, Kiel 1862.
Walker, Neil; Sovereignty and Differentiated Integration in the European Union, ELJ 1998, S. 355 ff.
– The Idea of Constitutional Pluralism, MLR 65 (2002), S. 317 ff. = EUI Working Paper 2002/01.
– Late Sovereignty in the European Union, in: ders. (Hrsg.), Sovereignty in Transition, Oxford 2003, S. 3 ff.
Beyond boundary disputes and basic grids: Mapping the global disorder of normative orders, ICON 6 (2008), S. 415 ff.
Walker, Neil (Hrsg.); Sovereignty in Transition, Oxford 2003.
Walter, Christian; Die drei Entscheidungen des französischen Verfassungsrats zum Vertrag von Maastricht über die Europäische Union, EuGRZ 1993, S. 183 ff.
– Die EMRK als Konstitutionalisierungsprozeß, ZaöRV 1999, S. 961 ff.
– Der französische Verfassungsrat und das Recht der Europäischen Union, EuGRZ 2005, S. 77 ff.
– Europäische Identität in der Wechselwirkung: Überlegungen zur Integration durch Verfassungsrecht am Beispiel des Staatskirchenrechts, in: W. Kluth (Hrsg.), Europäische Integration und nationales Verfassungsrecht, Baden-Baden 2007, S. 65 ff.
Walz, Gustav A.; Völkerrecht und staatliches Recht. Untersuchungen über die Einwirkungen des Völkerrechts auf das innerstaatliche Recht, Stuttgart 1933.
Weber, Albrecht; Zur künftigen Verfassung der Europäischen Gemeinschaften, JZ 1993, S. 325 ff.
– Vom Verfassungsvertrag zum Vertrag von Lissabon, EuZW 2008, S. 7 ff.
– Die Europäische Union unter Richtervorbehalt. Rechtsvergleichende Anmerkungen zum Urteil des BVerfG v. 30. 6. 2009 („Vertrag von Lissabon"), JZ 65 (2010), S. 157 ff.
Weber-Panariello, Philippe A.; Nationale Parlamente in der Europäischen Union, Baden-Baden 1995, S. 47 ff.
Wegener, Bernhard; Art. 220 EGV, in: C. Calliess/M. Ruffert (Hrsg.), EUV/EGV, 3. Aufl., München 2007.

Weikart, Thomas; Die Änderung des Bundesbank-Artikels im Grundgesetz im Hinblick auf den Vertrag von Maastricht – Entstehen und Rechtswirkungen einer reformierten Norm, NVwZ 1993, S. 834 ff.

Weiler, Joseph H. H.; The Transformation of Europe, YLJ 100 (1991), S. 2403 ff.

– The European Union Belongs to its Citizens, ELRev. 22 (1997), S. 150 ff.

– The Constitution of Europe, Cambridge 1999 (5. Nachdruck 2005).

– The Reformation of European Constitutionalism, in: ders., The Constitution of Europe, Cambridge 1999 (Nachdruck 2005), S. 221 ff.

– Fin-de-siècle Europe: Do the new clothes have an emperor?, in: ders., The Constitution of Europe, Cambridge 1999 (Nachdruck 2005), S. 238 ff.

– The ‚Lisbon-Urteil' and the Fast Food Culture, EJIL 20 (2009), S. 505 ff.

Weiler Joseph H. H./Haltern, Ulrich; The Autonomy of the Community Legal Order Through the Looking Glass, HILJ 37 (1996), S. 411 ff.

Weiler Joseph H. H./Wind, Marlene (Hrsg.); European Constitutionalism Beyond the State, Cambridge 2003.

Wendel, Mattias; Die Auslegung der Verfassung für Europa – Interpretationsgrundsätze und die Bedeutung der Erläuterungen des Konventspräsidiums nach Art. II-112 Abs. 7 VVE, WHI-Paper 4/2005, abrufbar unter http://www.whi-berlin.de/documents/whi-paper0405.pdf (1. 3. 2010).

– Vertragsauslegung nach Lissabon. Methodische Implikationen des Reformprozesses am Beispiel des detaillierten Mandats und der Erläuterungen zur Charta der Grundrechte, in: I. Pernice (Hrsg.), Der Vertrag von Lissabon: Reform der EU ohne Verfassung?, Baden-Baden: Nomos-Verlag, 2008, S. 152 ff.

– Renaissance der historischen Auslegungsmethode im europäischen Verfassungsrecht?, ZaöRV 68 (2008), S. 803 ff.

Wendel, Mattias/Belov, Martin/Angelov, Miroslav; The Constitutional Paradigm Revisited. Looking at the Lisbon Treaty with the Eyes of Magritte, in I. Pernice/E. Tanchev (Hrsg.), Ceci n'est pas une constitution – Constitutionalisation without a Constitution?, Baden-Baden 2009, S. 226 ff.

Wessel, Ramses A./van de Griendt, Wim E.; Offene Staatlichkeit, in: A. v. Bogdandy/P. Cruz Villalón/P. M. Huber (Hrsg.), Handbuch Ius Publicum Europaeum, Band II, Heidelberg 2008, § 19 Niederlande.

Wetter, Irmgard; Die Grundrechtscharta des Europäischen Gerichtshofes: die Konkretisierung der gemeinschaftlichen Grundrechte durch die Rechtsprechung des EuGH zu allgemeinen Rechtsgrundsätzen, Frankfurt a. M. 1998.

Wiederin, Ewald; Grundlagen und Grundzüge staatlichen Verfassungsrechts, in: A. v. Bogdandy/P. Cruz Villalón/P. M. Huber (Hrsg.), Handbuch Ius Publicum Europaeum, Bd. I, Heidelberg 2007, § 7 Österreich.

Wieser, Bernd; Vergleichendes Verfassungsrecht, Wien 2005.

Wildhaber, Luzius/Breitenmoser, Stephan; The Relationship between Customary International Law and Municipal Law in Western European Countries, ZaöRV 48 (1988), S. 163 ff.

Willke, Helmut; Ironie des Staates. Grundlinien einer Staatstheorie polyzentrischer Gesellschaft, Frankfurt a. M. 1992.

Wils, Geert; Europäische Integration und nationales Verfassungsrecht in Belgien, in: U. Battis/D. Tsatsos/D. Stefanou (Hrsg.), Europäische Integration und nationales Verfassungsrecht, Baden-Baden 1995, S. 13 ff.

– Belgian Report, in: F. I. D. E. (Hrsg.), 17. F. I. D. E.-Kongress, Berlin 9.–12. Oktober 1996, Le droit constitutionnel national et l'intégration européenne – Nationales Verfassungsrecht mit Blick auf die europäische Integration, Baden-Baden 1996, S. 44 ff.

Winkelmann, Ingo; Das Maastricht-Urteil des Bundesverfassungsgerichts vom 12. Oktober 1993, Berlin 1994.

Winkler, Roland; Integrationsverfassungsrecht. Das österreichische Verfassungsrecht und das Recht der Europäischen Union – Koordination, Kooperation, Konflikt, Wien 2003.

Winter, T. A.; Direct Applicability and Direct Effect. Two Distinct and Different Concepts in Community Law, CMLRev. 9 (1972), S. 425 ff.

Witte, Bruno de; Droit communautaire et valeurs constitutionnelles nationales, Droits 14 (1991), S. 87 ff.

– Sovereignty and European Integration: the Weight of Legal Tradition, in: A.-M. Slaughter/ A. Stone Sweet/ J. H. H. Weiler (Hrsg.) The European Court and National Courts, Oxford 1998, S. 277 ff.

– Direct Effect, Supremacy and the Nature of the Legal Order, in: P. Craig/G. De Búrca (Hrsg.), The Evolution of EU Law, Oxford 1999, S. 177 ff.

– Constitutional Aspects of European Union Membership in the Original Six Member States: Model Solutions for the Applicant Countries?, in: A. E. Kellermann/J. W. de Zwaan/ J. Czuczai (Hrsg.), EU-Enlargement – The Constitutional Impact at EU and National Level, Den Haag 2001, S. 65 ff.

– Do Not Mention the Word: Sovereignty in Two Europhile Countries: Belgium and The Netherlands, in: N. Walker (Hrsg.), Sovereignty in Transition, Oxford 2003, S. 351 ff.

– European Treaty Revision: a Case of Multilevel Constitutionalism, in: I. Pernice/J. Zemánek (Hrsg.), A Constitution for Europe: The IGC, the Ratification Process and Beyond, Baden-Baden 2005, S. 59 ff.

Wittekindt, Christoph; Materiell-rechtliche Schranken von Verfassungsänderungen im deutschen und französischen Verfassungsrecht, Frankfurt a. M. 1999.

Wivenes, Georges; Europäische Integration und nationales Verfassungsrecht in Luxemburg, in: U. Battis/D. Tsatsos/D. Stefanou (Hrsg.), Europäische Integration und nationales Verfassungsrecht, Baden-Baden 1995, S. 303 ff.

– Luxembourg. Le droit européen et les constitutions nationales, in: British Institute of International and Comparative Law (Hrsg.), F. I. D. E. XX Congress London 2002, S. 267 ff. *Wohlfahrt, Christian;* The *Lisbon Case*: A Critical Summary, GLJ 10 (2009), S. 1277 ff.

Wójtowicz, Krzysztof; Proposed changes in the Polish Constitution of 1997 ahead of Poland's accession to the European Union, Polish Yearbook of International Law 2005, S. 40 ff.

Wyrozumska, Anna; The application of international treaties under the Polish Constitution of 1997, in: A. Wyrozumska (Hrsg.), Introduction to Polish Law, £ódÿ 2005, S. 70 ff.

– Some comments on judgements of the Polish Constitutional Tribunal on the EU Accession Treaty and on the implementation of the European arrest warrant, Polish Yearbook of International Law 27 (2006), S. 1 ff.

Wyrzykowski, Miroslaw; The Constitutions of the Eastern European Countries in the Structure of European Constitutionalism, in: R. Bieber/P. Widmer (Hrsg.), L'espace constitutionnel européen – Der europäische Verfassungsraum, Zürich 1995, S. 151 ff.

Xuereb, Peter G.; Constitutional Questions Raised by the Proposed Accession of Malta to the European Union in the General Context, in: A. E. Kellermann/J. W. de Zwaan/J. Czuczai (Hrsg.), EU-Enlargement – The Constitutional Impact at EU and National Level, Den Haag 2001, S. 229 ff.

– Malta, in: A. E. Kellermann/J. Czuczai/S. Blockmans/A. Albi/W. T. Douma (Hrsg.), The Impact of EU Accession on the Legal Orders of New Member States and (Pre-) Candidate Countries, Den Haag 2006, S. 409 ff.

Zahle, Henrik; Dänemark, in: U. Battis/D. Tsatsos/D. Stefanou (Hrsg.), Europäische Integration und nationales Verfassungsrecht, Baden-Baden 1995, S. 47 ff.

– Danish Report, in: F. I. D. E. (Hrsg.), 17. F. I. D. E.-Kongress, Berlin 9.–12. Oktober 1996, Le droit constitutionnel national et l'intégration européenne – Nationales Verfassungsrecht mit Blick auf die europäische Integration, Baden-Baden 1996, S. 60 ff.

Zanthier, Sabine von; Berücksichtigung der nationalen Verfassungsidentität als gemeinschaftsrechtliche Pflicht – exemplarisch beleuchtet am Beispiel des Staatskirchenrechts, in: W. Kluth (Hrsg.), Europäische Integration und nationales Verfassungsrecht, Baden-Baden 2007, S. 85 ff.

Zemánek, Jiří; Status and Tendencies in the Czech Republic, in: P.-C. Müller-Graff (Hrsg.), East Central Europe and the European Union: From Europe Agreements to Member Status, Baden-Baden 1997, S. 147 ff.

– The Amendments of the Czech Constitution for the Accession to the European Union, in: A. E. Kellermann/ J. W. de Zwaan/J. Czuczai (Hrsg.), EU-Enlargement – The Constitutional Impact at EU and National Level, Den Haag 2001, S. 423 ff.

– Consent of Parliament or People's Referendum?, in: I. Pernice/J. Zemanék (Hrsg.), A Constitution for Europe: The IGC, the Ratification Process and Beyond, Baden-Baden 2005, S. 141 ff.

– Czech Republic, in: A.E. Kellermann/J. Czuczai/S. Blockmans/A. Albi/W.T. Douma (Hrsg.), The Impact of EU Accession on the Legal Orders of New Member States and (Pre-) Candidate Countries, Den Haag 2006, S. 313 ff.

– The Emerging Czech Constitutional Doctrine of European Law, EuConst 3 (2007), S. 418 ff.

Zervakis, Peter/Yannis, Nikos; The Parliament of Greece: Slow but Constant Moves Towards European Integrations?, in: A. Maurer/W. Wessels (Hrsg.), National Parliaments on their Ways to Europe: Losers or Latecomers? (2001), S. 147 ff.

Zieger, Gottfried; Die Rechtsprechung des Europäischen Gerichtshofs – Eine Untersuchung der Allgemeinen Rechtsgrundsätze, JöR 22 (1973), S. 299 ff.

Ziller, Jacques; Sovereignty in France: Getting Rid of the Mal de Bodin, in: N. Walker (Hrsg.), Sovereignty in Transition, Oxford 2003, S. 261 ff.

– National Constitutional Concepts in the New Constitution for Europe, EuConst 1 (2005), S. 247 ff. (Part I) und 452 ff. (Part II).

– French Reactions to the Treaty Establishing a Constitution for Europe: from Constitutional Welcome to Popular Rejection, in: A. Albi/ders. (Hrsg.), The European Constitution and National Constitutions. Ratification and Beyond, Alphen aan den Rijn 2007, S. 103 ff.

– The Law and Politics of the Ratification of the Lisbon Treaty, in: S. Griller/ders. (Hrsg.), The Lisbon Treaty. EU Constitutionalism without a Constitutional Treaty?, Wien 2008, S. 309 ff.

Ziller, Jaques (Hrsg.); L'européanisation des droits constitutionnels à la lumière de la Constitution pour l'Europe, Paris 2003.

Zuleeg, Manfred; Die Rechtsprechung des Europäischen Gerichtshofs zum Europarecht im Lichte des Grundgesetzes und seiner Dogmatik, in: U. Battis/E. Mahrenholz/D. Tsatsos (Hrsg.), Das Grundgesetz im internationalen Wirkungszusammenhang der Verfassungen, Berlin 1989, S. 227 ff.

– Die Rolle der rechtsprechenden Gewalt in der europäischen Integration, JZ 1994, S. 1 ff.

Zwaan, Jaap W. de; The Constitutional Impact of Enlargement at EU and National Level. Summing-Up and Conclusions, in: A. E. Kellermann/J. W. de Zwaan/J. Czuczai (Hrsg.), EU-Enlargement – The Constitutional Impact at EU and National Level, Den Haag 2001, S. 481 ff.

Zwaan, Jaap W. de/Jans, Jan H./ Nelissen, Frans A. (Hrsg.); The European Union: An Ongoing Process of Integration – Liber Amicorum Alfred E. Kellermann, Den Haag 2004.

Zweigert, Konrad;[KUE]Der Einfluß des Europäischen Gemeinschaftsrechts auf die Rechtsordnung der Mitgliedstaaten, RabelsZ 28 (1964), S. 601 ff.

Zweigert, Konrad/Kötz, Hein; Einführung in die Rechtsvergleichung auf dem Gebiete des Privatrechts, 3. Aufl., Tübingen 1996.

Stichwortverzeichnis

Verfassungsentwicklung in Europa

Herausgegeben von
Hartmut Bauer, Peter M. Huber
und Karl-Peter Sommermann

Seit dem weltpolitischen Umbruch der Jahre 1989 bis 1991 befinden sich die Verfassungsordnungen in Europa in einem Transformationsprozeß. Der Wegfall des Ost-West-Gegensatzes mit seiner politikstabilisierenden Wirkung, die fortschreitende Europäische Integration und die auf vielen Politikfeldern zu beobachtende Globalisierung setzen die nationalen Verfassungen unter Anpassungs- und Modernisierungsdruck. Das stellt auch die Verfassungswissenschaft vor neue Aufgaben. Will sie den Anschluß an die sich verändernde Verfassungswirklichkeit nicht verlieren, muß sie sich verstärkt auf den Transformationsprozeß einstellen. Sie muß ihn zu einem zentralen Gegenstand der Forschung machen und die sich oftmals im ‚Grenzbereich zum Prinzipiellen' bewegenden Entwicklungssprünge in der Mehrebenenpolitik aufnehmen sowie die davon ausgehenden Impulse im Europäischen Verfassungsverbund verarbeiten. Die Schriftenreihe *Verfassungsentwicklung in Europa* stellt für die gebotenen Reformdebatten ein Forum bereit. Schwerpunkte der Reihe sind die Generierung und Bewertung von Optionen für die Ausgestaltung des Europäischen Verfassungsrechts und insbesondere einer Europäischen Unionsverfassung, die Erarbeitung ‚Gemeineuropäischen Verfassungsrechts' namentlich durch Rechtsvergleichung und schließlich Überlegungen zur Rechtsangleichung sowie zur Schaffung von zeitgemäßem nationalem Verfassungsrecht unter den Rahmenbedingungen der Europäisierung und Globalisierung. Perspektive ist die Mitwirkung an der Ausbildung eines Ius Publicum Europaeum. Die Reihe ist offen für Dissertationen, Habilitationsschriften und Sammelbände.

Lieferbare Bände:

1 *Demokratie in Europa*. Herausgegeben von *Hartmut Bauer, Peter M. Huber* und *Karl-Peter Sommermann*. 2005. X, 514 Seiten. Leinen.
2 *Wollenschläger, Ferdinand:* Grundfreiheit ohne Markt. Die Herausbildung der Unionsbürgerschaft im unionsrechtlichen Freizügigkeitsregime. 2007. XXVI, 449 Seiten. Leinen.
3 *Schröder, Meinhard:* Gesetzesbindung des Richters und Rechtsweggarantie im Mehrebenensystem. 2010. XVI, 347 Seiten. Leinen.
4 *Wendel, Mattias:* Permeabilität im europäischen Verfassungsrecht. Verfassungsrechtliche Integrationsnormen auf Staats- und Unionsebene im Vergleich. 2011. XXXII, 764 Seiten. Leinen.